黔西年鉴

QIANXI YEARBOOK

2016

中共黔西县委党史研究室
(黔西县地方志编纂委员会办公室) 编

方志出版社

图书在版编目（CIP）数据

黔西年鉴. 2016 / 黔西县地方志编纂委员会办公室编. --北京 : 方志出版社，2017.12
ISBN 978-7-5144-2801-8

Ⅰ. ① 黔… Ⅱ. ①黔… Ⅲ. ①黔西县 —2016—年鉴
Ⅳ. ①Z527.34

中国版本图书馆CIP数据核字（2017）第308494号

黔西年鉴（2016）

编　　者：黔西县地方志编纂委员会办公室
责任编辑：罗　滔

出 版 人：冀祥德
出 版 者：方志出版社
地址 北京市朝阳区潘家园东里9号（国家方志馆4层）
邮编 100021
网址 http://www.fzph.org
发　　行：方志出版社图书经销中心
电话（010）67110500
经　　销：各地新华书店
印　　刷：成都市金雅迪彩色印刷有限公司

开　　本：889×1194　1/16
印　　张：31
字　　数：695千字
版　　次：2017年12月第1版　2017年12月第1次印刷
印　　数：001～500册

ISBN 978-7-5144-2801-8　定价：200.00元

省委副书记谌贻琴陪同云南考察团到黔西考察

省委常委、常务副省长秦如培到黔西县山海村调研

浙江省考察团到黔西考察，市、县领导陪同考察

市委书记陈志刚到黔西煤化工项目建设点调研

市委书记陈志刚到林泉镇海子村调研

市委书记陈志刚在“五一”国际劳动节慰问一线工人

全市2015年春耕生产会议在黔西举行，市、县领导现场观看农业机械化作业

市、县领导出席黔西电厂二期扩建项目开工仪式

市委副书记、市长陈昌旭到黔西县经济开发区调研，县委副书记、县长杨汉华等领导陪同

省改革办主任、省委副秘书长、省委政研室主任李裴（右三）在素朴镇开展遍访工作

市人大调研组到黔西调研，县委副书记、县长杨汉华陪同

毕节市第九届旅发大会观摩团到黔西县观摩

市委常委、县委书记卢林慰问老红军

市委常委、县委书记卢林慰问文峰街道贫困户

市委常委、县委书记卢林到华润电力现场督导项目建设进度

2015年3月9日，市委常委、县委书记卢林到金碧镇调研农业产业结构调整情况

2015年4月3日，市委常委、县委书记卢林率四大班子检查督导行政中心至黔西收费站大道建设工作

县领导参加植树活动

即将通车的石板互通大道

即将通车的黔大高速公路

西溪大桥

黔希煤化工

海大工业园

川煤煤机

黔西经开区

黔西通威饲料有限公司

贵黔高压蒸汽砖厂蒸汽设备安装

黔西经开区海大科技生产车间

编辑说明

一、《黔西年鉴》系中共黔西县委、黔西县人民政府主办，黔西县年鉴编辑部编辑出版公开发行的地方综合性大型资料工具书。

二、《黔西年鉴》坚持以邓小平理论、“三个代表”重要思想、科学发展观为指导，全面贯彻落实党的十八届三中全会和国发2号文件精神、深入贯彻落实习近平总书记系列重要讲话精神，翔实记载黔西县围绕毕节试验区加速发展、加快转型、推动跨越主基调，着力反映全县政治、工业经济、城镇建设、农业产业、文化旅游和社会发展所取得的新成就、新经验。为社会各界了解、研究黔西提供可靠的县情资料。

三、本卷《黔西年鉴（2016）》为第七卷，着重反映中共黔西县委、黔西县人民政府围绕“工业强县、城镇带县、农产富县、旅游活县、科教兴县”五大战略，带领全县各族人民在推进经济社会发展进程中深化体制改革、扩大对外开放、加强文明建设的新进展、新举措、新经验以及出现的新问题，全方位展示黔西县物质文明、政治文明、精神文明建设的新面貌。

四、本卷年鉴共设特载、文件选编、大事记、领导名录、黔西概况、政治、军事·法治、经济、文化、社会、街道·乡镇、附录12个部类。下设22个类目，即：中国共产党黔西县委员会、黔西县人民代表大会常务委员会、黔西县人民政府、政协黔西县委员会、中国共产党黔西县纪律检查委员会（县监察局）、群众团体、军事、法治、经济管理与监督、财政·税收、金融·保险、农业、经济开发·供销合作、生态建设、城建·城管、交通·电力、邮政·通信、文化·广电·旅游、教育、精准扶贫·民政救助、社会保障·民宗管理、医疗卫生事业等。

五、本卷所用资料稿件，均由县直各工作部门、各乡镇、县人武部和驻县垂直单位负责提供，文字稿件由单位主要负责人签字并加盖公章，保证资料的真实性和可靠性，黔西县经济社会发展统计资料由县统计局负责提供审核。

六、《黔西年鉴（2016）》在编纂过程中，得到县委、县政府的高度重视，各部门和各乡镇的通力合作。在此，谨向关心和支持年鉴编纂工作的各级领导和社会各界人士表示衷心感谢！

七、年鉴编纂是一项涉及面广、内容复杂的文字工程，由于编者水平有限，肯定存在遗漏和不足，敬请广大读者提出宝贵意见，我们一定虚心听取，认真采纳，使年鉴的质量进一步提高。

《黔西年鉴》编辑部

《黔西年鉴（2016）》编纂委员会

《黔西年鉴（2016）》编辑部

目 录

大事记

领导名录

黔西概况

政 治

军事·法治

经　济

文 化

社 会

街道·乡镇

附 录

特 载

稳中求进 提速转型 又好又快 实现黔西经济社会健康稳定可持续发展

——黔西县2015年工作总结及2016年工作打算

中共黔西县委 黔西县人民政府

2015年，在市委、市政府的正确领导下，我县坚持以党的十八大，十八届三中、四中全会和习近平总书记系列重要讲话精神为指导，深入贯彻落实中央、省、市各项决策部署，积极主动适应新常态，围绕“稳中求进、提速转型、又好又快”的总要求，努力克服经济下行、全县财政收支矛盾突出等影响，严守发展和生态两条底线，全面深化改革，扎实抓好经济、政治、文化、社会、生态和党的建设各项工作，为全县“决战贫困、提速赶超、同步小康”奠定坚实基础。

一、2015年工作情况

（一）经济发展稳步推进

综合经济实力增强。2015年，预计全县生产总值达169.89亿元；固定资产投资达166.81亿元；财政总收入达22.5亿元；公共财政预算收入达7.26亿元；社会消费品零售总额达28.5亿元；城镇居民人均可支配收入达22911元；农民人均可支配收入达7095元；2015年9月末，金融机构存贷款余额分别达106.11亿元和98.13亿元。三次产业结构比调整为16.4∶40.8∶42.8。工业经济平稳发展。投资1.5亿元，完成黔希煤化工给排水工程建设。开工建设黔西电厂二期，华润电力黔西电厂送出工程通过可行性研究咨询评审。海大科技凿岩钻机生产线投产，海悦科技立体停车设备开展试生产，天利化工3.5二甲基苯甲酸项目建成投运。完成岔白片区安置点、二期标准厂房建设、中小企业科技孵化园，实现工业总产值62亿元，工业增加值24.8亿元，固定资产投资47亿元。实现民营经济增加值93.3亿元，占全县GDP的53%；完成民间投资123.6亿元，建设民营经济产业园11个，入驻企业26家。农业产业结构调整快速推进。全年粮食产量达27.27万吨，同比增长6%。养殖业产值12.84亿元，同比增长17.15%。着力推进草地生态畜牧业、高山生态有机茶、中药材等特色农业基地建设，新增人工种草2万亩、茶叶0.5万亩、中药材0.5万亩，完成刺梨采穗圃建设150亩，种植蔬菜45万亩。种植烤烟5.2万亩，收购烟叶13.3万担。推进农业园区建设，御庄生态农业示范园区成功进入省级园区序列，金碧中药材种植产业示范园区成功申报为市级园区。全县6个省、市级园区完成投资9.5亿元，实现总产值14亿元。组织申报无公害农产品（产地）认证（认定）42个。成功承办全省、全市烤烟生产备栽工作现场会。文化旅游特色打造成效显著。全年旅游综合收入35亿元，加快水西古城等重点文化旅游项目建设进度，提升洪水解放、杜鹃乌骡坝等乡村旅游发展质量，丘林、解放等6个乡村旅游项目列入省乡村旅游转型升级重点示范村寨名录；成功举办乌江源百里画廊旅游文化节暨大关丘林桃李花节、“柳岸水乡”油菜花文化旅游节、首届“水西之春”灯会嘉年华活动。城乡建设统筹推进。实施石板路互通、弯角龙潭安置区路网、东出口道路改造等新增城市道路建设。建成望城坡停车场、水西农贸市场，启动客运东站建设。“三个中心”完成投资9000万元，科技中心、文化中心主体工程完工。水西城市综合体完成投资9.1亿元，同心商贸城、阳光城、明德新城等项目建设进度加快。投资2.9亿元，加快推进大关、观音洞、重新等小城镇建设。截至目前，全县城镇化率达45.6%。成立了29个乡镇（街道）规划建设委员会，实施林泉镇海子村等10个市级“四在农家·美丽乡村”示范点建设，完成民居建房改造281栋（户），建垃圾收集设施40余处，实施农村危房改造2848户；全面启动除10个市级示范点外的40个县级“四在农家·美丽乡村”示范点规划建设工作。全市“四在农家·美丽乡村”创建工作交流2次在黔西观摩。基础设施建设加快。有序推进高速公路、成贵快铁建设，贵黔高速预计年底建成通车。实施2014年市通村水泥路扫尾工作，完成投资4.3亿元。推进碗厂沟、大洞口等6座危桥改造工作。开展G212大锡至甘棠公路改造工程，林泉至白泥、金碧至沙井公路大修工程，钟山至六广等5条县乡道改造工程前期工作。实现97%行政村通油路（水泥路），94%行政村通客运班线。推进樱桃坪水库工程建设，开工建设23口机井地面设施配套工程、30处“五小”水利工程和乌骡坝山区节水现代农业示范项目、0.54万人农村饮水安全项目及农村饮水安全水质检测中心项目，新增灌溉面积0.3万亩、机井10口，治理水土流失面积2494.33公顷。实施110千伏重新、鹏城等3个输变电建设。建成互联网宽带接入端口450个、光缆805千米、建成3G/LTE基站419个，新增城市20M宽带接入用户11971户、城市有线电视网络双向化改造覆盖用户1630户、农村家庭数字电视延伸覆盖用户180户、高清交互数字电视用户1680户，“小康讯”新增13个自然村通电话、16个行政村通宽带。

（二）民主政治建设持续推进

加强人大法律监督。依法任命了国家机关工作人员26名，组织新任命人员向宪法宣誓。出台了《黔西县人民代表大会常务委员会规范性文件备案审查办法》。组织省、市、县人大代表集中视察调研县行政中心至石板互通市政道路、通村水泥路、黔息白黔贵黔高速公路等重大项目建设和扶贫开发工作情况。县人大代表针对全县经济社会发展的大事和群众关注的热点、难点问题提出建议、批评和意见213件，督办213件，其中11件事关群众切身利益、社会关注度较高的建议列为主任督办件重点督办。发挥民主政治协商职能。县政协紧紧围绕全县中心工作，在生态文明建设、扶贫攻坚、基础设施建设、农村经济发展等方面开展视察调研，形成了《当前我县生态文明建设中存在的问题与对策》等调研报告，提出了意见建议40余条，得到了有关领导的肯定和部门的认同。统一战线工作扎实推进。选聘362名非公经济人士担任“名誉村主任”，兴办企业235家，折合捐建资金共390万元。加强与全国光彩事业企业家和县非公有制企业家的联系，开展了“光彩助学”“光彩济困”“光彩助村”等活动。大力实施党外代表人士“532”培养计划，建立党外代表人士信息库。支持民建、民盟、民进等民主党派的组织建设工作，民建黔西工委筹建工作已基本完成。成功承办了2015年毕节试验区生态产业发展（黔西）峰会、民建东部十省市组织对口帮扶黔西县第三次联席会议等重大活动，成功签约了12个项目，项目资金18.34亿元，其中我县达成签约项目两个，签约资金5亿元。群团组织功能不断突出。加强商会建设，成立了黔西县川渝商会和杜鹃街道商会。支持县妇联开展妇女小额担保贷款贴息资金协调及回收工作，累计发放妇女创业贷款12832万元，回收妇女小额担保贷款11332万元。扶持2142名妇女创业，带动10000余名妇女就业。黔西县绿原食品开发有限公司获得由全国妇联、农业部、科技部授予的全国巾帼科技示范基地荣誉称号。支持团县委大力推进“春晖行动”“希望工程”关爱留守儿童等工作，联合多家爱心企业举办“春晖反哺家乡”主题活动，为太来中学及100名贫困生、困难群众捐赠3万元的物资。启动“同心伴你·快乐成长”关爱阳光少年系列活动，筹集资金12万元，帮助农村贫困学生1000余人。民族、宗教、文联、残联、党史、老干部、老龄、关心下一代等工作全面推进。

（三）改革开放各项工作有序推进

深化改革。推进注册资本登记制度改革、先照后证改革、“三证合一”等改革；实施县生态办机构改革；筹建机关事务局，稳步推进公车改革；实施县乡财政管理体制改革，理顺县乡财政分配关系；启动林泉、太来两乡镇整乡推进土地确权颁证试点工作；搭建融资平台，组建乡村建设投资有限责任公司；积极开展县中心医院县级公立医院综合改革试点工作；组建乡镇（街道）卫生计生服务中心；强力推进殡葬改革工作，遗体火化率、骨灰集中安葬（存放）率、城区集中治丧率实现“100%”。扩大开放。收集整理项目126个，优选项目充实项目库50个。党政主要领导带队赴成渝、京津冀及沿海地区招商考察10次。全年签约项目23个，实际到位资金112亿元，完成年度任务的101.81%。

（四）宣传思想文化工作成效显著

扎实推进宣传工作。率先在全市创新组建“市民讲师团”83人，共开展宣讲活动71场次，受众人数9000余人次。省委常委、宣传部长张广智对黔西县创新成立“市民讲师团”巡讲的做法给予了充分肯定并亲笔签批。组织宣传小组、宣讲报告团赴各乡镇（街道）宣传党的十八届四中全会、省委十一届五次全会、市委一届七次精神44场次，受众人数9130人次。进一步完善重大突发事件网络舆情处置和舆论引导机制，及时处置县内敏感舆情事件10余起。开展网上主题宣传，在黔西宣传网、政务微博、微信等网络媒体上公开发布市、县相关工作850余条、图片500余张。制作户外高杆广告50余块、大型户外广告60余块，LED、LCD显示屏宣传标语200余条。在中央电视台、《人民日报》《光明日报》《贵州日报》《毕节日报》等中央、省、市主流媒体刊登和播报黔西稿件1306条。精神文明建设不断深化。精品打造“百姓说”微电影栏目，制作录播微电影10部，进社区、进乡村播放200余场次，受众人数8万余人次。创新探索“432”工作模式推进“宣传部长上讲堂”活动，开展道德讲堂活动230场，收到活动测评表16542张，受众人数17804人次，得到省委常委、宣传部长张广智的亲笔签批，市委将这一“工作模式”写入毕节市2015年宣传工作要点在全市推广。成功迎来了全市“宣传部长上讲堂”活动现场推进会、全省第二片区“宣传部长上讲堂”活动现场观摩会在我县召开。开展“身边好人”评选活动，我县7名优秀群众被成功评为“中国好人”和“贵州好人”。走村串巷开展“三下乡”活动，共送去文艺节目50个、图书5000余册、各种宣传资料10000余份，法律咨询9000余人次。文化发展欣欣向荣。全民健身活动中心、观音洞遗址公园、新时代文化创意城等重点文化项目建设有序推进，精包装柯家海子、乌江源百里画廊、柳岸水乡等旅游度假区。水西传奇实景舞台项目成功作为贵州省唯一入选国家文化产业司公布的藏羌彝文化产业重点走廊重点项目。积极探索“景区+演艺”模式，深入挖掘民族文化和水西文化，打造具有特色的民族民间文化品牌。成功筹办毕节市文化产业园黔西现场会暨黔西县友联旅游开发有限公司签约仪式。成功申报“黔西县百姓说微电影”和“岳红霞剪纸”市级文化产业发展专项资金，并分别获得10万元和5万元的专项资金补助。

（五）社会民生协调发展

夯实教育发展基础。加快推进在建乡镇中心幼儿园、学生宿舍、教师公租房（周转房）等202个教育工程项目建设。扩建三中、九小等13所义务教育学校。完成南部新区教育园学校建设前期工作。新增配置班班通1048套、计算机1108台，招聘教师400名。实施惠及80390人营养改善计划。建成248个留守儿童之家，发放各类助学补助资金1508.61万元。小学、初中辍学率分别为0.2%、2.0%。义务教育基本均衡通过省级评估验收，黔西一中升省级二类示范性高中和县中职学校创建省级示范性中职学校通过省评估。大力发展卫计事业。积极开展等级医院创建工作，县中医院达到二级甲等中医院标准，县妇幼保健计划生育服务中心达到二级甲等妇幼保健院标准。全县每千人口床位数达4张，每千人有执业（助理）医师1.29名。新型农村合作医疗落实门诊和住院补偿11378.7万元，受益71.11万人次。成功创建省级卫生应急综合示范县。以“双降”为目标，全县符合政策生育率为98.21%，完成避孕节育手术6576例。加强社会救助和保障工作。投入590万元建成县儿童福利院。扎实做好留守儿童、空巢老人排查救助工作，发放低保对象保障金、农村“五保”供养金、医疗救助金等6506万元，救助流浪乞讨人员356人次支出救助金46.38万元。实施惠民殡葬解决困难群众基本丧葬费用316.32万元，投入200万元建设340座农村公益性公墓。全面开展留守儿童、空巢老人、残疾人排查工作，建立帮扶措施，落实关爱经费，劝返留守儿童父母350人。扶贫就业成效明显。投资4097.18万元支持15245户54847人贫困人口发展草地生态畜牧业、蔬菜、精果林、中药材、马铃薯等产业；将2211户2538人农村五保户和14245户24666人无劳动能力的低保户贫困人口纳入政策性保障兜底。投入1325万元扶持食用菌、水西红宝石软籽石榴、蔬菜等富民产业发展，争取财政扶贫资金4256.5万元实施基础设施、产业发展、教育培训等项目70个。投资2.36亿元建成驮煤河扶贫生态移民城二期工程，可安置扶贫生态移民1023户4300人。城镇新增就业7700人，失业人员再就业1700人，就业困难人员就业1220人，农村富余劳动力转移就业19300人，“千企万人”就业工程就地就近就业3700人，完成职业技能培训118人，城镇登记失业率控制在4.2%以内。今年来，共减少农村贫困人口3.5万人；洪水镇新桥村的产业扶贫新模式省委办公厅以《工作情况交流》在全省印发；成功迎来全市扶贫开发推进会在我县召开，中建乡红板村制定的精准“五策”被成功总结为“红板经验”在全市推广；我县扶贫开发工作得到了汪洋副总理充分肯定；继今年6月汪洋副总理亲临我县考察后，云南、广西等省内外各级党委、政府20多个考察团到黔西考察。

（六）平安黔西建设扎实推进

强力推进平安黔西建设。深入开展平安黔西建设，严厉打击各类违法犯罪活动，截至10月，全县共发各类刑事案件2093起，破994起，破案率为47.5%，发案与去年同期相比下降30.6%，破获毒品案件154起，缴获各类毒品共计10170克，2015年，我县群众的安全感达96.52%，在全市排名靠前。平安建设工作得到了省公安厅、市委政法委领导的高度肯定。深入推进社会治理。建立扁平化指挥体系、智能化交通管理、派出所警务中心，实现了“高效指挥、优化警力、控制发案、强化打击”目标。成功承办全市公安机关警务机制改革扁平化指挥体系建设应用现场会。强化安全生产“红线意识”和“底线思维”，深入开展隐患排查治理，严格安全生产关键环节管控，严肃查处非法违法行为，全县生产安全事故起数和死亡人数同比均下降100%，实现了“零事故、零死亡”的目标。成功承办全省煤矿瓦斯治理工作现场会。有效推进信访及矛盾纠纷化解。积极开展信访接访、矛盾纠纷排查化解工作，截至10月份，集中排查出矛盾纠纷527件，已化解475件，化解率90%。树立省、市、县一盘棋，切实打赢“百日攻坚战”。今年以来，省、市领导包案督访共35件，办结息访21件，化解14件。省、市、县三次集中交办矛盾纠纷和信访问题共494件，化解350件，已办结128件。扎实开展县级领导接访下访工作，共接待群众来访538批1076人次，下访400余次，有效化解矛盾纠纷200余起。

（七）生态文明建设全面推进

强建设。完成营造林11.51万亩，森林抚育2万亩，森林管护118.09万亩，森林资源持续增长，全县森林覆盖率达44.85%。实施县城污水处理厂二期管网工程，建成投运金碧、重新、谷里3个乡镇污水处理厂，启动水泥窑协同处置生活垃圾项目建设工作。重监管。加强对电力、煤炭采选等重点行业污染的防治，落实2015年度乌江环境保护河长制，完成治理3家，建成3家汽车尾气检测站，检测车辆20000余辆，完成加油站油气治理25家。严查处。实施“六个严禁”专项行动和“六个一律”环保“利剑”执法专项行动，办理各类森林案件94起，侦破刑事案件13起，取缔无证经营加工木材场所1个；查处案件272起，查封企业1家，移送涉嫌环境污染案1起，立案8起。抓创建。开展生态村镇创建工作，申报了中坪镇、洪水镇、重新镇3个省级生态乡镇和雨朵镇扯泥村、重新镇桥边村2个省级生态村。

（八）党的建设不断加强

理论学习不断加强。深入学习党的十八大、十八届三中、四中全会、省委十一届五次全会、市委一届七次全会及习近平总书记系列讲话精神，切实在学懂、学深、学透上下功夫，用马克思主义中国化理论武装头脑，坚定自觉在思想上政治上行动上与以习近平为总书记的党中央保持高度一致。及时把中央、省、市各级重要工作部署纳入各级党委（党组）中心组学习内容，学以致用，扎实推动各项工作落实。“三严三实”专题教育扎实开展。全省、全市“三严三实”专题教育启动后，结合实际，认真制定我县《关于开展“三严三实”专题教育整治“为官不为”深化干部作风建设的实施方案》和县委常委开展“三严三实”专题教育的7个子方案、《县委常委开展“三严三实”专题教育流程图》；组织有关单位拟写整治干部作风的“五个办法”（《干部作风“马上就办”实施办法》《干部作风督查考核办法》《干部作风预警制度》《干部召回管理办法》《干部作风问责办法》）。县四大班子领导干部带头讲专题党课27场次，开展专题研讨2次，带动全县各级党组织共开展专题党课126场次，教育党员干部12300余人次。干部队伍管理不断强化。围绕习近平总书记系列重要讲话精神和习近平总书记对毕节试验区批示精神，采取上党课、专题讲座等形式，着力加强党员干部教育培训，累计培训党员干部5700余人次。分级分类推进干部教育培训工作，对6600余名各级各类党员领导干部、农民群众进行培训。扎实开展农民讲师巡讲工作，组织县、乡、村三级农民讲师开展巡讲250余场次，共计培训农民群众2.77万余人次。选派各级党员领导干部、村支两委、农民讲师、农村致富带头人分别赴山东、深圳、遵义等省内外参加各类培训班59期次，培训基层干部466名。利用“12380”举报网站平台，接到各类信访举报14件，其中涉及选人用人问题6件，市委组织部转办7件。加强因私出国（境）证件的集中管理，对76名在职县管干部办理和持有的92个因私出国（境）证件全部收回组织部集中保管，查实处理违规办理和持有因私出国（境）证件3人。切实抓好《毕节市干部负面清单纪实管理办法（试行）》的贯彻落实，共收到负面信息118条，建立科级干部负面清单台账102条。基层组织建设持续推进。持续加强村级组织建设工作，选派197名机关优秀干部到村任“第一书记”；选派1373名干部、组建274个驻村工作组开展驻村工作，一年来，全县驻村干部共走访群众81130人次，帮助谋思路出点子2436条，协调资金2492.5万元，解决困难问题2393个，协调项目136个，办好事实事5308件，化解矛盾纠纷300余起。在362个行政村推广林泉“一核多元”基层服务建设经验。整合投入资金300余万元，建设村级组织活动场所，不断完善村级组织配套服务设施。建立“党员服务区”8000余个，全县1.2万名农村党员和入党积极分子按照居住区域就近联系服务5至15户群众。党风廉政建设成效明显。强化“两个责任”追究，成立巡查工作领导小组，对9名主体责任落实不到位的领导干部进行主体责任追究。成立刹风整纪专项治理领导小组，开通“黔西县作风举报投诉直通车”微信公众平台，对违反“八项规定”等问题，下发全县通报批评文件5个，点名道姓通报48人。重点查处了一批损害群众利益的民生案件，全县纪检监察机关共立案111件，结案99件，给予党政纪处分106人，党纪处分88人，其中涉及乡科级干部16人，一般干部24人。扎实开展民生监督工作，共立案调查民生领域违纪违法案件119件，结案90件，党政纪处分96人，移送司法机关24人，追回涉案资金579.45万元。启动民生整治铸廉行动，共清理2013以来民生项目2350个，资金513888.9864万元，发现问题751个，整改建立相关制度8项。强力推进权力清单运行备案制度，对权力运行失范行为问责87人，节约资金329万元，挽回经济损失112万元。成功迎来全市推进权力运行监督备案工作现场会在我县召开。进一步完善“万名群众监督员”管理制度，制定下发了《关于进一步完善“万名群众监督员”管理制度的通知》，全县一万余名勤廉群众监督员共开展跟踪监督检查633人次，提供问题线索175件。

二、存在的问题和困难

一是综合实力不强。人均生产总值低，贫困面还较大，加快发展、同步小康的任务十分艰巨。二是瓶颈制约仍然突出，县财政欠账较大，财政收支矛盾突出，建设资金投入严重不足，化解债务的任务十分艰巨。三是产业结构还不合理，煤电企业数占比高、体量大，以煤电为主导的产业发展格局还没有得到根本性改变，受经济下行等影响，工业经济持续下行。农业产业富民成效不明显，城乡收入差距较大，旅游服务业占比小、质量不高、拉动能力不强。四是维护社会稳定压力大，征地拆迁安置补偿、矿群纠纷、涉法涉诉等矛盾复杂，安全生产形势依然严峻。

三、2016年工作打算

总体思路是：坚持以党的十八大、十八届三中、四中、五中全会及习近平总书记系列讲话精神为引领，认真贯彻落实省委十一届五次全会、市委一届七次全会的重大决策部署，坚持主基调主战略，把改革贯穿于经济社会发展各个领域，主动适应经济"新常态"，以增强改革、发展、转型内生动力为着力点，以提高经济增长的质量和效益为中心，大力破解制约发展的突出问题，在经济创新、产业发展、城乡建设、基础设施、扶贫攻坚、改革发展、生态建设、民生事业、社会管理、党的建设上实现新突破。认真总结"十二五"规划目标任务完成情况，全面谋划"十三五"发展规划，努力保持经济社会持续健康发展。初步测算，2016年，全县生产总值187.72亿元，同比增长14%。500万元以上固定资产投资170.5亿元，同比增长15%。2000万元以上工业增加值31亿元，同比增长14%；财政收入34.31亿元，同比增长5%，公共财政预算收入13.08亿元，同比增长5%。社会消费品零售总额31.92亿元，同比增长12%左右。城镇居民人均可支配收入达24858元，农村居民人均可支配收入达8018元。

围绕以上总体思路和发展目标，突出抓好以下十个方面的工作：

一是着力培育新的经济增长点。围绕全面小康社会建设目标任务，精心谋划一批具有竞争优势的项目，着力培育新的经济增长点。加快发展电子商务产业。积极引进电子商务平台企业、应用企业和网商等落户县电子商务运营中心，配套建设物流分销体系和产品检验检疫中心，拓宽特色农产品销售渠道，夯实产业发展基础。整合县供销系统、农民专业合作社、农村便民服务中心等资源，建成覆盖25个乡镇电子商务服务站，加快推进村级站点建设。积极引导电子商务运营企业在我县注册成立公司，积极培育电子商务运营主体。加强电子商务人才队伍建设，做好县域电商和农村电商从业人员培训。大力发展商贸物流产业。加快推进同心商贸城等建设，并配套建设仓储物流基地，支持国美、苏宁等电子商务与实体市场结合的龙头企业进驻我县发展。加快县域副中心城市和特色小城镇建设步伐，推进县乡公路改造，发展中心集镇商贸流通业。充分利用我县交通和区位优势，配套制定扶持仓储物流企业发展的优惠政策，有效降低仓储物流成本，逐步把我县建成"黔中经济圈"和贵州经济社会发展"金三角"重要的仓储物流基地。规划实施通道经济建设。围绕高速公路和快速铁路沿线、站点、互通，结合我县矿产开发、旅游发展等需要和经济社会发展实际，立足当前，着眼长远，科学编制我县通道经济建设规划，有序推进通道经济建设，打造通道经济发展核心区。

二是着力抓好产业发展。狠抓工业经济。加快官寨、高坡等在建煤矿建设，抓好电煤供应和水电站蓄水发电，保障黔希煤化工正常生产。力争华润电力黔西电厂恢复建设，推进黔西电厂二期建设和五里观音洞煤电气产业园建设。认真落实民营经济扶持政策，不断提高民营经济在生产总值中的比重。狠抓农业产业。狠抓农业科技运用，确保全年粮食总产量27万吨以上。规划种植烤烟6亩，确保收购烟叶14万担。加快农业产业结构调整步伐，大力发展山地高效农业板块经济，新增种植马铃薯及商品薯5万亩、商品蔬菜5.76万亩、人工种草1.9万亩、特色经果林8.64万亩、中药材0.7万亩、高山生态茶0.5万亩，新增存栏肉牛0.3万头、肉羊0.2万只、蛋鸡20万羽、乌骨鸡5万羽，培育“三农”新的增长点。大力培育龙头企业和农业经营主体，力争认定市级龙头企业4家，申报省级龙头企业1家，新建农民专业合作社40家。狠抓旅游服务产业。加快水西古城文化旅游区建设，推进观音洞文化遗址等重点景区的开发建设，加强大关丘林村、洪水解放村等乡村旅游示范点建设。

三是着力推进城乡建设。加快城镇化步伐，力争城镇化率达47.3%以上。县城建设方面。投资2.62亿元建设县汽车总站、立窑焚烧垃圾中转站、人行天桥（地下通道）等项目。实施纵二线延伸段路网等城市道路建设。完成文化中心、科技中心建设，推进体育中心建设。加快推进同心商贸城、阳光城建设。启动实施棚户区改造6000户。推进国家园林城市和卫生城市创建工作。小城镇建设方面。按贵州小城镇升级版要求，推动素朴镇、钟山镇、谷里镇3个小城镇建设。全面落实素朴镇、钟山镇省级示范小城镇改革发展“十条意见”和“镇村联动”工作。加快推进金碧、绿化等14个“六型”小城镇建设。投资5.8亿元建设大关银河创业园、城市综合体、文阁新城等项目；投资5亿元启动观音洞、林泉、红林3个小集镇建设项目。美丽乡村建设方面。投入1.5亿元建设“四在农家·美丽乡村”创建点106个，实施“贵州民居”改造工程4000户。加快推进林泉镇海子村等10个“四在农家·美丽乡村”示范点建设。投入9955.39万元实施农村危房改造7969户。实施250千米通村油路（水泥路）、100千米通组路建设。

四是着力推进基础设施建设。交通方面。加快推进白黔、黔息高速公路和成贵快速铁路建设，力争白黔、黔息高速公路年内建成通车。开工建设G212大锡至甘棠改扩建工程，林泉至白泥、金碧至沙井公路大修工程。力争实施钟山至六广等5条县乡道改造工作。抓好南部新区城市道路建设服务工作。启动建设60千米的县乡道和700千米小村公路。水利方面。配合做好夹岩水库建设工作。加快推进樱桃坪水库工程建设。完成仙人洞水库建设。投入2.24亿元，实施饮水安全巩固提升项目4处，完成17.21万人饮水安全巩固提升改造。力争实施甘家庄至驮煤河防洪工程、林泉镇大田水库除险加固工程、中坪镇抗旱应急水源工程。电信方面。投资6413.8万元，实施黔西220千伏变电站二期扩建输变电工程、110千伏牌庄输变电工程、110千伏谷里输变电工程。

五是着力推进扶贫攻坚。实现60个贫困村出列，减少贫困人口3.5万人。通过“四看法”综合评定贫困户，进一步完善贫困对象档案。积极争取上级扶贫资金，以贫困村为主战场，精准投入实施扶贫攻坚“六项行动计划”，重点实施通村、通组公路建设，打通基础设施建设的“最后一千米”，增强贫困村自主发展后劲。认真总结“红板经验”，全面推广建立贫困户“二维码”管理和“五户联保”制度。大力发展特色种植和山地生态畜牧业，发展种植蔬菜46万亩、核桃1.5万亩、马铃薯种薯及商品薯0.93万亩、中药材（皂角、刺梨、金银花、菊花等）1万亩、石榴及猕猴桃等精品水果2.55万亩，养牛500头、养殖乌鸡25万羽。种植烤烟6万亩，收购烤烟14万担。开展各类扶贫培训3800人，实施“圆梦行动”应补尽补。

六是着力改善社会民生。教育方面。加快推进14所乡镇（街道）幼儿园和三中、九小、钟山中学等13所义务教育学校建设，大力推进南部新区教育园一高中、二中分校、一小分校、驮煤河小学、坪子小学建设。加强控辍保学工作，确保小学、初中辍学率分别控制在0.5%、2%以内，巩固提高义务教育均衡发展成果。卫生方面。按三级医院标准，启动县中心医院二期建设。投资1560万元，完成县疾病预防控制中心业务楼建设。基本药物制度实现全覆盖。招录卫生技术人员150名，确保每千人床位达4.5张、执业（助理）医师1.5名。城乡居民医保参合率控制在98%以上。投资1760万元完成3个乡镇卫生院、2个社区服务机构、10个村卫生室标准化建设工程。计生方面。深入实施诚信计生家庭奖扶政策。力争人口出生率控制在12.2‰以内，人口自然增长率由控制在5.6‰以内，符合政策生育率达到95.5%以上。就业再就业方面。新增城镇就业7800人，就业困难人员再就业1300人，农村富余劳动转移就业3600人，城镇登记失业率控制在4.2%以内。

七是着力推进生态文明建设。推进生态工程建设。大力实施绿色毕节三年行动计划，完成造林5万亩，森林抚育1万亩，治理石漠化1平方千米，退耕还林1亩，全县森林覆盖率达45.8%以上。强化环境保护修复。加快推进利用水泥窑协同处置生活垃圾项目、县城污水处理厂二期建设。加大对黔西电厂、黔西西南水泥厂等重点排污企业的监测力度，确保污染物达标排放。加强林业环保执法。深入开展破坏森林资源的森林保护“六个严禁”等专项行动，依法严厉打击各类涉林违法犯罪活动。强化“六个一律”环保“利剑”执法专项行动，严厉打击破坏饮用水源地环境等违法行为，确保饮水安全和生态环境改善。

八是着力推进改革开发。稳步推进改革。继续推进注册资本登记制度改革、先照后证改革、“三证合一”等改革。探索PPP模式，包装充实项目库。组建机关事务局，全面推进公车改革。实施县乡财政管理体制改革，激发乡镇培植新财源的积极性和创造性。推进农村土地确权颁证试点和城乡户籍制度改革。探索在非义务教育阶段实行公办民助、公办民营等体制。深入开展公立医院综合改革试点工作。强力推进殡葬改革工作，遗体火化率、骨灰集中安葬（存放）率、城区集中治丧率实现“100%”。不断扩大开放。强化项目库建设，收集整理项目150个，精选项目充实项目库70个。创新招商方式，加大招商引资力度，力争引进省外招商项目23个，完成到位资金110亿元，力争完成120亿元。

九是着力加强社会管理。大力推进“平安黔西”建设，加快推进“天网工程”二期项目建设，强化社会治安综合治理，严厉打击“两抢一盗”等各类违法犯罪行为，确保群众安全感测评稳步提升。深入推进“政策法规大宣传、矛盾纠纷大调处、社会治安大整治”三大专项行动。扎实开展重大项目建设、决策部署等方面的稳定风险评估工作，着力化解矛盾纠纷，维护社会稳定。大力推广“六零六好”“六强六创”经验，充分发挥县、乡、村三级群众工作体系作用，推进城乡社区网格化服务管理，巩固服务群众网格工作室建设成果，有效突破社会管理的薄弱环节。

十是着力加强党的建设。坚持党要管党、从严治党始终贯穿于改革发展全过程，为改革和发展提供坚强有力的保障。狠抓理论学习。深入学习贯彻习近平总书记系列重要讲话和今年6月份在贵州考察工作时重要讲话精神，及时跟进马克思主义中国化最新理论，坚定理想信念。组织全县党员干部深入学习《习近平谈治国理政》《习近平总书记系列重要讲话读本》等重要文献，始终把习近平总书记重要讲话的核心要义和思想精髓作为行动指南，从思想上政治上行动上与党中央保持高度一致。坚持不懈开展“三严三实”专题教育。把“三严三实”专题教育作为长期工作长期抓、常态化抓，切实整治“不严不实”“为官不为”“僵慵懒浮散”等问题，巩固“三个阶段”的学习成果，狠抓作风建设。不断提升党建的能力和水平。进一步完善基层组织服务体系建设，切实增强党组织书记服务企业、服务群众的能力，加大同步小康驻村督查考核力度，继续加大软瘫党支部的建设力度，切实解决好农村基层组织建设中“三空三费”问题。完善考评机制，大力提拔、重用那些敢于担当、勇于担当，能力过硬、作风优良的优秀干部；以受聘、智力投资、技术入股和项目合作等方式引进人才；大力加强干部的学习培训，开阔视野，提升能力和水平。深化党风廉政建设和反腐败斗争。认真落实党风廉政建设“两个责任”，以零容忍的态度坚决惩治腐败。健全党风廉政建设协作工作机制，加大执纪监督问责力度，加强民生监督组指导工作；进一步强化对权力运行的制约和监督，加强反腐败工作的思想道德、预警纠错、党纪国法“三道防线”建设，坚决惩处在重大项目、重大活动中违反政治纪律、失职渎职的行为。

在中共黔西县委十一届六次全会上的工作报告

中共毕节市委常委、中共黔西县委书记 卢 林

（2016年1月17日）

各位委员、同志们：

受县委常委会委托，我向全会做工作报告。

过去的一年，在市委的坚强领导下，县委常委会始终坚定政治信念，坚定发展定力，坚定改革信心，坚定法治思维，牢记从严治党，总揽全局、协调各方，推动经济社会建设稳中有进、稳中向好，全县上下呈现出政治风清气正、经济持续向好、民生持续改善、社会和谐稳定、生态优势凸显、干部激情满怀的良好局面，圆满完成“十二五”收官，拉开“十三五”序幕。

一、坚定政治信念，思想上行动上始终同中央、省委、市委保持高度一致

县委常委会始终坚持把学习贯彻党的十八大和十八届三中、四中、五中全会精神及习近平总书记系列重要讲话精神作为首要政治任务，把深入贯彻落实中央、省市重要会议精神和各项决策部署作为重要任务，在真学真用、真抓实干上下功夫，推动讲话精神和上级各项决策部署在黔西落地生根、开花结果。统一思想到了新高度。强化中心组学习，通过学习读书会、常委办公会等形式，及时组织传达学习各级领导重要讲话精神，带头学习、带头宣讲，切实把全县干部群众的思想和行动统一到了中央和省市的要求上来。谋划发展有了新思路。紧密围绕中央“四个全面”战略布局、省委“守底线、走新路、奔小康”总纲和市委“决战贫困、提速赶超、同步小康”的决策部署，结合实际运用系统思维、底线思维、辩证思维和“五大发展理念”，精心谋划“十三五”工作思路，提出了“12345”的奋斗目标。推动工作有了新成绩。县委常委会从事关全局和影响长远的重大问题入手，致力于全面建成小康社会、全面深化改革、全面依法治县、全面从严治党，着力提升执行力、发展力和公信力，人民群众获得感、幸福感、安全感和满意度不断提高。

二、坚定发展定力，综合经济实力和小康实现程度明显提升

面对经济下行压力加大、财政收支矛盾突出等诸多困难，县委常委会始终坚持以发展为第一要务，抢抓机遇适应新常态，进一步加快“赶”与“转”的步伐，着力保持总量、质量、均量“三量齐升”。全县生产总值完成166.04亿元，比上年增长14%；50万元以上固定资产投资完成223.8亿元，比上年增长20.7%；财政总收入完成23.79亿元，公共财政收入完成8.10亿元，税收占比升至60.02%；社会消费品零售总额完成28.5亿元，比上年增长12%；农民人均可支配收入和城镇居民人均可支配收入分别达7039元、23015元，在全省47个非经济强县中，排名从2014年的27位上升至2015年的15位。全面小

康实现程度达90.3%。

产业发展质量稳步提升。坚持以提高质量效益为中心提效能，把主攻项目建设作为推动发展的重要抓手，不断强化要素保障、破解制约瓶颈，全县投资不断扩大、经济稳定增长。工业结构进一步优化。立足打造以“煤电一体化”为主体的百亿级园区，不断转方式、调结构，初步形成了以煤电化产业为龙头、以民营企业为支撑、以装备制造和新型建材业为核心的工业体系。实施工业项目73个，精心优选9个项目拟作为我县2016年全省观摩项目。重大项目建设后劲增强。永润天泽化工、永贵煤机、海大科技项目投产，黔希煤化工单车试运行，海悦科技立体停车设备试生产；华润电力黔西电厂、黔西电厂二期工程开工建设，水、火累计发电66.86亿千瓦时。2015年全市工业项目建设现场观摩会走进黔西。农业效益稳步提升。加快推进农业园区建设，创建省、市级园区6个，实现总产值14亿元。大力发展水西红宝石软籽石榴等特色经果林、蔬菜、马铃薯、生态养殖、中药材种植等“六大农业板块经济”产业；大力实施“科技兴农”和粮增工程，巩固粮烟主导地位，全年粮食产量同比增长6%，养殖业产值同比增长17.15%，承办了全省、全市烤烟生产备栽工作现场会。旅游文化产业蓄势待发。水西传奇实景舞台项目成为贵州省唯一入选国家藏羌彝文化产业重点走廊重点项目，水西泰丰园成为国家AAA级景区，推动6个乡村旅游项目列入省乡村旅游转型升级重点示范村寨名录；组织召开了文化产业调研座谈会，深入挖掘、传承和保护“水西文化”。精选100余件民间工艺品，参加中国（深圳）国际文化产业博览交易会；象祠修复工程竣工验收，李世杰墓院修复工程即将完工；举办了丘林桃李花文化旅游节、“柳岸水乡”油菜花文化旅游节等活动，旅游总收入突破37.7亿元。电子商务蓬勃发展。深入实施“互联网+”带动战略，结合大数据打造创业平台，开启了“电商+扶贫”的农村电子商务新模式，有力推动“大众创业、万众创新”和黔货“出山”；在京东建立全省第一家县级特色馆，构建起了“县级服务中心+支线物流+村级网络点”的电商网络体系，全县362个村实现全覆盖。

基础设施建设全面提速。紧紧抓住省委省政府实施道路交通基础设施“三年行动计划”和水利“三大会战”机遇，道路交通、水利、电讯基础设施日趋完善。有序推进成贵快铁和贵黔、息黔、白黔高速公路建设，贵黔高速预计2016年3月建成通车；启动大锡至甘棠公路等5条县乡道路改造工程；实施通村水泥路扫尾工程，实现100%建制村通油路（水泥路）。配合做好夹岩水利枢纽工程（黔西段）协调服务工作，加快推进樱桃坪水库等骨干水源工程建设，新增灌溉面积0.3万亩。实施重新、林泉等3个110千伏输变电建设；新增15个自然村通电话、50个行政村通宽带。

城乡建设日新月异。城市建设靓起来。阳光大道即将建成通车，南部新区教育园区、金黔大道项目开工建设；加快推进水西古城、同心商贸城、阳光城、明德新城、振华花开城等项目建设，县城面积扩容到15.6平方千米；统筹推进“六型小城镇”建设、棚户区改造、易地扶贫搬迁工程，完成城市棚户区改造886户，全县城镇化率达45.6%。乡村建设美起来。成立乡镇规划建设管理委员会，完成106个“四在农家．美丽乡村”创建村规划编制，重点打造林泉镇海子村、雨朵镇扯泥村等十个市级“四在农家·美丽乡村”示范点，新建改造“贵州民居”1429户，实施农村危房改造2848户。全市两次“四在农家·美丽乡村”现场推进会走进黔西。

生态建设潜力厚植。坚持既要“金山银山”

又要“绿水青山”，启动“绿化黔西”三年行动计划，狠抓绿化造林、森林管护和水土治理工程，全县森林覆盖率达45.12%。成功承办全国新一轮退耕还林观摩会、全市林业现场会。成立了县乡村生态保护委员会，严格落实“六个严禁”“六个一律”等生态保护措施，成立“绿十字”会、组建万名生态保护队伍，全面加强对“山水林田路树”的精准保护，探索出了一条生态建设修复保护的新路。启动了国家柯海湿地公园建设，积极申报洪水镇等3个省级生态乡镇和扯泥村等2个省级生态村。加快推进利用水泥窑协同处置生活垃圾项目建设，建成投运县城污水处理厂二期等5个污水处理厂，建成大关桥水质自动监测站和3家汽车尾气检测站，“山清水秀天蓝”的生态优势凸显。

脱贫攻坚成效显著。我们以农村为主战场、产业扶持为主攻方向，整合各类资源开展精准扶贫和“六个小康”建设。实施基础设施、产业发展、教育培训等项目70个；全面落实社会保障兜底政策。汪洋副总理到我县考察后，云南、广西等40多个党政考察团前来考察学习。洪水镇产业扶贫“1154”模式、中建乡“红板经验”分别在省市推广，全市精准扶贫现场观摩会在我县召开。召开万人誓师大会，统一思想按“黔西县决战贫困誓言”开展精准扶贫。如期实现永燊、中建、新仁、花溪、金兰、五里6个乡镇省级“脱贫摘帽”，减少农村贫困人口33768人。

民生改善扎实有效。教育事业基础夯实。义务教育基本均衡发展通过国家评估验收；启动全市第一个PPP模式引资建设的南部新区教育园建设项目，完成南部新区教育园学校建设前期工作，黔西一中升级为省级二类示范高中，黔西职中被评为省级示范性中等职业学校，200多个教育工程项目建设加快推进；扎实抓好《全民科学素质行动计划纲要》实施，努力提高全民科学素质。卫计服务能力提升。县中医院达到二级甲等中医院标准，县妇幼保健计划生育服务中心达到二级甲等妇幼保健院标准；符合政策生育率达98.21%。社会保障力度加强。整合部门力量、统筹社会资源，全面开展留守儿童、空巢老人等关爱救助工作；城乡就业形势稳定、低保标准大幅提升；易地扶贫搬迁工程快速推进，千户移民集中搬迁入住过新年。

三、坚定改革信心，创新驱动活力和发展内生动力竞相迸发

县委常委会始终坚持战略导向、问题导向、需求导向，承接好上级改革红利，用好改革杠杆，积极探索创新管理体制机制，激发内生动力活力，全面协调推进工商办事制度改革、财税体制改革和农村土地等改革，不断为全县经济社会发展注入强劲力量。

重点改革稳步推进。把工商注册资本由实缴登记制改为认缴登记制、企业年检制改为年报制，全面推进工商“三证合一”改革。深化部门预算、财政投资评审、非税收入收缴等改革，建立结转结余资金管理与预算编制相衔接的制度，激活各类闲置和沉淀资金。探索推广政府与市场主体合作PPP模式，拟建PPP项目18个，有6个进入省财政厅示范项目库、2个进入国家发改委PPP项目库。积极探索推广农村土地确权颁证试点工作，在林泉、太来整乡推进，完成航空摄影、二轮延包资料收集建档11290户。积极探索财政资金在支农上“管理规范、资金安全、项目牵引、绩效显著”的推进机制，16个试点整合资金1.87亿元，带动社会资本5.33亿元投入项目建设，汪洋副总理在全国农村改革试验区工作交流会上充分肯定乌骡坝社区的做法，整合支农资金带来撬动效应的做法获人民日报内参选载。积极落实上级机构改革方案，完成县小康办、机关事务局、不动产登记局等机构整合；严格按照省、市相关要求，稳步推进公立医院综合改革、公车改革；强力推进殡葬改革工作，成功承办全省殡葬改革工作现场观摩推进会。

招商引资成效明显。带队到北京、广东等地招商引资，深入实施工业“百千万”工程，扎实开展“百名干部进百企”活动，多次组织赴京、赴省对接协调黔西电厂二期、黔希煤化工等项目建设工作，全力帮助企业解决生产经营、项目建设、要素保障等方面存在的困难和问题；组织参加省市招商节会，全年签约项目 23 个，投资额达 153.1 亿元。

四、坚定法治思维，依法治县和民主政治建设全面加强

县委常委会始终加强对法治工作的领导，坚持依法治理、综合治理、源头治理，强化人大法律监督、政协民主监督，着力提升依法治县能力和人民群众的安全感、满意度、获得感。

法治黔西创建全面启动。县委常委会模范带头学习和遵守宪法等法律法规，召开县委常委会启动依法治县工作，出台了《中共黔西县委关于全面推进依法治县的实施意见》，运用法治思维谋划推动工作、创新社会治理；深入开展“六五”普法等法制宣传，全民法律意识和法制观念明显增强。平安黔西建设深入推进。第一时间启动“法治黔西”创建，相继启动“天网工程”二期建设工程，严厉打击各类违法犯罪活动，刑事发案总量同比下降 30%，群众安全感满意度测评连续两年全市排名第一，承办了全市公安机关警务机制改革扁平化指挥体系建设应用现场会。强化安全生产“红线意识”，严格安全生产关键环节管控，实现了“零事故、零死亡”的目标，承办了全省煤矿瓦斯治理工作现场会。带头扎实开展带案下访、信访接访和矛盾纠纷排查化解工作。扎实开展拥军拥属工作，荣获“省级双拥模范县”称号。

人大法律监督有力强化。大力支持县人大依法履行宪法规定的职责，有力推动政府部门依法行政和司法机关公正司法。县人大代表针对全县经济社会发展的大事和群众关注的热点、难点问题提出意见建议 213 件，督办 213 件。

政协民主协商有效发挥。积极支持县政协履行自身职能，并认真采纳县政协提出的意见建议。县政协紧紧围绕全县中心工作，针对生态文明建设、扶贫攻坚等方面开展调研，提出意见建议 40 余条，形成了一批高质量的调研报告。

统一战线力量不断汇聚。县委出台了关于进一步加强统战工作的《实施方案》等主要文件，常委会成员亲自带队到民建中央汇报对接工作，成功承办了民建中央与市委、市政府共同主办的“2015 年毕节试验区生态产业发展（黔西）峰会”和“全国光彩事业黔西行”等重要会议及活动，成立了民建黔西工委和民盟、民进两个民主党派黔西支部，选拔任用党外正副科级干部 14 名，统一战线成为助推全县经济社会发展的重要力量，统战工作综合考评荣获全市一等奖。

同时，工会、共青团、妇联、老干、民族、宗教、文联、工商联、党史、党校、档案、关心下一代等各项工作全面推进，党管武装工作和国防后备力量建设进一步加强。

五、牢记从严治党，党的建设全面加强

县委常委会始终坚持党要管党、从严治党，着力打造一支“忠诚干净担当”的干部队伍，为“决战贫困、提速赶超、同步小康”提供坚强的政治保障。

“三严三实”专题教育扎实开展。按照省市的安排部署，结合实际认真开展“三严三实”专题教育，班子成员带头讲专题党课，分别围绕“严以修身、严以律己、严以用权”开展专题研讨，切实在查摆“不严不实”问题上动真格，列出问题清单 8 条，立行立改整改 8 条，推动专题

教育取得实效。出台干部作风整治“五个办法”，对工作不力的13名干部实行召回学习，全县党员干部修身做人、为官用权、干事创业“严而又实”。

基层组织有力夯实。全面加强县、乡、村三级党组织建设。由14名常委分别联系的软弱涣散党组织实现晋位升级；创建“互联网+党建”云平台，运用大数据倾听群众呼声；采取建立“党员服务区”、选派“第一书记”、组建驻村工作组等方式密切与群众的血肉联系，切实帮助群众解决生产生活中遇到的困难和问题。同时，坚持正确用人导向，把好干部选出来、用出来，提拔36名乡镇党委副书记、党政副职任主任科员；建立起村干部报酬正常晋升、“十佳”村党组织书记评选机制，评选出10名优秀村党组织书记（次年可享受事业单位副科级待遇），党员干部干事创业激情满怀。

宣传思想工作亮点纷呈。县委常委会坚持正确的宣传思想工作导向，以“诚信·守法·感恩”活动为载体，积极培育和践行社会主义核心价值观，深入开展农村思想政治教育，广泛开展爱国主义、集体主义等宣传教育活动，牢牢把握意识形态工作主动权。创新探索“432”工作模式推动宣传部长上讲堂、“市民讲师团巡讲”两项工作得到省委常委、宣传部长张广智亲笔签批，全省第二片区“宣传部长上讲堂”活动现场观摩会、全市“宣传部长上讲堂”活动现场推进会在我县召开。中央电视台、《人民日报》《光明日报》《经济日报》等国家级主流媒体23次宣传报道黔西。

党风廉政建设深入推进。县委常委会始终坚持党要管党、从严治党。牢牢抓住主体责任“牛鼻子”。层层签订党风廉政建设责任书，不断将主体责任层层传导，把党风廉政建设工作纳入目标考核内容，严格执行党风廉政建设“一票否决”“一岗双责”等制度，建起了“全面从严治党”的责任防线。全力支持纪委“搞三转”。明确要求乡镇（街道）党委（党工委）和县直部门党组不得安排纪委书记、纪检组长分管纪检监察以外的工作，让各级纪委集中精力进行执纪、监督、问责；落实了每个民生监督组的办公用房和每年8万元的工作经费，投入90万元用于各乡镇（街道）民生监督组谈话室建设。强化教育监督“抓预防”。充分发挥岔白警示教育基地作用，扎实开展“七个一”党风廉政宣传教育活动，着力打好廉政教育“组合拳”。认真落实权力清单运行备案制等制度，权力清单运行备案入选全省全面深化改革优秀案例，全市现场会在我县召开；设置“三公经费公开监测”、涉农资金网络监管查询点等平台，聘请1万余名群众监督员开展监督，着力构建起了全方位、全覆盖的监督体系。全面从严治党“严惩处”。把纪律和规矩挺在前面，以“零容忍”态度惩治腐败，做到发现一起、查处一起，绝不姑息迁就。一年来，立案查处党政纪案件174件，党政纪处分174人，其中科级领导干部16人、移送司法机关处理12人。

“其身正，不令而行。”县委常委会在坚定发展定力，坚定改革信心，坚定法治思维，牢记从严治党，统筹协调推进“四个全面”战略布局的同时，高度重视自身建设，较好地树立了县委常委班子的良好形象，坚持做到四个带头：一是带头“讲忠诚”。我们始终认真践行宗旨，把对党忠诚、政治坚定作为立身之本、为政之基，做到在党言党、在党忧党、在党为党，随时随地站稳立场，确保同党中央保持高度一致与人民群众一条心。二是带头“尚实干”。我们坚持“谋事要实、创业要实、做人要实”，带头坚持民主集中制，发扬密切联系群众的优良作风，主动上门服务、问需服务，带头深入到企业、农村开展精准帮扶。三是带头“树正气”。我们坚持“严以修身、严以律己、严以用权”，模范遵守法律法规、坚守道德底线，严格遵守中央八项规定、省委市委十项规定和廉洁自律的各项规定，永葆共产党人清正廉洁形象。四是带头“挑重担”。我们始终坚持发展第一要务，牢固树立大局意识、发展意识、机遇意识，总揽全局、协调各方，广泛凝聚改革发展正能量，推动黔西经济社会持续健康发展。

过去的一年是我县扶贫攻坚成绩最突出的一年，是我县基础设施建设步伐最快的一年，是我县生态建设成效最好的一年，是我县群众得到实惠最多的一年。这些成绩的取得，是省委、省政府和市委、市政府坚强领导的结果，是统一战线、民建中央、国家有关部委、各级各界倾力帮扶的结果，是全县各级各部门、广大干部群众积极奉献、奋力拼搏的结果，也是各位县委委员、候补委员团结协作的结果。在此，我代表县委常委会，向在座的各位同志，向全县广大党员和干部群众，向所有为黔西改革发展稳定做出贡献的各位同志、各界朋友，表示衷心感谢，并致以崇高敬意！

同志们，“成绩来之不易，未来任重道远。”在充分肯定成绩的同时，县委常委会也清醒看到面临的形势和存在的问题：一是脱贫攻坚时间紧、任务重、压力大。二是产业转型升级困难，保持经济持续增长面临诸多不稳定因素。三是财政收支矛盾突出，政府债务重，风险防控的压力大。四是干部执行力、发展力、公信力还有待进一步提高。

下一步，县委常委会将紧盯“12345”奋斗目标，结合实际以扶贫攻坚为统领，以大数据为引擎，以民生改善为落脚点，以改革创新为驱动，以大教育、大能源、大交通、大水利建设促进后发赶超，以大开放、大生态、大农业、大健康促进转型升级，以新型城镇化统筹城乡发展，着力把黔西打造成为“黔西北能源基地、物流基地、游客集散基地和现代农业示范基地”，推动“法治黔西、绿色黔西、畅通黔西、数字黔西、美丽黔西”建设取得新成绩。

各位委员，同志们。让我们大家携起手来，进一步坚定信心、迎难而上、同心攻坚，全面提升执行力、发展力和公信力，为带领全县人民与全国同步建成小康社会不懈努力奋斗。

黔西县人民代表大会常务委员会工作报告

——在县十六届人民代表大会第五次会议上

黔西县人大常委会主任 罗德智

（2016年2月26日）

各位代表：

我受县人大常委会委托，向大会报告工作，请予审议。

2015年主要工作

2015年，县人大常委会在中共黔西县委的领导下，坚持以马克思列宁主义、毛泽东思想、邓小平理论、“三个代表”重要思想、科学发展观为指导，深入学习贯彻习近平总书记系列重要讲话精神，认真贯彻执行党的十八大和十八届三中、四中、五中全会精神，围绕中心，依法履职，为推进黔西经济社会健康发展做出了积极的贡献。

一、围绕县委决策部署，切实履行法定职责

坚持党的领导、围绕中心、依法履职、关注民生、促进发展，是人大及其常委会工作的重点。2015年，县人大常委会聚焦县委决策部署、政府工作目标、群众关注热点，认真履行法定职责，履职工作取得了明显的成效。

（一）突出监督重点，增强监督实效

监督工作是人大及其常委会的法定职责，县人大常委会围绕发展要务，突出监督重点，认真听取和审议“一府两院”关于林业、农牧、扶贫、交通、文体广电旅游、市场监管、卫生计生、财政税收、禁毒、审判等专项工作报告。视察黔西境内的铁路、高速公路等重大项目建设；调研视察钟山、中坪、花溪、定新、铁石、金兰、永燊等乡镇通村公路建设；调研视察中建红板、重新芭蕉、钟山箐山、永燊干沟等乡村扶贫和农牧工作；视察林泉、金碧、观音洞等乡村造林，城区山头绿化；支持县人民检察院严肃查处违法开采砂石场，保护生态环境；调研视察城镇建设，根据群众反映诉求，提出调整县城至石板收费站市政道路建设方案、治理水西公园环山沟、修通公园后山坡断头路等建议；督促黔西广播站恢复运转；对财源培植、财政税收、市场监管等工作开展执法检查。人大监督工作围绕中心选题，突出民生重点，严格依法开展，收到明显实效，深受群众好评。

（二）依法行使决定职责，服务发展大局

讨论、决定本行政区域内各方面工作的重大事项，是宪法赋予县级以上地方各级人民代表大会常务委员会的职责。县人大常委会在中共黔西县委的领导下，主持召开县十六届人民代表大会第四次会议，听取和审议“一府两院”工作报告，讨论决定县人民政府提出的全年各项重要工作目标。全年召开11次人大常委会议，认真审议和讨论决定“一府两院”关于国民经济和社会发展计划执行情况、“十三五”规划方案、财政

预算执行情况、农牧林业、扶贫攻坚、治安禁毒、检察议案、审判工作、交通建设等专项工作报告；审议批准预算调整、市政建设、樱桃坪水库建设等重大项目筹资议案。人大工作始终坚持党的领导、人民当家做主、依法治县有机统一，及时将党委主张通过法定程序转化为人民的意志，促进全县经济社会健康发展。

（三）坚持党管干部原则，依法履行任免职责

按照宪法和法律赋予的人事任免职责，县人大常委会坚持党管干部和人大依法任免干部有机统一原则，不断完善任前法律知识考试、任前承诺和任后表态发言、就职向宪法宣誓等任免程序，充分发扬民主，严格依法办事。全年任命国家机关工作人员32名，其中：街道人大工委主任3名；县政府副县长1名、县政府组成部门负责人7名；县法院庭长3名、副庭长7名、审判员6名；县检察院副检察长1名、检察员4名。免职64名，其中：县人大常委会委员2名、工委副主任1名、街道人大工委主任3名；县政府副县长1名、县政府组成部门负责人6名；县法院庭长6名、审判员38名；县检察院副检察长1名、检察员6名。补选市人大代表5名。

二、着力抓好代表工作，充分发挥主体作用

人大代表是国家权力机关的组成人员，是人民代表大会的主体。县人大常委会高度重视代表工作，不断健全联络机制、优化工作措施、改进服务方式，推进代表工作健康发展。

（一）保障代表依法履职

一年来，县人大常委会依据《代表法》的有关规定，切实建立健全代表依法履职的保障机制，为代表闭会期间开展活动搭建平台。征订《中国人大》《人大论坛》和编印《法律法规选编》发给代表学习，建立黔西人大网站，向省市人大刊物、黔西电视台、黔西报刊等媒体发表文章宣传黔西人大工作，畅通代表知情知政渠道。人大常委会加强代表履职保障工作，充分调动代表履职的积极性。

（二）完善联系代表机制

联系人大代表是转变工作作风、了解社情民意、服务代表履职、发挥代表作用的重要途径。县人大常委会把联系人大代表作为一项基本职责和经常性工作，建立了常委会主任、副主任、委室负责人联系代表、联系选民的工作制度。经常深入基层走访代表，听取意见、宣讲政策、指导工作，助推经济发展、密切党群干群关系；坚持邀请基层人大负责人和人大代表轮流列席县人大常委会会议，组织代表参与调研、视察和执法检查等活动；认真做好接待代表及群众来信来访工作，畅通联系人大代表和人民群众的渠道。

（三）增强建议办理实效

人大代表建议是参与管理国家事务、监督国家机关的重要形式。为增强代表的责任意识和履职热情，调动代表依法履职的积极性，强化为民职责，县人大常委会把十六届人大四次会议期间代表所提213件建议及时转交“一府两院”办理，并从中选择11件作为常委会主任会议督办件，重点督办，限期落实。八月份，组成六个督办组由常委会领导带队到各乡镇（街道）走访代表建议领衔人、基层干部、群众代表和有关部门，对建议办理情况进行了解、督办。十月份，县人大常委会第四十次会议专题听取“一府两院”办理代表建议情况书面报告，推动民生实事的落实。经县人大抽查，钟山镇新龙村公路建设、水西公园环山沟治理、全县通村公路建设、县城人行天桥、行政中心至黔西收费站市政道路、甘棠大锡至驮煤河公路等建议都办得很好，深受领衔代表和群众好评。

三、牢固树立全局观念，统筹推进人大工作

胸怀全局、依法履职、统筹推进各项工作是人大工作者的使命要求。过去的一年，县人大常委会在切实履行法定职责的同时，着力宣传人民

代表大会制度优越性、通报依法治县情况、人大代表风采和统筹县乡人大工作的履职实践。全年在各级报刊、杂志、网站刊登文章66篇（条）；签订党建工作和党风廉政建设责任书，组织人大机关干部职工赴赫章县海雀村学习文朝荣先进事迹；认真接待群众来信来访，妥善处理群众诉求，维护社会稳定；以会代训乡镇人大主席和秘书，指导乡镇召开人代会30次、补选乡镇人大主席14名、乡镇长5名、副乡镇长8名；积极支持人大班子成员抓好县委安排的工会、高速公路、铁路、生态家园建设和联系乡镇等工作；利用向省人大争取资金为钟山镇箐山村、莲城街道天坪社区等联系点和定新乡人大购买电脑、打印机等办公用品，为人大联系点25户贫困群众各解决500元困难补助，筹资4万元支持钟山镇造林；协调有关部门为钟山镇箐山村、新龙村和素朴镇灵博村无偿提供杂交玉米种子1000余斤，尽力帮助解决老百姓生产困难；着力抓好县委安排的中心工作，认真开展精准扶贫、市场监管、禁毒等调研工作，形成书面报告报县委决策参考。

四、着眼提高履职能力，不断加强自身建设

县人大常委会肩负着宪法和法律赋予的重要职责。为提高机关干部的综合素质，常委会紧密结合人大工作实际，始终把自身建设摆在重要位置。

（一）坚持把学习放在首位。县人大常委会以“三严三实”专题教育为契机，坚持把学习摆在首要位置，不断加强思想建设。认真完善《人大机关学习制度》，坚持每周星期二全体机关干部职工政治业务学习，采取由委室负责人轮流主持学习、交流心得体会，常委会分管领导点评等方式，深入学习党的理论、方针、政策，学习习近平总书记系列重要讲话，学习党纪党规，学习国家法律法规和人大业务知识，进一步武装头脑，坚定理想信念，增强宗旨意识，提高履职能力。

（二）切实健全履职机制。县人大常委会根据新形势下人大工作的实际，先后制定和完善了《常委会会议制度》《主任会议制度》《联系乡镇人大及人大代表工作制度》《请销假制度》等17个制度和《黔西县人大常委会关于进一步改进工作作风，深入基层密切联系群众的意见》《黔西县人民代表大会常务委员会规范性文件备案审查办法》等配套文件，促进常委会工作制度化、规范化。

（三）加强作风建设。常委会领导从自身做起，认真践行党的群众路线和“三严三实”，严格执行党纪党规和中央八项规定、省委市委十项规定和县委有关规定。发扬密切联系群众、严谨细致、真抓实干、注重调查研究、廉洁奉公的优良作风，以为民服务为己任，倾力做好人大工作。

（四）全面加强机关建设。县人大常委会按照政治可靠、业务精通、作风优良、廉洁奉公的人大干部队伍要求，认真抓好人大机关的思想、组织、作风、制度建设，不断增强内在动力，提高工作质效，推动人大常委会各项工作的健康发展。

各位代表：过去一年县人大常委会工作取得的成绩，是在中共黔西县委的领导下，全体代表、常委会组成人员、各专委会及人大机关全体人员辛勤工作的结果；是“一府两院”、人民政协、全县各级各部门、全县人民大力支持的结果。在此，我代表县人大常委会向关心、支持县人大工作的单位和同志们表示最衷心的感谢！

回顾过去一年的工作，我们也意识到，县人大常委会的工作与党和人民的期望、与代表们的要求还有不小差距：在监督实效的提高、代表作用的发挥、重大事项决定和人事任免制度的健全完善、人大自身建设的加强、人大业务的创新等方面，都有待在今后工作中扬长避短，不断提高。

2016 年主要任务

2016年是实施“十三五”规划的开局之年，深化改革、决战贫困、法治黔西的任务十分艰巨。在新的一年里，县人大常委会要全面贯彻落实党的十八大和十八届三中、四中、五中全会精神，深入学习贯彻习近平总书记系列重要讲话精神，坚持党的领导、人民当家做主、依法治国有机统一，坚持以新的发展理念引领人大各项工作，不断开创人大工作新局面。

一、围绕中心抓监督，突出重点求实效

人大监督是法定职责，监督实效是人大履职追求的目标、作为要求的结果。我国宪法104条规定：“县级以上地方各级人民代表大会常务委员会讨论、决定本级行政区域内各方面工作的重大事项；监督本级人民政府、人民法院和人民检察院的工作”。2016年，县人大常委会履行监督职责，要在中共黔西县委的领导下，立足法律所赋、人大所能的实际，突出选择党委重大决策、政府着力目标、群众关注热点作为监督重点，加强对“十三五”开局项目、扶贫攻坚目标、惠及人民福祉的实事、改革发展的要务认真监督，切实做到选题精准、措施可行、程序合法、着力见效。促进“一府两院”依法行政，公正司法，经济社会健康发展。

二、密切联系人民群众，充分发挥代表作用

人大代表是人民群众的代言人，是人民代表大会的主体。县人大常委会必须注重代表工作，不断加强、改进和完善工作方式，切实转变工作作风，密切联系群众。做到在思想上重视代表、人格上尊重代表、感情上贴近代表、作风上密切联系代表、生产生活上体贴关心代表、工作上依靠代表，充分调动代表履职的主动性、积极性，激发代表的工作热情。要认真做好服务工作，搭建好代表履职平台，组织代表参加人大履职开展的相关活动。指导代表依法履职，支持代表协助政府解决人民群众关心的热点、难点问题。鼓励代表加强学习、提高素质、代表民意、关注民生、维护民利，不辜负人民的期望和重托。

三、与时俱进履职，统筹推进人大业务

人大工作法律性强，业务系统，任重道远。县人大常委会要与时俱进履职，适应新常态，把人民代表大会制度继承好、发扬好。要在依法履行监督、重大事项决定和人事任免职能的同时，着力抓好人大宣传、人大信访、人大廉洁公正履职等工作，统筹推进人大工作的全面发展。根据宪法和地方组织法规定，2016年县、乡（镇）人大任届期满，县人大常委会要在中共黔西县委的领导下，依法抓好县人大换届工作，指导好乡镇人大换届，充分发扬民主，严格依法办事，圆满完成县、乡（镇）人大换届任务。

四、不断加强自身建设，提高依法履职能力

加强自身建设，要首抓学习，武装头脑，提高素质，推进工作。加强常委会作风建设，坚决反对“四风”，认真践行“三严三实”，做发展社会主义民主政治的实践者、探索者；做推进全县经济社会又好又快发展的投身者、奉献者。弘扬调查研究和求真务实之风，开展好有针对性的重点课题调研，提高工作效益和质量。加强专委会建设，完善专委会工作机制，确保职能任务的顺利实施。全面加强人大机关思想建设、组织建设、制度建设、作风建设，提高机关服务水平，发挥参谋助手作用，推进各项工作任务的全面发展。

各位代表！我们的目标催人奋进，我们的任务艰巨繁重。让我们更加紧密地团结在以习近平同志为总书记的党中央周围，在中共黔西县委的领导下，与时俱进，坚定信心，克难奋进，开拓创新，为建设法治黔西、小康黔西、和谐黔西、美丽黔西而努力奋斗。

政府工作报告

——在县十六届人民代表大会第五次会议上

黔西县人民政府县长　杨汉华

（2016年2月25日）

各位代表：

现在，我代表县人民政府，向大会作工做报告，请予审议，并请县政协委员和其他列席人员提出意见。

一、“十二五”时期工作回顾

“十二五”是我县发展进程中极不平凡的五年。面对国内外严峻复杂形势和一系列重大风险挑战，在县委的坚强领导下，在县人大、县政协的监督和支持下，我们认真贯彻落实习近平总书记系列重要讲话精神和对毕节的重要批示精神，坚决执行中央、省、市和县委各项决策部署，严守发展和生态两条底线，协调推进“四个全面”战略布局，坚持主基调、主战略不动摇，紧紧依靠全县各族人民，在抢抓机遇中乘势而上，在真抓实干中排难奋进，干成了一批打基础和利长远的大事，办成了一批多年想办的实事，顺利完成了“十二五”规划目标任务，取得了令人鼓舞的重大成就。

——综合实力明显增强。与“十一五”末相比，全县生产总值从71.47亿元增加到167.34亿元，年均增长15.0%；50万元以上固定资产投资从49.12亿元增加到212.30亿元，年均增长34.0%；城镇居民人均可支配收入从14295元增加到23036元，年均增长7.6%；农民人均可支配收入从3391元增加到7014元，年均增长12.8%；财政总收入从12.29亿元增加到23.79亿元，年均增长14.1%；金融机构各项存款余额从50.55亿元增加到120.59亿元，年均增长19.0%；金融机构各项贷款余额从40.77亿元增加到97.91亿元，年均增长19.2%；全面小康实现程度提高到90.3%；经济发展增比进位在全省综合排名上升9位。

——产业结构不断优化。三次产业结构调整为17.2：41.4：41.4。粮食、油菜产量稳定在27万吨、5万吨左右，累计收购烟叶62.35万担。实施“54321”特色农业产业工程，发展六大农业板块经济，粮经作物面积比由55.6：44.4调整为52.4：47.6。建成8个现代高效农业示范园区，入驻企业30家，累计投资10.56亿元；黔西经济开发区成功申报为省级开发区，建成面积11.62平方千米，入驻企业68家，建成标准厂房30万平方米。开工建设世界最大的单套煤制乙二醇黔希煤化工项目，累计投资52.09亿元，脱盐水装置试车运行。开工建设黔西电厂二期工程，建成永贵煤机、海大科技、天泽化工、海悦科技等一批重点项目。工业增加值从23.14亿元提高到51.16亿元，年均增长20.1%。落实“3个15万元”政策，大力扶持小微企业发展，民营经济增加值从37.68亿元提高到93.03亿元，年均增长15.2%；打造柳岸水乡、水西古城、水西泰丰园等特色旅游景点，完成古象祠恢复重建主体工程，实施李世杰墓院一期修复工程，建成10家星级酒店，旅游总收入从13亿元增加到37.71亿元；建设同心商贸城、万丰商贸城物流仓储基地。县域银行业金融机构增至10家。建成县、乡、村三级电子商务网络体系。第三产业增加值从28.89亿元提高到69.37亿元，年均增长15.5%。

——基础设施显著改善。交通建设累计投资80.97亿元，是“十一五”的15.3倍。建成黔织、黔大高速公路黔西境47.79千米，加快贵黔、白黔、息黔高速公路和成贵快速铁路建设，开启了“高速时代”，推进了“高铁进程”。改造国省道及县乡道181.1千米，建成旅游公路107千米、工业专用公路167千米、通村水泥路1163千米和乡镇客运站7个，实现乡乡通油路（水泥路）、建制村通油路（水泥路）、94%的行政村通客运班线，改写了农村交通落后的历史；水利建设累计投资5.54亿元，是“十一五”的1.49倍。城区及周边抗旱应急水源工程和附廓水库加高扩建工程投入使用，建成450处饮水安全工程，累计解决73.57万农村人口饮水安全问题。启动夹岩水利枢纽工程黔西境工作，快速推进樱桃坪水库建设和仙人洞水库建设前期工作。治理小（二）型病险水库9座、中小河流6.48千米。农田有效灌溉面积从19.75万亩增加到36.57万亩；新建、扩建35千伏及以上变电站6座，变电总容量11.3万千伏安。新增配电变压器349台。安装“村村通”工程设备1.2万套，实现有线数字电视和3G网络全覆盖。

——城乡面貌日新月异。城镇化率从33.1%提高到45.6%。撤销城关镇设立4个街道，加快“撤县设市”各项工作。建成杜鹃大道、花都大道、阳光大道、纵二线等50千米城市道路，推进东出口、西出口改造和南部新区建设，拉大城市框架。完成水西河综合治理，建成3个停车场、3个农贸市场，推进“三个中心”和明德新城等城市项目建设，水西城市综合体被列为全省“5个100工程”，城区面积从9.5平方千米扩大到16.14平方千米，人口从15.5万人增加到20.1万人，城市功能不断完善，成功创建省级文明县城；推进特色小城镇建设，完成投资25亿元，新增主干道40余千米，建成面积23平方千米，新增9.85万人。素朴镇、钟山镇被列为全省100个示范小城镇；实施生态文明家园建设5.8万户，农村危房改造3.82万户，完成院坝硬化8.16万户345.44万平方米，连户路硬化2921.7千米，被中央政治局常委、中央书记处书记刘云山同志称为“连富路”“连心路”。推进“四在农家·美丽乡村”创建工作，打造10个市级示范点，极大改善农村面貌。先后成功承办全省第七届旅发大会、全省小城镇建设观摩会、全省项目建设观摩会等一系列重大会议，充分展示了我县发展建设的新成就。

——生态环境明显改善。造林50.99万亩，森林抚育9.14万亩，治理石漠化87.65平方千米和水土流失152平方千米，森林覆盖率、城镇绿化率分别达43.45%、38.02%，分别提高8.45和10.9个百分点。成立县、乡、村三级生态建设保护机构，全面落实“山、水、林、田、路、树”精准管护。水西柯海国家湿地公园获国家林业局批准；加强附廓水库等重点饮用水源地及20个集镇饮用水源点监测检查，水质达标率分别为100%、99.9%。建成县城污水处理厂、垃圾填埋场、3个集镇污水处理厂和3.25万口农村沼气池，推进经开区污水处理厂建设。完成黔西电厂4台机组脱硫脱硝、西南水泥厂脱硝改造和27家加油站油气治理，建成城区环境空气自动检测站和3家机动车尾气检测站，关停渝贵水泥厂等5家高能耗高污染企业。扎实开展森林资源“六个严禁”专项执法行动和“六个一律”环保利剑执法专项行动，累计查办涉林案件366起，查处环保违法企业35家。

——改革创新不断推进。组建城投公司、农投公司、乡村建设投资公司等5个投融资平台，成立花都村镇银行，改制农村信用社组建农村商业银行。探索实施县乡财政管理体制改革。大力推行PPP项目建设模式，拓宽融资渠道。出让县城污水处理厂经营管理权。创新支农资金管理试点经验被人民日报刊载。开展农村土地流转、农业保险、农村信用评价体系、集体林权制度等改革工作。推进户籍管理制度改革。实施工商登记“先照后证”“三证合一”等改革。强力推进城乡殡葬、城市管理、医疗卫生体制改革；抢抓国发2号、国办函35号实施重大机遇，争取项目176个、资金20.32亿元。建立项目代办服务制度。加大到长三角、珠三角、成渝经济区招商力度，累计签约项目187个，省外实际到位资金674.6亿元。

——社会事业全面发展。探索了产业扶贫“新桥模式”、精准扶贫“红板经验”，累计减少贫困人口12.77万人，贫困发生率下降到11.6%，实现素朴等13个乡镇省级“减贫摘帽”，接待了广西、云南等40多个省外党政扶贫工作考察团。实施扶贫生态移民搬迁工程，安置移民11977人；义务教育基本均衡发展通过国家认定，黔西一中升格为省级二类示范性普通高中，中职学校通过省级示范性创建评估。投资5.7亿元实施教育工程项目474个；引资4亿元建设县中心医院等6家医疗机构，建成林泉等15个标准化乡镇卫生院和323个村卫生室，新增民营医院28家，公共卫生服务均等化实现全覆盖，新农合参保率保持在98%以上。深化计生优质服务，符合政策生育率保持在94%以上，人口自然增长率下降到5.7‰；全面建立临时救助制度，城乡低保、基本医疗、基本养老等保障标准不断提高。建立完善留守儿童、空巢老人、残疾人关爱救助保护制度，实现精准关爱救助保护全覆盖；建成廉租房及公租房1万套、经济适用房432套，完成棚户区改造5172户；城镇新增就业3.04万人，城镇登记失业率控制在4.2%以内；黔西王氏食疳医药等入选省级非物质文化遗产名录，水西传奇实景舞台项目成为全省唯一入选国家藏羌彝文化产业走廊重点项目。群众体育蓬勃发展；国防建设和经济建设协同发展，创建全省双拥模范县。审计、统计、司法、民族、宗教、气象、档案、工会、共青团、妇联、科技、残疾人等各项事业取得新成绩。

——风险防控不断强化。实施“六民工程”和“六心教育”“诚信、守法、感恩”主题教育活动，建成育才学校和城区网格工作室等，有力推动“法治黔西”“平安黔西”创建工作。启动“天网工程”项目建设，建立扁平化指挥体系、智能化交通管理系统、派出所警务中心。禁毒工作获国家禁毒委表彰。加强矛盾隐患纠纷排查和社会治安综合治理，群众安全感从88.77%提高到98%，安全感测评连续2年全市排名第一；建立健全政府性债务管理及监督机制，严控新增债务。强化税收征管，加大融资力度，偿还政府性债务及融资贷款利息46.45亿元；深入开展煤矿、道路交通、消防等行业和领域的安全大排查，推进地质灾害防治、打非治违等工作，安全生产形势总体稳定。

——自身建设不断加强。始终在县委的领导下开展工作，定期向县人大报告工作、向县政协通报工作，办理县人大代表建议769件、县政协委员提案539件。坚决执行中央八项规定和省、市、县委作风建设规定，扎实开展党的群众路线教育实践活动和“三严三实”专题教育。坚持依法行政，建立重大行政决策听证制度、全过程记录制度和实施评估制度，全面推行政府法律顾问制度，推进法治政府建设。严控“三公”经费，从2013年起压缩行政事业单位公用经费支持教育发展。全面强化权力清单备案和民生项目监督工作。累计减少行政审批事项12项，平均办结时间减少到2.9个工作日。强化审计监督和行政效能监察，严肃查处各类违规违纪违法行为。

2015年，我们牢牢把握“稳中求进”总基调，顶住压力，精准发力，千方百计保持经济社会持续健康发展，实现“十二五”顺利收官。一是着力稳增长。盘活存量，做大增量，减少负量，全县生产总值增长14.0%，固定资产投资增长15.9%，规模以上工业增加值增长14.1%，社会消费品零售总额增长11.9%。二是狠抓脱贫攻坚。减少农村贫困人口3.38万人，实现6个乡镇省级“减贫摘帽”、49个贫困村出列。完成扶贫生态移民工程搬迁922户4000人，启动实施新一轮易地扶贫搬迁工程。三是强化运行调度。保障火电厂用煤需求，加大煤炭外销力度。激发社会消费活力，加大房地产去库存力度。严格税收征管，严防跑、冒、滴、漏。强化项目建设协调服务，重大工程和重大项目完成投资计划的124.9%。四是加快产业培育。大力调整农业产业结构，加快推进装备制造、化工等产业，积极发展商贸物流、电子商务，农业增加值增长7.1%，第三产业增加值增长13.3%，产业转型升级迈出坚实步伐。五是推进改革开放。优化服务环境，推进大众创业，新增市场主体4826户。积极招商引资，引进省外到位资金111.16亿元。六是坚持惠民生。义务教育巩固率达91.5%，高中阶段毛入学率达85.6%，全市第一个采取PPP模式引资7.5亿元启动南部新区教育园建设。新农合参合率达99.85%。城镇新增就业8459人。城乡居民人均可支配收入分别增长9.6%和11.7%。投资2.37亿元，完成年初确定的“十件民生实事”。七是加强生态建设。完成营造林11.51万亩，治理石漠化20.07平方千米和水土流失24.94平方千米，森林覆盖率提高1.15个百分点。八是大力提高社会治理能力。强化矛盾纠纷大排查、社会治安大整治、安全生产大检查等，创造了良好的社会环境。经过全县上下的艰苦努力，在全省47个非经济强县的排位从2014年的第27位提升至第15位，在全市5个非经济强县的排位从2014年的最后一位提升至第1位，在全市目标考核中排名一等奖的第一名。

这五年，也是我县得到党和国家领导人最多关心和关注的五年。胡锦涛、温家宝、贾庆林等前国家领导人，俞正声、刘云山、刘延东、汪洋、栗战书、杜青林、陈昌智等党和国家领导人先后莅临考察指导工作，这是对黔西发展建设成就的充分肯定，使我们倍受激励、倍受鼓舞。

各位代表！过去五年，是我县综合实力提升最快、基础设施变化最大、城乡面貌改善最快、人民群众得实惠最多的五年，谱写了黔西大开发、大发展、大开放的新篇章，我县经济社会发展站在了新的历史起点上！

这些成绩的取得，得益于党中央、国务院的一系列利民惠民好政策；得益于统一战线、民建中央的关心支持；得益于上级党委、政府和县委的坚强领导；得益于县人大、县政协的监督支持；得益于历届县领导班子打下的良好基础；得益于全县广大干部的辛勤工作和各族人民的团结奋斗。在此，我谨代表县人民政府，向所有关心支持黔西经济社会发展的各级各界、各行各业的同志们、朋友们，致以崇高的敬意和表示衷心的感谢！

在肯定成绩的同时，我们也清醒看到，在推进全面小康进程中，还面临脱贫攻坚任务重，产业转型升级缓慢，财政收支矛盾突出，基础设施欠账多，民生保障水平低，风险防控压力大，安全隐患突出，少数干部不作为、乱作为，一些领域腐败现象多发等困难和问题。对这些问题，我们将高度重视，采取有效措施，认真加以解决。

二、“十三五”时期的主要目标任务

根据县委的建议，经过反复研讨和广泛征求意见，形成了《黔西县国民经济和社会发展第十三个五年规划纲要（草案）》，一并提请大会审议。

各位代表！“十三五”时期是脱贫攻坚、同步小康的决胜时期。要清醒认识到，贫困落后是主要矛盾，加快发展是根本任务的基本县情没有变，既要“赶”又要“转”的双重任务没有变，我们绝不能有丝毫懈怠。更要清醒看到，中央、省、市全面推进脱贫攻坚、加快“补短板”和全县基础设施的大改善、重大项目建设的大推进，必将为我们打赢脱贫攻坚战，加快转型升级带来大有可为的发展机遇，我们必须更加奋发有为。要全力转方式、“补短板”，以更快的节奏、更实的作风，奋力实现新突破，全面推动新跨越！

“十三五”时期政府工作的总体要求是：全面贯彻落实十八届三中、四中、五中全会，习近平总书记系列重要讲话及对毕节试验区重要指示精神，贯彻落实省委十一届六次全会、市委一届八次全会、县委十一届六次全会精神，协同推进“四个全面”战略布局，牢固树立和落实“五大发展理念”，坚守发展和生态两条底线，坚持主基调、主战略不动摇，主动适应经济发展新常态，以“守底线、走新路、奔小康”为总纲，以“决战贫困、提速赶超、同步小康”为主线，以脱贫攻坚为统领，以大数据为引擎，以大教育、大能源、大交通、大水利建设推动后发赶超，以大开放、大生态、大农业、大健康促进转型升级，以新型城镇化统筹城乡发展，以民生改善为落脚点，以改革创新为驱动，以加强法治政府建设为保障，不断提高执行力、发展力、公信力，奋力推进经济社会持续健康发展，确保与全国同步全面建成小康社会。

奋斗目标是：紧盯“一个目标”。到2018年，实现所有贫困人口脱贫、197个贫困村全部出列；到2020年，与全国同步实现小康。守好“两条底线”。坚持发展第一要务，提高经济增长质量和效益；坚持把生态建设和环境保护贯穿于推动经济发展全过程，提升生态环境质量。实现“三大跨越”。推动产业体系从“一煤独大”向“多元聚集”跨越，城乡二元结构向城乡一体化跨越，民生保障水平从“基本民生”向“幸福民生”跨越。打造“四大基地”。建设黔西北能源基地、物流基地、游客集散基地和现代农业示范基地。建设“五个黔西”。建设法治黔西、绿色黔西、畅通黔西、数字黔西、美丽黔西。

主要预期目标是：生产总值年均增长12.0%以上；固定资产投资年均增长18.0%以上；规模以上工业增加值年均增长16.0%以上；财政收入年均增长12.0%以上，一般公共预算收入年均增长12.0%以上；社会消费品零售总额年均增长13.0%以上；城乡居民人均可支配收入年均分别增长11.0%、13.0%。森林覆盖率达54.0%以上，节能减排降碳指标控制在上级下达计划范围内。

要实现“12345”的奋斗目标和以上预期目标，只有倍加努力，与时俱进创新工作方式方法，真抓实干推动工作落实。今后五年，坚决打赢“两大攻坚战”，奋力实现“七大突破”。

（一）深入实施大扶贫战略行动，坚决打赢脱贫攻坚战。深入贯彻精准扶贫、精准脱贫基本方略，把脱贫攻坚作为头等大事和第一民生工程，坚持“六个精准”，实施“五个一批”，举全县之力，集全县之智，科学治贫、有效脱贫，彻底解决现行标准下农村贫困人口脱贫问题。深入实施美丽乡村“六项小康行动计划”，着力改善贫困地区发展条件，通过大扶贫推动基础设施跃上新台阶。以带动贫困群众增收致富为核心，加快特色优势产业培育，大力推进现代山地特色高效农业建设，通过大扶贫推动产业发展跃上新台阶。依托小城镇、产业园区等，完善配套设施，全面完成易地扶贫搬迁任务，带动提高城镇化率，通过大扶贫推动城镇化水平跃上新台阶。不断提高农村低保标准，实现“两线合一、减量提标”。完善县、乡、村医疗卫生服务网络建设，提高医疗保障水平。免除农村建档立卡贫困家庭学生上高中、中职有关学杂费，通过大扶贫推动公共服务均等化跃上新台阶。健全最严格的脱贫攻坚责任链，实行最严格的考核督查问责制，确保到2018年9.85万人脱贫，所有贫困村出列。

（二）深入实施大数据战略行动，坚决打赢抢先机突围战。坚持把大数据作为后发赶超的战略引擎，积极衔接“云上贵州”系统平台，加快“数字黔西”建设，探索大数据、互联网与我县优势特色产业协同发展的新业态、新模式，大力实施“互联网+”创业创新、现代农业、高效物流、电子商务等行动计划，培育新的经济增长点，推动经济发展、产业转型；坚持民生需求，在精准扶贫、城市管理、交通旅游、健康医疗、文化教育、社区服务等公共服务领域推广大数据应用，拓展服务渠道，提高服务质量，促进形成便捷高效的民生服务体系；建设完善电子政务云，推动政府数据开放共享，推动政府监管和社会监管有机结合，提高社会决策、社会治理和风险防范水平；着力夯实大数据发展基础，推进“三网”融合，实现移动通信、4G网络城乡全覆盖，县城无线wifi全覆盖。尽早启动5G网络建设。

（三）推动产业多元集聚，在转型升级上取得突破。紧紧围绕推动“一煤独大”向“多元集聚”跨越的目标，深入实施创新驱动战略，培育发展新动力，构建产业新体系，推动传统产业生态化、特色产业规模化、新兴产业高端化。推动工业新型化。建成黔西电厂二期、华润电力黔西电厂，重点发展煤制乙二醇及相关下游产品和轻型节能环保建材产业，加快形成煤—电—化—建材循环经济产业链，延长煤炭产业链，巩固提升煤电产业。积极开发风电、太阳能及光伏发电，加快发展以能矿设备、工程机械制造等为主的装备制造业和电子信息等新兴产业。推动农业现代化。以六大农业板块经济建设为主抓手，以现代高效农业示范园为主平台，加大结构调整力度，提高畜牧业产值占农业总产值的比重、经济作物占种植业的比重、二三产业占农村经济的比重。大力培育龙头企业、专业大户、家庭农场和农民专业合作社等新型农业经营主体，积极推行“订单农业”等现代农业发展模式。加快发展农村电子商务，构建现代农业经营体系。不断推进农业标准化，加强农业科技体系建设，发展高效农业。推动旅游特色化。在山、水、城、湖、洞、祠上做文章，在文化与旅游的精准结合上下功夫，开发建设特色旅游景点，改造提升乡村旅游景点，完善基础设施，打造精品，加大策划、宣传和推介力度，打响“人文水西·魅力花都”品牌，力争到2020年，旅游总收入达90亿元。推动服务业高端化。加快同心商贸城、万丰商贸城和冷链物流基地建设，大力发展现代物流、电子商务、商贸会展等服务业，促进人流、物流、资金流、信息流深度融合。积极实施“引银入黔”工程，大力发展现代金融服务业。发展休闲避暑、疗养康复、度假养生等大健康产业。

（四）推进新型城镇化，在统筹城乡发展上取得突破。坚持以人的城镇化为核心，推动县城与特色小城镇、美丽乡村协调发展，实现“撤县设市”目标，到2020年城镇化率达50%以上。加快县城提质扩容发展。抢抓“海绵城市”“智慧城市”建设机遇，完善供水、供电、排水、垃圾收运等公用设施建设，提高信息化、精细化管理水平，完善城市功能，提升城市品位；依托石板互通、甘棠互通等，建成环城高速，进一步拉大城市框架。强力推进南部新区开发建设，加快县城南移步伐，推进城区与金碧、甘棠同城化。坚持产城一体，加快县城与经开区互动融合，促进组团式发展；突出城市设计，建设成贵快铁黔西站、汽车总站等重点城市项目，打造更多建筑精品。加大旧城改造力度，实施老城区背街小巷等综合整治。加快特色小城镇建设。实施小城镇建设十大提升工程和“8+X”项目建设，逐步把钟山、大关、金碧、重新建成中心镇，完成谷里、林泉等“六型”小城镇建设，构建以“中心镇为龙头，示范小城镇为重点，其他特色小城镇为节点”的小城镇发展体系。加快美丽乡村建设。全面推进299个美丽乡村创建点建设，实现高速公路、国省道干线和铁路沿线美丽乡村创建全覆盖，打造“望得见山、看得见水、记得住乡愁”的“四在农家·美丽乡村”。

（五）加强基础设施建设，在增强发展支撑能力上取得突破。通过基础设施的不断完善，着力推进城乡协调发展。完善交通网络。建成贵黔、白黔、息黔高速公路和成贵快铁，配合做好林歹至金沙、六盘水至瓮安铁路建设有关工作。力争建成百里杜鹃至黔西高速公路，争取昭通至黔江铁路经过我县。推进农村公路提升等级、普通国省干线改造、村道规划建设等，打通断头路，改善微循环，实现组组通水泥路、村寨路面全硬化。建成南部新区多功能综合大楼，确保城市公交与快速铁路的有效衔接。整治乌江、索风营、东风湖库区航道，建设鸭池河等10个码头，加快形成内通外联、快速便捷、大进大出的综合交通运输体系。加强水利设施建设。配合推进夹岩水利枢纽工程建设，建成樱桃坪、仙人洞、凹水河等水库，新增库容5129万立方米，切实解决工程性缺水问题。加强农村饮水工程、抗旱水源工程建设，保障农村人口饮水安全，提高区域性防灾减灾能力。推进电力等设施建设。实施成贵快铁黔西220千伏接入工程、黔西至重庆500千伏送出工程，新建35千伏以上线路49.77千米、10千伏以下线路172.61千米，完成全县变电站双回线路供电、农村电网升级改造工程。规划建设贵阳至黔西天然气支线管网，推进充电桩、加气站等基础设施建设。

（六）强化生态文明建设，在提升生态优势上取得突破。牢固树立绿色发展理念，既要金山银山，更要绿水青山。加强生态建设。对25度以上陡坡耕地进行生态恢复，对公益林、森林公园、自然保护区等实行保护政策。实施新一轮退耕还林、耕地造经果林，完成森林抚育5万亩，造林绿化31.71万亩，石漠化治理80平方千米，基本完成高速公路及铁路沿线、城镇和园区周边等重点区域绿化造林工作。治理水土流失面积297.51平方千米。建设水西柯海国家湿地公园。强化监测执法。强化火电、水泥、化工等重点能耗行业减排和煤炭洗选、农村养殖基地等重点领域的污染治理，加强附廓水库等重点饮用水源地及20个集镇饮用水源点监测检查，完善矿山资源开发环境补偿机制。充分利用大数据，推动环保监管执法现代化。推进环境治理。加大耕地质量保护力度，划定永久基本农田。建成经开区污水处理厂、县医疗废弃物集中处置中心和水泥窑协同处置生活垃圾等项目，新建一批乡镇生活污水处理厂，实现垃圾收运系统乡镇全覆盖。创建国家环境保护模范城市。

（七）坚持共建共享，在幸福民生上取得突破。坚持民生优先，形成公平普惠、便捷高效的民生服务体系，让人民群众共享发展成果。加快发展教育事业。以提高教育质量为中心，大力发展学前教育、职业教育、民办教育，积极发展特殊教育、继续教育。加强教师队伍培训，提高整体素质。建成南部新区教育园，解决城区大班额问题。巩固义务教育均衡发展成果，到 2017 年普及 15 年教育。提高卫计服务水平。新建县第二人民医院、妇女儿童医院，改扩建县中医院，实施县乡医疗机构标准化建设，提高医疗服务能力。鼓励社会资本创办民营医疗机构。坚持计划生育基本国策，落实全面二孩政策，强化优质服务，促进人口均衡发展。筑牢社会保障网底。推进全民参保计划，实施社会保障兜底工程，加快建立覆盖城乡的社会保障体系。加强留守儿童和残疾人等特殊困难人群关爱救助保护，积极应对人口老龄化，发展社会福利和残疾人事业。建立就业服务体系，城镇登记失业率控制在 4.2%以内。以棚户区改造为重点，加强保障性住房建设。加强特色文化建设。建成“三个中心”，规划建设博物馆、档案馆、工人文化宫等项目，深度挖掘历史文化、民族民间文化、红色文化和阳明文化，加强非物质文化遗产的保护、传承和发展。

（八）突出改革开放，在增强动力活力上取得突破。以改革释放发展新动力，以开放赢得发展主动权。深化改革创新。全面实施“五清单两平台一张网”建设，规范政府行为。深化户籍制度、财税体制、农村产权、城市管理、医疗卫生等改革。探索公共投资领域引入社会资本，落实“非禁即入”投资政策。扩大对外开放。积极融入黔中经济区、成贵快铁经济带，承接东部发达地区产业转移。依托贵黔等高速公路和成贵快铁，大力发展通道经济。依托民建中央帮扶精准招商，招大商、选好商，提高招商引资质量。

（九）突出社会管理，在风险防范上取得突破。防范债务风险。建立健全政府性债务管理制度及监督机制，严控新增债务。争取更多地方存量债务分配额度，稳妥推进政府性债务化解。防范金融风险。加强金融重点领域风险排查、预警和处置化解，加大对非法集资等经济犯罪活动的宣传预防和打击力度。防范社会矛盾风险。深化社会治安防控体系建设，推进“平安黔西”“法治黔西”建设，推进社会风险评估全覆盖。严打暴力犯罪，加强禁毒等工作。严格督促落实农民工工资保证金制度，坚决打击企业恶意欠薪行为。妥善化解征地拆迁、矿群利益冲突等矛盾纠纷。防范安全风险。深化煤矿、道路交通、消防等行业和领域的安全管理，严防事故发生。

三、2016 年的重点工作

各位代表！今年是实施“十三五”规划的开局之年，是我县脱贫攻坚进入冲刺期的第一年，开局就是决战，起步就是冲刺。我们要按照中央、省、市和县委的部署，攻坚克难，真抓实干，奋力实现“十三五”良好开局。

今年经济社会发展的主要预期目标是：生产总值 195.60 亿元，增长 15.3%，力争增长 15.5%；固定资产投资 188.30 亿元，增长 24.2%，力争增长 24.5%；规模以上工业增加值 33.20 亿元，增长 18.0%，力争增长 18.3%；财政收入 26.64 亿元，增长 12.0%，力争增长 13.0%；一般公共预算收入 9.27 亿元，增长 12.6%，力争增长 13.0%；城乡居民人均可支配收入分别达 26122 元、7954 元，分别增长 13.5%、13.0%。城镇化率达 47.3%。节能减排降碳指标控制在国家下达计划范围内。全面小康实现程度 93.5%。

围绕上述目标，重点抓好以下工作：

（一）突出脱贫攻坚。坚决践行“48 字决战贫困誓言”，确保首战告捷。紧盯任务目标抓脱贫。扭住 89 个贫困村出列、减少贫困人口 3.85

万人的目标，将任务细化到乡镇、村组、具体责任人，确保责任落实、任务落实。紧盯对象精准抓脱贫。巩固精准识别成果，运用好“扶贫云”“二维码”，精准核实每个扶贫对象及贫困程度、致贫原因，加强台账管理，确保识别精准、施策精准。紧盯产业发展抓脱贫。种植马铃薯种薯及商品薯30万亩、商品蔬菜26.27万亩、人工种草1.9万亩、特色经果林8.64万亩、茶药2.86万亩，促进农业增效、农民增收。紧盯帮扶机制抓脱贫。落实结对帮扶、走访遍访、考核评估等机制，用好定点帮扶和对口帮扶力量，实施“千企帮千村”精准扶贫行动，创新扶贫金融产品，加大金融扶持力度。紧盯易地搬迁抓脱贫。把易地扶贫搬迁作为新一轮脱贫攻坚的“当头炮”，按照“搬迁整体化、识别精准化、工作人性化、安置多元化、政策明细化、组织系统化”的要求，加强引导，把握关键，确保完成目标任务。

（二）突出项目建设。保持项目建设力度，促进投资、推动发展。加强项目包装。结合国家产业导向和“补短板”抓项目，精心谋划包装交通水利、城镇建设、民生保障等重大项目，力争地下综合管廊、城镇污水处理设施、县城停车场等项目列为国家、省、市级PPP项目。加大项目争取。聚焦主导产业和新兴产业抓项目，争取一批大项目落户。加快项目建设。抓紧开展项目前期工作，新开工项目56个，做大投资增量。加快夹岩水库输配水区工程、黔西电厂二期等138个县级以上重点项目建设，盘活投资存量。强化要素保障。抓好工业“百千万”工程和“百名干部进百企”活动，及时解决项目建设中遇到的资金、土地、手续办理等问题。

（三）突出产业提升。以提高发展质量和效益为中心，实现“投资有回报、产品有市场、企业有利润、员工有收入、政府有税收、环境有改善”目标。做优农业。巩固粮油烟主导产业，确保全年粮食总产量27万吨以上，油菜产量7万吨以上，收购烟叶12万担。加快产业结构调整，全面推进六大农业板块经济发展，扩大经济作物种植面积，打造一批示范亮点。积极支持鼓励干部职工领办创办农业板块经济项目。突出抓好科技兴农，提高农业生产综合效益。加大“乌蒙山宝·毕节珍好”花都味道农特产品培育力度，做大做强特色农产品品牌。积极培育新型农业经营主体，新增市级以上龙头企业5家以上。加快推进现代农业示范园建设，完成投资2.5亿元。做强工业。深化煤矿企业兼并重组，加快在建煤矿建设，实现煤炭产量300万吨以上、发电量70亿度以上。黔希煤化工煤制乙二醇项目6月投产，实现产值10亿元以上。加快黔西电厂二期、天泽化工、海悦科技等重大项目建设，力争华润电力黔西电厂恢复建设。引导企业向开发区集中、产业向开发区集中，打造特色产业集聚的核心增长极。完成工业增加值58.82亿元，比上年增长14%。做大服务业。举办全县第一届旅游产业发展大会，接待游客540万人次以上，实现旅游总收入45亿元以上。建成大数据及电子商务示范基地，建成运营29个乡镇（街道）电子商务服务中心，推动50家传统企业及商贸流通业应用电子商务，培育300家地方特色网店，争创省级电子商务发展示范县，电子商务交易额突破2亿元。加大“引银入黔”力度，引进交通银行、民生银行入驻黔西，鼓励村镇银行向农村延伸，扩大覆盖面。做实大健康产业。依托中药材基地，积极引进优强中药材加工企业，推动新医药大健康产业发展。

（四）突出城乡统筹。县城建设方面。建成金凤大道延伸段等城市道路，启动纵三线、站前大道建设，力争打通里沙大道断头路，新增城市道路4千米以上，新增城市建成区0.5平方千米。全力推进东出口改造建设，加快完善西出口安置房配套设施，确保尽早交付使用。加快县汽车总站建设，启动面积1万平方米的成贵快铁黔西站建设，推进体育中心建设，建成大转盘4座人行天桥。水西城市综合体完成投资7亿元。推进政府购买服务和棚改货币化安置，打通保障性住房与商品房、易地扶贫搬迁房通道，有效消化房地产库存。完善设施，加强管理，解决城区重点路段、重点时段交通拥堵问题。落实精细化管理措施，提高城市管理水平，创造更加良好的人居环境。推进国家园林城市和卫生城市创建工作。小城镇建设方面。完善25个乡镇小城镇建设总规，完成修建性详细规划编制。按小城镇升级版和示范小城镇“8+X”项目建设要求，抓好素朴、钟山省定示范小城镇及谷里、大关等5个市定示范小城镇建设，完善镇村联动“6+N”项目建设，打造重新、观音洞等8个特色小城镇建设升级版。美丽乡村建设方面。投入1.5亿元，在完善去年107个“四在农家·美丽乡村”创建点建设、推进10个市级示范点建设的基础上，启动今年106个创建点建设。实施“贵州民居”改造工程4000户以上。投入4481万元实施农村危房改造3774户。

（五）突出基础设施建设。夯实交通基础设施。加快推进贵黔、白黔、息黔高速公路和成贵快铁建设，确保贵黔高速公路今年5月通车，白黔、息黔高速公路年内通车，联通外循环。推进林泉至白泥等一批县乡道油路大修工程。启动G321金凤至洪家渡、钟山至六广等一批县乡道改造项目和乡村断头路建设，将农村交通条件再推上新台阶。全力做好协调服务工作，启动环城高速大海子互通至甘棠互通、林歹至金沙铁路建设。加强县乡公路管养，进一步提升好路率。夯实水利基础设施。全力配合夹岩水利枢纽工程建设，完成樱桃坪水库主体工程建设和仙人洞水库报批工作。完成中坪等一批重点抗旱应急水源工程、小流域综合治理项目和水库除险加固项目，实施饮水安全巩固提升项目4处，完成17.21万人饮水安全巩固提升改造。夯实电力通讯基础设施。投资6400万元实施黔西220千伏变电站二期扩建和110千伏牌庄、谷里输变电工程。加快推进城乡通讯设施建设。

（六）突出民生改善，优先发展教育。全面推进南部新区教育园建设和14所幼儿园、13所义务教育学校建设。加强控辍保学，小学、初中辍学率分别控制在1%、2.3%以内，完善义务教育免试就近入学方案，巩固提高义务教育基本均衡发展成果，推进普及15年教育工作。提高卫计服务水平。深化公立医院综合改革。启动县第二人民医院、妇女儿童医院建设。投资1560万元建设县疾病预防控制中心业务楼。投资1760万元实施3个乡镇卫生院、2个社区服务机构、10个村卫生室标准化建设。招录卫生技术人员100名。实现基本药物制度、县级公立医院远程医疗、大病保险全覆盖，医保参合率达98%以上。实施好全面二孩政策。符合政策生育率达90%以上。筑牢社会保障底线。推进养老、医疗、失业、工伤、生育、社会保险和新农合续保扩面，落实救济救助。深入开展关爱留守儿童、空巢老人和残疾人工作。城乡低保标准提标增幅10%以上。推动充分就业。积极开展就业技能培训，扶持小微企业发展，引导外出务工人员返乡创业，新增城镇就业7700人，实现就业困难人员再就业1220人。加快文体事业发展。完成文化中心、科技中心建设，加快全国藏羌彝民族文化示范基地建设。同时，加强国防后备力量建设，深入开展双拥工作。大力支持工会、共青团、妇联、残联等工作，加强审计、统计、司法、民族、宗教、气象、档案等工作，推进各项社会事业全面协调发展。

（七）突出生态文明建设，加强生态建设。

深入实施“绿色毕节”行动，完成造林绿化8万亩，治理石漠化20平方千米，加大水土流失治理力度，重点加强城区周边山头和高速公路沿线等区域的造林绿化工作，森林覆盖率达45.27%以上。成立“绿十字会”，统筹推进生态各项建设。启动水西柯海国家湿地公园建设。强化环境保护。建成水泥窑协同处置生活垃圾项目、立窑焚烧垃圾中转站。加大对黔西电厂、西南水泥厂等重点排污企业的监测力度，确保污染物排放达标。严格监管执法。深入开展“两把利剑”执法行动，强化生态环境保护和环境污染防治“两个问责”，严厉打击破坏环境违法行为。

（八）突出改革开放，稳步推进改革。扎实抓好“五清单两平台一张网”建设，规范行政权力运行。完成公务用车制度改革。推进素朴镇扩权强镇试点改革，实施谷里镇乡村管理体制机制试点工作。深化户籍制度改革，全面解决无户籍人员登记入户问题。深入实施县乡财政管理体制改革。创新融资工作机制，推进政府与社会资本合作模式，拓宽融资渠道，充分发挥金融对实体经济、县域经济的支持作用。不断扩大开放。创新招商方式，加大招商引资力度，力争引进省外招商项目23个，完成到位资金129.7亿元。

（九）突出社会管理。大力推进“法治黔西”“平安黔西”建设，全力维护社会和谐稳定。加强社会管理。全面推进“天网工程”二期项目和“三所一院一中心”建设。严厉打击“两抢一盗”等各类违法犯罪行为。强化矛盾纠纷排查化解和禁毒、法制宣传教育。继续加大城乡殡葬执法力度，实现规范管理。确保社会和谐稳定。防范和打击非法集资活动。深入开展企业拖欠农民工工资清欠专项行动，严厉打击企业恶意拖欠农民工工资行为。严格煤矿、消防等领域安全监管，强化“党政同责、一岗双责、齐抓共管”和“两个责任”落实，严防安全生产事故发生。加大食品安全监管力度，确保人民群众舌尖上的安全。

扎实办好今年的“十件民生实事”。1. 为精准扶贫建档立卡扶贫对象提供“5万元以下、3年期以内、免除担保抵押、扶贫贴息支持、县级风险补偿”的专项小额扶贫到户贷款贴息。2. 完成易地扶贫搬迁1384户、棚户区改造2800户。3. 完成石板互通黔西站周边7座山头造林绿化500亩。4. 完成锦星镇抗旱应急水源工程，解决3.6万人、1400头大牲畜应急用水。5. 完成大海子互通、同心商贸城至贵黔高速坪子收费站道路（金黔大道）建设。6. 完成G212大锡厂至甘棠公路改扩建工程和金碧至观音洞通乡油路建设。7. 完成300千米建并撤小村通村水泥路建设。8. 完成莲城大道后层立体停车场及相关配套设施建设。9. 完成法院路（鄢家巷口至老人民医院）和环城南路（杀牛坝口至建行）老城区道路修缮改造。10. 完成县老年养护楼项目建设。

四、加强政府自身建设

各位代表！打赢脱贫攻坚战，全面建成小康社会，对政府工作提出了更高要求，必须加快建设法治政府、服务政府、廉洁政府和效能政府，不断增强执行力和落实力，不断提升行政水平。

（一）坚持依法行政，建设法治政府。把政府工作全面纳入法治轨道，所有行政行为都要于法有据，任何部门不得法外设权。建立健全重大决策、责任终身追究及倒查机制。大力推行部门、乡镇（街道）法律顾问制度。建立政府决策执行纠偏机制，及时纠正取消不符合法律法规的行政许可及备案、登记事项。主动接受县人大的法律和工作监督、县政协的民主监督、新闻媒体和社会公众监督，高度重视社会各界的意见建议。

（二）坚持便民利民，建设服务政府。推动公共服务事项全部进驻政务服务中心，推进行政审批标准化建设，最大限度精简办事程序，简化办事环节，缩短办理时限。依法推进政务公开，全面制定权力清单、责任清单。依托“五清单两平台一张网”，实现对权力集中部门和重点岗位全流程规范管理。

（三）坚持廉洁自律，建设廉洁政府。认真抓好政府系统党风廉政建设，严格落实廉洁自律准则和纪律处分条例，严格遵守中央八项规定和省委、市委、县委作风建设规定，深入践行“三严三实”，坚持不懈纠正“四风”，严控“三公”经费支出，厉行节约，反对铺张浪费。严格落实党风廉政建设责任制，强化行政监察和审计监督，坚决铲除滋生腐败的土壤。

（四）坚持担当作为，建设效能政府。坚决按中央、省、市和县委的决策部署推进工作，以“钉钉子”精神和“马上就办”的作风狠抓落实。始终把全心全意为人民服务作为根本宗旨，多为群众办好事、实事。始终把脱贫攻坚、同步小康作为最重大的历史使命，一心一意谋发展，不断加快后发赶超的步伐。加强绩效考核和效能监察，对不作为、乱作为的一律公开曝光，坚决追究责任。

各位代表！百舸争流，奋楫者先；千帆竞渡，勇进者胜。让我们在县委的坚强领导下，坚定信心，真抓实干，锐意进取，为全面完成“十三五”规划和今年的各项目标任务，奋力夺取全面建成小康社会决胜阶段的伟大胜利而努力奋斗！

附：名词解释和术语说明

大数据：指那些大小超出传统意义上的尺度，一般的软件工具难以捕捉、存储、管理和分析的数据，具有体量大、多样性、价值密度低、处理速度快的特点。大数据产业指一切与大数据的产生与集聚、组织与管理、分析与发现、应用与服务相关的经济活动集合。

“四个全面”：即全面建成小康社会、全面深化改革、全面依法治国、全面从严治党。

“五大发展理念”：即十八届五中全会提出的“创新、协调、绿色、开放、共享”五大发展理念。

国发2号：即《国务院关于进一步促进贵州经济社会又好又快发展的若干意见》（国发〔2012〕2号）。

国办函35号：即《国务院办公厅关于同意深入推进毕节试验区改革发展规划的函》（国办函〔2013〕35号）。

“扶贫云”：即通过互联网接入精准扶贫云平台向社会发布信息，让广大志愿者在平台上注册，动员全社会力量参与帮扶活动。利用大数据技术，通过对贫困人员的实际状况，制定一对一的扶贫方案，精准扶贫。同时，让更多人看到帮扶的结果，让平台信息公开。

新一轮易地扶贫搬迁工程：国家发展改革委、扶贫办、财政部、国土资源部、人民银行联合印发《“十三五”时期易地扶贫搬迁工作方案》，明确用5年时间对“一方水土养不起一方人”地方的建档立卡贫困人口实施易地扶贫搬迁，力争在“十三五”期间完成1000万人口搬迁任务，帮助他们与全国人民同步进入全面小康社会。

“六个精准”：指扶持对象精准、项目安排精准、资金使用精准、措施到户精准、因村派人精准、脱贫成效精准。

“五个一批”：指发展生产脱贫一批、易地搬迁脱贫一批、生态补偿脱贫一批、发展教育脱贫一批、社会保障兜底一批。

“48字决战贫困誓言”：指我县2015年12月制定的决战贫困誓言，具体内容为“决战贫困，同步小康，时代使命；精准施策，科学治贫，有效脱贫；干群同心，全力攻坚，奋勇争先；众志成城，决战决胜，全面小康”。

六大农业板块经济：即马铃薯种薯及商品薯、高山冷凉蔬菜、山地生态畜牧业、特色经果林、高山生态茶、中药材农业板块经济。

“5个100工程”：指省集中力量打造的支撑经济社会发展的重点平台，即：100个产业园区、100个现代高效农业示范园区、100个重点旅游景区、100个示范小城镇和100个城市综合体。

水西城市综合体：是全省100个城市综合体建设项目之一，分A、B、C三个区。A区即同心商贸城，B区即阳光城，C区即水西古城。

夹岩水利枢纽工程：属省重点工程，位于六冲河干流，七星关区与纳雍县的界河上，坝址位于七星关区田坝镇潘家岩脚，供水区涉及毕节至大方城区、遵义市中心城区、黔西县城、金沙县城、纳雍县城、织金县城、仁怀市等7个城镇(区)。

“3个15万元”政策：指扶持微型企业发展的优惠政策，即投资者出资达到10万元后，政府给予5万元补助、15万元税收奖励，银行提供15万元贷款支持，同时享受行政事业性零收费。

义务教育基本均衡发展：指区域内义务教育阶段学校在教育经费投入、办学条件、师资水平和教育质量等方面达到基本均衡状态，与义务教育的公共性、普惠性和基础性相适应，为适龄儿童、少年平等接受义务教育提供保证。

普及十五年教育：普及学前三年教育、九年义务教育、三年高中阶段教育（三年普通高中教育、三年中职教育），实现学前教育毛入园率、义务教育巩固率、高中阶段教育毛入学率达到85%以上。

“全面改薄”计划：即全面改善农村贫困地区薄弱学校办学条件计划的简称。

南部新区教育园：位于县城南部新区，包含一所小学、一所初中、两所高中、一所幼儿园、一所青少年活动中心、教师公寓。

PPP模式：政府与私人组织之间，为了合作建设城市基础设施项目，或是为了提供某种公共物品和服务，以特许权协议为基础，彼此之间形成一种伙伴式的合作关系，并通过签署合同来明确双方的权利和义务，以确保合作的顺利完成，最终使合作各方达到比预期单独行动更为有利的结果。

“引银入黔”工程：指引进商业银行入驻黔西县。

通道经济：即以地理环境相连结为前提，以发展县城、小城镇经济为中心，以高速公路、快速铁路为依托，以经济合作为纽带，交通干线的县区之间、城乡之间、产业之间建立密切的经济联系。通道经济区中实行城乡分工、地区分工，形成一个主干线贯通、支线流畅、横向到边、纵向不断延伸的工业、农业、商贸、旅游等产业全面发展的新的经济网络。

“6+N”项目：指6项小康行动计划加小康业、小康店和小康景。

“两把利剑”：即森林保护“六个严禁”和环境保护“六个一律”。六个严禁：(1)严禁盗伐林木；(2)严禁掘根剥皮等毁林活动；(3)严禁非法采集野生植物；(4)严禁烧荒野炊等容易引发林区火灾行为；(5)严禁擅自破坏植被从事采石采砂取土等活动；(6)严禁擅自改变林地用途造成生态系统逆向演替。六个一律：(1)建设项目未经环境评价审批以及未按环评要求落实污染防治设施的一律停建、停产；(2)对环保设施不正常运行、污染物超标排放、私设暗管等环境违法行为一律依法从重处罚；(3)对直接向环境排放污染物的单位一律依法足额征收排污费；(4)排污单位严重违法导致较大以上突发环境事件和造成严重后果且社会影响恶劣、负有监管职责的国家公职人员存在失职、渎职行为的，一律追究行政责任；(5) 对污染饮用水水源，非法排放、倾倒、处置危险废物，非法排放含重金属、持久性有机污染物等严重危害环境、损害人体健康，私设暗管排放、倾倒、处置有放射性的废物、含传染病病原体的废物、有毒物质等严重污染环境违法行为，构成犯罪的，一律移交司法机关追究刑事责任；(6) 对排污企业环境违法行为一律向社会公开，接受社会监督。

“两个问责”：指 2015 年 4 月省出台的《生态环境损害党政领导干部问责暂行办法》和《林业生态红线保护工作党政领导干部问责暂行办法》。

“五清单两平台一张网”：五清单指行政权力清单、部门责任清单、重点工作落实清单、财政资金使用清单、企业投资负面清单，两平台指民生在线平台和负面曝光平台，一张网指政务服务网。

“三所一院一中心”：三所指县看守所、强制隔离戒毒所、行政拘留所，一院指县关爱医院，一中心指戒毒人员回归体验中心。

新常态：一是增长速度的新常态，即从高速增长向中高速增长换挡；二是结构调整新常态，即从结构失衡到优化再平衡；三是宏观政策新常态，即保持政策定力，消化前期刺激政策，从总量宽松、粗放刺激向总量稳定、结构优化。

“两线合一、减量提标”：指“十三五”期间，我省将持续提高农村低保标准，逐步减少农村低保人数，到 2020 年实现农村低保与扶贫两个标准相统一，将贫困人口中无业可扶、无力脱贫的“两无户”全部纳入农村低保范围。

“互联网+”：充分发挥互联网在生产要素配置中的优化和集成作用，将互联网的创新成果深度融合于经济社会各领域之中，提升实体经济的创新力和生产力，形成更广泛的以互联网为基础设施和实现工具的经济发展新形态，促进以云计算、物联网、大数据为代表的新一代信息技术与现代制造业、生产性服务业等的融合创新。

“云上贵州”：全国第一个省级政府主导的基于互联网、电子政务外网的数据管理、交换、共享的云服务系统平台，包含电子政务云、工业云、电子商务云、智能交通云、智慧旅游云、食品安全云、环境保护云、扶贫云等重点应用项目，可面向政务部门和企事业单位提供云计算、云储存和宽带资源等服务。

“海绵城市”：城市能够像海绵一样，在适应环境变化和应对自然灾害等方面具有良好的“弹性”，下雨时吸水、蓄水、渗水、净水，需要时将蓄存的水“释放”并加以利用，提升城市生态系统功能和减少城市洪涝灾害的发生。

“智慧城市”：运用信息和通信技术手段感测、分析、整合城市运行核心系统的各项关键信息，从而对包括民生、环保、公共安全、城市服务、工商业活动在内的各种需求做出智能响应。其实质是利用先进信息技术，实现城市智慧式管理和运行，进而为城市中的人创造更美好的生活，促进城市和谐、可持续发展。

协商议政谋发展　聚智出力奔小康

——在政协第九届黔西县委员会第七次会议上的工作报告

黔西县政协主席　刘麦青

（2016年2月24日）

各位委员：

我代表政协第九届黔西县委员会常务委员会，向大会报告工作，请予审议。

2015年工作回顾

2015年，是“十二五”规划的收官之年，也是我县人民政协事业在继承中创新，在创新中发展的一年。一年来，我们坚持以邓小平理论、“三个代表”重要思想、科学发展观为指导，在中共黔西县委的领导和毕节市政协的指导下，在县人大、县政府的大力支持下，深入学习贯彻习近平总书记系列重要讲话精神，认真学习贯彻党的十八大、十八届三中、四中、五中全会精神，突出团结和民主两大主题，坚决维护核心、紧紧围绕中心、倾力服务大局、真情服务群众，坚持以“一线”精神和作风，认真履行职能，深入调查研究，积极建言献策，推进协商民主，注重工作创新，加强自身建设，顺利完成了九届四次会议明确的目标任务，树立了“团结和谐、民主协商、活跃活泼、奋进有为”的政协新形象。

一、狠抓教育转作风，学思践悟，干事创业有激情

始终把抓干部职工思想教育放在首位，不断创新方式方法，提振精气神，激发干事创业的内生动力。

讲学并举，凝聚发展共识。“发展靠智慧，爱拼才会赢”。组织开展了机关专题讲评学习活动，干部职工根据中央、省、市的发展方略，联系我县发展实际和自身工作，自拟课题，撰写讲稿，脱稿讲述，大家参评，共话黔西发展，展望未来辉煌。

教育引领，增强党性意识。“践行严实要求，挺起纪律规矩”。深入开展了“三严三实”专题教育活动，以整风精神严格党内生活，利用批评与自我批评武器，清除党内政治灰尘，把遵守党规党纪变成自觉行为。

作风向好，践行宗旨意识。“精准扶贫我参与，脱贫攻坚我给力”。干部职工率先到联系乡村遍访贫困户，认亲戚，交朋友，落实结对帮扶计划，充分利用个人资源和优势，切实帮助贫困农户发展生产，脱贫致富；组织委员深入甘棠、杜鹃办事处等13个乡镇、办事处就脱贫攻坚工作进行监督调研，凝聚合力参与小康建设。

二、多层协商建良言，竭诚尽智，履行职能有作为

坚持有事多商量、做事多商量的原则，深入推进协商民主，积极参政议政，建言献策。

例会协商活跃有序。以例会为平台，围绕中心，保持定力，聚焦全面深化改革大局，围绕县委、县政府的重大决策部署，开展了全方位、多层次的协商议政。九届四次会议期间，全体委员围绕政府工作报告、国民经济和社会发展报告、财政预算报告和法检两院报告等重大事项，认真协商讨论，提出意见建议；九届五次、六次会议协商选举了3名副主席，政协活力不断增强。充分发挥常委会专题协商职能，紧扣县委、县政府中心工作，有效开展了精准扶贫、交通建设、2015年1至11月份全县经济运行情况等专题协商，通过视察、调研、座谈、走访等方式，进一步拓展了协商形式，扩大了协商议政覆盖面。

调研协商抓大抓精。把决战贫困、同步小康和人民群众关心关注的问题作为重点协商内容，围绕生态文明建设、殡葬改革、发展林下经济、脱贫攻坚和文化旅游发展等重大课题开展调查研究，形成了《当前我县生态文明建设中存在的问题与对策》《黔西县殡葬改革工作目前存在的问题和建议》《我县林下种植业养殖业发展的现状及建议》《黔西县文化旅游发展情况的调研报告》和《上下齐心同努力，脱贫攻坚铸辉煌》等文章，报送县委、县政府及有关部门，不少意见建议得到采纳落实，对我县经济社会发展起到了积极推动作用。

提案协商求真求质。全会前，就提案征集与委员进行书面协商；全会期间，就提案立案与委员进行沟通协商；全会结束后，就提案交办与政府进行会议协商；提案办理中，与承办单位、提案人进行面对面协商。由于协商有效，提案质量和办理质量都得到了提高，九届四次会议提案共立案107件，全部办复完毕，满意和基本满意率达100%，有力地推动了一批重点难点问题的解决。

三、参与中心促发展，凝心聚力，推动跨越有成效

突出经济发展，聚焦转型跨越，积极参与全县经济社会发展大局，与党政领导一道奋战在一线，同挑发展担子，共担发展重任。

实干苦拼推动大项目建设。持续给力推动华润煤电一体化黔西电厂项目、成贵快速铁路项目、黔贵高速公路项目建设。充分发挥优势，积极拓宽融资渠道，加强与银行、融资租赁公司、信托等金融机构对接，全力协助政府做好项目融资，推动交通改造、城市基础设施建设和生态移民搬迁。

满怀信心承担改革发展课题。为确保深入推进协商民主广泛多层制度化发展改革取得实效，根据课题要求，制定实施方案，成立领导小组，细化工作任务，组织有关人员赴四川省渠县和巴中市考察，学习开展协商民主的做法与经验，着力构建程序合理、环节完整的协商民主体系。

依托文史搭台宣传推介黔西。根据文史工作“存史、资政、团结、育人”的特点，组织委员和有关人士开展史料征集活动，推动文史资料工作紧贴中心，服务发展。一年来，完成毕节试验区建设文史资料的收集整理共10余篇、10余万字；完成《西部大开发》文史资料收集整理共20多万字。

四、心系群众办实事，倾情倾力，改善民生有推动

始终坚持履职为民之根本，把关注民生民情，增强人民福祉作为工作的重中之重。

支农扶贫见人见事。主席、副主席就联系的乡镇，每月带领分管的专委会和联系的有关部门，就发展农村经济、脱贫致富等问题开展调查研究，根据调研情况，制定帮扶发展计划，整合部门资源，在资金、项目上给予支持。一年来，为观音洞镇、中坪镇、红林乡等乡镇协调各类资

金、物资共计100余万元，项目20多个。下派干部入住观音洞镇大元村，帮助村两委制定村级发展规划、村级农业板块经济发展计划，为农户协调种植、养殖项目等，直接参与和帮助群众发展生产，用实际行动参与农村经济建设。

为民办事精准情真。协调爱心人士为观音洞镇沙井中学和鲲鹏小学捐赠电脑；单位出资和个人捐资相结合，在“六一”期间，分别为雨朵、红林、中建等乡镇学校的学生们送去学习用品和体育器材；引导“绿叶公益之家”为中建小学捐赠100套课桌椅；携手贵州同心商贸城和民建黔西工委共同捐资帮助黔西二中15名优秀的困难学生踏进大学校门；联系民建上海，帮助我县20名初中学校骨干教师到上海培训；牵手农牧局为中建乡、观音洞镇部分困难群众送去春耕备耕物资；协调相关部门，为中坪镇困难群众解决人畜饮水105人；组织爱心人士和企业为谷里、大关、绿化等10个乡镇困难群众、空巢老人、留守儿童共计136户，送去衣物和生活必须品。

反映民意务实有效。坚持在履职过程中认真收集各界意见建议，及时以《社情民意》形式进行反映，为县委、县政府掌握社会情况、了解民意提供重要渠道。一年来，共向上级政协和县委、县政府报送《社情民意》信息15期，反映意见建议数十条，绝大部分建议被采纳，其中《建议对退耕还林地实行有效管理，确保还林效果，促进生态建设》《关于春季期间全面、严厉打击各种违法犯罪的建议》《关于尽快为村级卫生室配建厕所，完善村级卫生事业服务功能的建议》和《关于黔西公办高中教育如何走出困境的建议》等得到省、市、县领导的签批转有关部门具体抓落实。

五、强基固本增效能，尽心尽力，建设团队有实招

以创新为手段，以优质服务带动整体工作，着力加强机关干部职工和委员能力素质建设，提高办事效率。

强化学习练内功。大力倡导“在工作中学习，在学习中提高”的终身学习理念，坚持机关学习制度，做到年初有计划，每季有专题，每月有安排。通过业务知识培训、外出考察、以会代训、专题讲座等多种形式组织委员和机关干部学习，全面提升履职能力和水平。

加强管理塑形象。争创满意机关，着力打造学习型、服务型、效能型、创新型、和谐型的“五型”机关。修订完善工作制度，将责任逐项分解落实到人，使每个岗位、每位同志都有工作任务、有考核指标，在推动全县经济社会发展中，展示了政协团队形象，彰显了履职价值，受到省政协的表彰。

优化服务增活力。精心打造“聚智协政”服务品牌，进一步搭建委员横向互动、上下联动平台，大力加强与政协委员的联系，为委员提供高效优质服务。通过组织委员调研视察、在委员中广泛开展“三个一”活动（提一件提案、反映一条社情民意、参加一次调研或视察）等形式，加强与委员的联系，形成人人争提优秀提案、争写优秀社情民意、争做优秀政协工作者的干事创业氛围。

2016年主要工作任务

2016年，是“十三五”规划的开局之年，也是本届政协任期的最后一年，做好今年的工作非常关键。县政协总体工作思路是：深入学习贯彻党的十八大、十八届五中全会精神，牢固树立和贯彻落实创新、协调、绿色、开放、共享的发展理念，牢牢把握团结民主两大主题，按照县委的总体部署和目标要求，提振精神、奋发有为，团结带领广大政协委员围绕中心、服务大局、深

入调研、务实协商，促进“十三五”良好开局，为全力推进“决战贫困、提速赶超、同步小康”做出新贡献。

一、坚持发展理念，求真务实，为同步小康添动力

把围绕党委政府中心工作建言献策作为最大着眼点，认真谋划我县“十三五”乃至更长时期的发展思路，发挥政协的人才智力优势，广泛协商议政，参与咨询论证，为全县“十三五”规划编制献计出力。积极助推法治黔西建设，在委员中部署开展“共建法治黔西”主题活动，运用法治理念和法治思维改进政协工作，使依法治县战略成为社会各界的广泛共识。围绕产业转型升级，就绿色资源开发、生态环境保护、招商引资、产业结构调整、现代山地高效农业、大数据平台建设等课题开展调查研究和考察学习，助力黔西发展；就三年绿化行动、生态文明建设、优化发展环境、农村电商建设等课题，组织委员视察议政，激发发展活力。

二、问计民生民本，履职尽责，为造福百姓聚合力

把着力提升人民幸福指数作为履职的落脚点，围绕特困群体救助，“业教保医、衣食住行”等“民生大事”搞好调研视察。建立“民意测评约谈”监督机制，探索建立监督结果运用到组织部、纪委等部门考核的工作联动机制。建立完善社情民意信息网络，提高信息质量，更好地发挥社情民意信息直通车作用。充分发挥提案在保障和改善民生中的积极作用，着力提高提案质量、办理质量和服务质量，创新实施重点提案办理评议，通过县电视台、政协网站提案电子信息平台开展提案访谈活动，强化委员评议提案的监督功能，确保提案办理实效。把为民服务作为重要责任，深入开展送服务下基层、进社区活动，鼓励委员积极参与各种公益活动，真心实意为群众办实事、解难事、做好事。

三、团结凝聚力量，齐心协力，为和谐稳定增共识

把增进共识、凝聚人心、汇聚力量作为政协服务改革发展的切入点，坚持大团结大联合，努力为改革发展寻求最大公约数、增进最大共识度、汇聚最大正能量。加强与各民主党派、无党派人士、各人民团体和各界人士的沟通联系，支持他们通过政协舞台合作共事，履行职责，发挥作用。广泛征集文史资料，助推非物质文化遗产的抢救、保护、传承工作。加强与各界别、各阶层群众的联系，积极协助党委政府做好协调关系、理顺情绪、化解矛盾的工作，积极营造政通人和的社会氛围。

四、深化协商民主，求实创新，为民主建设搭平台

把扎实推进协商民主作为政协工作的着力点，进一步健全和完善政治协商的各项制度，明确协商主体，规范协商程序，丰富协商载体，注重协商内容，积极推进协商民主广泛多层制度化发展。深入贯彻县委《关于进一步加强人民政协工作的实施意见》，聚焦社会和经济发展新常态，充分发挥协商民主的重要渠道作用。创新协商方式，探索建立以界别为基础、以专题为重点、以对口为纽带、以会议为主要方式的季协商制度，针对重大项目建设、政府实事工程推进、脱贫攻坚、新医药大健康等一些重要问题协商建言，为委员参政议政、发表意见提供更多机会。进一步探索基层民主协商的途径和方法，探索建立乡镇政协联络组织和基层协商委员会参与当地重大事项协商制度，推动政协工作向基层延伸。

五、注重自身建设，用心用力，为政协工作强保障

严把委员入口关，做好委员提名推荐、界别划分、人数比例的考察审核；建立健全委员履职

档案，落实委员履职情况通报制度和考核制度，探索建立委员诫勉劝退机制。坚持主席会议成员领衔调研，发挥政协各工作机构服务调研，组织委员参与调研的合作调研机制，形成人人“谋调研、搞调研、会调研”的浓厚氛围。开展“优秀提案”“先进承办单位”和“优秀调研报告”评选表彰，建立“委员提案库”，进行“优秀提案”资料汇编，引导委员更好地参政议政。推进机关文化建设，按照“宽松、团结、活力、严谨、务实”的要求，营造“热烈而不对立、真诚而不敷衍、尖锐而不极端”的履职氛围，建设学习好、作风好、服务好的政协机关，为政协有效履行职能、顺利开展工作提供有力保障。

各位委员，凡是过去皆为序章，展望未来豪情壮志。今天，“十三五”扬帆起航，决胜全面建成小康社会的冲锋号已吹响，肩负的责任沉甸甸，让我们在中共黔西县委的坚强领导下，以更加高昂的斗志，更加饱满的热情，更加务实的作风，按下快进键，跑出加速度，推动黔西经济社会提速赶超、跨越发展！

文件选编

关于全面推进依法治县的实施意见

（2015 年 1 月 7 日中国共产党黔西县第十一届委员会第五次全体会议通过）

县发〔2015〕1 号

为贯彻落实党的十八届四中全会、省委十一届五次全会、市委一届六次全会精神，全面推进依法治县，加快建设法治黔西，结合我县实际，提出如下实施意见。

一、全面推进依法治县的重大意义、指导思想、总体目标和基本原则

（一）重大意义。法律是治国的重器，法治是国家治理体系和治理能力的重要依托。当前，我县正处于科学发展、后发赶超、同步小康创建的重要阶段，各种矛盾相互交织，改革发展稳定任务十分艰巨。按照依法治国的重大部署，推进依法治县、建设法治黔西，事关全面深化改革大局，事关全县人民幸福安康，事关全县长治久安，是全面建成小康社会的重要保障，是建设富裕和谐美丽新黔西的必然要求。

（二）指导思想。以邓小平理论、“三个代表”重要思想、科学发展观为指导，认真贯彻落实党的十八届四中全会、省委十一届五次全会、市委一届六次全会，习近平总书记系列重要讲话和关于毕节试验区的系列重要指示精神，坚定不移走中国特色社会主义法治道路，坚持依法治国、依法执政、依法行政共同推进，坚持法治国家、法治政府、法治社会一体建设，坚决维护宪法法律权威，依法维护人民权益、维护社会公平正义、维护公共安全和社会稳定。围绕守住发展和生态“两条底线”，坚持主基调主战略，为全面深化改革、提高党的执政能力提供坚强的法治保障，为加快同步小康步伐，建设富裕和谐美丽新黔西营造良好的法治环境。

（三）总体目标。围绕“建设中国特色社会

主义法治体系，建设社会主义法治国家”的总目标和建设法治黔西的具体目标，全面贯彻实施宪法，把建设法治政府作为重要内容，把确保司法公正作为关键环节，把建设法治社会作为重要基础，把建设法治队伍作为重要保障，把加强党的领导作为根本保证，全面推进依法治县。到2020年，基本形成高效的法治实施体系、严密的法治监督体系、有力的法治保障体系，宪法法律和党内法规体系得到切实遵行，各类社会主体合法权益得到切实保障，依法执政、依法行政和公正司法能力明显提高，公民法治意识和法律素质普遍增强，社会诚信和法治环境显著提升，实现严格执法、公正司法、全民守法，法治黔西基本建成。

（四）*基本原则*。全面推进依法治县，实现建设法治黔西的目标，必须坚持中国共产党的领导，坚持人民主体地位，坚持法律面前人人平等，坚持依法治国与以德治国相结合和从实际出发，坚持开拓创新，努力从法治层面破除制约黔西改革发展的体制机制障碍。

二、加强宪法实施，严格依宪执政

落实以宪法为核心的中国特色社会主义法律体系是全面推进依法治县，建设法治黔西的重要条件。严格依宪执政，完善与重大改革相适应的政府规范性文件，增强针对性、及时性、有效性和可操作性。

（一）*全面贯彻落实宪法*。坚持依法治国首先要坚持依宪治国，坚持依法执政首先要坚持依宪执政。全县各族人民、各机关单位、各社会团体、各企业事业组织，都必须以宪法为根本的活动准则，积极履行维护宪法尊严、保证宪法实施的职责。采取各种形式，积极组织开展宪法知识学习、宪法知识宣传普及活动。在每年国家宪法日普遍开展宪法教育活动，弘扬宪法精神。严格执行宪法宣誓制度，凡经县人大及其常委会选举或者决定任命的国家工作人员在正式就职时必须公开向宪法宣誓。组织开展形式多样的成人宣誓仪式，增强公民的权利和义务意识，支持公民利用宪法法律维护自身合法权利，履行好法定义务。加强宪法法律实施的监督，一切违反宪法的行为都必须予以追究和纠正。党委要带头遵守宪法和法律，支持人大及其常委会依法行使职权。加强人大法律监督机制建设，加强政协和各民主党派对宪法和法律实施的民主监督。

（二）*依法制发政府规范性文件*。政府规范性文件不能与宪法法律相抵触。建立政府规范性文件起草、论证、协调、审议机制，建立向人大代表、政协委员、乡镇（街道）人大和政府征询意见机制。建立政府规范性文件论证制度。建立文件起草单位和相关单位、社会公众沟通机制，召开制发规范性文件集体协商会议，充分发挥民主党派、工商联、人民团体、社会组织在协商中的作用。探索建立有关国家机关、人民团体、社会组织、专家学者等对政府规范性文件中涉及的重大利益调整论证咨询机制。拓宽公民有序参与制发规范性文件的途径，公开文件草案，召开听证会、论证会，公开征求公众意见及采纳情况。坚持政府规范性文件与全面深化改革决策部署相衔接，重大改革于法有据，政府规范性文件主动适应全县改革发展需要。

三、推进依法行政，建设法治政府

坚持在党的领导下、在法治轨道上推进政府履行法定职责，提高执行能力，建立权责统一、权威高效的依法行政体制，加快建设职能科学、权责法定、执法严明、公开公正、廉洁高效、守法诚信的法治政府。

（一）*确保政府依法全面履行职能*。按照中央、省市的统一部署，依法完善行政组织和行政程序法律制度，推进机构、职能、权限、程序、责任法定化。以政府法制机构为主体，建立健全依法行政综合协调指导和监督机构并强化其职能职责。建立完善依法行政工作考核机制，建立领导干部依法行政考核档案数据库及评价体系制度。行政机关不得违法创设行政许可、行政处罚、行政强制、行政处分、行政收费等行政权力，没有法律法规依据不得作出减损公民、法人和其他组织合法权益或者增加其义务的决定。落实政府权力清单制度，依法公开权力运行流程，消除权力设租寻租空间。合理划分、依法规范政府与部门之间、部门相互之间的职能、权限，依法及时组织协调部门间争议，防止推诿扯皮。推进各级政府事权规范化、法制化，强化推动发展、公共服务、市场监管、社会治理、环境保护和基本公共服务均等化等职责。创新政府履行职能方式方法，推广政府购买服务，禁止行政机关指定或变相指定中介组织从事服务，推进政府部门社会信用等信息共享。落实公开透明规范的预决算和政府债务风险管控机制，探索建立完善项目资金规范管理机制。推进政府机构改革，深化行政审批制度改革，进一步规范行政审批行为，公开行政审批项目，推进行政审批集中办理，提高政务服务水平。推进扩权强镇改革，解决乡镇政府职能弱化问题。

（二）积极推进依法决策。按照中央、省市的统一部署，建立公众参与、专家论证、风险评估、合法性审查、集体讨论决定确定的重大行政决策法定程序，确保决策制度科学、程序正当、过程公开、责任明确。处理好“先行先试”和依法决策的关系，既要“先行先试”创造改革发展新经验，也要防止借改革之名不依法决策。依法科学界定政府及其部门的行政决策权，向社会公开重大行政决策事项。法律规定应当听证以及涉及重大公共利益和群众切身利益的决策事项，都要完善听证制度并及时进行听证。健全决策咨询制度，建立决策咨询专家库。完善落实重大决策风险评估机制，未经风险评估的，不得作出决策。重大行政决策事项未经县政府法律顾问室合法性审查或者经审查不合法的，不得提交会议讨论。加强和完善规范性文件合法性审查和备案审查制度，对未经县政府法律顾问室进行合法性审查或未按照县政府法律顾问室提出的审查意见进行修改完善的规范性文件草案，一律不得审议和实施。对正式制发的政府规范性文件，做到有件必备、有备必审、有错必纠。

积极推行政府法律顾问制度，鼓励和支持取得《法律职业资格证》的机关工作人员申办公职律师证，为本单位提供法律服务。成立以政府法制机构人员为主体，吸纳专家、公职律师和社会律师参加的县政府法律顾问室，在经济政治等方面充分保障县政府法律顾问室在推进依法行政、制定重大决策、处置重大资产过程中发挥积极作用。

严格执行重大决策终身责任追究制度及责任倒查机制，对决策严重失误或者依法应该及时作出决策但久拖不决造成重大损失、影响恶劣的，严格追究行政首长、负有责任的其他领导人员和相关责任人员的法律责任。逐步建立重大行政决策实施评价制度，严格规范重大决策档案管理，完善行政决策的监督制度。

（三）改革行政执法体制机制。根据县级政府的事权和职能，按照减少层次、整合队伍、提高效率的原则，合理配置执法力量。推进综合执法，大幅减少政府执法队伍种类，重点在食品药品安全、工商质检、公共卫生、安全生产、文化旅游、资源环境、农林水利、交通运输、城乡建设等领域推进综合执法，可推行跨部门综合执法。探索建立乡镇综合执法办公室，集中开展乡镇综合执法。完善政府行政执法管理，加强统一领导和协调。对不具备行政强制执行权力的行政机关，必须依照法定程序申请有执行权的机关强制执行。加强城市管理综合执法机构建设，提高执法和服务水平。严格实行行政执法人员定期培训、持证上岗和资格管理制度，未经执法资格考试合格，不得申报办理执法证，不得从事执法活动。严格执行罚缴分离和收支两条线管理制度，严禁行政收费及各种罚没收入同部门利益挂钩或变相挂钩。健全行政执法与刑事司法衔接机制，完善案件移送标准和程序，建立行政执法机关、公安机关、检察机关、审判机关信息共享、案情通报、案件移送制度，坚决杜绝有案不移、有案难移、以罚代刑现象，实现行政处罚和刑事处罚无缝对接。

（四）推进公正文明执法。依法惩处各类违法行为，加大关系群众切身利益的重点领域执法力度。完善执法程序，建立执法全过程记录制度。明确具体操作流程，重点规范行政许可、行政处罚、行政强制、行政征收、行政收费、行政检查等执法行为。重大执法决定须经政府法制机构审核后作出。严格执行行政处罚裁量权基准制度，细化、量化行政裁量标准，规范裁量范围、种类、幅度。行政机关行使自由裁量权的，应当在行政决定中说明理由。加强行政执法信息化建设，提高执法效率和规范化水平。全面落实行政执法责任制，严格明确经济管理、社会管理、市场管理等不同部门及机构、岗位执法人员执法责任和责任追究机制。建立健全公开、公平、公正的评议考核机制，完善行政执法案卷评查制度，加强执法监督，严禁“钓鱼执法”和选择性执法，严惩执法腐败行为。坚持文明执法，不得粗暴对待当事人，不得侵害其人格尊严，不得剥夺或变相剥夺当事人依法享有的陈述、申辩、听证等权利。

（五）依法化解行政争议。充分发挥行政复议依法化解行政争议的主渠道作用，畅通行政复议渠道，提升行政复议公信力。加强行政复议规范化建设，分级分类建立健全申请、受理、审理、决定、执行等行政复议程序，规范行政复议听证，确保行政复议合法、高效进行。加强行政复议机构建设，适应依法行政工作的需要。

（六）强化行政权力的制约和监督。加强党内监督、人大监督、民主监督、行政监督、审计监督、舆论监督、群众监督等制度建设，建立对行政机关及其工作人员失职渎职行为的追究制度，努力形成科学有效的权力运行制约和监督体系，增强监督合力和实效。健全党委领导下纪委、法院、检察院和公安、监察、审计机关在查办党员、国家工作人员违纪违法、涉嫌犯罪案件中的协作配合机制。推进人大对法律法规实施的监督检查和对财政预决算的审查监督制度化。

把加强对政府内部权力的制约作为强化对行政权力制约的重点，完善政府内部层级监督和专门监督，改进上级机关对下级机关的监督，建立常态化监督制度。对财政资金分配使用、国有资产监管、政府投资、政府采购、公共资源转让、公共工程建设等权力集中的部门和岗位实行分事行权、分岗设权、分级授权、定期轮岗，强化内部流程控制，防止权力滥用。进一步规范招投标、政府采购和公共资源交易操作流程，建立健全廉政风险防控机制。完善行政执法纠错问责机制，健全责令公开道歉、停职检查、引咎辞职、责令辞职、罢免等问责方式和程序。

强化行政监察，加强对工程建设领域、民生政策落实领域、政府招标采购领域的行政监察力度和密度，严防执法犯法现象的发生，及时查处执法违法行为。严格执行审计制度，保障依法独立行使审计监督权，对公共资金、国有资产、国有资源和领导干部履行经济责任情况实行审计全覆盖。建立健全督促审计整改机制，将整改纳入督办督查事项，加强审计事项移送反馈机制，强化审计成果运用，适时向社会公告。

（七）深化政务公开。坚持公开为常态、不公开为例外原则，推进决策公开、执行公开、管理公开、服务公开、结果公开。政府及其工作部门依据权力清单，向社会全面公开政府职能、法律依据、实施主体、职责权限、管理流程、监督方式等事项。重点推进财政预决算、公共资源配置、重大建设项目批准和实施、社会公益事业建设等领域的政府信息公开。

推进新闻发言人制度，依法及时、准确地向社会公开政府信息。推行行政执法公示制度，除依法应当保密的外，涉及公民、法人或其他组织权利和义务的规范性文件以及行政执法决定文书都要依法公布。加强互联网政务信息数据和便民利民服务平台建设，简化办事流程。认真落实政府信息主动公开、政务信息查询等制度，建立健全政府信息公开平台，加强电子政务建设，坚持定期通报政务信息。开展政府信息公开透明度年度测评，努力建设阳光政府。

四、推进司法公正，提高司法公信力

着力加快司法体制改革，完善司法管理体制和司法权力运行机制，规范司法行为，加强对司法活动的监督，筑牢维护社会公平正义的最后一道防线，努力让人民群众在每一个司法案件中都感受到公平正义。

（一）优化司法职权的配置。落实司法人员分类管理制度，完善司法责任制，健全司法人员职业保障制度，优化审判、检察机关办案组织。推进和实行法院、检察院司法行政事务管理权和审判权、检察权相分离。推进审判机关审判流程公开、裁判文书公开、执行信息公开三大平台建设。推动建设法、检、公、司互通的政务内网，实现信息系统联动共享。改革法院案件受理制度，推进立案审查制变为立案登记制，对法院依法应当受理的案件，做到有案必立、有诉必理，加大对虚假诉讼、恶意诉讼、无理缠诉的惩治力度。积极探索建立检察机关提起公益诉讼制度。推进社区农村警务战略，加强“农村集市流动警务室”建设。

（二）落实依法独立公正行使审判权和检察权制度。按照中央、省市的统一部署，积极支持法院、检察院依法独立公正行使审判权、检察权。落实领导干部干预司法活动、插手具体案件处理的记录、通报和责任追究制度。任何党政机关和领导干部都不得让司法机关做违反法定职责、有碍司法公正的事情，任何司法机关都不得执行党政机关和领导干部违法干预司法活动的要求。对于干预司法机关办案的，给予党纪政纪处分；造成冤假错案或者其他严重后果的，依法追究法律责任。落实行政机关负责人依法出庭应诉、支持法院受理行政案件、尊重并执行法院生效裁判的制度。建立健全司法人员履行法定职责保护机制。非因法定事由，非经法定程序，不得将法官、检察官调离、辞退或者作出免职、降级等处分。

（三）优化司法职权运行机制。健全公安机关、检察机关、审判机关、司法行政机关各司其职，侦查权、检察权、审判权、执行权相互配合、相互制约的体制机制。明确司法机关内部各层级权限，健全内部监督制约机制。加强案件流程管理和节点控制，完善案件分配、流程监控、质量评查、绩效考核等案件管理制度。落实司法机关内部人员过问案件记录制度和责任追究制度。检察机关在履行职责中发现行政机关违法行使职权或者不行使职权的行为，应当督促其纠正。完善主审法官、合议庭、主任检察官和主办侦查员办案责任制，落实谁办案谁负责制度。加强职务犯罪线索管理，健全受理、分流、查办、信息反馈制度，明确纪检监察和刑事司法办案标准和程序衔接，依法严格查办职务犯罪案件。健全完善预防职务犯罪网络体系，从源头上预防职务犯罪的发生。

（四）推进严格司法。坚持以事实为依据、以法律为准绳，确保事实认定符合客观真相、办案结果符合实体公正、办案过程符合程序公正。推进以审判为中心的诉讼制度改革，确保侦查、审查起诉的案件事实证据经得起法律的检验。全面贯彻证据裁判规则，严格依法收集、固定、保存、审查、运用证据，完善讯问犯罪嫌疑人全程同步录音录像制度，完善证人、鉴定人出庭制度，保证庭审在查明事实、认定证据、保护诉讼、公正裁判中发挥决定性作用。实行办案质量终身负责制和错案责任倒查问责制。严格执行案件办理期限制度。

（五）保障人民群众参与司法。依靠人民推进公正司法，通过公正司法维护人民权益。在司法听证、涉诉信访等司法活动中保障人民群众参与。完善旁听庭审、诉讼档案查询等制度。保障公民陪审权利，扩大人民陪审员选任和参审范围，完善随机抽选方式，提高人民陪审制度公信度。逐步实行人民陪审员不再审理法律适用问题，只参与审理事实认定问题。构建开放、动态、透明、便民的阳光司法机制，推进审务公开、检务公开、警务公开，依法及时公开执法司法依据、程序、流程、结果和生效法律文书，杜绝暗箱操作。建立司法机关专用网络办案平台，推行在线诉讼服务。落实生效法律文书统一上网和公开查询制度。

（六）加强人权司法保障。坚持落实罪刑法定、疑罪从无、非法证据排除等法律原则，保障诉讼过程中当事人和其他诉讼参与人的知情权、陈述权、辩护辩论权、申请权、申诉权。完善对限制人身自由司法措施和侦查手段的司法监督，加强对刑讯逼供和非法取证的源头预防，健全冤假错案有效防范、及时纠正机制。加强县看守所、县行政拘留所、县强制隔离戒毒所、县青少年育才学校的依法管理工作，杜绝违法羁押、超期羁押。完善未成年人违法犯罪纪录封存和管理机制。

切实解决执行难，严守规范查封、扣押、冻结、处理涉案财物的司法程序。依法公开被执行人信息，加快建立失信被执行人信用监督、威慑和惩戒制度。规范执行行为，强化执行措施，依法保障胜诉当事人及时实现权益。完善诉访分离机制和涉诉信访终结机制，建立和完善依法导入、纠错、终结制度。建立司法救助体系，将救助资金纳入财政预算，做好刑事被害人的救助工作。对不服司法机关生效判决、决定的申诉，实行由法律援助律师代理制度。

（七）强化司法活动的监督。加强人大及其常委会对司法工作的监督，有计划安排听取和审议法院和检察院涉及司法公正等专项工作报告，对涉及到的司法不公等问题，依法以组织名义提出并按法定程序办理。落实法院、检察院办案人员权力清单制度。加强检察机关对刑事诉讼、民事诉讼、行政诉讼的法律监督。健全完善由司法行政机关选任管理的人民监督员和特约检察员制度，重点监督检察机关查办职务犯罪的立案、羁押、扣押冻结财物、起诉等环节的执法活动。司法机关要及时回应社会关切。规范媒体对司法活动的舆论报道，防止舆论影响司法公正。

依法规范司法人员与当事人、律师、特殊关系人、中介组织的接触、交往行为，依法惩处司法人员及其他参与人在诉讼活动中的违法违纪行为。严禁司法人员私下接触当事人及律师、泄露或为其打探案情、接受吃请或收受其财物、为律师介绍代理和辩护业务等违法违纪行为，坚决惩治司法掮客，防止利益输送，对构成犯罪的依法追究刑事责任。对因违法违纪被开除公职的司法人员、吊销执业证书的律师、公证员、法律服务工作者，终身禁止从事法律职业。

坚决破除各种潜规则，决不允许法外开恩，决不允许办关系案、人情案、金钱案。坚决反对和克服特权思想、衙门作风、霸道作风，坚决反对和惩处粗暴执法、野蛮执法行为。对司法领域的腐败零容忍，坚决清除害群之马。开展司法廉洁教育，建立司法工作人员廉政档案制度。严格约束司法人员业外活动。

五、推进全民守法，建设法治社会

弘扬社会主义法治精神，建设社会主义法治文化，形成守法光荣、违法可耻的社会氛围，努力让法治成为人们的生活方式和共同信仰，使全县人民都成为社会主义法治的忠实崇尚者、自觉遵守者、坚定捍卫者。

（一）*增强全社会法治意识*。深入开展法治宣传教育，引导全民自觉守法、遇事找法、解决问题靠法。重点加强对领导干部、公务员、青少年、企事业经营管理人员、农民和流动人口的分类普法宣传教育工作。积极推行普法无纸化学法用法考试制度。把宪法法律作为各级党委（党组）中心组必学内容，列为党校、行政学校必修课，定期举办法治专题培训班。把法治教育纳入国民教育体系，在各中小学普遍设立法律知识课程，加强青少年法治意识宣传教育，配齐中小学法律专任教师、法制副校长、法制辅导员并加强培训和管理，发挥其法制宣传教育的主导作用。加强县青少年育才学校软硬件建设。加强企业经营管理人员法律知识培训和考试考核。广泛开展农村“两委”法制培训和农村“法律明白人”教育培训工作。

健全普法宣传教育机制，纵深推进法律进机关、进乡村、进社区、进学校、进企业、进单位“六进”活动，充分保障并发挥宣传、司法、文体广电、教育等部门和有关人民团体在普法教育中的职能作用。实行国家机关“谁执法、谁普法”的普法责任制，建立以案释法制度，加强普法工作者、普法讲师团、普法志愿者和县乡普法网站建设。结合行业、职业特点，建立健全分类普法制度。把法治教育纳入精神文明创建内容，开展群众性法治文化活动，健全县内媒体公益普法制度，利用公共电子屏幕、短信、微信、微博等平台开展法治宣传，讲好政法故事，提高普法实效。加强社会信用体系建设，健全公民和组织守法信用记录，完善守法诚信褒奖机制和违法失信行为惩戒机制，推动公民全面履行宪法法律规定的权利和义务。

围绕“和谐社区”建设，以专题讲座、专题培训为载体开展社会主义核心价值观教育，将社会主义核心价值观融入社会规范，夯实依法治县的思想道德基础。在全社会开展“守法公民从我做起”“明礼知耻、崇德向善”“诚信、守法、感恩”主题活动，弘扬中华优秀传统文化，增强法治的道德底蕴，发挥法律对道德建设的促进作用和道德对法治文化的支撑作用，强化规则意识，倡导契约精神，弘扬公序良俗。发挥法治在解决道德领域突出问题中的作用，引导人们自觉履行法定义务、社会责任、家庭责任。

（二）*深入推进多层次多领域依法治理*。坚持系统治理、依法治理、综合治理、源头治理，提高全社会治理法治化水平。广泛开展民主法治示范单位、示范乡镇、示范村（社区）、诚信守法企业等多层次多形式法治创建活动。深化“六零六好”社会治理集成创新和社区网格化管理工作，大力支持人民团体、社会组织、志愿者队伍等积极参与社会治理，推动实施特殊人群服务管理“六项工程”，依法强化社区矫正工作，做好社区矫正立法前的试点工作。建立见义勇为奖励基金制度，切实维护和保障见义勇为人员的合法权益，完善全社会共同参与支持见义勇为的工作格局。

发挥人民团体和社会组织在法治社会建设中

的积极作用。建立健全社会组织参与社会事务，维护公共利益，帮助困难群众，帮教特殊人群，预防违法犯罪的机制和制度化渠道。支持行业协会商会类社会组织发挥行业自律和专业服务功能，发挥社会组织对其成员的行为引导、规则约束、权益维护作用。依法妥善处置涉及民族和宗教等因素的社会问题，促进民族关系、宗教关系和谐。

推进基层治理法治化。健全基层党组织领导的、充满活力的城乡基层群众自治机制，完善民主选举、民主决策、民主管理、民主监督程序。发挥基层党组织在推进基层治理法治化中的战斗堡垒作用，增强基层干部法治观念、法治为民意识。发挥村规民约、市民公约在基层社会治理中的积极作用，引导群众依法立约、以约治村，推进新农村建设。探索社区居委会指导监督业主委员会的机制，形成居委会、业主委员会以及社区物业管理相互支持、相互配合的工作格局。完善以职工代表大会为基本形式的企业单位民主管理制度，推进各行业、各单位依法治理工作。

（三）建立比较完备的基层公共法律服务体系。建立健全符合县情、覆盖城乡、惠及全民的基层公共法律服务体系。加强民生、劳动、社会保障等领域法律服务，保障人民群众在遇到法律问题或权利受到侵害时能获得及时有效的法律帮助。积极发展县内律师、公证、基层法律服务业，筹建县司法行政法律服务中心。统筹城乡法律服务资源，提升各基层司法所法律服务能力和水平，逐步建立城乡社区法律服务工作室和法律援助工作站。

（四）健全依法维权和化解纠纷机制。强化法律在维护群众利益、化解社会矛盾中的权威地位，引导和支持人们理性表达诉求、依法维护权益。建立健全社会矛盾预警、利益表达、协商推进、救济救助机制，畅通群众利益协调、权益保障法律渠道。把信访纳入法治化轨道，依法规范信访秩序，保障合理合法的诉求依照法律规定和程序就能得到合理合法的结果。改革信访工作考核机制。健全社会矛盾纠纷预防化解机制，完善调解、仲裁、行政裁决、行政复议、诉讼等有机衔接、相互协调的多元化纠纷解决机制。健全行政裁决制度，强化行政机关解决同行政管理活动密切相关的矛盾纠纷功能。加强行业性、专业性人民调解组织建设，构建乡、村、组、中心户长“四位一体”调解网络，发挥基层人民调解组织的作用。完善人民调解、行政调解、司法调解联动工作体系，加强县、乡、村三级群众工作站建设，重点调处好资源开发、拆迁安置、土地征用、水库移民等领域的利益关系。

深化平安黔西建设，完善立体化社会治安防控体系，保障人民生命财产安全。深入开展反恐防恐、禁毒攻坚、打黑除恶、综合治理赌博犯罪、命案防控、反邪教、扫黄打非等专项行动，着力解决社会治安突出问题。强化危害食品药品安全、影响安全生产、损害生态环境、破坏网络安全等重点问题治理。

六、加强法治工作队伍建设

大力提高法治工作队伍思想政治素质、业务工作能力、职业道德水准，增强责任意识和担当精神，突出政治标准，建设一支忠于党、忠于国家、忠于人民、忠于法律的社会主义法治工作队伍。

（一）提高法治工作队伍综合素质。坚持党的事业、人民利益、宪法法律至上，加强行政执法、司法和政府法制队伍建设。抓住执法、司法、法制部门领导班子建设这个关键，把善于运用法治思维和法治方式推动工作的人及时选拔到领导岗位上来。畅通具备条件的优秀人才、军转干部进入司法队伍和执法、司法、法制部门干部相互交流以及与其他部门具备条件人员的交流渠道，建立健全挂职锻炼和轮岗交流制度，有序推进分级分类全员法治培训。推进法治工作队伍正规化、专业化、职业化，提高职业素养和专业水平。探索与黔西经济社会发展、人口数量和案件数量等情况相适应的合理配备法官、检察官、人民警察员额的办法。对政法部门青年干警实行制度化倾斜政策。进一步规范对警务辅助等协勤人员的管理，坚决查处协勤人员违法违纪问题。

（二）加强法律服务队伍建设。加强律师队伍思想政治建设，把拥护中国共产党领导，拥护社会主义法治作为律师从业的基本要求，增强律师走中国特色社会主义法治道路的自觉性和坚定性。构建社会律师、公职律师、公司律师等优势互补、结构合理的律师队伍。全县各级党政机关、人民团体都要根据需要设立公职律师，企业要设立公司律师，参与决策论证，提供法律意见，促进依法办事，防范法律风险。提高律师队伍业务素质，完善执业保障机制，规范律师执业行为，强化准入、退出管理，严格执行违法违规执业惩戒制度。发展公证员、基层法律服务工作者、人民调解员队伍。推动法律志愿者队伍建设。提高基层执法人员的职级薪资待遇。建立激励法律服务人才流动机制，鼓励法律人才到边远乡镇工作，逐步解决基层法律服务资源不足问题。

（三）创新法治人才培训机制。坚持立德树人、教育为先的导向，推动中国特色社会主义法治理论进教材进课堂进头脑，培养造就熟悉和坚持中国特色社会主义法治体系的法治人才和后备力量。抓好法治骨干队伍建设，建立县级法治人才库，完善法治人才引进、培养、使用和管理制度。增加录用事业单位工作人员考试的法治知识分值比重。

七、加强和改进党对依法治县工作的领导

按照党领导立法、保证执法、带头守法要求，切实加强和改进党对法治工作的领导，健全工作机制，强化督查考核，把党的领导贯彻到全面推进依法治县全过程。全县各级领导干部必须率先垂范，以上率下，做全面推进依法治县的重要组织者、推动者、实践者。

（一）健全依法治县的领导制度和工作机制。健全党委统一领导和各方分工负责、齐抓共管的责任落实机制。县委成立依法治县工作领导小组，由县委主要领导担任组长，负责全县全面推进依法治县的统一部署、统筹协调、整体推进、督促落实，下设严格执法、公正司法、全民守法、法治队伍建设、加强和改进党对全面推进依法治县工作的领导五个专项小组。每年度不定期召开依法治县专题工作会议。各乡镇（街道）党委要加强组织领导，制定实施方案，将依法治县各项部署落到实处。

各级党委要在宪法和法律范围内活动，完善党委依法决策机制，将行之有效的政策措施转化为制度成果促进经济发展，用法治手段消除制约经济发展方式转变的体制机制障碍，实现决策于法有据，决策行为和程序依法进行，对违法决策依法追究责任。党委定期听取人大、政府、政法机关工作汇报，研究解决依法治县重大问题，坚持管方向、管政策、管原则、管干部，支持政法部门依照宪法法律独立负责、协调一致开展工作，避免包办具体事务，避免越俎代庖。党政主要负责人要履行推进法治建设第一责任人职责。党委领导和支持工会、共青团、妇联等人民团体和社会组织在依法治县中发挥积极作用。人大、政府、审判、检察机关的党组织要领导和监督本单位模范遵守宪法法律，坚决查处执法犯法、违法用权等行为。各级党组织和党员干部要带头坚决贯彻党的理论和路线方针政策，贯彻党委的决策部署。

政法委员会是党委领导政法工作的组织形

式，必须长期坚持。各级政法委员会要把工作着力点放在把握政治方向、协调各方职能、统筹政法工作、建设政法队伍、督促依法履职、创造公正司法环境上，带头依法办事，保障宪法法律正确统一实施。政法机关党组织要建立健全重大事项向党委政法委员会报告制度。加强政法机关党的建设，在法治黔西建设中充分发挥党组织政治保障作用和党员先锋模范带头作用。

（二）加强党内法规制度建设和执行。党内法规既是管党治党的重要依据，也是建设社会主义法治国家的有力保障。全体党员必须严格遵守党章，运用党内法规把党要管党、从严治党落到实处，促进全县各级党组织和广大党员干部带头遵守国家法律法规。全县各级党组织和广大党员干部要按照党规党纪以更高标准严格要求自己，坚定理想信念，践行党的宗旨，坚决同违法乱纪行为作斗争。对违反党规党纪的行为必须严肃处理，对苗头性倾向性问题必须抓早抓小，防止小错酿成大错，违纪走向违法。深入贯彻中央省委市委作风建设各项规定，依纪依法反对和克服形式主义、官僚主义、享乐主义和奢靡之风，形成严密的长效机制，着力整治各种特权行为。深入开展党风廉政建设和反腐败斗争，严格落实党风廉政建设党委主体责任和纪委监督责任，对任何腐败行为和腐败分子，必须依纪依法予以坚决惩处，决不手软。

（三）提高党员干部法治思维和依法办事能力。党员干部要牢固树立法治意识，自觉运用法治思维和法治方式想问题、作决策、抓落实，提高运用法治思维和法治方式深化改革、推动发展、化解矛盾、维护稳定的能力。带头遵守法律、依法办事，带动全社会尊法、信法、守法、用法。各级领导干部要对法律怀有敬畏之心，牢记法律红线不可逾越、法律底线不可触碰，不得违法行使权力，更不能以言代法、以权压法、徇情枉法。强化在任领导干部的岗位法律法规知识培训，建立领导干部依法行政述职制度。

（四）加强对依法治县的督查考核。建立科学的法治建设指标体系和考核标准，把法治黔西建设成效作为衡量各级领导班子和领导干部工作实绩的重要内容，纳入年度实绩考核指标体系。把能不能遵守法律、依法办事作为考察干部的重要内容，重点提拔使用法治素养好、依法办事能力强的干部。及时总结推广典型经验，表彰先进，形成人人关心、人人支持、人人参与法治黔西建设的良好社会氛围。

全县各级党组织和广大干部群众要紧密团结在以习近平同志为总书记的党中央周围，高举中国特色社会主义伟大旗帜，积极投身全面推进依法治县的伟大实践，深化改革，锐意创新，埋头苦干，同心攻坚，为建设法治黔西而努力奋斗。

中共黔西县委
2015年1月26日

中共黔西县委2015年工作要点

县发〔2015〕2号

2015年是全面完成“十二五”规划的收官之年，是全面深化改革的关键之年，也是全面推进依法治县的开局之年。全县工作的总体要求是：高举中国特色社会主义伟大旗帜，以邓小平理论、“三个代表”重要思想、科学发展观为指导，全面贯彻落实党的十八大和十八届三中、四中全会以及习近平总书记对贵州、对毕节工作的重要指示精神，坚持稳中求进工作总基调，守住发展和生态两条底线，保持政治定力、战略定力、路径定力，把改革创新贯穿于经济社会发展各个领域，主动适应新常态、把握新机遇、实现新发展，坚持加速发展、加快转型、推动跨越主基调，深入实施工业强县和城镇化带动主战略，大力实施开放带动和创新驱动，稳增长、促改革、调结构、防风险、惠民生，加快全面小康建设、全面深化改革、全面推进依法治县、全面落实从严治党，努力保持经济持续健康又好又快发展和社会和谐稳定，奋力开创黔西改革发展新局面。

一、深入学习贯彻习近平总书记系列重要讲话精神

坚持把深入学习贯彻习近平总书记系列重要讲话精神和对贵州、对毕节工作的重要指示作为首要政治任务，始终在思想上政治上行动上与党中央保持高度一致。

（一）深入学习贯彻习总书记重要讲话和重要指示精神。把学习习近平总书记系列重要讲话精神与学习党的十八大和十八届三中、四中全会精神结合起来，抓好习近平总书记对贵州、对毕节工作的重要指示的学习贯彻，掌握核心要义，领会思想精髓，准确把握贯穿其中的马克思主义立场、观点、方法，融会贯通蕴含其中的新思想、新论断、新举措、新要求。强化党委（党组）中心组带头示范，抓好《习近平谈治国理政》《习近平总书记系列重要讲话读本》等的学习。注重学以致用、用以促学，把学习讲话特别是总书记对贵州、对毕节工作的重要指示体现到完善发展思路、破解发展难题、解决实际问题上来。开展宣传阐释、理论研究等学习宣传活动，推进重要讲话重要指示精神进机关、进学校、进企业、进社区、进农村。

（二）正确认识、把握和适应经济发展新常态。我国经济发展新常态的主要特征是：经济发展正处于增长速度换挡期、结构调整阵痛期、前期刺激政策消化期“三期”叠加，经济发展速度正从高速增长转向中高速增长，经济发展方式正从规模速度型粗放增长转向质量效率型集约增长，经济结构正从增量扩能为主转向调整存量、做优增量并存的深度调整，经济发展动力正从传统增长点转向新的增长。正确认识和把握经济发展新常态，就是要深刻认识经济发展新常态下速度变化、结构优化、动力转换的三大特点，与时俱进审视我县工作的目标取向、理念思路、部署举措。把工作放到全省全市发展大局中来考量，

我县发展处于可以大有作为的重要战略机遇期和保持平稳较快发展的基本面没有变。我们既面临“赶”与“转”的双重任务，又有深化改革释放政策红利的新机遇，既面临债务沉重、经济风险防控压力巨大的现状，又有交通大改善、重大项目实施增强后劲活力的新机遇。主动适应新常态，就是要引导和调整发展心理预期，循序渐进确立新思路、找准新方向、推动新发展。牢牢抓住发展第一要务，思考和谋划今后一个时期我县发展战略、奋斗目标和对策措施，千方百计增投入、上项目、调结构、促转型、稳增长、惠民生，实现全县经济持续健康发展。

二、严守发展和生态两条底线，加快全面小康社会建设

牢牢把握发展第一要务，坚持稳中求进工作总基调，扭住“赶”与“转”的核心任务，发挥新型工业化、城镇化、信息化、农业现代化加速期蕴藏的巨大发展潜力，坚持把生态建设和环境保护贯穿于推动经济社会发展全过程，努力把生态优势转化为发展优势，确保我县今年生产总值力争增长14.5%，确保14%；500万元以上固定资产投资力争增长30%，确保25%；2000万元以上工业增加值力争增长14%，确保13.5%；公共财政预算收入力争增长13%，确保8.6%以上；社会消费品零售额增长14%以上；招商引资省外到位资金增长22%以上；城镇居民人均可支配收入力争增长11.5%，确保11%；农村居民人均可支配收入增长15%；城镇登记失业率控制在4.2%以内；人口自然增长率控制在5.88‰以内；森林覆盖率达44%；节能减排指标控制在上级下达计划范围内。加强对“十三五”规划编制工作的组织领导，总结评估“十二五”规划执行情况，研究提出县委“十三五”规划建议，组织编制“十三五”规划纲要草案。

（一）*着力项目投资抓增长*。坚定不移实施大项目支撑，保持经济总量、质量、均量平稳较快增长。巩固煤电支柱。确保黔希煤化工年产30万吨乙二醇项目建成投产，加快推进华润电力黔西电厂2×660MW项目、黔西电厂二期1×660MW项目建设，抓好挖陇沟、高坡等煤矿建设的协调服务，全力保障电煤供应。实施海大工程机械等装备制造项目，抓好兴黔建材、贵黔建材等建材产业发展，加快推进五里观音洞煤电气建材产业园建设。围绕产业规划和项目建设促增长，加快杜鹃大道、花都大道等城市道路和黔西至织金、黔西至大方高速公路沿线产业布局，抓好公路产业带内的物流园区、工业园区、贸易市场、旅游服务开发，培育经济新的增长点。

（二）*着力转型升级抓产业*。坚持走新型工业化道路，大力发展新兴产业。紧扣“5个100工程”“五张名片”和生态产业，谋划和培育壮大产业园区，提升产业园区承载能力，强化经济开发区、各类产业园区的支撑、聚集和辐射带动作用，走节约、集群、集约化发展道路。加快装备制造、农副产品加工、新能源等产业建设步伐，大力培育电子信息、新医药大健康、现代山地高效农业、文化旅游服务、新型建筑建材等五大战略性新兴产业，推动产业优化升级。充分发挥黔西经济开发区优势，提升园区吸引项目、聚集要素、培育产业能力。落实民营企业发展优惠政策，推进钟山、大关、红林等乡镇民营经济产业园建设。

（三）*大力提高城镇化水平*。坚定不移实施城镇化带动战略，着力打造魅力城市、活力小镇、美丽乡村。加快魅力城市建设，把县城建成宜居、宜业、宜游、宜商的“山水园林城、水西文化城、生态文明城”和贵阳、遵义、毕节“金三角”的重要节点城市。依托毕节，融入贵阳1小时经济圈，争取成为贵阳的卫星城市和黔中经济区的明星县。加快行政中心至石板互通、站前大道等交通路网建设，完成党校新校区、文化中心、科技中心等项目扫尾工程，全面推进体育中心建设，建成上马、弯角龙潭等5个安置区，推进同心商贸城、万丰国际商贸城、水西城市综合体、明德新城等房开项目建设，启动垃圾收运系统、大转盘地下通道等项目建设，抓好城市供电、通讯、供水、供气、排污、环卫等基础设施建设。加快南部新区建设，搭建多元化的投融资平台，建设"六横六纵一环线"交通路网，启动教育医疗园区建设。继续做好撤县建市工作。做好国家文明城市、国家卫生县城创建和省级园林城市、省级双拥模范县申报工作。加快活力小镇建设，突出"小而精、小而美、小而富、小而特"，积极推进重新、洪水、观音洞等15个小城镇项目建设，力争启动花溪、永燊、新仁、雨朵4个乡镇特色小城镇建设。加快美丽乡村建设，深入推进"四在农家·美丽乡村"六项行动计划，巩固实施连户路、院坝"两个硬化"和通村油路（水泥路）建设成果，重点打造一批秀美和谐、特色鲜明的示范村寨。

（四）积极推动信息和新兴产业。大力发展信息产业，注重岔白电子信息产业规划，完善基础设施，优化功能布局，抓好西美智慧循环产业园、学之泉教育科技基地建设。加快电信、移动、联通三大通信骨干网络的扩容升级，支持金融机构和企业在我县建设数据中心，争取电子商务企业签约落户黔西。加快新医药大健康产业发展步伐，建设新医药产业原料生产基地，实施好新医药产业项目和中药材种植项目，引导企业、专业合作社和农户种植名贵中药材。加快物流园、产品集散地、农产品批发市场等建设，促进餐饮、住宿、运输、商贸等第三产业提质发展。

（五）培育壮大现代农业。坚持农业稳县，走特色、生态、高效发展路子，重点抓好精致有机农业、特色农产品加工业、休闲养身农业。加快水西观光农业示范园、众农生态循环农业示范园、铁石草地生态畜牧业示范园等6个农业园区建设，提升顺意牧业、精好徕食品、赵老五食品、三阳植物油等19个农业龙头企业的引领作用，建成九丰现代农业设施蔬菜大棚。抓实传统农业，实施粮食高产创建示范工程，促进粮食稳定增产。培育专业大户、家庭农场、农民合作社、龙头企业等新型经营主体，以促进农民增收为中心，提升农业规模化、集约化、标准化程度。深化农村各项改革，完善土地经营流转、农民职业培训等强农惠农政策，创新支农资金管理体制机制。抓紧培育石榴、刺梨、茶叶等农特产品，融入"乌蒙山宝·毕节珍好"品牌。

（六）优先发展文化旅游业。着力打造优秀旅游目的地城市，依托水西古城、乌江源百里画廊、象祠、观音洞、化屋苗寨等景区景点，充分挖掘水西文化、生态文化、民族风情、山水胜景，打造柳岸水乡旅游区、韦寨农业旅游区、乌骡坝乡村旅游区、大海子民族风情园、柯家海子岩溶湖群旅游区、丘林红色文化旅游区、荆江生态休闲旅游区、中建峡谷漂流旅游区。举办首届全县旅游产业发展大会。力争把柳岸水乡、乌骡坝申报为全省"100个乡村旅游示范点"。加强文琴戏的传承和保护。

（七）持续用力抓招商。坚持走出去、请进来，突出以商招商、企业招商、节会招商、环境招商，做好亲商、安商、选商工作。深入贯彻落实国发〔2012〕2号、国办函〔2013〕35号文件，加快谋划一批重大项目，全力跟踪国家有关部委和省、市有关部门对接项目，确保年内争取项目资金较上年有较大突破。以实施"5个100工程"为抓手，集中力量主攻贡献度高、带动力强的重大项目，全力做好项目报批、环评安评、用地指标争取、征地拆迁、协调服务工作，促进签约项目早开工、开工项目快推进、在建项目早竣工、竣工项目快投产。办好项目观摩会、重大项目集中开工等活动。

（八）全面提升生态环境质量。正确处理好生态环境保护和发展的关系，既要“金山银山”，又要“绿水青山”。大力实施退耕还林、天然林保护、石漠化治理等林业重点工程，稳步实施“绿化黔西”三年行动计划，抓好县城周边山头、公路沿线、景区景点等重点区域的绿化，完成荒山绿化造林5.87万亩，治理石漠化20平方公里，治理水土流失24.94平方公里，森林覆盖率达到44%。突出生态功能，打造宜居宜游水西柯海国家湿地公园。注重城镇绿地提升，建好小微公园。开发利用低丘缓坡，规划建设新的农村居住社区。开展森林保护“六个严禁”“六个一律”环保“利剑”执法专项行动，打击破坏森林资源的违法犯罪活动和环境违法行为。严格水源地保护，坚守耕地红线。加快城市生活垃圾、城镇污水处理、医疗废弃物处理、脱硫脱硝、大气监测等环保设施建设，严格治理工业、机动车及扬尘污染，抓好重点行业、重点领域、重点企业节能减排，大力发展绿色、环保、低碳产业，推广运用新能源、节能产品，加快资源节约型、环境友好型社会建设，努力使黔西天蓝、地绿、水清、林茂、气爽。

三、突出保障和改善民生，努力提高人民群众的幸福指数

坚持高度重视发挥社会政策的托底作用，从解决扶贫、就业等民生问题入手，坚持政策推动、项目带动，夯实全面小康建设的发展基础，让人民群众更多更公平地享受改革发展成果。

（一）大力加强基础设施建设。做好黔西至大方高速公路通车运营和贵阳至黔西、黔西至息烽、黔西至金沙高速公路以及成贵快速铁路黔西段建设服务工作，优化城区公交线路，加快县乡道路改造和通村油路（水泥路）建设。夯实水利基础设施，配合抓好夹岩水利枢纽工程黔西境内项目建设，推进樱桃坪水库建设，力争开工建设仙人洞等重点骨干水源工程，完成农村饮水安全工程建设。加快通信网络基础设施建设，实施好以宽带网络为重点的信息通信基础设施建设项目。加大电网建设和改造力度，完成农村电网改造项目，建成投运重新、沙井、林泉输变电工程。

（二）加快扶贫攻坚步伐。坚持把扶贫攻坚作为第一民生工程，深入实施扶贫攻坚计划，突出抓好生态移民安置、主导产业培育、创业就业培训、劳动力转移输出等工作，做到稳得住、管得好、能致富。扎实推进结对帮扶、产业扶持、教育培训、农村危房改造、扶贫生态移民、基础设施建设“六个到村到户”精准扶贫工作，继续推行精准扶贫“十子”工作机制，加快实施重点贫困乡村整村推进项目，转移农村富余劳动力1.6万人。加大支农资金整合力度，拓宽社会帮扶渠道，引导扶贫产业发展。力争中建乡、永燊乡、新仁乡实现省级减贫摘帽，花溪乡、五里乡、金兰镇实现市级减贫摘帽，减少农村贫困人口3.5万人。

（三）全面发展社会事业。优先发展教育，深入实施教育“9+3”计划和“4+2”教育突破工程，加快农村寄宿制学校标准化建设，深入推进农村义务教育阶段学生营养改善计划，义务教育基本均衡发展顺利通过国家督导评估验收，加快实施14个乡镇（街道）公办幼儿园、十一小、九小等新改建工程，积极发展职业教育和特殊教育，鼓励支持民办教育。加强卫生计生服务管理，推进覆盖城乡居民的医疗保障体系建设，着力解决医疗资源短缺问题，完成3个乡镇卫生计生院标准化建设，全面落实计生各项奖扶政策，实施单独二孩政策，扎实开展“双诚信双承诺”和计生优质服务工作。深入推进文化惠民工程，

广泛开展群众文化活动。抓好文化遗产保护。做好老干部和老龄工作，促进妇女儿童事业、残疾人事业、慈善事业健康发展。

（四）着力完善社会保障体系。巩固城乡居民养老保险全覆盖成果，推进养老、医疗、失业、工伤、生育社会保险和新型农村合作医疗续保扩面，全面落实城乡低保、特殊人群生活补助和优待抚恤政策，加强敬老院、福利院建设，健全重点救助、专项救助、临时救助联动机制，提升社会救助救济水平。积极促进就业创业，做好高校毕业生、农村转移劳动力、城镇就业困难人员就业再就业工作。实施城镇保障性安居工程。实施十大民生工程，办好民生实事。全面推进殡葬改革。加大农民工工资清欠力度，切实维护被征地拆迁群众合法权益，防控因经济问题引发社会矛盾。帮助困难行业和企业解决困难，防控非法集资、非法金融、高利贷等引发的金融风险。

四、切实用好改革开放关键一招，不断增强发展动力活力

坚持问题导向、发展导向、为民导向、环境导向，着力解决经济社会发展中深层次矛盾和问题，聚焦聚神聚力抓好改革措施落实，坚定不移实施开放带动和创新驱动，全方位提升对外开放水平，进一步强化企业创新主体地位，努力激发全社会尤其是企业的创造活力。

（一）加强改革的统筹协调。发挥县委全面深化改革领导小组在改革设计部署、统筹协调、整体推进、督促落实方面的重要作用，对省委十一届四次、五次全会和市委一届五次、六次全会的重要改革举措进行一体部署、一体落实、一体督办。坚持改革进度服从质量，做实做细调查研究，严格方案制定程序。抓紧出台改革细化实施方案，防止在部门之间形成“中梗阻”。及时跟踪、检查、评估已经出台的重大改革方案。围绕顶层设计抓好创新，协调推进经济体制、民主法制、行政管理体制、扶贫开发体制机制、社会体制、生态文明体制机制、教育科技文化卫生体制、党的建设制度和纪律检查体制等各个领域的改革。

（二）稳妥推进重点领域改革。围绕完善市场体制机制，推进资源配置体制、电力体制和矿产开发、土地出让、工程建设等方面的改革取得突破。启动农村经营性集体建设用地入市改革试点，推进城乡建设用地增减挂钩。总结林泉清塘农村土地承包经营权确权登记颁证经验，扩大试点范围。探索地方政府债务管理新机制，规范政府举债，防范财政金融风险。探索建立扩大社会保险覆盖面机制，解决社会保险事业覆盖面过窄引发的社会问题。探索加快新兴商贸流通业发展，建设现代物流园、连锁经营园、电子商务平台。实施教育“管、办、评”机制改革，探索构建产教融合、校企合作的现代职业教育体系，鼓励支持社会力量举办职业教育。健全重大项目、重大决策社会稳定风险评估机制，促进社会稳定风险评估规范化、常态化、制度化。深化生态文明建设保护工作体制机制，实施“山、水、林、田、路、树”精准保护。借力民建中央重点帮扶和东部10省市民建组织结对帮扶，探索统一战线服务改革发展的新经验。全面推行权力清单运行备案制，促进党员干部依纪依法履职尽责。推进扩权强镇试点。

（三）深化行政体制改革。推进政企分开、政资分开、政事分开、政社分开，加快建设服务型政府。推进政府绩效管理，推进公共服务标准化。继续精减、规范行政审批事项，推进部门内部审批职能归并整合，实行联合审批全程代办“一条龙”服务、“一站式”办理，建立项目联合审批服务监督机制。

五、全面推进依法治县，加快建设法治黔西

坚持党的领导、人民当家作主和依法治国统

一，加强社会主义民主政治建设，以法治凝聚改革共识、规范发展行为、促进矛盾化解、保障社会和谐，加快建设法治黔西。

（一）广泛凝聚改革发展共识合力。切实发挥党委总揽全局、协调各方的领导核心作用。完善人大工作机制，支持和保障县人大及其常委会依法充分有效行使职权。支持县政协牢牢把握团结和民主两大主题，履行政治协商、民主监督和参政议政职能。开好县十六届人大四次会议、县政协九届四次会议。充分用好统一战线参与毕节试验区黔西建设的有利条件，深入实施“同心”五大工程，支持党外代表人士队伍建设，支持民主党派、工商联加强自身建设，完善县委与民主党派、工商联、无党派人士联系沟通制度，做好港澳台侨和海外统战工作。充分发挥工会、共青团、妇联等人民团体的职能作用。加强民族宗教工作。

（二）推进法治建设重点任务落实。认真落实县委全面推进依法治县的实施意见，制定实施依法治县年度行动计划，抓好法治建设重点任务落实。坚持严格执法，做到法定职责必须为、法无授权不可为，利用政务网站、微博和微信等媒体设立曝光平台，加快法治政府建设。保证公正司法，支持审判机关、检察机关依法独立行使审判权、检察权，建立领导干部干预司法活动、插手具体案件处理的记录、通报和责任追究制度，坚持司法为民，提高司法公信力。促进全民守法，深入开展“六五”普法，强化全社会尊法学法守法用法意识，继续开展“诚信、守法、感恩”活动，营造诚信为基、守法为本、感恩为尚的良好氛围。强化法治队伍建设，从严管理法治工作队伍。

（三）加强和创新社会治理。牢固树立稳定是第一责任的意识。大力推进“平安黔西”建设，完善矛盾纠纷排查调处化解常态机制，推进涉法涉诉信访制度改革，继续实行领导干部联系群众和包案督访制度，持续开展信访维稳“百日攻坚战”，发挥党委群众工作中心作用。坚持以群众工作统揽信访工作，畅通民意反映渠道，加大矛盾纠纷排查调处力度，扎实推进社会治安综合治理，确保社会和谐稳定。抓好社会治安整治，开展禁毒攻坚、打黑除恶、综合治理赌博犯罪、命案防控、扫黄打非等专项行动，加强社区网格化管理和“天网工程”建设，进一步推进社区矫正工作，全面推广“六零六好” “六民工程”“开门大接访”经验，提升人民群众安全感和满意度。加强国家安全和反恐怖反邪教工作。推进食品药品监管、安全生产监管和应急处置体系建设，重点抓好煤矿、非煤矿山、危险化学品、消防、建筑施工、道路交通、烟花爆竹、民爆物品、食品药品等重点行业、重点领域、重点部位的安全生产，确保安全生产事故起数和死亡人数实现“双降”。完善突发事件预警和应急处置机制，提高灾害防御能力，扎实做好防灾减灾工作。加强党管武装工作，深入开展军民共建活动，发挥人武部官兵、武警官兵、消防官兵在维护稳定和应急救援中的作用。

六、全面落实从严治党，努力提高党的建设科学化水平

坚持党要管党、从严治党，坚持忠诚、干净、担当，深入践行“三严三实”，聚精会神抓党建，以惩治腐败、整治“四风”为重点，全面落实从严治党责任和党风廉政建设主体责任。

（一）加强县委常委会自身建设。坚持常委会集体学习、县委中心组理论学习制度，深入学习贯彻党的十八大，十八届三中、四中全会和习近平总书记系列重要讲话精神，始终与党中央和省委、市委保持高度一致。把忠诚作为从政根本，带头加强党性修养，自觉坚定理想信念，提高观大势、谋大事能力。带头坚持民主集中制，

严格遵守党的组织原则，按规则议事、决策、办事。带头践行党的群众路线，坚持驻村蹲点，深入基层、深入群众、深入实际，开展“讲、访、帮、促”活动。带头维护宪法和法律权威，自觉运用法治思维和法治方式开展工作、推动发展。带头落实党内政治生活有关规定，严格遵守廉洁自律各项规定，坚决不搞特殊化，始终保持共产党人的政治本色，大力营造干事创业、风清气正的良好政治生态环境。

（二）加强思想理论建设。深入学习贯彻党的十八大，十八届三中、四中全会和习近平总书记系列重要讲话精神，以及省委十一届五次全会、市委一届六次全会精神，健全党委（党组）中心组理论学习各项制度，开展科级领导干部领题调研活动，引导广大党员干部坚定理论自信、制度自信、道路自信。进一步发挥县委党校的主阵地作用，加大干部教育培训力度。深入开展社会主义核心价值观教育，充分运用“水西大讲堂”“百姓说”讲堂、“百姓说”剧场、“农民讲师团”、书记信箱、县长信箱、政务微博等载体和平台，正确引导社会舆论，传播社会正能量。加强网络信息管理，提高舆情监测、研判和处置能力。加强和改进党对文艺工作的领导，创作更多更好的文艺作品。加强外宣工作。

（三）加强基层组织建设。加强党建工作的组织领导，分类指导发展型服务型党组织建设，提升农村、企业、社区和机关、学校等党组织建设水平。强化基层党组织队伍建设，把一批党性好、有能力、肯干事的优秀党员和大学生村官选进基层党组织班子。做好发展党员工作，重视在优秀青年工人、农民、知识分子中发展党员。加强党员日常教育管理，完善不合格党员退出机制。重点整顿软弱涣散基层党组织。建立村干部报酬合理增长机制，做好村级办公经费、村干部报酬和村民小组长生活补贴保障工作。深入开展机关事业单位在职党员进社区报到服务工作。进一步扩大非公有制经济组织、社会组织等领域党组织覆盖面，增强党的工作辐射力和影响力。

（四）深化作风建设。扎实开展“恪守‘三严三实’、深化‘三实三同’、推进从严治党”主题教育活动。突出党性教育、党规党纪党法教育、业务技能和法治教育培训。严格执行中央八项规定，落实省委、市委十项规定，持续深入整治“四风”，推动反“四风”、改作风常态化。巩固党的群众路线教育实践活动成果，深化向焦裕禄、杨善洲、高德荣、文朝荣学习活动，继续抓好领导班子和领导干部问题整改落实，建立健全问题整改督查机制，组织开展教育实践活动“回头看”。持续抓好专项整治，深化机关效能革命。

（五）严守党的政治纪律和政治规矩。全面贯彻落实党要管党从严治党的要求，确保中央和省委、市委重大决策部署得到不折不扣地贯彻执行。严格落实党建工作责任制，严格党委（党组）书记第一责任人责任和班子成员分管领域从严治党责任。强化党建考核，建立健全党员领导干部履行党建工作责任述职评议制度，强化考核结果运用。从严教育管理监督干部，完善领导干部报告个人有关事项抽查核实工作机制。坚持自觉维护党中央权威，坚决杜绝“七个有之”，落实“八个决不允许”。严格执行请示报告制度。坚持民主集中制，严格党内政治生活。完善并落实党员领导干部双重组织生活会、三会一课、民主评议制度。开展学习党章遵守党章贯彻党章维护党章活动，强化党内法规执行力，严格执行政治纪律“十严禁”、作风“十不准”。

（六）加强领导班子和干部队伍建设。认真贯彻党政领导干部选拔任用工作条例，按照好干部标准选人用人。选优配强各级领导班子，加强乡镇（街道）党政正职培养选拔，合理配备女干部、少数民族干部和非中共党员干部，优先选拔培养一批年轻的科级干部，加大干部跨部门跨领域交流力度，激发干部队伍活力。严格执行领导干部报告个人有关事项制度，开展新任科级领导干部廉政谈话工作。加强乡镇（街道）党委书记、村党支部书记和农村致富带头人三支队伍建设，深入实施“十百千万”工程。实施“两高一特”人才引进工程。

（七）深入推进党风廉政建设和反腐败斗争。始终保持政治清醒，深入落实党风廉政建设主体责任和监督责任，坚持有腐必反、有贪必肃，以零容忍态度惩治腐败，保持查办案件和惩治腐败的高压态势。健全党风廉政建设协作组工作机制，加强民生特派组监督工作，认真开展“民生整治铸廉三年行动”，严肃查处损害群众利益的突出问题。强化对权力运行的制约和监督，建立典型案件定期通报制度，加强反腐败工作的思想道德、预警纠错、党纪国法“三道防线”建设。强化纪检监察派出机构统一管理。把党纪党规和法治教育贯穿干部的教育培养、选拔任用、考核评价、管理监督等环节，推进廉政文化和警示教育基地建设。开展巡查工作，发挥震慑遏制治本作用，推进巡查工作全覆盖。

中共黔西县委

2015 年 1 月 29 日

关于印发《中共黔西县委常务委员会工作规则》等制度规定的通知

县发〔2015〕3号

各乡镇（街道）党委（党工委），黔西经济开发区党工委，县委各部委，县级国家机关各部门党组织，各人民团体党组织：

新修订的《中共黔西县委常务委员会工作规则》，《中共黔西县委常委会领导干部联系服务群众工作制度》《中共黔西县委关于改进领导干部调查研究工作规定》《中共黔西县委中心组学习制度》《黔西县关于改进领导干部新闻报道的规定（试行）》《黔西县会议管理规定》《中共黔西县委发文管理规定》已经县委十一届第50次常委会议通过，现印发给你们，请遵照执行。

中共黔西县委
2015年3月30日

中共黔西县委常务委员会工作规则

为充分发挥县委在全县各项工作中的核心领导作用，进一步完善县委工作机制，推进县委常务委员会工作科学化、民主化、规范化和制度化，提高县委科学执政、民主执政、依法执政水平。根据《中国共产党章程》《中国共产党地方委员会工作条例》《中共贵州省委关于贯彻落实〈中共中央关于进一步完善地方党委领导班子配备改革后工作机制的意见〉的意见》等规定，结合我县实际，制定本规则。

一、职权范围

县委常委会在党代会和全委会闭会期间，行使下列职权：

（一）保证党的理论路线方针政策和上级党委的指示，以及国家法律、法令和上级行政机关的工作部署在本县的实施。

（二）对全县政治建设、经济建设、文化建设、社会建设、生态文明建设和党的建设等各方面工作实施全面领导，研究关系本县改革、发展、稳定的全局性、方向性、战略性问题，研究决定国民经济和社会发展战略、指导方针、年度计划及其他重大部署的原则性意见，对党自身建设中的重要问题作出部署。

（三）充分发挥县委的核心领导作用和县人大、县政府、县政协党组的组织协调作用。协调与县人大、县政府、县政协的关系以及他们间的相互关系，加强党委、人大、政府、政协的工作沟通。

（四）对本县经济社会发展中重大项目安排、大额度资金使用，以及涉及群众切身利益等重大问题及时讨论和研究，作出决策和部署。研究讨论对重大事件和突发事件的处置办法。对必须由县委常委会决定的其他重要问题作出决定。

（五）坚持党管干部的原则，负责教育、培训、选拔、考核和监督干部，按照干部管理权限和程序决定干部推荐、提名、任免和奖惩。

（六）坚持党管武装的原则，提高地方武装力量完成急难险重任务的能力。

（七）坚持党管政法的原则，加强政法队伍建设，充分发挥政法机关在维护稳定中的重要作用。

（八）加强和改进宣传思想政治工作，充分调动和发挥工青妇等群团组织各方面的积极性、主动性和创造性。

（九）对县级国家机关、人民团体、经济组织、文化组织和其他非党组织的领导机关中的党组请示的问题作出决定，以县委的名义向上级党组织请示报告工作；以县委的名义向全县党组织发布指示、通知、通报，制定以县委名义发出的其他重要文件。

（十）执行党的代表大会决议和全委会决议，决定召开县委全委会并报告工作；对应由市委全委会决定的事项先进行审议和提出意见。

二、领导制度

（一）县委的核心领导，主要体现在思想上、政治上和组织上的领导，体现在大事、要事上的领导。

（二）按照总揽全局、协调各方的要求，县委常委会实行集体领导与常委个人分工负责相结合的制度。县委书记负责县委全面工作，县委常委按分工各负其责。加强集体对全局的、重大的、重要的问题的决策作用；加强领导成员之间相互沟通、通气、联系、团结协作的作用；加强领导成员个人对主持、分管、联系的局部性工作或紧急问题的独立负责处置的能动作用。

（三）实施，通过党外参政议政来进行。全县各级党组织必须执行县委的决定，全县各界参政议政必须在党的领导下进行。

（四）县委的领导工作通过县委各工作部门及有关部门来开展。党的思想建设主要通过县委宣传部来抓；组织建设主要通过县委组织部来抓；作风建设主要通过县纪委来抓；制度建设主要通过县纪委和县委组织部来抓；民主政治建设主要通过县委统战部来抓。

（五）县委常委会通过县委武装委员会实施对全县人民武装工作的领导；通过县委政法委员会实施对县公安局、检察院、法院、司法局工作的领导和协调；通过有关领导小组来实施对其他工作的领导和落实。

（六）集体讨论和决定重大问题。

1. 县委议事决策坚持集体领导、民主集中、个别酝酿、会议决定的原则，凡属县委全委会或县委常委会职责范围内决定集体讨论决定问题时，常委会成员都应充分发表自己的意见。

2. 决定时要作表决。县委决定重要问题，应充分酝酿讨论，然后进行表决。对少数人的不同意见，会议应当认真考虑，本人也可作声明保留，也可以向市委报告，但不得公开发表同决定相反的意见。形成决定后，必须按会议决定执行。县委常委会进行表决时，赞成票超过应出席会议常委人数的半数为通过。表决可根据讨论事项的不同内容，分别采取口头、举手、无记名投票或记名投票方式。会议决定多个事项的，应逐项表决。推荐、提名干部的决定干部任免事项，采取无记名投票方式表决。

3. 对有争论且争论人数接近的重要问题，除情况紧急的按多数意见决定外，一般应缓作决定，待近一步调查研究、交换意见后再表决。在特殊情况下，也可将争论情况向市委报告，请求市委决定。

4. 对与下级党组织有关的重要问题作决定时，通常情况下，要先征求下一级党组织的意见。

5. 常委会成员无权个人决定重大问题；若紧急情况必须由个人作决定时，事后要迅速向常委会报告。

（七）个人切实履行分工范围内的职责。

1. 主持工作。根据职务，把握总体工作目标和总的工作思路，承担县委工作的主要责任，模范执行工作纪律，把握会务的准备和会议议题、对会议的决定或精神作归纳。

2. 分管负责联系工作。根据分工，代表领导集体，对部分工作进行把握并负主要责任。从全局出发，独立负责地解决职责范围内的问题，向县委提出自己的意见、建议，向部门提出指导性意见，明确目标责任，强化过程管理，推动工作落实。

3. 每个常委对自己分管负责联系的工作要积极主动、敢于负责，切实履行职责。要主动从党委全局出发思考处理问题，对于不属于自己分管负责联系的工作也要关心，主动提出意见和建议，防止和克服片面强调个人分管工作的倾向。

4. 每个常委对自己主持分管部门和单位要加强领导和指导，推动部门和单位积极开展创先争优和讲政策、访民情、帮民富、促和谐活动，促进思想统一、科学发展、增比进位及和谐稳定。

（八）常委会成员要自觉维护集体领导的权威，坚决服从集体的决定，维护大局，加强团结，互通情况，互相支持，保证县委常委会整体工作的有序、协调运转。

1. 个人意见必须符合集体决定的精神，常委会成员在调查研究、检查指导工作或参加其他活动时，可以发表指导工作的意见。

2. 常委会成员代表县委参加会议或社会活动，须经书记或其委托的副书记同意。

3. 常委会成员代表县委作报告，须经常委会议通过。

4. 常委会成员个人代表县委发表涉及方针政策性的重大问题的讲话或文章，应经常委会议讨论或书记同意。

5. 进一步加强常委内部经常性沟通。常委要主动向书记汇报工作，书记要根据情况召集汇报会，听取和相互交流常委会成员各自分工范围内的工作情况汇报。

三、学习制度

县委常委实行自学与集中学习相结合的学习制度。

（一）常委会成员要适应改革开放和现代化建设的要求，加强自我学习，不断提高执政能力和领导水平。

（二）常委会坚持定期的中心组学习制度，组织常委会同志及县四大班子成员有计划地、系统地学习马列主义、毛泽东思想、邓小平理论、“三个代表”重要思想，以及科学发展观、构建和谐社会等重要理论，学习政策法规和现代科技知识。

四、会议制度

（一）常委会议

1. 常委会议不定期举行，由书记或其委托的副书记根据需要确定并主持召开。全体常委出席。常委成员因故不能参会，应在会前向主持人请假，一般不得缺席会议。

2. 常委会议议题主要是研究党建工作和全县的重要事项，议题由书记决定，常委可以提出议题经书记确定。提交县委常委会研究的重要人事任免、重大事项，书记、副书记及其他常委应在常委会召开会议之前进行酝酿，书记必须在充分听取常委和列席人员的意见后再表明自己的态度。对重大突发事件和紧急情况来不及召开常委会研究的，书记、副书记和分管常委可依法依规临机处置，事后必须及时向常委会报告。

3. 常委会议必须有半数以上常委到会方能召开，讨论干部事项时，须有三分之二以上常委参加。县人大、县政协党组主要负责同志和县委办公室主任列席县委常委会议。根据需要吸收县四大班子有关领导和县总工会、团县委、县妇联、县科协主要负责同志，以及与会议议题有关的部门负责人列席县委常委会议。

4. 召开常委会议时，与会人员不会客、不打电话、不处理与会议议题无关的事务，严格执行会议纪律和有关保密规定。

5. 每次常委会议都作记录，由县委办公室指定专人负责（其中涉及干部任免事项由县委组织部指定专人负责）；常委会议决定的事项都形成会议纪要，常委会议记录本必须同其它会议记录分开，严格按规定存档保管。

（二）常委办公会议

1. 县委常委办公会议不定期举行，由书记或其委托的副书记根据需要确定并主持召开。全体常委出席，常委成员除因病、出差或急需处理的事务可以向会议主持人请假外，一般不得缺席会议。

2. 常委办公会议议题，主要是研究全县政治、经济、文化、社会建设和党的建设等各方面的重要问题，议题由常委成员提出，人大党组、政府党组、政协党组、纪委均可以提出议题。各方面提出的议题，统一由县委办公室登记，办公室提请书记或其委托的同志确定。县直部门如有需要提请常委办公会议研究的问题，应先向分管常委汇报，由该常委提出。

3. 常委办公会议必须有半数以上常委到会方能举行。县人大党组、县政协党组主要负责同志和县委办公室主任列席县委常委办公会议。根据需要吸收县四大班子有关领导和县总工会、团县委、县妇联、县科协主要负责同志，以及与会议议题有关的部门负责人列席县委常委办公会议。

4. 常委办公会议的时间、地点、议题和列席人员经会议主持人确定后，县委办公室要提前拟发通知，与会人员要认真思考议题，有关部门要作好文字材料的准备。

5. 常委办公会议讨论议题，提议人要先说明情况并提出意见，与会人员围绕议题充分讨论（列席人员可以发表意见或建议），未到会常委的意见，可以书面形式表达，主持人归纳讨论情况，提出初步意见，到会常委进行表决后，由会议主持人集中多数意见形成决定。

6. 每次常委办公会议都作记录并拟写会议纪要，会议纪要由书记或书记委托的副书记签发。

（三）县委常委扩大会议

1. 需要县委、县人大、县政府、县政协共同研究的全县性重要问题，由县委常委牵头召开常委扩大会议议定。

2. 县委常委扩大会议不定期召开，根据需要由县委决定召开，县委书记或其委托的副书记主持会议。县委常委、县人大正副主任、县政府副县长、县政协正副主席出席会议。

3. 县委常委扩大会议根据需要，吸收与会议议题有关的部门负责人列席有关议题。列席会议的人员，由会议主持人确定。

4. 县委常委扩大会议举行时，出席会议的同志要充分讨论议题，发表意见，最后由会议主持人集中多数人的意见，形成统一的决定。

5. 县委常委扩大会议都由县委办公室拟发通知和派员记录，并根据会议的决定拟写会议纪要。会议纪要由书记或书记委托的副书记签发。

（四）县委全体委员或扩大会议

1. 根据党章关于地方各级委员会全体会议的要求，县委常委会每年决定召开一次县委全体委员或扩大会议。如有工作需要，也可临时决定召开。

2. 县委全体委员会由县委常委集体主持召开，县委委员、候补委员出席会议，县纪委委员列席会议。全委会议必须有三分之二以上委员到会方能举行，并根据需要扩大乡镇（街道）党委（党工委）和县直部门的主要负责人参加。

3. 每次县委全委会或全委扩大会议的时间、

议题、议程由县委常委会决定。县委全体委员会议根据需要，可以对全县政治、经济、文化和社会的重大问题作出决定或决议。所作的决定或决议，用举手的方式表决，超过半数以上到会县委委员同意，决定或决议通过生效。对党的委员会委员、候补委员作出撤销党内职务、留党察看或开除党籍的处分决定，必须由全委会三分之二以上委员同意。

（五）县委常委民主生活会

1. 根据《中共中央关于县以上党和国家机关党员领导干部民主生活会的若干规定》和市委关于县以上党和国家机关党员领导干部民主生活会的实施细则，县委常委会每年召开一次民主生活会，根据需要报经市委批准可以加开。

2. 民主生活会的基本内容，主要是对贯彻执行党的路线、方针、政策和上级指示的情况；对加强领导班子建设，实行民主集中制的情况；对艰苦奋斗，清正廉洁，遵纪守法的情况；对坚持群众路线，改进领导作风，深入调查研究，密切联系群众的情况以及有关重要问题等进行检查、总结，统一认识，开展批评与自我批评，认真查找存在的问题，提出改进的具体措施。

3. 县委常委民主生活会由书记主持，全体常委参加，也可根据需要吸收有关党员负责人列席。常委因故不能参加会议的，要提交书面发言材料。列席人员由书记确定。列席人员可以发言，对县委常委提出批评意见或建议。

4. 县委常委民主生活会的时间、内容和需列席的人员，要向市委报告，并请市委派员参加指导。

5. 每次县委常委民主生活会都要征求乡镇（街道）和县直部门的意见，并认真作好会议记录。记录人员由主持人确定。原始记录要报市委。

6. 县委常委民主生活会的准备、召开和会后需要做的事项，由县纪委和县委组织部按中央和省委、市委的有关规定进行。

（六）县委常委专题办公会

经书记同意，常委可以召开专题会议，对于其分管范围和决策权限内的事项，可根据有关规定作出决定，并形成会议纪要，由书记或书记授权主持人审定签发。对涉及全局性的重大问题，只能研究提出意见和建议，提交常委会讨论。

（七）干部人事酝酿会

1. 按照《党政领导干部选拔任用工作条例》和干部选拔任用与监督工作有关政策法规，在民主推荐、考察的基础上，对准备提交县委常委会议讨论的干部人事事项，召开干部人事酝酿会进行酝酿。

2. 干部人事酝酿会不定期召开，由书记召集，一般由副书记和分管组织、纪检等工作的常委参加。

3. 干部人事酝酿会后由书记或书记委托有关常委将准备提交县委常委会议讨论的干部人事事项在县委、县人大、县政府、县政协的有关领导成员中酝酿。

4. 干部人事酝酿会可作记录，但不作决定，不形成会议纪要，不下发文件。

五、定期议党建工作制度

（一）每年召开 1 至 2 次县委常委会议专题研究党建工作。根据工作需要，也可随时召开。

（二）定期议党建工作会议的议题准备、列席人员确定按照县委常委会议有关要求办理。

（三）每次定期议党建工作会议都形成会议纪要，由县委书记或县委书记委托的其他常委审定签发。

（四）每季度召开一次由县委委员、乡镇（街道）党委（党工委）书记、县纪委和县委组织部有关人员参加的党建工作会，专题研究和解决党建工作中存在的问题和困难，提出解决措施和办法。

（五）每年召开一次乡镇（街道）党委（党工委）书记党建工作述职会议，听取乡镇（街道）党委（党工委）书记党建工作述职。

六、定期议人大工作制度

（一）每年召开1至2次县委常委会议听取人大工作情况汇报，专题研究县委加强和改进新形势下对人大工作的领导和人大工作。根据工作需要，也可随时召开。

（二）议人大工作专题会议的议题准备、列席人员确定按照县委常委会议有关要求办理。

（三）每次议人大会议都作记录并形成会议纪要，由县委书记或县委书记委托的副书记审定签发。

七、定期议政协工作制度

（一）每届县委召开1次政协工作会议，每年听取4次以上政协工作情况汇报。

（二）每年召开1至2次县委常委会议专题研究政协工作。根据工作需要，也可随时召开。

（三）定期议政协工作会议的议题准备、列席人员确定按照县委常委会议有关要求办理。

（四）定期议政协会议都作记录并形成会议纪要，由县委书记或县委书记委托的的副书记审定签发。

八、文件发布制度

（一）根据《党政机关公文处理工作条例》的有关规定，县委文件的主要发布形式及其适用范围通常有以下3种：

1.《中共黔西县委文件》，主要用于发布党的方针、政策和县委重要的工作部署，向上级请示、报告重大问题等。

2.《中共黔西县委员会（××）》，主要用于通知重要事项，批复下级机关的请示事项；向上级机关报告、请示工作。

3.《中共黔西县委办公室文件》，主要用于根据授权，传达或代县委发布某些事项，发布办公室职权范围内的事项。

（二）县委的重要文件，须经常委会议或常委办公会议讨论，由县委书记签发；县委的重要事项通知或批复下级机关的请示事项，可以由书记签发，也可以由分管该项工作的常委签发；县委办公室代县委发布的文件或传达县委意见的文件，其签发权限与县委文件相同。

（三）县委、县政府联合行文，需由县委、县政府主要负责人会签；县委办公室、县政府办公室传达或代县委、县政府联合发布某些事项的文件，其签发权限与县委、县政府联合行文相同。

（四）经会议授权或经签发人授权，被授权人可以签发县委文件及县委办公室文件。

九、监督考核制度

（一）坚持常委会向全委会定期报告工作并接受监督制度，县委常委每半年向常委会议汇报一次工作；书记每半年与常委谈心交流一次；常委之间要相互提醒、互相监督。

（二）坚持党内民主监督制度，积极推进党务公开，认真落实党风廉政建设责任制和中央关于在届中和换届前在规定范围内述职述廉一次的规定。

（三）常委主持分管负责联系部门、乡镇（街道）、村（社区）、重点企业的工作实绩为常委会对常委个人的考核内容。常委年度考核等次根据分管部门“增比进位”情况评定，考核情况与市对县领导干部奖惩挂钩。

（四）因常委对个人主持分管负责联系工作的领导和指导不到位、督促检查不力，完不成市下达和县委常委会安排的工作任务，由常委个人向常委会作出书面说明并按有关规定进行问责。

本规则从行文之日起实施，过去有关规定与本规则不一致的，按本规则执行。

中共黔西县委常委会领导干部联系服务群众工作制度

第一章　指导思想

第一条　为认真贯彻落实党的十八大关于“完善党员干部直接联系群众制度”的要求，巩固我县党的群众路线教育实践活动成果，促进领导干部联系服务群众制度化、规范化和长效化，县委决定建立领导干部联系群众工作制度。县委常委带头联系基层、联系群众，带头调查研究，解决难点问题，带头改进工作作风，提高工作实效。结合我县实际，制定本制度。

第二条　领导干部联系服务群众坚持以邓小平理论和“三个代表”重要思想为指导，紧密围绕全县工作大局，全面落实科学发展观，践行全心全意为人民服务的宗旨，密切党同人民群众的血肉联系，拓展领导干部联系群众的途径，丰富党员领导干部服务群众的内容，畅通群众表达意愿的渠道，努力解决群众生产生活和工作中的实际困难和问题。

第二章　总体要求

第三条　忠实践行全心全意为人民服务的根本宗旨和党的群众路线，以维护群众利益为核心，以直接联系为主要方式，以了解群众、学习群众、服务群众、引导群众为主要任务，进一步落实为民务实清廉要求，牢固树立马克思主义群众观，提高做好新形势下群众工作的能力，进一步密切党同人民群众的血肉联系。

第四条　以反对形式主义、官僚主义、享乐主义和奢靡之风为要求，结合“党建扶贫”“集团帮扶”“四帮四促”“六民工程”“同步小康”等活动，深入实际、深入群众，接地气、通下情，想群众之所想、急群众之所急、帮群众之所需，实现好、维护好、发展好最广大人民群众的根本利益。

第三章　工作内容

第五条　调研走访。带头深入到困难乡镇（街道）、村（社区）、企业、学校去，到问题最多、情况最复杂的地方“讲访帮促”、带案下访、调查研究。走访全国、全省、全市和全县党代表、人大代表、政协委员，走访离退休老同志，听取他们对全县经济社会发展的意见和建议。

第六条　蹲点驻村。带头蹲点驻村，与群众同吃同住，重点宣讲党的十八大、十八届三中、四中全会精神、中央路线方针政策、国家法律法规、省委省政府、市委市政府、县委县政府的重大决策部署，重点走访困难户、致富能人、村组干部、老党员，重点了解党和国家方针政策的落实情况、群众的生产生活情况。

第七条　联系挂帮。每位县委常委联系 1 个乡镇（街道），1 个村（社区），2 个分管工作领域基层党组织。

第八条　接访包案。县委常委到县群众工作中心接访每季度不少于 1 天，重要节点和敏感时期根据实际情况增加接访次数。全年共包案督访不少于 4 次，每次包案督访案件不少于 10 件，平时要结合下乡镇（街道）调研，督导联系点信访维稳等相关工作。

第九条　体察民情。鼓励县委常委利用工作之余，不打招呼一竿子插到底，到园区企业走走看看，到田间地头谈谈发展，到群众家中拉拉家常，坐坐公交车、打打出租车、逛逛菜市场，了解社情民意、收获肺腑之言。

第十条 六民工程。深入开展矛盾纠纷大排查，全面开展矛盾纠纷大调处，及时解决群众反映最强烈问题，大力保障改善民生，加大和谐平安黔西创建力度，加强精神文明建设和民主法制建设，切实做到聚民心、知民情、解民困、化民怨、帮民富和保民安。

第四章　工作方式

第十一条 指导帮助定点乡镇（街道）理清发展思路，按照同步小康要求，抓好重大项目建设、招商引资、扶贫开发、新农村建设、民生项目建设、生态环境建设和党的建设等重点工作，探索行之有效的发展模式，及时总结成功经验，推广先进典型，指导村（社区）加强社会管理，搞好民生服务。

第十二条 指导分管工作领域基层党组织狠抓服务体系建设，完善工作制度，转变工作作风，强化服务监督，激发社会活力，确保党员干部能够与群众面对面、心贴心地交流沟通，着力解决群众反映强烈的突出问题和联系服务群众“最后一公里”问题。

第十三条 坚持定期轮流排班到县三级视频接访大厅接待来访群众，并采取定期接访、带案办访、随机下访、约谈会访、上门问访、抽查督访等方式，指导督促责任单位及时化解群众反映的问题。

第十四条 实行县委常委包案督访，示范带动突出矛盾纠纷和信访问题的化解，推动信访维稳工作有效开展。

第五章　工作目标

第十五条 联系帮扶工作定点乡镇（街道）三年不变，力争一年有变化，两年明显变化，三年大见成效。到2016年，定点帮扶乡镇形成1至2个主导产业，农民人均纯收入达到全县平均水平。“六个到村到户”精准扶贫，“四在农家·美丽乡村”建设全面推进。

第十六条 每年集中力量向贫困村派驻同步小康驻村工作组。每个贫困村至少有3–5名同志组建的同步小康驻村工作组驻村工作，每个贫困户都有帮扶责任人。

第十七条 群众（信访）工作有较大改观。将矛盾纠纷和信访问题化解在基层，解决在萌芽状态，重点放在减少“存量”和控制“增量”，有效避免和减少群众越级上访，实现“小事不出村、大事不出乡、难事不出县、矛盾不上交”。

第六章　工作要求

第十八条 调研前，要向县委主要领导同志报告，所在工作部门要分别向县委办公室、县政府办公室备案，避免集中或轮番到一条路线、一个点上调研。调研时，要严格遵守中央八项规定、省委十项规定、市委十项规定、县委三十八项规定，并做记录，每年撰写1篇调研报告、2篇学习心得或民情日记。

第十九条 每年到乡镇（街道）调研时间不少于2个月。其中：到蹲点驻村时，与群众同吃同住时间不得少于6天；到定点帮扶乡镇调研不得少于2次；到分管工作领域的基层党组织调研不得少于1次。

第二十条 建立群众交流沟通的平台，建立“三个一”民情联系制度，即：确定一名民情联络员、设立一个民情意见箱、开通一个民情邮箱。

第二十一条 接访方案、接访地点、接访时间要向群众公开，并通过报刊、广播、电视、网络等形式及时进行公布，让广大群众知晓，接受群众监督。

第二十二条 对群众反映的问题，要进行分类梳理，研究解决措施。及时处理群众来信、来访、来电、来函，认真办理群众直通交流台等方式反映的矛盾纠纷和信访问题，提高办信质量，引导群众多上网，少走访。

第二十三条 联系服务群众工作将作为年度述职的重要内容，书面报告县委。所在工作部门每年12月要分别向县委办公室、县政府办公室专题报告领导干部联系服务群众的工作情况，县委办公室、县政府办公室汇总后报县委、县政府主要领导同志。

第七章 附则

第二十四条 县人大、县政府、县政协领导班子成员联系服务群众工作制度参照执行。

第二十五条 本制度自印发之日起实施。

中共黔西县委关于改进领导干部调查研究工作规定

为深入践行党的群众路线，进一步密切党群干群关系，切实加强调查研究，不断增强决策的民主化科学化水平，根据中央、省委、市委有关规定，结合黔西实际，现就改进领导干部调查研究工作，制定如下规定。

一、提高思想认识，高度重视调研

调查研究是我们党的优良传统和作风，是科学执政、民主执政、依法执政的前提和基础。在经济发展新常态下，领导干部重视不重视调研、会不会调研，是衡量政治思想是否成熟、工作作风是否扎实、工作方法是否科学的重要标准。各级各部门要从构建大调研格局和建设核心智库的高度，把调研工作列入重要议事日程，认真执行中央、省委、市委关于改进工作作风、密切联系群众的规定，通过深入基层、深入群众、深入实际开展调研，了解情况、解决问题、指导工作，充分发挥调查研究在服务科学发展、后发赶超、同步小康中的决策参考作用。

二、坚持问题导向，把握调研重点

坚持“围绕中心任务、服务重大决策、展示工作亮点、解决疑难问题”，突出科学认识、主动适应新常态，紧扣全面小康建设、全面深化改革、全面依法治县、全面从严治党重大领域和经济社会发展及人民群众关心的热点难点问题，确定有针对性调研课题开展重点调研。县四大班子成员结合分管联系工作自行确定调研课题，各乡镇各部门党政主要负责同志结合本乡镇实际、本部门职能确定1-2个重点调研课题，原则上每人每年完成1个以上课题调研报告。

三、强化领导带头，明确调研时间

领导干部要以身作则、率先垂范，统筹安排，亲自带头领题，制定调研计划，挤出调研时间，深入农村蹲点驻村，深入企业和项目一线，切忌走马观花、蜻蜓点水。县四大班子每年到乡镇调研时间累计不少于3个月，其中安排驻点调研不少于5天；每年到分管联系工作领域单位不少于4次。县直部门主要负责同志每年到乡镇、街道、企业等调研累计不少于3个月。乡镇街道主要负责同志除开展经常性调研外，每年蹲点驻村不少于6天。鼓励县乡领导干部利用工作之余，以不定主题、不定路线的方式开展随机调研，察实民情、汇集民意，建言献策、推进发展。

四、改进调研作风，确保取得实效

坚持实事求是，转变作风，牢记宗旨，放下架子沉下身子倾听百姓心声，静下心来分析研究解决困难问题的良策，特别要多到问题较多、矛盾集中的地方开展调研，为解决重大问题提供第一手决策依据，防止随意走走、泛泛调查，带着框框、主观片面，不爱听真话、只想听好话等形式主义、官僚主义作风，下基层调研要严格遵守中央八项规定、省委和市委十项规定、县委相关规定，轻车简从，严格控制随行车辆和人员，不作事先安排，不搞层层陪同，到乡镇调研一律在乡镇食堂或村民家中就餐，做到不影响基层正常工作，不增加群众负担，不弄虚作假，确保调研了解实情、取得实效。

五、创新调研方式，提高调研质量

坚持理论与实际相结合，采用蹲点调查、明查暗访等灵活多样的方式"解剖麻雀"；坚持一般性调研和专题性调研相结合，以座谈会、问卷调查、网络调查等方式开展调研，把握中心、集中主题，去粗取精，在取得一般性调研基本情况基础上，围绕重大战略问题和热点难点问题开展专题性调研；坚持典型性调研与问题性调研结合，挖掘特色典型总结先进经验，发现问题不足提出对策建议；坚持定性调研和定量调研相结合，精心筛选调研路线和考察点，了解全面情况，获取真实资料，把握事物本质，善于"问数字""打算盘"，摸清进展和问题、纠正失误，形成有情况、有见解、有对策、有份量、有价值的调研报告。

六、用好调研成果，促进转化运用

重大调研成果要及时提交县委常委会讨论决策；对局部工作有指导意义的调研成果可作为专项工作决策参考；对有新思想、新见解的调研成果，可推荐到省市《决策参考》等刊物刊发、在各级党委党组中心组学习会议上交流发言、以县委办公室《县办通报》等适当形式印发学习。每年领导干部开展调研情况于当年12月30日前向县委写出书面报告。县四大班子成员、县直各部门、各乡镇街道主要负责同志年度调研课题及调研报告，由县委政研室搜集（县委常委年度调研计划及调研报告，送县委办公室备案）并对调研成果进行汇编。

中共黔西县委中心组学习制度

为提高领导干部政治理论素质和政策水平，提高运用马克思主义立场、观点、方法分析和解决实际问题的能力，进一步巩固党的群众路线教育实践活动成果，推进黔西科学发展、后发赶超、率先小康，制定本学习制度。

一、组织机构

（一）中心组成员主要由县委常委，县人大常委会党组书记、副书记，县政府党组成员，县政协党组书记、副书记，县人民法院、县人民检察院党组书记和其他是党员的副县级以上领导同志组成。县委办、县政府办主任、副主任，县委组织部分管部长，县委宣传部分管部长为中心组固定列席人员。县委中心组根据学习需要，扩大到县委、县政府有关部门负责人参加学习。

（二）县委中心组设组长、副组长和学习秘书。组长由县委书记担任，副组长由分管意识形态的县委常委担任，学习秘书由县委办副主任、县委组织部副部长、县委宣传部副部长各1名担任。

二、学习内容

（一）系统学习马列主义、毛泽东思想、中国特色社会主义理论体系，深入学习习近平总书记系列重要讲话精神，认真学习党的基本理论、基本路线、基本纲领、基本经验。

（二）认真学习党纪党规党法，以及党的重要文件、重要会议精神和重要文献，根据中央、省委、市委和县委的重大方针政策，结合全县经济社会发展的重点、难点和热点问题，深入学习研讨。

（三）不断学习现代经济、政治、科技、文化、法律、管理、社会和国际等各方面知识。邀请知名专家学者或领导干部就理论和实践中的重大问题作专题讲座。

三、学习时间和方式

（一）每个季度至少集中学习 1 次，学习时间不少于 3 天。年度集中学习讨论时间原则上不少于 12 天。每年举办 1 次领导干部理论学习读书会，学习时间 1 至 2 天。

（二）中心组学习以集中学习讨论为主。集中学习讨论以专题形式展开，讨论内容集中，主题深入。由中心组组长根据学习内容确定中心发言人或由有关专家进行学习辅导。集中学习讨论时，有关部门党组织负责人列席，也可根据学习内容，邀请有关党代表列席。

（三）中心组成员要积极开展读书自学活动，并根据中心组的学习计划和自己的工作需要、知识结构，制订个人自学计划。应妥善处理好工学矛盾，充分利用 8 小时以外的时间认真看书学习，认真做好读书笔记，坚持理论联系实际的马克思主义学风，深入调研，紧密结合学习和工作实际撰写学习心得体会和调研文章。每个中心组成员每年要撰写 1 至 2 篇理论文章或调研报告，年终要对个人自学计划落实情况进行总结，报中心组组长。

（四）中心组成员要结合实际，在积极运用学习讲坛、报告会等学习形式基础上，充分利用各级各类新闻媒体和互联网、手机等新兴媒体，特别是现有的党委中心组学习平台等资源，开展网络学习和交流，丰富学习内容，拓宽学习渠道，增强学习成效。

四、学习考评

（一）把中心组成员的自学、开展调研工作和参加集中学习讨论等情况，作为中心组学习考核的重要内容。

（二）中心组成员必须按时参加集中学习讨论。每次集中学习都要严格考勤，确因工作原因不能参加学习者，事前应向中心组组长请假，事后要加强补课自学。

（三）中心组年度学习计划、季度学习安排、集中学习考勤表、年终学习总结等材料，要装入中心组学习档案。中心组成员的个人自学计划及其落实情况总结、调研报告等，装入个人学习档案，作为中心组成员学习考核的重要依据。

五、职责分工

（一）中心组组长为中心组学习的第一责任人，全面负责中心组的理论学习，主持中心组的集中学习和讨论。

（二）中心组副组长协助组长审定学习计划、确定学习内容，抓好督促检查以及抽查中心组成员自学情况等工作。

（三）学习秘书负责中心组学习的具体工作，草拟学习计划，提供学习资料，做好学习记录，协助落实学习安排等事项，切实做好为县委中心组理论学习服务的有关工作。每年年初，由担任中心组学习秘书的县委办副主任，召集县委组织部、县委宣传部的有关负责同志，根据中央的重大决策和部署，根据中组部、中宣部规定的必读书目和省委市委的要求，结合全县工作重点，草拟年度学习计划，报中心组组长审定同意后，由县委办公室印发中心组成员。每季度第一个月，由县委宣传部根据年度学习计划，草拟本季度学习安排，提出学习内容、学习专题、阅读篇目、讨论重点等，报中心组组长审定同意后，由县委办公室印发中心组成员。同时，学习秘书根据新的形势和中心工作的需要，适时提出调整学习计划的建议，及时报中心组组长审定。

（四）中心组成员应指导和促进其分管部门

的理论学习，对所分管部门作理论、形势、政策等方面的辅导报告。

（五）县委有关职能部门要抽调人员组成工作班子，分工合作，认真做好学习后勤服务和保障工作。县委办公室主要负责印发学习计划、学习通知，根据学习内容组织草拟中心组组长的发言提纲，做好学习情况通报、考勤记录及后勤服务等；县委宣传部主要负责草拟年度学习计划，提供学习参考资料，做好集中学习的讨论记录，编发学习简报、撰写年度学习总结，每次集中学习时视情况安排新闻单位进行宣传报道（新闻稿由中心组组长审定）；县委组织部主要负责中心组学习档案和中心组成员个人学习档案的管理；县委党校主要负责安排集中学习辅导，联系专家授课，举办新知识专题讲座等。

黔西县关于改进领导干部新闻报道的规定（试行）

第一章　总则

第一条　为认真贯彻执行中央八项规定和省委、市委十项规定及县委三十八条规定精神，进一步巩固党的群众路线教育实践活动成果，有效改进领导出席会议和活动的新闻报道工作，特制定本规定。

第二条　根据工作需要、新闻价值、社会效果决定是否报道，出席一般性会议和活动不作报道，按照精简务实、注重效果的原则，进一步压缩数量、字数和时长，有的可播简短消息，有的只报标题新闻。

第三条　根据新闻的传播规律，进一步优化领导出席会议活动报道内容和结构，调整播发顺序，除涉及重大会议活动和重大事件外，一般可安排在报刊、电视的头条新闻之后，以突出民生和社会新闻，增强传播效果。

第四条　领导新闻报道中的职务称谓根据会议活动主题内容确定，不必报道担任的全部职务。

第二章　会议报道

第五条　县委、县人大、县政府、县政协主要领导出席经县委批准举办的全县会议的新闻报道，原则上文字稿不超过900字，电视台黔西新闻播出时间不超过3分钟（全县“两会”，县委全委扩大会，县委书记、县长出席重要会议的新闻报道，原则上文字稿不超过1300字，电视台黔西新闻播出时间不超过4分钟）。县几大班子副职领导出席会议的新闻报道，文字稿一般不超过300字，电视台黔西新闻播出时间不超过1分钟。其他领导出席的，只播（发）简短消息或标题报道。

第六条　县直各部门召开的会议，原则上不作报道，特殊情况要报道的，其新闻报道的文字稿一般不超过300字，电视台播出新闻的长度不超过1分钟。

第七条　会议中出现的点名报道范围仅限于县委、县人大、县政府、县政协副职以上领导同志，以及县人武部部长、政委。县委、县人大、县政府、县政协几大班子领导都出席的会议，除重要会议全部点名外，一般会议只点主要领导、主持会议领导的名字，其余领导不具体点名。电视台单独出图像的只出主要领导、主持会议领导，其余领导只出集体图像。

第八条　除具有全局意义和重大意义影响的会议活动外，一般情况下，不安排电视直播或录播，除县委书记、县长外，其他领导出席会议活动，电视台不出同期声。

第三章　活动报道

第九条　领导考察调研活动新闻报道要多反映群众关心的实质性内容，要贴近生活、贴近实际、贴近群众，除县委书记、县长外，随行记者不超过2人。

第十条　县委、县人大、县政府、县政协主要领导考察调研活动的新闻报道，原则上文字稿不超过800字，电视台黔西新闻播出时间不超过3分钟（县委书记、县长考察调研活动的新闻报道，原则上文字稿不超过1200字，电视台黔西新闻播出时间不超过4分钟），不刊发侧记、特写、综述等，县几大班子副职领导下基层慰问、考察、调研，原则上只发一条综合消息，不发单条消息。

第十一条　除经县委、县政府批准的重大展览和文艺演出活动外，领导参观展览、观看一般性文艺演出及出席其他文艺活动，一律不作报道，领导给部门、地方做指示、批示一般不作报道。

第四章　重大专项工作

第十二条　领导受县委、县政府委托到地方指导处理特大抢险救灾、重大安全事故、重大突发事件，在应急阶段，文字稿不超1500字，电视台黔西新闻不超过2分钟。上述专项工作转入常态后，电视台一般只作综合报道，只报道工作进展情况，不单独报道领导参加的活动或讲话，文字稿不超过300字，电视不超过1分钟。

第五章　统筹协调

第十三条　领导的报道内容由县委宣传部负责统筹协调和日常管理，并督促指导县级媒体落实有关规定。

第十四条　涉及县重大会议活动的新闻报道工作，县委宣传部商县委办、县人大办、县政府办、县政协办统筹安排，领导所在单位不直接向县新闻媒体就报道字数、内容、版面、画面等提出要求，有关要求可按本规定，由县委宣传部向新闻单位提出或由县新闻单位根据实际情况自行确定，如有特殊情况，由县委宣传部研究解决。

第六章　工作要求

第十五条　统一思想，提高认识。深刻领会中央八项规定和省委、市委十项规定及县委三十八条规定关于改进新闻报道的重要意义，以高度的政治自觉抓好贯彻落实，以转变作风的实际行动取信于民。

第十六条　坚决贯彻，令行禁止。县直各新闻媒体要抓紧研究制定贯彻落实的实施意见，尽快制定务实管用、具体实在的改进措施和办法，认真落实、务求实效。

第十七条　领导带头，严格执行。各级领导干部要自觉贯彻执行关于改进领导新闻报道的规定，自觉接受各方面的监督。

第十八条　加强检查，狠抓落实。纪检监察机关和党政部门要加强督促检查，建立长效机制，坚决防止走形式、搞变通，确保相关规定不折不扣地落到实处。

第七章　附则

第十九条　本规定由县委宣传部负责解释。

第二十条　本规定自印发之日起施行。

黔西县会议管理规定

为进一步巩固党的群众路线教育实践活动成果，深入贯彻落实中央八项规定和省委、市委十项规定，进一步加强对全县会议的管理，提高会议质量和效率，制定本规定。

一、精减压缩会议

（一）实行计划管理。县委、县政府的会议实行计划管理。县委和以县委名义召开会议的计划，由县委办公室或县直相关部门提出报县委审定。县政府和以县政府名义召开会议的计划，由县政府办公室或县直相关部门提出报县政府审定。未列入年度会议计划的一般不安排召开，确因工作需要召开的须报县委、县政府主要领导批准。

（二）精减会议数量。凡可开可不开的会议坚决不开，内容相近或时间靠近的会议尽可能合并召开；能以部门名义开的会议，不以县委、县政府名义召开；能开电视电话会议的，尽量不驻会召开。县委全委会一般每年召开2次，县政府全体会议一般每年召开1次，全县经济工作会议一般每年召开不超过2次。县委、县政府的各专项工作会议根据工作需要决定是否召开，但一般一年只召开1次，能在综合性会议中统筹安排的，一般不再单独召开会议。研究协调工作的各类专题会议可根据工作需要适时召开，但要严格控制。

（三）控制会议时间。除党代会、人代会、政协会等法定会议外，全县性会议一般不超过90分钟，不安排陪会人员，原则上只安排1名县领导作主旨讲话，讲话时间一般控制在30分钟以内，大会发言控制在5分钟以内。县级各议事协调机构、县直各部门召开的会议，只安排与会议内容密切相关的部门参加，不得通知无关人员陪会。县委全委会一般不超过2天，县政府全体会议一般不超过1天。县委、县政府工作会议一般不超过1天。以县委、县政府名义召开的会议一般不超过1天。县委、县政府各类专题会议不超过半天。部门召开的全县性会议不超过1天。电视电话会议或网络视频会议一般不超过2小时。

（四）改进会议形式。没有审议事项、座谈交流、集中讨论内容的不涉密全县性会议，原则上以电视电话会议或网络视频会议的形式召开。已开到乡镇（街道）的电视电话会议和网络视频会议，不再层层召开大会传达。在一段时间内，确因工作需要召开有乡镇（街道）党政主要负责同志参加的多个会议，应加强统筹，能合并的合并，能套开的套开。

二、严控会议规模

（五）压缩参会人员。各类会议只通知有明确工作任务和与会议内容密切相关的单位和人员参加。县委、县政府召开的涉及经济社会发展全局的会议一般不超过450人，县委、县政府召开的涉及某一方面的工作会议和以县委、县政府名义召开的工作会议一般不超过200人，县委、县政府各类专题会议一般不超过50人，县直部门、群团组织、省市驻黔西单位、学校、企业原则上只通知1名负责同志参会。

（六）规范会议规格。除县党代会、县“两会”、县委全委（扩大）会、县委常委（扩大）会和全县领导干部大会、经济工作会以及上级明确要求常委集体参加外，其他全县性会议原则上只安排分管（联系）常委参加。需乡镇（街道）

党政主要负责同志参加的会议，报县委、县政府主要领导批准。

三、提高会议质量

（七）注重会议实效。明确会议任务，深入调查研究，充分酝酿讨论，突出会议主题，精心组织起草会议文稿，把好文稿质量关。对会议需解决的问题不回避、不遮掩，认真分析研判，提出可行措施和办法。

（八）简化会议程序。开短会、讲短话，注重实效，每次会议围绕一个中心议题，力求解决1-2个突出问题。除法律法规和有关章程规定的会议外，原则上由1名领导同志作主报告，会议没有审议事项的不安排分组讨论。除代表大会和表彰大会外，一般不安排接见、合影。除现场会议外，一般不安排参观。会议主持人不逐一介绍出席人员，不重复安排领导讲话，不重复总结领导讲话。安排大会发言的，原则上每次不超过5人，每人发言时间不超过5分钟，书面发言材料不超过1500字，发言要言之有物、保证质量。需要讨论的会议，精心设置议题，合理安排时间，提高讨论质量。

四、严格会议审批

（九）严格审批程序。列入计划的全县性会议，须由县委办公室或会同县政府办公室先审核会议规格、会期、参会人员范围、经费预算等内容。县委全委会方案由县委常委会议审定。县委常委会议方案由县委主要领导或县委主要领导委托的县委其他领导审定。县委召开的工作会议方案由县委常委会议或县委主要领导审定。县委、县政府共同召开的工作会议方案由县委、县政府主要领导审定。县政府全体会议、县政府常务会议方案由县政府主要领导审定。县政府召开的工作会议方案由县政府常务会议或县政府主要领导审定。凡未列入年度会议计划或未按规定程序审批的会议，财政部门不得核拨会议经费。

（十）领导带头把关。县委、县政府带头对召开的全县性会议进行严格把关，县委、县政府领导带头对分管单位以县委、县政府名义召开的会议进行严格把关，各乡镇（街道）各部门主要负责同志带头对本地本部门召开的会议进行严格把关。县委、县政府已经发文部署的工作，一般不再召开大会进行重复部署。县直部门研究部署本系统业务年度工作的会议，不得以县委、县政府名义召开。未经批准，各乡镇（街道）不得以县委、县政府名义召开纪念会、座谈会等。

五、严控会议经费

（十一）加强会议经费管理。严格执行《黔西县县级党政机关会议费管理办法》，厉行节约，反对浪费，切实降低会议成本。严控会议经费，严禁提高用餐、住宿标准。简朴布置会场，工作会议一律不摆放鲜花绿色植物、不制作背景板。严格控制会议资料，可印发可不印发的坚决不印发，与会议无关的坚决不发，可公开的尽量以网络方式公布。未经批准召开的会议，产生的费用一律不予报销。纪检监察机关、审计部门要强化监督检查，对违反规定的严肃问责。

六、本规定由中共黔西县委办公室、黔西县人民政府办公室负责解释。

七、本规定自印发之日起执行。此前有关规定与本规定不一致的，按本规定执行。

中共黔西县委发文管理规定

第一条　为规范和严肃发文工作，提高公文质量，巩固党的群众路线教育实践活动成果，根据《党政机关公文处理工作条例》和中央、省委、市委关于规范发文、精简文件的有关要求，制定本规定。

第二条　减少发文数量。凡国家法律法规和党内法规已作出明确规定的，一律不再印发文件。贯彻落实中央和省、市职能部门文件需要发文的，原则上由县对口部门发文，不以县委文件（含县委办公室文件，下同）发文。中央和省、市文件已转发的中央或省、市职能部门文件，县直有关部门如报请以县委文件转发，但没有提出具体贯彻落实措施的，一律不转发。

从严控制联合发文。凡属党委、政府各自职责范围内的事项，以及不涉及全局性、综合性工作的，县委、县政府或县委办公室、县政府办公室不联合发文。各部门常规性、年度性的工作安排，不以县委、县政府文件印发，由各部门自行发文。

第三条 精简工作简报。各部门报送县委和县委领导的简报原则上只保留1种。相似性质和内容的简报由县委办公室统筹协调，商主要职能部门报送，其他部门不再报送。部门内设机构和下属单位一律不得单独报送简报；通过正式文件或信息资料已上报的情况，不再通过简报报送。简报内容要精练，重点反映重要的动态、举措、经验、问题及工作建议等内容。

第四条 压缩公文篇幅。起草县委文件要突出务实管用、简明扼要原则，提倡发短文，做到主题鲜明、重点突出、结构严谨、评议精练。没有实质内容、不解决实际问题的文件一律不发。各乡镇（街道）、各部门报送县委公文要尽量减少关于重要性、重要意义等一般性论述，不搞“穿靴戴帽”；贯彻落实中央和省委、市委、县委重大决策部署、重要会议精神的情况报告，应包含具体贯彻落实措施，只有一般性表态内容的不得上报。

第五条 规范文件报送。属于党委（党组）职权范围内的工作，以党委（党组）名义报送县委；属于政府或部门职权范围内的工作，以政府或部门名义报送县政府。各乡镇（街道）、各部门向县委请示问题，应当按照主送一个上级机关的规则，不得同时主送县委、县政府，也不得就同一事项同时分别请示县委、县政府。

第六条 严控发文规格。能以县委办公室文件印发的，不以县委文件印发；能以函件、电报等形式印发的，不以正式文件印发；部门发文或几个部门联合发文能够解决的事项，不以县委文件印发。县委各部门、各议事协调机构不得向地方党委发布指令性公文。临时机构一般不对外发文。

第七条 严格公文审签。经县委常委会讨论通过后的文稿，涉及全局性的重大决策和重要工作部署、向上级报告情况、批转县委各部门重要工作意见的，由县委书记签发；县委、县政府联合行文的，由县委书记、县长签发；涉及某一方面工作的，由县委书记或县委副书记签发，或由县委常委会议指定分管常委签发。以县委名义向外发送的信息简报类材料，由县委书记签发。上述须经县委书记签发的文件，县委书记可以委托县委副书记或其他常委签发。

第八条 规范发文管理。县委发文管理工作由县委办公室负责，其中涉及县管干部纪律处分的发文由县纪委负责，涉及县管干部人事任免的发文由县委组织部负责；相应的制发工作分别由县委办公室、县纪委、县委组织部负责，必须符合有关公文格式要求。除纪律处分、人事任免文件外，有特定版头的普发性公文一般不使用县委印鉴。印制后的公文须加盖县委印鉴的，由县委办公室负责用印。要充分运用党政机关信息化建设成果，对有条件的单位发送电子公文，减少纸质文件的分发。县委公文正本及签发定稿本由县委办公室负责保管，定期组卷后移交县档案局。

第九条 本规定由中共黔西县委办公室负责解释。

第十条 本规定自印发之日起执行。过去有关规定与本规定不一致的，按本规定执行。

关于命名“五好”基层党组织 表彰“十佳”村（社区）党组织书记 和党的群众路线教育实践活动先进个人的决定

（2015年6月29日）

县发〔2015〕5号

近年来，全县各级党组织及广大党员干部以邓小平理论、“三个代表”重要思想和科学发展观为指导，践行党的群众路线，践行“三严三实”，为有力加强党的基层组织建设、顺利开展第二批党的群众路线教育实践活动做了大量艰苦细致、卓有成效的工作，高标准、高质量地完成了各项工作任务，获得了上级党委和广大人民群众的充分肯定。为激励先进、树立典型、创先争优，县委决定，在庆祝建党94周年之际，命名100个“五好”基层党组织，表彰10名“十佳”村（社区）党组织书记和50名党的群众路线教育实践活动先进个人。

县委要求，获得命名的党组织和表彰的个人要珍惜荣誉，戒骄戒躁，再接再厉，再立新功，争取在推进黔西新一轮改革发展进程中取得更加优异的成绩。

县委号召，全县各级党组织和广大党员、干部要以先进典型为榜样，坚定不移地贯彻执行党的路线、方针和政策，认真践行“三严三实”，团结和带领广大人民群众，进一步抢抓机遇，开拓进取，奋力拼搏，为决战贫困、提速赶超、同步小康做出新的更大贡献。

附件：1. 黔西县2015年度“五好”基层党组织名单

2. 黔西县2015年度“十佳”村（社区）党组织书记名单

3. 黔西县党的群众路线教育实践活动先进个人名单

中共黔西县委

2015年6月29日

附件1

黔西县2015年度“五好”基层党组织名单（100个）

金碧镇折坤村党支部
金碧镇红寨村党支部
五里乡金鸡村党支部
五里乡新乐村党支部
观音洞镇沙井中学支部
观音洞镇黄泥村党支部
雨朵镇雷家寨村党支部
雨朵镇雨朵村党支部
雨朵镇平坝村党支部
绿化乡小海子村党支部

绿化乡湾箐村党支部
金兰镇龙山村党支部
金兰镇宝石村党支部
金兰镇教育党支部
大关镇桂花村党支部
大关镇银河村党支部
新仁乡文化村党支部
新仁乡教育党总支
谷里镇前华村党支部
谷里镇中狮村党支部
钟山镇地庙村党支部
钟山镇乌木村党支部
素朴镇党委
素朴镇灵博村党支部
素朴镇棉花村党支部
铁石乡油沙坡村党支部
铁石乡墓老坝村党支部
太来乡长槽村党支部
太来乡龙江村党支部
协和镇杨柳社区党支部
协和镇石浪厂村党支部
协和镇仡仲村党支部
甘棠镇大营村党支部
甘棠镇大锡村党支部
永燊乡火石坝社区党支部
永燊乡黑磨村党支部
中坪镇吉丰村党支部
中坪镇石坪村党支部
中建乡普盖村党支部
中建乡红板村党支部
花溪乡挖陇村党支部
花溪乡钟山村党支部
重新镇朱家寨村党支部
重新镇木山村党支部
重新镇荆州村党支部
定新乡中学党支部
定新乡新村村党支部
定新乡教育党支部
锦星镇洪湖村党支部
锦星镇庆民村党支部
洪水镇教育党总支
洪水镇洪箐村党支部
洪水镇长堰中学党支部
红林乡桃井村党支部
红林乡箐河村党支部
林泉镇海子村党支部
林泉镇林泉社区党支部
林泉镇松树村党支部
林泉镇新水村党支部
莲城街道坪子社区党支部
莲城街道第九小学党支部
莲城街道老鸹河社区党支部
水西街道教育管理中心党总支
水西街道凉井社区党支部
水西街道第八小学党支部
水西街道文昌社区麟龙党支部
文峰街道马厂社区党支部
文峰街道塔山社区党支部
文峰街道世纪宏洋物业管理公司党支部
杜鹃街道党工委
杜鹃街道牌庄社区党支部
杜鹃街道育才社区党支部
杜鹃街道新民社区党总支
县公安局打黑除恶大队党支部
水西中学党支部
县委办公室第二党支部
县政府办公室后勤党支部
县法院第二党支部
县检察院第二党支部
县民政局机关党支部

县市场监管局钟山分局党支部
县工业和能源局第一党支部
县卫生和计划生育局卫生监督所党支部
县农牧局畜牧党支部
县文体广电旅游局旅游党支部
县国税局第四党支部
县地税局基层分局党支部
县司法局党支部
县林业局党支部
县规划局党支部
县环保局党支部
县史志办党支部
县安监局党支部
黔西二中党支部
黔西二小党支部
黔西三小党支部
黔西四小党支部
县供排水公司党支部
县农业园区党支部
县妇联党支部

附件 2

黔西县 2015 年度“十佳”村（社区）党组织书记名单（10 名）

喻朝芬　水西街道水西社区党总支书记
狐继明　素朴镇学堂社区党支部书记
王德全　绿化乡马坎村党支部书记
龙明举　永燊乡复兴村党支部书记
张世举　金碧镇辉煌社区党支部书记
朱明贵　林泉镇海子村党支部书记
孙思美　重新镇桥边村党支部书记
李之亮　铁石乡安乐场村党支部书记
肖光祥　定新乡群星村党支部书记
黄建朝　协和镇果坝村党支部书记

附件 3

黔西县党的群众路线教育实践活动先进个人名单（50 名）

罗明虎　县委办信息股股长
方　彪　县人大办民工委副主任
万　丽　县政府办人事股股长
陈丽月　县政协办政工股股长
喻懋富　县委统战部联络联系办工作员
李育全　县委宣传部副部长
李　灏　县检察院侦查监督科科员
黄启杰　毕节第二实验高中党委办公室副主任
陈小彬　黔西刊社工作员
黄恩全　县工能局人事教育股股长
龙　敏　县民政局救灾救济股股长
余　炜　县群众工作中心副主任
郭　茜　县疾控中心工作员
李承勇　县安监局办公室主任
朱松静　县扶贫办项目管理中心工作员
周千率　县司法局办公室主任
侯　超　黔西电视台记者
胡荣华　县水利局水利勘测设计队工作员
吴　茂　县国土局党组成员、地质勘察办主任
何　姣　县城管局办公室副主任
郭思江　县政务服务中心办公室主任
赵　静　莲城街道党工委委员、组织委员
周　娜　水西街道计生特岗
李　欣　杜鹃街道新民社区主任

刘丽丽　文峰街道党政办副主任
李　卫　铁石乡党委书记
先　凯　金碧镇党政办主任
代　毅　绿化乡社会事务办主任
王　瑕　观音洞镇党委副书记
黄　涛　谷里镇和平小学教师
曾　智　素朴镇党政办副主任
郝俊豪　太来乡计生特岗
罗　娜　协和镇杨柳小学教师
张　浪　洪水镇党委副书记
王　华　林泉镇党委委员、组织委员
黄建国　红林乡党委委员、组织委员
高龙泉　五里乡党委委员、纪委书记
唐　静　金兰镇计生服务站工作员
徐　韬　新仁乡党政办副主任
马　帅　雨朵镇政府工作员
熊　发　重新镇林业环保站工作员
胡　云　永燊乡政府工作员
黄成进　定新乡党委副书记
陈　琼　中建乡党委副书记
胡　椿　中坪镇人力资源和社会保障服务站工作员
王　希　花溪乡农业服务中心工作员
张　敬　县委教育实践活动办工作员
张　婷　县委教育实践活动办工作员
罗　旋　县委教育实践活动办工作员
刘　刚　县委教育实践活动办工作员

关于进一步加强计划生育工作的意见

（2015年7月6日）

县发〔2015〕6号

为认真贯彻落实中央、省、市关于计划生育的系列决策部署，以铁的决心、铁的纪律、铁的措施和严的要求、实的作风，进一步加强和改进计划生育工作，确保到2018年常住人口出生率控制在11.8‰以下、自然增长率控制在5.3‰以下、符合政策生育率保持在95%以上，为决战贫困、提速赶超、同步小康创造良好人口环境，根据《中共毕节市委、毕节市人民政府关于进一步加强计划生育工作的决定》（毕党发〔2015〕9号）精神，结合实际，提出如下意见：

一、坚持党政统筹，落实工作责任

（一）严格执行党政领导“亲自抓、负总责”。各乡镇（街道）、各部门（单位）党政一把手及各类企事业单位的法定代表人，是计划生育工作的主要负责人，书记负总责，行政领导负实责，对本辖区、本部门（单位）计划生育工作负第一责任，分管领导负直接责任、具体抓。坚持党政领导定期听取计划生育工作汇报制度，乡镇（街道）主要领导必须参加每月计生工作例会，联系乡镇（街道）的县级领导每季至少应听取一次计生工作汇报，了解计生工作情况，指导计生工作开展，帮助解决问题。

（二）严格落实目标责任制管理。进一步完善目标管理责任制，县委、县政府与各乡镇（街道）、各部门（单位）签订计划生育工作目标管理责任书，各乡镇（街道）与村（居）委会、包村干部及乡属单位签订计划生育工作目标管理责任书，县直部门（单位）与各股室及下属（派）单位签订计划生育工作目标管理责任书，把计划生育工作的各项目标、任务逐级量化分解落实到位。完不成责任目标的或被市纳入重点管理的，实行“一票否决”，其党政主要负责人、计划生育工作分管负责人两年内不能提拔重用，列为后备干部的取消后备干部资格。卫生计生部门对计生工作负有督促指导责任，对因督促指导不到位，影响全县整体工作水平的将严格责任追究。

（三）严格督促检查考核。严格落实“一天一调度、一周一通报、一月一督查、季度一考核、半年一奖惩、年度一排位”工作机制，对计划生育工作适时进行调度和考核。县卫生计生局要充分发挥人口计生执法大队的作用，对全县各级各部门（单位）计生工作情况开展经常性检查，对工作中的不务实行为，视其情节进行责任追究。实施分段督查考核结账制度，确保经常抓、抓经常。全县计划生育工作按照分段安排、落实、检查、兑现的方式进行，考核内容根据每段时间的工作要求，突出重点，对常住人口应检对象未妇检、手术库存、政策外出生的，实行责任倒查。

二、突出工作重点，促进均衡发展

（一）严格控制政策外多孩生育。坚持计划生育基本国策不动摇、坚持毕节试验区“人口控制”主题不动摇、坚持人口“双降”目标不动摇同，综合治理、严肃查处非婚生育、违法收养和违法生育等违反政策的生育行为。自本《意见》印发之日起，辖区内凡出现政策外多孩生育的，一律进行个案责任倒查，根据倒查结果，分别追究乡镇（街道）、单位（部门）党政主要领导、分管领导以及直接负责人的责任，即使工作调整变动的也要进行跟踪追究。党员、干部、职工违法生育的，一律开除党籍、开除公职。

（二）严格人口计生基础信息采集。要以村（居）为单位认真清理核实人口计生基础信息，对人口底数、生育对象、节育对象、妇检对象、重点管理对象个案清楚、责任到人、管理到位。村（居）干部对人口计生信息的采集、统计、上报负主体责任，乡镇（街道）包村干部、包村领导负监管、指导责任。对信息采集不准、上报不实的，严格追究村（居）干部主体责任和乡镇（街道）干部监管责任；对乡镇（街道）有全员人口漏统、已婚育龄妇女漏管、出生人口漏报的，对照计划生育责任追究办法追究相关领导和责任人的责任。

（三）严格落实已婚育龄妇女妇检查孕。坚持把已婚育龄妇女妇检查孕作为计生工作的“牛鼻子”来抓，把查环查孕与查病治病有效地结合起来，务必做到妇检对象人人见面，个个过关。重点抓好外出已婚育龄妇女的妇检工作，采取思想动员、经济制约、行政措施等手段督促其按规定接受普查或寄回有效孕检证明。自本《意见》印发之日起，对出现政策外二孩及以上生育的，倒查妇检责任人个案落实情况。

（四）严格落实长效避孕节育措施。坚持把加大避孕节育措施特别是长效节育措施的落实力度作为控制违法生育的关键性措施来抓，采取宣传、教育、行政、法律、经济等行之有效的手段，督促不符合再生育的对象落实相应的补救手术和长效节育措施。凡有常住人口手术库存的，自本《意见》印发之日起，对乡镇（街道）有新增常住人口手术库存的，对照责任追究办法追究相关人员责任。

（五）严格流动人口服务管理。对流出人口，及时办理《流动人口婚育证明》，签订计划生育服务管理合同，建立流动人口信息平台档案。组建流动人口协作小组，落实跟踪服务管理，抓好信息监控，做好孕环情信息监测反馈和避孕节育手术落实。对流入人口，及时审验《流动人口婚育证明》，并通过流动人口信息平台及时反馈信息；完善“以房管人、法人负责、合同管理、社区服务、居民自治、综合治理”的流动人口计生服务管理新机制，落实好房东登记报告制度。大型楼盘、住宅小区人口聚集地的物业管理部门要建立流入人口信息报告制度，定期向主管部门及所属社区通报流入人口情况，配合抓好计划生育工作。

（六）严格技术服务质量管理。加强计生服务工作机构建设，科学设置县、乡两级计生服务工作岗位，合理稳定乡镇（街道）计生服务站工作人员编制，配优配强配齐计生服务工作人员。全面推行国家免费孕前优生健康检查项目，实现目标人群全覆盖。有序推进林泉、钟山、素朴三个乡镇腹腔输卵管结扎微创手术，逐步辐射周边乡镇（街道），到2016年腹腔输卵管结扎微创手术占手术总量的40%以上，2017年占手术总量的60%以上，2018年占手术总量的80%以上。大力实施避孕节育优质服务、生殖道感染干预、出生缺陷干预三大工程。依法依规依程序开展计划生育手术并发症人员鉴定和独生子女病残儿鉴定等工作。

（七）严格依法征收社会抚养费。严格按照法律规定，足额征收社会抚养费，任何单位和个人不能以任何理由减免。社会公众人物违法生育的，要结合当事人的实际收入水平，确定社会抚养费征收数额，并予以公开曝光。县人民法院要及时受理、执行卫生计生部门申请的强制执行案件。征收的社会抚养费必须及时足额上缴县财政，县财政按时足额划拨乡镇（街道），全部用于计生事业。纪检、监察、财政、审计、卫生计生等部门要加强监管，严肃查处违反法定程序、不按标准征收及坐收坐支挪用社会抚养费等违法违纪行为。

三、加强基层建设，夯实基础工作

（一）严格加强计生队伍管理。县、乡计生部门新进工作人员一律从大专以上毕业生中考选，计划生育技术服务机构重点充实医学院校毕业的技术服务人员。县、乡计划生育服务站技术人员所占比例不低于80%，并应全部取得相应技术职称或者执业资格。各乡镇（街道）要加强对计划生育工作的组织领导，书记、乡镇长（街道办主任）主管计划生育工作，分管领导原则上由副书记或副镇长（副主任）担任，分管领导调整需征求县人口计生领导小组意见。强化村级计划生育队伍建设，村居党支部书记为计划生育第一责任人，兼任村计划生育协会会长，村居委员主任为计划生育直接责任人，村“两委”负责本村的计划生育工作，计划生育专职主任负责做好具体业务工作。县、乡对政绩突出的计生工作人员，每年进行评比表彰，优先提拔重用；对弄虚作假、以权谋私的计生工作人员，严肃追究责任。

（二）严格落实领导联系部门包保责任。实行县级领导联系乡镇（街道）包保指导、部门包保乡镇（街道）的督导责任制和卫生计生局班子成员及干部包保乡镇（街道）的责任制。各乡镇（街道）和县直有关部门要明确目标责任，细化工作措施，各司其职，各负其责，整合资源，形成合力。各部门包保纳入与乡镇（街道）同考核、同奖惩。各乡镇（街道）要完善加强党政领导班子、直属单位和干部包村（居）、包计生对象的工作机制，对因工作不到位，影响全县计划生育工作目标任务完成的，按照责任追究办法和“一票否决”制规定严格倒查进行问责。

（三）严格政策宣传强化舆论导向。要在坚持过去行之有效的宣传形式基础上，不断提升宣传层次，积极尝试采取“板凳会议”、婆婆媳妇座谈会、演讲比赛、婚育知识竞赛等做法，努力扩大宣传教育面，丰富宣传教育内容。有针对性地开展婚育新风、优生优育、生殖保健、技术讲座等知识宣传，努力把计划生育的阵地办成融宣传计生政策、传播新型生育文化、传播致富信息、开展文体娱乐活动的载体。乡镇（街道）、村（居）、物业小区要做好舆论环境宣传，制作永久性固定计划生育宣传标语，乡镇（街道）驻地计生宣传标语不少于3幅，村不少于10幅，社区不少于3幅、物业小区不少于1幅。加大宣传教育进村入户、进机关、进社区入校园的工作力度，力争宣传品进村入户率达到100%。

（四）严格保障计生经费投入。建立“足额预算、分级负担、逐年提高、专款专用”的公共财政投入保障机制，将计划生育经费保障工作纳入目标管理，县财政严格按省市文件要求确保计生事业经费投入到位，并单列奖励扶助经费等；转移支付中用于计生工作的经费全额下拨到乡镇（街道）用于计生工作；各乡镇（街道）要足额保障计生经费投入。计生工作经费实行专款专用，任何单位和个人不得克扣和挪用。

四、强化部门配合，推进综合治理

（一）严格执行“属地管理”要求。各乡镇（街道）各部门（单位）要把本部门（单位）干部职工及其配偶（含临时聘用人员）纳入到本单位的管理服务对象，建立好管理服务台帐，落实好孕环情普查、避孕节育、证件办理和查验等管理服务措施。各乡镇（街道）、各部门（单位）

干部职工及其配偶（含临时聘用人员）每年6月和12月必须按时到县妇幼保健计划生育服务中心参加孕环情普查或寄回有效孕检证明，财政部门凭卫生计生部门出具的证明发放当月工资。各部门（单位）及干部职工在出租房屋、办理用工手续时，必须与租房者或务工者签订计划生育管理服务合同，查验其计生证明，准确登记流入已婚育龄妇女的基本情况，并报告所在社区进行登记管理。

（二）严格执行社会综合制约措施。计划生育综合治理相关部门（单位）每年都要向县人大或县政府常务会议进行计生工作述职，综合治理职能部门（单位）在乡镇（街道）的下属（派）单位负责人每年必须向当地政府汇报计生工作情况。严格计划生育在评先评优、晋薪晋级、选拔任用各级领导干部时，要将计划生育情况审核作为一项重要内容，审核内容包括个人生育情况、落实节育措施、接受孕环情检查和对其所负责区域计划生育工作完成情况的审核。各部门、各单位要制定出台计划生育“双诚信双承诺”奖励优惠、“降标”“暂缓”的具体措施，将计划生育诚信奖励优惠、失信惩戒落到实处。

（三）严格执行“双诚信双承诺”和“三按月”管理。严格执行诚信计生履约评议、信息查验等制度，完善计划生育群众自治机制，乡村两级要突出抓好村民自治章程修订、健全规章制度、完善管理合同、规范村务公开等四个环节，提高群众知晓率。依照村规民约中权利义务、优先优惠、移风易俗、奖励处罚等内容，与育龄群众签订《诚信计生双向承诺书》，督促常住已婚育龄妇女重点管理对象按时参加妇检查孕，流动人口按时寄回有效妇检证明。进一步完善规范化和经常性工作机制，优化“三按月”绩效考核，提高计生工作人员落实率和执行率，切实解决计划生育管理服务“最后一公里”问题。

本《意见》自印发之日起施行，由县人口计生领导小组办公室负责解释。

中共黔西县委　黔西县人民政府
2015年7月日

关于切实加强留守儿童关爱救助保护工作的实施意见

（2015年7月20日）

县发〔2015〕7号

为深入贯彻落实中央和省领导关于留守儿童关爱工作的重要指示精神和省委省政府、市委市政府系列决策部署，根据《中共毕节市委、毕节市人民政府关于切实加强留守儿童关爱救助保护工作实施意见》（毕党发〔2015〕13号）要求，现就我县加强留守儿童关爱救助保护工作，提出如下实施意见。

一、总体要求和工作目标

（一）总体要求。以习近平总书记在贵州考察时的重要指示精神为指导，深入贯彻落实中央及省、市关于留守儿童关爱救助保护工作的方针政策和决策部署，以切实保障留守儿童健康成长为出发点和落脚点，坚持预防为主、标本兼治，完善工作机制和措施，加强管理和服务，按照属地管理原则，强化责任落实，创新工作方式，充分整合资源，形成关爱合力，继续巩固提升教育惠民行动、家庭温情行动、社会关爱行动，把关爱留守儿童工作做深做细做实做到位，让他们感受到社会主义大家庭的温暖。

（二）工作目标。紧紧围绕留守儿童监测预防体系、监护保护体系、教育关爱体系、救助保障体系建设，构建“党委领导、政府主导、部门联动、家庭尽责、社会参与”的工作格局。到2016年新建学生宿舍21950㎡，完成所有寄宿制学校学生宿舍建设任务。三年内拟建幼儿园184所，分别在2015年建设乡镇中心幼儿园9所、第二幼儿园2所、村级幼儿园56所，2016年建设第二幼儿园11所、村级幼儿园46所，2017年建设第二幼儿园6所、村级幼儿园54所，实现3岁以上留守幼儿全部入园就读；在县未成年人保护中心、乡镇未成年人保护站和农村寄宿制中小学建立留守儿童救助保护机构，实现留守儿童权益得到有效保护、生命安全得到有效保障、身心成长环境得到有效改善、儿童伤害事件得到有效遏制的目标。

二、主要任务

（一）建立完善监测预防体系。在县政府的统一领导下，乡镇（街道）人民政府（办事处）负责组织实施，相关部门各司其职，依托村（社区）干部、学校教师、包村干部、驻村工作队及其他社会工作者，迅速建立起纵向贯通县乡村，横向联接相关部门，责任明晰、信息畅通、反应迅速、衔接配套的监测预防体系，确保对留守儿童存在的风险隐患掌握全面、发现及时、救助到位、处置妥当。

1. 全面排查，精准建档。在全县范围内开展全面集中排查，做到不漏一户，不少一人。以村（社区）为单位建立留守儿童信息台账，县、乡镇（街道）建立信息库，实现县、乡镇（街道）、村（社区）三级网络化动态管理，确保留守儿童底数清、情况明。

2. 分类评估，有效干预。由乡镇（街道）根据留守儿童家庭基本情况和监护、生活、学习、安全、身心健康等信息进行筛查分类，对辖区内留守儿童按三个等级进行风险评估和干预：对生活保障、身心健康、监护到位的留守儿童，采取“一对多”帮扶，定期走访、反馈信息；对生活困难或身患疾病的留守儿童，由乡镇（街道）、村（社区）及时提供信息，县民政局牵头落实救助保障政策；对存在监护缺失缺位、被侵害危险、行为偏差、心理失衡、失学辍学、外出流浪等隐患的留守儿童，由乡镇（街道）、村（社区）或学校进行“一对一”精准帮扶救助。风险等级评估原则上在每年3月和9月进行，重点对象可随时评估，确保及时有效干预，实现各类留守儿童关爱救助保护到位。

3. 动态跟踪，及时报告。建立学校和村（社区）动态排查报告制度，随时更新信息。学校要动态掌握在校留守儿童上学到位情况、学习情况、心理健康状况、在校住宿情况等，对存在的风险隐患及时报告、及时处理。乡镇（街道）、村（社区）要在动态排查的同时，强化宣传教育，落实民警、医务工作者、村（社区）干部及亲友、邻里的发现报告义务，设立县、乡镇（街道）、村（社区）三级留守儿童关爱救助保护热线，及时受理公众报告信息，增强社会公众对留守儿童存在风险隐患和突发事件的报告意识。

4. 快速反应，妥善处置。县、乡镇（街道）、村（社区）及各学校建立完善突发事件应急预案，明确事件发生报告、应急程序、有效施策等环节及方法，建立起“信息畅通、流程清晰、职责明确、指挥统一、衔接有序、反应快速、处置有效”的应急反应机制，确保留守儿童存在的风险隐患得到及时妥善处置。

（二）建立健全监护保护体系。依法落实监护主体，履行监护责任，全面建立起“家庭切实履责，村民自治约束，政府依法治理”的留守儿童监护保护体系，确保儿童得到有效的关爱和保护，实现监护无盲区、不缺位。

1. 加强法制道德教育。县直有关部门要定期进村入户，采取召开座谈会、发放资料、提供咨询等方式宣传《中华人民共和国义务教育法》《中华人民共和国未成年人保护法》和《中华人民共和国妇女儿童权益保护法》等法律法规和政策；深入村寨、社区开展“明礼知耻·崇德向善”活动，宣传《公民道德建设实施纲要》，树立尊老爱幼道德典型，用道德的力量来教育和引导家庭认真履行抚育子女的责任和义务。

2. 发挥村民自治作用。各乡镇（街道）要指导村（社区）制定有效管理的村规民约，充分发动群众监督和约束家长切实履行对子女的监护责任和抚养义务。

3. 加大依法治理力度。劝导外出务工夫妇一方留家或携带小孩同行共同生活，促使对儿童的监护和抚养由父母履行；若确需委托监护人的，须经村（居）委会同意，完善备案手续，同时由监护人、受委托监护人和村（居）委会三方签订委托监护协议，约束监护人承担相关义务、受委托监护人履行监护责任；对自身无力确定委托监护人的，由乡镇（街道）会同村（居）委会就近指定有意愿、有能力的群众担任监护人，依法完善相关手续并明确承担监护报酬；对无法找到合适临时监护人的，应依法取消其监护权，可将孩子交由寄宿制学校或老少共融之家临时监管。对父母拒不履行监护职责、经教育劝导拒不改正或监护人有严重侵害儿童行为的，由村（居）委会或民政、共青团、妇联、关工委、学校等单位和团体依法向司法部门申请严肃追究法律责任，公安机关要依法从严、从重、从快追究相关责任人的法律责任。深入推进司法改革，根据现行有关法律法规，探索通过地方立法强制留守儿童监护人切实履行监护责任。用法治思维来提高社会管理能力和水平，用法制手段来保障留守儿童的合法权益。

4. 加强安全环境治理。大力整治校园村寨治安环境，为留守儿童健康成长创造良好社会环境。公安机关要坚决严厉打击对留守儿童性侵、遗弃、虐待、暴力伤害以及教唆、利用留守儿童实施违法犯罪行为和胁迫、诱骗、利用留守儿童乞讨等严重危害儿童身心健康行为。加强平安温馨校园建设，在全县中小学（幼儿园）配备校园保安，完善安全保卫设施，实施公安联网的远程监控。加强留守儿童在交通、防汛、防火、饮食等方面的安全知识教育。加大专门教育、社区矫治，有效帮助存在心理问题的留守儿童转变思想，矫正行为。

（三）建立健全教育关爱体系。建立部门单位、群团组织资源充分整合，社会力量充分激发，关爱保护、身心培育、知识传授、生活照料全面涵盖，学校内外、家庭内外全面覆盖的教育关爱体系，形成各部门、社会各界共同聚焦，倾力帮扶留守儿童的良好格局。

1. 落实帮扶联系制度。建立健全以乡镇（街道）和学校统筹的帮扶措施，及时掌握留守儿童的思想、学习、生活情况，及时解决出现的各种困难和问题。对在校就读的留守儿童，采取“一对多”的形式结对帮扶，让每一位留守儿童都有帮扶教师；建立学校、乡镇（街道）和村（社区）信息沟通机制，尤其在寒暑假及节假日期间，学校与乡镇（街道）、村（社区）要做好对接，将留守儿童情况与乡镇（街道）、村（社区）作好沟通交流，确保校内校外帮扶无缝衔接；对非在校留守儿童，由乡镇（街道）干部、村（社区）干部、驻村干部以户为单位进行帮扶联系。

2. 保障留守儿童受教育权利。大力宣传实施《中华人民共和国义务教育法》和《中华人民共和国未成年人保护法》，督促父母送适龄儿童入学，保障适龄留守儿童接受义务教育权利。全面落实控辍保学“双线”责任制、“七长”负责制和控辍保学“五项制度”。巩固提升教育基础能力，改善留守儿童就学条件，把农村中小学打造成“花园、乐园、家园”。实施素质教育，提升教育教学质量，增强学校对留守儿童的吸引力。加强职业教育，对农村未继续升学的初中毕业留守儿童，实施3年免费中等职业教育，提高其就业技能。

3. 发挥学校主阵地作用。整合农村寄宿制学校建设和义务教育薄弱学校改造等项目资金，加快农村学校学生宿舍建设，实现在校留守儿童全住宿；普及乡镇中心幼儿园，实现乡镇标准化中心幼儿园全覆盖，确保留守儿童优先入园；逐步推广“山村幼儿园”项目，实现留守儿童就近入园。将寄宿制学校建设与留守儿童救助保护中心建设有机统一，完善“留守儿童之家”，逐步在农村中小学普及免费亲情电话和亲情视频聊天室，完善学生与父母亲情联系机制，方便留守儿童与父母沟通感情、交流思想，继续深入开展好家庭温情行动，打造“同心阳光少年之家”“同心希望童园”；加强农村义务教育阶段学生营养改善计划规范管理，确保学生饮食安全、健康。深入开展“师德进万家大走访”“四在学校·幸福校园”“爱心陪伴”等活动，充分依托农村寄宿制学校，保障在校留守儿童健康成长。

4. 加强留守儿童心理健康教育。县教育局要把儿童心理健康教育纳入教师各类培训重要课程，使所有教师都具有心理抚慰的素质和能力；探索在每所中小学都培训或引进至少1名专职心理辅导教师，承担对留守儿童的心理疏导和对其他教师的培训工作；要采取“引进来、走出去”的方式，加大培养心理健康教育专业人才的力度；在中小学分批建立心理健康咨询室，对有心理障碍学生进行心理疏导；编制印发留守儿童心理健康资料，加大宣传教育；采取学校开课、组织志愿者、购买社会服务等方式加强心理疏导和行为矫治，实现心理健康教育日常化、全覆盖。

5. 发挥社会关爱作用。继续深入开展好社会关爱行动，由共青团、妇联等群团组织建立“爱心父母”志愿者组织，深入实施“希望工程”“春晖行动”“春蕾计划”，组织开展“关爱女孩行动”“护蕾行动”；充分利用“微笑小屋”等载体，开展亲情服务、自护教育、便民利民、学业辅导、爱心捐赠、结对帮扶等活动；动员社会力量以“代理家长”“代理妈妈”“城乡少年手拉手”等形式，与留守儿童结成爱心帮扶对子，让他们感受到社会的温暖和关爱，营造“爱心黔西”的良好氛围。

（四）建立健全救助保障体系。健全完善各项社会保障制度和社会救助制度，推进各项社会救助机构建设，开展“救急难”工作，全面建立“多方位、广覆盖、应保尽保、应救尽救”的救助保障体系，织牢织密保障留守儿童基本生活安全网。

1. 提高救助保障水平。严格落实最低生活保障制度，及时将符合条件的留守儿童家庭共同生活成员全部纳入低保，适时提高保障范围和标准，逐步实现农村低保标准与扶贫标准“两线合一”，切实保障留守儿童家庭的基本生活；认真落实居民基本医疗保障和医疗救助政策，保障留守儿童“病有所医”；及时将符合条件的留守儿童家庭纳入住房救助范围，确保“住有所居”。

2. 完善临时救助制度。全面建立以急难对象发现、认定、快速响应，社会力量参与为主要内容的救助长效机制，制定工作预案，对遭遇急难问题、生活陷入困境、面临生存危机的留守儿童及时实施有效救助。对符合临时救助条件的留守儿童家庭，按照城市低保标准和家庭人数解决1至6个月的基本生活费用；对实施临时救助后仍然无法解决困难的，及时启动“救急难”机制，整合资源进行救助；对无监护人、家庭困难的要给予特别的帮扶和救助，履行政府托底职责。

3. 加大孤儿保障救助。全面落实孤儿基本生活保障制度，将父母属于“死亡、失踪、被判无期以上徒刑”情形之一，事实无人抚养的未满18周岁儿童全部纳入孤儿保障范围。村（居）委会要积极主动帮助符合孤儿条件的儿童提出申请并完善有关证明材料。乡镇（街道）、村（社区）两级要开展摸底排查和基本信息采集，协助当事人统一向法院提出宣告失踪，公安部门向法院出具儿童父母下落不明的书面证明，法院依法及时立案并免收诉讼费。对分散养育的孤儿，监护缺失缺位，或合法权益受到侵害的，要及时取消监护协议并追究监护人责任；对取消后找不到新的监护人的，纳入儿童福利院和乡镇（街道）老少共融之家等机构集中养育。孤儿年满18周岁后仍在校就读的，继续享受孤儿保障政策。

4. 建立留守儿童救助保护中心。在乡镇（街道）寄宿制学校建立留守儿童救助保护中心，暂时接纳在校就读无人监护的留守儿童；在县流浪未成年人救助保护中心建立留守儿童救助保护中心，暂时接纳非在校就读无人监护的留守儿童；制定留守儿童救助保护中心（站）具体管理措施，实现24小时有人关爱和救助保护，确保留守儿童重点人群身体健康、生命安全。

5. 积极发挥“老少共融之家”作用。全面深化农村敬老院建设管理“组织化保障、多元化筹资、标准化建设、规范化管理、人性化服务、自助化发展”的“六化”措施，在确保农村五保集中供养需求的基础上，充分整合农村敬老院空置床位，将需要集中救助保护的困境留守儿童动员临时入住，实行动态服务管理。针对老、少、男、女等不同群体，建立完善管理服务机制和制度，确保不发生任何侵权行为和责任事故。

6. 认真落实就业扶持政策。加快富民产业培育，创造良好就业机会，制定落实优惠政策，鼓励农民工返乡创业。加大职业培训力度，提高农村劳动力就业能力，有针对性地为农民工提供政策咨询、就业指导、职业介绍等公共就业服务，组织开展公共就业服务专项活动，促进留守儿童家庭成员就业，从源头上减少留守儿童数量。

三、保障措施

（一）强化组织保障。成立由县委书记任第

一组长，县政府县长任组长，相关领导任副组长，有关部门主要负责人为成员的留守儿童关爱救助保护工作领导小组，办公室设在县民政局；各乡镇（街道）也要成立相应的工作机构，加强组织保障，负责统筹领导本乡镇（街道）留守儿童关爱救助保护工作，同时构建由乡镇（街道）联系村（社区）的领导、社会事务办一名干部、教管中心一名干部、村一名副支书或副主任、学校一名副校长组成的日常工作专项队伍，具体负责留守儿童信息收集、情况上报、动态更新数据等工作。

（二）强化投入保障。要加大人力、物力、财力投入，强化留守儿童关爱救助保护工作能力建设。要在县民政局增设专门负责留守儿童关爱救助保护工作的内设机构，安排人员编制；乡镇（街道）要科学整合管理机构及人员资源，充实工作力量，设立留守儿童关爱救助保护专干，确保事有人管、责有人负。县财政要足额提取行政、事业单位公用经费的8%作为留守儿童关爱资金，纳入财政预算，建立资金专户，完善管理使用办法，明确资金用途，提高使用效率。要安排适当工作经费，加强留守儿童关爱救助保护工作人员业务培训，保障工作场所、条件和待遇，不断提高管理服务水平。

（三）强化督查保障。由县实绩考核办牵头，将留守儿童关爱救助保护工作纳入对乡镇（街道）、县直部门目标考核内容；由县督办督查局牵头，建立常态督查考核机制，于每年3月和9月定期深入乡镇（街道）开展督促检查工作；县民政局要会同县教育局、团县委、县妇联，根据工作需要，适时采取明察与暗访相结合、定期督查与随机抽查相结合等方式狠抓督查督办；县教育局、县政府教育督导室继续将“控辍保学”等工作作为乡镇（街道）党政主要领导教育工作督导考核和乡镇（街道）人民政府（办事处）教育工作督导评估的重要内容，实行“一票否决”。由县财政局、县审计局每年对教育专项资金和留守儿童专项资金管理使用情况进行专项督查和审计；乡镇（街道）也要抓紧建立完善留守儿童关爱救助保护工作常态督查考核机制，督促村（社区）和学校将各项工作落实到位。

（四）强化纪律保障。由纪检监察机关建立完善问责机制，将留守儿童关爱救助保护工作纳入党政领导干部问责体系，对重视不够、措施不实、工作不力、任务不落实的，严肃追究责任，特别是对底数不清、风险隐患排查不实、突发事件处置不及时、关爱帮扶流于形式的，采取约谈、挂牌督办、诫勉谈话、通报批评等方式进行问责；属后备干部或拟提拔重用干部的，一律取消资格。确保不再有留守儿童无监护人的情况存在，不再有留守儿童身心健康和生命安全受到伤害的事件发生。

（五）强化宣传保障。充分发挥宣传、教育、公安、文广等部门和各类社会组织的作用，依托广播、电视、报纸、互联网、微信等宣传媒体，采取法律讲座、家长会议、相关课堂教学形式，努力营造社会关注、关心、关爱留守儿童的良好氛围。相关部门要及时总结我县留守儿童关爱救护工作的经验和做法，树立一批正面典型，发出好声音，凝聚正能量。积极利用互联网等平台广泛收集社情民意，积极回应社会关切，掌握苗头性、倾向性问题，迅速正面引导，及时将矛盾化解在萌芽状态。

中共黔西县委　黔西县人民政府

2015年7月20日

贯彻落实中央、省委、市委关于加强禁毒工作的实施意见

（2015年8月2日）

县发〔2015〕8号

为认真贯彻落实《中共中央、国务院关于加强禁毒工作的意见》（中发〔2014〕6号）、《中共贵州省委、贵州省人民政府贯彻落实〈中共中央、国务院关于加强禁毒工作的意见〉的实施意见》（黔党发〔2014〕22号）和《中共毕节市委、毕节市人民政府关于贯彻落实中央、省委关于加强禁毒工作的实施意见》（毕党发〔2015〕11号）精神，全面加强禁毒工作，有效遏制毒品危害的滋生蔓延，深入推进平安黔西建设，现提出如下实施意见。

一、充分认识做好禁毒工作的重大意义

（一）清醒认识当前我县的严峻毒情形势。近年来，在省、市的坚强领导下，全县上下持续强化禁毒宣传教育，深入开展严打毒品犯罪，认真落实戒毒康复措施，禁毒工作取得了阶段性成果，为维护社会和谐稳定、促进经济社会健康发展、保障人民安居乐业作出了积极贡献。但受国际毒潮泛滥和国内涉毒因素增多影响，我县毒情形势仍严峻复杂。一是吸毒群体庞大。截至2015年7月，我县网上录入吸毒人员5299人，占全市吸毒人员总数的12.05%，属全省37个吸毒人员千人以上县之一。二是外流贩毒形势依然严峻，打击处理的外流贩毒人数呈逐年递增趋势。三是合成毒品不断渗透蔓延。我县缴获的各类新型毒品比重逐年增多。四是零包贩毒屡禁不止。由于我县吸毒人员基数大，对毒品的需求量也较大，以贩养吸人数相对较多，零包贩毒案件占全部毒品案件的78.8%。面对严峻复杂的毒情形势，一些乡镇（街道）党委（党工委）和人民政府（办事处）对禁毒工作认识不足，重视不够，责任和措施不落实，协调配合机制不完善，禁毒专门力量建设滞后，毒品问题已成为影响全县社会治安的一个主要因素。

（二）切实增强责任感和使命感。毒品问题严重影响全县经济社会发展、人民群众安全感和满意度，要从关系国家和民族生死存亡、关系人民群众生命健康安全、关系社会大局和谐稳定的高度，清醒认识毒品的极大危害性和禁毒工作的重要性、长期性、艰巨性和复杂性。全面加强禁毒工作，有效遏制毒品问题滋生蔓延，对贯彻落实党的十八大和十八届三中、四中全会，省委十一届四次、五次全会，市委一届七次全会精神，深入推进平安黔西建设，保障人民群众健康幸福和安居乐业，实现决战贫困、后发赶超、同步小康的目标具有十分重要的战略意义。厉行禁毒是党和政府的一贯立场和坚决主张，各乡镇（街道）、县直各部门要按照中央、省委、市委关于禁毒工作的决策部署，切实增强做好禁毒工作的责任感、使命感和紧迫感，以最坚决的态度、最严厉的措施、最有效的办法，全面加强和改进禁毒工作。

二、工作原则和目标任务

（一）工作原则。各乡镇（街道）、县直各部门要进一步完善毒品问题治理体系，不断创新

禁毒工作体制机制，坚决遏制毒品问题发展蔓延。坚持源头治理，全面加强毒品预防教育，最大限度减少毒品需求；坚持以人为本，科学戒治挽救吸毒人员，最大限度减轻毒品危害；坚持依法治理，严厉打击毒品犯罪，最大限度减少毒品供应；坚持严格管理，强化行业监管，最大限度防止易制毒化学品、精麻药品和新精神活性物质流入非法渠道；坚持综合治理，深入推进禁毒工作社会化，形成禁毒工作强大合力。

（二）目标任务。扎实推进三年禁毒人民战争攻坚会战，到2017年实现毒情形势明显好转。具体为：打击毒品犯罪能力明显提升，破获毒品案件数、缴获毒品数每年提升10%，强制隔离戒毒数每年提升20%，外流贩毒人数每年下降10%，外流贩毒被打击人数排名位列全国25名之后；毒情重点整治取得实效，全县毒品突出问题得到有效治理，公共复杂场所无吸毒、无贩毒；易制毒化学品、精麻药品和新精神活性物质得到有效管控，禁种责任制全面落实，非法种植毒品原植物基本禁绝；吸毒人员戒断巩固率明显提升，社区戒毒社区康复人员阳光工程深入推进，强制隔离戒毒出所人员通过多种途径实现就业安置，其中每年集中安置率达65%以上，吸毒人员查处率达60%以上，强制隔离戒毒人员出所管控率达95%以上；人民群众识毒、防毒、拒毒意识和能力进一步增强，“无毒害”覆盖面进一步扩大，新吸毒人员滋生幅度低于全国5个百分点；禁毒基层基础工作得到夯实，禁毒队伍建设明显加强，公安禁毒专业力量达到公安总警力的5%，禁毒保障更加有力，党委和政府统一领导、禁毒委员会组织协调、有关部门齐抓共管、全社会共同参与的禁毒工作社会化格局真正形成。

三、狠抓重点整治工作

（一）强化重点整治。对毒品问题严重的乡镇（街道）实行重点整治，重点整治乡镇（街道）党政主要负责人要负总责。坚持治毒与治乱、治愚、治穷多管齐下，充分运用法律、经济、政策、行政、文化、宣传等多种手段，扎实开展禁毒重点整治工作，确保实现禁毒斗争形势持续好转。要把重点整治工作与扶贫开发、精神文明建设等工作结合起来，引导广大人民群众通过辛勤劳动发家致富。要以“四在农家·美丽乡村”建设为契机，加大村（社区）基础设施和精神文明建设力度，给广大人民群众创造一个健康、和谐的生活环境，从根源上、精神上预防、杜绝群众参与涉毒违法犯罪行为。要把重点整治工作与基层组织建设相结合，强化基层党组织、治保会、联防队等建设，切实加强涉毒人员的管理。要把重点整治工作与创建“无毒害社区”相结合，把已有的毒品问题控制住，逐步扩大无毒害覆盖面，切实巩固重点整治成果。要把重点整治工作与禁毒委成员单位禁毒帮扶工作相结合，建立禁毒委成员单位“一对一”帮扶机制，将重点整治工作成效作为禁毒帮扶的重要内容进行考核。重点整治的乡镇（街道）禁毒委主任要亲自安排部署整治工作，领导小组要制定整治方案，明确整治任务、完成时限、工作措施，确保完成整治任务。水西、杜鹃、文峰、莲城4个街道和金碧、大关、素朴、观音洞、金兰、谷里、重新、太来、五里、新仁、锦星、甘棠、协和、钟山等14个乡镇要在2017年前摘掉县禁毒委挂牌重点整治的帽子。

（二）强力整治外流贩毒。有关部门要清醒认识到我县外流贩毒的严峻形势，切实加强对整治外流贩毒工作的领导，加大人力、财力、物力的投入力度。要树立整治外流贩毒工作的全局意识，加强协调配合，实现资源整合、优势互补、综合治理。公安禁毒、刑侦、治安、法制等单位和交通、宣传等部门要密切配合，形成严打合力。禁毒执法部门要重视和加强区域禁毒合作，在侦查办案、情报交流等方面密切配合，发挥整体作战优势，重拳打击毒品犯罪。法院、检察、公安等政法部门要统一执法思想，用足现有法律，确保打击效果，对外流贩毒分子在判处刑罚的同时，加大财产刑罚力度，没收贩毒收益和毒资，彻底摧毁贩毒活动的经济基础。

（三）强化重点场所整治。按照《中华人民共和国禁毒法》《贵州省禁毒条例》《娱乐场所管理条例》《娱乐场所治安管理办法》等法律法规，公安、文化、市场监管等部门要联合行动，建立和完善服务场所内禁毒自律制度，强化服务场所内从业人员及消费者的管理。公安部门要通过开展专项整治行动，组织力量在服务场所开展涉毒线索摸排等措施，加大侦查破案力度，挖出一批后台老板和保护伞，破获一批以娱乐服务场所为目标的制毒贩毒案件，依法处理一批幕后组织指挥者，对娱乐服务场所和宾馆、网吧、出租屋涉毒活动形成高压态势，持续震慑、打击毒品违法犯罪活动、严惩经营者和相关涉毒人员，有效遏制娱乐服务场所、宾馆、网吧、出租屋等涉毒问题的蔓延势头。

四、加强毒品预防教育

（一）强化毒品预防教育。深入实施国家禁毒办等18部委办联合下发的《关于深化全民禁毒宣传教育工作的指导意见》，坚持面向全民与突出重点人群相结合，进一步增强全民禁毒宣传教育工作的积极性、主动性和针对性，全面深入做好毒品预防教育工作。县委宣传部门要把毒品预防教育纳入宣传工作总体规划，协调主流媒体大力开展禁毒宣传。各有关部门要将毒品预防教育纳入平安创建、文明创建范畴，与公民道德教育、普法教育、健康教育等相结合，广泛开展“向毒品说‘不’、打一场禁毒人民战争”的主题宣传教育活动，推动毒品预防教育进学校、进单位、进场所、进社区、进农村、进行业、进网络、进家庭。县委组织人事部门要把毒品预防教育列入党校干部教育培训内容。广电部门要指导大众传媒开展公益性毒品预防教育，制播禁毒专题节目。各主要媒体要发布禁毒公益广告，注重运用新媒体开展有针对性的毒品预防教育活动。工会、共青团、妇联等组织要充分发挥系统和行业优势，立体化、全方位开展毒品预防教育。交通部门要在国省干线、重要路段及高速公路沿线和车站等场所设置永久性禁毒广告牌，悬挂禁毒标语。各乡镇（街道）在属地人群密集场所设置永久性禁毒广告牌，悬挂禁毒标语。各乡镇（街道）、县直有关部门要抓好毒品预防教育“一个基地（毒品预防教育基地）、一个课堂（学校毒品预防教育课堂）、一个栏目（电视毒品预防教育栏目）、一个工作站（社区毒品预防教育工作站或社区禁毒工作站）”的“四个一工程”建设。

（二）强化易染毒群体毒品预防教育。发挥学校主渠道作用，重点针对青少年等易染毒群体开展毒品预防教育，落实教学计划、教材、课时、师资，实现普通中小学校、中等职业学校毒品预防教育全覆盖。教育部门要认真组织实施《中小学生毒品预防专题教育大纲》，在小学五年级至高中（含职业高中）二年级开设毒品预防教育课程，经常开展禁毒师资培训，落实责任制，推进中小学毒品预防教育示范学校创建活动。公安、市场监管、文化部门要以防范毒品为切入点，加强对社会闲散人员和外出务工人员毒品预防教育，在娱乐服务场所建立禁毒自律制度，签订禁毒责任书，定期开展从业人员禁毒知识培训。全县吸毒人员200人以上乡镇（街道）和安置规模50人以上的“阳光企业”要建立一个禁毒教育园地。

五、严厉打击毒品违法犯罪活动

（一）强化侦查破案。要坚持禁毒严打方针

不动摇，紧紧抓住人民群众反映强烈的突出毒品问题开展专项整治行动，坚决打掉毒品违法犯罪的嚣张气焰。要强化大要毒品案件特别是公安部、省公安厅毒品目标案件的侦办力度，积极开展禁毒专项行动，始终把打击的利剑对准制贩毒集团、网络和毒枭，依法严厉惩处集团头目和骨干分子，摧毁一批贩毒网络，有效震慑毒品犯罪。要加大对零星贩毒的打击力度，铲除一批零星贩毒地下市场，有效扭转零星贩毒活动猖獗的不良局面。要加大对合成毒品的打击力度，深入开展娱乐场所涉毒问题专项治理行动，坚决防止娱乐场所成为合成毒品滋生蔓延的温床。要深入开展易制毒化学品专项整治行动，严管、严打、严查多管齐下，防止易制毒化学品流入非法渠道。法院、检察院、公安机关要加强协调配合，提高执法办案水平，依法快侦、快诉、快判涉毒案件。

（二）强化公开查缉。公安、交通、邮政等部门要构建立体查缉网络，深入开展公开查缉专项行动。按照省禁毒委、省公安厅统一安排部署，组建全县公开查缉的专业队伍，加大公开查缉力度，切断毒品贩运通道，减少毒品内流。在跨县高速公路出入口、汽车客运站、邮件（快件）分拨处理中心、物流配送集中区完成公开查缉毒品三级卡点建设。建立健全全覆盖、全天候、立体式、常态化公开查缉毒品工作体系，落实公安、交通、邮政等部门公开查缉毒品职责。加强物流寄递行业禁毒管理，落实收寄验视规定，积极探索建立实名寄递制度。

（三）强化吸毒人员排查管控。把吸毒人员查处管控工作作为维护社会治安稳定的重要举措，纳入平安黔西建设的重要内容，采取有效措施，全面加大发现、查处、研判、管控、防范、处置工作力度。公安机关要落实“逢嫌必检”工作措施，依法查处吸毒行为。要组织有关单位深入村（社区）、学校、家庭、单位和有关场所，通过走访调查、集中清查、顺线追查、深挖细查等形式，广泛深入地开展吸毒人员大排查行动，对辖区吸毒人员逐一排查登记。加强吸毒人员信息管理和分类处置工作，依法作出治安处罚、社区戒毒、强制隔离戒毒决定。健全吸毒人员分类管理、网格化管理服务体系和强制隔离戒毒人员出所“无缝衔接”一站式服务工作机制，建立社区禁毒工作站，充分发挥家庭、社区、社会组织的作用，强化吸毒人员社会面管控。

（四）强化易制毒化学品和精麻药品监管。严格落实国务院《易制毒化学品管理条例》，充分发挥公安、安全监管、食品药品监管、市场监督管理、邮政等部门职能作用，紧紧抓住影响和制约易制毒化学品管制工作的突出问题和薄弱环节，坚持以打开路、主动进攻、打防并举、综合治理，坚持严管、严打、严查、严整多管齐下，严格管理用于制毒的重点化学品，坚决打击易制毒化学品违法犯罪，努力从根本上解决易制毒化学品流失问题，从源头上遏制制毒活动。坚持精麻药品“事前核查、事中通报、事后倒查”的动态管理制度，严格新精神活性物质及其他非药用物质的检测，杜绝滥用新精神活性物质行为。加强对精麻药品生产、运输、经营、使用等环节的监管，依法查处非法生产、运输、经营、使用精麻药品的行为。坚持查缉毒品与查缉易制毒化学品有机结合，紧紧依托毒品查缉网络，完善堵源截流机制，防止易制毒化学品和精麻类药品通过我县流往外地。

（五）强化禁种铲毒。切实加强禁种铲毒工作的组织领导，层层落实禁种铲毒工作责任制，狠抓各项措施的落实，在全县范围内广泛开展禁种铲毒宣传教育。各乡镇（街道）、公安、农牧、林业等部门要组建禁种铲毒工作组，深入村（社区）、组、田间地头、森林地带、边远山区开展铲毒踏查，坚决打击非法种植毒品原植物和非法加工毒品违法犯罪活动，连续保持我县“零产量”的禁种工作目标。

六、加强禁毒社会化管理

（一）强化发动群众参与禁毒工作。各乡镇（街道）要大力宣传《黔西县毒品违法犯罪举报奖励办法（试行）》，鼓励群众检举揭发毒品违法犯罪行为，动员社会力量积极参与禁毒人民战争。要积极引导企事业单位、社会组织参与禁毒工作。通过购买服务，引入具有相应资质的第三方开展心理矫治、医疗救治、帮扶救助、就业指导等工作。按照不低于辖区登记吸毒人员数30%的比例招募禁毒志愿者。

（二）强化“无毒害”创建工作。按照“有毒治毒创无毒，无毒防毒保净土”的原则，全面深化“无毒害”等系列创建活动，把无毒害创建活动与平安创建、精神文明创建、生态文明创建等活动有机结合起来，基本实现新增吸毒人数得到有效控制，吸毒人员管控率、就业安置率、阶段性戒断三年巩固率达到要求，无毒害创建率、毒品预防教育普及率、禁毒工作满意率达到标准，复吸率、毒品违法犯罪率大幅度下降。县禁毒委员会负责每年对“无毒害”创建活动进行考核评估，2017 年实现“无毒害乡镇（街道）”“无毒害村（社区）”达到85%的目标，不断扩大无毒害覆盖面，切实巩固禁毒成果。

（三）强化阳光工程建设。认真落实《贵州省社区戒毒社区康复人员就业促进办法》，坚持集中安置为主，分散安置、自主创业、自谋职业、公益性岗位安置相结合的阳光工程建设模式。鼓励支持社会企业参与阳光工程建设，吸毒人员 100 人以上的乡镇（街道）要建立一个“阳光企业”，要加大对阳光工程建设的奖励扶持力度，搭建阳光工程企业家相互交流、相互帮助、相互促进的平台，推动阳光工程的健康发展。

（四）强化吸毒人员戒毒康复。探索创新戒毒康复场所管理机制，完善功能设计，改进管理方式，提高使用效率，最大限度提高强制隔离戒毒执行率和床位利用率，做到应收尽收。全县 2015 年底要达到对社会面吸毒人员的查处率高于全省平均水平，2016 年社区戒毒社区康复执行率达到 75%以上，2017 年脱管失控查处率达到 35%以上，出所管控率达到 80%以上，阿片类吸毒人员就业安置率达到 90%以上，已报到社区戒毒社区康复人员集中安置率达到 70%以上，强制隔离戒毒所力争实现“满员收戒”，确保我县 2015 年以后每年吸毒人员动态管控综合考核进入全省前列。推进美沙酮药物维持治疗工作，按规定在吸毒人员较多的乡镇（街道）和符合条件的“阳光企业”依托美沙酮门诊建立美沙酮延伸流动服药点。要充分利用好已建立的“关爱医院”，加强对严重传染病、艾滋病人、残疾人等特殊涉毒群体救治关怀工作，落实医疗、监管、防护和救助措施，凡是从事毒品违法犯罪活动的人员，一律收治、收戒、打击处理。

（五）强化帮扶保障措施。按规定将社区戒毒社区康复人员纳入社会保险范畴，对符合条件的社区戒毒社区康复人员提供社会保险补贴。加强社区戒毒社区康复人员就业登记和失业登记，组织开展职业培训，对符合就业困难人员认定条件的社区戒毒社区康复人员按规定给予政策扶持。按规定将生活困难的社区戒毒社区康复人员家庭纳入城乡最低生活保障，对因特殊原因造成基本生活出现突发性、临时性困难的社区戒毒社区康复人员家庭给予临时救助，做到帮扶救助无遗漏、全覆盖。

七、加强领导，强化保障

（一）认真履行职责。各乡镇（街道）党委（党工委）和人民政府（办事处）对本地区禁毒工作负总责，党委（党工委）书记任同级禁毒委员会第一主任，要把禁毒工作列入社会治理和公共服务的重要内容，每年专题听取两次以上禁毒工作汇报，及时研究解决禁毒工作难点问题。各乡镇（街道）禁毒委员会要切实加强对禁毒工作的组织、协调和指导，抓好责任落实，每年向县禁毒委员会报告工作情况。县禁毒委员会成员单位要将禁毒工作纳入本单位年度工作计划，根据工作职责依法履行禁毒工作责任。

（二）切实加强禁毒机构和队伍建设。各乡镇（街道）要加强禁毒委员会办公室建设，配齐工作人员，提供办公场所等必要工作条件。各乡镇（街道）、村（社区）要分别明确一名政府领导、村（社区）干部专抓专管禁毒工作。辖区内每30名登记在册吸毒人员或20名社区戒毒社区康复人员配备一名社区禁毒专职人员，工资费用列入财政预算。县禁毒委员会成员单位要根据职责任务明确负责禁毒工作的部门和人员。要按照省公安厅关于《全省县级公安机关警力资源配置比例指导意见》的要求，加强公安禁毒专业队伍建设，确保到2015年8月底前，县禁毒民警总数占公安民警总数比例达到5%，县公安机关成立不少于20人的公开查缉毒品专业队伍。

（三）加强经费和设施设备保障。要将禁毒工作经费列入本级财政预算，不断完善禁毒工作保障机制，提高保障水平，重点支持毒品预防教育、禁吸戒毒、阳光工程、禁毒管理、缉毒执法、队伍建设、基础设施建设等工作。县财政会同县禁毒委员会办公室加强禁毒经费管理，强化绩效考核，积极支持阳光工程建设。发展改革局要认真落实禁毒基础设施建设规划，加大毒品检查站、强制隔离戒毒所、禁毒教育基地、禁毒情报站（点）和毒品实验室等禁毒基础设施建设力度。

（四）加强禁毒制度建设。进一步健全完善全县各项禁毒工作规章制度，明确工作任务，加强督促考核，严格追究责任。结合禁毒工作实际，加强对制毒物品违法犯罪、互联网涉毒活动、娱乐服务场所涉毒活动、病残及怀孕哺乳期妇女等特殊涉毒群体收押收治、吸毒后驾驶机动车等问题的依法处理力度，着力探索推动毒品违法犯罪新情况新问题的解决。法院、检察院、公安机关要在规范和统一法律适用的基础上，加大依法惩处力度。人大、政府、政协要加强执法检查、执法监督和民主监督，确保禁毒工作相关法律法规贯彻实施。

八、加强督导，强化追究

（一）加强督导考评。县禁毒委员会、县督办督查局、县实绩考核办每年对各乡镇（街道）禁毒工作进行督查考核。乡镇（街道）参加评比表彰活动时，要征求县禁毒委员会的意见。将禁毒工作纳入党政领导班子和领导干部政绩考核内容，作为干部任用考核的重要依据。县委组织部门对各乡镇（街道）党政主要领导、分管领导、派出所所长考察、选拔、任用和交流时，应征求禁毒委员会意见。公安、综治、司法行政、民政、人力资源社会保障等部门要定期组织开展社区戒毒社区康复工作专项检查，督促相关工作落实。按照国家有关规定表彰奖励禁毒工作先进集体和先进个人。

（二）严格责任追究。各乡镇（街道）党政主要领导是禁毒工作第一责任人，对本行政区域禁毒工作负总责；分管禁毒工作的领导、派出所所长是禁毒工作的主要责任人，具体负责禁毒工作的组织实施，对本行政区域禁毒工作负主要责任。县禁毒委员会成员单位主要领导、分管领导分别是本单位禁毒工作的第一责任人、直接责任人。在履行禁毒工作职责中，被县禁毒委员会列为毒品问题重点挂牌整治乡镇（街道）不能如期摘帽或在全县年度禁毒工作考核中不达标或年度考核综合排名后3位的，由县委、县政府和县禁毒委员会进行通报批评、责令整改，约谈第一责任人和主要责任人，取消该乡镇（街道）参加评先选优资格，禁毒工作第一责任人、主要责任人不得评先受奖。县禁毒委员会成员单位和乡镇（街道）执行禁毒工作责任制的情况，由县禁毒委员会组织考核。县禁毒委员会成员单位未将禁毒工作列入本单位整体工作规划，未制定工作方案，未按目标责任书规定的职责开展工作的，未按要求完成对口帮扶等禁毒工作任务，由县委、县政府和县禁毒委员会进行通报批评、责令整改，并约谈第一责任人和主要责任人。

中共黔西县委　黔西县人民政府
2015 年 8 月 2 日

关于深入贯彻落实市委统战工作会议精神进一步加强新形势下统一战线工作的实施方案

（2015年8月28日）

县发〔2015〕9号

今年7月召开的市委统战工作会议，是毕节试验区统战史上一次十分重要的会议。市委下发的《关于加强新形势下统一战线工作的实施意见》（毕党发〔2015〕12号）和陈志刚书记在会上所作的重要讲话，全面贯彻落实《中国共产党统一战线工作条例（试行）》和中央统战工作会议精神，结合实际，深刻阐述了做好新形势下毕节试验区统战工作的特殊重要性，全面部署了当前和今后一个时期全市统一战线工作，具有划时代和里程碑的重大意义。为深入贯彻落实市委统战工作会议精神，进一步做好新形势下全县统战工作，巩固和发展最广泛的爱国统一战线，为全县“决战贫困、提速赶超、同步小康”提供强大力量支持，特制订本方案。

一、充分认识做好新形势下统战工作的重大意义

（一）充分肯定统一战线参与全县建设取得的巨大成效。试验区建立以来，在党中央、国务院的亲切关怀和中央统战部的牵头推动下，统一战线在我县探索建立了定点扶贫、联席会议、东部十省市帮扶、干部挂职锻炼机制等保障措施，汇聚各方力量，实施了助推发展、智力支持、改善民生、生态建设、示范带动五大“同心工程”，为推动全县经济社会发展作出了重要贡献。

（二）充分肯定全县统战工作取得的成绩。在县委的坚强领导下，近几年来，全县统一战线工作呈现出前所未有的崭新局面。党的统战理论、方针、政策得到全面贯彻落实，大统战工作格局初步建立。乡镇（街道）、村（社区）两级统战工作不断夯实。深化多党合作服务改革发展工作有序推进，民主党派自身建设不断完善。联络联系工作向高层次宽领域推进，“直通车”作用发挥明显。“同心思想”深入人心，“同心实践”扎实开展，陆续打造了一批可学、可看、可借鉴的“同心工程”亮点和品牌。助推非公有制经济“两个健康”效果明显。“同心·返乡农民工创业园”逐步建立，有效搭建发展平台。党外代表人士结构进一步优化，培养、选拔、使用机制进一步健全。民族宗教工作和谐稳定。港澳台侨联谊交流进一步加深，合作领域进一步拓宽。统一战线为推动全县各项事业发展提供了强大力量支持。

（三）准确把握统战工作面临的形势和问题。中央统战工作会议和市委统战工作会议对新时期统一战线工作提出了新要求、新任务，县委全面贯彻落实中央和省委、市委的一系列重大决策部署，对实现“决战贫困、提速赶超、同步小康”任务目标进行了全面安排，为统一战线指明了方向。对照要求，全县统一战线工作还存在不少问题和差距。主要表现在：各级干部统战思维还没有真正树起来，统战意识还没有真正强起来，统战方法还没有真正用起来，统战工作一盘棋思想还不强；多党合作组织基础薄弱，围绕“闯新路、探经验”平台搭建不多，离中央、省委、市

委的要求和新形势、新任务的需要还有差距；一些党委（党组）落实“六个纳入”没有完全到位，第一责任发挥不好，对统战工作不够重视，工作力量十分脆弱；部分领导干部对统一战线的法宝地位、作用和对做好新形势下统战工作的特殊重要性认识不足，认为县以下部门、乡镇无统战工作的观念仍然存在；少数乡镇和部门对抓统战工作的目标任务不够明确，措施不够有力，重点不够突出，不会很好地把统战工作作为凝聚思想共识、寻求推动事业发展重要力量的“特殊的思想政治工作、特殊的经济工作、特殊的社会工作、特殊的文化工作、特殊的群众工作、特殊的干部人才工作”去做；等等。统战工作是全党工作，必须高度重视，大家共同来做。各级党委（党组）要正确把握当前形势，正视问题和差距，切实增强做好统战工作的紧迫感和责任感，齐心协力把统一战线工作推向新的台阶。

（四）统一战线是党的“三个重要法宝”，更是毕节试验区的政治优势和“传家宝”。统一战线是中国共产党凝聚人心、汇聚力量的政治优势和战略方针，是夺取革命、建设、改革事业胜利的重要法宝，是增强党的阶级基础、扩大党的群众基础、巩固党的执政地位的重要法宝，是全面建成小康社会、加快推进社会主义现代化、实现中华民族伟大复兴中国梦的重要法宝。中央统战工作会议的召开和《中国共产党统一战线工作条例（试行）》（中发〔2015〕14号）的出台，在统一战线历史上具有里程碑意义。毕节是统一战线服务科学发展的试验区，多党合作的示范区，承担着习近平总书记要求“闯出新路子、探索新经验”的重要任务。我县作为毕节试验区的东大门和桥头堡，统战工作的成效如何，事关全县改革发展的大局，事关毕节在全省、全国的形象，全面加强新形势下的统一战线工作意义重大。

二、新形势下全县统战工作的指导思想和基本思路

（一）指导思想：以中央统战工作会议、习近平总书记系列重要讲话和对毕节试验区重要批示精神为指针，以贯彻落实市委一届七次全会和市委统战工作会议精神为核心，以“统一战线参与毕节试验区建设”为主线，以多党合作助力“决战贫困、提速赶超、同步小康”为统揽，以实施统一战线五大“同心工程”为载体，以“机制平台建设”为抓手，以“开放创新”为动力，以“构建大统战格局”为保障，充分发挥统一战线“三个重要法宝”作用，服务“四个全面”战略布局，为贫困地区全面建成小康社会闯出一条新路子，在多党合作服务改革发展实践中探索新经验。

（二）工作思路：围绕市委“一大目标，两大任务，三大使命，四大功能，五大重点，六大突破”的要求，坚持以“广交朋友、夯实组织、发挥作用”为总基调，以“继承巩固、创新提高，围绕中心、服务大局，凝心聚力、助推发展，不断推进统战工作科学化和制度化”为总目标，以服务“全面建成小康社会、全面深化改革、全面依法治县、全面从严治党”为总任务，认识新常态、抢抓新机遇、适应新常态，努力做好统一战线这一特殊的思想政治工作、特殊的经济工作、特殊的社会工作、特殊的干部人才工作、特殊的文化事业工作、特殊的群众工作，切实推动全县统一战线工作开创新局面，迈上新台阶。

三、持续深化多党合作，努力探索新经验

（一）在深化多党合作中闯出新路子。紧扣“闯出新路子、探索新经验”的使命任务，不断深化多党合作助推全县改革发展，加大探索统一战线服务改革发展新途径新办法、扩大统一战线有序政治参与、推进协商民主广泛多层制度化发

展工作力度，在民主党派建设、政治参与、助推发展等方面闯出新路子，切实为推动全县“决战贫困、提速赶超、同步小康”作贡献。

（二）在推进政治协商上探索新经验。对重大问题、重要事项、重点工作决策前和决策执行中坚持同民主党派、无党派人士协商。建立乡镇（街道）基层协商民主委员会，采取“民主恳谈会”“民情沟通会”等形式推进乡镇（街道）基层协商民主建设，努力打造基层民主协商和监督示范窗口建设。

（三）在建立参政议政机制上探索新经验。县委召开年度民主生活会前充分听取民主党派负责人和无党派代表人士对领导班子及其成员的意见；建立《政府部门与民主党派、无党派代表人士对口联系制度》；建立党委重大问题、重大决策、重大会议前听取民主党派成员、工商联、无党派代表人士意见建议常态化机制；建立重大活动邀请各民主党派、无党派代表人士参加制度；积极支持民主党派和无党派人士就全局性和战略性问题进行有组织的考察调研，为民主党派、无党派代表人士了解政情、选好题目、搞好调研提供便利条件。

（四）在建立民主监督机制上探索新经验。出台《关于支持民主党派、无党派人士履行民主监督职能实施办法》。每年就党风廉政建设和反腐败工作向民主党派通报情况，听取意见。建立民主党派、无党派人士全程参与、跟踪监督重点项目机制，政府实施的重点工程和项目，邀请民主党派和无党派人士参与论证、跟踪督查；建立民主评议制度，每年对涉及经济、政治、社会、文化和生态文明建设的部门，由县委统战部组织各民主党派组织和党外代表人士开展政风行风民主评议；党委和政府开展的各项检查和执法监督工作，要邀请民主党派负责人和无党派代表人士参加；党委组织的巡视工作要邀请民主党派、无党派人士参加，并在开展巡视中积极听取民主党派、无党派人士的意见建议。建立定期向民主党派、无党派人士通报情况机制，畅通知情渠道。

（五）在民主党派自身建设上探索新经验。支持民主党派加强自身建设，向民主党派推荐优秀发展对象，鼓励支持各民主党派按界别在新的社会阶层、归国留学人员、新媒体从业人员中发展成员，做好民主党派组织建设保障工作，在人员、编制等方面给予保障，确保民主党派基层组织有机构、有人员、有场地、有经费。2015 年内完成对民建黔西县支部改设民建黔西县工作委员会的工作，并按照要求配齐配强领导班子。探索并建立新形势下民建组织和民建会员企业参与“助力黔西全面小康行动”实施“一对一精准扶贫到户”“企业结对帮扶”、建立“金融扶贫基金”等开发式扶贫新机制、新模式。按照市委要求，筹备建立中国民主同盟黔西县支部委员会和中国民主促进会黔西县支部委员会 2 个正科级基层民主党派组织。

（六）在提升品牌示范效能上探索新经验。配合市委建立多党合作研究中心和举办“多党合作服务改革发展·毕节论坛”“同心展览馆”“同心城市公园”等同心文化载体；在全县范围内大力开展“同心林”建设，助推“三年绿化黔西行动”的实施，建设“同心墙”“同心公园”等同心文化载体，彰显多党合作示范效能。

四、做好经济统战工作，促进非公经济发展

（一）加强对工商联的领导。贯彻落实好中发〔2010〕16 号文件精神，选好配强工商联领导班子，坚持工商联主席由党外代表人士担任，工商联党组书记由统战部副部长担任，确保工商联党组领导核心地位，保证党的方针政策和县委决策部署的贯彻落实。按照“领导班子好、会员发展好、商会建设好、作用发挥好、工作保障好”的县级工商联“五好”建设要求，选拔一批

懂管理、懂经济的人士充实到工商联队伍，进一步配齐配强工商联的领导班子，加大人员、经费、办公条件保障力度。不断加强商会组织建设，各乡镇（街道）在2015年全部建立基层商会，确保必要的办公人员、场地、经费。推进行业商（协）会、异地商会的建设，注重商（协）会会员质量，不断增强商会队伍的生机与活力。在黔西经济开发区建立经济开发区工商联（商会），按照县级工商联“五好”建设要求，支持经济开发区工商联（商会）加强自身建设，提高围绕中心、服务大局、促进非公经济“两个健康”的能力和本领。

（二）*充分发挥工商联作用*。充分发挥工商联作为党和政府联系非公经济人士的桥梁纽带及政府管理和服务非公经济的助手作用。通过“五抓五强”，精心打造“四型”商会，建设“四型”非公有制经济党组织。广泛开展金融、法律、维权等服务，提升新常态下服务非公有制经济发展的能力。着力提升非公有制代表人士参政议政水平，切实做好非公有制经济人士政治安排。

（三）*推进非公经济“两个健康”*。深化非公有制经济人士理想信念教育实践活动，依托“发展型、服务型、责任型、创新型”四型商（协）会建设和县级工商联“五好”建设等工作，强化非公有制经济人士思想教育工作，坚持团结、服务、引导、教育的方针，推进非公经济人士守法诚信教育实践活动，引导非公经济人士致富思源、富而思进，做到爱国、敬业、创新、守法、诚信、贡献。坚定非公经济人士对中国特色社会主义的信念，对党和政府的信任，对企业发展的信心，对社会的信誉，引导非公有制经济人士支持、参与改革，重视创新驱动，加快自身转型升级，不断为全县经济发展和社会和谐作贡献。扎实开展非公经济人士综合评价工作，对非公经济人士在爱国、守法、参与公益事业、参政议政等方面的情况进行综合评价，每年评选表彰一批优秀非公企业或非公经济人士，激发非公经济人士创业发展的激情，增进企业发展的信心，营造非公经济发展良好氛围。

（四）*正确引导非公有制企业为全县改革发展作贡献*。充分发挥县光彩事业促进会作用，结合光彩事业的工作要求，加大与全国光彩事业企业家和县非公有制企业家的联系，大力开展“光彩助学”“光彩济困”“光彩助村”等活动，积极拓展光彩事业工程，在帮助非公经济发展的同时，引导好非公经济人士积极履行社会责任，展示良好社会形象；各乡镇（街道）要加大“名誉村主任”工作的力度，引导“名誉村主任”将自身企业的发展和所在村的发展相结合，积极参与到村级经济社会的发展中，重点打造4至5个亮点，形成品牌和示范效应，推进“名誉村主任”工作规范有序开展，取得成效。

（五）*搭建经济统战新平台*。积极推进本地异域商会建设，策划实施“千凤还巢”工程，梳理摸清全县在外创业人员基本信息，鼓励吸引外出创业成功人士返乡支持建设，推进乡镇（街道）“同心返乡人士创业园”建设并实现全覆盖。搭建招商引资、融资服务、项目合作、法律服务、用工服务等平台，不断提升工商联组织服务非公经济发展的能力。加强对外交流合作，利用发达地区资金、管理、技术和市场优势，推动我县民营企业与发达地区特别是东部十省市优强企业结成帮扶对子，促进我县民营企业做大做强，实现互利共赢目标。

五、加强联络联系，扎实推进“同心工程”实施

（一）*强化组织建设*。加强县联络联系工作队伍建设，将县联络办升格为正科级机构并适当增加人员编制。建立健全县联络联系工作机制，

坚持每季度组织召开1次以上联席会议研究统一战线参与全县建设相关工作。

（二）加大争取支持力度。根据民建东部十省市组织帮扶黔西第三次联席会、毕节试验区全面深化改革推进会会议精神，充分利用好统一战线联系广泛和民建中央对口帮扶我县的有利条件，加强与中央统战部、全国工商联、国家有关部委、民建中央及各级民建组织、东部发达城市统一战线的联系对接力度，突破联系面，扩大联系范围，深化县直有关部门与东部十省市联络联系工作机制，进一步加强与民建东部十省市组织联络联系，确保制度化、规范化和常态化。实施好“同心工程”项目，打造“同心品牌”，培育统一战线参与我县建设的新亮点，为将黔西县建设成为统一战线服务科学发展的试验区、多党合作的示范区、贯彻“同心”思想的模范区作出应有的努力和贡献。

（三）推动深度融合发展。充分发挥中央统战部、党派中央、东部十省市统一战线参与我县建设机制作用，切实加强与党派中央、全国工商联的、东部十省市统一战线联络联系，扎实开展“五个100”行动，做好优强企业引进，对口支持医院建设，学校对口帮扶，贫困村同步小康建设及同心产业园、示范园打造等工作。

（四）发挥挂职干部联络服务作用。进一步完善互派干部挂职制度，争取与全国政协、中央统战部、各民主党派中央、全国工商联、国家部委、东部十省市双向挂职，建全挂职干部职络机制，加强对挂职干部的服务工作，强化挂后联络联系，让挂职干部住得舒心、干得开心、挂后牵心，努力打造成干部挂职锻炼实践基地。

（五）扎实抓好“同心工程”的争取和实施。进一步加大“同心工程”项目的调研、谋划，牵头组织相关单位继续做好今年项目的实施和跟踪督促落实工作，进一步强化部门联动，细化职责任务。整合统一战线资源，力争实现同心工程整乡整村推进，精心打造亮点工程。联系民建会员企业与我县少数民族乡镇结成帮扶对子，推进少数民族乡镇“同心工程”项目建设。组织实施好企业“结对帮扶”“光彩事业”等工作，培育富而思进、回报社会工作的新亮点。

六、做好民族、宗教工作，巩固社会和谐稳定

（一）促进民族团结进步繁荣发展。坚定不移走中国特色解决民族问题的正确道路，坚持中国共产党领导，坚持各民族一律平等，加强各民族交往交流交融，促进各民族和睦相处、和衷共济、和谐发展，巩固和发展平等团结互助和谐的社会主义民族关系。围绕促进民族团结，改善民生，着力提高我县民族乡镇就业水平和基本公共服务水平，发展少数民族教育文化事业。牢牢把握各民族“共同团结奋斗、共同繁荣发展”的主题，认真贯彻落实民族宗教政策，维护繁荣和谐稳定局面。要按照《中共中央、国务院关于加强和改进新形势下民族工作的意见》（中发〔2014〕9号）和《中共贵州省委、贵州省人民政府关于加强和改进新形势下民族工作的意见》（黔党发〔2015〕4号）要求，结合实际，制定2015—2017三年民族工作方案，深入开展和谐工程创建，着力推动民族工作社会化，全面深入持久开展民族团结进步创建活动，增进各族群众对“五个认同”的认识；密切联系少数民族代表人士，打造2—3个民族特色示范村寨，依靠全县各民族共同力量，努力构建平等团结互助和谐的社会主义新型民族关系。

（二）保持宗教和谐稳定。坚持和完善宗教工作联席会议制度，充分发挥宗教工作协调小组各成员单位职能职责，按照《宗教事务条例》《贵州省宗教事务条例》和有关法律法规，按照“保护合法、制止非法、遏制极端、抵御渗透、

打击犯罪”的原则，依法管理宗教事务，积极引导宗教与社会主义社会相适应。加大宗教“三支队伍”的培训力度，提高依法管理宗教事务水平。积极协调配合有关部门处理涉及民族、宗教方面的问题，加强对爱国宗教团体自身建设的指导。加强宗教活动场所、教职人员、大型宗教活动的管理，完善宗教突发事件预警应对机制，强化基督教私设聚会点的治理。强化乡镇（街道）和村居社区两级责任，进一步巩固县、乡、村三级宗教事务管理网络建设成果，做好县乡村三级宗教工作网络体系建设和作用发挥等工作，协调抓好非法宗教活动整治，做好抵御境外敌对势力利用宗教进行渗透工作，巩固和谐寺观教堂创建成果，确保宗教和顺，确保实现村居社区内“无非法传教、无党员信教、无乱建寺庙”。

七、积极开展港澳台侨统战工作

（一）加强对台交流与合作。将县台办明确为正科级机构，明确领导职数，人员编制，以适应对台工作的需要。着力加强与台湾地区在农业、经贸、文化、旅游、教育、医药卫生等领域的交流合作，大力开展参议、洽谈、推介。积极争取省、市台联等单位的支持，不断加大联谊交友力度，创新和拓展工作内容，做好调研、涉台宣传教育和服务台胞台属工作，精心谋划我县名优农特产品项目，积极参与省、市统战部门组织的赴台考察交流和招商引资活动，进一步扩大我县与台湾地区的交流与合作。

（二）切实加强侨海联谊交流。组建黔西县归国华侨联合会，建立县侨务工作联席会议新机制和侨情信息档案，建立联络联系工作机制，加强联谊交友，扩展交流合作，抓好海外优秀人才的联系和引进等工作。

八、切实做好党外代表人士工作

（一）加强党外代表人士队伍建设的领导。坚持县委常委和县政府党员领导干部联系党外代表队人士制度，建立县委统一领导，统战、组织部门牵头负责的党外干部培养选拔季度联席会议制度，定期研究和解决党外干部储备、教育、培养、使用、管理问题。县委决定对党外干部任免、调动、交流前，组织部门要按照干部管理权限事先征求统战部门的意见并将统战部门的书面反馈意见一并提交县委研究。各级党委（党组）要把党外代表人士队伍建设纳入重要议事议程，纳入人才和干部队伍建设的总体规划，按要求建好党外代表人士信息库和党外后备干部信息库，建设一支政治坚定、素质优良、数量充足、结构合理、代表性强的党外代表人士队伍，切实为党外代表人士政治安排、实职安排、社会安排奠定基础。

（二）加强党外代表人士的发现储备和培养锻炼。把党外代表人士的发现、物色工作向新的社会阶层、乡镇（街道）和基层单位延伸。每年组织党外代表人士外出考察学习，同时充分利用学校及境外培训资源等，加大党外代表人士培训力度。每年集中选派县直单位优秀党外干部到乡镇（街道）挂职锻炼，选拔县乡优秀党外干部到县直单位挂职锻炼，选派县乡优秀干部到各民主党派中央与沿海发达地区挂职锻炼。对综合素质好、发展潜力大的党外干部，安排到重要岗位锻炼培养，多岗位交流。推进党外干部在县直部门和乡镇（街道）之间进行交流，加大对民主党派、工商联领导班子中党外干部的交流使用力度。加强党外代表人士后备队伍建设，每年至少举办一次党外后备干部培训班。

（三）做好党外代表人士的政治安排和实职安排。严格落实党外干部安排使用的政策规定。在人大专门委员会负责人中安排民主党派成员或无党派人士不少于 2 人；在乡镇人民政府班子中党外正职的配备比例要超过 20%。县政府工作部门中安排党外干部的领导班子所占比例要达到

60%左右，配备5名以上正职。在县政协各专门委员会负责人中安排党外干部不少于2人，县政协至少配备2名党外副秘书长。县人民法院、检察院领导班子中配备1至2名党外干部。人民团体和国有企业领导班子中一般要配备党外干部，符合条件的可以担任行政正职。

（四）加强管理和搞好合作共事。加强综合评价体系建设，建立统战部牵头负责，有关部门和团体共同参与的综合评价工作协调小组或联席会议机制。建立健全党外代表人士考察、评价、监督和激励机制，完善个人述职、民主评议、定期考核等管理制度。支持党外人大代表依法行使职权，支持提出的议案、提案和建议。保证党外干部对分管工作享有行政管理的指挥权、处理问题的决定权和人事任免的建议权。党外领导干部要自觉执行党委（党组）决策。

九、做好党外知识分子工作

（一）强化组织保障。在县委统战部设立县党外知识分子工作办公室，在人员、编制安排等方面给予保障。加大对党外知识分子的培养、选拔力度，建立一支高素质的党外知识分子代表队伍。加强县党外知识子联谊会的规范化建设，建立党委班子成员、政府党员领导联系党外知识分子制度。

（二）做好新的社会阶层中党外知识分子工作。加强和改善新媒体中党外知识分子工作，建立健全工作机制，有针对性地做好新媒体从业人员思想政治工作，引导新媒体从业人员积极发挥作用，在全县经济社会建设中弘扬主旋律、激发正能量。

（三）做好出国和归国留学人员统一战线工作。坚持“支持留学、鼓励出国、来去自由、发挥作用”的方针，充分吸引留学人员服务黔西。创造良好工作、生活环境，让他们安下心、留得住，个人能力和才华得到充分释放。

（四）推进职业教育改革。成立县中华职业教育社，保障编制、人员、经费的落实。树立“大职教助推大发展”理念。大力开展各类职业教育和技能培训，实施好“同心温暖工程”，推进校校合作、校企合作、校政合作，引进优强职业教育资源促进全县职业教育发展。

十、强化法宝意识，加强党对统战工作的领导

（一）健全完善工作推进机制。搭建工作平台，创建工作载体，统筹推进全县改革建设工作。成立以县委书记任主任，县长、县委副书记任常务副主任，常务副县长、县委统战部部长任副主任，县直有关部门主要负责人为成员的毕节试验区黔西县工作推进委员会。委员会下设办公室负责具体日常工作，办公室主任由县委统战部部长担任，相关部门主要负责人任办公室副主任，建立制度开展工作。各乡镇（街道）参照县的做法建立相应机制。

（二）构建大统战工作格局。成立县委主要领导任组长的统战工作领导小组，办公室设在统战部。进一步健全党委统一领导、统战部牵头协调、各有关部门人民团体各负其责的大统战工作新格局。各级各部门要成立统战工作领导小组，建立统战工作推进机构。在经开区、实验二中建立统战工作机构，县直工作部门应明确一名党员班子成员为统战委员，实现乡镇（街道）、县直部门统战委员、联络员全覆盖。加强统战工作目标管理考核和督促检查力度，把统战工作纳入党委（党组）及党委（党组）主要负责人年度述职的主要内容。将统战工作实行单独考核，以其他单独考核工作的分值比例纳入县委、县政府对县直部门、乡镇（街道）年度工作实绩考核内容。

（三）健全统战工作联动机制。坚持党政领导与民主党派、无党派、工商联、宗教团体等统

战团体及重要统战成员的结对联系交友制度。要建立党风廉政建设情况通报机制；建立党外干部培养选拔联动制度和党外人才队伍工作联动机制；建立统战宣传联动制度和重大统战活动新闻发布机制；建立民族宗教维稳、维护非公经济权益联动处置机制。健全和落实党外知识分子、新的社会阶层统战工作、港澳台海外统战工作、经济统战工作、民族宗教工作等联席会议制度。

（四）营造统战工作良好氛围。各级各部门党委（党组）主要负责人为统一战线工作第一责任人，党委（党组）主要负责人要带头学习宣传和贯彻落实党的统一战线理论、方针、政策和法律法规，带头参加统一战线的重要活动，带头广交深交党外朋友。各级党委要将统战工作纳入重要议事日程，摆到重要位置，同民主党派、无党派人士合作共事坚持“三专门三支持”。把统一战线理论、政策纳入各级党委中心组学习内容，纳入党校教学内容，列为培训党政干部的必修课，把统一战线知识纳入国民教育内容。把统一战线宣传及氛围营造纳入各级党委宣传计划并纳入目标任务进行考核。

（五）大力营造非公经济发展环境。把营造良好的政策环境、法制环境、市场环境、社会环境作为推动非公经济大发展的“关键一招”。要深入开展作风建设三年行动，强力推进“思想大解放、作风大转变、环境大优化”，要研究政策措施、制度法制举措、统筹市场要素、完善社会保障。各级干部要树立“把客商当亲人、把企业家举过头顶”的服务理念，营造“亲商、扶商、富商、安商”的良好环境。

（六）加强统战部门自身建设。切实加强统战部门领导班子建设，选好配强常务副部长及领导班子，加大对统一战线干部的培养、使用、交流力度，全县统一战线要形成思想大解放、作风大转变、能力大提升、工作大进伴局面，锻造一支“政治上坚定、精神上振奋、业务上精通、作风上过硬”和“敢想敢干、会想会干、说干就干、干就干好”的统战干部队伍，使统战干部成为党外人士之友、统战部门成为党外人士之家、统一战线成为促进全县加快发展的重要法宝力量。

中共黔西县委
2015 年 8 月 28 日

附件　名词解释：

1. “三个重要法宝”：《中国共产党统一战线工作条例（试行）》（中发〔2015〕14 号）第二条提出：统一战线是中国共产党凝聚人心、汇聚力量的政治优势和战略方针，是夺取革命、建设、改革事业胜利的重要法宝，是增强党的阶级基础、扩大党的群众基础、巩固党的执政地位的重要法宝，是全面建成小康社会化、加快推进社会主义现代化、实现中华民族伟大复兴中国梦的重要法宝。

2. “一大目标、两大任务、三大使命、四大功能、五大重点、六大突破”：即统战工作要围绕“全省争领先、全国创一流”一大目标，紧扣“闯出新路子、探索新经验”两大任务，勇担“决战贫困、提速赶超、同步小康”三大使命，发挥统一战线“凝聚共识、凝聚人心、凝聚智慧、凝聚力量”四大功能，突出“多党合作、经济统战、协商民主、民族宗教、联络联系”五大重点，力争“党派社会服务、党外人士安排、基层协商民主、同心文化建设、非公经济发展、精品品牌打造”六大突破。

3. “两个健康”：非公有制经济健康发展，非公有制经济人士健康成长。

4. “五抓五强”：抓建会、强基础、壮大会员队伍；抓搭台、强服务、同心聚力；抓联络、强招商、助推发展；抓试点、强示范、典型引路；抓班子、强机制、转变作风。

5. “四型”非公党组织：学习型党组织、服务型党组织、发展型党组织、创新型党组织。

6. “五个认同”：增强各民族对伟大祖国、中华民族、中华文化、中国共产党、中国特色社会主义的认同。

7. “三支队伍”：宗教工作领导干部、宗教工作干部和宗教界人士。

8. “三专门三支持”：专门研究工作、听取意见、通报情况，支持调查研究、解决困难、履职尽责。

关于表彰全县2015年度教育工作先进集体和优秀个人的决定

（2015年10月8日）

县发〔2015〕10号

2015年，全县教育事业改革和发展工作在各级各部门高度重视、社会各界积极参与下，齐心协力、真抓实干、奋力攻坚，取得了明显成效。同时也涌现出一大批先进集体和优秀个人。为表彰先进，进一步弘扬尊师重教的良好社会风尚，激励和引导广大教师和教育工作者爱岗敬业，推动我县教育事业更好更快发展。县委、县政府决定对毕节市第二实验高中等29个先进集体、县委办公室等77个尊师重教先进单位、刘建等125名先进教育工作者、周真发等280名优秀教师进行表彰。

希望受表彰的先进集体和优秀个人要珍惜荣誉，戒骄戒躁，积极推进教育改革创新，着力提高教育教学质量和人才培养水平，把我县教育事业推向更高水平。县委、县政府号召，全县广大教师、教育工作者和各级各类学校要以先进为榜样，开拓创新，扎实工作，努力为办好人民满意的教育而不懈奋斗。

中共黔西县委　黔西县人民政府
2015年10月8日

附件

黔西县2015年度教育工作先进集体和优秀个人名单

一、先进教育单位（29个）

毕节市第二实验高中
贵州省黔西第一中学
黔西县第二中学
黔西县第三中学
黔西县第四中学
黔西县第六中学
黔西县思源学校
黔西县中等职业学校
黔西县中心幼儿园
黔西县云志中学
黔西县第一小学
黔西县第二小学
黔西县第三小学
黔西县第四小学
黔西县莲城街道教管中心
黔西县水西街道教管中心
黔西县文峰街道教管中心
黔西县杜鹃街道教管中心
黔西县观音洞镇教管中心
黔西县中建乡教管中心

黔西县金兰镇教管中心
黔西县甘棠镇教管中心
黔西县洪水镇教管中心
黔西县新仁乡教管中心
黔西县大关镇教管中心
黔西县红林乡教管中心
黔西县锦星镇教管中心
黔西县钟山镇教管中心
黔西县林泉镇教管中心

二、尊师重教先进单位（77 个）

县委办公室　县人大办公室
县政府办公室　县政协办公室
县委组织部　县委政法委
县委统战部　县委宣传部
县离退局　县总工会
团县委　县妇联
县科协　县史志办
县委党校　黔西刊社
县检察院　县人武部
县编委办　县信访局
县监察局　县审计局
县工业能源局　县统计局
县民政局　县扶贫办
县人力资源社会保障局　县交通运输局
县文体广电旅游局　县档案局
县城乡规划局　县市场监管局
县房管局　县环境保护局
县房屋征收补偿局　县移民局
县投资促进局　县政务中心
县供销社　县农业园区办
县公路段　县地税局
县供电局　县公积金中心
县银监办　县气象局
县消防大队　县邮政局
县中心医院　县供排水公司
县移动公司　县农发行
县农投公司　县烟草公司
人民银行黔西支行　农业银行黔西支行
工业银行黔西支行　建设银行黔西支行
县农村商业银行
莲城街道党工委、办事处
水西街道党工委、办事处
杜鹃街道党工委、办事处
金碧镇党委、政府
五里乡党委、政府　雨朵镇党委、政府
金兰镇党委、政府　绿化乡党委、政府
大关镇党委、政府　新仁乡党委、政府
铁石乡党委、政府　太来乡党委、政府
定新乡党委、政府　红林乡党委、政府
甘棠镇党委、政府　中建乡党委、政府
花溪乡党委、政府　重新镇党委、政府

三、先进教育工作者（125 名）

刘　建　县教育局
杨锦国　县教育局
苟　荣　县教育局
李连荣　毕节市第二实验高中
罗　鑫　毕节市第二实验高中
安永红　毕节市第二实验高中
石　森　贵州省黔西第一中学
兰　薇　贵州省黔西第一中学
帅远华　贵州省黔西第一中学
蒋刘恩　黔西县第二中学
李　彦　黔西县第二中学
洪　明　黔西县第三中学
赵晓梅　黔西县第三中学
胡　培　黔西县第三中学
付云洋　黔西县第四中学
许　平　黔西县第四中学
李承颖　黔西县第四中学
史开渊　黔西县第四中学

赵　炜　黔西县第四中学
胡家祥　黔西县第六中学
袁　进　黔西县第六中学
申时丽　黔西县第六中学
王明军　黔西县凤凰中学
高安银　黔西县凤凰中学
杨思银　黔西县中等职业学校
王　群　黔西县中等职业学校
范启明　黔西县第一小学
陈　杰　黔西县第一小学
陈　荣　黔西县第一小学
卢　新　黔西县第一小学
曾　敏　黔西县第二小学
王　琴　黔西县第二小学
罗中美　黔西县第二小学
黄　燚　黔西县第三小学
何安义　黔西县第三小学
黄　刚　黔西县第三小学
李世刚　黔西县第四小学
刘　艳　黔西县第四小学
杨丽萍　黔西县第四小学
杨　萍　黔西县第四小学
周争取　黔西县第五小学
刘　萍　黔西县第六小学
张丽娥　黔西县第六小学
张　滢　黔西县第七小学
黄　鹂　黔西县第八小学
王艺黔　黔西县第九小学
刘　梅　黔西县中心幼儿园
陈　洪　黔西县特殊教育学校
陈　珺　黔西县思源实验学校
熊约军　黔西县思源实验学校
李　波　黔西县思源实验学校
苏学祥　黔西县思源实验学校
郭先林　黔西县水西中学
张　利　黔西县水西中学
李光全　黔西县树立中学
付善远　黔西县树立中学
高龙宇　黔西县云志中学
罗　毅　黔西县云志中学
陈　兴　黔西县世杰中学
聂　志　黔西县世杰中学
殷运林　黔西县莲城街道教管中心
李　勇　黔西县莲城街道坪子小学
姚　伶　黔西县莲城街道八块小学
代　远　黔西县水西街道石雷小学
潘　剑　黔西县文峰街道教管中心
龙胜勇　黔西县杜鹃街道教管中心
王　刚　黔西县杜鹃街道教管中心
陈金贵　黔西县杜鹃街道海西小学
班　鸿　黔西县金碧镇教管中心
王　艺　黔西县金碧中学
徐　岗　黔西县金碧镇金碧二小
刘碧廷　黔西县金碧镇瓦厂小学
李国伦　黔西县五里乡教管中心
蒋　平　黔西县五里中学
蔡承昌　黔西县观音洞镇教管中心
熊礼梅　黔西县沙井中学
乔兴国　黔西县观音洞镇羊耳小学
沈　旭　黔西县林泉镇教管中心
谢厚礼　黔西县林泉中学
张　平　黔西县素朴镇教管中心
曾以俊　黔西县素朴镇素丰小学
曾　科　黔西县朴厚中学
张　静　黔西县协和镇教管中心
罗　进　黔西县协和中学
龚思卫　黔西县新仁乡教管中心
吉永胜　黔西县新仁中学
蔡泽刚　黔西县铁石中学
刘永贵　黔西县铁石乡花江小学

梁德友　黔西县定新乡教管中心
李大林　黔西县定新中学
王光兴　黔西县洪水镇教管中心
罗朝勋　黔西县长堰中学
高庆梅　黔西县洪水镇长堰小学
曾　剑　黔西县红林乡教管中心
安启进　黔西县红林乡桃井小学
刘　平　黔西县白泥中学
王　梅　黔西县锦星镇庄上小学
熊　玲　黔西县甘棠镇教管中心
罗炳迅　黔西县甘棠镇礼贤小学
龚　洪　黔西县大关镇教管中心
周泽明　黔西县桂箐中学
张　勇　黔西县永燊乡柏杨小学
龙　波　黔西县永燊乡甘沟小学
尹　鹏　黔西县中坪镇教管中心
杨启荣　黔西县中坪镇中坪小学
古旭新　黔西县中建乡教管中心
蒋学玫　黔西县中建乡中建小学
刘星宇　黔西县谷里镇教管中心
云德义　黔西县谷里镇青龙小学
张　霞　黔西县谷里镇中心幼儿园
李永伦　黔西县钟山镇教管中心
孙怀胜　黔西县钟山镇钟山小学
陈文凤　黔西县钟山镇中心幼儿园
马天宇　黔西县太来乡教管中心
孙　华　黔西县太来中学
李端华　黔西县重新镇教管中心
刘　鸿　黔西县重新镇教管中心
张　勇　黔西县绿化乡教管中心
艾邦志　黔西县绿化中学
张定育　黔西县雨朵镇教管中心
蒋雪键　黔西县雨朵镇扯泥小学
陈　贤　黔西县金兰镇教管中心
杨成军　黔西县金兰镇金华小学
王朝会　黔西县花溪乡化那小学
杨　烨　黔西县花溪乡借魁小学

四、优秀教师（280 名）

周真发　毕节市第二实验高中
杨洪琴　毕节市第二实验高中
张雪艳　毕节市第二实验高中
罗　松　毕节市第二实验高中
宋　媚　毕节市第二实验高中
肖　凤　毕节市第二实验高中
余学军　毕节市第二实验高中
李　国　毕节市第二实验高中
姚　钰　贵州省黔西第一中学
陈祖艳　贵州省黔西第一中学
曾　斌　贵州省黔西第一中学
李治江　贵州省黔西第一中学
刘　孟　贵州省黔西第一中学
晏　尹　贵州省黔西第一中学
白　艳　贵州省黔西第一中学
苏　俊　贵州省黔西第一中学
何方敏　黔西县第二中学
田忠林　黔西县第二中学
张正江　黔西县第二中学
蔡　尹　黔西县第二中学
袁　玲　黔西县第二中学
李　伟　黔西县第二中学
袁玉平　黔西县第二中学
龙　兵　黔西县第二中学
曹义勋　黔西县第三中学
吴　丽　黔西县第三中学
杨静华　黔西县第三中学
史洪梅　黔西县第三中学
莫　珣　黔西县第三中学
张　霞　黔西县第三中学
桂　艳　黔西县第四中学
廖　雪　黔西县第四中学

王　玲　黔西县第四中学
雷　丹　黔西县第四中学
吴海琼　黔西县第四中学
杨　倩　黔西县第四中学
熊　阔　黔西县第六中学
张　永　黔西县第六中学
刘　艳　黔西县第六中学
黄　梅　黔西县第六中学
王朝梅　黔西县第六中学
杨　洁　黔西县凤凰中学
龚　飞　黔西县凤凰中学
施胜发　黔西县凤凰中学
范佳丽　黔西县凤凰中学
漆国俊　黔西县凤凰中学
刘　霞　黔西县凤凰中学
王　伟　黔西县中等职业学校
杨　颖　黔西县中等职业学校
韩　君　黔西县中等职业学校
吴　江　黔西县中等职业学校
刘芝兰　黔西县中等职业学校
刘　清　黔西县中等职业学校
徐　升　黔西县中等职业学校
宋　芳　黔西县中心幼儿园
洪　卫　黔西县第一小学
陈　景　黔西县第一小学
蒋　珺　黔西县第一小学
史登艳　黔西县第一小学
赵　娇　黔西县第一小学
罗泽艳　黔西县第一小学
周建荣　黔西县第二小学
李　琴　黔西县第二小学
代红平　黔西县第二小学
陈　竹　黔西县第二小学
师怀平　黔西县第三小学
王　红　黔西县第三小学
黄芝敏　黔西县第三小学
熊廷荣　黔西县第三小学
班吉萍　黔西县第三小学
雷　斌　黔西县第三小学
王　琴　黔西县第四小学
熊丽娅　黔西县第四小学
覃　勇　黔西县第四小学
蒋兴敏　黔西县第四小学
张孙慧　黔西县第六小学
付　艳　黔西县第七小学
周　佳　黔西县第八小学
冷　丹　黔西县第八小学
袁　梅　黔西县第九小学
罗　娇　黔西县第十小学
万嫦月　黔西县特殊教育学校
吴　宪　黔西县青少年活动中心
谢　娟　黔西县思源实验学校
代相付　黔西县思源实验学校
冯　杰　黔西县思源实验学校
张　兵　黔西县思源实验学校
刘德举　黔西县水西中学
王前佳　黔西县水西中学
张　红　黔西县树立中学
王生艳　黔西县树立中学
颜家勇　黔西县云志中学
郑中平　黔西县云志中学
胡　静　黔西县世杰中学
白海燕　黔西县世杰中学
杨　卉　黔西县莲城街道天坪小学
谭英贵　黔西县莲城街道八一小学
任　洁　黔西县莲城街道石板小学
赵　彤　黔西县莲城街道金凤小学
何　琳　黔西县莲城街道金龙小学
漆国先　黔西县莲城街道双桥小学
吴艳梅　黔西县水西街道幸福小学

周兴荣　黔西县水西街道教育管理中心
蔡　兰　黔西县水西街道凉新小学
付明发　黔西县水西街道新潭小学
马　亮　黔西县文峰街道双马小学
伍玉全　黔西县文峰街道三角小学
罗来世菊　黔西县文峰街道黎明小学
杨　杰　黔西县文峰街道田坎小学
刘　欢　黔西县文峰街道驮煤河小学
杨　会　黔西县杜鹃街道韦寨小学
周　娟　黔西县杜鹃街道岔白小学
梅灵敏　黔西县杜鹃街道海西小学
张　淞　黔西县野坝中学
蔡昌霖　黔西县沙窝中学
彭　霞　黔西县金碧镇金碧三小学
高文丽　黔西县金碧镇金碧小学
谢永江　黔西县金碧镇折坤小学
杜　垚　黔西县金碧镇六勒小学
王光喜　黔西县金碧镇中心小学
罗雪梅　黔西县金碧镇新富小学
王　鑫　黔西县金碧镇红岩小学
张启波　黔西县观音洞镇高坡小学
李朋健　黔西县观音洞镇高坡小学
代昌琳　黔西县观音洞镇高坡小学
刘　毅　黔西县观音洞镇鲲鹏希望小学
黄　毅　黔西县观音洞镇金坡小学
梅　波　黔西县观音洞镇黄泥小学
兰流香　黔西县观音洞镇营哨小学
朱家平　黔西县五里中学
杨本坤　黔西县五里中学
陈贵琴　黔西县五里乡五里小学
曾令仙　黔西县五里乡五里小学
黄　波　黔西县五里乡五里小学
杨　杰　黔西县五里乡军民小学
白　斌　黔西县林泉中学
穆　敏　黔西县林泉中学
黄利萍　黔西县林泉镇林泉小学
黄　丹　黔西县林泉镇合心小学
赵　浪　黔西县林泉镇瑶坪小学
文　杰　黔西县林泉镇清塘小学
曾祥莹　黔西县林泉镇西溪小学
郭　莉　黔西县素朴中学
苏外勇　黔西县素朴中学
夏维勇　黔西县朴厚中学
徐亚男　黔西县素朴镇素朴小学
张　丽　黔西县素朴镇百江小学
金　艳　黔西县素朴镇朴厚小学
王　琴　黔西县协和中学
廖书云　黔西县协和中学
罗艳娥　黔西县协和镇协和小学
黄　芹　黔西县协和镇协和小学
段锡波　黔西县协和镇杨柳小学
李国庆　黔西县协和镇仡仲小学
段　琴　黔西县协和镇立新小学
马华先　黔西县协和镇石人小学
王永萍　黔西县新仁中学
刘庆仙　黔西县新仁乡新仁小学
董　萑　黔西县新仁乡中心幼儿园
汪纲领　黔西县新仁乡化竹小学
孙学法　黔西县新仁乡田坝小学
陈　鹃　黔西县新仁乡化屋小学
李　勇　黔西县铁石中学
陈应敬　黔西县铁石中学
刘雅诗　黔西县铁石乡铁石小学
文春祥　黔西县铁石乡铁石小学
李兴艳　黔西县铁石乡铁石小学
谢　冰　黔西县铁石乡铁盔小学
李　培　黔西县定新中学
邓　梅　黔西县定新中学
宋　晓　黔西县定新中学
周明影　黔西县定新乡定新小学

徐继光　黔西县定新乡定新小学
何红艳　黔西县定新乡定新小学
刘汉忠　黔西县洪水镇教育管理中心
袁玉兰　黔西县洪水中学
史　乾　黔西县洪水中学
蔡　艳　黔西县长堰中学
蒋兴茂　黔西县洪水镇洪水小学
张绪昂　黔西县洪水镇长堰小学
史毅伟　黔西县洪水镇平桥小学
张　岚　黔西县洪水镇中心幼儿园
罗维祥　黔西县红林中学
何　杰　黔西县红林中学
王世琴　黔西县红林乡红林小学
王尤琼　黔西县红林乡红林小学
苏　云　黔西县红林乡石板小学
刘　芳　黔西县白泥中学
张　英　黔西县锦星镇第一小学
李荣荣　黔西县锦星镇第一小学
胡德忠　黔西县锦星镇第二小学
田　娟　黔西县锦星镇第二小学
王　娇　黔西县锦星镇白泥小学
王光顺　黔西县锦星镇白泥小学
喻正荣　黔西县锦星镇红湖小学
何　明　黔西县甘棠镇教育管理中心
李朝阳　黔西县甘棠中学
龙　煦　黔西县甘棠中学
陈　莲　黔西县甘棠镇甘棠小学
刘　婕　黔西县甘棠镇甘棠小学
韦　刚　黔西县甘棠镇新田小学
方应荣　黔西县甘棠镇大寨小学
罗　瑾　黔西县甘棠镇礼贤小学
史　兵　黔西县大关中学
李　敏　黔西县大关中学
李　荣　黔西县桂箐中学
周世泽　黔西县桂箐中学
漆国兰　黔西县大关镇第一小学
陈　萍　黔西县大关镇小坝小学
付兴琴　黔西县大关镇金钟小学
安　丽　黔西县永燊中学
王　燕　黔西县永燊中学
杜　娟　黔西县永燊乡永燊小学
张福兴　黔西县永燊乡花石小学
郭丰平　黔西县永燊乡柏杨小学
康　洁　黔西县中坪镇中坪小学
李小云　黔西县中坪镇野马小学
罗西会　黔西县中坪镇中坝小学
任　江　黔西县中坪镇顺石小学
张正娥　黔西县中坪镇大湾教学点
洪强祥　黔西县中坪镇良丰小学
李泽发　黔西县中坪镇大湾教学点
张永梅　黔西县中坪镇化陇教学点
孙　卫　黔西县中建乡中建小学
王　敏　黔西县中建乡红板小学
史洪敏　黔西县中建乡中建小学
付洪刚　黔西县中建乡阵营小学
梅　竹　黔西县谷里中学
刘洪伶　黔西县谷里中学
曾　馨　黔西县谷里中学
雷开伦　黔西县谷里中学
胡　仙　黔西县谷里镇谷里小学
林　琼　黔西县谷里镇谷里小学
黄　静　黔西县谷里镇龙井小学
张雅含　黔西县谷里镇大水小学
王　越　黔西县钟山中学
邱　瑜　黔西县钟山中学
林科敏　黔西县钟山中学
严　靖　黔西县钟山镇钟山小学
赵　蕾　黔西县钟山镇钟山小学
李　雪　黔西县钟山镇治中小学
王先礼　黔西县钟山镇治中小学

张　静　黔西县钟山镇祝丰小学
李孝军　黔西县中波友谊博爱小学
卞荣华　黔西县太来中学
王继承　黔西县太来中学
张　瑜　黔西县太来乡太来小学
刘　进　黔西县太来乡太来小学
张　健　黔西县太来乡乌江小学
姜继康　黔西县太来乡硐口小学
王行兵　黔西县绿化中学
梁　芳　黔西县绿化中学
白焕仙　黔西县绿化乡绿化小学
吴翠萍　黔西县绿化乡培育小学
翟　丹　黔西县重新中学
陈　艳　黔西县重新中学
刘先秀　黔西县重新镇重新小学
陈限欢　黔西县重新镇重新小学
蒲德万　黔西县重新镇龙塘小学
侯尚国　黔西县重新镇龙塘小学
张　均　黔西县重新镇重新小学
伍永菊　黔西县重新镇中心幼儿园
邱　健　黔西县雨朵镇教育管理中心
邹　涛　黔西县雨朵中学
杨　焱　黔西县雨朵中学
杨云霞　黔西县雨朵中学
王　静　黔西县雨朵镇雨化小学
曾泽会　黔西县雨朵镇雨化小学
熊　静　黔西县雨朵镇平坝小学
孔招贤　黔西县雨朵镇沈场小学
叶正琴　黔西县金兰中学
史　勇　黔西县金兰中学
高德兰　黔西县金兰中学
张　洁　黔西县金兰镇羊场小学
董正学　黔西县金兰镇大坝小学
邓丽琴　黔西县金兰镇华山小学
黄世友　黔西县花溪中学
罗　英　黔西县花溪乡花溪小学
司　艳　黔西县花溪乡花溪小学
陆　玲　黔西县花溪乡耿底小学

关于加强基层基础建设的实施方案

县发〔2015〕11号

为进一步提高基层干部能力素质，健全基层运行治理体系，激发基层发展活力，着力夯实社会治理的基层基础，制定本实施方案。

一、总体要求

深入贯彻落实习近平总书记系列重要讲话和关于毕节试验区的重要指示精神，坚持以加强基层党组织建设为引领，以提高干部能力素质为核心，以改革创新为动力，以深化作风建设为保障，深入开展“社情民意大调研、解放思想大讨论、岗位实践大练兵、学习提高大讲堂、机制体制大创新、干部作风大整治”主题实践活动，着力解决全县基层基础工作的薄弱环节和突出问题，筑牢基层工作基础。力争通过3年左右的努力，基层干部队伍整体素质明显提高，基层社会治理机制日趋完善，服务效能更加高效，群众获得感明显增强、满意度大幅提升。

二、主要任务

（一）突出培养锻炼，狠抓干部服务水平提升。

1. 实施大规模干部轮训。围绕提高干部社会治理能力和水平，有计划有步骤开展基层干部教育培训工作，邀请一线工作经验丰富的身边人用身边事教育各级干部。重点抓好现代农业、农村常用法律法规、农业实用新技术推广、舆情导控、群众工作方法等方面的培训，切实提高基层干部加快发展、解决矛盾和服务群众的能力。适时组织党员干部到重大项目、企业、开发区挂职锻炼和外出考察学习先进地区经验做法，进一步开阔视野，更新观念、练就本领。

2. 深入开展主题实践。以“当领导为什么，当干部的职责是什么”为主题，组织党员干部围绕如何服务开展“解放思想大讨论”活动，通过召开各级党组织的动员会、座谈会、培训会、讨论会，把服务基层、服务群众、服务发展的理念根植在广大党员干部心中，进一步深化认识，理清思路，凝聚合力。

开展以“知政策法规、知岗位职责、知业务知识、知县镇村情和会岗位技能、会做群众工作、会沟通协调、会总结推广”为主要内容的“四应知四应会”“岗位实践大练兵”活动，通过专家辅导讲政策、农技干部田间传技术、开设讲堂教业务，着力提升党员干部实际工作能力。

开展以“向基层问计、破发展难题”为主题的“社情民意大调研”活动，组织广大党员干部进村入户撰写民情日记，组织远程教育科技服务团、“三农”服务队和党员志愿者服务队，深入到田间地头，现场示范指导服务，指导群众搞好生产发展，密切党群干群关系。

开展“领导登台、干部亮剑”为主题的“学习提高大讲堂”活动，乡、村干部每周利用1—2天上夜校的时间，领导干部和普通干部轮流主讲、同台竞技，传授办点示范经验，讲解上级方针政策，邀请先进典型现身说法，增强沟通交流，共同提高进步。

（二）突出强基固本，狠抓基层组织建设。

1. 加强乡镇党委建设。建立科学合理的选任机制，把好乡镇党委书记“入口关”，实施“精准选任工程”，探索推行“公推公选”“公推直选”“公推差选”“公推竞选”等选人用人机制，选优配强乡镇（街道）党委（党工委）领导班子。对县年度综合考核排名靠后的5个乡镇（街道）适时进行整顿。探索建立乡镇领导干部引咎辞职制度，拓宽乡镇领导干部出口，推进干部能上能下。加大县、乡干部交流使用力度，每年各县直单位科级干部与乡镇（街道）党政班子间交流使用干部不少于50人。

2. 加强村级党组织建设。实施“能人兴村工程”，探索村干部竞职承诺、创业承诺兑现机制，采取绩效保障挂钩等措施，探索民选干部进、管、出相配套的管理机制和报酬待遇绩效化机制，选好配强村级组织班子。每年按照一定比例对后进村支部书记实行“末位诫勉制”，形成整顿转化常态机制。推行“党建+”工作方式，突出“基地与党组织、协会与党组织、产业链与党组织”相结合，把党支部建立在产业链上，把党小组建在发展项目上，把党员发展在创业致富上，拓宽、丰富基层党组织建设路径和发展内涵。建立健全城乡一体“两新”党组织党员动态管理机制，加强和改进流动党员管理。每年评选表彰一批“十佳村党组织书记”。

3. 加强农村党员队伍建设。开展“双千培养”工程，在农民党员中培养和发展1000名种养殖大户，在种养殖大户中培养和发展1000名党员，形成在能人中培养党员、在党员中培养能人、在党员能人中培养村干部的“三个培养”工作机制，提高党员队伍的整体素质和致富能力。开展“万名农村党员培训”工程，抓好农村党员实用技术培训，提高生产发展能力。通过选派一批县级机关干部到乡镇、村挂职锻炼，吸引一批乡镇干部、优秀大学毕业生下村任职，选派一批县乡教育卫生专业人才到农村服务，培养一批有思想、有能力的致富带头人、退伍军人、回乡大学生、外出务工经商人员进入基层党组织，引导一批退居二线党员干部、县乡涉农技术员到农村党组织上党课和任农业技术教员等方式，引导各类人才向农村流动，夯实基层人才基础。大力实施“党员关怀工程”，设立“农村党员生产和生活扶助基金”，建立党员荣誉激励、定期走访、党员信贷等制度，切实关心党员。

4. 加强党风廉政建设。巩固提升“三严三实”专题教育成果，深入实施作风突破年、作风强化年、作风提升年“三年行动计划”，健全“负面清单纪实管理干部”机制，深入推进民生项目监督特派组工作，坚持从严管理干部。建立健全农村小微权力清单制度。实施村级干部底线管理，规范村级组织权力运行。加强对村务决策、村务公开、村级集体“三资”管理、工程项目建设、惠农政策措施落实、耕地和资源保护、土地流转以及村干部廉洁履职等情况的监督。全面推行农村基层作风巡查制度，严肃查处发生在群众身边的“四风”问题、腐败问题和损害群众利益的案件。

（三）突出激发活力，狠抓基层改革创新。

1. 优化乡镇机构配置。按照精兵简政要求，打破部门和岗位界限，按产业发展和重大项目建设需要组合干部，全面推广“转非”干部岗位目标绩效考核制度。县直部门派驻乡镇（街道）机构的干部，纳入乡镇（街道）日常管理和考核，机构负责人的任免需经乡镇（街道）党委（党工委）同意。严禁县直部门新增上收下设乡镇的业务部门的人事管理权。坚持精简、统一、高效原则，按照“非常设机构实体化运作”方式，打破岗位对身份的限制，因事设岗、以岗定责、按岗定人，合理设置乡镇站所、服务中心。稳步有序推进“撤乡建镇并村”工作，集约公共资源，提高服务效能。

2. 推进扩权强镇。总结推广省列示范小城镇建设经验，按照“能放就放、权责一致”原则，赋予常住人口多、经济总量大的经济强镇或中心镇以部分县级经济社会管理权限，把用好用活事权与强化责任结合起来，减少审批层次，简化审批程序，推进依法行政。重点在产业发展、规划建设、项目投资等方面扩大管理权限，加快培育、建设名副其实的“亿元强镇”。引导失地农民向小城镇集中，探索建立“经济补偿、社会保障、就业服务、新型社区”四位一体的长效保障机制，因地制宜发展新型社区。

3. 改革县乡财政管理体制。理顺县乡财政分配关系，建立和完善乡镇基本财力保障机制与财政收入激励奖补机制相结合的乡镇财政运行机制，探索实行乡级财政预算和费随事转机制，扩大乡镇自主财权，激发基层推动项目建设、加快社会事业发展的动力。在同等职级条件下，乡镇干部工资待遇不能低于县直部门干部。

4. 加快农村综合改革。全面推行农技人员职称评聘分离制度，加快推动农技干部带薪带职、停薪留职领办现代农业。研究农村金融体制改革的措施办法，探索以奖代补、股权投资和“无偿投入、有偿使用、滚动发展”等模式，提高财政资金使用效率。加快推动农村土地流转，推动农村房屋产权登记制度、农村小水利综合配套改革，深化林权制度改革。推广“资源变资产、资产变资本”“三资转换”和资源变股权、资金变股金、农民变股民“三变”等做法，撬动金融和社会资本投入农业发展，发展村级集体经济。

5. 强化村“一核多元”建设。着力构建“一核多元”村（社区）管理模式，通过对组织结构、资源力量、运作机制、管理方式等进行全方位创新，进一步强化村（社区）党组织的领导核心地位，使在党组织的统筹协调下，建立健全村（社区）联系服务群众的几大组织，形成多元互动、优势互补、共建共享的新格局，实现村（社区）组织功能最大化、矛盾最小化。

6. 推进“党员为您服务”平台建设。采用“党建+互联网”方式，引入“第三方”的概念，实现对谁说、听谁说、说了什么、做了什么的精准可追溯数据库管理。通过“党建云”信息平台，以基层党员的名义对群众进行民生公示、征求群众意见、预约办事、举报、测评、推荐、民意调查、农村电商服务等有关信息，增加与群众的交流互动，实现党员干部和群众的信息对称，更方便更快捷地为群众服务，做到服务群众“零距离”。

三、保障措施

（一）强化责任落实。各乡镇（街道）要把基层基础建设工作目标任务分解、细化落实到有关人员，做到与其他各项工作有机结合，全面推进。要建立健全协调推进机制，及时解决基层基础建设中的突出问题。县直有关部门要认真履职尽责，共同抓好责任到位和督促指导，确保工作落到实处，形成科学规范、操作性强、常抓不懈的工作机制。

（二）抓好典型示范。坚持“整合资源、示范引导、重点突破、全面推进”的思路，把典型示范作为一项重要工作来抓，创建一批有形象、有经验，叫得响、推得开的先进典型，发挥带动效应。要树立精品意识，找准上情与下情的结合点，选准 1 至 2 项工作作为突破口，集中力量做精做细、做出特色，通过塑造精品来丰富创建内涵、提升创建档次。

（三）严格督查考核。建立和完善领导联系示范村、部门挂帮示范村考评制度，实行季度专项检查，重点检查联系、挂帮工作的职责履行、工作成效。对没有按时完成工作任务的，要追究责任。坚持把基层基础建设纳入各单位领导班子和领导干部考核的重要内容，建立完善政绩档案，加大实绩考核、年度考核、任职考核中的权重，作为干部提拔任用的重要依据。

关于表彰2015年度全县政法暨综治维稳禁毒工作先进集体和先进个人的决定

（2015年12月31日）

县发〔2015〕12号

2015年，我县政法各项工作以党的十八大、十八届三中、四中、五中全会及中央、省委、市委政法工作会议精神为指导，认真贯彻习近平总书记系列讲话精神，在县委、县政府的坚强领导下，全县干部认真履行职责，真抓实干、攻坚克难，为推进平安黔西、法治黔西建设、维护社会大局稳定、促进社会公平正义、保障人民安居乐业作出重要贡献。

为弘扬正气，树立典型，进一步激励广大干部职工积极投身政法各项工作，县委、县政府决定，对在2015年度政法暨综治、维稳、禁毒工作中成绩突出的铁石乡、林泉镇等50个先进集体和魏生勇、杨荣等100名先进个人进行表彰。

希望受到表彰的先进集体和先进个人务必珍惜荣誉、谦虚谨慎、不骄不躁、再接再厉，努力在各自的岗位上再创佳绩、再立新功。希望全县各级各部门和广大干部职工以他们为榜样，以法治黔西创建工作为中心，奋发进取、比学赶超、勇于探索、开拓创新，为创造和谐稳定的经济社会发展环境作出新的更大的贡献。

中共黔西县委　黔西县人民政府

2015年12月31日

附件

2015年度全县政法暨综治维稳禁毒工作先进集体和先进个人名单

一、先进集体（55个）

（一）乡镇（街道）（10个）

铁石乡党委、政府　林泉镇党委、政府

谷里镇党委、政府　太来乡党委、政府

中坪镇党委、政府　重新镇党委、政府

锦星镇党委、政府　金兰镇党委、政府

甘棠镇党委、政府　杜鹃街道党工委、办事处

（二）县直部门（20个）

县委办公室　县人大办公室

县政府办公室　县政协办公室

县纪委（监察局）　县委组织部

县委宣传部　县委政法委

团县委　县妇联

黔西刊社　县法院

县检察院　县公安局

县司法局　县信访局

县住房城乡建设局　县文体广电旅游局

县市场监管局　县城乡规划局

（三）政法基层单位（15个）

县法院民事审判二庭　县法院城关人民法庭

县法院执行工作局　县法院刑事审判庭

县检察院公诉科　县检察院刑事执行检察科

县公安局经侦大队　县公安局红林派出所

县公安局水西派出所　县公安局林泉派出所

县公安局刑事侦察大队　县公安局打黑除恶大队

黔西县青少年育才学校　杜鹃街道司法所

谷里镇司法所

（四）村（社区）（10个）

林泉镇清塘村　素朴镇灵博村

中建乡红板村　绿化乡马坎村

洪水镇新桥村　红林乡新坪村

铁石乡米新寨村　金碧镇辉煌社区

水西街道水西社区　杜鹃街道育才社区

二、先进个人（101人）

（一）县直部门（37人）

县委办公室：魏生勇

县人大办公室：杨　荣

县政府办公室：晏家勇

县政协办公室：舒　薇

县纪委（监察局）：陈　证

县委组织部：王明竹

县委宣传部：罗　凯

县委统战部：李良苑

县妇联：孙　艳

团县委：谢相雪

县总工会：董　彬

黔西刊社：刁建平

县委离退局：游　泳

县信访局：苏兴云

县政府应急办：曾海济

县教育局：王　敏

县文体广电旅游局：田德晟

县市场监管局：罗登义

县民族宗教局：廖　鹏

县财政局：付开伦

县安全监管局：李光祝

县城市管理局：王　俊

县人武部：陈义康

县住房城乡建设局：刘　平

县工业能源局：陈绍文

县移民局：李松涛

县林业局：张家小

县武警中队：周乾伟

县农牧局：谭　昭

县水务局：胡荣华

县国税局：汤　剑

县地税局：张　迁

县邮政局：田锦伟

县房管局：丁　丽

县消防大队：全必清

县反邪禁毒协会：李建华

黔西经济开发区：陈国祥

（二）县直政法部门（35人）

县委政法委：张　屹　王德军　何维东

县法院：张光辉　徐　敏　王　垚　刘仁信
贾佐杰　胡　娇　傅咏梅　李艳霞

县检察院：罗克江　曾道旭　李　灏
张　权　徐　旭　李奇志

县公安局：张　引　徐根远　程鹏翼
郑文桂　王　平　曾　杰
黄荣平　唐如祥　熊　言
陶应全　王　巍　周林海

县司法局：邓婷婷　马　超　秦梦姣
袁　瑛　严　圆　李海松

（三）乡镇（街道）（29人）

金碧镇：万广桃　金兰镇：刘耀天

林泉镇：谢永昌　五里乡：黄庆玲

雨朵镇：陈德荣　绿化乡：赵舟扬

大关镇：汤　文　新仁乡：陈　磊

素朴镇：潘　勇　铁石乡：谭华乾
谷里镇：王永生　钟山镇：王　财
协和镇：杨　坤　太来乡：何湖国
甘棠镇：王海涛　永燊乡：谢远谋
中坪镇：陈绍友　中建乡：唐宝书
花溪乡：邱应林　重新镇：沈启婷
定新乡：安兴海　洪水镇：罗良跃
红林乡：樊兴毅　锦星镇：沈　超
观音洞镇：胡述涛　莲城街道：王　松
水西街道：杨　春　杜鹃街道：姜　娜
文峰街道：张世明

黔西县人民政府办公室关于进一步做好复员退伍军人困难帮扶工作的实施意见

各乡镇（街道）人民政府（办事处），黔西经济开发区管委会，县政府各部门，各有关单位：

为进一步做好我县复员退伍军人困难帮扶工作，根据《贵州省人民政府办公厅转发省民政厅等部门关于进一步做好复员退伍军人困难帮扶工作的十条意见的通知》（黔府办发〔2014〕43号）和《毕节市人民政府办公室关于进一步做好复员退伍军人困难帮扶工作的实施意见》（毕府办发〔2015〕1号）有关规定，结合我县实际，特提出以下意见。

一、重要意义

落实好复员退伍军人政策待遇，加大对复员退伍军人困难人员帮扶力度，切实保障复员退伍军人合法权益，对于促进国防和军队现代化建设，保持全县经济社会持续健康发展具有重要意义。各乡镇（街道）、各有关部门要从讲政治的高度，切实把解决复员退伍军人帮扶解困工作作为一项重要的民生工作来抓。要进一步解放思想，拓宽思路，着力增强工作的主动性和责任感，采取有力措施，用创新思维和底线思维，将各项惠民政策落到实处。

二、总体目标

通过充分整合现有政策，最大限度地帮助在乡复员退伍军人和企业下岗失业退役人员实现再就业，解决好复员退伍军人生活中遇到的实际困难和问题，积极创造条件让复员退伍军人过上更加美好的生活。

三、主要任务

（一）加大对复员退伍军人就业创业的帮扶力度

1. 复员退伍军人中的就业困难人员，在法定劳动年龄段、有劳动能力和就业意愿的，均可到县就业局及乡镇（街道）劳动就业社会保障服务机构进行登记，领取《就业失业登记证》，并享受国家和省、市、县公共就业服务和就业扶持政策等优惠待遇。对符合条件且有就业意愿的复员退伍军人就业困难人员，由县人力资源社会保障局按照“核实一个、保障一个、不留死角”的要求，通过安排公益性岗位等方式帮助就业，实现全县复员退伍军人就业困难人员全部清零。同时，由县工能局按照工业能源、粮食（商务）行业需求，鼓励工矿企业尽可能地吸纳复员退伍军人及其家属就业，最大限度地解决复员退伍军人就业难问题。

（责任单位：县人力资源社会保障局、县工能局，各乡镇人民政府<街道办事处>）

2. 对复员退伍军人自主创业的，由县人力资源社会保障局等部门按照国家和省市关于就业小额担保贷款有关政策规定，优先提供小额担保贷款扶持，引导金融机构优先为其提供就业小额担保贷款支持。

（责任单位：县人力资源社会保障局、中国人民银行黔西支行）

3. 对复员退伍军人创办的小微型企业，按照有关规定优先扶持。

（1）放宽市场准入领域。法律、法规没有明确禁止进入以及国家承诺对外开放的行业和领域，一律对其开放。

（2）放宽市场准入条件。复员退伍军人自主创业成立的企业或个体工商户，除法律、法规另有规定外，实行“非禁即入”政策。对申办个体工商户、个人独资或合伙企业的不设注册资本限制，鼓励复员退伍军人以知识产权、科技成果等可评估资产作价出资。

（3）放宽经营场所限制。对复员退伍军人利用农村集体土地、宅基地、个人房屋（住所、出租屋）作为经营场所和利用农村土地从事种植、养殖业的，只要当地村（居）委会或业委会开具证明，即可视为有效场地证明，无法提交经营场所（住所）产权证明的，在征得有利害关系的业主同意并出具相关证明后，允许复员退伍军人将住宅作为经营场所进行创业登记注册。

（4）完善登记注册“绿色通道”。对复员退伍军人创业实行靠前、跟踪等人性化的一条龙服务，为其提供高效优质便捷的服务，实现自主创业“零门槛”准入。对符合规定条件的名称预先核准申请当日办结，对申请办理营业执照时申请材料齐全、符合法定形式要求的当场登记发照，对不符合登记条件和材料规范要求的，要进行跟踪指导，方便其快速进入市场。

（5）积极鼓励复员退伍军人创办小微型企业。积极向复员退伍军人宣传小微型企业相关优惠政策，对创办小微型企业的复员军人优先享受“3个15万元”扶持政策；对复员退伍军人申办企业和个体工商户开辟“绿色通道”，设立专门窗口，及时办理注册手续并在扶持过程中提供指导。

（6）自主创业并带动就业，且连续正常经营1年以上的，经人社部门审核后给予3500元的一次性补贴。

（责任单位：县市场监管局、县人力资源社会保障局，各乡镇人民政府<街道办事处>）

4. 对商贸企业、服务型企业、劳动就业服务企业中的加工型企业和街道社区具有加工性质的小型企业实体，在新增岗位中，当年新招用自主就业退役士兵，与其签订1年以上期限劳动合同且依法缴纳社会保险的，在3年内按实际招用人数予以定额依次扣减营业税、城市维护建设税、教育费附加、地方教育附加和企业所得税优惠，定额标准为每人每年6000元；对自主就业退役士兵从事个体经营的，在3年内按每户每年9600元为限额，依次扣减其当年实际应缴纳的营业税、城建税、教育费附加、地方教育附加和个人所得税；对为安置随军家属就业而新开办的企业，自领取税务登记证之日起，3年内免征营业税；对为安置自主择业的军队转业干部就业而新开办的企业，凡安置自主就业的军队转业干部占企业总人数60%（含60%）以上的，经主管税务机关批准，自领取税务登记证之日起，3年内免征营业税。

（责任单位：县国税局、县地税局）

5. 对享受抚恤补助的复员退伍军人中的农村籍“建档立卡”贫困户，实行扶贫政策重点倾斜，给予特别支持。

（1）建立电子台帐，在上级财政安排的扶贫资金中，优先安排吸收或帮扶复员退伍军人中“建档立卡”贫困户的项目。

（2）采取“政府购买服务”“招工-培训-就业”三位一体方式，引导和补助各类企业更多地招收有劳动能力和劳动意愿的复员退伍军人中农村“建档立卡”困难家庭成员，增加家庭工资性收入。

（3）对复员退伍军人中有发展种养殖业意愿，并愿意通过诚实劳动脱贫致富的农村“建档立卡”贫困户，重点进行引导和培训，组织其参与扶贫项目实施，增加经济收入。

（责任单位：县扶贫办，各乡镇人民政府<街道办事处>）

6. 对享受抚恤补助的复员退伍军人领办合作社、兴办家庭农场的，由县农牧局和乡镇（街道）在同等条件下优先安排项目。符合国家和省、市级农民合作社、示范社、县级优秀合作社，由县农牧局优先向上级农业部门进行推荐；对需要专家指导的给予优先指导。达到国家级和省级、市级农业产业化经营重点龙头企业标准的，由县农牧局向上级农业产业化经营管理部门优先推荐。

（责任单位：县农牧局，各乡镇人民政府<街道办事处>）

（二）鼓励支持复员退伍军人参加职业培训

7. 积极帮助和组织复员退伍军人参加就业技能培训和创业培训，并纳入职业培训补贴范围。

（1）“春潮行动”计划优先安排农村籍复员退伍军人，技能提升培训优先安排困难企业复员退伍军人，创业培训优先安排复员退伍军人，并全部实行免费培训，对培训合格的人员发放相应等级的技能证书。

（责任单位：县人力资源社会保障局，各乡镇人民政府<街道办事处>）

（2）退出现役 1 年内的自主就业退役士兵（不含政府安排工作、退休、供养的），如选择省、市、县组织的免费培训项目，按照“三免一补”（培训期间免学杂费、住宿费、技能鉴定费，发放生活补助费）政策参加职业教育和技能培训。退役士兵在县民政局按照当年职业教育和技能培训的招生简章，自主选择培训专业并现场报名，由县民政局委托专业培训机构进行培训。

（责任单位：县民政局，各乡镇人民政府<街道办事处>）

8. 对享受抚恤补助的复员退伍军人，从事农业生产经营且符合国家新型职业农民培育条件的，由县农牧局优先纳入农民技能培训，并实行免费培训。

（责任单位：县农牧局，各乡镇人民政府<街道办事处>）

（三）落实复员退伍军人参加社会保险补贴

9. 按照《财政部人力资源社会保障部关于进一步加强就业专项资金管理有关问题的通知》（财社〔2011〕64 号）的规定，对吸纳就业困难的下岗失业复员退伍军人就业的企业给予社会保险补贴。

（责任单位：县人力资源社会保障局）

10. 经人社部门认定为复员退伍就业困难军人实现灵活就业的，按照《财政部人力资源社会保障部关于进一步加强就业专项资金管理有关问题的通知》（财社〔2011〕64 号）的规定，对个人缴纳的社会保险费给予一定数额的社会保险补贴。

（责任单位：县人力资源社会保障局，各乡镇人民政府<街道办事处>）

（四）解决好复员退伍军人生活难问题

11. 在核查享受抚恤补助的复员退伍军人的家庭收入状况时，其所享受的抚恤金或生活补助不计入收入统计，将符合条件的复员退伍军人及时纳入最低生活保障范围，实行应保尽保。

（责任单位：县民政局，各乡镇人民政府<街道办事处>）

12. 对因灾、因病、子女就学及其他特殊原因导致生活临时困难的复员退伍军人家庭，在其他社会救助制度暂时无法覆盖或救助之后基本生活仍暂时有严重困难的，应及时给予应急性、过渡性的临时救助。享受抚恤补助的复员退伍军人因缴纳城乡居民基本养老保险费、城镇居民基本医疗保险费和新型农村合作医疗费导致生活困难的，优先给予临时救助。对复员退伍军人的临时救助申请要优先审批、优先办理。如遇特殊紧急情况，可简化程序，采取后置审批方式，先予救助，事后再补充相关资料，完善手续。

（责任单位：县民政局，各乡镇人民政府<街道办事处>）

（五）解决好复员退伍军人住房难问题

13. 对享受抚恤补助的农村籍复员退伍军人，符合农村危房改造条件的，由所在乡镇（街道）在已录入全国农村住房信息系统中标注，全部纳入农村危房改造范围并优先安排，严格按照《贵州省农村危房改造工程工作规程》和《毕节市农村危房改造工程管理办法》的相关规定实施改造，力争在2015年全部改造完毕，做到应改尽改；符合扶贫生态移民条件的，在自愿的基础上，由所在乡镇（街道）纳入搬迁计划并优先实施。对享受抚恤补助的复员退伍军人中的农村“建档立卡”贫困家庭，由县扶贫办通过“小康寨”建设项目给予倾斜扶持，优先进行农房改造和基础设施建设，帮助其发展乡村旅游实现脱贫致富。

（责任单位：县住房城乡建设局、县水利水电工程移民局、县扶贫办，各乡镇人民政府<街道办事处>）

14. 对享受抚恤补助的复员退伍军人和企业参战人员家庭，符合城镇住房保障条件的优先安排租住公共租赁住房（含往年度剩余廉租住房）；持有民政部门低收入相关证明且家庭人均住房建筑面积低于15平方米、未享受过实物保障的，可申请住房租赁补贴，县相关部门调查核实情况和身份后，开通“绿色通道”，即报即审即办，做到应保尽保。县有关部门根据申请城镇住房保障的复员退伍家庭实际情况，做好房源安排，方便其工作、生活和出行。

（责任单位：县房管局、县城投工作组、县住房城乡建设局，各乡镇人民政府<街道办事处>）

（六）解决好复员退伍军人医疗难问题

15. 要对复员退伍军人全面落实各项医疗优惠待遇，凭证件实行优先挂号、优先就诊、优先化验、优先检查、优先住院、优先取药“6个优先”。县级以上医院门诊在挂号、交费、诊室、化验和检查等处，要设置具有明显标识的“复员退伍军人优先服务窗口”，建立诊疗“绿色通道”，为复员退伍军人提供方便的就医服务。

（责任单位：县卫生计生局）

16. 要积极鼓励和引导医疗机构对复员退伍军人减免挂号费、诊查费、注射费、输液费、检查费、手术费、床位费等有关医疗服务费用。

（责任单位：县卫生计生局）

17. 对享受抚恤补助的复员退伍军人，在基本医疗保障的基础上，按规定享受优抚对象医疗补助和城乡医疗救助。

（1）对重点优抚对象生病住院免起付线：①乡级100元，②县级200元，③市级300元，④市外600元。

（2）对重点优抚对象生病住院减少报销环节和流程，重点优抚对象在全县范围内医保定点医院出院，采取一站式结算，即结算时均一次性结清各项补偿和民政补助。

（3）在县中心医院、县中医院凭“重点优抚对象医疗证”就诊，可享受：①“二免”（免交挂号费、免交注射费），②“三减半”（住院床位费减半、三大常规检查费减半、外科换药费减半）。

（4）广泛开展面向革命功臣、军烈属、革命伤残军人、在乡老复员军人、带病回乡退伍军人、老红军等重点优抚对象的“献爱心活动”，进一步完善建立健全优抚对象医疗保障体系。县民政部门要按照有关规定落实优抚对象医疗补助政策，补助后仍有困难的优抚对象，要及时给予城乡医疗救助。加强“一站式”即时结算服务系统的管理，方便优抚对象就医。

（责任单位：县民政局、县卫生计生局，各乡镇人民政府<街道办事处>）

18. 参加城镇职工基本医疗保险、城镇居民基本医疗保险和新型农村合作医疗的享受抚恤补助的参战参核等复员退伍军人、特困企业或破产企业复员退伍军人、“抗美援朝”老复员军人在医保和新农合定点公立医疗机构住院时，押金1000元以下的免收，1000元以上的减收1000元。

（责任单位：县卫生计生局、县人力资源社会保障局，各乡镇人民政府<街道办事处>）

19. 按照《贵州省军人抚恤优待办法》和《贵州省优抚对象医疗保障办法》规定，进一步完善《优抚对象医疗保障办法》，健全复员退伍军人医疗保障制度，加大对享受抚恤补助的复员退伍军人的医疗补助资金投入，逐步提高医疗费用补助标准。县级优抚医疗专项补助资金，由县民政局列入部门预算，报县财政局汇总，由县财政局报请县政府审定同意，再报县人大常委会审批通过后，由县财政局按照有关文件精神贯彻执行。

（责任单位：县财政局，配合单位：县民政局）

（七）认真做好复员退伍军人土地确权和土地征收工作

20. 对享受抚恤补助的复员退伍军人的承包土地诉求，由县农牧局结合农村土地承包经营权确权登记颁证工作进行核实，符合条件的给予确权登记颁证。要在《农村土地承包经营权确权登记颁证工作方案》中对此项工作予以明确，开辟“绿色通道”，做到即报即受即办。

（责任单位：县农牧局、县国土资源局，各乡镇人民政府<街道办事处>）

21. 严格执行土地征收程序，落实补偿安置措施，拓宽安置补偿渠道，探索多途径补偿安置，并在就业创业、社会保障等方面加大扶持力度，切实维护被征地复员退伍军人的合法权益。

（1）依法履行征地程序。在统一开展土地征收工作中，依法履行“告知、确认、听证”程序，严格执行“两公告、一登记”制度，切实保障征地补偿费用及时、足额兑付给被征地复员退伍军人，防止征地过程中损害被征地复员退伍军人权益行为的发生。

（2）积极探索多途径补偿安置措施。建立健全征地补偿安置和被征地复员退伍军人帮扶长效机制，创新补偿安置方式，采取农业安置、就业指导安置、社会保险、货币安置等多种方式安置被征地复员退伍军人，并在就业创业扶持等方面给予支持、帮助，切实解决被征地复员退伍军人长远生计问题，解决后顾之忧。

（3）按照审批程序到位、政策公开到位、补偿安置到位的要求，建立健全征地拆迁信息沟通与协作机制，全力维护被征地复员退伍军人的合法权益。

（责任单位：县国土资源局，配合单位：县公安局、县人力资源社会保障局，各乡镇人民政府<街道办事处>）

（八）大力支持复员退伍军人子女接受教育

22. 县教育局学生资助管理中心、县内各学校要建立“家庭经济困难复员退伍军人子女学生库”，明确家庭经济困难复员退伍军人子女申请和审批教育资助流程；根据中央专项资金安排和相关财政补助精神，结合实际，对符合条件的我县复员退伍军人子女资助制定相关的教育资助项目。

每年3月和9月，家庭经济困难的复员退伍军人子女就读我县农村义务教育学校的，优先补助“家庭经济困难寄宿生生活补助”，补助标准为小学每生每年1000元，初中每生每年补助1250元；家庭经济困难的复员退伍军人子女就读学前教育的，同等条件下优先享受学前教育资助，资助标准为每生每年500元。

（责任单位：县教育局，各乡镇人民政府<街道办事处>）

23. 家庭经济困难复员退伍军人子女，在县内就读普通高中的，同等条件下优先享受普通高中国家助学金，资助标准为每生每年1500元。

（责任单位：县教育局，各乡镇人民政府<街道办事处>）

24. 对家庭经济困难复员退伍军人子女在我县就读中等职业学校的全日制学生，按规定享受三年免学费中等职业教育政策，给予每生每年免除2000元学费，对家庭经济困难的复员退伍军人子女享受1500元助学金和人社部门“两后生”预备制培训补贴。

（责任单位：县教育局、县人力资源社会保障局、各乡镇人民政府<街道办事处>）

25. 通过实施扶贫“雨露计划”，对复员退伍军人中农村“建档立卡”困难家庭子女上大学、中高职，在普惠政策基础上，给予扶贫优惠政策助学补贴（应届考取二本及以上大学一次性交通及过渡期生活补贴4000元/人，中高职一、二年级在校生每学年补贴1500元/人），做到应补尽补；对其家庭人员免费开展转移就业和农业技术培训，提高他们就业创业能力和收入水平。

（责任单位：县扶贫办，各乡镇人民政府<街道办事处>）

（九）继续完善对复员退伍军人的优待政策

26. 落实军队退役人员光荣牌发放工作。对农村籍军队退役人员，县民政局将市民政局按照省民政厅规定的统一样式制作的光荣牌，交由乡镇（街道）组织发放。县党政机关、企事业单位、人民团体的军队退役人员，由县民政局将统一样式制作的光荣牌交由军队退役人员所在单位主管部门组织发放；所需经费由县民政局列入部门预算，报县财政局汇总，由县财政局报请县政府审定同意，再报县人大常委会审批通过后，由县财政局按照有关文件精神贯彻执行。

（责任单位：县民政局、县财政局，各乡镇人民政府<街道办事处>，配合单位：县直各单位）

27. 落实享受抚恤补助的复员退伍军人慰问工作。各乡镇（街道）、各有关部门要在每年春节和“八一”建军节期间，对所有享受抚恤补助的复员退伍军人进行走访慰问。慰问标准为每人不低于200元，慰问所需经费由省级财政在春节期间按每人100元的标准进行安排外，剩余部分由县民政局列入部门预算，报县财政局汇总，由县财政局报请县政府审定同意，再报县人大常委会审批通过后，由县财政局按照有关文件精神贯彻执行。

（责任单位：县民政局、县财政局，各乡镇人民政府<街道办事处>，配合单位：县直各部门）

28. 建立享受抚恤补助的复员退伍军人定期体检制度。享受抚恤补助的复员退伍军人每两年进行一次体检，农村籍享受抚恤补助的复员退伍军人的定期体检由县卫生计生局统筹组织实施，所需经费由县卫生计生局列入部门预算，报县财政局汇总，由县财政局报请县人民政府审定同意，再报县人大常委会审批通过后，由县财政局按照有关文件精神贯彻执行；企业老复员军人和享受抚恤补助的复员退伍军人定期体检由复员退伍军人所在单位主管部门负责，所需经费由所在部门列入部门预算，报县财政局汇总，由县财政局报请县政府审定同意，再报县人大常委会审批通过后，由县财政局按照有关文件精神贯彻执行。承担复员退伍军人定期体检的医疗机构，要建立健全复员退伍军人健康档案。

（责任单位：县卫生计生局、各乡镇人民政府<街道办事处>，配合单位：县民政局、县财政局、县直各部门）

29. 落实复员退伍军人免费参观公益性公园、博物馆和乘坐公交车的待遇。县政府采取政府购买服务的方式，由相关部门研究制定复员退伍军人免费参观县级公益性公园、县级博物馆，以及免费乘坐公交车的具体实施办法。公益性公园、博物馆和公交车要设立“复员退伍军人免费”标志。

（责任单位：县文体广电旅游局、县交通运输局、县财政局，各乡镇人民政府<街道办事处>）

30. 建立健全企业老复员军人生活医疗困难补助自然增长机制。要按照《贵州省人民政府办公厅转发<省民政厅等部门关于解决企业老复员军人生活医疗困难的意见>的通知》（黔府办发〔2007〕43号）的有关规定，按每人每年不低于600元的标准，所需补助资金由县民政局列入部门预算，报县财政局汇总，由县财政局报请县政府审定同意，再报县人大常委会审批通过后，由县财政局按照有关文件精神贯彻执行。参照中央对享受抚恤补助的复员退伍军人抚恤补助调整时间，对企业老复员军人生活医疗困难补助实时调整并及时足额发放。县水西产业工作组、工能局要在每年10月底前，将特困企业或破产企业老复员退伍军人名单提供给县民政局，经县民政局审查确认后，报县财政局将所需经费划拨到县民政局，由县民政局商县水西产业工作组、工能局将经费划拨到所属企业，再由老复员退伍军人所在企业按时足额发放。破产企业的老复员退伍军人由户籍所在地乡镇（街道）发放。

（责任单位：县民政局，各乡镇人民政府<街道办事处>，配合单位：县财政局、县水西产业工作组、县工能局，县属企业主管部门）

四、工作要求

（一）完善多部门联动服务平台机制。按照《贵州省群工中心关于建立贵州省军队退役人员多部门联动服务平台机制的通知》（黔信〔2014〕194号）要求，为进一步畅通政府、部门与复员退伍军人的沟通渠道，我县已建立县、乡两级军队退役人员多部门联动服务平台机制。在今后的工作中，要定期召开会议，分析研究解决复员退伍军人困难帮扶工作中出现的各种问题，有效解决复员退伍军人的合理诉求，不断完善多部门联动服务平台机制。

（二）畅通复员退伍军人办事渠道。县、乡镇（街道）政务大厅（便民利民服务中心）及部门设立的服务大厅要增设“复员退伍军人服务窗口”，集中受理复员退伍军人申请办理事项。对复员退伍军人申请办理的事项，在受理窗口登记后，按照受理事项内容转交相关职能部门限时办理；申请事项办结后，交由“复员退伍军人服务窗口”送达申请人。“复员退伍军人服务窗口”要建立复员退伍军人申请办理事项台账，加强对职能部门办理事项的跟踪督办，确保复员退伍军人申请办理事项件件有着落、事事有回音。

（三）加大帮扶政策宣传力度。充分运用报刊、广播、电视、网络等宣传媒体，积极宣传国家对复员退伍军人的优抚政策和帮扶措施，积极动员社会力量广泛参与帮扶困难复员退伍军人，形成全社会尊重、关心、关爱复员退伍军人的浓厚氛围。县民政局要及时将国家、省、市、县出台的具体帮扶措施汇编成册，发放到基层相关部门和复员退伍军人手中，提高政策知晓度和政策执行透明度。

五、保障措施

（一）强化组织领导。强化对复员退伍军人

困难帮扶工作的领导，充分发挥领导小组和联席会议制度的作用，定期听取工作汇报，及时研究分析和解决复员退伍军人反映的各种困难和问题，确保复员退伍军人困难帮扶工作落到实处。

（二）强化工作保障。各乡镇（街道）、各有关部门要按照在政务大厅（便民利民服务中心）及部门设立的服务大厅增设“复员退伍军人服务窗口”的要求，落实专职工作人员负责受理复员退伍军人申请事项的办理工作，确保事有人管、责有人负。县财政部门要将复员退伍军人帮扶解困所需各项资金足额纳入年度财政预算，为复员退伍军人帮扶解困提供资金保障。

（三）强化责任落实。要将复员退伍军人帮扶解困工作纳入对各乡镇（街道）和各有关部门年度目标考核内容；县督办督查局要把复员退伍军人帮扶解困工作列为重大决策督查督办事项。对复员退伍军人帮扶政策落实不到位、工作措施不力的，要依法依纪严肃追究相关单位和人员的责任。

黔西县人民政府办公室

2015 年 5 月 22 日

黔西县人民政府办公室关于印发黔西县2015年突发性地质灾害应急预案的通知

各乡镇（街道）人民政府（办事处），黔西经济开发区管委会，县政府有关部门：

《黔西县2015年突发性地质灾害应急预案》已经县人民政府同意，现印发给你们，请结合实际抓好落实。

黔西县人民政府办公室
2015年4月28日

黔西县2015年突发性地质灾害应急预案

一、总则

（一）编制目的：为切实做好突发性地质灾害的应急准备，在发生地质灾害时能迅速、高效、有序地应对，最大限度减少人员伤亡和财产损失，维护社会稳定，促进全县经济社会可持续发展，特制定本预案。

（二）编制原则：以人为本、政府领导、部门合作、科学实施。预防为主、常备不懈。建立健全地质灾害防范体系、信息报告体系、科学决策体系、应急处理体系和恢复重建体系。

（三）编制依据：《中华人民共和国宪法》《地质灾害防治条例》《国家突发性地质灾害应急预案》《贵州省地质环境管理条例》《贵州省突发公共事件总体应急预案》《贵州省地质灾害应急预案》《毕节地区突发性地质灾害应急预案》《黔西县突发公共事件总体应急预案》等有关法律、法规和文件。

（四）适用范围：凡在本县行政区域内发生的因自然因素或人为活动引发的危害人民生命财产安全的滑坡、崩塌、泥石流、地面塌陷、不稳定斜坡、地面沉降等与地质作用有关的地质灾害。

二、应急机构及职责

（一）应急机构

成立黔西县突发性地质灾害应急处置工作指挥部，指挥长由分管副县长担任，副指挥长由县政府办副主任、县国土资源局局长、县民政局局长担任。成员由县国土资源局、财政局、民政局、交通运输局、发改局、卫生计生局、公安局、气象局、供电局、水利局、林业局、文体广电旅游局、住建局、工能局、教育局、监察局、电信公司、移动公司、公路段、安全监管局、农牧局、市场监管局、洪家渡水电站、索风营水电站、东风水电站、人武部、武警中队、黔西经济开发区等相关单位负责人和25个乡镇人民政府、4个街道办事处主要负责人组成，指挥部下设办公室在县国土资源局，县地灾办主要负责人任办公室主任。（见下列地质灾害抢险救灾应急指挥部流程图）

发生灾害时，由黔西县地质灾害应急处置工作指挥部负责组成现场指挥部，下设综合协调、灾情调查、抢险救灾、医疗救护、转移安置、安全保卫、后勤保障、善后处理等现场处置工作组，开展现场处置工作。

（二）职责

1. 黔西县地质灾害应急处置工作指挥部：负责组织领导和指挥出现地质灾害险情或者发生地质灾害时的预防和应急处理工作，协调应急抢险救灾人员、物资、交通工具和相关设施、设备，检查督促预防和应急抢险救灾措施落实情况。

2. 黔西县地质灾害应急处置工作指挥部办公室：负责突发性地质灾害抢险救灾应急指挥部的日常工作；负责地质灾害抢险救灾综合信息的收集、汇总和报告灾害情况，有关会议、活动的组织及各类文件的归档管理等工作；负责突发性地质灾害事件的接警，及时分析信息并报地质灾害抢险救灾应急指挥部；制定抢险救灾方案和灾民紧急撤离路线、安置地点；组织协调地质灾害的抢险救灾。

3. 县政府办：负责组织协调有关乡镇（街道）和各部门的抢险救灾工作。

4. 县国土资源局、县地质灾害预防及处置委员会办公室（以下简称“地灾办”）：负责组织专家和专业队伍对地质灾害的成因及险情进行分析评估，会同气象部门进行地质灾害气象预报，建立应急监测系统并结合气象资料提出趋势判定意见；协助有关部门开展灾后恢复重建。

5. 县财政局：负责救灾资金安排、拨付和资金使用情况的监督管理。

6. 县民政局：组织指导灾民转移安置，妥善安排灾民生活；组织人员查灾、核灾、报灾和管理、分配救灾款物；组织指导灾民倒塌房屋的恢复重建。负责救灾应急食品（纯净水、面包、饼干等）及应急御寒商品（棉毯、棉被、救灾衣裤）的供应和抢险物资（元钉、铁丝、铁铲、十字镐）的储备。

7. 县交通运输局、县公路段：负责组织协调公路建设工程活动中导致地质灾害和既有公路沿线自然或人为因素导致地质灾害的抢险救灾工作；负责组织各类救灾物资的运输协调工作及修复中断的公路、航道；负责救灾物资、设备、药品、食品的运送畅通。

8. 县发展和改革局：安排灾后基础设施重建项目，负责协调有关方面争取项目建设资金和因灾失去生存条件的移民资金。指导、协调受灾地区的物价平稳。

9. 县卫生计生局：负责调度卫生技术力量抢救伤员；做好灾区疫情监测预警；对重大疫情实施紧急处理，防止疫情、疾病的传播、蔓延。

10. 县公安局：负责现场和灾区社会治安、交通运输秩序工作，协同有关部门做好灾民的转移。

11. 县气象局：负责分析和提供地质灾害发展趋势预测预警信息，并会同县国土资源局进行地质灾害气象预报。

12. 县供电局：负责受损电力设施的恢复；保障地质灾害应急抢险的电力供应。

13. 县水利局：负责组织协调水利工程建设过程中导致地质灾害和既有水利工程范围内自然或人为因素导致地质灾害的抢险救灾工作；负责组织对主要河流、水库实施调度和灾后河堤、水利设施的修复。

14. 县林业局：负责组织协调林区因工程活动或自然因素导致地质灾害的抢险救灾工作。

15. 县文体广电旅游局：负责对新闻媒体的采访报道活动进行管理、协调和指导；组织协调新闻媒体赴灾区进行抢险救灾新闻采访报道；组织协调旅游景区（点）因工程活动或自然因素导致地质灾害的抢险救灾工作。

16. 住房和城乡建设局：负责灾后恢复重建规划和工程设计施工等。

17. 县工业能源局、市场监管局：负责组织协调本行业矿山、企业因工程活动或自然因素导致地质灾害的抢险救灾工作；组织向灾区提供生产救援物资，维护市场秩序。

18. 县教育局：负责指导、协助转移受灾学校师生员工，做好灾后学校教育、教学组织工作，与有关部门共同做好灾后校舍恢复重建。

19. 县监察局：对在抢险救灾工作中失职、渎职、效能低下等行为加强责任追究；对贯彻执行决策措施不力、贻误工作造成损失，或弄虚作假、瞒报、谎报情况的，坚决从严追究责任；造成严重后果的，按照有关规定，依纪依法严肃处理。

20. 县安全监管局：负责协调因工程活动或自然因素导致地质灾害的抢险救灾工作中出现的安全问题。

21. 县农牧局：负责指导受灾地区农作物抢救工作、受灾地区村（居）民畜禽医疗工作，灾后恢复重建工作。

22. 县电信公司、移动公司：负责地质灾害应急抢险的通讯畅通。

23. 洪家渡水电站、索风营水电站和东风水电站：负责组织水电工程建设和库区运行过程中导致地质灾害和水电工程、库区范围内自然或人为因素导致地质灾害的抢险救灾工作。

24. 县人武部、武警中队：负责组织指挥民兵、预备役人员、武警参加抢险救灾工作。

25. 乡镇（街道）人民政府（办事处）：负责组织人员赶赴现场进行抢险救灾，带领群众撤离危险区，组织灾民避让和安排灾民生活。

26. 其他有关部门和单位根据应急指挥部的要求，按照各自的职责分工，为抢险救灾工作做好应急配套服务。

三、应急准备

（一）抢险救灾人员准备：地质灾害发生地的乡镇（街道）人民政府（办事处）是抢险救灾人员的主要组织者，要成立突发性地质灾害应急分队，由分管领导任分队长，灾害发生地的干部、群众和灾害点的企事业单位、项目业主、施工单位等人员为成员。

（二）资金准备：按分级负责原则，县人民政府按有关规定筹措地质灾害抢险救灾专项资金。抢险救灾资金必须纳入专户管理，专款专用。

（三）物资准备：县民政、卫生、粮食等部门负责储备和筹集粮食、方便食品、帐篷、衣被、饮用水、药品和其它生存救助所需物资等。县工业能源局负责调用矿山救护物资和装备；县交通运输局负责调用交通运输车辆、船只和抢险机械设备、水上的救护装备和物资。

（四）信息准备：建立县、乡镇（街道）、村（居）、组群测群防监测网络，各乡镇（街道）人民政府（办事处）组织村（居）委会及群众开展地质灾害险情巡查，发现险情及时处理和报告。充分发挥水利、气象等部门的雨情监测系统的作用，依托以地理信息系统技术为平台的灾害预警、评估和应急决策系统，加强和完善县、乡镇（街道）、村（居）、组地质灾害群测群防监测预警网络建设。依托民政、交通运输、水利、气象等部门的信息网络，形成地质灾害快速应急信息系统和部门间的灾害信息共享平台。

（五）宣传、培训和演习：各乡镇（街道）人民政府（办事处）及国土资源、文体广电旅游等有关部门要利用各种媒体和各种形式宣传地质灾害防灾知识，增强广大民众防灾减灾意识和抵御能力，制定地质灾害应急抢险救灾知识教育、培训计划，不定期对社会公众、乡镇（街道）人民政府（办事处）分管领导、各类专业紧急救援队伍、非政府组织和志愿者进行培训。各乡镇（街道）人民政府（办事处）及县国土资源等部门根据应急预案，结合具体实际，定期或不定期地组织开展应急抢险救灾演习，提高应急准备、指挥和响应能力。

四、地质灾害等级与影响分析

《贵州省毕节市黔西县“十二五”地质灾害防治专项规划》对黔西县地质灾害易发区、重点防治区、次重点防治区和一般防治区作了规划，并根据地质灾害隐患点危险性确定了51个危险性大的地质灾害隐患点，危险性大的地质灾害隐患点涉及到17个乡镇，其中观音洞镇16个、中建乡2个、五里乡3个、金兰镇1个、素朴镇4个、太来乡2个、铁石乡3个、金碧镇1个、新仁乡1个、中坪镇8个、谷里镇3个、红林乡2个、钟山镇1个、协和镇1个、永燊乡1个、重新镇1个、花溪乡1个。以上地质灾害隐患点的稳定性差，危险性大，涉及乡镇人民政府必须高度重视，加强监测，随时做好应急处置准备工作。

五、地质灾害调查、报告和处理程序

发现地质灾害险情或灾情的单位或个人，应立即向所在地的乡镇（街道）人民政府（办事处）或县地灾办报告。县地灾办接到报告后，立即向县政府报告，以便及时派人赶赴现场，对灾情进行现场调查，采取有效措施，防止灾害发生或者灾情扩大，并将灾情和发展趋势按地质灾害灾情分级报告的规定向市人民政府和市国土资源局报告。

六、地质灾害的预警信号和应急通讯保障

（一）发生地质灾害时的预警信息，以各地质灾害隐患点防灾预案规定的信号为准。

（二）县地灾办、各乡镇（街道）人民政府（办事处）必须有专人值班，确保通讯畅通。存在地质灾害隐患的村（居）、组，有条件的要安装程控电话。

七、应急处理

（一）发现险情或发生灾情时，立即通知群众转移，紧急情况可以强行组织疏散。人员财产撤离、转移路线按各地质灾害隐患点的防治预案规定执行。事前要做好避让方案的准备工作，并经常进行演练。

（二）医疗救治由县卫生计生局统一安排，制定医疗救治和疾病预防控制方案，根据灾情或险情调集县中心医院、疾病预防控制中心医务人员进行救治，并由疾病预防控制中心对灾区采取控制措施，防止疾病扩散。

八、地质灾害分级

（一）特大型（特大灾、Ⅰ级）：因灾害死亡在30人以上或者直接经济损失1000万元以上的地质灾害灾情；受灾害威胁，需搬迁转移人数在1000人以上，或潜在可能造成的经济损失1亿元以上的地质灾害险情。

（二）大型（重大灾、Ⅱ级）：因灾害死亡在10人以上30人以下或者直接经济损失500万元以上1000万元以下的地质灾害灾情；受灾害威胁，需搬迁转移人数在500人以上1000人以下，或潜在经济损失5000万元以上1亿元以下的地质灾害险情。

（三）中型（较大灾、Ⅲ级）：因灾害死亡在3人以上10人以下或者直接经济损失100万元以上500万元以下的地质灾害灾情；受灾害威胁，需搬迁转移人数在100人以上500人以下，或潜在经济损失在500万元以上5000万元以下的地质灾害险情。

（四）小型（一般灾、Ⅳ级）：因灾害死亡在3人以下或者直接经济损失100万元以下的地质灾害灾情；受灾害威胁，需搬迁转移人数在100人以下，或潜在经济损失500万元以下的地质灾害险情。

九、应急响应

（一）应急响应程序

一是发生特大、重大地质灾害灾情或险情时的先期处置。县指挥部立即组织开展先期抢险救灾工作，并将灾情或险情按规定及时报告上级地质灾害抢险救灾应急指挥部办公室；及时组织协调事发地的乡镇（街道）人民政府（办事处）、村（居）民委员会、农村基层群众组织、事件责任单位等按照职责，做好灾民的疏散、安置、自救互救及救灾物资、资金的安排；及时向社会公布有关信息，解除群众恐慌心理，维护社会安定；迅速执行上级下达的各项命令。二是基本响应程序。指挥部办公室接到发生地质灾害报告后，在第一时间报告指挥长、副指挥长，由指挥长决定启动地质灾害抢险救灾应急预案，由指挥部召集相关部门、专家成立现场应急指挥部，召开抢险救灾紧急会议，制定处置方案，部署抢险救灾工作。各指挥部成员单位按照职责做好相关工作，同时将情况报上级。（见下列应急响应基本流程图）

（二）应急响应职责

1. 现场指挥部职责：执行地质灾害抢险救灾应急指挥部指令；迅速了解灾情及先期处置情况，成立救灾工作组，研究制定应急救援方案并组织实施；及时将情况向地质灾害抢险救灾应急指挥部和县应急办报告。

2. 现场指挥部工作组的组成及职责。

综合协调组：由县政府办、县国土资源局及其他相关部门、有关乡镇（街道）人民政府（办事处）分管领导组成，协调各工作组开展处置工作，及时沟通传递和报告现场情况。

灾情调查组：由县国土资源局有关人员和地质环境方面的专业技术人员组成，对地质灾害险情或灾情进行调查、监测，制定抢险救灾技术方案，为抢险救灾决策服务。

抢险救灾组：由现场指挥部根据灾情确定其组成，制定抢险救灾工作方案并组织实施。

医疗救护组：由县卫生部门和有关医疗单位人员组成，组织对伤员进行救治，防治和控制疾病暴发流行。

转移安置组：由乡镇（街道）人民政府（办事处）和有关部门负责人组成，制定灾民转移安置方案并组织实施。

安全保卫组：由公安局等单位人员组成，组织警力对现场进行警戒，必要时实施强制转移和交通管制。

后勤保障组：由财政、民政等有关部门负责人组成，负责应急物资、通讯、运输、供电、供水、食品等方面的保障。

善后处理组：由乡镇（街道）人民政府（办事处）负责人及相关部门人员组成，负责灾民的善后处理。

十、应急行动

（一）转移安置

拟定转移路线和安置地点，组织灾区群众及时转移，发放和调配救灾款物，保障灾民生活。

（二）搜索救助

抢险队伍排除险情，抢救受灾人员、财产。

（三）医疗救护

卫生部门迅速组织队伍进入灾区，组建临时医疗所，抢救、转运和医治伤员。

（四）工程抢险

交通运输、住房和城乡建设、水利、供电、通信等部门迅速组织抢修损坏的公路、河道、通信、电力、供水等设施，尽快恢复正常运行。

（五）社会治安

公安部门负责灾区社会治安管理和安全保卫工作，维护社会治安和交通秩序，保护救灾物资。

（六）扩大应急

当灾害有扩大趋势或难以控制时，由现场指挥部报请上级决定扩大应急。

十一、后期处置

（一）经费和物资

已动用的救灾物资，有关负责部门及时按规定补偿或赔偿。

（二）生产生活

灾情稳定后，地质灾害抢险救灾应急指挥部协调有关部门拟定生产、生活安排计划，组织群众大力开展生产自救、重建家园。

（三）灾情评估

地质灾害抢险救灾应急指挥部组织有关部门和专家对灾情进行评估，指导灾区做好灾后救助工作。

十二、附则

（一）名词术语的定义与说明

直接经济损失：指地质灾害及次生灾害造成的物质破坏，包括建筑物和其他工程结构、设施、设备、物品、财物等破坏而引起的经济损失，以重新修复所需费用计算。不包括非实物财产，如货币、有价证券等损失。

其他说明：本预案有关数量的表述中，“以上”含本数，“以下”不含本数。

（二）预案的解释

本预案由县国土资源局负责解释。

（三）预案实施时间

本预案自印发之日起实施。

黔西县人民政府办公室关于印发黔西县创建国家卫生县城实施方案的通知

各乡镇（街道）人民政府（办事处），黔西经济开发区管委会，县政府有关工作部门：《黔西县创建国家卫生县城实施方案》已经县人民政府同意，现印发给你们，请认真抓好贯彻执行。

黔西县人民政府办公室
2015 年 4 月 16 日

黔西县创建国家卫生县城实施方案（2014—2016 年）

根据《国务院关于进一步加强新时期爱国卫生工作的意见》《国家卫生乡镇（县城）标准》及《毕节市 2013—2014 年创建国家卫生城市实施方案》要求，以及省、市关于创建国家卫生县城的工作安排，为进一步推进我县创建国家卫生县城工作开展，确保如期成功通过国家卫生县城考核并获得命名，结合实际，特制定本方案。

一、指导思想

深入贯彻落实《国务院关于进一步加强新时期爱国卫生工作的意见》精神，以全面建设美丽黔西、打造和谐宜居县城为目标，不断加快城市基础设施建设，完善城市综合服务功能，提高城市综合管理水平，改善群众生活环境，促进县城经济社会又好又快发展。开展多形式、多层次、全方位的创建活动，形成上下联动，人人参与的新局面，全面完成各项创建工作任务。

二、目标任务

（一）爱国卫生组织管理

1. 高度重视创建国家卫生县城工作，认真贯彻落实国家、省、市关于爱国卫生工作的法规政策，将爱国卫生工作纳入政府议事日程，列入社会经济发展规划，实行目标管理，各单位和广大群众积极参与爱国卫生工作。

2. 健全爱卫会组织机构，县政府主要领导担任爱卫会主任，成员单位分工明确、职责落实。爱卫会办公室独立，人员编制能适应实际工作需求，爱国卫生工作经费纳入财政预算。乡镇（街道）配备专兼职爱国卫生工作人员，村（社区）协调做好爱国卫生工作。

3. 制定爱国卫生工作规划和年度计划，有部署、有总结，积极开展卫生街道、卫生社区、卫生单位等创建活动，在城乡广泛开展爱国卫生教育宣传活动。

4. 畅通爱国卫生建议与投诉平台，健全群众监督机制，对群众反映的问题认真核查和整改，认真核实和解决群众反映的问题。群众对卫生状况满意率≥90%。

（二）健康教育

1. 以《中国公平健康素养—基本知识与技能》为主要内容，广泛开展健康教育和健康促进活动，居民健康素养水平达到卫生事业发展规划要求。

2. 健康教育网络健全，各主要媒体设有健康教育栏目，车站、广场和公园等公共场所设立的电子屏幕和公益广告等应当具有健康教育内容，社区、医院、学校等积极开展健康教育活动；职工相关卫生知识知晓率≥80%；居民健康基本知识知晓率≥80%，健康生活方式与行为形成率≥70%，基本技能掌握率≥70%；医院病人及其陪护家属相关健康知识知晓率≥80%；学校健康教育开展率达100%，学生健康知识知晓率≥90%，学生健康生活方式与行为形成率≥80%，14岁以下儿童蛔虫感染率≤5%。

3. 深入开展禁烟、控烟宣传活动，禁止烟草广告。开展无烟学校、无烟机关、无烟医疗卫生机构等无烟场所建设，室内公共场所、工作场所和公共交通工具设置禁止吸烟警语和标识。

（三）环境卫生

1. 各项建设符合规划实施要求，路网体系完善，道路路面平整完好。排水设施完好、畅通，污水暗管（沟）排放，县城下水道管网覆盖率≥80%。

2. 公共厕所、垃圾桶（废物箱）、垃圾收集站（点）、垃圾转运站等环卫设施符合《城镇环境卫生设施设置标准》要求，布局合理、数量足够，管理规范、清洁卫生，建成区无旱厕。

3. 清扫保洁垃圾收集运输有专门队伍，主要街道保洁县城不低于12小时。乡镇建成区内垃圾容器化覆盖率≥80%，垃圾日产日清，密闭储存清运，密闭清运率达到100%。

4. 县城生活垃圾、粪便无害化处理场建设、管理和污染防治符合国家有关法律、法规及标准要求，生活垃圾和粪便无害化处理率≥80%，污水处理厂污泥得到妥善处理，不产生二次污染。

5. 卫生责任制落实，市容美观有序，无乱搭乱建、乱贴乱画、乱摆摊点现象。集贸市场卫生设施完善，功能分区合理，活禽售卖、宰杀设置相对独立的区域，管理良好。

6. 建筑工地管理符合《建筑施工现场环境与卫生标准》要求，建筑物料、施工泥土不影响道路通畅和环境卫生，工地噪声不影响居民日常生活。

7. 河道、湖泊等水体的水面清洁，无漂浮垃圾。岸坡整洁，无垃圾杂物。

8. 建成区绿化符合要求，公共绿地养护良好，绿化覆盖率≥30%，路灯亮灯率≥95%。

9. 建成区内禁止放养家禽家畜，饲养宠物符合有关规定，不得影响环境卫生和居民正常生活。

（四）环境保护

1. 建立环境保护工作机制，认真贯彻执行环境保护政策和法律法规，根据《国家突发环境事件应急预案》要求，近3年内不发生较大（III级）以上级别环境污染事件。

2. 环境空气质量指数（AQI）或空气污染指数（API）不超过100的天数≥300天，环境空气主要污染物年均值达到国家《环境空气质量标准》二级标准。秸秆综合利用率达到100%，杜绝秸秆焚烧现象。区域环境噪声平均值≤60分贝。

3. 集中式饮水水源地水质达标率100%，安全保障率100%，城区水环境功能区达到要求。重点工业污染源废水、废气达标排放率100%。

4. 医疗废弃物统一由有资质的医疗废弃物处置单位处置，无医疗机构自行处置医疗废物情况。医源性污水的处理排放符合国家有关要求。

（五）病媒生物预防控制

1. 认真贯彻落实《病媒生物预防控制管理规定》，坚持以环境治理为主的综合防制方针，落实防制人员和经费，防制措施符合国家有关标准和规范要求，防鼠防蝇设施完善，孳生地得到有效治理。

2. 在化学防制中，注重科学合理用药，不使用国家禁用的药物。

3. 县城积极开展病媒生物监测工作，监测方法规范，数据可靠，能够基本反映病媒生物危害的现状。

4. 通过综合防制，鼠、蚊、蝇、蟑螂等病媒生物得到有效控制。其中，鼠密度达到国家规定的标准，蚊、蝇、蟑密度至少有一项达到国家规定的标准，蚊、蝇、蟑其他项不超过标准的3倍。

（六）食品安全、生活饮用水及公共场所卫生

1. 认真贯彻《中华人民共和国食品安全法》《中华人民共和国职业病防治法》《公共场所卫生管理条例》等法律法规，监督监测与技术指导规范、资料齐全。连续3年内不发生重大食品安全事故、饮用水污染事故、职业危害事故。

2. 食品生产经营单位、集中供水单位及公共场所经营单位具有有效许可证，卫生安全管理制度健全，生产经营条件、操作过程符合相应法规规范要求。从业人员持有效健康证，具备相应岗位的基本卫生知识并掌握卫生安全操作规程。

3. 食品生产单位不采购和使用不符合食品安全标准的食品原料、食品添加剂、食品相关产品，在生产过程中按照规定使用食品添加剂，无违法添加非食用物质的现象。食品销售单位无变质、腐败、假冒伪劣食品及其他不符合食品安全标准要求的食品，销售的定型包装食品和散装食品符合食品安全法律的规定要求。各类餐饮服务单位、集体食堂防尘、防蝇、防鼠及上下水设施和冷藏设备齐全，餐具消毒、清洁设施运转良好，食品原料和制售过程符合食品安全要求，确保食品无交叉污染。县城餐饮服务单位实行食品安全量化分级管理覆盖率≥90%。

4. 集中式供水和二次供水单位管理规范，自身检测和卫生监督机构监督、监测资料齐全。集中式供水出厂水、管网末梢水和二次供水的水质符合《生活饮用水卫生标准》。

5. 旅馆、美容美发厅、歌舞厅、公共浴室、网吧等场所内外环境整洁，公共用品的清洗、消毒设施齐备，工作人员操作符合卫生规范要求。城市影剧院、图书馆、商场等场所应当有良好通风采光条件，合理配备垃圾箱和卫生公厕。

6. 企业职业卫生符合国家规定要求。对辖区内的新建、改建、扩建项目和技术改造、技术引进项目可能产生职业病危害的依法进行职业卫生审查，企业对劳动者开展职业健康监护工作。

7. 全面实行生猪定点屠宰、集中检疫制度（农村地区个人自宰自食的除外），无注水猪肉和病死猪肉上市。集中生猪屠宰点符合《生猪屠宰管理条例》要求，无对生猪及生猪产品注水或者注入其他物质的现象。

8. 县城普通中小学设卫生室，按学生人数600∶1的比例配备专职卫生技术人员。学校教学建筑、环境噪声、教学采光照明以及黑板、课桌椅的设置符合国家有关标准。学校食堂符合食品安全要求，饮用水水质符合《生活饮用水卫生标准》。

（七）传染病防治

1. 认真贯彻《中华人民共和国传染病防治法》，有规划、有制度、有措施，有关资料齐全。疾病预防控制机构建设达到国家规定要求，重大疾病控制按期完成国家规划要求，近3年无因防控措施不力导致的甲、乙类传染病暴发流行。

2. 医疗机构贯彻落实《医院感染管理办法》，有健全的医院感染控制、疫情登记报告制度，对传染病、医院感染暴发事件、突发公共卫生事件规范报告和处理。二级以上综合医院开设感染科。

3. 医院免费实行国家免疫规划项目的预防接

种，儿童国家免疫规划疫苗全程接种率≥95%；有流动人口免疫规划管理办法，居住期限3个月以上的儿童建卡建证率≥95%；预防接种规范，安全接种率100%，幼托机构、学校按照《疫苗流通和预防接种管理条例》规定开展入托、入学儿童预防接种证查验工作。

4. 临床用血100%来自无偿献血，其中自愿无偿献血≥90%。依法打击非法行医和非法采供血，医疗服务秩序良好。

（八）社区卫生

1. 乡镇卫生院、村卫生室和社区卫生服务机构建设达到国家或省级有关要求，设置符合国家有关规定，并能充分发挥作用。

2. 有健全的卫生管理制度，坚持定期开展检查评比活动。积极开展创建卫生社区、卫生楼（院）活动。

3. 环境整洁，绿化、美化符合相关要求，车辆摆放整齐，楼道内不堆放杂物，无违章搭建，无非法小广告。

4. 环卫设施完善，垃圾收集和公共厕所管理符合卫生要求，无乱排乱倒现象。

（九）乡镇辖村卫生

1. 参加新型农村合作医疗的参合率高于所在省（区、市）平均水平。

2. 建有符合国家相关要求的村卫生室（所），配置医疗用房、设备和人员，村医取得合法执业资格。

3. 30%以上村庄建成省级卫生村。

4. 自来水普及率≥90%，其中学校自来水普及率≥95%，定期开展农村生活饮用水水质卫生监测。无害化卫生厕所普及率≥70%，其中学校无害化卫生厕所普及率≥80%。

5. 村庄主干路硬化，支路平整。村容整洁，村内垃圾密闭存放，定期清理，柴草、杂物堆放整齐。无蚊蝇孳生的污水坑、粪坑。

6. 积极开展创建卫生户活动，农户居室内外整洁，村民卫生习惯良好。

7. 村内家禽牲畜实行圈养，无散放牲畜、家禽。

三、工作步骤

（一）部署落实阶段（2014年）

县直各相关部门和单位、各创卫成员单位按要求，制定切实可行的创建工作方案，广泛开展宣传发动，动员广大群众积极参与到创建工作中来。根据创卫目标和工作职责以及相关创卫工作会议安排，抓好各项创建工作落实，对照创建标准进行自查，针对存在问题制定相应的整改措施，不断完善创建目标任务。

（二）全面攻坚阶段（2015年）

1. 2015年1—3月完成申报资料收集整理工作。

2. 2015年4—9月按照创建工作目标任务分解，集中开展全县市容环境卫生、农贸市场、建筑工地、交通秩序、“五小”行业、病媒生物防制、公共厕所、城中村等专项整治达标活动，县创卫考核组适时进行考核并将考核情况上报县领导小组。

3. 2015年10—12月，由县创建国家卫生县城指挥部组织各创卫工作专项整治工作小组对整治达标工作进行督查，针对存在问题认真自查整改，力争达到创建标准要求，做好接受暗访、评审的准备。

（三）暗访、评审阶段（2016年）

县直各相关部门各单位要继续深入开展各项创建工作，使城市环境卫生管理水平得到大幅提升，城市基础设施得到进一步完善，秩序更加规范，环境更加优美，居民卫生意识、健康素质和生活质量得到明显提高，城市整体形象得到较大改变，顺利通过国家卫生县城暗访检查。同时做好各项创卫工作资料整理归档，迎接国家卫生县城技术评估的相关工作，确保顺利通过全国爱卫会专家组的考核评审，并通过创建工作的深入开展，建立长效机制，将创卫工作进一步深化延伸，逐步向乡镇推进，促进城乡创卫工作整体推进。

四、保障措施

（一）加强组织领导。各有关单位要高度重视创卫工作，建立党政“一把手”负责制，在创卫工作开展过程中，制定切实可行的工作方案，明确职责任务，对本辖区、本部门、本单位的创卫工作任务亲自靠前指挥，督促落实，把创卫工作任务层层分解，实行定人、定责、定目标、定时限，做到工作有计划有安排、有目标、有要求、有奖惩办法，确保创卫工作顺利开展。

（二）广泛宣传发动。采取多种宣传形式加大宣传力度，营造浓厚创建氛围，增强市民创卫意识，发挥群众积极参与创建工作的作用，切实改变群众创卫观念，从“要我创卫”逐步转变为“我要创卫”，积极参与到创卫活动中来。同时，充分发挥新闻媒体的舆论导向和监督作用，通过电视台、报社期刊、广播等媒介加大创卫宣传力度，对创卫工作进行实时报道，对先进单位和个人进行公开表扬，对工作不力的单位或个人进行曝光；在广场、车站、公交车站台等人流量集中的繁华地段设置规范醒目的卫生创建宣传专栏；开展形式多样、内容丰富的群众性爱国卫生活动，引导和组织广大干部群众积极参与到创建活动中来。

（三）强化责任落实。各相关单位要将创卫工作任务层层分解落实，明确责任、任务和完成时限。推行党委、政府领导包部门，部门包片区，企业业主包门市，城区、街道、村（社区）干部包社区（村寨）的包片责任制，按照卫生创建工作任务要求集中时间、集中力量、层层抓好落实，形成齐抓共管的良好局面。

（四）加强执法监管。加强执法队伍建设，坚持依法治市、依法管城，设置文明卫生监督岗，组建群众性监督管理队伍。公安、城管、住建、规划、交通、环保、卫计、市场监管等部门要依照国家相关法律法规，充分发挥职能作用，切实做到尽职尽责、管理到位、秉公执法、文明执法，加强对城区市容市貌、交通秩序、卫生秩序、市场秩序、建筑工地秩序、医疗卫生秩序等的有效管理。对违法占道、流动经营、乱停乱放、乱排乱倒、乱贴乱画、乱搭乱建等难点问题，加强协作、联合执法，采取切实有效的管理整治措施，形成规范的长效机制，提升城市综合形象。

（五）完善督促考评机制。各相关单位要健全创卫工作督查通报制度、考评制度，对创卫工作开展情况进行及时通报，并设立投诉平台、畅通投诉渠道，认真处理群众反映的问题；各单位根据创卫工作需要，明确专人负责日常创建工作；县政府将创卫工作纳入年终工作目标考核，对创卫工作进行专项督查；对影响创卫工作开展的单位和个人，严格按照相关要求追究责任。

附件：1. 黔西县创建国家卫生县城任务分解表

2. 黔西县创建国家卫生县城专项达标活动

附件 1

黔西县创建国家卫生县城任务分解表项目标准责任单位

一、爱国卫生组织管理

1. 乡镇政府认真贯彻落实国家关于爱国卫生工作的法规政策，把爱国卫生工作纳入议事日程，实行目标管理，主要领导担任爱卫会主任，重视爱国卫生工作和卫生创建活动。爱卫会组织健全，在爱国卫生工作和创建活动中发挥组织协调作用，各委员单位分工明确，责任落实。县政府办、各乡镇（街道）

2. 爱国卫生工作有计划，有经费，有部署，有检查，有总结，档案管理规范。卫生创建工作纳入乡镇（县城）发展规划，有创建工作实施方案，建立长效管理机制，以乡镇带村，整体发展。县爱卫办

3. 充分发动群众参与爱国卫生运动，经常开展形式多样、内容丰富的卫生创建活动。县爱卫办

4. 创建国家卫生县城的县爱卫会办公室具备与所承担工作任务相适应的编制、人员、经费和工作条件，所辖居委会、行政村等基层单位有专兼职爱国卫生工作人员。编委办、财政局

5. 设立卫生问题建议与投诉平台，健全群众监督机制，对群众反映的问题认真核查和整改，群众对卫生状况满意率≥90%。县爱卫办

二、健康教育

1. 健康教育机构、网络健全，相关人员和经费足额及时落实。乡镇卫生院及防保机构有健康教育专兼职人员，能承担起健康教育业务技术指导的职责；社区、学校、卫生室等健康教育网络能够积极发挥作用。县卫计局

2. 中小学校按照教育部《中小学健康教育指导纲要》要求，通过学科教学和专题讲座等多种形式开展健康教育，培养学生养成良好的卫生行为。学校健康教育开展率达100%，学生健康知识知晓率≥90%，学生健康生活方式与行为形成率≥80%，14岁以下儿童蛔虫感染率≤5%。县教育局

3. 医院、卫生院、卫生室（所）设置有健康教育宣传栏，采取多种形式，有针对性地向病人及其亲属开展健康教育，住院病人及其陪护家属相关健康知识知晓率≥80%。县卫计局

4. 乡镇、社区（村）、卫生院（室）以《中国公民健康素养—基本知识与技能》为主要内容，按照《亿万农民健康促进行动规划》开展多种形式的健康教育活动，举办卫生知识讲座，向社区居民传播健康知识。居民健康基本知识知晓率≥80%，健康生活方式与行为形成率≥70%，基本技能掌握率≥70%。县卫计局

5. 各行业结合单位特点开展有关职业病防治、疾病预防、卫生保健、控烟、心理健康和伤害预防等方面的健康教育活动，职工相关卫生知识知晓率≥80%。县卫计局

6. 各类公共场所和各传播媒体设立健康教育宣传平台，能紧密结合卫生防病工作和广大群众普遍关心的卫生热点问题，开展形式多样的卫生知识宣传和健康教育，倡导健康生活方式，对卫生创建活动进行正确的舆论引导。县卫计局、文广局、爱卫办

7. 积极开展控烟工作，无烟草广告，公共场所设有禁烟标志并监督落实。县卫计局、市场监管局

三、环境卫生

1. 各项建设符合规划实施要求，路网体系完善，道路路面平整完好。排水设施完好、畅通，污水暗管（沟）排放，县城下水道管网覆盖率≥80%，乡镇下水道管网覆盖率≥60%。县住建局、规划局、城管局

2. 公共厕所、垃圾桶（废物箱）、垃圾收集站（点）、垃圾转运站等环卫设施符合《城镇环境卫生设施设置标准》要求，布局合理、数量足够，管理规范、清洁卫生，建成区无旱厕。县城管局

3. 清扫保洁垃圾收集运输有专门队伍，主要街道保洁县城不低于12小时、乡镇不低于8小

时。乡镇建成区内垃圾容器化覆盖率≥80%，垃圾日产日清，密闭储存清运，密闭清运率达到100%。县城管局

4. 县城生活垃圾、粪便无害化处理场建设、管理和污染防治符合国家有关法律、法规及标准要求，生活垃圾和粪便无害化处理率≥80%，污水处理厂污泥得到妥善处理，不产生二次污染。县城管局

5. 卫生责任制落实，市容美观有序，无乱搭乱建、乱贴乱画、乱摆摊点现象。集贸市场卫生设施完善，功能分区合理，活禽售卖、宰杀设置相对独立的区域，管理良好。县城管局、工能局、市场监管局

6. 建筑工地管理符合《建筑施工现场环境与卫生标准》要求，建筑物料、施工泥土不影响道路通畅和环境卫生，工地噪声不影响居民日常生活。县住建局

7. 河道、湖泊等水体的水面清洁，无漂浮垃圾。岸坡整洁，无垃圾杂物。县城管局

8. 建成区绿化符合要求，公共绿地养护良好，绿化覆盖率≥30%，路灯亮灯率≥95%。县城管局

9. 建成区内禁止放养家禽家畜，饲养宠物符合有关规定，不影响市容环境卫生和居民正常生活。县城管局、各街道办事处

四、环境保护

1. 建立环境保护工作机制，按照国家有关规定编制环境规划并经县政府批准后实施，完成上级下达的主要污染物减排任务。认真贯彻执行环境保护政策和法律法规，根据《国家突发环境事件应急预案》要求，近3年内不发生较大（Ⅲ级）以上级别环境污染事件。县环保局

2. 水环境质量、空气环境质量、声环境质量达到环境功能区或环境规划要求。集中式饮用水水源地水质达标率100%。县环保局

3. 重点工业污染源废水、废气达标排放率100%。因地制宜，采取集中和分散相结合的方式开展生活污水处理，其中县城要建设集中污水处理设施，乡镇建成区生活污水处理率要达到70%以上。位于水源源头、集中式饮用水水源保护区等需特殊保护地区和易发生水体富营养化地区的乡镇，生活污水处理须采取有效的脱氮除磷工艺。县环保局、工能局、水利局、供排水公司

4. 医疗、危险废弃物按照国家有关规定实现安全贮存和处理，医源性污水排放符合国家标准。县环保局、卫计局

五、病媒生物防制

1. 认真贯彻落实《病媒生物预防控制管理规定》，坚持以环境治理为主的综合防制方针，落实防制人员、经费，防制措施符合国家有关标准和规范要求，防鼠防蝇设施完善，孳生地得到有效治理。县卫计局、爱卫办及相关成员单位

2. 在化学防制中，注重科学合理用药，不使用国家禁用的药物。县卫计局

3. 县城积极开展病媒生物监测工作，监测方法规范，数据可靠，能够基本反映病媒生物危害的现状。县卫计局

4. 通过综合防制，鼠、蚊、蝇、蟑螂等病媒生物得到有效控制。其中，鼠密度达到国家规定的标准，蚊、蝇、蟑螂密度至少有一项达到国家规定的标准，其他项不超过标准的3倍。县卫计局

六、食品安全、生活饮用水及公共场所卫生

1. 认真贯彻《中华人民共和国食品安全法》《中华人民共和国职业病防治法》《公共场所卫生管理条例》等法律法规，监督监测与技术指导规范、资料齐全。连续3年内不发生重大食品安全事故、饮用水污染事故、职业危害事故。县市场监管局

2. 食品生产经营单位、集中供水单位及公共

场所经营单位具有有效许可证，卫生安全管理制度健全，生产经营条件、操作过程符合相应法规规范要求。从业人员持有效健康证、具备相应岗位的基本卫生知识并掌握卫生安全操作规程。县市场监管局

3. 食品生产单位不采购和使用不符合食品安全标准的食品原料、食品添加剂、食品相关产品，在生产过程中按照规定使用食品添加剂，无违法添加非食用物质的现象。县市场监管局

4. 食品销售单位无变质、腐败、假冒伪劣食品及其他不符合食品安全标准要求的食品，销售的定型包装食品和散装食品符合食品安全法律的规定要求。县市场监管局

5. 各类餐饮服务单位、集体食堂防尘、防蝇、防鼠及上下水设施和冷藏设备齐全，有餐具消毒、保洁设施并运转良好，食品原料和制售过程符合食品安全要求，无交叉污染。县城餐饮服务单位实行食品安全量化分级管理覆盖率≥90%。县市场监管局

6. 集中式供水和二次供水单位管理规范，自身检测和卫生监督机构监督、监测资料齐全。集中式供水出厂水、管网末梢水和二次供水的水质符合《生活饮用水卫生标准》。县卫计局、供排水公司

7. 旅馆、美容美发厅、歌舞厅、公共浴室、网吧等场所内外环境整洁，公共用品的清洗、消毒设施齐备，工作人员操作符合卫生规范要求。县城影剧院、图书馆、展览馆、商场等场所应当有良好通风采光条件，合理配备垃圾箱和卫生公厕。县卫计局、文广局

8. 企业职业卫生符合国家规定要求。乡镇区内的新建、改建、扩建项目和技术改造、技术引进项目可能产生职业病危害的依法进行职业卫生审查，企业对劳动者开展职业健康监护工作。县卫计局、安监局

9. 全面实行生猪定点屠宰、集中检疫制度（农村地区个人自宰自食的除外），无注水猪肉和病死猪肉上市。集中生猪屠宰点符合《生猪屠宰管理条例》要求，无对生猪或者生猪产品注水或者注入其他物质的现象。县工能局、农牧局

10. 县城普通中小学设卫生室，按学生人数600 ：1 的比例配备专职卫生技术人员。学校教学建筑、环境噪声、教学采光照明以及黑板、课桌椅的设置符合国家有关标准。学校食堂符合食品安全要求，饮用水水质符合《生活饮用水卫生标准》。县教育局、卫计局

七、传染病防治

1. 认真贯彻《中华人民共和国传染病防治法》，有规划、有制度、有措施，有关资料齐全。疾病预防控制机构建设达到国家规定要求，重大疾病控制按期完成国家规划要求，近 3 年无因防控措施不力导致的甲、乙类传染病暴发流行。县卫计局

2. 医疗机构贯彻落实《医院感染管理办法》，有健全的医院感染控制、疫情登记报告制度，对传染病、医院感染暴发事件、突发公共卫生事件规范报告和处理。二级以上综合医院开设感染科。县卫计局

3. 免费实行国家免疫规划项目的预防接种，儿童国家免疫规划疫苗全程接种率≥95%；有流动人口免疫规划管理办法，居住期限 3 个月以上的儿童建卡建证率≥95%；预防接种规范，安全接种率 100%，幼托机构、学校按照《疫苗流通和预防接种管理条例》规定开展入托、入学儿童预防接种证查验工作。县教育局、卫计局

4. 临床用血 100%来自无偿献血，其中自愿无偿献血≥90%。依法打击非法行医和非法采供血，医疗服务秩序良好。县卫计局

八、社区卫生

1. 乡镇卫生院、村卫生室和社区卫生服务机

构建设达到国家或省级有关要求，设置符合国家有关规定，并能充分发挥作用。县卫计局、各街道办事处

2. 有健全的卫生管理制度，坚持定期开展检查评比活动。积极开展创建卫生社区、卫生楼（院）活动。各街道办事处

3. 环境整洁，绿化、美化达到相关要求，车辆摆放整齐，楼道内不堆放杂物，无违章搭建，无非法小广告。各街道办事处

4. 环卫设施完善，垃圾收集和公共厕所管理符合卫生要求，无乱排乱倒现象。各街道办事处

九、乡镇辖村卫生

1. 参加新型农村合作医疗的参合率高于所在省（区、市）平均水平。县卫计局、各街道办事处

2. 建有符合国家相关要求的村卫生室（所），配置医疗用房、设备和人员，村医取得合法执业资格。县卫计局、各街道办事处

3. 30%以上村庄建成省级卫生村。县爱卫办、各街道办事处

4. 自来水普及率≥90%，其中学校自来水普及率≥95%，定期开展农村生活饮用水水质卫生监测。无害化卫生厕所普及率≥70%，其中学校无害化卫生厕所普及率≥80%。县水利局、卫计局

5. 村庄主干路硬化，支路平整。村容整洁，村内垃圾密闭存放，定期清理，柴草、杂物堆放整齐。无蚊蝇孳生的污水坑、粪坑。各街道办事处

6. 积极开展创建卫生户活动，农户居室内外整洁，村民卫生习惯良好。各街道办事处

7. 村内家禽牲畜实行圈养，无散放牲畜、家禽。各街道办事处

附件2

黔西县创建国家卫生县城专项达标活动

为全面推进创建国家卫生县城工作，在全县同步开展“创卫目标达标”行动，各乡镇（街道）、各有关单位要突出重点，突破难点，推进创卫工作任务落到实处，按照要求开展下列专项整治达标活动：

一、卫生与秩序整治达标行动

加大城区道路保洁清扫和喷洒力度，积极落实“门前三包”责任制，全面开展禁止随地吐痰、禁止乱丢污物的“两禁”活动，增设一批垃圾容器，达到垃圾不落地，日产日清，清运不撒漏，消灭全部垃圾堆放死角。集中整顿楼房阳台和平房院落，清除所有违章建筑物、构筑物，严禁沿街乱搭乱建、乱堆乱放、乱贴乱画、乱摆摊点，保持市容市貌整洁美观。加快完善城区道路、管网、环卫设施、垃圾污水处理，以及绿地、公园、公厕、农贸市场等城市基础设施和配套设施建设，提高城中村环境卫生水平。加大城乡结合部、背街小巷、城区主次干道、城市出入口、建筑工地、城区河道和污水沟渠等重点部位的卫生整治，城区环境卫生清洁化、秩序化、优美化、制度化。

做好城市交通排堵保畅工作，坚决取缔马路市场、占道经营等各类违法违章行为，营造安全畅通、文明和谐有序的道路交通环境。

二、农贸市场整治达标行动

农贸市场卫生清扫、垃圾清运有专人管理，达到全日保洁，商品摆放整齐，摊位清洁。严禁在城区乱摆摊点、无证经营等行为，严厉打击制售假冒伪劣商品行为，规范整治各类市场。强化

监管，确保设施完善、划行归市，有活禽销售的市场设立相对独立区域，污物（污水）处置和消毒设施完善，实行隔离屠宰，全县无违禁野生动物销售。公厕、垃圾站建设符合卫生要求，临时便民市场、疏导点设置有短期计划并采取有效措施，防止对周边环境、交通秩序和群众生活造成影响。

三、食品安全、“五小”行业整治达标行动

依法开展食品安全和卫生监督管理工作，落实卫生制度，食品生产、经营场所悬挂有效证照，室内环境整洁，从业人员佩戴有效健康证，摆放食品量化分级标识，从业人员个人卫生保持良好，不发生食品安全事件和重大疫情。对流动食品摊贩实行统一管理，规定区域、限定品种。实现生猪、牛、羊、禽类定点屠宰，确保无注水肉和病畜肉上市，定点屠宰点要符合卫生及动物防疫要求，有严格的检疫程序。

对“五小”行业（旅馆、美容美发厅、歌舞厅、公共浴室、网吧）进行集中整治，组织开展示范街、样板店创建工作，以点带面，点线面结合，实现证照、制度规范上墙，卫生环境、操作规程等达标。公共场所卫生监督量化分级管理率达到95%以上，食品行业从业人员健康查体率、培训率、“五病”调离率均达到100%，餐饮业、集体食堂量化分级管理率保持在95%以上。

四、环境保护治理达标行动

全面落实大气、废水、噪声等污染治理规划和实施方案，利用宣传栏、告示牌、电子屏等进行环保公益宣传，卫生行政主管部门进一步加强医疗卫生机构监督管理，做好医疗废物收集与暂存，并定期送交有资质处置单位进行集中处置。加快燃煤锅炉改造、裸露土地绿化，加强烟尘、废水排放治理等，加大产业结构、能源结构调整力度，淘汰一批高能耗、高污染企业，力争实现空气质量指标达到标准。

五、建筑工地整治达标行动

抓好城区建筑工地及渣土运输扬尘整治，进一步加强对建筑工地的监管，对建筑工地食堂、食品安全、工地宿舍等进行有效卫生管理，确保工地围挡规范，出入口硬化并有清洗设施，无生活垃圾，运送建筑垃圾车辆要实行全封闭管理。

六、“三灭一控”达标行动

开展病媒生物孳生地调查和监测工作，制定灭鼠防病计划，做好鼠情监测、毒饵站设置、经费筹措，人员配置等准备工作，在建成区内开展病媒生物防制达标工作。充分发挥专兼职灭鼠、灭蚊蝇、灭蟑螂队伍的作用，从部门、街道办事处到村（社区）都要配备专兼职工作人员，并按包住户、包地段、包质量的要求，落实任务，明确职责、奖惩兑现，确保四害密度控制在国家标准之内要建立长效机制，使病媒生物防制工作步入经常化、制度化、科学化的轨道，进一步巩固病媒生物防制成果。

七、健康促进达标行动

健全各级健康教育机构，落实人员经费，密织健康教育网络，充分发挥学校、医疗机构、街道、村（社区）、各行业、新闻媒体作用，开展各类健康教育活动，提高市民健康知识知晓率、健康生活方式与行为形成率、基本技能掌握率。加强公共场所禁烟宣传工作，设立禁烟巡查员和劝阻员，使市民逐渐养成不在公共场所吸烟的行为习惯。

八、城中村及城乡结合部整治达标行动

开展背街小巷专项整治，加大城中村和城郊结合部卫生基础设施投入，加强硬化、绿化、美化工作，清理垃圾死角，完善排污设施，解决污水不畅问题，对旱厕进行拆除或升级改造，村内街巷实现硬化、美化、净化全覆盖，村容村貌保持卫生整洁。健康教育机构、医疗卫生机构、街道、社区要加大对此类地区的健康教育工作力度，使居民健康基本知识知晓率、健康生活方式行为形成率、基本技能掌握率达到国家卫生县城标准要求。

黔西县人民政府办公室关于印发黔西县行政机关及事业单位经营性资产剥离工作方案的通知

各乡镇（街道）人民政府（办事处），黔西经济开发区管委会，县直各工作部门：

经商有关部门同意，现将《黔西县行政机关及事业单位经营性资产剥离工作方案》印发给你们，请认真组织实施。

黔西县人民政府办公室
2015年2月13日

黔西县行政机关及事业单位经营性资产剥离工作方案

为进一步加强和规范全县行政机关及事业单位经营性资产管理，加快转变政府职能，根据《贵州省行政机关及直属事业单位经营性资产剥离工作方案》（黔府办函〔2014〕150号）有关要求，特制定本工作方案。

一、总体要求

以“政企分开、政资分开、政事分开、转变职能”为目标，按照“归属清晰、权责明确、保护严格、流转顺畅”的原则，进一步整合资源，创新监管方式，规范管理运营，提高使用效率，积极稳妥推进全县行政机关及事业单位经营性资产剥离工作。

二、工作目标

（一）建立集中管理制度。全县行政机关及事业单位经营性资产与原单位剥离，实行统一登记、统一管理、统一运营，建立新型的资产集中统一管理运行机制。

（二）整合盘活存量资产。在全面清查、摸清底数的基础上，对经营性资产进行整合利用，优化存量资源配置，充分发挥国有资产的整体效益。

（三）规范资产经营行为。采用市场化、专业化经营管理模式，对剥离的经营性资产实行集中统一管理和经营。

三、剥离范围与剥离方式

（一）剥离范围。全县行政机关及事业单位（以下简称剥离单位）所拥有的经营性资产全部纳入剥离范围。单位内部职工周转使用的公用住房，不纳入本次经营性资产剥离清查范围。文化体制改革的事业单位、医院、学校，按照中央、省有关政策规定实施改革和管理，不列入本次剥离的范围。

1. 用于自营、出租、出借、合作或承包经营的房地产，包括办公用房（含门面）、业务用房、商业用房、场地、配套设备设施和其他物业。用于经营的房地产以权属证书或相关资料（如项目立项、购买合同等）注明的原用途进行分类，如办公用房（含门面）、业务用房、商业用房等。其中：商业用房主要指店面、商铺等；场地主要指利用空地作为停车场、洗车场、货物堆放场所等；配套设备设施主要指为经营性房地产配套的物业、门岗、配电等房产，以及电梯、中央空调、锅炉、电力等设备；其他物业主要指车库（含地下停车场）、停车棚、游泳池、厂房、仓储设施，以及其他未列入以上类型的房屋或构筑物。凡权属证书或其他相关资料明确注明为商业、店面等经营用途的房地产一律列入剥离范围。

2. 闲置、未利用的房地产。此类房地产主要指剥离单位长期未使用或未实质性利用的房地产，如未装修的毛坯房、长期空置的房地产、出租出借到期闲置的房地产、临时作为储存场所而未实质性使用的房地产等。

3. 使用国有资产开办的未具备独立法人资格经济实体，如宾馆、酒店、招待所、培训（艺术、会议）中心、咨询服务部（中心）、内部商铺及各类公司等经营使用的房地产及设备设施。未具备独立法人资格经济实体，指已取得工商行政管理部门颁发的营业执照，但不具有法人资格的附属营业单位。剥离单位经营使用的资产主要用于住宿、餐饮、会议等房地产，或冠以宾馆、酒店、招待所、培训中心名称的场所及其配套设备设施。

4. 使用国有资产投入到各类经济实体中形成的国有股权。此类资产主要指剥离单位对外投资形成的国有股权，包括全资、控股和参股三种类型。

（二）剥离方式。（1）转变用途。对适合办公使用的经营性房地产，经县财政局批准，可转为办公用途，用于解决本级部分行政事业单位办公用房不足问题。（2）转让变现。对不予（宜）转为办公用途的房地产，以及经县政府研究认为需要变现的其它经营性资产、对外投资股权；严格按程序进行审批、评估和备案后，通过公开转让变现，转让收入上缴县国库。属于房地产等经营性资产转让变现，剥离单位没有权属证书的，证书办理涉及部门先办理该经营性资产权属证书，所有权（使用权）人为县财政局。3. 划转移交。对转变用途和转让变现以外的经营性资产，全部划转移交县财政局集中监管。

四、工作时限和工作步骤

经营性资产剥离工作按照“统筹规划、先易后难、分步推进”的原则开展，在2015年6月10日前全部完成，并形成总结报告。具体分三个阶段推进：

（一）开展资产清查（2015年3月30日前完成）

1. 成立机构。剥离单位成立经营性资产剥离工作小组，小组成员由本单位负责人、财务和资产管理部门有关人员组成，负责经营性资产的清查盘点，提出经营性资产剥离方案，承办经营性资产划转移交等工作，领导小组成员名单报县财政局国有资产管理股。

2. 组织清查。剥离单位以2014年12月31日为统计期间，开展经营性资产专项清查，按照有关要求填报经营性资产清查报表，2015年3月30日前完成经营性资产清查工作。

（二）报送剥离方案（2015年4月10日前）

剥离单位在经营性资产专项清理的基础上，按照有关要求，提出本单位经营性资产剥离方案，连同经营性资产清查报表、剥离方案审核表、经营性资产权属资料和经营合同等相关资料（附件资料请在公共邮箱中下载，邮箱账号：2717194193@qq.com；密码：999999999），报经主管部门审核后，于2015年4月10日前报送县财政局国有资产管理股（联系人：陈英文，联系电话：13595704698，4222628）。县财政局通过实地核查方式，审核汇总各部门（单位）经营性资产剥离方案，报县政府审定。

（三）办理划转移交（2015年6月10日前完成）

根据县政府审定意见，县财政局办理清查结果和剥离方案批复，组织有关单位实施剥离方案。其中，经营性资产的划转移交，按以下方式办理：1. 已办理土地使用权和房屋所有权的经营性资产，具备整体移交条件的，实物资产连同权属证原件及建设图纸、物业管理合同等相关资料划转移交县财政局，同时办理产权变更手续。2. 尚未办理土地使用证和房屋所有权证的经营性资产，具备整体移交条件的，实物资产连同建设、购买、置换、合作开发等有关批转文件、协议原件，以及建设图纸和物业管理合同等资料划转移交县财政局，剥离单位、住建、国土、规划、房管等部门应配合县财政局办理权属证书手续。3. 经营性资产与办公用房等不动产混合一体，无法在产权上进行分割的，暂不进行产权变更，先行办理经营权移交。同时，移交建筑图纸、物业管理合同、资产权属证书或建设、购买、置换、合作开发等有关批准文件和资料复印件。待条件成熟时实施所有权划转。4. 已签约出租、出借、合作或承包的经营性资产，剥离单位应将所签订的合同或协议原件移交县财政局，并办理变更相关手续。5. 委托管理的经营性资产，由产权单位与受托单位共同办理划转移交手续。6. 产权不明晰的房地产、待产权明晰后，按以上方式办理移交手续。涉及资产权属、经营性合同等法律纠纷的，原产权单位应配合县财政局进行协调处理。

五、检查验收

县财政局会同审计等部门对剥离单位的资产剥离工作逐个进行验收，形成总结报告。同时，对检查验收中发现的问题督促整改，涉及违纪违法问题依法追究有关人员责任。

六、责任分工

县财政局是全县经营性资产剥离工作的责任主体，负责制定全县行政机关及事业单位经营性资产剥离工作方案，积极推进经营性资产剥离工作，指导、协调和及时解决工作中出现的问题。各行政机关及事业单位是本部门（单位）经营性资产剥离工作的责任主体，负责本部门（单位）经营性资产清查统计、审核报批和划转移交等工作；机构编制委员会、人力资源和社会保障局要对剥离单位机构性质进行确认；市场监督管理局对剥离单位所属经营性资产进行审核确认；法制办给予相应的法律援助，经营性资产剥离后，各类证照要重新核发；住建、国土、规划、房管、审计、国（地）税等部门要依据职责依法做好资产剥离审核把关工作。

七、保障措施

为确保如期完成全县经营性资产剥离工作，县人民政府成立黔西县行政机关及事业单位经营性资产剥离工作领导小组（以下简称领导小组），领导小组成员名单如下：

组　长：喻祖常　县委常委、县人民政府常务副县长

副组长：汤　进　县政府办公室主任
　　　　胡　健　县财政局局长

成　员：罗　凯　县政府办公室副主任
　　　　海　丽　县编委办主任
　　　　何　钧　县法制办主任
　　　　滕　林　县国税局局长
　　　　刘　玲　县地税局局长
　　　　肖良华　县住房城乡建设局局长
　　　　彭先俊　县审计局局长
　　　　靳　筠　县城乡规划局局长
　　　　符　培　县房管局局长
　　　　胡加福　县市场监管局局长
　　　　罗帮智　县国土资源局局长
　　　　任　云　县人力资源和社会保障局常务副局长

领导小组下设办公室在县财政局，胡健同志兼任办公室主任，李爱农同志兼任办公室副主

任，负责领导小组日常工作。

八、相关要求

（一）剥离单位要加强组织领导，抽调专人负责做好经营性资产的清查、核实、申报、划转、移交、不得弄虚作假、隐匿瞒报资产；剥离期间不得擅自改变资产用途，未经批准不得对外签订新的承包、出租、出借合同，不得划转、出售、或以其他方式擅自处置资产；剥离期间合同到期的经营性资产需继续出租等事项，经主管部门审核，报县财政局审批。

（二）各乡镇（街道）人民政府（办事处）要加强督查督办，确保经营性资产剥离工作按计划完成。县监察局要强化剥离工作中党纪政纪的监督检查。县财政局会同审计、国（地）税等部门开展检查，对弄虚作假、隐匿瞒报资产，违反规定在剥离资产期间擅自改变资产用途、擅自处置国有资产造成国有资产流失的，严肃追究有关人员责任。

黔西县人民政府办公室关于印发黔西县健康教育工作方案的通知

各乡镇（街道）人民政府（办事处），黔西经济开发区管委会，县政府有关工作部门：

《黔西县健康教育工作方案》已经县人民政府同意，现印发给你们，请认真抓好贯彻执行。

黔西县人民政府办公室
2015年4月16日

黔西县健康教育工作方案

健康教育是我国卫生事业的重要组成部分，也是公民素质教育和社会主义精神文明建设的重要内容之一。为进一步普及健康知识，促进广大市民形成健康文明的生活方式，提高公共卫生水平，根据省、市工作要求和创建国家级卫生县城的安排部署，结合实际，制定本方案。

一、工作目标

深入贯彻《国务院关于进一步加强新时期爱国卫生工作的意见》精神，通过建立健全健康教育组织机构，不断完善健康教育体系。采取多种宣传途径和手段，普及健康教育知识，倡导文明、健康、科学的生活方式，提高群众维护健康的意识和提升人民群众的健康水平和生活质量。

二、工作任务

（一）建立健全健康教育机构。成立健康教育工作领导小组，构建健康教育网络，落实相关人员和经费。各单位、学校、医疗机构配备健康教育专兼职人员，承担健康教育业务技术指导职责；充分发挥社区、学校、卫生室等健康教育网络作用，扎实开展健康教育工作。

（二）加强学校健康教育工作。按照教育部《中小学健康教育指导纲要》要求，通过学科教学等多种形式开展健康教育，培养学生养成良好的卫生行为。学校健康教育开展率达100%，学生健康知识知晓率≥90%，学生健康生活方式与行为形成率≥80%，14岁以下儿童蛔虫感染率≤5%。

（三）加强医疗机构健康教育工作。积极开展"健康促进医院"活动，县级医院、卫生院、卫生室设置健康教育宣传栏，采取多种形式，有针对性地向病人及其亲属开展健康教育，住院病人及其陪护家属相关健康知识知晓率≥80%。每年对医护人员开展1次以上健康教育知识培训，三年内培训率达90%以上。

（四）加强村（社区）健康教育工作。以《中国公民健康素养—基本知识与技能》为主要内容，按照《亿万农民健康促进行动规划》为目标，积极开展创建"健康进社区"活动，利用橱窗、宣传栏开展健康教育宣传，宣传内容每季度更换1次，每季度开展1次以上居民健康教育知识讲座，每月开展1次以上针对高血压、糖尿病、心脑血管病等高危重点人群的健康教育。居民健康基本知识知晓率≥80%，健康生活方式与行为形成率≥70%，基本技能掌握率≥70%。

（五）加强其他行业健康教育工作。其他各行业要结合工作特点认真开展有关职业病防治、疾病预防、卫生保健、控烟、心理健康和伤害预防等方面的健康教育活动，结合季节性传染病发病规律，认真办好健康知识宣传栏，职工相关卫生知识知晓率≥80%，健康行为形成率达70%以上。

（六）加强控烟工作。积极开展控烟工作，无烟草广告，公共场所设有禁烟标志并监督落实。

三、工作措施

（一）加强组织领导。加强对全县健康教育工作的领导，成立由县政府分管领导任组长，各相关单位和各乡镇（街道）负责人为成员的黔西县健康教育工作领导小组（见附件），负责全县健康教育工作的组织、领导和协调。各乡镇（街道）、各有关单位、各村（社区）参照县领导小组分别成立健康教育工作领导小组，组织落实本区域、本单位健康教育工作的开展，并确定1—2名专（兼）职人员负责日常工作。

（二）加强健康教育宣传。建立固定的健康教育阵地，在县城区主要街道及各社区建立健康教育宣传栏，在县电视台、各单位门户网站等新闻媒介开辟专门的健康教育专栏，加强健康教育宣传；各乡镇（街道）结合实际，在醒目位置建立健康教育专栏，紧密结合卫生防病工作和广大群众普遍关心的卫生热点问题，面向广大人民群众，开展形式多样的卫生知识和健康教育知识宣传活动，倡导健康生活方式，提高群众生活质量。

（三）加强健康教育管理。各乡镇（街道）、各有关单位、各行业要依据健康教育管理标准，明确学校、医院、社区、公共场所和大众传媒等各类健康教育工作的具体要求，积极组织全县健康教育专（兼）职工作人员进行业务知识培训，提高业务水平和工作能力。各行业主管部门要加强健康教育业务指导，定期组织检查考核，强化健康教育工作的常规性。加强健康教育资料的规范化管理，确保健康教育档案科学规范。

（四）积极开展控烟健康教育。在全县广泛开展创建“无吸烟单位”活动，公共场所、公共交通工具及各单位禁烟区内设置醒目的禁止吸烟标志，提倡机关事业单位、学校、医院等单位工作人员带头禁烟。积极组织开展大规模的禁烟宣传活动，在全县上下形成浓厚的禁烟氛围，确保全县无烟草广告。

四、工作要求

（一）强化责任落实。各乡镇（街道）、各有关单位要将健康教育工作列入重要议事日程，根据健康教育目标任务，认真落实工作责任，逐级分解目标任务，制定实施计划和具体措施，确保健康教育工作顺利开展。

（二）加强督导检查。县健康教育工作领导小组办公室要组织和指导全县健康教育工作的开展，为健康教育工作的开展提供技术指导，业务培训，并开展考核检查、效果追踪、评价等工作。要建立有效的沟通联系机制，加强单位间的协调，形成上下联动，良性互动的推进机制。

（三）严肃工作纪律。县政府将健康教育工作纳入年终工作目标考核，对健康教育工作进行专项考核。各乡镇（街道）、各有关单位要认真开展健康教育工作，严肃工作纪律，落实工作责任追究制，对影响健康教育工作开展的单位和个人，将严格按照相关要求追究责任。

附件：黔西县健康教育工作领导小组

附件

黔西县健康教育工作领导小组

组　长：张　锦　县政府副县长
副组长：董定皓　县政府办机关党委书记
　　　　罗清亚　县卫计局局长
成　员：王应祥　县教育局常务副局长
　　　　陈　红　县发改局局长
　　　　胡　健　县财政局局长
　　　　曾　艳　县文体广电旅游局局长
　　　　田忠毅　县城管局局长
　　　　钱茂勃　县交通运输局局长
　　　　胡加福　县市场监管局局长
　　　　任　云　县人力资源社会保障局常务副局长
　　　　王龙明　县农牧局局长
　　　　颜亨廷　县科技办主任
　　　　赵丹团　县委副书记
　　　　邓　敏　县妇联主席
　　　　罗朝开　县总工会副主席
　　　　张　鸿　县卫计局副局长
　　　　胡玉梅　县爱卫办主任
　　　　谌振业　县移动公司经理
　　　　蒋景志　县电信公司经理
　　　　陈　坤　县联通公司经理

各乡镇（街道）人民政府（办事处）乡镇长（主任）

领导小组下设办公室在县卫计局，罗清亚同志兼任办公室主任，负责办公室日常工作。

黔西县人民政府办公室关于印发黔西县实行最严格水资源管理制度实施方案的通知

各乡镇（街道）人民政府（办事处），黔西经济开发区管委会，县政府有关工作部门，各相关单位：

《黔西县实行最严格水资源管理制度实施方案》已经县人民政府同意，现印发给你们，请认真贯彻执行。

黔西县人民政府办公室
2015 年 1 月 5 日

黔西县实行最严格水资源管理制度实施方案

为贯彻落实《中共中央国务院关于加快水利改革发展的决定》（中发〔2011〕1 号）、《贵州省人民政府关于实行最严格水资源管理制度的意见》（黔府办发〔2013〕27 号）、《毕节市人民政府办公室关于印发毕节市实行最严格水资源管理制度考核暂行办法的通知》及中央、省、市水利工作会议精神，进一步加强我县水资源开发利用和节约保护工作，切实实行好最严格的水资源管理制度，突出抓好水资源开发利用控制、用水效率控制、水功能区限制纳污红线管理，特制定本实施方案。

一、总体思路

（一）指导思想

深入贯彻落实科学发展观，按照中央和省、市关于实行最严格水资源管理制度的文件要求和会议精神，围绕县委、县政府的发展战略，把实施最严格的水资源管理制度作为推动经济结构调整、转变经济发展方式和优化经济社会发展布局的战略举措，着力政策制定、制度落实、考核监督、强化水资源管理的约束力，落实水资源管理责任制，促进水资源合理开发利用和节约保护，保障经济社会可持续发展。

（二）基本原则

一是坚持人水和谐。既要合理利用水资源，又要有效保护水资源，实现人水和谐。二是坚持以人为本，民生优先。以建设现代化的民生水利为目标，着力解决人民群众最关心、最直接、最现实的水资源问题。三是坚持统筹兼顾。优先满足城乡生活用水，统筹安排工业、农业、生态以及其他部门用水，促进流域与区域、城市与农村、上下游、左右岸、干支流水资源协调利用。四是坚持一体化管理。着力推进城乡一体化、区域一体化供水，强化水资源一体化管理。五是坚持改革创新。大胆探索水资源管理体制机制改革创新，加快水资源管理信息化建设，着力构建有利于水资源科学管理的体制机制和政策支撑体系。六是坚持总量控制与定额管理相结合。严格实行用水总量控制，抑制不合理用水需求，加强定额管理和需水管理，优化配置水资源，促进用水方式的转变。七是坚持突出重点与全面推进相结合。重点推进水资源管理“三条红线”的划定，落实最严格水资源管理考核制度，全面推进水资源合理利用和节约保护工作。八是坚持政府主导与公众参与相结合。通过政府主导、部门协作和公众参与的形式，提高水资源管理的公开性和透明度，最大限度地激发人民群众参与水资源管理、节约、保护的积极性、主动性和创造性。

（三）总体目标

严格实行用水总量控制、用水效率控制、水功能区限制纳污“三条红线”，坚决遏制用水浪费，严格控制入河排污总量。执行最严格水资源管理制度的考核制度；完善与水资源“三条红线”管理相适应的监控体系；实施水资源“三条红线”管理。

二、指标体系

根据市确立的最严格水资源管理制度考核指标，在2015年前完成工作任务。包括用水总量控制指标、用水效率控制指标、水功能区限制纳污指标。

（一）用水总量控制指标

2015年，全县用水总量控制在1.8亿立方米以内。

（二）用水效率控制指标

全县万元工业增加值用水量2014年比2010年下降52.7%，2015年万元工业增加值用水量比2014年下降0.05%，即控制在152.62立方米/万元以下。到2015年渠系水利用系数达到0.466，灌溉水利用系数达到0.443。

（三）水功能区限制纳污指标

黔西县水功能考核区为3条河流（野纪河、化陇河、渭河）、1个湖泊（大海子）、6个水库（附廓水库、沙坝河水库、干河沟水库、野那沟水库、青浦塘水库、水淹坝水库）。水质目标：沙坝河水库要求达到Ⅳ类水质标准，附廓水库要求达到Ⅱ类水质标准，其他4个水库（干河沟水库、野那沟水库、青浦塘水库、水淹坝水库）及3条河流（野纪河、化陇河、渭河）、1个湖泊（大海子）均要求达到Ⅲ类水质标准。

三、主要任务

（一）实施用水总量控制

实行用水总量控制，遵循统筹规划、科学配置、节约保护和水资源有偿使用的原则，推行需水管理，按照先地表水后地下水的用水顺序，优先保障生活，统筹生产和生态用水，保障水资源可持续利用。

严格执行县确定的用水总量控制指标，执行最严格水资源制度管理。

1. 严格取水总量控制管理

严格控制流域、区域取水许可总量。将取水许可总量控制作为落实用水总量指标的重要控制手段。严格取水许可审批，对已经达到用水总量指标的地区，停止审批新增取水；对接近用水总量指标的地区，限制审批新增取水。

2. 严格水资源论证

把水资源管理“三条红线”控制指标作为建设项目水资源论证的前置条件。严把新上项目准入关，对需要办理取水许可但未取得建设项目水资源论证和取水申请批准文件的，县发展和改革局、工能局等部门不得审批、核准该建设项目，县环保局不得批准其环境影响评价报告，县国土局不批土地利用许可，县市场监管局不予注册。加快建立规划水资源论证制度，对工业园区、国民经济和社会发展规划以及城市总体规划、涉及开发利用水资源的产业发展规划等进行水资源论证，从水资源角度对生产力布局、产业结构提出要求，从战略层面促进产业结构与水资源承载力相协调。

3. 严格取用水大户监督管理

强化取用水大户的用水总量控制和定额管理，在完善自备水源取水户计划用水管理的同时，将公共供水用户纳入计划用水管理。对超计划或超定额取用水的，实行累进加价收费。建立取用水大户监管机制，重点推进规模以上非农业取用水大户的取水在线监管，开展水平衡测试，强化考核；推进灌区取水计量管理。

4. 严格中水回用和节约用水管理

对中水回用实行统一监督管理。有关单位应对各种排水采取措施，集中处理，实现排水减化、资源化和无害化。中水必须保证水的质量，回用费用低廉，使用安全、方便。中水回用水用于绿化、景观、水面、保洁等与人们日常生活直接相关方面时，必须采用安全、可靠方法进行消毒处理符合有关标准后才能使用。中水回用水质标准应根据中水回用用途，执行相应的标准。对采取中水回用措施的单位，可按有关规定给予减收或免收污水超标准排污费等优惠政策。实施中水回用的单位，可实施中水回用经营交易机制，在单位之间、区域之间实施中水互为循环使用，节约水资源，提高中水综合利用率，减少中水损失和浪费。

加强节约用水管理，鼓励引导运用先进的科学技术建立科学的用水体系，有效地使用水资源，保护水资源，适应经济社会可持续发展的需要。

5. 严格水资源统一调度

建立水资源统一调度工作协调与协商机制，落实水资源调度地方行政首长负责制，强化供水水源、生态修复、突发事件处理等水资源调度，规范调度工作。

（二）实施用水效率控制

强化和完善节水管理制度，根据省制定的地方用水标准，建立健全用水效率控制、考核机制；建立用水效率控制指标体系，遏制用水浪费，提高用水效率，积极推进节水型社会建设。

根据用水效率控制指标，做好以下工作：

1. 积极推进水价改革和节水示范建设

充分发挥水价调节作用，合理提高非农业用水价格，稳步推行居民生活用水阶梯式水价制度，落实好超定额取水累进加收水资源费政策。

2. 加强节水监督管理

根据省、市出台的计划用水和节约用水管理办法，强化用水定额管理和计划用水管理。逐步推进建设项目节水设施“三同时”管理制度，新建、改建、扩建项目均必须进行节水评估，制订节水措施，配套建设节水设施。

3. 加快推进节水改造

加大国家有关节水技术政策和技术标准的贯彻执行力度，实施节水技术改造和示范工程。积极推进小型灌区的续建配套、节水改造任务及小型农田水利重点建设。

（三）实施水功能区限制纳污

落实水功能区限制纳污指标，既要考虑水资源保护和水生态修复的需求，又要结合当前经济社会发展实际，选定合理的水量保证率。同时，区分不同水域功能要求，对保护区和饮用水源区采取更严格的限制纳污措施，保障用水安全和水环境生态安全。

要根据县下达的水功能区限制纳污指标，严格控制各水功能区入河排污总量。对辖区企业的排污设施运行情况进行摸底排查，全面掌握企业排污设施建设、运行情况，督促其加强排污治污的运行管理，加大运行投入，提高运行质量，确保稳定达标排放；同时联合相关部门多渠道、多种方式加大对农村入河排污口监管，使其排污治污达到相关标准要求。

1. 加强水功能区和入河排污口监督管理

根据县级水功能区划，完成县重点入河排污口排放达标考核，并按照各水功能区水质要求，严格水功能区和入河排污口监督管理。

2. 加强饮用水水源安全保障

抓紧开展重要饮用水水源地达标建设。完成

饮用水源地突发污染事件应急预案，为处理重大突发污染事件提供管理及技术储备，有效防范饮用水安全风险，针对薄弱环节，完善饮用水水源应急监管体系。

3. 加快水生态系统保护与修复

维持河流合理基流和水库及地下水的合理水位，维护河流、水库生态健康，开展库清淤及污染物整治、水生态保护与修复试点工作；全力推进重点河流综合整治；适时组织开展河流、水库生态健康评估工作，发布重要河流、水库生态健康状况报告。

（四）完善监控体系

1. 加快推进水资源管理系统建设

基本完成水资源管理系统建设，初步建立满足“三条红线”管理要求的水量水质监测体系。

2. 明确实施“三条红线”管理要求的监测责任主体

县水利局负责辖区内本级核发取水许可证取用水户实际取用水量的监测工作。

加强对重点用水户取、排水的监测管理，在逐步推进在线监测的基础上，原则上每季度监测一次，特殊情况下应增加监测次数。

3. 强化取用水计量监管

全县规模以上工业企业取用水计量率达到100%。对不具备安装计量设施的小型灌区及其它分散农业用水户，采用定额法或其它可行办法计算确定取用水量。

4. 规范统计与信息发布工作

结合水利普查，完成取用水普查工作，逐步完善取用水统计制度。

四、保障措施

（一）加强领导，落实责任

完善水资源管理体制，切实加强水资源的统一规划、统一配置和统一调度。各乡镇人民政府是实施最严格水资源管理制度的责任主体，对本地区水资源管理和保护工作负总责，要把水资源管理工作纳入政府重要议事日程，落实责任。水资源开发利用、节约和保护主要约束性指标、“三条红线”管理指标以及工作落实情况将纳入各镇党政领导班子和领导干部绩效评价指标体系，作为干部考核的重要依据。最严格水资源管理制度建设将纳入年度目标考核，加强督促检查，确保最严格水资源管理制度建设目标按期实现。

（二）各司其职，形成合力

按照县实行最严格水资源管理制度的要求，履行好职责：

县水利局负责最严格水资源管理制度组织实施的具体工作。

县发展和改革局负责将最严格的水资源管理建设纳入经济社会发展总体规划，牵头推进规划水资源论证制度建设。

县工能局负责推进企业节水减排工作，促进产业优化升级改造。

县农牧局负责将最严格的水资源管理纳入农业产业结构调整。

县财政局负责筹措资金，落实最严格水资源管理制度工作经费，征收的水资源费60%以上用于水资源管理、节约和保护工作。

县环保局负责实施方案中相关水质监测工作，加大水污染治理力度，严格监管、控制水污染物的排放。

县统计局负责及时提供考核所需的GDP和工业增加值等有关社会经济统计指标。

其他单位按照《黔西县2015年实行最严格水资源管理制度工作计划》文件的要求，各司其职，形成合力，配合做好我县最严格水资源管理制度的实施工作。

（三）健全制度，完善体系

积极推进取水许可、水资源论证、水资源配

置、节约、保护、管理和水资源费征收使用等配套法规体系建设。加强实施最严格的水资源管理制度政策研究，贯彻落实中央和省、市关于水利改革发展的决策部署。建立和完善有利于水资源高效管理的财政支撑制度，进一步落实资金配套政策，完善水资源费征收使用管理制度，保障水资源费足额征收，60%以上用于水资源管理节约和保护工作，加强水资源管理机构、人员装备建设，逐步建立机构设置合理、职能事权清晰、运转协调高效的水资源管理机制。

（四）科学管理，健全体系

切实加强水资源管理机构和队伍建设，充实水资源管理队伍，提升水资源管理能力。加强水量水质监测能力建设，进一步完善与最严格水资源管理“三条红线”相适应的监控体系。加强重要取用水户取、退水计量和入河排污口监控设施建设。推进县水量水质监控系统建设，为实行最严格的水资源管理制度提供技术保障和支撑手段。

（五）公众参与，加强监管

加大水资源政策法规宣传力度，提高全民节水意识和水资源保护意识。进一步扩大公益宣传范围，为落实最严格水资源管理营造良好舆论氛围。利用报纸、电视、广播、网络等各种媒体形式开展全方位、多层次的宣传；进一步提高水资源管理和决策的透明度，积极完善公众参与机制，通过听证、公开征求意见等多种形式，广泛听取意见，建立公众参与的管理和监督制度。

黔西县人民政府办公室关于印发黔西县食品安全事故应急预案的通知

各乡镇（街道）人民政府（办事处），黔西经济开发区管委会，县政府有关工作部门，各相关单位：

《黔西县食品安全事故应急预案》已经县人民政府同意，现印发给你们，请认真抓好贯彻执行。

黔西县人民政府办公室
2015 年 3 月 10 日

黔西县食品安全事故应急预案

为有效预防、积极应对、及时控制食品安全事故，建立健全应对食品安全事故的应对机制，规范、高效组织应急处置工作，最大限度地减少食品安全事故的危害，保障人民群众身体健康和生命安全，维护正常的社会秩序，制定本预案。

一、总则

（一）编制依据

依据《中华人民共和国突发事件应对法》《中华人民共和国食品安全法》《中华人民共和国农产品质量安全法》《突发公共卫生事件应急条例》《国家食品安全事故应急预案》《贵州省食品安全条例》《贵州省农产品质量安全条例》《贵州省突发公共事件总体应急预案》《贵州省食品安全事故应急预案》《毕节地区重大食品安全事故应急预案》等法律、法规和政策规定。

（二）适用范围

在黔西县行政区域内食用农产品以及食品生产加工、食品流通、餐饮服务等环节中发生的，造成或可能造成公众身体健康和生命安全的危害，或造成严重社会影响的食品安全事故的处置。

食源性疾病中涉及传染病疫情的，按照《中华人民共和国传染病防治法》和《黔西县突发公共卫生事件应急预案》等相关规定开展疫情防控和应急处置。

（三）事故级别认定

根据事故的性质、危害程度和涉及范围，将食品安全事故划分为Ⅰ级（特大）、Ⅱ级（重大）、Ⅲ级（较大）和Ⅳ级（一般）四个级别。（详见附件 1）

（四）工作原则

坚持以预防为主、常抓不懈，统一领导、分级负责，部门配合、依法规范、及时反应，依靠科学、依靠群众等工作原则，及时准确地做好食品安全事故的报告、处置、善后处理及整改督查等工作。

二、组织指挥机构及职责

（一）黔西县食品安全事故应急指挥部及职责

县人民政府设立黔西县食品安全事故应急处置指挥部（以下简称"县指挥部"），指挥长由县人民政府分管副县长担任；副指挥长由县政府办公室分管负责人、县市场监管局局长担任；成员由县发改局、县教育局、县科技办、县工能局、县公安局、县监察局、县民政局、县财政局、县人力资源社会保障局、县环境保护局、县农牧局、县卫生计生局、县盐务支局、县文体广电旅游局、县政府法制办、县供销社等有关部门负责人担任。其主要职责是：

1. 领导、组织、协调食品安全事故应急处置工作；

2. 负责食品安全事故应急处置的决策和部署；

3. 负责组织发布食品安全事故的重要信息；

4. 审议批准县指挥部办公室提交的应急处置工作报告等；

5. 应急处置的其他工作。

（二）县指挥部办公室及职责

县指挥部办公室设在县市场监管局，由县市场监管局分管负责人任办公室主任。其主要工作职责是：

1. 承担县挥部的日常工作，贯彻落实县指挥部的各项部署，组织实施事故应急处置工作；

2. 检查督促各乡镇（街道）、各单位做好各项应急处置工作，及时有效地控制事故，防止事态蔓延扩大；

3. 监督指导县指挥部有关成员单位落实工作责任。研究协调应急处置工作中的具体问题；

4. 向县人民政府、县指挥部及其成员单位报告、通报事故应急处置的工作情况；

5. 会同县宣传部门组织信息发布、宣传报道等工作；

6. 完成指挥部交办的其他任务。

（三）黔西县指挥部成员单位职责

1. 县市场监管局：负责县指挥部办公室的日常工作，组织开展食品安全事故应急处置和调查处理工作，监督事故查处落实情况；负责对食品安全事故中食品生产加工环节、流通环节、餐饮环节违法行为的调查处理，并依法采取必要的应急处置措施，防止或者减轻社会危害；完成县指挥部交办的其他任务。

2. 县发改局：负责突发食品安全事故应急处置的基础设施项目建设的立项审批；推动食品安全专项项目的组织、申报和实施，提升食品安全保障水平；完成县指挥部交办的其他任务。

3. 县农牧局：负责食用农产品从种植养殖到进入批发、零售市场或生产加工企业前的质量安全监督管理，负责兽药、饲料、饲料添加剂和职责范围内的农药、肥料等其他农业投入品质量及使用的监督管理，负责畜禽屠宰环节和生鲜乳收购环节质量安全监督管理，以及上述环节质量安全事故中违法行为的调查处理，并依法采取必要的应急处置措施，防止或者减轻社会危害；完成县指挥部交办的其他任务。

4. 县工能局：负责组织食品安全事故应急救援所需要重要生活必需品的调配供应；协助乳品、转基因食品、酒类和食盐等特定食品工业中食品安全事故的调查和应急处置；协助流通、餐饮服务及进口环节食品安全事故的调查处理；负责粮食收购、储存环节和政策性用粮购销活动中发生粮食安全事故的应急处置和违法行为的调查处理，封存可能导致食品安全事故的粮食，对确认属于被污染的粮食，依法处理；完成县指挥部交办的其他任务。

5. 县卫生计生局：负责组织医疗救治、协调现场处置及有关技术调查；组织开展相关监测，分析监测数据；组织开展相关检测和风险评估，提出相关评估结论；完成县指挥部交办的其他任务。

6. 县盐务支局：负责对盐业市场食品安全事故违法行为的调查处理，并依法采取必要的应急处置措施，防止或者减轻社会危害；完成县指挥部交办的其他任务。

7. 县教育局：协助有关部门对学校食堂、学生在校集体用餐造成的食品安全事故进行调查及组织应急处理；完成县指挥部交办的其他任务。

8. 县财政局：负责食品安全事故应急处置等工作所需资金的保障和管理；完成县指挥部交办的其他任务。

9. 县文体广电旅游局：负责配合县食品安全主管部门做好食品事故应急处置的信息发布和舆论引导协调组织工作；完成县指挥部交办的其它工作。

10. 县环境保护局：负责组织指导造成食品安全事故的环境污染事件的调查处置工作；指导、协调乡镇（街道）开展污染处置；对造成食品安全事故的环境违法行为追究相应责任；完成县指挥部交办的其他任务。

11. 县公安局：负责指导、协调对食品安全事故中涉嫌犯罪行为的侦查工作；加强对食品安全事故现场的治安管理，有效维护社会治安秩序；完成县指挥部交办的其他任务。

12. 县监察局：负责对国家行政机关及其公务员以及国家行政机关任命的其他人员，在食品安全事故以及应急处置工作中失职、渎职等违纪行为的调查处理；完成县指挥部交办的其他任务。

13. 县科技办：负责组织科研力量开展食品安全领域应急技术科研工作，开展食品安全关键技术研究、成果推动应用，及时与上级科技部门对接，提供食品安全事故应急处置科技支撑；完成县指挥部交办的其他任务。

14. 县民政局：负责协助做好受食品安全事故影响群众的生活救助工作；完成县指挥部交办的其他任务。

15. 县人力资源社会保障局：负责会同有关部门做好参与食品安全事故应急处置人员的表彰奖励工作；完成县指挥部交办的其他任务。

16. 县政府法制办：负责食品安全依法行政执法监督工作；组织或者参与食品安全法律、法规和规章执行情况的检查；完成县指挥部交办的其他任务。

17. 县供销社：积极配合有关职能部门，按照有关法规要求做好系统的食品安全管理工作。

本预案未列出的其它部门和单位根据县指挥部指令，按照本部门职责和事故处置需要，依法做好重大食品安全事故应急处置的相关工作。

（四）应急处置工作小组组成及职责

根据应急处置工作需求，成立由事故调查组、事故处理组、医疗救治组、案件查办组、专业咨询组、综合组、现场检测组与评估组等组成的应急处理机构。县食品安全事故应急预案启动后，各工作小组及其成员应当根据预案的规定，立即履行职责，服从县指挥部的统一指挥，及时组织实施应急处置措施，并随时将处理情况报告给县指挥部办公室。

1. 医疗救治组。由卫生和计划生育局负责，迅速组织开展医疗救治工作，尽快查明致病原因，提出救治措施。

2. 事故处理组。由事故发生环节的具体监管职能部门牵头负责，依法实施行政监督、行政处罚、监督召回有毒有害食品，严格控制流通渠道，及时移送相关案件，依法追究责任人责任。

3. 现场检测与评估组。根据需要成立事故现场检测与评估小组，综合分析和评价检测数据，查找事故原因和评估事故发展趋势，预测事故后果，为制定现场抢救方案提供参考。检测与评估报告要及时上报县指挥部办公室有关部门。

4. 事故调查组。根据事故发生原因和环节，由具体监管职能部门牵头负责，深入调查事故发生原因，作出调查结论，组织协调当地政府实施救援工作，监督救援措施的落实，评估事故影响，提出事故防范意见。

5. 案件查办组。由事故发生环节的具体监管职能部门负责，迅速查办案件，追踪源头，惩办违法当事人；涉嫌构成犯罪的移交公安部门查处。

6. 专业咨询组。由县指挥部办公室负责组织，为事故处置提供技术帮助，分析事故原因及造成的危害。

7. 综合组。由县指挥部办公室牵头负责，汇总信息，报告、通报情况，分析事故进展以及对外宣传。

（五）食品安全事故专家组

由县指挥部组建食品安全事故专家组，具体职责是：

1. 对食品安全事故应急工作提出咨询和建议；

2. 对食品安全事故应急工作进行技术指导。

三、监测预警

（一）监测监控

县卫生计生局、县市场监管局按照国家和省食品安全风险监测计划和有关要求，会同县有关部门和监测机构开展食品安全风险监测工作，根据监测结果，结合实际掌握情况，对食品安全状况进行综合分析，对可能具有较高程度安全风险的食品分级、分区域提出食品安全风险警示信息。

有关监管部门发现食品安全隐患或问题，应及时报告县指挥部，并依法及时采取有效控制措施。

（二）预警发布

发生一般食品安全事故时，发布蓝色（Ⅳ级）预警信息；发生较大食品安全事故时，发布黄色（Ⅲ级）预警信息；发生重大食品安全事故时，发布橙色（Ⅱ级）预警信息；发生特别重大食品安全事故时，发布红色（Ⅰ级）预警信息。

蓝色预警信息由县指挥部批准后发布；黄色预警信息由市食品药品监督管理局批准后发布；橙色预警信息由省食品药品监督管理局批准后发布；红色预警信息由省食品药品监督管理局报请省人民政府批准授权发布。

（三）预警措施

发布预警信息后，县指挥部及其有关部门应采取以下措施：

1. 发布预警公告，宣布进入预警期，并将预警公告与信息报送市人民政府。

2. 责令有关部门及时收集、报告相关信息，向社会公布反映食品安全事故信息的渠道，加强对食品安全事故发生、发展情况的监测、预报和预警工作。

3. 组织有关部门和机构、专业技术人员及专家，密切跟踪事故进展情况，组织有关部门和机构以及技术人员和专家学者，适时对食品安全预警信息进行分析评估，研判发生食品安全事故可能性的大小、影响范围、强度以及级别。

4. 向社会公布与公众有关的食品安全事故预测信息和分析评估结果。

5. 及时按照有关规定向社会发布可能受到食品安全事故危害的警告，宣传避免和减轻危害的常识，公布咨询电话。

当发布食品安全事故预警时，要采取以下措施：

1. 责令应急救援队伍、负有特定职责的人员进入待命状态，并动员后备人员做好参加应急救援和处置工作的准备。

2. 及时救治和妥善安置可能受到危害的人员。

3. 对可能对人体造成危害的食品及相关产品，相关食品安全监管部门可依法宣布采取查封、扣押、暂停销售、责令召回等临时控制措施，并公布临时控制措施实施的对象、范围、措施种类、实施期限、解除期限以及救济措施等内容。预警解除后，由相关食品安全监管部门及时发布解除临时控制措施的信息。

4. 相关单位实行24小时值守，保持通信联络畅通，做好应急响应准备，确保有关人员2小时内完成集结，确保防护设施、装备、应急物资等处于备用状态。

5. 依法采取的预警措施所涉及的生产经营单位和个人，应当按照有关法律规定承担相应的食品安全事故应急义务。

四、信息报告

（一）基本要求

乡镇（街道）、有关食品监管部门要及时向县人民政府及县指挥部办公室报告食品安全事故情况。

（二）责任主体及时限要求

1. 食品生产经营者发现其生产经营的食品造成或者可能造成公众健康损害的情况和信息，必须立即向当地负责本单位食品安全监督管理工作的有关部门报告。

2. 收治食物中毒、食源性疾病病人的医疗机构，按照有关规定及时向所在地卫生计生行政部门及食品监管部门报告。

3. 鼓励食品安全相关技术机构、有关社会团体及个人发现食品安全事故相关情况，及时向有关食品安全监督管理部门报告或举报。

4. 食品安全监督管理部门在日常监督管理中发现食品安全事故，或接到食品安全事故信息报告，以及消费者有关食品安全事故的投诉、举报，或通过其他渠道获知食品安全事故信息，经初步核实后，应当及时向县人民政府和县指挥部报告。

5. 经初步判断属于或者可能属于较大以上食品安全事故的，事发地人民政府和其他相关监管部门应当迅速向上级人民政府和上级主管部门报告，最长时间不得超过事发后2小时。

五、应急响应

（一）分级响应程序

根据食品安全事故分级情况，食品安全事故应急响应分为Ⅰ级、Ⅱ级、Ⅲ级和Ⅳ级响应。特别重大、重大和较大、一般食品安全事故分别由国务院、省人民政府和事故发生地的市、县人民政府启动相应级别应急响应。

1. 特别重大食品安全事故（Ⅰ级）、重大食品安全事故（Ⅱ级）、较大食品安全事故（Ⅲ级）的应急响应。特别重大食品安全事故（Ⅰ级）、重大食品安全事故（Ⅱ级）、较大食品安全事故（Ⅲ级）发生后，县指挥部应在上级政府及上级应急指挥部的统一领导和指挥下，组织、协调乡镇（街道）和县有关部门全力以赴组织救援，及时向上级政府、有关部门及上级应急指挥部报告事故基本情况、事态发展和救援进展等情况。县指挥部各专业小组按各自职责开展应急救援工作，并为上级政府及上级应急指挥部派出的应急支援队伍提供条件保障。各乡镇（街道）及有关部门按照要求认真履职，落实有关工作。

2. 一般食品安全事故（Ⅳ级）的应急响应

（1）一般食品安全事故发生后，县指挥部应立即向市应急指挥部报告基本情况、事态发展和救援进展等情况，并按规定向有关部门和单位通报、向县政府和市政府报告事故情况。

（2）县指挥部立即组织有关食品安全监管部门进行调查确认，对事故进行分析评估，向县人民政府提出启动级应急响应的建议，经批准后，启动Ⅳ级应急响应。

（3）Ⅳ级应急响应启动后，县指挥部统一组织指挥应急处置工作。事发地政府立即成立现场应急指挥部，具体负责现场应急处置工作。现场应急指挥部要全力控制事态发展，防止次生、衍生事故（事件）发生，果断控制或切断事故灾害链。现场总指挥应由县人民政府主要领导担任，必要时由市政府领导担任。

（4）县指挥部组织成员单位迅速到位，并根据需要启动医疗救治组、事故处理组、现场检测与评估组、事故调查组、案件查办组、专业咨询组、综合组等处置小组的工作。迅速开展应急救援和组织新闻发布工作。

（5）县指挥部开通与市政府、市应急指挥部及事发地应急指挥部、现场应急指挥部、相关专业应急救援指挥机构的通信联系，随时掌握事故发展动态。根据事故发展情况协调有关部门及应急机构、救援队伍和事发地毗邻地政府应急救援指挥机构提供增援或保障。

（6）县指挥部根据有关部门和专家的建议，专业应急救援指挥机构提供技术支持，派出有关人员和专家赶赴现场参加、指导现场应急救援。必要时协调专业应急力量救援。

3. 县指挥部及其办公室应急响应工作程序：

（1）准确分析研判食品安全事件性质、发展趋势，全力开展应急处置；建立紧急情况报告和值班制度，全天 24 小时监测食品安全事件动态，并及时向上级应急指挥部办公室报告相关工作进展情况，必要时发出紧急求援请求。

（2）及时采取应急措施，组织协调有关部门按照职责分工和处置方案开展先期食品安全事件应急处置工作。

（3）及时向社会公布有关信息，平息谣传，维护社会公共秩序，保证社会稳定。

（4）迅速执行上级人民政府或上级应急指挥部下达的各项指令。

（二）应急处置措施

食品安全事故发生后，县指挥部应在先期处置的基础上，针对事故的性质、特点和危害程度，即组织有关部门或工作组，视情况采取以下应急处置措施，最大限度减轻事故危害。

1. 立即启动本级应急预案相应级别应急响应，组织应急力量开展应急处置工作。并及时向上级相关部门汇报事故情况。

2. 卫生行政部门及相关食品安全监管部门部门有效组织和救治食品安全事故患者，并采取妥善安置、救助等有效措施，防止或减少人员伤害。

3. 卫生行政部门及相关食品安全监管部门及时组织疾病预防控制机构和检验机构开展流行病学调查和抽样检验，尽快查找事故发生的原因，提出处理建议。对涉嫌犯罪的，公安部门要及时介入，开展相关违法犯罪行为侦破工作。

4. 食品安全监管部门应依法就地或异地封存与事故有关的食品、原料和被污染的食品相关产品；待现场调查完结后，责令彻底清洗消毒被污染的食品用设备、工具及容器，消除污染；对确认属于被污染的食品及原料，依法责令食品生产经营者召回、停止经营并销毁；检验后确认未被污染的应予以解封。

5. 县指挥部办公室及时组织研判事故发展态势，并向事故可能蔓延的地方人民政府通报信息，提醒做好应对准备。事故可能影响到县（境）外时，及时报请市人民政府及有关部门，协调有关部门做好相关通报工作。

6. 依法从严查处囤积居奇、哄抬物价、哄抢财物等扰乱市场秩序和社会秩序的行为，维护社会治安。

7. 及时组织指导有关新闻单位做好宣传报道，尽快消除社会不实传闻和群众的恐慌心理。同时，组织有关部门依法打击造谣惑众者。

8. 必要时，启用本级财政设置的应急资金和储备的应急救援物资。

（三）应急响应终止

1. 当食品安全事故得到控制，并达到以下两项要求，经分析评估认为可解除响应的，应及时终止响应：

（1）食品安全事故伤病员全部得到救治，原患者病情稳定24小时以上，且无新的急性病症患者出现，食源性感染性疾病在末例患者后经过最长潜伏期无新病例出现。

（2）现场、受污染食品得以有效控制，食品与环境污染得到有效清理并符合相关标准，次生、衍生事故隐患消除。

2. 响应终止程序按以下步骤实施：

（1）一般食品安全事故影响消除后，由县人民政府决定解除或结束应急处置工作。

（2）较大食品安全事故影响消除后，由市人民政府决定解除或结束应急处置工作。

（3）重大食品安全事故影响消除后，由省人民政府决定解除或结束应急处置工作。

（4）特别重大食品安全事故影响消除后，由国务院决定解除或结束应急处置工作。

六、后期处置

（一）调查处理

食品安全事故应急工作结束后，特别重大、重大、较大食品安全事故由省、市人民政府食品监管部门组织调查；一般食品安全事故由县人民政府食品监管部门组织调查，并及时将调查结果报县人民政府及上级业务主管部门。

（二）善后工作

事发地人民政府及有关部门要积极稳妥、深入细致地做好人员安置、补偿及征用物资及运输工具补偿等善后处置工作，消除事故影响，恢复正常秩序。

（三）奖惩与责任追究

1. 奖励。对在食品安全事故应急管理和处置工作中作出突出贡献的先进集体和个人，应当给予表彰和奖励。

2. 责任追究。对迟报、谎报、瞒报和漏报食品安全事故重要情况或应急管理工作中有其他失职、渎职行为的，依法依纪追究有关责任单位或责任人的责任；构成犯罪的，依法追究刑事责任。

七、附则

（一）预案管理与更新

本预案由县指挥部办公室牵头制定和管理，报县人民政府审批发布。根据实施中发现的问题和出现的新情况，及时组织县人民政府有关部门、有关专家进行评估，修订完善本预案。

（二）名词术语

食品：指各种供人食用或者饮用的成品和原料以及按照传统既是食品又是药品的物品，但是不包括以治疗为目的的物品。

食品安全：指食品无毒、无害、符合应当有的营养要求，对人体健康不造成任何急性、亚急性或者慢性危害。

食源性疾病：指食品中致病因素进入人体引起的感染性、中毒性等疾病。

食物中毒：指食用了被有毒有害物质污染的食品或者食用含有毒有害物质的食品后出现的急性、亚急性疾病。

食品安全事故：指食品中毒、食源性疾病、食品污染等源于食品对人体健康有危害或者可能有危害的事故。

本预案有关数量的表述中，" 以上" 含本数，" 以下" 不含本数。

（三）预案解释部门

本预案由县指挥部办公室负责解释。

（四）预案实施时间

本预案自印发之日起实施。

黔西县人民政府办公室关于印发黔西县受地质灾害威胁学校综合治理实施方案的通知

各乡镇（街道）人民政府（办事处），黔西经济开发区管委会，县政府有关工作部门：

《黔西县受地质灾害威胁学校综合治理实施方案》已经县人民政府同意，现印发给你们，请认真抓好贯彻执行。

黔西县人民政府办公室
2015年3月12日

黔西县受地质灾害威胁学校综合治理实施方案

根据《贵州省受地质灾害危害学校三年治理行动计划（2014~2016年）》要求，为切实抓好受地质灾害威胁学校的综合防治工作，保障学校师生安全和正常教学秩序，结合我县实际，制定本方案。

一、受地质灾害威胁学校基本情况

黔西县受地质灾害威胁学校共有4所。分别为观音洞镇石林小学，威胁师生124人；金碧镇绿峰小学，威胁师生126人；红林乡吉星小学，威胁师生136人；谷里镇大水小学，威胁师生232人。

二、工作目标

根据省、市受地质灾害威胁学校治理三年行动计划工作要求，充分争取省、市受地质灾害威胁学校治理专项资金或其它项目资金的支持，三年内有序地对现已查明受地质灾害威胁的4所学校（共威胁618名师生）进行搬迁或治理，切实保障学校师生的生命财产安全和正常教学秩序。

三、工作原则

（一）坚持全面规划，分步实施的原则。以《贵州省受地质灾害危害学校三年治理行动计划（2014~2016年）》为基准，结合县实际情况，全面规划并制定黔西县受地质灾害隐患威胁学校的防治工作时间表，确保在2016年前完成全部受地质灾害隐患威胁学校的综合治理工作。

（二）坚持谁致灾，谁治理的原则。加强排查和监测工作，及时发现威胁学校安全的地质灾害隐患，并切实作好地质灾害成因分析论证工作，摸清威胁各所学校的地质灾害隐患的成因。对于人为工程活动造成的，责令责任主体尽快完成搬迁治理工作；因自然因素造成的，争取中央、省、市级项目资金支持，由相关主管部门组织并及时进行综合治理。

（三）坚持因地制宜，搬迁与治理相结合的原则。根据各受地灾隐患威胁学校的实际情况，结合《黔西县“全面改薄”建设规划（2014~2018）》要求，把受灾学校的综合治理与全县中小学布局调整工作相结合。属撤并整合对象的及时进行撤并，不属于撤并对象的，由县教育局配合县国土资源局共同组织编制受地灾隐患威胁学校的搬迁或工程治理实施方案并报批。

四、组织保障

为保障受地质灾害威胁学校综合治理工作顺利完成，成立黔西县受地质灾害威胁学校排查治理工作领导小组（以下简称领导小组，见附件），负责指导受地质灾害威胁学校的综合治理工作。

五、治理措施

（一）黔西县观音洞镇石林小学治理措施。黔西县观音洞镇石林小学属受自然因素诱发的崩塌地质灾害隐患影响，现已纳入《贵州省受地质灾害危害学校三年治理行动计划（2014～2016年）》的范畴。计划于2015年启动实施，申请中央补助专项资金120万元、市级补助资金72万元、县级配套48万元，共计投入资金240万元，项目资金主要用于沙井小学学校建设，拟新建、改建校舍约600平方米，新建塑胶环形跑道1个、篮球场1个。根据石林小学现状及观音洞镇学校布局规划，拟对石林小学进行撤并处理，主要并入沙井小学，部分学生按“就近入学”的原则分流至高坡小学及陇坤小学就读。项目所在乡镇及领导小组各成员单位要根据省项目组的安排，全面主动做好配合和协调工作，确保项目建设2015年6月全面竣工，受灾学校师生于2015年春季学期全部分流。

（二）黔西县谷里镇大水小学治理措施。黔西县谷里镇大水小学属受自然因素诱发的地面塌陷地质灾害隐患影响，现已纳入《贵州省受地质灾害危害学校三年治理行动计划（2014～2016年）》的范畴。计划于2015年启动实施，申请中央补助专项资金100万元、市级补助资金60万元、县级配套40万元，共计投入资金200万元，项目资金用于谷里小学学校建设，拟新建综合楼1000平方米及室外配套设施。根据大水小学现状及谷里镇学校布局规划，拟对大水小学进行撤并处理，并入谷里小学。项目所在乡镇及领导小组各成员单位要根据省项目组的安排，全面主动做好配合和协调工作，确保项目建设2015年6月全面竣工，受灾学校师生于2015年春季学期全部并入谷里小学。

（三）黔西县红林乡吉星小学治理措施。黔西县红林乡吉星小学位于林东红林煤矿矿区范围内，受地面塌陷隐患的影响，曾于2007年发生过局部塌陷，近年来未见明显变化迹象。县教育局及县国土资源局要切实加强监测，如发现该校随着林东红林煤矿采矿工作的推进而受到进一步影响，立即联合有关部门责令煤矿对其进行搬迁治理。

（四）黔西县金碧镇绿峰小学治理措施。黔西县金碧镇绿峰小学受自然因素诱发的地面塌陷地质灾害隐患威胁，但目前并未纳入贵州省受地质灾害危害学校三年治理行动计划。县教育局要切实做好安全防范工作，将学生分流至周边学校或乡镇中心寄宿制学校就读。县教育局及县国土资源局要切实加强监测，并积极申报地质灾害治理项目或学校整合搬迁项目，争取上级部门资金支持，确保在2015年前完成综合治理工程可行性研究报告，并在2016年前完成搬迁或治理工作。

六、工作要求

（一）治理前，相关部门要进一步加大对地质灾害防治的宣传力度，加大“防灾避险常识进课堂”的力度，完善地质灾害应急预案，开展地质灾害应急演练，提高学校师生及群众的防灾避灾意识。

（二）治理过程中，教育部门要严格依照《农村普通中小学校建设标准》（建标〔2008〕159号），结合我县农村中小学布局调整规划及当前的实际需要，作好项目的选址、建设规划等基础工作；国土资源部门及乡镇要密切配合教育部门切实做好新校址地质灾害危险性评估、征地拆迁、项目用地报批、师生搬迁动员及安置等相关工作。

（三）领导小组各成员单位要高度重视，结合自身工作职责切，密切配合，着实在资金保障、质量管控等方面加强协作，全面做好我县地质灾害威胁学校的综合治理工作。

附件：黔西县受地质灾害威胁学校排查治理工作领导小组

附件：

黔西县受地质灾害威胁学校排查治理工作领导小组

组　长：雷文军　县委常委、县政府副县长
副组长：张　锦　县政府副县长
成　员：董定皓　县政府办机关党委书记
张　黎　县国教办主任
王应祥　县教育局常务副局长
罗帮智　县国土资源局局长
陈　红　县发改局局长
胡　健　县财政局局长
肖良华　县住房城乡建设局局长
白　强　县水利局局长
杨林静　县安监局局长
敖　建　县气象局局长
杜万曦　县公安局常务副局长
洪大新　县教育局副局长
谢玉山　县教育局副局长
蒋　理　金碧镇镇长
吉　鹏　观音洞镇镇长
廖　毅　谷里镇镇长
杨显义　红林乡乡长

领导小组下设办公室在教育局办公室，王应祥同志兼任办公室主任，洪大新、谢玉山同志兼任办公室副主任，负责协调处置搬迁治理日常工作。

黔西县人民政府关于辖区内大中型水电站汛期防洪的通告

为确保辖区内大中型水库上下游国家财产及人民群众生命财产安全，保障辖区内大中型水电站大坝、水库及下游尾水河道行洪安全，根据《中华人民共和国防洪法》《大中型水电站水库调度规范》《贵州省防洪条例》《贵州省水库大坝安全管理办法》《贵州省河道管理条例》以及有关防汛法律法规和方针政策，现将辖区内大中型水电站汛期防洪有关事宜通告如下：

一、辖区内大中型水电站所属水工建筑物、机电设备、水情测报系统和大坝安全监测系统均与防汛工作密切相关，任何单位和个人不得侵占和毁坏。

二、辖区内大中型水电站大坝管理禁区（坝轴线上、下游各300米）内严禁爆破、打井、采矿、取土、堆放货物、炸捕水生物、开荒种植及开采沙石料等危害大坝安全的活动。除辖区内大中型发电厂的防汛船只外其他船只不得出人停留。

三、加强水库集水区域内水土保持，严禁乱伐林木、陡地开荒等导致水土流失加重和水库泥沙淤积的活动。

四、禁止在辖区内大中型水库占用河道进行非法网箱养殖，合法养殖户应确保湖库防洪安全、水环境安全和水上交通安全。

五、水库集水区域内所设水文气象测报系统、库区测量标志、洪水量级标志以及宣传标牌等均为永久性保护设施，任何单位或个人不得更改、移动、侵占和破坏。

六、禁止在辖区内大中型水库和下游尾水河道弃置、堆放阻碍行洪、泄洪的物体，不得在行洪范围内种植阻碍行洪的林木和高秆作物。

七、禁止在河道管理范围（历史最高洪水位的淹没范围）内修建妨碍行洪的建筑物、构筑物以及从事影响河势稳定、危害河岸堤防安全和其他妨碍河道行洪的活动。

八、禁止在河道两岸及山体滑坡、崩岸、泥石流等自然灾害多发地段进行毁林、垦荒、采石、取土、采矿等危及山体稳定的活动。

九、水库下游河道应保持设计规定的过水能力，不得设障阻洪，因按洪水调度方案下泄洪水而毁坏阻水障碍物，水库管理单位不负任何责任。

十、辖区内大中型水电站确定将开闸泄洪，必须提前3小时将开闸泄洪信息以录音电话形式向辖区内大中型水电站地区防汛指挥部县级以上成员单位报送预警信息，同时以短信向辖区内大中型水电站地区防汛通讯录中的指挥部成员单位和有关个人（船主、水产养殖户等）发送信息，各单位、乡镇（街道）、村（社区）及广大群众要落实安全措施，避免造成不必要的损失。

十一、辖区内大中型水电站水库开闸泄洪前，将鸣警报30分钟，近坝库区村庄居民在听到警报声后，应迅速采取有效应对措施，以免发生危险。

十二、航行或停泊在水库及其河段的船只、木竹排和设置在附近的水利设施、围网养殖等方面的管理人员，要密切关注水库泄洪情况，以免发生人身伤亡和财产损失。

十三、下游沿岸的居民应提高警惕，辖区内大中型水电站发电量控制由贵州省电网调度控制，机组负荷变化不定，发电水量不定，下游河道水位涨落迅猛、水流流速较快，不得在河道里采石、捕鱼、游玩、放牧或从事其他活动，以免发生人、畜伤亡。

十四、任何单位或个人都有保护大坝和防洪工程设施安全，以及参加抗洪抢险的义务。

十五、每年5月1日至9月30日为汛期（其中乌江流域汛期为5月1日至10月31日）。特殊情况下根据省、市防汛指挥部通知执行。

十六、违反以上通告的单位或个人，按照有关法律、法规追究当事人法律责任。

黔西县人民政府

2015年4月20日

黔西县人民政府关于辖区内大中型水电站汛期防洪的通告

为确保辖区内大中型水库上下游国家财产及人民群众生命财产安全，保障辖区内大中型水电站大坝、水库及下游尾水河道行洪安全，根据《中华人民共和国防洪法》《大中型水电站水库调度规范》《贵州省防洪条例》《贵州省水库大坝安全管理办法》《贵州省河道管理条例》以及有关防汛法律法规和方针政策，现将辖区内大中型水电站汛期防洪有关事宜通告如下：

一、辖区内大中型水电站所属水工建筑物、机电设备、水情测报系统和大坝安全监测系统均与防汛工作密切相关，任何单位和个人不得侵占和毁坏。

二、辖区内大中型水电站大坝管理禁区（坝轴线上、下游各 300 米）内严禁爆破、打井、采矿、取土、堆放货物、炸捕水生物、开荒种植及开采沙石料等危害大坝安全的活动。除辖区内大中型发电厂的防汛船只外其他船只不得出入停留。

三、加强水库集水区域内水土保持，严禁乱伐林木、陡地开荒等导致水土流失加重和水库泥沙淤积的活动。

四、禁止在辖区内大中型水库占用河道进行非法网箱养殖，合法养殖户应确保湖库防洪安全、水环境安全和水上交通安全。

五、水库集水区域内所设水文气象测报系统、库区测量标志、洪水量级标志以及宣传标牌等均为永久性保护设施，任何单位或个人不得更改、移动、侵占和破坏。

六、禁止在辖区内大中型水库和下游尾水河道弃置、堆放阻碍行洪、泄洪的物体，不得在行洪范围内种植阻碍行洪的林木和高秆作物。

七、禁止在河道管理范围（历史最高洪水位的淹没范围）内修建妨碍行洪的建筑物、构筑物以及从事影响河势稳定、危害河岸堤防安全和其他妨碍河道行洪的活动。

八、禁止在河道两岸及山体滑坡、崩岸、泥石流等自然灾害多发地段进行毁林、垦荒、采石、取土、采矿等危及山体稳定的活动。

九、水库下游河道应保持设计规定的过水能力，不得设障阻洪，因按洪水调度方案下泄洪水而毁坏阻水障碍物，水库管理单位不负任何责任。

十、辖区内大中型水电站确定将开闸泄洪，必须提前 3 小时将开闸泄洪信息以录音电话形式向辖区内大中型水电站地区防汛指挥部县级以上成员单位报送预警信息，同时以短信向辖区内大中型水电站地区防汛通讯录中的指挥部成员单位和有关个人（船主、水产养殖户等）发送信息，各单位、乡镇（街道）、村（社区）及广大群众要落实安全措施，避免造成不必要的损失。

十一、辖区内大中型水电站水库开闸泄洪前，将鸣警报 30 分钟，近坝库区村庄居民在听到警报声后，应迅速采取有效应对措施，以免发生危险。

十二、航行或停泊在水库及其河段的船只、木竹排和设置在附近的水利设施、围网养殖等方面的管理人员，要密切关注水库泄洪情况，以免发生人身伤亡和财产损失。

十三、下游沿岸的居民应提高警惕，辖区内大中型水电站发电量控制由贵州省电网调度控制，机组负荷变化不定，发电水量不定，下游河道水位涨落迅猛、水流流速较快，不得在河道里采石、捕鱼、游玩、放牧或从事其他活动，以免发生人、畜伤亡。

十四、任何单位或个人都有保护大坝和防洪工程设施安全，以及参加抗洪抢险的义务。

十五、每年5月1日至9月30日为汛期（其中乌江流域汛期为5月1日至10月31日）。特殊情况下根据省、市防汛指挥部通知执行。

十六、违反以上通告的单位或个人，按照有关法律、法规追究当事人法律责任。

黔西县人民政府

2015年4月20日

大事记

1月

4日　市委常委、县委书记卢林到县经济开发区调研项目建设进度情况，听取项目负责人工作汇报，现场办公调度解决项目建设困难和问题。

6日　市委常委、县委书记卢林主持召开县委常委会议，审查讨论中共黔西县委十一届五次全体会议、全县经济工作会议有关材料；听取县委有关领导、县委组织部汇报全县“三严三实”专题教育工作开展情况。

是日　全国、全省、全市安全生产工作视频会议召开。县委副书记、县长杨汉华在黔西分会场参加会议。并在会后组织召开全县安全生产工作视频会议，就贯彻落实会议精神进行部署。

7日　中国共产党黔西县第十一届委员会第五次全体会议召开。市委常委、县委书记卢林代表县委常委会向大会做工作报告。县委副书记、县人民政府县长杨汉华就县委《关于全面推进依法治县的实施意见（草案）》做说明。会议贯彻落实十八届四中全会、省委十一届五次全会、市委一届六次全会精神，对依法治县工作做安排部署。县领导罗德智、杨汉华、刘麦青、李涌、邬江、喻祖常、苏秀明、彭玲、李学军、雷奕、雷文军、蒋景毅、张敏、陈才俊等出席会议。县委委员、县委候补委员参加会议。不是县委委员、县委候补委员的县级领导，县纪委常委，乡镇（街道）党政主要负责人，县委各部委室、县直各部门主要负责人列席会议。

是日　县委召开议军议警议消防工作会议。市委常委、县委书记卢林出席会议并讲话。

8日　全县经济工作会议召开。市委常委、县委书记卢林出席会议并讲话。县委副书记、县长杨汉华出席会议。

是日　全县2014年乡镇（街道）党委（党工委）书记及县直部门党组（党委）书记抓党建工作述职评议会召开。市委常委、县委书记卢林出席会议并讲话。县委副书记、县长杨汉华出席会议。

9日　召开全县深入开展“三严三实”主题教育活动启动大会。市委常委、县委书记卢林出席大会并讲话。在大会上，县四大班子领导，县直各部门主要负责人，各乡镇（街道）党委书记、乡镇长（办事处主任），村（社区）干部代表、其他系统代表作严格践行“三严三实”集体宣誓。

是日　市委常委、县委书记卢林到毕节参加市委常委会议、全市领导干部大会和全市绿化启动大会。

是日　县中职学校创建省级示范校评估汇报会召开。县委副书记、县长杨汉华出席评估会并讲话。

是日　县委副书记、县长杨汉华到毕节先后参加“绿化毕节”启动大会、全市领导干部会、全市烟叶工作会。

11 日　市委常委、县委书记卢林赴北京向民建中央汇报相关工作。

12 日　市政协提案与法制委主任委员吴雨霞率队到黔西调研法律援助工作和留守儿童权益保护情况。县政协副主席曾红陪同调研。

14—16 日　县委副书记、县长杨汉华到北京参加毕节试验区招商引资推介暨生态农业发展峰会。

14 日　副市长李玉平到林泉镇调研荒山绿化暨退耕还林工作。县委常委、副县长张敏陪同调研。

15 日　市委常委、县委书记卢林到绿化乡调研生态保护、造林护林工作。

16 日　市委常委、县委书记卢林，县委副书记李涌到杜鹃街道大兴社区、林泉镇查看绿化荒山示范点建设情况。

17 日　市委常委、县委书记卢林到甘棠镇调研美丽乡村、生态建设等工作。

18 日　市委常委、县委书记卢林到林泉镇调研基层党建、农业产业结构调整、小城镇建设、整脏治乱等工作。

19 日　全市农村学校师生饮水安全工程、安全生产和信访维稳工作电视电话会议召开，市委常委、县委书记卢林在黔西分会场参加会议，并在会后就贯彻落实市长陈昌旭讲话精神，加强春节期间应急值守、安全生产、信访维稳、社会治安等有关工作做出安排部署。

是日　市委常委、县委书记卢林主持召开县委常委会议，听取县人大党组、县政协党组工作汇报；听取县委统战部、县安监局有关工作汇报。

是日　全省财税工作会议在贵阳召开。县委副书记、县长杨汉华参加会议。

20 日　市委常委、县委书记卢林，县委常委、常务副县长喻祖常带队调研督查县直各单位应急值守及到岗到位情况。

21 日　市委副书记胡吉宏到林泉镇督导荒山绿化、退耕还林工作。县委副书记李涌陪同督导。

是日　市委常委、市委秘书长、市委宣传部部长王开俊到洪水镇调研少年宫建设工作。县委副书记李涌陪同调研。

22 日　市委常委、县委书记卢林到太来乡慰问贫困群众和贫困党员，安排部署年末扶贫济困工作。

23 日　全省十一届纪委第四次全体会议第二次大会视频会议、全市贯彻落实全省十一届纪委第四次全体会议第二次大会精神视频会议召开，市委常委、县委书记卢林，县委副书记、县长杨汉华在黔西分会场参加会议。

是日　全县荒山绿化和重点区域绿化造林工作推进大会召开。市委常委、县委书记卢林出席大会并讲话。县委副书记、县长杨汉华出席大会。

是日　全县省市“两会”及春节期间信访维稳工作会议召开。市委常委、县委书记卢林出席会议并讲话。

是日　全县资金安排部署会议召开。县委副书记县长杨汉华出席会议并讲话。

24 日　市委常委、县委书记卢林到县经济开发区调研项目建设工作，听取项目负责人汇报并现场办公调度解决项目建设困难和问题。

是日　市委常委、县委书记卢林到县人武部调研检查工作。

25 日　市委常委、县委书记卢林，县委副书记、县人民政府县长杨汉华率县四大班子领导参加义务植树活动，以实际行动推进“荒山造林·绿化黔西”工作。

是日　市委常委、县委书记卢林到定新、重新、中建、中坪、永燊、甘棠等乡镇调研信访维稳、安全生产、荒山绿化、基础设施建设、小集镇建设、农业种植等工作。

26 日　市委常委、县委书记卢林主持召开专题会议，听取县第十六届人民代表大会第四次会议筹备工作汇报。

是日　市委常委。县委书记卢林到县农业园区调研基础设施建设及新示范园区打造工作。

27 日　市委常委、县委书记卢林主持召开县委常委扩大会议，讨论县人大、县政协工作报告及年度工作要点，传达中纪委五次全会、省纪委四次全会精神，传达全市深化改革试验工作会议精神，传达全国新一轮第二批湄潭试验区启动仪式精神，传达全省同步小康创建达标认定申报、县级政府行政服务群众满意度指标监测及全省党委政研系统学习培训会精神，传达《中共贵州省委关于进一步支持人民检察院依法独立公正行驶检察权的意见》及最高人民检察院检察长曹建明、贵州省委书记赵克志重要批示精神及有关文件。

28 日　市委常委、县委书记卢林到文峰办事处调研信访维稳、安全生产等工作。

29 日　市委常委、县委书记卢林到扶贫联系点观音洞镇参加义务植树活动并检查荒山绿化工作，调研扶贫项目落实情况和小城镇建设推进工作，看望慰问贫困群众并送去慰问金和慰问物资，对春节前后做好全县贫困群众等弱势群体生活保障工作再强调、再调度。

30 日　召开全县选聘非公有制经济人士担任“名誉村主任”工作推进大会。市委常委、县委书记卢林出席会议并讲话。

31 日　市委常委、县委书记卢林到黔希煤化工、天利化工等项目建设现场调研并协调解决相关问题。

2月

3—6 日　县委副书记、县长杨汉华到毕节参加市一届人大六次会议。

3 日　省财政厅检查组到新仁乡检查指导工作。县委常委、常务副县长喻祖常陪同检查。

4 日　省人大常委会副主任袁周一行到黔希煤化工、县工会调研工作。市委常委、县委书记卢林，县委副书记、县长杨汉华，县委常委、副县长雷文军陪同调研。

是日　全市人口计生工作会议在毕节召开。县委副书记、县长杨汉华，副县长张锦参加会议。

是日　以国家发改委西部司副司长童章舜为组长的国家发改委、国家林业局、国土资源部联合调研组到林泉镇调研新一轮退耕还林还草实施方案编制及任务落实情况。副县长赵璞陪同调研。

6 日　由市委、市政府主办的毕节市农特产品公共品牌“乌蒙山宝·毕节珍好”授牌仪式在贵阳举行。县委副书记李涌参加仪式。

7 日　市纪委一届七次全会第一次大会电视电话会议召开。县委副书记、县长杨汉华在黔西分会场参加会议。

是日　市委农村工作会议暨全市扶贫开发工作会在毕节召开。县委副书记李涌参加会议。

9日　政协第九届黔西县委员会第四次会议召开。会议应到委员190名，实到委员170名，符合规定人数。139名有关人员列席会议。会议执行主席刘麦青、卓永发、林琴、黄勇、陈玲、曾红及县委、县人大、县政府主要领导，县委常委、县人大副主任、县政府副县长，历届县政协主席、副主席，县人民法院院长、县人民检察院检察长出席会议。市委常委、县委书记卢林发表题为《立足新起点、适应新常态，同心谱写科学发展全面小康新篇章》的讲话。县政协主席刘麦青代表政协第九届黔西县委员会常务委员会做题为《团结凝聚力量，实干创造未来》的工作报告。县政协副主席曾红受政协第九届黔西县委员会常务委员会委托，做《关于九届三次会议以来提案工作情况的报告》。

是日　省委巡视组召开巡视黔西县情况反馈会。市委常委、县委书记卢林出席会议并做表态发言。县委副书记、县长杨汉华出席会议。

10—12日　县第十六届人民代表大会第四次会议召开。应出席本次会议的代表267名，实到代表248名，符合法定人数。会议听取、讨论并批准县人民政府县长杨汉华所做的《政府工作报告》；会议表决通过《黔西县2014年全县和县本级预算执行情况与2015年全县和县本级预算草案的报告》，批准黔西县2015年县本级预算；会议表决通过《关于黔西县2014年国民经济和社会发展计划执行情况与2015年国民经济和社会发展计划草案的报告》，批准黔西县2015年国民经济和社会发展计划；会议听取并表决通过县人大常委会主任罗德智所作的《黔西县人民代表大会常务委员会工作报告》；会议听取并表决通过《关于黔西县人民法院工作报告的决议（草案）》《关于黔西县人民检察院工作报告的决议（草案）》，决定批准这两个报告。市委常委、县委书记卢林在会议闭幕式上做题为《开启新征程，实现新跨越，为黔西后发赶超全面小康而努力奋斗》的讲话。

10日　市委常委、县委书记卢林到县人武部慰问官兵。

是日　市委落实党风廉政主体责任报告会在毕节召开。县委副书记李涌参加报告会。

是日　市委常委、县委书记卢林到到协和、太来等乡镇看望慰问困难群众、贫困党员，送去慰问金和慰问物资。

是日　县委副书记、县长杨汉华到水西街道慰问环卫工人和离退休干部。

12日　中国共产党黔西县第十一次纪律检查委员会第五次全体会议召开。市委常委、县委书记卢林出席会议并讲话。

是日　县委召开全县传达学习贯彻全省、全市“两会”精神大会。市委常委、县委书记卢林出席会议并讲话。

是日　召开全县政法（综治、维稳、反邪、禁毒）工作会议。市委常委、县委书记卢林出席会议并讲话。县委副书记、县长杨汉华出席会议。

是日　县委农村工作会议暨全县扶贫开发工作会议召开。市委常委、县委书记卢林出席会议并讲话。县委副书记、县长杨汉华出席会议。

是日　县委召开“一报告两评议”工作会议。市委常委、县委书记卢林出席会议并讲话。

是日　召开全县2015年组织工作会议。市委常委、县委书记卢林出席会议并讲话。

是日　全县人口计生工作会议召开。县委副书记、县长杨汉华出席会议并讲话。

13日　全县安全生产工作部署会召开。市委常委、县委书记卢林出席会议并就全县安全生产工作做安排部署。县委副书记、县长杨汉华出席会议。

是日　市委常委、县委书记卢林带队到优抚

对象、环卫工人、退休老干部和福利院院民家中慰问，送去慰问金和慰问物资。

是日　全市群众工作和信访工作会议在毕节召开。县委副书记李涌参加会议。

14日　“绿化毕节”行动现场观摩会先后在织金、黔西、大方、百里杜鹃、金沙等县（区）举行。县委副书记。县长杨汉华，副县长赵璞参加观摩会。

15日　市委常委、县委书记卢林主持召开县委常委办公会议，传达贯彻全市荒山绿化观摩会、安全生产工作会议、信访维稳工作会议精神并对相关工作做安排部署。

17日　市长陈昌旭到黔西调研同心商贸城项目建设情况。县委副书记、县长杨汉华，县委常委、副县长雷文军陪同调研。

21日　市委常委、县委书记卢林到贵黔高速公路新黔大桥、白黔高速公路耳海河大桥、息黔高速公路徐家寨大桥建设施工现场检查工作，并向坚守在施工一线的建设者致以新春的祝福。

25日　市委常委、县委书记卢林带领县四大班子领导及县直部门干部职工到文峰街道办事处文峰社区参加义务植树活动。

26日　全省党风廉政教育大会（电视电话会）、全市党风廉政警示教育视频大会、全省科学技术奖励大会（电视电话会）先后召开，市委常委、县委书记卢林，县委副书记、县长杨汉华在黔西分会场参加会议。

是日　举行全县“回乡创业展风采”活动座谈会。市委常委、县委书记卢林出席座谈会并讲话。

27日　市委常委、县委书记卢林，副县长曾科到成贵铁路西溪河大桥、鸭池河大桥等施工现场督查调度项目建设工作，听取情况汇报，协调解决相关问题。

是日　市委常委、县委书记卢林到永燊乡调研高速公路建设工作推进情况。

是日　省政府第三次廉政工作会议、市政府第四次廉政工作会议（电视电话会）召开。县委副书记、县长杨汉华，县委常委、常务副县长喻祖常，县委常委、副县长雷文军等在黔西分会场参加会议。

是日　县政府第四次廉政工作会议召开。县委副书记、县长杨汉华出席会议并讲话。县委常委、常务副县长喻祖常，县委常委、副县长雷文军，副县长杨曦、张锦、赵璞等出席会议。

28日　省工能委总工程师周仕飞率队到黔西督查节后复工复产工作。县委常委、常务副县长喻祖常陪同督查。

是日　市委常委、县委书记卢林到县直各部门调研《习近平总书记在中央办公厅考察时的重要讲话》精神贯彻落实情况。

3月

1日　市委常委、县委书记卢林到黔希煤化工、天利化工、海大科技等重点项目建设现场调研节后复工情况。

2日　省政协社会与法治专委会副主任杨继红到雨朵、谷里等乡镇检查指导党的群众路线教育实践活动整改落实工作开展情况并调研通村水泥路、农业产业结构调整等民生工作。市委常委、县委书记卢林陪同检查并主持召开黔西县教育实践活动整改落实情况测评会议。

是日　市委常委、县委书记卢林组织召开专题会议，听取全县项目建设工作情况汇报，督促各企业强力推进项目进度。

3日　市农委主任傅业春到金碧镇、雨朵镇查看全市春耕生产现场会选点情况。县委副书记李涌陪同查看。

是日　市委常委、副市长唐柳成到黔西县检查调度企业节后复工复产情况和历史文化遗产保护工作。县委常委、副县长雷文军，副县长杨曦陪同检查。

是日　市委常委、县委书记卢林组织召开全县重点企业复工复产调度会，安排调度全县工业经济发展实现“开门红”相关工作。

是日　市委常委、县委书记卢林组织召开全县城市建设工作调度会，安排调度全县城市建设工作及实现全县经济社会发展“开门红”有关工作。

是日　召开全县离退休干部座谈会。市委常委、县委书记卢林向老干部通报全县经济社会发展情况并听取老干部对经济社会发展的意见和建议。县委副书记、县长杨汉华出席会议。

4日　副市长李玉平到黔西检查工业企业复工复产工作。县委常委、副县长雷文军陪同检查。

是日　全市发展特色农业板块经济座谈会在毕节召开。县委常委、副县长张敏参加座谈会。

5日　市委常委、县委书记卢林到县经济开发区调研，检查督导复工复产情况，督促各项目建设工作。

6日　市委常委、县委书记卢林到黔希煤化工、天利化工、海大科技等企业检查复工复产情况，督促项目建设工作进度。

是日　全市旅游工作会议毕节召开。副县长杨曦参加会议。

是日　全市通村公路建设工作会议在毕节召开。副县长曾科参加会议。

7日　市委常委、县委书记卢林到水西古城、经济开发区各相关企业检查项目建设情况，听取企业意见建议，协调解决相关问题。

8日　市委常委、县委书记卢林到农业示范园调研农业结构调整和产业升级工作。

9日　市委常委、县委书记卢林到金碧、雨朵、绿化等乡镇调研春耕生产工作。

是日　市委常委、县委书记卢林到县经济开发区检查项目复工复产情况，督促项目建设工作进度。

是日　市政协副主席、市交通局局长安顺才到黔西检查通村油路建设情况。副县长曾科陪同检查。

是日　全省同步小康驻村工作2014年总结表彰暨2015年动员部署电视电话会议召开。县委副书记李涌在黔西分会场参加会议。

10日　市委常委、县委书记卢林到农业园区调研农业产业结构调整、基础设施建设、生态保护等相关工作开展情况，

是日　全市统计调查工作暨2015年第一季度经济运行调度会议在毕节召开。县委常委、常务副县长喻祖常参加会议。

是日　省民政厅副厅长邹志强到黔西实地考评省级“双拥模范县”创建工作。副县长杨曦陪同考察。

是日　全省创卫工作视频会议召开。副县长张锦在黔西分会场参加会议。

11日　副省长王江平到黔西经济开发区天利化工、永贵机修、黔希煤化工等企业督查调研工作。市委常委、县委书记卢林，县委常委、副县长雷文军陪同督查。

是日　市委常委、县委书记卢林到大关镇调研新农村建设、农业产业结构调整等工作。

是日　市审计组对黔西县政府及县长经济责任审计反馈座谈会在黔西召开。羡慕委副书记、县长杨汉华，县委常委、常务副县长喻祖常，副县长曾科参加座谈会。

12—13日　省政府与社会资本合作模式PPP专题培训会在贵阳举办。县委副书记、县长杨汉华参加培训会。

12 日　市委常委、县委书记卢林到水西古城、西出口安置区等项目地调研项目建设工作，听取企业意见建议，协调相关问题。

13 日　全县通村水泥路建设专题会议召开。市委常委、县委书记卢林出席会议并讲话，要求强力推进通村水泥路建设，努力改善群众生产生活条件。

是日　加全市电网建设专题会在毕节召开。县委常委、副县长雷文军参加会议。

是日　全县教育工作会议召开。市委常委、县委书记卢林出席会议并讲话。

是日　市委副秘书长张青杰一行到黔大、黔织高速公路沿线乡镇调研“四在农家·美丽乡村”创建工作。县委常委、副县长张敏陪同调研。

14 日　市委副书记胡吉宏到林泉镇检查指导荒山绿化工作。县委副书记李涌陪同检查。

是日　县委副书记、县长杨汉华到雨朵镇、金碧镇调研春季农业生产工作。

是日　省科技厅、省科学院调研组到黔西调研食品安全检测中心建设事宜。县委常委、副县长雷文军陪同调研。

16 日　全市春季农业生产暨农业园区建设观摩总结会在黔西召开。县委副书记、县长杨汉华参加会议。

17—21 日　全省县以上党政主要领导干部专题研讨班在贵阳举办。市委常委、县委书记卢林参加研讨班。

17—18 日　全省县级以上党政主要领导干部专题研讨班在省委党校举办。县委副书记、县长杨汉华参加培训班。

17 日　全县宣传工作会议召开。市委常委、县委书记卢林出席会议并讲话。

是日　市委常委、县委书记卢林主持召开县委常委办公会议，传达市委书记陈志刚在全市春季农业生产暨农业园区现场观摩总结会上的讲话精神。

是日　国家发改委稽查组到驮煤河扶贫生态移民安置点督查 2014 年度扶贫生态移民工程项目中央专项资金计划执行情况，省发改委检查组同行检查中央预算内投资项目建设情况。县委常委、常务副县长喻祖常，县委常委、副县长张敏陪同督查。

18 日　县客车站发生爆炸时间，造成 9 人受伤，其中 3 人重伤、6 人轻伤。县委副书记、县长杨汉华，县委常委、常务副县长喻祖常，县委常委、副县长雷文军，副县长曾科第一时间赶赴现场进行处置并妥善做好善后事宜。

19 日　省林业厅副厅长沈晓春一行到黔西调研林业产业发展情况。县委常委、副县长张敏陪同调研。

20 日　市政协副主席、市交通局局长安顺才到雨朵、金碧检查通村水泥路建设情况。副县长曾科陪同检查。

22 日　市委常委、市委秘书长王开俊到洪水镇检查指导迎接深圳市考察团到黔西考察调研点筹备工作。县委副书记李涌陪同检查。

23 日　市委常委、县委书记卢林，县委副书记李涌到洪水镇检查指导迎接深圳市考察团到黔西考察调研点筹备工作。

是日　台湾客商到黔西考察投资种植蝴蝶兰项目。县委副书记李涌陪同考察。

是日　召开全县民爆物品枪支弹药管制刀具清剿专项行动动员部署会。市委常委、县委书记卢林出席会议并讲话。

24 日　市委常委、县委书记卢林到毕节参加深圳—毕节对口帮扶工作座谈会，并陪同深圳市党政代表团到洪水镇新桥村调研美丽乡村示范点建设情况，参观食用菌产业园并慰问农户。县委副书记、县长杨汉华陪同调研。

是日　市委书记陈志刚主持召开全市县委书记、县长座谈会。市委常委、县委书记卢林，县委副书记、县长杨汉华参加座谈会。

是日　环保部、水利部联合检查组到黔西检查县污水处理厂二期工程和畜禽养殖污染防治项目建设工作。县委常委、副县长陈才俊陪同检查。

是日　省政协副主席左定超到黔西开展“下基层、送文化、促发展”全省行活动。县政协主席刘麦青，副县长杨曦、张锦陪同调研。

25—26 日　全省春季农业生产现场会在凤冈县举行。县委常委、副县长陈才俊参加现场会。

25 日　市委常委、县委书记卢林调研城区石板互通项目建设工作。

是日　市委常委、县委书记卢林到五里乡华润黔西电厂项目现场调研督促建设进度。

是日　市委常委、县委书记卢林带领个相关单位负责人到天利化工、黔希煤化工、海大科技等项目现场调研，现场办公，协调解决相关问题，推进项目建设进度。

是日　市人大副主任杨海琰到黔西二中、黔西三小、素朴中学、素朴小学调研城乡义务教育资源配置情况。副县长张锦陪同调研。

是日　全省烤烟生产备栽现场推进会在黔西召开。副县长赵璞参加推进会。

26 日　全县统战工作会议召开。市委常委、县委书记卢林出席会议并讲话。

27 日　全省侦监、公诉工作片区座谈会在黔西召开。市委常委、县委书记卢林出席会议并致辞。

是日　市人大党组副书记、副主任倪小兵到黔西开展《中华人民共和国老年人权益保障法》贯彻落实情况执法检查。副县长杨曦陪同检查。

是日　市委常委、县委书记卢林到洪水镇调研春耕春作和美丽乡村建设等工作。

28 日　市委常委、县委书记卢林到钟山镇、协和镇检查煤矿安全生产工作，调研乡镇大安全生产工作开展情况。

是日　市政协秘书长李文汉一行到黔西调研政协办公室工作。县政协副主席黄勇陪同调研。

29 日　市委常委、县委书记卢林到黔织高速、黔大高速沿线调研美丽乡村建设工作。

是日　阿拉伯国家党政治国理政方略研修班成员到黔西考察。县委常委、副县长王龙军陪同考察。

是日　市委常委、常务副市长罗建强到金碧、林泉等乡镇检查全省项目观摩点筹备工作。副县长赵璞陪同检查。

30 日　全市政策法规大宣传、矛盾纠纷大排查、社会治安大整治动员大会（电视电话会）召开。县委副书记、县长杨汉华，副县长曾科在黔西分会场参加会议。

是日　国家安监总局安全警示教育视频会议召开。县委副书记、县长杨汉华，县委常委、副县长雷文军在毕节分会场参加会议。

是日　全市住房公积金管理委员会 2015 年度第一次全体会议、全市全民科学素质工作领导小组第四次会议先后在毕节召开。县委常委、副县长王龙军参加会议。

31 日　市委常委、县委书记卢林到水西古城、九丰农业示范园调研，现场办公调度解决项目遇到的困难和问题，督促项目建设进度。

是日　市委常委、县委书记卢林到新仁乡调研高速公路建设、旅游资源开发、农业生产等工作。

是日　市委常委、市委秘书长王开俊到洪水镇考察调研美丽乡村建设。县委副书记李涌陪同考察。

是日　统一战线参与毕节试验区建设 2015 年“同心工程”项目推进会在毕节举行。县委副书记李涌参加会议。

是日　乌蒙山片区利用总体规划调整完善暨增减挂钩专题调研会在毕节召开。县委常委、常务副县长喻祖常参加调研会。

是日　全市煤炭销售工作会议在毕节召开。县委常委、副县长雷文军参加会议。

是日　省发改委副主任袁家榆到金碧、林泉等乡镇检查全省项目观摩点筹备工作。副县长赵璞陪同检查。

4月

1日　召开全县政策法规大宣传、矛盾纠纷大调处、社会治安大整治专项行动动员会。市委常委、县委书记卢林出席会议并讲话，就加大矛盾纠纷排查化解、社会治安整治、清明节期间森林防火、落实八项规定力度，推进第二季度各项工作再强调、再部署。县委副书记、县长杨汉华出席会议。

是日　市委常委、县委书记卢林到G321沿线、洪水镇检查整脏治乱工作。

是日　县委副书记、县长杨汉华到洪水镇检查工作。

2日　中共中央政治局原常委、全国政协原主席贾庆林到柳岸水乡调研指导美丽乡村建设。县委副书记、县长杨汉华，县委副书记李涌陪同调研并介绍相关情况。

3日　市委常委、县委书记卢林带领相关领导及部门负责人到行政中心至石板互通、G321路、高速公路黔西收费站等地调研交通基础设施建设。

是日　全市禁毒工作会、全市平安建设推进会暨“六零六好”社会治理集成创新总结会先后在毕节召开。县委副书记、县长杨汉华参加会议。

4—5日　毕节试验区专家顾问组到黔西调研。副县长张锦陪同调研。

4日　市委常委、县委书记卢林到林泉镇、红林乡调研白芷、太子参等中药材及皂角等经济作物种植情况，并在沿途检查高速公路沿线荒山绿化工作。

5日　全省、全市安全生产电视电话会议召开。市委常委、县委书记卢林在黔西分会场参加会议，并立即组织召开全县道路安全生产紧急电视电话会议，对全县安全生产工作进行再安排、再部署；传达市委书记陈志刚相关批示精神，取消领导干部假期，要求所有干部严阵以待、全力做好安全生产工作。

6日　市委副书记、市长陈昌旭到黔西调研客运安全和农村道路交通安全工作。县委常委、常务副县长喻祖常陪同调研。

是日　市委常委、县委书记卢林到绿化乡、雨朵镇调研贵黔高速、成贵高铁项目建设工作。

7日　毕节市2015年第二次经济运行分析会议召开。市委常委、县委书记卢林，县委副书记、县长杨汉华参加会议。

是日　召开全县经济运行工作会议，贯彻落实全市2015年第二次经济运行分析会议精神，对全县经济运行工作做安排部署。市委常委、县委书记卢林出席会议并讲话。

是日　全市经济运行分析调度视频会议召开。县委副书记、县长杨汉华，县委常委、常务副县长喻祖常在黔西分会场参加会议。

8日　市委常委、县委书记卢林到黔希煤化工、天利化工等园区企业调度督查项目进展情况，听取企业汇报并现场为企业解决实际问题。

是日　市委常委、县委书记卢林到县城周边通乡路口及汽车站检查“交通安全大检查”行动交警到位情况，对道路交通安全工作再调度。

9日　全省精神文明建设工作表彰大会在贵阳召开。市委常委、县委书记卢林参加会议。并在返回黔西的途中到素朴镇、钟山镇调研乡镇工业园区企业生产情况。

是日　全省项目观摩会毕节筹备工作会议在毕节召开。县委副书记、县长杨汉华参加会议。

是日　省农科院一行到洪水等乡镇考察农业科技工作。县委常委、副县长陈才俊陪同考察。

10日　全县第二季度经济运行分析会召开。市委常委、县委书记卢林出席会议并讲话，强调要高标准贯彻落实市委书记陈志刚、市长陈昌旭市长在全市一季度经济运行调度会上是讲话精神及市统计工作会议精神，加强对全县经济指标下滑原因的分析及对策研究，全力保障经济运行稳中有进，

是日　重庆市发改委副主任詹成志在省发改委副主任张应伟的陪同下，到五里乡华润黔西电厂开展调研并召开座谈会。市委常委、县委书记卢林陪同调研。

是日　全市信访维稳工作会、全市“百企招商”“绿化毕节”及生态产业发展峰会调度会和2015年海峡两岸（毕节试验区）生态农业发展交流会筹备协调会先后在毕节召开，县委副书记李涌，县委常委、副县长陈才俊参加会议。

是日　国家煤监局副局长杨富到黔西开展煤矿矿长谈心对话活动。县委副书记、县长杨汉华陪同参加活动。

是日　全县经济运行分析调度会召开。县委副书记、县长杨汉华，县委常委、常务副县长喻祖常，县委常委、副县长雷文军出席会议。

11日　国家煤监局副局长杨富在黔西调研煤矿安全生产情况。县委常委、副县长雷文军陪同调研。

12—14日　县委副书记、县长杨汉华，县委常委、副县长雷文军赴北京参加黔西电厂二期工程补充可行性研究报告审查会。

12日　市委常委、县委书记卢林到同心商贸城、成贵高铁黔西车站调研项目建设工作，听取相关汇报并现场办公调度解决项目建设遇到的困难和问题。

13日　市委常委、县委书记卢林到甘棠镇调研荒山绿化及农业产业结构调整工作。

是日　副市长高青到黔西督查贵黔高速建设情况。副县长曾科陪同督查。

14日　邀请相关专家到黔西举办投资收益权模式与PPP模式对比与应用专题讲座。市委常委、县委书记卢林听取讲座。

是日　市通村水泥路建设领导小组到黔西检查通村水泥路建设情况。副县长曾科陪同检查。

是日　省政协办公厅人事处处长罗斌一行到黔西开展干部考察工作。县政协副主席林琴、秘书长刘静陪同考察。

16—19日　2015年海峡两岸（毕节试验区）生态农业发展交流会。县委副书记李涌参加交流会。

16日　市委常委、县委书记卢林到县督查局调研并听取相关工作汇报。

是日　市委常委、县委书记卢林到海大科技、天利化工、黔希煤化工等项目现场督导项目建设进度。

是日　市委常委、县委书记卢林到九丰农业产业园区调研督促项目建设工作。

是日　毕节试验区专家顾问常近时率队到素朴镇古胜村调研生态修复、循环农业工作。县委副书记、县长杨汉华，副县长赵璞陪同调研。

17日　省公安厅副厅长邹碧声，市委政法委书记、市公安局局长周全富到县公安局调研犯罪实时控制机制扁平化指挥体系建设。市委常委、县委书记卢林陪同调研。

是日　市委常委、县委书记卢林到锦星、金

碧等乡镇调研玉米、烤烟等农业生产情况。

18—19 日　深圳市深水海纳水务集团一行到黔西考察调研项目投资事宜。县委常委、副县长雷文军在陪同考察。

18 日　市委常委、县委书记卢林到县经济开发区学之泉、西美科技、通威饲料等企业调研，了解企业项目建设情况，现场调度解决企业遇到的困难和问题。

19 日　市委常委、县委书记卢林率队到县城周边检查整脏治乱、道路交通安全工作。

20 日　市委干部调研组到黔西调研并召开个别谈话会。县委副书记、县长杨汉华参加谈话会。

是日　省政协社会与法制委员会专职副主任冯贵真率省政协调研组到黔西调研城乡社区工作。县政协副主席曾红、副县长杨曦陪同调研。

21—24 日　2015 年全省第一次项目建设现场观摩会及观摩总结会在毕节召开。市委常委、县委书记卢林参加现场会。

21 日　市快速铁路、高速公路建设协调指挥部指挥长周应华在黔西召开成贵铁路建设推进会。县人大常委会副主任饶金伦参加会议。

22—23 日　市政协副主席肖远福、杜娟率队到黔西视察职业教育发展情况。县政协副主席卓永发陪同视察。

24 日　贵州华夏中璟集团负责人到黔西考察农业投资项目，并召开座谈会。县委副书记李涌，县委常委、副县长陈才俊陪同考察。

是日　全省项目现场观摩总结暨全省第一季度经济运行调度视频会召开。县委副书记、县长杨汉华，县委常委、常务副县长喻祖常，副县长张锦在黔西分会场参加会议。

25 日　贯彻落实省委副书记谌贻琴批示精神，市委常委、县委书记卢林到联系点观音洞镇调研代课教师等信访突出问题并对全县重点突出信访问题排查化解工作做安排部署。

26 日　全市领导干部大会在毕节召开。市委常委、县委书记卢林，县委副书记、县长杨汉华参加大会。

27 日　市委常委、县委书记卢林主持召开县委常委会议，传达全省项目建设现场观摩会暨一季度经济运行分析会议精神并研究第二季度全县经济工作；研究社会治安综合治理有关工作；讨论设立黔西县大融资平台有关事宜；传达全省、全市信息督查工作会议精神。

是日　市政府评估组对黔西县义务教育基本均衡发展工作进行评估。副县长张锦陪同评估。

28 日　2015 年毕节试验区生态产业发展峰会在黔西举行。市委常委、县委书记卢林受市委书记陈志刚、市长陈昌旭委托，代表市委、市政府致欢迎辞。县委副书记、县长杨汉华，县委常委、副县长王龙军，杨曦参加会议。副县长赵璞做主题演讲。

是日　全省信访维稳工作电视电话会议召开。市委常委、县委书记卢林在黔西分会场参加会议，并立即组织召开全县信访维稳工作会，贯彻落实会议精神，要求各乡镇进一步强化底线思维、增强红线意识，深刻吸取其他县区教训，举一反三，严防不稳定因素发生。

是日　民建东部十省市对口帮扶黔西第三次联席会议召开。县委副书记、县长杨汉华，副县长杨曦出席会议。

是日　全市产业园区建设和管理工作调度会在毕节召开。县委常委、副县长雷文军参加调度会。

是日　市民生实事调研组到新仁、五里、观音洞、金兰等乡镇调研。县委常委、副县长张敏陪同调研。

是日　省政府参事调研组到洪水镇解放村和杜鹃街道乌骡坝社区调研农村集体经济发展工

作。县委常委、副县长陈才俊陪同调研。

是日　省卫计委检查组建到县中心医院检查工作。副县长张锦陪同检查。

是日　市政协主席会议视察组到黔西视察职业教育发展情况。副县长张锦陪同视察。

29日　市委常委、县委书记卢林到金兰镇等乡镇调研重点群体信访维稳及安全生产工作。

是日　全国深化医药卫生体制改革工作视频会召开。县委副书记、县长杨汉华，县委常委、常务副县长喻祖常，副县长张锦在黔西分会场参加会议。

是日　2015年毕节试验区生态发展峰会参会人员到黔西考察旅游产业发展情况。县委常委、副县长王龙军，副县长杨曦陪同考察。

是日　市民生实事及交通整治督查组到黔西督查，并召开座谈会。县委常委、副县长张敏陪同督查并参加座谈会。

30日　市委常委、县委书记卢林到南部新区教育园区和石板互通项目现场调研，督促涉及乡镇及部门改进工作作风，到一线去解决项目问题，强力推进项目建设工作。

5月

1日　市委书记陈志刚到成贵快速铁路黔西县杜鹃办事处工地、鸭池河特大桥建设工地和贵黔高速公路鸭池河特大桥建设工地慰问建设者，并到周氏农业综合开发有限公司调研蛋鸡养殖情况、到黔西县大关镇调研烤烟移栽情况。市委常委、县委书记卢林，县委副书记、县长杨汉华，县委常委、常务副县长喻祖常，县人大常委会副主任饶金伦，副县长杨曦、曾科陪同调研。

2日　市委常委、县委书记卢林到西出口安置区、西美科技等项目现场调研。

3日　市委常委、县委书记卢林到高速公路黔西收费站调研。

4日　市委常委、县委书记卢林到团县委、县妇联、县发改局等单位调研，并与干部职工进行座谈。

是日　县委副书记、县长杨汉华，县委常委、副县长雷文军到黔西电厂、新田煤矿检察调研安全生产工作。

是日　县委副书记、县长杨汉华到甘棠镇调研春耕生产工作。

是日　市委常委、县委书记卢林到黔西高速公路收费站、G321路、韦寨村、乌骡坝村、清毕路沿路调研。

是日　毕节市扶贫开发协会调研组到黔西调研，并召开座谈会。市委常委、县委书记卢林出席座谈会并讲话。

是日　黔西县在建铁路、高速公路项目建设座谈会召开。市委常委、县委书记卢林出席座谈会并讲话。他强调，要贯彻落实市委书记陈志刚到黔西调研铁路、高速公路建设工作时的指示精神，广泛听取各标段承建单位意见建议，帮助解决困难、协调税收，保障建设工作的顺利进行。

5日　华润黔西电厂项目建设调度会召开。市委常委、县委书记卢林出席会议并讲话，要求各有关单位做好服务工作，力争项目尽快投产。

是日　云南省楚雄州州长吴海芬率队考察黔西快速铁路、高速公路和鸭池河大桥等建设项目。县人大常委会副主任饶金伦陪同考察。

是日　全县信访维稳工作会议召开。市委常委、县委书记卢林出席会议并讲话，对全县信访维稳工作进行再强调、再部署。县委副书记、县长杨汉华出席会议。

是日　市委常委、县委书记卢林到水西古城调研项目建设进度工作。

是日　县委副书记、县长杨汉华，副县长曾

科到县交警大队、水西派出所、禁毒大队、打黑除恶大队、县公安局110指挥中心调研信息扁平化建设工作。

6日　全省信访工作专题情况通报会召开。市委常委、县委书记卢林，县委副书记、县长杨汉华，县委副书记李涌，县委常委、常务副县长喻祖常，县委常委、副县长雷文军，副县长杨曦、赵璞、曾科等在黔西分会场参加会议，并立即召开贯彻落实全省会议精神工作会，对全县信访维稳、社会治安综合治理工作再强调再安排再调度。

是日　市委常委、县委书记卢林到县经济开发区调研黔希煤化工、天利化工等项目建设工作，督促企业投资投劳到位，加快进度。

7日　市人大常委会主任吴安玉到黔西县经济开发区调研。县委常委、副县长雷文军，县人大常委会副主任罗智琼陪同调研。

是日　市委常委、县委书记卢林到县纪委信访室调研。

是日　市委常委、县委书记卢林到绿化乡水泥厂调研水泥厂协同处理城市生活垃圾无害化处置和资源化利用项目建设工作。

是日　县委副书记、县长杨汉华到黔希煤化工、天利化工、西美电子、海大科技调研工业经济运行情况。

是日　县委副书记、县长杨汉华，县委常委、常务副县长喻祖常到明德新城、行政中心至石板互通、阳光新城、万丰商贸城、水西古城、振华花开城调研城市建设工作。

是日　市督查组到黔西督查水利投资计划落实情况并召开督查情况反馈会。县委常委、副县长陈才俊陪同督查并参加反馈会。

是日　市政府赴黔西调研卫计工作并召开座谈会。副县长张锦参加座谈会。

是日　省重点河湖专项联合执法检查组在索风营库区检查工作。副县长赵璞陪同检查。

8—9日　市委常委、宣传部部长、市委秘书长王开俊到雨朵镇扯泥村和小水井村、林泉镇海子村、绿化乡大海子村调研“四在农家·美丽乡村”建设工作。县委常委、副县长张敏陪同调研。

8日　全国人大农业与农村委员会副主任委员欧广源一行到黔西开展“十三五”规划纲要编制专题调研。县人大常委会副主任饶金伦陪同调研。

是日　副省长王江平到黔西东风水电厂检查汛期安全工作。县委常委、副县长雷文军陪同检查。

是日　全市2015年妇女儿童工作会议在毕节召开。副县长张锦参加会议。

是日　全国人大农委调研组到黔西调研。副县长赵璞陪同调研。

10日　市委常委、县委书记卢林到重新镇冒沙村、朱家寨村调研农业农村工作和贫困村发展情况。

11日　市委常委、县委书记卢林主持召开县委常委专题会议，贯彻落实市委书记陈志刚在毕节市党政考察团赴遵义市考察“四在农家·美丽乡村”建设座谈会上的讲话精神，对全县美丽乡村建设工作作安排部署。县委副书记、县长杨汉华出席会议。

是日　市委常委、县委书记卢林带领县政府有关领导到县经济开发区黔希煤化工、天利化工、海大科技等项目调研，服务项目建设，解决项目问题，督促项目进度，并对新常态下节约经营成本、产品营销走势、节能环保、劳务用工等问题进行探讨。

是日　市委常委、县委书记卢林主持召开县委中心组学习会。

是日　市委常委、县委书记卢林主持召开县

委常委办公会议，传达毕节市党政考察团赴遵义市考察“四在农家·美丽乡村”建设情况及座谈会精神、传达学习全市人口计生工作会议精神、听取全县通村公路工作情况汇报、通报全县信访维稳工作情况和全县一季度综治工作情况汇报等。

是日　全市煤炭工业发展大会在毕节召开。县委副书记、县长杨汉华，县委常委、副县长雷文军参加大会。

是日　全市农业重点工作会议在毕节召开。县委副书记李涌参加会议。

12日　市委常委、县委书记卢林到雨朵镇调研四在农家·美丽乡村建设工作。

是日　全市权利清单运行备案工作现场会在黔西召开。市委常委、县委书记卢林出席会议并致辞。

是日　全省煤矿瓦斯治理工作现场会在黔西召开。市委常委、县委书记卢林出席会议。

是日　全国、全省推进简政放权放管结合职能转变工作电视电话会议召开。县委副书记、县长杨汉华，县委常委、常务副县长喻祖常，县委常委、副县长雷文军，副县长杨曦、张锦、曾科等在黔西分会场参加会议。

13日　全省煤矿瓦斯治理工作现场观摩会在黔西青龙煤矿举行。县委副书记、县长杨汉华，县委常委、常务副县长喻祖常，县委常委、副县长雷文军参加观摩会。

是日　广西南宁调研组在洪水镇调研精准扶贫工作。县委常委、副县长陈才俊陪同调研。

是日　省社科院调研组在县经开区、洪水镇和水西古城调研经济社会发展情况。县委常委、副县长陈才俊陪同调研。

14日　市委常委、县委书记卢林率有关单位负责人到联系点文峰办事处开展领导干部带案接访下访集中化解信访问题专项行动，研判指导基层处理化解信访问题并现场接访来访群众，要求全县各级领导干部必须到包保乡镇或村进行接访下访，务必将全县排查出来的信访问题处理到位。

是日　县委副书记、县长杨汉华到金碧镇调研通村水泥路建设以及信访维稳、政务服务等工作。

是日　全县经2015年第三次济运行分析调度会召开。县委副书记、县长杨汉华出席会议。县委常委、常务副县长喻祖常主持会议。

15日　县委副书记、县长杨汉华到水西街道开展带案下访工作。

18日　市人大常委会主任吴安玉率人大代表考察团到新仁乡视察高速公路、快速铁路建设情况。县委副书记李涌、县人大常委会副主任饶金伦陪同视察。

是日　全市地质灾害防治工作和土地专项审计整改工作会议在毕节召开。县委常委、常务副县长喻祖常参加会议。

19日　市人大常委会主任吴安玉率队视察黔西火车站建设情况。县委副书记、县长杨汉华，副县长曾科陪同视察。

是日　全市免费师范生工作会议在毕节召开。副县长张锦参加会议。

20日　全省烟叶生产基础设施管护使用现场推进会在兴义市召开。副县长赵璞参加会议。

是日　国家安监总局巡视督导黔西煤矿安全生产工作，并召开座谈会。县委副书记、县长杨汉华参加座谈会。县委常委、副县长雷文军陪同巡视并参加座谈会。

21日　召开全县高速公路建设资金筹措工作会议。县委副书记、县长杨汉华出席会议。

是日　国家安监局检查组到黔西桂箐煤矿和煤炭岗煤矿检查安全生产工作。县委副书记、副县长雷文军陪同检查。

是日　省检查组到黔西检查涉农资金专项整治工作。副县长赵璞做专题汇报。

是日　副市长高青到黔西召开高速公路建设项目资本金筹措事项座谈会。副县长曾科参加座谈会。

22日　市政协调研组到黔西调研城市管理综合执法工作，并召开座谈会。县委常委、常务副县长喻祖常参加座谈会。

是日　全省“四个一体化”工作会议召开。县委常委、副县长雷文军参加会议。

25日　市委一届七次全体会议早毕节召开。市委常委、县委书记卢林出席会议。县委副书记、县长杨汉华参加会议。

26日　全市“四在农家·美丽乡村”创建工作推进会在黔西召开。市委常委、县委书记卢林出席会议。并组织召开全县贯彻落实会议精神专题会，对全县“四在农家·美丽乡村”创建工作再强调、再部署。

是日　市委常委、县委书记卢林到县行政中心至收费站道路工地调研项目建设工作。

是日　市委常委、县委书记卢林组织召开专题会议，贯彻落实市委书记陈志刚有关指示精神，对全县扶贫工作及驮煤河生态移民项目再调度再敦促。

是日　2015年贵阳国际大数据产业博览会暨全球大数据时代贵阳峰会举行。县委副书记、县长杨汉华参加会议。

是日　全市“四在农家·美丽乡村”创建工作推进会在毕节召开。县委常委、常务副县长喻祖常，县委常委、副县长张敏参加会议。

是日　省政协提案委主任赵强率省政协调研组到黔西调研山地特色城镇化中的文化建设。市政协副主席杜娟一同调研。县政协副主席曾红、秘书长刘静，副县长杨曦陪同调研。

27日　市委常委、县委书记卢林召集有关领导和单位负责人召开专题会议，贯彻落实市委书记陈志刚指示精神，调度全县财政税收、项目建设等工作；协调驮煤河生态移民安置区项目建设有关问题。

是日　省委常委、省委秘书长刘奇凡到金碧镇、林泉镇调研扶贫工作。县委副书记李涌陪同调研。

是日　省委办公厅调研组到金碧、林泉等乡镇调研扶贫开发、美丽乡村建设等工作。市委常委、县委书记卢林陪同调研。

28日　市委常委、县委书记卢林到县信访中心接访陇华煤矿、城关镇群众。

是日　县委召开全县领导干部大会，就贯彻落实市委一届七次全体会议精神做安排部署。市委常委、县委书记卢林出席大会并讲话。

是日　全县“四在农家·美丽乡村”创建工作推进会召开。市委常委、县委书记卢林出席会议并讲话。县委副书记、县长杨汉华，县委常委、常务副县长喻祖常，副县长曾科出席会议。

是日　全县平安建设工作推进会召开。市委常委、县委书记卢林出席会议并讲话，就禁毒治赌、社会治安、大安全生产工作再强调、再部署。县委副书记、县长杨汉华，县委常委、常务副县长喻祖常出席会议。

是日　全县打击赌博违法犯罪专项行动推进会召开。市委常委、县委书记卢林出席会议并讲话，对严厉打击涉赌违法犯罪工作再强调、再部署。

是日　市人大执法检查组到黔西开展《中华人民共和国旅游法》执法检查。副县长杨曦陪同检查。

29日　农业部总农艺师、农村改革试验区办公室主任孙中华到洪水镇调研改革试验相关工作。县委副书记李涌陪同调研。

是日　市委常委、县委书记卢林主持召开县

委常委会议，就全县贯彻落实市委一届七次全会、全市“四在农家·美丽乡村”创建工作推进会及市委书记陈志刚指示精神再强调再调度。

是日　市委常委、县委书记卢林到谷里镇、红林乡调研扶贫开发、农业产业结构调整、“四在农家·美丽乡村”建设、返乡农民工创业等工作。

是日　省创建省级示范性中等职业学校评估专家组对黔西中职学校进行评估。副县长张锦陪同评估并参加专题汇报会。

30日　农业部总农艺师、农村改革试验区办公室主任孙中华在毕节召开毕节改革试验工作座谈会。县委副书记李涌参加座谈会。

是日　市委常委、县委书记卢林到雨朵镇雨明村、小水井村检查美丽乡村建设、农业产业结构调整等工作进展情况。

是日　市民政局调研组到黔西调研民政工作。副县长杨曦陪同调研。

是日　省教育厅专家组到黔西调研义务教育均衡发展工作。副县长张锦陪同调研。

31日　市委常委、县委书记卢林到乌骡坝调研美丽乡村建设、农业示范园项目建设、农业产业结构调整等工作。

是日　至6月2日　四川省广安市考察团到黔西考察城市功能区建设。县委副书记李涌陪同考察。

6月

1日　市委副书记、市长陈昌旭到黔西金碧三小开展“六一”慰问活动。县委副书记、县长杨汉华陪同慰问。

是日　市委常委、县委书记卢林到县思源学校、黔西一小开展“六一”儿童节慰问活动。

是日　县委副书记、县长杨汉华到县特殊教育学校、儿童福利院开展“六一”慰问活动。

是日　市委常委、县委书记卢林到林泉镇调研“四在农家·美丽乡村”建设、农业产业结构调整等工作。

2日　市委常委、县委书记卢林到县经济开发区调研督促项目建设工作。

是日　县委副书记、县长杨汉华到县人武部主持召开扶贫工作调度会。

是日　市民宗委副主任朱宇翔到黔西调研民族宗教工作。副县长杨曦陪同调研。

3日　市委常委、县委书记卢林主持召开专题会议，就贯彻落实市相关会议精神、推进全县扶贫攻坚做出安排部署。

是日　市委常委、县委书记卢林到驮煤河生态移民安置区调研项目建设工作，协调企业加快项目建设进度。

是日　市委常委、县委书记卢林到协和镇化甲社区检查调研扶贫开发、美丽乡村建设、防汛防地灾、安全维稳等工作。

是日　市检查组到金碧镇、谷里镇、污水处理厂二期实地检查排污治污工作。副县长曾科陪同检查。

是日　省委副秘书长、省政研室主任李裴到素朴镇开展遍访贫困村、贫困户活动。县委常委、副县长陈才俊陪同活动。

4日　副省长刘远坤到杜鹃街道乌骡坝村调研扶贫工作。县委副书记、县长杨汉华陪同调研。

是日　市委常委、县委书记卢林主持召开专题会议，就全县扶贫工作再强调再督促。

是日　市委常委、县委书记卢林到素朴镇古胜村、谷里镇清明村调研扶贫开发、产业结构调整、生态建设、“四在农家·美丽乡村”建设等工作

是日　省、市联合调研组到乌骡坝村、洪水镇新桥村就黔西县创新支农资金管理体制机制实验工作进行调研。市委常委、县委书记卢林陪同调研。

是日　县委副书记、县长杨汉华到大关镇丘林村调研。

5日　市委常委、县委书记卢林到大关镇遍访贫困村，调研扶贫开发、“四在农家·美丽乡村”建设等工作，并检查大关镇落实省、市、县指示精神，加强汛期隐患排查、点上巡查、应急值守、道路交通安全等工作落实情况。

是日　全市中央预算内投资项目工作推进情况调度会在毕节召开。县委常委、常务副县长喻祖常参加会议。并在返回黔西后立即召开全县贯彻落实会议精神专题会议。

6日　市委常委、县委书记卢林到观音洞镇检查指导汛期安全及地质灾害防治等工作，调研扶贫攻坚、小城镇建设等工作。

7日　市委常委、县委书记卢林到乌骡坝走访调研扶贫开发、美丽乡村建设、防汛防地灾、安全维稳等工作。

是日　市委常委、县委书记卢林到九丰农业示范园、县污水处理厂、驮煤河生态移民安置区等项目建设现场检察调研，督促项目加快建设进度，早日投入使用。

8日　市委副书记李建到乌骡坝村、洪水镇新桥村、解放村调研扶贫开发、美丽乡村建设、农业产业结构调整等工作。市委常委、县委书记卢林陪同调研。

是日　全县经济运行调度会议召开。市委常委、县委书记卢林出席会议并讲话。

9日　市委常委、县委书记卢林到谷里镇清明村调研督查扶贫开发、美丽乡村建设等工作，并检查乡镇落实省、市、县指示精神，加强汛期防汛及防地灾工作情况。

是日　市人大副主任、市总工会主席王炳荣到黔西县汇瑞水泥厂、三洋植物油厂、绿源食品厂调研。县人大常委会副主任罗智琼陪同调研。

是日　市委常委、县委书记卢林，县委常委、常务副县长喻祖常，县委常委、副县长张敏到驮煤河生态移民安置区调研项目建设工作，现场办公调度解决项目遇到的困难和问题，推进项目建设进度，确保移民群众早日搬迁。

是日　省政府督查组到黔西督查义务教育均衡发展工作。县委副书记、县长杨汉华陪同督查并做专题汇报。

是日　县委副书记、县长杨汉华到谷里镇开展遍访贫困村工作，并督查防汛、地灾防治工作。

是日　市委常委、县委书记卢林到学之泉、水西古城、振华集团调研项目建设工作，督促项目建设进度。

是日　市委常委、县委书记卢林到金碧镇、绿化乡、乌骡坝走访调研扶贫开发、产业结构调整、生态建设、“四在农家·美丽乡村”建设等工作。

是日　全省不动产统一登记工作电视电话会议暨全市不动产统一登记工作会议召开。县委常委、副县长王龙军参加会议。

是日　国家发改委西部司副司长童章舜一行到林泉镇调研新一轮退耕还林工作。副县长赵璞陪同调研。

10日　山东省寿光市考察组到林泉、雨朵、新仁等乡镇考察农业产业发展和乡村旅游工作，并举办招商引资推介会。市委常委、县委书记卢林，县人大常委会副主任饶金伦陪同考察并出席招商引资推介会。

是日　省教育督导组召开对黔西县义务教育均衡发展评估反馈会。县委副书记、县长杨汉华参加会议。

是日　市人大副主任王炳荣到新仁乡督查指导“四在农家·美丽乡村”创建工作。县委常委、副县长张敏陪同督查。

是日　重庆能源集团负责人到黔西考察项目投资事宜。县委常委、副县长王龙军陪同考察。

11日　县委召开全县领导干部大会。市委常委、县委书记卢林出席大会并讲话，就贯彻落实省市领导指示精神、全省扶贫工作会议筹备、全县经济发展等工作进行全面部署。

是日　市委常委、县委书记卢林到解放村、新桥村检查全省扶贫工作会议筹备情况。

是日　百里杜鹃风景名胜区党工委书记熊灿平一行到林泉镇海子村考察“四在农家·美丽乡村”创建工作。县委常委、副县长张敏陪同考察。

是日　市政协机关离退休老干部视察组到黔西视察城市建设和新农村建设工作。县政协主席刘麦青、副县长杨曦陪同视察。

是日　省政府办公厅工作组到黔西检查全省扶贫开发工作现场会观摩点筹备工作。副县长赵璞陪同检查。

12日　市委常委、县委书记卢林召开紧急会议，就全面排查好和进一步加强留守儿童及鳏寡孤独生活保障、加强流浪人员救助、加强信访维稳大安全生产、做好全省扶贫会议筹备等工作再强调再部署。

是日　全市领导干部大会在毕节召开。市委常委、县委书记卢林出席大会。并在返回后立即主持召开县委常委专题办公会议，落实市委书记陈志刚讲话精神，安排部署扶贫开发、安全生产、信访维稳等工作。

是日　县政协主席刘麦青到观音洞镇视察汛期地灾防治情况，强调要增强责任意识，加强监管，保证信息畅通，确保人民群众生命财产安全。

13日　市委常委、县委书记卢林到大关镇民权村、谷里镇清明村、乌骡坝村检查全省扶贫工作会议筹备情况。

是日　市委常委、统战部部长尹恒斌到杜鹃街道、谷里镇、大关镇、洪水镇等全省扶贫开发工作现场会参观考察点上督导相关工作。县委副书记李涌陪同督导。

是日　市规划局局长徐云龙一行到林泉镇海子村督查指导“四在农家·美丽乡村”创建工作。县委常委、副县长张敏陪同督查。

是日　全市留守儿童、空巢老人、残疾人关爱工作紧急会议（电视电话会）召开。副县长杨曦、张锦在黔西分会场参加会议。

14日　市委常委、县委书记卢林到谷里镇清明村、素朴镇古胜村、乌骡坝村、洪水镇新桥村和解放村检查全省扶贫工作会议筹备情况。

是日　市委常委、县委书记卢林主持召开专题会议，就全省扶贫工作会议筹备工作再强调、再部署。

15日　市委书记陈志刚到乌骡坝村、G321贵毕路开口处调研。市委常委、县委书记卢林，县委副书记、县长杨汉华陪同调研。

是日　全县留守儿童、空巢老人、残疾人关爱工作紧急会议召开。县委副书记、县长杨汉华出席会议并讲话。

是日　县委副书记、县长杨汉华为县政府全体干部职工作“三严三实”专题教育辅导报告。

是日　市委常委、政法委书记周全富到黔西检查督导信访维稳及安全保卫工作。县委副书记李涌做专题工作汇报。

是日　市委常委、县委书记卢林带领县四大班子有关领导到乌骡坝村、谷里镇清明村、大关镇民权村、洪水镇新桥村和解放村检查全省扶贫工作会议筹备情况，查漏补缺，调度解决相关问题。

是日　全县信访维稳工作会议召开。市委常委、县委书记卢林出席会议并讲话。

16日　中共中央政治局委员、国务院副总理汪洋到黔西杜鹃街道乌骡坝社区调研扶贫开发工作。

是日　云南省调研组到乌骡坝考察调研。市委常委、县委书记卢林陪同调研。

是日　省住建厅工作组到黔西检查农村危房改造工作。县委常委、副县长雷文军，县委常委、副县长张敏陪同检查。

17—18日　市委常委、县委书记卢林赶赴北京参加国务院安委会第二批50个煤矿安全重点县县委书记集体谈心对话会。

18日　全市2015年第四次经济运行分析会议在毕节召开。县委副书记、县长杨汉华，县委常委、常务副县长喻祖常参加会议。

是日　市督查组到黔西督查留守儿童、空巢老人、残疾人关爱工作。副县长杨曦陪同督查。

是日　全市旅游工作会议在毕节召开。副县长赵曦参加会议。

19日　市委常委、县委书记卢林到钟山镇调研小城镇建设工作，检查整脏治乱工作。

是日　贵阳市浙江温岭商会考察团到黔西考察。副县长杨曦陪同考察。

20日　市委常委、县委书记卢林到雨朵镇调研“四在农家·美丽乡村”建设、安全生产、防汛防灾等工作。

21日　市委书记陈志刚到林泉镇海子村调研“四在农家·美丽乡村”建设工作，观看习近平总书记调研贵州的相关新闻报道，到群众家中走访，参加群众大会。市委常委、县委书记卢林，县委副书记、县长杨汉华，县委常委、常务副县长喻祖常，副县长赵璞陪同调研。

22日　市委常委、县委书记卢林到县经济开发区调研黔希煤化工、天利化工等项目建设情况。

23日　省委党校发展研究院院长刘旭友一行到杜鹃街道乌骡坝社区、洪水镇新桥村调研扶贫开发工作。县委常委、副县长陈才俊陪同调研。

24日　省委党校、市委党校县级党校体制升格评估小组到黔西开展升格评估工作，并召开评估反馈会。县委副书记李涌，县委常委、常务副县长喻祖常陪同评估并参加反馈会。

是日　全省领导干部会议在贵阳召开。县委副书记、县长杨汉华参加会议。

是日　全市人口计生工作电视电话会议召开。县委常委、常务副县长喻祖常，副县长张锦参加会议。

25日　县委副书记、县长杨汉华到毕节参加市委中心组学习读书会及全市关爱留守儿童工作会议。

是日　省卫生检查组到黔西检查工作。副县长张锦陪同检查。

是日　全市提高农村特殊人群医疗救助保障水平促进精准扶贫工作会议在赫章县召开。副县长张锦参加会议。

26日　市委常委、县委书记卢林会见河南煤业贵州永贵能源开发有限公司负责人，就巩固煤炭支柱产业有关事宜进行洽谈。

是日　全市禁毒委主任会议在毕节召开。县委副书记、县长杨汉华参加会议。

是日　省级二类示范性高中评估专家组到黔西检查评估县一中升级工作。副县长张锦陪同检查。

是日　市湖河综合治理专项执法检查组到洪家渡、东风、索风营等地检查。副县长赵璞陪同检查。

27日　市委常委、县委书记卢林，县委常委、副县长张敏先后到扶贫生态移民城、经开区、杜鹃办事处大兴社区、雨朵镇扯泥村和雨明村、绿化乡大海子村就环境保护、扶贫开发及关爱以留守儿童、空巢老人、鳏寡孤独、残疾人为代表的弱势群体等问题进行调研。

是日　市委常委、县委书记卢林，县委常委、副县长雷文军到县经开区、生态移民城、污水处理厂（二期）调研。

是日　黔西县一中举行成功升省级二类示范性普通高中文艺汇演。市委常委、县委书记卢林到场祝贺并观看演出。

是日　市委常委、组织部部长文松波，市政法委副书记、市维稳办主任陈应华到黔西检查政策法规大宣传、矛盾纠纷大排查、社会治安大整治专项行动工作。县委常委、组织部部长彭玲、副县长曾科陪同检查。

28—30日　全市现代高效农业示范园区建设观摩会在威宁召开。县委副书记李涌参加观摩会。

28日　市委常委、县委书记卢林，县委常委、常务副县长喻祖常率相关部门负责人到观音洞镇中大、大元2个贫困村遍访贫困户，与村“两委”和贫困群众共商脱贫大计。

29日　至7月2日　县委副书记、县长杨汉华率队到深圳开展招商引资工作。

29日　市委常委、县委书记卢林约谈驮煤河生态移民安置区承建企业负责人，督促企业加强要素保障，全力推进项目建设，确保群众早日搬迁。

30日　湖北省调研组到乌骡坝村调研。市委常委、县委书记卢林陪同调研。

是日　举行全县庆祝中国共产党成立94周年大会。市委常委、县委书记卢林出席大会并讲话。县委、县人大、县政府、县政协领导班子出席大会，县法院院长、县检察院检察长，经开区负责人，各乡镇（街道）党委（党工委）书记和组织委员，县直各单位主要负责人、党建负责人参加大会。大会对全县“五好”基层党组织、“十佳”村（社区）党组织书记、党的群众路线教育实践活动先进个人进行隆重表彰。

7月

1日　市委常委、县委书记卢林到金碧镇调研“四在农家·美丽乡村”建设、扶贫开发、信访维稳、民生项目监督等工作，并与乡镇干部职工开展谈心活动。

是日　遵义市考察团到黔西考察扶贫生态移民工作。县委常委、副县长张敏陪同考察。

是日　省卫计委检查组到红林乡检查计生工作。副县长张锦陪同检查。

是日　全市招商引资和社会公益性建设项目排查清理工作电视电话会议召开。副县长赵璞在黔西分会场参加会议。

2日　市委常委、县委书记卢林主持召开县委常委办公会议，传达学习习近平总书记在贵州调研时的讲话精神，落实全市相关会议精神，安排部署加强留守儿童、空巢老人、残疾人关爱排查有关工作。

是日　全县留守儿童、空巢老人、残疾人排查工作调度会议召开。市委常委、县委书记卢林出席会议并讲话，对关爱排查工作再强调再部署。

是日　重庆煤监局考察团到毕节考察调研，并召开座谈会。市委常委、县委书记卢林出席座谈会并致辞。县委常委、副县长雷文军陪同考察。

3日　全市“7·5”期间反恐维稳工作会议在毕节召开。市委常委、县委书记卢林出席会议，并在返回黔西后立即召开专题会议，研究部署“7·5”期间全县反恐维稳工作。

4日　市委常委、县委书记卢林到素朴镇古胜村调研扶贫开发有关工作，到素朴镇、钟山镇检查村干部加强排查关爱弱势群体工作在岗在位情况。

6日　市委常委、县委书记卢林到县经济开发区黔希煤化工、天利化工、海大科技、郎培峰、西美科技等企业调研企业项目建设情况。

是日　省文化馆工作组到黔西开展县文化馆第四次评估定级工作。副县长杨曦陪同评估。

7日　市委常委、县委书记卢林到林泉镇海子村调研美丽乡村建设、扶贫开发、弱势群体关爱排查、计划生育等工作。

是日　市委常委、县委书记卢林到驮煤河生态移民安置区检查项目建设进度，督促加快扫尾工程，确保群众尽快入住。

是日　全县2015年半年安全生产工作会议召开。县委副书记、县长杨汉华出席会议并讲话。县委常委、副县长雷文军出席会议。

是日　全县人口计生工作推进会议召开。县委副书记、县长杨汉华出席会议并讲话。副县长张锦出席会议。

8—9日　全省第十届旅游发展大会在安顺召开。县委副书记、县长杨汉华，副县长杨曦参加大会。

8日　市委常委、县委书记卢林到莲城办事处、甘棠镇调研检查留守儿童、空巢老人、残疾人关爱排查工作，贯彻落实市委一届七次全会精神以及计划生育、扶贫攻坚、民政救助等工作，并与班子成员交心谈心，就“三严三实”、从严治党、班子团结、稳定安全等进行座谈。

是日　省人大代表团到黔西经开区调研。县委常委、副县长雷文军陪同调研。

是日　云南省考察团到黔西考察扶贫开发工作。县委常委、副县长雷文军陪同考察。

是日　省人大执法工作组到黔西检查消防“一法一条例”执法情况。县委常委、副县长张敏陪同检查。

9日　云南省考察团到洪水镇新桥村、解放村和杜鹃街道乌骡坝村考察调研扶贫开发工作。市委常委、县委书记卢林，县委副书记李涌，副县长赵璞陪同考察。

是日　市委常委、县委书记卢林到素朴镇调研扶贫开发、计划生育等工作。

是日　市扶贫办检查组到中建乡检查精准扶贫工作。副县长赵璞陪同检查。

10日　市委常委、县委书记卢林到同心商贸城、成贵高铁黔西站工地调研项目建设进度。

12日　中央统战部办公厅副主任章建敏一行到素朴镇古胜村、同心商贸城调研。县委副书记、县长杨汉华陪同调研。

是日　市委常委、县委书记卢林到素朴镇、钟山镇检查整脏治乱、园区建设、应急值守等工作。

13日　全市2015年“四在农家·美丽乡村”创建工作第一次现场推进会在百里杜鹃管委会举行。市委常委、县委书记卢林出席会议。

14日　国家开发银行评管局领导到黔西考察，并召开调研座谈会。市委常委、县委书记卢林出席座谈会并讲话。县委副书记、县长杨汉华，县委常委、常务副县长喻祖常，县委常委、副县长雷文军，县委常委、副县长张敏，副县长张锦参加座谈会。

是日　全省推进政府职能转变工作电视电话会议召开。县委常委、常务副县长喻祖常在黔西分会场参加会议。

是日　市委党史研究室工作组到黔西调研。副县长杨曦陪同调研。

15—16日　全省创建国家卫生城市工作现场推进会在赤水市召开。副县长张锦参加推进会。

15日　全市旅振委工作会议在毕节召开。县委副书记、县长杨汉华参加会议。

是日 市人大调研组到黔西调研上半年经济运行情况。县委常委、副县长张敏陪同调研。

16日 省水库和生态移民局局长王应政到驮煤河扶贫生态移民安置点检查工作。县委常委、副县长张敏陪同检查。

是日 市投促局局长胡奇文一行到黔西督查招商引资项目优惠政策兑现及企业承诺落实情况。副县长杨曦陪同督查。

17日 市委统战工作会议召开。市委常委、县委书记卢林出席会议。

是日 市委常委、县委书记卢林到海子村、扯泥村检查“四在农家·美丽乡村”创建工作。

是日 市委常委、县委书记卢林到阳光城综合体、行政中心至石板互通项目建设现场调研。

是日 市、县人大代表到永燊乡、中坪镇、中建乡、重新镇等乡镇视察农业农村工作。副县长赵璞陪同视察。

18日 市委常委、县委书记卢林到新仁等乡镇调研烤烟种植、“四在农家·美丽乡村”创建、安全维稳等工作。

19日 全市留守儿童关爱救助保护工作会议在毕节召开。县委常委、常务副县长喻祖常，副县长张锦参加会议。

20—21日 省委工作会议和全省“三严三实”暨党风廉政建设工作会议在贵阳召开。县委副书记、县长杨汉华参加会议。

20日 副市长马炼到黔西调研扶持微型企业发展工作。县委常委、副县长雷文军陪同调研。

21—26日 省委政研室工作组到黔西开展遍访贫困村贫困户活动。县委常委、副县长刘林国陪同活动。

21日 省委工作会议和全省“三严三实”专题教育暨党风廉政建设集中专项整治推进大会在贵阳召开。市委常委、县委书记卢林参加大会。

是日 重庆市涪陵区考察团到杜鹃街道、洪水镇、谷里镇、大关镇考察扶贫开发工作。县委副书记李涌陪同考察。

是日 在织金县茶店乡红艳村布依族“六月六”（农历）大型歌节期间，一艘搭载9人的木船在从织金县开往黔西县的支嘎阿鲁湖面上船翻沉，致2人死亡、5人失踪，其余2人被救出脱险。市委常委、县委书记卢林从贵阳紧急赶回，协助织金县处理善后事宜。

是日 副市长马炼到黔西检查安全生产工作。县委常委、副县长雷文军陪同检查。

是日 中国农业大学毕节试验区评估专家组到洪水镇解放村、杜鹃街道乌骡坝社区调研支农资金管理体制机制创新试验试点工作。副县长赵璞陪同调研。

22日 市委常委、县委书记卢林到文峰街道双星社区和田坎社区调研留守儿童、空巢老人、残疾人关爱救助保护工作以及信访维稳、安全生产、项目服务、秋收作物田间管理、计划生育等工作。

是日 全市离退休老干部考察团到杜鹃街道乌骡坝社区、黔希煤化工、水西古城考察。县委副书记、县长杨汉华陪同考察。

是日 全省安全生产工作电视电话会议召开。县委常委、副县长雷文军在黔西分会场参加会议。并在会后主持召开全县安全生产紧急会议，贯彻落实省会议精神。

是日 安徽省宿州市副市长李朝晖率队到杜鹃街道乌骡坝社区考察。县委常委、副县长陈才俊陪同考察。

是日 全省第八次双拥模范城（县）命名表彰大会在贵阳举行。副县长张锦参加大会。

23日 市委常委、县委书记卢林会见湖南建工集团负责人，就招商引资事宜进行洽谈。

是日　市委常委、县委书记卢林，县委副书记李涌到钟山镇敬老院看望慰问孤寡老人。

是日　省发改委规划编制工作组到黔西调研。县委常委、副县长雷文军陪同调研。

是日　全市2015年扶贫生态移民工程推进会在毕节召开。县委常委、副县长张敏在参加会议。

是日　安徽省宿州市副市长李朝晖率队到洪水镇新桥村和解放村考察。县委常委、副县长陈才俊陪同考察。

24日　市委常委、县委书记卢林到黔希煤化工、同心商贸城调研项目建设情况，现场调度解决企业遇到的困难和问题，督促项目加快建设进度。

是日　广西南宁市考察组到黔西考察扶贫开发工作。县委常委、常务副县长喻祖常，副县长赵璞陪同考察。

是日　省科学院调研组到黔西考察县食品药品检测中心建设项目。县委常委、副县长雷文军陪同考察。

25—26日　全市留守儿童关爱基金工作会议在毕节召开。县委副书记、县长杨汉华，县委常委、常务副县长喻祖常参加会议。

28日　市委书记陈志刚到林泉镇海子村检查“四在农家·美丽乡村”创建工作推进情况。市委常委、县委书记卢林陪同检查。

是日　市委常委、县委书记卢林到耿煤河生态移民安置区督促项目建设进度。并召开会议听取扯泥村“四在农家·美丽乡村”创建工作推进情况。

29—31日　2015·中国农村发展高层论坛农村改革发展与全面建成小康社会会议在北京举行。县委副书记李涌参加会议。

29日　市委常委、县委书记卢林到雨朵镇扯泥村、金碧镇荷花村和中同村调研“四在农家·美丽乡村”创建工作。

是日　省交建集团副总经理杨胜江在黔西召开息黔高速公路建设涉及黔西县城规划区内的征地拆迁补偿协调会议。县人大常委会副主任饶金伦出席会议。

29日　全县县、乡财政体制改革管理工作会议召开。县委副书记、县长杨汉华出席会议并讲话。县委常委、常务副县长喻祖常，县委常委、副县长雷文军，副县长杨曦出席会议。

是日　副市长蒋从跃、市环保局局长吉焕到黔西检查县污水处理二期项目建设工作。副县长曾科陪同检查。

30日　市委常委、县委书记卢林到海大科技现场办公，督促项目建设工作。

是日　全县“三严三实”专题教育暨党风廉政建设集中专项整治会议召开。市委常委、县委书记卢林出席会议并讲话。

是日　召开全县经济工作会议，系统回顾总结全县2015年上半年经济工作，客观分析当前形势、安排部署下半年工作。市委常委、县委书记卢林出席会议并讲话。

是日　市委常委、县委书记卢林主持召开县委常委扩大会议，传达省、市有关会议精神，对贯彻落实市委一届七次全会精神进行再强调、再部署，并调度“7·21”事件善后工作。

31日　市委常委、县委书记卢林到县人武部、县武警中队慰问官兵，到五里乡看望慰问老红军，到军休干部家中看望慰问。

是日　县委副书记、县长杨汉华到县消防队慰问消防官兵。

8月

1日　市委常委、县委书记卢林到黔希煤化

工调研项目建设情况，督促企业做好要素保障，全力推进项目建设。

2日　市委常委、县委书记卢林到海大科技调研项目投产试运行工作。

是日　云南省宾川县考察团到杜鹃街道、洪水镇考察精准扶贫工作。副县长赵璞陪同考察。

3日　市委常委、县委书记卢林率县“四大班子”有关领导，到海大科技现场办公，协调解决企业遇到的困难和问题，并明确责任到人。

是日　在黔西经开区举行贵州海大科技实业有限公司与三一重工集团股份有限公司、上海斯可络压缩机有限公司、江苏科迈液压控制系统有限公司、张家港保税区永大（台湾）机械有限公司战略合作签约暨海大凿岩钻机生产线开工仪式。市委常委、县委书记卢林出席仪式并致辞。县委副书记、县长杨汉华，县委常委、副县长雷文军出席仪式。

是日　国家煤监局检查组到黔西督查煤矿瓦斯防治工作。县委常委、副县长雷文军陪同督查。

是日　云南省盈江县委副书记李漾湖一行到大关镇、谷里镇、杜鹃街道考察精准扶贫工作。县委常委、副县长陈才俊陪同考察。

是日　中华慈善总会企业代表到钟山镇、协和镇、绿化乡开展留守儿童帮扶活动。副县长张锦陪同活动。

是日　市委常委、市政府常务副市长罗建强到林泉镇检查全国退耕还林还草工作现场会筹备工作并进行演练。副县长赵璞陪同检查。

4日　市委常委、统战部部长尹恒斌到黔西县同心商贸城调研走访，共同谋划推动企业发展之策。市委常委、县委书记卢林陪同调研。

是日　市委常委、县委书记卢林主持召开县委常委办公会议，专题研究统战工作。

5日　国家煤监局检查组到黔西桂箐煤矿检查安全生产工作。县委常委、副县长雷文军陪同检查。

是日　市检查组到黔西验收G321国道建设工程。县委常委、副县长陈才俊陪同验收。

6日　全国退耕还林还草工作现场经验交流会议参会人员到林泉镇考察调研。市委常委、县委书记卢林，县委常委、常务副县长喻祖常，副县长赵璞陪同考察。

是日　全县党外领导干部座谈会召开。市委常委、县委书记卢林出席座谈会并讲话。

7日　市委常委、县委书记卢林率有关乡镇干部到织金县桂果乡九丰农业产业园区考察学习。

是日　市委常委、县委书记卢林到五里乡调研水上安全、维稳等工作。

是日　云南省文山州砚山县考察团到谷里、杜鹃、林泉、洪水等乡镇考察扶贫开发工作。县委副书记李涌陪同考察。

9日　农业部发展计划司副司长陈章全一行到铁石乡调研2008年以来岩溶地区石漠化综合治理工程实施情况及草地生态畜牧业发展情况。市委常委、县委书记卢林，副县长赵璞陪同调研。

10日　市委书记陈志刚到黔希煤化工、黔西电厂调研项目建设工作。市委常委、县委书记卢林陪同调研。

是日　全省信访维稳工作电视电话会议召开。县委副书记、县长杨汉华在县公安局分会场参加会议。

是日　中国文华传媒集团到黔西考察文化传媒工作。副县长杨曦陪同考察。

11日　市委书记陈志刚到成贵高铁黔西站调研项目建设工作。市委常委、县委书记卢林，县委副书记、县长杨汉华，副县长曾科陪同调研。

是日　江西省委常委、统战部部长蔡晓明率

队到乌骡坝调研。市委常委、县委书记卢林陪同调研。

是日 市委常委、县委书记卢林到花开城、水西古城现场调研项目建设推进情况。

12日 市委常委、县委书记卢林到绿化乡调研水泥厂垃圾发电项目建设情况。

是日 全省、全市安全生产紧急电视电话会议召开。县委副书记、县长杨汉华在黔西分会场参加会议。

是日 全市农业板块经济秋冬种工作会议在织金县召开。县委副书记李涌参加会议。

是日 市政协副主席谢定敏率队到杜鹃街道办事处、金碧镇视察生态建设与保护情况，并召开座谈会。副县长赵璞陪同视察并参加座谈会。

13日 市委常委、县委书记卢林到林泉镇海子村督导“四在农家·美丽乡村”创建工作。

是日 市委常委、县委书记卢林到水西街道、县国税局等单位调研，就队伍建设、整脏治乱、信访维稳、安全生产、“三关爱”、城市管理、值班值守、增比进位等工作与各单位负责人进行座谈。

是日 全市依法管理基层宗教事务专项行动启动会在毕节召开。县委副书记李涌参加会议。

是日 四川省巴中市巴州区党政考察团到杜鹃街道乌骡坝社区考察扶贫开发工作。县委副书记李涌陪同考察。

14日 市委书记陈志刚到黔西调研“四在农家·美丽乡村”创建工作。市委常委、县委书记卢林，县委副书记、县长杨汉华，县委常委、副县长张敏陪同调研。

15日 市委常委、县委书记卢林到雨朵镇扯泥村调研“四在农家·美丽乡村”创建工作。

16—19日 全省2015年第二次项目建设现场观摩会先后在惠水、长顺等地举行。市委常委、县委书记卢林参加观摩会。

17日 市委常委、副市长唐柳成率统一战线赴毕挂职干部到黔西开展考察交流活动。副县长杨曦陪同考察。

18日 中国志愿理事会和团省委一行到黔西调研留守儿童关爱工作。县委常委、副县长雷文军陪同调研。

19日 县委副书记、县长杨汉华到北京向民建中央汇报统一战线精准帮扶毕节试验区百所学校行动计划有关工作。

是日 广西防城港市副市长宾正迎一行到杜鹃街道乌骡坝社区、洪水镇解放村和新桥村、中建乡红板村考察精准扶贫工作。县委常委、副县长陈才俊陪同考察。

20日 市委常委、县委书记卢林在贵阳先后参加全省电子商务发展大会、全省产煤县县委书记集体谈心对话会。

21日 市委常委、县委书记卢林召开县委常委办公会议，传达全省项目观摩会、全省民生监督工作推进会及全省电商、煤矿、安全生产工作会议精神，安排部署相关工作。

22日 民建中央社会服务部副部长夏赶秋一行到黔西调研。市委常委、县委书记卢林陪同调研。

是日 河北省保定市副市长李俊岭率队到杜鹃街道乌骡坝社区、洪水镇解放村和新桥村考察精准扶贫等工作。市委常委、县委书记卢林，副县长赵璞陪同考察。

23日 市委常委、县委书记卢林到振华花开城项目、水西古城项目现场调研。

是日 举行京东农村电商入驻黔西合作协议签订仪式。县委常委、常务副县长喻祖常，县委常委、副县长雷文军出席仪式。

是日 香港富新国际投资有限公司董事长余礼文到黔西县考察投资事宜。副县长杨曦陪同考察。

是日　省水利厅工作组到黔西检查水利工作。副县长赵璞陪同检查。

24日　市委常委、县委书记卢林先后到县卫计局、县民宗局、川煤集团、县纪委等单位调研。

是日　召开广东企业家黔西投资洽谈会。县委副书记、县长杨汉华，县委常委、常务副县长喻祖常，县委常委、副县长雷文军出席洽谈会。

是日　水利部移民局局长、扶贫办主任唐传利率队到黔西调研樱桃坪水库建设和金碧镇万家寨片区饮水安全工程建设情况。副县长赵璞陪同调研。

是日　国家发改委地区司副司长邹勇一行到黔西考察调研对口帮扶项目落实情况。县委常委、副县长张敏陪同考察。

是日　市督查考核组到观音洞镇督查扶贫生态移民工作。县委常委、副县长张敏陪同督查。

25日　举行黔西县与贵州林东煤业集团投资洽谈会。市委常委、县委书记卢林出席洽谈会并讲话。县委常委、常务副县长喻祖常主持洽谈会。

是日　全市公共服务平台建设推进会议在毕节召开。县委常委、副县长雷文军参加会议。

是日　国家发改委地区司副司长邹勇率队到黔西考察调研对口帮扶项目落实情况。县委常委、副县长张敏陪同考察。

是日　市督查考核组到观音洞镇督查扶贫生态移民工作。县委常委、副县长张敏陪同督查。

26日　市委常委、县委书记卢林到黔希煤化工、海大科技等项目现场调研施工及设备到位情况，督促项目建设进度。

是日　市人大调研组到林泉镇、文峰街道办事处检查《工会法》贯彻落实情况。副县长张锦陪同检查并做专题汇报。

是日　省政协调研组到黔西调研支嘎阿鲁湖、柯海湿地环境治理和生物多样性保护工作。副县长赵璞陪同调研。

27日　市委常委、县委书记卢林主持召开县委常委会议，研究严肃会风会纪、农业板块经济及秋冬种、党风廉政建设、信访维稳等工作。

是日　市委常委、县委书记卢林到京东集团黔西县服务中心调研电子商务发展工作。

是日　市委常委、县委书记卢林，县委常委、副县长雷文军到观音洞镇调研扶贫开发工作，并与观音洞镇镇、村干部就精准扶贫、农业产业结构调整、发展板块经济、“三关爱”等工作进行座谈。

是日　全省公务用车制度改革电视电话会议召开。县委常委、常务副县长喻祖在黔西分会场参加会议。

是日　云南省昌宁县四大班子考察团到中建乡考察精准扶贫工作。县委常委、副县长张敏陪同考察。

是日　四川省平昌县考察团到杜鹃街道乌骡坝社区考察扶贫工作。县委常委、副县长张敏陪同考察。

是日　市委常委、政法委书记、市公安局局长周全富到黔西调研，并主持召开重点乡镇矛盾纠纷调处工作会议。副县长曾科参加会议。

28日　全市农村板块经济暨秋冬种工作会议在毕节召开。市委常委、县委书记卢林出席会议。

是日　全县统战工作会议召开。市委常委、县委书记卢林出席会议并讲话。县委常委、县长杨汉华，县委常委、常务副县长喻祖常出席会议。

是日　全县农业板块经济暨秋冬种工作会议召开。市委常委、县委书记卢林出席会议并讲话。

是日　全县信访维稳工作会议召开。市委常

委、县委书记卢林出席会议并讲话，就“9·3”期间全县维稳安全工作进行安排部署。

是日　市委常委、县委书记卢林看望慰问抗战老兵。

是日　市留守儿童关爱工作督导组到绿化乡督导检查留守儿童关爱工作。副县长张锦陪同督导。

29日　市委常委、县委书记卢林到行政中心至黔西收费站互通、明德新城等项目现场调研，督促项目建设进度。

30日　县水西合唱团参加毕节市“纪念全世界反法西斯暨中国抗日战争胜利70周年合唱大赛”，荣获一等奖。

31日　省人大常委会党组副书记、副主任禄智明到黔西开展“十三五”规划纲要编制专题调研，到绿化乡大海村、雨朵镇扯泥村调研新农村建设，到甘棠镇樱桃坪调研水库建设，到中建乡红板村调研精准扶贫工作。市委常委、县委书记卢林，县人大常委会副主任饶金伦，副县长赵璞陪同调研。

是日　县委副书记、县长杨汉华到谷里镇走访贫困村贫困户。

是日　全市产业园区建设和管理工作会、全市信息基础设施建设大会战推进会在毕节召开。县委常委、副县长雷文军参加会议。

9月

1日　省政协副主席黄康生率省政协常委及省直有关部门负责人到黔西视察精准扶贫工作。市委常委、县委书记卢林，县政协主席刘麦青陪同视察。

是日　全县重大项目建设调度会召开。县委副书记、县长杨汉华出席会议并讲话。县委常委、常务副县长喻祖常，县委常委、副县长雷文军出席会议。

是日　县委副书记、县长杨汉华到黔希煤化工、海大科技、天利化工、石桥煤矿等企业检查指导工作。

是日　省政协副主席黄康生一行到洪水镇视察精准扶贫工作。副县长赵璞陪同视察。

是日　市委常委、组织部部长文松波到县公安局、县育才学校、县关爱医院、谷里镇调研“三大专项行动”工作。县委常委、组织部部长朱宇翔，副县长曾科陪同调研。

2日　市委常委、县委书记卢林率各有关单位负责人到雨朵镇扯泥村现场办公，强力推进“四在农家·美丽乡村”创建工作。

是日　全省信访维稳安保工作电视电话会议召开。县委副书记、县长杨汉华，副县长曾科在县公安局分会场参加会议。

是日　县委副书记、县长杨汉华，副县长曾科到县生态移民城检查指导工作。

6日　举行全县庆祝抗日战争胜利70周年宣讲大会。县委常委、常务副县长喻祖常，副县长张锦出席大会。

7日　市委常委、县委书记卢林参加中央党校县委书记研修班。

是日　巴中市人大常委会副主任范申华一行到黔西考察扶贫开发和乡村旅游工作。县人大常委会副主任饶金伦陪同考察。

8日　中央统战部副部长冉万祥率队到黔西调研统一战线参与地方建设和关爱留守儿童工作。县委副书记、县长杨汉华，副县长张锦、赵璞陪同调研。

是日　市政府副市长李玉平率队到水西古城检查全市旅游发展大会参观点筹备情况。县委常委、副县长陈才俊陪同检查。

9日　省环保厅检查组到黔西检查环境保护

工作。县委常委、副县长陈才俊陪同检查。

10日　全国人大常委会副委员长沈跃跃一行到雨朵镇、水西街道调研老年人权益保障法贯彻落实情况。县委副书记、县长杨汉华，县委副书记李涌，副县长张锦陪同调研。

是日　市委常委、常务副市长罗建强到黔西检查指导2016年全省项目建设现场观摩会筹备工作。县委常委、常务副县长喻祖常陪同检查。

是日　全省棚改融资工作推进会在贵阳召开。县委常委、常务副县长喻祖常参加会议。

是日　副市长马炼到黔西高山煤矿检查指导安全生产工作。县委常委、副县长雷文军陪同检查。

11—12日　浙江省政协主席、党组书记乔传秀到黔西考察乌螺坝村新农村建设工作。市委书记陈志刚、市政协主席郭正良一同考察。县委副书记、县长杨汉华、县政协主席刘麦青，县委副书记李涌陪同考察。

是日　市委副书记李建率调研组到中建乡红板村、营盘村调研精准扶贫和乡村旅游工作。县人大常委会副主任饶金伦、副县长赵璞陪同调研。

12日　2015·毕节试验区城镇化建设项目推介会在毕节召开。县委副书记、县长杨汉华，县委副书记李涌参加推介会。

是日　毕节试验区2015年房地产交易博览会在毕节开幕。县委副书记、县长杨汉华，副县长杨曦参加开幕式。

13—14日　全市城镇建设项目观摩会在威宁召开。县委副书记李涌参加观摩会。

15—16日　全市精准扶贫开发工作会先后在金沙、毕节举行。县委副书记李涌参加会议。

15—16日　毕节试验区专家顾问组农业水利组组长王旭一行到素朴等乡镇考察调研。县委常委、副县长陈才俊陪同考察。

15日　全市扶贫开发工作推进会到洪水镇解放村、新桥村开展观摩活动。县委副书记、县长杨汉华，副县长赵璞参加活动。

是日　市“六五普法”检查验收组到甘棠镇检查工作。副县长曾科陪同检查。

16—17日　全省党的群团工作会议在贵阳召开。县委副书记李涌参加会议。

16日　全市扶贫开发工作推进会议在毕节召开。县委副书记、县长杨汉华参加会议。

17日　省委党的群团工作电视电话会议召开。县委副书记、县长杨汉华，副县长张锦在黔西分会场参加会议。

19日　市委书记陈志刚视察林泉镇美丽乡村建设。县委副书记李涌陪同视察。

21—22日　第四届全省小城镇建设发展大会在兴义市举行。县委常委、常务副县长喻祖常参加大会。

21日　市委书记陈志刚到中建乡调研检查工作。县委副书记李涌陪同调研。

是日　厄瓜多尔主权祖国联盟运动考察团到黔西考察。副县长杨曦陪同考察。

22日　南宁市隆安县人大常委会主任刘文武一行到黔西考察扶贫生态移民工作。县人大常委会副主任饶金伦陪同考察。

是日　全市2015年第三季度经济运行调度会议在毕节召开。县委副书记、县长杨汉华参加会议。

23—26日　全省学习贯彻中央和全省党的群团工作会议精神专题研讨班在省委党校举办。县委副书记李涌参加研讨班学习。

23日　广西壮族自治区南宁市隆安县人大常委会考察团到黔西考察扶贫生态移民工作。县委常委、副县长张敏陪同考察。

26日　广安市临水县委书记赵朴率党政考察团到中建乡红板村考察精准扶贫工作。县人大常委会副主任饶金伦陪同考察。

是日　县政协主席刘麦青带领县农牧局、县扶贫办负责人到定新乡调研精准扶贫工作。

28日　县委副书记李涌到太来乡、素朴镇调研指导农业产业和旅游发展工作。

28—30日　全市第九届旅游发展大会在毕节召开。县委副书记李涌参加大会。

10月

9日　全省棚改服务货币化安置暨政府购买棚改服务工作推进会在安顺市召开。县委常委、常务副县长喻祖常参加会议。

10日　全市基本普及十五年教育工作推进电视电话会议召开。副县长张锦在黔西分会场参加会议。

是日　百里杜鹃风景名胜区管委会考察组到黔西调研教育工作。副县长张锦陪同考察。

12日　市委督查组到红林、林泉等乡镇督查"四在农家·美丽乡村"创建工作。县委常委、副县长张敏陪同督查。

是日　四川省广安市委常委、政法委书记肖雷，市政府副市长钟志荣一行到杜鹃街道乌骡坝社区、中建乡红板村考察精准扶贫工作。县委常委、副县长陈才俊陪同考察。

13日　市农业委员会主任付业春到林泉镇海子村调研督导农村产业规划及发展情况。县委副书记李涌陪同调研。

是日　市人大常委会副主任马培译一行到黔西调研农村环境综合整治工作。副县长曾科陪同调研。

14日　省、市人大代表联合到金碧、大关等乡镇视察公路建设和扶贫开发等工作。县委副书记、县长杨汉华，县委副书记李涌，副县长曾科陪同视察。

15日　市委副书记、市长陈昌旭到黔西同心商贸城、黔希煤化工和洪水、金兰等乡镇实地调研。县委副书记、县长杨汉华，副县长张锦陪同调研。

16日　县委副书记、县长杨汉华到林泉镇海子村调研"四在农家·美丽乡村"创建工作。

是日　西藏拉萨市考察团到杜鹃街道乌骡坝社区、洪水镇新桥村等地考察精准扶贫工作。县委常委、副县长陈才俊陪同考察。

是日　省电视台采访团到素朴镇和平村开展采访活动。县委常委、副县长刘林国陪同采访。

18日　全省扶贫开发大会在贵阳召开。县委副书记、县长杨汉华，副县长赵璞到参加大会。

19日　全国政协海外侨胞考察团到黔西考察。副县长杨曦陪同考察。

20日　全市领导干部大会在毕节召开。县委副书记、县长杨汉华参加大会。

是日　市委宣传部副部长司晋一行到林泉镇海子村、雨朵镇扯泥村督查指导"四在农家·美丽乡村"创建工作。县委常委、副县长张敏陪同督查。

21日　省委副书记、代省长孙志刚在织金县召开"调研毕节市经济社会发展和扶贫开发工作座谈会"。县委副书记、县长杨汉华参加座谈会。

是日　市委副书记李建到林泉镇海子村调研"四在农家·美丽乡村"建设暨精准扶贫工作。县委副书记、县长杨汉华，县委常委、副县长张敏，副县长赵璞陪同调研。

是日　市委常委、常务副市长罗建强到黔西督查中央预算内投资情况。县委常委、常务副县长喻祖常陪同督查。

是日　市供销社工作组到了黔西检查供销合作工作。※副县长杨曦陪同检查。

是日　副市长冉霞到黔西水西街道看望慰问

老年人。副县长张锦陪同看望。

22日　省级终期督导检查组到黔西检查《妇女儿童发展规划（2011—2015）》落实情况。县委副书记李涌主持专题汇报会。

是日　县委副书记、县长杨汉华到林泉等乡镇督查全市“四在农家·美丽乡村”现场推进会筹备情况。

是日　市政协主席郭正良到黔西召开包保信访案件座谈会。县委常委、常务副县长喻祖常参加座谈会。

23日　市委书记陈志刚到绿化、谷里等乡镇检查督导工作。县委副书记、县长杨汉华，县委副书记李涌，副县长赵璞陪同检查。

是日　全县第三季度经济运行分析调度会议召开。县委副书记、县长杨汉华出席会议并讲话。县委常委、常务副县长喻祖常出席会议。

是日　县委副书记李涌主持召开全县信访维稳、安全生产、社会治安综合治理工作会议。

24—25日　全市“四在农家·美丽乡村”创建工作第二次现场推进会在黔西召开。县委副书记李涌参加推进会。

25日　全市2015年“四在农家·美丽乡村”创建工作第二次现场推进会在黔西召开。县委副书记、县长杨汉华，县委常委、副县长张敏参加会议。

26日　黔西南部新区教育园及纵二线延伸路网项目签约仪式举行。县委副书记、县长杨汉华出席仪式并讲话。县委常委、常务副县长喻祖常，副县长杨曦、曾科出席仪式。

是日　全市2015年前三季度经济运行分析暨第四季度经济运行调度会议在毕节召开。县委副书记、县长杨汉华，县委常委、常务副县长喻祖常参加会议。

是日　国家发改委宏观经济研究院科研管理部主任高国力一行到黔西同心商贸城、经开区调研。副县长曾科陪同调研。

27日　全县秋冬种推进会暨干部领办创办农业板块经济项目动员会召开。县委副书记、县长杨汉华出席会议并讲话。副县长赵璞出席会议。

28—29日　云南省临沧市临翔区考察团到黔西考察学习扶贫攻坚工作。县委副书记李涌陪同考察。

29日　全省第四季度经济运行调度电视电话会召开。县委副书记、县长杨汉华在黔西分会场参加会议。

是日　全省公立医院综合改革推进电视电话会召开。县委副书记、县长杨汉华，县委常委、常务副县长喻祖常，副县长张锦在黔西分会场参加会议。

是日　省委政研室副巡视员金力军一行到素朴镇和平村、太来乡院子村调研农业农村工作。县委常委、副县长刘林国陪同点烟。

是日　全县2015年中小学生运动会开幕。副县长张锦出席开幕式。

30日　黔西电厂二期扩建工程开工仪式举行。县委副书记、县长杨汉华出席仪式并讲话。县委常委、常务副县长喻祖常，县委常委、副县长雷文军出席仪式。

是日　省委政研室巡视员阮晶一行到新仁、素朴等乡镇开展“法律进农家”活动。县委常委、副县长刘林国陪同活动。

31日　赫章县考察团到黔西水西古城考察小城镇建设。县委常委、常务副县长喻祖常陪同考察。

是日　市旅游局局长戴淑金到黔西检查旅游工作。副县长杨曦陪同检查。

11月

2日　市政协副主席秦天志到黔西杜鹃街道、洪水镇考察农牧产品基地建设情况，并召开座谈会。县委常委、副县长陈才俊，县政协副主席林琴陪同考察并参加座谈。

是日　全县2015年殡葬改革工作调度会议召开。县委副书记、县长杨汉华出席会议并讲话。副县长张锦出席会议。

3日　全县城乡规划建设管理委员会第21次会议召开。县委副书记、县长杨汉华，县委常委、常务副县长喻祖常出席会议。

是日　市政府副市长蒋从跃到黔西经开区调研黔希煤化工、海大科技、海悦科技、永润天泽等项目建设情况。县委常委、副县长雷文军陪同调研并做专题汇报。

4日　全市领导干部大会在毕节召开。县委副书记、县长杨汉华参加大会。

7日　市委常委、县委书记卢林到永润天泽化工、黔希煤化工、海大科技、海悦科技等企业调研生产运行情况。

是日　全市安全生产紧急电视电话会召开。县委副书记、县长杨汉华，副县长曾科在黔西分会场参加会议。

8日　省委组织部部务委员吴刚平一行到黔西调研。市委常委、县委书记卢林陪同调研。

9日　市委常委、县委书记卢林主持召开帮扶企业座谈会，听取企业负责人汇报企业困难和问题，安排相关责任单位解决落实。

是日　全市中央预算内投资项目工作会议在毕节召开。县委副书记、县长杨汉华参加会议。

是日　市政府副秘书长李军到黔西协调织黔线220kv输电线建设工作，并召开项目建设专题会议。县委常委、副县长雷文军陪同协调并参加会议。

10日　市委常委、县委书记卢林到雨朵镇扯泥村、林泉镇海子村检查督促“四在农家·美丽乡村”创建工作。

是日　市委常委、县委书记卢林到黔西县电商服务中心调研，调度全县电子商务有关工作。

是日　全省生态文明体制改革工作推进会在贵阳召开。县委副书记、县长杨汉华参加会议。

是日　省督查组到黔西检查劳动密集型企业消防安全工作。副县长曾科陪同检查。

11—13日　市委常委、县委书记卢林，县委副书记、县长杨汉华在贵阳参加省委十一届六次全会。

11日　国务院扶贫办副主任欧青平一行到新仁乡化屋村调研乡村旅游扶贫试点村建设及精准扶贫工作。副县长赵璞陪同调研。

12日　市督查组到林泉等乡镇督查“四在农家·美丽乡村”创建工作。县委常委、副县长张敏陪同督查。

13日　河南省住建厅考察组到洪水镇解放村考察精准扶贫工作。县委常委、副县长陈才俊陪同考察。

是日　市留守儿童关爱工作督查组到中坪督查留守儿童关爱工作，并召开情况反馈会。副县长张锦陪同督查并参加反馈会。

16日　县委副书记、县长杨汉华到金碧镇检查指导农业板块经济建设工作。

是日　内蒙古自治区突泉县考察团到洪水镇新桥村、解放村及杜鹃街道乌螺坝社区考察。县委常委、副县长陈才俊陪同考察。

17—20日　全省第三次项目建设现场观摩会先后在安顺、贵阳等地举行。市委常委、县委书记卢林参加观摩会。

17日　“法治毕节”创建工作电视电话会

召开。县委副书记、县长杨汉华，县委常委、常务副县长喻祖常，县委常委、副县长雷文军，县委常委、副县长陈才俊，副县长杨曦、赵璞、曾科在黔西分会场参加会议。

18日　深圳市光明新区对口帮扶黔西县工作座谈会在黔西召开。县委副书记李涌主持座谈会。

是日　省水利厅督查组到金碧等乡镇检查水土保持工程建设推进情况。副县长赵璞陪同检查。

19日　“法治黔西”创建工作动员会召开。县委副书记、县长杨汉华出席会议并讲话。副县长曾科出席会议。

是日　省住建厅副厅长宋丽丽到黔西调研示范小城镇和城市综合体建设工作。县委常委、常务副县长喻祖常陪同调研。

是日　省农委总畜牧师瓦庆荣到素朴镇调研。县委常委、副县长陈才俊，县委常委、副县长刘林国陪同调研。

是日　市人大副主任马培译到黔西调研。副县长曾科陪同调研。

20日　全市县、区委书记座谈会在毕节召开。市委常委、县委书记卢林出席会议。

是日　副市长李玉平到贵黔高速第八合同段调研旅游工作。副县长杨曦陪同调研。

是日　市督查组到黔西督查2014年以来水利工程项目完成情况。副县长赵璞陪同督查。

是日　省督查组到黔西督查烟叶生产基础设施管护工作。副县长赵璞陪同督查。

是日　全县电子商务暨农特产品标准化工作推进会召开。市委常委、县委书记卢林出席会议并讲话。

21日　市委书记陈志刚到林泉镇海子村调研“四在农家·美丽乡村”创建工作。市委常委、县委书记卢林，县委副书记李涌陪同调研。

是日　上海中华职教社考察团到黔西一小考察。副县长张锦陪同考察。

22日　市委常委、县委书记卢林，县委常委、常务副县长喻祖常到素朴镇象祠、钟山镇、谷里镇调研小城镇建设、文化旅游、乡镇园区建设等工作。

是日　县委副书记、县长杨汉华到中建乡红板村调研精准扶贫工作。

是日　市委常委、县委书记卢林到黔希煤化工、海大科技创业园和贵州天润天泽化工等企业进行实地调研，详细了解企业项目建设进度、当前存在的困难及生产、销售情况，与企业和相关部门负责人进行座谈，并提出相关要求。

24日　市委常委、县委书记卢林会见民建辽宁省委专职副主委王广林一行，就招商引资工作进行洽谈。

是日　省财政厅检查组到钟山、绿化等乡镇调研村（社区）行政经费使用情况。县委常委、副县长张敏，县委常委、副县长陈才俊陪同调研。

25日　省委宣传部常务副部长、文改办主任白芳芹率队到水西社区、水西古城等地调研。市委常委、县委书记卢林陪同调研。

是日　省委宣讲团到黔西举行学习贯彻党的十八届五中全会和省委十一届六次全会精神报告会。市委常委、县委书记卢林主持报告会。

26—27日　全市“绿化毕节”行动暨板块经济推进会先后在金沙、毕节举行。县委副书记李涌参加推进会。

26日　市委常委、县委书记卢林带领县扶贫办等有关单位负责人到观音洞镇大元村、中大村走访贫困户，听取群众意见建议，调研各项扶贫政策落实情况，检查精准扶贫工作推进情况。

是日　全县扶贫生态移民工作紧急会议召开。县委副书记、县长杨汉华出席会议并讲话。

县委常委、副县长陈才俊出席会议。

27日　市危改办检查组到花溪、中建、定新等乡镇检查危房改造资金调度情况。县委常委、副县长陈才俊陪同检查。

是日　市督查组到林泉、洪水等乡镇督查“三项工程”项目建设工作，并召开督查情况反馈会。副县长张锦陪同督查并参加反馈会。

28日　全市领导干部大会在毕节召开。市委常委、县委书记卢林出席大会。

29日　市委常委、县委书记卢林到永润天泽化工、海大科技、海悦科技等企业调研督促项目建设工作。

30日　市委常委、县委书记卢林到永润天泽、海大科技、海悦科技、黔西县电子商务服务中心调研全市工业项目观摩会筹备工作。

是日　中国供销·黔西县电子商务服务中心启用暨京东·中国特产·黔西馆线下馆开馆仪式在同心商贸城举行。县委副书记、县长杨汉华出席仪式并讲话。县委常委、副县长雷文军，副县长杨曦出席仪式。

是日　省通村油路检查组到金碧、五里、雨朵、绿化、谷里、钟山等乡镇检查通村水泥路建设情况。县委常委、副县长陈才俊，副县长曾科陪同检查。

12月

1—2日　2015年全市工业项目现场观摩会先后在威宁、赫章、纳雍、七星关等县（区）举行。县委副书记、县长杨汉华，县委常委、副县长雷文军参加观摩会。

1日　市委常委、县委书记卢林会见青海省黄南州委副书记刘大业一行。

是日　青海省黄南州委副书记刘大业率考察团到乌骡坝社区考察精准扶贫工作、到林泉镇海子村考察新农村建设、到洪水镇新桥村考察食用菌产业园、到洪水镇解放村考察乡村旅游工作。县委常委、副县长陈才俊，县人大常委会副主任饶金伦陪同考察。

是日　市政协副主席谢定敏到黔西调研“百千万”工程帮扶企业情况。县政协副主席黄勇陪同调研。

2日　云南省昭通市委副秘书长、市政研室主任李平一行考察乌骡坝社区、洪水镇解放村和新桥村新农村建设和扶贫开发工作。县委副书记李涌、县人大常委会副主任饶金伦、县政协副主席黄勇陪同考察。

是日　市委常委、县委书记卢林会见华润电力控股有限公司副总裁、煤炭事业部总经理兼贵州煤电一体化公司总经理陈运龙，就招商引资事宜进行洽谈。

是日　省100个旅游景区建设考核工作组到黔西水西古城文化旅游区考核景区项目建设情况。副县长杨曦陪同考核。

5日　市委常委、县委书记卢林率有关县领导、县直各有关单位负责人到县污水处理厂二期、生态移民安置区、永润天泽、黔希煤化工排水工程、永贵机修、金马肥业、行政中心至石板互通等项目地现场办公，听取项目建设工作汇报，一对一安排相关单位限时解决问题，推进全县工业经济发展和项目建设工作。

6日　市委常委、县委书记卢林到雨朵镇扯泥村检查“四在农家·美丽乡村”建设进度。

7日　全县“贯彻中央扶贫开发工作会议精神，落实大扶贫战略行动推进大会”召开。市委常委、县委书记卢林出席会议并讲话。

是日　市委常委、县委书记卢林到林泉镇海子村调研“四在农家·美丽乡村”创建工作。

8日　举行全县村支部书记、村主任培训会。

市委常委、县委书记卢林出席培训会并讲话，就加强村干部发展能力、廉洁自律等方面重点强调。

是日 市委常委、县委书记卢林主持召开全县“百千万”工程暨“百名干部进百企”活动服务企业座谈会，听取企业反映需要政府帮助解决的困难和问题，安排各有关职能部门一对一依法限时帮助协调解决。

10日 市委群团工作会议在毕节召开。县委副书记李涌参加会议。

11日 全市信访工作专题会议在毕节召开。县委副书记李涌参加会议。

12日 市委常委、县委书记卢林到南部新区同心商贸城、教育医疗园区调研项目建设工作。

13日 市委常委、县委书记卢林到花开城、水西古城等项目现场检查建设进度。

14—16日 全市县处级干部第二期培训在毕节举行。县委副书记李涌参加培训。

14日 市委常委、县委书记卢林到岔白园区调研，并调度引进红木家具城项目入驻园区有关工作。

是日 市委常委、县委书记卢林到雨朵镇调研“四在农家·美丽乡村”创建工作。

15日 市委常委、县委书记卢林会见省委宣传部干部选调考察组一行。

是日 中央媒体采访团到金碧镇采访水利扶贫试点工作。县委常委、副县长张敏陪同采访。

是日 省委第五督导组组长宋键三率队到县客运管理局、水西社区、车管中队督查整改落实情况，走访办事群众。市委常委、县委书记卢林陪同督查。

16日 省林业厅党组成员、副厅长沈晓春一行到雨朵镇登高村调研中德财政森林可持续经营项目。市委常委、县委书记卢林，县委常委、副县长张敏陪同调研。

是日 全省公安交警系统宣贯“四个坚持用权”加强“冬防春运”工作黔北片区座谈会召开。市委常委、县委书记卢林参加座谈会并就落实副省长孙立成对“四个坚持用权”的讲话精神作表态发言。

是日 省公安厅党委委员、交管局局长王健伍率队到县公安局调度指挥中心、交警大队指挥中心等地检查指导工作。市委常委、县委书记卢林陪同检查。

是日 县委副书记、县长杨汉华到广州考察招商，并与广州市人民政府对接协调在黔西建立蔬菜直销点事宜。

是日 市政府副市长马炼到黔西检查指导安全生产工作。县委常委、副县长雷文军陪同检查。

18日 全县计划生育工作会议召开。市委常委、县委书记卢林出席会议并讲话。

是日 全县扶贫开发推进会议召开。市委常委、县委书记卢林出席会议并讲话。

是日 全县农村电子商务工作推进会议召开。市委常委、县委书记卢林出席会议并讲话。

是日 市委常委、县委书记卢林率县分管领导、各有关单位负责人到驮煤河生态移民安置区督查移民搬迁工作。

19日 市委常委、县委书记卢林主持召开专题会议，研究总结全县“十二五”工作，规划“十三五”工作。

是日 全省社会治安防控体系建设工作会议在贵阳召开。县委副书记、县长杨汉华参加会议。

是日 省市督查组到观音洞、新仁等乡镇督查易地扶贫搬迁工作。县委常委、副县长张敏，县委常委、副县长陈才俊陪同督查。

20日 武汉国土资源督查组到黔西调研。市委常委、县委书记卢林，县委常委、副县长雷文军陪同调研。

是日　县委副书记、县长杨汉华，县委常委、副县长张敏到定新乡调研易地扶贫搬迁工作。

21日　举行县南部新区教育园区及纵二线延伸段项目开工仪式。市委常委、县委书记卢林出席会议并讲话。县委副书记、县长杨汉华，副县长杨曦、张锦、曾科出席仪式。

是日　市委常委、县委书记卢林会见贵阳银行黔西支行行长谭庆荣，就金融工作进行洽谈。

是日　市委常委、县委书记卢林到县经开区黔希煤化工、永润天泽、金马肥业、海大海悦科技调研督查相关工作落实情况。

22—23日　市委常委、县委书记卢林，县委副书记、县长杨汉华到毕节参加市委一届八次全会。

22日　民建、民进、民盟黔西委员会成立大会举行。县委副书记李涌出席大会并讲话。副县长杨曦出席会议。

23日　市委常委、县委书记卢林到林泉镇海子村调研督查"四在农家·美丽乡村"创建工作；到黔西县电子商务中心督查项目建设进度；到西南水泥厂调研水泥窑协同处理垃圾工程建设。

是日　市快速铁路、高速公路建设协调指挥部副指挥长沈绍翔到黔西验收电力迁改工作。县人大常委会副主任饶金伦陪同验收。

是日　省水利厅检查组到金碧镇检查饮水安全工程建设情况。副县长赵璞陪同检查。

24日　贵阳银行黔西支行开业仪式举行。市委常委、县委书记卢林出席仪式并讲话。县委副书记、县长杨汉华，县委副书记李涌，县委常委、副县长雷文军出席仪式。

是日　驮煤河易地移民集体搬迁入住仪式举行。市委常委、县委书记卢林出席仪式并讲话。县委副书记、县长杨汉华，县委副书记李涌，县委常委、副县长雷文军，县委常委、副县长张敏，县委常委、副县长陈才俊出席仪式。

25日　市委常委、县委书记卢林到县广播电视台检查指导工作。

是日　市委常委、县委书记卢林到钟山镇撞钟山调研旅游项目建设。

是日　市考核组到黔西检查安全生产工作。县委常委、副县长雷文军陪同检查。

26日　中央督导检查组在贵阳召开对包括黔西在内的贵州15个县（市、区）义务教育基本均衡发展督导检查反馈会。县委副书记、县长杨汉华，副县长张锦参加反馈会。

27日　黔希煤化工脱盐水装置单机试车仪式举行。市委常委、县委书记卢林出席仪式并讲话。

28日　全省经济工作会议在贵阳召开。市委常委、县委书记卢林，县委副书记、县长杨汉华参加会议。

29日　全市公务用车制度改革工作电视电话会召开。县委副书记、县长杨汉华，县委常委、副县长雷文军在黔西分会场参加会议。

30日　市委常委、县委书记卢林主持召开专题会议，研究部署元旦春节期间民政救助等大民生工作。

是日　全市财税工作会议在毕节召开。县委副书记、县长杨汉华，县委常委、副县长雷文军参加会议。

是日　全市2015年县区党委书记、市直机关工委书记抓党建工作述职评议会在毕节召开。市委常委、县委书记卢林出席会议。

31日　全县决战贫困万人誓师大会召开。市委常委、县委书记卢林出席大会并做动员讲话。县委副书记、县长杨汉华出席大会。县委副书记李涌主持大会。县委常委、副县长雷文军，县委常委、副县长张敏，县委常委、副县长陈才俊，副县长杨曦、张锦、赵璞、曾科出席大会。

是日　市委常委、县委书记卢林到观音洞镇慰问贫困群众；到金碧镇慰问敬老院老人。

是日　市委常委、县委书记卢林到县财政局、县安监局等单位慰问晚间坚守岗位的干部职工。

领导名录

县 级

县 委

书 记：卢 林

副书记：杨汉华 李 涌
张再杰（挂职）*

常 委：邬 江 苏秀明 彭 玲（女）*
朱宇翔 喻祖常* 李学军
蒋景毅 雷 奕（女） 雷文军
王龙军（挂职）* 刘林国
张 敏（挂职） 陈才俊（挂职）

县人大常委会

主 任：罗德智

副主任：殷从隆 罗智琼（女） 赵维举
饶金伦 杨开祥 敖西洛

县政府

县 长：杨汉华

副县长：杨 曦 张 锦（女）赵 璞
曾 科 喻祖常*
杜 宏（挂职）

县政协

主 席：刘麦青（女）

副主席：林 琴（女） 张富均*
焦 静（女） 罗 成
陈 玲（女）* 汪伦碧（女）
黄 勇 卓永发 曾 红

县纪委

书 记：邬 江

副书记：李 宾 蔡成学

县法院

院 长：薛卫东

县检察院

检察长：卓英武

街道 乡镇

水西街道办事处

书 记：陈 杉* 杨再刚

主 任：曾 星

党工委副书记：曾 星 李 宁* 李 迪

党工委委员：吴 恒* 陈贵华 黄 颖
龚正刚 黄 群 钟绍宏
赵剑岚* 王纯泉*
李 梅（女）* 丁现利*

纪委书记：吴 恒* 陈贵华

人大工委主任：张珍会* 周宗飏

副主任：王　萍（女）　谢智礼
黄　颖（女）（科技副主任）＊
政法委书记：赵剑岚＊　黄　颖（女）
武装部部长：龚正刚

莲城街道办事处

书　记：张　华
主　任：王远刚＊　张稀栋
党工委副书记：王远刚＊　张稀栋
徐东春＊　黄家陆
党工委委员：罗　卫（女）　黄　伟
罗　志　赵　静（女）
孙　欢（女）　王应海
黄家陆＊
纪委书记：罗　卫（女）
人大工委主任：曾凡顺＊　胡　云
副主任：高　林　陈　勇　陈国玉＊
马　薇（女）＊
黄　伟（科技副主任）＊
政法委书记：黄家陆＊　黄　伟
武装部部长：罗　志

文峰街道办事处

书　记：史洪奎＊
主　任：吴　桦＊　罗明友
党工委副书记：吴　桦＊　罗明友　张　恒
党工委委员：罗祥令　张世明　张大利
符平浩　陈　炜（女）
姚　杰
纪委书记：罗祥令
人大工委主任：罗　静
副主任：柯　军　曾　斌（科技副主任）
姜光玫（女）＊
政法委书记：张世明
武装部部长：张大利

杜鹃街道办事处

书　记：刘丹丹（女）＊
主　任：潘　波
党工委副书记：潘　波　李锐戣＊　杨　婷
党工委委员：吴道贵　陈文斌
吴成丽（女）　田　鹏
田朝俊　刘光明＊
纪委书记：刘光明＊
人大工委主任：彭光辉＊　叶　芳
副主任：张　健　李　军
徐　彬（科技副主任）
政法委书记：吴道贵
武装部部长：陈文斌

金碧镇

书　记：周光斌
镇　长：蒋　理
党委副书记：蒋　理　吴长文＊　董定皓
党委委员：赵良好　乐　林　金　杰
李　艳（女）　李汉远　何世贤
张开荣＊　唐如军　蔡　福＊
纪委书记：赵良好
人大主席：刘　鹏
副镇长：刘世勇　韦连江　钟海燕（女）＊
覃远曦　龚　迪（科技副镇长）
政法委书记：乐　林
武装部部长：金　杰

五里布依族苗族乡

书　记：周明旭
乡　长：唐晓龙
党委副书记：唐晓龙　张稀栋＊　郑　宇
党委委员：高龙泉　陈泰芳　罗炳科
陈国华　陈　勇＊　申忠利
纪委书记：高龙泉
人大主席：吴开举
副乡长：何维霞（女）　陈　勇＊　申忠利
陈　凌（女）（科技副乡长）
政法委书记：陈泰芳

武装部部长：陈泰芳

观音洞镇

书　记：廖　勇＊　赵永刚

镇　长：吉　鹏

党委副书记：吉　鹏　王　瑕

党委委员：李泓榴　王　猛　吕　宇
　　吴开富　缪世情　黄晓清
　　杨焕勇　陈贵华　杨　健

副镇长：黄晓清　史光信
　　周朝钰（女）（科技副镇长）＊
　　李丽娜（女）

纪委书记：陈贵华＊　李泓榴

人大主席：钱　勇

政法委书记：李泓榴＊　王　猛

武装部部长：王　猛＊　吕　宇

雨朵镇

书　记：李章艺

镇　长：陈　林＊　谢　坤

党委副书记：陈　林＊　谢　坤　张天成
　　胡　云＊

党委委员：余富强＊　李　勇　马富志
　　刘　杰　刘　丽（女）＊
　　司　勇　姜　超　董正林

纪委书记：余富强＊　李　勇

人大主席：李恩仙（女）＊　吴长文

副镇长：陈　卫　张　磊＊　董正林
　　钱　杰（科技副镇长）

政法委书记：马富志

武装部部长：马富志

绿化白族彝族乡

书　记：杨昌举

乡　长：赵　龙

党委副书记：赵　龙　江义忠

党委委员：赵　舟　扬卢果＊　袁仕令
　　李光辉　李　红（女）　熊立峰
　　赵昌友＊

纪委书记：赵昌友＊

人大主席：熊智久

副乡长：李　红（女）黄　鹏　李燕勇＊
　　周　垚（女）（科技副乡长）

政法委书记：赵舟扬

武装部部长：赵舟扬

金兰镇

书　记：罗贤杰＊

镇　长：李培云

党委副书记：李培云　金德明

党委委员：黄启源　黄亚荣　吴洪涛
　　罗贞卫　罗　青　黎　刚

纪委书记：黄启源

人大主席：李鹏刚

副镇长：罗　青　叶盛智
　　肖晗（女）（科技副镇长）

政法委书记：黄亚荣

武装部部长：黄亚荣

大关镇

书　记：郝守军

镇　长：李　勇

党委副书记：李　勇　王守军　杨云华

党委委员：张迎春　汤　文　王　军
　　杨　平　邹立学　宋昌鸿
　　赵　禹　张业军＊

人大主席：黄　祥＊　方　彪

副镇长：邹立学　黄昌模
　　尚德正（科技副镇长）　刘光林＊

纪委书记：张迎春

政法委书记：汤　文

武装部部长：汤　文

新仁苗族乡

书　记：黄利亚（女）＊　张邦权

乡　长：杨显邦

党委副书记：杨显邦　方正昊＊　董　霞
党委委员：杨　波　罗　琳　胡世祥
赵　坤　刘发润（女）
唐如军＊
纪委书记：杨　波
人大主席：刘　洁
副乡长：赵　坤　王进化
杨军（科技副乡长）　杨显邦＊
政法委书记：罗　琳
武装部部长：罗　琳

谷里镇

书　记：卢永峰
镇　长：廖　毅
党委副书记：廖　毅　吴道赟＊
党委委员：侯榆飞　王永生　刘盛龙
周　颜　罗　进　苟　彪
秦　荣（女）
纪委书记：侯榆飞
人大主席：熊佐庭＊
副镇长：苟　彪　罗　坤　潘玉生（女）
魏　伟（科技副镇长）
政法委书记：王永生
武装部部长：刘盛龙

钟山镇

书　记：孟　林
镇　长：陈德昀
党委副书记：陈德昀　李德华＊　张延文
党委委员：万广进　彭　涛　陈律颖
宋加昌　杜发富　周家国
姚文艳（女）　华　维
纪委书记：万广进
人大主席：陈文华＊　赵　丹
副镇长：杜发富　周家国　武　波
阳　炀（科技副镇长）
政法委书记：彭　涛
武装部部长：彭　涛

素朴镇

书　记：张吉泽
镇　长：周　卓
党委副书记：周　卓　王泽元　李　迪＊
党委委员：邹天俊　王顺发　何堂进
龙艳梅（女）　武　俊
曾　伟＊　高龙伟＊
纪委书记：邹天俊
人大主席：赵　军
副镇长：成　祥　蔡　福
陈　燎（科技副镇长）　李中立
高龙伟＊
政法委书记：王顺发
武装部部长：何堂进

铁石苗族彝族乡

书　记：李　卫
乡　长：龚思伟
党委副书记：龚思伟　陶祥发＊　杨　益
党委委员：项　辉　高世勋　李　黔
黄忠进　车正斌　李　智＊
纪委书记：项　辉
人大主席：谢福举＊
副乡长：车正斌　陈中平
杨廷贵（科技副镇长）
政法委书记：高世勋
武装部部长：高世勋

协和镇

书　记：高英策
镇　长：方　凯
党委副书记：方　凯　李　超＊　黄成进
党委委员：曾　涛　杨　坤　何　杰
王　斌　刘　广　何　军
王　武　郑　宇＊　马　科＊
纪委书记：曾　涛

人大主席：王祥明＊　李　超
副镇长：刘　广　周真玉　申忠利＊
　　　　李兴鸿　孟　静（女）
政法委书记：杨　坤
武装部部长：杨　坤

太来彝族苗族乡

书　记：李守跃
乡　长：陈祖念
党委副书记：陈祖念　张延文＊　王纯泉
党委委员：张时祥　韦朝艳（女）
　　　　　王永富　何　俊　何　鹏
　　　　　代云林　王咏笛＊　刘　铁＊
纪委书记：王咏笛＊
副乡长：王永富　马天玉　侯开平
　　　　王　嘉（科技副镇长）
人大主席：周光龙
政法委书记：张时祥
武装部部长：张时祥

甘棠镇

书　记：鲍曙光
镇　长：韦朝勇
党委副书记：韦朝勇　尹　骏　黎先林
党委委员：张义军　付强王　玻　刘
　　　　　铁罗娇　黄　杰　陈祖万＊
　　　　　刘太阳＊
纪委书记：黎先林
人大主席：王远芬（女）＊
副镇长：罗　娇　李　维
　　　　罗竹梅（女）　顾林峰＊　黄　虎
　　　　魏　雯（女）（科技副镇长）
政法委书记：张义军
武装部部长：付　强

永燊彝族苗族乡

书　记：李　刚
乡　长：罗玉鹏
党委副书记：罗玉鹏　黄世国　李昌学＊
党委委员：董光鹏　徐　斌　刘星田
　　　　　景　铸　王泽智＊
纪委书记：董光鹏
人大主席：杨明忠＊
副乡长：刘　洁（女）　项　目
　　　　袁　园（科技副乡长）
政法委书记：徐　斌
武装部部长：徐　斌

中坪镇

书　记：杨再刚＊
镇　长：刘　肖
党委副书记：刘　肖　王光伟＊
党委委员：张　静　陈绍友　代　波
　　　　　何强山　何元勇
　　　　　向关荣（女）　徐世松＊
纪委书记：张　静
人大主席：王乾洋
副镇长：向关荣（女）　周成军
　　　　安兴模（科技副镇长）　徐世松＊
政法委书记：陈绍友
武装部部长：代　波

中建苗族彝族乡

书　记：唐宝书
乡　长：罗　舟
党委副书记：罗　舟　陈　琼　代志立＊
党委委员：罗　凌　李　果　高焕智
　　　　　刘兴华＊　陈重屹＊　洪兴旺＊
纪委书记：陈重屹＊
副乡长：黄　林　朱成勇（科技副乡长）
　　　　洪兴旺＊
人大主席：代志立
政法委书记：罗　凌
武装部部长：罗　凌

花溪彝族苗族乡

书　记：王　勇

乡　长：李家奎＊　顾林峰

党委副书记：李家奎＊　顾林峰　周铭春
　　兰兴隆＊

党委委员：罗　鹏　黎　伟　周　恒
　　张兴梁　陈前军＊

纪委书记：罗　鹏

人大主席：李定和＊　兰兴隆

副乡长：聂尧继　周　恒（科技副乡长）
　　李　健

政法委书记：黎　伟

武装部部长：黎　伟

重新镇

书　记：韩　荣

镇　长：罗　义＊　李锐弢

党委副书记：罗　义＊　李锐弢　王清龙
　　杨　益＊

党委委员：付洪利　孙启文　周千率
　　吴其军＊　杨方伦＊　孙昌国＊
　　王乾洋＊　赵生乾＊

纪委书记：付洪利

人大主席：欧应昌

副镇长：史洪贤　樊兴梅（女）
　　郭龙云（科技副镇长）　杨方伦＊

政法委书记：吴其军＊

武装部部长：孙启文

定新彝族苗族乡

书　记：陈　林

乡　长：李承杰

党委副书记：李承杰　黄成进＊　王　浩＊

党委委员：李朝华＊　林科全　陶良学
　　刘林国　李文荣（女）＊
　　李华林＊

纪委书记：李朝华＊　林科全

人大主席：白　云＊

副乡长：杨发贵　卢永纪
　　张　艳（女）（科技副镇长）

政法委书记：陶良学

武装部部长：陶良学

洪水镇

书　记：朱绍顺＊

镇　长：李小祥

党委副书记：张　浪＊　李小祥　钟海燕

党委委员：祝金贵　罗良跃　罗　杰
　　熊　杰　徐　军　郑　鑫
　　李　贤＊

纪委书记：祝金贵

人大主席：肖学贵＊　张　浪

副镇长：熊　杰　杨　戬
　　黄士航（科技副镇长）
　　肖　羽（女）＊

政法委书记：罗良跃

武装部部长：罗良跃

林泉镇

书　记：罗　成

镇　长：陈　健

党委副书记：陈　健　谢　伟

党委委员：赵昭文　杨　进　杨贤辉
　　王　华　黄　春　杨　柯
　　唐安国　吴晓宇（女）
　　阳耀东＊

纪委书记：赵昭文

人大主席：李永海＊　张　黎

副镇长：杨　珂　田茂伦
　　晏　宇（科技副镇长）
　　何承英（女）＊　叶　波＊
　　罗开军＊

政法委书记：杨　进

武装部部长：杨贤辉

红林彝族苗族乡

书　记：周　勇

乡　长：杨显义

党委副书记：杨显义　周宗飏　魏声宏＊

党委委员：李永华　陈宗明　黄建国
　　吴　刚　高　红（女）
　　曾凡平＊

纪委书记：李永华

人大主席：赵焕华＊　罗　凯

副乡长：杨昌年　龚正坤
　　董　霞（女）（科技副镇长）＊
　　李兴鸿＊

政法委书记：陈宗明

武装部部长：陈宗明

锦星镇

书　记：黄培贵＊　廖　勇

镇　长：黄　健

党委副书记：黄　健　李　彬　黄　勇＊

党委委员：沈　超　陈　娅（女）
　　赵生乾　雷忠军　王　勇
　　董　乐　叶　芳（女）＊
　　梅　涛＊

纪委书记：叶　芳（女）＊

人大主席：彭　靖

副镇长：赵生乾　谢定仙（女）
　　张贵斌（科技副镇长）　梅　涛＊

政法委书记：沈　超

武装部部长：沈　超

县直单位

县委办公室

主　任：焦　静（女）＊　朱绍顺

常务副主任：刘　剑

副主任：丁现利　黄大杰　李民赋
　　赵代江　王　军　李小祥＊

纪检组长：荀廷富

机关党委书记：姜　燕

机要局局长：李永忠

保密局局长：翟继仙（女）

政研室主任：赵代江

政研室副主任：王　键＊　李燕勇

督办督查局局长：李民赋

督办督查局督办工作队大队长：张　燕＊
　　张　磊

接待办副主任：杨　婷＊　付庆梅

县农村制度改革办公室主任：朱廷贵

县小康办主任：聂　盛

县小康办副主任：罗朝江　郑万红
　　吕崇荣＊　张　勇

县委信息中心主任：王　珂＊

纪　委

纪委书记：邬　江（县委常委）

纪委副书记：李　宾　蔡成学

纪委常委：吉庆益　罗　洁（女）
　　李朝华　周文渊

监察局局长：李　宾

监察局副局长：李恩贵　代　薇（女）

纪检监察一室主任：卢　波

纪检监察二室主任：黄春雷

审理室主任：王远静（女）

干部室主任：罗万琼（女）

党风政风监督室主任：王黔斌＊

宣教室主任：朱　磊

县纪委办公室主任：陈育潭

纪检监察三室主任：熊　胤

信访室主任：邓招学＊　兰流品

举报中心主任：曾凡颖

监察综合室主任：周文渊＊

组织部

部　长：彭　玲（女　县委常委）＊

　　　　朱宇翔（县委常委）

常务副部长：徐兴林

副部长：刘　波　谢　坤＊　廖　涛

　　　　邹平娥（女）＊　史洪奎

　　　　王道慧（女）＊

部务委员：廖　涛＊　喻　石＊　刘太阳

党建办副主任：刘　洁＊　付云杰　王祚年

实绩考核办主任：刘　波

实绩考核办副主任：熊礼富　宋　正

人才办主任：张雪颖

非公办主任：罗延涛

宣传部

部　长：雷　奕（女　县委常委）

常务副部长：黄启贵

副部长：李育全　周道艳　黄　健

县政府新闻中心主任：魏立卫（女）

县文明办副主任：王云章

县文产办主任：李　芹（女）＊

网络监督管理办公室主任：胡述利

整脏治乱和文明创建办公室主任：段永军

统战部

部　长：李学军（县委常委）

副部长：文元品（享受副县级干部待遇）

　　　　杨　阳　杜开举　安荣祥

纪检组长：熊　敏（女）

民建黔西工委主委：林　琴（女　县政协副主席）

民建黔西支部专职副主任委员：李　慧（女）

统战信息宣传中心主任：刘盛茂（女）

毕节试验区黔西县工作联络联系办公室主任：钟　华（女）

县对台接待服务中心主任：童华江

机关工委

书　记：龙正江

副书记：郭华芬（女）＊　卞章蓉

纪工委书记：焦帮华

编委办

主　任：海　丽（女）

副主任：史开宇　甘伟利

事业单位登记管理局局长：郭　倩（女）

政法委

书　记：苏秀明（县委常委）

常务副书记：王　军

副书记：刘光南　黄培贵

综治办主任：黄培贵

维稳办主任：刘光南

国安办主任：王　军

综治办副主任：王德军

维稳办副主任：郭智永

纪检组长：李兆林

政工科科长：张　屹

执法监督科科长：王春林

社会治安综合治理科科长：蒋　伟

信访科科长：付恩丽＊

办公室（研究室）主任：张　屹

阳光工程管理办公室主任：何维东

政法委管理科科长：禹培勇

创新社会管理综合治理信息中心主任：谷龙飞

离退局

局长：王道慧（女组织部副部长）＊

副局长：蔡　琳　肖学贵　何承英

　　　　苏天忠＊　邓　敏（女）＊

老年大学

校长：邱勇

总工会

主席：罗智琼（女　县人大常委会副主任）

党组书记、副主席：罗朝开＊　黄利亚

副主席：黄德忠　刘从讯＊　李　宁

纪检组长：董怀森＊

团县委

书　记：邵兴鑫（女）＊　马　薇

副书记：赵　丹＊

妇　联

主席：邓　敏（女）＊　靳咏雪

副主席：蔡　琳＊　蔡　丹（女）

工商联（商会）

主席（会长）：戴湘远

党组书记：杜开举

副主席（副会长）：吴馨霞（女）　孙灿军
王道贵＊

秘书长：孙灿军

纪检组长：黄　梅（女）

文联（社科联）

主席：罗庭毅

副主席：罗　玄　万　能

科协

主席：康　会（女）

副主席：钱　芳（女）

史志办

主　任：胡贵祥

副主任：陈特林　李茂全＊　阳耀东

党　校

校长：彭　玲（女县委常委）＊
朱宇翔（县委常委）

副校长：杨智平　靳　松

行政学校

校长：喻祖常（县委常委）＊

常务副校长：杨智平

副校长：靳　松　邹平娥＊

黔西刊社

总编：黄　健

副总编：丁宪令　魏　萍（女）

残　联

理事长：金世云＊　罗　义

副理事长：王云江

人大办

办公室主任：马安俊

代工委主任：熊　勇

法工委主任：吴　昀

经工委主任：何伦理

民工委主任：李　波

信访工作室主任：杨　荣（女）

科教文卫工委主任：朱友忠

经工委副主任：汪代兵

办公室常务副主任：张永定

民工委副主任：方　彪＊

纪检组长：赵伦军

政协办

办公室主任：刘　静

民族宗教委主任：蒋　兴

经科委主任：金　黔

文教委主任：高信忠

提案法制委主任：汪伦碧（女）＊　艾显萍

智力支边办主任：朱华芬

人口资环委主任：艾显萍（女）＊　齐　卉

办公室常务副主任：齐　卉＊　潘国仙

机关党委书记：梅　毅

纪检组长：潘国仙＊　刘光明

政府办［科技办、政务服务中心（招商引资办）］

党组书记：汤　进（县政府党组成员）

党组副书记：罗　凯

主　任：汤　进（县政府党组成员）

常务副主任：高安祥

副主任：靳咏雪＊　李昌益　罗明友＊
高龙伟　罗　凯＊　代　丽

机关党委书记：董定皓＊　张晓滨
国教办主任：张　黎＊　刘向阳
国教办副主任：郭森明
法制办主任：何　钧
法制办副主任：陈　明＊　曾　炜
外事侨务办主任：代　丽（女）＊
应急办专职副主任：熊照全＊
应急办副主任：曾海济
信息中心主任：司玉学
后勤服务中心主任：邓红霞（女）＊
代　丽（女）
科技办主任：颜亨廷＊　周朝钰
科技办副主任：宋文勋
政务服务中心主任：罗　凯
政务服务中心副主任：段　光＊　刘　金
顾　军
商务与投资促进（招商）局局长：张清永
商务与投资促进（招商）局副局长：
张清永＊　喻海粟　黄　萍（女）
商务与投资促进（招商）局纪检组长：
刘向阳＊　刘　薇（女）

发改局

党组书记：陈　红
局　长：陈　红
副局长：吴宗山（女）　黄　飞（女）
胡　林
价格监督检查局局长：黄　瑛（女）
重点项目协调服务办公室主任：陈　芳（女）

农牧局（农机局、区划中心、烟办）

党组书记：王龙明
党组副书记：李　彬　李宇祥＊　张晓滨＊
王龙明＊
局　长：王龙明
常务副局长：黄家华
副局长：叶盛祥＊　赵恩学＊
李云碧（女）
纪检组长：王　宏
机关党委书记：张　允
党组成员、专职工会主席：赵传友＊
动物疫病预防控制中心主任：蔡　平
草地生态畜牧发展中心主任：许方勇
动物卫生监督所所长：周　华
农牧综合执法大队大队长：谭　昭
茶药产业局局长：徐　彬
农机局局长：李　彬
农机局副局长：李甲兴　喻海粟＊　赵　卫
区划中心主任：李宇祥＊　王远刚
区划中心副主任：马丰树（女）
烟办主任：张晓滨＊
烟办副主任：安兴明　张绍波

工业经济贸易和能源局（粮食管理办公室）

党组书记：吴轩歧
党组副书记：陈世春
局　长：吴轩歧
常务副局长：朱国友
副局长：刘　金＊　黎先华
纪检组长：彭　萍
机关党委书记：王黔江
粮食管理办公室主任：陈世春
粮食管理办公室副主任：符　微
民营经济发展局局长：欧阳亚东

交通运输局

党组书记：钱茂勃
党组副书记：李承军　毛永明
局　长：钱茂勃
常务副局长：毛永明
副局长：杨同文
纪检组长：黄　刚＊
农村公路管理所所长：周润龙

公路运输管理所所长：赵胜忠

城市公共客运交通管理局局长：周　武

海事处处长：李承军

海事处副处长：梁康杰

机关党委书记：李铭茂

住房和城乡建设局（房产局、规划局、城管局）

党组书记：肖良华（享受副县级待遇）

副书记：靳　筠　田忠毅　符　培

局　长：肖良华（享受副县级待遇）

副局长：唐志勇　蒋兴远　刘泳涛　温亚元＊

纪检组长：王　彦

机关党委书记：赵　军

房产局局长：符　培

房产局副局长：袁明珍（女）　侯　勇＊　冯帮华

房产局纪检组长：蒲德宽＊　王光伟

规划局局长：靳　筠

规划局副局长：胡黔生　高　林

纪检组长：余显军＊　钟永鹏

规划执法大队大队长：胡黔生

城管局局长：田忠毅

城管局副局长：李国建＊　杨方伦　颜朝军

纪检组长：彭　萍（女）＊

机关党委书记：杨　杰

房屋征收补偿局

局　长：魏立凡（女）

副局长：龙正祥　张　丹　冯邦华＊

纪检组长：蒋　亮

人力资源和社会保障局

党组书记：邹平娥（女　组织部副部长）＊　史洪奎（组织部副部长）

局　长：邹平娥（女　组织部副部长）＊　史洪奎（组织部副部长）

常务副局长：任　云＊

副局长：唐　胜　金世敏（女）

机关党委书记：李恩仙（女）

就业局局长：丁　一（女）

劳动保障监察大队大队长：李　伟

纪检组长：卢　果

卫生和计划生育局

党组书记：罗清亚

局　长：罗清亚

常务副局长：彭锦忠

副局长：张　鸿　熊开奇　李忠仁　林永胜

纪检组长：曾居凤（女）

机关党委书记：周　敏（女）

食品药品稽查局局长：关昌军

爱卫办主任：胡玉梅（女）

红十字会副会长：冯　娟（女）

合医办主任：谭　欣（女）

卫生监督所所长：蔡良娴（女）

疾控中心主任：程宣芹（女）＊　梅　涛

中心医院院长：王　江

中心医院副院长：卢　平　王　江＊　万廷军　蒋　兵

中医院院长：颜　君

水西卫生和计划生育服务中心主任：刘天禄

杜鹃卫生和计划生育服务中心主任：王先平

莲城街道卫生院（社区计划生育服务中心）院长（主任）：曾　麟（女）

文峰街道卫生院（社区计划生育服务中心）院长（主任）：张申文

计生协会专职副会长：蒋发举

计生协会秘书长：董音见

人口和计划生育执法大队大队长：谢源龙

流动人口管理办公室主任：邓祖超

文体广电旅游局（新闻、版权局）

党组书记：曾　艳

局　长：曾　艳（女）

常务副局长：林秋贵＊　李永海

副局长：李显祥　周　洪

纪检组长：李昌益＊　王咏笛

体育中心主任：曾　艳（女）

机关党委书记：黄家云＊　文　岚（女）

文化市场综合执法大队大队长：

杜武珍（女）

文化遗产保护局局长：陈文蓉（女）

专职工会主席：杨大贤＊

电视台台长：周　洪＊　王　珂

电视台副台长：许君友

百里乌江画廊管委会

主　任：黄　华

常务副主任：林秋贵＊

副主任：文　岚＊　侯　勇

民族和宗教事务局

党组书记：安荣祥（统战部副部长）

局　长：安荣祥（统战部副部长）

副局长：王臣孝　杨朝昕（女）

纪检组长：赵国平＊

宗教事务执法大队大队长：杨雅琦

安全生产监督管理局

党组书记：杨林静

局　长：杨林静

副局长：郭宗超　李　祎

纪检组长：刘天琼（女）

安全生产执法监察大队大队长：黄清云

煤矿安全生产监督管理局局长：吕正兴

扶贫开发办公室

党组书记：李华平

主　任：李华平

副主任：张学敏（女）＊　邰明杰

杨正刚

纪检组长：熊书卫

县蔬菜（花卉）产业发展局局长：

洪　琳（女）＊刘　源

教育局

党组书记、局长：卢永焕＊　王应祥

常务副局长：王应祥＊

副局长：洪大新　谢玉山＊

纪检组长：刘清贵

机关党委书记：廖　琪

民政局

党组书记：周全志＊　罗贤杰

局　长：周全志＊　罗贤杰

副局长：陈启书＊　李德华　丁忠材

纪检组长：谢庭国

机关党委书记：朱　琳（女）

县社会救助局局长：林　红＊　舒国卿

县老龄办副主任：孙思国

司法局

党组书记：梁先林

局　长：梁先林

副局长：刘润昌　曾凡顺

纪检组长：袁　艳（女）＊　赵剑岚

依法办主任：曾　炜＊

政工科科长：张　蔚（女）

青少年育才学校（青少年保护中心）校长（主任）：刘润昌

财政局

党组书记：胡　健

局　长：胡　健

常务副局长：陈　燕（女）＊　张明亚

副局长：张明亚＊　龙昌发＊　张　燕

纪检组长：孙发群（女）＊

机关党委书记：杨　明

会计核算中心、国库支付中心主任：张明亚

会计核算中心、国库支付中心副主任：
李爱农　卢家玉
基层财政管理局局长：詹希祥

水利局

党组书记：白　强
局　长：白　强
常务副局长：赵贵明
副局长：王开迅　郑昭祥
纪检组长：李章贤（女）*　余富强
机关党委书记：胡培文
水保办主任：赵贵明
水保办副主任：卢　春　刘黔灵

审计局

党组书记：彭先俊
局　长：彭先俊
副局长：朱　军　郇明杰*　方正昊
许定忠
纪检组长：张玉祥

林业局

党组书记：陈　杉
局　长：陈　杉
副局长：徐兴文*　蒲德宽
纪检组长：卞章荣（女）*　黄　勇
森林公安局局长：覃　凯
县经果林事业局局长：方明忠
县防治石漠化管理中心主任：赵　卫*
李　贤
县林权管理服务中心主任：张　硕

统计局

党组书记：孙成俊
局　长：孙成俊
副局长：敖　翔（女）　李晓霞（女）
纪检组长：葛　芸（女）
乡镇统计管理办公室主任：雷国欢
乡镇统计管理办公室副主任：王玉淑
乡镇统计管理办公室副主任：聂　梅

环保局

党组书记：徐兴文
局　长：徐兴文
副局长：陈源颖*
纪检组长：李孝军
环境监察执法大队大队长：雷玉明

供销社

党组书记：杨　巍
主　任：杨　巍
副主任：龚文勇*　陈重屹　黄克敏（女）
纪检组长：黄娇娇

水利水电工程移民局

党组书记：吴清卓
局　长：吴清卓
常务副局长：樊顺芳*
副局长：潘旦海*　彭光辉　张勇*
吕崇荣
纪检组长：史　琪

档案局（档案馆）

局　长：樊永峰
副局长：郑传富*

信访局

局　长：王　军
常委副局长：宋　敏（女）
副局长：宋　敏（女）*　李昌学
纪检组长：兰流品

一中

校长：张义嘉
副校长：戴湘远*　陈忠华　蔡　军
陈道学

二中

校长：蒋刘恩

三中

校长：姬云鹏

四中

校长：雷飞颖

职中

校长：周　柱

毕节市第二实验高中（黔西旅游学校）

党委书记：吴　勇

校长：林　琳

副校长：杨继红　石　平

一小

校长：谢玉英（女）

中幼

园长：刘婉娟（女）

检察院

党组书记、检察长：卓英武

党组副书记、常委副检察长：蔡　泽

副检察长：袁贵龙＊　李　评
易德荣（女）

机关党委书记：侯尚志＊　郭　林

办公室主任：罗　军

检察委员会委员：赵黔明

专职检察委员会委员：王　婧（女）

反贪局局长：袁贵龙＊　夏　立

反贪局副局长：夏　立＊　罗克江
张　权＊　张礼兵

政工科科长：李奇志＊　侯尚志

反渎职侵权局局长：侯正华

反渎职侵权局副局长：郝玉庆　郭　林＊
崔　刚

公诉科科长：张　昱（女）

民事行政检察科科长：漆　杰

检察技术科长：杜万林＊　石　波

控申科科长：王丽春（女）＊　叶建明

监所检察科科长：向中良

研究室主任：张　昱（女）＊　徐　旭

侦查监督科科长：夏江涛

职务犯罪预防局局长：黄平秀（女）＊
张　权

法　院

党组书记、院长：薛卫东

常务副院长：双兴平

副院长：陈　刚　颜　举

纪检组长：朱　斌＊

执行局局长、执行庭长、审委会委员：饶洪斌

执行局副局长：潘安坤＊　石承琴

政工科长：李秀兵

机关党委书记：史共玉

民一庭庭长：陈　柱

民二庭庭长：汪宵鹏

审监庭庭长：蔡天国

行政庭庭长：何　榕（女）＊

立案庭庭长：张键霖

立案二庭庭长、信访室主任：董玉琴

监察室主任：张　燃

书记官室主任：黄显能

司法行政装备科科长：武　卫

刑庭庭长：张　玲（女）

办公室主任：肖　梅（女）

研究室主任：曾友富

法警队队长：李方禄

法警队教导员：罗　杰

城关法庭庭长：黄　著

金碧法庭庭长：张兴宇

沙井法庭庭长：马　渊

绿化法庭庭长：黄祖祥

大关法庭庭长：张　凯

素朴法庭庭长：徐永华＊

钟山法庭庭长：马天宝

协和法庭庭长：申世举

甘棠法庭庭长：贾佐杰

中坪法庭庭长：熊廷虎

重新法庭庭长：刘　向

林泉法庭庭长：刘仁信

公安局

公安局党委书记、局长：李　旭

党委副书记、政治委员、副调研员：杨丽娟

党委副书记：杜万曦

党委委员、纪委书记、政工监督室副主任：陈进明＊

常务副局长：杜万曦

党委委员、副局长：蒋代国　赵永刚＊　罗　骏＊　郝守军＊　唐如祥

党委委员、指挥中心（办公室）主任：曾焰明

指挥中心副主任：兰祥章

政工室副主任：高　龙

法制室主任：何　志

治安大队教导员：黄　超

治安大队大队长：罗茂军

治安大队副大队长：魏生华　苏学文

刑侦大队大队长：程鹏翼

刑侦大队副大队长：杨　钧　丁　毅　周跃军

经侦大队队长：朱世奎

禁毒大队教导员：付　叁

禁毒大队副大队长：甘伟军

巡逻特警大队教导员：易金武

看守所所长：胡从友

看守所教导员：雷　剑＊　罗祖君

戒毒所所长：代云亮

戒毒所教导员：李昌海

监督股股长：袁　鑫

政工监督室宣传教育股股长：游　永

政工监督室干部人事股股长：徐　勤（女）

行政拘留所所长：李昌海＊

行政拘留所教导员：张　引＊　罗　海

国保大队大队长：唐如祥

网络安全监察大队大队长：康　安

网络安全监察大队教导员：华　梅（女）

出入境大队大队长：何俭君（女）

出入境大队教导员：王　梅（女）

信息通讯大队大队长：赵　杰＊

打黑除恶大队教导员：胡常华

杜鹃街道党工委委员、杜鹃所所长：李克乾

水西街道党工委委员、水西所所长：王　平

教导员：赵　勇

莲城街道党工委委员、莲城派出所所长：陈刚

金碧镇党委委员、派出所所长：陈　刚＊

教导员：刘　军

大关镇党委委员、派出所所长：司太礼

教导员：袁　昆＊

雨朵镇党委委员、派出所所长：胥江红

教导员：王　岭

新仁乡党委委员、派出所所长：胡登云

教导员：罗　海＊

中坪镇党委委员、派出所所长：彭捷

教导员：刘　洋＊

永燊乡派出所教导员：李鹏程

观音洞镇党委委员、派出所所长：柳　鸿

金兰镇党委委员、派出所所长：王　山

教导员：曹　勇

洪水镇党委委员、派出所所长：代云亮＊

教导员：魏昌仁

谷里镇党委委员、派出所所长：付　昆＊　张　引

教导员：刘　钧＊

铁石乡党委委员、派出所所长：罗　刚

教导员：康鹏

甘棠镇党委委员、派出所所长：罗祖君＊ 刘 洋

教导员：袁明国

红林乡党委委员、派出所所长：蔡泽学

教导员：周 江

绿化乡党委委员、派出所所长：曾 波

教导员：宋 靖

林泉镇党委委员、派出所所长：罗茂军＊

教导员：谢培晋

重新派出所教导员：袁洪祥

五里乡党委委员、派出所所长：曾 勇＊

教导员：袁 军

钟山镇党委委员、派出所所长：杨洪波

素朴派出所教导员：张跃红

协和镇党委委员、派出所所长：高贤宝

教导员：黄承诚

太来乡党委委员、派出所所长：胡从友＊

教导员：肖 宇

中建乡党委委员、派出所所长：石 筠

教导员：漆 武

花溪乡党委委员、派出所所长：杨 波

教导员：谢永杰

定新乡党委委员、派出所所长：

何俭君（女）＊ 刘 钧

教导员：罗小行

锦星镇党委委员、派出所所长：王中庆

教导员：雷光明

交警大队大队长：赵 垒

交警大队教导员：郁 林＊

交警大队副大队长：万广兵 程佰玉

经济开发区

经济开发区管委会副主任：宋文胜 贺沛权 何大伦

党政办公室主任：吴学文

党政办副主任：陈国祥 罗德政＊ 万 丽

规划建设与管理局局长：黄江涛

规划建设与管理局副局长：余洪斌 杨 鑫 苟荣波

投资促进局局长：张邦权＊ 吴 恒

投资促进局副局长：陈德彦＊ 陈丽月

赵生瑜＊ 张光美

房屋征收与补偿局局长：孙嵩尧

房屋征收与补偿局副局长：吴开云＊

贺云龙＊ 陈前钧＊ 黄 祥

利用外资和招商引资项目代办服务中心主任：赵雪梅（女）

利用外资和招商引资项目代办服务中心副主任：徐立明

财政局副局长：陈 磊 林 波

经济开发区安监局局长：陈德彦

经济开发区安监局副局长：徐东春

城投公司

县住房和城乡建设局主任科员、县城投公司负责人：李 琦

县会计核算中心（国库支付中心）副主任科员、县城投公司副总经：张 勇

县政府金融办主任、县城投公司副总经理：雷国欢

县住房和城乡建设局副主任科员、县城投公司总工程师：廖 萍

县住房和城乡建设局副主任科员、县城投公司副总经理：李家云

县住房和城乡建设局副主任科员、县城投公司副总经理：罗茂华（女）

供排水公司

县粮食管理办公室主任科员、供排水公司总经理：郑继喜

县财政局副主任科员、供排水公司副总经理：彭伦品

农投公司

县农牧局主任科员、农业发展投资公司负责人：陈　利

县农牧局副主任科员、农业产业发展投资公司副总经理：李　昱

县农牧局副主任科员、农业产业发展投资公司副总经理：李承凤（女）

县农牧局副主任科员、农业产业发展投资公司副总经理：杨　林

杜鹃花都担保公司

县财政局副主任科员、杜鹃花都担保有限责任公司负责人：刘　静

县会计核算中心副主任科员、杜鹃花都担保有限责任公司副总经理：冯德春（女）

国资公司

县政协副主席、县国有资产营运管理公司总经理：黄　勇

县计生协会副主任科员、国有资产营运管理公司副总经理：张秀才

现代农业科技示范园区管理办公室

主　任：马安鼎

副主任：罗镜阳　李云碧（女）*　罗开军

注：姓名后面加*号的，为2015年因提职、免职、换届、机构调整或退休及其他原因而去职；没有*号的为年内仍然在职。

黔西概况

建置区划

【建制沿革】　黔西县历史悠久。据境内“黔西观音洞”出土文物考证，黔西是古人类发祥地之一，属长江以南旧石器早期文化的代表，早在五六十万年前就有人类繁衍生息，有“北有（北京）周口店，南有（黔西）观音洞”的之誉。夏商时为梁州南徼外“荒裔”，商末周初属卢夷国地，春秋时先后属蜀国和鳖国地，战国和西汉时期属夜郎国地。秦始皇嬴政二十六年（前221年）为夜郎县，西汉武帝元年（前130年）为鳖县，南齐高帝建元二年（480年）为谷邑县。经汉、唐、宋、元演变，至明洪武十五年（1382年）筑水西城（今县城），崇祯三年（1630年）以安氏之水西地置水西宣慰司。清康熙五年（1666年）以水西城置黔西府，从此改土归流，结束昆明夷闽支卢鹿部在水西地区1100多年的世袭统治。康熙二十二年（1684年）由黔西府改为黔西州。民国3年（1914年），贵州省府改黔西州为黔西县。1949年11月25日，中国人民解放军解放黔西。1950年—1970年，黔西县属毕节专区；1970年—2011年，黔西县属毕节地区；2011年，国务院批准撤销毕节地区设立地级毕节市，黔西县属毕节市至今。

【行政区划】　黔西县位于贵州省中部偏西北，乌江中游鸭池河北岸，地理坐标在东经105°47′—106°27′、北纬26°46′—27°21′之间。东邻修文以六广河分界，南邻清镇、织金以鸭池河、六冲河分界，西及西北以凹水、西溪分界与大方毗邻，东北与金沙接壤。县域总面积2380.5平方千米，距省会贵阳78千米，距毕节市115千米，有“水西门户、贵筑藩屏，黔中腹地、省府咽喉”之称。全县辖4个街道办事处（莲城街道办事处、水西街道办事处、文峰街道办事处、杜鹃街道办事处）、15个建制镇（金碧镇、雨朵镇、大关镇、谷里镇、素朴镇、中坪镇、重新镇、林泉镇、金兰镇、甘棠镇、洪水镇、锦星镇、钟山镇、协和镇、观音洞镇）、10个乡（均为少数民族乡，分别为五里布依族苗族乡、绿化白族彝族乡、新仁苗族乡、铁石苗族彝族乡、太来彝族苗族乡、永燊彝族苗族乡、中建苗族彝族乡、花溪彝族苗族乡、定新彝族苗族乡、红林彝族苗族乡），共有110个社区居委会、252个村委会。

【人口民族】　截至2015年年末，全县户籍总人口936009人，比上年2014年年末增加9715人，增长1.1%。其中，城镇人口270320人，乡村人口665689人。年末贫困人口98455人，贫困发生率为11.6%。年末常住人口66.64万人。全年人口出生率12.52‰，死亡率6.82‰，自然增长率5.7‰。按年末常住人口初步计算，全县城镇化率43.3%，比上年增长0.1个百分点。年末县城区域面积16.14平方千米，县城区域年末常住人口20.1万人，比上年末增加0.58万人。县境内居住有汉族、彝族、苗族、仡佬族、布依族、白族、满族等18个少数民族，共22.5万人，占全县总人口的24%。

自然环境

【地形地貌】　黔西县的地势西北高，东南低。东北、西北、西南及南部山峦绵延。东、南、西三面呈河谷深切，中部为浅洼地、缓丘坡地和丘峰洼地，地势比较平坦开阔。境内最高点海拔为1679.3米，最低点海拔为760米，平均海拔1250米。具有低纬度、高海拔的地理位置特点。县城属丘陵地形，在群山环抱之中，九座狮山分布在县城四周，城池如含莲花，故有“九狮闹莲”之称。

【气候状况】　黔西县位于中亚热带湿润季风气候区，因处于低纬度、高海拔的高原山地，有春迟夏短、秋早冬长、水热同季、干湿分明等气候特征。常年气候宜人，夏无酷暑、冬无严寒，雨量充沛。年平均日照1348.9小时，年平均无霜期264天，年平均气温13.8℃，年平均雨日188天，年平均降雨量1005.2毫米。由于境内海拔高低变化，时有插花性干旱、冰雹、秋绵雨、冷冻等自然灾害性天气发生。

【矿产资源】　黔西县是煤炭资源大县，全县煤炭初探资源量在76亿吨以上，其中优质无烟煤34亿吨。2015年，全县原煤年生产能力达到1700万吨以上。同时，利用煤炭资源优势，结合国家实施西部大开发和西电东送的部署，成功申办黔西火电厂项目，实行煤电转化，变资源优势为经济优势。另有硫铁、赤铁、钴锰等金属矿产，高岭土、重晶石、装饰石材、水泥用灰岩、黏土、硅质原料、砂石等非金属矿产。其中硫铁矿推断资源量达3400万吨以上，具有较好的开采价值。

【生物资源】　全县森林覆盖率达45.27%。种子植物共有133科、393属、567种。有国家二级保护植物凹叶厚朴、喜树、香樟、银杏、水杉等；有各类药用植物617种，杜仲、银花、桔梗、淡竹、天门冬、黄精、一支黄花、枇杷叶等运销全国各地。全县饲养畜禽种类较多，有猪、黄牛、水牛、奶牛、马、绵羊、山羊、鸡、鸭、鹅、兔、蜂等；养殖鱼类有鲤鱼、草鱼、鲢鱼、鳙鱼、青鱼、团头鲂等；野生动物共有73科、180属、284种，其中有国家一类保护动物云豹、林麝2种，有国家二级保护动物猕猴、短尾猴。穿山甲、大鲵、鸳鸯、虎纹蛙、短耳鸮、金鸡等13种。另外，黔西是农业大县，主产玉米、水稻、烤烟、油菜等，是全省商品粮基地和优质烟基地县。常年粮食总产在27万~28万吨之间，烤烟生产执行国家计划，正常收购量在22万担左右。

【水能资源】　黔西县拥有丰富的水利资源，县域东、南、西三面环水，河流属乌江水系，分属一级支流凹水河、一级支流野济河及干流鸭池河3个流域区，总长334.5千米，水资源径流年总量77亿立方米。境内已建成东风水电站、洪家渡水电站、索风营水电站等大中型水电站。百余个天然湖泊分布在县南部和西南部，被誉为贵州省三大湖群之一。

【旅游资源】 黔西文化底蕴厚重：早在五六十万年前就有人类在此繁衍生息，观音洞古人类遗址是中国南方人类始祖的发祥地，素有“北有周口店、南有观音洞”之称；水西政权延续了15个世纪，创造了中国历史上地方政权统治时间长度之最。这里有凝聚着明代杰出女政治家奢香夫人历史功绩的“龙场九驿”古驿道，有寄托明代大儒王阳明“天下无不可教化之人”哲思的古象祠，有在清史上留下廉洁美名的兵部尚书李世杰的故里，有烙下黔西文明印记的三楚宫、武庙和水西古城等历史人文景观，还有红军鸭池河战斗遗址等红色胜迹。黔西山水风光迷人：有中国十大喀斯特美丽湖泊排名第一的乌江源百里画廊，山似三峡而水胜三峡，水似漓江而山胜漓江；贵州首个海子群湿地公园——水西柯海国家湿地公园，30多处大小湖泊镶嵌在茂松翠林间，湖光倩影，令人心醉；还有浩渺壮阔的支嘎阿鲁湖、美轮美奂的水西洞和八仙洞、千姿百态的东风湖、奇秀无比的索风湖等旅游名胜。黔西民族风情浓郁：这里民风淳朴，彝族火把节、苗族跳花节、布依族六月六节、满族颁金节、仡佬族吃新节、白族祭祖节等民俗，内涵丰富，精彩纷呈，极具特色。有麻辣脆、赵老五黄粑、糍粑包豆腐、擂茶糍粑等地方名吃，有竹雕鸟笼、根雕根画、蜡染、刺绣、剪纸、民族服饰等地方特产，有拥有“中国十大魅力乡村”之称的解放村，有拥有“贵州省苗族歌舞之乡”之称的化屋基，有拥有“贵州最具魅力民族村”的大海子，山水相映、桃李芬芳、风光秀丽，是观光休闲、体验农事和康养的理想胜地。

县域经济

【概况】 2015年，黔西县委、县政府深入贯彻落实中央、省、市各项决策部署，积极主动适应新常态，围绕“稳中求进、提速转型、又好又快”的总要求，全县经济得到持续快速发展。全县实现地区生产总值169.89亿元，固定资产投资166.81亿元，财政总收入22.5亿元，公共财政预算收入7.26亿元，社会消费品零售总额28.5亿元，城镇居民人均可支配收入达22911元，农民人均可支配收入达7095元。三次产业结构比调整为16.4∶40.8∶42.8。在全省47个非经济强县中，黔西生产总值总量排名第2，固定资产投资排名第5，工业增加值排名第3，社会消费品零售总额排名第2，城镇常住居民人均可支配收入排名第5。

【农业经济】 全年粮食总产量达27.27万吨，同比增长6%。养殖业产值12.84亿元，同比增长17.15%。着力推进草地生态畜牧业、高山生态有机茶、中药材等特色农业基地建设，新增人工种草2万亩、茶叶0.5万亩、中药材0.5万亩，完成刺梨采穗圃建设150亩，种植蔬菜45万亩。种植烤烟5.2万亩，收购烟叶13.3万担。推进农业园区建设，御庄生态农业示范园区成功进入省级园区序列，金碧中药材种植产业示范园区成功申报为市级园区。全县6个省、市级园区完成投资9.5亿元，实现总产值14亿元。组织申报无公害农产品（产地）认证（认定）42个。

【工业经济】 投资1.5亿元，完成黔希煤化工给排水工程建设。开工建设黔西电厂二期，华润电力黔西电厂送出工程通过可行性研究咨询评审。海大科技凿岩钻机生产线投产，海悦科技立体停车设备开展试生产，天利化工3.5二甲基苯甲酸项目建成投运。完成岔白片区安置点、二期标准厂房建设、中小企业科技孵化园。全年实现工业总产值62亿元，工业增加值24.8亿元，固定资产投资47亿元。实现民营经济增加值93.3亿元，占全县GDP的53%；完成民间投资

123.6亿元，建设民营经济产业园11个，入驻企业26家。

【旅游经济】 全年旅游综合收入35亿元，加快水西古城等重点文化旅游项目建设进度，提升洪水解放、杜鹃乌骡坝等乡村旅游发展质量，丘林、解放等6个乡村旅游项目列入省乡村旅游转型升级重点示范村寨名录；成功举办乌江源百里画廊旅游文化节暨大关丘林桃李花节、“柳岸水乡”油菜花文化旅游节、首届“水西之春”灯会嘉年华活动。

【商贸经济】 全年社会消费品零售总额28.49亿元，比上年增长11.9%。按城乡分，城镇消费品零售额19.33亿元，增长11.7%；乡村消费品零售额9.16亿元，增长12.5%。按行业分，批发和零售业消费品零售额24.02亿元，增长12.3%；住宿和餐饮业消费品零售额4.47亿元，增长10.1%。2015年年末实有企业3128户。其中：非私营企业301户；私营企业2827户。2015年新增私营企业835户，注册资金195941.07万元。年末实有个体工商户31510户，2015年新增个体工商户3212户。年末实有农民专业合作社501户。

社会发展

【城镇建设】 实施石板路互通、弯角龙潭安置区路网、东出口道路改造等新增城市道路建设。建成望城坡停车场、水西农贸市场，启动客运东站建设。“三个中心”完成投资9000万元，科技中心、文化中心主体工程完工。水西城市综合体完成投资9.1亿元，同心商贸城、阳光城、明德新城等项目建设进度加快。投资2.9亿元，加快推进大关、观音洞、重新等小城镇建设。截至2015年年末，全县城镇化率达45.6%。成立29个乡镇（街道）规划建设委员会，实施林泉镇海子村等10个市级“四在农家·美丽乡村”示范点建设，完成民居建房改造281栋（户），建垃圾收集设施40余处，实施农村危房改造2848户；全面启动除10个市级示范点外的40个县级“四在农家·美丽乡村”示范点规划建设工作。全市“四在农家·美丽乡村”创建工作交流会先后两次到黔西观摩。

【生态建设】 牢固树立“绿水青山就是金山银山”的理念，大力实施生态文明建设战略。完成营造林11.51万亩，森林抚育2万亩，森林管护118.09万亩，森林资源持续增长，全县森林覆盖率达44.85%。实施县城污水处理厂二期管网工程，建成投运金碧、重新、谷里3个乡镇污水处理厂，启动水泥窑协同处置生活垃圾项目建设工作。加强对电力、煤炭采选等重点行业污染的防治，落实2015年度乌江环境保护河长制，完成治理3家，建成3家汽车尾气检测站，检测车辆20000余辆，完成加油站油气治理25家。实施“六个严禁”专项行动和“六个一律”环保“利剑”执法专项行动，办理各类森林案件94起，侦破刑事案件13起，取缔无证经营加工木材场所1个；查处案件272起，查封企业1家，移送涉嫌环境污染案1起，立案8起。开展生态村镇创建工作，申报了中坪镇、洪水镇、重新镇3个省级生态乡镇和雨朵镇扯泥村、重新镇桥边村2个省级生态村。

【交通建设】 有序推进高速公路、成贵快铁建设，贵黔高速建成通车。实施2014年市通村水泥路扫尾工作，完成投资4.3亿元。推进碗厂沟、大洞口等6座危桥改造工作。开展G212大锡至甘棠公路改造工程，林泉至白泥、金碧至沙井公路大修工程，钟山至六广等5条县乡道改造工程前期工作。实现97%行政村通油路（水泥路），94%行政村通客运班线。

【水利建设】 推进樱桃坪水库工程建设，开工建设23口机井地面设施配套工程、30处"五小"水利工程和乌骡坝山区节水现代农业示范项目、0.54万人农村饮水安全项目及农村饮水安全水质检测中心项目，新增灌溉面积0.3万亩、机井10口，治理水土流失面积2494.33公顷。

【通信建设】 实施110千伏重新、鹏城等3个输变电建设。建成互联网宽带接入端口450个、光缆805千米、建成3G/LTE基站419个，新增城市20M宽带接入用户11971户、城市有线电视网络双向化改造覆盖用户1630户、农村家庭数字电视延伸覆盖用户180户、高清交互数字电视用户1680户，"小康讯"新增13个自然村通电话、16个行政村通宽带。

【教育事业】 加快推进乡镇中心幼儿园、学生宿舍、教师公租房（周转房）等202个教育工程项目建设。扩建三中、九小等13所义务教育学校。完成南部新区教育园学校建设前期工作。新增配置班班通1048套、计算机1108台，招聘教师400名。实施惠及80390人营养改善计划。建成248个留守儿童之家，发放各类助学补助资金1508.61万元。小学、初中辍学率分别为0.2%、2.0%。义务教育基本均衡通过省级评估验收，黔西一中升省级二类示范性高中和县中职学校创建省级示范性中职学校通过省评估。

【卫生事业】 积极开展等级医院创建工作，县中医院达到二级甲等中医院标准，县妇幼保健计划生育服务中心达到二级甲等妇幼保健院标准。全县每千人口床位数达4张，每千人有执业（助理）医师1.29名。新型农村合作医疗落实门诊和住院补偿11378.7万元，受益71.11万人次。成功创建省级卫生应急综合示范县。以"双降"为目标，全县符合政策生育率为98.21%，完成避孕节育手术6576例。

【文化事业】 全民健身活动中心、观音洞遗址公园、新时代文化创意城等重点文化项目建设有序推进，精包装柯家海子、乌江源百里画廊、柳岸水乡等旅游度假区。水西传奇实景舞台项目成功作为贵州省唯一入选国家文化产业司公布的藏羌彝文化产业重点走廊重点项目。积极探索"景区+演艺"模式，深入挖掘民族文化和水西文化，打造具有特色的民族民间文化品牌。成功筹办毕节市文化产业园黔西现场会暨黔西县友联旅游开发有限公司签约仪式。成功申报"《黔西县百姓说》"微电影和"岳红霞剪纸"市级文化产业发展专项资金，并分别获得10万元和5万元的专项资金补助。创新探索"432"工作模式推进"宣传部长上讲堂"活动，开展道德讲堂活动230场，收到活动测评表16542张，受众人数17804人次，得到省委常委、宣传部长张广智的亲笔签批，市委将这一"工作模式"写入毕节市2015年宣传工作要点在全市推广。全市"宣传部长上讲堂"活动现场推进会、全省第二片区"宣传部长上讲堂"活动现场观摩会在黔西召开。开展"身边好人"评选活动，7名优秀群众被成功评为"中国好人"和"贵州好人"。走村串巷开展"三下乡"活动，共送去文艺节目50个、图书5000余册、各种宣传资料10000余份，法律咨询9000余人次。

【"平安黔西"建设】 严厉打击各类违法犯罪活动，全年全县共发各类刑事案件2093起，破994起，破案率为47.5%，发案数与2014年同期相比下降30.6%；破获毒品案件154起，缴获各类毒品共计10170克。建立扁平化指挥体系、智能化交通管理、派出所警务中心，实现"高效指挥、优化警力、控制发案、强化打击"目标，全县群众安全感达96.52%。有效推进信访及矛盾纠纷化解，积极开展信访接访、矛盾纠纷排查化解工作，集中排查出矛盾纠纷527件，成功化解475件，化解率90%。树立省、市、县一盘棋观念，切实打赢“百日攻坚战”，省、市领导包案督访35件，办结息访21件、化解14件。省、市、县三次集中交办矛盾纠纷和信访问题共494件，化解350件，已办结128件。扎实开展县级领导接访下访工作，共接待群众来访538批1076人次，下访400余次，有效化解矛盾纠纷200余起。“平安黔西”建设工作得到省公安厅、市委政法委领导的高度肯定。

【社会保障】　投入590万元建成县儿童福利院。扎实做好留守儿童、空巢老人排查救助工作，发放低保对象保障金、农村“五保”供养金、医疗救助金等6506万元，救助流浪乞讨人员356人次支出救助金46.38万元。实施惠民殡葬解决困难群众基本丧葬费用316.32万元，投入200万元建设340座农村公益性公墓。全面开展留守儿童、空巢老人、残疾人排查工作，建立帮扶措施，落实关爱经费，劝返留守儿童父母350人。

【扶贫开发】　投资4097.18万元支持15245户54847人贫困人口发展草地生态畜牧业、蔬菜、精果林、中药材、马铃薯等产业；将2211户2538人农村五保户和14245户24666人无劳动能力的低保户贫困人口纳入政策性保障兜底。投入1325万元扶持食用菌、水西红宝石软籽石榴、蔬菜等富民产业发展，争取财政扶贫资金4256.5万元实施基础设施、产业发展、教育培训等项目70个。投资2.36亿元建成驮煤河扶贫生态移民城二期工程，可安置扶贫生态移民1023户4300人。城镇新增就业7700人，失业人员再就业1700人，就业困难人员就业1220人，农村富余劳动力转移就业19300人，“千企万人”就业工程就地就近就业3700人，完成职业技能培训118人，城镇登记失业率控制在4.2%以内。2015年共减少农村贫困人口3.5万人；洪水镇新桥村的产业扶贫新模式被省委办公厅以《工作情况交流》在全省印发；全市扶贫开发推进会在黔西召开，中建乡红板村制定的精准“五策”被成功总结为“红板经验”在全市推广；2015年6月，国务院副总理汪洋视察黔西，对黔西扶贫开发工作给予肯定。

政　治

中国共产党黔西县委员会

工作综述

【概况】　2015年，黔西县委深入贯彻落实中央、省、市各项决策部署，紧紧依靠和团结带领全县各级党组织、广大党员和人民群众，主动顺应发展大势，准确把握黔西发展的战略机遇、前进方向和工作主线，围绕“稳中求进、提速转型、又好又快”的总要求，积极主动适应新常态，严守发展和生态两条底线，全面深化改革，扎实抓好经济、政治、文化、社会、生态和党的建设各项工作，努力开拓富民强县之路，为同步全面建成小康社会打下坚实基础，谱写出黔西科学发展、加快发展的新篇章。

【深化改革】　推进注册资本登记制度、先照后证、“三证合一”等改革；实施县生态办机构改革；筹建机关事务局，稳步推进公车改革；实施县乡财政管理体制改革，理顺县乡财政分配关系；启动林泉、太来两乡镇整乡推进土地确权颁证试点工作；搭建融资平台，组建乡村建设投资有限责任公司；积极开展县中心医院县级公立医院综合改革试点工作；组建乡镇（街道）卫生计生服务中心；强力推进殡葬改革工作，遗体火化率、骨灰集中安葬（存放）率、城区集中治丧率实现100%。进一步扩大开放，全县共收集整理项目126个，优选项目充实项目库50个。党政主要领导带队赴成渝、京津冀及沿海地区招商考察10次。全年签约项目23个，实际到位资金112亿元，完成年度任务的101.81%。充分发挥竞争在市场经济中的杠杆作用，积极鼓励支持非公有制经济加快发展，为全县经济社会发展注入强大动力和活力。

【经济发展】　2015年，全县实现地区生产总值达169.89亿元；固定资产投资达166.81亿元；财政总收入达22.5亿元；公共财政预算收入达7.26亿元；社会消费品零售总额达28.5亿元；城镇居民人均可支配收入达22911元；农民人均可支配收入达7095元；三次产业结构比调整为16.4∶40.8∶42.8。全年实现工业总产值62亿元，工业增加值24.8亿元，固定资产投资47亿元。实现民营经济增加值93.3亿元，占全县GDP的53%；完成民间投资123.6亿元，建设民营经济产业园11个，入驻企业26家。全年粮食产量达27.27万吨，同比增长6%。养殖业产值12.84亿元，同比增长17.15%。推进农业园区建设，御庄生态农业示范园区成功进入省级园区序列，金碧中药材种植产业示范园区成功申报为市级园区。全县6个省、市级园区完成投资9.5亿元，实现总产值14亿元。组织申报无公害农产品（产地）认证（认定）42个。加快水西古城等重点文化旅游项目建设进度，提升洪水解放、杜鹃乌骡坝等乡村旅游发展质量，丘林、解放等6个乡村旅游项目列入省乡村旅游转型升级重点示范村寨名录；成功举办乌江源百里画廊旅游文化节暨大关丘林桃李花节、“柳岸水乡”油菜花文化旅游节、首届“水西之春”灯会嘉年华活动，全年旅游综合收入达35亿元。

【社会民生】 强力推进扶贫开发工作，投资4097.18万元支持15245户54847人贫困人口发展草地生态畜牧业、蔬菜、精果林、中药材、马铃薯等产业；将2211户2538人农村五保户和14245户24666人无劳动能力的低保户贫困人口纳入政策性保障兜底。投入1325万元扶持食用菌、水西红宝石软籽石榴、蔬菜等富民产业发展，争取财政扶贫资金4256.5万元实施基础设施、产业发展、教育培训等项目70个。投资2.36亿元建成驮煤河扶贫生态移民城二期工程，可安置扶贫生态移民1023户4300人。城镇新增就业7700人，失业人员再就业1700人，就业困难人员就业1220人，农村富余劳动力转移就业19300人，“千企万人”就业工程就地就近就业3700人，完成职业技能培训118人，城镇登记失业率控制在4.2%以内。2015年共减少农村贫困人口3.5万人；洪水镇新桥村的产业扶贫新模式被省委办公厅以《工作情况交流》在全省印发；全市扶贫开发推进会在黔西召开，中建乡红板村制定的精准“五策”被成功总结为“红板经验”在全市推广；2015年6月，国务院副总理汪洋视察黔西，对黔西扶贫开发工作给予肯定。大力发展教育事业，完成乡镇中心幼儿园、学生宿舍、教师公租房（周转房）等202个教育工程项目建设。建成248个留守儿童之家，发放各类助学补助资金1508.61万元。小学、初中辍学率分别为0.2%、2.0%。义务教育基本均衡通过省级评估验收，黔西一中升省级二类示范性高中和县中职学校创建省级示范性中职学校通过省评估。

【“平安黔西”建设】 严厉打击各类违法犯罪活动，全年全县共发各类刑事案件2093起，破994起，破案率为47.5%，发案数与2014年同期相比下降30.6%；破获毒品案件154起，缴获各类毒品共计10170克。建立扁平化指挥体系、智能化交通管理、派出所警务中心，实现“高效指挥、优化警力、控制发案、强化打击”目标，全县群众安全感达96.52%。有效推进信访及矛盾纠纷化解，积极开展信访接访、矛盾纠纷排查化解工作，集中排查出矛盾纠纷527件，成功化解475件，化解率90%。树立省、市、县一盘棋观念，切实打赢“百日攻坚战”，省、市领导包案督访35件，办结息访21件、化解14件。省、市、县三次集中交办矛盾纠纷和信访问题共494件，化解350件，已办结128件。扎实开展县级领导接访下访工作，共接待群众来访538批1076人次，下访400余次，有效化解矛盾纠纷200余起。“平安黔西”建设工作得到省公安厅、市委政法委领导的高度肯定。

【民主政治建设】 加强党对人大和政协工作的领导，坚持和完善人民代表大会制度，人大和政协工作的制度化、规范化、科学化水平不断提高。出台《黔西县人民代表大会常务委员会规范性文件备案审查办法》。组织省、市、县人大代表、政协委员集中视察调研县行政中心至石板互通市政道路、通村水泥路、黔息白黔贵黔高速公路等重大项目建设和扶贫开发工作情况。县人大代表和县政协委员针对全县经济社会发展的大事和群众关注的热点、难点问题提出建议、批评和意见253件。选聘362名非公经济人士担任“名誉村主任”，兴办企业235家，折合捐建资金共390万元。大力实施党外代表人士“532”培养计划，建立党外代表人士信息库。支持民建、民盟、民进等民主党派的组织建设工作，民建黔西工委筹建工作已基本完成。深入推进司法体制改革，全力支持审判机关、检察机关公正司法，执法、司法水平不断提高，社会公平正义得到有效保障。支持县妇联开展妇女小额担保贷款贴息资金协调及回收工作，累计发放妇女创业贷款12832万元，回收妇女小额担保贷款11332万元。扶持2142名妇女创业，带动10000余名妇女就业。支持团县委大力推进“春晖行动”“希望工程”关爱留守儿童等工作，联合多家爱心企业举办“春晖反哺家乡”主题活动，为太来中学及100名贫困生、困难群众捐赠3万元的物资。启动“同心伴你·快乐成长”关爱阳光少年系列活动，筹集资金12万元，帮助农村贫困学生1000余人。

【思想政治建设】 始终把握正确的政治方向，深入学习党的十八大，十八届三中、四中全会、省委十一届五次全会、市委一届七次全会及习近平总书记系列讲话精神，切实在学懂、学深、学透上下功夫，用马克思主义中国化理论武装头脑，自觉在思想上政治上行动上与以习近平为总书记的党中央保持高度一致。及时把中央、省、市各级重要工作部署纳入各级党委（党组）中心组学习内容，学以致用，扎实推动各项工作落实。扎实开展“三严三实”专题教育，制定《关于开展“三严三实”专题教育整治“为官不为”深化干部作风建设的实施方案》和县委常委开展“三严三实”专题教育的7个子方案以及《县委常委开展“三严三实”专题教育流程图》；拟定整治干部作风的“五个办法”（《干部作风“马上就办”实施办法》《干部作风督查考核办法》《干部作风预警制度》《干部召回管理办法》《干部作风问责办法》）。县四大班子领导干部带头讲专题党课27场次，开展专题研讨2次，带动全县各级党组织共开展专题党课126场次，教育党员干部12300余人次。

【干部队伍建设】 围绕习近平总书记系列重要讲话精神和习近平总书记对毕节试验区批示精神，采取上党课、专题讲座等形式，着力加强党员干部教育培训，累计培训党员干部5700余人次。分级分类推进干部教育培训工作，对6600余名各级各类党员领导干部、农民群众进行培训。扎实开展农民讲师巡讲工作，组织县、乡、村三级农民讲师开展巡讲250余场次，共计培训农民群众2.77万余人次。选派各级党员领导干部、村支两委、农民讲师、农村致富带头人分别赴山东、深圳、遵义等地参加各类培训班59期次，培训基层干部466名。利用“12380”举报网站平台，接到各类信访举报14件，其中涉及选人用人问题6件，市委组织部转办7件。加强因私出国（境）证件的集中管理，对76名在职县管干部办理和持有的92个因私出国（境）证件全部收回组织部集中保管，查实处理违规办理和持有因私出国（境）证件3人。切实抓好《毕节市干部负面清单纪实管理办法（试行）》的贯彻落实，共收到负面信息118条，建立科级干部负面清单台账102条。

【基层组织建设】 持续加强村级组织建设工作，选派197名机关优秀干部到村任“第一书记”；选派1373名干部、组建274个驻村工作组开展驻村工作，全县驻村干部共走访群众81130人次，帮助谋思路出点子2436条，协调资金2492.5万元，解决困难问题2393个，协调项目136个，办好事实事5308件，化解矛盾纠纷300余起。在362个行政村推广林泉“一核多元”基层服务建设经验。整合投入资金300余万元，建设村级组织活动场所，不断完善村级组织配套服务设施。建立“党员服务区”8000余个，全县1.2万名农村党员和入党积极分子按照居住区域就近联系服务5~15户群众。

【党风廉政建设】 强化“两个责任”追究，成立巡查工作领导小组，对9名主体责任落实不到位的领导干部进行主体责任追究。成立刹风整纪专项治理领导小组，开通“黔西县作风举报投诉直通车”微信公众平台，对违反“八项规定”等问题，下发全县通报批评文件5个，点名道姓通报48人。重点查处一批损害群众利益的民生案件，全县纪检监察机关共立案111件，结案99件，给予党政纪处分106人，党纪处分88人，其中涉及乡科级干部16人，一般干部24人。扎实开展民生监督工作，共立案调查民生领域违纪违法案件119件，结案90件，党政纪处分96人，移送司法机关24人，追回涉案资金579.45万元。启动民生整治铸廉行动，共清理2013以来民生项目2350个，资金51.4亿元，发现问题751个，整改建立相关制度8项。强力推进权力清单运行备案制度，对权力运行失范行为问责87人，节约资金329万元，挽回经济损失112万元。全市推进权力运行监督备案工作现场会在黔西召开。进一步完善“万名群众监督员”管理制度，制定下发《关于进一步完善“万名群众监督员”管理制度的通知》，全县10000余名勤廉群众监督员共开展跟踪监督检查633人次，提供问题线索175件，不断巩固和发展良好的政治生态。

组织工作

【概况】 2015年，县委组织部认真贯彻落实党的十八大，十八届三中、四中全会、习近平总书记系列重要讲话精神及省委、市委的有关会议和文件精神，紧紧围绕加强党的执政能力建设、先进性和纯洁性建设，大力实施能力素质提升工程、好干部培养选拔工程、聚才引智工程、基层组织服务体系建设工程，切实加强组织部门自身建设，努力提高党的建设和组织工作科学化水平，为全面深化改革，推进依法治县，加快“决战贫困、提速赶超、同步小康”提供坚强的组织保证。

【干训工作】 分级分类推进干部教育培训工作，与相关单位联合举办工会干部、入党积极分子、致富带头人、业务技能等培训班，对6600余名各级各类党员领导干部、农民群众进行培训；分级分类推进第一书记、驻村干部及致富带头人培训班，基层党组织书记培训班、机关党建培训班等主体班次，共培训各级领导干部、致富带头人1200余人次；扎实开展农民讲师巡讲工作，组织县、乡、村三级农民讲师开展巡讲250余场次，共计培训农民群众2.77万余人次。同时，认真配合上级组织部门开展调训。2015年共选派各级党员领导干部、村支两委、农民讲师、农村致富带头人分别赴山东、深圳、遵义等地参加由省、市相关部门组织的各类培训班59期次，培训基层干部466名。围绕深化拓展党的群众路线教育实践活动成果和习近平总书记系列重要讲话精神，进一步加强对各级党员领导干部的党性教育培训，累计培训5700余人次。充分利用深圳光明新区对口帮扶机制，选派20名党政机关干部、专业技术人员到光明新区开展为期1个月的挂职锻炼，切身体验深圳“高难度、快节奏、严要求”的工作环境，开阔眼界、增长见识、提高能力。

【干监工作】　按照从严管理监督干部的要求，围绕加强对干部选拔任用工作和领导班子的监督，认真履行职责。配合市委组织部做好43名县处级领导干部报告个人有关事项工作，完成全县1100余名科级干部报告个人有关事项及立卷归档工作。加强对信访、电话、网络、短信“四位一体”举报平台的维护，确保24小时正常运转，密切关注县委组织部“12380”举报网站及群众的举报情况，做到有案必查、有查必果。2015年共接到各类信访举报14件，其中涉及选人用人问题6件，市委组织部转办7件，有11件已调查核实、3件正在调查核实中。继续开展超职数配备干部的整改消化工作，截至年末共整改消化34人，完成整改消化任务的121%。切实抓好《毕节市干部负面清单纪实管理办法（试行）》的贯彻落实，向县纪委、审计、卫计等16个干部监督联席会议成员单位征求领导干部负面信息，共收到负面信息118条，建立科级干部负面清单台账102条。

【人才工作】　严格遵循党管人才原则，稳步实施人才强县战略。严格落实省、市、县相关政策，投入各类经费5800万元，设立1500万元的人才发展专项资金。围绕全县产业发展需求，重点引进工业化、城镇化、农业现代化和信息化人才，通过实施“两高一特”人才引进工程和“情系黔西人才回归计划”，引进各类人才438名，柔性引进36名，并组织人社、纪委及引进人才相关单位对“两高一特”引进人才进行考核转正工作。围绕全县“四化”产业发展需求，按照“干什么学什么，缺什么补什么”的原则，探索实行个性化培训、“菜单化”选学培训模式，努力提高培训的实用性。截至2015年年末，共举办各类培训班21期，培训各级干部、各类人才4300人次。公开招考249名急需紧缺人才，选派57名大中专毕业生入驻企业服务，对乡镇（街道）、县直部门35个中层领导岗位实行公开选拔和竞争上岗。全面推进“黔西县圆梦小康百名专家行动计划”，从农牧局、林业局、扶贫办等16个单位抽派100名技术人才组成10支专家队伍，到全县29个乡镇（街道）开展“专家基层行”活动，培训人次27541人，办理实事及解决难事204件。

【“三严三实”专题教育】　进一步巩固和拓展教育实践活动成果，积极引导全县党员干部参与“三严三实”专题教育，结合实际，制定全县《关于开展“三严三实”专题教育整治“为官不为”深化干部作风建设的实施方案》和县委常委开展“三严三实”专题教育的7个子方案、《县委常委开展“三严三实”专题教育流程图》，牵头组织有关单位拟写整治干部作风的“五个办法”（《干部作风“马上就办”实施办法》《干部作风督查考核办法》《干部作风预警制度》《干部召回管理办法》《干部作风问责办法》）。切实做好县四大班子党员领导干部讲党课和开展专题研讨的服务工作，主动加强与市委组织部联络，及时掌握市委关于“三严三实”专题教育最新要求，确保党课“不偏不空、讲好讲实”、专题研讨“谈深谈透、不走过场”。县四大班子党员领导干部讲专题党课27场次，开展专题研讨2次，带动全县各级党组织共开展专题党课126场次，教育党员干部12300余人次，全县学习氛围进一步浓厚，忠诚干净担当和干事创业精神进一步激发。

【软弱涣散党组织整顿】 在全县摸排认定14个软弱涣散村级党组织，由县委主要领导带头，组织14名县级党员领导干部分别联系1个软弱涣散党组织，明确24个县直单位结对帮扶，组建“县联系领导+乡镇包保责任人+结对县直单位+驻村工作组”的整顿工作队，按照“一村一策”要求，制定详细的整顿方案，建立整顿台账，落实整改措施，共协调项目51个7000余万元，投入资金100余万元完善便民服务设施，解决问题97个。全县14个软弱涣散村级党组织均实现晋位升级。

【村干部待遇保障】 落实在任村干部养老保险财政补贴制度，建立村干部报酬正常晋升机制，每增加一年工龄，月报酬增长20元；建立“十佳”村党组织书记评选机制，2015年共评选10名优秀村党组织书记，可在次年享受事业单位副科级政治和经济待遇。全面兑现各年度符合条件的离任村干部生活困难补贴。坚持每年划拨党费，在“七一”“十一”和春节期间对生活困难党员、重病党员、老党员进行走访慰问，让广大党员感受组织关怀，最大限度地激发村干部干事创业激情。

【干部驻村“1+9”工作机制】 着力提升干部联系服务群众工作水平，全面推行干部驻村“1+9”工作机制（一套管理制度+一套生活用具、一块菜园子、一条发展路子、一本应知应会手册、一张干群连心卡、一本民情日记、一部说事电话、帮扶一户贫困户、办一批惠民实事），选派1376名干部驻村帮扶，每名驻村干部结对帮扶所驻村的1~2户贫困户，开展“一宣四帮”工作（宣传党的方针政策，帮助推动经济发展、帮助改善保障民生、帮助维护社会和谐稳定、帮助加强基层组织建设）。建立“党员服务区”8000余个，全县1.2万名农村党员和入党积极分子按照居住区域就近联系服务5~15户群众，党员作用得到发挥；整合投入资金300余万元，建设村级组织活动场所，不断完善村级组织配套服务设施，拓展乡、村两级便民服务站点功能，实行全程代办、上门领办、预约巡办，为群众提供“一站式”服务。通过在有条件的村建立“亲情聊天室”“爱心QQ群”等，关注留守儿童和空巢老人。2015年，全县驻村干部共走访群众81130人次，帮助谋思路出点子2436条，协调资金2492.5万元，解决困难问题2393个，协调项目136个，办好事实事5308件，化解矛盾纠纷300余起。

【农村基层组织服务体系建设】 探索实施“以党组织为核心，队伍、阵地、方式、机制等多元化资源协同服务”的“一核多元”农村基层组织服务体系，获国务院新闻办《魅力中国》和《当代贵州》等主流媒体报道，形成在全市推广的“林泉经验”。通过党建带领工会、共青团、妇联等群团组织建设，积极吸纳工、青、妇、志愿者参与到农村经济社会建设事业中来，不断拓宽服务渠道和领域，延伸基层服务手臂，确保基层组织的服务覆盖到每个角落，努力打造基层服务体系“升级版”。中建乡成功找准党建工作和精准扶贫的结合点，形成党建扶贫“四帮法”的“红板模式”等，受到上级领导的高度肯定。

【“第一书记”工作】 以“建强基层组织、推动精准扶贫、维护和谐稳定、为民办事服务、提升基层治理水平”为目标，按照关于选派机关优秀干部到村任“第一书记”的有关要求，选派197名机关优秀干部到全县197个村担任“第一书记”，实现贫困村“第一书记”全覆盖。针对“第一书记”驻村工作，专门建立县委组织部部务会成员分片督导制度，对“第一书记”工作情况开展常态化督导检查，作为“第一书记”任期考核的重要依据。建立不合格“第一书记”召回制度，出台“第一书记”不胜任、不合格调整处置办法，实行“第一书记”述职述评制度，定期汇报工作实绩，对考核中排名靠后的“第一书记”进行诫勉谈话，切实避免“第一书记”成为“放羊式、两不管”。

【党建工作全覆盖】 深化非公企业和社会组织党建“四个二”工程，截至2015年年末，全县共有非公企业552家，建立党组织354个，符合组建条件的非公企业党组织组建率达100%，有党员446人。全县有社会组织80家，建立党组织80个，符合组建条件的社会组织党组织组建率达100%，有党员104人。在尚未达到组建条件的非公企业和社会组织中，均下派党建指导员，党建工作覆盖率达100%。

【自身建设】 县委组织部全年紧扣建设“讲政治、重公道、业务精、作风好”模范部门目标，认真践行“三严三实”，积极开展“三学三比”，真正把组织部门打造成党员干部可亲可近的“家门”。通过抓文风会风，锻造部门务实作风，不断强化作风建设。深入查摆、整改干部职工在“不严不实”方面存在的问题，扫除积弊陋习，塑造风清气正的部门形象。强化服务态度、服务规范、服务效率，全力做好党员干部群众来信来访工作，切实做到有落实、有反馈，办结率达100%。优化常态服务机制，认真落实首问责任制、服务承诺制、限时办结制，深化拓宽组工干部直接联系服务群众制度和随机调研制度。大力开展“321”结对帮扶工程，着力解决困难群众的实际问题和困难，切实解决服务群众“最后一千米”问题。2015年，县委组织部机关科级干部与洪水镇永富村16户贫困户结成帮扶对子，并向该村派出1名驻村干部，推动精准扶贫工作取得实效。

宣传思想文化工作

【概况】 2015年，县委宣传部贯彻落实县委整体工作部署，按照高举旗帜、围绕大局、服务人民、改革创新的总要求，坚持团结稳定鼓劲、正面宣传为主的方针，努力在学以致用上下功夫，聚焦凝聚人心，笃力精准宣传，深化文化体制改革，扎实培育和践行社会主义核心价值观，创新宣传方式，增进宣传效果，以一系列扎实举措积极推进宣传思想文化工作，为黔西经济社会发展提供强有力的宣传思想文化保障。

【理论武装】 在乡镇（街道）党委（党工委）、县直部门党组及党支部中开展“五个一”（即：一月一本书、一题一主讲、一人一讲堂、一季一讨论、一年一调研）学习活动。率先在全市创新组建“市民讲师团”，在城区内4个街道办事处开展党的方针政策、社会主义核心价值观、依法治国等系列宣讲活动82场次，受众人数达3万余人次。组织宣传小组赴各乡镇（街道）宣传党的十八届四中、五中全会及省委十一届五次、六次全会精神100余场次；组织全县在职干部开展理论学习和考试，全面提升干部的思想素质和驾驭复杂问题的能力。加强对各党委、党组、党支部中心组的学习检查督促力度，进一步建立健全领导干部学习机制。

【网络舆情】 进一步完善重大突发事件网络舆情处置和舆论引导机制，妥善处置县内敏感舆情事件20余起，组织网评员队伍统一口径开展评论转发等500余次、2000余条。在黔西宣传网、中国杜鹃花都黔西政务微博、黔西宣传官方微信等网络媒体上公开发布关于市、县相关工作的文字稿件2000余条、图片700余张，转载各类权威性文章、评论100余篇。积极发挥省舆情信息直报点作用，全年共上报舆情信息900余条，被中宣部和省委宣传部采用110余条。联合公安、工商等部门开展“网络关爱青少年行动”，为青少年提供良好网络环境。

【对外宣传】 围绕省、市、县重大工作部署，抓好“三严三实”教育活动、通村水泥路建设、绿化黔西工程、“四在农家·美丽乡村”建设、服务企业“百千万”工程的宣传。以“桃李花节”、2015年毕节试验区生态产业发展峰会、全省精准扶贫工作调研活动等一系列活动为契机，精心制作户外高杆广告80余块、大型户外广告70余块，LED、LCD显示屏宣传标语250余条。截至2014年年末，全县在《人民日报》《经济日报》《光明日报》、中央电视台等中央级主流媒体上刊登黔西稿件29条；在《贵州日报》、贵州电视台等省级主流媒体刊登黔西稿件132条；在《毕节日报》、毕节电视台等市级主流媒体刊登黔西稿件1435条；在中国文明网上刊登153条（篇），在省文明网上刊登617条（篇）、在市文明网刊登1158条（篇），有效宣传黔西经济社会发展成果，扩大黔西影响力和知名度。

【精神文明建设】 围绕社会主义核心价值观12词24字内容，广泛开展爱国主义、社会主义教育、革命传统教育等宣传教育活动。紧扣“七个起来”，大力推进农村思想政治工作，全年共制作标语15000余条，开展各种宣传咨询活动500余场次，发放资料50000余册。制作录播微电影10部，开展“百姓说”微电影进社区、进乡村活动，播放200余场次，受众人数达8万余人次。先后成功组织推荐上报身边好人45名，其中2名被评为“中国好人”、2名被提名为“中国好人”候选人、5名被评为“贵州好人”。以“图说我们的价值观”宣传教育为重点，成功打造出1个主题公园、3条示范街、6个示范村、1个物业小区、2个单位院落、10所示范学校，张贴制作公益广告宣传图画15000余幅、刊载公益广告宣传图画102张；组织县内媒体刊播“梦娃”系列动画视频150余个，播放时长4万余分钟。组织开展“明礼知耻·崇德向善·争做试验区先锋”主题活动，表彰“最美黔西青年”10名、“最美乡村教师”5名、“最美家庭”10户。在全县362个村（社区）组织评选“十星级文明户”，共评选挂牌5400余个“十星级文明户”。积极探索创新宣传载体和手段，努力提高“多彩贵州文明行动——整脏治乱专项行动”工作的知晓率、满意度，以制度建设为着力点，以队伍建设为切入点，以重点区域整治为突破点，不断推进整治工作深入开展。开展“文明志愿者在行动”活动，有7万余人在“志愿云”系统上成功实名注册，全年开展志愿服务活动15700余场次，服务群众50000余人次。组织申报2个农民文化家园项目、1个省级“四在农家·美丽乡村”示范点项目、4个乡村学校少年宫项目、1个农村文化阵地建设项目。牵头组织县文明委成员单位开展“三下乡”活动，为农民群众送去文艺节目50个、图书5000余册、各种宣传资料10000余份，法律咨询9000余人次。

【“432”工作机制】 在开展“宣传部长上讲堂”活动中，黔西创新推行“432”工作模式，即：开展活动推行一堂一报告、一讲一评价、一季一培训、半年一考评“四机制”；宣讲内容注重与社会主义核心价值观基本内容、与“明礼知耻·崇德向善”主题活动、与“我们的节日”主题活动“三结合”，力争实现宣传文化系统干部队伍的综合能力水平、群众对宣传干部和宣传工作的认可度和满意度“两提升”，确保工作见成效。在推行“432”工作模式中，又探索推行以“交叉式”“命题式”和“按季度分片区调度观摩”等方式助推活动开展，充实和完善“432”工作模式，促使全县各级宣传干部之间相互借鉴、共同学习、取长补短、全面提升。全年共开展道德讲堂、宣传部长上讲堂活动521场，收到活动测评表24769张，受众人数达41685人次。2015年1月23日，“432”工作机制得到省委常委、宣传部部长张广智的肯定并签批；3月27日，全市宣传部长上讲堂活动现场观摩会在黔西召开；4月起，黔西“432”工作模式在全市推广。

【市民讲师团】 强化党的方针政策在人民群众中的宣传贯彻，以群众喜乐闻见的形式推进宣讲工作，县委宣传部创新性地打造“市民讲师团”，牵头组建“土”味十足、“实”效明显的理论大众化宣讲队伍。通过各街道办事处，以民主推荐的方式，择优推选一批有较强表达能力、政治素质好、热心公益的社区党员干部、退休老干部、老教师，经县委宣传部遴选，录入市民讲师数据库，经选拔、培训、聘任、赋予宣讲课题、试讲，组成小分队深入各乡镇开展宣讲活动。截至2015年年末，首聘市民讲师80余名，开展巡讲120余场次，取得显著效果。2015年3月5日，组建“市民讲师团”的做法得到省委常委、宣传部部长张广智的肯定并签批。

【“理论大家说”微平台】 在组织基层干部开展理论学习活动中，县委宣传部结合实际，充分利用新媒体搭建“理论大家说”微学习平台，先后注册3个理论学习微信工作群，组织乡镇党政主要领导和宣传委员及县直单位分管领导、信息员加入该群，广泛开展“三微”（即：微学习、微互动、微推荐）理论学习讨论活动，使理论学习更加接地气，更加大众化、平民化。截至2015年年末，上传微学习文章60余篇，开展微互动2000余条次，微推荐先进典型29个。

【文化产业发展】 一是将全民健身活动中心等7个项目作为重点工程上报省“十三五”重大工程，对柯家海子旅游度假区等3个项目进行精包装。二是以“文化+旅游”为主线，将钟山镇、花屋村等乡（镇）、村打造成特色文化乡镇和乡村文化旅游特色点，将水西古城文化旅游区申报省级文化产业示范基地，将水西农业观光示范园区打造成省级文化旅游创新示范区。三是组织有关单位开展文化产业统计暨以县为单位全面开展建设小康社会文化产业统计监测工作，按时做好报表填报、收集、汇总、审核和报送等工作。四是成功筹办毕节市文化产业园黔西现场会暨黔西县友联旅游开发有限公司签约仪式。五是在第十一届中国（深圳）国际文化产业博览交易会和省首届多彩贵州文化产业博览交易会上组织黔西民间工艺品剪纸100余件进行为期3天的展出；六是成功申报《黔西县“百姓说”微电影》和《岳红霞剪纸》市级文化产业发展专项资金，并分别获得10万元和5万元的专项资金补助。

统战工作

【概况】 2015年，县委统战部深入学习贯彻党的十八大，十八届三中、四中、五中全会和习近平总书记系列重要讲话精神以及中央、省委、市委、县委统战工作会议精神和全国、全省、全市统战部长会议精神，以“同心思想”为引领，以“广交朋友、夯实组织、发挥作用”为总基调，以“继承巩固、创新提高，围绕中心、服务大局，凝心聚力、助推发展，不断推进统战工作制度化规范化科学化”为总目标，以服务“四个全面”为总任务，以开展“九个建设年”活动为总抓手，努力认识新常态，抢抓新机遇，努力开创统战工作新局面，切实为助推全县“决战贫困、提速赶超、同步小康”大业，广泛凝聚共识、凝聚人心、凝聚智慧、凝聚力量，为全县经济发展、社会稳定做出积极贡献。

【经济统战工作】 围绕助推非公经济“两个健康”要求，持续抓好非公有制经济人士的理想信念教育，坚定非公有制经济人士的发展信心，引导非公经济加快转型升级，重视创新驱动，并积极参与到全县的改革发展中来。充分发挥光彩事业促进会的作用，不断加大与全国光彩事业企业家和县非公有制企业家的联系，组织开展“光彩助学”“光彩济困”“光彩助村”等活动，推进全县“光彩事业”发展。扎实推进非公有制经济人士担任“名誉村主任”工作，先后选聘362名非公经济人士担任“名誉村主任”，初步实现全县362个村（社区）全覆盖；出台“名誉村主任”管理办法和工作措施，加强思想教育，组织名誉村主任开展“春晖助力行动”，引导鼓励他们积极履行社会责任，回馈家乡、回报社会，展示良好社会形象。全县非公经济人士“名誉村主任”共在362个行政村兴办企业235家，捐建民生项目57项，折合捐建资金390余万元。借助“2015年毕节试验区生态产业发展（黔西）峰会”召开之机，积极推动东部十省市优强企业与黔西民营企业开展“企业结对帮扶”，充分利用发达地区企业的资金、技术、管理和市场，与黔西民营企业达成“一对一结对帮扶”的“战略协作伙伴”关系，共有19家优强企业与黔西13家民营企业结成帮扶对子，为全县民营企业加速发展、转型升级提供了动力和保障。

【民族宗教工作】 牢牢把握各民族“共同团结奋斗、共同繁荣发展”的主题，认真贯彻落实《中共贵州省委、贵州省人民政府关于加强和改进新形势下民族工作的意见》（黔党发〔2015〕4号），制定全县三年民族工作方案（2015—2017），大力开展和谐工程创建，有效推进民族特色村寨建设，构建“平等、团结、互助、和谐”的社会主义新型民族关系。积极引导宗教界践行和弘扬社会主义核心价值观，为促进经济发展、社会和谐、文化繁荣、民族团结服务。按照依法管理、保护合法、制止非法、抵御渗透的原则，积极引导宗教与社会主义社会相适应，对宗教活动场所、教职人员、大型宗教活动进行有效管理，应对宗教突发事件预警机制进一步完善；充分发挥县、乡、村三级宗教工作网络体系的作用，进一步巩固三级宗教事务管理网络建设成果及和谐寺观教堂创建成果，实现村居（社区）“无非法传教、无党员信教、无乱建寺庙”。

【港澳台侨工作】 不断加大与港澳台侨联谊交友的力度，扩展交流合作，精心制作旅游、农业招商引资资料，加强招商引资力度，建全侨情信息档案，建立联络联系工作机制。制定《黔西县2015年对台工作要点和宣传教育方案》，开展台胞台属情况调查统计，积极帮助台胞台属排忧解难。全年共接待台胞台属33人次，走访慰问台胞9人次、台属12户，走访台资企业5次。组织部分民营企业积极参加市委统战部组织的“百城同台”海归人才招聘工作，努力引进更多优秀人才参与全县经济建设。

【统战思想建设】 积极组织引导全县统一战线成员和统战干部深入学习习近平总书记等中央领导关于统战工作的重要论述，学习党的十八大及十八届三中、四中、五中全会精神和中央、省委、市委、县委统战工作会议精神，深入开展理想信念教育，广泛凝聚共识，不断提升统战干部队伍和民主党派代表人士、无党派代表人士、少数民族代表人士、宗教界代表人士、非公有制经济代表人士等统一战线7支队伍的思想政治素质，不断增强道路自信、制度自信和理论自信。扎实开展“五学三贡献”活动，组织民主党派和非公经济人士围绕全县发展大局加强学习、提高认识、发挥作用，不断增强进取意识、机遇意识、责任意识，努力为全县的改革发展做出应有贡献，做到与中国共产党在思想上同心同德、目标上同心同向、行动上同心同行，进一步筑牢统一战线成员走中国特色社会主义道路的共同思想政治基础。

【统战组织建设】 把统战干部队伍建设作为重要工作来抓，着力提升干部队伍在思想素质和业务工作两个方面的能力，树立干部的有为意识，激发干部的干事创业热情，建设一支具有统战观念、真懂统战政策、会做统战工作的统战干部队伍，努力把统战部门建设成团结、民主、温暖、守纪的“党外人士之家”。进一步加强党外代表人士工作，大力实施党外代表人士“532”培养计划，按照县级建立500人以上、乡镇（街道）建立30名以上、村（社区）建立20名左右的要求，全县各乡镇（街道）、部门、村居（社区）认真做好调查摸底、统计建库工作，上报建立党外代表人士信息库1467人，为党外代表人士培养锻炼、政治安排、实职安排、社会安排奠定基础。支持中国民主建国会黔西支部建设，推动指导民建黔西支部改设工委各项工作，按要求做好征求意见、上下沟通，指导配合民建工委领导班子、主委、副主委初步人选的民主推荐、重点考察等工作，并于12月22日召开民建黔西工委成立大会。积极开展中国民主同盟和中国民主促进会两个民主党派在黔西设立基层组织的筹备工作，认真按照相关章程和程序逐步推进，做好初步人选上报和推荐等工作，并于12月22日召开民盟黔西县支部委员会和民进黔西县支部委员会的成立大会。积极推动建立县归国华侨联合会、中华职业教育社、党外知识分子办公室和将联络办升级为正科级行政机构的相关工作，进一步强化统战工作职能。

【统战作风建设】 在巩固党的群众路线教育实践活动成果开展“回头看”的基础上，召开“践行‘三严三实’、整治‘为官不为’、深化作风建设”启动会，成立由主要领导任组长的领导小组，制定工作方案，把思想教育、党性分析、整改落实、立规执纪、完善制度相结合，引导广大干部职工不断提高认识，加强修养，改进工作作风。全体干部职工认真查摆“不严不实”问题，盯紧“僵庸懒散浮”和“为官不为”等方面的问题，切实有效开展自查自纠和立知立改、立行立改。制定县委统战部党风廉政工作计划，出台关于机关工作纪律的相关规定，规范权力运行清单，干部职工作风纪律得到有效监督，真正做到令行禁止，机关干部作风持续好转。

【统战制度建设】 逐步健全完善统一战线参与支持黔西建设工作联席会议机制和民建东部十省市组织帮扶黔西建设机制，进一步加强与民建中央、民建省委及其他民主党派中央和党派省委的对接联系。不断加强党外知识分子联谊会的工作机制建设，逐步规范各项规章制度，为党外知识分子联谊会的规范化运行提供制度保障，真正成为党外人才队伍之家。进一步严肃工作纪律，制定《中共黔西县委统战部关于加强机关工作纪律的规定》，对工作要求、工作纪律、工作责任做进一步的规范完善。

【统战平台建设】 通过主动加强与全国政协、中央统战部、民建中央、国家有关部委、民建贵州省委的联系对接，积极协助做好重要活动的开展和接待服务，加大推介力度，争取更多的支持和帮助，有效搭建向上要力平台；加强与民建东部十省市组织的对接联系，不断推进联络联系工作向宽领域发展，深化结对帮扶、招商引资、企业交流等工作，有效搭建向外借力平台；通过积极引导广大统一战线成员开展“同心实践”，围绕县委的安排部署，整合统战资源服务全县改革发展和全面小康建设，并不断为全县经济社会发展做贡献，有效搭建向内聚力平台；积极协助县委、县政府成功承办“2015年毕节试验区生态产业发展（黔西）峰会”、民建东部十省市组织对口帮扶黔西县第三次联席会议、毕节试验区农业发展论坛、民建中央赴黔西县“光彩企业·黔西行”等重大活动，通过民建中央对口帮扶我县的有利条件，将联系对接项目、引进帮扶的范围由省内向东部十省市统一战线、国内知名企业和社会各界拓展，与北京、天津、上海、广东、浙江、福建等发达省市、地区统一战线的合作交流逐渐加强。在“2015 年毕节试验区生态产业发展（黔西）峰会”上，黔西成功签约项目 2 个，资金 5 亿元。

【统战项目建设】 认真开展 2015 年“同心工程”项目的申报、实施和跟踪督促落实工作，并对部分乡镇 2014 年实施的“同心卫生室”、生姜种植等项目进行验收。向民建中央上报《2014 年民建中央帮扶情况及 2015 年请求帮扶事宜》，落实帮扶项目 29 个，帮扶资金 481.46 万元，协调项目资金 3.9 亿元。截至 2015 年年末，已完成项目 24 个，正在实施项目 5 个。探索建立民建会员企业参与“助力黔西全面小康行动”实施“一对一精准扶贫到户”新机制、新模式，将全县 52800 多户贫困户的基本信息报给民建中央社会服务部，并有效动员县工商联、民建黔西工委、县光促会、县知识分子联谊会等统一战线力量积极参与到全县扶贫工作中来；按照“一年建设、两年完善、三年见效”的要求，在全县统一战线成员中组织开展三年绿化黔西“同心林”建设，县建 500 亩、各乡镇（街道）分别建 160 亩以上；中央统战部赴黔西开展“中国光彩事业·走进黔西”活动，捐赠 30 万元在协和镇化甲社区援建蔬菜大棚 10 个、采摘园 1 个；上海展志实业集团公司总经理孙晋忠以个人名义向协和镇化甲“同心新村”捐赠“同心光彩·幼儿园”建设资金 60 万元，用于该幼儿园的改扩建；民建贵州省委协调会员捐赠 6 万元，修建重新镇八角小学附属设施。

【统战品牌建设】 不断加大对“同心产业园”“同心新村”“同心工程”的支持建设力度，大力宣传同心文化，打造同心品牌，将黔西同心产业园、绿化乡大海子村、杜鹃街道乌骡坝村、协和化甲同心示范园等亮点进行持续打造，真正形成可学可看能借鉴的同心亮点、品牌；大力实施“千凤还巢”工程，推动各乡镇（街道）“同心返乡人士创业园”建设，以素朴、钟山为代表的同心返乡人士创业园相继建立成形，为返乡人士创业搭建平台，有效吸引外出务工人士纷纷返乡创业，有效助推全县经济发展，并在解决就业和帮扶留守儿童等方面发挥重要作用。

【统战文化建设】 不断扩大统战理论文化知识的培训面，开展统战知识进机关、进学校、进企业活动，编辑同心新村视频资料上传到微信、QQ 群等宣传平台，让全社会认识统战、了解统战；深入开展挖掘少数民族特色文化工作，积极传承和弘扬民族民间文化，有效推进大海子白族村寨、乌骡坝布依族村寨、化屋苗族村寨等特色文化村寨建设；引导合法宗教团体完善自身建设，不断加强对爱国宗教团体和宗教界代表人士队伍的建设，有效巩固“和谐寺观”创建成果，对优秀宗教文化遗产进行保护，传承和弘扬宗教的“和顺文化”；在非公有制经济人士中开展守法诚信经营活动，开展非公经济人士信义文化建设和扶贫济困主题活动。

【统战效能建设】 按照“六型机关”建设的要求，进一步强化督促检查和跟踪问效，制定下发工作责任分解表，明确干部职工的工作任务和职责。强化干部职工的理论学习和工作绩效考核，用十八大及十八届三中、四中、五中全会精神及习总书记重要讲话精神武装干部职工的思想。突出重点、狠抓作风建设，改进工作作风，始终将协调、支持、服务作为领导和管理统战工作的切入点，为统战工作的全面开展创造良好环境。严格机关管理制度，不断完善干部职工请销假、考勤、公务用车、财务管理等制度，形成用制度管人、管事的良好机制。

政法工作

【概况】　全年县委政法委按照县委、县政府总体工作部署，深入学习贯彻党的十八大和十八届三中、四中、五中全会及中央、省委、市委政法工作会议精神，深入学习贯彻习近平总书记系列重要讲话精神，按照全面建成小康社会、全面深化改革、全面依法治国、全面从严治党的要求，主动适应形势新变化、经济新常态，增强工作前瞻性，切实履行好维护社会大局稳定、促进社会公平正义、保障人民安居乐业的职责。强化对敌斗争、矛盾纠纷排查化解和严打犯罪，努力提高人民群众安全感和满意度。围绕夯实“六项工程”“五项机制”和“六零六好”经验，切实破解社会治安综合治理的难题，努力为全县“决战贫困、提速赶超、同步小康”营造安定和谐的社会环境、公平正义的法治环境和优质高效的服务环境。2015年，在省级测评中，全县群众安全感为98%，政法机关满意度为98.11%；群众对公安局、检察院、法院、司法局和综治办的满意度分别排名全市第一、第二、第二、第三、第二位。

【国家安全建设】　筑牢情报信息网，建立健全情报信息收集研判、互通共享、协作配合机制，整合情报资源，强化预知预警预防，密切掌握敌对势力、敌对分子插手炒作敏感问题、进行捣乱破坏活动的动向；筑牢反恐防暴网，坚持动态排查、及时消除隐患，切实加强重点人员管控，严防宗教极端思想的渗透，实现全县无境外其他非政府组织非法活动；筑牢反邪防邪网，着力实施“无邪教创建百千万示范工程”，深入推广“农民讲师”助推反邪防邪宣传工作经验，积极发挥县、乡镇（街道）反邪教协会的作用，深化反邪教专项打击活动，依法治理各种邪教组织的非法活动，全力做好各个重要节点和敏感期间的防控工作。组织全县500余名反邪教协会成员开展调查摸底，摸清邪教人员底数。切实开展“无邪教创建暨崇尚科学破除封建迷信”专项活动，共组织召开368次群众会议，受教育群众达25万人次。清理取缔封建迷信场所33处，教育训诫70余人。在全县256所百人以上的中小学建立反邪防邪“一墙一窗”。共抽派16名宗教人士、推荐185名“农民讲师”在全县范围内开展宣讲活动，助推反邪防邪宣传工作。组织党员干部及群众观看反邪教警示教育专题片60场次，受教育群众达2000人次，发放反邪宣传资料30余万份。

【矛盾纠纷排查化解】　强化矛盾纠纷预防，强力推动重大事项社会稳定风险评估工作，从源头上预防矛盾纠纷的产生。加强研判，提升应对各类群体不同诉求的防范化解稳控能力。对企业军转干部、水库移民、城镇建设征拆、对越作战老兵、非法营运等群体和封建迷信活动、非法宗教组织活动引发的突出问题进行多次专题分析研判。落实128个续建、新建省市县重大工程项目社会稳定风险评估工作责任主体和实施主体，组织召开全县社会稳定风险评估工作业务培训会，共完成重大事项社会稳定风险评估64个、完成率100%。共搜集研判信息情报56条，协调处理43条重大涉稳信息，及时防范重大涉稳苗头7起；强化矛盾纠纷排查，认真落实好信息“四级联动、每日排查”制度。建立矛盾纠纷排查化解工作台账，做到底数清、情况明、全掌握。不断完善矛盾纠纷滚动排查、动态管理、结案销账制度；强化矛盾纠纷化解，进一步完善人民调解、行政调解、司法调解“三调联动”大调解工作体系。围绕打好2015年“百日攻坚战”，切实开展县领导带案下访活动，集中解决一批征地拆迁、地质灾害等行业领域以及民生问题引发的突出矛盾，省、市交办的突出矛盾化解任务完成率达100%，市督办的突出矛盾纠纷办理回复任务完成率达100%。全年共督办化解突出矛盾纠纷隐患5件；强化重点人员稳控，对排查出重点人员，按照“三到位一处理”和“七个一”工作要求，逐一落实稳控措施，做到稳控责任落实到人；强化重大问题处置；加强应急处置机制建设，及时妥善处理各类突发案（事）件。妥善解决部分对越参战老兵诉求及“3·18”客车站爆炸案等稳定工作，圆满完成各项重大活动期间的维稳工作任务，在全国“两会”期间的信访维稳工作被市委表彰为先进集体。

【司法体制改革】 探索完善司法保障机制，认真贯彻落实上级党委出台的支持法院和检察院依法独立公正行使审判权、检察权的意见，督促政法各部门依法认真履行职责。推进人民陪审员和人民监督员制度，积极实施“倍增计划”，2015年县法院共聘任人民陪审员101名，组织111人次人民陪审员参加665件案件的审理，陪审率达74.47%；推进司法机关办案思想转变，积极做好从立案审查制到立案登记制的转变，积极完成案件督办督查工作任务，推动政法部门办案质量提高。建立健全监督约束机制，深入推进执法司法公开，确保严格规范执法、公正司法，全县执法公信力和人民群众满意度进一步提升。完成10件案件的评查工作；上网各类案件2964件，裁判文书上网率达100%；加强律师队伍教育管理，完善律师保障机制，认真落实法律赋予律师的执业权利，组织律师对法院审理的案件进行旁听；完善执法办案终身责任制，改革审委会制度，完善主审法官、合议庭办案责任制。改进案件评查工作，提高办案质量，防止冤假错案发生。县法院全年受理登记立案范围内的各类案件3055件，当场立案率达98.29%，与2014年同比立案增长165.03%；加强执法监督工作，认真开展规范执法司法行为专项行动，坚决防范领导干部和政法机关内部人员干预司法活动、插手具体案件处理。进一步规范刑事诉讼涉案财物处置工作，督促县直政法部门认真履行职责。公安机关共立各类刑事案件2933件、刑事拘留650人、行政处罚2633人、强制戒毒748人。检察机关共受理审查案件550件764人，受理起诉案件516件730人。审判机关共受理各类案件5747件，审结4505件，结案率为78.39%。

【信访制度改革】 实施涉法涉诉信访分离制度，建立完善涉诉信访事项导入司法程序机制，严格落实信访问题依法按规定办理，推进“诉”“访”分流平台规范化建设。完善司法救助制度，强化涉诉信访问题的源头治理。积极探索网上信访信息平台的综合运用，加强“三级联动”视频接访。提高运用法治思维和法治方式化解矛盾纠纷的能力，将各类矛盾纠纷引入法治化轨道解决，积极探索建立律师代理信访问题的制度机制。兑现149.21万元司法救助实施资金。全年共处理涉法涉诉信访案件214件196人，息访104件95人，息访率为48.4%。县群众工作中心涉法涉诉信访窗口共接访40件47人，其中引导9件12人信访当事人回归司法途径解决问题。

【依法治县】 成立全面依法治县和“法治黔西”创建工作领导小组及办公室，明确由县委书记任组长，县委、县人大、县政府、县政协有关领导任副组长，县直有关部门主要负责人为成员，领导小组办公室设在县委政法委，负责统筹履行全面依法治县办公室和“法治黔西”创建工作的职能职责。县委政法委、县直成员单位明确分管领导和办公室负责人。研究制定《黔西县关于全面推进依法治县的实施意见》，把全面依法治县工作纳入乡镇（街道）和县直部门年度目标进行考核，切实加强工作的督促督办，县政府聘请法律顾问12名。组织全县各级干部职工参加由省委法治办、省委政法委举办的“2015·贵州省依法治国主题”活动，共推荐50篇优秀征文、5个法治创新典型案例上报省主题活动办参加竞赛。全面启动“法治黔西”创建工作，成立县委法治办，明确办公室负责人，强化组织保障、人才保障、制度保障。

【阳光司法】　深入推进执法司法规范化建设，完善行政执法机关与司法机关信息共享、案情通报、案件移送机制。加强刑事司法领域的人权保障，坚决守住防止冤假错案的底线。防止因部门和个人利益驱动，动用刑事手段违法插手经济纠纷，侵犯公民和法人合法利益、影响经济社会发展。做好领导干部和政法机关干部干预司法活动和插手具体案件办理工作。在办理涉及企业案件时，做到慎用查封、扣押、冻结等强制措施；强化政法机关的相互制约监督，健全落实不同环节和部门之间依法制约的体制机制，自觉主动接受人大、政协、社会各界、新闻舆论和广大人民群众的监督。推动信息化建设与执法办案监督管理机制。完善司法公开方式，把微博、微信、移动客户端等新媒体建设成为信息发布、沟通互动新平台。检察院建立“黔西检察”微博、微信信息平台，及时公布公开检察信息。建立完善《黔西县公、检、法机关联席会议制度》，加强对执法活动的监督制约；开展审判观摩活动，组织基层干部及群众和学生旁听审判，扩大法制宣传的效果和教育力度。

【治安防控】　深入开展平安建设治安整治行动和“八大攻坚战”行动。围绕深入开展严打犯罪“雷霆行动”、平安校园“护校行动”、医院环境“整治行动”、整肃毒害“扫毒行动”等平安建设治安整治“7+N”行动，切实推进禁毒、治理赌博违法犯罪、命案防控、打黑除恶、打击侵财性犯罪、公共安全隐患排查整治和“打传销、反欺诈、保平安”、规范街道命名及编制门（楼）牌等“八大攻坚战”，全县“两抢一盗”等违法犯罪案件高发势头得到有效遏制；抓好基础网络建设，完善治安防控体系。围绕夯实警防网、民防网、技防网、保安防范网和调解网“五防网”建设基础，推进治安防控体系建设。建成“天网工程”县级监控中心1个、部门分控中心3个、乡镇（街道）分控中心29个、社区分控中心4个。全县有40个重点机关单位、260所学校、61家医院、34家网吧、2个汽车站、15个超市、10个居民小区及所有金融机构共安装视频监控探头5650个，29个乡镇（街道）政府驻地实现技防监控全覆盖，杜鹃街道办事处乌螺坝、大兴等社区实现视频监控。全县59家医疗机构共投资657万元，建警务室59个，落实安保工作人员114人，安装视频监控探头677个；积极构建城区扁平化指挥体系。在全市率先建成城区扁平化指挥体系，基本实现快速接警、快速调警、快速出警、快速处置的“点对点”新模式。2014年5月，全市公安扁平化指挥体系现场会在黔西召开；积极发挥道路交通智能指挥平台作用。依托道路交通智能指挥平台对城区道路实行24小时动态监控管理，最大限度缓解城区道路交通压力。发挥城区道路网格责任区的作用，积极开展巡逻管控，做到“有警处警、无警巡逻”。

【打击犯罪】　严厉打击侵财性犯罪。建立打击城区重要路段、重点时段撬车盗窃、偷摸扒窃等侵财性犯罪，切实维护居民财产安全。全县共立“两抢一盗一骗”等多发性侵财案2130件，同比下降35.51%；破获620件，同比下降8.67%；打掉各类侵财犯罪团伙13个，为群众挽回经济损失400余万元；受理各类经济犯罪案件76起，立案侦查70起，挽回经济损失621.5万元。严厉打击毒品违法犯罪。坚持"四禁并举"，扎实开展"五大行动"，突出抓好毒情重点乡镇（街道）、重点部位、重点领域及跨区域贩毒等专项治理，严格控制新增吸毒人员，严厉打击外流贩毒犯罪。全县共破获毒品案件2168起，抓获毒品犯罪嫌疑人247人，收戒吸毒人员1275人次，缴获各类毒品19375.53克，强制隔离戒毒677人，破获零包毒品案件171起，抓获外流贩毒56人。成功破获公安部目标案件1起、省目标案件4起。严打黄赌违法犯罪。治赌以农村流动野外赌博、城郊区域聚众赌博、城镇电子动漫赌博等三大赌博为重点，加大涉赌涉黄线索查证力度，严密防范和坚决打击因黄赌引发的社会治安和暴力犯罪问题。遏制涉众型经济犯罪高发势头。强化监测预警，有效遏制非法集资、非法吸收公众存款等涉众型经济犯罪活动。正确引导当事人通过诉讼渠道解决债务纠纷，千方百计调处化解经济利益纠纷，对已构成犯罪的，及时立案侦查，依法严厉打击。全年共立经济案件88起，成功侦破经济案件44起，挽回经济损失901.15万元。严打黑恶势力犯罪。全年共破获各类涉黑涉恶刑事案件120起，抓获犯罪嫌疑人106人，移交起诉102人。成功打掉两个涉黑团伙和13个涉恶团伙。

【"六项工程"建设】　"育新工程"：县青少年保护中心2015年共接收55人次，累计接收有轻微违法犯罪行为以及有严重不良行为青少年334人次，成功教育转化215人，结业261人。"雨露工程"：全县累计投资31.03万元建成县流浪未成年人救助中心，累计投资30万元建成29个乡镇（街道）流浪未成年人救助保护中心，累计投资33万元建成134个村（社区）流浪未成年人救助管理站，形成完善的全县流浪人员救助体系。2015年共救助439人，其中流浪未成年人57人。"安宁工程"：累计投资3300万元扩建县精神病院，进一步扩大"安宁工程"规模，对肇事肇祸精神病人应收尽收、应治尽治，有效避免肇事肇祸精神病人所为的伤害案件发生。县精神病院全年共救治救助精神病患者311人，累计救治救助精神病患者2300余人次。"阳光工程"：累计投资2355万元建成县"阳光工程"集中安置基地，并在该基地组建出所人员"阳光驿站"，实现对解戒出所人员教育管理的"无缝衔接"。在吸毒人员达100人以上的乡镇建立"阳光工程"集中安置点。"回归工程"：累计投资20.1万元建成县级安置帮教过度基地，进一步完善工作机制，确保每月刑释解教人员出监（所）必接率和安置率达95%以上，帮教率和重点人员管控率达100%。"红丝带工程"：积极创新思路，引荐私人出资300多万元在行政拘留所领办县关爱医院，于2015年4月26日正式投入使用。医院有医务人员9名，公安局派驻警务人员15名，开展"三所"入所违法犯罪嫌疑人"六项检查"1898人次，收治病人95人，其中艾滋病患者3人、涉毒病人57人，有固定住院病人34人。

【"五项机制"建设】　围绕建立完善命案、盗窃、吸毒人员违法犯罪、外流人员贩毒防控和非正常死亡案（事）件处置"五项机制"，着力解决治安重点难点问题。2015年，全县共发命案4起；共发盗窃案1876起，同比下降38%；外流贩毒案件同比下降20%；吸毒人员违法犯罪案数同比下降23%；发生非正常死亡事件102起，同比下降20%。

【"六零六好"建设】　夯实"六零六好"经验基础（即零距离解决群众所急，把困难问题处理好；零回避化解矛盾纠纷，把和谐社会构建好；零干预引导村民自治，把群众作用发挥好；零缝隙织牢服务网底，把基层基础夯实好；零延迟服务群众办事，把惠民政策落实好；零缺位破解发展难题，把美丽乡村建设好），进一步完善社会治理体系建设。组织开展“政策法规大宣传、矛盾纠纷大调处、社会治安大整治”和“危爆物品、枪支弹药、管制刀具”大清查大收缴专项行动，各级干部开展遍访贫困户和对流守儿童开展排查活动，不断夯实基层社会治理基础。通过排查，全县共有留守儿童37200人，其中残疾儿童289人；有空巢老人13716人，其中残疾老人1916人，均得到政策帮扶和妥善安置。2015年，全县群众安全感在市级测评中达96.52%，列全市第一。

【政法队伍建设】 夯实人员保障基础，增配县委政法委1名副书记（兼综治办主任），对县直政法各部门领导班子成员进行调整。调整配备3名乡镇（街道）政法委书记，配齐29个乡镇（街道）禁毒办工作人员和社区禁毒专干共245人。针对县禁毒办机构编制只有1人的情况，争取在县“阳光办”增加3名事业编制人员调剂给县禁毒办，新调进2名工作人员。针对县委依法治县办工作职能从县委政策研究室划转到县委政法委，在政法委信息中心增加3名事业编制人员调剂给县委依法治县办。在每个村（社区）中推选1名年轻、有文化、身体健康的干部任村级警务助理，工资待遇按原村干部待遇执行，脱离原村干部的行政事务，由各乡镇（街道）派出所直接管理。县财政划拨经费为各村（社区）警务助理配备单警装备及办公设备，6月份对全县362名村级警务助理进行上岗前集中培训。从县、乡镇（街道）选派干部到贫困村任第一党支部书记，深入推进乡镇（街道）“三委一组一中心”、村级“两站两会”、村民组“一组一室”，充分发挥好中心户长、民生监督员、族老、寨老化解矛盾、定纷止争的作用。围绕着力提升政法干部做好新形势下群众工作、维护社会公平正义、预防和妥善处置群体性事件、新媒体时代舆论引导、科技信息化应用、拒腐防变等六个方面的能力，采取集中学习、分类培训、岗位练兵、实践锻炼等多种教育培训方式，大力提升政法干警履职能力。全年共组织培训政法综治各级干部1350人次，完成上级46人次的调训任务；以主要领导带头讲党课形式，启动践行“三严三实”、整治“为官不为”、深化作风建设主题教育活动，使政法部门党员干部接受深刻的党性教育培训。

【政法工作保障】 将政法、综治、维稳和禁毒工作经费、司法救助资金及198名乡镇（街道）社区禁毒专干每人每月1200元的工资纳入县级财政预算。积极筹备见义勇为基金20余万元，为见义勇为者优抚救助提供财力保障。夯实部门参与基础，切实整合社区干部、派出所民警、禁毒专干、司法社工、志愿者等社会服务工作者力量，确保社情民意及时收集梳理、矛盾纠纷及时发现化解、民生政策及时兑现落实。把退休干部、退伍军人、族老、寨老等德高望重、办事公道正派、热心公益事业的群众吸收到社会治理队伍中，组织他们参与社会治理，推进民生政策落实，帮助宣传政策法规，疏导群众情绪，化解矛盾纠纷。结合开展“道德讲堂”等活动，建立和完善乡规民约，加强村民自治，提高村民道德素质。夯实工作软件资料基础，从7月份开始，集中半年时间对政法委历年来的文书档案等资料进行清理归档，切实规范档案资料的管理，共整理历年各类文书档案资料589盒9400余件。

【党风廉政建设】 把党的政治纪律和政治规矩摆在前面，严格执行中央八项规定和省委市委十项规定，认真落实党风廉政建设责任制度。加强党对政法工作的领导，坚持政法委员会议事决策制度，切实研究解决和处理政法工作中的重大问题；坚持政法委员会向县委汇报工作制度，及时解决政法工作和政法队伍建设中存在的问题。进一步完善执法办案“五严禁”机制，建立完善机关干部学习制度、考勤制度、公务接待制度、公务用车管理制度等规章制度，切实加强机关作风建设，不断纯洁政法队伍，努力营造风清气正的政治环境。结合开展党员到社区服务等活动，进一步密切干部与群众之间的关系，先后组织开展3次明察暗访、2次警示教育培训，对单位“三重一大”事项进行监督，共备案13件，办结“五严禁”案件3件。坚持“三公”经费在黔西廉政网上进行公开制度，县委政法委干部职工全年无违法违纪情况。丰富干部职工精神文化生活，在全县政法系统组织开展“践行文朝荣精神·争做试验区先锋”主题演讲比赛；组队参加市禁毒委举办的禁毒知识竞赛活动，荣获一等奖。

【政法宣传】 加强户外宣传，充分利用各种会议时机，通过制作宣传标语、悬挂布标、制作专栏、发布LED公益广告、印发宣传资料、组织大型户外集中宣传活动等形式，切实加强政法综治工作的宣传。加强媒体宣传，与《黔西报》联办“平安黔西·法治黔西”宣传专栏，与黔西电视台联办“法治黔西”宣传专栏。全年在各级媒体发表政法综治工作稿件749条，其中国家级媒体157条、省级媒体118条、市级媒体169条。加强新媒体宣传，通过建立门户网站，开通微博、微信、手机平台等新媒体对政法综治工作进行宣传。政法委、检察院、法院等部门均开通并运用门户网站，县禁毒办、检察院等开通微信平台，全县通过移动、联通手机平台发送禁毒、法律等知识公益性短信11万条。加强网络舆情监管，高度重视和关注网络舆情动态，及时组织研判和处理网络舆情，对有害舆情做到及时删除和落地查人，有效防止网络舆情事件的发生。加强内部信息宣传，向市委政法委报送信息125条，报送调研文章15篇，编辑《黔西政法》简报88期。所报信息被省、市委政法委内部刊物及简报采用17条。

信访工作

【概况】 2015年，县信访局紧紧围绕“四提高”（提高矛盾纠纷的排查化解率、提高初信初访的办理质量和反馈率、提高重要信访事项的办理质量和办结率、提高群众网上信访事项办理评价率和满意率）和“三下降”（到市集体访下降、赴省集体访下降、进京上访下降）的工作目标，认真履行为党委、政府分忧，为群众排忧解难的工作职能，采取一系列行之有效的措施解决处理群众信访问题，创造性地开展工作，真正做到领导重视、措施扎实、督办有力，最大限度地预防和控制集体访、越级访、重复访，圆满完成全年各项工作任务。

【信访体系建设】 县委、县政府高度重视信访工作，多次召开专题会议，对全县信访工作进行安排部署。要求各乡镇（办事处）和县直有关部门牢固树立信访工作“一盘棋”理念，进一步强化部门之间、上下级之间的联动机制，着眼于部门之间职能互补、工作互动、信息互通，切实将“有说法”变为“有办法”，变“责任状”为“责任心”，形成“统一领导、各司其职、齐抓共管、合力作战”的工作格局。及时调整全县信访工作领导小组，进一步完善县委群众工作委员会和群众工作中心，真正实现“一站式服务”和“一条龙办理”的工作目标。按照群众工作重心下移、关口前移的要求，指导督促乡镇（办事处）、村级完善群众工作机构，初步形成以县级群众工作中心为龙头、乡级群众工作站为主体、村级群众工作室为补充的三级立体信访网络，切实做到网络全、覆盖广。

【矛盾排查化解】 采取全方位、全时空、全员式的拉网方式，对全县矛盾纠纷进行排查，确保排查工作不漏一村、不漏一组、不漏一人。对排查出来的矛盾纠纷，分类排队，因案施策，积极化解，集中精力、财力和物力，扎实打好矛盾化解攻坚战。2015年，按照省、市矛盾纠纷大排查的相关要求，全县集中排查出矛盾纠纷1324件，化解1276件，化解率96%，实现年初市要求的矛盾纠纷排查化解率达80%以上的工作目标。

【信访案件办理】 根据“谁经办、谁交办、谁督办”的原则，按照信访案件办理的要求，明确专人负责，确保全县信访案件办理工作事实清楚、程序规范、手续完备，切实提高信访案件办理的质量和水平。针对上级转交办信访案件，严格按照网上办理流转的工作要求，实现全部信访案件100%录入系统。全年共收到上级转交办信访件317件，按要求办结285件，32件未到时限正在办理中。其中，国家信访局转交办36件，按要求全部办结，及时受理率、办结率和反馈率均达到100%；省信访局转交办179件，已按要求办结办理159件，20件未到时限正在办理中，及时受理率、办结率和反馈率均达到100%；市信访局转交办102件，按要求办结90件，12件未到时限正在办理中，及时受理率、办结率和反馈率均达到100%。

【信访积案办理】 强化信访积案办理，针对省、市集中交办和县自行交办的信访积案，及时召开县委常委会议、专题研判会议、信访积案交办会议及调度会和督办会等，进一步明确县级领导包案，落实责任单位和化解责任人，建立化解工作专班，采取经济、法律、行政以及联动化解等方式，切实抓好信访积案的化解和办理。实施省、市领导包案督访35件，办结息访21件、化解14件。其中，省领导包案督访4件，办结息访3件、化解1件；市领导包案督访31件，办结息访18件、化解13件。实施“百日攻坚战”行动，第一次省集中交办13件，化解13件；市集中交办3件，化解3件；县集中交办20件，化解20件。第二次省集中交办225件，化解225件；市集中交办6件，化解6件；县集中交办20件，化解20件。第三次省集中交办56件，化解56件；市集中交办6件，化解6件；县集中交办21件，化解21件。第四次省集中交办6件，化解6件；市集中交办2件，化解2件；县集中交办8件，化解8件。

【重点群体稳控】 针对重点人员和重点群体，严格按照“五个清楚”和“七个一”的工作要求，逐案逐人逐项建档并按要求建立“三个四级个案台账”，全面纳入重点管理和稳控。特别是在重要时段，划拨专项资金，抽派精干人员，建立源头稳控、中途联络、终端的县、省、京劝返“三级防控体系”，分赴各级政府机关、车站等驻地，24小时不间断地开展工作，确保在重要时期全县无群众到省赴京非访。

【领导干部接访、下访】 认真贯彻落实中央、省、市、县关于开展党政领导干部大接访、大下访各项工作要求，进一步建立完善县委、政府领导接待人民群众来访的长效机制，规范接访工作中登记、分流、接访、交办、督办、回访、回报、立卷归档等工作流程，对接访领导、接访时间、接访地点、信访秩序、法律责任等内容进行明确规定，适时督促检查。2015年，县级领导参与“三级联动视频”接访共接待群众来访274批474人次，按时办结197件，还有27件未到时限正在办理，按时办结率100%；按照县级领导每月至少下访1次的工作要求，县级领导全年共下访400余次，有效化解矛盾纠纷200余起。

【进京到省上访治理】 严格按照中共毕节市委办公室、毕节市人民政府办公室《关于印发〈毕节市开展越级上访集中整治专项行动暨创建“三无”县乡的实施方案〉的通知》（毕办发电〔2015〕3号）要求，紧紧围绕“三无”乡镇（街道）创建的工作目标，扎实开展“三无”乡镇（街道）创建活动。通过全县上下的共同努力，全县29个乡镇（街道）中，除金兰镇、新仁乡、莲城街道办事处3个乡镇（街道）出现群众进京非正常上访外，其余26个乡镇（街道）均达到“三无”创建工作目标，创建比例达90%，超过年初确定的创建比例达50%以上的工作目标。

【信息综合平台建设】 根据省、市相关文件精神，2015年1月27日，县委办、县政府办印发《关于加快推进贵州省信访信息综合系统接入应用工作的通知》（黔县党办发电〔2015〕5号），要求全县所有乡镇（街道）和县直有关部门确保接入和运用。组建专项督查工作组，加大督查指导，确保“贵州省信访信息系统”接入工作全覆盖。截至2015年年末，全县29个乡镇（街道）和71个县直部门全部接入“贵州省信访信息综合业务系统”。

机构编制工作

【概况】 2015年是全面完成“十二五”规划的收官之年，是全面深化改革的关键之年，也是全面推进依法治县的开局之年，县委编办坚持以邓小平理论、“三个代表”重要思想、科学发展观为指导，深入学习贯彻党的十八大和十八届三中四中全会，省委十一届四次、五次全会。市委一届五次、六次全会以及习近平总书记系列重要讲话精神，按照市委编办的安排部署，紧紧围绕县委、县政府中心工作，主动适应和服务新常态，把改革创新贯穿于机构编制工作各环节各方面，深化行政体制改革，严格控制和优化配置机构编制，加强自身建设，提升机构编制工作整体水平，为促进全县经济持续健康发展、社会大局和谐稳定提供体制机制保障。

【行政管理体制改革】 切实做好上级政府取消和下放行政审批制事项“接、管、放”工作。通过认真梳理相关部门的“三定”规定，不断推进部门内设机构改革和职能转变。先后修订完善县公安局、县水务局、县住房城乡建设局、县人力资源社会保障局、县农业机械事业局、县审计局等6个部门的“三定”规定。积极推进简政放权、放管结合、转变政府职能。根据上级相关文件精神，县委编办主动配合县政府法制办按照职责分工，全面完成全县45个政府工作部门及行使行政职能事业单位权力清单和责任清单的制定审核工作。进一步推进扩权强镇试点工作，积极探索符合黔西乡镇发展特点的行政管理体制，继续做好扩权事项承接工作，努力破解乡镇发展遇到的体制机制障碍，为小城镇建设提供体制机制保障。按照省、市、县统一安排，完成全县不动产登记职责整合和机构编制配置等工作任务。

【乡镇行政管理体制改革试点】 把开展乡镇行政管理体制改革与全省100个示范小城镇建设试点建设结合起来，重点在素朴镇深化乡镇行政体制改革。出台《中共黔西县委办公室、黔西县人民政府办公室印发〈关于进一步加快市级示范小城镇素朴镇发展实施方案〉的通知》《关于黔西县乡镇行政管理体制改革工作领导小组的通知》《黔西县乡镇行政管理体制改革试点工作意见》及《黔西县乡镇行政管理体制改革试点素朴镇机构设置和编制配备方案》等文件，完善乡镇政府功能，进一步扩权强镇，努力探索适合小城镇发展特点的行政管理体制。按照统筹城乡、协调发展的要求，坚持权责一致、能放则放、按需下放，依法赋予试点镇素朴镇服务方面190项县级经济社会管理权限，促进素朴镇经济社会持续快速健康发展，充分发挥示范带动作用。

【事业单位分类改革】 按省、市编委办的安排部署，做好全县事业单位分类改革工作。配合相关部门做好贯彻落实中央和省、市社会保险、财政政策、人事制度、收入分配等相关改革工作，积极开展宣传，深入研究改革中的重点难点问题，做好与政府机构改革及行业改革的衔接。在行文对全县898个各级各类事业单位进行明确分类的基础上，对部分涉及政府职能转变和机构改革工作中整合调整部门所属事业单位进行整合和调整，如整合乡镇（街道）计生站、卫生院组建各乡镇（街道）卫生和计划生育服务中心，将县人口和计划生育妇幼保健服务站和县妇幼保健站整合为县卫生和计划生育妇幼保健服务中心，将县食品药品监督管理局由原县卫生和食品药品监督管理局管理的事业单位调整为县市场监管局管理的事业单位等。继续抓好全省第二批事业单位法人治理结构建设试点工作。在指导县思源实验学校开好理事会的基础上，进一步完善校园基础设施建设，健全相关配套制度，推动各项工作在法人治理结构建设制定的制度框架内有序运转。配合县委党校、县委组织部完成县委党校体制升格评估准备工作，使县委党校体制升格顺利通过省委“县级党校体制升格评估小组”的初评。

【实名制动态管理】 切实守好“两个不突破”的底线，找准切入点和突破口，动态调整盘活总量，优化机构编制资源配置。2015年，县委编办紧紧围绕全县改革发展大局，对文化教育、环境保护、医疗卫生等领域涉及的机构编制事项进行重点研究和决策，力争将有限的机构编制资源向发展亟须的领域倾斜，为相关部门招考核实编制100余条，核对计生特岗正式录用人员信息407条，乡镇卫生院和计划生育服务中心合并，核对人员信息1200余条，审核150名初中特岗教师招考和30名毕节市免费师范生安置工作计划，充实县人才队伍。强化动态管理，要求各单位在有人员变动时，及时将变动信息报县委编办导入实名制系统，保证变动数据随时更新；及时对统计表进行更新管理，确保真实地掌握全县各机关事业单位的人员在编情况；严把进人关，严格办理机关事业单位增员申请，禁止各单位超编进人，确保不发生超编进人现象。严格办理各机关事业单位股级职数审核工作，2015年共办理机关事业单位增员申请791个，机关事业单位职数审核123个，及时更新各单位机构编制变动相关台账。

【机构编制管理】 继续做好财政统发工资时对编制和实有人数的审核工作，认真做好机构编制统计数据综合分析，为机构编制决策提供依据。按照“控制总量，盘活存量，优化结构，有减有增”的原则，从严管好用活编制。除中央、省、市有明确要求外，所有增编事项全部在2012年底编制总量内调剂解决，确保控编减编方案的贯彻落实。认真调研和处理好有关单位报来机构编制变动事宜，为县发改局、县公安局、县交通局、县教育局、县农牧局、县林业局等部门合理调整编制结构；按程序完成黔西县公路运输管理所和黔西县城市公共客运交通管理局的整合建设及黔西县社会管理综合治理委员会的更名工作。根据工作需要，分别为县公安监管场所、县阳光办等单位适量增加事业编制，有效增强县公安及禁毒专项工作力量；按要求完成县生态文明家园精神办公室改建和全面建设小康办公室组建工作，进一步理清相关部门或单位职责。根据政府职能转变和机构改革要求，将黔西县水利水电工程移民局更名为黔西县水库和生态移民局，将黔西县水利水电工程移民管理中心更名为黔西县水库和生态移民服务中心，重新调整完善其主要职责、内设机构和人员编制相关事宜，健全组织机构，强化管理职责，促进水生态移民各项工作稳步推进。

【电子政务】　扎实推进中文域名注册和续费工作，进一步巩固和扩大政务和公益机构专用中文域名注册工作成果。认真指导和督促网络红页填充工作，积极做好各党政群机关单位和事业单位网站开办审核、资格复核和网站标识管理工作。县委编办以实名制系统中机构信息为依据，认真逐一核查，2015 年注册机构域名总量为 1022 个，超额完成网上名称全覆盖任务，完成挂标机构数 987 个，发布红页机构数 967 个，自建网站 20 个，完成 2015 年续费域名 943 个。

【事业单位年检】　年检制度改为年度报告公示制度，实行开办资金确认登记制度。转变政府职能，改进监管方式，为事业单位提供便捷高效的服务。本着“以人为本、快捷高效、优质服务”的原则，早部署、早准备，严格程序、严格把关，认真做好登记档案、数据库维护和印章管理工作，坚持“一户一档”式管理制度，确保年检质量全面提升。2015 年全县有事业单位 868 个、上级划转 2 个，共计 870 个。已登记的事业单位有 561 个（注销的单位 146 个，按规定废止法人证书的 152 个）。2015 年度应报送年度报告的事业单位 247 个，已完成年度报告公示工作的事业单位 247 个，完成率达 100%。2015 年办理设立登记的事业单位 18 个，办理变更的 109 个，办理补领证书的 1 个，办理注销的 100 个，全面完成年初与市编委办签订的业务工作目标。

【信息宣传】　机构编制信息是反映机构编制工作的重要途径，是各级领导干部了解掌握机构编制工作的主要平台，也是机构编制部门向外界宣传机构编制政策的主要窗口。2015 年，县委编办不断优化信息报送工作，切实提升机构编制管理部门的社会舆论影响力，全年共向上级业务主管部门、宣传部门和黔西刊社等主流媒体报送信息 56 篇。其中，《黔西编办“四个及时”助推机构编制管理开年工作》《黔西县编委办“三步走”超前完成事业单位 2014 年度报告公示工作》《黔西县编办多举措全面完成党政机关和事业单位网上名称管理工作》《黔西县编委办“四个下功夫”优化信息报送》《主动适应和服务新常态，促进各项工作更上新台阶》《黔西编办座谈培训心得，促进能力全面提升》《黔西县以点带面推动“四型编办”建设》《黔西县编委办开展第二届国家网络安全宣传周活动》等 16 篇信息被上级业务部门门户网站采用。

县直机关党建工作

【概况】　2015 年，县直机关工委认真贯彻党的十八大及十八届三中、四中全会和习近平总书记系列重要讲话及省、市、县委的有关会议精神，坚持党要管党、从严治党，以“服务中心、建设队伍”为核心，以提高机关党员干部队伍素质为关键，把县直机关党员干部的思想和行动统一到县委中心工作上来，切实抓好机关党组织自身建设各项工作，不断开创机关党建工作新局面，充分发挥基层党组织的战斗堡垒作用和广大共产党员的先锋模范作用，为全县决战贫困、提速赶超、同步小康提供强有力的政治保障和组织保障。

【思想政治建设】　深入学习贯彻十八大及十八届三中、四中全会，习近平总书记系列重要讲话，省委十一届五次全会、市委一届六次全会和县委十一届五次全会精神，强化学习《党章》

和党的路线、方针和政策，提高县直广大党员干部的法治意识和法律素质，使广大党员切实把握深化改革的重大战略方针和全面依法治国、依法治县的重大决策部署，提高思想素质和政策水平。巩固拓展党的群众路线教育实践活动成果，总结运用好教育实践活动的宝贵经验；继续开展“诚信、守法、感恩”活动，把社会主义核心价值观的学习教育作为加强党员干部道德建设的重要内容，自觉践行社会公德、职业道德、家庭美德，努力提升个人品德。进一步深化对党纪党规党纪的学习，加强对党员干部的严格管理和有效约束，推动县直机关广大党员干部特别是领导干部工作作风、生活作风持续转变。

【基层组织建设】　围绕县委年初的工作安排意见，县直机关工委拟发《黔西县 2015 年机关党建工作要点》，在进一步完善党建工作考评内容并充分征求各部门党组织意见的基础上，分别与机关单位、企业、学校党组织签订《黔西县二〇一五年机关党建工作目标责任书》。认真做好机关党组织换届选举工作，全年新建党支部 2 个，指导县工能局、县烟草局、思源学校等 21 个机关党委、党总支、党支部完成换届选举。严格执行党费交纳标准，足额缴纳党费，继续执行中共中央组织部《关于中国共产党党费收缴、使用和管理的规定》（中组发〔2008〕3 号），认真按规定收缴党费。

【培训工作】　按照政治素质强、作风过得硬、业务工作精的要求，通过与县委组织部、县委党校联合办学的形式，进一步加大党务干部和入党积极分子培训力度。4 月 22—24 日，举办入党积极分子培训班，对参训的 157 名学员就党的指导思想，党的基本知识，《党章》，党的十八届三中、四中全会精神，党的纪律和作风等内容进行系统培训和专题辅导。10 月 20 日，举办县直机关党组织书记培训班，对参训的 90 名县直机关党组织书记就机关党建工作业务知识、党员学习教育与修养、《贵州省发展党员工作规程（试行）》等内容进行培训和专题辅导。

【党员发展】　严格按照新一届中央政治局提出的“控制总量，优化结构，提高质量，发挥作用”的总要求，始终坚持把政治标准放在首位，严格工作程序和纪律，严格落实发展党员公示制、预审制、票决制，严把党员“入口”关，提高发展党员的质量。严格党员的日常管理，健全党员能进能出机制，积极探索建立不合格党员“出口”机制，严格处置不合格党员，始终保持党员队伍的先进性和纯洁性。全年共发展党员 69 名，预备党员按期转正 41 名。

【活动开展】　按照县委的部署和要求，积极在县直各单位深入开展创先争优活动，涌现出一大批先进集体和优秀个人，县直机关有 25 个基层党组织被县委表彰为“五好”基层党组织。围绕建党 94 周年、建国 66 周年等重大节日，组织开展重温入党誓词等活动，传播正能量，弘扬新精神。7 月 1 日，组织 28 名新党员在烈士墓前举行入党宣誓仪式。春节期间，组织慰问 26 名贫困老党员，发放慰问金每人 500 元；“七一”期间，慰问 31 名贫困老党员，发放慰问金每人 500 元。全面推进在职党员到社区报到服务工作，根据《县委组织部、县直机关工委关于进一步加强机关在职党员到社区报到工作的通知》要求，及时组织县直机关在职党员到社区报到服务，形成“工作在单位、活动在社区、奉献双岗位”的工作机制，积极参与社区共驻共建，带动社区党员和群众志愿者开展设岗定责，充分发挥党组织的战斗堡垒作用和党员的先锋模范作用。2015 年，县直机关有 3074 名在职党员分别到 14 个社区报到服务。

【党组织书记述职】　县直各党组织书记切实履行抓党建工作直接责任人职责，落实好党建工作责任制度，着力解决党建与业务“两张皮”问题。县直机关工委书记和县直各部门党组（党委）书记要向县委述职，各部门机关党委书记向县直机关工委述职，机关支部书记向机关党委述职（不设机关党委的单位所属总支、支部书记直接向机关工委述职）。通过召开本单位党员大会等形式报告抓党建工作情况，并对党组织书记在执行党的决策、完成党建任务、发挥自身作用、廉洁自律等各个方面情况进行测评，测评结果作为年度目标考核评价的重要依据。

【共建共创】　认真贯彻执行《中国共产党党和国家机关基层组织工作条例》和省委、市委《关于加强和改进新形势下机关党的建设的意见》精神，围绕践行社会主义核心价值观，抓好机关文化建设，充分利用干部联乡驻村、帮社区进企业、联系基层、服务群众等机会和平台，切实抓好服务型、发展型、创新型党组织建设。鼓励和支持有条件的机关党组织与基层党组织、企业党组织、学校党支部、社区党支部、村党支部开展联建共创，让机关与基层、城市与农村、部门与企业、单位与学校实行资源共享、优势互补、相互支持，共同探索，共创“五好”基层党组织，努力实现机关党建的思路创新、工作创新，推动各项工作的有效开展。

【纪律建设】　加强对党员干部的纪律教育，严明党的纪律，把维护党的政治纪律放在首位，确保在思想上、政治上、行动上同党中央保持高度一致。加强组织管理，引导党员干部自觉接受党组织的教育和监督。严格执行民主集中制、党内组织生活制度等党的重要制度，认真落实党员领导干部参加支部组织生活会的规定。大力开展廉政文化建设进机关活动，切实加强岗位廉政教育、警示教育。

【作风建设】　坚持贯彻执行中央“八项规定”，省委、市委“十项规定”，《贵州省党员干部政治纪律“十严禁”》《贵州省党员干部作风“十不准”》以及中共中央、国务院下发的《党政机关厉行节约反对浪费条例》等相关规定，对群众反映强烈的“四风”问题进行专项治理；健全完善相关制度，严格上下班和请销假制度，确保班子成员、干部职工以饱满的热情和良好的精神状态投入工作，确保单位机构正常运转和各项工作有效开展。2015 年，县直机关领导班子和干部职工没有出现一次无故迟到或早退现象，始终兢兢业业干工作。

【反腐倡廉建设】　深入开展党性党风党纪教育和从政道德教育，加强对管钱、管物、管项目等特定岗位负责人和新任领导干部的警示教育和岗位廉政教育。加强执法监察、效能监察、廉政监察，提高工作效率。配合纪检监察部门加强廉政文化进机关“示范点”创建，坚决查办违法违纪和腐败案件。认真落实厉行节约、制止奢侈浪费的相关规定，严控招待费用开支，加强预算外资金管理，实行“收支两条线”管理，严格执行政务公开制度，认真接受群众监督。

党校工作

【概况】　2015 年，县委党校坚持以邓小平理论、“三个代表”重要思想和科学发展观为指导，认真贯彻落实党的十八大及十八届三中、四中全会和县委工作会议精神，牢固树立为县委、县政府决策服务，为全县经济社会发展服务的理念，充分发挥党员干部教育培训主阵地、主渠道作用，改革培训模式，拓宽办学渠道、强化教学管理、注重培训效果，圆满完成年初制定的各项工作任务。

【干部培训】　切实抓好全县培训轮训党员干部工作，不断增强培训效果，着力推进教学创新，牢固树立大培训、大教育观念，放宽视野，多层次、宽领域地开展党员干部的教育培训。年初，校领导带领教师深入基层对干部培训需求进行调研，具体了解全县党员干部的思想动态以及工作中的深层问题和群众普遍关心、反映强烈的热点、难点问题，制定《中共黔西县委党校2015年工作计划》和《中共黔西县委党校2015年培训工作教学计划》。2015年，采取“请进来”的方式，承办13期主体班次（其中“第一书记”培训班1期、同步小康驻村干部培训班1期、乡镇组织委员培训班1期、基层党组织书记培训轮训班3期、入党积极分子培训班1期、“非公企业”妇女干部培训班1期、事业单位新进人员初聘培训班5期），培训干部1650人次；采取“走出去”的方式，专门成立由骨干教师组成的宣讲团，主动或被邀请到各乡镇、各部门、各企业以及联系村开展十八届四中全会、市委一届七次全会精神和“三严三实”教育实践等宣讲活动共计30次，培训各类干部职工达2500人次。

【干部学历教育】　围绕干部学历教育的提升，着力探索多渠道办学模式。根据黔西经济社会发展需要，与中央广播电视大学联合举办开放式本专科教育，为全县干部学历提升提供平台，对提高全县干部的整体素质起到积极作用。截至2015年年末，全校共有电大学员600名在读。为使开放式教育工作顺利开展，保证开放式教育质量，县委注重管理，严谨学风，按照上级要求严格把好招生、教学、考试、毕业论文四个关口，不断完善和规范教学管理各项规章制度。全面实施了“三级量化”考核管理办法，即《班主任工作量化考核管理办法》《教师授课量化考核管理办法》和《学员量化考核管理办法》，使班级管理得到不断加强。

【体制改革评审】　贯彻落实省委常委、省委组织部部长、省委党校校长孙永春对县级党校评估工作的重要批示精神，在省、市推委会的指导下，按照市委常委、县委书记卢林在县委常委会议上对县委党校体制改革评审工作所提的要求，积极组织全体教职工做好体制改革评审相关筹备工作，完成收集整理资料100余卷、整理图书5000余册、制作宣传片1部，不断完善软硬件设施，为县委党校体制改革评审奠定基础。6月23—24日，省委党校正厅级巡视员、省评委会副主任、省评委办主任唐宗举率省专家组到黔西，对县委党校体制改革进行评估。省专家组通过实地考察、听取汇报、查阅资料、座谈评议等方式，严格按照评估标准和评分办法，给予县委党校95.3分的高分。2015年，县委党校顺利通过省评委会会议评审。

【党校科研】　围绕理论创新工作，充分发挥党校科研成果的思想库作用，为提高党校教学质量服务，为党委和政府决策提供服务。按照县委党校科研管理制度，制定《中共黔西县委党校2015年科研计划》，积极申报1个省级课题和2个市级课题，其中2个市级课题申报成功。完成2个市级调研课题；教师自主完成教学研究论文8篇，其中3篇在市级刊物上公开发表。

【师资队伍建设】　不断壮大师资力量，通过各方努力，2015年调进3名专职教师。切实提高教职工服务能力，在坚持每星期一集中学习的同时，强化自学，督促教师收看“毕节市干部在线学习”“宣讲家”网站视频，学习高水平专家教授讲授的前沿理论，提高教师授课水平；大力实施“培训者”受训工程，加强与上级党校和同级党校的沟通联系，适时选派教师参加上级党校业务培训、跟班观摩学习，定期组织开展实地调研、教学比武、教学研讨等活动，不断提高教师能力素质。全年先后选派2名教师参加省委党校为期1个月的业务培训，选派2名教师跟班赴市委党校参加观摩学习，组织开展新课试讲活动8

场次，组织开展教学研讨活动10次，组织教职工到市内同级党校观摩学习2次，选派1名教师驻村挂职锻炼学习。

【精准扶贫】 按照县委、县政府总体工作部署，县委党校把抓好精准扶贫工作纳入重要议事日程，结合党校实际，创造条件开展好结对帮扶活动，切实为群众办实事、谋实惠。全体干部职工均有帮扶对象，校领导经常性带领干部职工深入帮扶对象家中进行实地调研和帮扶。根据县委组织部的安排，选派1名干部到协和镇果坝村驻村1年，协助村干部工作，帮助果坝村同步实现小康。为让驻村干部安心在村里工作，县委党校利用办公经费为驻村干部解决食宿问题。2015年，校领导带领教职工到果坝村走访12次，慰问贫困户20户，化解矛盾纠纷12起，为村民办理民生实事20件，为村“两委”出谋划策15次。

【党风廉政建设】 结合开展“三严三实”教育实践活动，坚定不移地推进党风廉政建设，采取有力措施切实抓紧、抓好、抓落实、抓出成效，以此带动和促进党校各项工作的开展。年初，校党支部对领导班子成员分工进行调整，明确规定党支部书记对校班子的党风廉政建设负总责，党支部副书记及中层干部根据工作分工，对职责范围内的党风廉政建设负直接领导责任，层层分解目标责任，严格考核制度和实施责任追究。将反腐倡廉教育列入干部职工日常学习的主要内容，认真落实厉行节约、制止奢侈浪费的相关规定，严控费用开支，加强预算外资金管理，实行“收支两条线”管理，严格执行政务公开制度，认真接受群众监督。

离退休干部工作

【概况】 2015年，县委离退休干部局以邓小平理论和“三个代表”重要思想为指导，认真落实科学发展观，深入学习贯彻党的十八大及十八届三中、四中、五中全会精神，全面落实省、市、县老干部工作会议精神，紧紧围绕县委中心工作，严格按照年初制定的工作要点，抓住落实老干部政治生活待遇这条主线，加强老干部思想政治建设，充分发挥老干部在建设和谐黔西中的重要作用，努力使新形势下的老干部工作再上新台阶。

【落实老干部政治待遇】 坚持每月15日的老干部政治学习制度，组织老干部系统学习党的十八大及十八届三中、四中、五中全会精神，习近平总书记系列重要讲话精神，习近平总书记等中央领导同志在全国“双先”表彰大会上的讲话精神，中央、省、市、县经济工作会议精神；县的重要会议精神以及与老干部政治生活待遇有关的方针政策，通报全县经济社会发展情况。按时为老干部订阅两报一刊（《人民日报》《贵州日报》《晚晴》）。认真组织老干部参加重要会议、重大政治活动。1月，组织2名副县级退休干部参加2015政府工作报告征求意见会，提出10余条宝贵意见和建议。2月，组织部分离退干部参加县“两会”。3月，召开离退休干部座谈会，县领导与38名离退休老干部欢聚一堂；组织30余名离退休老党员参加全县离退休干部党建工作调研座谈会；省委老干部局到黔西调研离退休干部党建工作，30余名离退休老党员参加党建工作座谈会。4月，县离退局宣讲团在老干部中进行全国离退休干部“双先”表彰大会精神宣讲3场，90余名老干部听取报告。5月，组织9名副县级实职以上离退休干部参加市委举办的“三严三实”专题党课电视电话会；组织5名老干部参加全县“三严三实”专题党课。6月，组织5名副县级退休干部参加毕节市一届七次全会会议精神宣讲会；组织10名副县级以上退休干部参加全县领导干部会；组织6名老干部参加全省“宣传部长上讲堂”活动现场会。8月，组织3名副县级退休干部参加县委召开的文朝荣事迹报告会。11月，组织3名副县级退休干部参加全县领导干部会；组织6名副县级退休干部参加县委召开的十八届五中全会精神宣讲会。

【老干部走访慰问】 坚持重大节日走访慰问老干部制度。2月，县离退局开展春节走访慰问活动，对190户离退休干部及遗孀进行慰问，发放慰问金95000元。8月，在纪念抗日战争暨世界反法西斯战争胜利70周年期间，组织走访慰问82户老干部，了解他们的生活、身体及家庭情况。全年共看望9名生病住院的离休干部，并送去慰问金。全年参加3名离休干部的葬礼，周密细致地做好丧葬服务工作。11月份，组织对居住在北京、上海、海南、深圳、云南的5名离休干部及1名遗孀进行走访慰问，发放慰问金11000元。

【老干部参观考察】 结合时事及老干部学习教育实际，积极组织老干部就近就地参观考察，既陶冶老干部的情操，又锻炼老干部的身体。9月，组织离退休干部50余人到遵义会议纪念馆、红军山、遵义花茂村等地参观，让老干部再次接受革命传统教育和爱国主义教育，加深老干部对党的历史的了解，开阔视野，受到启发，坚定信念。老干部们纷纷表示，要积极发挥余热，为黔西的发展事业贡献更多力量。

【老干部信访接待】 严格落实“谁主管、谁负责”的信访工作责任制，不断完善离退休干部信访首问责任制、限期办理制，建立健全信访问题排查、协调化解和督查工作机制，解决好离退休干部最关心、最直接、最现实的利益问题。对来信来访的老干部及家属，坚持做到老干部利益无小事，热情接待，认真解释。对来信来访所反映的问题，在能力范围内能解决的，给予及时办理；能力范围解决不了的，及时上报县委、县政府及上级主管部门请求帮助解决。2015年，县离退局共接待来访离退休干部及家属90余人，处理和答复来访信件5件，帮助解决实际困难1件。

【离退休干部党支部建设】 加强离退休干部党支部建设，利用社区资源创新离退休干部党支部的组织设置和活动方式，保证离退休干部党员组织有归属、活动有人管，做到班子健全、制度完善、活动经常。截至2015年年末，全县有离退休干部党支部9个，其中县直离退休干部党支部5个、乡镇4个。在离退休干部党支部中扎实开展“五好”党支部创建活动和学习型党组织创建活动，提升离退休干部党员的总体水平。坚持“三会一课”制度，全年共召开12次组织生活会，坦诚交心，解开思想疙瘩，为经济社会发展建言献策，按期收缴党费。

【关心下一代工作】 充分发挥老干部在关心下一代工作中的作用，以关工委为平台开展各项活动。在广大青少年中深入开展“爱学习、爱劳动、爱祖国”和“祖国好·家乡美”主题教育活动和以宣传《中华人民共和国宪法》为重点的“关爱明天·普法先行”教育活动。清明节期间，参与组织学生到烈士陵园扫墓，对学生进行革命传统教育。切实关注农村贫困、留守少年儿童，尽心尽力做好关爱、帮扶工作。利用政府拨付的专项经费对他们进行帮扶，积极争取机关、企事业单位、社会团体和爱心人士的支持，在春节期间、开学前、“六一节”等时间在孤残、贫困、留守少年儿童中开展“送温暖、献爱心”慰问活动。

【“五老”携手奔小康】 根据毕市老干通〔2015〕11号文件关于转发贵州省老干部局《在同步小康驻村工作中开展“携手奔小康”结对帮扶活动工作实施方案的通知》和《关于在同步小康驻村工作中开展“携手奔小康”结对活动的通知》，县离退局结合实际，积极开展“五老”人员携手奔小康结对帮扶活动。“五老”人员积极开展农村劳动力转移、农民工返乡创业、维护农民工利益、精准扶贫等方面的调查研究，并尽心尽力地帮助群众解难题、办实事，发挥出重要作用。老干部陈锡珍、吴云贵、马天喜等从国家扶贫协会为26个乡（镇）无偿引进妇科检测仪和部分车辆，价值近千万元；引进新加坡连氏援助组织参与中国扶贫协会援助实施贫困乡村人畜饮水项目资金100余万元，建成金兰镇双庆村和大关镇前进村人饮工程，成功解决4000多人的饮水困难问题；引进无偿金近40万元，完成五里乡荒田村、金碧镇联合村饮水工程，成功解决4000人的饮水困难。2015年年底，又设计上报金兰镇7个村、红林乡漆树村人饮工程建设资金200余万元，待新加坡连氏援助组织审批，解决2万人的饮水困难问题。开发残疾人人力资源，激励残疾人自谋职业，拼搏奋进，编写完成56个残疾人自强不息的故事集，并对残疾人进行帮扶折合现金2200余元，其中1700元由陈锡珍、马天喜、罗德芳3位老干部捐助。

【“三个机制”建设】 扎实推动“三个机制”建设（离休费保障机制、医疗费保障机制、财政支持保障机制），加大财政支持力度，切实把财政支持机制的作用发挥好。保证离休干部“两费”（离休费、医药费）得到全面落实，确保医药费统筹标准与离休干部就医要求相适应。抓好相关政策的落实，加强督促检查，确保离休干部离休金按时足额发放，医药费按规定实报实销，无任何拖欠现象，2015年共为离休干部报销医药费120万元。按规定组织离退休干部进行健康体格检查，分别在5月和10月，先后两次组织全县离休干部和副县级以上退休干部到县中心医院进行健康体检，体检人数180人次。居住在外地的老干部可以在居住地进行健康体检，体检费用凭体检发票到县离退局进行报销。7月，根据《省人民政府办公厅转发省人力资源社会保障厅、省财政厅关于调整机关事业单位工作人员基本工资标准和增加机关事业单位离退休人员离退休费实施意见的通知》（黔府办发〔2015〕24号），对全县离退休干部的离退休费进行调整，并全部落实到位。

【老干部活动中心建设】 加强县老干部活动中心建设，按照制度化、规范化的要求，使活动中心硬件更硬、软件更优，努力为离退休干部活动提供更加良好的条件和更优质的服务。2015年，来参加活动的离退休干部达200人次，活动项目有音乐、舞蹈、太极拳、门球、绘画、书法、电脑、阅览等。县老干活动中心还设有高档健身房，配备各种适合老年人身心健康的健身器材。优越的条件、宽敞舒适的场地、雄厚的师资力量，确保老干部们老有所学、老有所教、老有所乐、老有所为。积极组织老干部参加有益身心的各类活动：1月，组织老年大学舞蹈队25名队员赴台湾参加首届中老年文艺汇演，表演的彝族舞蹈《欢乐彝家》《马背上的思念》，受到一致好评。4月，组织老年大学学员参加在兴义举行的贵州省第七届老年人运动会，获得手杖操比赛最高分（94.17分）、舞蹈（苗族舞《乌蒙神韵》）比赛最高分（94.87分）。10月，组织老年大学合唱团参加贵州省第三届“福彩杯”老年合唱大赛，获三等奖。11月，组织老年大学合唱团58名团员赴香港参加“盛世夕阳红”中国中老年文艺交流迎新茶话会，表演的苗族原生态无伴奏合唱《阳雀声声在呼唤》，得到文化部专家评委的好评。10月中旬，根据市委老干部局《关于转发中共贵州省委老干部局〈关于“实施万名老干部进党校”计划的通知〉的通知》（毕市老干通〔2015〕9号），县老干部活动中心整合资源，举办政策法规知识讲座、网络知识讲座、健康保健知识讲座3场，培训人次85人。

【自身建设】 县离退局扎实抓好“三严三实”专题教育，集中精力学习好《习近平谈治国理论》《习近平关于党风廉政建设和反腐败斗争论述摘编》《干在实处，走在前列》等理论书籍，领会精神实质，提升思想境界；集中精力讲好党课，开好班子民主生活会、组织生活会，瞄准问题进行整改，确保教育实效。全年共组织集中学习55次。始终要求全体干部职工努力掌握老干部工作政策、法律法规，对老干部坚持做到热情、耐心、真诚，努力为老干部提供周到的服务。全年向相关部门报送老干部工作信息14篇。

【精准扶贫】 根据县委、县政府部署要求，积极开展“遍访贫困村、贫困户”工作，重点对中坪镇中坝村、飞蛾村的20户贫困户进行深入走访，详细了解他们的生产、生活、经营产业等情况，对20户贫困户每户发放帮扶金300元，共6000元。针对中坝村、飞蛾村存在的人畜饮水难、文化设施落后、财政一事一议帮扶资金难等问题，积极与相关部门协调会商，举多方力量，将精准扶贫工作落到实处。

黔西县人民代表大会常务委员会

重要会议

【县第十六届人民代表大会第五次会议第一次全体会议】　2月25日，县第十六届人民代表大会第五次会议第一次全体会议召开。应出席本次会议代表253名，实际出席224名，符合法定人数。非县人大代表的县四大班子领导、县九届政协委员、离退休老同志、县直部门负责人、部分重点企业负责人、驻黔省人大代表受邀列席会议。大会听取县长杨汉华代表县人民政府所做的《政府工作报告》，并提请大会审议；大会印发《黔西县国民经济和社会发展第十三个五年规划纲要草案》《黔西县人民政府关于2015年国民经济和社会发展计划执行情况与2016年国民经济和社会发展计划（草案）的报告》《黔西县2015年全县和县本级财政预算执行情况与2016年全县和县本级预算（草案）的报告》，并提请大会审查。

【县第十六届人民代表大会第五次会议第二次全体会议】　2月26日，县第十六届人民代表大会第五次会议第二次全体会议召开。应出席本次会议代表253名，实际出席224名，符合法定人数。非县人大代表的县四大班子领导、县九届政协委员、离退休老同志、县直部门负责人、部分重点企业负责人、驻黔省人大代表受邀列席会议。大会听取县人大常委会主任罗德智所做的《人大常委会工作报告》，并提请大会审议；大会听取县人民法院院长薛卫东所做的《县人民法院工作报告》，并提请大会审议；大会听取县人民检察院检察长卓英武所做的《县人民检察院工作报告》，并提请大会审议；大会听取县第十六届人民代表大会第五次会议大会代表所提议案、建议、批评和意见审查情况的报告。

大会表决通过《关于黔西县人民政府工作报告的决议》。决议指出，会议充分肯定黔西县“十二五”时期和2015年的工作，同意报告提出的“十三五”时期的主要目标任务和2016年的重点工作，决定批准这个报告。表决通过县人民政府提出的《黔西县国民经济和社会发展第十三个五年规划纲要（草案）》。表决通过《黔西县2015年国民经济和社会发展计划执行情况与2016年国民经济和社会发展计划草案的报告》，批准《黔西县2016年国民经济和社会发展计划》。表决通过《黔西县2015年全县和县本级预算执行情况与2016年全县和县本级预算草案的报告》，批准黔西县2016年县本级预算。表决通过《黔西县人民代表大会常务委员会工作报告》。表决通过《关于黔西县人民法院工作报告的决议》《关于黔西县人民检察院工作报告的决议》，决定批准这两个报告。

毕节市委常委、黔西县委书记卢林在大会闭幕式上发表重要讲话。他指出：县第十六届人民代表大会第五次会议期间，各位代表以饱满的政治热情和强烈的主人翁精神，忠实履行职责，依法行使职权，积极建言献策，展示出良好的精神风貌。此次大会是一次继往开来、团结奋进的大会，必将鼓舞和激励全县百万各族人民提振精神、坚定信心、实现跨越。他要求：全县各级各部门和广大干部、全体人大代表，要进一步统一思想认识，准确把握发展趋势，适应形势，发挥优势，千方百计加快黔西经济社会发展，全力打赢“脱贫攻坚、同步小康”的关键战役；要坚定不移地贯彻落实中央、省、市的决策部署，坚持干字当头，不断提升领导干部的执行力、发展力、公信力，增强干事创业本领，全力以赴闯出一条“实干兴县”之路。

【县人大常委会会议】 2015年，县人大常委会共召开11次会议，即县十六届人大常委会第32—42次会议。认真审议和讨论决定“一府两院”关于国民经济和社会发展计划执行情况、“十三五”规划方案、财政预算执行情况、农牧林业、扶贫攻坚、治安禁毒、检察议案、审判工作、交通建设等专项工作报告；审议批准预算调整、市政建设、樱桃坪水库建设等重大项目筹资议案，始终坚持党的领导、人民当家做主、依法治县的有机统一，及时将党委主张通过法定程序转化为人民意志，促进全县经济社会健康发展。

监督工作

【经济运行监督】 县人大常委会高度重视对全县经济运行的监督，每年依法定期审查和批准县本级财政决算、预算调整，听取和审议国民经济计划、财政预算的执行情况报告以及财政收支审计工作报告，针对政府国民经济计划和财政预算执行中的突出问题提出审议意见。做实预算编制，加强预算执行；严格控制一般性支出，规范政府采购及服务行为；进一步规范完善部门预算及“三公”经费公开工作；继续加大对重点领域、重点项目的审计监督力度；五是科学编制政府性投资计划，切实抓好项目建设工作。

【“三农”工作监督】 县人大常委会十分关注“三农”工作，围绕近年的中央一号文件精神和县委关于“三农”工作的重要部署，对全县“三农”工作进行持续监督，先后听取和审议县人民政府关于农田水利基础设施建设、扶贫攻坚等专项工作报告，督促政府及其有关部门认真贯彻落实上级提出的统筹城乡发展、改善农村生产生活环境和脱贫攻坚的重大战略部署，加大对“三农”的财政扶持力度，大力发展特色农业，促进农业持续发展和农民稳定增收。

【重点工作监督】 县人大常委会围绕发展要务，突出监督重点，认真听取和审议“一府两院”关于林业、农牧、扶贫、交通、文体广电旅游、市场监管、卫生计生、财政税收、禁毒、审判等专项工作报告。视察黔西境内的铁路、高速公路等重大项目建设；调研视察钟山、中坪、花溪、定新、铁石、金兰、永燊等乡镇通村公路建设；调研视察中建红板、重新芭蕉、钟山箐山、永燊干沟等乡村扶贫和农牧工作；视察林泉、金碧、观音洞等乡村造林，城区山头绿化；支持县人民检察院严肃查处违法开采砂石场，保护生态环境；调研视察城镇建设，根据群众反映诉求，提出调整县城至石板收费站市政道路建设方案、治理水西公园环山沟、修通公园后山坡断头路等建议；督促黔西广播站恢复运转；对财源培植、财政税收、市场监管等工作开展执法检查。人大监督工作围绕中心选题，突出民生重点，严格依法开展，收到明显实效，深受群众好评。

【监督改进】 在监督工作中，县人大常委会积极探索改进监督工作方式和增强监督实效的途径。完善调研方式，不断提升调查研究水平。县人大常委会在履职实践中，坚持按照法定程序，精心制定调研方案，由常委会分管领导带队，集中时间和精力进行专题调研，掌握翔实的第一手材料，形成有数据、有分析、有建议的高质量调研报告，为审议监督奠定坚实的基础。坚持邀请基层人大代表列席常委会会议，参与对“一府两院”报告的审议，扩大审议民主范围，进一步提高审议报告的针对性和质量。强化跟踪监督，不断增强监督实效。人大常委会各办事机构注重强化审议意见的跟踪问效，并对审议意见落实情况进行满意度测评，对个别不够重视审议意见的单位提出批评整改意见，增强相关部门的责任感和紧迫感。

重大事项决定及人事任免

【重大事项决定】 讨论、决定本行政区域内的重大事项，是宪法和法律赋予地方人大及其常委会的一项重要职权，是人民当家做主、管理国家和社会事务的直接体现。常委会坚持把推动经济发展作为人大工作的第一要务，围绕全县经济社会发展中带有全局性、根本性、长远性的问题，在听取和审议“一府两院”有关工作报告、深入开展调研的基础上，认真行使重大事项决定权。常委会先后审议《黔西县“十三五”规划》《黔西县扶贫攻坚工作报告》等重大规划报告，及时做出相应的决议决定，有力地推动全县经济社会的发展。

【人事任免】 县人大常委会始终坚持党管干部和依法任免干部相统一的原则，加强同县委组织部门以及提请任免机关的沟通，严格把关，对人事任免工作进一步规范。对县委提名、“一府两院”提请任免的干部人选，严格审查、审议、表决等各个环节，实现党委满意与群众满意的有机结合。不断完善任前法律知识考试、任前承诺和任后表态发言、就职向宪法宣誓等任免程序，充分发扬民主，严格依法办事。全年任命国家机关工作人员32名，其中：街道人大工委主任3名；县政府副县长1名、县政府组成部门负责人7名；县法院庭长3名、副庭长7名、审判员6名；县检察院副检察长1名、检察员4名。免职64名，其中县人大常委会委员2名、工委副主任1名、街道人大工委主任3名；县政府副县长1名、县政府组成部门负责人6名；县法院庭长6名、审判员38名；县检察院副检察长1名、检察员6名。补选市人大代表5名。

代表工作

【代表建议办理】 县人大常委会坚持把督办代表建议与推动有关工作结合起来，通过常委会领导亲自带队督办、确定重点建议重点督办、联合县政府共同督办等多种方式，督促有关部门认真听取代表意见，努力解决实际问题，推动解决代表和群众关注的问题，代表对建议办理工作的满意率逐年提高。把十六届人大四次会议期间代表所提213件建议及时转交“一府两院”办理，并从中选择11件作为常委会主任会议督办件，重点督办，限期落实。2015年8月，组成6个督办组由常委会领导带队到各乡镇（街道）走访代表建议领衔人、基层干部、群众代表和有关部门，对建议办理情况进行了解、督办。10月份，县人大常委会第四十次会议专题听取“一府两院”办理代表建议情况书面报告，推动民生实事的落实。经县人大抽查，钟山镇新龙村公路建设，水西公园环山沟治理，全县通村公路建设，县城人行天桥、行政中心至黔西收费站市政道路，甘棠大锡至玳煤河公路等建议均得到有效落实。

【代表履职保障】 县人大常委会依据《代表法》有关规定，切实建立健全代表依法履职的保障机制，为代表闭会期间开展活动搭建平台。

为代表订阅《中国人大》《人大论坛》和编印《法律法规选编》发给代表学习；建立黔西人大网站，向省市人大刊物、黔西电视台、黔西报刊等媒体投递理论文章和新闻报道稿件，宣传黔西人大工作，畅通代表知情知政渠道，全年在各级报纸、杂志、网站刊登文章66篇（条）；以会代训乡镇人大主席和秘书，指导乡镇召开人代会30次、补选乡镇人大主席14名。

【联系代表机制】 联系人大代表是转变工作作风、了解社情民意、服务代表履职、发挥代表作用的重要途径。县人大常委会把联系人大代表作为一项基本职责和经常性工作，建立常委会主任、副主任、委室负责人联系代表、联系选民的工作制度。深入基层走访代表，听取意见、宣讲政策、指导工作，助推经济发展、密切党群干群关系；坚持邀请基层人大负责人和人大代表轮流列席县人大常委会会议，组织代表参与调研、视察和执法检查等活动；认真做好接待代表及群众来信来访工作，畅通联系人大代表和人民群众的渠道。

自身建设

【思想政治建设】 县人大常委会以“三严三实”专题教育为契机，坚持把学习摆在首要位置，不断加强思想整治建设。认真完善《人大机关学习制度》，坚持每周星期二组织全体机关干部职工开展政治业务学习，采取由委室负责人轮流主持学习、交流心得体会、常委会分管领导点评等方式，深入学习党的理论、方针、政策，学习习近平总书记系列重要讲话，学习党纪党规，学习国家法律法规和人大业务知识，进一步武装头脑，坚定理想信念，增强宗旨意识，提高履职能力。

【制度建设】 根据新形势下人大工作的实际，县人大常委会先后制定和完善《常委会会议制度》《主任会议制度》《联系乡镇人大及人大代表工作制度》《请销假制度》等17项制度和《黔西县人大常委会关于进一步改进工作作风，深入基层密切联系群众的意见》《黔西县人民代表大会常务委员会规范性文件备案审查办法》等配套文件，促进常委会工作制度化、规范化。

【作风建设】 县人大常委会领导从自身做起，认真践行党的群众路线和“三严三实”，严格执行党纪党规和中央八项规定、省委市委十项规定和县委有关规定。发扬密切联系群众、严谨细致、真抓实干、注重调查研究、廉洁奉公的优良作风，以为民服务为己任，倾力做好人大工作。按照政治可靠、业务精通、作风优良、廉洁奉公的人大干部队伍要求，认真抓好干部职工的思想、组织、作风建设，不断增强内在动力，提高工作质效；签订党建工作和党风廉政建设责任书，组织人大机关干部职工赴赫章县海雀村学习文朝荣先进事迹，推动人大常委会各项工作的健康发展。

【群众工作】 认真接待群众来信来访，妥善处理群众诉求，维护社会稳定；向省人大争取资金，为钟山镇箐山村、莲城街道天坪社区等联系点和定新乡购买电脑、打印机等办公用品，为25户贫困群众各解决500元困难补助，筹资4万元支持钟山镇植树造林；协调有关部门为钟山镇箐山村、新龙村和素朴镇灵博村无偿提供杂交玉米种子1000余斤，尽力帮助解决老百姓生产困难；着力抓好县委安排的中心工作，认真开展精准扶贫、市场监管、禁毒等调研工作，形成书面报告供县委决策参考。

黔西县人民政府

工作综述

【概况】 2015年，黔西县人民政府深入贯彻落实中央、省、市各项决策部署，积极主动适应新常态，围绕“稳中求进、提速转型、又好又快”的总要求，努力克服经济下行、全县财政收支矛盾突出等影响，严守发展和生态两条底线，全面深化改革，推进全县经济社会又好又快发展，为全县“决战贫困、提速赶超、同步小康”奠定坚实基础。2015年，全县生产总值达169.89亿元，固定资产投资达166.81亿元，财政总收入达22.5亿元，公共财政预算收入达7.26亿元，社会消费品零售总额达28.5亿元，城镇居民人均可支配收入达22911元，农民人均可支配收入达7095元，三次产业结构比调整为16.4∶40.8∶42.8。

【农业经济】 全年粮食产量达27.27万吨，同比增长6%。养殖业产值12.84亿元，同比增长17.15%。着力推进草地生态畜牧业、高山生态有机茶、中药材等特色农业基地建设，新增人工种草2万亩、茶叶0.5万亩、中药材0.5万亩，完成刺梨采穗圃建设150亩，种植蔬菜45万亩。种植烤烟5.2万亩，收购烟叶13.3万担。推进农业园区建设，御庄生态农业示范园区成功进入省级园区序列，金碧中药材种植产业示范园区成功申报为市级园区。全县6个省、市级园区完成投资9.5亿元，实现总产值14亿元。组织申报无公害农产品（产地）认证（认定）42个。成功承办全省、全市烤烟生产备栽工作现场会。

【工业经济】 全县工业经济平稳发展，投资1.5亿元，完成黔希煤化工给排水工程建设。开工建设黔西电厂二期，华润电力黔西电厂送出工程通过可行性研究咨询评审。海大科技凿岩钻机生产线投产，海悦科技立体停车设备开展试生产，天利化工3.5二甲基苯甲酸项目建成投运。完成岔白片区安置点、二期标准厂房建设、中小企业科技孵化园。全年实现工业总产值62亿元，工业增加值24.8亿元，固定资产投资47亿元。实现民营经济增加值93.3亿元，占全县GDP的53%；完成民间投资123.6亿元，建设民营经济产业园11个，入驻企业26家。

【旅游经济】 文化旅游特色打造成效显著，全年实现旅游综合收入35亿元。加快水西古城等重点文化旅游项目建设进度，提升洪水解放、杜鹃乌骡坝等乡村旅游发展质量，丘林、解放等6个乡村旅游项目列入省乡村旅游转型升级重点示范村寨名录；成功举办乌江源百里画廊旅游文化节暨大关丘林桃李花节、“柳岸水乡”油菜花文化旅游节、首届“水西之春”灯会嘉年华活动，黔西旅游品牌影响力不断提升。

【城乡提升】 实施石板路互通、弯角龙潭安置区路网、东出口道路改造等新增城市道路建设。建成望城坡停车场、水西农贸市场，启动客运东站建设。“三个中心”完成投资9000万元，科技中心、文化中心主体工程完工。水西城市综合体完成投资9.1亿元，同心商贸城、阳光城、明德新城等项目建设进度加快。投资2.9亿元，加快推进大关、观音洞、重新等小城镇建设。截至2015年年末，全县城镇化率达45.6%。成立29个乡镇（街道）规划建设委员会，实施林泉镇海子村等10个市级“四在农家·美丽乡村”示范点建设，完成民居建房改造281栋（户），建垃圾收集设施40余处，实施农村危房改造2848户；全面启动除10个市级示范点外的40个县级“四在农家·美丽乡村”示范点规划建设工作。全市“四在农家·美丽乡村”创建工作交流会先后2次到黔西观摩。

【基础设施建设】 有序推进高速公路、成贵快铁建设，贵黔高速2015年底建成通车。实施2014年市通村水泥路扫尾工作，完成投资4.3亿元。推进碗厂沟、大洞口等6座危桥改造工作。开展G212大锡至甘棠公路改造工程，林泉至白泥、金碧至沙井公路大修工程，钟山至六广等5条县乡道改造工程前期工作，实现97%的行政村通油路（水泥路）、94%的行政村通客运班线。推进樱桃坪水库工程建设，开工建设23口机井地面设施配套工程、30处“五小”水利工程和乌骡坝山区节水现代农业示范项目、0.54万人农村饮水安全项目及农村饮水安全水质检测中心项目，新增灌溉面积0.3万亩、机井10口，治理水土流失面积2494.33公顷。实施110千伏重新、鹏城等3个输变电建设。建成互联网宽带接入端口450个、光缆805千米、3G/LTE基站419个，新增城市20M宽带接入用户11971户、城市有线电视网络双向化改造覆盖用户1630户、农村家庭数字电视延伸覆盖用户180户、高清交互数字电视用户1680户，“小康讯”新增13个自然村通电话、16个行政村通宽带。

【改革开放】 推进注册资本登记制度改革、先照后证改革、“三证合一”改革；实施县生态办机构改革；筹建机关事务局，稳步推进公车改革；实施县乡财政管理体制改革，理顺县乡财政分配关系；启动林泉、太来两乡镇整乡推进土地确权颁证试点工作；搭建融资平台，组建乡村建设投资有限责任公司；积极开展县中心医院县级公立医院综合改革试点工作；组建乡镇（街道）卫生计生服务中心；强力推进殡葬改革工作，遗体火化率、骨灰集中安葬（存放）率、城区集中治丧率达100%。积极扩大开放，收集整理项目126个，优选项目充实项目库50个；党政主要领导带队赴成渝、京津冀及沿海地区招商考察10次。全年签约项目23个，实际到位资金112亿元，完成年度任务的101.81%。

【教育工作】 加快推进乡镇中心幼儿园、学生宿舍、教师公租房（周转房）等202个教育工程项目建设。扩建县三中、九小等13所义务教育学校。完成南部新区教育园学校建设前期工作。新增配置“班班通”1048套、计算机1108台，招聘教师400名。实施惠及80390名学生的营养改善计划。建成248个留守儿童之家，发放各类助学补助资金1508.61万元。全县小学、初中辍学率分别为0.2%、2.0%。义务教育均衡发展通过省级评估验收，黔西一中升省级二类示范性高中和县中职学校创建省级示范性中职学校通过省级评估。

【卫生事业】 积极开展等级医院创建工作，县中医院达到二级甲等中医院标准，县妇幼保健计划生育服务中心达到二级甲等妇幼保健院标准。全县每千人口床位数达4张，每千人有执业（助理）医师1.29名。新型农村合作医疗落实门诊和住院补偿11378.7万元，受益71.11万人次。成功创建省级卫生应急综合示范县。以“双降”

为目标，全县符合政策生育率为98.21%，完成避孕节育手术6576例。

【社会保障】　投入590万元，建成县儿童福利院；扎实做好留守儿童、空巢老人排查救助工作，发放低保对象保障金、农村“五保”供养金、医疗救助金等6506万元；救助流浪乞讨人员356人次，支出救助金46.38万元；实施惠民殡葬解决困难群众基本丧葬费用316.32万元，投入200万元建设340座农村公益性公墓。全面开展留守儿童、空巢老人、残疾人排查工作，建立帮扶措施，落实关爱经费，劝返留守儿童父母350人。

【扶贫开发】　投资4097.18万元，支持15245户54847人贫困人口发展草地生态畜牧业、蔬菜、精果林、中药材、马铃薯等产业；将2211户2538人农村五保户和14245户24666人无劳动能力的低保户贫困人口纳入政策性保障兜底。投入1325万元，扶持食用菌、水西红宝石软籽石榴、蔬菜等富民产业发展；争取财政扶贫资金4256.5万元，实施基础设施、产业发展、教育培训等项目70个；投资2.36亿元，建成驮煤河扶贫生态移民城二期工程，可安置扶贫生态移民1023户4300人。城镇新增就业7700人，失业人员再就业1700人，就业困难人员就业1220人，农村富余劳动力转移就业19300人，“千企万人”就业工程就地就近就业3700人，完成职业技能培训118人，城镇登记失业率控制在4.2%以内。2015年，共减少农村贫困人口3.5万人；洪水镇新桥村的产业扶贫新模式被省委办公厅以《工作情况交流》在全省印发；成功迎来全市扶贫开发推进会在黔西召开，中建乡红板村制定的精准扶贫“五策”被总结为“红板经验”在全市推广；黔西扶贫开发工作得到国务院汪洋副总理充分肯定。2015年6月，汪洋副总理亲临黔西考察；云南、广西等地党委、政府先后派出20多个考察团到黔西考察。

【依法治县】　深入开展平安黔西建设，严厉打击各类违法犯罪活动。2015年，全县共发各类刑事案件2093起，破994起，破案率为47.5%，发案与去年同期相比下降30.6%；破获毒品案件154起，缴获各类毒品共计10170克。全县群众安全感达96.52%，在全市排名靠前，平安建设工作得到省公安厅、市委政法委领导的高度肯定。深入推进社会治理，建立扁平化指挥体系、智能化交通管理、派出所警务中心，实现“高效指挥、优化警力、控制发案、强化打击”目标。成功承办全市公安机关警务机制改革扁平化指挥体系建设应用现场会。强化安全生产“红线意识”和“底线思维”，深入开展隐患排查治理，严格安全生产关键环节管控，严肃查处非法违法行为，全县生产安全事故起数和死亡人数同比均下降100%，实现“零事故、零死亡”目标。成功承办全省煤矿瓦斯治理工作现场会。有效推进信访及矛盾纠纷化解，全年排查矛盾纠纷527件，化解475件，化解率90%。坚持省、市、县一盘棋，切实打赢“百日攻坚战”，省、市领导包案督访35件，办结息访21件，化解14件。省、市、县三次集中交办矛盾纠纷和信访问题共494件，化解350件，已办结128件；扎实开展县级领导接访下访工作，共接待群众来访538批1076人次，下访400余次，有效化解矛盾纠纷200余起。

【生态文明建设】　完成营造林11.51万亩，森林抚育2万亩，森林管护118.09万亩，森林资源持续增长，全县森林覆盖率达44.85%。实施县城污水处理厂二期管网工程，建成投运金碧、重新、谷里3个乡镇污水处理厂，启动水泥窑协同处置生活垃圾项目建设工作。加强对电力、煤炭采选等重点行业污染的防治，落实2015年度乌江环境保护河机制，完成治理3家、建成

3家汽车尾气检测站，检测车辆20000余辆，完成加油站油气治理25家。实施“六个严禁”专项行动和“六个一律”环保“利剑”执法专项行动，办理各类森林案件94起，侦破刑事案件13起，取缔无证经营加工木材场所1个；查处案件272起，查封企业1家，移送涉嫌环境污染案1起，立案8起。开展生态村镇创建工作，申报中坪镇、洪水镇、重新镇3个省级生态乡镇和雨朵镇扯泥村、重新镇桥边村2个省级生态村。

“四在农家·美丽乡村”创建工作

【概况】　黔西县“四在农家·美丽乡村”创建工作自2015年6月正式启动，按照市委、市政府的统一部署，全县“四在农家·美丽乡村”创建任务为107个，其中普及型15个、小康型41个、示范型51个。10个市级示范点为林泉镇海子村、雨朵镇扯泥村、雨朵镇雨明村、红林乡红瓦房村、林泉镇山海村、绿化乡大海子村、新仁乡长井村、金碧镇中同村、金碧镇荷花村、观音洞镇井泉社区。计划改造民居1522栋(其中10个市级示范点1439栋)，同时配套完善基础设施建设、产业培育、村庄整治、群众精神文明创建及素质提升等，全面改变农村面貌，努力建成生活宜居、环境优美、设施完善的美丽乡村。

【创建机制建设】　县委、县政府成立“四在农家·美丽乡村”创建工作领导小组，下设办公室，明确工作职责，统一协调调度。领导小组下设6个督促指导小组，由6名副县级领导任组长，确保重点工作领导到位、督促到位。建立挂帮机制，由县四大班子领导和县直有关部门挂帮指导示范点的创建工作，形成上下联动。建立民居建设管控机制，各乡镇成立建设规划委员会，引导农民新建房屋按“贵州民居”标准进行建设，逐步改变乱搭乱建、建设无序的问题。组织各乡镇走村串户大力宣传创建相关政策，深入群众做思想动员工作。组织乡村干部和群众到遵义、六盘水、铜仁、兴义等地参观学习，感受创建成果，调动群众参与创建的积极性和主动性。突出规划编制，找准各个示范点的发展定位，制定具有指导性和可操作性的规划编制，坚定群众创建美丽乡村的信心和决心。

【资金整合】　全年拟安排各级财政和项目资金1.2亿元用于创建工作，其中县级财政确保投入不低于6000万元。充分用活省市相关部门的帮建资金，落实产业项目和基础设施建设项目。拓宽融资渠道，协调县农商行，按照同期同档农户贷款利率下浮10%的标准拟发放信用贷款3个亿，截至2015年末已发放贷款3051万元。出台《创建示范点农户信贷资金贴息管理办法》，为贷款农户贴息50%，帮助群众解决民居改造资金投入不足问题。2015年，县财政已下拨2593.8万元、整合各类项目资金1693万元用于创建工作。已向贵民公司下发财政贴息贷款资金3800多万元用于“六小康”、庭院改造等农村环境整治项目。

【民居改造】　启动民居建设868栋，竣工414栋，动工率57.03%，竣工率27.20%。启动“一户一档”建设674户，建档率77.65%；完成305户，完成率73.67%。民居建设严格按照“贵州民居”图集进行修建。

【基础设施及配套设施建设】　以“六项行动计划”为抓手，重点抓好农村饮水安全、通村水泥路、垃圾收集处理设施、农村文化广场等建设，健全农村公共服务体系。2015年，共完成通自来水农户195户，实现正常供电农户213户，通组路硬化41.36千米，“两个硬化”完成农户数98户，安装宽带农户221户，通闭路电视农户168户，安装路灯416盏；建设卫生室1个、文化活动室3个、活动小广场5个；改厨农户215户，改厕农户281户，改灶农户186户，改杂农户50户；绿化美化种树6943棵，新增垃圾收集设施103个，新增排污管网4624米。总投资250万元的雨朵镇扯泥村河道治理及景观工程，河道清淤、沿河步道、绿化、广场等已完成形象进度80%。

【产业培育】 按照“特色产业上规模、常规产业抓提升、农技推广抓示范、乡村旅游要突破”的要求，在创建点着力规划培育特色产业、现代化观光农业和乡村旅游业。以水果、蔬菜、观赏花卉种植为主，以公司+农户的方式，流转土地，落实扶持资金，在原有产业的基础上，全县新增产业36个，各创建点产业培育项目纷纷落地，逐步组织实施。如雨朵镇扯泥村1000亩香葱基地、500亩百合种植、500亩猕猴桃种植和绿化乡大海子村300亩红脆李种植、280亩核桃种植等。

【农村环境综合整治】 通过部门联动，形成合力，大力清除辖区破损、破旧广告和不雅医疗广告5000余幅。按照省市要求，完善各乡镇（街道）社会主义核心价值观大型户外公益广告的设置，设置公益广告2140幅，全面营造社会主义核心价值观宣传氛围。强化检查，抓好落实，对农村综合环境整治实行“月督查、月考核、月通报”，对存在问题紧盯不放，对整改落实情况及时进行追踪，预防反弹。全年深入乡镇（街道）检查4次，梳理存在问题61条，解决61条，解决率100%。突出典范，抓好引领，以月考核量化评比为依托，创建平台，开展乡镇（街道）间的交流学习，做好经验分享，落实典型带动、示范引领。抓载体，激活力，以道德讲堂为契机，抓好群众精神文明建设，以“十星级文明户”评选为载体，激发群众环境综合整治意识。全年深入村（社区）开展道德讲堂51次，评选“十星级文明户”5313家，危旧房拆除432间，基本清除农村“脏乱差”现象。

移民工作

【概况】 2015年，县水库和生态移民局以党的十八大及十八届三中、四中、五中全会精神和科学发展观为指导，积极开展“三严三实”教育实践活动，努力构建和谐稳定库区和移民安置区，着力促进库区和移民安置区经济社会发展，全力抓好后期扶持工作，切实转变工作作风，加强廉政建设，有力推动全县水库和生态移民工作，圆满完成各项工作目标任务。

【移民后扶】 采取直补到人扶持方式，及时足额划转兑现移民后期扶持资金，将后扶直补资金通过农民补贴网迅速全额发放到移民个人；以户为单位，按实名制建立完整的移民资金个人档案和资金发放记录，时时进行督促检查，了解资金发放进度，按要求及时足额兑现到移民群众手中。2015年，共兑现2014年第4季度和2015年第1—3季度直补资金1716.47万元，死亡、服刑及农转非等人口相应结存资金77.58万元。2015年第4季度上级拨付移民后期扶持资金已到位，后扶直补花名册已完善并送交财政办理。除沙坝河水库后扶资金未兑现外，兑现率达到100%。沙坝河水库移民后期扶持直补资金兑现方案已报县政府研究，风险评估方案已报县政法委。

【老库区移民搬迁安置】 城北安置点搬迁安置：城北村（第三中学旁）异地规划安置266户1112人，已签订购房协议移民169户688人（户均交付1万元保证金），其中签订安置协议预定现房户型130平方米的66户286人，已签订安置房（130平方米现房）认购合同的50户192人，建房补助金额288万元，其余等待建房移民签订协议104户402人。正在实施室内装修，2016年春节前即可入住。部分移民因资金问题或在外务工，将延期签订合同。在建住房正实施房屋主体地基打桩工程，预计2016年6月全面建设完成房屋主体工程。林泉镇高锦村安置：林泉镇高锦村集中改造点233户883人，编制好就地改造房屋实施方案，核对帮扶对象人员名单，统一办理移民户存折，存折由移民局统一管理。截至2015年11月30日，高锦村已启动建设原址改造移民94户346人，其中20户完成地基开挖；70户完成第一、二层房屋主体建设工程；3户正在进行屋顶盖瓦收尾工程；1户完成外观打造，等待相关部门组织验收。新址安置100户385人，统一规划、统一建设安置点基础设施和住房。已完成移民安置点街道建设437万元的招投标程序，12月28日开标，确定施工单位即可动工。

【老库区移民避险解困项目申报】　黔西老库区后期扶持移民人口共7278人，其中东风库区5178人、乌江库区2100人。避险解困（第一批）499户1995人项目已开始实施。6月7日，省移民局召开第二期移民避险解困工作申报资料审核工作会议，与会专家对黔西县编制的第二批避险解困765户3343人的方案及附件进行审查，并提出修改意见。10月19日，修改后的方案通过国家发改委审查批复，全县第二期避险解困3326人，并分别以黔财农〔2015〕264号、黔财农〔2015〕310号文件批复第二期避险解困资金7982.4万元，其中中央资金6652万元、省级匹配资金1330.4万元。县水库和生态移民局正在组织编制项目实施方案。

【老库区移民搬迁安置项目实施】　2015年，县水库和生态移民局共实施完成30万元以上的项目20个。6月13日—14日，市移民局及市交通局对素朴镇塘山村公路硬化、素朴镇索风村小坡组公路维修、金坡乡附源村移民安置点公路硬化、林泉镇增坪村和高锦村一组通组公路及连户路硬化等20个项目进行验收，并组织召开移民后期扶持项目竣工验收评审会议，形成毕市移函〔2015〕28号验收会议纪要。2015年，县水库和生态移民局实施招投标后期扶持项目4个，分别为黔西县移民安置点安装太阳能节能路灯工程，投资169万元；锦星镇洪湖至东庄公路硬化工程，投资290.78万元；黔西县素朴镇塘山村陈家沟公路硬化工程，投资68万元；素朴镇朴厚村人畜饮水工程，投资39.52万元。锦星镇洪湖至东庄公路硬化工程通过毕节市公共资源交易中心完成招投标，已开始动工建设。素朴镇塘山村陈家沟公路硬化工程建设完成并移交使用。太阳能节能路灯安装工程和素朴镇朴厚村人畜饮水工程正在邀请招标中。

【2014年批复后扶项目实施】　2014年上级批复黔西实施移民后期扶持项目共23个，总资金890.49万元。其中：完工项目8个，涉及投资194.79万元，完成投资133.78万元；在建项目2个，涉及投资252万元，完成投资21.61万元（其中素质提升补助花名册已送财政局审核）；待建项目13个，涉及投资443.7万元。2014年上级批复避险解困资金4774万元，其中中央资金3990万元、省级匹配634万元、县级匹配150万元。截至2015年年末，县匹配的150万元已全部用于林泉镇高锦村移民避险解困场地平整工作；省级匹配资金634万元，已使用37.93万元；中央资金的分配使用，待移民户建房后按工程进度拨付。2014年上级批复洪家渡结余资金项目共21个，总资金655.83万元。截至2015年年末，完成8个项目，投入资金327.05万元；其余项目正在设计和招标中，其中杜鹃办事处城南村管

网扩建工程已通过招投标程序，确定了施工单位。

【移民素质提升】 2014年上级下拨黔西移民素质提升和购置农机具补贴资金167万元，截至2015年11月30日，已累计使用132.78万元（2014年使用54.89万元，2015年使用77.89万元），剩余资金34.22万元。为开展好2016年移民素质提升工作，县水库和生态移民局以黔县移呈〔2015〕61号文件，向市移民局申请拨付预算资金215万元，其中技能培训计划资金70万元、素质提升计划资金135万元、购置农机具计划资金10万元。2015年，按照市移民局批复的驾驶技能培训方案，分2批培训移民200人（1—6月培训移民100人，7—12月培训移民100人）。培训方式为，移民先到驾校交纳报名费，待取得驾驶证后，持发票及驾驶证复印件到县移民局办理补助。组织林泉镇高锦村55位移民分两批（第一批30人、第二批25人）到修文猕猴桃种植基地学习种植和管理技术，帮助移民群众发展种植业和养殖业。全年共发放移民及移民子女学历教育补贴146人44.4万元，发放技能培训补贴142人32.9万元，发放购置农机具补贴3户0.59万元。

【整村推进】 经省移民局批复（黔财企〔2013〕178号、黔财企〔2014〕166号、黔财企〔2014〕69号），全县移民整村项目共17个，总投资537.5万元。完工项目3个，投资101万元，支付工程款70.89万元，未支付30.11万元。500人以上省级移民示范小康村林泉镇高锦村“整村推进”：村垃圾填埋场建设工程，投资45万元，支付工程进度款30.49万元，未支付14.51万元，该工程已投入使用；村新修机耕道工程，投资35万元（其中省级资金30万元，村委会自筹5万元），支付省级资金28.99万元，该工程已经投入使用；村移民养殖贴息贷款工程26万元，支付贷款利息11.41万元，未支付14.59万元；在建猕猴桃种植项目2个，投资105万元，支付购苗费用20万元，未支付85万元，该项目正在建设中；尚未实施项目12个，总投资331.5万元。200~500人以下整村推进：县移民局申报200~500人移民小康村建设“整村推进”项目10个，总投资280万元，其中水西办事处新潭村项目4个140万元；林泉镇西桥村项目6个140万元。7月，市移民局以黔财农〔2015〕122号批复2个村的项目，县移民局正在对10个项目做实施前期准备工作。

【水库移民“十三五”规划编制】 按照中央、省、市有关文件精神，结合全县移民工作实际，县水库和生态移民局成立水库和生态移民“十三五”规划编制工作小组，到各乡镇（街道）上报的安置点实地查看，收集、整理、汇总各项数据，累计规划项目304个，计划总投资46389.68万元，其中后扶直补资金9686.1万元、脱贫解困（避险解困）规划项目1个17791.48万元、移民增收规划项目160个8490.5万元、美丽家园规划项目143个10421.6万元。2015年完成整个规划的编制并上报市移民局。

【水库移民前期及搬迁工作】 《樱桃坪水库工程建设征地移民安置规划报告（审定本）》确定全县樱桃坪库区和施工区搬迁人口258人。实际搬迁人口为58户275人，其中：施工区搬迁20户93人（未含调查后婚出4人，黔政发〔2011〕79号文件后出生3人，其他迁入2人，共9人），全部签订搬迁安置协议、领取实物指标补偿款并搬离施工区；库区38户173人（含婚出、黔政发〔2011〕79号文件后出生迁入、其他共20人），已领取房屋、附属建筑物及林木款，有173人的淹没土地补偿款尚未兑现。共兑现发放资金881.17万元，其中：施工区土料场、渣场72户161.44万元，施工区张家寨房屋、附属建筑物、土地林木款20户314.12万元，施工区搬迁运输补助、过渡时期补助、建房补助20户93人52.14万元，库区仁和乡房屋、附属建筑物、林木款16户222.91万元，库区甘棠乡房屋、附属建筑物、林木款9户86.72万元，主坝、导流洞、溢洪道涉淹农户土地、林木款10户43.84万元。

【工程征地实物指标调查】 自7月15日开始实施夹岩水利枢纽工程征地实物指标调查工作，通过进村入户实地测量和调查，黔西段（北干渠六标）共涉及黔西县洪水镇（附廓村、源水村）、红林乡（桃井村、新坪村、红瓦房村、安庆村）、林泉镇（余姚村）共238户，征地总面积335.87亩，其中耕地254.3亩（水田12.03亩、旱地242.27亩）、林地81.57亩（用材林27.93亩、经济林6.4亩、灌木林10.32亩、退耕还林36.92亩），零星树木共12592株，竹子25笼，坟墓70座，需拆迁房屋13户。2015年9月6日，完成调查第一榜公示；9月14日，完成第二榜公示。在公示期间，就群众所反映的土地面积争议、零星树木的种类和数据异议问题进行复核，经业主、设计、施工方确认后进行第三榜公示。截至2015年12月20日，完成资金兑现共1000万元。

【扶贫生态移民项目实施】 2013年，省发改委批复黔西县文峰办事处驮煤河扶贫生态移民安置点一期工程，安置922户4000人，建住房922套95860平方米，架供电线路10千米，建供水管道8.5千米，道路工程16800平方米，绿化亮化17100平方米。项目总投资13251.55万元。工程已全部竣工。2015年12月24日，举办移民喜迁新居活动，成功入住。2014年，市发改委批复黔西县驮煤河扶贫生态移民安置点二期工程，安置1023户4300人。项目占地面积42186.79平方米，总建筑面积145878.18平方米，总投资23591.93万元。截至2015年年末，安置房主体工程已完工88%（部分移民已入住），累计完成投资2.11亿元。2015年，省、市批复黔西县驮煤河扶贫生态移民安置点三期工程，安置582户2500人。项目总投资1.5亿元，新建住房582套57036平方米。截至2015年末，完成场平工程，地勘钻探完成90%。

【扶贫生态移民项目申报】 完成2016年扶贫生态移民项目申报工作及项目实施前期准备。2016年，全县计划建设扶贫生态移民安置房2077套，安置移民2077户8584人，其中精准扶贫1651户6698，精准扶贫人口占全年规划数的78.03%。全县选址8个乡镇建设安置点12个，分别位于绿化乡马坎村、林泉镇林泉社区、雨朵镇雨润村、中建乡中果河社区、观音洞镇井泉社区、洪水镇永平村、新仁乡化屋村、五里乡双塘村。截至2015年末，完成8个乡镇12个安置点的可研报告设计，观音洞镇井泉社区、林泉镇林泉社区安置点已完成征地工作。

【扶贫生态移民“十三五”规划编制】 根据全省扶贫生态移民工程培训会要求，于2015年5月15日召开全县易地扶贫搬迁工程实施规划（2016—2020）编制工作部署会议，就“十三五”规划编制工作进行安排部署，并现场进行相关业务知识培训。根据各乡镇（街道）上报的易地扶贫搬迁安置点请款，县水库和生态移民局现分4个组到各乡镇（街道）核查基本情况及相关工作情况。“十三五”期间，全县规划对10177户40044贫困人口实施移民搬迁，其中精准扶贫7514户30124人，精准扶贫人口占总规划数的75.23%。

【移民信访维稳】 结合全县移民工作实际，通过集中排查化解信访案件、信访积案及矛盾纠纷，认真排查隐患，做好应对突发事件的预案，对排查出的矛盾纠纷隐患细化分解到相关领导和责任人员，认真做好领导干部带案下访、包案化解突出矛盾纠纷和信访问题，主要领导督查督办，对可能引发突发事件的矛盾纠纷隐患、重点人员实行防控措施，与相关部门密切配合，做好信息的沟通联系。全年无移民到京到省群访和非访事件。高度重视来信来访，安排经验丰富、熟悉政策、责任心强的干部接待移民群众的来信来访。全年共收到上级机关转办信访件12件，其中国家信访局转办2件，省群工中心和省信访局转办5件，县人民政府、县联席办及县信访局转办5件，县移民局自行接访300人次，均按照“五个清楚”的要求向转办单位回复报告及对信访人答复，全部在规定时间内办结，办结率达100%。

政务服务工作

【概况】 2015年，县政务中心紧紧围绕政务服务规范化建设要求，围绕县委、县政府的中心目标，按照“办事手续最少、办事效率最高、办事成本最低”的要求，牵头开展深化行政审批制度改革工作，全年开展3次行政审批服务事项清理整顿，精简办事程序，优化服务流程，提高行政效能和办事效率，努力推进政务服务规范化建设。经县政务中心牵头整理，具行政审批服务事项的部门（单位）为36个，其中在政务服务大厅设置常驻窗口的部门（单位）为22个（卫计、文广、规划、住建、房产、城管、环保、发改、安监、工能、交通、市场监管、残联、农牧、农机、林业、水务、民政、人防办、消防、气象、民宗），设置政务服务分中心的单位为6个（公安、交警、国税、地税、国土、人社）、有行政审批事项的非进驻部门为8个（教育、财政、统计、档案、司法、移民、烟草、科技）。

【行政审批服务行为规范】 2015年，根据《贵州省人民政府办公厅关于当前深化行政审批制度改革工作的实施意见》（黔府办发〔2014〕29号）、《贵州省人民政府办公厅关于印发2015年度市县级政务服务中心规范化建设考核标准的通知》（黔府办函〔2015〕37号）、《贵州省人民政府政务服务中心关于做好贵州省网上办事大厅建设准备工作的通知》（黔政务发〔2015〕3号）、《黔西县人民政府办公室关于印发2015年政府工作报告重点工作责任分工方案》（黔政办发〔2015〕24号）等文件精神，县政务中心再次组织精简行政审批服务事项，按照《县人民政府办公室关于深化行政审批制度改革工作的实施意见》（黔政办发〔2015〕72号），要求各单位对照中央、省、市行文取消的事项立即取消，严格管理行政审批服务事项，不得变相设定行政审批以及违法设定行政审批收费或借实施行政审批变相收费的行为。于8月月底全面结束清理行政审批服务事项工作，经清理，全县保留实施的行政审批服务事项共480项，其中行政许可审批事项273项、非许可审批事项37项、行政服务事项170项。同时，进一步压缩办事时限，减少审批层级和环节，即办事项只设置“受理审核决定”1个环节，承诺事项只设置“受理—审查—决定”3个环节，各单位事项的平均办理时限均在3个工作日内，实行“宽进、简批”，规范完善备案制度。全年共收件124168件，办结124154件，提前办结率为99.9%，期内办结率为100%。

【网上办事大厅建设】 将县政务中心审批办件系统接入贵州省网上办事大厅（黔西）平台体系。以《县人民政府办公室关于印发黔西县行政审批服务事项目录的通知》（黔政办发〔2015〕100号）印发事项目录，并通过贵州省网上办事大厅（黔西）、县人民政府门户网站和

《黔西报》公开办事目录，并组织相关部门录入数据。政务服务大厅残联窗口、先政务中心公安分中心出入境窗口等服务窗口已通过贵州省网上办事大厅平台体系办理业务，其他单位正检查完善录入数据，将全部启用贵州省网上办事大厅办理相关业务，实现省、市、县三级联网，更加方便监督和管理，更加方便群众办事。在政务服务大厅设立网上办事大厅自助办理区，配备电脑、扫描仪、高拍仪等电子化设备，引导申请人通过网上办事大厅申报业务，为推动全省各级各部门间数据资源共享、建设全省政务服务数据中心、全面启用贵州省网上办事大厅打好基础。

【政府采购】 县政务中心认真履行政府采购职能，严格按照《政府采购法》的规定组织实施政府采购，严格执行信息发布制度、后续监督制度、档案管理制度、诚信供应商管理登记制度等规章制度，采购全过程坚持公开、公平、公正原则，并请政府采购办、监察机关、审计部门等进行监督，采购标书无倾向性和歧视性内容，充分维护采购当事人的合法利益。全年共组织采购82次，预算资金4812.17万元，成交金额4305.6万元，节约资金506.57万元，资金节约率为10.5%。采购物资主要有大棚、农作物种子、化肥等农用物资，各部门系统设备等。

【行政审批事项公开】 推进行政审批决策、执行、管理、服务、结果“五公开”，营造高效、透明、便民的政务服务环境和公开公正的市场环境。除涉及国家安全、商业秘密和个人隐私的事项外，将各行政审批实施机关的《行政审批服务指南（行政审批职权目录）》《行政审批服务事项审查实施细则（行政审批权力清单）》、具体承办事项的办理进程和结果、每一个事项已办数据及未办限额等情况，通过政务中心LED液晶电子显示屏、电子触摸屏、电视公开栏和贵州省网上办事大厅（黔西）等渠道向社会公开，接受社会监督。

【服务监督】 建立完善县政务中心服务大厅电子监察系统，实现省、市、县联网，有效监督办件情况及工作人员纪律作风情况。加强社会监督，在服务大厅设立投诉中心，设置投诉举报箱、意见簿等，公布投诉监督电话，方便办事对象投诉举报。在每个窗口安装满意度测评器，群众可随时对窗口的服务行为进行评价。中心领导班子成员经常性在服务大厅内进行巡视，当场解决群众问题，加强业务不作为、慢作为和乱作为行为监督，促进纪律作风好转。每月与县监察局联合下发《工作通报》，对进驻部门的行政审批业务办理情况、窗口工作人员纪律作风情况、行政审批电子监察系统中被亮黄牌和红牌的单位进行通报；严格加强管理，预防超时办件现象。修订制发《县政务服务中心工作人员考核实施办法》（黔政务发〔2015〕5号），依据窗口工作人员的考勤和业务办理情况等进行打分，每月评出3个流动红旗窗口，激励工作人员向先进窗口学习，为群众提供更优质的服务。

投资促进工作

【概况】 县投资促进局认真贯彻落实党的十八届三中、四中全会以及省、市投资促进工作会议精神，按照县委、县政府的安排部署，结合全年各项目标任务，强化服务效能，认真开展招商引资项目落地推进各项工作，狠抓招商引资系列活动，努力提高项目落地建设“五率”，扎实推进招商引资工作。全年签约资金104亿元，完成年度签约目标任务的148.57%。完成招商引资省外到位资金111.16亿元，完成年度目标任务的101.05%。

【招商引资项目库建设】 按照2015年省、

市投资促进工作会议的安排部署，拟定《黔西县2015年投资促进工作要点》，经县委、县政府审定后行文印发《关于做好黔西县2015年投资促进工作的通知》，明确全年招商引资工作目标任务、工作重点、措施及相关要求。将新型能源化工产业、工程机械制造产业、电子信息产业、现代山地高效农业、大健康医药产业和文化旅游服务产业等作为招商工作重点和方向，共收集整理项目126个，精选67个项目充实项目库，精包装10个农业项目，超额完成市下达年度项目包装任务。

【项目对接】 全年外出招商考察7次，重点接待来访（回访）企业103家400余人次，参加节会签约推介活动11次，对接考察中以创业园及百川企业服务中心、深圳市水务集团深水海纳水务有限公司、山东能源集团有限公司、山东华鲁集团、中国寿光农产品物流园区、京东集团、中国建设企业联合集团、北京腾升世纪投资管理有限公司、深圳市佰家园地产有限公司、深圳市名津有限公司、湖南建筑工程集团有限公司等企业，推介对接洽谈项目145个，促成总投资10亿元的南部新区教育园及纵二线延伸段路网、总投资1.3亿元的黔西县新仁乡赛鸽养殖基地、总投资4.9亿元的黔西北农副产品冷链物流交易中心建设项目、总投资3.18亿元的黔西农业综合开发项目、总投资0.3亿元的黔西县国美电器城、总投资1亿元的林泉镇万亩中药材基地及初加工项目、总投资10.2亿元的黔西县“黔城一号”商业综合开发和总投资24.35亿元的黔西电厂二期等23个项目签约。同时，按照合同约定，2015年共有的91个项目履约开工，履约率、开工率均为100%；投产达产项目58个，投产率达63.79%，入园项目13个，入园率14.28%。

【招商举措】 强化领导干部带头招商。2015年，县委、县政府领导分别带队赴成渝、京津冀及沿海地区进行专题招商，成效显著。积极开展以商招商。加强与黔西闽商商会、浙江商会、湖南商会、川渝商会的联络联系，尤其是加强与在黔西投资企业家的沟通联系，通过他们宣传推介黔西。发挥政治优势开展招商。依托民建中央帮扶的政治优势，加强与民建东部十省、市的沟通和对接，促成4月份毕节试验区区生态农业发展峰会在侵袭召开，促成一批民建企业家来黔西投资考察。借助节会平台招商。组织参加省、市举办的招商推介签约活动11次，承办市级招商推介会议1次，积极主动获取招商信息，主动开展招商。巧用PPP模式招商。充分利用PPP模式优势，谋划编制全县招商项目，通过改变合作模式，强化沟通对接，促成县政府与湖南建筑工程集团（中国500强企业）就黔西县南部新区教育园及纵二段延伸段路网建设项目签订合作协议，并于12月21日开工建设，项目总投资达10亿元。

【协调服务】 强化对招商引资项目及企业的服务效能，不断优化黔西投资环境。以开展党的群众路线教育实践活动和“三严三实”活动为契机，创新代办服务方式，发放便民服务卡，实行代办员具体落实分解责任制度，确保与每位服务对象和潜在服务对象建立信息联系，全天候实施代办服务候命，随时准备为服务对象解决需求代办事情。全年发放服务卡200余张，为南部新区客运站、煤化工二期、火电厂二期和国美电器等项目投资方共88家企业协调解决土地证办理、工商营业执照、规划许可、子女入学、与周边百姓纠纷等问题，为企业全程代办服务179次，让项目投资方全身心投入到项目投资建设上来，促成28个项目如期开工建设，70个项目投产。

产业投资工作

【概况】 县水西产业投资有限公司深入贯彻落实党的十八大及十八届三中、四中、五中全会精神及中央、省、市、县的经济工作会议精神，认真学习领会习近平总书记系列重要讲话精神和省委、市委及县委主要领导的有关重要指示精神，积极践行“三严三实”，坚持“以资本运营为主体、多元化经营促发展”的企业战略，紧密围绕“保稳定、谋发展”的指导方针，以保障国有企业改革稳定大局为基础，以开发项目经营谋求经济增长，全面完成各项目标任务，推动公司可持续发展。

【经营发展】 截至2015年12月31日，完成主营业务收入208万元，完成年度目标任务200万元的104%；上缴各种税费316.64万元(其中水西古城耕地占用税282.13万元)，完成年度目标任务40万元的7.9倍；固定资产投资完成9955万元，完成年度目标任务1亿元的99.55%；投融资任务完成7.24亿元，完成年度目标任务5亿元的144%。

【改制企业托管】 全年托管事务处于有序运作状态，托管对象处于基本满意状况，信访人处于可控状态。全年共接待来访改制企业职工、家属及遗属人员和拆迁工作利益牵涉人员共3368人次，查证回复由信访渠道转办信访件11件次，有效劝阻县磷肥厂、县氮肥厂部分职工群体上访县政府5次，回访信访人员3次。在职职工、退休职工和内养职工医疗保险全部按政策规定正常办理，所有受理事务全部按时妥善处理完结，没有出现超时限办理和超越政策底线情况；对经多次思想疏通无法化解的矛盾，通过法律途径解决；对情况特别复杂、牵扯面广的问题，成立专题化解工作组进行化解。2015年，为455名高龄退休人员发放高龄补贴13.34万元，为175名死亡职工遗属发放遗属补助63.31万元，发放内退人员生活费11.72万元，为1105名退休职工发放统筹外补贴62.07万元，为在职职工、退休职工和后续托管企业（水泥厂）的77名退休职工共缴纳医疗保险252万元；续接安置职工（1名）支出2.14万元，拆迁租房周转金支出38万元，企业军转干部关爱费支出18.4万元。

【信访维稳】 坚持政策底线不突破，依法依规调处改制职工利益诉求矛盾和涉迁利益矛盾，切实做好信访维稳工作。结合“法治黔西”创建工作，坚持以政策宣传为主线，在抓好干部职工学习掌握相关法律法规知识的基础上，按照调查、核实、取证、咨询、说教、引导、稳控等程序展开工作，将矛盾消化在萌芽状态，将事态平息在基层、问题解决在基层。对排查出的不稳定因素，制订合理、合法、合规的维稳工作预案，周密落实，务求实效，确保万无一失。

【国有资产管理】 加强国有资产日常管理，确保国有资产保值增值，稳步解决好企业发展中的问题。在盘活存量、做大增量上下功夫，积极向上争取政策，向内汇聚动力，向外争取支持。通过多方努力，于2015年10月成功收回存在合同纠纷多年的原县医药公司位于商业街的楼房资产，避免了国有资产的继续流失。切实抓好安全管理工作，由公司安全组牵头，以公司资产管理科成员为主体，对公司接管资产安全隐患进行排查整改，全年共出动安全检查人员80人次，查出安全隐患14处，完成隐患整改14项，投入安全隐患整改资金4万余元，全年安全责任事故零发生。

【党建工作】 以开展“三严三实”教育实践活动为契机，不断改进工作作风，持续深入推进党的思想政治建设和作风建设，严肃党内政治生活、严明党的政治纪律和政治规矩，不断增强党的创造力、凝聚力和战斗力。坚持把群众路线贯穿到教育实践活动的全过程，务求在解决领导班子和干部“四风”方面存在的突出问题上取得新成效，达到思想上明显提高、政治上明显进步、作风上明显改变、工作上明显改进的目的。强化制度硬约束，提高制度执行力，加强日常管理，纠正打折扣、搞变通行为。领导干部坚持把自己摆进去，紧密联系思想、工作、生活实际，坚持勤政廉政，不贪财、不贪色、不贪赌；坚持防微杜渐，自重、自省、自警、自励，慎权、慎独、慎微、慎友，自觉抵制拜金主义、享乐主义、极端个人主义的侵蚀，防止出现道德风险、纪律风险、腐败风险。深入学习贯彻中央八项规定、六项禁令，市县纪委明察暗访通报，县委改进工作作风密切联系群众的若干规定、县纪委关于严禁公职人员打麻将和出入私人会所的通知、市纪委关于严禁大办酒席敛财的通知等，腐败行为得到有效遏制，工作效能得到有效提高，实现违法违纪问题零发生。

科技工作

【概况】 2015年，县科技办全面贯彻落实党的十八大和十八届三中、四中全会以及习近平总书记对贵州、对毕节工作的重要指示精神，坚持稳中求进工作总基调，把改革创新贯穿于工作之中，主动适应新常态、把握新机遇，坚持加速发展、加快转型、推动跨越主基调，以“决战贫困、提速赶超、同步小康”为统领，不断推进全县科技工作迈上新台阶，为保持黔西经济持续健康又好又快发展及社会和谐稳定提供科技保障。2015年，县科技办圆满完成年初制定的各项目标任务，完成率达100%；全县综合科技进步水平指数比目标考核值提高1.52个百分点。

【科技项目申报和管理】 县科技办先后向省科技厅和市科技局申报科技项目10个。其中，申报省级农业攻关项目2项，申报省科技厅中药现代化项目1项，申报省火炬计划项目1项，申报市科技局知识产权试点示范项目2项，申报市科技局高新技术企业培育项目1项，申报市科技局高层次科技人才培育项目1项，申报市科技局科技重大专项1项，申报毕节市工程技术研究中心项目1项，积极争取省、市对黔西的科技支持。截至2015年12月，成功获批立项3项。

【科技体制改革】 根据中央、省市有关精神，结合《中共黔西县委全面深化改革领导小组2015年工作要点》要求以及中共黔西县委全面深化改革领导小组关于《黔西县科技体制改革实施方案》的通知精神（黔改领发〔2015〕7号），县科技办作为全县深化科技体制改革专题组的牵头单位，积极开展县域生产力促进中心的组建工作，搭建中小企业服务平台。2015年，县域生产力促进中心完成组建并正式运行，拥有办公面积500平方米（办公室5间），容纳60人的多媒体会议室1间，服务大厅开设有服务咨询、工商、税务、法律、代理记账等综合性窗口，并全程全县中小微企业信息库建设，为黔西掀起大众创业、万众创新热潮奠定基础。

【知识产权工作】 将知识产权工作与科技工作紧密结合，配合省、市知识产权局开展知识产权执法工作，打击假冒专利的不法行为；对黔西部分超市、商品集散地开展专利行政专项执法检查，共查处涉嫌假冒专利产品“小卡尼”学具算盘、“润厨园”炒锅等15件；组织专利向市知识产权局申请资助，发放第一期资助12.8万元；抽派人员参加省知识产权局为期一、周的知识产权专利行政执法知识培训，为自行开展专利执法工作做好铺垫。

【科技宣传】 紧紧围绕“科技以人为本，全面建设小康”和“携手建设创新型黔西”主题，以落实科学发展观、构建和谐社会、提高自主创新能力为目标，突出科技惠民和科技支撑发展两大主线，广泛开展科技普及与宣传。利用“4·26”知识产权日和科技活动周、科普日等时机，就防震减灾、专利、知识产权的相关知识进行宣传，并发放各类宣传资料。开展“服务三区”科技培训会，通过为受援对象提供科技指导、技术培训和物资援助等，为加快全县畜牧产业转型升级发展步伐、推进精准扶贫工作提供科技支持。

【科技进步统计监测】 科技进步统计监测工作是市委、市政府考核县域全面建设小康社会的硬性科技指标。县科技办高度重视，邀请省市专家来县对统计局、工能局、环保局、工商局、人才办、财政局、农牧局、林业局等相关部门的分管领导和业务人员进行监测业务技能培训，形成工作合力，顺利完成全县综合科技水平指数上报及反馈工作。根据省公布数据，黔西综合指数为27.12%，其中科技进步环境和基础指数为41.49%，科技投入指数为19.03%，科技基本指数为22.9%，2015年综合科技进步水平指数比2015年度目标考核值提高1.52个百分点，圆满完成2015年度考核任务指标。

【科普统计调查】 科普统计是国家科技统计的重要组成部分，也是推动科普事业发展的一项基础性工作，根据科技部《关于开展2014年度全国科普统计调查工作的通知》和贵州省科技厅《关于开展2014年度贵州省科普统计调查工作的通知》精神及贵州省科技厅的安排部署，县科技办组织人员对全县2014年度科普统计工作进行全面调查，协调县科协、县教育局、县卫生局、县林业局等21个单位配合工作。调查的内容包括科普人员的12个指标数、科普场地的26个指标数、科普经费的17个指标数、科普传媒的12个指标数及科普活动的19个指标数，通过调查、审核，汇总，按时完成调查数据并上报市科技局。

档案工作

【概况】 县档案局紧紧围绕服务全县经济社会发展大局，以贯彻落实中办、国办《关于加强和改进新形势下档案工作的意见》的通知（中办发〔2014〕15号），省委、省政府办公厅《关于加强和改进新形势下档案工作的实施意见》的通知（黔党办发〔2014〕31号）和市委、市政府办公室《关于加强和改进新形势下档案工作的通知》（毕委办字〔2015〕33号）为主线，按照市双考办《关于对2015年度档案工作进行考核的通知》（毕考领办字〔2015〕15号）要求，召开全县档案工作会议，逐条落实基层档案工作标准，以档案工作规范化管理为重点，以提高档案管理水平为目的，以优化服务质量为宗旨，强化服务理念，创新服务方式，谨记“为党管档、为国守史、为民服务”的庄重诺言，全面抓好档案业务指导、档案资源建设、档案信息化建设、档案干部队伍建设，推动全县档案工作跃上新台阶。

【档案基础工作】 加大业务指导力度，将乡镇（街道）和机关企事业单位的档案业务指导任务落实到全局每一个干部职工的头上，签订目标管理责任书，按月调度，与年度考评考核挂钩，切实把档案业务指导特别是民生档案的指导服务工作摆在重要位置。采取上门指导、以会代训、电话咨询、工作QQ群交流等形式，为各单位快速、精准解决档案业务中所遇到的问题。强化档案业务建设，全年组织业务人员145人次到各相关单位开展面对面培训，先后为县委组织部、县纪委、县委政法委、县财政局、水西街道、杜鹃街道、甘棠镇、中坪镇、红林乡等9个单位和乡镇（街道）举办培训班，系统讲授档案收集、整理、保管、利用等知识，培训130多人次。采取“请进家门”的方式，为立档单位提供档案整理场所和相关服务，先后帮助指导贵州省毕节高速公路管理处（贵州省毕节高速公路路政执法支队）黔西路政执法大队、县政协、县委组织部、县农商行、县民政局、县住建局、县司法局、谷里镇、林泉镇、永燊乡、水西街道、五里乡、红林乡、铁石乡、丰收村、幸福社区等14个单位和乡镇（街道）、2个村（社区）完成档案整理任务。

【农村土地承包经营权确权登记颁证档案管理】 按照《市农委、市档案局关于做好农村土地承包经营权确权登记颁证档案管理工作的通知》精神，积极跟进、参与全县农村土地承包经营权确权登记颁证试点工作。为太来、林泉等试点乡镇提供土地承包档案107卷，扫描10607页，为做好全县农村土地承包经营权确权登记颁证工作提供保障。

【重点建设项目档案管理】 按照省、市关于加强重大建设项目档案管理的有关规定，扎实开展重点建设项目档案管理。加强与项目主管部门的沟通协调，做好全县重大建设项目资料收集、建档、存档等系列业务的培训指导、登记备案工作。全县25个重点建设项目，停工2个、无法联系1个，完成登记22个。

【档案信息化建设】 遵循量力而行、循序渐进、分步实施、确保安全的原则，稳步推动档案数字化建设，分期分批对馆藏珍贵、重要及利用率高的国家重点档案、二轮土地延包等档案进行原文扫描并实现与目录挂接，使档案馆运用档案管理平台进行档案管理、检索、利用、统计的能力进一步提升。录入档案条目2万多条，扫描档案12万余幅。加强档案信息网站建设，优化栏目配置、扩展网站功能，进一步丰富网站信息资源，充分利用档案信息网站，为党政机关和社会公众共享档案信息提供便捷高效的检索利用服务，使档案信息网站成为档案部门发布档案信息、宣传档案工作、展示档案魅力的重要窗口。

【档案资源建设】 认真贯彻落实国家档案局9号令，高度重视档案资源建设，把涉及普通人、关系广大人民群众切身利益和反映立档单位基本职能的文件材料及时列入归档范围，强化各种门类和载体档案的集中统一管理。2015年，共接收婚姻档案144盒9860件，抢救国家重点档案516卷，指导县活动办完成18盒、575件全县党的群众路线教育实践活动材料立卷归档并接收进馆。

【档案服务】 紧紧围绕利用服务这个中心，为人民群众查阅提供方便。2015年，共接待档案利用者219人次，查阅档案资料421卷次、162件次，复印档案963页。为各部门和人民群众修史编志、落实政策、核实工龄、维护稳定、解决民生问题提供了大量翔实的第一手资料，社会档案意识得到进一步增强，档案工作影响力进一步扩大，赢得群众对档案部门的赞誉。

【档案安全】 11月，根据档案安全保密工作中存在的一些问题，与县保密局联合下发《关于加强档案安全保密管理工作的通知》，对室（库）管理、档案软硬件、档案实体、档案信息、人员变动移交等环节提出明确要求。县档案馆在建立完善档案安全管理规章制度和预防突发事件应急预案的基础上，安装监控设备、应急灯、疏散指示牌，维修消防管道，更换灭火器具，扎实改善档案保管保护条件；按照“八防”要求，对局（馆）工作人员开展经常性的安全教育，实行24小时值班制度，定期开展应急演练和安全专项检查，提高档案安全保障能力，确保档案实体和档案信息的安全完整。

【档案宣传】 认真贯彻全省档案“六五”普法规划，充分利用档案业务培训、指导、检查及“6·9国际档案日”等契机，加强对《档案法》《档案法实施办法》及《档案管理违法违纪行为处分规定》的宣传贯彻和开展执法检查，把普及档案法律法规和档案执法检查与平时工作有机结合，达到既深入宣传档案法律法规，又及时发现问题并提出改进意见、进一步提高档案法制意识的目的。同时，充分利用电视、报刊、网站等媒体大张旗鼓地对档案工作进行宣传，扩大档案工作的社会影响力。2015年，共编发《黔西档案》信息32期，撰写调研报告2篇，被《中国档案》、省人民政府网站、《贵州档案》、县人民政府网站、《毕节报》和《黔西报》等媒体采用各类稿件35篇。

【档案队伍建设】 充分发挥主要领导带头学习的示范引领作用，抓好学习型机关建设，不断加强局班子思想、组织、作风、制度建设，为档案事业健康发展提供坚强组织保障。全年共组织专门集中研学4次，开展实践课堂教育3次，实施内部业务培训12次。尤其注重对年轻干部职工的教育培养，派出2人参加省档案局的业务培训。结合“三严三实”教育实践活动，坚持以严的标准要求干部，以严的措施管理干部，以严的纪律约束干部，带好机关干部队伍。强化日常监督，量化绩效考核具体内容，通过定期检查、随机抽查等形式，督促制度落实，切实让全体干部从思想上重视、从行动上约束，不断增强思想政治素质和履职能力。

政协黔西县委员会

政治协商

【会议协商】 县政协九届常委会紧紧围绕全县发展大局和事关人民群众切身利益的热点、难点问题，积极开展协商议政，建言献策。充分发挥九届七次全委会、县政协历次常委会会议、主席会议、专题会议、界别会议的协商议政平台作用，委员们围绕县委领导讲话、县政府工作报告及其他重要报告广泛协商讨论，思党委政府之所想，议人民群众之所需，提出有分量、有价值的意见建议20余条，并被县委政府及有关部门采纳。同时，坚持每季度至少召开一次常委会，围绕经济发展的重点问题和调研内容等开展专题协商。全年筹备组织召开了全委会议2次、常委会议6次、主席会议9次。

【重点协商】 县政协领导通过列席县委常委会、县政府常务会议和其他重要会议，参与对全县经济社会发展重大问题的协商研究。充分发表意见，积极为全县“十三五”规划编制建言献策。对事关民计民生的重大问题，有针对性地实施重点协商，向县政府提出各类意见和建议，多数意见和建议受到县政府和有关单位的高度重视，部分意见被采纳实施，为全县经济社会更好发展、更快发展、更大发展提供了有力的支持和保障。

【对口协商】 县政协各专委会主动加强与有关部门的联系沟通，通过参加各种座谈会、听证会，对如何加强和改进各部门工作提出意见和建议。2015年，围绕美丽乡村建设、水库生态移民工作、精准扶贫工作、社会保障工作、国有资产管理工作、快速铁路和高速铁路建设、乡村旅游等实施多次协商讨论。

【协商机制建设】 民主协商贯穿于政协履职全过程，县政协按照《中共黔西县委全面深化改革领导小组专题改革工作方案》和《黔西县2015年全面深化改革工作目标考核办法》，结合县政协机关实际，制定《黔西县政协深入推进协商民主广泛多层制度化发展改革工作实施方案》，成立领导小组及办公室，分解工作任务，使协商民主广泛多层制度化发展改革工作得到有序推进。

民主监督

【提案征集】 坚持着眼大局、研究大局、服务大局，深入实际、深入群众、深入一线，情况真实、分析准确、建议可行的提案要求，狠抓提案征集，改善民生福祉。九届四次会议期间，共收到委员提案112件，审查立案107件，涉及城管、教育、卫生、文化等方面，其中关系民生问题的7件提案作为主席重点督办，专门组织提案人、承办单位进行座谈面商，征求办理意见。截至2015年末，所有立案交办提案已办复104件，办复率达97%。

【调研视察】　按照“少而精”的原则，在多方征求意见的基础上，2015年县政协共确定7个重点调研课题，召开主席和专委会主任办公会议，分解落实调研任务。先后撰写完成《当前我县生态文明建设中存在的问题与对策》《黔西县殡葬改革工作目前存在的问题和建议》《我县林下种植业养殖业发展的现状及建议》的调研报告，提出意见建议40余条，得到县委、县政府领导及有关部门的肯定。组织县政协常委及专委会就扶贫攻坚、交通建设问题开展专题视察；配合省、市政协完成对黔西城乡社区建设、推进基层民主制度建设、山地特色城镇化中的文化建设、全市职业教育发展、城市管理综合执法、林下经济发展情况、生态建设与保护情况等课题的调研视察；完成省政协副主席孙国强一行到毕节开展专题调研、浙江省政协主席乔传秀一行到毕节考察的服务工作。2015年，配合省政协来黔西视察调研6次，配合市政协来黔西视察调研14次。

【社情民意】　履职为民是政协工作的根本任务，政协作为各界人士表达利益诉求的有效渠道，在和谐社会的建设进程中发挥着越来越重要的作用。县政协充分发挥民主监督、利益整合的作用，努力为民建言、办实事，推进社会各项事业的发展。2015年，共向市、县有关部门反映社情民意15条，内容涉及城市交通、学生安全教育与管理、殡葬工作、社会治安和生态建设等方面，其中《关于春季期间全面严厉打击各种违法犯罪》和《尽快整治县城东北环线交通拥堵状况》等的建议得到县领导的签批转有关部门具体抓落实。

【委员监督】　发挥政协委员的民主监督员作用，积极鼓励和支持委员行使民主权利，履行政协民主监督职能。组织省、市、县政协委员担任政风、行风评议员和公检法司等部门的特邀监督员、人民陪审员。委员们认真履行监督权和建议权，积极参加监督、检查活动，如实向有关部门和单位反映社会各界的意见，对改进部门作风、推进部门工作发挥积极作用。

参政议政

【服务项目建设】　县政协主席、副主席亲自挂帅，主动承担县域重点项目建设工作，县政协主席担任华润电力贵州煤电一体化黔西电厂项目建设指挥长，负责项目征地拆迁、协调服务等工作，确保项目建设顺利进行。一位副主席参与成贵快速铁路和贵黔高速公路项目建设，担任县高速公路铁路指挥部副指挥长，负责指挥、调度、协调有关工作，有效推进项目建设。

【驻村驻企帮扶】　积极参与“双百双助”活动，抽派县政协机关1名干部入驻华润电力黔西电厂，积极帮助企业协调解决建设中遇到的困难和问题。抽派县政协机关1名党员干部驻观音洞镇大元村帮助制定村级发展规划，协调解决生态建设、文化建设等方面存在的突出问题。县政协常委会组织工作组，到观音洞镇开展留守儿童、空巢老人、残疾人排查工作，为相关部门实施精准社会保障提供依据。县政协主席、副主席带队深入到联系乡镇，走访农户，倾听群众呼声，了解群众疾苦，帮助贫困村和贫困户制定帮村扶户措施，积极协调扶贫部门落实帮扶项目，切实帮助群众解决生产生活中的实际困难和问题。

【扶危济困】　加强与各族各界人士的沟通联系，组织社会力量参与“情暖花都——系列爱心活动”，协调民建省委为重新镇八角小学捐资6万元新建厕所。协调贵阳民建会员绿叶公益基金发起人为中建小学捐赠100套课桌凳。协调民建北京市委为黔西九小培训全校教师。引导民建支部、民建会员为云志中学患白血病的学生捐资8800元。组织爱心人士和企业为谷里、大关、绿化、钟山、红林、金兰、金碧、太来、五里等乡镇困难群众、空巢老人、留守儿童136户送去大米1320斤、菜油100斤、面条40斤。牵手农牧局为中建乡、观音洞镇部分困难群众送去杂交玉米种1000斤。协调爱心人士为观音洞镇沙井中学和鲲鹏小学捐赠电脑4台；单位出资和个人捐资相结合，在“六一”儿童节之际为雨朵、红林、中建等乡镇学校的学生送去价值5000元的学习用品和体育器材。争取到由民建会员发起的“绿叶公益之家”捐资3万元，为中建小学购置50套课桌椅。携手贵州同心商贸城和民建黔西工委共同捐资3万元，帮助黔西二中15名优秀困难学生踏进大学校门；积极联系民建上海市委，帮助黔西县20名初中学校骨干教师到上海接受培训。

自身建设

【委员能力建设】 政协作用的有效发挥，取决于每位政协委员的综合素质和参政能力，更取决于全体政协委员团结一心、合作共事的凝聚力和感召力。2015年，为进一步提高政协委员的履职意识，增强把握参政角度的能力，县政协利用主席会议、常委会议、界别活动、座谈会，组织委员对全国“两会”精神和政协理论知识进行学习，实施委员职责教育和撰写提案、社情民意、调研报告等业务能力培训。以界别为单位，积极组织委员开展视察调研、观摩法院庭审等活动。对政协委员参加全体会议、常委会议和调研、视察、考察等专题活动提出纪律要求，着力规范委员参加政协活动的行为，提高政协委员履行职能的质量和水平，促进政协工作的制度化、规范化、程序化建设。

【政协机关建设】 加强机关效能建设，按照“勤政、廉政、优政”的要求，以优质服务带动整体工作，充分发挥好组织协调、参谋助手和服务保障作用。制定机关学习计划，完善学习制度，及时传达学习中央、省、市、县的有关政策规定和文件精神，认真研读习近平总书记在庆祝人民政协成立65周年大会上的讲话和李克强总理在全国“两会”上所做的《政府工作报告》。全年选派县处级、科局级和一般干部共8名分别到上海社会主义学院、深圳市经理进修学院、省政协、省社会主义学院和市委党校学习。开展班子成员专题党课讲座，召开政协党组“三严三实”专题学习研讨会，组织干部职工到看守所开展警示教育，把遵守党的政治纪律和政治规矩变成自觉行为，不断提高机关党员干部的宗旨意识、廉洁从政意识、大局意识和服务意识，形成团结一心、风清气正、和衷共济的局面。

【党风廉政建设】 落实“两个责任”，把党风廉政建设和反腐败工作与业务工作同安排、同部署。结合“三严三实”专题教育和党的群众路线教育实践活动，开展党风廉政、正反典型警示学习十余次，组织党员干部认真学习习近平总书记系列重要讲话精神、《中国共产党廉洁自律准则》《中国共产党纪律处分条例》《中国共产党问责条例》，让党规党纪在心中扎根。强化制度建设，严格检查考核和责任追究、“三公”经费管理、大额度财政资金备案公开制度，层层签订落实八项规定责任书和廉政承诺书，让干部职工不越纪律红线、坦坦荡荡做人、清清白白做官。

中国共产党黔西县纪律检查委员会（县监察局）

工作综述

【概况】　2015年，中共黔西县纪律检查委员会（县监察局）贯彻落实中央和省、市纪委全会精神，围绕全面从严治党、依规管党治党主线，强化执纪监督问责主责主业，坚持常规工作整体推进、重点工作突出特色亮点的思路，进一步严肃纪律，加大宣教力度，强化监督检查和纪律审查力度，切实把纪律和规矩挺在前头，坚定不移地推进党风廉政建设和反腐败工作，为黔西决战贫困、提速赶超、同步小康提供坚强保障，较好地完成了各项工作任务。

【廉政宣教】　将中央和省、市、县纪委全会精神作为宣传重点，在15个乡镇和35个县直部门进行宣讲；组织全县各乡镇（街道）、县直各单位干部职工到廉政基地开展"一把手"讲党课、纪委和检察院相关专业人士开展预防腐败和职务犯罪专题讲座等为主要内容的教育培训活动20余场次，接受教育的党员干部达5000多人；开展廉政教育活动35场次，接受教育的党员干部达1800多人；开展廉政文化进非公企业宣传教育活动1次，在非公企业、景区等设置廉政文化宣传栏10块、宣传标语25条；由县纪委自编剧本，组织群众参与拍摄微电影《别种下后悔的种子》，刻录400张光碟发放到29个乡镇（街道）及361个村（社区）供党员干部观看。大力开展宣传报道工作，全年在《人民日报》刊出1条、在《贵州日报》刊出8条、在贵州电视台播出2条、在《中国纪检监察报》刊出1条、在《中国纪检监察》刊出1条、在《贵州党风》刊出1篇、在《理论与当代》刊出1篇、在《毕节日报》刊出40条、在《乌蒙新报》刊出38条、在市纪委网站刊出20条、在毕节电视台播出3条。

【正风肃纪】　强力落实中央八项规定，持续纠正"四风"，成立刹风整纪专项治理领导小组，下设6个明察暗访小组，全年共下发全县通报批评文件5个，通过"黔西县作风举报投诉直通车"微信公众平台，点名道姓通报48人。共查处违反八项规定问题9件，处理28人，纪律处分10人，其中违规使用公务用车问题3件，给予纪律处分4人、解聘4人；查处违规发放津补贴或福利问题1件，给予纪律处分1人；查处违规收送礼品礼金问题3件，通报批评15人、纪律处分3人、诫勉谈话2人、提醒谈话1人；查处违规操办酒席2件，纪律处分2人。全县共查处上班期间玩游戏、迟到、早退、缺岗、工作日午间饮酒、违反会议纪律等问题94件，纪律处分5人、诫勉谈话9人、提醒谈话10人、解聘1人、责令公开道歉1人、书面检查17人、通报批评51人。查处在公共场所打麻将问题2件，纪律处分2人；查处国家公职人员参与赌博问题

6件，纪律处分6人。

【纪律审查】　整合县直机关纪检组与乡镇纪委组建案件协作组，重点查处一批损害群众利益的民生案件。充分发挥反腐败协调小组作用，整合司法、审计、组织等监督机关力量，严肃查处黔西县人民法院纪检组长朱斌、县人社局局长邹平娥等一批大案要案，起到较好震慑作用。2015，全县纪检监察机关共立案111件，结案99件，给予党政纪处分106人（受双重处分7人），党纪处分88人（其中警告42人、严重警告15人、撤销党内职务1人、留党察看1人、开除党籍29人），政纪处分25人（其中警告7人、记过6人、记大过1人、降级2人、撤职1人、开除8人）。受处分人员中，涉及乡科级干部16人、一般干部24人、其他人员66人。从主要违纪行为看，居前三位的是：失职渎职行为类33件，占31.1%；妨害社会管理秩序行为类29件，占27.4%；贪污贿赂类15件，占14.2%。移送司法机关12人。

【民生监督】　实现民生监督组日常巡查工作与县委巡查组专项巡查、重点巡查工作有机结合。2015年，民生监督组共开展日常巡查1059次，向乡镇党委、政府发出巡查建议书713份，督导整改问题551个；将民生项目实施、民生资金物资发放和项目分管领导、民生监督组责任人履职情况纳人权力运行责任监督备案并公示；更新群众监督员名单库，明确监督员的职权职责，实行举报奖励机制，落实50万元作为362个民生监督委员会专项奖补资金；结合村级“三述一评”，实现廉政质询常态化，共举行廉政质询168场次；建立协作办案机制，实现部门纪检组与乡镇民生监督组同奖惩、同考核。全年共立案调查民生领域违纪违法案件119件，结案90件，党政纪处分96人，移送司法机关24人，追回涉案资金579.45万元；启动民生整治铸廉行动，将民生技能培训专项资金管理使用纳入重点民生项目专项整治，共清理2013以来民生项目2350个，资金513889万元，发现问题751个，整改建立相关制度8项。

【队伍建设】　县纪委（监察局）新进常委3名，使班子队伍得到补充和完善；落实“两个为主”，考核选拔19名机关内设室、纪工委内设室和部门纪检组负责人，选调8名优秀乡镇（部门）纪检干部到机关挂职锻炼。先后3批选派13名干部分别到北京大学、井冈山和深圳参加纪检监察业务培训，选派1名干部到贵阳参加纪检监察信息化建设培训。在民生监督组基础上，整合人力资源，组建29个案件协作组，每个协作组有5~7人，由县直部门纪检组长、乡（镇、街道）纪委（纪工委）书记、相应县直部门和乡（镇、街道）的其他纪检干部组成，工作目标同挂钩、同考核，协作组获取的重要案件线索直接向县纪委常委会报告。

工作创新

【体制改革】　强化责任追究，倒逼“两个责任”落实，县委成立巡查工作领导小组，首批抽调12名改非老同志到巡查办工作。2015年，共有9名领导干部受到主体责任追究，其中给予党政纪处分2人、诫勉谈话4人、提醒谈话1人、约谈2人。认真落实“两个为主”，强化上级纪委对下级纪委的领导，县纪委新成立案件监督管理室，掌控乡镇纪委上报案件线索119条；会同县委组织部考察并任用3名乡镇纪委副书记和1名部门监察室主任，建立乡镇纪委副书记和部门监察室主任后备干部名单库，为县、乡两级纪委换届做好准备。强化派出（驻）机构管理，强化查办案件、问责处理、信息宣传等硬指标考核，按月调度工作，实行“流动红旗”评比。新增25个部门和国有企业纪检专干45名，解决每人每月220元办案补贴，全面增强全县纪检监察力量。

【权力清单运行备案】 在市委、市纪委和县委的大力支持和正确领导下，县纪委（监察局）在加强权力运行监督中勇于改革、敢于创新，推出权力清单网上晒、县乡村三级权力运行备案监督全覆盖、问题倒查问责到人等举措。坚持法无授权不可为、法有授权必须为，严格要求各级各部门在研究工程招投标、政府采购、土地招拍挂、扶贫济困资金分配使用、公开招聘招录人员等“三重一大”事项时，须填写《黔西县权力运行责任监督备案表》送纪检监察机关备案。备案表详细记录研究会议的时间、地点、主持人、参会人员及会议决议概要；明确事项分管（具体）负责人、监督负责人职能职权及监督记录等内容。每次备案由纪检监察机关根据实际随机抽派7名群众监督员参与监督，备案单位从备案之日起3日之内将备案事项基本情况和备案表上传黔西廉政网进行公开，并同时在本单位的政务公开栏、村务公开栏公开。监督员及时向纪检监察机关提供有效证据和问题线索，随时与纪检监察机关沟通互动，对提供给纪检监察机关的有效证据线索，达到问责或处分党员干部的，给予200~1000元奖励。在项目工程验收或资金结算后向县纪委或相应纪工委报送监督报告。审计部门将项目资金的分配使用备案情况纳入审计，并向纪检监察机关移送问题线索；县纪委监察局会同县财政局、县审计局行文规定，各乡镇（街道）、县直各单位报销项目资金时，必须向财政部门上交该项目资金分配使用备案表，没有备案的项目资金，财政一律不予报销，为权力清单运行备案监督工作提供刚性制度保障。制发《权力清单运行管理责任追究办法》，对失职、渎职、越权、备案信息不真实、监督不到位、造成不良后果的，纪检监察机关将依据备案表上相应责任人的职责，严肃追究其主体责任和监督责任，实行责任倒查，追究到人，构成犯罪的移送司法机关处理。推行权力清单运行备案监督以来，全县纪检监察机关备案事项553个，发现和纠正权力运行中不作为、乱作为问题214个，对权力运行失范行为问责87人。其中提醒谈话45人、诫勉谈话34人、党政纪处分8人，节约资金329万元，挽回经济损失112万元。

【作风举报投诉直通车】 4月，县纪委（监察局）开通“黔西县作风举报投诉直通车”微信公众平台，平台设立“信息公开”“作风动态”和“特别提醒”三个栏目。公众可以通过“信息公开”栏目适时对全县29个乡镇（街道）和83个县直部门的党务、政务、村务、涉农资金、三公经费等公开内容进行监督，及时通过微信公众平台提出质疑，切实拓宽纪检监察监督渠道。“作风动态”栏目主要宣传中央、省、市、县作风相关规定，及时对查处的顶风违纪典型案例进行通报曝光。特别提醒栏目详细向公众介绍举报受理范围、举报方式及常见的违反作风纪律行为等内容，若发现党员干部的违纪违法行为，可及时通过微信“随手拍”功能发送文字、图片和视频等进行投诉检举。平台管理人员接到微信相关举报信息后，将第一时间与微信用户直接对话，对举报信息进行核实查处后，及时将查处情况反馈给举报人。截至2015年年末，公众平台关注人数达682人，通过该平台接到群众举报3条，发现问题1个、整改1个，通报有关违纪违规问题2批12人。

【万名群众监督员】 在2014年聘请万名群众监督员基础上，2015年3月6日，县纪委（监察局）制定下发《关于进一步完善“万名群众监督员”管理制度的通知》，及时补聘补全群众监督员，确保群众监督员遍及城乡大街小巷、机关单位、学校、企业，确保全县362个村（社区）、3957个村（居）小组均有2~3名，达到监督全覆盖，并明确授予群众监督员8项职权职责。调动群众监督员的工作积极性，对提供问题线索事实清楚、证据确凿、经查证属实、被举报人受到党政纪处分的，奖励监督员500~1000元；被举报人受到问责处理的，奖励50~200元；对履职尽责表现突出、工作成效明显的，每月按50~200元予以奖励。严格执行保护检举规定，对群众监督员个人信息及提供线索内容严格保密，涉及相关财务凭证的由纪检监察机关作为密件保存。对泄漏举报问题线索情况导致案件查处工作受阻或群众监督员受到打击报复的，依照党纪政纪严肃处理，构成犯罪的移送司法机关追究刑事责任。5月20日，制发《黔西县勤廉群众监督员培训方案》，着力提高群众监督员的监督举报技巧，促使群众监督员掌握监督举报的方式方法。全县10017名群众监督员共开展跟踪监督检查633人次，提供问题线索175件。

群众团体

县总工会

【概况】 县总工会紧紧围绕全面建成小康社会、全面深化改革、全面推进依法治县的总体目标，坚持稳中求进总基调，牢牢把握工作重心，求实创新，锐意进取，不断深化“五大行动”，在工会工作科学化、法治化水平上进行积极探索和大胆实践，全面提升新形势下工会组织服务职工群众的能力和水平，各项工作取得明显成效。截至2015年年末，全县有乡镇（街道、园区、基地）总工会31个、行业系统工会联合会15个；有基层工会组织812个，其中企业工会组织234个、机关事业工会组织211个、村级工会组织364个、个体经济组织3个；共有工会会员97676人。2015年新增工会组织11个，新增会员19010人。

【工会组织规范化建设】 按照省总工会“六有”“六好”标准，扎实推动基层工会组织规范化建设。制定全县基层工会组织规范化建设三年规划，全面开展建会、建制、建家工作，不断夯实基础。有效整合乡镇（街道）文化服务站、职工食堂、职工宿舍、职工书屋等资源，打造“会、站、家”一体化乡镇（街道）工会组织29个，使工会阵地建设内容更充实、功能更齐全、作用更明显。重点打造洪水镇、林泉镇、文峰街道等9个乡镇（街道、园区）规范化建设示范点，推荐上报基地、莲城、周氏农业综合开发有限公司3个省级工会规范化建设示范点。大力开展农民工入会集中行动，积极扩大工会组织覆盖面。通过在《黔西报》刊登农民工入会集中行动宣传专版，大力宣传农民工入会的好处等知识，最大限度地把建筑、家政等行业的农民工组织到工会中来。积极争取上级工会支持，在各乡镇（街道、园区、基地）总工会及部分行业系统工会联合会配齐41名兼职社会化工会工作者，为工会工作注入新的活力，增强工会组织服务职工群众的能力。同时，在工会组织中全面健全经审、女工组织并同步发挥作用，基层工会经审组织同步组建率达100%，县总工会经审会完成对本级工会2014年财务收支预算执行情况及资产管理情况的审查审计工作，指导基层工会开展经审工作，按程序对烟草公司、文峰、教育等5个基层工会经费进行审查审计。女工组织同步组建率达100%，234家企业全部签订女职工特殊权益保护专项集体合同。

【工会履职能力建设】 积极组织各类培训，提升干部素质，邀请省总工会领导为全县140多名基层工会干部及信息员进行工会业务知识培训，对70名通讯员进行工会新闻写作技巧等知识培训；举办全县非公企业党组织书记和工会主席培训班，100余名基层工会负责人及非公企业负责人、党组织书记参加培训；选派30余名工会干部参加上级工会举办的各类培训。同时，组织全县各级工会干部通过“百万公众网络学习工程”、毕节市干部在线学习平台等加强学习，提高工会干部为职工群众服务的能力和水平。强化工会经费保障，转发并认真贯彻落实省总工会《关于贯彻落实全国总工会加强基层工会经费收支管理的通知的实施意见（试行）》精神，将行政、事业单位工会经费列入财政预算；加强税务代收协调和监管，实现工会经费稳步增长。做大做强工会资产，县总工会积极筹备工人文化宫前期有关工作，各基层工会把“职工之家”建设纳入各级文化中心建设的内容，整合资源，采取多种运作方式盘活工会资产，努力形成工会实业支持工会事业发展的良好局面。

【考核激励机制建设】　制定《黔西县2015年度基层工会业务目标考核细则》《黔西县基层工会工作奖惩办法（试行）》《黔西县总工会机关2015年工作奖惩办法（试行）》，对各基层工会每个阶段开展工作的情况进行督促检查，将考核结果作为工会干部和基层工会组织评先选优、划拨工会经费的依据，有效地激发各级工会干部的积极性和创造性。实行基层工会联系制度，县总工会班子成员各自对所负责的基层单位进行督促指导，适时通报相关情况，对工作中涌现出来的先进典型及时加以宣传和推广；对发现的问题，有针对性地提出改进措施，切实保证各项目标任务的最终完成。

【工会宣传】　加强工会新闻宣传工作，努力做大工会工作和工运事业的传播力和社会影响力。修订完善《黔西县总工会宣传报道工作奖励办法（试行）》，调动广大干部职工宣传工会工作的积极性；加强工会网站建设和维护，打造工会工作宣传平台；及时向市总工会报送信息及职工日常思想动态，积极向有关媒体提供稿件，在《劳动时报》刊登黔西工会重点工作专题报道5期，在“黔工网视”播发黔西工会新闻3期，被《贵州日报》《毕节日报》、新华网、中国文明网、省总工会网站等媒体刊发黔西工会信息200余条。

【建功立业大竞赛】　扎实开展“建功立业大竞赛”行动，促进企业健康发展。做好劳模推荐和服务工作。推荐上报的4名省级劳动模范（先进工作者），得到省委、省政府的表彰奖励；在春节、“五一”期间走访慰问困难劳模40人，发放慰问金2万元。组织职工开展技能竞赛。县总工会组织4名职工参加全市手工制茶大赛，全县各级工会积极组织职工开展“护士岗位技能竞赛”“党政机关职工计算机技能竞赛”“家政技能竞赛”“教师优质课竞赛”“茶叶制作竞赛”“电工、焊工技能大赛”等各种技术比武和岗位练兵技能大赛，不断提高职工的技术、技能水平。全县85%以上的企事业单位开展了劳动竞赛，参赛职工达82%；组织企业开展“五比一创”劳动竞赛，促进企业又好又快发展。创建“工人先锋号”。紧密结合班组建设，创建县级工人先锋号5个。

【和谐企业大创建】　扎实开展“和谐企业大创建”行动，构建和谐氛围。继续开展“劳动关系和谐企业”创建活动。推动企业建立协调稳定的劳动关系，充分调动广大职工的积极性和创造性。做好省级“劳动关系和谐企业”选树工作，积极推荐上报企业参加省级“劳动关系和谐企业”评选，黔西中水发电有限公司获贵州省“劳动关系和谐企业”称号。推进工资集体协商工作常态化。深入贯彻实施《贵州省企业工资集体协商条例》，组织召开全县工资集体协商集中要约行动会议，积极有效地推动全县工资集体协商工作的开展。在全县234个企业工会组织中，32家国有企业均签订工资集体协商专项集体合同，202家非公企业签订工资集体协商专项集体合同195家，签订率达97%；签订行业性工资集体协商合同5份，覆盖企业140个；签订区域性工资集体协商合同3份，覆盖企业31个。培育选树卫计系统工会、工业园区总工会2家行业性、区域性工资集体协商典型示范点。已建工会企业集体合同建制率动态保持在95%以上。加强企事业单位民主管理工作。深入开展“公开解难题、民主促发展”主题活动，建立职代会代表巡查制度，聘请600多名非公企业职工代表，在企业开展巡视监督工作。全面落实事业单位职代会制度，234个企业工会组织中，32个国有及其控股企业、集体企业职代会和厂务公开建制率达100%，186个企业召开职工（代表）大会，推进厂务公开制度，建制率达92%。推荐上报黔西光亚商贸有限公司、水西中学2个单位为全省厂务公开民主管理示范单位并通过检查验收。

【职工素质大提升】 开展“职工素质大提升”行动，提升职工素质。大力开展“劳动模范上讲堂”活动。充分发挥劳模示范引领作用，全县共开展“劳动模范上讲堂”活动61场次，其中劳模巡回宣讲4场。组织职工开展各类文体活动。春节期间组织职工参加全县2015惠民文化系列活动；“五一”期间组织职工参加“中国梦·劳动美”职工篮球运动会、歌咏比赛和广场舞比赛，县职工女子篮球队获市一等奖；组织职工参加“争当学习型员工”经典诗词朗诵比赛，选送2件作品参加全市比赛，其中1件获全省优秀奖；组织全县职工参加“中国梦·劳动美”职工法律知识竞赛活动，并选拔1支队伍参加全市比赛；组织职工参加“阳光女性·幸福中国”征文活动，3人获得优秀作品奖；组织职工参加“中国梦·劳动美·幸福路”第二届全国职工摄影大赛，共上报作品20余幅；组织职工参加“书香为伴·关爱同行”职工读书教育活动，共收读书心得72篇。打造各级“职工书屋”。推荐上报国家级“职工书屋”1个（黔西县水西中学工会委员会），打造2家省级“职工书屋”示范点（林泉镇、杜鹃街道大兴社区），推进职工队伍知识化进程。组织职工参与网络学习。各基层工会组织均20名以上职工登录“全国职工素质建设工程网”参加学习，全县共有920人注册申请加入培训。

【维权帮扶大推进】 扎实开展“维权帮扶大推进”行动，切实维护职工合法权益。建立帮扶站点。建立乡镇（街道、园区、基地）、村（社区）、企业职工服务（帮扶）站点430个，配有法律援助工作者和志愿者46名。整合各方资源，不断扩大帮扶工作覆盖面。开展帮扶活动。真情关爱困难职工和特困群体、空巢老人、留守儿童和外出务工人员。元旦、春节等节日期间慰问帮扶困难职工（农民工）1436人次，发放帮扶资金43.8万元；帮扶救助特困企业10个，送去2万元慰问物资；临时生活救助92人，发放资金3.95万元；医疗救助21人次，送去救助资金4.36万元；“六一”期间走访慰问留守儿童74名，送去慰问金2.2万元；出资7.6万元开展金秋助学活动，资助38名困难职工子女喜圆大学梦；结对帮扶留守儿童251名，投入资金12万元。举办“春送岗位”企业招聘会。扶持和促进下岗失业人员、就业困难人员等群体实现就业，促进就业480人。协助人社局等单位促进就业1892人。落实“百万职工技能培训”计划。组织98名下岗职工（农民工）、55名家政女到利美康光彩职业技术学校参加电工焊工、美容美发、家政服务职业技能培训，促进下岗职工（农民工）、家政女实现再就业。联合县安监局举办煤矿安全群众监督检查员培训班，全县各煤矿100余名群监员参加培训。整合县人社局、扶贫办、安监局、关工委等单位资源，培训职工（农民工）2500人。积极参与职工矛盾纠纷调处工作，全年接待职工来信、来电、来访48件，协调有关部门处理44件；加大对拖欠农民工工资的追讨力度，协调有关部门为农民工追讨欠薪500多万元，切实维护职工的合法权益。

【节能减排大参与】 开展“节能减排大参与”行动，促进生态文明建设。积极动员广大职工参与“绿化黔西”行动，建设20亩“黔西县职工劳模示范林”，作为工会干部职工及劳动模范的学习实践基地，发挥工会组织在“绿化黔西”行动中的积极作用。广泛开展节能减排达标竞赛和“我为节能减排献一策”活动，发动职工出点子、想办法、改进工艺、创新技术，增强职工的生态文明理念，实现企业经济效益和环保效益同步发展。全县聘请节能减排义务监督员255人，对重点单位、部门、重点企业的节能减排工作开展有效监督，共收到职工提出的“五小”成果32项。

【扶持农民工创业】 积极扶持返乡农民工创业，开展“回乡创业展风采”系列活动。在黔西电视台、黔西刊社分别开辟“回乡创业展风采”专栏，培育选树回乡创业先进典型，发挥典型引领作用，带动群众创业致富。县总工会组织召开“黔西县回乡创业展风采”活动座谈会，对2014年荣获创业先进个人的30名返乡创业农民工和获得优秀作品奖的15名记者颁发奖状及奖金，并将创业先进典型事迹汇编成册广泛宣传，激发更多有识之士回乡创业的信心和决心。2015年共选树40余名返乡创业农民工的先进典型。加大“惠工贷”宣传力度，与县农商行密切配合，为符合条件的返乡农民工创业企业办理“惠工贷”专项贷款。协调县农商行为杨勇皂角基地贷款500万元，缓解其周转资金困难的问题，调动返乡农民工的创业积极性。培育杨勇皂角基地为全县返乡农民工创业示范企业。

【女职工关爱行动】 深入实施女职工“关爱行动”，把女职工“关爱行动”与工会两节“送温暖”“六一”慰问、“结对帮扶”等活动结合起来，推动帮扶困难女职工工作取得新成效。“三八”期间走访慰问困难女职工，开展“女职工维权行动月”活动，加强对女职工的健康帮扶和心理关怀，普及女性健康知识，提高女职工的心理素质和心理健康水平。积极推进女职工妇科疾病普查和女职工“两癌”筛查，加强对患病女职工的帮扶救助。协调有关部门推动失业女职工、待业女职工和困难女职工、单亲女职工的就业培训和再就业工作。组织女职工参加妇检、健康讲座等，关注女职工身心健康。全年共投入帮扶资金22.31万元，帮扶困难女职工703人。建成黔希煤化工1家“母婴温馨小屋”，使女职工权益得到很好的维护。

【职工医疗互助】 积极开展职工医疗互助工作，切实解决职工因病返贫、致贫问题。积极向市总工会争取支持，在太来乡和县开发区内循环经济工业园区分别建立职工医疗互助活动试点，成立领导小组，制定工作方案。县开发区循环经济工业园区筹集医疗互助保障金9.2万元，太来乡筹措医疗互助保障金9.47万元。

【劳模创新工作室】 强化劳模管理工作，按照省总工会、市总工会有关文件要求，制定工作方案，提出确立“两种模式，遍地开花”的创建思路，共创建53个“劳模创新工作室”，其中6个以单位名字命名、7个以劳模名字命名。依托“劳模创新工作室”，充分发挥劳模和各类先进工作者的模范引领作用，加强先进人才和技术能手的培养，造就一支学习能力强、创新能力强、业务素质高的职工队伍。

【工人讲师工作室】 制定《黔西县总工会“工人讲师进企业”活动实施方案》，建成“工人讲师工作室”27个，聘请法律工作者、劳动模范、技术能手等各类人才40名作为县级“工人讲师”。各基层工会根据实际情况组建讲师团，全县共有“工人讲师”100余人。各基层工会陆续开展“工人讲师进企业”活动，共开展法律知识、社会主义核心价值观进企业等活动30余场，聆听职工达9000多人次；开展技术、技能授课500多场次。

【关爱留守儿童】 制定并下发《黔西县总工会关于在全县工会组织中开展关爱农村留守儿童“双百”活动的实施方案》，在全县工会组织中开展“百名工会干部关爱百名留守儿童”活动（简称“双百”活动）。全县各级工会组织主动承担社会责任，积极参与关爱农村留守儿童工作，实行“一对一”“一对多”等多种形式，切实帮助解决农村留守儿童在成长过程中存在的具体困难和实际问题，帮助农民工解决后顾之忧。县总工会在驻村帮扶联系点素朴小学和留守儿童集中的思源实验学校分别建立“工会爱心之家”，提供亲情电话、心理辅导和法律援助。189名工会干部与251名留守儿童结成关爱对子，工会干部成了留守儿童的“爱心家长”，时刻关注留守儿童的生活和学习情况。同时，劝返留守儿童家长近千名，使留守儿童数量逐渐减少，从根本上解决留守儿童问题。

共青团黔西县委

【概况】 共青团黔西县委坚持以邓小平理论和“三个代表”重要思想为指导，深入贯彻落实科学发展观，认真学习贯彻习近平总书记系列重要讲话精神以及党、团相关会议精神，按照团省委、团市委的工作安排部署，围绕县委、县政府中心工作，以加强基层团的组织建设为主线，以服务青年为重点，不断深化团的品牌工作形成，圆满完成各项工作任务。

【春晖行动·青春助力】 “春晖行动”是共青团贵州省委创意、发起的一项大型社会公益活动，旨在“弘扬中华文明，反哺故土亲人”，充分发挥“亲情、乡情、友情”的情感纽带，激发赤子情怀，感召游子返乡，共同促进家乡经济文化发展，促进社会和谐进步。2015年，共青团黔西县委在开展“春晖行动”中，大力强化春晖理念宣传，积极动员“春晖使者”参与家乡发展；进一步完善春晖行动人才库和项目库，建立春晖协会1个、“春晖行动示范基地”2个，礼聘“春晖使者”10人，完成“春晖梁才助学计划”指标任务6个，实施“春晖行动·微笑列车”唇腭裂修复慈善项目4人，完成观音洞镇1个市级春晖家园计划项目申报工作，投入资金74.5万元。搭建春晖行动活动载体，举办以“游子反哺春晖·同心共谋发展”为主题的首届同心春晖文化艺术节，覆盖群众2932人。携手黔西县12家爱心企业，举办以“赤子情怀哺故土·爱心拍卖显真情”为主题的2015年春晖主题活动暨爱家联盟惠民工程第二季活动，募集爱心拍卖资金6万元。推进“春晖行动”文化建设，全县共建成乌螺坝布衣风情春晖文化广场、春晖小屋，观音洞镇春晖文化广场，甘棠镇世杰春晖文化长廊、春晖中草药种植示范园，大寨小学春晖班，大关镇春晖小水窖、春晖爱心午餐、春晖食堂、春晖书屋，春晖路。“春晖行动”深入人心，取得实效，助推黔西经济社会发展。

【传统文化·青春传承】 深化“青少年道德讲堂”工作，传播文明好声音，传递文明正能量。开展道德讲堂叙中秋、“宣传部长上讲堂”进校园讲文明等活动，惠及青少年500余名。通过唱歌曲、看短片、听故事、诵经典、做评价、说感言等环节，全力推进全县形成“明礼知耻、崇德向善”之风，将“宣传部长上讲堂”主讲者延伸至领导干部、教师职工和市民群众，把活动地点延伸到学校、社区、企业、村组，积极打造人人讲道德讲文明、人人知礼仪做好人的良好氛围。大力开展青少年文化活动，深入推进青少年思想引导工作，以培育和践行社会主义核心价值观为根本，以争做诚信守法感恩青少年为重点，丰富青少年文化活动，营造良好的学习氛围。深入推进“祖国好家乡美”“红领巾相约中国梦——关注少代会，当好小主人”系列活动。深入推进校园文化建设，弘扬爱国主义、集体主义的光荣传统，营造良好的校园文化气氛；拓宽心理健康教育的新渠道，探索心理健康教育的新形式和新手段，发现和培养学生的个性与特长。全县以“五四”“六一”“12·9”等重要节日、纪念日为契机，开展形式多样的现场活动、心理剧比赛、青少年书画大赛，惠及青少年2000余人。

【美丽毕节·青春绿动】 全力推进“共青林”建设。团县委组织各乡镇（街道）团委、林业站等部门的团员青年，组成植树造林青年突击队29支和由农村团员青年组成的植树造林小分队362支，倾力打造杜鹃街道办事处牌庄社区、大关镇关心村、钟山镇仙娥村等“共青林”示范点。全县各级团组织已累计开展植树造林活动40余次，参与团员青年1.2万余人，累计植树造林500余亩。全力推进保护母亲河行动。组织全县中小学生200余人参与开展“保护母亲河”整脏治乱行动，共发放宣传资料1000余份，提供环保咨询100余人次，努力营造生产方式绿色化、生活方式绿色化，形成人人、事事、时时崇尚生态文明的社会新风尚。

【网络阵地·青春声音】 加强共青团系统新媒体运用。加强微博、微信、微邦、H5页面等新媒体的应用，多角度、全方位地开展共青团宣传工作，实现“屏、网、纸”三线齐上，快速带领青年发声，切实解决青年问题。全年获市级以上媒体报道团县委工作12次，其中中央级媒体报道4次、省级媒体报道6次、市级媒体报道2次。在团市委年终目标考核中获一等奖。壮大共青团系统宣传员队伍。组成由各乡镇（街道）团委（团工委）书记或负责人、全县区内的青年志愿者组成的宣传员队伍，宣传“春晖行动”、希望工程、志愿者工作及各基层团组织工作中的亮点和特色，宣传青年团干为青春事业做贡献，创新工作办法、措施和取得的效果，丰富共青团门户网站和信息报道，宣传和营造青年文化，提升正能量。

【经济发展·青春色彩】 服务和引导青年创业就业。帮助23名青年自主创业，带动40名青年创业，全县涌现出青年创业带富能手10名，申报创业带富项目5个，创建青年创业示范基地4个，创建花都青年创客平台1个。通过青年创业带富能手创办的各类种植业、养殖业、加工业、服务业基地，解决200名青年就业；举办电商培训、岗前引导性培训、职业技能培训等为重点的青年创业就业培训班2期，培训青年120人；礼聘10名各界专家、企业家、技术人员等为青年创业导师，并提供技术、信息、资金、创业经验等各项服务。鼓励和引导青年岗位建功。把电商培训、创业带富工作列为团县委年终考评乡镇团委工作成绩的一项重要内容，要求每个团干对电商工作进行宣传，对有开办电商意向的青年进行调查摸底，保证全县电商工作有序开展；每月对全县各乡镇进行一次督查，使创业带富工作得以顺利开展。组织和引导青年服务社会。加强队伍建设，完善志愿服务体系。截至2015年12月，全县注册志愿者70406人，招募西部计划、千人计划志愿者27人，社会青年志愿者1万余人，有效推动文明城市创建活动的深入开展。大力引进市外志愿服务团队，扩展志愿服务手臂，联系广东海洋大学寸金学院志愿服务队到新仁乡开展为期15天关爱留守儿童活动；协调毕节职业技术学院志愿服务队到县青少年育才学校开展心理辅导、法律宣传活动等。全年累计筹集资金60余万元，开展各类志愿服务活动30余次，慰问留守儿童800余人，结对农户30余户，发放宣传资料3万余份。

【维权服务·青春微笑】　加强青少年服务平台建设。全县建成13个青年综合服务平台，共有实体面积3685平方米，完成规定总体目标的44.8%；建立以团委书记为主要负责人，“团干+志愿者+社工”的工作队伍，并配备至少1名专职团干负责日常管理维护。依托平台，共建立22支志愿服务队，提供包括心理咨询、学习辅导、法律援助等22项特色服务，全年开展各类青少年活动30余次。强化青少年权益保护工作。以“微笑小屋”为阵地，积极开展《青少年权益保护法》和《未成年人保护法》《预防青少年违法犯罪法》宣传活动，先后印发宣传资料5000余份，开展青少年权益保护和预防青少年犯罪法律咨询200余次，教育转化青少年120余人。联合县司法局成立“黔西县法律援助中心驻团县委法律援助工作站”，为青少年健康成长提供保障。推进实施山区希望工程。充分发挥共青团的组织优势，以开展“青春关爱”行动为推手，重点围绕山区希望工程基金筹资、捐资助学等工作内容，不断提升希望工程的管理和服务水平。全年共筹集山区希望工程资金160万余元。联系现代汽车公司，为学校捐助价值13万元的教学物资；联系广州军区总医院，启动2015年“爱佑童心”项目，完成22例青少年先天性心脏病手术；联合万丰国际商贸城，筹集资金50万元，为800余名农民工子女、留守儿童、孤寡老人捐赠物资、发放助学金，成功与太来乡12户困难户进行“一对一”结对帮扶。积极开展“国酒茅台·国之栋梁”“习酒·我的大学”“同心·光彩助学”“康德基金会”等助学活动，并广泛联系社会爱心人士与大学生结成“一对一”帮扶，共募集资助款120万元，资助贫困学生120余名。在协和中学建设“雨露家园——留守儿童自立自强中心”1个，在金碧沙龙小学建立现代汽车“梦想之屋”1个。联合县教育局、县关工委等多家单位开展“同心伴你·快乐成长”“青春同行·雪亮心灵”等关爱留守儿童活动，筹集关爱留守儿童资金10余万元。

【组织建设】　不断强化“党建带团建”工作机制，切实加强团组织建设。打造青年创业示范基地5个，培育青年致富带头人20名，完成区域化团建、非公团建工作，新建街道团工委4个、驻外团工委2个、非公团组织70个，覆盖青年1000余人。评选表彰省、市、县三级“五四红旗团委、团支部”29个，“优秀团员、团干部”40个，评选表彰市、县少先队优秀集体19个、优秀个人80个，在全县树立良好典型。以理论教育、技能竞赛等为抓手，不断提升团干部的综合能力，坚持团县委机关每周三干部职工党的政策理论、团的业务知识学习制度；开展基层团干部培训，培训人员达120人；开展写作、演讲、新媒体运用3项技能大赛，为团干部成长提供有力助推，切实提升全县团干部服务经济社会发展的能力。

县妇女联合会

【概况】　县妇联坚持以邓小平理论、“三个代表”重要思想、科学发展观为指导，全面贯彻落实党的十八大及十八届三中、四中、五中全会，省委、市委、县委相关工作会议精神，紧紧围绕全县发展思路和年度目标任务，以践行党的群众路线教育实践活动为主线，切实维护妇女儿童合法权益，促进男女平等，为全县经济社会发展做出积极贡献，得到上级妇联、县委县政府和社会各界的充分肯定，多项工作被《中国日报》、新华网、中国文明网、贵州妇女网、《毕节日报》等媒体予以报道。

【锦绣计划】 “锦绣计划”是贵州省结合地方贫困特点和当地产业发展实际，通过企业扶持、平台搭建、人才培养等方式，搭建起妇女创办特色手工企业、促进创业带动就业、实现居家灵活就业，提高贫困地区家庭收入水平的平台。年初，县妇联组织召开专题会议，安排落实年度目标任务，着力推进“锦绣计划”。积极推荐“锦绣妇女”参加中国（贵州）第一届国际民族民间工艺品文化产品博览会妇女特色手工（刺绣）技能大赛毕节选拔赛；参加毕节市“百名绣娘”手工技艺展示展销等活动。2015 年 8 月，组织全县 100 名妇女参加为期 1 周的“锦绣女”培训。

【“巾帼建功基地”建设】 根据上级妇联要求，在巩固往年创建的“五星级巾帼建功示范基地”的基础上，将协和镇杨柳社区花卉基地、中坪镇关寨村红宝石软籽石榴基地申报为贵州省“巾帼建功示范基地”，将黔西县绿原食品开发有限公司成功申报为全国“巾帼建功示范基地”，以“巾帼建功示范基地”建设带动妇女创业就业。

【“妇女小贷”工作】 县妇联积极协调、配合县信用联社、花都村镇银行、担保公司等单位认真做好妇女小额担保贷款工作，支持妇女创业，同时对“妇女小贷”进行跟踪调查，对到期贷款户督促还款，形成妇女创业贷款的良性循环。截至 2015 年年末，累计发放妇女创业贷款 12932.75 万元，回收妇女小额担保贷款 11957.5 万元，扶持 2142 名妇女创业，带动 6000 余名妇女就业，取得显著效应。

【妇女儿童权益维护】 强化“两规”（《黔西县妇女发展规划（2011—2015）》《黔西县儿童发展规划（2011—2015）》）落实，顺利通过省督导组对“两规”实施情况的终期评估督导。建立健全维护妇女儿童合法权益会议制度，定期召开联席会议，研究部署有关妇女儿童合法权益维护工作；建立妇联干部担任人民陪审员制度，抽派 1 名副主席担任县法院人民陪审员，参与涉及妇女儿童权益案件的审理；抓住土地确权登记颁证工作契机，积极介入，主动配合，加强协调，积极探索将农村妇女的名字写入农村土地承包经营权证的路径和方法，确保妇女在农村土地承包经营权登记中证上有名、名下有权、不挂“空挡”，从源头上做好维护农村妇女土地权益的相关工作；积极办理妇女来信来访案件，信访件办结率达 98%以上。深入开展“守护童年·护蕾行动”，借助“妇女之家”“儿童之家”等平台，组建“守护童年·护蕾行动”志愿者 164 名，通过开展培训活动，广泛传播儿童安全理念，传授儿童保护知识，预防儿童遭受不法侵害，进一步营造关心儿童、爱护儿童、保护儿童的社会环境。

【思想道德建设】 以“明礼知耻、崇德向善在家庭”为主题，依托遍布城乡的“妇女之家”组织开展“家庭美德大讲堂”、家风家训评议、文明礼仪知识竞赛等活动。开展寻找“最美家庭”“慈母、贤妻、孝女”活动，全县上下层层推选出“最美家庭”10 户、“五好文明家庭”14 户、“慈母、贤妻、孝女”各 10 名。整合县教育局、团县委等部门资源，组织开展“祖国好·家乡美”主题活动，丰富未成年人课余文化生活，有力促进未成年人思想道德建设。利用互联网+创新服务模式，拓展 12338 服务内涵，开通黔西县妇女联合会微信公众号，推评选树妇女先进典型，激励全县妇女弘扬“四自”精神，共评选表彰黔西县 2015 年“三八红旗手”50 名、

“三八红旗集体”10个。

【关爱留守儿童】　截至年末，全县建成留守儿童之家298所，其中省级留守儿童之家3所（锦星一小、思源中学、铁石中学）、市级留守儿童之家4所（水西中学、新阳小学、天坪小学、高锦苗苗幼儿园），建设留守儿童幸福家园3所（化那小学、谷里小学、铁石小学）。在留守儿童之家、幸福家园均建立亲情聊天室；在全县范围内逐步全面铺开“四点半学校”“爱心妈妈”“代理妈妈”等措施，加大对留守流动儿童的监管、帮扶力度。通过发放宣传资料及利用电视、妇联微博微信等宣传媒体发布“关爱留守儿童倡议书”“告未成年人父母安全告知书”“恒爱行动”等宣传信息，加大宣传力度，营造关爱留守儿童的浓厚氛围；联合县邮政分局开展“给留守儿童母亲的一封信”等活动，把关爱留守儿童工作落到实处。

【贫困地区儿童营养改善项目】　贫困地区儿童营养改善项目，是全国妇联、国家卫生部为贯彻落实《中国儿童发展纲要（2011—2020年）》和《中国农村扶贫开发纲要（2011—2020年）》，改善贫困地区婴幼儿营养和健康状况，提高儿童家长科学喂养知识普及程度，于2012年10月起合作实施的。主要内容是利用中央财政专项补助经费，为项目地区6~24个月龄婴幼儿免费提供营养包，预防婴幼儿营养不良和贫血，提高贫困地区儿童健康水平。2015年，县项目办共收到《婴幼儿辅食营养包培训手册》710本，发放568本；收到宣传海报2333张，发放1783张；收到婴幼儿辅食营养包使用手册24340本，发放22106本。全县平均月任务数为10000人，婴幼儿免费营养包1—7月应领取人数68255人次，实际领取人数66361人次，实际领取率97.23%。

【公益活动】　整合社会力量，面向全县开展以特殊困难妇女儿童为重点对象的系列行动，实施“两癌”贫困母亲救助、“春蕾计划”“蒲公英”助学行动、“恒爱行动”等公益项目，联合相关部门、组织社会爱心企业、爱心人士对贫困、残疾妇女儿童开展捐赠活动，发放各类慰问金、资助金100余万元，受惠妇女儿童1000余人。充分发挥群团组织“联”字优势，积极培育、扶持和联动社会组织参与社会治理，推进“进城务工妇女援助计划”“婚姻家庭教育辅导”“幸福万家心理辅导”等试点，支持女企业家协会、妇女手工协会等社会组织提供社会服务，联动企业实施产业扶贫，联合巾帼力量提供志愿服务。

【参与“四在农家·美丽乡村”建设】　围绕全县“四在农家·美丽乡村”创建工作，县妇联积极参与、主动作为，在全县范围内掀起“美化农村环境·妇女主动作为”活动，引领全县广大农村妇女投身到环境整治活动中去。采取进村入户的宣传模式，挨家挨户发放《整治农村环境·尽我巾帼之力——县妇联致全县农村妇女和家庭倡议书》，大力宣传进行农村环境整治的好处，让群众对优美、整洁的生活环境产生向往，自觉参与到环境综合整治当中。联合县文明办、团县委制定并实施《黔西县开展“四在农家·美丽乡村”示范点生态文明家庭创建和帮扶农家乐发展的实施方案》。在各示范点开展生态文明家庭评比活动，以环境优美、家庭整洁为评比标准，按照最清洁、清洁、不清洁等次进行评比并奖惩，引导广大村民养成良好的生活习惯和卫生习惯；组建农村环境整治志愿者队伍，开展环境卫生宣传、文明劝导，帮助广大群众提高环保意识、卫生意识；在全县“四在农家·美丽乡村”示范点开展环境美化、文明礼仪、良好生活习惯等科学知识培训，提高农村家庭卫生、环保意识，养成健康文明的生活方式；积极联系县内非公企业与

"四在农家·美丽乡村"示范点农家乐结对帮扶，以"联"带"帮"，扶持示范点农家乐家庭增加收入，增强群众共同致富、同步小康的自信心。截至年末，黔西农商银行、光亚公司、国济妇产医院、和顺电器等4家企业对两个市级"四在农家·美丽乡村"示范点（林泉镇海子村、雨朵镇扯泥村）的9家农家乐实施结对帮扶。

【自身建设】 深入推进"妇女之家"建设，按照"先挂牌、后完善、再提高"的工作思路，从完善硬件设施、健全管理制度上下功夫，不断丰富"妇女之家"的内涵和功能；按照上级妇联"四个必选""七个自选"的创新工作目标，结合实际找准工作重点，使各个"妇女之家"在发挥各项基本功能的同时，开展工作更有侧重点和针对性，推动各项重点工作和活动在"妇女之家"落地生根。加强干部作风建设，常态化开展"下基层、访妇情、办实事"活动，结合领导干部遍访贫困村贫困户活动，深入基层，联系群众。认真贯彻落实中央八项规定和省委十项规定，妇联干部职工践行群众路线的思想自觉和行动自觉明显增强，认真开展"三严三实""马上就办"活动，推进作风建设常态化、长效化。加大学习培训力度，增强素质能力，县妇联领导班子及基层妇女干部分期参加省、市妇联组织的业务培训；联合县委党校开办"2015年基层妇女组织暨非公企业妇女干部培训会"，各乡镇（街道办事处）妇联、县直机关妇委会、非公企业妇委会妇女干部110人参加培训。联合县禁毒办举办"巾帼志愿者——阳光妈妈"培训，来自全县29个乡镇（街道）办事处妇联主任、部分骨干巾帼志愿者共计60余人参加。

县残疾人联合会

【概况】 县残疾人联合会全面贯彻省、州相关法律法规和会议精神，认真履行"代表、管理、服务"的职能，以"工作见成效"为抓手，以转变工作作风为突破口，按照"难点工作抓评价、常规工作抓指导、创新工作抓突破"的基本思路，以解决残疾人生产生活中的困难为重点，维护残疾人合法权益，围绕残疾人康复、劳动就业、扶贫、教育、社会保障、困难帮扶等方面开展工作，不断提高残疾人的生活水平、社会地位、自身素质和参与社会能力，取得较好成效。

【残疾人基础信息调查登记】 按照国家、省、市要求，全面开展残疾人基本服务状况和需求专项调查工作。全县辖25个乡镇和4个街道办事处、362个村（社区），调查覆盖362个村（社区）。全县共有残疾人家庭32688户（其中有两个以上残疾人家庭7098户），残疾人45249人。残疾人中有男性26513人，占残疾人口的58.59%；女性18736人，占残疾人口的41.41%。有视力残疾5197人，占残疾人口的11.49%；听力残疾3354人，占残疾人口的7.41%；言语残疾572人，占残疾人口的1.26%；肢体残疾28196人，占残疾人口的62.31%；智力残疾1735人，占残疾人口的3.83%；精神残疾1577人，占残疾人口的3.49%；多重残疾4618人，占残疾人口的10.21%。有0～18岁残疾人口1898人，占残疾人数的4.19%；19～60岁残疾人口18575人，占残疾人口的41.05%；61岁以上残疾人24776人，占残疾人口的54.76%。有城镇残疾人8290人，占残疾人口18.32%；农村残疾人36959人，占残疾人口81.68%。进一步完善残疾人基础信息系统，共录入残疾人基础信息

45249人，实现信息化动态管理覆盖率100%。

【补贴补助发放】 发放2014年、2015年智力、精神和重度残疾人托养服务补贴，每年180人，共计360人，每人每年补贴500元，共计补贴资金18万元。发放2014年、2015年肢体残疾人机动轮椅车燃油补贴，2014年350人，2015年378人，共计728人，每人每年补贴260元，共计补贴资金18.93万元。发放一级重度残疾人护理补贴1516人，每人补贴600元，共计补贴资金90.96万元。全年受理贫困救助、医疗救助、助学救助申请书50份，其中医疗救助6份、困难救助31份、助学救助13份，共发放补助资金14.4万元。发放贫困残疾人临时救助93人，共计补助资金1.86万元。2015年，县残联在中坪镇建设村、钟山镇龙洞村开展残疾人数据监测工作，共走访慰问残疾人57人，每人发放慰问金100元，共计5700元；为5名残疾人监测员、陪调员发放临时性工作补贴3420元。

【残疾人康复】 完成2013—2015年度尾欠工作。完成2013年度重点项目大腿假肢3例、小腿假肢3例，彩票公益金项目特殊假肢1例、大腿假肢1例、小腿假肢1例；完成2014年度20例智力康复训练，省重点项目自闭症矫治1例，人工耳蜗项目1例，大腿假肢、小腿假肢、特殊假肢矫形器安装7例，15岁以下儿童矫治手术1例，完成验配助听器22台、“天籁列车”项目验配助听器4台，发放“七彩梦行动计划”辅助器具26件，残疾人事业专项彩票公益金康复项目辅助器具63件，彩票公益金助视器145件，配发残疾人辅助器具92件，省康复中心验配矫形器23例；完成2015年度残疾人康复目标任务，完成贫困人口白内障复明手术50例，助听器验配22例（其中重点康复工程20例、“七彩梦行动计划”2例），大腿假肢安装2具（其中彩票公益金1具、重点工程1具），小腿假肢安装2具（其中彩票公益金1具、重点工程1具），听力言语康复训练7例（其中重点康复工程5例、“七彩梦行动计划”2例），康复重点工程自闭症矫治1例，智力残疾儿童康复训练28例（其中彩票公益金20例、康复重点工程8例），脑瘫残疾儿童康复训练10例（其中康复重点工程7例、“七彩梦行动计划”3例），精神病患者服药康复治疗60例（其中彩票公益金35例、康复重点工程25例），完成精神病患者住院康复治疗30例（其中彩票公益金5例、康复重点工程25例），彩票公益金贫困残疾人助视器验配48例，肢体残疾人矫形器装配4例（其中彩票公益金2例、“七彩梦行动计划”2例），贫困重点残疾人辅助器具发放3例，“七彩梦行动计划”贫困残疾儿童辅助器具适配10例、人工耳蜗植入3例。

【残疾人帮扶】 组织实施2015年贫困残疾人家庭无障碍改造4户，每户5000元，共计20000元。携手县卫计局实施“生育关怀·扶残助残”工程，对99名计生残疾人家庭进行帮扶资助，帮扶资助资金40.5万元，有效地改善其居家环境、提高其生活质量。在春节期间慰问贫困残疾人12人，发放慰问金9600元；在“三八”妇女节慰问贫困残疾人7人，发放慰问金2100元；联合县卫计局到谷里镇青龙村开展“三关爱”工作，慰问贫困留守残疾儿童，送上学习用品等慰问物资。组织开展第二十五次“全国助残日”活动，慰问9名孤独症儿童、盲人及特殊贫困残疾人，发放慰问资金7000元；协调县光亚实业有限公司，为农村残疾人劳动力提供就业岗位16个；免费为47名残疾人发放用品用具，其中凳式拐杖7根、铝合金腋杖5副、伸缩手杖20根、盲杖10根、轮椅车5辆；县中心医院在活动中义诊55人、接受健康咨询130余人次；县姐弟盲人按摩院全体员工为群众开展保健按摩

14人；现场发放宣传资料共计15000余份，其中《贵州省残疾人保障条例》4375份、《残疾人工作法规宣传手册》1327本。

【残疾人技能培训和就业创业】 投入培训经费2万元，培训农村残疾人实用技术100人；开展城镇残疾人职业培训93人；开展盲人按摩中级培训5人、初级培训4人；开展残疾人就业培训25人、雇主培训12人；投入培训经费2240元，培训残疾人就业指导员4人；投入培训经费11.76万元，选派28名盲人到省盲人按摩中心培训进行初级按摩培训。全年分散按比例安排残疾人就业和集中就业164人；发展残疾人创业基地8个，创办残疾人创业示范点2个；扶持残疾人家庭创业16户，发放残疾人家庭创业扶持资金26.2万元。

【残疾人精准扶贫】 制定残疾人精准扶贫工作方案，联合县扶贫开发办公室下发《关于进一步做好农村残疾人精准扶贫有关工作的通知》（黔残字〔2015〕27号），要求各乡镇（街道）残联、扶贫工作站，严格按照文件精神做好贫困残疾人已纳入贫困户建档立卡残疾人数量和未完成残疾人贫困户建档立卡数的核实工作，确保贫困残疾人精准扶贫工作落到实处。建立《残疾贫困人口数据》《贵州省残疾人精准扶贫建档立卡核查进度表》《贵州省残疾人精准扶贫建档立卡数据和年度分解计划表》《贵州省残疾人精准扶贫建档立卡台账表》。坚持每日向市残联劳服部上报已完成残疾人贫困户建档立卡核实的数量，经核实已纳入贫困户建档立卡残疾人数量和未完成残疾人贫困户建档立卡核实的数量。全面完成信息录入工作。

【同步小康驻村工作】 县残联驻村干部积极协调、主动作为，为雨朵镇拉土村争取帮扶项目，实施通村路硬化工作。为雨朵镇雨明村配备办公电脑、打印机各1台并完成宽带接通；为拉土村配备办公电脑、打印机、照相机各1台，有效提升村“两委”办公条件。5月14日，县残联携手县育才医院，到雨朵镇敬老院开展义诊、帮扶活动，现场义诊、义检100余人，检测评定残疾等级并办理残疾证11本，免费发放药品价值1000余元。由县残联领导带队，遍访贫困户91人，掌握贫困人口致贫原因和需求，帮助拉土村和雨明村残疾人代办残疾人证37本，向重度残疾人发放慰问金1000元。

【组织建设】 在全县29个乡镇（街道）均建立残联基层组织，设专职理事长29人、乡镇（街道）专职委员29人、村（社区）专职委员362人，每月兑现乡镇（街道）残联专职委员岗位补贴1200元（全年共计51.38万元）、村（社区）残协专职委员补贴200元（全年共计86.88万元）。投入资金9.5万元，为29个乡镇（街道）残联各配备办公电脑1台；投入资金11.95万元，为各乡镇（街道）残联专职委员购买基本养老保险。落实乡镇（街道）残联办公经费5000元，共计14.5万元。兑现2014年洪水镇、金碧镇、钟山镇残联工作经费和村（社区）残协专职委员经费5.32万元。为2001名残疾人办理和发放残疾人证，接待处理残疾人来信来访48件60人，办结率和化解率均为100%。全年共征收残疾人就业保障金503.5万元，超额完成了市下达的任务。加强残疾人典型宣传，县劳促会马天喜、罗德芳，县残疾人劳动就业服务所何丹深入乡镇（街道）、村（社区）走访收集残疾人自强不息的事迹，撰写完成《挑战命运——56名残疾人自强不息的故事》一书，并有贵州民族出版社出版发行，在社会上引起良好反响。该书的出版得到社会各界的大力支持，其中省残联赞助经费3万元、县残联赞助经费3500元、黔西刊社及爱心人士赞助2.15万元。

县工商联（商会）

【概况】 县工商联（商会）坚持以邓小平理论、“三个代表”重要思想、科学发展观为指导，深入贯彻习近平总书记系列重要讲话精神，落实党调查十八大和十八届三中、四中、五中全会以及省市相关会议精神，按照县委、县政府的决策部署，统筹推进“五位一体”总体布局，协调推进“四个全面”战略布局，坚持“团结、服务、引导、教育”的工作方针，全面履行“五个作用”的职能，把促进非公有制经济健康快速发展作为工作目标，引导非公经济人士健康成长，积极为全县“决战贫困、提速赶超、同步小康”而努力奋斗。截至2015年年末，县工商联（商会）共有会员2304个，其中企业会员232个、团体会员50个（乡镇商会25个、街道商会2个、行业商（协）会19个、异地商会4个），个人会员2022个。

【组织建设】 2015年，省工商联把黔西县工商联定为县级“五好”（班子建设好、会员发展好、商会建设好、作用发挥好、工作保障好）工商联创建单位。县工商联紧紧围绕“五好”工商联建设标准，结合市工商联《“四型”商（协）会建设工作实施方案》，在做好各项常规工作的同时，全力投入县级“五好”工商联和“四型”商（协）会创建工作。不断强化和完善基层组织建设，扩大和延伸商会工作网络，全年共发展会员216个，其中异地商会1个（黔西县川渝商会）、街道商会2个（杜鹃街道商会、莲城街道商会）、企业会员47个、个体会员166个。12月25日，召开十二届五次执委（扩大）会议，增补领导班子；全年召开主席办公会4次，常委（扩大）会议2次，研究重大问题，推动科学决策、民主决策。认真开展党的群众路线教育实践活动和“三严三实”专题教育活动，在会员单位杨勇农民专业合作社成立道德讲堂，组织会员企业和非公经济人士开展系列人文、道德讲座。开展非公经济人士“守法、诚信”教育实践活动并签订承诺书。切实发挥党组织和党员作用，扎实开展党员到社区服务工作，以实际行动树立工商联党员干部的良好形象。充分发挥非公经济组织工会职能，组织会员企业签订工资集体协商合同，及时做好厂务、司务公开，促进企业健康发展，维护员工合法权益。全年有1家企业被省委、省政府授予“全省职工帮扶示范点”称号，有3家企业被市总工会授予“和谐企业”称号；有1家企业被县妇联授予“三八红旗集体”称号；有4名个人会员荣获“县级劳模”。推选2家企业为县工商联（商会）基层组织建设示范点。

【维权服务】 成立非公经济法律援助小组，为非公经济提供法律咨询和维权服务。2015年，帮助县砂石商会、精能源协会、万丰国际商贸城等10余家非公企业直接或协调解决厂群、矿群、政企、征地等实际困难和矛盾纠纷。发挥桥梁纽带作用，组织中国银行黔西县支行、贵州银行、贵阳银行、县农村商业银行、花都村镇银行等金融单位及80余家小微企业召开银企座谈会，搭建银企互动平台，加强银企交流合作，促进银企共荣。各金融机构累计向小微企业发放贷款5.38亿元，为小微企业解决融资困难，助推企业做大做强。联合县人社局、县总工会举办2015“春送岗位”企业招聘会，为20多家企业解决用工困难，也为全县广大劳动者提供就业创业平台。通过“交朋友”方式，与施秉县工商联、长顺县工商联、纳雍县工商联及三地非公企业代表结成友好关系，为黔西企业搭建与外界交流合作的平台，取得显著成效。

【参政议政】　工商联作为人民政协的重要组成单位，参政议政是工商联的一项基本职能，也是工商联的政治优势。县工商联始终把参政议政、建言献策作为主要工作，积极探索新形势下参政议政工作的规律和特点，以促进非公有制经济健康发展和非公有制经济人士健康成长为目标，发挥工商联会员优势、网络优势，广泛组织开展调查研究，引导非公有制经济代表人士自觉在参政议政、民主建设中发挥特有作用。在3月份召开的“两会”上，全县非公经济人士代表提交建议案和提案10余件。同时，及时向县政协报送社情民意，反馈全县非公经济发展状况和民营企业存在的问题和困难，为县委、县政府提供支持非公经济发展的决策参考。按照县委、县政府工作部署，扎实开展精准扶贫工作，全年到定新乡青杠村、绿化乡大海子村走访贫困户300余户，结成帮扶对子10户，提出帮扶措施200余条；派出1名干部驻绿化乡大海子村实施驻村帮扶，协助大海子村“两委”实施“同步小康”建设。

【人才建设】　注重非公经济人才建设，夯实非公经济发展基础。2015年8月，联合县委统战部举办非公企业主示范班培训会，邀请专家、讲师就企业管理、法律知识、职工技能等方面展开培训，提升企业综合能力和员工技能。按照省、市工商联的安排，与县人力资源和社会保障局沟通协作，制定《黔西县民营经济组织专业技术职务申报评审工作方案》，组建初级职称评审委员会，开展初级评审及中高级技术职务申报工作，深入企业对民营经济组织专业技术职称申报工作进行宣传。截至2015年年末，有13人获得任职资格证书，其中高级2人、中级10人、初级1人，有20多人正在申报中。

【招商引资】　县工商联（商会）充分发挥自身优势，大力促进招商引资工作。成立川渝商会，积极引进企业家来黔西考察投资，成功引进签约3家。广交朋友，广泛联系，邀请到贵阳市浙江温岭商会、贵州省茶叶流通商会、福建贵州商会到黔西投资考察，成功促使浙商福万家连锁超市落地黔西，开设商场2处；通过福建贵州商会牵线引进外商，投资新仁乡苗族风情旅游街开发建设项目，已完成地形测绘和总体规划，正在详细规划当中。

【光彩事业】　在县委、县政府的大力支持和精心指导下，与县委统战部共同筹备，于1月30日正式成立黔西县光彩事业促进会，将公益慈善、光彩事业和精准扶贫紧密结合，号召非公企业和非公经济人士积极参与全县经济社会发展。3月20日，县家居建材装饰行业协会为县工商联帮扶联系点定新乡海幕小学送去价值10000余元的学习用品和体育用具。4月，新成立的县川渝商会为五里等乡镇“美丽乡村”建设捐助近60万元资金。5月，与县红十字会联合到定新乡新海村开展“博爱乌蒙·社会关爱进乡村”活动。8—10月，组织爱心企业黔中驾校、金鑫贸易公司和非公经济爱心人士饶富全、刘平等，分别到莲城街道办事处石板桥社区、绿化乡大海子村开展“金秋助学”和关爱留守儿童活动，累计向28名贫困学子及10余名留守儿童捐助资金7万余元，饶富全、刘平还分别对捐赠对象进行长期资助，负责解决2名贫困学子大学期间的学费和生活费。

县科学技术协会

【概况】　县科学技术协会以贯彻实施《全民科学素质行动计划纲要》、全面推动公民科学素质建设为主线，紧紧围绕县委、县政府中心工作任务，认真开展一系列丰富多彩的科普活动，进一步巩固和扩大科普示范县创建成果，圆满完成全县公民科学素质达到3.5%，“百万公众网络学习工程”干部测试率达到100%、农民测试率达到8%的目标任务，为推动全县科技创新和经济社会发展做出积极贡献。

【落实《全民科学素质行动计划纲要》】6月13日，召开全县全民科学素质工作领导小组会议及“百万公众网络学习工程活动”工作会议，总结2014年《纲要》工作，部署2015年全民科学素质暨“百万公众网络学习工程”工作，制定实施方案，把创建公民素质先进县的各项指标分解到各乡镇、街道、部门。紧紧围绕“节约能源资源、保护生态环境、保障安全健康”主题，本着“狠抓亮点、突出重点、因地制宜、注重实效”的原则，强化措施，优化资源，面向重点人群广泛开展社会性、群众性、经常性的科普活动，带动全民科学素质的提高。认真履行协会职责，组织、协调、指导、督查全民科学素质工作，调整科学素质领导小组并配备联络员，健全完善工作协调机制，对全县25个乡镇、4个办事处及县直各有关单位实施常态化督查，确保全民科学素质工作的各项措施、制度落到实处。

【科技“三下乡”活动】 配合县委宣传部、县科技办、县农牧局、县妇联等单位开展科技“三下乡”活动，全年在乡镇、学校、村庄开展“三下乡”活动12场，采取科普宣传资料发放、科普展览、科技咨询、文艺演出等群众喜闻乐见的形式开展科普宣传，共发放各类科普资料、科普挂图、科普图书3000余份（册），接待参观展览的群众5000余人，有效激发群众爱科学、学科学、用科学的热情，提高广大群众的科学文化素质。

【“五进社区”活动】 5月13—26日，县科协联合县政法委、县司法局、县科技办、县卫计局、县农机局、县老年大学、水西街道办事处等单位，先后到水西街道所属9个社区，开展文艺、科技、科普、卫生、法律“五进社区”活动，老年大学的文艺工作者为社区居民们演出丰富多彩的文艺节目，法律工作者为居民们解答各类法律问题，科技工作者为居民提供科技咨询、科技展览、科学常识普及，医务工作者为居民进行健康检查和常见病诊治，共接待群众3000余人，发放科普资料3000余份，营造出创建“贵州省公民科学素质先进县”的浓厚氛围。

【科普宣传活动】 县科协联合县文广局、县农牧局、县教育局、县安监局、县妇联、团县委、县科技办等多个部门，2015年5月25日在黔西广场开展“5·25”科技日宣传活动，接待群众5000余人，发放科普宣传资料5000余份(册)；5月29日到县一中开展“科普进校园”活动，参与学生1000余人，发放资料1000余份。根据市科协安排，2015年6月16—18日，到谷里镇中学、钟山镇、绿化乡开展“科普大篷车”进校园、进农村活动，共发放科普宣传资料7000余份，现场展示科普3D图片、科普宣传展板、科普作品。利用乡镇一周一天的集市时间，定期到乡镇集市进行科普宣传，受到广大农民群众的欢迎。组织举办全县中学生生物竞赛，共有210名高二学生参加，优胜者代表黔西参加2015年贵州省中学生生物竞赛。通过竞赛活动，增进青少年对科学文化知识的兴趣，提高青少年的科技创新能力。

【科技致富“二传手”培训】 12月6日，县科协在太来乡组织开展刺梨种植及管理“二传手”现场培训，参培农户100余人，发放相关培训资料200余份；12月8日，在谷里镇组织开展科技致富“二传手”培训，全镇科普带头人、种养殖大户、精准帮扶户286人参加培训，并实地参观学习镇养殖基地；12月12—13日，在水西大酒店组织开展科技致富“二传手”集中培训，全县 25 个乡镇、4 个街道办事处各选派 2 名种养殖大户或科技致富带头人参加培训；此次培训由市级农民讲师和农牧专家进行讲课，并进行交流座谈，取得良好效果。

【农村帮扶】 按照县委、县政府要求，坚持宣传与服务相结合，充分利用基层组织和协会组织阵地，协调配合农业、林业、水利、科技、教育等部门的专业技术人员，深入农村、企业，开展调研活动，把掌握到的情况与科普工作、精准扶贫结合起来，有针对性地开展帮扶工作。克服人员少、经费缺的实际困难，在谷里镇新阳村实施科普玉米种植基地建设 100 亩，涉及农户 58 户，发放肥料 102 包，折合资金 6630 元，以点带面，带动群众科学种植、增收致富。

【科普阵地建设】 组建黔西县农村专业技术协会，积极探索农技协建设新模式，普及推广农业科学技术，推动农村致富。加强科普基础工程建设，科学布点、精心选址，完成数字科普“村村通”试点工程，提升公共科普服务能力；积极协调、稳步推进，继续抓好镇街科普画廊、村级科普宣传栏建设，加强科普画廊的更新管护；发挥科普活动中心的职能作用，实现科普活动常态化。广泛开展科普示范社区创建活动，力争每个乡镇至少有 1 个县级以上示范社区；开展社区科普组织和学会、协会“共建共创”活动，加强城乡科普组织体系和壮大科普志愿者队伍，发挥科普惠农、科普益民典型的示范带动作用。

县关工委

【概况】 县关工委认真学习贯彻习近平总书记关于关心下一代工作的系列讲话、特别是在纪念中国关工委成立 25 周年暨全国关心下一代工作表彰大会上就做好关心下一代工作的重要指示精神，在全县各中小学广泛开展以践行社会主义核心价值观为主题的“爱学习·爱劳动·爱祖国”“祖国好·家乡美”教育活动及以“关爱明天·普法先行”为主题的法制教育进校园活动。认真做好农村留守儿童和困境儿童的关爱帮扶以及农村青年农民科技培训工作。扎实开展“五好”基层关工委创建活动，推进基层关工委组织建设均衡发展。2015 年，县关工委荣获“全国未成年人思想道德建设工作先进单位”称号，金兰镇党委书记罗贤杰被评为“全国关心下一代工作先进工作者”。

【组织建设】 县委、县政府高度重视关工委工作，2 月 27 日，市委常委、县委书记卢林主持召开县委常委办公会议，传达学习中央领导对关工委工作的重要批示以及省关工委全委扩大会议、市关工委工作会议精神，专题听取县关工委工作汇报和研究关工委工作相关事项；以县委办文件印发《黔西县 2015 年关工委工作要点》，以会议纪要的形式明确召开全县关工委工作会议，将关工委工作经费和“帮扶留守、特殊困难儿童”专项经费列入财政预算。扎实抓好“五好”基层关工委创建活动，全县 725 个关工委组织，86.9%的基层组织通过“五好”达标验收。推广林泉镇“党建带关工委共建共创”经验。把关工委工作纳入各乡镇工作“总盘子”，充实基层关工委领导班子，加强“五老”队伍建设，对“五老”人员关心、爱护、支持，充分调动工作积极性，全县关工委工作全面推进，均衡发展。

【“爱学习·爱劳动·爱祖国”教育活动】 深入开展以践行社会主义核心价值观为主题的“爱学习·爱劳动·爱祖国”教育活动。各基层关工委与司法、公安等部门相配合，以“五老”人员为主体，以现任教师为骨干，以青少年学生为主要对象，以中小学为平台，以立德树人为根本，广泛开展形式多样的教育活动。县关工委将上级关工委推荐的宣讲稿以及县关工委撰写的宣讲稿《让“三爱”伴随青少年健康成长》《培育“三爱”好品行，成为优秀接班人》《“三爱”是青少年健康成长的必然条件》下发给乡镇（街道）关工委参考。各基层关工委根据实际认真撰写具有地方特色，符合青少年特点的宣讲稿，有效增强宣讲的针对性和时效性。各中小学结合实际采用演讲、文艺表演、墙报、黑板报、书法绘画等多种形式，进行主题教育宣传，丰富活动的内容，增强宣教效果。2015 年，县关工委老同志亲自参加宣讲 30 余场，全县各基层关工委组织宣讲 348 场，受教育学生近 16 万人次。花溪乡开展“三爱”教育的做法被《中国火炬》杂志报道。9 月 2 日，县关工委与金碧镇关工委联合组织学生向老红军龚顺成墓敬献花圈，请老红军后人为学生宣讲先辈在平型关大捷战斗中负伤的英雄事迹。组织全县中小学生积极参加市教育局举办的“三爱”主题教育读书征文活动，有 14 名学生获奖。县关工委在青少年中大力培育和践行社会主义核心价值观的做法和成效，被 2015 年《中国火炬》杂志第八期在显著位置做专题图文报道。

【“一评三管好”活动】　县关工委联合县教育局在全县中小学管广泛开展“一评三管好”活动（“一评”，即评选“孝心青少年”。“三管好”即“管好自己的口、手、脚”。管好自己的口，就是语言文明，不说脏话、粗话；不给同学起侮辱性绰号；不起哄，不恶意嘲讽他人；不大声喧哗，不高声怪叫；不开低级玩笑，不刺探他人隐私；不在背后直呼老师姓名，不给老师起绰号；不边走边吃；不随地吐痰。管好自己的脚，就是不随意践踏草坪和穿越绿化带；不用脚踢门、踢墙；课间活动不追逐；进出校门不奔跑；上下楼道不冲撞、不跳跃。管好自己的手，就是不乱扔废弃物；不乱涂乱刻；不破坏公物；不勾肩搭背；不攀折花木；不攀爬、拉吊高处；不随意翻拿他人物品；作业不抄袭，考试不作弊）。县关工委与县教育局根据市关工委、市教育局的相关文件精神和要求，联合下发县关工字［2015］8 号文件，印发“一评三管好”活动先进集体和美德少年评选标准及办法，号召在校学生从点滴小事做起，从身边事情做起，从我做起，养成良好的行为习惯，营造人人践行社会主义核心价值观的良好氛围，涌现出一批先进集体和美德少年。黔西三小、桂箐中学、锦星一小等 3 所学校荣获全市“一评三管好”活动先进集体，县二中史开阳、一小赵翎彤、六中代忠凤、洪水中学高玲、花溪中学杨江湖荣获全市“美德少年”。12 月 31 日，召开全县“一评三管好”活动表彰会，表彰先进集体 15 个、美德少年 58 名。

【“四在学校·幸福校园”活动】　县关工委根据省、市有关文件精神和要求，在全县寄宿制学校扎实开展“四在学校·幸福校园”活动（“吃在学校解食忧、住在学校受关爱、学在学校长知识、乐在学校感幸福”）。在周密调查研究的基础上，将桂箐中学、铁石中学定为“四在学校·幸福校园”活动示范校，不断加强督导检查，帮助解决活动中的困难和问题。充分借鉴外地经验，县关工委与县教育局关工委一道，带领活动示范校校长到织金县茶店中学考察学习。7 月初，省督察组到黔西对“四在学校·幸福校园”活动推进情况进行专项督查，对 2 个示范学校建设给予高度肯定。11 月初，金沙县关工委来黔西考察学习 2 个示范校建设经验。

【关工委建立 25 周年纪念活动】　2015 年是全国关工委建立 25 周年，县关工委根据上级关工委的要求，下发黔关工字［2015］3 号文件，组织各基层关工委结合自身实际，开展纪念活动。县关工委召开全县“五老”人员座谈会，畅谈参加关工委工作的感受和体会，发动“五老”撰写体会文章，参加主题征文活动。活动开展期间，共收到“五老”撰写的体会文章38篇，经上级关工委评选，有4篇入选省关工委编辑出版的《亲历关心下一代工作这些年》文集，作者分别为高远见、徐明礼、喻朝芬、马福昌。同时，县关工委与黔西刊社联合在《黔西报》开辟专题，集中刊载“五老”征文，在全社会引起良好反响。

【“关爱明天·普法先行”教育活动】 以宣传《宪法》为重点，在全县青少年中广泛开展“关爱明天·普法先行”教育活动。县关工委与县教育局、县司法局、县综治办联合下发通知。3月16日，县关工委与县委宣传部、县司法局、县教育局、团县委、县妇联在黔西二中联合举办以“感恩·法制·责任”为主题的青少年法制宣传教育巡回宣讲启动仪式。12月17日，县关工委组织对“关爱明天·普法先行”教育活动10个示范学校校长进行培训，提出活动的具体内容和要求。县关工委选派13名普法骨干到省、市党校参加培训。县关工委组建法制教育宣讲团，在黔西五中、金兰中学、桂箐中学、思源实验学校、钟山中学、中建红板等学校开展专题法制教育宣讲；到县戒毒所对吸毒人员进行法制宣传教育；到毕节市监狱看望黔西籍35周岁以下服刑人员。在法制教育之中将禁毒、反邪教工作有机结合起来，利用吸毒人员的现身说法教育广大青少年反对邪教、远离毒品、珍爱生命，并组织学生观看10部法制宣传片。全县各基层关工委共组织开展法制教育宣讲460场次，受教育青少年近20万人次。县关工委副主任李建华接连荣获连续荣获黔西县2014、2015年政法工作先进工作者。

【农村留守儿童、困境儿童关爱活动】 动员基层党组织、关工委“五老”人员，充分发挥自身优势，把关爱农村贫困留守儿童工作落到实处抓到实处。县关工委与美中下一代教育基金会联系，到协和中学对11名贫困留守儿童进行春节慰问，发放慰问金2.1万元。联系市关工委，在“六一”儿童节前到金兰中学、思源实验学校慰问贫困留守儿童60名，发放慰问金1.2万元。县关工委在“六一”儿童节到花溪乡化那小学、林泉镇高锦小学、县思源实验学校慰问贫困留守少年儿童110名，发放慰问金2.5万元。县关工委向协和镇化甲社区留守儿童之家捐赠资金1万元现金，用于购置设备。9月，县关工委联合县总工会、县妇联、团县委到太来乡方田村看望身患重病的小学生易先伟，捐赠资金7000元；10月份，到铁石中学、桂箐中学、洪水中学慰问贫困、留守学生60人，发放慰问金1.8元。协调谷里镇投入资金6万元，完善各村留守儿童之家设备设施。在“6·26”禁毒日，县关工委到县戒毒所看望在戒人员，对15名家庭贫困人员进行帮扶，发放资金3000元。11月份，到毕节市监狱帮教黔西籍服刑人员，向家庭困难的服刑人员发放资金1万元。观音洞镇关工委在春节期间，协调镇政府划拨大米6000斤，用于慰问家庭经济特别困难的留守儿童。太来乡关工委发出倡议书，在全乡各学校、单位为方田村患重病的学生易先伟募捐资金2万余元。林泉镇关工委联系爱心企业为留守儿童捐赠1.8万元。协和镇关工委联系大地公益基金会为协和小学贫困、留守住宿学生发放床上用品。谷里镇关工委联系市心理专家，为全镇心理咨询老师进行“少年儿童心理健康知识培训会”。新仁乡长井村关工委，协助村两委联系留守儿童父母，帮助他们在村办企业、合作社就近打工。2015年，全县各基层关工委联系爱心人士、团体、企业共向贫困、留守少年儿童捐赠资金和物质折合人民币132万元。

【“学科技·奔小康”活动】 扎实开展科

技培训活动，为农村培养更多的青年科技二传手和致富带头人，加快农村和社区脱贫致富的步伐。采取送出去、请进来的办法，把种植、养殖大户选送到省培训班进行培训。4 月 25 日，县关工委与林泉镇关工委联合在营脚村田间现场举行菊花种植技术培训，260 名青年农民参加培训。5 月 23 日，省关工委在大方县举办全省农村青年蔬菜培训，县关工委选送 13 人参加培训。各乡镇（街道）关工委积极配合有关部门，加强对辖区内青年农民和城镇待业青年的科技培训或就业技能培训。协和镇关工委配合相关单位，组织 100 余名待业青年和青年农民外出参观学习。林泉镇营脚村关工委协助村两委引进贵阳绿太阳制药厂在营脚村建设 200 亩菊花基地，组织 260 余名青年农民分 7 个劳务队，由关工委小组长带班到基地务工，既增加收入，又可照顾家庭。2015 年，全县关工委组织青年农民科技培训共计 194 场次，培训青年农民或城镇待业青年 21800 余人次。

县老年大学

【概况】 县老年大学是县委离退局管理的群众性团体，有兼职教师 7 名，开设个 7 专业、10 个教学班，有学员 521 人。2015 年，县老年大学不断探索，认真总结，提高对办学规律性的认识，充分利用各种条件，努力开发新的课程，传播新的先进文化，使老年大学常办常新，达到帮助老年人“增长知识，丰富生活，陶冶情操，促进健康”的目的，实现“老有所学、老有所乐、老有所为”，取得突出成效。

【教学活动】 着眼老年人特点，紧紧围绕“增长知识、丰富生活、陶冶情操、促进健康”开展教学活动。在教学中，切实贯彻科学性、趣味性、实用性三者相结合、理论和实践相结合，努力做到颐养康乐型课程与应用技能型课程并举、艺术类学科与人文类学科并举、医疗保健与健身活动并举、专业课与知识讲座并举，以此产生较好的教育效果。努力做到“课堂教学与社会活动相结合、自娱自乐与对外交流相结合、传统讲授和多媒体教学相结合、教师指导与自治相结合、自我评价与社会评价相结合”，受到学员的广泛认同。使学员晚年生活充实愉快，是老年教育区别于其他教育的显著特点之一。学校在搞好课堂教学的基础上，积极开展送文艺节目下乡、校内外联欢等活动，引导学员学习新知识、掌握新技能、结识新朋友。在学员中大力提倡读书，提供多种报刊和书籍供学员阅读。积极贯彻“快乐教育”“服务教育”的理念，着力打造“求真的知识校园、向善的人文校园、爱美的和谐校园”，帮助学员走出孤独、寂寞、病痛的阴影，培养广泛的兴趣爱好，陶冶情操，融入社会，保持乐观情趣，增进身体健康。

【教师队伍建设】 千方百计建设一支优秀的教师队伍，把具有一定专业知识、有较强授课能力、热爱老年教育事业的人员聘为学校兼职教师。要求每位教师从老年人的实际出发，把每节课都上成“精品”，使学员“听得懂、学得会、有兴趣”。组织教师深入研究老年教育的特点和规律，掌握中老年人的心理特点，提高课堂教学的科学性和实效性。以座谈会和个别谈心的方式，征求教师对搞好学校建设的意见和建议；加强业务进修和教育研究，提高课堂教育的质量，增强驾驭课堂教学全局的本领。适时调整教学内容、方式、方法和语言，提高课堂教学的组织能力和教学效果。在传统的课堂教学基础上，引导教师利用多媒体和影视画面的表现形式，充分展示教学内容的魅力，增强趣味性和学员的新鲜感，加深学员对课程的理解和记忆。

【服务社会】 发挥余热、服务社会，既是老年人自身的追求，也是社会的迫切希望。县老年大学注重寓政治思想教育于专业知识、技能的传授之中，弘扬凛然正气，教育和引导学员提高生命质量，既享受社会发展成果，又参与、推动社会前进，以更加饱满的精神状态走向社会，用力所能及的方式服务社会。在家庭中，以血缘亲情的特殊影响力，以身教重于言教的方式鼓励下一代身心健康成长，以老有所学的精神感染子女和社会，促进精神文明建设；在社区，努力成为文化活动的骨干，为“三个文明”建设倾注满腔热情和心血；积极响应县委的号召，在构建社会主义和谐社会中，发挥自己的才能，展现人生的价值和新的生命力，积极参加社会活动。在各社区的活动场地，都有老年大学的学员担当组织指挥者。

【老年体育活动】 在上级有关部门的关心和支持下，县老年大学与县老年体协密切合作，在老年大学组建、训练多支老年体育队伍，并组织参加全国、全省、全市相关比赛、展演、交流活动，取得优异成绩和广泛的社会反响。老年大学学员凭着对生活的热爱、对人生的追求和坚强的毅力，克服资金、道具、服装以及身体条件等方面的多重困难，自编、自演、自娱、自乐，在全省老年合唱大赛和老年运动会上屡屡获奖，更在全国健身球操推广比赛上取得佳绩，使得黔西县被中国老年体协授予“全国健身球操之乡”称号，既锤炼了身体、技能和思想，也彰显了老年人积极向上的精神风貌。

【学员自治管理】 县老年大学创新学校管理模式，推动“有主意、审情理、善沟通、会组织”的班委会成为班级工作的中坚力量，使学员自治管理组织既成为学校办学的组织基础和重要依靠力量，也是承上启下、联系教师、服务学员的桥梁和纽带。各班委会根据《班委会职责》开展工作，一方面模范带头贯彻学校的各项规章制度，积极参与学校的民主管理和监督；关注教学动态和教学效果，主动与教师沟通情况，反映学员对教学工作的意见，提供改进教学内容或方式的建议，推动学校教学工作的发展。一方面根据教学实际，组织学员开展各种有益于身心健康的活动，协助学校组织公共课、社会活动课、“相约杜鹃花都”系列活动、联欢会、春游等，为推动县老年大学的各项建设做出积极贡献。

军事·法治

军 事

人民武装

【概况】 县人民武装部按照毕节军分区及县委县政府整体工作部署，认真贯彻落实十八大和十八届四中、五中全会及全军政治工作会议精神，紧紧围绕党在新形势下的强军目标，突出首位、围绕中心，抓住关键、夯实基础，高位求进、创新发展，思想政治建设成效明显，军事斗争准备稳步推进，党委班子和干部队伍建设进一步加强，正规化建设水平整体提高，安全稳定工作扎实有效，后勤保障能力不断增强，参建参治工作成绩突出，全面建设再上新台阶。

【思想政治建设】 始终聚集能打仗、打胜仗这个根本着眼点，聚焦强军兴军目标，按照“学习践行强军目标、做新一代革命军人”要求，立足人武部实际，从立身立志立德基本问题抓起，强化理论灌注、强化正面引导、强化典型示范、强化问题查纠、强化文化涵养、强化实践砥砺，探索构建人武部培养新一代革命军人长效机制。全年自行组织和参加上级辅导授课 23 次，征求意见建议和组织讨论 16 次，撰写心得体会 19 篇，观看各类教育片 11 次，受教育对象达 240 余人次。对象工作经验和成绩被《解放军报》《战旗报》《西南民兵》《贵州日报》等报刊予以报道，在《解放军报》上发表政研文章 1 篇。把握关键抓重点，根据“三严三实”专题教育整顿、“三清理、三整治”和基层风气专项整治等整改整顿、自查自纠活动计划安排，县人武部在第一时间成立教育整改领导小组，建立工作制度，严格按照规定的方法步骤，突出领导干部这个重点，坚持把年度主题教育、“三严三实”专项教育整顿与干部工作大检查、财务工作大清查、清房清车清人、训风演风考风和“五多”问题专项整治相结合，注重整治效果叠加和追踪督导。开好专题民主生活会，落实征求意见、学习动员、个人准备、谈心交心、对照检查等步骤，党委委员紧密联系党委班子和个人实际，不遮丑、不隐讳，有什么问题就说什么问题，什么问题突出就重点解决什么问题，既找个人差距，又查班子弱项；既谈共性问题，又讲个性问题；既阐述问题的表象，又剖析思想根源，有效营造党委班子民主团结、务实创新、肝胆相照的良好氛围，并把党委委员个人对照检查材料、相互批评意见、整改落实计划等汇总成册，张榜公布，接受监督，确保党委作风建设常态长效，推动部队作风建设持续向好。

【军事斗争准备】 狠抓首长机关训练，不断提高首长机关指挥能力和谋略水平。抽调人员到省军区教导队参加参谋理论集训，选派人员到徐州工程兵指挥学院参加参谋业务专业培训，安排领导干部参加省军区、军分区师团干部集训，为党委首长机关军事技能提高打下坚实基础。狠抓基层业务培训，努力培养民兵训练骨干。抽调新任专武干部参加军分区业务集训；利用全县武装工作会议时机，专门组织全体专武干部进行军事训练和业务知识培训，增强专武干部参与和组织民兵军事训练的能力。狠抓民兵军事训练，切实提高民兵应急应战能力。按照实战化要求，全面完成民兵应急分队、支援分队和储备队伍各项军事训练任务，并组织实弹射击。按照“规模适当、布局合理、组织健全、结构优化、提高质量、改善装备”的总体思路，扎实开展年度民兵整组工作，完成年度民兵整组任务。狠抓经常性战备工作，进一步强化官兵战备意识，检验首长机关应急指挥、协同、行动、保障能力水平。1月7—9日，组织干部、职工、民兵与上级同步开展以抗凝冻为背景的战备演练活动。4月17日，组织干部、职工和民兵参加上级组织的以抢险救灾为背景的“两实”战备演练，推动骨干分队的应急应战能力不断提升。

【安全管理】 注重对“人”的科学管理，扎实开展“条令学习月”等专项活动，强化条令意识，规范“四个秩序”，突出抓“八小时以外”和民兵应急队伍骨干分队的管理。坚持安全形势分析、重大节日及敏感时期安全教育、定期隐患排查整治等制度规定，持续开展“三互”活动，严格“六项制度”，突出“六个管好”和“两个经常性”工作落实。注重对重点部位的科学管理，强化信息安全知识教育，抓好《保密法》《保密条例》等军事法规的学习贯彻，强化保密意识和法纪观念，组织观看警示教育片，引导官兵认清网络负面影响，认清网上失密泄密的严重危害，自觉规范涉网行为，严防发生涉网失泄密问题；落实安防、保密、标签、水印系统的安装使用制度规定，规范办公计算机、涉密文件、涉密载体的管理，全年未发生任何事故、案件。

【征兵工作】 抓好预征宣传活动，组织国教办、征兵办人员座谈，统一思想，分配任务；向各乡镇（街道）分发征兵宣传挂图400余套，宣传折页1.4万余份。5月4日，在城区水西广场联合县直多家单位开展征兵宣传，发放征兵宣传手册3000余份。积极开展征兵宣传进校园活动，有针对性地加强对高学历青年的宣传动员，与县教育局协调，获取高中（中职）应届毕业生以及应、往届大学毕业生资料4000余条，在电视台滚动播出征兵宣传广告1条，在网上回复征兵信息300余条，发送手机宣传短信4000余条。5月13日—19日，深入辖区内8所高级中学、1所职业中学，组织4000余名高中应届毕业生开展现场宣传动员，面对面宣讲征兵法规、程序步骤和优待政策，发放征兵宣传单4000余份。加强基层工作督导，狠抓征兵工作落实，县征兵办先后下发《关于扎实开展征兵准备工作的通知》

《关于做好征兵网管理使用工作的通知》和《关于进一步加强预征工作的通知》，对基层预征工作进行具体明确，并加强检查督导，圆满完成2015年度征兵任务。

【植树造林】　严格落实省军区、军分区关于植树造林的一系列指示和要求，结合人武部自身条件和驻地情况、特点，主动对接、积极协调地方党政机关和业务单位，集思广益、群策群力，扎实有效推进植树造林工作。按照3年植树造林计划方案，充分发挥革命军人不怕吃苦、不怕牺牲的战斗精神，采取成建制植树造林的基本方式，广泛组织民兵带头示范、埋头苦干、绿化荒山，努力改善驻地恶劣的生态环境。截至2015年年末，全县共完成89200亩的植树造林任务，其中县人武部共出动6904人次，植树造林3361.8亩、228167株，圆满完成年度工作任务。

【参建参治】　充分发挥县委“武”常委职责作用，主动与驻地党政机关对接，积极开展捐资助学、扶贫帮困、维稳处突和涉军维权等工作。积极做好智力扶贫工作，在2014年取得援助2所学校的成功经验后，2015年将资助数量扩大至4所，共出资4万元，以“国防助学金”的名义，帮助家庭困难、品学兼优的学生完成学业并继续深造；在2所乡镇小学示范开展以“弘扬中华传统美德·推动公民道德建设”为主题的国防助学大型公益讲堂活动，形成继承和弘扬中华民族传统美德的良好氛围；积极开展扶贫募捐活动，利用全国第二个“扶贫日”契机，组织全体干部、职工向联系学校捐款6030元，用于购买科普图书；积极协调农村建设发展，派出工作组多次到重新镇、定新乡和红林乡调研信访维稳、防汛抗洪、扶贫开发和基层建设情况，深入农家了解家庭收入、矛盾纠纷和致富瓶颈等民生问题，有效整合地方资金、技术和项目优势，帮助解决农村增收致富、安全饮水和基础设施建设等实际困难；积极开展涉军维权工作，3月21日，与地方政法等部门联合行动，成功应对参战老兵在黔西城区举行的大规模清明节祭扫活动，确保安全稳定；充分利用涉军维权工作领导小组及办公室的平台，热情为现役和退役军人军属服务，为黔西籍现役军人刘龙海、陈杨和董志勇等协调解决家庭拆迁、建房、借贷等困难12起，为部队办理国庆阅兵政治考核5起，出具兵役证明，提供各类法律、政策咨询服务30多人次；有效应对维稳突发事件，在黔西“3·18”爆炸事件中，做到第一时间预警、第一时间联动、第一时间处置，充分发挥出民兵队伍灵敏、快速、有效的特殊优势和作用；先后组织民兵应急分队300余人次，积极配合地方政府相关职能部门做好东西出口及石板互通的房屋征拆工作；先后出动民兵600余人次，参与地方治安联合巡逻和大项活动的警勤安保工作。

武装警察

【概况】　武警黔西县中队以新《基层建设纲要》为依据，以三级党委扩大会议精神为指导，按照“铸牢军魂抓教育、聚力打赢抓中心、从严管理抓规范、树立标准抓经常、转变作风抓落实”的工作思路，坚持在提高干部骨干能力素质和“四项经常性工作”落实质量上下功夫，圆满完成以“执勤处突”为中心的各项工作，部队安全稳定，中队建设呈现出稳步上升的良好态势，第一、第二季度连续被支队表彰为先进中队。

【支部建设】　坚持抓班子的理论学习不放松，严格按照计划抓学习，支委成员做好表率，带头学、督导学，促进党员队伍的理论素养和业务素质不断提高。坚持抓组织生活制度的落实不放松，在落实党的七项组织生活制度上不图形式、不走过场，坚持每周五下午过组织生活，组织党员学习、召开党的会议、处理党的事务；坚持党员思想汇报制度，强化每个党员的党性观念和组织纪律观念，既加强对党员的管理，又提高党员队伍的整体素质。抓班子整体形象的树立不放松。班子成员坚持工作上的高标准和生活上的严要求，特别是在官兵关注的热点敏感问题上，坚决做到不考虑关系、不照顾情面，坚持标准、严格程序、公开公正，真正让那些默默无闻为中队做贡献的战士不吃亏，让那些只靠关系不干工作的人没有市场，刹住部队歪风，弘扬部队正气，树立支部一班人的良好形象。全年发展4名党员、选转5名士官、选派10余名战士参加总部、总队和支队组织的各类集训和学习，始终坚持按程序办事，集体研究、集体决策、发扬民主，赢得官兵的一致好评。

【思想政治建设】 深入学习贯彻全军政治工作会议精神，牢牢把握政治工作的生命线地位，扎实开展以“学习践行强军目标，做新一代革命军人”为主要内容的专题教育，穿插进行密切内部关系教育、法纪教育、心理健康教育、执勤教育、时事政策教育等，引导激励官兵坚定了共产主义理想信念，坚定对党的绝对忠诚，安心基层，积极工作，认真履行职责。开展好观看红色电影、读红色书籍、讲红色故事、参观烈士陵园和主题教育演讲比赛等一系列配合活动，深化教育效果。积极开展“新一代革命军人样子”大讨论活动，围绕“我离‘四有’有多远”“为什么要树立新一代革命军人样子”“如何做新一代革命军人”的话题展开讨论，从信念信仰、练兵动力、血性胆气、道德品行4个方面入手，采取集中学习讨论、分组讨论辨析、撰写自查自纠材料和心得体会等方式，找差距、论危害、挖根源、抓整改，在不断校正思想和行为偏差中，形成向“四有”靠拢、朝强军奋进的浓厚氛围。抓好经常性学习教育的落实，严格落实每月“四课”和随机教育，充分利用好“条令学习月”活动，大力拓宽教育渠道，开展群众性自我教育，保证教育时间、人员、内容、效果的落实。帮助官兵制定成才计划，让官兵在完成好各项任务的同时学习掌握更多的文化知识。对有一定文化基础的同志，鼓励参加考学提干、学习提升。积极做好一人一事的思想工作，建立以党员、士官、班长为主体的思想工作骨干队伍，大力开展群众性的谈心活动；建立人员思想档案，随时做好记录登记，对官兵在工作、学习、生活中产生的现实思想问题开展经常性分析。在官兵中开展“双四一”“双三真”“三互”“三帮一带”和“夸夸我的兵”活动，坚持贯彻疏导方针，以理服人、以情感人，及时将正确的思想灌输到官兵心灵深处、渗透到每日训练、执勤、生活当中。大力开展丰富多彩的文体活动，充分利用中队影视厅、游艺室、网络学习室和篮球场开展K歌、拔河、下棋和篮球比赛。“八一”建军节期间，中队与地方共建单位积极谋划，成功举办“庆‘八一’军民联欢晚会”，毕节市委常委、黔西县委书记卢林出席晚会并做重要讲话，使官兵深受鼓舞。

【军事斗争准备】 以强军目标为引领，大力掀起军事训练热潮，严格军事训练“八落实”，提升军事训练水平和层次，锤炼官兵过硬素质。周密制定中队年、季、月训练计划，做到早谋划、早准备。结合2015年新兵下队早的实际，以体能训练为基础，重点加强官兵耐力、毅力训练，并逐步融入哨反、摔擒和特种战术等科目训练。充分利用课外活动时间，积极开展“五小练兵”活动，针对部分官兵在体能、教学法等方面的薄弱环节进行加强训练，防止军事训练两级分化现象的发生。突出组织指挥，加强战训法研究，大力加强干部骨干指挥作战能力的培养，每月组织中队士官骨干进行摸底考核，对政治思想强、军事技能精、指挥能力强的士官及时选拔到骨干位置，担任各科目教员，切实做到每天有标准，每周有竞赛，每月有考核。选送2人参加预提指挥士官集训、1人参加总队组织的战术教员集训、1人参加支队骨干集训。副中队长周乾伟在集训考核中荣获武警部队优秀教练员称号。积极沟通协调，在县委、县政府、县公安局以及驻地群众的大力支持下，在中队后侧荒地建起集射击场、400米跑道、障碍场和地环靶为一体的综合训练场并投入使用。

【执勤处突】　深入学习贯彻“湖北会议”精神，注重官兵执勤能力的提升和执勤秩序的规范，确保执勤正规和目标安全。严格落实执勤制度，每月开展一次执勤教育和方案演练，大力叫响“丧失警惕性、随时有危险，站岗一分钟、安全60秒”的口号，不断强化哨兵法规意识、战斗意识。在执勤中，狠抓“三员一兵一组”管控和“三班四哨两小时控制”，哨兵之间加强互控，哨兵定时向网络查勤员汇报情况，干部严格落实“双十二主官查”和“上下半夜必须查”制度，努力提高官兵履职尽责的自觉性，确保执勤任务的圆满完成。在勤务编组上，按照新老搭配、强弱搭配的原则优化勤务编组，确保每班哨都有较强的执勤力量。加强与看守所的联系协调，坚持每月召开一次联席会议，重大活动前期进行一次联合检查，增强“两警”共保安全的合力。狠抓执勤硬件建设，打牢勤务物防基础，协调目标单位完成“AB”门建设，对执勤五大系统进行全面检修。坚决落实中央、总部、总队和支队党委反恐维稳工作一系列指示精神，树牢“恐怖就在身边、战斗随时打响”的观念，突出抓好“6·4”“7·5”敏感期反恐战备工作，及时完善防袭击方案、搞好情报收集、加强营区防范，抓好反恐袭击、紧急出动、情况处置等训练演练，提高官兵应急处置能力。2015年，圆满完成各类勤务14起，出动兵力60人次，其中押解勤务10次、现场警戒2次、抢险救援2次。

【正规化建设】　严格依据条令条例和各项规章制度，始终扭住“三个关键环节”不放松，确保部队秩序的正规和各项制度的落实。搞好警示教育，扎实用好条令法规载体，深刻吸取兄弟单位发生的惨痛教训，时时刻刻绷紧“条令条例弦”。大力开展安全教育和隐患排查，动员全体官兵采取自下而上自查自纠，及时搞好跟踪问效，狠抓倾向性问题治理。认真组织“单位安全我尽责、他人安全我有责、个人安全我负责”群众性大讨论活动。及时建立健全安全组织，落实安全管理责任制，加强季节性事故预防、紧急避险演练。认真落实“两节”“两会”“3·14”“6·4”“双节”“9·18”等敏感期的管理工作，加大午休和夜间的查哨查铺力度，从严掌控部队。积极开展保密工作，有效杜绝官兵失泄密问题发生。坚持依法文明带兵，不断融洽官兵内部关系，强化干部骨干依法带兵、以情带兵、文明带兵、科学带兵“四种观念”，及时纠正管理中存在的粗言粗语、方法简单等影响内部稳定的现象，营造和谐融洽的内部关系。坚决杜绝部队管理上紧一阵、松一阵的现象，持之以恒地抓好部队管理，提高部队的正规化建设水平。

【后勤建设】　保证官兵伙食质量，借助支队开展“伙食管理规范年”和“财物大清查”活动，严格落实伙食管理“五项”制度，每天安排好厨房值班帮厨、验收人员，广泛征求官兵对伙食意见，抓好订食谱制度和饮食卫生制度，促进中队伙食调剂能力不断提高。严格按照《经费管理办法》开支经费，坚持请示报告，合理计划开支，节约每度电、每滴水，把钱花在刀刃上，减少不必要的开支，杜绝违规开支和违反财经纪律现象的发生。所有营产营具进行挂账登记，明确具体负责人。采取支队帮建、中队自建的方式，分别对篮球场、墙面、线路、床架、管道和部分桌椅进行维修保养。严格落实枪弹管理制度，树牢官兵枪弹“顶”级意识，开展枪弹管理经常性排查整治工作，完好率达90%以上。

公安消防

【概况】　县公安消防大队坚持以党的十八届三中、四中全会精神和习近平总书记系列重要讲话精神为指针，紧密结合部队管理实际，抓班子、带队伍、保平安、促和谐、树形象，把社会面火灾防控工作作为中心工作，严密组织，科学谋划，细化分工，落实责任，狠抓社会面火灾防控，铁腕整治火灾隐患，以更新的思维、更宽的眼界谋划消防事业和部队建设，以饱满的热情、昂扬的精神状态和科学的工作方法，积极探索新形势消防工作的特点和规律，推动黔西消防事业不断迈上新台阶。

【思想政治建设】　始终坚持把加强班子建设摆在首要位置，狠抓思想、组织、作风和廉政建设，班子凝聚力、创造力、免疫力得到进一步提升。牢固树立“团结就是班子建设的生命”的理念，认真落实民主集中制原则，严格落实组织生活制度，自觉维护党委班子团结统一。班子成员争做勤奋学习、热情服务、公正执法、求真务实、廉洁奉公的表率，充分发挥出坚强的领导核心作用和真抓实干的“龙头”作用，部队上下形成了风清、气正、劲足、实干的良好氛围。以打牢官兵“坚定信念、铸牢警魂”思想意识为主线，突出抓好官兵思想情况分析，坚持从优待警，最大限度地激发官兵的工作积极性，切实构建和谐警营，不断增强队伍的凝聚力和战斗力。加强集中警示教育，切实解决突出问题，通过“作风纪律教育整顿”等专题教育活动，进一步解放官兵思想，改进工作作风，将学习活动成果转化为激励官兵争先创优、建功立业的强大精神动力。始终以条令条例为依据，坚持严格管理、严格要求，教育官兵牢固树立“安全至上”的理念，及时梳理和分析部队隐患，不断提高工作的针对性和实效性。狠抓安全防事故工作，营造全人员、全天候、全过程的安全环境，确保部队高度安全稳定。

【消防监督执法】　2015年，大队先后提请县政府部署开展夏季消防安全大检查、违规搭建彩钢板、住宅（老楼、危楼）火灾隐患排查、养老院等社会福利机构消防安全整治等专项行动，形成多部门联合整治、齐抓共管的良好局面。在执法中，大队综合运用挂牌督办、临时查封、三停等手段，联合各行业部门和基层派出所，强力排查整治宾馆饭店、大型商场、公共娱乐、城中村、出租屋、物资仓储等场所，凡消防安全不达标的场所，严格按照法律法规执行，该处罚的坚决依法处罚，该查封的坚决依法查封，该停业的坚决依法停业，该拘留的坚决依法拘留，绝不姑息迁就。截至2015年年末，共排查单位、场所1475家，发现火灾隐患和消防违法行为1341处，督促整改火灾隐患1325处，处罚41家违反消防法律法规的单位和个人，查封单位4家，责令“三停”20家，提请政府挂牌督办重大火灾隐患单位2家，行政拘留3人。其中，排查社会福利机构22家，彩钢板建筑35家16678.04平方米，通过采取停用、拆除、改变用途等整改方式，全部完成整改。

【消防基层基础建设】　深化消防安全“网格化”管理，将辖区4个街道办事处、25个乡镇的火灾隐患排查工作纳入社会治安综合治理、小城镇文明建设工作，以乡镇为大“网格”、社区（村）为“中网格”、村民（居民）组为“小网格”，分三级开展消防工作，切实打牢乡镇、农村、社区火灾防控基础，确保消防“网格化”工作取得实效。发展多种形式的消防队伍，提升基层灭火救援能力。提请县政府多次召开会议，督促各乡镇、街道办事处积极组建志愿消防队，配备必要的消防设施器材，全面做好灭火救援准备工作。组织全县公安派出所所长和专兼职消防民警进行跟班培训，全面提升派出所的消防监督水平和工作质量；督促派出所重点加大对“九小场所”、生产、仓储和住宿为一体的“三合一”场所、50户以上连片村寨、出租屋、“背篼旅馆”“六类人员”的排查整治，切实消除火灾隐患，筑牢基层火灾防控基础。

【消防宣传】 以消防宣传“八进”为主线，积极深入建筑工地、单位、企业、学校、农村、社区、景区、家庭开展消防知识宣讲。利用LED消防宣传车、楼宇视频等滚动播放消防法律法规、火灾警示教育案例以及火场逃生自救常识，普及消防法律法规、自防自救和疏散逃生知识。联合公安、安监、工商、治安等部门先后组织开展“110开门评警”“防灾减灾”“六月安全月”等宣传活动，组织全县保安队伍、卫生系统、消防安全重点单位、乡镇“两长”等开展集中培训，积极深入学校、重点单位组织开展消防演练，邀请社会单位、学校、行业部门走进“红门”体验消防、学习消防知识。2015年，共组织大型消防宣传活动8次，消防站开放30余次，组织开展消防培训20余次、培训人数20000余人次，发放宣传资料58620份、接受咨询11823余人次、受教育人群122130余人，发送消防手机短信62800条次，播放消防公益广告、火灾案例1586多条次。

法 治

审 判

【概况】 县人民法院认真学习贯彻党的十八大及十八届三中、四中、五中全会精神，严格执行中央八项规定，认真开展“三严三实”专题教育，坚持司法为民、公正司法工作主线，围绕“让人民群众在每一个司法案件中都感受到公平正义”的目标，认真抓好执法办案第一要务，主动适应全县经济社会发展新常态，“以公开促公正，以公正树公信”，积极参与“法治黔西”创建，为同步小康建设提供有力的司法保障。今年共受理各类案件6017件，同比上升67.46%，结案5780件，结案数同比上升65.1%，结案率96.06%；在反映审判质量、效率的12项指标中，一审服判息诉率、当庭裁判率、二审维持率、法官人均结案数、法定审限内结案率等5项指标位居全市第一，结案率、实际执结率、执行标的到位率等3项指标位居全市第二，审判运行态势最佳，案件质效整体向好发展。

【刑事审判】 全年共受理刑事案件518件，审结494件，结案率95.37%；当庭裁判269件，当庭裁判率54.45%。切实提高庭审质量，有效发挥刑罚打击、教育、震慑的作用，判处713人。积极运用审判职能参加社会治安综合治理，审理涉毒品案117件，判处127人；审理以被告人詹勇勇、强凤红为首的17人的恶势力团伙犯罪案。坚持以零容忍态度惩治腐败，有贪必反、有腐必惩，依法审理贪污、贿赂等职务犯罪案件17件。维护全县金融管理秩序，保护人民群众财产安全，依法审理集资诈骗案件3件。加大司法领域的人权保障力度，落实宽严相济刑事政策，对53名罪犯宣告缓刑。在对未成年人犯罪案件的审理中，通过庭前走访、庭审帮教、庭后回访等方式，教育、感化和挽救未成年人，加强对未成年人权益的司法保护。注重财产刑的适用，共判处罚金及没收财产76.4万元，使犯罪分子在经济上也受到相应的制裁。

【民事审判】 全年共受理民商事案件4298件，同比增加1870件；审结4176件，同比增加1817件。努力克服“案多人少”的困难，依法适用简易程序、小额诉讼程序，切实化解社会矛盾，努力适应人民群众日益增长的司法需求。发挥民商事审判调节社会关系、维护经济秩序、促进经济发展的积极作用，共审理婚姻家庭纠纷案件1456件，审结1446件；受理民间借贷、买卖合同、土地流转等类型的案件1859件，审结1784件；受理人身损害、财产损害、机动车交通事故责任纠纷等权属侵权及其他民事纠纷案件983件，审结946件。加大调解力度，坚持“调解优先，调判结合”方针，运用多元化手段妥善处理矛盾纠纷，尤其是更加注重处理好量大面广的类案，如以调解方式审结张津瑜等124人诉贵州金茂房地产开发有限公司商品房买卖合同纠纷，达到定纷止争的目的。全年调撤案件 2557 件，占民事结案总数的 59.5%。

【行政审判】 加强行政审判，监督和促进依法行政，全年共受理行政案件 126 件，审结 114 件，审查行政非诉执行案件 19 件。充分发挥行政审判职能，保护行政相对人的合法权益，判决行政机关败诉 15 件；注重实质性化解行政纠纷，经协调工作后，原告主动撤诉 44 件；通过召开行政法讲座、向行政机关发送司法建议等形式，支持行政机关依法行政。

【执行工作】 全年共受理执行案件 1041 件，执结 962 件，实际执行率 92.4%；申请执行标的额 25317.48 万元，执结标的 20873.87 万元。实施“转变执行作风、规范执行行为”专项活动，共清理执结涉民生案件 14 件，执结率 100%；清理执结一年以上未结案件 228 件，执结率 91.57%。加强执行信息化建设，开通法院与金融机构的“点对点”及“总对总”网络执行查、控、扣专线，与全国大部分金融机构共享被执行人存款信息，冻结账户 11 个、金额 529.7 万元。创新执行方式，减轻当事人负担。首创全市淘宝网司法拍卖，成功拍卖 7 次。加大对失信被执行人的惩戒力度，将 164 名“老赖”纳入“失信被执行人名单”并公布曝光，名单公布后主动到法院履行义务的有 45 人；同时，对不如实申报财产、转移财产、有条件履行又拒不履行的 28 名被执行人，依法采取司法拘留、罚款等强制措施。

【司法公信建设】 加强审判流程、执行信息、裁判文书上网“三大公开”平台建设，对不宜上网裁判文书严格审批，做到应上网尽上网，共上网裁判文书 1571 份。建成大显屏系统，对外发布公告、法律法规和宣传视频等资料，最大限度地进行司法公开。广泛面向社会发放县人民法院自编杂志《水西审判》及报纸《黔西法院审判动态》，让群众全方位了解法院工作。加大司法便民力度，建成集接待、查询、调解为一体的一站式诉讼服务中心，极大地方便群众诉讼；开通“12368”声讯服务平台，为当事人诉讼咨询、案件查询、联系法官等提供便捷；召开律师座谈会，倾听律师代表的建议，开通律师诉讼专用通道，设置律师休息室、提供复制文书所需的复印设备，方便律师执业；加强司法救助，让有困难的人也打得起官司，为当事人减、免诉讼费 39.52 万元。同时，在执行案件中，对申请人生活困难、被执行人确没有履行能力且符合政策规定的当事人给予救助，共救助 13 人，救助金额 13 万元。加强审判监督工作，坚持有错必纠，保障当事人的权利救济途径，审理申诉和申请再审案件 15 件，及时纠正司法过程中的错误，同时依法维护正确生效裁判权威，有效促进实体与程序公正。

【司法改革】 立案登记制改革：自 5 月 1 日起，全面、严格实行立案登记制，做好一次性告知工作，做到有案必立、有诉必理，登记立案 4085 件，当场立案率 98.82%。行政案件相对集中管辖：通过多种形式，及时宣传行政案件相对集中管辖的改革工作，增进当事人对此项工作的了解和理解；加强与织金、大方、百里杜鹃等 3 个被管辖地的沟通、协调，保障行政诉讼工作正常有序开展；落实好巡回审判工作，除个别特殊案件外，均在行政行为发生地开庭，确保不因改革给当事人造成诉讼不便。优化人民法庭设置：根据上级法院司法改革的统一部署，结合黔西经济、地域、人口、案件受理数量等状况，并报经县委批复，将全县 15 个人民法庭予以优化设置为 8 个人民法庭，按序号命名，整合有限的审判资源，充实了人民法庭审判力量。信息化建设：建成 11 个科技法庭，实现庭审全程录音录像；

建成数字化审委会系统，保障信息的安全，提高会议效率；建成内网办公自动化系统，实现法律文书等公文网上申请、签批、收发，实现无纸化办公；建成执法终端移动办公、学习平台，实现随时随地办公、学习。规范审判委员会工作：修改完善审判委员会议事规则，大幅度缩小审判委员会讨论案件的范围，还权于合议庭、独任法官，努力做到让审理者裁判，由裁判者负责，减少审判层级，提高审判效率。

【接受监督】 接受人大、政协监督，对人大代表、政协委员提出的意见及建议积极跟踪督办，及时做好回复工作；邀请人大代表、政协委员视察法院工作，主动接受代表、委员的监督；对2015年初“两会”期间代表、委员审议讨论法院工作报告时提出的“应立尽立”“法律文书质量不高”等6条意见建议，及时逐条整改落实、回复。支持、配合检察机关履行监督职责，认真对待检察机关建议，共同维护司法公正。广泛接受社会监督，依法公开审判，组织干部、群众25次600余人旁听庭审，起到法治课堂和监督平台的双重作用；首次对人民陪审员进行业务素质培训，提升人民陪审员法律素质，人民陪审员参审案件945件，陪审率77.71%，位居全市前列。

【队伍建设】 抓好干部思想政治、纪律作风建设，增强干部责任意识，努力建设政治素质、业务素质过硬的队伍。以解决“六难三案”等问题为切入点，认真查纠部门及干警“冷硬横推”“吃拿卡要”“庸懒散奢”等损害群众利益、伤害群众感情的不正之风；通过开展审务督察、专项检查等，及时纠正干警不规范的行为；选拔任用一批年轻中层干部，录用、招聘审判辅助人员，充实干部队伍；选送97名干警分别到西南政法大学、上海法官学院参加审判业务培训，提升司法综合能力水平；开展“传帮带”活动，采取老法官带新法官的方式，提升年轻法官审判业务素质。2015年，县人民法院执行局和刑事审判庭被毕节市中级人民法院荣记集体三等功；有13名干警受到省、市、县表彰。

检　察

【概况】 县人民检察院紧紧围绕中央“四个全面”战略部署和省委提出的“守底线、走新路、奔小康”的总体要求，立足检察工作职责，认真践行“三严三实”，以“规范司法行为专项整治工作”为中心，按照“营造三个环境”和“建设一支过硬队伍”的“1131”工作思路，全面提升服务全县经济社会发展实效，全面促进检察工作健康发展、全面推进，涌现出众多的先进集体和优秀个人，其中1人被省人民检察院荣记个人二等功、1人被省人民检察院荣记个人三等功。

【打击刑事犯罪】 全年共受理公安机关提请审查批准逮捕案件550件764人。经审查，决定依法批准逮捕372件524人，不批准逮捕161件220人（其中事实不清、证据不足决定不批准逮捕101件147人；不构成犯罪和无逮捕必要不批准逮捕53件66人）。共受理审查起诉案件516件730人。经审查，提起公诉413件565人，报送市人民检察院审查起诉23件34人，不起诉26件27人，退回公安机关补充侦查139件267人，未结案35件56人（均为近期受理）。在打击犯罪工作中，坚持加强与公安、法院的密切配合，对重大敏感案件适时提前介入，引导固证取证，对严重刑事犯罪依法快捕快诉，确保打击力度。坚持突出打击重点，努力增强人民群众的安全感，共依法批准逮捕故意杀人、故意伤害犯罪嫌疑人67人，提起公诉46人，报送市检察院审查起诉34人；批准逮捕“两抢一盗”犯罪嫌疑人152人，提起公诉181人；依法对张某某非法集资等6件7人涉众型经济犯罪件依法决定批准逮捕并向审判机关提起公诉，有效维护群众经济利益，促进社会和谐。

【查办和预防职务犯罪】 认真贯彻落实中央、省委、市委和县委反腐败工作的总体安排部署，坚持老虎苍蝇一起打，始终把发生在群众身边、危害群众利益的职务犯罪案件作为查办重点，努力维护群众利益，及时回应广大人民群众对反腐败工作的关注，营造风清气正的政务环境。全年共立案查办涉及教育培训、医药卫生、拆迁等领域的职务犯罪11件12人。重点查处生态领域职务犯罪案件，深挖“窝案、串案”，依法对原黔西县经济开发区投资促进局赵某某、吴某某、陈某某3名副局长等共7人涉嫌受贿立案侦查，为国家挽回损失159.52万元。对原黔西县人力资源和社会保障局局长邹某某在分管教育培训工作中严重不负责任、不认真履职、放任农民工技术培训工作的监督和管理，造成国家损失140多万元，立案追究其刑事责任。在抓好查办职务犯罪案件工作的同时，积极提升预防职务犯罪工作的针对性和实效性，综合运用检察建议预防、警示教育预防、调查分析预防等形式，将个案预防工作贯穿检察工作的各个环节，充分发挥惩防一体的威慑功能作用。先后撰写预防调查报告12份，及时向有关涉案部门发放，得到有关部门的高度重视并及时进行整改，有效提升预防工作的效果。开展警示教育专题讲座70余场次，预防咨询和宣传30件次，制作警示教育展板、挂图500多块（张），办理行贿犯罪档案查询462次，做到正本清源、预防为先，从源头上预防和治理腐败。

【社会治安综合治理】 结合刑事办案工作，积极开展社会治安综合治理工作。组建宣传小分队，深入兴仁、大关、绿化、雨朵等乡镇开展社会治安综合治理宣讲和“法治影视下基层”活动。未成年刑事检察部门利用未成年人发生的典型案例，深入县一中、县思源实验学校对广大中小学生开展法治教育；县检察院4名党组成员作为县城部分中学的法制副校长，认真履行职责，经常深入学校开展对法制教育，取得良好效果。坚持将化解社会矛盾贯穿执法办案全过程，全面贯彻宽严相济的刑事政策，共对52件62人依法做出无逮捕必要不捕决定，减少社会对抗，增进社会和谐。依法开展刑事和解工作，促成轻微刑事案件和解7件7人。扎实开展涉法涉信访人诉国家司法救助工作，对生活确有困难的7名刑事被害人及其近亲属发放救助款8.2万元。积极开展举报宣传周活动，坚持检察长接待日工作制度和带案下访巡访工作，检察长共接待群众来访24件次，均及时予以处理。按照县委2015年第二季度县级领导包案化解突出矛盾纠纷和信访问题要求，检察长带案下访10件次，督促相关部门在规定期限内化解人民群众突出矛盾纠纷。认真做好控告申诉、信访工作，共受理群众来信来访41件次，均及时办理并给予满意答复；认真抓好案件线索初查工作，共初查案件线索13件，初查成案移送本院侦查部门立案侦查10件。

【诉讼监督】 以保障人民群众合法利益为着力点，以维护司法公正为目标，全面开展诉讼监督工作。侦查监督：全年共办理立案监督案件14件，增捕犯罪嫌疑人12人，追诉漏犯5名（法院均作有罪判决）。共向侦查机关发出纠正违法通知书4份，发出检察建议5份，公安机关均已采纳；对公安机关在侦查工作中的违法行为及时提出建议进行纠正，有效维护司法公正，保护当事人的合法权益，促进社会稳定和谐。审判监督：全年共提出量刑建议514人，法院采纳471人，采纳率为91.6%。在注重案件审查质量的同时，切实加强诉讼监督，提出抗诉2件。民事行政审判监督工作共受理申诉案件331件，经审查立案处理331件；办理执行监督1件、法院已纠正1件；办理刑事附带民事诉讼4件，法院均支持检察机关的诉讼请求。刑罚执行和监管活动监督：切实履行监所检查职责，积极开展安全大检查工作，共进行各类安全防范检查50余次，发现各种安全隐患和漏洞30件，口头纠正30次，提纠率100%，纠解率100%。进一步落实节日期间的安全措施，有效保证看守所在节日期间的安全和稳定。深入林泉、金碧等乡镇开展监外执行罪犯监管情况核查和社会矫正法律监督工作，针对1件社区矫正工作资料不规范问题提出纠正意见，有效提高社区矫正的规范化水平。针对社区矫正人员中有13人符合特赦条件，及时向司法行政部门提出特赦检察建议并得到采纳，有效维护社区矫正人员的合法权益。

【规范司法行为专项整治】　按照高检院、省检察院和市检察院的统一安排部署，制定《黔西县人民检察院规范司法行为专项整治工作方案》，深入开展规范司法行为专项整治工作。一是努力提升干警规范司法意识，通过采取党组中心组学习、干警大会集中学习、部门组织学习和支部召集学习等方式，组织干警系统学习各项法律法规和相关文件精神，切实增强参与专项整治工作的责任感和紧迫感。组织干警对2013年以来办结的2604件案件进行评查，共评查出5848条司法不规范问题。对评查出的司法不规范问题向承办人反馈，并向全院干警通报，要求承办人认真自查梳理，提出具体的整改措施。同时，深入基层、深入群众，广泛听取人民群众对司法规范工作的意见和建议，走访人大、政协、法院、公安、司法等机关事业单位并征求意见，邀请人大代表、政协委员、人民监督员、特约检察员等共21人召开座谈会，广泛征求意见和建议。抓好问题整改，填写《黔西县人民检察院各内设机构规范司法行为专项整治工作重点问题排查表》，深入剖析问题存在的原因。对查找出的不规范行为认真汇总填写《司法不规范台账》及《问题清单》，制定相应的整改措施，形成《黔西县人民检察院规范司法行为负面清单及原因剖析、整改措施报告》。研究出台《黔西县人民检察院关于防范干预过问案件的实施细则》等一批管理制度和措施，强化用制度管理案件的力度，全面保证司法规范，增强检察机关司法办案的公信度。

【生态环境保护专项行动】　立足检察工作职责，扎实开展生态环境保护专项行动。组建7个工作组，深入全县29个乡镇（街道），对全县破坏环境生态资源的违法犯罪线索进行全面摸排，找准检察机关服务生态建设的着眼点。研究出台《黔西县人民检察院关于进一步发挥检察职能服务全县经济社会发展的意见》，并与环境资源行政执法部门签订《生态环境保护工作联系协调制度》。依法打击环境资源领域违法犯罪活动，立案查办生态环境领域职务犯罪案件7件7人，全部侦查终结并向人民法院提起公诉。共办理涉及破坏环境资源犯罪的审查批捕案件10件10人，经审查决定批准逮捕2件2人；办理涉及破坏环境资源犯罪的审查起诉案件15件15人，依法向县人民法院提起公诉15件15人。切实强化环境资源领域的司法监督工作，依法纠正行政机关不作为、执法不严、违法不究的现象，共监督行政机关移送案件线索1件1人，要求公安机关说明不立案理由4件4人，通知公安机关立案8件8人。其中立案监督的丁亚涉嫌污染环境案，被作为全省检察机关生态环境保护专项行动新闻发布会的5个典型案例之一。针对环境资源行政执法领域存在的执法不严问题，共监督行政机关履行职责305件，被相关行政执法部门采纳292件。加强与环境资源管理执法部门的配合，提升破坏环境问题的整治效果，与县环境保护部门配合，开展针对罗永红等68家养殖户未办理环评审批手续，违法排放污水、废弃物的治理工作；建议环保部门依法对黔西县现代妇产医院等38家医疗机构违法排放污水及废弃物等问题进行立案调查；针对县城水西大道、莲城大道等沿街商铺使用高音喇叭造成噪声污染问题，建议公安机关加强整治；与县国土、林业部门配合，积极开展砂石企业破坏环境的补植复绿和土壤复垦工作，截至2015年年末，补种林木155株，承诺在2016年之前补种2112株，恢复林地3亩。有98家砂石企业承诺按要求在2016年春季完成好土壤复垦和补植复绿工作。成功对协和镇爱国砂石场违法占用林地、相关执法部门行政不作为提起行政公益诉讼，审判机关做出支持检察机关诉讼请求的首例行政公益诉讼判决，取得良好的社会效果。切实加强环境资源领域的法治宣传工作，充分利用近年来处理的破坏环境资源犯罪典型案例，深入乡镇、林区开展保护生态建设法制宣传活动24次，努力提高群众的环境保护法律意识。

【检察改革】　根据省检察院的安排部署，县人民检察院作为全省检察机关探索权责一致办案新机制的试点。院党组高度重视，经过反复分析调研，研究制订《黔西县人民检察院关于在办理刑事案件中探索权责一致办案新机制的实施方案》和《办案组运行细则》《办案质量标准和责任追究细则》《办案补贴细则》等配套文件，报经县委、县政府、县人大和上级检察机关同意后于6月1日全面实施改革。在探索改革工作中，根据发现的新情况、新问题及时调整和完善有关工作措施，有效保证改革的顺利推进，为全省司法改革先行先试，探索可借鉴、可复制的新经验做出积极贡献。

【宣传工作】　从完善制度、构建宣传工作奖惩机制入手，进一步整合内宣和外宣工作力量，充分利用新媒体进行检察宣传，有效提升广大人民群众对检察工作的知晓率。建立“黔西县人民检察院”微信公众号和微博客户端，与已经建立的短信平台进行捆绑，及时向广大人民群众发布重大案件信息和重要工作开展情况，共发布信息50余条，受众达2000余人。组织干警积极撰写信息简报和新闻稿件，向有关媒体投稿，共发布调研文章、检察信息和新闻稿件200余篇（条），其中被《检察日报》等国家级媒体采用67篇（条），被省检察院《检察信息》《法制生活报》等省级媒体采用36篇（条），被市级刊物采用43篇（条），被县级刊物采用56篇（条），取得良好的宣传效果。

公　安

【概况】　2015年，县公安局深入贯彻党的十八届三中、四中、五中全会精神和习近平总书记系列重要讲话精神，深入贯彻落实省委十一届六次全会精神、市委一届七次全会、县委十一届五次全会精神，紧紧围绕全县中心工作，以深入践行“三严三实”主题教育活动为载体，以“平安黔西”创建为目标，以深化公安改革为动力，以“四项建设”为重点，全力落实“打、防、管、控”各项举措，确保全县社会治安持续稳定，实现发案下降，群众安全感、满意度上升的良好格局。全年共立刑事案件2598起，比2014年的3663起下降29%。破获各类刑事案件1224起，共立8类刑事案件130起，与2014年相比立案下降60.49%；破获8类案件86起，破案率为66.15%；刑事拘留622人，逮捕461人，移送起诉515人。成功破获“3·18”爆炸案、“9·09”特大拐卖案等重大刑事案件。

【情报信息工作】 加强情报信息的搜集、研判，为维护社会政治稳定发挥重要作用。密切掌握全县城市建设搬迁安置、企业改制职工、解聘干部职工、涉军、涉疆、移民等群体和涉法涉诉重点上访人员的动态情况以及网络舆情，做好稳控化解处置工作。全年共搜集各类情报信息208条，编撰研判上报82条、密悉情报50条、预警性情报信息50条，上报情报信息被市局《毕节公安情报》采用42条，编报工作简报25期；开展专项调查19项、撰写调查报告19篇，编报网上重点目标对象每周动态30期。积极做好元旦、春节、全国“两会”“7·5”敏感期、“九三”大阅兵、贵阳国际生态文明论坛、烈士纪念日等敏感节点和重大活动的安全保卫工作，活动期间未发生各类诉求群体赴省进京和拦车上访、冲击政府机关等事件，为党委、政府决策提供情报支撑。

【反邪教工作】 坚决遏制邪教组织发展蔓延，依法取缔各类非法宗教。按照上级部门的部署，深入开展同“法轮功”等邪教组织的斗争，加强净网工作。开展深挖打击“明慧网”“天网七号”追逃、“门徒会”邪教组织专项行动，打击“法轮功”诬告滥诉活动破案会战等，切实加强同邪教组织的斗争。配合民宗等部门依法取缔钟山镇土坟堆“海医生”封建迷信活动场所、五里乡金鸡村“石菩萨”迷信活动场所，成功破获“大关教会”非法教会案，主要犯罪嫌疑人全部依法起诉。

【反恐防恐工作】 高度重视反恐防恐工作，不断提高应急处突能力建设。严格落实公安部对涉疆涉藏人员的一级防控，做好维稳工作，切实加强对涉疆涉藏人员调查工作，密切掌握涉疆涉藏人员入黔动向。加大对黔西要害部位、重点场所的安保工作，积极开展打击枪支弹药、管制刀具等整治行动，消除隐患。建立完善反恐防恐应急预案，扎实开展反恐实战演练，提高反恐应急处置能力和警务实战能力。

【“维权”群体稳控工作】 加强对参建湘黔铁路、洪家渡库区移民、对越作战退役人员、民办教师群体的稳控，相继建立湘黔铁路“2·15”、洪家渡库区移民“12·13”、对越作战退役人员“2·17”工作专班，按照“一事一档”“一人一策”的要求，收集重点人员的基础数据、信息，完善和充实重点人员档案，随时掌握群体动态，积极开展稳控工作。按照排查、化解、稳控、处置“四位一体”要求，逐一建立“个案表”和“四级个案台账”，按照“五个清楚”“七个一”的工作要求逐一明确化解，落实稳控责任单位和责任人，全年共办理信访案件158件，重大信访积案得到妥善化解。

【严打侵财、经济犯罪】 全年共立“两抢一盗一骗”多发性侵财案件2130起，同比2014年立案3303起下降35.51%；破案620起，破案率为29.11%；先后打掉各类侵财类犯罪团伙13个，抓获犯罪嫌疑人90余人，破案300余起，为群众挽回经济损失400余万元。全年受理各类经济案件76起，立案侦查经济犯罪案件70起，刑事拘留10人，逮捕6人，移送起诉9人，抓获网逃3人，挽回经济损失621.5万元。积极打击整治全县因民间借贷、“炸会”等引发的非法集资犯罪，立案侦查非法集资案件9起、破获6起，其中成功破获公安部督办的大关非法集资案件1起，涉案总值愈3亿元，涉及2000余人。

【严打毒品违法犯罪】 相继开展“禁毒百城会战”“禁毒人民三年攻坚会战”“冬季扎口子专项行动”“吸毒人员大排查、大管控、大收戒”“打击互联网网络犯罪”等专项活动，重拳打击毒品违法犯罪。全年共办理毒品案件217起，与2014年同比上升7.46%；抓获毒犯罪嫌疑人247人次，与2014年同比上升18.75%；收戒吸毒人员1275人次，与2014年同期的948人次上升34.5%；缴获毒品25.57千克。

【严打涉黑违法犯罪】 成立“3·19”专案组，在全县各领域开展涉黑涉恶线索摸排，成功打掉2个黑社会性质组织团伙，13个恶势力团伙。破获各类刑事案件120起，抓获违法犯罪嫌疑人106人，刑事拘留92人，提请报捕91人，批捕85人，移送起诉102人。

【严打涉拐、涉枪犯罪】 全年共立拐卖案件42起，销案26起，破案1起，抓获犯罪嫌疑人2名，抓获涉及拐卖案件历年逃犯4名，打击处理涉拐犯罪嫌疑人6名。查处涉枪案件10起，录入涉枪系统2起，打击处理违法犯罪嫌疑人13名。

【追逃和命案攻坚】 深入开展逃犯关系人信息研判工作，提高信息化追逃水平，抓获全年共抓获网上逃犯149名，目标逃犯23名。特别是在全省公安机关“追命案逃犯、降命案积案”专项工作中，抓获3名历年上网命案逃犯，破命案积案1起，命案逃犯存量下降率达27.27%，提前超额完成上级机关下达的任务指标。2015年，全县共发生现行命案4起，破4起，破案率为100%。

【重点整治专项行动】 积极开展“清缴危爆物品枪支弹药管制刀具”专项行动，全年共清查收缴枪支243支、子弹156发、炸药154.3千克、雷管3512枚、管制刀具381把、烟花爆炸85箱，张贴宣传公告4125张，入户宣传26315次，办理涉爆刑事案件6起、治安案件5起、打击人员9人，办理涉枪刑事案件8起、打击人员5人。开展旅馆业、娱乐场所专项整治行动5次，查处涉赌案件137起，其中刑事案件8起、治安案件129起，抓获涉赌人员744人，采取刑事措施12人、行政拘留81人、治安罚款503人，收缴赌资59万余元、收缴销毁赌博机126台；查处涉黄案件36起，其中刑事案件12起、治安案件24起，采取刑事措施20人、治安处罚59人；成功捣毁城区3个发放招嫖卡片招嫖的团伙。

【信息化指挥系统建设】 扁平化指挥体系全面建成，硬件设施建设得到加强。指挥大厅从原来100平方米扩建至300余平方米，在原有单一接警、调度的基础上，增加视频、综合及领导决策等18个席位，满足扁平化指挥及应急处突需要。配套建立健全100余个机制、预案，使指挥调度、应急处突、网格巡逻等规范有序。全面整合软件设施，以警用地理信息平台为依托，将电信、移动、联通手机初定位系统，公安“三台合一”接报警系统，350兆无线集群通信系统，北斗卫星定位系统，3G、4G无线图传系统，“天网”空间、属性查询系统，手机APP规范接出警系统，天网快速调度上屏系统，重点人员管控系统，身份证扫描实时比对系统和卫星通信等全部整合到指挥调度平台上，同时将所有警用资源全部实现定位，动态显示在警用地理信息地图上，为可视化、扁平化、“点对点”垂直式指挥提供系统支撑。配套设施得以完善，建成指挥大厅、情报中心、互联网监控中心、技侦前沿阵地工作站、刑侦情报中心，满足指挥调度、服务实战的需要。不断完善深化应用，紧紧围绕建设信息共享、警种协调的高度集成综合警务平台，立足信息化实战警务的需要，相继建成云存储、云计算摘要视频分析研判系统，视频警务云（卡口电警）神眼大数据分析系统，三级防控圈电子围栏、WIFI信息采集系统，派出所警务综合管理平台，网格管理应用系统、二维码门牌管理系统和合成作战平台。

【网格化巡防】 将城区按派出所管辖划分为4个大网格，每个大网格配备1辆巡逻处突车。将每个大网格划分为4个小网格，每个小网格内配备3辆巡逻摩托车，由6名配备定位系统、350兆无线集群手持机、执法记录仪、单警装备的巡防队员负责在网格内开展全天候巡逻。大网格之间的主要交通要道，由网格交警、巡逻特警进行弥补缝合，时刻保证有300余名警力在街面开展常态化巡逻防控，零距离服务群众。处警速度由原来的5~10分钟提升到2~3分钟，真正达到“接警快、调警快、出警快、现场处置快”的目的。

【情指联动】　按照省公安厅关于犯罪实时控制机制和合成作战的要求，将刑侦、国保、禁毒、网安、技侦前沿阵地进行整合，集中办公，达到“大整合、高共享、流程化”的要求。自扁平化指挥体系运行以来，通过网格巡防警力直接抓获各类违法嫌疑人619名，协破刑事案件391起，快速处置各类突发事件200余起，刑事案件总发案由2014年4032起下降到2015年的2837起，同比下降29.63%；“两抢”案件由265起下降到49起，同比下降81.51%；盗窃摩托车案件由816起下降到388起，同比下降52.45%。全县连续42天实现“两抢”案件零发案；现行命案4起，同比下降33.33%。经省、市对全县群众安全感、满意度测评，黔西排名全市第一，创历史新高。

【户籍管理】　强化实有人口管理，稳步推进户籍制度改革。2015年共审批相关户籍业务5796人次，办理临时身份证10400余张，办理居住证2942张。全面清查解决户口登记管理中存在的“错、重、假”问题，实现居民身份证号码准确性、唯一性、权威性；审批相关户籍业务5796人次、市外迁入613人次、民族变更519人次、多报删除3387人次。按照相关要求，认真部署，摸清底数，为推进户籍制度改革夯实基础。

【公共网络管理和服务】　积极开展涉网刑事案件的侦查工作，对黔西贴吧、天涯社区、腾讯微博、新浪微博等各种论坛进行时时跟踪，做好舆情引导和有害信息的删除，对传播造谣虚假信息依法进行训诫教育和落地查人；对影响重大的虚假信息传播者，依法实施治安拘留。配合外地公安机关办理部督案件，在CCIC工作中配合刑侦、治安、经侦等抓捕网上逃犯12人次；在情报导侦工作中积极收集网络犯罪信息和重大网络犯罪情况并及时上报，抓获涉案人员104人。积极开展舆情引导，按公安部、省公安厅和市公安局要求及时开展舆情导控，全年共报送信息45038条，其中亮点信息631条。

【出入境管理】　有效维护正常的出入境管理秩序，严格执行窗口各项服务规范，全年共受理公民因私出国（境）5714人次，其中出国2318人、港澳双程2908人、港澳单程13人、赴台475人。积极推动将境外人员纳入派出所实有人口管理，共接待境外人员182人次，其中外国人93人次、香港人28人次、澳门人3人次、台湾人58人次，辖区内有常住境外人员10人。

【公安交通管理】　全年共排查出道路交通安全隐患44处，治理41处；安装及维修各类交通标志标牌410块，维护红绿灯47处。共查处各类道路交通违法行为14万余起（不含警告处理），其中酒后驾驶361起、无证驾驶26起，拘留交通违法行为人41人次。

【公共安全隐患排查治理】　强力排查整治宾馆饭店、大型商场、公共娱乐、城中村、出租屋、物资仓储等场所，全年共排查单位、场所1475家，发现火灾隐患和消防违法行为1341处，督促整改火灾隐患1325处，处罚41家违反消防法律法规的单位和个人，查封单位4家，责令“三停”20家，行政拘留3人，通过采取停用、拆除、改变用途等方式全部整改。加强机关、企事业单位的安全保卫工作，认真贯彻落实《企事业单位内部治安保卫条例》，积极抓好内部单位保卫组织机构建设，加强教育培训，充实内部单位保卫队伍，不断提高内保队伍的整体素质；指导督促重点单位制定和完善内部治安突发事件处置预案，研究细化治安保卫工作措施，加强企事业单位专职保安队伍建设，推进内部保卫工作深入发展。

【监所安全管理】 坚决打击牢头狱霸，确保监所安全。全年共收押1018人，月均押量548人。截至2015年年末，有在押人员446人，未决在押人员405人，已决在押人员41人，刑事拘留61人，逮捕385人，外地转入19人，其他6人；投送监狱517人，刑满释放186人。强化监所医疗保障，新增3名医务人员，与县中心医院达成协议，坚持每日巡诊制度，由医院派遣4名有资质的医生、护士驻所工作；县委、县政府投入建设特殊人群关爱医院，缓解监所医务工作压力，提高监所安全系数。坚持公开教育感化和采取秘密侦察手段相结合，完成深挖犯罪工作。看守所提供破案线索167条，破获刑事案件167起、抢劫团伙案件2起、盗窃团伙案件3起。

【执法规范化建设】 认真组织民警开展“三严三实”专题教育、反腐倡廉主体建设活动，进一步深化队伍作风建设，不断提高民警政治素质和理论水平。对执法规范化建设工作开展情况进行督导，对各执法办案单位落实公安机关规范使用办案区“四个一律”情况开展专项检查，规范办案区使用管理，提升安全规范执法水平。坚持以规范执法行为、提高执法质量为目标，不断强化内部执法监督，及时发现和纠正各部门在执法办案中存在的问题。2015年，法制部门共审核刑事立案2789件，不予立案35件，刑事拘留744人，报捕524件726人，批捕422件625人，移送检察机关审查起诉510件542人，审核取保候审178件199人，监视居住12件12人；共受理审核治安行政案件1777件2230人，其中行政拘留（含行政拘留并处罚款）2149人，罚款81人；审核强制隔离戒毒案件683件734人，强制隔离戒毒734人；行政复议及诉讼、赔偿案件16件，3件申请人主动撤回申请、7件经复议维持原决定、1件正在复议中、5件正在审理中。全年无国家赔偿案件。开发黔西执法源头信息化管理APP系统，充分发挥移动警务实时快捷高效的特点，扩大移动警务的应用范围。指挥中心接警通过移动警务APP发至处警民警，民警在移动终端APP上接收到指挥中心处警指令后，迅速到达现场进行处置，民警可根据案件类别，按照菜单指引完成照片、证人、物证等执法环节相关工作，并将现场信息一并推送指挥中心，自动进入执法规范化管理系统存档备查。2015年12月，在全市执法规范推进会上，县公安局以信息化引领执法规范化建设的做法作经验交流并在全市推广。

【派出所建设】 全面推动派出所建设三年攻坚战。将部分派出所的基础设施建设纳入发展规划建设，2015年对29个派出所中的22个“无、危、小”派出所业务用房现状拟写专题报告向县政府汇报；投入资金898万元，对6个公安派出所进行改扩建。对16个派出所另选址新建，满足派出所执法办案和服务群众需求。加强基层警力，先后两次从局机关抽调18名干警充实到派出所工作；将新招录公务员统筹安排到基层一线工作，11月份通过公开招考录取工作人员26人和全县公开招录的31名公安事业工作人员，全部安排到各基层派出所，派出所警力占全局警力的43.7%，警力配备更加优化。积极落实省厅党委、市局党委和县委、县政府工作安排，认真推进村级警务助理工作，全县362个行政村全部选聘村级警务助理，达到警务助理全覆盖。2015年，警务助理参与治安巡逻防范达4985余人次，协助管理重点人员2556人次，清查流动人口

2837人次，采集空巢老人、留守儿童信息10524条，采集个案信息6919条，协助检查交通安全7324人次，排查矛盾纠纷1693起，协助采集各类信息6919条，为群众送证上门10064余次，搜集情报线索533条，提供破案线索36条；协助派出所规劝2名在逃人员投案自首，破案22起，抓获违法犯罪嫌疑人36名。

【警务督察】 加大督察力度，狠抓从严治警，全年共开展各种警务督察活动862次，出动警力846人，车辆416台；查访科所队2538次，民警8614人次；检查枪库188次，枪支960支；检查警车306台次，暗访娱乐场所95家；拟写《督察通报》254期，督察信息120期；禁闭69人次，受理群众投诉2起，处理民警维权案件2起，开展调查领导交办、群众投诉、部门移交等渠道获取的线索案件15起，形成专题报告15份，处分5起7人，党纪处分1起1人，其中行政警告处分2起2人、行政记过处分2起4人、辞退协勤98人。

【警营文化建设】 积极开展公安宣传活动，2015年度在市级报刊和电视台发表宣传稿件210篇，在省级报刊发表宣传稿件126篇，在中央级报刊发表宣传稿件28篇，大力宣传黔西公安取得的工作业绩和创新经验，扩大黔西公安的影响力。在“黔西公安”网站回复群众咨询和犯罪线索举报12条，维护信息48条；利用治安播报、手机报等宣传方式向群众宣传法律知识、防范措施和各项便民利民措施，增强群众对公安工作的理解和支持。出台《黔西县公安局困难民警救助基金的管理规定》，为从优待警提供强有力的保障；以创建“双文明”为抓手，强力推进公安机关队伍管理工作，2015年创建省级“文明示范窗口”单位1个、市级“文明示范窗口”单位8个、“文明服务标兵”2人。广泛开展立功创模活动，营造比学赶超的浓厚氛围，2015年有1人荣立个人一等功、5人荣立个人二等功、20名人荣立个人三等功，1人获评“全市我最喜爱的人民警察”；有3各单位获得集体三等功、1个单位或集体嘉奖。积极开展“大练兵、大比武”活动，认真组织全局民警开展业务和警务技能训练，轮值轮训，不断提高民警综合能力和业务水平。在2015年全市特巡警警务技能大比武活动中，县公安局代表队在各个项目表现优异，获得团体第一。

【党建工作】 坚持党委中心组学习制度，打造学习型机关，学习型团队。每周二由一名局党委成员组织政治理论和业务学习，利用节假日、双休日等节点采取发短信的方式针对相关禁令警规等进行提醒，时刻绷紧警规警纪之弦。抓好党风廉政建设，加强风险防控，结合“三严三实”主题实践活动，狠抓《中国共产党廉洁自律准则》和《中国共产党纪律处分条例》学习，严格按照中央“八项规定”、省市“十项规定”等，加大对违纪行为的查处和问责力度，不放过每一个“疑点”，不落下每一起“线索”，对受到投诉控告的违纪违法行为采取“零容忍”的态度坚决查处。对所有查处的案件一律实行“一案双查”，加大问责力度。围绕中心工作开展执纪和职责监督，对工作懈怠和敷衍的单位采取坚决果断的措施予以处理，通过责令检讨、诫勉谈话等方式加强监督，从每一个薄弱环节和容易滋生腐败的细微处着手，加强风险防控，从源头上提高拒腐防变能力。

司　法

【概况】 2015年，县司法局以党的十八大和十八届三中、四中、五中全会以及习近平总书记系列重要讲话、对司法行政工作的重要指示精神为指导，全面贯彻落实中央、省、市、县政法工作会议，全国、省、市司法行政工作会议精神，以踏石留印、抓铁有痕的工作作风和只争朝夕的干劲，围绕县委、县政府中心工作，根据《黔西县司法局2015年工作要点》要求，紧紧抓住“一个中心”，努力实现“两个目标”，着力“三个深化”，注重“四个围绕”，突出“五个重点”，完成“六个覆盖”，圆满完成年度目标任务，先后有1个先进司法所、1个先进司法助理员受到国家司法部表彰，2个优秀调委会、2个优秀人民调解员受到省人民政府表彰，6个“六五”普法先进单位、6个普法先进个人受到市人民政府表彰推荐，8个人民调解委员会及调解员、11个先进个人受到市司法局表彰。

【法制宣教】 结合“六五”普法规划，广泛开展形式多样、贴近群众宣传活动。利用广播、电视、报刊、网络等新闻媒体和文艺演出、法律知识竞赛、法制讲座等进行宣传。发送各类普法短信6万余条，利用大型LED显示屏循环播放法治微电影、法治山歌、法治小品、调解大篷车等视频3000余部（次），出动宣传车到各乡镇（街道）开展“反对迷信、崇尚科学”宣传活动100余台次，出动宣传车在城区主干道、南部新区征地拆迁区域宣传相关法律法规500余台次。深入开展“关爱明天·普法先行”“‘中国梦·劳动美’职工法律知识抢答赛”“诚信、守法、感恩专题教育”“青少年法律知识抢答赛”等活动。其中，以在“黔西县职业律师辩护人辩论选拔赛”中脱颖而出的4名优秀辩手组成的黔西县司法局代表队，在全市“公诉人与辩护人辩论大赛”中荣获冠军；“贯彻实施‘依法治国、依宪治国、依法行政、以德治国’精神巡回宣讲”“千名律师进企业”等多项活动被《法制生活报》、新华网、文明网等媒体报道。开展对农村“两委”成员和“法律明白人”法律知识培训200余人次，全县登记在册“两委”成员和“法律明白人”3620人。将全县362个村（居）、社区“农家书屋”作为普法宣传平台，以“法律书籍进书屋，法治文化进农村，法律服务进农家，法律援助帮农民”为目标，扎实推进农村普法宣传和农村法治文化建设，建立“农家法制书屋”60个。编印《黔西县特殊群体法律法规宣传用书》《一维两不》《走向城市之路》《农村法律法规实用手册》《黔西县司法局服务指南》《公证法律援助社区矫正明白卡》等各类普法资料30余万册，发放至各乡镇（街道）、各依法治县成员单位，供各单位开展宣教活动时使用。在全县300所学校配备法制副校长和校外辅导员，实现法律进课堂、普法网络全覆盖。黔西“依法治县”工作所取得的经验和成绩被10余家媒体予以报道，全县“六五”普法依法治理工作通过省、市验收。

【社区矫正】 强化社区矫正规范化建设，积极组织社会力量参与社区矫正工作，在每个司法所至少有1~2名公益性岗位人员或司法协理员参与开展社区矫正。加强对社区矫正人员的日常监管，制定“周听声、月见面、季考核，特殊时期日报告”的管理机制。积极运用信息化手段加强对矫正对象的管理，向矫正对象发放GPS定位监控手机。全年为监狱和法院出具调查评估意见函214件。积极办理社区矫正人员收监执行工作，对不服从管理的社区服刑人员提请撤销假释10人、收监执行5人、依法对社区服刑人员警告处罚21人，成功将8名社区矫正人员变更到实际居住地实施社区矫正。截至2015年年末，全县累计接收社区服刑人员617人，期满解除社区矫正406人，在册211人（缓刑125人、假释71人、保外就医15人），重新犯罪率低于全国平均水平，社区矫正监督工作取得明显成效。

【法律援助】 积极构建法律援助工作主体

新格局，创新服务方法，提升服务水平。在申请法律援助得到批准后，指派代理人时，根据代理人的办案能力以及擅长的专业方向实行案件类分流，体现专业化，更有有利于提高办案质量；拓宽援助渠道，展现服务特色，充分利用高效便捷的网络社交工具为群众提供法律帮助。县司法局法律援助中心在已开通的“12348”法律援助热线的基础上，开通 qxxflyzzx@126.com 邮箱接受来信咨询；注册了以黔西县法律援助中心为用户名、账号为 2994227570 的 QQ 和新浪微博号用以在线解答法律问题。协同团县委、县妇联、县关工委、县总工会、县公安局看守所、县残联等 10 家单位联合建立法律援助工作站，积极为农民工、未成年人、妇女、残疾人、老年人提供法律服务，切实便民利民，为公共法律服务体系建设提供基础网络支持。将法律援助工作流程即申请、审查、审批、指派、承办、结案等内容制作成工作流程图公示上墙。在各个行政村设立法律援助工作站 399 个，让老百姓寻法有门。全年办理各类法律援助案件 300 件，比 2014 年增加 42 件，其中民事案件 210 件（诉讼案件 158 件、非诉讼案件 52 件）、刑事案件 82 件、行政案件 8 件，解答法律咨询 900 余人次，代书 200 余份，切实解决普通群众“打官司难”和“打不起官司”的问题。

【人民调解】 健全人民调解网络体系，积极发挥基层调解组织作用。及时对 369 个村（社区）调委会进行调整充实；新设立黔西县医疗纠纷调委会 1 个，下设办公室在司法局基层股，建立医患纠纷人民调解经费保障和“以案定补”激励机制、人民调解处理医疗纠纷“主战场”机制、联调联动调解机制和医疗纠纷预防机制，调处医患纠纷 90 余件，实现医疗纠纷依法化解率高、协议履行率高、群众满意率高和医疗机构秩序好、医闹发生率低的医患纠纷处理“三高一低”，经验做法得到中央政法委网站、省委政法委网站的刊载。截至 2015 年年末，全县共有各级人民调解组织 406 个。创新化解矛盾调解方式，在各个乡镇成立“山歌化解矛盾纠纷调解室”，用苗语、彝语、布依语等编成少数民族山歌，把法、情、理融合在一起，以歌释疑、以歌说理、以歌劝和，不仅调解矛盾，宣传法律知识。2015 年，全县各级人民调解组织共调处各类民间纠纷 2102 件，调解成功 1994 件，调解成功率达 95%，未发生民转刑案件和因民间纠纷引起的自杀案件；排查矛盾纠纷 571 次，防止群体性上访 28 次 460 人。

【安置帮教】 做好刑释解戒人员的安置帮教工作，对回归社会的农村籍人员做到有人接、有人管、有房住、有田种，对城镇籍人员做到有人接、有人管、有房住，生活困难人员有最低生活有保障。2015 年，全县回归社会的刑释解戒人员共计 700 人，其中必接对象 402 人，接回 400 人，必接率达 99%。对每一个回归社会的人员，均由各司法所牵头建立帮教小组，帮教率达 100%。

【违法青少年教育工作】 县司法局青少年育才学校继续全面贯彻执行党的教育方针，推崇德育为主、学科为辅、法制为保障的课程设置框架，不断创新、提升办学品质，在原教育矫正基础上进行课程改革，以 3 个月为一个学习周期对学生进行教育矫治，采取“小坡度、低难度、慢速度”的教学方式，注重教学实用性，把思想教育、养成教育融入教学中，使学生受到潜移默化的影响。2015 年，育才学校共接收新生 73 人次，出校 26 人次，在校 47 人，均由公安机关送入学校接受教育矫正。以开办青少年育才学校的方式，对问题青少年进行教育管理，为全省首创，得到省司法厅、市政法委的充分肯定。

【公证工作】 县公证处推出“五个便民”

服务措施，积极服务经济社会发展，全年共受理公证事项379件，其中法律援助50件、委托86件、继承154件、声明书98件、赠予15件、合同2件、死亡公证1件、签名2件，全部办结，业务收费103982元，没有发生一起投诉事件，没有违法、违规情况，当事人满意度高，实现公证办理零假证、零错证、零投诉。

【法律服务队伍建设】 认真开展法律服务队伍教育整顿，彻查因历史遗留问题产生的公务员担任兼职律师的公职人员，督促符合转为公职律师的公职人员转为公职律师，继续为单位提供法律服务。认真组织律师、法律服务工作者介入到信访工作、人民调解工作中去，全年办理各类案件379件，其中民事代理180件、刑事辩护55件、行政案件代理8件、非诉讼代理8件、法律援助案件128件（刑事64件、民事159件、行政5件），担任法律顾问4家，代理法律援助案件128件。

公安交通

【概况】 县公安局交通警察大队以“努力争创全省一流交警大队”为目标，认真开展“党的群众路线教育实践活动”，围绕“强班子、齐队伍、抓安全、保畅通”的基本工作思路，坚持“两手抓、抓两头”，积极推进公安内部管理机制的改革和道路交通管理工作的改革。结合“三严三实”专题教育活动，深入开展队伍思想教育和纪律作风整顿，强化源头管理，规范改进业务工作，努力提高道路交通管理工作的科学化、法制化、规范化水平，基本实现“交警队伍素质进一步提高，道路交通秩序进一步好转，交通管理改革进一步深入，基层基础建设进一步发展”，圆满完成全年交通管理任务。

【交通秩序整治】 持续开展全县交通秩序整治活动，大力整治酒后驾驶、脱保脱审、涉牌涉证等各类道路交通违法行为。全年共查处各类道路交通违法行为42035起（不含警告处理），其中酒后驾驶147起、无证驾驶14起，拘留交通违法行为人89人次，吊销驾驶证81本，暂扣机动车17687辆；查处违法营运违法行为62起，行政拘留17人。成功侦破23起道路交通肇事逃逸案，切实保障事故受害者及其家属的合法权益。全县共发生各类交通事故（接处警）7465起，为大、小型汽车、摩托车和低速汽车办理入户21452辆，驾驶证本地初领25960个、换证6147个。完成《黔西公安交通管理工作简报》编发142期。

【摩托车管理】 扎实开展摩托车行政事业性收费减征工作，抽调警力30余名，为无牌证车辆集中办理入户登记业务，净化全县道路交通环境。全年共查扣无牌无证二、三轮摩托车、电瓶车1.5万余辆，为二、三轮摩托车办理登记入户8674个、为电动车办理登记入户1063个。于2015年1月启动全县摩托车、电动车带牌销售工作，由县道交办召集全县所有二、三轮摩托车和电动自行车销售商200余人召开专题会议，传达上级有关精神，做好动员部署。交警大队领导带领流动车管所工作人员将摩托车号牌送至全县各二、三轮摩托车和电动车销售店，全面实行新购摩托车带牌销售。成立由工商、公安交警组成的督查小组，定期不定期对全县各二、三轮摩托车和电动车销售店带牌销售情况进行督查，对发现新售摩托车未带牌销售的，一律上报县人民政府及县道交办责成有关部门对该销售店实施整改。

【车管下乡送证】 1月13日，县公安局交警大队抽调7名民警、15名协勤，成立流动车管所，联合县中心医院体检中心，轮流深入全县25个乡（镇），本着“简化流程、不降标准”的原则，集中为农村摩托车驾驶员办理驾驶证，切实为群众提供便利。截至年末，共为农村驾驶员办理摩托车驾驶证14995个，有效提高农村摩托车驾驶人持证率，杜绝农村地区无证驾驶摩托车现象的发生，降低农村道路交通事故及交通逃逸事故的发生率。

【道路交通设施建设】　坚持开展道路交通隐患排查治理和完善道路交通设施，排查出危险路段81处，整治33处；安装及维护各类交通标志标牌103块；投入专项经费150余万元，修建道路交通智能指挥平台；在县城区安装高清高位摄像头15个、LED诱导显示屏3块、小型LED显示器22块，对县城区道路实行24小时动态监控管理，并通过LED诱导屏及时发布路况信息，最大限度缓解城区道路交通通行压力；将城区道路划分为4个网格，每个网格配备1辆巡逻车及3辆巡逻摩托车，开展巡逻管控，对突发警情及指挥平台指令，及时进行处置，做到“有警处警、无警巡逻”，切实提高城区道路交通管理工作的效率，为预防交通事故发挥积极作用。

【交通安全宣传】　深化交通安全宣传教育，努力提高群众的交通安全意识，县道路交通安全联席会议办公室牵头组织安监、公安交警、交通运管、农机等部门大力开展交通安全“五进”，加强对重点区域、场所的交通安全宣传力度。共深入各客、货运企业开展驾驶员安全教育培训92场次，深入学校、社区、家庭开展宣传4次，在人、车流密集地开展大型宣传活动3次，受教育驾驶员近6万人，发放宣传资料近4万份。

经 济

经济管理与监督

发展与改革

【概况】 县发改局按照省、市、县有关决策部署，紧紧围绕全县2018率先实现小康经济社会发展的总体目标，以党的群众路线教育实践活动及“三严三实”专题教育活动为抓手，认真履行部门职能，主动作为，狠抓落实，齐心协力服务发展，把推进项目建设作为全局工作的重中之重，以求真务实的干劲，深入挖掘新潜力，主动适应经济新常态，奋力开创新局面，努力助推黔西发展，全面完成各项目标任务。全县实现生产总值167.34亿元，比2014年增长14.0%；人均生产总值为25325元，三次产业结构比重调整为17.2∶41.4∶41.4。固定资产投资平稳增长，50万元以上固定资产投资完成212.3亿元，增长15.9%。居民收入稳步增长，城镇居民人均可支配收入完成23036元，增长8.4%；农村居民人均可支配收入完成7014元，增长10.5%。城乡居民收入比为3.28，达年度目标要求。全县有省、市、县重大工程和重点项目179个，全年完成投资142.74亿元，占年度投资目标的124.86%，超额完成年度目标任务。其中，省、市重大工程和重点项目77个，完成投资74.88亿元，占年度投资目标的107.91%。居民消费价格指数、单位GDP能耗控制在国家下达计划范围内。

【“十三五”规划编制】 做好全县“十三五”规划准备工作，按照“多规合一”的要求，广泛征求意见，深入研究国家政策导向，并积极与省、市对接，对省、市“十三五”规划进行深入研究和讨论，多次召开征求意见座谈会，完成县“十三五”规划基本思路，基本形成“十三五”规划纲要初稿。完成全县战略性新兴产业培育发展专项规划、“十三五”基本公共服务体系规划、现代服务业发展纲要、现代物流发展规划、"十三五"节能专项规划、"十三五"人口发展规划初稿。完成全县"十三五"规划重大项目申报工作，先后经过9次谋划、筛选、论证拟纳入"十三五"规划重大项目237个，涉及总投资2519.56亿元。起草《黔西县2014年国民经济和社会发展计划执行情况及2015年国民经济和社会发展计划草案报告》，通过县人大常委会议审议，及时下达《黔西县2015年国民经济和社会发展计划主要指标的通知》，分解落实到各乡镇和有关部门，同时跟踪计划落实情况，做好经济运行监测分析，为县委、县政府科学决策提供有效依据。完成全县6个点的乡村旅游扶贫规划编制，参与编制2016—2020年以工代赈规划方案。

【投资拉动】 紧盯固定资产投资年度目标，挖掘投资增量，盘活投资存量，积极搞好项目建设的调度、协调、服务工作，积极配合做好集中开工和全省项目建设现场观摩会工作，按时完成投资任务，力求尽快达产达效，确保投资产生显著拉动效应。产业发展方面，积极引进海大科技实业有限公司、贵州海悦科技立体停车设备有限公司等企业入驻标准厂房，大力实施黔希煤化工、永润天泽化工等工业项目。能源方面，重点推进龙场煤矿、谷里煤矿、挖陇沟煤矿、耳海煤矿等一批煤矿建设进度；加快黔西电厂二期扩建工程、华润电力（贵州）煤电一体化公司黔西电厂前期工作。交通方面，成贵快铁和贵黔、黔金、黔息高速公路如期推进，行政中心至石板互通即将建成通车。农业农村水利方面，加快水西观光农业示范园区、银河综合农业示范园区、食用菌产业示范园区、众农生态种植示范基地和樱桃坪水库项目建设进度；仙人洞、凹水河水库等重点骨干水源工程前期工作稳步推进；全力实施海子村、扯泥村等10个村"四在农家·美丽乡村"建设。市政方面，实施污水处理厂二期工程、水西古城、"3个中心"、同心商贸城和万丰国际商贸城；强力推进素朴、钟山、谷里、大关、金碧、绿化和林泉等17个乡镇集镇建设；房地产方面，明德新城、滨河湾建成完工，振华花开城、东城书香、杜鹃大道安置区、上马安置区等项目进度加快；阳光·杜鹃花城、水西半岛等一批精品住宅小区初具规模。

【项目监管】 强化对项目建设的全过程监管，督促项目建设单位在确保工程质量和安全的前提下，抢工期，抓进度，能开工的项目及早开工，已开工的项目加快建设进度，尽快形成更多的实物工作量，确保完成县委、县政府提出的投资目标任务。配合做好集中开工和项目观摩会系列工作，对不具备开工条件的项目，积极开展前期工作。全年组织项目督促检查、配合省地检查达300余人次。加大项目招投标监管。严格按照《招投标法》等相关要求，指导、协调建设项目招投标，做好招标文件的审查、把关，将招投标核准在项目批复时一并下达。在监察、建设等部门的监督下，对限额以下项目公开抽取代理机构，推动全县招投标工作公开、公平、公正实施。全年参与教师公租房、薄改工程、幼儿园等各类建设项目招投标活动监督20余次，办理招标核准手续100个。

【项目服务】 在年初筛选确定全县2015年重点项目，提交政府审定。将项目分解落实，及时跟踪协调项目建设进展中遇到的困难和问题，积极为项目提供服务。简化项目办理程序，在严格遵循国家法律法规、产业政策、行业准入标准和各项规章制度的同时，按照"能放则放、能简则简、能免则免"的原则，尽力为基层、企业"松绑、让利、开绿灯、出政策"，为加快项目建设创造条件。转变工作作风，强化服务效能，限时办理，为工业发展、项目建设营造一个良好的软环境，2015年共审批、核准、备案项目83个。

【PPP项目申报】 建立黔西县PPP项目库，收录在建、拟建项目18个，总投资122.7亿元，内容主要涉及市政基础设施类、教育类、旅游、交通等方面的项目。向省发改委PPP项目库推出项目18个，黔西县城供水二期工程、黔西县教育园区建设2个项目进入国家发改委PPP项目库，有6个项目进入省财政厅PPP项目库。通过PPP项目库建设，实现多渠道、多方面融资，缓解财政压力，加快项目建设速度和提高运用效率。

【政府投资项目计划编制】 抓好政府投资项目三年滚动计划编制，依托国家重大建设项目库平台，将全县在建以及未来三年拟建的政府投资项目录入到国家重大建设项目库中，将通过审核、符合条件的项目纳入全县储备项目库并根据未来三年分渠道的资金需求，生成全县三年滚动投资计划。共编制本级三年滚动计划项目349个，预计总投资236.49亿元，申请中央预算内投资88.36亿元（2016年申请32.15亿元，2017年申请27.53亿元，2018年申请28.68亿元）。

【项目专项建设债券申报】 有序推进项目专项建设债券申报工作，积极对接市发改委，认真谋划，提前安排，充分准备，仔细核实，筛选出4批专项建设债券上报项目105个，总投资473.62亿元，资本金比例100.8亿元，申请专项债券补助资本金缺口66.52亿元。截至2015年年末，获得2家银行专项建设基金支持项目6个，总投资74.96亿元；获得专项建设基金2.62亿元。

【项目督导和验收评审】 加强中央预算内项目清理督导。2015年全县中央预算内资金建设项目共19个，其中2个续建项目、17个新建项目，中央预算内资金16409万元，省、市、县配套资金18417万元，已上报全部开工。至年末财政共拨付资金5492万元。抓好项目验收，按照项目实施标准，抓好项目验收和手续完善，督促各项目单位对所有建成的项目进行认真梳理和分析，查漏补缺，成熟一个验收一个，认真做好项目收尾工作，确保验收质量，参与对林泉、谷里、素朴3座乡镇卫生院，广播电视“村村通”、县急救中心等项目的验收工作。做好项目评审工作，参与对县水西国际广场棚户区改造等项目的初设和可研方案评审，使项目可研和初设的深度和质量更加科学、完善、合理。

【物价监管】 加强对市场重要商品的价格监测调控，对16个主要副食品、煤炭、农资及建材市场价格实施监测，确保物价涨幅低位运行。有序推进黔西县“菜篮子”工程保供稳价三年行动计划（2015—2018），春节期间发放困难群众价格补贴155万元，发放粮油公司粮油补贴16万元；制定平价商店建设方案，建设黔西县富万家贸易发展有限公司马转盘分店、大转盘分店等平价商店3家。开展砂石等矿产资源价格采集，为矿产资源费征收提供市场价格依据。认真搞好成本监审依法调定价，审核调整金碧镇环境卫生费收费标准，核定红林乡生活垃圾处理收费标准；协助安居园等小区搞好物管收费服务；制定上报公立医院医疗服务价格调整初步方案，制定黔西县污水处理收费工作实施方案；完成黔西—重新的客运车辆运营成本和素朴镇供水价格成本监审；对农产品成本和生猪养殖进行调查。深化价格改革，推进价格简政放权工作，切实增强对下放价格管理权限的承接能力，对贵州省发改委放开、下放第一批、第二批省级定价项目在黔西政府网站、电视台、《黔西报》上进行公告；根据国家发改委和财政部取消收费许可证制度加强事中事后监管有关事项的通知精神，暂停执行收费许可证及年审制度，收费单位收支状况实行报告制度；衔接落实毕节市发改委向县（区）下放的第一批8项市级政府定价项目，依法加强对放开和下放的商品和服务收费进行监管。强化价格监督检查，认真开展节假日市场、涉农收价费、涉企收费、房地产业、成品油价格等专项检查，着力营造良好的价费环境。全年共查处各价格举报案件30件，接受价格咨询45件，通过“12358”价格举报平台办理的48件（价格举报案件20件、价格咨询28件），县委、县政府交办的7件，电话或来访反映的20件，清退违规收费3013元，所有举报案件办结率和回复率均为100%。抓好价格认证工作，全年完成各种涉案财物、道路交通事故车辆损失价格认证392件，认证标的额560万元。对贵黔高速公路、成贵铁路涉及搬迁的3个砂石厂和1个砖厂的搬迁补偿工作进行协调处理，为政府职能部门开展相关工作提供价格依据。

【党建工作】 开展“三严三实”专题教育活动，对照“严以修身、严以用权、严于律己，谋事要实、创业要实、做人要实”的要求，深入查找和剖析“为官不为” “僵、庸、懒、浮、散”等方面的突出问题，进一步提升工作效率。严格按照依法行政的要求，定期加强党组及全局干部政治理论和业务知识学习，组织全体干部职工参加全省发改系统普法工作电视电话会，积极参加省、地、县举办的各类培训班和考察学习，使干部职工开拓视野，创新思维，全面提升干部的思想理论素质和工作业务水平。加强党风廉政和机关效能建设，及时传达学习党风廉政建设工作的要求，层层签订责任书，严格按照党风廉政建设责任制开展各项工作；严格公车管理和公务接待，“三公”经费及时上网公示；抓好“六型机关”建设，调整和充实党支部，开好党员民主生活会，积极发挥党员先锋模范带头作用，努力打造良好的机关形象。全年编发各类工作信息40多期，及时反映发改工作动态，接受社会群众监督。

【驻村帮扶】 按照党的群众路线教育实践活动计划及机关驻村要求，结合“情暖花都系列爱心活动”，深入到帮扶点开展调研工作。在五里乡遍访贫困户，精准结对帮扶，为化布村申请种植项目马铃薯100亩、软子石榴600亩、李子300亩；为扯泥村引进公司种植百合200亩、瓜蒌200亩；为五里乡军民小学和化石小学捐赠帮扶资金各2万元，用于改善教学条件；针对化布村茶林小学的学生公厕建在校园外、马路边，存在极大安全隐患的问题，捐赠帮扶资金6万元，用于厕所改建；为五里乡金鸡村和化布村协调体育健身器材和配套资金项目，有效助推民生事业发展。

【公车改革】 按照县委、县政府总体工作部署，县发改局牵头推进全县公车改革工作。根据《贵州省机关公务用车制度改革总体方案》及常务副省长秦如培在全省公务用车制度改革动员大会上的讲话精神，在完成全县各机关、参公管理事业单位公车改革信息统计工作的基础上，多次召开全县公车改革工作推进会，部署推进全县公务用车制度改革，加快建立新型公务用车制度。县成立公务用车改革领导小组，认真对全县各机关、参公管理事业单位进行摸底调查，并对各单位人员编制情况、车辆信息、司勤人员及公务用车支出情况等进行审查、核实、填报。初步测算，全县公车改革工作节支率达到7%以上，达到省、市车改总体方案的要求。全县公车改革工作实施方案经县委和县政府会议讨论通过，并上报市车改办。

审 计

【概况】 县审计局紧紧围绕中央、省、市、县对全面深化改革做出的重大部署，严格按照“三严三实”和《国务院关于加强审计工作的意见》的要求，认真落实全国、全省、全市审计工作会议精神，把思想和行动高度统一到县委、县政府和上级审计机关对审计工作提出的新要求和新任务上来，坚持“全面审计，突出重点”的方针，进一步集中力量，突出重点领域、重点部门和重点资金的审计监督，加大对违法违纪问题的查处力度，围绕人民群众最直接、最关心、最现实的利益问题，认真履行审计监督职责，推动稳增长、促改革、调结构、惠民生、防风险政策措施落实到位，促进经济平稳健康运行，为保持经济持续健康又好又快发展和社会和谐稳定做出积极贡献。

【审计项目】 2015 年，按照审计署、省审计厅、市审计局下达的审计任务和县委、县政府工作安排，计划常规审计项目共 19 个，实际完成审计项目 22 个，完成目标任务的 115.79%。查出违规违纪资金 3064 万元，收缴违规违纪资金 2781 万元；管理不规范资金 127783 万元；调账处理金额 18 万元；移送案件线索 1 个。全年共完成政府投资建设项目审计 293 个，送审总金额 101188.33 万元，审定金额 91940.17 万元，总计核减工程投资 9248.16 万元。提出审计建议 82 条均被采纳；总结上报审计专题、综合性报告和信息简报 70 篇，被省审计厅、市审计局及县人民政府采用 46 篇。

【财政预算执行及财政收支审计】 完成对县财政局（含局机关、国库支付中心）、县人民银行、县地方税务局 2014 年同级财政预算执行情况及其他财政收支审计。完成对县安全生产监督管理局、县房屋征收补偿局、县教育局等 3 个单位的 2014 年部门预算执行情况及财务收支审计。

【重点资金和民生专项资金审计】 完成黔西县 2014 年城镇保障性安居工程资金跟踪审计。完成金沙县石漠化综合治理资金交叉审计。完成政府性投资建设项目办理竣工财务决算审计情况调查。完成黔西县大明堰、鹅项井水库除险加固工程和黔西县 2014 年雨朵镇农业综合开发高标准农田建设项目的竣工决算审计。

【政府投资建设项目审计】 完成建设工程项目审计前期备案 68 个，计划总投资备案金额 26018.41 万元；完成政府投资建设项目预结（决）算审计 286 个，送审总金额 78019.3 万元，审定金额 72810.7 万元，核减工程投资 5208.6 万元（其中：竣工结（决）算审计项目 271 个，送审金额 65933.95 万元，审定金额 61838.47 万元，审减工程投资 4095.48 万元；完成预算审核项目审计 15 个，送审金额 12085.35 万元，审定金额 10972.23 万元，审减工程投资 1113.12 万元；完成跟踪审计项目结算审计 7 个，送审总金额 23169.03 万元，审定结算金额 19129.47 万元，审减工程投资 4039.56 万元。在审计实施中，出现一些审减额较大的项目，如毕节试验区黔西承接产业转移基地中小企业科技孵化园项目和其他基础设施建设项目，送审金额 14235.36 万元，审定金额 10851.84 万元，审减额达 3383.52 万元，审减率达 23.77%；黔西县永燊乡火石坝街道排水沟改造工程送审金额 75.09 万元，审定金额 37.97 万元，审减额达 37.11 万元，审减率 49.42%，使审计为政府节约财政资金、减少损失浪费的作用得到有效发挥。

【经济责任审计】 按照县经济责任审计工作联席会议的安排，完成经济责任审计项目 4 个。对县教育局原局长符培、县住建局原局长董发勋、大关镇原党委书记肖良华及镇长李勇、莲城街道原党工委书记吴轩歧及办事处主任王远刚等 6 人任职期间经济责任进行审计。在对莲城街道办事处进行审计的过程中，发现存在占用、挪用公款问题，已对相关人员和莲城街道分别做出罚款处理。在对教育局的审计中，发现各乡镇学校财务管理不规范，已责成教育局加强监管。在对住建局的审计中，发现该局对国家明令取消的收费项目继续收费100万元，对此部分款项予以收缴。

【其他审计】 组织力量开展稳增长促改革调结构惠民生相关政策措施落实情况跟踪审计，完成9期跟踪审计工作。完成2014年度大关镇及莲城街道财政决算审计。按照省审计厅安排，派出3名审计干部参加全省扶贫资金审计（1名到六枝特区、2名到册亨县）。按照县人民政府安排，完成对莲城街道办事处1999—2004年涉及燕山街（黔洪路）土地开发权挂牌出让保证金收支审计调查。按照县人民政府安排，完成对黔西县农村综合改革领导小组办公室2013—2014年度示范村、2014年度普惠制项目资金的筹集、管理、使用情况的审计调查。按照县人民政府安排，完成对黔西县交通运输局“十一五”期间通乡（村）油路建设及2003—2009年期间通村通达工程建设项目资金到位情况的审计调查。根据县政府安排，派出审计组对贵州天利化工有限公司精细化工项目投资进行审计调查。

【审计信息化建设】 按照上级审计部门的统一安排，主动配合、积极推进信息化建设工作。按时完成OA审计管理系统并入政府网络转接工作，正常运行OA审计管理系统，实现收发文通过OA审计管理系统运行，基本做到县审计局内部无纸化办公。把门户网站作为一个强有力的平台，及时挂上审计信息，宣传审计工作情况，公开工程项目审计进度情况，主推审计公开和社会监督。

【审计宣传】 采取多种措施加大审计宣传力度。向审计署、省审计厅、市审计局、县人政府等网站投送《黔西审计信息》及在局门户网站上公布，并印送县委、县人大、县政府、县政协、县纪委、县委组织部、县委宣传部、县刊社等单位及主要领导。在黔西廉政网公布审计部门权力运行清单，接受社会各界对审计执法情况进行监督；在黔西廉政网公开县审计局“三公”经费使用情况，接受社会各界对办公经费开支情况进行监督。每周在局门户网站公示审计项目完成进度，让工作进度展现在公众面前。在“12·4”宪法日开展审计宣传活动，通过走上街头悬挂横幅标语、摆放展板、发放宣传资料等方式，宣传审计法规和审计成果，提升群众对审计工作的了解和认识，扩大审计工作的社会影响力。

【党建工作】 做好局党组书记、机关党支部书记抓党建述职工作，党组书记、党支部书记均积极配合上级党委，按照要求认真撰写抓党建述职报告。做好党员进社区服务工作，局机关10名在职党员在局党组及局机关党支部的带领下，按照家庭居住地所属的城市社区，分别到文峰街道文峰社区、莲城街道莲城社区、水西街道幸福社区报到服务，其中到文峰社区报到服务党员4名、到莲城社区报到服务党员5名、到幸福社区报到服务党员1名。通过加强与社区的常规联络联系工作，携手实现党员的无缝化管理，并按照审计机关党员的专长，为社区各项工作的开展提供帮助和支持。扎实开展“三严三实”教育，局一把手上专题党课，组织股级以上干部参加县委常委、常务副县长上的“三严三实”专题党课，组织全局干部职工收看市委书记“三严三实”专题党课视频。组织党员干部到县烈士陵园开展“缅怀革命先烈·继承优良传统”扫墓活动，重温入党誓词，增强党员干部公仆意识，讲党性、重品行、做表率，坚守共产党人精神追求。

【党风廉政建设】 认真落实党风廉政建设责任制，进一步强化一把手党风廉政建设第一主体责任，一把手亲自抓党风廉政建设和廉政警示教育。明确职责，层层签订党风廉政建设责任书，确保党风廉政建设的各项规定得到贯彻落实。严格执行中央八项规定和省、市、县相关规定，坚决整治“四风”突出问题，进一步建立健全公务接待、财务管理等制度。强化权力监督制约，促进干部廉洁自律，在黔西廉政网公布权力运行清单及“三公”经费开支情况，对权力运行责任进行备案，接受监督，强化以审计工作纪律为主要内容的勤政廉政教育及廉政警示教育，扎实推进党务政务公开工作。开展家庭助廉行动，通过向干部职工家属发放《家庭助廉倡议书》的方式，倡议审计干部职工家属助推审计系统党风廉政建设。

【审计培训】 不断开展学习培训，加强审计干部队伍建设。在坚持县审计局每周一集中业务学习制度的基础上，不定期召开专题行学习会；派出2名审计干部到南京审计学院参加培训，其中1名培训60天、1名培训105天；派出2名审计干部到省审计厅参加培训，其中1名培训20天、1名培训5天。鼓励审计人员积极参加各类考试培训，有2名职工报考一级建造师、3名职工报考二级建造师、4名职工报考中级计算机等级考试、1名职工报考高级计算机等级考试。组织全局干部职工到市审计局参加审计执法考试培训，提高法治意识和依法审计能力。

【精准扶贫】 按照县委、县政府的总体工作部署，积极参加精准扶贫工作，真正为群众办实事办好事，助推全县小康建设。派出优秀干部到帮扶点铁石乡石丫口村开展“同步小康”驻村工作，1人担任“第一书记”、1人担任村委会主任助理，切实做到驻村干部与单位工作全脱钩，全身心投入到驻村帮扶工作中去。局主要领导和分管领导多次到石丫口村进行调研，通过对该村未通组公路、未硬化通组道路、未饮上自来水农户进行实地查看，积极与县扶贫办、县水利局等部门进行协调，落实道路硬化5.1千米、落实200多人饮水工程项目，争取建设资金200多万元，切实让群众早日踏上“小康路”、饮上“小康水”。从办公经费中挤出5万元用于帮助石丫口村实施桶井至铧口田1千米通组公路建设，同时争取到一家企业的赞助，派出挖掘机帮助打通毛坯路，实现全村道路组组通达。帮扶措施落实到户，为该村困难户吴顶昌购买10袋（800斤）化肥，协调县民政局为其争取因灾建房补助款及棉被2床；为残疾人章昭军、困难户陈世军等7户协调解决建房资金。按照“321”的标准（即正科级干部帮扶3户、副科级帮扶2户、一般职工帮扶1户），组织全局干部职工结对帮扶石丫口村28户贫困户，开展“遍访”工作，深入农户了解情况，切实为贫困户脱贫致富出谋划策并帮助解决生产生活上的实际困难。

【爱心帮扶】 深入联系帮扶点黔西七小、铁石乡铁盔小学，指导学校制定发展计划，树立正确的办学思想和先进的办学理念，建立健全各项管理制度，提高精细化管理水平；帮助学校开设信息技术课、建立学校网站，用好各类教育资源，提高教学效率和水平；根据学校实际情况，为黔西七小配备22个教学图书柜；为铁盔小学配备教学用电子琴1架，为该校留守儿童之家配备电视机和电脑各1台。开展“爱心家长”关爱留守儿童活动，在全局精选出5对“爱心家长”与5名直接监护人外出、监护人能力弱及特殊困难家庭的留守儿童结成实名爱心帮扶对子，开展向留守儿童讲解一次安全知识、与留守儿童共读一本书、带领留守儿童做一次家务、指导留守儿童给父母写一封信、向留守儿童监护人做一次家教知识宣传、陪伴留守儿童过一次生日等活动，帮助留守儿童健康成长，营造关爱留守儿童的良好社会氛围。

统 计

【概况】 县统计局深入贯彻党的十八大和十八届三中、四中、五中全会精神，紧紧围绕县域经济发展决策部署，认真执行统计法规和统计报表制度，以提高统计数据质量为核心，以提供优质统计服务为抓手，不断完善统计体系建设，全面推进依法治统，夯实统计基础，提升统计水平，推动统计工作再上新台阶。

【依法治统】 以统计“六五”普法为载体，以“12·4”宪法日、《统计法》宣传月为契机，会同县司法局、国家统计局黔西调查队等单位，走上街头开展统计普法宣传活动，发放《统计法》《统计违法违纪行为处分规定》《贵州省统计管理条例》等宣传资料600余份，提高群众对统计工作的了解和认识。在全县统计系统内部开展弄虚作假专项整治活动，规范统计行为，净化统计环境，杜绝数字造假。开展统计执法检查，依法查处2起统计违法案件并严厉处置，起到较强的震慑和警示作用。

【统计监测】 抓好统计专业常规报表的收集、审核、汇总及上报工作。重大数据实行专门评估，严把质量关。充分发挥部门职能，重点抓好增比进位和同步小康两项统计监测，抓好妇女儿童发展规划、科技进步、文化产业发展调查等统计监测工作，提供统计监测分析报告。抓好经济运行分析，积极建言献策，撰写统计分析文章29篇，其中19篇被省、市统计网站或政府网站采用。及时发布《2014年黔西县国民经济和社会发展统计公报》，编印2014年《领导干部手册》和《黔西县统计年鉴》。

【1%人口抽样调查】 根据国务院统一部署和省、市统一安排，精心组织开展1%人口抽样调查。对抽中的26个乡镇（街道）31个调查小区的普查员、普查指导员进行综合业务培训。扎实抓好调查小区划分及地图绘制、入户调查、数据审核及评估等各环节工作，严格调查流程，按时圆满完成调查任务。本次1%人口抽样调查工作，首次利用现代信息技术，采用数据采集器（PDA）入户现场登记，为保证调查数据质量和节省数据处理成本提供了重要保障。

【贫困户“遍访”】 根据县委、县政府统一安排，组织全局干部职工对双星社区146户贫困户、洪水镇洪箐村127户贫困户，实施“遍访”工作，现场填写调查问卷，详细记录致贫原因及脱贫诉求。组织全局干部职工做好结对帮扶工作，为洪水镇洪箐村35户贫困户发放鸡苗1006只，定期开展“回头看”，尽心竭力为贫困群众解决实际困难。

安全生产监管

【概况】 县安全生产监督管理局认真贯彻落实习近平总书记、李克强总理关于安全生产的重要论述和批示指示精神，切实强化红线意识和底线思维，以精细化管理为抓手、以落实责任为重点、以健全制度为保障，狠抓日常安全监督管理、狠抓重要时段和节假日专项整治、狠抓隐患排查治理、狠抓关键环节管控，严肃查处非法违法行为，着力夯实安全生产基础。2015年，全局直接监管行业领域未发生生产安全事故，未接到其他行业领域生产安全事故报告，同比事故起数、死亡人数均下降100%，实现“零事故、零死亡”目标，全县安全生产形势稳定好转。

【安全生产责任落实】 认真落实领导责任，县安监局主要领导坚持每月组织召开1次月例会、1次专题会议，安排部署安全生产相关工作，研究解决安全生产工作中的重大问题，每月不定期深入基层开展安全生产督促检查或调研；各分管领导认真开展分管行业和领域内的安全监管工作，及时召开专题会议，分析安全生产形势，对存在的问题提出对策措施，深入基层抓好安全生产督促检查。根据年初与县政府签订的《2015年安全生产责任书》要求，认真督促落实“两个主体”责任，将安全生产责任逐一落实到各分管领导、各监管股室，各企业、车间、班组和各工作岗位，层层签订目标责任书，签订率达100%。加强工作过程监督，每季度对目标责任书的落实情况进行跟踪检查，半年和年终进行考核评定。严格按照“五落实五到位”要求，督促企业落实“党政同责”“一岗双责”，落实安全生产组织领导机构、安全生产管理力量、安全生产报告制度，督促企业做到安全责任到位、安全投入到位、安全培训到位、安全管理到位、应急救援到位，直接监管行业领域企业全部实现“五落实”全覆盖。

【重要时段和节假日安全生产】 制定“两节”“两会”清明节、“五一”、汛期、中秋、国庆等节假日和重点时段的专项安全生产检查方案和预防措施，认真组织开展非煤矿山、职业健康、危化、烟花爆竹及冶金工贸等行业领域安全生产专项检查，消除事故隐患，有效确保节假日及重点时段安全稳定。强化节假日及特殊时段煤矿安全监管，在元旦、春节、清明、中秋、国庆期间共督促检查煤矿企业151矿次，排查治理各类隐患468条。在全国“两会”、安全生产月、“抗战胜利70周年大阅兵”期间，检查煤矿企业217矿次，排查治理隐患899条。对存在违法违规生产建设行为的挖陇沟、泰来林东、桂箐等煤矿共处罚金58.8万元，有效确保节假日及特殊时段期间煤矿安全稳定。

【煤矿安全日常监管】 全年计划监管检查煤矿1464矿次，实际完成检查1493矿次，其中夜班检查548矿次、双休日检查345矿次、节假日检查281矿次，超计划检查29矿次。查出各类安全隐患及问题5849条，全部整改完成，整改率达到100%。认真实施煤矿安全重点县攻坚战，按照煤矿安全重点县的部署和要求，制定攻坚工作方案，对全县生产建设矿井实行重点攻坚专人包保责任制度，同时与工能局联合成立煤矿攻坚督查组，认真开展督促检查，确保煤矿安全重点攻坚各项工作落到实处。截至2015年年末，全面完成各项攻坚工作任务。

【煤矿安全专项检查】 根据国家、省、市相关文件精神，制定煤矿专项检查工作方案，认真开展各类煤矿专项检查工作。深入开展岁末年初煤矿安全生产大检查。出动检查人员178人次，检查煤矿企业75矿次，排查治理隐患274条。及时开展节后复产复建验收专项检查。验收恢复生产建设矿井15家，为全县煤矿安全生产奠定基础。开展煤矿隐患排查治理“回头看”专项检查工作。排查巡查煤矿42家（含关停矿井），排查治理各类安全隐患340条。开展关停矿井专项检查。巡查检查已关闭矿井5家、关停矿井10家、其他停产停建矿井11家。关闭矿井已按要求关闭到位，关停矿井均按相关要求严格落实停产停建期间安全措施。深入开展雨季三防专项检查。排查企业20矿次，督促治理水害隐患136条。深入开展煤矿“五职矿长”持证检查。年初，全县107名“五职矿长”参加培训考试，全部合格上岗；在参加省安监局举办的A、B证考试中，63人取得A证、6人取得B证。深入开展煤矿安全隐患大排查大整治专项行动。检查煤矿企业696矿次，排查出各类安全隐患1940条，落实隐患整改1940条。

【煤矿瓦斯防治】 按照省、市“煤矿瓦斯攻坚年”工作方案，县安监局牵头成立瓦斯治理工作领导小组、督查组，制定细化的实施方案，强力推进瓦斯超限目标管理，以“零超限”目标倒逼瓦斯防治措施落实到位。全年组织开展瓦斯治理专家会诊3次，排查治理瓦斯隐患287条，全县5对高瓦斯突出矿井“一矿一策、一面一策”专家会诊报告全面编制完成，煤矿企业瓦斯防范意识和治理水平得到进一步提升，瓦斯治理工作基础逐步夯实。5月13日，全省瓦斯治理工作现场会在黔西成功召开。

【千名干部与万名矿长谈心对话】 认真按照《国家安全监管总局国家煤矿安监局关于启动新一轮“千名干部与万名矿长谈心对话”活动的通知》要求，按照上下联动、分级负责的原则，县安监局分别组织煤矿“五职矿长”开展谈心对话活动。5月18日，组织全县生产建设煤矿矿长进行集中座谈。配合国家、省、市、县相关领导到煤矿企业开展谈心对话活动，全面落实谈心对话不漏一人，活动达到预期目的。

【危化品及烟花爆竹安全监管】 深入开展隐患排查治理，按照省、市“危化品和烟花爆竹安全监管工作要点”，结合实际制定工作方案，明确工作职责，完善安全检查表册，全年共检查企业273家次，查处隐患364条。督促企业按照“五流程”“六账表”的要求开展隐患自查自纠，共排查治理隐患2149条。“部门督查、企业自查”的隐患排查治理体系初步建成。严厉打击非法违法行为，在元旦、春节、清明等重要节日期间，县安监局联合公安、交通、市场监管等部门，深入开展危化、烟花爆竹行业领域“六打六治”打非治违行动。全年共查处非法违法行为12起，收缴危险化学品18吨，收缴烟花爆竹产品56件，共处罚金22.1万元，移送公安机关行政拘留3人。全县危化品和烟花爆竹领域安全生产经营秩序得到进一步规范。严格危化品及烟花爆竹行政许可，按照《危险化学品经营许可证管理办法》《烟花爆竹经营许可证管理办法》等规定，严格危险化学品生产、储存、经营企业申办许可证的资料审查和现场核查工作，依法从严要求危险化学品从业单位安全准入条件。2015年，共发放危险化学品经营许可证4户、烟花爆竹零售许可证39户、烟花爆竹零售户延期换证640余户。

【非煤矿山安全监管】 认真开展非煤矿山安全监管检查，全年共开展执法检查368家次，下达行政执法文书618份，现场督促整改隐患400条，限期整改隐患1037条，整改率100%。对8家违法违规开采企业予以行政处罚，共处罚金17万元。认真开展资源整合关闭工作，根据《黔西县砂石土矿资源开发整合实施方案》，县安监局会同工能、国土、林业等相关部门，将全县129家持《采矿许可证》的非煤矿山企业整合为52家。截至2015年末，整合主体均已上报整合方案，正在完善相关手续。认真开展非煤矿山“三项监管”工作，按照国家、省、市要求，制定《黔西县非煤矿山“三项监管”工作实施方案》，组织非煤矿山企业“专家会诊”，45家正常生产企业均达到C级分类标准。通过隐患排查治理，严厉打击非法违法行为，关闭不符合产业政策和不具备安全生产条件的非煤矿山企业15家，有效促进全县非煤矿山安全生产形势的持续稳定好转，实现非煤矿山“零死亡”工作目标。

【职业健康安全监管】 强化职业健康培训，利用职业卫生宣传周、安全生产宣传月等活动，针对生产经营单位普遍对职业病防治工作重视不到位、认识不到位、工作不到位的实际情况，深入开展职业卫生宣传，悬挂横幅35条、发放资料3000余份，邀请专家为群众提供现场咨询服务和职卫体检义诊等；组织开展企业管理人员职业健康培训98人。强化职业危害治理，扎实开展水泥、石材加工等58家企业粉尘危害专项治理工作，排查治理隐患170条。督促12家加油站、9家汽修厂、3家混凝土搅拌站、3家泥炭矿、1家水泥厂、1家气体厂、1家烟花爆竹厂以及黔西电厂完成职业卫生基础建设；全面开展职业卫生摸底调查、申报等工作，企业职业危害申报率达95%。开展职业病危害因素监测和现状评价工作，切实督促企业对从业人员进行岗前、岗中、离岗检查，对疑似职业病患者进行体检，积极协调解决因职业病引发的矿群矛盾纠纷，督促2家化工企业完成职业病危害现状评价工作。

【综合安全管理】 全年共检查企业200家次，查出隐患343条，整改343条。依法对存在隐患的黔西县华宇商品混凝土公司予以6万元行政处罚。牵头组织开展电力设施安全隐患排查治理专项行动，对排查出的1503条隐患进行分类登记，督促涉及的乡镇、部门及时整改落实。县安监局根据综合安全监督管理职责，协调督促安委会成员单位按照“一岗双责”要求，加大对民爆物品、道路交通、渔业船舶、水利、电力、消防、食品安全等行业领域的日常安全监管检查和安全专项整治力度，及时排查消除隐患，有效确保各行业领域安全稳定。

【安全质量标准化建设】 根据省、市下达的质量标准化创建任务，县安监局深入开展安全技术指导与服务，强化动态跟踪监管与达标考核。完成三级煤矿安全质量标准化达标评级矿井8对，完成二级煤矿安全质量标准化达标评级矿井4对，完成4对一级煤矿安全质量标准化达标评级申报工作。取得《安全生产许可证》的非煤矿山企业全部达到标准化三级以上等级，1家中型非煤矿山企业达到二级安全生产标准化水平。取得安全生产经营许可的30家企业全部完成安全生产标准化三级达标创建工作。完成5家冶金等工贸企业三级安全达标创建。完成30家小微企业安全达标创建。

【安全生产宣教培训】 扎实开展安全宣传培训工作，定期组织生产经营企业负责人、安全监管人员观看事故警示视频，组织干部职工到监狱、到警示教育基地开展警示教育活动。全年共组织生产经营企业负责人218名进行安全宣传教育培训，组织安监系统执法监管人员86名参加省、市举办的业务培训。广泛开展“安全生产月活动”，制作悬挂标语、横幅3500余幅、安全展板26块，发放安全知识手册4万余份。组织开展“安全宣传自行车骑行活动”“驾驶员宣誓承诺活动”等。全力建设黔西县“安全花都”宣教系统，初步实现安全宣传教育覆盖到乡镇、到部门、到企业、到学校、到人员密集场所。通过开展各种安全宣传教育和培训，人民群众的安全意识得到进一步提高，安全监管人员业务知识水平得到进一步提升，安全生产基础得到进一步夯实，持续稳定好转的安全生产形势得到进一步保障。

工业经济和能源管理

【概况】 县工能局以结构调整、转型升级为主线，以科技创新、提质增效为引领，坚守生态和发展两条底线，深入实施工业强县战略，全力推进工业“百千万”工程和“百名干部进百企”活动，提升服务质量，强化要素保障，极大地释放和激发经济发展活力。全年完成工业增加值55.1亿元，在全省47个非经济强县中排第3位，同比增长13.1%，排第36位；完成规模以上工业企业增加值28.76亿元，同比增长14.1%，完成年度目标任务28亿元的102.7%。全县工业用电量增长速度与工业增加值增长速度之差的绝对值为1.3，在全省47个非经济强县中排第26位。完成工业投资78.01亿元，同比增长14.7%，完成年度目标任务78亿元的

100.01%。全县生产原煤301.34万吨，同比下降14.29%；发电66.86亿千瓦时，同比下降14.25%；生产水泥94.77万吨，同比下降6.25%。重点对年耗能5000吨标煤以上工业企业进行监察，完成单位工业增加值能耗下降5.4%的目标任务。

【全面小康建设】 2015年，全县市场主体达35348户，实现民营经济增加值93.03亿元，占年度目标任务93亿元的100.06%；民间投资完成123.6亿元，占年度目标任务123亿元的100.49%。新增就业岗位10735个，建设民营经济产业园11个，完成投资4.66亿元，入驻企业26家，解决就业895人。民营经济增加值占GDP比重达到53%，完成占比53%的目标任务；全县实现社会消费品零售总额28.49亿元，同比增长11.9%，完成年度目标任务27.6亿元的103.22%，在全省47个非经济强县中总量排第2位，增速排第20位。工业和服务业增加值占GDP比重达79.5%，与2015年小康检测指标目标值≥78.9%对照，完成率100%；科技进步贡献率目标值达到预定目标。

【煤炭工作】 2015年，全县销售煤炭300万吨（其中，市外销售170万吨，占市下达任务170万吨的100%；市内销售130万吨），同比下降15%。入洗原煤73万吨，占年度洗选目标任务55万吨的133%。扎实开展煤矿企业兼并重组工作，全县主体确认的集团共计23家，涉及黔西煤矿37个，其中已签订转让合同完成采矿权过户的有32个，变更采矿许可证的有28个。在23家主体企业集团中，实施方案编制上报已获批复的主体企业22家，涉及黔西煤矿36个。整合技改后保留煤矿25个，设计规模1485万吨/年。有谷里煤矿1个煤矿加入1个预公示未确认主体资格集团，另有箐口煤矿为黔西正湘煤业有限公司所属矿井，正在申报“四个一体化”主体资格；郁家寨、四方井、垅华煤矿未加入集团公司。2015年关闭的煤矿有莲花、宏和、半坡、大水沟、大兴、荣辉、岩脚等7个，尚未明确关闭的煤矿有江丰、响鼓洞、挖陇沟、小春湾等4个。已实施关闭的煤矿有大兴、大水沟、半坡煤矿等3个，待关闭的煤矿有莲花、宏和、岩脚、荣辉等4个煤矿。

【商务工作】 建成乡镇商贸中心5个，占年度目标任务5个的100%；建成县乡农贸市场5个，占年度目标任务5个的100%；建成超市12个，占年度目标任务12个的100%；建成社区及村商贸服务中心、菜市场、生鲜评价直销店或便利店122个，占年度目标任务122个的100%。围绕“小县域、大生态”发展主题，多措并举优化电子商务发展环境，保障电子商务又快又好发展。县政府成立电商办，专门抽调4人集中办公，明确责任分工，形成专人专项负责制。8月23日，县人民政府与成都京东世纪贸易有限公司签订《关于电子商务进农村战略合作协议》，京东集团正式入驻黔西，京东农村电商黔西示范基地同日挂牌运营。11月5日，京东贵州首家县级特产馆——“中国特产·黔西馆”开馆试运行，畅通农特产品上行渠道。11月30日，黔西县综合性电子商务服务中心投入运营，积极引导电子商务平台企业、电子商务应用企业、电子商务创业就业团队等落户服务中心，培育电子商务标杆企业，配套物流分销体系和O2O展示馆。不断夯实电子商务产业发展基础，城乡一体发展，年底建成498个（含乡镇）电子商务服务站点。2015年，全县电子商务交易额超过6000万元；全网售卖黔西产品的网店超过200家，产品涉及茶叶、刺梨、苗族服饰等50多种单品；顺丰、韵达、宅急送等14家知名快递企业落户黔西；建成大数据服务外包呼叫中心卒座席100个，注册水西物语、聚淘网、随叫网、花都易购等10多家电子商务运营企业。

【粮食工作】 扎实开展稳价保供工作，利用“放心粮油”经销店和救济救灾粮发放站（点），在全县建成城镇应急粮油供应网点29个，实现各乡镇（街道）全覆盖。完成轮换稻谷1000吨，玉米1000吨；供应军队大米10吨；供应救济救灾大米255吨，玉米238吨。配送放心粮油进学校大米1661吨、菜油165吨。稳步推进粮食项目建设，2500吨储备油罐投入使用，日产35吨精米应急加工厂厂房主体工程完工，准备引进民营企业合作办厂；粮食现代物流园区建设完成投资529.3万元（其中财政拨款299.4万元）。认真实施粮食储备工作，储存有县储粮5000吨、应急成品粮1000吨、应急成品油1000吨。完成县级储备粮2000吨轮出工作，确保储备粮常储常新。

【项目建设】 以“百名干部进百企”“百千万”工程为契机，加强工业项目建设调度，实行“倒排工期，倒逼任务”督促工作机制，确保项目建设任务按时完成；每10天对全县重点工业项目建设进度进行调度，每月召开一次工业项目建设调度会议，面对面、实打实地帮助企业解决项目建设中存在的问题；不断完善产业园区基础设施建设，加大土地报批、征地拆迁、用地供地等工作力度，保障项目建设顺利推进。黔希煤化工30万吨煤制乙二醇项目实现单体试车；华润电力黔西电厂2X660MW项目送出系统可研通过专家评审，环评正在评审中；黔西电厂二期1X660MW项目建设于12月开工建设，工程进入实质性建设阶段；海大科技实业有限公司工程机械设备研发制造中心项目凿岩钻机生产线建成投产；海悦科技立体停车设备有限公司智能化立体停车位设备生产线建成投产；贵州永润天泽化工有限公司3.5二甲基苯甲酸、邻甲基苯甲酸建成并投入运行，草铵膦中间体处于筹备阶段；谷里、耳海、龙场、高坡等煤矿正在实施井巷工程，各项工作有序推进。

【信息基础设施建设】 建成光缆1320千米，占年度目标1318千米的100.15%；建成3G/LTE基站734个，占年度目标528个的139%；新增50个行政村通宽带，占年度目标49个的102%；新增自然村通电话15处，完成目标任务15个的100%；新增城市有线电视网络双向化改造覆盖用户8721户，占年度目标3840的227.1%；新增农村家庭数字电视延伸覆盖用户1374户，占年度目标1180的116.4%；新增高清交互数字电视用户3050户，占年度目标3050的100%；新增光纤用户26000户；新增城市20M宽带接入用户18901户；新增农村4M宽带接入用户13400户；在三网融合进程中，贵州广电网络公司黔西分公司在实现数字电视整体转换的同时，将电信语音、互联网宽带接入等业务进行融合，实现电视、电话、宽带上网功能。

【安全生产工作】 坚持“安全第一，预防为主、综合治理”方针，严格落实安全生产“两个责任”主体，进一步增强责任意识；按照“全覆盖、零容忍、严执法、重实效”要求，采取“横到边，纵到底”拉网式大排查方式，深入全县工矿商贸（粮食）企业开展“查大系统、除大隐患、防大事故”和“六打六治”打非治违专项行动，切实加强雨季汛期安全管理防范；以实施“三项计划”为平台，进一步落实煤矿企业安全生产责任包保制度，强化煤矿安全管理；以煤矿和非煤矿山为重点，在全县工矿商贸（粮食）行业领域认真开展六月“安全生产月”和“安全生产黔西行”等主题活动，切实加强安全法治，保障安全生产；定期和不定期专题分析讨论行业安全管理中存在的问题，研究部署行业安全管理工作。2015年，工业能源、商务粮食系统未发生生产安全事故，安全生产形势持续稳定好转。

【服务企业】 全面贯彻落实党的群众路线教育实践活动，进一步转变工作作风，增强服务意识，增强责任感、使命感，优化管理服务，提高办事效率和服务水平。在“百名干部进百企”活动中，驻企干部收集整理企业反映的困难和问题120条，协助解决67条，反馈到其他部门待解决的23条。编写调研报告1份，工作简报14期。县工业“百千万”工程联席会议办公室电话调度企业254家次，实地走访企业150家次，建立111家企业生产经营（项目建设）情况表、企业（项目）问题台账，实行“一企一档”管理；帮助指导103家企业建立“一企一策”企业发展方案；县领导、县直部门主要负责人帮助企业解决问题20条。围绕减政、减负、减支重点，研究出台支持企业发展的政策措施，进一步减轻企业负担，降低企业生产经营成本，激发企业活力，提高企业市场竞争力；创建优良投资环境，积极提供优质服务，根据国家产业政策导向，切实加大工业发展支持力度，充分发挥工业发展专项资金对工业的鼓励、扶持作用，提升企业和项目生产建设积极性，鼓励技术创新、节能减排、资源综合利用，积极帮助企业申报国家、省、市专项扶持资金，促使企业做大做强。为清塘砂轮厂争取到以奖代补资金20万元，分别为同鑫玻璃制品有限公司、精好徕食品有限公司争取到企业上规入统奖励资金10万元，为绿环建材争取到发展专项资金30万元，为彝人传奇争取到民营企业发展专项资金20万元。

【市场拓展】 5月，县工能局牵头筹办全县煤炭市场拓展工作推介会，邀请黔西电厂、织金电厂、鸭溪电厂、开阳化工、唐寨电厂、煤炭经销商等煤炭采购企业参会，促成县青龙煤矿、高山煤矿分别与贵州裕源成商贸有限公司、织金盛鼎煤业有限责任公司签订煤炭市外销售20万吨的框架协议。5月27—30日，在县委常委、副县长雷文军的带领下，分别到广西、云南、四川参加煤炭市场推介会，县青龙煤矿、高山煤矿分别与广西柳州化工股份有限公司、广西河池化工股份有限公司签订煤炭购销10万吨协议。8月3—5日，在市政府组织下，分别到塘寨电厂、西南建材总公司、贵州天福化工有限责任公司、贵阳市工业矿业物资有限公司、鸭溪电厂进行回访，对各类煤炭产品进行推介，成功实现塘寨电厂、西南建材水泥厂加大对县桂箐煤矿、青龙煤矿、高山煤矿的电煤采购数量。

【党风廉政建设】 制定年度党风廉政建设工作安排意见，层层签订党风廉政建设目标责任书，层层落实党风廉政建设责任制；组织开展经常性的预防职务犯罪警示教育活动，提高干部职工的廉洁自律意识和自我保护意识；加强公务用车和“三公经费”管理，严格按标准配备和使用公车，按时真实公开“三公经费”使用情况，接受社会监督；强化“三重一大”重大事项监督管理，认真落实权力运行清单备案制度，全面公开行政权力行使的各个环节，确保暗箱操作或违纪违规行使权力问题零发生。

市场监督管理

【概况】 县市场监督管理局认真贯彻落实党的十八大及十八届四中、五中全会精神和毕节市委一届七次全会精神，以服务地方经济发展为中心，以“抓改革促发展，强队伍提形象”为抓手，以保障人民生命健康安全为目标，认真践行“三严三实”，一手抓职能整合，一手抓素质提升，紧紧围绕食品安全、药品安全、特种设备安全、打假维权等重点工作，攻坚克难，积极作为，认真履行监管服务职能，以实实在在的行动确保在机构改革初期监管服务“力度不减、热度不降、市场不乱、工作不松”，全县实有企业3593户，个体工商户31263户，以人口数69.01万人计算，万人拥有企业数52.06，年度目标完成率106.25%；万人拥有个体工商户数为453，年度目标完成率174.24%。全县市场监管系统共查办各类经济违法违章案件133件，罚没款92.48万元。

【市场主体增量】 截至11月30日，全县累计新登记市场主体4415户，比2014年同期减少41.95%；注册资金306812.8万元，比去年同期增加8.04%。其中企业新登记1052户、257977.9万元，分别比2014年同期增长62.10%、15.53%；个体工商户新登记3363户、48834.9万元，分别比2014年同期减少51.66%、19.54%。全县共有各类市场主体34856户，注册资本1554427.21万元。其中：内资企业（非私营）301户，注册资本311870万元；私营企业2741户，注册资本828360.39万元；个体工商户31263户，资金数额253061万元；农民专业合作社461户，出资总额50731.2万元；外商投资企业13户，注册资本17540万元；其他由省、市工商局登记的企业77户、92864.67万元。根据毕节市工商局《2015年提高民营经济比重五年行动计划重点目标分解表》要求，至2015年底，全县市场主体总量应达到3.69万户，注册资金应达到90亿元。全县市场主体实际总量为34856户，完成率93.32%；注册资金1554427.21万元，完成率169.73%。

【登记制度改革】 继续贯彻落实注册资本登记制度改革、先照后证改革、三证合一改革等改革措施，加强工作创新，确保各项改革措施落到实处。自2014年3月1日注册资本登记制度改革以来，截至2015年11月30日，全县累计增加市场主体11708户，在改革前的基础上增加50.58%；新增资本总额1302384万元，在改革前的基础上增加516.73%。

【企业扶持】 围绕“3个15万”核心政策，激发民间创业热情。截至2015年年末，全面完成2015年度扶持微型企业发展目标任务数150户，注册资金1540万元，带动就业790人；兑现财政补助资金1户，补助资金4.5万元。积极为微型企业排忧解难，县市场监管局主动与县农商行联系，通过召开政企、银企座谈会，积极为微型企业解决融资难问题，有418户微型企业获得银行贷款5069.8万元。采取有效措施，大力培育微型企业商标发展，通过开展商标知识讲座、现场指导、专业培训等方式，指导微型企业申请注册商标28件。针对中小企业融资难、融资成本高等问题，积极搭建企业融资平台，帮助企业办理动产抵押、商标权质押、股权出资登记，全面拓宽企业融资渠道。全年办理动产抵押登记8件，协助企业融资贷款3.56亿元。加强格式合同备案，备案格式合同12件3个类别，其中商品房买卖合同1份、旅游合同2份、汽车购销合同9份。

【商标战略】 着力把握品牌需求，大力拓展品牌影响，有计划有重点地推进商标品牌战略，通过发展“新品牌”、延伸“旧品牌”，促进形成商标品牌集群效应。在“3·15”“4·26”期间，大力开展《商标法》《贵州省著名商标认定和保护办法》等法律法规宣传活动，走访企业31户，接受咨询235人次，发放宣传资料2300余份。积极引导和扶持符合条件的企业申请商标注册，全年提请商标申报110件，申请成功92件。截至2015年年末，全县商标拥有总量达到754件。加大打假维权力度，开展白酒市场专项整治及保护贵州茅台酒厂（集团）习酒有限责任公司知识产权专项行动，严厉打击假冒注册商标、侵犯注册商标专用权、印制销售假冒、侵权商标标识等违法行为。全力促进“守合同·重信用”企业总量增长、层次提升，完成“守合同·重信用”单位复核、申报24户，撤销4户。截至2015年年末，全县共有“守合同·重信用”企业24家，其中国家级2家、省级17家、市级5家。

【企业年报工作】 强化企业年报宣传和督促工作，推进企业年报规范化、常态化开展。2013年度，全县企业年报应报1551，已报1304，报送率84.07%；个体年报应报20776户，已报17938，报送率86.34%。2014年度，全县企业年报应报2203，已报1795，报送率81.48%；个体年报应报27995户，已报24954，报送率89.14%；农民专业合作社年报应报399户，已报395，报送率99.0%，超过2013年度报送率，实现预期目标。

【食品安全监管】 严把市场准入关，规范发放许可证，2015年共办理《餐饮服务许可证》701户、《食品流通许可证》4873户、《食品生产许可证》33家。强化和完善食品安全监管长效机制，从食品生产、流通及餐饮环节开展全方位监管，强化经营者食品安全第一责任人意识；加强元旦、春节、中高考、国庆等重要时点食品市场检查，确保节日期间食品安全。先后开展豆制品，“氰化物”超标酒类产品，违法生产蜂蜜、糖果、巧克力及巧克力制品生产企业及小作坊，食用油生产企业和小作坊，辣椒及其制品，大桶水、茶叶生产企业，竹荪、黄花菜、银耳等干制蔬菜类，肉及肉制品，走私冷冻动物制品，校园及其周边食品安全，“问题猪血”，白酒市场，食用野生菌中毒等各类食品安全专项整治行动，严厉打击食品领域违法违规行为。大力推进餐饮服务食品安全管理工作，继续抓好黔西县公园路、文峰路餐饮服务示范街建设，圆满完成县人代会、政协会、全省烤烟生产栽培现场会、全省扶贫开发会等重要会议和重大活动餐饮服务保障工作18次；开展食品生产环节、流通环节监督抽样检验94个批次，检验出不合格样品14个，合格率85.1%，对不合格样品生产经营单位进行立案查处。查处餐饮服务无证经营行为案件2件，罚没款4000元；查处食品标签标识不合格大米2775千克，罚款1.2万元。

【药品药械安全监管】 加大对药品生产和零售企业的监管力度，开展药品生产流通领域集中整治，特殊药品复方制剂生产企业监督检查、含麻黄碱复方制剂广告监管、问题银杏叶药品制剂、含可待因复方口服液体制剂、医用氧、医疗机构化验室试剂等专项检查，指导督促69户企业通过新版GSP认证，35家通过新版GSP认证的零售企业换发《药品经营许可证》，93家药店变更注册为“企业”进行经营。加强对药品电子监管工作，对企业采购药品核注核销情况进行监督管理，全县208户药品经营企业全部进入药品电子监管网。全年共抽样药品60批次，收集上报ADR（药品不良反应）病例450例、药物滥用监测系统病例228例、化妆品不良反应26例。强化医疗器械监管，全县共有取得三类《医疗器械经营许可证》企业15户，其中批发企业1户、零售企业14户。2015年新申请经营二类医疗器械备案凭证企业117户。开展医疗器械“五整治”专项行动“回头看”，医疗器械安全隐患大排查、避孕套、装饰性彩色平光隐形眼镜、无菌和植入性医疗器械专项检查，上报医疗器械不良事件报告218例。

【特种设备安全监管】 截至2015年年末，全县共有特种设备1724台，占全市总量的15.5%，设备拥有量全市排名第二，其中锅炉67台、压力容器479台、电梯487台、起重机械668台、游乐设施3台、厂场内机动车17辆、压力管道3条。共办理安装告知444台，办理使用登记证394台。全年重点开展高速公路建设工程特种设备、县内电梯、油气管道、燃煤锅炉、大型游乐、承压类特种设备、大型起重机械、老楼危楼电梯、危化品储存用压力容器等安全大检查大排查工作，下达《特种设备安全监察指令书》45份，全部整改完成。与特种设备使用单位签订安全责任书40份，与重点监控设备单位签订承诺书4份。在“两会”和各大型活动期间对酒店及行政中心电梯进行安全检查，并全程值守，为电梯安全提供保障。

【计量工作】　严格按照《企业标准管理规定》，做好企业标准备案、公示和监督检查，上网公示8户12个标准，清理地方标准12个。积极开展“计量惠民生·诚信促和谐”双十工程，对交易、能源、医用、煤矿安全用等计量进行检查，共检查超市40户次、企业150余户、快递公司8户、医院16家，对医院使用未经检定的计量器具进行立案查处，共立案8件，结案8件，罚没款16万元；督导企业开展测量体系建设，建成3A级1户、2A级1户；加强水资源消耗大户的监督管理，共检查企业8户，下达责令整改通知书4份；组织计量进校园活动，免费为1000余人检查视力。实施强制性产品认证监督，严厉打击非法违规认证活动以及伪造、冒用超期超范围使用认证证书、标志的行为，共检查强制认证产品30余种。加强辖区内强制性产品生产企业监管，严格按规定使用强制认证标志；对实施能效标识管理的产品进行检查；加大检验检测市场的监督管理，督促实验室开展能力验证。大力支持检验检测、质量控制和技术评价公共服务平台建设，推动检验检测资源共享，建成建材检测所1家、农产品检测中心1家，督促3家汽车检测站完成“三检合一”。加强重点计量器具监督管理，深入各小微企业、超市、农贸市场开展计量惠民工作，共免费检定电子台秤268台。全年共检定压力表312块、全电子汽车衡38台、电子台秤111台、配料秤37台、燃油加油机402把（枪），实现检定收入44.7万元。

【执法打假】　开展农资市场专项整治，对农资化肥进行抽样检查，共抽查化肥43个批次、农膜1个批次，立案查处不合格化肥案件4件。持续大力开展取缔“黑网吧”、打击非法集资、成品油市场、建材市场、汽柴油、效能标示、民生计量、消防产品质量等专项整治，查处取缔“黑网吧”1户，没收电脑设备10套；抽检汽柴油12个批次、抽检“地条钢”1个批次。开展流通领域商品质量抽检，共抽检手机、电压力锅、电水壶及女性用品等商品9个批次，经检验共有5个批次的样品不合格，对检验不合格样品正进一步调查处理。开展电梯维护保养专项执法检查，共检查大型医院2家、大型商场1家、住宅小区6个，涉及维保单位4家，对检查中发现的3家维保公司的违法行为立案查处。

【质量兴县】　以老百姓关注的日用消费品为重点，积极开展监督抽查工作，共抽检卫生纸、验配眼镜、建筑材料、鞭炮等商品38批次，检验3批次样品不合格，合格率为92.1%，对不合格产品进行后处理。对1家淘汰落后产能企业启动生产许可证注销程序。做好“贵州省服务业名牌”和“贵州省名牌产品”申报工作，全年推荐上报“贵州省服务业名牌”2家、“贵州省名牌产品”2家；组织申报2015年省级知名品牌创建示范区、食品包装材料检查工作；配合上级部门对2014年度获得政府质量奖与品牌荣誉称号的企业（组织）进行市级建立的工作。积极开展2015年“质量月”活动，共发放宣传资料1000余份，接受群众咨询100余人次。

【推降防污】　加强宣传引导，在8家大型超市和2个农贸市场悬挂宣传横幅10条；在沿街14组LED显示屏持续播放“推降防污”宣传标语。强化政策调控和市场督查，督促60家企业及个体工商户签订《关于严格执行推广使用可生物降解塑料制品防止白色污染有关要求的承诺书》，对销售使用不符合标准要求的塑料制品行为进行查处，共下达《责令改正通知书》17份，没收不符合国家标准的“塑料购物袋”11件45000个，立案查处销售不合格塑料购物袋案件2件，罚没款5500万元；现场即时处罚案件2件，罚没款100元。

【依法行政】 积极配合“3·15”消费者权益保护日宣传活动，在活动现场为消费者提供法律咨询及解答，发放黔西县“六五”普法实用法律知识手册100份、法律宣传读本120份、食品安全宣传手册100份、法律小知识宣传单1000份。开展法治培训4期，培训人员288人。强化法制监督，严格执行案件核审制度，规范办案行为，全年共核审案件134件。对案卷实行每半年一次的评查模式，共评查行政处罚案件118件(其中采取行政强制措施46件)、行政许可899件、行政指导项目+案例模式29件、动产抵押1件。开展行政指导5567件、项目+案例模式行政指导4件。

【消费维权】 通过广播、网络、宣传展板、设立咨询台、举办培训班等形式，全方位、多层次地开展新《消费者权益保护法》宣传活动，不断增强消费者的消费维权意识，共发放宣传资料8000余份，举办培训班10期，参训人员300余人。开展形式多样的“3·15”国际消费者权益保护日宣传咨询活动，通过设立法律咨询台、消费投诉受理服务台、设置展板、发放宣传资料、现场有奖问答等方式向群众大力宣传相关法律法规和维权常识，现场共发放各类宣传资料2000余份，接受咨询500余人次；受理消费者投诉2起，现场调处2起；销毁价值162万元的假冒伪劣商品。县消费者协会、“12315”申诉举报中心共受理消费者投诉31件，调处31件；受理申诉举报60件，处理完结54件，共为消费者挽回经济损失24.6万元。县“消费维权站”共制作宣传专栏27期，接受消费者咨询249人次。

【干部队伍建设】 以“三严三实”专题教育活动为契机，全面加强干部队伍建设，树立良好形象。加大干部教育培训工作力度，抓住培训重点，突出培训质量，提高培训的针对性和实用性。全年共组织各类政治业务学习50余次，参加上级部门培训6次，开展业务培训10次，局党组中心组组织学习9次。县市场监管局“女子维权队”被中华全国妇女联合会授予“全国三八红旗集体”荣誉称号，县市场监管局被县委、县人民政府授予“2015年尊师重教先进单位”。

【党风廉政建设】 开展党风廉政建设突出问题集中专项整治，签订《黔西县党风廉政建设突出问题集中专项整治承诺书》85份，重点围绕“两个责任”“四风”“为官不为”、损害群众利益方面存在的突出问题进行自查清理。针对查摆出的“四风”问题，提出整改措施38条，全部整改完毕并进行公示。加强纪律作风建设，对原有制度进行清理、整合、讨论，共废止制度2个、保留制度19个、合并制度2个、修改完善制度7个、新建制度1个。推行权力清单备案制，共备案15件，其中重大决策1件、重要人事任免1件、大额度资金运作13件。开展2015年微企补助资金管理使用专项监察工作，共检查微型企业161户，涉及资金498万元，无弄虚作假、虚报冒领等套取、骗取、贪污、挪用资金的行为。

国土资源管理

【概况】 县国土局认真贯彻落实党的十八届三中、四中、五中全会及省、市国土资源工作会议、市委一届七次全会和全县经济工作会议精神，围绕年度国土资源的各项目标任务和要求，积极应对国土资源管理工作“新常态”，不断增强国土资源保障能力和保护水平，为“决战贫困、提速赶超、同步小康”提供国土资源保障服务，取得突出成效。

【建设用地管理】 认真抓好建设用地报批工作，全年编制上报建设用地报件10个，面积11564.28亩，共获批建设用地7个批次，面积3048.789亩。加快土地征收工作，完成土地征收面积1800亩。公开拍卖挂牌出让国有建设用地使用权176宗，面积648.86亩，成交价款35417.27万元；以划拨方式供应土地8宗，面积686.24亩，划拨价款121万元。申报审批农村村民建房用地219户，面积32.43亩。完成建设用地区位调整工作，盘活存量建设用地939亩。开展土地利用总体规划修改工作，在确保建设用地总规模不突破省级下达控制指标的前提下，对建设用地的结构和布局进行调整，将部分交通水利及其他建设用地指标调整为城乡建设用地指标，调整面积14960亩，初步成果已上报省规划院审查。

【耕地保护】 落实最严格的耕地保护制度，严守耕地红线。完成永久基本农田划定外业调查、核实举证工作，将基本农田保护面积落实到图斑、到地块，初步建立基本农田保护规划数据库。完成“十二五”期间高标准基本农田建设评估工作，高标准基本农田建设面积13.3万亩。2015年，完成高标准基本农田建设面积3.97万亩；正在实施省、市级高标准基本农田建设项目8个，项目规模6.87万亩，总投资10040.56万元。申报部级乌蒙山区域“兴地惠民”土地整治重大工程项目1个，项目规模2.74万亩，预算投资9444.21万元；申报省、市级高标准基本农田项目11个，项目规模11.18万亩，预算投资21169.58万元。

【不动产登记工作】 成立黔西县不动产统一登记工作领导小组，制定不动产统一登记工作方案，设立黔西县不动产登记局，县编委印发不动产登记职责人员编制划转的相关文件，全面完成不动产登记颁证试点任务，9月29日颁发全县首批不动产登记产权证书。加快推进素朴镇农村集体建设用地、宅基地精细化确权登记工作，项目承担单位省测绘一院已完成对全镇的控制测量，全面推进碎步测量和权属调查工作。加快土地登记发证工作力度，全年共颁发土地使用证465个，土地他项权利登记19宗，提供土地登记公开查询50次。

【土地变更调查】 完成2014年土地变更调查工作，启动2015年土地变更调查工作，并按照省国土资源厅和市国土资源局的要求，按时完成全县2015年度耕地质量等别鉴定和监测评价及数据库更新工作。认真组织开展土地管理和矿产资源领域专项整治行动，针对审计署和省、市审计机关反馈的问题，逐一抓好整改落实，建立健全国土资源管理的长效机制。切实做好“国土资源节约集约模范县”迎检复核各项工作。

【测量标志保护】 建立测量标志巡查保护台账，签订托管协议，全县14个测量标志点保持完好。加强测绘地理信息市场监管，对在县境内从事测绘作业的单位进行资质备案，配合有关部门完成2015年度县境内测绘资质单位年度注册工作，并对全县建设项目施测单位进行监管。开展“问题地图”专项检查工作，配合有关部门完成第一次全国地理国情普查相关资料的收集工作。

【矿政管理】 开展2014年度采矿权年检工作，全县应参加2014年度采矿许可证年检的矿山有129个，其中省级发证38个、市级发证10个、县级发证81个，完成年检129个，年检率

100%。积极配合上级及有关部门做好煤矿企业兼并重组工作。加快推进砂石土资源整合，制定《黔西县砂石土矿资源开发整合实施方案》上报县人民政府批准实施，印发《黔西县砂石土矿资源整合实施细则》，大关镇、定新乡等26个乡镇已上报砂石矿整合方案。继续做好美丽乡村通村水泥路工程砂石保障工作。启动第三轮矿产资源总体规划编制工作。加快推进地质找矿突破战略行动，绿化乡煤炭整装勘查项目外业工作通过省国土资源厅组织验收，初步估算煤炭资源量69491万吨；铁石煤矿普查项目正按程序有序推进。加强矿山储量动态监测监管，完成2014年度矿山储量动态监测年报备案工作，督促15家正常建设和生产煤矿编制2015年度矿山储量动用计划和前三季度储量动态监测季报，建立储量动态监测“一矿一档”。加强矿业权价款清理追缴工作，已缴存矿业权价款2585.86万元，征收矿产资源补偿费412万元。

【地质灾害防治】　切实加强地质灾害防治，保障人民群众生命财产安全，县政府印发《黔西县2015年度地质灾害防治方案》和《地质灾害应急预案》，全县29个乡镇（街道）组织编制地质灾害防灾预案188个、应急预案188个。加强地质灾害监测预警，由县气象局通过信息移动平台和县乡通讯网发布地质灾害预警图文信息和气象预报信息。印制《地质灾害灾情明白卡》《防灾避险明白卡》3000余份、宣传资料9000份发放到受地灾威胁的群众手中；更换地质灾害隐患点警示牌120块，开展辖区内地质灾害应急演练活动142次，参演人员7487人，提高干部群众的防灾意识。汛期前，组织对全县地质灾害隐患点进行全面排查，对排查发现有变化的3个隐患点落实相关防治措施，对2个疑似新增地质灾害隐患点请资质单位进行应急调查。加强应急值守，严格执行24小时值班制度和地质灾害防治工作日报制度，每天将全县地质灾害防治工作情况上报市地灾办和县督办督察局。加强地质灾害防治工作的督促检查，制定《局领导干部包片督促地质灾害防治工作方案》，由局党组成员带队，组成6个督促小组，包片督促各乡镇（街道）汛期地质灾害巡查监测、预警预报、宣传演练、应急值守和高标准“十有县”建设工作情况。开展矿区“三排查、三化解”工作，协助有关乡镇对7个煤矿人为工程活动诱发的地质灾害进行处置。加快地质灾害项目的实施进度，铁石乡安乐场村下裸妥崩塌治理项目完成项目占地的征用及进场公路的修建，正在进行设计优化；五里乡石门村—化布村地质灾害群治理项目开始进场施工。严格执行矿山地质环境恢复治理保证金缴存制度，全年缴存矿山地质环境恢复治理保证金102.18万元，5家煤矿动用矿山地质环境恢复治理保证金1085.17万元，用于采矿诱发地质灾害的治理。

【国土资源执法监察】　深入推进依法行政，制定印发《“法制国土”创建工作实施方案》，扎实抓好“六五”普法总结及依法行政验收工作。加大国土资源法律法规宣传工作力度，在“4·22”地球日、“5·12”防灾减灾日、“6·25”土地日、“8·29”测绘日期间，开展形式多样的宣传活动。认真执行《国土资源听证规定》，切实抓好行政复议、行政应诉案件的参与和信访案件调查处理工作，全年依职权依申请组织召开听证会8次，参加行政应诉案件5件、行政复议答辩1件，收到信访案件27件，书面答复26件，正在调查1件。按时限办结县人大建议、政协提案14件。深入开展国土资源执法监察巡查工作，全年共开展巡查2510人次，督查检查73次，发现土地违法行为37宗，制止土地违法行为30宗、面积54.72亩，立案查处7宗，结案7宗，收缴罚款101万元；积极参与乡（镇）政府炸封关闭非法采煤点4处。建立打击违法违章建筑工作长效机制，积极参与县城规划区内违法违章建筑的打击工作，参与拆除违法违规用地76宗，占地面积21.5亩。认真组织开展2014年度土地矿产卫片执法检查，按照实施方案的要求完成各项工作任务。

【同步小康驻村工作】 以开展精准帮扶活动为契机，同步开展贫困村贫困户遍访工作，由局班子成员带队深入定新乡堡堡寨、三好村，莲城街道办事处龙潭社区183户贫困户家中走访调查，局股级以上干部结对帮户定新乡堡堡寨村28户贫困户，建立结对帮户台账。局出资10000余元，购买玉米种子400余斤、马铃薯种子2800斤，发放给定新乡堡堡寨村、元田村、三好村困难农户栽种，切实帮助解决群众生产生活中的困难和问题，进一步密切党群干群关系。

【党建工作】 认真组织开展“三严三实”专题教育活动，成立开展“三严三实”专题教育、整治“为官不为”、深化干部作风建设工作领导小组，制定实施方案，局班子成员带头上“三严三实”专题党课，深入查找整改在“为官不为”方面存在的突出问题，按时上报相关自查报告。利用道德讲堂、组织党员干部进社区开展咨询服务活动等形式，开展践行社会主义核心价值观教育，转变工作作风，强化服务意识。进一步落实党风廉政建设责任制，制定下发《黔西县国土资源局2015年党风廉政建设和反腐败工作安排意见》，将目标责任进行分解，与业务工作同部署、同检查、同考核，层层签订党风廉政建设目标责任书，形成一级抓一级、层层抓落实的工作格局。利用全国国土资源系统工作人员违纪违法典型案例进行警示教育，办警钟长鸣警示栏、学习园地专栏各4期，办党风廉政图片专栏4期。加强对权力运行情况的监督，组织对行政审批和服务事项进行清理，严格执行权力运行责任清单监督制度。认真贯彻落实《政府信息公开条例》，不断规范和完善党务政务公开内容、程序、形式，全面接受社会监督。继续开展纪律作风建设执行情况的明察暗访和监督检查工作。请县检察院干警开展警示教育讲座1次，与县纪委、县法院、县公安局联合开展国土资源违法案件查处业务培训1次，2013年以来新聘用的人员就党风廉政建设、思想政治教育、国土资源业务等进行为期3个月的专题培训，进一步提高干部职工的思想政治素质和业务能力。

盐业专卖管理

【概况】 贵州盐业（集团）有限责任公司黔西分公司、贵州省盐务管理局黔西支局认真贯彻落实党的十八届三中、四中、五中全会和省、市、县经济工作会议精神，按照贵州盐业确定的“渠道建设年”和“加大改革、加强合作、加速转型、加快发展”工作主题，以及“转、效、改、管、稳”工作重点，遵循既要积极，又要稳健，确保健康、稳定和可持续发展的工作思路，积极开展各项工作。全年销售小袋碘食盐1765.76吨，完成年计划2240吨的78.83%；实现利润52.77万元，完成年计划的27.77%；实现销售收入10711.75万元，实现税利137.42万元。

【“渠道建设年”工作】 建立渠道网络客户，商超、餐饮、城关批发部和乡镇经营户进行分类供应，便于管理。在2014年盐政监管成效的基础上，坚持日常巡查和重点查缉的工作措施，协同各职能部门完善市场监管机制，深入村寨和边远乡镇加强盐政管理工作，严厉打击涉盐违法犯罪行为，确保广大人民群众食盐安全。积极安排部署食盐调运配送工作，全力推进市场销售。积极与全县各食盐指定销售点联系，合理调整小袋盐销售结构，保证销售点购盐要求；加强市场稽查，坚决打击外来盐冲销，特别是假冒伪劣盐；强化市场管理，加强网络建设，增大社会库存量；坚决管住食品加工用盐，不影响小袋盐销售。抓好小袋碘盐的销售工作，尤其是抓好绿色低钠盐、钙盐的推广、宣传和销售，发挥“贵盐集团把健康送到千家万户”的服务职能，大力宣传“科学用盐、合理控盐”知识，进一步落实《中国慢性病防治工作规划》和中国盐业健康计划。

【“3·15”消费者权益日活动】 积极参加县消费者协会组织的“3·15”消费者权益日活动。活动中，共悬挂宣传标语2幅，展出宣传展板3块，发放宣传资料400余份，发放绿色食品低钠盐宣传资料300余份；展示查获的多种假冒“碧源”小袋食盐样品，向群众介绍真假盐识别常识，增强群众鉴别真假盐的能力。联合相关职能部门，公开销毁假冒“碧源”牌小袋盐包装袋1.5万余个、假冒酱油20余件。组织工作组深入乡镇、社区、集市及少数民族村寨，广泛宣传食盐升级换代的重要性和防病治病的必要性，大力宣传健康、安全、营养的食盐安全知识，倡导“少吃盐、吃好盐，吃健康盐、放心盐”的健康理念，让广大群众自觉购买、食用绿色低钠盐、钙盐等新品盐种。

【“5·15”防治碘缺乏病日活动】 5月15日是全国第22个“防治碘缺乏病日”。贵州盐业（集团）有限责任公司黔西分公司、贵州省盐务管理局黔西支局根据省盐务局《关于开展二〇一五年防治碘缺乏病日活动的通知》（黔盐局发〔2015〕14号）要求，拟定活动方案，在全县范围内广泛开展以“科学补碘，重在生命最初1000天”为主题的宣传、检查和渠道建设工作。贵盐集团副总经理彭克山、贵阳盐务分局局长刘贵林来到现场参加活动。宣传活动采取悬挂宣传横幅、摆放展示板、发放宣传资料等形式进行，向过往群众耐心讲解碘缺乏病的危害、真假盐的识别以及食用钙盐补钙、绿色低钠盐防止慢性病发生等相关知识。活动共出动人员72人次，摆放展板33块，发放宣传围裙、低钠盐和钙盐宣传牌、宣传资料3000余份。宣传队还深入到少数民族村寨、学校、小商店、食盐零售经营户和食品加工用盐经营户，针对育龄妇女、小学生、中老年人等不同人群，深入开展碘缺乏病和慢性病防治知识宣传，提高广大群众对科学补碘，食用绿色低钠盐、钙盐的重要意义，进一步提高“碧源”牌食用盐的知名度。同时，在黔西电视台和出租车电子屏播出各种食用盐知识，让更多的群众了解食盐安全健康知识，使广大群众自觉抵制私盐，食用合格碘盐，保障身体健康。

【饲料添加剂氯化钠专项整治】 按照《贵州省人民政府食安办关于在全省开展食盐专项整治工作的通知》（黔食安办发〔2015〕15号）要求，由县盐务支局牵头，联合县市场监管局、县公安局等单位，开展饲料添加剂氯化钠专项整治专项整治工作。县盐务支局根据实际情况，认真制定工作方案和措施，采取日常巡查和重点查缉的方式，在短时间内对全县范围内的饲料生产企业、食品加工点、小餐馆、城乡接合部市场、农村集贸市场、大村寨零售店及饲料销售点开展宣传和排查。针对重点区域、重点部门，从严查处饲料添加剂氯化钠流入食盐市场和用饲料添加剂假冒食盐的违法行为，维护食盐市场的稳定。在整治行动中，共查扣饲料添加剂氯化钠在市场违规销售行为9例，查扣“双环”牌、“不一样”牌、“天鹅”牌等饲料添加剂氯化钠2543千克。

【食盐市场整治】 本着为人民群众健康负责的理念，持续抓好食盐市场监管整治，全年共查处涉盐案件23例，查获劣质盐、假冒盐等

12878.15千克。其中，废弃食盐加工窝点1例、饲料添加剂氯化钠在市场充当食盐公开零售9例、工业盐充当食盐在市场公开零售2例、假冒海藻盐案件8例，移交公安立案1例。继续加大市场巡查，配合卫生食药监、教育等部门重点监管好学校、机关厂矿食堂、餐饮店的用盐，加强对城乡接合部、农贸市场和各乡镇、村寨从事食盐经营商户的管控。取缔无证经营行为，把好食盐市场准入关，按照“辐射到位、方便购买”的原则，合理设置网点，并建立客户电子档案。加大涉盐违法举报网络建设，重点在村寨和边境接壤线上设置多个举报点，从源头上堵截私盐，达到有效净化食盐市场、规范市场秩序的目的。

烟草专卖管理

【概况】 县烟草专卖局（分公司）认真贯彻落实党的十八届三中、四中、五中全会及市委一届七次全会和全县经济工作会议精神，围绕年度各项目标任务和要求，努力夯实“举好旗、迈快步、争一流”的烟叶生产发展基础，以“稳面积、提质量、增效率”为主线，始终坚持“两保卫、四攻坚”的战略目标不动摇，克服烟叶生产过程中干旱、低温、多雨、寡日照天气的影响，成功实现“两上、两更、一提升”目标。

【烤烟生产和收购】 2015年，县烟草专卖局（分公司）按照“三个优化”的原则，围绕基础设施规划种烟地块，共计签订种植面积5.2万亩，计划收购烟叶13万担，相比2014年增加2700担。签订种植合同3996份，户均种植面积13亩，涉及22个种烟乡镇、113个村、227个组。全县主栽品种“毕纳一号”4万亩，搭配种植“云烟87”品种1.2万亩，于3月10日启动整地待栽工作，4月30日全面完成移栽工作任务，共计移栽烟苗6400万株。烘烤工作启动后，6月23日开烤第一炕。自8月16起，各收购点陆续开始专业分级散叶收购试运行练兵，于8月20日正式开仓收购，收购历时56天，于10月15日全面完成收购任务。全县共收购烟叶139021.37担，完成计划任务的106.94%；担烟均价1243.89元，较2014年增加122.27元/担（不含补贴），含补贴为1285.64元。累计上等烟比例达59.64%（至10月8日完成目标任务，上等烟比例达61.3%）。投入烟叶收购资金达1.73亿元，烟农现金收入达1.79亿元，较2014年增加0.0373亿元（含新技术补贴收入），户均4.47万元，亩均收购价3437.14元。完成烟叶税收3804.4万元。基本实现烟叶质量、企业效益、烟农收入、财政税收“四稳定”。

【烤烟生产保障】 明确“稳面积、提质量、增效率”工作主线，实施“三良三稳”策略，围绕严格计划分解、严格预留烟地、严格合同签订、严格烟苗供应、严格物资供应、严格种植品种、严格优化结构、严格责任考核八个措施，把握节令，工作落实突出一个“早”字。政策宣传早：生产技术部门组织各站第一时间向烟农宣传物资暗补变明补、生产投入、技术推广等政策。引发生产政策宣传单5000份、粉刷墙体标语1000平方米、发送手机短信10000余条，将政策普及到烟农家门口；组织开展125场培训会，参会人员达6500人次，将技术送到烟农的田坎上；印发技术指南5000份，引导烟农抓节令，严技术，种好烟，多产上等烟，掌握投入政策，争取更多的投入。物资准备早：生产物资在每个环节提早准备，及时供应，不误节令。培训抓得早：及时开展各环节现场培训，扎实抓好土地翻犁、油菜压青、起垄待栽、集雨池集雨、烟芽茧蜂防治烟芽、散叶烘烤等主推技术，增强烟农推广主推技术的信心和决心。收购结束早：通过1148

专分散收模式，提升服务水平，保障烤烟收购工作有序进行，与往年相比，提早关仓。

【烤烟生产专业化服务】 烤烟合作社运行良好，通过完善规章制度、规范财务管理、加强设施管护、完备服务体系等，服务质量和服务水平得到提升，林泉合作社通过国家局行业示范社验收。各合作社主要开展育苗、机耕、植保、烘烤、分级五大专业化服务，对各环节实施严格的验收标准和考核制度，在社员和烟农中得到较好评价。服务面积覆盖5.2万亩，服务烟农3996户，实现专业化育苗100%、专业化机耕61.86%、专业化植保100%、专业化烘烤60.42%、专业化分级100%。各合作社财务制度健全，围绕经营目标策划书，实施成本费用定额管理，严格费用支出，赢得社员信任。

【烤烟生产科技创新】 探索烤烟生产组织新模式，2015年在钟山烟叶工作站绿化点建立“烟草公司+合作社+烟农”新型烤烟生产组织管理模式，将生产技术人员的工作承包给作业组长，达到提高运行效率和降低运行成本的目的。在新模式中，绿化点定编点组长、物资管理员、合作社管理员3人。该点种植面积2800亩，烟叶生产技术服务按40元/亩承包给8名作业组组长，预计开支费用11.2万元，通过各环节考核，兑现费用10.48万元，人均1.31万元。通过烟叶生产关键环节识别、各环节质量标准、完成时间规定、人均服务适宜规模、检查验收标准等方式，考核兑现费用。研究推广新设备。为解决烟农无烤房的处境，县烟草专卖局（分公司）项目组2015年进行非金属加热设备的研究，试验17间烤房，其中钟山8间、重新5间、林泉4间，探索出具有煤电节能、保温稳火、易操作等优点的加热设备。在成本费用上，与金属加热设备相比，由6800元降至2500元，节约费用4300元。17间烤房按1.2万元/间的标准，由烟农建成验收后从科技经费中予以补贴。其后，在烤房欠缺的烟区逐步推广，并按照6000~8000元/间的标准给予补贴。研发新技术。在组织实施专业化烟叶烘烤的过程中，针对散叶烘烤弊端，研发出“框式翻板散叶插扦烘烤设备及技术”，集成烟夹装烟、散叶插扦装烟、烟框装烟等方式，取消散叶分风板，将托举直放式装烟改为平放式堆烟、翻板装烟，操作方便，大大降低装烟劳动强度，节约装烟用工，且具有装烟量大、成本费用低等优点。全面推广应用“杜鹃情”烟叶服务通手机系统，实现烟农档案采集、种植申请、合同签订、土地落实、任务管理、收购预约等功能一体化，解决基层生产技术人员数据上报任务繁重、方式落后、数据不准的问题。

【烤烟生产基础设施建设】 完成机耕道项目23个47条共计43.65千米，涉及10个乡镇、23个行政村，受益烟农1812户、覆盖烟田面积17460亩，投入建设资金838.28万元。由市烟草专卖局（公司）统一采购，为烟农购置农机573（套），同比增加71（套），其中通用型设备5台（套）、专用型设备568台（套），购机总额275.87万元，较去年减少408.13万元，烟草行业投入246.67万元，合作社承担14.3万元，财政补贴14.9万元。完成市局（公司）批复实施的5个土地整理项目，总面积5880亩，总投资1887.92万元。由县烟叶基础设施建设指挥部组织实施，2014年12月5日正式开工，2015年3月25日全面完工并移交烟农使用，7月20一次性通过市局验收。按照全省烟叶基础设施管护会议精神，对全县烟水工程进行排查和管护，对达到人饮标准水源进行维修，将烟水工程与人饮工程相结合，落实乡镇供水公司为管护主体，收取水费，实现以水养水。根据市烟草专卖局（公司）及县委、县政府统一部署，2015年计划实施4个土地整理项目共4923亩，预计投资1799.5

万元。其中3个4323亩已获得批复，资金1598.94万元，正进行招投标工作，预计2016年3月20日完工。

【烟农利益保障】　合同签得实，通过“一个本子、一棵杆子、一根绳子”逐块丈量，留足种烟土块，签订合同3996份，移栽面积5.2万亩，移栽株数6400万株；技术推广到位，对优良品种推广、整地待栽、油菜压青、集雨池集雨等技术推广到位；优化结构水平提升，处理不适用鲜烟50341.32亩，其中有1658.68亩受灾绝收，上等烟比例同比提高7.59个百分点；抗旱救灾扎实有效，针对2015年春节以后全县遭受不同程度干旱天气的情况，县烟草专卖局（分公司）组织8个挂帮小组深入一线，打响烤烟抗旱移栽攻坚战。在雹灾、涝灾发生后，积极组织烟农开展生产自救，逐户开展灾情核实，积极与保险公司协调，公平公正实施灾害救助，温暖民心，稳定民情，全县烟农共计投保140.4万元。

【烟叶市场监管】　按照省烟草专卖局“黔峰四号”专项行动及市烟草专卖局《2015年打击非法经营烟叶专项行动实施办法》，结合辖区实际，在烟叶收购前向县委、县政府专题汇报烟叶收购期间的执法形势，召开专题会议，行文下发成立由县人民政府牵头，烟草及县各执法单位、部门参与的烟叶收购期间执法执纪工作小组，在烟叶收购期间持续开展打击违法收购、运输烟叶等各类涉烟违法行为，切实保障全县2015年烟叶收购目标任务的完成。制作形式多样的宣传标语，通过发放执法服务宣传卡、执法服务宣传单等形式，在各乡镇流动宣传新《烟草专卖法》。查获烤烟案件2起（均为5万元以上案件），查获烟叶32520千克，涉案金额达146.12万元。

【卷烟市场执法检查】　定期或不定期组织开展日常检查及专项检查，全年共出动执法人员2117人次，执法车辆340台次，检查卷烟零售户9756次，检查无证经营户62户，协同工商部门取缔无证户58户，有效遏制辖区内“假、私、非”烟、真品卷烟的非法流通，无证经营行为得到治理，卷烟市场“五率”指标达到年初下达的目标值，切实维护卷烟市场正常经营秩序，营造和谐健康的卷烟市场氛围。全年共查处违法案件58起，其中一般案件44起、简易案件7起、5万元以上案件7起（有3起案件经公安部门立案侦查，案情存在相互串联，具备国标网络案件标准），查获违法卷烟1531.3条、烟叶54255千克，案值269.42万元，罚款23.59万元，有效震慑了违法犯罪分子的嚣张气焰，维护专卖法权威。

【烟草专卖服务】　牢固树立执政为民的工作理念，将办证时间缩短至2个工作日，进一步提高服务效率。全年共受理行政许可203件，办理《烟草专卖零售许可证》203个；办理持证户延续15户、变更19户、停业73户、歇业32户、注销84户，无行政投诉事件。截至2015年年末，全县共有持证零售户3478户。共办理烤烟准运证360份，调运烟叶137356.7担，有效保障县内收购烟叶的正常运输。

【自身建设】　加强队伍建设，全年组织开展3次专卖业务知识技能培训，专卖技能鉴定通过率达75%，全县专卖人员持证上岗率达83%。实施“标准化稽查中队”建设，制定《黔西县烟草专卖局精益专卖子方案》，有效开展“精准市场管理、精心案件查办”工作，全面推进精益管理工作落地运行。完善“12313”举报投诉管理制度，建立“12313”卷烟市场监管快速反应机制，严格受理、下达、处理和反馈四个环节，做到举报线索有核实、投诉处理有结果，举报投诉处置率达100%。把反腐倡廉建设融入生产经营和企业管理工作之中，与各基层单位签订《党风廉政建设责任书》6份，组织干部职工签订《廉洁从业承诺书》306份；制发《黔西县烟草专卖局机关“四要十不准”作风规定》和《黔西县烟草专卖局违反“四要十不准”规定处罚细则（试行）》，开展专项效能监察、促进企业管理。

财政·税收

财 政

【概况】 县财政局认真贯彻党的十八届三中、四中、五中全会及市委一届七次全会和全县经济工作会议精神，全面落实县委、县政府和上级财政部门的要求，通过全县财政系统干部职工的共同努力和有关部门的配合支持，强化税收征管工作，全力组织收入，做到应收尽收；坚持依法理财、科学理财，按照“保工资、保运转、保民生”的支出结构，不断优化支出，从严控制支出，有效保障全县重大项目建设及经济、社会各项事业的发展。

【财政收入】 2015年，全县完成财政总收入237894万元，为年初预算数326689万元的72.82%，为2014年同期完成数305290万元的77.92%，同比减收67396万元。其中：地方财政收入完成162198万元，为年初预算数259148万元的62.59%，为2014年同期完成数241621万元的67.13%，同比减收79423万元；上划中央和省收入完成75696万元，为年初预算数67541万元的112.07%，为2014年同期完成数63669万元的118.89%，同比增收12027万元。地方财政收入中，公共财政预算收入完成81003万元，为年初预算数124543万元的65.04%，为2014年同期完成数113192万元的71.57%，同比减收32189万元；基金预算收入完成81195万元，为年初预算数134605万元的60.32%，为2014年同期完成数128429万元的63.23%，同比减收47234万元。公共财政预算收入中，税收收入完成48614万元，为年初预算数53684万元的90.56%，为2014年同期完成数47923万元的101.44%，同比增收691万元；非税收入完成32389万元，为年初预算数70859万元的45.71%，为2014年同期完成数65269万元的49.62%，同比减收32880万元，非税占比为39.99%。

【财政支出】 2015年，全县完成公共财政预算支出328218万元，为年度预算数323988万元的101.31%，为2014年同期完成数351641万元的93.34%。其中，九项民生重点支出267446万元，占公共财政预算支出的81.48%；完成基金预算支出63014万元，为年度预算数191605万元的32.89%，为2014年同期完成数134898万元的46.71%。

【预算管理】 按照“保工资、保运转、保民生、促发展”的工作方针，不断提高大局意识、服务意识、责任意识，树立过“紧日子”的思想，深入贯彻落实中央八项规定和厉行节约有关要求，加强科学理财。组织做好2014年财政供给单位人员信息系统数据更新的布置、填报、审核和上报工作；认真组织及时完成全县2015年度部门预算汇总、批复及2015年预算指标录入工作；做好2015年预算指标及追加指标的系统录入工作，保证全县人员工资、运转经费及九大民生行动的支出需要；根据新《预算法》及毕节市人民政府、黔西县人民政府关于做好2015年财政预决算及“三公”经费信息公开的要求，加强部门预算及“三公经费”公开管理，督查推进部门预算及“三公经费”信息的公开和透明，建立和完善各单位经费报送制度，对本级政府预算及各部门2015年预决算和“三公”经费信息进行审核，并及时在县政府门户网站、黔西廉政网、黔西县财政局门户网站上公开；完成2014年全县和县本级决算草案与2015年1—10月预算执行和2015年预算调整报告，报送县人大审批；根据新《预算法》要求，按照“保工资、保运转、保民生、保重点”的原则，从严从紧编制预算，编制录入2016年部门预算的基础数据、汇总及实施前期准备工作。

【债务管理】 截至2015年年底，全县政府性债务余额1171073.94万元。其中：政府负有偿还责任的债务1168141.74万元；政府负有担保责任的债务537.59万元；政府可能承担一定救助责任的债务2394.61万元。偿还债务（含债券转贷资金置换政府性债务）337090.13万元（偿还本金322095.23万元，核销债务1761.01万元，偿还利息13233.89万元）。2015年新增债务363255万元。充分利用债务系统对债务进行动态监管，组织债务管理业务人员研究学习全面升级后的新债务系统，提高操作能力，及时更新债务系统数据，为债务改革创新提供可靠信息。将公益性事业发展举借的一般债务收支纳入一般公共预算管理；对有一定收益的公益性事业发展举借的专项债务收支纳入政府性基金预算管理，将政府与社会资本合作项目中的财政补贴等支出按性质纳入相应政府预算管理。积极探索多渠道方式化解债务风险，对高融资成本的债务，积极向省政府申请发行地方政府债券置换，以降低利息负担；向银行、金融机构等办理贷款展期，优化期限结构，切实降低债务成本。成功争取到信泰公司借款展期业务（黔西县标准化厂房建设4笔，经开区排水工程建设1笔），共计债务金额32000万元；争取到银行贷款展期业务，涉及城投公司、矿权土地收购储备交易局，共计金额90400万元。截至2015年年底，省财政厅下达黔西债券资金299823万元，其中一般债券174846万元、专项债券123410万元、定向债券1567万元。收到省财政厅下达的债券转贷8批，县财政局按要求科学安排299820万元置换急需偿还的债务（其中112240.68万元债务已置换完毕），切实化解债务风险，减轻财政负担。按期偿还世界银行贷款本息及承诺费用207.31万元，有效避免因贷款到期债务实行预算扣款和专项扣款。

【教育投入】 2015年教育预算安排资金530.17万元，用于普通高中、中职助学金，中职免学费，同时将城市维护建设费的5%用于教育预算；预算安排1045万元税改转移支付资金用于投入教育事业；追加30万元工作经费用于支持义务教育均衡发展并迎接国家检查；压缩行政事业单位公用经费2300万元用于教育投入，主要用于义务教育规范化建设、民办教育发展、校长教师培训、民办学校助学金、教育工程、职业教育发展，其中600万元用于留守儿童经费等方面；下达学前教育经费873.36万元，教育工会经费30万元。

【社会保障投入】 加强社会保险基金专户管理，将社会保险基金全部转归国库监管；加大城镇职工基本医疗保险资金的拨付，2015年共计拨付城镇职工基本医疗资金5921万元，其中工伤保险247万元；加强新型农村合作医疗保险基金缴存及拨付，2015年新型农村合作医疗保险共计支出26409.92万元。继续加大筹资力度，落实国有企业下岗职工基本生活保障资金，确保国有企业下岗职工基本生活费按时足额发放；加强劳动力市场的建设，积极支持企业吸纳下岗职工，鼓励下岗职工自谋职业，努力做好下岗失业人员再就业工作；加强社会救助资金管理，确保救助资金及时拨付和资金安全，充分发挥社会救助资金的使用效益。根据有关法律法规规定，对救助资金及时拨付，切实加强监管，确保社会救助工作顺利进行。2015 年共计下达社会救助资金 11611.88 万元，其中农村低保资金 7139.97 万元（县级资金 462 万元）、城市低保资金 3131.02 万元（县级资金 474 万元）、五保供养资金 851.7 万元（县级资金 680 万元）、儿童福利资金 489.19 万元（县级资金 236.48 万元）。

【涉农资金管理】 加强“三农”资金的管理及支付，为农业、农村、农民发展提供资金支持。认真落实县直涉农部门财政预算支出各项目标任务，共计完成涉农支出 46096.34 万元，其中工资性财政支出 6776.28 万元、其他财政专项资金支出 39320.06 万元。支持全县农、林、牧、渔等产业的发展，2015 年支付现代农业园区 193.81 万元，用以培育发展现代农业，支持现代农业的发展。

【乡镇委派会计管理】 加强对乡镇委派会计的管理工作，加大对委派会计的业务培训，提高会计人员的业务素质和廉洁自律意识，确保账目清楚、正确、规范。及时足额支出乡镇相关费用，2015 年共计支出资金 62426.02 万元，其中，发放乡镇（街道）工资支出 17176.3 万元、支付乡镇（街道）工作经费 2581 万元、支付全县民政专项资金 12240.77 万元、支付其他专项资金 30427.95 万元，为乡镇发展提供财力保障。

【基本建设资金监管】 2015 年，全县共获得中央财政资金 15565.1 万元，主要涉及保障性安居工作、重点流域水污染防治、社会养老服务、基层就业和社会保障服务建设、岩溶地区石漠化、易地扶贫搬迁工程、农村饮水安全工程建设、大型病险水库除险加固工程、基层医疗卫生服务体系建设、新增千亿斤粮食生产能力田间规划工程等。获得省级预算内基建资金 4007.97 万元，主要用于农村危房改造、示范小城镇建设、驮煤河安置点生态移民搬迁工程等。县财政局严格贯彻执行基本建设管理制度，监督基建资金的管理使用，跟踪问效，对财政性基建项目预决算进行审查，参与项目的竣工验收，确保资金安全和资金使用效益。

【政策性补贴资金监管】 做好政策性补贴资金工作，强化管理和监督，严格按规定拨付发放到位。2015 年，收到石油价格改革中央财政补贴资金 1301.74 万元，已拨付 1291.17 万元。农资综合直补资金 5628.96 万元（其中农资综合直补 5467.30 万元、种粮直补 161.66 万元），已由“省级粮食风险基金专户”拨入“贵州省财政涉农补贴资金专户”，省级直接造册发放到农户“一折通”账户上。

【粮食安全资金保障】 2015 年，黔西承担县级储备粮 5000 吨（其中玉米 2000 吨、稻谷 3000 吨），应急储备大米、菜油各 1000 吨的储备管理任务。实际拨付保管、轮换费用、银行利息共 449.45 万元，配合有关部门对全县储备库点粮食收购、保管、轮换三个环节加强管理，保障全县储备、应急粮食安全。

【PPP 项目申报】 做好 PPP 项目准备和申报工作，2015 年，在各相关单位配合的下，县教育园区和县城供水二期工程项目进入国家发改委 PPP 项目库。组织各相关单位填报申报材料，协调中介公司完成黔西县教育园及纵二线延伸段路网 PPP 建设项目的省级示范申报，并取得初步成功，项目已进入施工阶段。

【农村综合改革】 完成“一事一议”财政

奖补项目相关工作。2015年，“一事一议”财政奖补主要为2013年示范村、2014年“普惠制”、2014年“示范村”、2014年追加项目、2015年“普惠制”、十县百乡千村工程“整乡推进”及“整村推进”共692个项目，覆盖29个（镇、街道）300个行政村2222个自然村寨，惠及117680户农户454554人，总投资14747.06万元，其中财政奖补资金12727.75万元（省级财政奖补资金7078万元、市级补助559万元、县级预算安排5090.75万元），投劳折资2019.31万元。完成“涉农补贴”发放，已发放县级良种补贴水稻玉米款613.21万元，2014年度粮种补贴小麦、油菜、水稻、玉米款993.62万元，2015年应发放退耕还林款正在审核中。完成乡镇财政“两基”标准化建设工作，严格按建设标准落实办公场地，配备办公用品、人员等。

【农业综合开发】　做好项目申报工作，申报2016年存量资金土地治理项目1个，总投资420万元，其中财政资金投资392万元、项目区农户投劳折资28万元。选址规划在雨朵镇土城村和金碧镇折坤村两镇交界处莫刹田坝，项目涉及2个村6个村民组742户3418人。计划建设高标准农田3000亩；申报增量资金土地治理高标准农田建设奖励项目1个，项目位于金碧镇折坤村杨家场，涉及该村4个村民组，拟建设高标准农田3000亩，规划总投资390万元。两个项目的可研规划已按相关程序办理备案手续，按时编制可研报告上报市局。做好产业化经营项目申报工作，将金碧镇杨勇种植农民专业合作社申报的“黔西县0.12万亩中药材（皂角）种植基地扩建项目”，申报到省、市备案，申报财政扶持资金98万元，正在进行可研资料修编完善。抓好2016年产业化贷款贴息项目申报工作，共有4家公司和合作社申报财政贷款贴息项目，涉及贷款总额1998万元。按时完成2014年黔西县雨朵镇高标准农田项目建设任务，建成高标准农田3500亩，总投资420万元（其中财政资金投资392万元、项目区群众投工投劳折资28万元），受益农户780户3098人。该项目顺利通过市、县两级验收，被市级评定为优质工程并在黔西召开全市农业开发现场观摩培训会。获390万元奖励增量项目1个。积极抓好2015年雨朵镇雷家寨高标准农田建设项目和新仁乡小寨村新型农业经营实施主体高标准农田建设项目进度任务的落实，截至2015年年末，雨朵镇雷家寨项目已完成67%，新仁乡小寨项目完成任务的70%。

【小微企业扶持及矿山环境治理保证金管理】
贯彻落实县委、县政府关于扶持小微企业发展的部署，充分发挥财政资金的支持引导和放大作用，加大对小微企业的扶持力度，推进小微企业自主创新、转型升级，推动中小企业服务体系及融资服务体系建设，先后拨付扶持微型企业资金436.61万元。依法征收和使用矿山环境治理保证金，2015年缴存金额为161.93万元，支出涉及8户企业，实际支付资金1233万元，用于煤矿地质灾害环境治理以及废水排污治理，因地质灾害用于村民搬迁、赔偿等。

【农业保险保费补贴、保障性住房资金、土地出让金管理】　做好2014年农业保险保费补贴资金的清算及2015年农业保险保费补贴资金的拨付、农业保险保费补贴工作，2015年共拨付农业保险保费补贴资金315.68万元；与人社部门配合，按照上级有关文件要求，做好各类津贴补贴的清理及上报；加强保障性住房资金、土地出让资金的管理，2015年共拨付住房保障资金2968.68万元，从住房公积金增值收益中安排资金814.63万元用于保障性住房建设；做好土地出让金收入台账登记工作，按照规定对农村金融机构定向费用补贴及县域金融机构涉农贷款增量奖励进行审核及申报；加强对预算外专户资金的管理，将部分应该纳入预算管理的资金缴入国库，纳入预算管理。

【国有资产管理】 加强对行政事业单位国有资产的动态管理。全县行政事业单位资产总额为102627.39万元（其中土地房屋及建筑物42658.01万元），按照“公平、公正、公开”的原则，对国有资产的处置实行阳光操作，努力实现国有收益的最大化。全年国有资产收益上缴中，资产有偿使用159.36万元、资产处置收入66.5万元。完成经营性资产剥离的清查上报工作。根据清查统计，共清查土地共11宗46307.33平方米（其中出租出借31901.4平方米、自用7303.62平方米、闲置7102.31平方米），房屋建筑物23259.67平方米（其中出租出借5272.31平方米、自用12932.53平方米、闲置5054.83平方米）。跟踪做好对拟公开处置的6项国有资产的前期准备工作，联系国土、房管等单位对民政局、原畜牧局门面及司法局办公业务楼进行面积核实，及时对接国土局就原乡企局马赛克厂、大兴养殖场、原人社局五里牌知青点进行实地测量以出具宗地图。该项工作在跟踪对接中。完成29个财政分局截至2013年度的标准化建设资产清查核对及补录工作；完成商业街、民政局及计生局门面等经营性资产的公开招租工作，并将租金收益75.8万元上缴财政；完成2014年出售的人社局原办公楼10个门面和南门人社局原劳动就业办房地产的买受人土地使用证、房产证办理等服务事宜。

【财政专项资金监督】 1月12—19日，对拨付到各项目主管部门用于支付农民工工资、专项财政资金拨款在100万元以上（含100万元）的相关单位进行检查。共检查单位13家，检查资金13459万元，全面了解掌握财政下拨的专项资金运行情况，协助相关单位提高资金管理水平，保证专项资金安全有效使用。

【单位津补贴发放监管】 3月5—13日，组织全县机关事业单位对2012年12月中央“八项规定”出台以来，各单位以各种名义发放给职工的补贴展开自查。此次共有107家单位进行自查，有28家单位有另行发放补贴的现象，共发放补贴2354万元，其中2013年发放1117万元、发放4148人次，2014年发放1237万元、发放9657人次。县财政局及时整理汇总，将自查情况报县纪委。

【财务检查】 3月25日，对原“县旅游项目协调办”2013年机构撤销时的财务情况进行检查。针对检查出的问题，督促有关单位完善财务手续，并追回财政资金26.99万元，缴入国库。4月3—15日，对县公安局、县环保局、县安监局和县住建局等4家单位财政存量资金进行专项检查。截至3月31日，4家单位共有2012年及以前年度国库集中支付结余结转指标758.29万元未使用，按照财政部对财政存量资金处理的相关要求，行文收回4家单位结余结转指标758.29万元。开展会计信息质量专项检查，重点检查《会计法》《会计准则》和会计制度的执行情况，共检查企事业单位4家，发现1家单位所有者权益核算不实99.21万元，责令该单位调整账务；发现1家单位截留滞留非税收入281.83万元，追回上缴国库281.83万元。8月31日至11月20日，开展清理干部职工拖欠公款专项检查，共清理清回干部职工个人各类借款2083.11万元。

【涉农资金专项整治行动自查及重点检查】 3月17日至4月7日，组织29个财政分局和局相关股室对民生项目资金展开自查自纠，主要检查民生资金审批、监管、检查、制度落实等方面情况。2013—2014年，全县84项涉农专项资金总计400817.77万元，截至2014年12月31日，累计拨付涉农专项资金237895.9万元，未拨付162921.87万元；2010年以来财政、审计、纪委部门对涉农资金检查发现违规违纪违法案件155起，涉及资金10250.07万元，整改155起，整改资金10250.07万元。

【政府采购管理】 按照上级业务主管部门要求及相关文件精神，紧紧围绕“建立机制、完善措施、扩大规模、强化监管”的目标开展政府采购管理工作。依据《毕节地区政府采购集中采购目录及限额标准》《毕节地区政府采购集中采购规定》《黔西县人民政府政府采购管理的实施意见》，对政府采购资金从预算编制、资金拨付到使用，实行全过程监控，进行经常性、全方位检查。密切配合县政府政务服务中心大力推进公开招标采购方式，遏制单位自行采购的不规范行为，维护公平竞争，提高政府采购活动的透明度，逐步完善政府采购管理的工作机制，促进财政资金效益得到提高、廉政建设取得新成效。2015年，共计审批政府集中采购105次，采购预算金额7364.02万元，实际采购金额6594.53万元，节约采购资金769.49万元，节约率为10.45%。

【非税收入管理】 强化非税票据的监管工作，牢固树立“以票管钱”宗旨，认真做好财政票据的管理，票据发放坚持“专人凭证，限量供票、核旧领新”的原则。对历年来的财政票据及非税收入的收缴进行清理，发现部分单位普遍存在票据管理不够规范、未建立相应的内控制度、多人开票等现象，大部分票据核销不及时，存在滞留、坐支非税收入等情况。通过清理，督促相关单位补缴利息收入135.29万元、社会抚养费收入614万元、其他收入598.9万元。

【会计从业人员管理】 做好会计从业资格全省统一考试报名工作及办证工作，加强信息发布，扩大考试知晓面，全年会计从业资格考试报名人数为365人，比2014年增加119人。做好会计专业技术资格考试报名工作，全县会计专业技术资格报名人数为107人，其中中级47人、比2014年多13人，初级60人、比2014年多17人。积极开展会计从业人员继续教育工作，提高会计队伍整体素质，全县会计人员已有712人报名参加网授学习并通过考试；有439人参加2015年“奔图杯”《中华人民共和国政府采购法实施条例》全国知识竞赛。建立健全会计人员档案，对合理流动的会计人员进行严格把关、完善手续，对调入黔西的会计人员要求其提供完善的个人会计资料；对调出黔西的会计人员简化程序，提供方便；认真做好变更及遗失补证等工作。

国家税务

【概况】 县国家税务局紧紧围绕省局“1133”工作思路总体要求，牢记“聚财为国、执法为民”的神圣使命，强化工作责任，狠抓工作落实，坚持“依法治税，应收尽收，坚决不收过头税”的组织收入原则，不断强化组织收入措施。坚持按月下达收入预期目标和开展收入质量分析，不断提高税收分析预测的科学性和准确性；进一步加强对电力、煤炭、水泥等重点税源和主要行业的监控力度，随时掌握税源的变化情况和税款入库情况，牢牢把握税收主动权；不断强化税收征管平台数据的应用和分析，提高收入的质量和效率。全年共组织入库各项收入64473万元，占县委、县政府下达的收入任务59960万元的107.53%，占市局收入任务62600万元的102.99%，同比增长7.69%，增收4602万元。

【依法治税】 落实各项税收优惠政策，全年累计办理减免税额3571.9万元，占入库税收的5.54%，其中享受小型微利企业所得税优惠政策的企业有160户次，减免企业所得税税额58.17万元；享受小型微利企业增值税优惠政策的企业有106户次，减免增值税税额4.11万元。全面取消非行政许可审批事项，逐项优化和公开审批流程，严格规范行政裁量权，切实改进税务行政审批工作。强化税务稽查，深入开展税收执法检查和打击偷、逃税款及发票违法犯罪等活动，着力营造公平公正的税收环境。截至2015年年末，稽查查补入库各项税款、滞纳金和罚款共计567.15万元。

【征管质量提升】 认真做好"金税三期"上线运行工作，迅速制定工作方案，层层压实责任，按时完成"金税三期"工程基础数据信息的采集、核对及清理等各阶段工作，并于9月8日成功实现单轨上线运行。全面落实"三证合一""一照一码"登记制度改革，2015年通过"三证合一"办理税务登记企业户数91户，变更税务登记企业户数169户，有效缩短纳税人的办税时间。做好"全国税收征管规范（1.0版）"推行工作，组织人员对相关工作制度及表证单书进行清理、充分利用办税大厅公告栏、纳税人自助电脑等载体进行宣传，全面推行税收征管规范。认真开展漏征漏管户清理及欠税清缴工作，共清理漏征漏管纳税人710户，清缴欠税106.39万元，加收滞纳金16.54万元。

【纳税服务】 认真落实国家税务总局"纳税服务规范2.1版"，及时将"纳税服务规范2.1版"的具体要求与原"1.0版"进行梳理比对，进一步明确服务内容，优化办税流程，简化办税资料，提升服务质效。联合县地税局、毕节银监分局黔西办事处制定印发《黔西县银税互动助力小微企业发展联席会议制度》，加强信息互通，切实帮助企业、银行实现共赢，促进地方经济发展。认真落实县委、县政府"百千万"工程相关要求，局领导带头深入走访"百千万"工程企业，认真搜集了解企业在生产经营过程中存在的问题，组织税务人员开展上门服务，切实为企业解决难题，服务企业发展。深入开展"免填单"服务、实行"一票多税"缴税、落实"首问责任制"、推行"同城通办""一窗式""一站式"及国、地税"联合办税"等服务，全面提升服务质量。

【基础建设】 进一步加强领导班子建设，认真落实党组中心组学习制度、领导干部交心谈心制度和重点企业局领导直接参与管理制度，坚持民主集中制，重大事项均通过集体进行研究决定，班子的领导水平和领导能力进一步提高。认真贯彻落实党风廉政建设责任制，通过年初召开党风廉政建设工作会，签订《党风廉政建设主体责任书》和《党风廉政建设监督责任书》，建立健全责任体系，强化责任落实。大力实施"和合国税"文化建设工程，通过开展文化墙建设，坚持每周二上午开展道德讲堂、干部大讲堂、廉政知识讲座，不断丰富干部职工的精神文化生活，营造和谐的工作环境。严格落实市局人才强税"836"计划，进一步完善人才激励措施，积极鼓励干部参加社会化资格考试，通过岗位练兵、轮岗等方式，全面提升税务干部的综合素质和业务能力。认真落实绩效目标管理工作，进一步修订和完善目标管理体系，明确工作责任，强化任务落实，加强跟踪考核，激发干部职工的工作主动性和积极性。

【作风建设】 落实中央"八项规定"、国务院"约法三章"、《党政机关厉行节约反对浪费条例》等一系列加强作风建设的纪律制度规定，以及总局、省局党组的实施办法和相关规定，加强日常监管。开展"四风"问题自查工作，严格对照市局列明的9个方面的问题，及时安排各部门进行自查自纠，坚决防止"四风"问题反弹。抓好"四个日常提醒"，在节假日、重大敏感时段来临时，对工作中容易出现的廉政风险点予以提醒，并通过县局转发的典型案例对干部职工进行警示，防止出现违规、违纪、违法情况。将作风建设与开展群众工作相结合，积极开展“联乡驻村”、精准扶贫等活动，加强党员干部与群众的血肉联系。选派干部深入党建帮扶乡和企业开展对口帮扶，投入5000元帮助大元村改善办公环境，并为村两委配备价值15000元的办公桌椅、电脑和打印机；协调企业爱心人士捐赠资金17.5万元，为观音洞镇贫困群众购买铁脚麻鸡苗23972只，帮助群众增加收入，脱贫致富。

地方税务

【概况】 2015年，是全面深化改革的关键之年，是全面推进依法治国的开局之年，也是全面完成“十二五”规划的收官之年，县地税局深入贯彻落实党的十八大及十八届三中、四中、五中全会和习近平总书记系列重要讲话精神，坚持“为国聚财、为民收税”的宗旨，主动适应“新常态”、积极营造“新税风”，按市局“规范建设年”的要求，大力组织收入，较好地完成了各项工作任务。全年累计入库两项收入73610万元，与2014年同期相比增收7598万元，增长11.51%，完成年度收入预期目标的100.15%，为推动黔西跨越式发展、全面建设小康社会做出突出贡献。

【税源管理】 切实把握税源信息，按照抓早、抓紧、抓细、抓实的工作要求，以月保季，以季保年，千方百计确保组织收入目标任务的完成。认真对各行业、各税种税收收入增减因素进行分析，科学预测收入，开展收入质量分析，不断提高税收分析预测的科学性和准确性。强化信息管税，全面堵漏增收，加强与县相关部门工作协调，特别是交通、水利、国土和住建部门，制定协税护税方案，不断强化协税护税工作。认真开展管户信息清查，及时组织人员对注销户、停业户及非正常户等进行实地调查核查，掌握纳税人真实的生产经营动态，防止漏征漏管。积极挖掘新税源，认真对民族产业、物流服务、文化创意等新兴行业进行全面调查，进一步熟悉和掌握行业特征，探索管理规律，不断挖掘新的税收增长点，优化税源结构，夯实税收基础。依托信息系统，建立并维护纳税人“一户式”电子征管档案，严格税务登记管理；按照“强化机打，压缩手工，合理定额”的原则，全面落实网络发票推广工作，对发票领用户，推行网络发票，不发售定额票、手工票，并依法对发票的印制、发放、领购、开具、取得、保管、缴销各个环节加强管理，堵塞漏洞，充分发挥发票控管税源的基础性作用。

【重点行业监控】 加强煤炭行业监管力度，运用煤炭监控管理平台对煤炭的销量、价格、运输和库存进行全方位的控管，加强与电厂、工能、国税部门协作，做好煤炭销售数据与价格的比对，实施信息管税，进一步完善煤炭资源税“从价计征”征收模式；按照市地税局年初税收征管工作要点，与县工能局、国土局、国税局、安监局等联合组成全县砂石税收领导小组，出台《黔西县石灰石（砂石）行业税收管理办法》（黔工能发〔2015〕44号），明确石灰石（砂石）行业“以电核销，以电控税”，从源头管控税源；重点抓好房开、建安、金融保险重点企业税收管理，对建安、房开企业全面实施项目管理，准确把握建安、房开企业生产、经营、税收缴纳情况。通过强化对重点行业的监控，全年煤炭行业税收累计入库8085万元，清缴欠税240万元；烟草行业累计入库4438万元，同比增收401万元，增长9.93%；建筑安装行业累计入库24118万元，同比增收6325万元，增长35.55%；金融保险行业累计入库4957万元，同比增收205万元，增长4.31%。重点行业监控和全面实施项目管理见成效。

【煤炭行业兼并重组】 根据省国土资源厅提供的全县兼并重组企业名单46户，县地税局逐一进行调查核实。全县兼并重组企业分为4个类型，其中资产收购类19户、挂靠类14户、未参加兼并重组类11户（其中5户为母公司是公示主体，无须整合。1户以前整合，在之后主体出具说明放弃整合，其余5户已做出说明未整合）、公示主体2户。完成企业资料收集，下达相关文书。

【“金税三期”工程】 及时召开动员大会，成立领导小组和办公室，先后制定5个实施方案，全局干部职工齐心协力，加班加点，共修改系统数据18000多条，采集、补录房屋、土地信息5000多条。通过外出学习、跟班自学等形式，培训干部职工200多人次，培训纳税人800多人次，为“金税三期”工程成功上线打下坚实基础。“金税三期”工程上线运行以来，网络申报系统、网络发票系统和个人所得税申报系统等各个系统运行平稳，办税效率大大提高，涉税风险有效降低。

【“三证合一”和“一照一码”工作】 积极配合工商部门，优化资源配置，积极开“三证合一”工作。截至9月月底，共办理“三证合一”的纳税人551户。2015年10月“一证一码”工作开展后，县地税局在省地税局和省工商局信息交换平台还未使用的情况下，积极探索，通过工商登记部门提供的信息和全国企业信息公示系统查询出的企业信息，为急办纳税人进行税务登记，切实解决纳税人领用发票和及时申报纳税的问题。

【文明创建】 在地税服务大厅着力开展“青年文明号”“巾帼文明示范岗”创建活动，继续落实“首问负责制”“预约服务制”“延时服务制”等，明确纳税办理程序、办理标准、岗位职责、处理方式、沟通协调、后台支撑和责任追究等内容，为纳税人解决在办税、服务和培训等方面的困难，切实防范“吃拿卡要报”等为税不廉行为的发生。实行局领导值班制度，全程参与大厅工作，及时为纳税人排忧解难，实现正常业务马上就办的良好氛围。完善大厅标准化建设，建立黔西地税“金税三期”微信群和纳税服务QQ群，全天候为纳税人提供纳税辅导服务。对业务规范、各类限办及即办事项、限办时限、报送资料、涉税表证单书等进行专项梳理比对，逐条规范对照自查，对不符合《全国税务机关纳税服务规范》要求的进行改进、撤销和流程再造，对以前没有规范的事项按《全国税务机关纳税服务规范》的内容全部落实；大力推行免填单业务，如设立登记、变更登记、发票发售，1万元以内的劳务、建安发票代开、财务制度备案等。

【银税互动】 为解决小微企业贷款和融资难的问题，县地税局与国税、银监联合制定黔西县银税互动助力小微企业加快发展联席会议制度，建立银税合作共享机制，通过征信互认、银税互动、信息共享、失信惩戒等措施，充分利用纳税信用等级评定信息和重大税收违法“黑名单”等税收信息，落实对纳税人的融资信贷参考和联合惩戒，有效解决企业融资难、发展慢的困难，助推全县小微企业健康发展。

【税收优惠】 严格树立“不落实税收优惠就是收过头税”和“用好用足税收优惠就是最好的纳税服务”的理念，把各项税收优惠政策落到实处。贯彻落实保障民生和失业就业税收优惠政策；全面落实所得税、地方各项税收优惠政策；贯彻落实二手房交易税收优惠；贯彻落实民营医疗机构、学校、幼儿园各项税收优惠政策；严格落实小微企业和个体工商户不达起征点营业税优惠政策。2015年，共计减免各项税收5162万元。

【企业所得税清缴】 根据2015年企业所得税汇算清缴的规定和市地税局的要求，县地税局于2015年初启动清缴工作，于2015年5月31日圆满完成。全县纳入汇算清缴的企业户数为314户，查账征收292户，较2014年增加213户；核定征收22户，2014年无核定征收企业。以查账征收方式征收的企业中，有盈利企业77户，纳税调整增加额44.9万元，纳税调整减少额852.36万元；弥补以前年度亏损户16户，弥补亏损额1452.53万元；应纳税所得额2953.15万元；应纳企业所得税487.36万元；应补企业所得税75.84万元，已补企业所得税75.84万元；应退企业所得税15.48万元。有亏损企业160户，纳税调整增加额9639.3万元；纳税调整减少额5413.21万元；亏损额14553.93万元；应退企业所得税3.45万元。有零申报企业55户，全部小型微利企业，大部分均无营业收入。以核定征收方式征收的企业应纳税所得额1729.27万元，应纳企业所得税427.32万元；应补企业所得税227.96万元，已补企业所得税227.96万元。

【个人所得税申报】 个人所得税年所得12万元自行纳税申报工作是所得税工作的一个重要方面。截至3月31日，县地税局共收到所得12万元以上自行纳税申报人数为246人，累计年所得额为10742.16万元，应纳税所得额3855.69万元，应纳个人所得税681.78万元，已扣缴税款681.5万元，应补税额0.28万元。其中工资、薪金所得自行申报234人，年所得额4630.66万元，应纳税所得额3458.46万元，应纳个人所得税560.45万元，已扣缴税款560.17万元，应补税额0.28万元，为毕节市烟草公司黔西分公司职工工资薪金个人所得税；个体工商户生产、经营所得自行申报12人，年所得额6111.5万元，应纳税所得额397.23万元，应纳个人所得税121.33万元，已扣缴税款121.33万元，全部为定期定额个体工商业户。纳税人数最多的行业是电力、燃气及水的生产和供应业、批发和零售业。纳税人数最多的职业是企业普通职工、企业法人、总经理、副总经理、工程师、总经济师、总会计师和企业中高层管理人员。

【阳光审批】 按要求公开行政审批目录，实行行政审批清单制度；公开申报期限、办税大厅制度、有关税收减免政策等，接受社会监督。根据市局相关要求，进一步简化部分行政审批流程，对纳税人发起的涉税审批事项进行全面清理，对行政审批事项名称、性质、设定依据、实施权限和实施主体、申请条件、申请材料、办结时限等逐一明确，着力推进“阳光审批”。

【联合办税】 县地税局与县国税局共同下发《黔西县国税地税联合办税方案》，抽派人员进驻国税局办税大厅，实现办证、受理申报、税款缴纳、发票代开和纳税服务等业务的联合办理，从根本上解决纳税人办税“两头跑”的问题。积极探索互相委托代征、共同检查、联合评定纳税人信用等级和营业额的新模式，通过联合办税，信息共享，按方案实行先税后票，从根本上堵住增、消两税附征的地税收入漏洞，进一步减轻纳税人负担，提高办税效率。

【纳税评估】 依托税源专业化管理平台、贵州省地方税务局风控平台、“金税三期”税收管理系统，将纳税评估工作落实责任到人，积极开展税收风险评估应对工作；实行工作目标责任制，在确保完成市局风控中心重点推送的风险评估任务的基础上，根据对税源专业化管理平台风险数据的分析和选择，适时自行增补评估工作量；加强纳税评估培训工作，抽派人员参加市局组织的纳税评估业务，房开、建安税收管理，电子查账软件使用等培训。2015年，共完成100户纳税人的纳税评估工作，评估确认税款969.76

万元，入库评估税费371.15万元。

【党建工作】 注重抓好支部班子建设，进一步巩固党的群众路线教育实践活动取得的成果，牢固树立群众观点，弘扬优良作风，保持公仆本色；着力加强思想建设，以创建学习型机关为抓手，组织5名党务干部参加市地税局在井冈山干部教育学院举办的为期9天的党务干部培训，锻炼党性，提高党建工作水平。全面加强组织建设，将党总支原下辖的2个基层分局党支部缩编为1个，通过民主选举成立基层分局党支部；积极发展新党员，为党组织注入新鲜血液，全年发展入党积极分子2人。大力开展“争先创优”活动，“七一”期间评选5名优秀共产党员和2名优秀党务工作者；基层分局党支部荣获全县“五好支部”称号。

【党风廉政建设】 贯彻落实中央、省、市、县党风廉政建设会议精神，印发《2015年党风廉政建设及反腐败工作任务分解表》，明确廉政任务，全面规范权力运行；强化责任机制建设，落实“一岗双责”；制定落实党风廉政建设主体责任清单、党风廉政建设责任书，并层层签订，建立一级为一级负责的机制。推进廉政文化建设，把廉政教育作为党组中心组和干部教育培训的必修课，全年共开展党风廉政教育日活动4次，并在2期培训班中开设党风廉政知识教育课；组织干部职工深入学习新《廉政准则》和《中国共产党纪律处分条例》，强化党员干部职工的业务能力及党纪意识，增强组织观念和纪律观念。抓好廉洁从税教育、岗位廉政教育，筑牢拒腐防变思想道德防线。着力打造具有时代特色的黔西地税廉政文化亮点，完善机关廉政文化长廊和签订《黔西县地税局家庭助廉承诺书》及发放《争创廉洁家庭倡议书》，并抓住元旦、春节等重要时节向全局干部职工发送廉政短信，形成干部职工“廉荣贪耻”的社会心理。认真落实《党政机关厉行节约反对浪费条例》，严格执行公务接待规定，每月将“三公”经费在黔西廉政网上进行公开；按要求填写《红包礼金礼券购物卡登记表》52份、签订《领导干部拒收拒送礼金礼券购物卡承诺书18份》、签订《黔西县落实八项规定（作风纪律）责任书》48份。加强日常效能监察，通过不定期对干部的上下班纪律、工作作风等情况进行监督检查，对1人予以通报批评和绩效处罚，对3人进行诫勉谈话，对3名外包人员由分管领导进行诫勉谈话并勒令写出书面检讨，切实做到“去庸求进、去懒求勤、去慢求快、去浮求实、去贪求廉”，着力整治“慵懒慢浮贪”顽疾以及“四风”问题。

【干部队伍建设】 制定《黔西县地方税务局2015年教育培训方案》，选派业务素质强的税务干部参加省局、市局组织的各类培训69人次；参训人员作为师资力量，承担全局相应的培训工作，开展各类培训902人次。正确引导全局干部职工在本职岗位上恪尽职守、无私奉献、文明从税和规范执法，展现“责任、奉献、团结、务实”的良好地税形象。对干部队伍中的违纪违规问题敢于“亮剑”，全年通报批评3次5人，对8人实施经济惩戒1170元，责令书面检查6人，批评教育7人，诫勉谈话2人2次，对1人进行约谈。在“金三期”上线期间下发督查通报7次，对在上线期间工作不到位的8人进行通报批评，对46人次进行经济惩处9700元。加强制度建设，重新制定和修改各类制度、办法、规则等43项，规范干部行为，树立良好队伍形象。

【“规范建设年”工作】 落实市地税局“规范建设年”要求，认真执行机关工作规程，不断提高机关工作质量和效率。规范公文处理，有效运用OA办公系统，及时处理上级来文，按要求严格公文发文，提高公文办理效率；规范资产管理工作，制定固定资产管理办法，严格控制固定资产购置、大项固定资产处置、低值易耗品购置领用等审批程序，杜绝管理上的漏洞；成立采购工作领导小组，采取公开招标、询价采购等方式，做到公开、公正、公平，达到了保证质量、节约资金、讲求效益的目的。做好后勤管理服务工作，重点在车辆使用管理、安全保卫、食堂管理、环境卫生管理等方面健全制度，修订下发《车辆管理暂制度》《食堂管理相关制度》等一系列规范化管理制度，保障全局工作的顺利开展。

【群众帮扶】　对新仁乡仁慕村进行绿化帮扶，投入资金2.5万元用于荒山植树造林，并组织全局干部职工到该村开展义务植树造林活动；对新仁乡中学进行帮扶，投入资金1万元，用于校舍维修；对新仁乡小寨村小学进行帮扶，投入资金2万元，用于校舍维修。关爱留守儿童，组织5名工作人员到新仁乡开展留守儿童摸底调查，拟定关爱对象，制定帮扶计划；遍访贫困户，走访铁石乡铁盔山村、青杠坝村12户贫困户，摸清贫困原因，提出脱贫措施。组织在职党员进社区报到服务，33名在职党员分3个组，在局党组班子成员的带领下分头到文峰、莲城、水西等3个社区报道，着力开展税收政策法规宣讲、税收政策咨询、服务群众、困难救济等活动，受到群众好评。

金融·保险

毕节银监分局黔西银监办

【概况】 毕业银监分局黔西银监办认真贯彻落实分局年初工作会议精神和黔西县委、县政府各项决策部署，紧紧围绕全面建成小康社会的奋斗目标和“做大增量、盘活存量、减少负量”的总要求，坚持稳中求进工作总基调，积极适应经济发展“新常态”，切实履行属地监管职责，配合分局对辖内银行业金融机构开展“两加强、两遏制”的检查、整改和“回头看”，引导辖内银行业机构加大对“三农”和小微企业的支持，辖内各银行业机构运行平稳，各项存贷款增速均高于全省、全市平均水平。

【银行业机构运行】 截至12月31日，全县银行业金融机构各项存款余额为1194723.01万元，较年初增加412771.04万元，增速为52.79%。其中：企业存款余额为421214.44万元，比年初增加217153.27万元，增幅为106.42%；储蓄存款余额为720393.88万元，比年初增加144662.74元，增幅为25.13%。全县金融机构各项贷款余额为979067.79万元，比年初增加230050.07万元，增速为30.71%。其中：短期贷款余额为194178.96万元，比年初增加47426.46万元，增幅为32.32%；中长期贷款余额为784888.23万元，比年初增加182623.61万元，增幅为30.32%；不良贷款11266.09万元，较年初增加669.85万元，不良率1.15%，较年初下降0.26个百分点。

【黔西农商银行运行】 截至12月31日，贵州黔西农商银行各项存款余额为406268万元，比年初增加110248万元，增幅为37.24%。其中：企业存款余额为87176万元，比年初增加32530万元，增幅为59.53%；储蓄存款余额为319092万元，比年初增加77718万元，增幅为32.20%。各项贷款余额为288245万元，较年初增加42335万元，增幅为17.22%。其中：涉农贷款余额为226717万元，较年初增加38602万元，增幅17.22%。涉农贷款增量较2014年同期增加39056万元。小微企业贷款（含个体工商户贷款）余额为59537.1万元，较年初增加11575.1万元，增幅为24.13%，小微企业申贷户数647户，较2014年同期增加360户，小微企业申贷获得率100%。不良贷款五级分类余额为8620.09万元，较年初下降517.95万元，不良贷款占比为2.99%，较年初增加0.73个百分点。呆账准备余额为22326.95万元，较年初减少1903.68万元，其中：当年新提取3300万元，收回以前核销转回136.91万元，核销5340.59万元，拨备覆盖率为259.01%，较年初下降6.15个百分点，主要原因是不良贷款核销引起。拨贷比为7.75%，较年初下降2.10个百分点，资本充足率为12.75%，较年初下降0.54个百分点，核心资本充足率为 11.71%，较年初减少 0.56 个百分点。

【花都村镇银行运行】 截至 12 月 31 日，花都村镇银行各项存款余额为 57391.41 万元，比年初上升 41748.01 万元，增幅为 266.87%。其中：企业存款余额为 41538.62 万元，比年初增加 33547.13 万元，增幅为 419.81%，储蓄存款余额为 15852.79 万元，比年初增加 8200.88 万元，增幅为 107.17%；各项贷款余额为 35539.51 万元，较年初增加 10609.72 万元，增幅为 42.56%；其中：涉农贷款余额为 33064.78 万元，较年初增加 9606.79 万元，增幅 40.95%，涉农贷款增量较上年同期增加 574.29 万元；小微企业贷款余额为 23802.78 万元，较年初增加 4043.87 万元，增幅为 20.47%，增幅低于各项贷款的主要原因是该行去年小微企业统计错误，经个人经营性贷款全部统计，2015 年发现后剔出个人经营性贷款后所致；小微企业申贷户数 431 户，较 2014 年同期增加 130 户，小微企业申贷获得率 100%。支农支小未实现银监会“一个确保、一个力争和三个不低于”的目标。不良贷款五级分类余额为 435.02 万元，较年初增加 315.48 万元，不良贷款占比为 1.22%，较年初上升 0.74 个百分点。呆账准备余额为 888.49 万元，较年初增加 265.24 万元，拨备覆盖率为 204.24%，较年初减少 317.13 个百分点，原因是不良贷款增加所致。拨贷比为 2.5%，资本充足率为 18.02%，较年初减少 3.57 个百分点，核心资本充足率为 16.95%，较年初减少 3.58 个百分点。

【银行金融业机构日常监管】 强化非现场监管数据的报送质量，督促中小法人机构完善考核办法和责任追究制度，落实数据归口管理部门，确保数据报送质效。把好出口关，数据报送时要求双人复核、双人把关。加大学习和培训辅导力度，开展新资本充足率管理办法、各项报表管理制度等内容到学习辅导。加强对报表的沟通与协调，采取上下联动、左右互动的方式探讨表中的难点和疑点，统一口径，达成共识。全年共审核报表 748 张，成功堵塞差错报表 103 张，有效确保数据报送质效。

【监管评级和案防评估】 完成黔西农村商业银行和黔西花都村镇银行 2014 年的监管评级工作，经过初评和复评，黔西农村商业银行和黔西花都村镇银行最终评级结果均为 3C 级。完成黔西农村商业银行和黔西花都村镇银行 2014 年的案防评估，经过复评，黔西农村商业银行 2014 年案防评估得分 90.2 分，案防监管评价等级为“绿牌”；黔西花都村镇银行案防评估得分 87.2 分，案防监管评价等级为“绿牌”。

【银行金融业机构风险监管】 密切关注属地法人机构各项监管指标变化，及时预警和提示风险，全年向贵州黔西农商银行下发监管意见书 1 份，召开监管座谈会 2 次，通报风险情况 1 次，提出促进业务发展和风险防控等监管意见 26 条。加大对辖内银行业金融机构大额贷款的跟踪监测，建立辖内银行业金融机构最大十户和百万元大额贷款台账，密切监控其余额增减、质量变化情况以及贷款投向的变化等，有针对性地引导辖内银行业金融机构在风险可控的前提下支持县域经济的发展。要求农商行强化贷款的全流程管理，落实大额贷款管户员制度，密切关注不良贷款上升的网点，加强与组团单位和成员单位的沟通联系共商化解社团贷款风险、审慎介入房开贷款，对新增房开要充分评估、择优选择；对原有的房开贷款重新评估，把风险控制到低限。规范银担合作，要求农商行对担保贷款实行台账管理，对不按管理办法办理业务的担保公司中止业务合作。强化督导风险化解措施，针对农户小额信用贷款中暴露出的操作性风险问题引发信用风险问题，及时组织农商行班子及相关人员深入清毕、公园、金碧、重新、甘棠、林泉、铁石、金坡等不良贷款较高的8个网点实施分类指导，并督促黔西农商行按照“摸清底数、一社一策、分类指导、逐社化解”的原则做好不良贷款的压降工作。通过督导和制定不良贷款清收管理办法，规范信贷流程，落实行政清收、司法清收、责任清收、核销处置等措施，不良贷款得到明显遏制，仅黔西农商行金碧支行的不良贷款即从1810.99万元下降到1440万元。

【案件专项治理】 督促黔西农商行强化案防责任制，及时组织召开全县农商行案防工作会议，传达毕节银监分局案防工作会议精神，把案防工作纳入高级管理人员履职行为考核，把防控工作和业务工作同安排、同部署、同落实、同考核，将案防措施落实到每一个机构、每一名员工。督促黔西农商行层层签订《案件专项治理工作目标责任书》《履行职责和案件风险共担承诺书》，形成一级抓一级、层层抓落实的案防工作格局。督促建立和完善违规问责尽职免责制度，严格落实责任追究。2015年是黔西农商行改制成功后正式运行的第一年，同时也是省信用联社组织开展的“合规文化年”，黔西银监办督促黔西农商银行对各项制度进行清理规范，完善制度流程，建立健全内控制度体系。针对近年来农户信贷经济档案基础工作不扎实、小额农户信用贷款授信管理环节薄弱易引发案件和道德风险的实际，要求黔西农商银行根据银监会《农户贷款管理办法》和省联社《农户小额信用贷款管理办法实施细则》，完善小额农贷管理办法、违规问责和尽职免责等制度。全年共处理涉嫌违规人员11人，其中开除2人、撤销支行行长2人、落实离岗收贷7人（收贷期间只发基本生活费，收贷期限6个月，收贷期满视收贷情况做进一步处理）。

【市场准入】 规范行政许可事项，严把市场准入关，全年按照中央、省、市相关要求，初审上报新设机构（含筹建）5个，其中黔西花都村镇银行3个、贵州银行1个、贵阳银行（筹建）1个；按报告制要求受理并同意黔西农商银行在同城范围内网点搬迁5个；受理并回执自助设备报告31台，其中黔西花都村镇银行9台、黔西农行3台、黔西农商银行18台、邮政储蓄1台。初审上报高管人员6名，其中贵州银行黔西支行1名、黔西农行1名、邮政银行黔西支行1名、黔西农商银行3名。按报告制要求受理审核并同意农村中小法人机构高管人员8名，其中黔西农商银行5名、黔西花都村镇银行3名。受理黔西建行、黔西农行、黔西工行3个非管理型支行行长的备案报告。

【现场检查】 积极参与省局、分局组织的各类现场检查，承担对黔西花都村镇银行2014年全面检查的后续跟踪检查和操作性风险检查的主查，参加黔西花都村镇银行“两加强、两遏制”现场检查，参加黔西农商银行“三农和小微质效”现场检查，派员参加对贵州织金农商银行员工行为排除的现场检查，摸清被监管机构的经营状况和风险状况，有针对性地进行监管，在实践中提高现场检查水平。

【体制机制创新】 积极推动金融业体制创新和机制创新，更好地为地方经济发展服务，配合毕节银监分局完成黔西农村商业银行改革改制工作，推动黔西农商银行制定创建信用县三年规划，召开金融信用县创建启动大会。完成黔西花都村镇银行更换发起人工作，解决由本县金融机构发起存在同质竞争发展受限的状况，成功更换核心业务系统，摆脱依赖发起行系统的困境，促进花都村镇银行的健康有序发展。

【金融服务】 协调辖内的农商银行、农业银行、邮储银行在全县387个行政村（含管委会）、社区增设自助服务终端32台，最大限度地满足群众需要；进一步深化对“村村通”服务的指导，组织黔西农商银行分管负责人和相关部门人员走村串户、召开院坝会等加大宣传和辅导力度，力争实现由“村村通”变成“人人用”。截至10月，全县387个行政村共有ATM机154台、POS机（含农信银自助服务终端）803台，各类机具覆盖全辖387个行政村，实现客户不出门（网上银行、手机银行）、不出寨、不出村（助农取款站）就能享受金融服务。

【金融扶贫】 4月2日，毕节银监分局党委书记、局长郑世旭到黔西农商银行组织召开座谈会，强调指出要加大金融扶贫力度。4月20日，省银监局农非处副处长彭瑞、毕节银监分局的副局长董艾等来浅析调研调研，专题召开辖内银行业金融机构和县直有关部门参加的金融扶贫支持座谈会。6月16日，黔西银监办组织黔西农商银行班子和有关部门负责人举行座谈会，提出监管意见，要求加强和地方政府、财政部门、扶贫部门的沟通，认真按照《国务院扶贫办、财政部、人民银行、银监会、保监会关于创新发展扶贫小额信贷指导意见》的要求，创新业务产品，推动金融扶贫。7月，黔西农商银行以林泉镇海子村为示范点，通过政府贴息、农商银行出台金融优惠政策，积极推动红林、金碧、新仁、沙井、绿化、雨朵等7个乡镇10个市（县）级联系点的“四在农家、美丽乡村”建设，黔西银监办全程参与和7个乡镇政府的对接。

【信息工作】 全年共发出银行业金融监管信息5篇、监管信息动态44期，及时向毕节银监分局反馈监管工作情况。会同黔西县公安局完成对辖内金融机构的安全检查和安全评估。通过评估，全县银行金融业机构获得95分以上的6家、95分至85分（含）的3个。配合工商部门做好县域内小微企业评审和实地场勘工作，参与评审小微企业153户、场勘89户，差额完成全县150户的计划指标。

【打击非法集资】 加强与县金融办、县公安局的配合协作，组织辖内银行业金融机构加大打击非法集资力度。按照毕节银监分局关于打击非法集资宣传活动的要求，协同县金融办、县公安局组织召开银行业金融机构打击非法集资宣传活动联席会，在全县集中开展打击非法集资和金融违法犯罪活动宣传。利用“金融知识进万家宣传月”，组织辖内银行业金融机构到中坪镇、钟山镇、绿化乡设摊摆点开展宣传，在全县范围形成打击非法集资合围态式，提高民众的自我防范意识和抗风险能力。

【党风廉政建设】 制定党支部活动计划，组织全体党员认真学习《中国共产党党章》《四大纪律八项要求》《银监会约法三章》以及习总书记系列讲话精神，强化“讲党性、守党规、严党纪”意识。组织党员到黔西英雄桥举行“重温入党誓词·缅怀革命先烈”主题活动。参加分局组织的警示教育活动，组织全体党员到黔西县看守所参观，接受在押人员的现身说法，震撼灵魂，警戒身心，接受教训，增强爱岗敬业、做好本职工作的使命感、责任感和拒腐防变能力。

【教育帮扶】 根据县委、县政府统一安排，中坪小学作为黔西银监办义务均衡教育帮扶对象。2015年，办领导多次与相关部门和校方对接，并与各家金融机构沟通，以“送金融知识进万家”活动为契机，为中坪小学60多名留守儿童送去价值5000余元的文具、书包、书架和体育用品，同时在中坪小学开展金融知识宣传活动。2015年，黔西银监办被县委、县人民政府评为“尊师重教先进单位”。

中国人民银行黔西县支行

【概况】 中国人民银行黔西县支行按照上级要求，以“强基固本、改革创新、提质增效”为工作主线，紧紧围绕基础工作、重点工作和创新工作，认真贯彻执行稳健的货币政策，积极推进金融改革创新，维护金融市场秩序，着力提升金融服务与管理水平，为全力支持地方经济发展做出积极贡献。

【货币政策落实】 准确把握松紧适度的科学内涵，用好用足定向降准、支农再贷款以及再贷款杠杆化运作等定向调控工具，引导货币信贷平稳适度增长。截至11月月末，全县金融机构各项存款余额116.04亿元，较年初增加35.2亿元；各项贷款余额为97.9亿元，较年初增加20.27亿元。综合运用多种货币政策工具，认真贯彻落实稳健的货币政策，加大对地方性法人金融机构存款准备金执行情况和支农再贷款的管理检查，促进支农再贷款能及时投向“三农”，有效提高资金使用效率。截至11月月末，全县支农再贷款余额为2亿元。认真贯彻落实稳健的货币政策，自2014年11月以来，人民银行先后多次出台下调金融机构存贷款基准利率和定向降准政策，按照上级行的安排，密切关注在执行中出现的新情况和新问题，及时做好信息反馈工作。

【金融改革】 充分发挥人民银行的“窗口指导”作用，引导金融机构特别是黔西农商行和花都村镇银行认真做好农村金融产品和服务方式创新，紧紧围绕“稳增长、促改革、调结构、惠民生、防风险”的政策措施，积极引导各机构最大限度地发挥各自的服务优势，大力支持地方经济发展。进一步加强和改进金融管理，在法律法规框架下完善“两管理、两综合”监管机制，加强对新机构开设前所需资料的审核以及相关业务系统运行前的检查。2015年，贵州银行在黔西设立支行，县人行组织人员对该行开设前的一系列资料进行认真审核，行文批准其加入人民银行金融服务管理体系。充分运用金融机构综合评价、地方法人金融机构流动性变动监测等手段，切实加强金融风险监测评估。强化《存款保险条例》的宣传、培训及执行过程中的具体操作，并按照属地管理原则，指导地方性法人金融机构及时准确办理投保手续，维护金融稳定。

【打击非法集资和金融违法犯罪】 积极参加由县“打非办”统一开展的打击非法集资专项宣传活动。组织各金融机构30余人，在县城广场开展集中宣传，向广大群众发放各类宣传资料18000余份；各金融机构通过各自的投资理财特点，向广大群众讲解非法集资的社会危害和恶劣影响，促使社会公众认识到学习和了解相关法律法规和金融知识的重要性，提高防范意识，树立正确的投资理财意识，自觉远离和抵制非法集资，维护正常的金融环境和秩序。积极做好影响金融稳定的典型案例剖析，进一步提高各机构防范金融风险的能力。以全县近年发生的内外勾结骗取银行贷款、犯罪嫌疑人以异地经商为手段复制银行卡盗窃客户资金等典型案件为例，对影响县域金融稳定的因素进行剖析，提出加强内部管理和员工教育的针对性措施。认真抓好反洗钱工作，深入辖内银行业金融机构，采取“培训到位、监管到位、评估到位、宣传到位”等措施，逐步提高反洗钱工作质量，确保反洗钱工作有序开展。

【ACS系统安全管理】 强化ACS系统的安全管理，确保新系统稳健运行。通过加强对票据各要素的检查和复核，逐渐降低差错率。加强农村支付环境建设，采取深入村寨宣传、扩大助农金融服务影响力、精心组织培训、及时兑现奖励等措施，不断提高农村金融服务的覆盖面和服务水平。按照统一规划、合理布放、创建精品的要求，对助农取款点创建“地图式管理模式”，有效推进农村支付环境建设。

【电子缴税】　加大横向联网电子缴税工作力度，加强与国税、地税的相互沟通，加大宣传力度，努力实现年末横向联网电子缴税占比达70%的目标。截至11月月末，预算支出50.38亿元；预算收入22.24亿元，其中中央级预算收入2.23亿元、省级预算收入2.20亿元、市级预算收入1.19亿元、县级预算收入16.62亿元。

【征信管理和金融统计】　6月14日，组织辖内8家银行业金融机构40余人，以“珍爱信用记录·享受幸福人生”为主题，开展征信知识集中宣传活动，共发放宣传折页4000余份、《中国征信》（“6·14”增刊）200余本，悬挂横幅10条，在LED显示屏上滚动播放宣传信息12条，接受群众咨询800余次。完成对辖内所有银行业金融机构的个人征信查询系统使用及管理工作的专项检查，并对各机构存在的问题提出整改要求。对黔西农商行和黔西花都村镇银行的金融统计制度执行情况和金融统计管理工作情况进行专项检查，并对存在的问题提出整改措施及建议。

【货币发行】　认真做好货币发行工作安全规范管理，落实关于发行库管理的一系列规章制度，采取“事前准备、事中培训、事后巩固”的措施，确保人民币回笼券物流管理系统正式运行。对黔西农商银行、花都村镇银行开展现金收付业务检查，并进行风险考评。截至11月月末，发行货币10.46亿元，回笼9.52亿元，净投放0.94亿元。在第五套人民币2015版投放前，认真做好对辖内银行业金融机构临柜人员150余人的培训、现场测试及准时投放市场等相关工作。按照上级行的要求，做好“中国航空纪念钞（币）”“中国人民抗日战争既世界反法西斯战争胜利70周年纪念币”的兑换工作。在“金融知识宣传月”活动中，与银行业金融机构密切配合，组织业务骨干深入绿化白族彝族乡，对全乡村干部进行支付结算、征信、假币识别、办理存取款业务等相关金融知识的培训。组织辖内所有金融机构业务人员135人，参加上级行安排的反假货币资格考试。按月做好假币收缴工作，截至11月月末，共收缴假币2545张，金额23万元，收缴数量及金额是2014年同期的2.5倍。

【金融消费权益保护】　深入金融机构开展金融消费权益保护培训；在“3·15”期间，以“权利·责任·风险”为主题，组织银行业金融机构与相关部门密切配合，开展“金融消费者权益日”宣传活动，进一步提升金融消费者的权责意识和风险意识。加大对消保工作的检查力度，先后对黔西花都村镇银行、工行黔西县支行开展金融消费权益保护内部控制制度建设、个人金融信息保护、银行卡领域金融消费权益保护及相关工作的专项检查，对存在的问题提出具体的整改措施。同时，按照要求加强对各机构开展金融消费权益保护工作的现场检查和评估。

【科技工作】　按照上级行科技部门的安排，完成对黔西花都村镇银行征信查询运行安全的全面检查；与地方相关部门密切配合，使金融IC卡在公交系统全面推广应用。每半年对各业务系统运行状况进行安全检查。开展停电状态下确保各系统正常运行的应急演练，不断完善应急预案程序，提高应急水平。

【内部管理】　切实抓好会计基础工作，通过强化责任意识、严守风险底线，强化预算管理、科学规范理财，强化日常管理、提高工作效率，强化队伍建设、提升履职能力等措施，积极开展“会计财务精细化管理提升年”活动，不断推进会计财务工作科学化和规范化。采取认识到位、责任到位、管理到位、安全措施到位等措施，扎实做好会计档案管理工作。深入开展依法行政主题年活动，组织具有执法资格的人员积极参加上级行举办的依法行政知识培训20人次，参加上级行举办的依法行政法律法规知识测试15人次，使依法行政意识得到提高。规范政务工作，发挥综合协调和服务职能，办公、办文、办会效率不断提高，全年报送《金融信息》53期，被上级行采用10余篇。积极做好节假日期间的守库值班、政务值班及应急管理工作，消防安全、车辆运行安全、业务系统运行安全以及办公楼和招待所安全得到进一步加强。

【党建工作】 加强领导班子建设，充分发挥群众路线教育实践活动的长效机制作用，进一步改进工作作风，支行党组采取“带头主动作为、带头加强监督、带头谋划工作、带头增强危机意识、带头‘走出去’”等务实措施，加强班子成员之间、股室负责人之间的沟通协调和配合，有力促进班子建设和职工队伍建设。加强党组中心组理论学习，重点学习十八届四中全会《决定》、习总书记系列重要讲话精神、“四个全面”战略布局的理论地位和战略意义、新修订的《中国共产党纪律处分条例》《中国共产党廉洁自律准则》、十八届五中全会精神等内容。全年上报学习纪要12期，撰写中心组学习心得11篇，撰写行长调研报告5篇。把加强党员干部的政治纪律和政治规矩宣传教育作为重点，通过支行领导为党员上廉政党课、学习《党章》以及违反“八条规定”的典型案例教育等形式，使党员干部始终心存敬畏和戒惧，在言行上自觉把遵守党的政治纪律和政治规矩作为不可逾越的底线和红线。继续推进岗位（廉政）风险防控，深化惩防体系建设，认真落实“全面防控、突出重点、动态管理”的要求，积极发挥风险监督管理系统的作用，及时录入开展监督检查的有关信息，不断提高风险防控的针对性、时效性和前瞻性。

中国农业银行黔西县支行

【概况】 中国农业银行黔西县支行紧紧围绕全市农行工作的总体要求和奋斗目标，坚持把党风廉政、内控管理与业务工作一起安排部署，全力抓好贯彻落实，在提高管控水平和经营效益上狠下功夫，各项工作取得明显成效，在全市农行的排名由2014年的倒数第一上升到正数第四。截至2015年年末，全行人民币核心存款余额167543万元，比年初增加58990万元；各项贷款余额268466万元，比年初增加125116万元。实现拨备前利润6228万元，实现净利润4469万元。

【存款业务】 在对公存款方面，维护好存量，盘活存量，力抢增量，实施保、抢、挖策略，尤其是对多头账户企业，积极营销其资金往农行账户走；加强对部分新账户及重新“洗牌”企业账户的营销；加强与招商、发改等相关部门联系，积极进行走访营销；抓好项目落地开工后下游企业客户的营销，保障资金在农行体系内循环；配合大项目的跟进，争取项目资金滞留；强化服务，配合上级行做好卷烟跨行结算工作。在个人存款方面，以“春天行动”为契机，以“激情仲夏”“赢在金秋”等活动为延续，推进多种形式的营销。加强与拆迁部门联系，争取拆迁款代付，为个人存款增长打好基础。大力宣传利率优惠，吸引客户，以小客户做活大存款。积极营销代发工资专户，对成功营销的个人或部门进行一次性专项奖励。依托个贷业务，推进个人存款增长。不断提升服务质量，通过优质服务留住客户。提高自助设备运转效率，充分发挥大堂经理对客户的分流、引导、营销作用。截至2015年年末，全行人民币核心存款余额167543万元，比年初增加58990万元，日均余额增量24037万元。其中人民币个人核心存款余额105924万元，比年初增加13543万元，日均余额增量13441万元，完成全年基础任务的244.02%；人民币自主理财余额19133万元，比年初增加13958万元，日均增量6912万元。

【资产业务】 积极配合上级行营销，做好资产业务，改善资产结构。认真贯彻省行提出的“紧跟政府找项目，紧跟市场找客户，紧跟需求找服务，紧跟资源找出路”的工作要求，全面加强与当地党政部门的沟通协调，做好项目储备和抓好重点项目落地。在总、分行信贷规模倾斜的情况下，投放中交贵黔贷款28.35亿元，并做好投融资理财业务；重点推进金元黔西电厂二期、黔西中心医院、樱桃坪水库等项目的营销进度，加快项目推进，提高项目效率和成功率，切实做到储备一批、运作一批、落地一批；积极践行社会责任，强力推进烟草订单农业和美丽乡村惠农贷工作，按上级要求完成渠道建设和产品跟进，完成“万村千乡工程”及“惠农通”工程金融服务点的建设。

【中间业务】 加强中间业务营销，继续做好传统中间业务；不断提升信用卡电子银行业务收入；积极与上级行配合，抓好大项目落地实施工作；强化汽车分期业务营销，持续取得新突破；做好商户收单和现金管理。全年实现中间业务收入1584万元，全面完成上级行下达的任务。

【党建工作】 坚持党组织书记抓党建不放松，认真履行基层党建工作第一责任人职责，以“三严三实”专题教育为抓手，以制度建设为保证，切实加强基层党组织的思想建设、组织建设和作风建设，着力整顿软弱涣散基层党组织，加强基层服务型党组织建设。围绕党务公开试点工作，进一步增强了领导干部的民主意识，规范权力运行，充分调动广大员工参与各项事务的主观能动性。结合党风廉政建设“两个责任”的落实，进一步强化廉政教育和廉政风险防控，促进领导班子和领导干部思想作风进一步端正，工作作风进一步转变，生活作风进一步严肃，全局意识、责任意识和廉洁意识进一步增强。强化“四风”问题查找整改，作风建设取得明显成效。在2015年末二级分行组织的专项检查中，县农行党风廉政建设责任制工作得到较高评价。

【干部队伍建设】 认真抓好贯彻落实省分行印发的《关于认真学习贯彻干部选拔任用工作四项监督制度的实施意见》，班子成员和组织人事干部坚持把“四项制度”的贯彻学习作为一项常规工作来抓，严格执行相关规定和程序，认真做好中层干部选拔任用和调整工作。对有关干部的调整和任免，事前与相关人员进行谈话，疏通思想。新提拔的中层干部尽心尽责，在各自岗位上发挥积极作用。经民主评议，满意率为96%、基本满意率为4%。

中国工商银行黔西支行

【概况】 中国工商银行黔西支行认真贯彻党的十八届三中、四中、五中全会及市委一届七次全会和全县经济工作会议精神，全面落实上级行各项要求，立足地方发展需要，围绕全行发展目标，认真落实各项工作，取得较好成效。截至2015年年末，全行各项存款余额15.73亿元，各项贷款余额16.96亿元，累计发放对公贷款4.2亿元、累计发放个人贷款1.4亿元，资产规模不断壮大，进入全省工行系统县域支行经营五强之列。

【金融服务】 积极为相关项目做好金融服务，对夹岩水利项目、黔西电厂、黔大高速公路、息黔高速公路、金黔高速公路、广能嘉华煤机等项目主体及施工单位积极提供金融支持。积极为广大群众提供个人金融服务，大力推广个人信贷业务，个人贷款增量8445万元，增幅达22.3%。积极拓展信用卡市场，新增特约商户29户，分期付款1644万元，收单交易额达25186万元。努力壮大理财业务规模，累计销售期次类理财产品23426万元，个人理财产品增量2671万元。全年个人贷款不良率为0.53%、个人贷款违约率0.59%，资产质量保持较好水平。

【网点优化】 对网点外部标识、LED进行更换，对内部区域进行局部优化；注重网点运营标准化建设、网点竞争力和服务效能改进提升，支行营业室负责人获总行2015年网点竞争力提升先进个人；在各重要节日对网点进行布置和亮化，辅以各类主题活动，网点活力得到进一步增强。

【服务效率提升】 狠抓工作效率提升，从员工工作作风细节入手，严格规范考勤和着装，改进对外形象；注重引导培养中层管理人员、青年员工、转岗人员强化岗位胜任能力，提升综合素质；以党员和青年员工带动来完善内部管理和提升队伍活力，设立了党员示范岗、岗位监督牌，进一步激发内生发展动力。开展丰富多彩的职工活动，进一步丰富各项活动内涵，挖掘管理活力和经营潜力。

【风险管理】 贯彻“从严治行”，围绕“三个建设年”总体部署，大力加强全行作风建设和纪律建设，支行班子和党员带头学习和执行规章制度，严格廉洁自律。抓岗位履职到位，落实管理责任，全面梳理班子成员、中层管理和重要岗位人员在廉政案防和内控管理中的主要职责，督促规定动作做到位、不走样，不断强化履职水平。抓关键环节治理，强化风险教育和合规操作检查，加大违规惩处。按照“严防严控”工作部署，加大规章制度执行的检查频率和强度，严厉处罚各类违规行为，不断督促全行合规执行各项制度。加强对网点运营标准化建设、网点业务运营风险评级、网点可控风险管理等工作和运行管理主要专业指标的分析指导，努力提升运行效率，支行两个网点运营风险评级进入良好级序列。狠抓安全保卫和维稳工作，有针对性地开展各类应急演练，强化日常巡查和安全管理，严防欺诈事件、安全事件和客户恶意投诉事件的发生，安防建设水平进一步提升。

中国建设银行黔西支行

【概况】 中国建设银行黔西支行紧紧围绕市分行年初工作部署及经营分析会议精神，努力拼抢市场，争夺优质客源及项目，大力服务地方经济建设。细化管理，强化内控及日常管理基础，不断提升全行风险控制能力，各项工作稳固发展，圆满完成各项目标任务。截至2015年年末，全行实现经营收入4143.65万元，经营支出1478.27万元，净利润2662.56万元（营业外收支-2.81万元）。其中中间业务收入达665.90万元。2015年11月30日、12月4日，分别兑现2013年、2014年集中支付手续费63.83万元、66.89万元；如期兑现2015年公积金委托手续费98万元。资金备付率、现金备付率均在控制目标内，营运管理水平进一步提高。

【存款业务】 截至2015年年末，全行各项存款余额为195377.67万元，较年初增长82654.18万元。其中，对公存款余额为107638.50万元，较年初增长66916.76万元；个人存款余额为87727.49万元，较年初增长15737.39万元；同业存款余额11.69万元，较年初新增0.03万元。全年按照市分行营销活动方案及时安排部署，拟定买单分值计价考核，按照价值链益分组，采取评选营销能手、党员示范岗等措施，充分发挥员工积极性，储蓄存款日均新增沉淀达10000余万元，最高时点达15700万元。

【信贷运营】 截至年末，全行贷款余额56850.99万元，较年初新增1743.11万元。其中，公司类贷款余额41765万元，较年初减少6635万元；个人类贷款余额为15085.99万元，较年初新增8378.11万元。由于住房公积金组合贷款联动，带动全行信贷资金贷款明显增长。

【委托性住房金融业务】 截至年末，全行委托性住房金融业务当年累集住房资金新增存款11484万元，住房资金余额3882.58万元，贷款余额达43216.15万元，比年初新增487.08万元。公积金归集及贷款发放在当地占比均高居首位，有效支持黔西房地产市场及地方经济发展。

【客户拓展】 拟定发展思路，确立拓展目标，积极捕捉市场信息，行领导班子成员带领团队走铁路、至高速、下园区、上煤矿、进学校、跑楼盘，通过多种途径展开有针对性的营销活动，全年开立公司类账户130余户。坚持早安排、早部署，积极开展2014—2015岁末年初旺季营销、“大战六月”等营销活动，各项业务指标均取得较好成绩，荣获市分行“2014—2015旺季营销活动综合一等奖”。遵照上级行年初工作会议精神及行长会议工作部署，结合黔西实际，紧紧围绕“一手抓管理、一手抓发展”工作思路，通过不断攻关，实现息烽高速TJ3、TJ7、TJ8项目部，百纳坎TJ6高速路段，黔西水源工程建设管理所，贵州永泽天润化工，贵州国美电器等多个潜力客户落户建行。积极与黔西公积金管理部、黔西财政加强沟通，使黔西财政各项存款大部分在建行沉淀，公积金贷款及归集95%在建行办理。

【中间业务】 高度重视中间业务发展，扩展中间业务收入来源。积极发展龙卡贷记卡、借记卡，总行级、省分行级铂金卡、金卡重点客户，积极办理聚财存款签约等重点品牌。积极办理基金、国债、实物黄金、账户金、理财产品等销售；大力推动电子产品销售。在车改汇重点业务上，采取积极措施走单位、进车行，全年办理车贷200户，购车分期贷款额达3000余万元。积极响应市分行部署，在县辖增设自助网点，通过落实选址上报有关资料，已批复装修1个、批复待装修2个，全行ATM自助达到22台，直接带来年中间收益200余万元。

【精细化管理】 强化内控管理、案件防控，坚持按时召开案件防控例会，针对内外部各种检查提出的问题，及时做到层层分解，认真监督落实。通过每日晨会、职工会、案防内控会议等，及时贯彻传达上级行精神，利用案件、案例情况通报，时时警醒员工，坚持做到时时事事警钟长鸣。抓好自查自纠工作，通过系列检查、整改落实，提高全体员工的遵纪守法意识。

中国农业发展银行黔西县支行

【概况】 中国农业发展银行黔西县支行以“三严三实”专题教育活动为抓手，认真贯彻落实上级行的安排部署，结合黔西实际，围绕中心，坚定信心，突出重点，强化管理，多措并举，推动各项工作快速、有效发展。现将一年来的工作述职如下，请领导及同事们评议。截至12月31日，全行实现贷款余额99692万元，较2014年增加22583万元，增幅29.28%；存款余额59364.64万元，日均存款43932.48万元，资金自给率达到59.55%。实现中间业务收入89.19万元，其中咨询服务83.25万元、保险代理3.77万元、结算服务2.17万元。收回贷款28485万元，利息5251万元，实现净利润2283万元，人均利润207.55万元。

【存款业务】　采取多种存款营销和管理方式，努力做大存款总量。以贷款项目为抓手，协调地方政府将财政性存款向农发行倾斜，其中以投放19800万元土地收储项目贷款为抓手，落实黔西县失地农民保险金存款10000万元；以14000万元和28000万元土地收储项目贷款为抓手，再次落实黔西县失地农民保险金存款5000万元。该项存款余额已达15625万元。以项目建设资金委托代付为抓手，促成代付银行在行存入同业存款，其中以28000万元土地收储项目建设资金委托代付为筹码，促成黔西县花都村镇银行在农发行存入同业存款1000万元；以毕节市通村沥青（水泥）路贷款委托代付为筹码，促成黔西县农村商业银行在农发行存入同业存款5000万元。以严把资金支付关为抓手，最大可能留住派生存款。

【贷款营销】　紧扣国家和农发行信贷支农政策，全年累计营销贷款项目9个，涉及贷款金额逾43亿元。其中，黔西县560万元县级储备粮贷款已投放；黔西县76000万元、百里杜鹃管委会42900万元易地扶贫搬迁贷款已获批；百里杜鹃管委会13800万元农村路网贷款即将上贷审会；黔西县10000万元水利建设贷款已完成初评，准备上报市分行；发放黔西县80000万元棚户区改造贷款、百管委50000万元棚户区改造贷款、黔西人居环境改造贷款80000万元，黔西县二期易地扶贫搬迁工程项目贷款80000万元。积极完成发改委第三批、第四批重点基金项目投放，合计1900万元（其中水西产业投资公司老年公寓项目金额200万元、黔西县供排水有限责任公司县城供水二期工程项目1700万元）。

【贷款回收】　高度重视贷款本息收取工作，年初就制定相关贷款本息收取计划，建立收贷台账，摸清底数、排出日期，明确责任人，逐笔抓好落实，确保完成收贷收息任务。2015年，共收回贷款本金28485万元，收回贷款利息5251万元，无逾期收回贷款情况，无不良贷款，贷款本息全额及时收回。

【基础管理】　以财务会计基础工作专项整治活动为契机，深入开展自查自纠，积极参与或配合交叉检查、重点抽查，促使领导干部和财会人员深刻认识到财会基础工作的极端重要性，重温“三铁”要求，坚持问题导向，敢于暴露问题，不隐瞒、不敷衍、不搪塞，认真分析问题产生的原因、风险和危害，坚持边学边改、边查边改、以查促改，及时落实整改措施和要求，集中解决人员和管理等方面的突出问题，全行制度执行和业务操作更趋规范，财会队伍整体业务素质进一步提高。在2014年开展“信贷基础管理年”活动的基础上，认真落实贷后管理要求，加强对押品的动态管理，严格资金支付，认真履行粮油查库制度，按要求深入进行贷款风险排查，确保信贷管理要求不折不扣贯彻落实。

【党风廉政建设】　坚持“从严治行”，扎实开展“三严三实”专题教育活动，组织支委成员和党员深入学习习近平总书记关于党员领导干部践行“三严三实”的新思想新观点新要求，深入学习《中国共产党章程》《中国共产党廉洁自律准则》《中国共产党纪律处分条例》等党内法规。把党风廉政建设和反腐败工作放在全行改革发展稳定的大局中，以落实党风廉政建设责任制为重点，把廉洁从政作为推动各项工作的重要保证，着重在抓学习、抓组织、抓检查、抓重点上下功夫，全力营造廉洁清明的政务环境。认真贯彻落实金融政策方针，不徇私情，秉公办事；认真执行有关财务管理规定，厉行节约、勤俭办行。强化全体员工的思想政治建设，把思想和行动切实统一到市分行党委的决策部署上来，令行禁止、真抓实干，强调规范、防控风险，注重质量、有效发展，确保各项业务再上新台阶。

黔西农商银行

【概况】　贵州黔西农商银行认真贯彻省信用联社实施“五动协同”、打造“五个金融”的决策部署，按照“三注重、三强化”的工作思路，以开展“三严三实”专题教育为抓手，以贵州农信“2015·春天行动”竞赛为载体，狠抓信用工程建设，全面开展金融夜校，纵深推进普惠金融，创新中小微企业金融服务，取得较好成效。截至年末，全行各项存款突破40亿元，较年初增加10.5亿元，完成总行全年确保任务7亿元的150%。各项贷款余额突破30亿元，较年初增加5.4亿元，完成总行全年确保任务5亿元的108%。四级分类不良贷款余额控制在9087万元以内，占比控制在3%以内。完成各项收入3.2亿元。

【法人治理结构建设】　截至年末，黔西农商银行股东总户数为666户，总股份为12675.39万股。其中：企业法人股东10户，持股5366.1万股，占比42.33%；自然人股东656户，持股7309.29万股，占比57.67%（其中职工股东280户，持股1413.82万股，占股份总额的11.16%）。农商行积极构建以股东大会、董事会、监事会和高级管理层为主体的法人治理结构，各个治理主体均根据工作需要设立专门委员会和专门办事机构，建立独立董事制度。股东大会、董事会、监事会和高级管理层等各治理主体明确各自工作职责，制定完备规范的议事规则。董事会结构合理，下设的专门委员会具备独立性。有董事8人，按照《贵州黔西农村商业银行股份有限公司章程》的有关规定，暂缺1名外部董事。

【人才队伍建设】　按照《贵州黔西农商银行2015—2017年改革发展战略规划》，坚持以提高素质、优化结构、改进作风、增强团结为重点，以扩大干部信息公开为突破口，积极稳妥推进人才队伍建设。全年招聘大学毕业生15名、引进人才1人、亲情置换大学毕业生11人。加强后备中层干部选拔教育培养工作，通过演讲比赛、考察等程序，选拔16名后备中层干部。举办员工培训22次，累计培训6134人次，实现年度全员培训提升。推荐4名在职职工参加对外经济贸易大学在职研究生教育、2名职工参加中央财经大学在职研究生教育。截至年末，全行共有在职员工373人，其中正式在职员工332人，占比89%；派遣员工41人，占比11%。

【信贷风险防控】　强化信贷风险教育和合规操作检查，加大违规惩处。按照“严防严控”工作部署，加大规章制度执行的检查频率和强度，严厉处罚各类违规行为，不断督促全行合规执行各项信贷政策。加强对网点运营标准化建设、网点业务运营风险评级、网点可控风险管理等工作，防控信贷峰下，提升运行效率，截至12月月末，全行各项贷款余额288245万元，较年初增加42335万元。五级分类不良贷款余额8620万元，较年初下降518万元，不良贷款比例为2.99%，较年初下降0.73个百分点。其中，次级类贷款余额1137万元，较年初减少1442万元；可疑类贷款余额7483万元，较年初增加924万元；无损失类贷款。

【2015·春天行动】　立足“服务提升、作风转变”，强力实施贵州农信“2015·春天行动”，积极为广大群众提供优质金融服务。强化服务提升，建立班子成员包片联系、部门挂点考核、支行行长包大客户、客户经理包村组的工作机制，开展新老客户定期回访工作，不断提升客户满意度、培育新客户。强化作风转变，围绕

“查工作不足、找发展差距、剖问题根源、明发展措施”的工作思路，建立总行领导班子周末值班督导、支行周末客户经理值岗机制，着力转作风、强服务。强化制度落实，全面实施首问负责制、服务承诺制、一次性告知制，定期开展金融服务规范化督查考核。农商银行社会形象焕然一新、群众满意度普遍提高、发展新成效初步显现。

【农村信用工程建设】　以创建“金融信用县”为目标，扎实推进信用工程，做实三农金融服务。协调县政府召开全县创建金融信用县暨信用工程建设启动会，全面部署金融信用县创建及深入推进农村信用工程建设各项工作，努力打造“政府主导、农商银行主推、相关部门联动、村支两委配合、社会广泛参与”的创建工作模式，夯实农村金融市场，打造良好金融生态。截至2015年年末，完成调查建档农户14.79万户，评级农户14.79万户，建档面、评级面均为100%；其中信用农户14.06万户，占比95.08%。成功创建雨朵镇、新仁乡、太来乡、钟山镇、大关镇等5个信用乡镇，成功创建信用村42个、信用组666个。

【金融扶贫】　认真学习和贯彻落实中央、省、市、县扶贫开发及省联社金融精准扶贫工作会议精神，树立“大扶贫”思想，以全县建档立卡28.4万户、贫困人口11万人为金融精准扶贫对象，加大“特惠贷”宣传、推广力度，全年共投放精准扶贫贷款1.15亿元，惠及贫困农户4406户。将金融支持“四在农家·美丽乡村”建设作为“一把手”工程，建立协调、督促、指导工作机制，向全县“四在农家·美丽乡村”建设10个行政村投放房屋改造贷款1328.4万元，覆盖355户农户，为农户节约利息支出40余万元。选派年轻党员到新仁乡长井村担任“第一书记”，捐赠2万元帮助长井村改造村委会办公楼。建立党委委员“1+6”定向扶贫模式，做实精准扶贫联系点太来乡院子村53户群众的走访、回访，为联系点群众发放贷款68万元，减少利息支出2万余元。为太来乡院子、水塘小学捐赠资金1.8万元和18台电脑，并捐赠电脑及打印机，建立“院子村群众便民打印点”。

【普惠金融】　全面实施“金融夜校”，普及基础金融知识，零距离、面对面宣传信用工程建设、村村通、手机银行、网上银行等金融产品和使用方法，全年累计召开“金融夜校”1203次，培训人次69489人、小微企业及商户783户，覆盖全辖29个乡镇398个行政村，发放宣传资料36013份，现场解决问题1762个。打造农村金融便捷通道，畅通农村结算渠道，创建锦星木扎核村等4个便民服务点，安装ATM机64台、POS机具161台、“信合村村通”441台；建立培训、巡检制度，强化功能建设，按照“四统一”标准将“信合村村通”升级改造为现金流通综合服务平台，5月12日，全县首家现金流通综合服务平台在重新镇龙塘村正式挂牌营业。

【小微企业扶持】　紧紧围绕县委、县政府战略部署，努力将黔西农商银行打造成县域经济发展的有力金融助推器。以网点建设为依托，在行营业部和黔金支行设立小微企业金融服务中心，加大“金纽带”“黔微贷”的宣传推广，为县域个体工商户、中小微企业提供有效金融支持。坚持“三个立足”，立足于“早”解决企业生产建设初期融资难，立足于减轻企业融资成本创新融资担保机制，立足于打造本地特色产业，着力支持省、市、县级重点农产品加工企业和农业产业化龙头企业。截至年末，全行小微企业贷款余额5.96亿元，贷款余额户数943户。其中“黔微贷3个15万”余额为2633.21万元，扶持微型企业175户。

县杜鹃花都担保有限责任公司

【概况】 县杜鹃花都担保有限责任公司是县委、县政府决定成立的、以为县域中小企业和个人提供融资担保及相关配套服务的国资公司。2015年，公司本着“优质服务为中心，防范风险为根本，提高效益为目的，支持服务中小企业发展”的经营理念，不断完善经营管理体系，规范业务办理流程，强化风险防控，有效杜绝资金安全隐患，尽心竭力为促进县域经济发展服务，取得较好的经济效益和社会效益。

【业务发展】 2015年，县杜鹃花都担保有限责任公司在县金融办的业务指导和大力支持下，不断优化服务对象，提高担保质量，降低担保业务风险，坚持“小额、分散、优质”的原则，努力开展担保业务工作。全年共受理商业性担保业务45笔，实现担保业务37笔，担保金额3592万元，担保收入123万元；在保金额为8395万元，解保3079万元；代偿金额814万元，收回代偿款439万元，新增代偿291万元。

【内部管理】 加强内部管理，建章立制，夯实公司规范经营、稳健发展的基础。严格实行“双人双行”调查制度，每受理一笔业务，必须由公司两名业务人员进行现场调查，共同撰写初审报告。根据不断变化的业务环境，适时健全和完善操作规程、保前调查、保中决策、保后跟踪检查等规章制度，严格流程监管和执行督查。

【业务能力建设】 担保是高风险行业，对于从业人员除要有较高的风险意识外，还必须具备丰富的业务知识和实际操作能力。县杜鹃花都担保有限责任公司高度重视员工的业务能力建设，订阅和购买多种业务书籍，组织员工采取自学和集中学习的方式，系统学习相关业务知识及财政金融政策，了解掌握国家和相关部委的政策导向及经济领域新动向，增强把握业务方向的能力。以“热情、及时、高效、双赢”为公司服务理念，设身处地为企业着想，对担保对象提出的需求及时调查、尽快答复，主动与银行沟通，帮助企业解决资金困难。

【保后跟踪】 落实保后跟踪检查措施，提前发现风险，确保担保安全。采取定期和不定期方式，对每笔担保贷款发放后的第一、第二个月及担保贷款到期前两个月，严格落实现场跟踪检查，其他时期则根据实际情况随时检查，主要检查担保贷款是否按规定用途使用、客户生产经营情况、受担保企业财务状况等，及时发现风险并采取相应措施，确保担保安全。

中国人保财险黔西支公司

【概况】 中国人保财险黔西支公司以对标市场为目的，以强化执行力为保证，朝目标任务努力迈进。2015年，由于大客户脱保原因，保费收入指标一直呈负增长状态。截至11月30日，共实现保费收入2403万元，差目标进度16.17个百分点，同比增速-3.85%。其中车险保费收入1799万元，增速为-2.05%；非车非农险保费收入276万元，增速为-15.66%；农险保费收入329万元，增速为-2.19%。全年实现利润359万元。

【业务拓展】 努力协调车商、大客户及相关部门工作，分别与合作车商开展联谊互动活动及车险团购活动；与多家合作汽修厂进行资源互换，取得一定实效。在全年业务处于劣势的情况下，积极鼓舞员工士气，不气馁不放弃，加快步伐追赶业务进度。在经理室成员以及全体员工的共同努力下，车险保费增速从年初的-12%增加到11月30日的-2%。

【客户服务】 在支公司车险份额市场占比较低的情况下，始终坚持为客户提供更周到、更优质、更贴心的服务。努力维护非车险的稳定发展，与政府及职能部门保持良好的沟通与协调，在全县政策性水稻保险受到其他公司猛烈冲击的情况下，成功保留60%的承保份额；在农房险方面，通过开展农房保险座谈及培训为一体的工作会议，以10月18号黔西大面积雹灾理赔大会为契机，展示公司形象，赢得客户信任。在校责险方面，保持与县教育局、北京经纪公司的良好沟通，强化理赔工作，受到认可和好评，得到继续合作的机会，并为统保学生平安保险打下基础，计划在2016年春季学期，由北京经纪公司出面统一开办学生平安保险，与人寿保险黔西支公司各占50%的承保份额。

中国人寿保险黔西支公司

【概况】 中国人寿保险黔西支公司全面贯彻国家相关政策及省、市分公司的各项要求，通过全体员工和销售伙伴的奋力拼搏，各项业务取得新突破。全年实现总保费收入2884万元，同比增长38%；首年新单保费1691万元，同比增长50%；首年期交保费962万元，同比增长102%；长险首年保费1302万元，同比增长54%；长险首年标保352万元，同比增长39%；10年期交保费309万元，同比增长25%；团险渠道实现短期险保费完成389万元，同比增长38%；银保渠道首年保费完成417万元，同比增长6%；首年期交保费80万元，同比增长233%。

【个险业务】 加强队伍建设和业务培训，按照毕节分公司增员计划，结合公司实际有效增员，全年成功增员符合保监会规定的保险从业人员186人，为个险业务的突破拓展奠定基础。2015年，毕节分公司下达的全年个险目标任务是500万元，黔西支公司在个险团队的团结努力下，共完成保费收入1691万元，超额完成全年目标任务。

【小额信贷保险业务】 业务市场得到有效拓展，由稳固的10个出单网点上升到15个。效益稳定提高，经营风险控制稳定，服务客户更加快捷便利，得到广大客户的认可和好评，小额信贷保险工作蒸蒸日上，全年完成保费收入134亿元，超额完成目标任务。

【学生平安保险业务】 做好前期铺垫，以拓展学平险业务工作为重点，“城市包围乡镇”，在年初即积极主动与各中、小学（幼儿园）联系，及时了解学生家长和学校对学平险工作的看法，听取采纳学校及家长的合理化建议，通过家长会、班会进行沟通，采取承诺服务，让更多的学生和家长认识学平险，博得家长和学校的肯定。积极向县委、县人民政府分管领和县教育局汇报学平险工作，突出汇报公司理赔政策和理赔情况，赢得支持。全年度实现学平险保费收入130亿元，完成年度目标任务。

【法人业务】 挖掘老客户中有潜力的客户资源，借助机遇进行开发；针对老客户中存在的问题，有针对性地去弥补，并保持经常联系，稳固老客户，为续保奠定基础；强化服务，在政策允许的情况下，切实做到让客户满意，以热情的服务赢得市场信任，赢得县委、县政府的认可，争取政策性倾斜。2015年，公司法人业务保费收入达到100亿元。

中国太保财险黔西支公司

【概况】 中国太保财险黔西支公司秉承

"诚信天下、稳健一生、追求卓越"的核心价值观，以"用心承诺，用爱负责"为服务理念，坚持推动和实现可持续的价值增长，积极为客户提供风险保障服务。截至12月31日，完成保费收入2500万元，其中车险2450万元，非车险50万元，较2014年增长18%。

【行政车险业务】 配合交警部门，将黔西境内无牌无证的二轮摩托车揽保入户，并成功完成黔西交警大队的车辆统保。积极做好黔西交通运输公司车辆的承保服务，强化车险售前售后工作，在2014年度承保该公司30%业务的基础上，2015年成功揽保该公司70%的业务，有效带动黔西支公司主体业务的发展。

【车商业务】 大力拓展车商业务，黔西支公司在维护好原有车商客户的基础上，又与黔西林枫汽车贸易有限公司、永浩汽车贸易有限公司、三合汽车贸易有限公司、启航汽车贸易有限公司等在当地市场具有较强竞争力的车商成功达成合作，推进黔西支公司车商业务较快增长。

【便民服务】 中国太保财险黔西支公司始终坚持经济效益与社会效益的统一，在县委、县政府及相关部门的大支持下，在黔西百里杜鹃车管所设立便民服务窗口，为当地客户提供更便捷的保险服务。自5月开始，黔西支公司积极响应县农机监理站工作，集中开展"送服务下乡"活动，派出业务人员跟随县农机站工作人员深入全县29各乡镇、街道，上门为农用车办理保险，得到广大群众的一致好评。

中国太平洋寿险黔西支公司

【概况】 中国太平洋寿险黔西支公司围绕"转方式，调结构，防风险，促发展"的方针，以"诚信天下·稳健一生·追求卓越"为企业核心价值观，坚持以发展为第一要务，以合规经营为保障，不断提升全体干部职工的专业能力、学习能力、执行能力，正确处理规模与结构、速度和质量的关系，全面推动经营管理工作，为黔西经济社会发展做出积极贡献。

【理赔服务】 黔西支公司着力加强理赔服务质量，严格执行理赔查勘鉴定，增加理赔效率。2015年，共受理理赔案件52起，给付理赔金47.48万元。其中意外案件理赔35起，给付理赔金19.52万元；疾病案件理赔17起，给付理赔金27.96万元。

【提质增效】 以新常态的眼光审时度势，加快发展优质业务，坚决剔除劣质业务，坚定转型创新，使有生命力、有价值贡献的渠道成为未来的主渠道。高度关注资源的有效配置，向能持续提供价值的业务领域和板块倾斜。坚持聚焦营销渠道，聚焦期缴业务，摆脱铺摊子、单纯追求规模的传统做法。落实责任，强化风险防控，审时度势，积极预判，适时调整市场策略。着力优化信息技术系统，强化管理，进一步推动全员合规经营意识、能力和成效。

【服务升级】 紧跟太平洋寿险总公司、分公司营运转型创新步伐，黔西支公司积极关注客户需求、改善客户界面、提升客户体验，大力开展以"紧跟变化、承接创新、升级服务、支持一线"为主题的客户服务活动，先后落实与使用"移动理赔""移动保全"和"中国太保官方服务微信平台"等项目，专心致力打造"在你身边"的保险公司专业、便利、亲和的形象。

【客户信息清理】 根据《中国保监会关于印发〈人身保险客户信息真实性管理暂行办法〉的通知》（保监发〔2013〕82号）、总公司《关于下发〈客户信息真实性存量数据清理工作方案〉的通知》（太保寿联〔2014〕45号）及分公司《关于印发〈贵州分公司客户信息真实性存量数据清理实施方案〉的通知》（黔太保寿发〔2014〕40号）要求，由毕节中支营运部牵头，全面组织开展对客户信息真实性的专项清理工作，黔西支公司在时间紧任务重的情况下，全员参与，明确分工，多渠道共同协作，较好地完成此项工作，为下步细分市场、拓展业务空间奠定信息基础。

农 业

农 牧

【概况】 县农牧局认真贯彻落实中央1号文件和省、市、县农业农村工作会议精神，按照县委、县政府总体工作部署，以发展粮食稳定生产和开展技术服务为首要任务，围绕产业化经营、科技示范、农产品质量安全监管、农民增收等重点工作，充分发挥部门职能作用，全力推动各项工作，全县农业农村经济保持平稳增长态势。

【粮油生产】 全年粮食播种面积完成115.9万亩，其中夏粮种植面积55.02万亩、秋粮种植面积60.88万亩。全年粮食总产量27.37万吨，同比增长6.25%。其中夏收粮食总产量7.98万吨，同比增长3.45%；秋收粮食总产量达19.39万吨，同比增长7.45%。油菜种植面积46.02万亩，总产量7.73万吨，同比增长0.54%。紧紧围绕粮食安全和农民增收目标，抓好高产创建活动，促进产业带动提升。完成玉米高产创建示范项目，安排在重新镇11个村总面积11800亩、永桑乡11个村总面积11600亩。大关镇整乡推进项目安排在13个村，完成玉米总面积31800亩、油菜总面积13600亩。粮增工程安排在23个乡镇实施，送面积21.1万亩，其中玉米16.6万亩、水稻4.5万亩。全年粮油总产稳步提升，再创历史新高。

【畜牧业生产】 2015年，全县存栏生猪312656头，同比增长4.6%。其中，牛139582头，同比增长5.29%；羊33982头，同比增长0.22%；家禽3138426羽，同比增长41.93%。出栏生猪388186头，同比增长9%；出栏牛21769头，同比增长9.6%；出栏羊17136头，同比增长9.63%；出栏家禽3023128羽，同比增长30.2%。实现肉类总产量44594吨，同比增长8.99%。禽蛋产量4784吨，同比增长28.84%。实现养殖业产值14.06亿元（现价），同比增长7.66%。着力发展规模养殖和标准化养殖，发展生猪存栏100头以上规模养殖场46个、200头以上23个、年出栏生猪万头以上的大型标准化生猪养殖场4个；新培育家庭牧场2家。加快科技创新，以设施技术为基础、良种技术为核心、饲草饲料技术为支撑，大力推广养殖技术。积极调整农业产业结构，积极发展牛羊兔等草食动物，完成人工种草2万亩，全面推动草地生态畜牧业发展。强化动物疫病防控，全面推行动物疫病防控制度，确保禽流感免疫密度为应免数的100%，牲畜免疫密度为应免数的100%，猪蓝耳病免疫密度为应免数的100%，新城疫免疫密度为应免数的100%，保障全县畜牧产业的健康发展。

【农技推广培训】 加强农技推广培训，强化培训质量，结合阳光工程、巩固退耕还林、基层农机服务体系等项目予以实施。在金碧镇、协和镇开展新型职业农民培训工作，培训产业为肉牛养殖，完成培训任务450人。开展玉米粮增工程、高产创建专项技术、种植养殖技术推广培训达30000余人次，有效提高农民科技素养，助推农民增收。

【特色农业发展】 全面推进蔬菜、中药材、茶叶、经果林、生态畜牧产业基地建设，进一步拓宽农民增收渠道。围绕特色农业，按照“公司+合作社+基地+农户”的现代农业模式，不断扩大示范园和示范基地的建立和规模以及涉农企业的带动效应，增强农民投资特色生态农业的信心。截至年末，全县新增茶叶5000亩，茶园总面积发展到6.5万亩；投产茶园3.5万亩，年产量462.1吨，年产值5481.5万元，带动5.85万户农民从事茶叶种植与加工。新增中药材种植面积5000亩，中药材种植总面积达5万亩。特色经济作物种植带动农民增收效益明显。

【农业基础设施建设】 实施设计规模为300立方米沼气池建设项目，地址在谷里镇建全养殖场，总投资25万元，项目项目正在建设施工中。实施2014年巩固退耕还林能源项目，向群众发放太阳能1820台，正在开展招投标工作。实施2014年市下达新仁乡小寨村农村清洁工程示范项目，已完成全部工程量并通过自查验收。

【农业产业化经营】 强化龙头企业培育，培育省级龙头企业3家、市级龙头企业13家、县级龙头企业5家，已获得无公害产地认定21个、无公害产品认证16个、QS产品认证13个，获ISO9000、ISO2000质量体系企业认证3个。培育产业化经营组织，全年建立示范社5个，建立家庭农场4个。新增专业合作社75个。截至年末，全县在工商登记的农民专业合作社有490个，注册合作社成员达3860个，带动发展农户1.7万余户，实现人均增收1500元。

【农业综合执法】 深入开展农资打假和市场监管工作，全年实施农产品质量安全及市场准入检查115场次，出动执法人员370人次，出动执法车辆96台次，检查农资经营户1789户次、种植基地28户次、规模养殖场55场次，办结涉农一般程序案件19件，收缴假劣农资108千克，没收违法所得和罚款共计4.16万元。切实做好农产品质量安全监管，完成投入品质量抽检，开展农药标签计划抽检30个、实际完成31个，其中1个不合格，合格率96.7%；农药质量抽检计划7个，完成7个，合格率100%；完成化肥质量抽检全年计划10个，完成抽检10个，其中国2个不合格，合格率80%；饲料抽检计划20个，实际完成20个，合格率100%；兽药抽检计划20个，完成20个，合格率100%。全年完成果蔬样品农药残留速测2000个；省电子监测果蔬农药残留样品计划完成300个，实际完成302个；果蔬农药残留定量检测计划完成100个，实际完成100个，合格率均达100%。畜产品检测计划完成75个，实际完成135个，合格率100%；饲料样品“瘦肉精”酶联快速检测计划100份，实际完成180份，合格率100%。完成省农产品质量安全监督抽查送样任务数60个（种植业），完成市农产品质量安全监督抽查送样任务数34个。完成省监督抽查送样茶叶计划5个、完成5个；水果计划4个，完成4个；蔬菜计划20个，完成20个；食用菌计划4个，完成4个。完成省级风险监测蔬菜计划7个，完成7个；马铃薯计划20个，完成20个。完成市级监督抽样检测茶叶计划6个，完成6个；蔬菜计划18个，完成18个；食用菌计划12个，完成12个；水果计划8个，完成8个；无公害畜产品计划12个，完成12个（鸡肉、鸡蛋、兔肉、猪肉）；鸡蛋计划5个，完成5个；鸡肉计划3个，完成3个；水产品计划6个，完成6个。开展养殖环节瘦肉精速测120份，合格率100%。“三品一标”、农业标准化示范核心区、“三园两场”中农产品抽检合格率均达100%。

【农业标准化生产】 组织无公害农产品（种植业）产地认定申报，其中蔬菜产地计划完成5.5万亩，实际完成5.500005万亩，申报产地8个；水果计划完成1.2万亩，实际完成1.275万亩，产地2个；茶叶计划完成4万亩，实际完成4.00005万亩，产地4个；油菜计划完成2.6万亩，实际完成2.70015万亩，产地3个；大米计划完成0.9万亩，实际完成1.1001万亩，产地1个；马铃薯计划完成2万亩，实际完成2万亩，产地2个。组织无公害农产品（种植业）产品认证申报，其中申报蔬菜品种辣椒、菜豆、黄瓜、葱、结球甘蓝、大白菜、豇豆等7个产品，规模1.42万亩；申报水果品种桃，规模0.15万亩；申报茶叶品种绿茶4个，规模0.3033万亩；申报油菜产品3个，规模0.73万亩；申报大米产品1个，规模0.6万亩；申报马铃薯产品2个，规模0.27万亩。申报无公害畜产品猪肉2个、鸡蛋2个。积极推进农产品产地证明，在锦新镇、洪水镇、文峰街道办事处农产品质量安全监管站分别给企业、专业合作社开具产地证明14份。

【动物卫生检疫】 2015年，全县共开展屠宰检疫动物7.06万头，开展屠宰环节“瘦肉精”抽检1236份；开展产地检疫动物14.45万头。全年开展动物卫生监督检查257次，检查规模养殖场100场次、屠宰场48场次，开展引畜引种监管1次。

【渔政执法】 在“禁渔期”“安全生产月”等大型活动中，深入重点码头、重点村大力宣传禁渔期制度和渔业安全生产常识，共出动车辆、执法船舶78车次，执法人员208人次，张贴禁渔标语120幅，发放禁渔通知91份、渔业安全生产宣传资料200余份，召开培训会12次180人，积极营造安全生产的良好氛围，增强渔民的安全意识和保障渔业可持续发展意识。

农 机

【概况】 县农机局积极适应农机化发展新形势、新常态，周密部署，紧紧围绕市委一届七次全会提出的“决战贫困、提速赶超、同步小康”决策部署，抓住全县农机工作的薄弱环节，大力推广先进适用新机具新技术，着力抓好农机购置补贴政策落实，加大农机新技术推广、农机专业合作社建设力度，加强农机安全监管和农机技术培训，着力提升农机工作服务水平、装备水平、作业水平和安全水平，圆满完成农机小康指标。全年新增农机总动力7.4万千瓦，单位面积拥有农机总动力已达0.35千瓦/亩，农机总动力达52.6万千瓦。

【农业生产机械作业】 全年完成机械耕整地面积合计35.5万亩，机械投入量合计17140台套。其中：水稻机械耕整地面积为6万亩，机械投入量3650台套；玉米机械整地面积为9.5万亩，机械投入量4650台套；小麦机械整地面积为5.7万亩，机械投入量3160台套；油菜机械整地面积为14万亩，机械投入量5680台套。机械播种面积合计0.6万亩，机械投入量合计25台套。其中：插秧面积为0.4万亩，插秧机投入20台套；玉米播种面积为0.15万亩，玉米播种机投入3台套；油菜播种面积为0.05万亩，油菜播种机投入2台套。机械收获面积合计6万亩，机械投入量合计49台套。其中：水稻机械收获面积为2.2万亩，机械投入量25台套；玉米机械收获面积为1.2万亩，机械投入量10台套；小麦机械收获面积为2.6万亩，机械投入量24台套。

【农机技术推广示范】 在金碧镇新富村、铧口寨村和洪水镇新桥村创建水稻生产全程机械化示范点，组织16名农机推广技术人员深入田间地头、农户家中，对机耕、机播、机插秧等农机技术示范推广进行跟踪指导，完成示范点水稻机械化育秧、插秧0.6万亩。引进各种耕整地机械、小型微耕机、玉米直播机、玉米收割机和水稻收割机等农产品加工机械。特别是玉米收获机械在2个农机专业合作社的推广应用，得到广大农民的赞许和肯定，作业效果较为满意，填补黔西没有玉米收获机械的一大空白。在全市春耕生产现场会和秋冬种现场会上，组织5个农机销售企业的50余台机具以及17台拖拉机、20台微耕机、2台玉米直播机集中展示农机作业风采。

【农机购置补贴】 抓好农机购置补贴政策的落实，争取到2015年第一批中央补贴资金50万元，累加2014年结余中央补贴资金60.68万元，全年共有中央补贴资金110.68万元。根据省市购机补贴工作方案，结合全县实施农机购置补贴政策的经验和民生整治铸廉行动工作要求，制定《黔西县2015—2017年农机购置补贴工作实施方案》，确保农机补贴工作科学规范高效廉洁实施。在广大群众中发放《农机购置补贴申请流程图》《黔西县2015年农机购置补贴政策宣传书》等10000多份，让各级各部门、农机经销商和广大农户充分了解国家支农惠农政策。全年共完成中央补贴资金60.98万元，拉动农民投资246.5万元，办理指标确认书230份，受益户数224户，补贴机具256台，进一步改善农机装备结构，提升农机装备水平，拉动农业固定资产投资和农村消费，促进农村经济发展。

【农机安全监管】 全县累计在册拖拉机3155台（含历年封存的883台、拟报废的154台），检审验车辆1951台；2015年办理拖拉机新注册登记70台、联合收割机2台。全县累计在册拖拉机驾驶人4198人，完成农业机械驾驶（操作人）新培训考试2期，共计146人，2015年到期换证184人。实时实地免费检验农业机械1000台。全年投入农机安全宣传经费5万余元，制作农机安全宣传展板13块，印制彩色单页宣传资料10000份、《农业机械法规政策读本》500本、《农机安全宣传小册子》10000本、《农机业务流程指南》5000本、农机安全宣传日历画3000张，在节假日和重大安全活动期间，出动宣传车发放宣传资料和开展农机安全生产法律法规、安全常识现场宣讲。充分利用拖拉机年检、“六月安全月”“12·2交通安全主题日”、冬季农机安全专项行动等时机，到乡镇设立农机咨询点、向广大农机参与者农普及法律法规、惠民政策、安全操作知识。按照市、县农机安全工作的要求，深入开展农机安全生产隐患大排查大整治专项行动，全年共开展农机安全检查97次，出动农机监理人员327人次，检查拖拉机300台，查出违法载人11起、无证驾驶88人、无牌无证拖拉机6台、未参加年检拖拉机47台、不服从管理2人，对农机事故起到预防作用。全年实现道路外农机事故零发生，无死亡人数，无重特大农机事故，事故三项指标均控制在市、县要求的指标范围内，农机安全形势稳定。

【农机专业合作社建设】 抓好农机专业合作组织建设，指导4个农机专业合作社开展机耕作业，完成机耕面积14650亩，实现收入100万元，实现净利润54万余元。指导甘棠镇农机专业合作社抓好项目建设，并通过专家组验收。到钟山、洪水、协和、金碧等农业基础条件较好的乡镇开展农机专业合作社建设调研，为新建农机专业合作社做准备。全年新建素朴金和塘农机专业合作社1个，新建素朴金和塘、金碧贵怡农机抗旱服务队2个。

【农机维修养护服务】 立足全县微耕机维

修难题，加大对农机专业合作社、农机维修点的指导，积极组织合作社和维修点维修人员维修维护机具。组织推广站、管理站专业技术人员50人次进村入户，现场培训农机维修人员，现场指导维修机具。全年共检修机具3416台，组织开展4次农机现场演示培训，现场培训农机技术人员935人次，为春耕、秋耕、秋收生产工作提供保障。

【党建工作】 根据《中共黔西县委关于开展中心组“五个一”学习活动的通知》（县通字〔2015〕9号）精神，突出抓好党的十八大和十八届四中、五中全会精神，2015年全国“两会”精神，习近平总书记系列重要讲话精神，党纪法规，“四个全面”战略布局精神实质和丰富内涵，中央和省、市、县经济工作会议精神的学习，结合工作实际分析研究农机各项工作的重大问题，进一步提高领导干部科学决策的能力和水平。扎实开展“三严三实”专题教育活动，局主要负责人为全体干部职工上“三严三实”专题党课，组织全体干部职工按照“六查六看”和“三对照三检查”，深刻检查自己的廉洁意识、责任意识、担当精神，切实把“三严三实”要求落实到具体认识、行动、工作中，提升自身能力、展现农机作风、树立农机形象。制定《黔西县农机局规范权力运行制度》，形成规范有序的工作态势。抓好党风廉政建设，层层签订《拒收拒送红包礼金礼券购物卡承诺书》《落实八项规定责任书》《黔西县党风廉政建设突出问题集中专项整治承诺书》，认真学习和严格落实各项党纪党规。进一步推进“三公”经费预决算公开，严禁超预算执行，严禁无预算列支“三公”经费，实行“三公”和重大项目清单经费在黔西廉政网上公示、定期在局政务公开栏公示，接受干部职工和广大群众的监督。

现代农业科技示范

【概况】 全县共创建8个现代高效农业示范园区，其中省级5个（重点2个）、市级1个、县级2个。2015年，县现代农业科技示范园区管理办公室全面贯彻落实县委、县政府总体工作部署，脚踏实地，真抓实干，推进全县现代高效农业示范园区创建取得新成效。全年实现招商引资签约资金16.31亿元，累计到位资金14.26亿元，完成投资9.91亿元。5个省级园区实现总产值21.08亿元，实现销售收入4.42亿元，实现销售利润1.4亿元。

【园区规划】 强化园区建设“规划引领”，在园区规划过程中，充分结合当地资源禀赋、产业基础和市场需求，统筹考虑空间布局、规模经营、功能定位、产业融合和要素保障等因素，做到因地制宜，突出重点，科学布局，合理规划。5个省级园区规划均通过市级评审并报省备案。园区规划设计的高标准、高质量完成，为园区建设提供科学引领。

【园区建设】 基础设施进一步完善，园区核心区主干道已建成，供电、通讯、供水设施趋于完善，拓展区基础设施建设同步推进。主导产业初具规模，结构调整稳中推进，全县园区累计建成种植业基地5.31万亩；建成100万羽规模蛋鸡养殖场1个，50头以上规模养殖场7个。经营主体培育不断壮大，采取“公司+合作社+村委会+农户”“公司+基地+合作社”等建设模式，增强园区农户参与园区建设的参与度，全县5个省级园区已引进企业24家（其中省级以上龙头企业3家）。培育农民专业合作社28家、种养大户80余户、农家乐经营户19户。稳步推进市、县级园区建设，积极协调和指导各乡镇（街道）

进行规模种养殖等基地建设，抓好储备园区的规划编制和技术服务。推进电子商务建设发展，2015年共有9家园区企业开展电子商务经营，农产品销售渠道大大拓展。

【政策扶持】 先后出台《关于现代农业示范园招商引资的优惠扶持政策（试行）》《关于现代农业示范园招商引资优惠扶持政策的实施细则（试行）》《黔西县利用外资和招商引资项目代办服务工作暂行办法》和《黔西县进一步优化投资环境工作实施方案》等文件，明确农业园区发展的扶持条件、实施标准、服务承诺等工作要求，着力打造园区投资软环境，推动园区管理服务不断提升。充分发挥财政资金的导向作用，鼓励引导民间资本投资农业园区建设，实现社会资本投入现代农业园区建设资金14.26亿元，为农业园区建设注入强劲活力。创新园区土地流转机制，制定园区土地流转新政策，以土地流转为突破口实行规模经营加快园区建设，对园区土地流转采取直接流转（公司和农户直接签订合同完成）、委托流转（由农户写书面委托给村委会，由村委会和企业签订合同完成）和同一集体经济组织内土地承包经营权互换流转等。完成园区招商引资企业项目用地流转1万余亩，为现代农业园区建设创造条件。

【三大集聚】 集聚人才优势，与贵州大学、省农科院、市农科所等单位建立长期合作关系，大力引进农业科技人才和经营管理人才服务园区建设。园区已有常驻技术人员10人，累计开展技术培训3万人次。集聚技术优势，在园区内大力引进现代农业科学技术，广泛推广和应用温室大棚、喷滴灌节水农业、立体栽培、无公害集成利用等设施农业种植技术，部分园区已开展组培育苗、无土栽培等先进技术利用，开展测土配方施肥监测，安装使用频震式杀虫灯、性诱剂杀虫设备，建成小气候观测站等。集聚资金优势，实现“各炒一盘菜，共赴一桌席”和“渠道不乱、用途不变”，共整合部门资金2亿余元，园区综合效益显著提高。

【品牌创建】 以农业品牌创建实现“科技示范”效应，园区种养殖农产品获无公害产品认证11个。其中种植业认证9个，认证面积3.06万亩；养殖业认证2个，认证规模5万头。贵州周氏农业综合开发有限公司注册“周氏鸡蛋”商标。贵州高原蓝菇业科技有限公司完成“蓝梦菇业”牌商标注册，“蓝梦菇业”牌香菇、木耳入选为“乌蒙山宝·毕节珍好”毕节市名优农产品。

【科技应用】 水西科技实业有限公司生产的无公害果蔬、腊肉等特色农产品，在园区农产品销售中心进行精包装销售。银河综合农业示范园区生产的“周氏鸡蛋”远销重庆、广州等城市。食用菌产业示范园区生的香菇、木耳等系列产品已远销浙江、贵阳、六盘水市等周边市县。众农生态循环农业示范园区农产品已在贵州农经网等网站进行网络销售。

【园区新农村建设】 以园区建设协同推进新农村建设，随着水西观光农业示范园区泰丰园的建设推进，乌骡坝社区新农村建设进入快车道。乌骡坝社区充分利用“生态家园”“危房改造”等民居改造项目，挖掘民族文化，着力打造布依风情村寨。投入资金213万元，实施以“坡屋顶、小青瓦、白灰墙、穿斗坊、矮墙群、木门花窗”为特色的黔西北民居风格改造农居203户。同时，社区基础设施大为改善，建成通村油路12.8千米、通组路6.8千米、17条6.5千米机耕道、3条2.5千米田间道，并配套建成1个布依寨门、5个文化广场、15条8千米农渠、10个蓄水池、1千米排污沟、165个污水收集池、7个人工湿地、126口沼气池，安装201盏节能路灯、2套多功能健身器材，使社区村容村貌和农民生产生活条件大大改善。2015 年，园区被评为“省级休闲农业与乡村旅游示范点”。

【园区农民脱贫增收】 食用菌产业示范园区采用“公司+合作社+标准化生产基地+农户”的订单农业生产模式，实行“五统一”全面推行食用菌标准化生产，即统一制定生产技术标准，统一组织技术培训和技术指导服务（根据食用菌各生长周期的不同生产技术要求，每月组织一次技术培训和交流会，分片区由专业技术员定期不定期地到食用菌栽培现场对菇农进行技术指导；在基地每十户设一个示范户，每户培训一个技术明白人，以确保食用菌标准化生产技术真正落实到位），统一繁育供应菌种和菌棒，统一按生产技术标准组织生产（出菇）管理，统一按 8 元/千克的保护价回收、加工、销售产品，有效解决了单户农户发展食用菌产业的生产技术问题和销售市场难题，规避农户的生产技术风险和销售市场风险，保证产品质量，促进食用菌产业可持续发展，实现农民增收，圆满完成“1154”扶贫目标任务（即 1 户贫困户种植 1 个大棚 5000 个菌棒的香菇，实现年可支配收入 4 万元）。2015 年，实现产业扶贫 37 户，脱贫 137 人。园区企业黔西县众农生态农业有限责任公司积极开展产业化扶贫，采用电热温床育苗技术，选育优质辣椒、黄瓜、茄子等蔬菜苗发放给 120 户贫困户种植蔬菜 263 亩，同时示范种植以黄瓜、辣椒、茄子、西红柿、苦瓜、西葫芦等 476 个大棚蔬菜和露地蔬菜 800 亩，受益农户达 510 户 2050 人，其中贫困户 142 户 569 人。

【园区生态文明建设】 坚持生态文明建设与园区建设同部署同推进的原则，县委、县政府制定《生态文明建设保护大纲》，出台《关于大力推进生态文明建设的实施意见》等政策文件，县园区办编制《关于大力推进现代高效农业示范园区同步生态文明建设的实施方案》，项目引进严把环保关，严格项目审查准入，凡不符合环保要求的一律不得进入园区。先后建成果品基地面积 2.29 万亩，花卉基地面积 0.2 万亩，茶药基地面积 0.49 亩，园区林草覆盖率上升 4.5%，较全县林草覆盖率高出 3.5 个百分点。

烤烟农业

【概况】 县烟草办紧紧围绕县委、县政府工作部署，以恢复发展烤烟生产、推进烤烟产业健康发展为主线，以种植面积落实为核心，以结构调整为重点，以增加烟农收入、稳定烟农队伍为切入点，以主推适用技术推广为抓手，以主攻质量、提高单产为保障，不断完善烟叶基础设施建设，抓好烟叶收购，推进烤烟农业效益大提升。

【烤烟种植和收购】 加大政策宣传力度，充分调动烟农种烟积极性。按照县政府安排，督促乡镇落实烟地，适时移栽，努力协调相关部门，落实烤烟生产资金物资供应，保证烤烟种植计划的全面落实。2015 年，全县计划种植烤烟 5.2 万亩，实际签订烤烟种植面积 5.2 万亩，涉及种烟乡镇 22 个、种烟村 127 个、种烟组 227 个、烟农 3096 户。由于受移栽时干旱和田间管理期间连续降雨和冰雹灾害影响，烤烟黑颈病、马 Y 病、气候斑病严重，致 4680 亩烤烟减产、750 亩绝产。全年计划收购烟叶 13 万担，实际收购烟叶 13.9 万担，完成目标任务的 106.94%。其中上等烟比例占 59.6%，均价 1243.54 元/担，完成任务和收购进度在全市排名第一。

【科技兴烟】 科学调整考研产业布局、安排生产计划，贯彻向适宜区集中、向连片地集中、向有条件生产的农户集中的“三个集中”原则，落实“生态、质量、市场、效益”和“三化种植、土地轮作”等要求，推进烤烟农业的可持续发展。进一步加大生产科技的推广力度，在品种、育苗、肥料、适时移栽、合理密植、田间管理等方面狠下功夫，尤其是全面推行大棚育苗统一供苗，确保100%良种和苗齐苗状，为烤烟农业生产丰收奠定基础。

【烟水配套工程管护】 全面落实管护责任制，严格考勤考绩及相关责任制度，建立工作落实与工资奖励、年终考核挂钩的工作机制，严格各阶段工作检查评比，切实保证各项工作任务的完成。县烟草办班子成员分工负责，定期、不定期对烟水配套工程管护情况实施检查督导，多次到重新、绿化、金碧等烤烟种植重点乡镇开展调研，探索烟水管护工作新路子。实施重新镇干河沟烟水配套工程恢复建设项目，投入维修资金9.16万元，于10月全面竣工并通过验收。

农业投资

【概况】 2015年，县农投公司坚持以邓小平理论和“三个代表”重要思想为指导，以科学发展观统揽全局，深入贯彻落实党的十八大及十八届三中、四中、五中全会，省委十一届六次全会精神及市委、县委相关会议精神，以黔西“决战贫困、提速赶超、同步小康”为奋斗目标，扎实开展农业投资工作。各项目建设按计划顺利推进；为附廓水库加高扩容项目贷款融资7000万元，完成报账6685万元。

【育苗基地建设】 按县委、县政府及林业、扶贫、水保项目实施部门要求，县农投公司与嘉禾公司合作，年初选点在洪水镇源水村和莲城街道办事处坪子村2个基地育苗共531亩，以“公司联基地”的建设模式发挥示范带动作用，促进苗木生产经营规模化、标准化、规范化。采取点播的方式培育泡核桃实生苗150万株，培育核桃嫁接苗60万株，培育刺梨扦插苗240万株，培育藏柏苗40亩350万株，培育展示柿子、樱桃、梨嫁接苗等90多万株。为使育苗基地保质保量完成全年苗木供给任务，县农投公司安排1名分管领导和2名技术人员对育苗进程全程监督和技术指导、大田管护，加强田间除草、施肥、嫁接移栽、病虫害预防等一系列管护工作，做到“培训到人、管护到地、责任到块”，确保2个基地育苗管护工作落到实处，使育苗种植管护技术得到全面推广和普及。所有苗木均达规格标准，符合质量要求，部分苗木陆续供应给实施部门及有关单位和乡镇。

【核桃采穗圃基地建设】 投入资金60万元，建设核桃采穗圃及良种繁育基地建设。根据县域核桃分布及生长情况，通过实地考察调研，选址于交通方便、地势平缓、集中连片、方便管理、背风向阳、光照充足、土壤肥沃、便于排水灌溉的洪水镇源水村建立采穗圃基地114.3亩，定植苗木为3~4年生铁核桃苗木栽植作为砧木，初植密度为140株/亩，全面完成采穗圃砧木苗的建设及部分砧木嫁接。

【石榴基地建设】 根据县政府经果林建设工作要求，县农投公司与黔西县御庄生态绿色产业有限责任公司签订石榴扦插苗50万株的供给协议，督促御庄生态绿色产业有限责任公司把好育苗质量关，对售后的苗木做好售后服务及技术指导工作，对所销售苗木实行质量终身负责制，为县内石榴种植项目实施乡镇提供优质种苗。

【刺梨基地建设】 根据《贵州省刺梨产业发展规划（2014—2020）》《黔西县刺梨采穗圃建设项目实施方案》要求，以推动黔西县刺梨产业发展、促进农业产业结构调整和农民增收为目标，走市场经济的路子。县农投公司按照科学设计、高质量施工、精细管理的建设思路，计划在洪水镇源水村建设200亩刺梨采穗圃，选用贵州省内已通过审定的“贵农5号”和“贵农7号”优良种群和引进试验的其他品种作为候选品种，完成扦插苗定植面积61.1亩，经县林业局验收，成效率达到93%~94%。

【永平苗木基地管护】　根据县政府专题会议纪要要求，由县农投公司接管位于洪水镇永平村的原县财智科技农业产业发展有限公司经营管理的115亩土地。2015年，县农投公司组织人员对基地附属设施、原有绿化苗木进行管理，苗木实施除草、喷洒农药2期次。县民政局老年养护楼选址于永平基地内，11月，按县政府要求，县农投公司将基地部分苗木分配给有关单位、学校用于绿化建设，为将永平基地全部移交给县民政局管理做准备。

【天坪鸵鸟场管理】　积极配合县高铁办完成成贵铁路（黔西段）建设项目特大桥征用县农投公司代县政府管理的天坪鸵鸟场国有土地的丈量，地面附着物的清点、认定、补偿金的清算，完成黔西绿苑林业服务有限公司承包土地的勘量和核定，场内2家承包土地经营商的地面附着物补偿金的资产分割和款项支付共计300多万元。

【苗木供应】　从年初起，县农投公司组成2个工作小组，陆续为县林业局、县扶贫办、县水保办3个单位实施的造林育苗项目运送核桃等苗木。共为五里、定新、观音洞、金碧、锦星、新仁、铁石、素朴等10多个乡（镇）运送核桃、桃、李、梨、樱桃、石榴、藏柏等苗木共计110万多株，向五里、红林、绿化等乡镇供应藏柏、刺梨等苗木60万余株。

【苗款回收及资产运营】　经与各乡镇、县直相关单位多方协调，成功收回核桃等苗木款200多万元，收缴门面租金及天坪鸵鸟场土地租金共计25.42万元。按县政府要求，将原农牧局门面2号、3号、4号、5号、6号收回，不再继续出租；1号门正在出租中，待租赁期满予以收回。县种子公司空地租赁纠纷一案正在处理中。

【精准扶贫】　继续抓好“六个到村到户”精准帮扶工作，根据县委、县政府安排，县农投公司负责对铁石乡铁盔山10户贫困户进行帮扶。公司采取责任到人的方式（领导干部帮扶1~2户，一般干部帮扶1户），积极主动开展工作，每月至少到各自帮扶户家中走访座谈1次，帮助贫困户分析致贫原因，制定帮扶措施。年初，为10户贫困户免费发放石榴苗2000多株，为铁石乡铁石中学捐款10000元购买电教设备用；2015年10月份，对10户困难户开展帮扶“回头看”，查找帮扶漏洞，完善帮扶措施，确保贫困户实现脱贫。

林　业

【概况】　县林业局深入贯彻落实党的十八大及十八届三中、四中全会精神，以“四个全面”统领林业工作大局，寓突破于发展，全局干部职工奋力拼搏，锐意进取，林业基础不断夯实，林业产业发展、森林资源保护成就显著。8月6—7日，林泉镇山海村作为全国退耕还林改革工作现场交流会参观点，得到了上级部门的高度肯定。2015年，全县完成营造林11.51万亩、森林抚育2万亩、森林管护118.09万亩，全县森林覆盖率达到44.85%。

【石漠化综合治理】　全县实施治理岩溶面积8.59万亩，治理石漠化面积3.01万亩，工程总投资1100万元，其中中央预算内投资1000万元，地方配套100万元。完成封山育林育草1.14万亩，其中自然封育0.82万亩、人工促进封育0.33万亩；完成人工造林1.26万亩，其中防护林0.92万亩、经济林0.34万亩。完成人工种草

0.6万亩，配套棚圈建设2500平方米。建设小型水利水保工程，完成修建作业便道2.1千米、修建机耕道2.42千米、修建排灌沟渠1.23千米、修建15立方米的蓄水池14口及1立方米的沉砂池14口。

【退耕还林工程】 完成2015年巩固退耕还林成果专项资金建设项目薪炭林1.68万亩和经济林0.89万亩造林，完成2015年新一轮退耕还林工程0.92万亩营造林。完成2014年巩固退耕还林成果专项资金建设项目0.6万亩经济林，2完成2014年新一轮退耕还林10000亩的造林指导及检查验收工作，完成2014年退耕还林工程13个样地点的效益监测工作。

【天保工程】 完成2015年度天保管护方案的编制评审和报批，2015年度森林管护人员的考察聘用，2015年度118.09万亩、372名常年护林员、55名季节性护林员、12名天保封山育林专项护林员管护协议的签订。落实2010年度10000亩公益林封山育林管护任务。完善2014年度、2015年度国家级公益林和地方公益林森林生态效益补偿资料，修订和上报公益林数据库，全面展开数据录入工作。2015年，天保管护资金到位85.4万元，总投资85.4万元，完成76.54万元，完成率89.63%。兑现2014年度生态补偿基金576.13万元，兑现率94.58%。2015年度生态补偿基金到位515.13万元，完成兑现补偿资料的完善工作。与各乡镇（街道）林业环保站及县国有林场签订天保工程管护责任书。

【经果林建设】 完成2014年新增巩固退耕还林成果0.8万亩；2015年农业综合开发项目0.25万亩；2015年荒山造林县乡村绿化人工造林0.25万亩，封山育林3.59万亩；2015年植被恢复项目0.72万亩。

【林木、林地管理】 全年共办理林木采伐许可证215份，蓄积12814.96立方米，收取育林基金16.89万元；审核办理木材运输证520份，材积3623.9立方米；年审木材经营加工许可证212份，新办木材经营加工许可证4份；办理使用林地手续4件（永久使用林地3件、临时占用林地1件），涉及面积34.05公顷（永久使用林地33.33公顷、临时占用林地0.71公顷），督交森林植被恢复费170.77万元；完成驯养繁殖非国家重点保护野生动物备案1件。完成全县2015年度政策性森林保险宣传、实施工作，全县森林参保面积59.29万亩。指导组建林业经营合作组织6家，促进林下产业发展。办理林权抵押贷款1起，面积508.5亩，贷款金额200万元。受理辖区内林地纠纷4起、接待来信来访14起，。完成全县2015年度省级林业产业发展专项资金的申报工作，审核上报2家林业企业及专业合作社。完成和办理林木采伐审核、审批74件，采伐林木蓄积3867.23立方米，出材量2564.86立方米。完成全县2014年林地年度变更调查工作并通过国家及省级质检。完成第九次国家森林资源连续清查贵州省第七次复查80个固定样地的调查工作，并通过省级和国家级验收。完成樱桃坪水库工程补征土地上的林木清点工作。按照省林业厅要求，做好全省第四次森林资源规划设计调查工作。组织各乡镇（街道）林业环保站站长到毕节市林业局参加乡镇林业工作站站长能力测试。完成2015年中央财政森林抚育项目作业设计等相关工作，面积2万亩。

【森林执法】 开展打击破坏森林资源“六个严禁”专项行动、严厉打击违法占用林地专项行动等，依法严厉打击各类涉林违法犯罪活动，先后破获影响较大的金碧镇鹏程砂石场、甘棠大尖山砂石场非法占用林地刑事案件。出动警力50余人次，对中坪、中建、重新3个重点林区乡镇进行重点治理，林区社会治安明显好转，林区群众满意度进一步提高。2015年，共办理各类森林案件105起，其中林业行政案件92起，处罚92人；侦破刑事案件13起，其中失火案1起、非法占用林地9起、滥伐林木3起。

【森林防火】 及时转发毕节市人民政府、毕节市森林防火指挥部办公室文件，严格按要求落实各项森林防火举措，确保各项应急处置工作顺利开展。制订并严格执行森林火情报告、防火值班和领导带班制度，确保及时有效地监测、处置森林火灾。在春节、元宵节、清明节期间组织森林防火专业队、出动森林防火宣传车，对贵毕路、黔织高速公路、黔大高速公路沿线乡镇、街道进行巡查，对城区重点森林防火地段聘请常年护林员上山巡护。2015年，全县共发生一般森林火灾2起，过火面积6.45亩，受害林地面积1.95亩，过火率0.00048‰，受害率0.0014‰。全县未发生重大、特大森林火灾及人员伤亡事故，各项指标均低于控制标准。

【有害生物防治】 完成2015年度林业有害生物越冬代的调查，踏查面积131.99万亩，调查固定样地12个、临时样地29个（属于国家级中心测报点）。经整理分析，全县林业有害生物发生4万亩（松褐天牛发生面积3.02万亩、云南松毛虫发生面积0.98万亩），均为轻度发生。采用人工、仿生等防治技术措施，全县林业有害生物防治面积4万亩。完成2015年度松材线虫病的春季普查工作，发现94株枯死松树，取样188个，均为不明原因死亡。经过镜检，除国有林场顺石工队发现拟松材线虫外，其余均未发现松材线虫及其他线虫。县林业局组织技术人员对县火电厂、县供电局、县移动、县联通等单位电（光）缆盘仓库进行调查、复检，未发现松材线虫、拟松材线虫及其他线虫。根据《国家林业局办公室关于印发〈全国林业有害生物普查技术方案〉的通知》（办造字〔2014〕92号），启动全国第三次林业有害生物普查工作，制作采集标本（动植物）70多份。

【中德合作林业项目建设】 2015年，中德合作林业项目计划实施积极措施面积0.45万亩，实际完成项目实施面积0.87万亩（有措施实施面积0.7万亩）。其中：间伐2面积0.05万亩，间伐1面积0.17万亩，抚育0.4万亩，自然恢复0.07万亩。编写龙场、登高经营单位方案0.22万亩，调查、调整拉土、观音、雨朵方案0.19万亩，县林业局监督指导漆树、高山、新坪、观音、拉土、雨朵等森林经营委员会实施。全年开展抚育、采伐业务培训3次，参加培训人员36人；开展财务及章程培训2次，参加培训人员80人。参与县文化科技卫生“三下乡”示范活动，开展项目宣传，发放资料900份；到铁石乡墓老坝村、中坪镇关寨村开展项目宣传，发放宣传资料350份。与经营单位签订合同附录21份。

【种苗工作】 协助部分乡镇（街道）落实去冬今春藏柏容器苗91.83万株、柳杉容器苗13.35万株。检验苗木73批（组），检验数量165.33万株（袋），合格151.6万株（袋）。全县共受理林木种苗生产、经营申请4份，办理林木种苗生产、经营许可证2份。对全县苗木生产情况进行初步调查，2015年从事林木种苗生产的单位（个人）共23家28处，其中具备苗木生产资格的12家，未取得苗木生产许可的11家，生产地点涉及16个乡镇（街道）、25个村（社区），生产面积1017.4亩，预计产苗量1662.82万株（其中常用造林树种新育苗面积709.7亩，预计产苗量1507.46万株）。

【林场工作】 完成对黔西县国有林场2013年危旧房改造配套基础建设项目（1000米林区公路改扩建）的验收、审计工作。完成黔西县2013年中央国有贫困林场扶贫资金项目（大箐坡工队综合管理用房204平方米）和大箐坡工队300平方米管护房维修建设项目的部门验收、送审工作。协调水利部门安装大箐坡工队输水管道400米。

【湿地保护工作】 积极开展“世界湿地日”宣传活动，发放“湿地基本知识”“关注湿地、爱护湿地、保护湿地”等宣传资料1000余份；在国家林业局批复成立黔西水西柯海国家湿地公园后，县林业局在展开湿地保护宣传的同时，组织人员拟写《关于黔西水西柯海国家湿地公园建设管理的请示》《黔西水西柯海国家湿地公园2015年湿地保护补助资金项目实施方案》等报告，加快黔西水西柯海国家湿地公园建立步伐，尽快投入使用。

【木材流通工作】 高度重视群众来电来访举报，加强对木材流通的流动检查，全年共验证放行和违章处罚65车（人）次。其中：验证放行（包括省内和县内）40车（人）次，计木材材积265立方米；违章处罚（包括省内和县内无证运输和运输木材证货不符）立案33起，查处33起，处罚33车（人）次，共计没收木材材积200立方米。收取木材变价款8万余元。

【和谐林业建设】 县政府在全县农业工作会上，与各乡镇（街道）签订《黔西县2015年森林防火责任书》《黔西县林业有害生物防治目标责任书（2015—2020年）》，将营造林任务及时分解到各乡镇（街道），做好苗木调运、检验检疫等工作，采取技术人员分片包乡的模式，深入造林第一线进行督导，把好苗木质量关、栽植技术关，做到任务分解到位、责任落实到位、苗木检验到位、技术指导到位，确保林业工作有条不紊展开。充分利用宣传车、电视、宣传标语、广播、宣传栏、手机短信、互联网等，大力宣传林业建设的经验和做法、森林防火条例及有害生物防治知识。做好造林大户的典型宣传，营造林业建设工作的浓厚舆论氛围，达到成功一户、带动一批、影响一片的效果。加强林业队伍建设，在争取人员招考、调动的同时抓好干部职工业务培训，提高林业队伍综合水平；建章立制，科学有效转变机关作风，打造林业部门新形象，提升群众满意度。切实加强对信访工作的组织领导，全面落实“分级负责、归口办理”的信访工作原则和领导包案责任制，为林农解决实际问题，有效维护林区稳定，促进林业经济平稳发展。

水 利

【概况】 县水务局围绕“增比进位、提速赶超、同步小康”的经济社会发展目标，深入实施水利建设“三大会战”和“小康水”行动计划，突出抓好水利基础设施建设，奋力推进水利改革发展，积极稳妥抓好防汛抗旱工作，水利事业发展稳步推进。全年完成水利固定资产投资3.8亿元，配合推进夹岩水利枢纽工程建设，顺利推进樱桃坪水库工程建设，稳步推进仙人洞水库前期工作，完成23口机井地面设施配套项目建设，完成30处“五小”水利工程，新增灌溉面积0.43万亩，开工建设乌骡坝山区节水现代农业示范项目及中坪集镇抗旱应急水源工程，治理水土流失面积24.94平方千米，完成0.54万人农村饮水安全项目建设任务，基本建成农村饮水安全水质检测中心。国管水管单位工业总产值完成323.5万元，比2014年同比增长21%；乡镇供水企业完成供水收入575万元，比2014年同比增长13%。

【“十二五”项目消化和“十三五”规划编制】 针对“十二五”以来仍在建的242处水利项目，结合实际成立水利工程推进工作领导小组和5个工程督查组、1个技术指导组及1个总调度组，分别负责对建设过程中存在的问题进行全面督导、技术指导和协调，实行“一周一报告、半月一调度”，全面掌握和跟踪项目建设进度，扎实开展民生项目清理排查整改工作，逐一消化项目库存。统筹兼顾，认真谋划水利“十三五”规划，认真梳理需要纳入规划的水利建设项目，兼顾需要与可能、当前与长远、骨干工程与面上工程，合理谋划项目布局，充分征求意见建议，科学编制水利“十三五”规划，为“十三五”期间进一步提高农村集中供水率、供水保障率、水质合格率和自来水普及率做好项目储备。

【附廓水库加高扩建工程】 实施附廓水库加高扩建工程，总投资14669万元，截至年底完成主体工程，水保、环保及土地复垦工程完成98%，涉淹公路及机耕道复建工程及花坟防护工程已完成；水下金属结构、电力、通信设施、水利站及水管所等专业项目复建工程基本完成；涉淹农户304户1358人，已签订搬迁协议295户1322人，余9户36人未签协议，30%的移民尚未迁离库区。整体形象进度达98%，累计完成投资18762万元。

【樱桃坪水库工程】 樱桃坪水库工程项目于2014年4月14日获省发改委批复，2014年10月21日完成招投标，2014年12月开工建设，总投资达3.81亿元。截至2015年12月，基本完成施工区移民、“三通一平”、导流兼放空洞衬砌、大坝基础开挖、溢洪道开挖、副坝基础开挖等工作，累计完成投资20013万元，总体形象进度52.57%。

【拟建水源性工程前期工作】 仙人洞水库项目获得批复，总投资9387.77万元，为烟草援建项目。原设计为土坝，设计编制完成并已通过上级主管部门批复，在报国家烟草专卖局复核审批时，国家烟草专卖局专家组复核意见要求，坝型由原土工膜土坝更改为面板堆石坝。根据专家组和省水利厅的要求，对坝型进行调整，调整后的《初步设计报告》于7月10经市发改局、市水务局批复，报国家烟草专卖局，待批复。凹水河水库《可行性研究报告》经省水利厅出具核查意见，已报省发改委，待批复；《工程项目建议书》《初步设计报告》已报审，待批复。

【小型水利工程项目建设】 实施红林川洞迤那水毁修复工程项目建设，工程于4月获市防办批复，批复投资50万元，于5月正式动工建设，全面完工；实施素朴牛场大沟水毁修复工程，批复总投资30万元，全面完工，完成投资30万元。实施绿塘子水库引洪渠维修工程，批复总投资20万元，全面完工，完成投资20万元。实施中建普盖村小型水利设施维修工程，批复总投资15万元，主体工程已完工。

【水土保持项目建设】 2014年度国家水土保持重点治理项目杨家店小流域项目，批复总投资947.5万元，于2015年1月动工建设，5月全面完工。2014年坡耕地综合治理项目新法小流域项目，批复总投资1250万元，于2015年1月动工建设，5月全面完工。完成治理水土流失面积24.94平方千米。2015年度国家水土保持重点工程及坡耕地水土流失综合治理工程，于2015年10月30日开工建设，主体工程已基本完工。

【农村饮水安全项目建设】 2015年，列入全县“十件民生实事”的农村饮水安全项目计划解决5416人的饮水不安全问题，涉及锦星乡庆龙村1~9组、绿化乡马坎村8组以及钟山铜鼓等3处农村饮水安全工程，项目总投资370万元，于2015年4月动工建设。截至年末，绿化马坎饮水安全工程已完工通水，其余2处完成主体工程，正在试运行准备，预计2016年1月通水运行，将累计解决10215人饮水不安全问题。

【农村饮水安全水质检测中心建设】 按照省水利厅要求，县水务局于3月完成农村饮水安全水质监测中心的建设实施方案编制并上报。5月，省发改委、省水利厅下达投资计划72万元，用于农村饮水安全工程水质检测中心购置设备、仪器。6月，项目实施方案获省发改委批复，批复投资88.93万元。仪器、设备由省水利厅实施招投标。县水务局依托县乡镇供水有限公司为项目法人组建水质检测机构，落实专（兼）职化验人员，基本完成中心组建。

【乌骡坝现代高效农业示范区山区现代水利试点工程建设】 实施乌骡坝现代高效农业示范区山区现代水利试点工程建设，工程于2014年9月获省水利厅批复，总投资777万元，解决乌骡坝社区饮水困难人口1994人及4000亩旱地灌溉用水问题。县水务局于2015年5月完成招投标工作，施工单位于6月初进场施工。截至2015年末，累计完成投资700万元，基本完成主体工程。

【中小河流及病险水库治理】 加快推进野纪河城区段防洪工程等中小河流建设，截至2015年末，野纪河防洪工程形象进度达45%，累计完成投资350万元；雨朵河防洪工程及中坪马路河防洪工程已完工，沙窝小河观音洞段防洪工程形象进度达90%。加快推进病险水库除险加固建设，全年完成鹅项井、大明堰、化那寨、田冲、绿塘子、六勒、龙家槽等7座病险水库的治理任务。

【防汛抗旱】 抓责任落实，及时调整县防汛抗旱指挥部成员，明确分工，落实工作职责。认真督促各乡镇（街道）、村（社区）按要求分别成立乡级防汛抗旱组织指挥机构、村级防汛抗旱指挥中心并挂牌办公，将防汛抗旱工作落实到人。县政府与各乡镇（街道）人民政府（办事处）及重点防汛抗旱单位签订防汛目标责任书，切实做到分工明确，责任落实。抓汛前检查，组织7个检查组分赴各乡镇（街道）对全县29座小Ⅱ型以上水库、5座小水电站进行汛前检查；由各乡镇（街道）对本辖区内的小山塘、山洪泥石流灾害易发点进行检查；针对检查出的问题，制定整改措施，明确整改责任人，限期整改落实。抓物资储备，按照分级分部门负责的原则，认真落实防汛抗旱物资储备工作。抓队伍建设，县组建50人的应急救援队伍，各乡镇（街道）、村（社区）及重点防洪单位分别组建相应的应急救援队伍；加强演练，确保应急救援时拉得出、用得上、能见效。抓值班值守，及时完善各类防汛抗旱应急处置预案，在汛旱期间加强值班值守，严格执行24小时值班及领导带班制度；及时发布汛情预警，充分利用雨情、水情自动监测系统，密切关注汛情、旱情信息，及时准确进行调度。

【水利改革】 深化水务一体化改革，按县人民政府于4月批复的县水务局“三定”方案，将住建部门承担的供水、给排水、节水、污水处理、中水利用等行政管理职责进行划转。深化小型水利工程产权制度改革，实施方案已得到县政府批复，完成调查摸底，计划于2017年全面完成小型水利工程产权制度改革任务。深化基层服务体系建设，按省水利厅要求，全省将集中重点建设一批基层水利（水务）站，分期分批完成辖区内基层水利（水务）站建设任务。县水务局将金碧水利站等9个站点作为省级重点建设计划的基层水利站，上报省水利厅，实施分批建设。

【水利执法和水资源管理】 加大水资源宣传力度，以“3·22世界水日·中国水周”宣传活动为契机，通过各类媒体以及采取制作宣传展板、悬挂横幅、发放宣传资料、发送手机信息等多种形式，深入开展水资源宣传活动。加大执法巡查力度，全年共计开展执法巡查、检查106次，下达各种通知书58份，督促开发建设项目编制水资源论证报告、水土保持方案30个，验收开发建设项目取水设施4个、水保设施5个，查处水事违法案件2起，征收水利规费138.9万元。严格水资源管理，按照“三条红线”（水资源开发利用控制、用水效率控制和水功能区限制纳污）的各项指标要求，完成县级指标分解和实施方案的编制，落实水资源管理责任，分别联合县教育局、县工能局开展节水型学校、节水型企业创建活动。

【水利安全生产】　加强组织领导，层层落实责任，由局主要领导与各分管领导分别签订安全生产及信访维稳“一岗双责”责任书，分管领导分别与分管股室签订《2015 年安全生产目标责任书》《2015 年信访维稳工作目标责任书》。狠抓安全生产监督管理，将涉水安全问题细化分解到各部门，将安全生产工作与业务工作同时安排、同时督查、同时考核，严格落实“两个主体”责任；利用日常工程检查、防汛检查及“六月安全月”活动开展安全生产检查，及时发现问题，及时整改落实。全年累计检查在建大型施工企业及相关单位共 26 家，发现一般隐患 36 条，整改 35 条，整改率 97%；报送安全生产信息 15 条，上报报表 60 余次。积极组织各单位认真填报水利安全生产信息，对检查出的安全隐患，及时录入系统并督促相关责任人落实整改；由专人负责对上级交办的涉水信访件进行答复，全年通过贵州省网上信访系统答复 3 件，信访人均满意。扎实做好矛盾纠纷排查和化解，安排各项目实施单位对拖欠民工工资等问题进行排查，妥善处理和稳控。全年共收到涉水信访案件 7 起，均已成功化解，信访当事人对办理情况及答复较为满意，未出现赴省、进京非访及影响较大的水利矛盾纠纷。

气　象

【概况】　县气象局以党的十八大及十八届三中、四中、五中全会和习近平总书记系列重要讲话精神为指导，紧紧围绕气象为农服务“两个体系”建设和气象防灾减灾中心工作，在提高基础业务、气象服务及气象现代化建设上，在为地方经济建设和社会发展服务中营造亮点、谋求发展，取得较好成效。

【气象防灾减灾能力建设】　完善气象防灾减灾工作机制，按规定完善测报和预报等各项业务，积极组织业务人员加强业务学习，参加上级部门组织的各种培训。2015 年，无任何缺报、迟报等现象发生，网络传输正常，较好地完成上级业务部门下达的工作任务。加强气象灾害应急管理，成立气象应急管理领导小组，完善汛期气象服务制度。坚持领导带班值班，严格执行重大天气会商制度和 24 小时值守班制度。加强基层气象防灾减体系建设，由县人民政府出台《关于切实做好汛期值班工作的通知》（黔政办发电〔2015〕12 号），重大天气由县委、县政府领导到气象局带班值班。督促指导全县 26 个乡镇均成立防灾减灾工作领导小组；积极与应急、国土、防汛、烟草、农牧、林业、教育、民政、环保等部门合作，签订合作机制和协议，切实开展防灾减灾气象保障服务。2015 年，气象信息报告获县委、县政府领导批示 6 次。

【公共气象服务】　积极运用手机短信平台、微博、微信、电子显示屏、县乡通信网、政府网站等发布天气预报、预警信息。与城管局协作，利用全县休闲广场、社区电子显示屏发布天气预报和预警信息，增大天气预报发布覆盖率。及时制作各类预测预报服务产品，如年、季、月、旬、日天气预报及年度趋势预报，寒潮、干旱、暴雨、森林火险和节假日天气预报以及中（高）考天气预报，着重做好汛期天气趋势预测，发布暴雨重要天气预报和地质灾害预警信息。

【专业气象服务】　与多部门协作，树立

"防灾减灾气象先行"的品牌，完善工作机制，提高监测预警水平。与烟草公司签订服务协议，制作发布《气象信息报告——烟草专题预报》共计48期；3月，为烟草基地开展人工增雨作业2次，效果显著；准确及时地发布重大天气预警信息30余条次，获烟草公司好评。为火电厂提供专业气象服务，与电厂签订服务协议，及时制作发布气象手机短信、《气象信息报告》、气象资料等，切实为电厂提供专业专项的气象服务。与国电黔西水电开发有限公司签订服务协议，及时准确地制作发布气象手机短信、《气象信息报告》、气象资料等，为国电黔西水电开发公司提供及时、准确的专项气象服务。

【"三农"气象服务】 积极与农牧局、农办、示范园区、乡镇村种植基地等协作，建立农情实景观测。制作发布《气象信息报告——为农服务专题》，准确及时发布气象预警短信和信号。积极到示范园区、种植基地开展气象服务、科普知识、病虫害防范指导等服务。全年共发布《重要气象信息专报》《气象信息快报》《气象信息报告》共112期，气象预警短信和信号58条，服务13万余农村群众。

【人影工作】 年初制定2015年人影经费、工作计划及实施方案，获县政府批复。2月完成单边带电台安装；3月初举办全县民兵岗位培训，8个作业炮站全部符合标准化建设标准，40位作业民兵政审合格，全部参加岗前培训，经考核合格持证上岗；4月，使用手机终端；5月，省气象局人影检查组携3305厂专家到林泉炮站调研作业炮弹安全工作；6月，市气象局人影办到到县检查人影工作。县气象局每月对辖区炮站开展一次安全检查，确保人影作业安全无隐患。2015年，辖区内8门炮点共开展防雹增雨作业110次，用人雨弹2000余发；火箭作业4次，用火箭弹20枚，效果显著，县内无严重旱情和雹灾，为全县人民生活和农业生产保驾护航。9月15日，全县各炮站撤炮，炮弹入库，按规定上交市气象局存放。

【防雷检测】 组织选派3人到省气象学会参加防雷检测资格证认定培训学习，经考试合格均取得防雷检测资格证。向有关单位发送防雷装置安全检测通知书，积极主动联系受检单位做好常规防雷装置年检测。10月，由县政府发出《黔西县开展施放气球安全管理专项检查的通知》；县气象局组织相关单位，对全县施放气球、防雷工作等开展执法。

【气象文化建设】 2015年4月30日，"宣传部长"上讲堂活动走进县气象局，全县各文明单位和相关单位近60人到气象局参加活动。在"3·23"世界气象日，在全县范围内开展气象科普宣传；在"5·12"防灾减灾日，与县安委办等单位联合开展防灾减灾科普宣传；在9月科普宣传周，与县科协等单位联合开展科普宣传活动；10月，县气象局组织开展"百万公众网络学习"测试活动。积极组织撰写气象宣传报道，全年在中国文明网发稿3篇，在新民网（新华网）发表1篇，在《贵州新闻》发稿1篇，在《贵州气象》发稿30篇，在黔西新闻网发稿33篇，有效展示黔西气象成就，扩达气象工作在公众中的知晓度和影响力。

经济开发·供销合作

贵州黔西经济开发区

【概况】 贵州黔西经济开发区围绕县委、县政府总体部署工作，按照年初确定的各项目标任务，强力推进开发区各项建设。截至11月月末，实现工业总产值63.65亿元，占年度目标任务62亿元的102.66%；工业增加值完成25.46亿元；规模以上工业总产值完成50.4亿元；固定资产投资完成47.3亿元，占年度目标任务47亿元的101%。黔西经济开发区新建成面积达2平方千米，区内各企业从业人员达5320人，累计完成招商到位资金10.29亿元。

【基础设施建设】 2015年基础设施建设重点是煤化工排水项目。该项目实施总长为5938米，分别为2号沟2420米，1号沟2328米，隧道及暗涵930米，接煤化工出水口段260米。截至年末，完成工程量的80%，主要包括：施工便道已全部铺通，排水沟开挖3千米，尚有1.2千米未开挖；排水沟砼成型2.5千米，尚有1.7千米未砼成型；隧洞完成400多米，暗涵段全部完成成型排水沟280米。给水工程已通过验收，评定为合格工程，并将使用管理权移交给煤化工投资有限公司。开发区甘棠园区污水处理厂已完成可研编制并组织评审，上报省发改委争取建设资金，启动开展设计施工招标。

【招商引资】 突出产业特色，主要围绕煤电、煤化工、能矿装备、建材、服装纺织、特色农产品加工、轻工电子等产业项目开展招商引资工作。进一步加强区域经济合作交流，充分发挥自身比较优势，抢抓承接产业转移等重大机遇，主动吸纳发达地区的人才、资金、技术和先进的发展理念，提升加快发展的空间，保持经济持续增长。引进海悦立体停车设备项目、永润天泽精细化工项目、贵州天昱教学装备有限公司、贵州绿环建材有限公司等企业入驻开发区。2015年累计外出招商5次，正积极与深圳红木家具生产基地对接，有望在2016年引进深圳红木家具生产基地入驻岔白片区。

【民生政策落实】 采取一系列有效措施，切实保护好开发区被征地农民的利益。加快临时安置点的建设，确保被征地农户在房屋被征收后有房居住。甘棠园区临时活动板房规划及组织招标工作已完成，正紧张施工，将在春节前完工投入使用。把土地补偿费和安置补助费按时足额发放到被征地农民手中，2015年完成征地26亩，发放征地补偿资金600余万元；启动兴黔社区棚户区改造工作，可研报告已编制完成，正在办理实施前的相关手续。

【和谐平安开发区创建】 在发展经济的同时，黔西经济开发区大力促进各项社会事业的全面进步，统筹经济社会协调发展，积极创建和谐平安开发区。于8月成立开发区安监局，全面协调解决安全生产工作中存在的隐患，形成了齐抓共管的工作格局。积极开展帮扶工作，派驻2名干部到洪水镇龙营村和甘棠镇梨子村开展精准扶贫工作，为梨子村68位村民提供就业岗位，对留守儿童、低保户家庭入户调查核实，有针对性地实施帮扶工作。抓好开发区综治维稳和环境整治，深入开展和谐平安创建活动，联合公安、规划执法、文锋街道办事处等部门拆除开发区范围内的违章建筑；及时调处永润天泽、黔希煤化工给排水等项目建设中产生的各类矛盾纠纷。认真开展环境卫生集中整治活动，提升开发区整体形象，创建和谐平安开发区工作稳步推进。

县供销合作社联合社

【概况】　县供销合作社联合社认真贯彻学习党的十八届四中、五中全会精神，落实省、市供销社和全县经济工作会议精神，以党的群众路线教育实践活动为载体，围绕县委、县政府工作中心，团结拼搏，积极进取，圆满完成全年各项经济指标和工作任务。全年利润目标任务总额3700万元，实际完成4144万元，完成目标任务的112%；所有者权益目标任务2649万元，实际完成2964万元，完成目标任务的111%；资产目标任务总额8204万元，实际完成8820万元，完成目标任务的107%；总营业额目标任务76920万元，实际完成84612万元，完成目标任务的110%。

【服务“三农”】　充分发挥供销社农资流通主渠道的作用，确保2015年全县农业生产发展特别是粮食生产的高产稳产。县供销社牵头工商、质监、农牧、农办、财政等部门，组织召开农资（化肥）供应专题会议，积极安排部署，以县农资经营有限公司为依托，多方调剂资金，组织供应各种化肥104500吨，完成目标任务的110%。其中尿素49700吨、磷肥31600吨、复合肥23200吨，完成化肥淡储任务17966吨；供应农药444吨，农膜580吨，满足全县农业生产需要，供应数量完成市场份额的85%以上。在价格上，县供销社采取保本微利销售，将11000吨淡储化肥以每吨低于市场价格150元投放市场，间接和直接让利于农民363万元。对全县农资商品市场进行拉网式检查，与82个经营网点签订产品质量承诺书，坚决杜绝假冒伪劣商品进入市场，切实保障农民的合法权益。

【基层社建设】　推进完成新仁乡、绿化乡、中建乡、锦星镇、定新乡5个基层供销社，新建兴黔社区服务机构1个%，进一步增强供销合作体系的覆盖度。增强村级综合服务站功能，升级改造40个村级综合服务站，从原来单一品种经营实现多种类商品经营，涵盖日用百货、副食品、烟、酒、服装以及设立单独门面销售化肥、农膜、农药等农用物资商品，实行化肥、大宗日用商品“送货上门”上门服务，基层社服务功能明显增强，群众满意度明显提高。

【庄稼医院建设】　新建县中心庄稼医院1个，新建金碧镇、重新镇、甘棠镇、协和镇等4个庄稼医院，改造达标完成素朴镇、谷里镇2个庄稼医院。素朴供销社从实际出发，由具有专业资质证书的副主任牵头创办素朴庄稼医院，全年开具处方1350份，为农民挽回病虫害造成的直接经济损失20余万元；累计测土配方销售各类化肥5000余吨，覆盖全镇各村，完成市场份额的60%以上。通过测土配方施肥，财政每包补助农户10元，直接为农民减轻负担12.5万元，实现助农增收35万元。

【农资服务体系建设】　以县农资公司为龙头，整合供销社系统内农资经营网络资源，建成全县规模最大的农资商品配送中心。农资商品配送中心以直营、加盟的形式在乡镇发展连锁店，实行统一标识、统一配送、统一服务，减少流通环节，降低经营成本，逐步形成覆盖县、乡、村三级的农资日用品流通服务网络体系。完成农资助农增收395万元，完成目标任务的101.3%。

【农村电子商务工作】 组织开展农村电子商务工作，全县选择网点498个，全面完成门头装修；实现网店正常营运20个。11月30日，中国供销·黔西县电子商务服务中心正式开馆，中心内设O2O展示区、创业孵化区、培训区、办公区、休息区，同时与京东黔西特产馆、水西物语运营中心签订合作协议，拟建黔西县农村电子商务物流配送中心，为全市农村电商推进提供示范引领。全年培训农村电子商务64人；成新网工程助农增收1751万元，完成目标任务的103%。

【项目建设】 原计划建设的废旧汽车回收拆解项目、湾角龙滩加油站项目，因建设用地久拖未决及高昂的土地出让金，使2个项目无法落地。2015年，经县政府同意，2个项目入驻甘棠工业园区，废旧汽车回收拆解项目完成地12亩，湾角龙滩加油站完成地6亩，土地成本为每亩23万元，比原来的63万元减少40万元。建设成本的大幅降低，为县供销社提供了多种建设运营模式选择。建设完成红林乡、金碧镇、金兰镇3个农贸市场，完成市场建设助农增收1129万元，完成目标任务的102.6%。

【资产盘活】 年初，投入资金18万元，对农资公司5栋闲置破损仓库（面积2650平方米）实施改造维修并对外出租，年增加租金收入8万元。4月，投入资金56万元，硬化场地1000平方米，修建8个临时商铺（2层），购置洗车、车辆美容设备2台，成功将县农产公司废旧仓库、空地改建成汽车服务中心，预计年营业收入可达160万元，实现利税30万元，企业收益6万元。5月，完成甘棠农贸市场改扩建工程，入住商户100余户，解决从业人员300多人；市场交易繁荣，平时日交易额10万余元，赶集日达40万元，年交易额达5000万元以上，实现经营利润50万元，实现助农增收150万元。

【农民专业合作组织建设】 领办完成黔西县金碧镇供销社杨勇药材种植农民专业合作社和黔西县洪水镇供销社食用菌专业合作社2个。组建完成黔西县食用菌合作农民合作经济联合会。完成黔西县黑霸乌鸡专业合作社与黔西县农特产品超市产品对接。培训农民社员及农村实用技术人才722人次。实现农民专业合作社助农增收1025万元，完成目标任务的101.5%。

【新型基层供销合作社创建】 按照“改造自我，服务农民”的总要求，以素朴社、洪水社、金碧社为试点，采取吸纳农村经营大户、与专业合作社合作经营、入股专业合作社等措施，组建新型基层供销社。素朴社吸纳当地超市帮助供销社承担部分公共服务职能；洪水社入股洪水镇食用菌专业合作社参与经营管理，政策扶持资金人力上相互补充，经营上共担风险、共享成果；金碧供销社以现有仓库作价200万元、县社出资10万元，与黔西县金碧镇杨勇农民种植专业合作社合作经营，按照“基层社+合作社+基地+农户”联市场模式运营，取得一定成效，积累创建经验，为下一步开展“三位一体”工作奠定基础。

【安全生产】 始终把安全生产工作摆在各项工作的首位，从讲政治、保稳定、促发展的高度，不断提高对安全生产重要性的认识。县领导先后2次到社烟花爆竹经销点和城关供销社等重点部位进行检查；县供销社成立安全生产和防洪防汛及地质灾害防治领导小组，“一把手”负总责，实行24小时值班制度，建立健全7类规章制度，并与各基层社、县属各公司（厂）签订责任书470份。全年共排除安全隐患5起，拆除纸厂危房2起，下发整改意见书6份；排查矛盾纠纷17起1243人，自行化解突出矛盾纠纷6起184人。全年未发生一起安全责任事故。

中国石化贵州毕节黔西石油分公司

【概况】　中国石化销售有限公司贵州毕节黔西石油分公司认真贯彻落实上级公司各项政策措施，以“推标建家”活动为契机，狠抓经营管理、队伍建设、作风建设和企业文化建设，始终以发展为第一要务，“敢于管理、敢于亮剑、不怕输、不服输”，使公司各项工作取得较好成效。全年完成轻油销售43367吨，同比增幅7.6%。其中零售37478吨、直销5889吨。非油品累计销售655万元，同比增幅31.2%。

【生产经营】　针对各站客户群体的区域特点，分别制定各加油站经营重点，采取了不同的经营管理策略，保持中石化成品油供应的主渠道优势。一方面提高服务质量，营造良好的销售氛围，加强规范作业管理监督，加强员工技能和专业知识的培训，有效开展现场营销，坚固原有市场范围及客群关系；一方面开展走出去营销战略，切实以加油站为中心，认真梳理客户资源，落实走访任务到人、责任到人，跟踪落实到位。建立以县公司经理为组长、办公室管理人员及加油站站长为成员的专业营销小组，深入矿山工地，拜访客户数百家次，覆盖所有乡镇，实现全员营销，成功补量小额配送近3000吨。

【基础管理】　建立和完善《加油站档案管理制度》《黔西公司加油站站长经营管理考核办法》《黔西公司设备养护标准》等基础管理制度，提高现场管理水平和服务意识，进一步巩固和提高市场占有率及竞争力。成立加油站现场管理督查小组，不定期检查巡查加油站现场管理，重点整治加油站“脏乱差堵”现象、档案建设及设备养护情况，完成“加油机铅封”施封及系统维护情况检查。对加油站“脏乱差堵现象”落实到，要求限期整改及反馈整改效果。认真对照加油站设备养护标准，做到“沟见底，轴见光、设备见本色”；严格落实设备养护制度，确保设备不带病作业，无安全隐患。严格执行加油机自校及强检制度，规范卸油作业，严格数质量管理，确保作业规范、计量准确。加强企业文化建设，以“推标杆建家园”活动为契机，结合各站实际情况及特点，努力打造“一站一文化”特色，成功塑造匝道口站“朵尼之家”；城关加油站“敢想、敢做、敢打、敢拼、不怕输、不服输”四敢两不的“亮剑文化”。公司油品综合损耗有效控制在1.4‰以下，没有发生一起客户投诉、重大设备事故或因设备故障造成的加油站停业情况。实现安全生产零事故。

【岗位准入机制建设】　落实《建立加油站岗位准入机制的实施方案》，结合“五项技能”考核通过情况、加油站等级分类、员工年龄结构，认真对照各岗位准入要求，对全范围内所有员工进行岗位资格初审，对不符合任职条件的进行政策宣贯解读并做出调整建议。通过岗位准入机制的有效推进，使符合准入条件的员工感受到岗位的来之不易而倍感珍惜，凸显“五项技能”考试及持证上岗的重要性；使不符合岗位准入及因此调整的员工加强业务技能学习，认识到提高自身素质的必要性和紧迫性，充分调动员工的学习热情和工作积极性、主动性，进一步提升员工队伍的整体战斗力。

【新站建设】　贵黔高速黔西服务区加油站是毕节分公司继大方公司响水加油站和纳雍乐治服务区加油站开业的第三组高速加油站。为确保加油站能按照毕节分公司计划正常开业，黔西分公司抽调员工 20 人开展筹备工作，为新站采购所需的日用物资、设备，开展新员工岗前培训，办理各类证照，协助便利店做开业准备等。新站开业后，为快速提升经营管理水平，黔西县分公司抽调管理人员长期驻站进行现场指导，在开业不到半年的时间里，其非油品销量即达到黔西分公司所有加油站非油品销量的前列，实现历史性突破。

生态建设

环境保护

【概况】 县环境保护局认真贯彻落实党的十八届四中、五中全会及省委十一届六次会议精神，结合黔西实际，强化生态文明建设，积极抓好污染减排、噪声整治、水资源保护、环境工程建设、环境违法行为等各项工作，取得突出成效。已生态建设促进经济社会发展，积极开展生态村镇创建工作，全县成功创建省级生态示范乡镇1个（洪水镇）、省级生态示范村1个（重新镇桥边村）；成功创建市级生态示范乡镇2个（中坪镇、重新镇）、市级生态示范村6个（洪水镇附廓村、永富村、洪箐村、永平村、长堰村、箐利村），全县生态建设和环境保护工作再上新台阶。

【污染减排和防治】 加快推进重点减排工程项目建设，督促县城二期污水处理厂及其配套管网建设建成并投入试运行；加快推进全县利用水泥窑协同处置生活垃圾项目建设，正在实施站房建设；积极开展加油站油气治理工作，共完成27个加油站油气污染治理任务并通过验收；积极开展机动车尾气污染防治工作，建成3家汽车尾气检测站并投入运行，全年共检测车辆20462辆，发放绿标20160辆，发放黄标302辆，免检7156辆；认真做好2015年度乌江环境保护河长制工作，完成黔西国际妇产医院、黔西桦晨医院污染治理任务并通过验收。完成黔西县中心医院治理任务，待省厅验收。完成金碧、谷里、重新3个集镇污水处理厂建设并投入运行。

【执法检查】 开展“六个一律”环保“利剑”执法专项行动和环境保护大检查工作。全年共出动执法人员922人次，检查企业292家次，下达责令改正违法行为决定书58份，其中责令停止建设2家、责令停止生产或者使用50家、责令停止违法排污6家；对违法行为较重的企业立案查处40件，其中下达处罚决定书6件，处罚金额50.2万元，结案5件，执行罚款17.2万元。下达行政处罚告知书34件。加强行政执法后督察检查工作，对已下达的行政命令和行政处罚案件进行后督察检查，对拒不执行整改命令的，依法采取移送公安实施行政拘留等措施督促企业完成整改。通过后督察检查，移送公安机关拘留3件，立案实施罚款处罚2件，拟移送公安机关实施行政拘留1件。督促未批先建的34家医疗机构办理环评审批手续。

【排污费征收】 严格按照《排污费征收使用管理条例》有关规定和要求，做好排污申报与核定工作，加强排污费征收与稽查。全年共开单征收排污单位113户，排污费总计征收593.23万元，全部缴入国库。其中，煤炭排污费259.4万元。

【中、高考期间禁噪行动】 开展中、高考

期间禁噪护考工作。2015 年中、高考期间，对环境噪声污染监管做到早布置、早安排，早落实，共向建筑施工单位、娱乐场所等相关单位下发通知书 150 余份，并实施 24 小时日夜巡查，为广大考生营造安静的休息和应试环境。

【环境污染信访案件和纠纷调处】 开展环境污染信访案件和环境污染纠纷的调查处理工作，努力维护群众环境权益。开通“12369”环保热线，使环境信访案件的受理率得到有效提高。在环境污染事故和污染纠纷的调查处理工作中，坚持既有利于经济发展、又有利于环境保护，既要维护受害者利益、又要利于化解矛盾的原则，妥善解决好各类环境污染案件，做到事事有着落、件件有回音。全年共查处信访案件 78 件，全部办结，受理率和办结率均为 100%。

【行政执法与刑事司法衔接工作】 与县检察院联合发布《关于在环境保护局开展督促起诉工作加强联系与协调的实施意见》，进一步加强环境保护执法办案过程中的沟通和协调。在行政执法过程中，发现涉嫌污染环境犯罪的，及时移送司法机关追究刑事责任。按照《中华人民共和国环境保护法》第 63 条之规定，对拒不执行行政命令的，依法移送到县公安局实施行政拘留。2015 年，县检察院在开展环境污染和生态破坏案件专项行动中，向县环保局提出检察建议 106 份，县环保局依法进行查处，并将查处情况及时向县检察院反馈。

【饮用水源环境保护】 启动素朴镇龙洞饮用水源环境保护工程建设；开展饮用水源保护、生态和农村环境监察工作，加大对城乡集中式饮用水源地及水源开发类项目建设的环境监察力度，全年共开展检查 12 次。顺利通过环境监察监测西部地区三级标准化验收工作，完成环境应急物资储备库建设任务。完成全县 1000 人以上集中式饮用水源地保护区划分工作。

【建设项目环评和环境质量检测】 2015 年，共审批建设项目 95 个，参与 112 家新建项目选址工作，完成 9 个建设项目验收工作。组织专家审查新建项目环境影响评价报告 42 个。对附廓水库集中式饮用水源地水质和出境河断面进行每月 1 次的监测工作，对县城空气质量进行全天候监测。委托第三方检测机构对 24 个乡镇 20 个饮用水源点进行水质监测，环境质量达标率均为 100%。建成大关河出境断面水质自动监测站并投入试运行。顺利完成县城空气自动监测站扩建工作，环境监测站通过资质计量认证。

【环保宣传】 扎实开展“6·5”世界环境日宣传活动，共发放各类宣传资料 5000 余份。4 月 19 日，组织全县重点工业企业和排污单位，邀请法律知识及业务知识熟练的干部围绕形势热点、法律解释、案例剖析等方面内容进行集中授课辅导。通过电视、广播让广大群众深入了解环境保护知识，增强保护环境的意识，提升参与监督力度。与县教育局联合开展全县中小学生环保知识抢答赛，大力营造环保氛围。

【污染源自动监控设施和污水处理设施第三方运营】 启动贵州黔西西南水泥有限公司和黔西县污水处理厂（一期）自动监控设施第三方运营工作及贵州黔西能源开发有限公司青龙煤矿和永贵能源开发有限公司新田煤矿 2 家企业自动监控设施第三方运营工作。自动监控设施第三方运营工作由省厅统一招投标，已完成招投标工作，项目正积极推进。2 家企业自动监控设施第三方运营工作正进行招投标。

水土保持

【概况】 县水保办认真学习贯彻党的十八届三中、四中、五中全会及习近平总书记系列重要讲话精神，紧紧围绕县委、县政府中心工作和2015年经济工作会议精神及各项工作目标，以抓好实施国家水土保持重点治理工程、坡耕地综合治理项目为主线，圆满完成各项工作任务，取得良好成绩。

【2014年度国家水土保持重点治理工程建设】 2014年度国家水土保持重点建设工程黔西县杨家店小流域，位于金碧镇，涉及杨家店、中寨、红寨、张家桥、万家寨、铧口寨、双寨、折坤、新富共9个行政村，综合治理面积为22.57平方千米，总投资为947.5万元，其中中央投资662.5万元、省级配套285万元，全部到位。该流域经一年治理，完成投资947.5万元，其中中央资金662.50万元、省级配套285万元，工程已全面完成。完成拨付资金580.98万元。

【2014年度坡耕地综合治理工程建设】 2014年度黔西县化冲河项目区坡耕地水土流失综合治理工程，位于黔西县东南部的五里乡。工程区涉及五里乡新法、金鸡2个行政村，综合治理面积237.33公顷，项目总投资1250万元，其中中央投资1000万元、地方匹配250万元，资金已全部到位。工程已全面完工，完成投资1250万元。完成拨付资金763.45万元。

【2015年度国家水土保持重点治理工程建设】 2015年度国家水土保持重点建设工程黔西县新乐小流域，位于黔西县五里乡，涉及新乐、北海、荒田、双塘、金鸡、新法共6个行政村，综合治理面积为22.57平方千米，其中实施坡改梯81.3公顷、经果林23.7亩、水保林600.7亩、封禁治理481.4公顷、保土耕1069.9公顷、沟渠3520米、生产便道1098米、路带沟1850米、埂带路5111米、机耕道1610米、蓄水池30口、沉沙池30口。总投资1126万元，其中中央资金788万元、地方配套338万元。工程已完成招投标工作，正在开展施工前准备工作。

【2015年度坡耕地综合治理工程建设】 2015年度黔西县化冲河项目区坡耕地水土流失综合治理工程，位于黔西县东南部的金碧镇。工程区涉及金碧杨家店、中寨2个行政村，综合治理面积237.33公顷，石坎坡改梯面积237.34公顷，机耕道3653米，生产便道2187米，埂带路1898米，路带沟4195米，排水沟渠505米，15立方米蓄水池40口，沉沙池40口，4个涵洞，碑牌1座。项目总投资1250万元，其中中央投资1000万元、地方匹配250万元。工程已完成招投标工作，正在开展施工前准备工作。

【工程建设保障】 建立县、乡（镇）、村三级小流域综合治理组织领导机构，严格按照《中华人民共和国招标投标法》《贵州省招标投标条例》和《水利工程建设项目施工招标投标管理规定》，抓好项目招投标工作。加大水土保持的宣传力度，争取项目区群众对各项治理措施的支持和参与，创造良好的治理环境氛围。加强施工监理和群众监督力度，通过招投标由有资质、信誉高的专业监理公司来进行施工监理，聘请在项目区有威信的村民作为群众监督员，监督参与项目实施的全过程。在施工过程中，禁止施工方定点取石，要求施工方尽量取出田间卧牛石作为衬砌梯坎、田间便道、水池等设施的原材料，最大限度地增加土地的有效耕作面积，让农户真正享受各项措施带来的实惠，增加群众参与项目的积极性。

城建·城管

城乡规划

【概况】 县城乡规划局紧紧围绕县委、县政府及上级主管部门的决策部署，结合黔西城乡规划建设实际，切实加快规划编制步伐，提高规划服务质量，不断加大城乡规划监察执法力度，努力在“抓发动、推专项、求突破、见成效”上下功夫，坚持科学规划、依法治理、持续治理和常态治理，推动全面工作再上新台阶。

【城市规划编制】 组织项目设计方案评审，广泛征求专家意见，督查设计单位按要求修改完善，并报县人民政府批准实施。完成南部新区教育医疗园修建性详细规划编制事宜，牵头与教育、卫生部门完成南部新区教育医疗园修规采购和编制，组织审查报批工作。与同济大学规划设计研究院洽谈完《地下综合管廊专项规划》，正在开展前期工作。实施城市设计及海绵城市工作，与同济大学规划设计研究院洽谈完城市设计，分1平方千米《修建性详细规划阶段城市设计》及3.5平方千米《控制性详细规划阶段城市设计》两个层面，正在开展前期工作。

【“四在农家·美丽乡村”规划编制】 完成红林乡红瓦房村，林泉镇海子村、山海村，金碧镇中同村、荷花村，观音洞镇井泉社区，绿化乡大海子村，雨朵镇雨明村、扯泥村，新仁乡长井村等10个市级“四在农家·美丽乡村”建设示范点的村庄规划编制。抽出5名业务骨干组成工作组，对“四在农家·美丽乡村”工作进行技术指导，重点对绿化乡大海子村，雨朵镇扯泥村、雨明村实施蹲点指导。明确同济大学规划设计研究有限公司对40个“美丽乡村”县级示范点进行规划编制，正在开展规划前期工作。

【打击违法建设】 加大县城规划区巡查力度，依法打击违法建设。全年打击违法建设1060处，送达《责令停止违法建设行为通知书》872份，涉及占地面积129395.7平方米，建筑面积141911.6平方米；送达《行政处罚告知书》102份，涉及占地面积14919平方米，总建筑面积15842平方米；送达《行政处罚决定书》82份，涉及占地面积11540平方米，总建筑面积11762平方米；送达《责令立即拆除通知书》188份，涉及占地面积19887平方米，总建筑面积21107平方米。经过执法人员耐心劝导、宣传相关法律法规，县城规划区内有103户违法建筑户自行拆除违法建筑。拆除县城规划区内违法建筑15次，涉及217户，涉及占地面积73541.72平方米，建筑面积100597.23平方米，其中包括莲城街道办事处石板互通范围内的32户，占地面积5089.67平方米，建筑面积5763.86平方米；同心商贸城37户，占地面积5479.7平方米，建筑面积6127.3平方米。

【违法建设甄别】 根据县委、县政府工作

安排，组织对石板互通项目范围内违法建设进行甄别。成立黔西县石板互通项目用地范围内建筑物清理专项行动工作领导小组，从相关单位抽调人员组成工作组，对项目建设范围内158栋建筑物进行甄别。经甄别，158户中有102户可依法进行征收，另56栋建筑属违法建设。为缓解社会矛盾，尽量减轻相关群众的经济损失，县人民政府同意按照黔政办发〔2013〕2号文件精神，对在限期内自行拆除违法建筑的，分别按照砖混结构420元/平方米、150元/平方米、90元/平方米给予补助。现已有22户违法建筑主动签订自拆协议书，2户违法建筑已经拆除但未签订自拆协议，剩余32户违法建筑未签订自拆协议。经报请县人民政府同意，7月10日，组织相关部门对未签订自拆协议的32户违法建筑依法强制拆除。组织对冷链物流交易中心第一期34户建筑的甄别工作。经甄别，其中30户可依法征收，4户为违法建筑。组织对海南佳尚项目用地范围内36户建筑的甄别工作。经甄别，其中21户可依法征收，15户为违法建筑。

【行政工作】 2015年，共计依法核发《建设项目选址意见书》119份、《建设用地规划许可证》207份、《建设工程规划许可证》170份、《建设工程竣工规划认可证》34份。强化批后监管，扎实开展房地产开发领域“三项清理”工作，依法查处违规调整规划、超容积率建设等问题。经查，民族文化饮食城（公园雅筑）、黔西国盛铭城、黔西黔城丽景（摩尔国际）、黔西商会大厦、一品园等房开项目存在开发商违规建设问题，已委托相关有评估资质的机构分别对上述5个房地产开发项目的违法所得进行评估，其中民族文化饮食城（公园雅筑）、一品园评估报告已出具，民族文化饮食城（公园雅筑）正依法按程序进行处理。加强城区个人建房管理，共计查处个人违规建房48起，均已责令其限期内按照批准的规划许可整改。依法履行行政案件应诉工作，全年共收到行政诉讼案件20起，完成6起诉讼案件的应诉，其余14起正在诉讼阶段。收到行政复议案件4起，全部维持原行政行为。审核办理水电入户956户；协调供电部门对违法建筑断电29起；协调供水部门对违法建筑断水19起；组织召开打违工作督办会40次，梳理打违督办案件22件，其中已督促办结19件（报请县人民政府依法拆除5件），3件正在调查处理中。高度重视群众工作，及时化解矛盾纠纷，全年共收到信访件44件，其中已答复42件，另2件正在办理中，全年无非正常上访、赴省进京访等信访案件。

【扶贫帮扶】 派出2名工作人员开展驻村工作，分别驻谷里镇香山村和金碧镇杨家店村，对所驻村进行对口帮扶。分别帮助谷里镇香山村和金碧镇杨家店村解决1万元的办公经费；对2个村的6名贫困党员进行慰问，送去大米、食用油等维稳物资及每人200元的慰问金。开展遍访贫困户工作，安排2名副科级干部到谷里镇香山村、新金村深入走访贫困户85户，了解贫困户的实际困难，并将贫困户档案上传到贵州省精准扶贫信息平台，为上级部门制定扶贫攻坚计划提供翔实资料。帮助胡祥富等残疾人协调解决修建洗车场事宜，会同国土、残联等相关单位对其洗车场多次进行选址。通过集体会商，在依法依规的前提下，确定洗车场位置，帮助残疾人群体自主创业。

住房和城乡建设

【概况】 县住房和城乡建设局紧紧围绕“城镇带县”发展战略，以推进城市建设、特色小城镇建设、提升城镇建设品味为主要任务，根据2015年初县人民政府与市人民政府签订的《毕节市2015年度住房城乡建设工作目标责任书》、县住建局与县人民政府签订的《黔西县2015年度住房和城乡建设工作目标责任书》及相关要求，全力推进住房和城乡建设工作。全年实现城镇化率2.3个百分点的递增，达到45.6%；实现城市人均道路拥有面积10.5平方米，在小康指标10平方米以上；实现城乡生活垃圾无害化处理率50%，将达到小康指标；完成农村危房改造2848户，完成目标任务的100%。

【城市建设】 全年完成城市建设投资20.54亿元，为年度目标任务20亿元的103%。其中，黔西县城市综合体A区及同心商贸城完成投资2.2亿元；黔西县城市综合体B区及阳光城城完成投资4.2亿元；黔西县城市综合体C区及水西古城完成投资3亿元；黔西县科技中心完成投资1000万元；黔西县文化中心完成投资800万；黔西县体育中心1600万元；明德新城完成投资1.8亿元；污水处理二厂完成投资5000万元；万丰商贸城完成投资1.5亿元；纵二线及延伸线完成投资3000万元；湾角龙潭主干道完成投资1亿元；东出口道路改造工程及安置房建设完成投资2000万元；花开城完成投资1亿元；水西半岛完成投资5000万元；行政中心至石板互通道路完成投资4亿元。

【城市基础设施建设】 全年完成城市建设基础设施建设投资12.2亿元，为年度目标任务12亿元的102%。其中，黔西县城市综合体A区及同心商贸城完成投资1.2亿元；黔西县城市综合体B区及阳光城城完成投资3.1亿元；黔西县城市综合体C区及同心商贸城完成投资2亿元；污水处理二厂完成投资5000万元；纵二线及延伸线完成投资3000万元；湾角龙潭主干道完成投资1亿元；东出口道路改造工程完成投资1000万元；行政中心至石板互通道路完成投资4亿元。

【城市扩容】 2015年，实现新增城市建成区面积0.57平方千米，完成年度目标任务0.5平方千米的114%。主要建成黔西县科技中心1公顷，黔西县文化中心1公顷，黔西县城市综合体B区及阳光城10公顷，黔西县城市综合体A区及同心商贸城20公顷，黔西县城市综合体C区及水西古城15公顷，明德新城10公顷。

【城市设施新增新建】 完成新增城市道路4.3千米，为年度目标任务4千米的108%。主要建成行政中心至石板互通2千米，生态移民安置区路网2.3千米。完善白龙公园上山步道的石板铺设。新建湿地公园公厕、野普路公厕、岔白园区公厕、水西古城公厕（2座），共计5座。新增停车面积4500平方米。望城坡停车场将建成投用，占地2.2万平方米，可供100两大货车停放。新建农贸市场3000平方米。占地6000平方米、三层共计15000平方米的水西农贸市场将于2016年1月投入试运行。县城市综合体C区及水西古城绿化新增绿地面积21公顷。黔西县垃圾收运系统可研报告由城管局委托贵州省城乡规划设计院正在编制中。

【小城镇建设】 特色小城镇建设投入财政专项引导资金0.53亿元；小城镇建设年度计划投资3.5亿元，实际完成投资4.1亿元，其中省定示范小城镇素朴镇1.52亿元，市定示范小城镇2.58亿元。小城镇建设年度计划招商引资到位资金3.6亿元，实际完成招商引资到位资金4.2亿元，其中省定示范小城镇素朴镇2.04亿元，市定示范小城镇到位2.16亿元。完成示范小城镇“镇村联动”美丽乡村建设灵博村、古胜村2个，主要建成古胜风景旅游接待酒店、古胜亮化美化、灵博象祠山体公园等。新增小城镇镇区道路3千米，分别为观音洞镇道路建设1千米、重新镇三重堰道路建设1千米、大关镇文阁新城道路建设1千米。完成“四在农家·美丽乡村”小康房建设290户，分别为杜鹃办事处乌骡坝社区50户、林泉镇海子村40户、绿化乡大海子村80户、中建乡营盘村30户、钟山镇箐山村30户、五里乡中心村20户、红林乡渔塘村40户。其中小康房集中建设示范点为杜鹃办事处乌骡坝社区。按照县委改革办相关要求，结合全县小城镇建设实际，对全县25个乡镇山地特色新型城镇的投融资机制、产业发展、人才培育和引进、农村土地管理制度等实施改革创新，助推小城镇建设工作。积极指导全县25个乡镇及4个街道办事处组建城乡规划建设管理委员会并履职开展工作，协同规划、国土等部门对乡镇规划建设管理委员会实施督查3次，有效遏制乡镇、村组乱搭乱建行为。

【农村危房改造】　全县农村危房改造工作于6月25日正式移交到县住房和城乡建设局。全县2015年农村危房改造任务为2848户。开工建设2848户，占目标任务的100%；竣工2848户，占目标任务的100%。投入各级财政补助资金3144.48万元，中央、省、市下拨到县补助资金共计3797.87万元，县财政下拨到各乡镇2989.73万元。

【老楼危楼旧楼、渣土弃土场排查】　根据县政府统一部署，由县住房和城乡建设局负责督促指导、收集整理全县老楼危楼旧楼、渣土弃土场排查。县住建局及时制定排查方案，并指导乡镇（街道）及部门制定辖区排查工作方案，落实人员，层层签订排查责任书。截至年末，排查工作基本完成，共排查出老楼危楼12645栋，其中C级房屋3986栋，D级房屋8659栋。对排查出的C、D级危房下发搬出、拆除通知书段，已对D级危楼拆除1424栋。联合国土、规划等部门，在全县范围内共排查出建筑垃圾收纳场（渣土场）共15个、城市生活垃圾收纳场1个，城区内有建筑垃圾收纳场（渣土场）3个；除城东凉风洞城市垃圾收纳场堆积高度大于50米，下面200米范围内有民房20多户，存在安全隐患外，其余建筑垃圾收纳场（渣土场）均无安全隐患。县住建局完成专题报告呈交县政府和市住建局，安全隐患正由相关部门处理中。

【社会固定资产投资及招商引资】　2015年，由县住房和城乡建设局负责督促进度的项目共完成投资10亿元。黔西县城市综合体A区及同心商贸城完成投资2.2亿元，黔西县城市综合体B区及阳光城城完成投资4.2亿元，黔西县城市综合体C区及水西古城完成投资3亿元，黔西县科技中心完成投资1000万元，黔西县文化中心完成投资800万，黔西县体育中心完成投资1600万元。完成招商引资1亿元以上为贵州毕节中房地产开发有限公司对莲城大道车站开发建设项目。

【建筑业管理】　全县建设工程公开招标24个，建筑面积146105.8平方米，计划投资24793.12万元，实际中标价24632.13万元，节约投资144.6万元。所有的公开招标项目，一律按照贵州省住建厅颁布的2013版标准文本开展招投标活动，实行工程量清单计价招标，确保不出现违法违规和歧视性条款；按时报送建设工程招投标月报表、季报表。办理建筑节能备案手续30个，建筑面积527357.47平方米，征收新型墙体材料专项基金2931593.1元，返还基金1173926.38元，形成基金440683.74元。办理施工许可证11个，总面积463680.97平方米，合同总价52615.9万元，收缴建安劳保费用312.65万元；完成3家三级资质核发，1家专业承包自治；1家劳务分包资质；扶持7家二级建筑施工总承包企业取得资质以及1家原三级企业成功升到二级企业。全县属于公益性项目共258个，办理施工许可证65个，未办理施工许可证193个。

【建设执法】 完善执法大队设立登记（备案）相关材料，熟悉和整理城建执法相关的法律法规，做到依法行政、照章办事、文明执法。开展2次建筑市场专项检查，共检查建筑项目105个（次），下达限期整改通知书78份，停工整改通知书24份，整改率100%。全年共办理工程质量监督注册登记手续125个，总建筑面积约73.49万平方米，总投资约10.18亿元；共办理备案项目5个，总建筑面积约15.25万平方米，总造价约1.87亿元。质监手续办理登记率100%、备案率100%。全年下发工程质量监督抽查整改记录80余份，签订工程质量终身责任承诺书27个项目，新竣工项目100%设立永久性标牌。坚持“安全第一，预防为主，综合治理”的方针，制定下发元旦、春节、五一、汛期、国庆等特殊时段安全生产工作方案，共检查建筑施工工地144个（次），约谈建筑施工企业、建设单位7家，签发限期整改通知书110份，停工整改通知书34份，检查出建筑施工安全隐患700余条，整改率100%。

【信访维稳】 按照“三个确保不发生”的要求，努力达到“六个零”的工作目标，按照“五个清楚”“七个一”落实化解稳控责任。全年共收到群众来信（县联席办交办案件及市信访局交办单）15件，主办13件，协助办理2件。按照程序和时限对信访件进行调查处理，按时做好信访事项的答复，并及时向县联席办上报相关文字材料。受理15件，正式答复12件，不予受理1件，正在办理2件；按省市要求重查旧档2件；全年共接访原城建指挥部购地户遗留问题来访群众60余户，督促协调处理56户，正在协调处理4户。全年未发生越级上访和非访情况。

【党建工作】 以践行党的群众路线教育实践活动和开展“三严三实”专题教育为载体，严格按照“一岗双责”的要求，把党建工作纳入局党组的目标管理，与城乡建设系统的日常工作一起安排部署。把局机关、局属各职能部门、服务窗口的行风及效能建设作为促进科学发展、构建和谐社会、提高执政能力和保持发展党的先进性的中心工作来抓，紧密联系党员队伍的实际情况，最大地发挥基层组织的战斗堡垒作用和广大党员的先锋模范作用。制定下发《黔西县住建局2015年党风廉政建设责任制实施意见》《黔西县住建局2015年党风廉政建设责任书》和《落实八项规定责任书》，共签订责任书57份；邀请县纪委宣教室相关负责人对全局干部职工进行廉政文化警示教育培训1次；对干部职工学习掌握新修订《准则》和《条例》情况考核1次。开展机关纪律作风检查3次，勒令1名干部作出书面检查，对1名干部进行提醒谈话。强化“三公经费”公开，结合“三重一大”规定，对单位的重大事项进行权力清单运行监督报告62次，其中重大问题决策57次、重要人事变动4次及大额资金使用1次。对2013年以来的民生项目资金管理使用情况进行深入彻底的自查自纠，共清理安置房建设工程、道路硬化维修工程、排污管安装工程等项目6个，涉及资金435万元，未发现违纪违规行为。

城市建设投资

【概况】 县城市建设投资发展有限责任公司紧紧围绕年初各项工作目标，狠抓项目建设，全年累计完成固定资产投资10408万元。充分发挥县政府融资平台作用，着力做好项目推介，把握政策动向，加强与中国农业发展银行、国家开发银行等政策性融资机构的协调对接，尽力争取国家政策性资金贷款，缓解建设资金不足压力。向贵阳银行申请贷款20819万元；以公司土地为质押，协助县交通局向贵州银行申请通村水泥路建设项目贷款8000万元。

【“三个中心”建设】 文化中心：土建分部工程主体已完工；钢结构分部工程屋面B、C、D区钢构吊装完成70%，立柱安装全部完成。B、C、D区钢结构承重脚手架搭设全部完成。A区拼装平台搭设完成，地下室满堂架支撑搭设完成。幕墙分部工程玻璃幕墙后置埋板安装完成，陶板幕墙后置埋板安装完成。龙骨加工完成90%，龙骨安装完成40%，幕墙双排脚手架搭设完成。科技中心：土建分部工程主体已完工，正在进行外墙保温施工及水电安装工作。二次结构完成。钢结构、幕墙分部钢结构、幕墙外立面脚手架搭设完成50%。钢结构型钢柱、檩条网架正在厂家加工生产。钢结构桩基础20根桩完成80%。体育中心：体育场142根桩因持力层问题，需重新成桩，已全部完成。高压灌注桩完成40%。桩钢筋除锈及调直完成30%。基槽平整完成50%。垫层模板铺设完成30%。游泳馆临时用桥施工完成。基槽开挖于12月10日开始施工。北区塔吊基础施工完成。

【安置房建设】 杜鹃大道（西出口）安置房：1-22#楼主体全部完工；6-21#楼装饰工程及门窗安装工程已完成95%；1-5#内装饰已完成，外装饰也已完成90%，门窗安装完成80%；22#楼正在进行室内地面工程及公共部分装饰工程，外墙保温已完成，门窗已安装完成50%，室外工程正在进行路基开挖工作。黔金路（东出口）安置房：2号楼部分土地未解决，文峰社区正在协调中；3号楼施工单位已进场施工。4、5、6、7、8号楼正在进行地质勘探。

【道路项目建设】 黔金路道路改造：完成主路面沥青青砼铺设；管网部分完成雨污、电力通信、燃气、给水管网的施工；人行道部分铺装及道牙石安装已完成，剩余部分工程因征地拆迁未解决，施工单位无法进行施工。湾角龙潭安置区道路工程：17号路kO+400～kO+660段（改线段）路基结构层施工完成，正进行路面沥青层摊铺；1号路KO+840～K1+625段路基结构层完成，正在进行路面沥青层摊铺施工。

【行政办公项目建设】 党校新校区：行政办公楼外墙贴面砖已完成，正进行室内装修施工；学员公寓外墙贴面砖完成80%，正进行室内装修施工；教学楼外墙贴面砖基本完成，内墙抹灰完成，正在进行室内地砖及墙砖铺贴；汇报厅正在进行主体工程施工。检察院办公楼：主体工程已全部完成并通过验收，正进行室内外抹灰施工及外墙装修施工。

【污水处理项目建设】 县城污水处理厂二期一标段：施工便道已完成2100米，土石方挖运5500立方米，DN1000管道安装160米。二标段：施工便道已完成3500米，管道已安装DN1000管1210米、DN800管1005米，检查井已完成33座。

【工程监管】 着力加大工程监管力度，坚持工程项目每周监理例会制、每月进度调度例会制，逐周、逐月分析、掌握工程项目建设过程中存在的困难和问题。对重点工程项目，实行现场管理人员派驻和分管领导每天到施工现场不少于1次（如东出口道路改造工程），公司巡查组每天须向公司领导报告当日各施工单位机械、人员到位和工程进度情况，对发现的问题及时督促施工单位纠正、整改。对我公司承担的项目，举全公司之力，认真抓好落实，按照工程项目建设的实际情况，在人力、技术力量方面合理安排和调配。对重点建设项目及限期完成项目签订项目建设目标责任书并严格考核、兑现奖惩。

房产管理

【概况】 县房产管理局紧紧围绕年初工作计划和县委、县政府确定的工作目标，以服务项目建设为重点，不断强化内部管理，采取有力措施，着力提高房产管理水平，全力实施保障性住房建设，各项工作取得较好成绩。全年完成房地产开发投资20亿元，完成目标任务数的105.26%。

【房地产开发】 2015年，全县共有房地产新建、续建、拟建项目17个，其中续建项目10个（黔龙新城、阳光·杜鹃花城B区、水西半岛、水西古城、明德新城、滨河湾、万丰·国际商贸城、黔化欣苑、同心商贸城、龙腾苑二期）、新建项目5个（水怡花都、学之泉、东城书香、水西农贸市场、振华花开城）、拟建项目2个（御景天下、同心锦绣城）。截至2015年年末，新增入库项目2个（阳光·杜鹃花城B区，东城书香），追加投资项目2个（国龙水岸、明德新城二期），追加投资项目金额9.28亿元。全年办理预售许可证44宗，预售许可面积354880.68平方米，其中住宅1640套182461.3平方米、商业171251.4平方米、办公1167.98平方米。全年实现销售面积323970平方米，同比增长15%。全县住宅销售均价3300元/平方米。

【保障性安居工程建设】 2015年，全县保障性安居工程建设任务为开工建设保障性住房1064套（户）。其中，公租房264套由县房产管理局具体实施，城市棚户区改造800户由县房屋征收补偿局实施。基本建成保障性住房456套（户），分配450套。截至年末，264套公租房均已开工建设。项目分三个建设点实施，分别为东门小区建设公租房168套、金凤小区建设公租房48套、红林乡建设公租房48套。全面完成2013年乡镇教师公租房、计生卫生公租房654套的目标任务；完成2013年乡镇教师公租房、计生卫生公租房项目套出租合同签订，已签订出租合同478份。按季度分4次向全县符合租赁补贴保障的1034户家庭累计发放租赁补贴260.7万元。

【房屋权属登记】 截至年末，完成房屋所有权登记2454件，面积44081万平方米，超额完成1254宗，增长104.5%；办理房屋他项权登记3337件，登记面积47.56万平方米，超额完成1837宗，增长122.47%。办理房屋转移登记3429件，面积63.48万平方米，交易金额11.8亿元；完成商品房预售合同备案登记3591套，面积32.4万平方米，金额12.63亿元；处理遗留问题10余件次。

【房屋产权产籍档案管理】 加强房屋产权产籍档案管理达标建设，努力学习兄弟单位的先进经验和做法，全年整理房产信息档案750件，超出目标值500件250件，增长50%。逐步完善档案查阅制度，全年接受查询、出具相关房产证明共计2410余人次，为产权产籍档案管理达标工作打下良好基础。

【物业管理】 以保持和改善居民生活环境、营造和谐社会氛围为抓手，积极开展对物业服务企业的监督管理和指导工作。2015年，对全县物业服务企业进行常规检查和不定期抽查10多次，妥善处理各种服务和管理矛盾纠纷21起；对于矛盾大、情况复杂、处理难的物业管理纠纷，通过多次召开协调会，狠抓督促落实，有效化解小区业主、开发商及物业服务企业之间的矛盾；指导监督成立业主委员会1家；清缴房屋维修基金1000余万元，加强对房屋维修基金的监督管理，确保维修基金专款专用。

【公房公地管理】 对全县144户直属公房，面积4790.37平方米（包括门面房61户、

823.88平方米），进行定期和不定期走访排查，尤其在汛期，认真开展为期1周的防汛排查，对存在重大安全隐患的老危楼住户，切实做好劝解搬出以及用火、用电安全知识普及宣传，努力实现“危房无人住，住人无危房”的管理目标。截至2015年末，排查危房住户51户，发放危房住户劝解搬出通知书51份，张贴汛期禁止入住警醒通知51份。积极做好廉租住房租金的收取工作，确保租金按时入库，全年共收取廉租房租金31.56万元，比目标值10万元增加21.56万元，增长215.6%。

【信访维稳】 高度重视信访维稳工作，将其纳入重要工作日程，成立由局长为组长的信访维稳工作领导小组，明确分管领导及责任人，实行领导干部定期接访和带案下访制度。2015年，共处理信访案件41件，协调处理转办信访件10件，其中31件已做出答复。办结率为100%。

【党风廉政建设】 按照上级纪检部门工作部署，按照惩防体系建设的总体要求，制定《房管局2015年惩治和预防腐败体系工作任务分工》，落实“谁主管、谁负责”，把党风廉政建设工作纳入目标管理，坚持“一把手”负总责、分管领导按职能分工配合抓、责任科室具体承办的原则，把承办的牵头工作、协办工作和常抓工作具体分解到人，层层签订党风廉政建设承诺书，做到有安排、有部署，分工明确、责任落实。认真开展党风廉政教育，12月25日组织党员干部职工以及房管部分监管对象和入党积极分子到县警示教育基地进行廉政教育。以“树立正确的权力观”、如何践行好“三严三实”为主题，请县纪委副书记李宾给广大干部职工上廉政党课，不断增强广大干部职工依法行政、廉洁行政意识和自觉性。

房屋征收补偿

【概况】 县房屋征收补偿局贯彻落实党的十八大及十八届三中、四中全会会议精神，围绕县委、县政府制订的战略方针，抢抓机遇，务实工作，较好地完成以保障性安居工程建设、棚户区改造、项目房屋征收补偿、土地收储为重点的各项工作任务，为全县经济社会发展做出积极贡献。

【棚户区改造】 全县完成城市棚户区改造886户，完成目标任务800套的110.75%。完成水西国际广场棚户区改造项目涉及的79户建筑的实物丈量工作；完成冷链物流园34户建筑的协议签订；完成金凤棚户区改造项目房屋实物测量36户，测量建筑面积4927平方米。

【项目区房屋征收】 完成海南佳尚项目涉及的36户房屋的实物丈量工作，完成24户协议签订。完成水西古城第一、第二期4户房屋征收工作，签订西出口过渡费协议221户，支付安置过渡费960.51万元。改签货币补偿协议8户。完成石板互通项目111户房屋征收工作，征收房屋建筑面积1.29万平方米，支付安置补偿金2900余万元。完成城市综合体房屋征收补偿协议7户，征收房屋建筑面积461.75平方米，支付补偿款112.18万元；签订过渡费协议32户，支付过渡费58.16万元。

【安置点工作】 完成阳光置业项目（五环城）和行政中心安置点协议签订17户，组织拆除房屋面积1000多平方米，协调相关部门开挖变电站地块土石方，解决行政中心安置区80余户拆迁户放线问题。对金凤安置点（弯角龙潭）被征收房屋进行复核，与被征收户商谈征收补偿事宜，签订协议4户、催促领款5户、催促交房

3户。

【土地收储和催迁工作】 完成城东村至城北村土地收储项目102户实物指标丈量工作，签订协议61户。全年催迁已征收房屋共131户，被征收人交付已征收房131户，建筑面积14693.73平方米。交付给施工方拆除已征收房屋共93户，拆除已征收房屋建筑面积9389.53平方米。

住房公积金管理

【概况】 2015年，毕节市住房公积金管理中心黔西县管理部认真贯彻落实《住房公积金管理条例》和国家、省、市各项住房公积金政策规定，以“便民、高效、廉洁”为服务宗旨，以党的群众路线教育实践活动、“三严三实”专题教育活动的开展为契机，以住房公积金归集和使用为重点，以确保资金安全和提供优质服务为主线，加大归集力度，积极发展个贷业务，加强信息化建设，紧紧围绕部门职能目标任务，实现住房公积金归集稳步增长，贷款规模不断扩大，管理更加规范有序，为改善干部职工特别是中低收入家庭职工的住房条件发挥积极作用，为全县房地产市场平稳健康发展做出积极贡献。2015年，黔西县管理部实现住房公积金增值收益1745.48万元，同比增长49.03%。

【住房公积金的归集、提取和发放】 2015年，全县共归集住房公积金17206.33万元，同比增长13.45%。截至12月31日，全县累计归集住房公积金94436.79万元，归集余额54043.91万元。认真做好改进住房公积金的提取、发放、监管机制等工作，认真贯彻落实国家、省关于住房公积金提取政策的文件精神，严格执行《毕节市住房公积金管理中心关于放宽提取住房公积金支付房租条件的实施细则》，全年共提取住房公积金11265.47万元，同比增长21.97%；全县累计提取住房公积金40392.88万元。全县住房公积金发放率为61.8%，同比下降33.44%。

【住房公积金贷款】 认真贯彻落实国家、省关于住房公积金贷款政策的系列文件精神，严格执行《毕节市住房公积金管理中心关于调整住房公积金个人贷款部分条件的通知》（毕市公积金字〔2015〕9号），全年共发放住房公积金贷款10633.5万元，同比下降26.38%；累计发放住房公积金贷款82706.79万元，贷款余额52242.56万元。结合全县实际，为棚户区改造缴存职工提供住房公积金贷款支持，缴存职工连续足额缴存住房公积金6个月（含6个月）以上，对超出补偿款部分的购房款可申请住房公积金贷款。2015年，全县住房公积金个贷率高达96.67%，远远高于全国和全省的平均个贷率。全县住房公积金逾期贷款率为0.004‰，同比下降0.028个千分点。

【城市廉租住房补充资金上缴】 根据毕节市住房公积金管理委员会2015年度全体会议的审议意见，黔西县管理部按国家有关规定，将剩余的资金全部划入各级财政专户，专项用于城市廉租房补充资金。2015年，共上缴廉租住房补充资金814.63万元。截至年末，黔西县管理部累计上缴廉租住房补充资金2526.41万元。

【住房公积金补息贷款业务】 由于全市住房公积金资金紧张，曾一度造成对贷款职工采取轮候制发放贷款的现象。为提高全县住房公积金缴存职工的受益面，满足缴存职工的购房贷款需求，黔西于2014年10月1日起在全县范围内全面开展住房公积金补息贷款新业务。2014年10月1日至2015年1月1日，发放住房公积金补息贷款7笔，金额194.8万元。2015年1月1日至

12月31日，发放住房公积金补息贷款7832.3万元，为308户缴存职工家庭发放补息贷款，有效撬动11467.28万元的外部购房贷款资金。此项新业务的开展，对缓解全县住房公积金资金压力、提高全县住房公积金缴存职工的受益面、满足缴存职工购房贷款需求、帮助房开企业及时回笼资金、推动全县房地产业的健康发展起到积极的促进作用，得到政府、房开企业、委托银行以及广大住房公积金缴存职工的一致好评。

【住房公积金行政执法】 加强贷前调查、贷中审查、贷后跟踪的管理，严格审查与黔西管理部签约的各个楼盘的资质情况和工程进度情况，规范贷款档案管理。加大逾期贷款催收力度，明确专人催收逾期贷款；采取电话催收、上门催收、发催收通知单等多种形式展开催收，对未及时还款的借款人进行正常催收；对即将到期的账户，提醒、督促借款人在贷款到期前还清贷款本息，防止新的逾期产生；对一些长期拖欠贷款本息的账户进行重点催收，加大催收力度，化解潜在风险。严防骗提行为，针对个别职工利用虚假资料骗提住房公积金的行为，加强预防，加大对异地购房、重大疾病等支取住房公积金资料的审核力度，防止骗提住房公积金行为的发生。

【“三严三实”专题教育】 按照毕节市住房公积金管理中心“三严三实”专题教育安排部署，黔西管理部坚持从严要求，强化问题导向，以“三严三实”为标尺，持续深入推进党的思想政治建设和作风建设，将“三严三实”作为严肃党内政治生活、严明党的政治纪律和政治规矩的重要抓手，融入领导干部经常性学习教育和实际工作中，不分批次、不划阶段、不设环节，扎扎实实精心组织，取得阶段性成效。管理部领导班子成员围绕自己在“四风”及“不严不实”等方面存在的问题、履行岗位职责中存在的突出问题、分管工作中存在的突出问题，逐一落实整改任务，明确整改措施和整改时限，做到可操作、可监督、可检查、可考核。

【作风建设】 认真执行作风建设“五个制度办法”，进一步加强对作风建设的监管。在办事大厅安装监控摄像头，实时监控职工办事行为，让违反干部作风建设的行为“无处遁形”。认真开展“慵懒慢浮贪”“吃拿卡要报”“冷硬横拖拉”专项治理行动，集中治理有令不行、有禁不止，服务群众消极应对、慢作为和服务不优、办事不力、迟到早退、擅离职守、上班时间上网炒股购物、玩游戏、观看娱乐节目等消极行为。清理编制管理部行政权力清单和责任清单，全面、准确地向社会公开了每项行政权力事项的基本信息，包括行政权力名称、实施主体、事实依据、实施对象、办事流程、办理期限、承办机构、服务监督电话等，主动接受社会监督，并严格按照新确定的权力清单和责任清单行使行政权力。修订完善管理部机关廉政、考勤、理论学习、值班、保密等制度，并编印成册发到每个干部职工手中，便于干部职工对照执行。将制度落实与问责追究相结合，用制度切实保障作风建设效果，努力达到“治庸提能、治懒提效、治散提神、治软提劲”的目标。

【党风廉政建设】 落实“一把手”亲自抓机制，对职责范围内的党风廉政建设、“三严三实”专题教育等重要工作亲自部署、亲自过问、重点环节亲自协调，切实履行了第一责任人职责。制定党风廉政建设有关制度，层层签订《党风廉政建设责任书》，对重点任务和工作责任分解细化、责任到人，形成横向到边、纵向到底、覆盖完整、责任落实的责任体系。以开展“三严三实”专题教育为契机，通过上党课和集中学习，组织机关党员深入学习党章等党内法规，引导党员干部以身作则、率先垂范，主动维护党的纪律，切实增强政治纪律的执行力，坚决维护政治纪律的严肃性和权威性。狠刹大操大办，借机敛财之风，组织全体机关干部职工认真学习《市纪委关于严禁党员干部大操大办婚丧喜庆事宜借机敛财的通知》，领导班子成员和所有干部职工签订严禁大操大办婚丧喜庆事宜借机敛财承诺书。组织干部职工到市检察院警示教育基地接受警示教育，积极开展廉政文化建设，把推进廉政文化建设作为廉政风险防控的基础性工作来抓，取得较好成效。

城市管理

【概况】　县城市管理局按照县委、县政府的总体部署，深入贯彻落实党的十八大和十八届三中、四中、五中全会及习近平总书记一系列重要讲话精神，认真践行“三严三实”，不断创新城市管理理念，完善管理体制和机制，全面推进城市管理各项工作，努力营造良好的城市环境，“省级文明县城”创建成果得到有效巩固，为2016年争创“全国文明城市”奠定坚实基础。

【环境卫生管理】　在实行错时管理的同时，强化“三全保洁”（即全时段、全方位、全天候保洁管理），对主要路段实行16小时清扫保洁，日常管理做到无间断、无空隙、无死角，街道卫生始终保持“六无八净”标准；对城区主次干道进行常规清扫保洁，晴天洒水除尘，夜间冲洗人行道、广场及人行道护栏。提高清扫保洁质量，垃圾清运高效运行，做到垃圾日产日清。2015年，垃圾填埋场平均每天处理垃圾量为165吨，共处理生活垃圾6万吨，吸污1495吨，城区生活垃圾无害化处理率达100%。每周投入11人清洗护栏一次；每晚投入10人、7辆车冲洗主干道，全年共投入3021人次清洗护栏132次、1491余人次冲洗主干道及人行道、480人次冲洗广场40多次、洒水4.6万吨。加强对各类建筑工地现场的监督管理，杜绝车辆带泥上路现象发生；对施工场地物料堆放、施工扬尘、围场施工等环节进行监管，落实建筑工地周边路面防污染措施，加强对施工车辆泥土清运、倾倒建筑垃圾行为的监督和管理，依法查处车辆带泥上路、道路抛撒、施工占道等行为。

【市政管理】　加强对管辖范围内8637盏路灯的巡查管护，对贯城河进行维修亮化，安装贯城河七号箱变更高压电流互感器，做到城区路灯故障修复及时，开关灯时间准确率、灯容灯貌合格率均达到国家规定标准，亮灯率保持在98%以上，新安装路灯37盏，确保各路段路灯的正常使用。加强对市政设施的建设维护，对损坏的市政设施及时进行修复，确保市政设施的完好。完成黔西县2015年“十件实事”之一的公园水利沟维修改造工程以及滨河湾、蓝天水岸人行道恢复改造，园林路、水西半岛铁桥路面修复工程，蓝天水岸桥头土石方开运、洗车场门口排污沟改造，南门丁字路口及二中斜对面茅草巷排污沟清淤改造，步行街青石板路维修等工程。全年共疏通下水道13980米，清运建渣36方，吸污32车，清淤90方，更换井盖水箅子等290余套；修复下水沟115米，安装石球60个，修补路沿160米、路面365平方米。按照县政府的工作安排，加大对市政基础设施的建设力度，不断完善市政公共基础设施：投入34万元，维修改造水西公园水利沟渠；投入132万元，制作杜鹃花灯并在城区安装到位；投入60万元，完成花都大道、水西古城、环城路、南市纵等路段的电缆修复；投入67万元，安装莲城大道、水西大道、迎宾路、迎宾西路、迎宾北路、行政中心等路段的车行道隔离护栏，共计4800米；投入70万元，完成城区滨河湾、园林路、水西半岛、文峰路等路段的路面修复；投入950万元，修建城区6座人行天桥，其中东山剧场、一中门口2座人行天桥将于2016年春节前完工；大转盘点4座人行天桥将于2016年3月完工。

【园林绿化管理】　积极开展省级园林县城创建，完成全县城市建成区绿地遥感技术测定，实施绿地系统规划（修编）工作，已提交初步规划成果。完成相关创园资料的收集、整理，完成量约为总工作量的40%。积极开展黔西县“县树”“县花”评选活动，评比结果已提交县政府审定。扎实看，开展绿化工程项目建设，通过政府采购7500株塔柏，对城区周边猫猫山、小石山等6个山头进行绿化；采购红花继木小球、金叶女贞小球、红叶石楠小球等绿化苗木对花都大桥及莲城大道施工损坏、人为践踏位置进行补植、补种；完成十件民生实事之水西公园后山步道改造，于6月下旬完工并交付使用。积极做好绿化养护和苗圃管理工作，2015年完成绿化养护面积40多万平方米，对苗木修剪10余次，对城区花池除杂草60多万平方米，更换草花24万钵，摆放三角梅800盆、铁树750盆、修建城区行道树2000余株。积极做好市政公园、广场管理工作，对公园广场共更换景观灯带260米、景观灯管约50根、大小节能灯300颗、各种规格电线约2600米，维修工人改装背景投光灯约50颗，公厕更换大便池20个、红外线感应小便池5个，更换及改装吸顶灯16颗，更换马桶水箱20余个、PPR管91根、PVC管84根，维修水龙头及下水系统70余次，加工及安装石凳13张、单杠13副、草坪隔离护栏约700米、翻新及安装长椅11张、安装防腐木休闲长椅15张、运动器材9件，维修栈桥板120块、维修值班室1间、安装及自建库房2间、维修门窗及立柱等漆面约50平方米。加强对园林绿化设施的监管力度，处理交通肇事损坏绿化行道树、花盆等26起，收缴赔偿款90480元；处罚乱修建行道树5起，收缴罚款8000元。巩固保护园林绿化成果，特别是对古树名木做到定期巡查、防虫、防病，并派专人按季度对古树名木进行跟踪管理，完成巡查8次。加强苗木病虫害普查、防治，本着“预防为主，综合防治”的方针，早发现、早处理，进行病虫害防治10车次，确保苗木的正常生长。

【城管监察】　按照“主干道严禁、后街背巷规范、诚信守法经营”的要求，采取“疏导结合”的方式，在黔洪路（看守所门口）、新公安局旁、东桥路二门诊、新车站后门、黔龙新城对门、十六米街恭勤路旁设置6个临时摊位疏导点。在大府坝、小转盘、五岔路、文化西路、向阳桥、里沙大道中心医院桥周边、公安局对面河滨道、国税局河滨道、二门诊对面、金凤大道红绿灯周边设置11个临时夜市疏导点。在方便广大市民的同时也维护了市场秩序。进一步加大日常巡查管理力度，遏制商家占用人行道超门面经营、小摊小贩乱摆乱放等各类违规行为发生，努力营造干净、整洁、温馨、祥和的市容秩序环境。全年共清理流动摊点3247个，其中小吃摊1200个、百货摊630个、水果摊497个、菜摊600个、杂项320个。清理占道经营、超门面经营540户；拆除违规悬挂横幅120幅；清理占道店招、广告牌400余块；处理投诉高音喇叭、生活噪音扰民80起；取缔乱搭乱放撑杆搭棚经营的摊点270起；督促门头装修办理相关审批手续商户100多家；办理占道宣传促销200多家；督促整改不合格洗车场47户；督促施工工地完善沉沙池25户；处罚违规施工工地2家；查处车辆未覆盖篷布、带泥上路40余起。积极做好“划行规市、还道于民”工作，取缔占用公共用地撑杆拱棚经营现象。取缔东桥路小商品夜市90家，在较宽阔的二门诊河滨道至国税局方向新规划小商品夜市摊位。将县小商品市场售卖花卉、植物、鸟鱼的摊棚全部规划迁移至三角广场，同时与商贩签订诚信守法承诺书，纳入统一诚信管理。集中整治东门夜市，与各摊主签订“诚信经营承诺书”，规范出摊、收摊时间，统一摊位大小、棚伞颜色尺寸，要求各摊主经营期间爱护环境卫生，规范经营秩序，遵章守纪，诚信经营，有效解决东桥路长期交通堵塞、占道经营的问题。联合相关职能部门，对计生局旁设摊搭棚的摊点进行取缔，引导和督促占道经营的商贩进入农贸市场规范经营。对城区 18 所学校周边采取不间断的集中整治、高频率的巡查执法和强化早、中、晚三个上学、放学的高峰管理，确保校园周边环境整洁有序。全年清理校园周边超门面经营、占道经营商铺 180 多家，清理占道流动摊点 150 多个，清理占道广告牌、店招 58 块。

【燃气监管】 严格执行燃气许可制度，规范燃气企业和供应网点的管理，严格按照《城镇燃气管理条例》《贵州省燃气管理条例》以及毕节市城管局相关文件要求开展企业燃气许可证年审初审及门市部燃气许可证的年审工作，对全县 3 家燃气企业及 42 个城乡燃气经营点进行检查，督促存在安全隐患的企业和经营点加以整改。积极开展燃气安全检查工作，牵头联合消防、安监、质检、公安等部门开展燃气市场集中整治行动 8 次、燃气安全生产检查 16 次（含春节、五一等节日大检查）。共检查燃气企业 38 家次，发现安全隐患 11 处，整改率 100%。对城区供应门市部共检查 260 家次，督促存在安全隐患的门市部整改 30 余次，教育安全意识淡薄的从业人员 35 人次。在“六打六治专项整治活动”期间，加大燃气市场整治力度，确保全县无“黑气”“走私气”，保障燃气市场的稳。对各乡镇 39 户申请办理《燃气经营许可证》的门店店面设置和仓库选址等情况进行检查，对经营户进行安全教育，检查中发现有 7 户经营户仓库选址不符合《贵州省城镇燃气管理条例》中的相关要求。加快天然气管道建设进进程，实现对“安居工程”的供气，计划于 2016 年 6 月完成迎宾路、文化路、金凤大道、花都大道片区内小区的通气。强化安全生产，组织燃气站、消防、安监、质检、公安等部门对兴通天然气管道公司已通过验收的 11.68 千米管道进行再次复查，督促 20 千米未检管道的工作进程，并要求兴通天然气管道公司在运行以前，必须在天然气管道经过路段沿途设立警示标志，对 PE 阀门无护套管、阀芯外露、伐井内管体（PE 材料）裸露等安全隐患采取保护措施。

【队伍建设】 组织全体干部职工系统学习十八大、十八届三中、四中、五中全会及习总书记系列讲话精神，进一步打牢全体干部职工的理想信念和思想道德基础。定期聘请专家对城管干部进行教育培训，加强对城市管理相关法律法规知识的学习，多渠道促进干部职工素质的全面提高，确保干部职工在城市管理工作中按照法定权限和程序行使权力。深入践行“三严三实”，推进工作作风建设，组织干部职工深入学习中央八项规定，省、市十项规定和县三十八条规定，切实转变工作中存在的庸、懒、散现象，有效提高工作的执行力。修订完善重大问题、决策事项集体研究制度和城管执法宣传告知处罚“三步工作法”制度，落实“首问负责”和“一口清”制度，促进城管干部依法行政、文明执法。下放审批权限，对审批和服务事项实行“一站式”服务，简化办事流程，提高办事效率，做到即办件“马上办”，服务对象“跑一趟”就能办成事；实行网上审批办理，逐步实现服务对象足不出户也能办成事。2015 年，办理服务事项 1135 件，月平均办理 126 件。纵深推进阳光执法，在大转盘、黔龙新城、新车站等 10 个人群密集地段设置便民服务点，开展便民服务。设置投诉举报电话，确保 24 小时通畅，全年共接到群众举报投诉 400 余起，处理率达 99%，受到群众好评。

交通·电力

交通运输

【概况】 县交通运输局紧紧围绕县委、县政府提出的“决战贫困、提速赶超、同步小康”战略方针，围绕中心、服务大局，坚持“建管养运安”一体化工作思路，通过全局干部职工的和共同努力，圆满完成各项目标任务。全年完成交通固定资产投资7亿元，超计划目标6.5亿元5000万元；实现全县93.6%（计划目标为77%）的行政村通油路（水泥路）、97.1%（计划目标为97%）的行政村通客运班线。

【公路基础设施建设】 实施G212黔西县大锡至甘棠段改造工程，全长8.6千米，预计总投资6941.7万元；工程通过发改委立项审批，通过省公路局施工图设计审批，正在进行招投标工作。城市道路建设项目有序推进，完成行政中心至石板互通建设全长3.9千米、宽50米（局部40米），工程建筑安装费36029万元。实施莲城大道延伸段二期工程，计划总投资23000万元，完成征地拆迁工作，12月21日开工建设。实施林泉至白泥公路建设，已完成路基工程及级配碎石基层，完成形象度85%，完成投资650万元，正在进行油面施工；实施金碧至沙井公路大修工程，正在开展进场前的前期工作；实施钟山至六广、协和至太来、钟山至铁石、城关至黎明、黎明至新桥等5条县乡道改造工程，计划总投资12594万元，已通过发改立项，施工图报省公路局审批，正在进行市级招投标。实施危桥改造6座，总投资830万元，其中碗厂沟桥、大洞口桥、坪桥、小寨桥完成桥墩建设，中坪桥、黑塘桥正在开展招标工作。实施双桥客车站建设，计划总投资6616万元，由同心商贸城垫资建设，已进场开工，完成土石方10万立方米。高铁综合站完成方案设计。实施7个乡镇客运站建设，其中大关站已完成主体工程，观音洞站、金兰站已开工建设，绿化、中坪、花溪、洪水站正在开展前期工作。实施大关镇红军渡等7个便民码头的规划编制工作。

【公路管养】 完成县乡公路养护713千米，占计划的75%，投入养护资金570万元；指导乡镇完成通村水泥路日常养护1207千米。县道好路率达94.91%，乡道好路率达89.58%，通村水泥路好路率达100%。路政人员累计上路235天，总计查处污染公路路产7200平方米，查处路面堆积物70处、1405立方米，制止违法建筑582立方米，张贴路政宣传标语55条。依法收取赔（补）偿费60万元，查处55吨以上恶性超限运输车辆36台，处罚41万元，有效控制恶性超限运输的发生，恶性超限运输控制在3.5%以内。完成全县通村水泥路建设的验收审计工作，通过市级考核，排名居全市第三位。5月，全市通村公路管养现场会在黔西召开，县交通运输局在会上作经验交流发言。

【交通运输监管执法】 积极开展道路交通安全百日整顿和打非治违专项行动，共检查车辆21300辆次，出动执法人员2875人次，出动执法车辆850辆次，查扣非法营运车辆80辆，处罚59辆。全年共处罚非法营运车辆249辆次。春运保畅期间，开展路检路查40天，出动执法人员1402人次，出动执法车辆220辆次，检查各类车辆15280辆次，查扣非法营运车辆46辆、违法违规包车3辆。扎实开展水上执法，全年共检查客运码头、渡口88次，船舶日常（现场）检查75次，检查船舶146艘次，出动执法车83车次，行程7654千米，出动海事人员272人次、其他人员75人次。

【城市公交和出租车管理】 全年共出动路检路查执法车180余车次，查处车容车貌不整230辆、投诉70余起；开展从业人员培训12期，办理出租车客运资格证300余个、公交车驾驶员服务上岗证9个；在中、高考期间，组织公交车、出租车开展“爱心送考”活动，投入12辆公交车接送考生3000余人次，投入诚信公司出租车100辆、宏远公司出租车50辆，共接送考生1000余人次。

【证照办理】 全年共办理运输证297辆，其中客车125辆、货车167辆、危险货车5辆；审验道路运输证493辆，其中客车244辆、货车337辆、危险品运输车12辆；开展从业人员考核1545人次；驾驶员变更核签79人次。共受理行政许可事项22件，做出行政许可22件。发放临时加班、包车牌82张。

【安全生产】 始终把安全生产工作纳入重要议事日程，明确“一把手”负总责，分管领导为直接责任人。制定《黔西县交通系统2015年安全生产工作方案》，与各单位签订《2015年安全生产目标管理责任书》，确保任务落实到位。在清明、五一、端午、“六月安全月”等时段，就安全生产工作进行巡查和督促，对存在的问题及时提出，并限期进行整改。全年未发生一起道路、水上交通安全责任事故，交通安全形势持续稳定。

【党风廉政建设】 按照党风廉政建设责任制的要求，形成党组书记作为第一责任人、党政齐抓共管、部门各负其责的反腐倡廉工作格局。认真分析研究交通运输系统党风廉政建设和反腐败斗争存在的问题，总结经验，查找差距，对薄弱环节进一步加大工作力度，采取有力措施加以解决。落实党组书记、局长不分管财务、工程建设、干部人事、招投标、物资采购等五个方面的工作。认真落实权力运行清单备案制度，加强“三公”经费的管理，严格控制办公费用，每月定时公开公务接待费、车辆运行费、差旅费和办公用品采购费用，增强资金使用透明度，真正体现“让权力在阳光下运行”。

公路管理

【概况】 贵州省黔西公路管理段有在职职工118人，退休职工117人，临聘工16人；下设2个养护站、1个机械化施工养护站、3个超限运输检测站和1个救援中队。全段管养里程189.87千米，其中国道G321广成线（贵毕路）64.18千米及6.74千米的匝道，县道X004占毕线66.65千米、X720黔金线52.3千米。2015年，黔西公路段以“畅通主导、安全至上、服务为本、创新引领”的十六字公路养护管理方针为指导，以迎接“十二五”交通运输部干线公路养护管理检查为重点，努力构建“畅、安、舒、美、优”的公路服务环境，圆满完成各项目标任务。

【决策科学化建设】 根据调整后的领导班

子实际，完成班子成员分管工作和联系点分工，制定《关于印发推行权力清单运行备案制实施方案的通知》（黔路段党发〔2015〕8号）、《中共黔西公路管理段支部委员会关于“三重一大”决策实施办法的通知》（黔路段党发〔2015〕12号），修改完善《关于印发奖励性绩效工资考核分配实施细则的通知》（黔路段发〔2015〕39号）等重要决策制度，进一步规范权力运作机制，细化决策内容，明确了决策主体，做到权力与责任的相统一。

【管理规范化建设】 黔西公路段继续完善养护管理、路政管理、应急管理、信息服务管理、行业文明建设和党风廉政建设的规范化机制，重新修改完善相关管理办法，强化内部文化建设，增加应急物资储备库。深入践行“三严三实”，推进工作作风建设，组织干部职工深入学习中央八项规定，省、市十项规定和县三十八条规定，切实转变工作中存在的庸、懒、散现象，有效提高工作执行力。积极参加“多彩贵州文明行动”，定期组织学习党风廉政知识、开展廉政警示教育。强化基础设施规范化建设，投资70余万元，修缮城关养护站（原贵毕路收费站），配置相关办公设备，为干部职工创造绿化优美、设施齐全的生活和工作环境；投资12万元，对贵毕路黔西超限运输检测站环境进行规范化建设。

【养护机械化建设】 制定《贵州省黔西公路管理段机械化施工养护站管理考核办法》（黔路段发〔2015〕60号），明确机化站的职责职能及绩效管理，进一步提升干部职工的工作积极性。积极推广使用新设备，在X720线大修工程中，多功能摊铺机和沥青洒布车得到有效利用，特别是沥青洒布车的使用，改善了以往由人工洒布可能导致的安全问题。在G321线维修工程中，手扶压路机得到推广利用，使以往平板夯作业难以确保质量的问题得到有效解决。

【服务人性化建设】 加大安全隐患排查处置力度，2015年6月，成立危房排查小组，对全段老楼危楼安全隐患认真排查，共查出和拆除有重大安全隐患的危房7座，建筑面积838.14平方米；厕所3座，建筑面积65.04平方米。投资15万元，更换维修贵毕公路高家岩、九子寨隧道消防水泵、管道及隧道照明灯，彻底消除隧道内安全隐患。积极实施安保工程，完善安全保障体系，完成G321线K82+050-K82+150和X004线K44+900-K44+965处浇筑钢筋混凝土防撞护栏165米；完成黔西超限运输检测站人行天桥建设，沿线过往群众和治超工作人员提供安全、便捷的通行环境；更换贵毕公路波形护栏板2200块、立柱1183个、端头57个，安装轮廓标1535块、示警柱320根；采取交通管制、夜间封闭施工的措施，完成贵毕公路高家岩、大庙关、九子寨隧道路面处置3500平方米，保障贵毕公路的安全畅通。加强公路绿化美化工作，完成X720线、X004线共计118.95千米的行道树刷白；清理X720线、X004线死危行道树1003棵；完成贵毕公路64.18千米的绿化修剪。

【公路养护】 完成毕节公路管理局下达的路况养护计划任务，实现第一季度优良率74.04%、第二季度优良率75.16%、第三季度优良率78.74%，优良率稳步提升。完成G321线17.5千米、X004线19.8千米及X720线13千米的油路中修工程；完成X720线2.7千米油路大修工程。

【桥梁养护】 严格执行桥梁养护管理制度，积极开展桥梁巡查工作，及时发现桥梁安全隐患和有损桥梁安全运营的行为并采取相应措施；坚持每月一次的桥梁经常性养护，上报每月养护报表，对沿线77座桥梁附属设施进行养护，保持桥面无积水，随时保证桥梁伸缩无杂物淤塞，泄水孔畅通，保持桥头无跳车现象。对G321线皮甲河、唐家寨等11座桥梁共127.5延米的受损伸缩缝进行处置；对木耳冲桥、马落岩I号桥、马落岩II号桥、松树沟通道桥共235.2平方米的受损桥面进行处置。成立贵毕公路沙子田坝桥、内庄大桥及六广河大桥桥梁加固维修业主办，对桥梁的加固维修施工进行管理，更新桥梁数据库并将维修的过程图片整理存档。

【交通战备】 规范交通运输突发事件的应急准备，修订和完善《公路桥（涵）突发事件应急预案》《水毁救灾抢险应急预案》和《防范冬季低温雨雪冰冻灾害应急处理预案》等专项预案。严格执行汛期领导带班制度，确保24小时有人值守，按时报送水毁及其他应急资料，确保资料真实完整，汛期共清理水毁坍方4600立方米、恢复挡墙320余立方米、恢复路面200平方米，保证所辖路段的安全畅通。认真做好防冻防滑工作，在年初防冻防滑期间，出动防滑指挥车10辆（次），防滑材料运输车26辆（次），投入干部职工140人次，在G321线、X720线、X004线重点防滑路段铺撒防滑砂420立方米、融雪剂41吨；按照毕节公路管理局要求做好物资、设备及人员准备，储备防滑砂200立方米及50吨融雪剂、30条防滑链条、40块安全三角木，配备4辆防滑材料运输车、1台融雪洒布机及清障车、挖掘机、装载机等设备，配备30人的应急队伍，能够满足防冻、防滑的实际需要。2. 2015年5月17日，贵毕公路K125+400处发生坍方，黔西公路段组织交通应急抢险队即可组织实战抢险演练，清除塌方500立方米，完成抢险工作，全段防灾减灾和应急处置能力得到良好体现。

【路政管理】 严格按照《毕节公路管理局路政管理工作考核办法》开展路政工作，紧紧围绕维护路产、路权、保障公路完好畅通，坚持“科学检测，文明执法”的原则，做好超限运输管理等各项工作。全年共制止公路违法建筑195平方米，清除公路堆积物1993.3立方米，查处边沟损害463.7米，查处路基损害323平方米，查处路面损害91平方米。全年治理超限运输车辆89832辆，卸载20辆114.99吨，教育驾驶员147人/次。贵毕路救援队全年共接收救援电话170起、实施救援153次，巡查发现问题164起，出动救援拖车148车次。围绕超限超载运输治理的意义多渠道开展宣传工作，发放宣传资料2000余份，编办简报4期，使社会各界对路政管理及超限运输整治工作增强认识，营造良好执法氛围。

【安全生产管理】 在年初的职工代表会上，段领导同各股室、站签订安全生产目标责任书，明确安全生产责任，强化安全责任意识。3月19—20日，开展为期2天的安全生产教育学习培训，共有64名干部职工参加，安全培训率达到93%。在“全国安全生产月”活动期间，制作16幅悬挂式安全生产宣传标语和4期安全生产宣传专刊。加大安全生产投入，购置安全施工标志（牌）60块、安全标志背（服）心300套、安全标志雨衣20件、灭火器10个、警示柱320个、安全锥1400个、轮廓标1535块、波形护栏板2200块、立柱1183个、端头57个。修复被损坏的公路安全警示标志牌21块，处理公路路面沉陷12处，处置高边坡悬石2处、塌方7处安全隐患，公路养护作业过程中设置安全警示标志175块，挖补修补路面坑槽1053处、路基缺口363处，修砍行道树遮挡公路标志牌86处，更换波形护栏板2850块、立柱1189个、端头72个，清理公路违章占道安全隐患15处。

【设备物资管理】 强化设备物资管理，提升生产作业水平，专门设立应急物资储备仓库，购置相应物资和器具，进行分类存放、专人管理，保证应急物资齐全、有效，满足应急抢险的需要。加大对设备的保养、维修、使用情况的管理，对设备维修费用和油耗认真审核，严格控制生产成本；对大型生产设备及生产车编制设备动态管理表，根据设备的使用情况，及时更新，随时掌握设备动态。全年施工设备及运输设备完好率为80%，作业率为81%。乳化沥青设备运作正常，生产各种配比的乳化沥青2000吨，有效满足全局乳化沥青供应。

【新技术应用】 积极推广使用公路管理新技术，在全省国省干线公路隧道中首次使用环形被动反光光环，2015年在高家岩隧道中增设4道外形轮廓与隧道内轮廓一致的环形被动反光光环，在仅打开隧道内一组照明灯的情况下，隧道边界轮廓清晰，行车诱导效果得到明显提升，又降低照明用电量，具有很好的经济性和安全性。在黔西超限检测站安装和“可变信息情报板”。“不停车超限检测系统”对预测过往超限车辆检测率达90%，抓拍超限车辆达99%，大大减轻治超人员的工作量，保障超限车辆检测的准确性；“可变信息情报板”能及时公布贵毕公路路况信息，宣传普及公路法律法规常识。

水上交通

【概况】 县海事处坚持以党的十八大和十八届四中、五中全会精神为指导，以党的群众路线教育实践活动为载体，紧紧围绕县委、县政府中心工作，牢固树立安全生产“从零开始、向零奋斗”的理念，按照“全覆盖、零容忍、严执法、重实效”的要求，进一步在工作方法、管理手段上实现创新和突破，内强素质，外树形象，海事队伍凝心聚力，狠抓落实，圆满完成全年各项工作任务。

【海事基础建设】 完成大渡桥、洪湖便民码头项目建设，规划实施大关镇红军渡便民码头、铁石乡索桥便民码头、白泥田便民码头、许家渡便民码头、五里乡箐坝子便民码头、洪水镇大坝子便民码头、林泉镇轿子岩便民码头等7个便民码头建设，规划开展乌江渡库区水运基础设施建设工程；计划开展航道治理工程，进一步加强全县水运基础建设，改善人民群众出行条件。

【水上交通日常管理】 狠抓水上交通日常管理，提升监管工作质量。做好“春运”“两节两会”“五一”“十一”等重点时期水上交通安全监管工作，加强值班，落实责任，确保安全。加大对重点水域、码头的安全监控力度，采取定期巡查、定点检查、突击检查等方式，开展安全大检查，对船舶超载、人畜混装、非客（渡）船非法载客等违章行为进行严厉打击。加大对重点船舶的检验、检查力度，严格把关，确保船舶安全适航，实现全年安全无责任事故目标。截至2015年末，共开展巡航（查）重要航路109次，其中巡航重要航路29次；检查客运码头、渡口228次；船舶日常（现场）检查196次；船舶安全检查9次；检查船舶（不含渡船）373艘次、渡口（含渡船）184道次；开展巡航（查）229次，其中巡航47次，巡航时间181.5小时，巡航里程2028千米；出动执法车辆216车次，执法检查车行程17924千米；出动海事人员717人次，其他人员248人次。积极配合市海事局开展年度船舶检验工作，共检验船舶36艘。实施化屋码头、屯江渡口、荆江码头水上远程监控试点建设，织密水上安全监控网；指导乡镇完善自用船舶管理台账，落实层层管理责任制。

【“三无”船舶专项整治】 联合农牧（渔政）、乡镇等部门联合执法，通过巡航检查、现场核查等手段，彻查“三无”船舶，严厉打击“三无”船舶非法运输、冒险航行、无证航行、超员超载等行为和非运输船舶从事经营性运输行为。共出动整治组71个、315人次，其中海事人员231人次、其他人员84人次。出动巡航艇13艘次，巡航整治里程337千米；出动巡查车71辆次，巡查整治里程5230千米。整治“三无”船舶296艘，其中检验登记269艘（登记为自用船251艘、渔船18艘、运输船0艘）、拆解3艘、其他方式处理24艘。打击非客船载客1艘次，警告3次。在洪家渡库区拆除台网4张，清除“三无”船舶3艘，处罚自用船违法捕鱼、虾4起，没收电鱼机1台、电瓶3个。

【安全生产】 以水上交通安全“百日集中专项整治”“隐患大排查大整治”“三无”船舶专项整治和“六打六治”打非治违等专项整治活动为契机，加大对辖区内安全隐患的排查整治力度。全年共排查出安全隐患21起，整改21起，整改率100%；查处船舶违法行为2起，实施海事行政处罚（一般程序）2起。加大对航道内碍航设施的取缔，联合清镇、织金海事部门和县农牧（渔政）部门在东风库区开展水上拦河绳清理活动，拆除拦河绳11条，营造安全的航运环境。开展库区、码头、渡口硬件设施安全隐患排查，督促船员夏立书搬离存在滑坡隐患的江河龙洞码头站房，督促凹水码头施工人员搬离码头站房。定期不定期开展办公场所防火、防盗、防破坏、防事故“四防”检查活动，对检查中发现的问题立即整改，及时更换办公场所灭火器2个、室内插板6个、临街窗户玻璃1块，将洪家渡海事所站房三楼6道腐朽木门全部更换为钢质防盗门，确保办公场所安全。

【海事服务】 做好新增船舶的审核、管理工作，从源头上规范新增船舶的质量，坚决制止老、旧、破、漏船舶进入库区运营，加快库区挂浆机船的取缔步伐，共核定新增船舶10艘（其中客船7艘、快艇3艘）。加大对干部职工服务奉献意识的宗旨教育，倡导服务上门、现场办公、“马上就办”等便民利民工作方式。督促3家跨河桥梁建设施工方落实通航安全管理责任，多次到成贵铁路鸭池河特大桥项目部、贵黔高速公路鸭池河特大桥项目部现场指导水上水下施工作业安全防范工作及办理许可证，招聘2名水上交通安全协管员负责贵黔高速公路鸭池河特大桥项目施工期间的水上交通安全监管工作，指导黔息高速公路六广河特大桥项目部办理水上水下施工作业许可证。为洪家渡库区、乌江渡库区2家水运企业办理筹建、许可手续提供全程跟踪、上门服务；船舶进出港签证实行现场办公、上门服务，为从业人员节约时间、成本；继续督促、指导黔西沙坝河温泉旅游公司开展水运企业安全生产标准化建设验收工作，为该公司新购2艘船舶提供详细的业务指导。积极为索桥等3道渡口向省地方海事局申请渡船更新改造资金40多万元，用于更新改造船体老化的渡船。

【海事宣传】 通过开展“六月安全月”、水上交通安全知识进校园等活动，加大海事工作宣传力度。全年共开展宣传活动165次，参与人员4657人次；开展各类培训52次，培训人员330人次；配合市海事局在黔西成功召开乌江渡、索风营、东风湖3个库区“三市七县（市）水上交通安全工作协调会”，在库区悬挂《航道法》宣贯布标4幅，张贴宣传标语，发放宣传资料，接受水上有船人员、过往群众咨询1000余人次，扩展《航道法》知晓度，营造全社会共同参与水上交通安全工作的氛围。开展水上交通安全知识进校园活动3次，参加学生153人，发放各类宣传资料500余份，发放书包、笔记本、文具盒、羽毛球拍、乒乓球拍、跳绳、象棋等活动奖品200余件。

供电管理

【概况】 县供电局深入贯彻党的十八大及十八届三中、四中、五中全会精神，认真落实毕节供电局和地方党委、政府的工作部署，面对严峻的电力市场形势和复杂的外部环境，迎难而上，克难奋进，持续保持安全生产形势稳定，实现安全运行1461天。供、售电量实现“双超”，其中供电量8.95亿千瓦时，完成年计划指标的101.02%，增幅3.65%；售电量8.2亿千瓦时，完成年计划指标的101.11%，增幅4.63%。线损率8.45%，完成上级下达指标，与上年同比下降0.85个百分点。年度电网投资4990万元，完成年度投资计划的104.4%。全局各项工作硕果累累，“十二五”精彩收官。

【安全生产管理】 落实安全生产责任制和风险体系，按岗位特点分解制定安全生产目标责任书，细化措施，逐级签订。共签订安全生产目标责任书510份，覆盖全局所有部门和所有岗位。认真开展现场安全管控，落实现场作业“四到位”管理要求。加大安全规章执行力度，开展现场纠察能力提升培训和配网三种人培训、配网两票、安规培训186人次。配网工作票合格率提升至86.53%，操作票合格率提升至84.34%。加强违章管理力度，每周对查处的违章进行通报，全年共开展作业现场安全纠察398场，违章场数121场，纠正违章项数476项。强化作业风险管控，全年管控299次，以持续的高压纠察态势促进员工自觉遵章守纪，持续推动“要我安全”到“我要安全”的转变。

【打非治违】 深化“打非治违”及安全隐患排查治理，开展“反违章”专项整治年活动，构建安全文化氛围，编制专项整治方案，组织全局员工签订“关爱生命、拒绝违章承诺书”；开展防范人身事故专项学习讨论，制作“关爱生命·拒绝违章”安全手册和反违章宣传专栏。结合春、秋季安全大检查及“打非治违”专项行动，排查出设备缺陷111项、管理缺陷19项，管理缺陷整改100%，设备缺陷落实到年度反措中持续整改，督促并网水电站安装低频低压解列装置20台。在县政府支持下开展全县“电力设施隐患排查治理专项行动”，将违章建筑、树障、修路、通信线路乱挂等造成的电力设施安全隐患排查治理责任主体落实到各乡镇、街道办事处，共排查出电力设备、设施和线路安全隐患2188处，整治603处，其余下达《安全风险告知书》并督促整改，以金碧镇为试点的“三电”线路改造已正式启动。

【设备运维】 以提高供电可靠性为主线，加强设备运维管理。完成调控一体化系统接入工作，除110kV甘棠变I段外其余变电站数据已全部接入调控一体化系统。完成59条10kV配网线路设备的命名、编号和部分标示牌的悬挂，辐射带动配网单线图的更新与GIS系统的完善，夯实配网基础数据。完成一次设备预试108项，合格率100%；完成二次设备定检85项，合格率100%。安排电力线路通道清理43条次，故障停电次数同比2014年减少87次。修编2015年输、配网融冰处置方案，安排观冰点76个，覆盖输、配线路的重冰区，储备防冰物资到各个供电所。全年安排28台重过载配变推磨、新增24台柱上断路器、重载线路的技改等工作。

【综合停电管理和过程监督】 每周通报延时复电情况，严管计划超时，夯实应急基础管理，新建立18个部门应急预案。落实各项防汛措施和防汛责任制，坚持24小时局领导带班制度，安排相关局属部门、车间、供电所全面深入排查防汛突出隐患34处、治理34处，组织防汛应急处置4次。圆满完成“两会”、国庆70周年大阅兵、高考等各类重要时段供电保障65次。

【市场营销服务】 贯彻业扩专项治理及电力营销领域权力寻租专项治理工作要求，开展反违规专项整治，把握好电量增长和成本控制两个关键，对外加强与政府部门沟通，了解政府部门引进的企业及项目开发情况，开辟绿色通道，让大项目提早用电，及时协调解决客户生产用电问题，推动市场增量。对内加强停送电管理，做到生产营销停电安排统筹协调，少停多供，确保存量不减，实现年度供、售电量指标双超。持续夯实线损管理基础，选取典型线路制定降损方案，着力重点关注城关供电所降损，通过变归线、户归变清理，完善四分基础资料，细化线损考核指标，完善考核激励细则。严控电费回收风险，加强与地方党委、政府的沟通协调，大幅减少政府部门欠费。持续推进非现金缴费，银联代扣、POS机绑定等非现金缴费方式得到大力推进，突破年初预定60%的非现金缴费率目标。加大对煤矿、非煤矿山等用户经营情况跟踪，对有电费回收风险的煤矿用户采取按旬收费或提前计算并催费，将电费回收风险降到最低。提升营销水平，贯彻“全力接收增量、逐步接收存量、完善政策配套、争取各方支持”的方针，完成莲城大道10kV电缆线路和黔西经济开发区管理委员会10kV甘工线970万元用户资产接收。以“解决群众最关心、最直接、最现实的用电问题”为主要目标，积极开展“六走进”“流动收费站”“24小时便民服务”等活动，实现高质量供电服务。

【创先推进】 落实毕节供电局创先工作会议精神，选取电力设施安全隐患治理和城关供电所降损试点，稳步推进创先战略实施。涉外单位或人员的电力设施安全隐患排查治理得到县委、县政府大力支持，“三电”线路撤出电杆有望在2016年开始实施；城关供电所综合线损同比下降3.82个百分点，降损卓有成效。提升企业管理信息系统运用能力，加大对系统数据清理和核对的力度，严格按照公司进度要求，顺利实现新营销、人资系统双轨运行，覆盖率100%。财务系统和资产管理系统中物资、基建、投资计划、项目管理子系统以及安全生产管理子系统中部分主要功能模块已实现单轨运行。

【基础管理】 加强事前计划和事中控制，统筹安排有限资源，从严费用过程管控，严格遵循上级下达预算指标，优化配置，将有限资源用到刀刃上。全年各项管理费用可控在控，全面完成年度各项预算指标。强化依法治企，不断培养法律风险防范意识，将法律风险评估融入业务、植入岗位。全年办结案件8宗，避免和挽回经济损失107万元。强化审计整改成果运用，促进企业规范管理，对审计发现的10个问题均已整改完成。推进管理评价及成果应用，不断提升管理水平，完成大关、雨朵两个公司备案“四差”供电所整治。规范物资管理，一、二级物资需求计划均突破年初预定目标，实现100%准确率；二级仓库、急救包物资分类分区，完成在物资系统中的四号定位，实现“帐、卡、物、位”相符；实现物资急救包常态化运作，储备物资周转率80%以上，超年初预定70%目标。规范招标管理，5万元及以上物资采购及施工按规定通过第三方招标代理机构挂网招标。抓好“十三五”配电网规划，配合咨询公司完成“十三五”高压配网规划，修编完善黔西“十三五”中低压配网规划。

【项目工作】 加强与政府沟通，建立项目协调联动机制。在“小康电”项目实施过程中，涉及的路径通道变更、占地、青苗赔偿问题等，得到县政府大力支持，使项目得以顺利实施。强化项目规范化管理，完善业主项目部管理组织架构和人员配置，按人员职责及到位标准对施工作业现场管控，重点整治施工现场违规违章作业，严格执行“五个严禁”、施工现场“作业指导书应用、安全风险评估与管控、安全作业票、站班会”安全“四步法”、施工机具“八步骤”、现场管理“5S”等要求，加强承包商现场安全文明施工检查和承包商扣分力度，强化标准设计和典型造价的应用，推广复制样板点建设，业主项目部人员实现持证上岗。完成2016年水西110kV变2#主变扩建工程前期项目申报，完成1770万元10kV及以下配电网项目申报，对2013年、2014年取得可研未列入投资计划3774万元项目进行清理排序、1014万元项目进入省公司2015年第四批紧急项目投资计划。投运35千伏沙井变，解决35千伏金碧变主变过负荷问题。协助毕节局完成“织金电厂至220kV黔西变220kV线路”房屋拆迁工作，确保线路顺利完工。完成2013年10kV生态移民、工业园区项目等9个项目结算工作。完成素朴供电所小基建投资项目的上报工作，并进入投资计划。完成大关、协和、金兰小基建前期项目申报。

【人才发展工程】 深入实施人才发展工程，加强人才培养选拔推荐，依托内训师和技术技能专家接班人组织开展专辑接班人帮扶活动，2名技术技能专家接班人开展培训帮扶。完成28名技能人员技能鉴定，检定合格20人，合格率71.43%。受理13名专业技术人员资格申报，合格率100%。完成245名员工岗位胜任能力非晋级评价，合格236人，合格率96.33%；完成174名员工岗位胜任能力晋级评价，合格139人，合格率79.89%。举办培训班26期，培训1067人次，培训率100%。完成《提升员工培训良好心态的实践与探索》软课题报告。

【党建工作】 坚持“三会一课”制度，通过中心组学习、政治学习等方式，深入宣贯党的十八大及十八届三中、四中、五中全会精神和《中国共产党廉洁自律准则》《中国共产党纪律处分条例》，推广“幸福南网”知识竞赛答题，提升学习效果。建立健全党员领导干部联系点制度，班子成员经常深入党建联系点指导和帮助工作的开展，解决实际问题。扎实开展“三严三实”专题教育，领导干部带头讲“三严三实”党课。加强党建基础管理，完成党总支换届选举，138名党员实施积分晋级管理。加强党风廉政建设，贯彻执行“六个必须”的要求，认真落实“两个责任”，强化“一岗双责”，全年约谈部门负责人、支部书记29人次，对履职不到位进行专项约谈，督促落实党风廉政建设责任。驰而不息纠“四风”，全年未发生违反中央八项规定受查处情况。零容忍惩治腐败，加大执纪审查力度，查办案件2件，记大过处分2人、撤职待岗处理1人、绩效考核7人。对中央巡视组反馈问题已全部整改落实，对毕节供电局专项巡视组发现问题12个已完成整改10个，剩余2个正在督促落实整改中。

【群团工作】 发挥群团组织作用，工会切实维护职工权益、保障企业和谐稳定。加大舆情监控，做好新闻宣传，严格执行重大活动及重要节日期间信访维稳日报告制度，确保信息畅通，全年未发生进京、到省上访事件。全年在各级媒体刊发反映县供电局工作成效的新闻稿件400余篇，同比上升43.6%，在毕节供电局下属各单位排名第二。2015年，全局获得“全国模范职工小家”1个（金碧供电所工会小组），获得“幸福南网·模范职工小家”1个（百里杜鹃供电所工会小组），获得贵州电网公司“先进集体”1个（变电管理所）、“工人先锋号”称号1个（雨朵供电所），获得毕节供电局“教育培训与人才评价优秀单位”。职工刘雯雯被贵州省电力工会评为“优秀工会干部”，职工卢荣被贵州电网公司评为“基建造价先进个人”，职工游洁入围贵州省第二届行业道德标兵候选人。

邮政·通信

邮 政

【概况】 县邮政分公司认真贯彻落实省、市公司工作会议精神，结合地方实际，紧紧围绕“后台为前台，前台为客户”的经营发展思路，严密安排部署，真抓实干、不断进取，加强业务宣传力度，搞好搞活各项营销活动，大力拓展邮政代理金融业务渠道建设，狠抓管理，提高员工综合素质及执行力，推动黔西邮政各项工作取得新发展。全年共完成业务收入2218.57万元，完成目标任务的100.81%，超计划完成0.81%。

【代理金融业务】 着力强化邮政代理金融业务，将金融业务渠道建设作为重点业务来抓。对代理金融网点钟山、县东路支局旧址进行装修改造，进一步完善金融网点的硬件设施。对没有ATM或CRS的代理金融网点甘棠、钟山、县东路、雨朵和南门进行增设，实现ATM或CRS自助（存）取款设备各代理金融网点全覆盖。充分利用好邮政综合服务平台，进行邮务类与金融类业务的整合，如话费、电费代缴，机票、火车票预订，对金融类客户根据资产规模进行中间业务及寄递类业务的减免优惠等，营造良好口碑，建立完善、优质的金融服务环境。截至12月30日，邮政储蓄总额达98703万元，全年累计新增13421万元，比2014年同期多增6545万元，增幅达154.47%。代理金融业务完成业务收入1512.34万元。

【邮务类业务】 利用各种节日、纪念日，开展进店有礼等活动，最大限度地吸引客户，赢得客户“芳心”。到校园、社区等人流量大的公共场合进行函件、集邮业务解说宣传；开展各项集邮品鉴会，做好前期宣传造势，引导有意向客户参与。全年完成函件业务收入106.67万元。7月，完成数据库商函65000枚，合计7.8万元；利用“3·15”营销宣传实际，收入15.71万元；为县委宣传部代理十星级文明户和村级宣传活动，收入7.4万元；6月，定制毕业生纪念册，收入2.1万元。遵照省、市公司要求，按时完成2016年新邮线上和线下的预定工作。抓好重点畅销非党报党刊类刊物的宣传，如《小小天才》《幼儿画报》等，深入细分报刊“一老一少”市场，进校园、进社区，展开宣传收订，全年完成报刊业务收入125.55万元。

【包裹业务】 全年实现快递包裹业务收入37.37万元，特快业务收入62.93万元，普通包裹收入1.69万元。签订快递包裹协议客户20家。“双十一”期间，在11月11—23日，进口总包邮件量达8053袋，其中加班5车次共计4320袋，出口邮件总包量达780袋。

【电子商务业务】 设立代收交警罚款业务办理点城区8个（含报刊亭3个、代办点3个和城区代理金融网点2个）、农村9个（含农村代理金融网点6个和乡镇警邮合作点劝道站3个），完成代缴交警罚款4040笔，合计金额40400元。代收广电电视费2笔，代收供电局电费83476笔，合计金额1314.25万元；代收电信公司电话费28275笔，合计金额216.93万元；代收联通公司电话费21134笔，合计金额78.27万元；代收移动公司电话费122566笔，合计金额553.04万元。代售飞机票2135张，合计金额133.24万元；代售火车票约4000余张。

【安全生产】 对安全事故“零容忍”，以防为主，防治结合。开展各项资金及账务的清查核对工作，建立健全各项安全管控制度。从资金到邮件，从车辆运行到人财物等企业经营的各个要素，做到以制度管人，抓好末端员工的落实和执行。通过召开职工大会、整理发布各项资金管理规定及案例教育等多种方式，宣传警示教育员工。抓好邮务类经营的安全大检查，开展全局性合规经营和遵章守纪工作的自查自纠活动。积极开展员工行为排查，车辆、邮件安全排查，支局、部门生产经营场所防抢防盗及自然灾害预防巡查，消除安全隐患，为企业生产经营提供保障。

移　动

【概况】 县移动公司以十八届三中、四中、五中全会精神为指导，紧紧围绕中国移动省、市两级工作会议，市委一届七次全体会议确立的战略方针，积极推动网络建设、市场发展及管理提升，各项业绩保持快速增长，市场规模不断壮大、运营能力显著增强、管理水平稳步提升，圆满完成各项工作任务。截至年末，实现通话用户数41.37万户，比2014年净增1.15万户；宽带用户数7109户。全年经营收入达到21702万元，为国家上缴税收902万元。

【设施建设】 建成光缆4986皮长千米，41个节点机房为31个乡镇（街道）办事处提供全业务支撑，辖区维护管理国防干线、省级干线364.2千米。建成2G网宏基站516座、室内分布座点68站；建成3G网宏基站131座、室内分布座点46站；建成4G（LTE）网宏基站459座、室内分布座点站座。建成OLT数据节点设备41站套；小区宽带174小区，用户端口25964户；实现104个村有线+无线覆盖、17个村无线覆盖（700M），220个CMCC站点1869个AP提供热点上网支撑。

【网络建设】 秉承“网络质量就是通信企业生命线”的理念，坚持四网协同发展，适度完善2G网络，全力建设4G网络，形成与2G网同等规模的4G网络覆盖能力。切实做好城区深度覆盖、乡镇广度覆盖和高速路连续覆盖的优化工作，按照贵州省公司“多、快、好、省”的建设要求，把4G网络“做广、做深、做厚”。数据网建设进一步完成对全县所有乡镇街道和城区其他运营商已接入楼房的全覆盖，大幅提升数据网竞争能力。夯实网络基础，保持网络领先优势，严把工程质量关，严格执行新建基站入网流程，禁止站点带病入网，及时处理故障小区，打好4G无线网络优势基础；持续开展网络优化工作，积极开展各类专题优化和整治工作；大力整治动环、配套设施，及时处理动环监控问题，对无后备电源基站进行整治，增加城区室分及拉远站后备电源；开展传输网隐患整治、双路由建设，提升物理成环率，确保网络安全度和健康度。

【渠道建设】 强化渠道建设，提升渠道效能，增加渠道收入。2015年新增渠道10家，取消渠道10家，渠道总量保持不变，淘汰低效能渠道，使渠道收入更加合理，渠道结构得到进一步优化。新增的渠道主要以能力为主要考察标准，提升整体的渠道收入，月支付代办佣金100余万元。

【集团信息化业务】 扎实推进集团信息化业务，竭力为社会、企业提供强有力的业务支撑，有效提高市政管理能力。相继推出“和校园”安全平台、煤监、煤税监控调度等项目，为管理部门带来方便、快捷的优质服务。2015年，县移动公司为县政府正式启动集“六大功能”（服务、互动、工作、学习、管理、考评）为一体的黔西县“党员为您服务”信息平台。信息平台的“互动型、提示型、公示型、工作型、知识型、示范型”等功能，为政府部门建立服务、互动、通知等相关管理和督查制度，健全联席会议制度，会商乡级报送需联合解决事项。“党员为您服务”信息平台的开通，有效提升党务工作服务的常态化、多样化。

【精神文明建设】 始终牢记“正德厚生，臻于至善”的核心价值观，身怀感恩之心，持续开展“明礼知耻·崇德向善”主题活动，进一步发挥党、团组织的引领作用和青年志愿者在精神文明建设中的重要作用，促进广大员工思想道德素质和社会文明程度的不断提高，切实履行社会责任，为构建和谐黔西贡献力量。2月28日，公司青年志愿者到对口帮扶点大关镇关心村，完成3500余株核桃苗的义务种植。5月28日，公司党支部与赫章公司党支部结队走进赫章县平山乡对江村对江小学，为孩子们送去价值5000余元的羽毛球、篮球、乒乓球、书包、书桌等文体用品。按照全县义务教育均衡发展帮扶工作的安排部署，黔西移动公司计划投入10万元资金，在9个镇、4个乡、15个民族乡发起建设“留守儿童亲情关爱室”行动，并充分利用信息化技术，为全县学校提供“和校园”“班班通”等信息化服务，搭建家庭和校园之间的沟通平台，丰富教师的教学手段，使“信息化走进山区校园”。6月18日，大关二小“标准化农村留守儿童之家”示范学校全面落成。

【党建工作】 扎实开展“三严三实”专题教育，加强党的思想政治建设和作风建设。公司领导班子签订《廉洁从业承诺书》和《党风廉政暨惩防体系建设工作责任书》，定期组织廉洁从业教育活动，加强对公司内部党风廉政建设情况的监督、检查和考核；制定切实可行的学习计划，把坚持、完善和强化支部学习制度作为提高政治素质、理论素养和领导能力的重要手段。坚持党员干部每月最少开展一次集中学习，及时学习党的最新会议内容、领会会议精神，撰写学习心得并实行支部传阅、张贴展览；围绕公司中心任务，坚持召开专题民主生活会，找出支部建设中存在的突出问题，及时解决；坚持以市场为导向，积极转变发展方式，不断提高领导班子的经营管理水平，创新业务模式，提升业务内涵。

电 信

【概况】 黔西电信分公司主要经营固定电话，CDMA1X移动通信，数据通信，3G、4G互联网接入及应用等综合信息服务。拥有覆盖全县城乡的电信网络和“宽带”“商务领航”“我的e家”“天翼”“189邮箱”“号码百事通”“互联星空”等知名品牌，具备电信全业务、多产品融合的服务能力。2015年，分公司以十八届五中全会精神和“三严三实”为指导，以“一去两化”深化战略转型，以创新和服务“双领先”推动各项业务发展，取得较好成效。

【划小承包和光改合建】 实施划小承包经营，摸索既能承接市公司考核导向，又能切合黔西实际，真正实现多劳多得的分配制度，不断从实际工作中总结经验，完善划小经营各项工作。

着力推进光改合建和平移工作，多次组织全体代维人员召开动员会，讲解光改合建的意义和好处，动员大家积极参与到光改合建工作中来，将光改平移工作也融入各渠道的日常工作中，全年光改新装和平移9000余户宽带用户。

【经营服务】 积极主动开拓市场，加快各项业务的发展，以融合营销和差异化服务为策略，开展差异化服务和天翼业务品牌的重点宣传，推进移动办公、视频会议、移动监控等应用功能，大力宣传天翼超强保密性能和IVPN业务组网简便、互拨免费、享受一定终端补贴、操作简便等优点。开展各种活动，加深客户对天翼品牌的印象，提升客户对天翼移动业务的感知。强化服务意识，不断提高服务水平，大力提升服务质量，努力创建客户满意工程。

【基础管理】 加强基础管理工作。通过持续优化内控实施细则，加强安全管理，完善各级人员的安全生产责任制，有效杜绝各类重大安全事故的发生。建立完善职代会制度，进一步落实员工民主参与、民主管理、民主决策、民主监督的权力。公司各部门围绕企业战略转型和经营发展认真开展工作，扎实保障企业高效运转。开展党员示范岗创建、领导干部带头讲党课、重温入党誓词、“三亮三比”等一系列活动，取得明显成效。

【廉政建设】 对照与市公司签订的《党风廉政建设责任书》和《廉洁自律承诺书》，逐条落实，严格遵守，不因工作忙而忽视学习，不因任务重而放松学习。认真学习十八届五中全会精神，切实落实“三严三实”各项要求，不断丰富理论知识。在各项重大决策中始终坚持民主集中制原则，对重要事项的决定一律经过总办会集中讨论，实现违规违纪零发生。

联　通

【概况】 黔西联通分公司紧紧围绕省、市公司战略部署，城乡协同、转型提能、改革创新、聚焦发展、精细经营、对标赶超，积极开展岁末年初“4G抢滩行动”、二季度“提速杯”、三季度“4G杯”、四季度“三严三实”杯系列促销活动，坚持把“加快发展”作为第一要务，坚定不移地推进规模增长和有效发展。全年完成主营收入3194.98万元，主营收入完成年度预算的87.12%，全市排名第六。公众市场累计完成主营收入2593.26万元，完成年度预算的89.12%。集客市场累计完成主营收入601.72万元，主营收入完成年度预算的74%。

【设施建设】 是黔西联通分公司设施建设任务是极其繁重的一年。全年完成3G建设150个，2G建设110个，新放光缆600千米。根据市分公司安排，年初对全县所辖乡镇网络进行建设前的规划与设计，黔西建维中心分为一期、二期、三期建设，在基站共享协调、工程队施工管理等方面有序开展。截至12月月底，建设任务全部收尾，2G、3G全部建维完成，后期有序进行网络优化和故障处理。积极配合处理机房对纤、跳线等工作，实现黔西县联通网络覆盖率提升20%。

【渠道建设】 在黔西“通信一条街”新建设核心渠道1家、代理店3家，全县有效渠道达26家。强化渠道发展转型提升，通过组织集中培训、上门培训、一对一沟通等形式，渠道老板、店长、店员转型提能得到改善，终端号卡匹配销售意识得到大幅提升，渠道与公司的黏性得到有效增强。钟山营销中心发展自控厅5家，正在建设2家自控厅，新建设普通沃店1家，新建普通代理渠道3家。强化存量渠道发展、佣金“双提升”，拟定的5家渠道初步达到效果，其中钟山乡吕静宽带专营店，原来只做固网，移网做移动，经过和代理商沟通洽谈，达成全联通业务发展，全年实现月出账收入3.9万元，佣金平均在7000~8000元之间。金碧营销中心新建普通代理点5家，均已正常营业；林泉新建1家自控厅于10月开始营业。引导渠道以购手机赠卡、“买一送一”等方式进行业务发展推广；片区经理每周寻找信号覆盖面广、人口密集的大村大寨作为目标村，组织“圈村活动”。

【终端销售和固网发展】 黔西县分公司组织渠道订购终端3000余台，提升终端覆盖渠道的点与面，机网业匹配销售得到了提升。2015年黔西县城镇小区、大村大寨宽带网络建设覆盖40余个点，扩容20余个点，成功完成城关镇、重新镇的光改工程，大大提升客户感知，增强客户的黏性。城区镇上马村、金碧营销中心在红林乡渔塘村、桃井村，洪水乡莱子沟村、箐利村，雨朵镇登高村，五里乡中心村，新仁乡文化村，金坡乡桶井村完成联通光纤宽带接入，实现让联通光纤宽带进入村寨。

【集团重点项目】 围绕黔北高速、黔息高速、中铁十八局、中铁二局、西美集团等五大重点项目单位做好综合业务拓展。其中中铁二局互联网租线11条、移动业务350户；中铁十八局互联网租线3条、移动业务200户；西美集团互联网租线1条、移动业务80户；黔北高速互联网租线2条、移动业务80户；黔息高速租线8条、移动业务100户。

【聚类市场和存量市场】 深入工业园区务工群众中进行摆摊宣传，办理移网业务58户；梳理网络发票上门维系，续约用户75户、新发展网络发票用户320户。对存量市场做到线上及线下维系，定期梳理到期用户进行电话一对一回访，告知老用户优惠政策，回访率达100%，续约率达50%。

【网络维护】 黔西联通遭遇洪灾、山体滑坡等自然灾害，维护抢修工作难度极大。分公司组织建维中心和代维人员，克服山高路陡、荆棘丛生、通信杆线大多穿越深山老林且点多面广、人员少等诸多困难，攻破一个个抢修难点，早出晚归排除故障，扎实做好后台支撑服务和通信保障工作，用实际行动履行对客户的承诺，实践“客户至上，诚信服务”的理念，实现全年网运指标居全市前列。

文 化

文化·广电·旅游

黔西刊社

【概况】 黔西刊社围绕中心、服务大局，坚持以提升舆论引导水平为主线，充分发挥报（刊）典型宣传、热点引导和舆论监督三大功能，唱响主旋律，打好主动仗，不断创新思维，调整版面结构，扩大信息容量，增强报（刊）的可读性和实用性。全年共编辑出版《黔西报》100期、《黔西》期刊6期，开展采访活动近500次，编辑出版文字总量400余万字，为县委、县政府中心工作提供有力的舆论支持和精神动力。

【典型报道】 围绕县委、县政府中心工作，先后与县纪委、县委组织部、县委宣传部、县委统战部、县委政法委等部门配合，在《黔西报》开设“廉政视窗”“同步小康驻村”“创文创卫”“新农村·新农民·新风尚”“同心谋发展、协力建小康”“平安黔西·法治黔西”“项目建设、百日冲刺”“学习贯彻党的十八届五中全会精神”“学习贯彻市委一届七次全会精神”“春在水西·情暖花都”等10余个专栏，及时采写刊登各类稿件，用事实说话、数字说话、典型说话，相继推出《同心帮扶结硕果，柳绿花艳映明珠》《重塑水西历史，展示民族风情》《纵横黔中畅无阻，漫步跨越铸辉煌》《萧瑟秋风今又是，换了人间》《厚重的历史，瑰丽的田园，永恒的乡愁》《让每个孩子从“有学上”到“上好学”》《进寨驻村天地广，凝心聚智奔小康》《魏开华：支手筑造青山梦》《新风劲吹新农村——甘棠镇庐茅村“述怀”学习小组宣讲党的十八届五中全会精神见闻》等一批有观点、有事例、有分量的典型报道，全面展示全县项目建设、工业经济、园区建设、同心工程、民生工程、教育事业等领域的强劲发展势头和阶段性成就，有效引导舆论，有力配合黔西各项工作的顺利开展。

【重大政务活动报道】 按照县委、县人大、县政府、县政协的统一部署，认真组织开展县“两会”、黔西县启动“三严三实”专题教育、全县经济工作会议、全市春季农业观摩暨农业园区建设现场观摩总结会、全市工业项目观摩总结会等一系列重要会议和活动的宣传报道；圆满完成中央统战部、毕节试验区专家顾问组、深圳市、云南省、湖南省、青海市、遵义市等省内外考察团到黔西调研考察活动采访报道任务。报道工作思路清晰，主题突出，层次分明，收效良好。

【系列报道】 从县委、县政府重视和人民群众关注的问题入手，选好题目，找准切入点，组织开展一系列采访报道，营造氛围、汇聚力量。聚焦全县重点工作，加大采编力度，在《黔西报》开设“绿色黔西”“四在农家·美丽乡村”“决战贫困，提速赶超，同步小康”“践行‘三严三实’，整治‘为官不为’，深化作风建设”“发展板块经济，助力同步小康”等栏目，通过评论、消息、通讯、访谈等多种方式，广泛宣传报道基层干部群众同心协力共建小康的火热场景和生动画面，激发全县干部群众干事创业的激情。继续与县总工会、黔西电视台联合开展第二届“回乡创业展风采”征文活动，并于2月26日召开全县“回乡创业展风采”活动座谈会，得到市委常委、县委书记卢林的充分肯定做出批示：“这项活动开展得非常好，希望继续开展，不断取得新的更大的成绩。”自3月1日启动第二届“回乡创业展风采”征文活动以来，先后采写刊载《他是一个硬汉子——记新仁乡长井村残疾人、返乡创业农民工张贵华》《在外打拼三十载，回乡创业释乡愁——记锦星镇养牛致富能手陈国亮》《牵手乡亲同奔小康——锦星镇返乡农民熊廷华带领群众致富记》等24篇稿件，在全县营造出干事创业、比学赶超的浓厚氛围。

【纪念性活动报道】 加强策划，派出精兵强将，相继制作春节系列活动、纪念“三八”妇女节、“3·15”活动、2015贵州·黔西“柳岸水乡”第五届油菜花文化旅游节启动仪式、“全国助残日”活动、“六一”儿童节、“6·26”国际禁毒日、“纪念建党91周年”等多个纪念性活动特刊，以丰富的内容、精彩的图片、优雅的品位和浓厚的生活气息受到读者好评。

【业务工作】 学习借鉴中央、省、市办报办刊经验，调整版面结构，扩大信息容量，使《黔西报》的版式设计和文稿内容实现较大改观，增强报（刊）的可读性和实用性。加强通讯员QQ群建设，推进通联工作，积极在乡镇、部门发展通讯员，建立一支水平较高、相对稳定的通讯员队伍，为确保一报一刊优质稿源供给打下较好基础。进一步加强质量意识教育，健全完善规章制度，明确要求执行采编流程中记者写稿、编辑编稿、总编终审把关“三审三校”制度，明确职责，层层把关，在追求宣传报道出色的同时，力求语言文字的准确、鲜明和生动。全面贯彻新闻地域化、风格平民化、服务精细化的指导思想，坚持“新闻好看，资讯有用”的总体定位，在办报实践中坚持贴近生活，注重策划，全力打造市民最喜爱的特色报纸。充分利用好县政务中心大厅报刊取阅点和水西公园入口两侧《黔西报》阅读栏的作用，每周一由值班人员负责及时更换报（刊），方便群众领阅和查看实时新闻，让党委、政府的最新政策、最新消息与广大群众“零距离”接触。

文化与广电工作

【概况】 县文化体育、广播电视系统干部职工认真贯彻落实党的十八大及十八届三中、四中、五中全会精神，结合践行“三严三实”，围绕县委、县政府及上级业务主管部门的工作部署，聚精会神搞建设，一心一意谋发展，公共文化设施建设进度加快，群众性文体活动蓬勃发展，文化遗产保护传承得到加强，文化市场规范有序，发展规划初步形成，新闻宣传取得突破，队伍建设不断加强，圆满完成全年各项工作任务。

【文体设施建设与利用】 向群众提供文化设施、场地免费开放，继续对免费开放场所进行提质改造，改善服务条件，充分发挥公共文体设施保障群众文化权益的作用；农村文化建设专项补助经费及免费开放补助经费落实到位，确保两馆一站、农家书屋、文化信息资源共享工程等公益性文化设施全部向群众免费开放。图书馆电子阅览室接待读者4600人次，接待成人和少儿读者图书阅览3500多人次；重新核对全县农家书屋点，因村合并和撤销，全县农家书屋点由原来的371个减少到356个，完成2015年度图书配发54468册，价值139.7万元。文化馆开展文艺辅导400余个课时，建立文艺基地2个，帮助县中等职业学校建立学生艺术团1个，与学校开展体教结合，建立田径、武术、足球、摔跤等6个训练基地，培养体育后备人才，提高全县青少年体育竞技水平；完成2014年以来51个村级农体工程建设任务，启动实施2015年40个村级、5个乡镇级农民体育健身工程和4条全民健身路径工程；做好“村村通”“户户通”建设工程的后续维护管理工作；有序推进高山无线发射台基础建设项目，已完成环保、国土审批手续；完成城区户外调频广播改造和机房调频广播编码控制器的安装调试，新安装36只调频编码控制户外音柱。全年完成农村公益电影放映4164场，为1个村购买音响1套、为1个村安装广播1套。

【文艺下乡】 将送文艺下乡活动作为一种文化惠民和贯彻党的群众路线教育实践活动的重要举措，组织创作编排一批反映时代特征、贴近农村实际、富有生活情趣、群众喜闻乐见的文艺节目，配合法制宣传、禁毒宣传、计生宣传、践行“三严三实”“四在农家·美丽乡村”建设、创建文明卫生城市、双拥城市等专题，把文化送到化甲村、黔希煤化工、消防队、龙潭社区、钟山镇、观音洞镇等乡、村、企业、社区、军营，共演出20余场，受到群众的热烈欢迎。

【群众文体活动】 以春节、国庆系列文体活动为平台，举办各种群众性文体活动。组织迎新春文体系列活动12大项，举办国庆节文体活动7个单项，包括球类、棋类、太极健身、武术、歌舞、书画展等群众喜闻乐见的活动，确保居民节日活动丰富多彩。组织举办书画摄影展、灯谜竞猜以及迎春越野赛、象棋围棋比赛、乒乓球比赛、广场舞比赛、庆中秋迎国庆游泳拳击武术比赛，组织举办“黔飞杯”自行车赛、“火电杯”乒乓球赛等大型赛事，组织举办桃李花节、油菜花节等文艺演出活动，为群众送上一场场文体盛宴，深受广大群众欢迎和喜爱。

【文体竞技】 选拔出的原创文艺节目在全市乌蒙文化节戏剧小品大赛中荣获银奖1个、铜奖1个、优秀奖2个，在器乐大赛中荣获金奖1个、银奖3个、铜奖2个、优秀奖4个。在全市五一职工篮球赛中，县女子篮球获得第一名。与县教育局联合举办全县2015年中小学生体育运动会，为培养、发现、选拔体育人才打好基础；在全省广场健身舞大赛中，县代表队获特等奖。组织参加贵州省第九届运动会，县摔跤队1人获男子50千克级第二名，1人获男子55千克级第三名，1人获男子66千克级第三名；在游泳比赛中，男、女乙组共斩获6金、6银、2铜，为黔西争得荣耀。

【文物保护】 对新发现的老鸹河石棺墓及

彝文墓碑进行定点、实测，对重新镇石坪古生物化石出土点进行资料采集，完成兰香沟水库库容区域文物考古调查和陈明仁将军纪念碑相关资料的收集整理；做好全国第一次可移动文物普查第二阶段数据登录审核工作；上报2015—2016年全国重点文物保护单位文物保护项目方案编制计划表；完成兵部尚书李世杰祖父母合葬墓异地搬迁保护和三楚宫戏楼维修维护，启动李世杰墓院修复工程，已完成第一期建设工程；完成全国重点文物保护单位茶马古道谷里段及省级文保单位象祠的保护标志碑安装，全县国家级、省级、县级文物保护单位标志碑全部安装完毕。做好文物消防安全，完成武庙电源开关更换，增加消防灭火器，实施消防通道清理，悬挂消防安全警示牌，消除安全隐患，确保文物安全。

【非物质文化遗产建设】 对全县非物质文化遗产资料进行补充完善，完成毕节市黔西县中医药传统名录项目调查工作，完成第四批省级非物质文化遗产项目传承人申报，并选送手工技艺类苗族刺绣传承人赴苏州培训学习；为省非遗中心博览馆提供展陈品，积极筹备全县2015年全省非物质文化遗产数字化建设工作，采集完成第五批县级非物质文化遗产项目及第三批县级代表性传承人申报资料。

【文化行政审批制度改革】 进一步深化行政审批制度改革，将本部门所有涉及行政审批事项集中进入县政务服务中心服务窗口集中办理，方便办事群众。全年完成新闻出版市场50余户经营户的年检及新闻出版、文化市场经营数据年报工作，新审批歌舞娱乐场所1家、图书零售10家、复打印店1家。对取得工商营业执照从事互联网上网服务的82户经营户进行实地踏勘，激活文化市场技术监管平台经营户62户，为网上办理注册、审批打下先期基础。

【文化市场监管】 认真开展文化市场监督管理工作，在加强日常巡查监管频次的同时，大力开展娱乐场所、网吧、出版物市场和印刷复制业、卫星地面接收设施、体育高危行业的专项整治行动，严厉打击各类违法违规经营活动，努力营造平等竞争的市场环境和健康安全的消费环境。在黔西五小举行“护苗2015”杜绝未成年人进入网吧启动仪式，发出《远离网吧，从我做起》倡议书，向五小捐赠500册、价值4000元的学生课外读物。与市场监管、消防、公安等部门联合开展黑网吧取缔行动。与市场监管局联合对全县40余户销售卫星电视地面接收设施的经营户进行清理整顿，认真查处非法安装、销售、使用卫星接收设施的行为。全年共出动执法人员1090人次，检查网吧336家次，查处违规经营网吧4家；出动执法人员270人次，检查歌舞娱乐场所90家次；出动执法人员230人次，检查书报刊店80家次，收缴盗版及非法出版物4800余件；出动执法人员400人次，检查印刷厂、复打印店137家次。扎实开展“清源”“净网”“护苗”“秋风”和“固边”行动以及禁毒行动，保持文化市场执法高压态势，扫黄打非工作取得阶段性成果。

【广播电视宣传】 紧紧围绕县委、县政府中心工作，以日常宣传与重点宣传相结合，采取新闻、专题、栏目等方式进行宣传报道，强化服务意识，为全县经济社会发展营造良好舆论环境。先后开设《点赞2014》《绿化黔西》《创文创卫共创共享》《水西之春》《服务企业“百千万”工程》《精准扶贫进行时》《同心谋发展，协力建小康》《践行“三严三实”，强力推进作风建设》《决战贫困、提速赶超、同步小康》《水西大地党旗红》《媒体看黔西》《情系黔西人才回归》《劳动者之歌》《电商在黔西》《农业板块经济秋冬种工作谈》《构建大交通，实现大发展》《贵州促进精准扶贫“1+10”文件解读》

《小城镇管理》等栏目。对县人大、政协两会等重大活动进行广播、电视直播。全年共制作播出黔西新闻312期、2668条，民生视线45期、363条，制作专题10部，播出公益广告、公告、标语等4300条次。

【对外宣传】 积极向上级台站选送新闻、专题等节目，向外充分展现黔西人民在决战贫困、提速赶超、同步小康拼搏中的精神风貌，充分展示全县经济社会建设取得的成就，全年被《贵州新闻联播》采用32条次，被《毕节新闻联播》采用232条，黔西越来越受到外界关注和重视。在2014年全市新闻评奖活动中，黔西选送的1条消息获一等奖，1个专题获二等奖，2个新闻专题、1篇系列报道、5条消息获三等奖；2条新闻获贵州新闻奖。

【广播电视安全管理】 强化广播电视安全管理，在春节、“两会”、国庆等重要时间节点做好广播电视台、发射台、有线电视机房的安全播出检查工作，全年共检查14次，维修发射台设备23次。加强制度建设，成立安全播出领导小组，制订应急预案，明确各部门分工，各司其职，责任到人，对安全播出的每一个环节进行认真细致的自查，确保节目优质、安全、不间断地播出。

旅游工作

【概况】 2015年，是“十二五”收官之年，全县旅游工作着力开展项目策划和招商、旅游基础设施建设、旅游景区建设和精品战略、旅游服务质量提升等方面的工作，全力加快黔西旅游升级版打造建设。全县全年接待游客443万人次，实现旅游收入37.07亿元，比2014年增长21.3%。

【旅游基础设施建设】 完成高速公路旅游标识牌设立；积极争取上级项目资金，完成观音洞文化旅游区“2015年省、市级基本建设前期工作费用”的申报；启动《全国重点文物保护单位贵州省黔西县观音洞遗址保护规划（2010—2030）》《黔西观音洞文化旅游区旅游开发建设专项规划（2015—2020）》初步设计和环评等支撑性文件的编制。

【旅游规划编制】 完成“十三五”旅游发展规划纲要编制和《乌江源百里画廊东风湖休闲度假旅游区概念性规划》《水西宣慰洞旅游项目建议书》《凹水休闲度假旅游区概念性规划》编制工作。在深入调查研究的基础上，完成《黔西县旅游产业发展报告》《黔西县乡村旅游发展报告》《夯实基础，强化宣传，着力推出“贵州乌江游”旅游品牌》《完善体系，提高质量，全面打造旅游服务体系升级版》《黔西县星级酒店发展调研报告》《黔西县旅游机构机制情况调查报告》等有关旅游发展理论研究材料的撰写，进一步理清发展文化旅游业的思路。

【乡村旅游发展】 对解放村、丘林村、乌骡坝等重点乡村旅游点的农家乐进行经常性指导，加强环境治理，提高服务水平；与有关部门密切配合，整合资金加快乡村旅游点建设，编制丘林村、解放村、乌骡坝韦寨、化屋村、新富村等6个乡村旅游项目，并列入《贵州省乡村旅游转型升级行动计划（2015—2017）》重点示范村寨名录。完成《乡村旅游扶贫重点村旅游基础设施项目建设方案》编制，由县发改局逐级上报国家发改委，争取国家层面立项支持；争取到2015年度省旅游发展专项资金60万元，支持解放村乡村旅游基础设施建设。编制全县乡村旅游扶贫示范村旅游基础设施建设项目，积极申报第四批国家债券基金，以加快乡村旅游扶贫示范建设。

【文化旅游重点项目建设】 以丰富的文化

遗产资源为依托，整合各文物点大力发展文化旅游产业。对一些重要文物进行修缮保护，整合“四在农家·美丽乡村”建设资金，投入160万元启动省级文保单位李世杰墓院一期修复工程。全面完成省级文保单位象祠文化旅游区工程，启动展示厅设计、展品陈列等建设工作；完成水西古城一期项目休闲度假区装修工程3万平方米、文化展示区基础设施建设2万平方米，特色旅游产品区（体育与旅游融合发展项目——游泳中心）建成运营，共完成投资1.7亿元；完成服务业发展资金项目、藏羌彝文化产业带项目、旅游厕所建设工程等的申报编制工作，并争取到省50万元旅游专项资金补助水西古城基础设施建设，逐步向发展古城旅游迈进。中建乡政府与大华旅游发展公司签订中果河漂流项目开发签约，并启动规划编制等前期工作。水西泰丰园成功申报为全县第一个AAA级景区，为文化旅游发展带来强劲活力。

教　育

教育工作

【概况】　县教育局认真贯彻落实党的十八大及十八届三中、四中、五中全会精神，结合践行“三严三实”，围绕县委、县政府及上级业务主管部门的工作部署，全面深化教育领域综合改革，奋力推进教育均衡发展，不断增强教育发展动力和活力，助推全县教育健康持续发展。全县203所义务教育基本均衡验收学校办学条件9项重点指标均有7项以上达标，办学条件评分均达85分以上。5月、6月、12月，全县义务教育基本均衡相继通过市级、省级督导评估及国家评估认定。

【教育项目建设】　推进202个在建乡镇中心幼儿园、学生宿舍、乡镇教师公租房（周转房）及其他工程项目建设。建筑总面积293465平方米，总投资4.98亿元。其中，19个幼儿园建设项目竣工7个、主体完工5个、基础施工5个，未动工2个。51个学生宿舍项目，竣工44个、主体完工4个、主体施工3个。135个教师公租房（周转房）项目，竣工131个、主体施工4个。推进南部新区教育园区项目建设，项目规模95995平方米，投资约2.15亿元。黔西一中分校前期项目选址、用地预审手续已办理，正在办理项目用地规划和环评手续及施工图设计，地勘已进场；黔西二中分校学生宿舍、食堂和浴室项目待施工图纸出来后直接办理工程规划手续；黔西一小分校综合楼和运动场前期项目选址手续已办理。扩建黔西三中、黔西九小、谷里小学、沙井小学等13所义务教育学校，预计投入资金13889万元，新建校舍面积69446平方米。谷里小学、沙井小学2个地灾项目已完工；黔西三中扩建项目主体完工，黔西九小完工，预计2016年3月可投入使用。

【义务教育均衡发展】　加强控辍保学，提高普及促均衡，强化“双线”承包责任制和“七长”负责制，大力开展2月控辍保学月宣传活动，确保该入学的一个不少，已入学的一个不辍。全县小学、初中辍学率分别为0.2%和2.0%，均控制在省市规定范围内。关注弱势群体，教育公平显均衡，落实三类残疾、进城务工人员随迁子女等特殊群体入学政策，三类残疾入学率保持在85%以上，进城务工人员随迁子女在公办学校就读比例达80%以上。完善设施设备，现代教育助均衡，完成177所中小学建设任务，新增配置“班班通”1048套，补充计算机1108台，部门帮扶学校物、款150余万元，学校办学条件得到明显改善。强化学校管理，内涵发展提均衡，加强对验收学校校长、教育管理中心主任业务培训，提升学校管理水平；按每校5万元标准拨付86所义务教育阶段学校校园文化建设资金430万元，提升学校文化内涵。

【标准化师范学校建设】 黔西一中升省级二类示范性高中通过省级评估，黔西中等职业学校创建省级示范性中职学校通过省级评估。市级规范化学校、示范幼儿园、校园文化建设先进学校、“四在学校·幸福校园”示范校等各类规范化（示范）校创建工作正稳步推进。

【中职招生工作】 分解中职招生目标任务并签订责任书，严格实行招生工作包保责任制。加大中职招生宣传力度，广泛动员应往届初中毕业生、未升学的高中毕业生、返乡农民工、进城农民工、退役士兵等城乡劳动者，积极就读中职学校。截至年末，全县完成中职招生 6866 人，完成目标任务数的 102.48%。

【集团化办学工作】 集团化办园全面铺开，在 2014 年集团化办园试点工作的基础上，完善、细化《黔西县学前教育集团化办园推进实施方案》，幼教集团扩展至 5 个，覆盖全县已招生的所有公办幼儿园。集团化办学试点工作有力推进，出台集团化办学实施方案，并召开大会，启动以黔西二中和黔西一小为龙头的 2 个义务教育集团试点工作。

【师资队伍建设】 完成面向社会招聘招考 120 名幼儿教师、150 名特岗教师以及 30 名免费师范生签约工作；完成面向社会招考 59 名高中教师、41 名幼儿教师和城区学校面向乡镇考调 169 名教师工作；完成全县 7000 多名在职教师岗位设置、554 名教师中高级职称聘任。组织评选市级骨干教师 25 人、县级名师 11 人、县级骨干教师 124 人；组织校长、教师参加各级各类培训 1967 人次；组织 2230 名教师参加教材过关考试；邀请民盟贵州省委、陶行知教育研究会到锦星镇进行培训，参培教师 320 人；聘请省内心理问题培训中心专业教师对全县 7000 余名一线中小学教师进行青少年心理健康教育和辅导能力培训。全县教师队伍整体素质显著提升。

【德育工作】 在全县各学校广泛开展“明礼知耻·崇德向善”“童心向党·歌咏中华”“祖国好·家乡美”、纪念抗战胜利 70 周年等主题教育实践活动，培育学生“三爱”“三节”美好情感。深入推进学科渗透法制教育工作，创新思路，增强教师在学科教学中渗透法制教育的积极性和创造性，提升学生法律素养。在全县 320 所中小学开设道德讲堂，以道德讲堂为载体，分别举办 3 期以上道德讲座，大力推进社会主义核心价值观建设。扎实开展为期 1 周的师德教育活动，着力提升教师师德素养。

【教学常规和教科研工作】 抓牢教学常规，重点聚焦课堂教学。通过开展教学视导、同课异构、送课下乡、联片教研等活动，搭建有效交流学习平台。5—6 月，分别在谷里、协和、金兰、黔西二中、实验二中、水西中学开展教学视导活动，辐射 16 个乡镇中小学和全部高中学校，涉及 17 个学科，受益教师 800 余名。抓好初、高中毕业班工作，重点做好中、高考工作。组织开展高考备考研讨活动，选派教师参加各类高考、中考专家培训会，吸收最新最前沿信息，提高复习备考实效；组织高考模拟考试 1 次和中考模拟考试 2 次；高质量完成中、高考考试工作，中、高考质量稳中有升。

【留守儿童关爱】 做好留守儿童排查工作，教育、民政、各乡镇（街道）通力协作，组织人员对留守儿童进行拉网式大排查，并完善档案，确保信息准确无误。加快推进留守儿童之家建设，已建成留守儿童之家 248 个，其中省级示范性留守儿童之家 1 个（思源实验学校），达到省级标准留守儿童之家 30 个，在建省级标准化留守儿童之家 15 个，正陆续投入使用。多举措开展留守儿童关爱工作，对 210 名无人监护留守儿童实施“一对一”结对帮扶，将其中在校生全部安排住进寄宿制学校；采取老师“一帮一”，同学“多帮一”的形式关心、关注学困留守儿童学习；认真组织假期家访，由帮扶老师和村（社区）干部每周对留守儿童在家情况进行跟踪了解；在锦星一小开展“美丽心灵·快乐同行”暑期夏令营活动，让来自县城和乡村的296名留守儿童度过快乐的7天；组织7名父母在广州务工留守儿童到广州参加2015年“美丽心灵·快乐同行”关爱留守儿童夏令营第四季活动；推荐17名留守儿童参加“国学少年”的选拔。

【教育惠民政策落实】 大力实施学生营养改善计划，惠及学生80390人；免除1947名中职学生学费194.7万元，发放160名贫困大学生助学金31.6万元、1708名中职学生助学金128.1万元、4588名困难学生高中助学金344.1万元、12436人农村义务教育阶段寄宿生补助费763.11万元、940名幼儿资助金47万元；办理2015年生源地助学贷款6879人、贷款金额4075.28万元。

【义务教育阶段学生免试就近入学工作】 制定信息采集方案，落实信息采集人员，认真核查学生户籍、居住地等信息，对适龄儿童、少年做好翔实、准确登记和统计工作。组织人员到有关乡镇开展实地调研，落实调研任务，提出招生入学方案，并组织教育管理中心、学校行政领导、教师代表等人员进行讨论。组织各界代表召开听证会论证方案，召开县长办公会通过方案。分批次平稳有序组织学生报名入学，义务教育阶段学生免试就近入学工作顺利实施。

【校园安全工作】 建立完善齐抓共管的学校安全工作体制，创新安全常规管理，举行开学安全第一课、期末安全最后一课等各类主题安全教育活动1800余次，开展1200次各类安全隐患排查整治，完善14个突发事件应急预案，组织1150余次学生应急疏散演练，开展600余次校园及周边环境综合治理；妥善处理信访维稳事件8宗，确保无较大以上安全事故和集体信访事件发生，有力维护校园和谐稳定。

黔西一中

【概况】 黔西一中坚持贯彻党的十八大和十八届三中、四中、五中全会精神，围绕县委县政府和上级教育行政部门“改革、提质、发展”的要求，坚持“面向全体，注重内涵，特色教育，科学发展”的教育思想，坚持“常规立校、科研兴校、法规治校、文化强校”的改革发展原则，以顺利通过省教育厅“升类”评估为核心工作目标，深化“教育常规规范年”活动，努力实施“1234”发展计划，改革创新，锐意进取，各项工作取得可喜成绩。

【教学常规管理】 抓好教学管理制度与措施的完善和落实，提高管理实效。完善《黔西一中教学管理制度》《黔西一中考试工作管理办法》《黔西一中学分管理办法》《教研组量化考核方案》等，促进教学工作的制度化建设。按照教育常规规范年活动实施方案，集体备课、校研课等正常开展且有所创新和发展；切实抓好课堂教学与督查工作，全校教师人人参加“说课”活动，每月公布“我最喜爱的课”统计情况。2015年，“我最喜爱的课”获评达40节以上的老师有56位，对教师积极改进教学方法起到很好的激励作用。省教育厅专家组在对黔西一中实施“升类”二评时，共抽听21节课，其中获优秀7节、良好11节、合格3节，取得85.71%的课堂优良率，对比“一评”时80.95%的课堂优良率提高近5个百分点，深得省评估专家组的一致好评。

【模块教学与学分管理】 执行《贵州省普通高中课程改革实验课程安排与管理指导意见（试行）》的有关规定，强化规范化教育教学秩序，使课程安排合理，课表设计有效，体育模块化教学走上正轨，培优辅差工作推进有序，成效明显。各年级班主任和科任教师使用并完整填写学生《综合素质评价手册》，学段或学期结束后，年级部组织对该年级学生学分认定，学分认定报教务处审核后予以公示。作为省级示范性高中，黔西一中学生在高中三年中理工类发展方向的学生至少须达160个学分，在文史类发展方向的学生至少须达156个学分，在艺体类发展方向的学生至少须达144个学分，才能达到毕业标准。

【校本课程建设】 教科处牵头不断完善《学生选课指导手册》并开展培训。组织部分课时不足及没有安排上课的教师开展校本选修课题研究，编写校本教材或教学提纲，利用周六开设校本选修课，探索创新，效果初显，参与校本课程学习的学生近200人。通过学校对任课教师的问卷测评，校本课任课老师的教学得到学生们的认可，学生学习积极性较高，在校本选修上也获得相应的学分。老师们参与校本教材开发的积极性不断提高，全年形成3本校本教材，分别是教师吴俊主编的《公民教育》、教师沙祖祥主编的《灯谜》、教师石强主编的《探寻水西历史文化》，并正式投入使用。

【毕业班工作】 高度重视毕业班工作，高三年级部组织各学科备课组制定学期目标和教学进度，做到过程性管理和评价及时到位。开办“相阳强化班”，力图让学生获得最优教学资源的有效服务。在2015年高考中，全校在入口成绩低于其他省级示范性高中的情况下，在毕节市总体高考成绩稍有下降的同时，取得51.54%的二本以上上线率。

【班级管理与学生养成教育】 狠抓德育常规、班级管理及学生养成教育，确保德育工作落到实处。开好3次全校性班主任工作会与2次全校性家长会，年级部每月组织召开班主任例会，坚持各班以班委会、团支部为主体做好每周“我们最喜爱的课”评选工作。加强班主任教育和管理能力的提高，加强学习培训，培养学生的公民素质和道德修养，使学生形成对文化、学校、教师的“敬畏感”。以校训、培养目标为核心，将思想政治课堂教学与德育实践活动结合起来。将“公民道德与伦理常识”更名为“公民教育”，尝试国家教材校本化。坚持责任教育，培养学生的责任感，使学生成为一个“负责任”的人。加大校园文化建设力度，按照省厅评估要求，建成以“四立四美”为主要内容的文化墙，采取各种有效方法引导学生达到“修身立德，砥砺成才，强体健心，崇善向美”的目标。校德育处及学生会对学生文明行为加大检查力度，通过班会课、国旗下讲话、军训等方式对学生进行文明礼仪和爱国教育。

【教科研工作】 参加省教科院组织的教学设计、教研论文、课件制作、录像课比赛的教师达31人；有22个校级课题开题，课题研究的水平明显提高；在2014年毕节市优质资源评审中，云杰、刘孟、秦燕等20位老师获奖；积极组织参与各级骨干教师、名师送课下乡和教学视导活动，其中陈海、吴俊、曹彬等教师在送课活动中得到凤凰中学全校师生的好评；在以技能大赛获奖者为主体参与的教学视导活动中，晏尹、陈春、马兰、李显丰、陈海、苏俊、康勇、杨发琴、王金魁、杨程、林静等老师的课得到全县与会教师的高度称赞；在结对帮扶活动中，校骨干教师龙升会、李丽萍在林泉中学进行示范教学，获得林泉中学领导及广大师生的好评。组织部分教师参加省、市先进教师示范课和优质课观摩，部分教师参加省、市、县优质课评比并获得较好成绩。有16个校级课题获得结题，13个校级课题立项，课题研究水平有较大提升。

【教师专业发展】 按上级教育行政部门的

有关要求，积极做好“十二五”教师继续教育迎检验收准备工作。7月初迎接县级初检，效果良好。学校教科处组织“五四杯”青年教师技能大赛，参赛人数达44人。推荐评选县级骨干教师与县级名师，教师申报积极，帅远华等9位老师被认定为县级骨干教师，陈海等3位教师被认定为县级名师，有效激发广大教师的积极性，促进教师的专业发展，提升教师及学校的知名度和影响力。组织教师到福建、深圳、贵阳、金沙、毕节等地学习培训近50人次，推荐史光源、林静等3名教师参加省级“名师工作室”，44人参加“一师一优课，一课一名师”活动并取得良好效果，得到县教育局的充分肯定。

【职业道德建设】　坚持贯彻落实依法治校、依法执教的原则，通过不断加强师德师风建设，部分敬业精神不够、工作纪律散漫的教职工逐渐转变，把精力更好更多地集中到搞好教育教学、自身专业发展和后勤服务方面上来。大力倡导“立德树人”的教育信念，教师更加自觉遵守和履行市教育局“十个不”的承诺，遵守“党风廉政建设承诺书”，履行与学校签订的“教学常规承诺书”，践行“生命感和责任感的教育”“爱的教育”“系统育人的教育”理念。组织全校教职工签订《落实八项规定（作风纪律）责任书》，评选全校校首届“师德标兵”并予以表彰，把学校师德师风建设推向新的高度。

【法规治校】　坚持“法规治校”，于12月27日召开全校“三年提质行动计划”启动会。组织教职工完成2015年普法考试和干部理论考试，进一步提高教职工的思想政治素质；校班子成员按照县委组织部要求，参加并完成“2015年度干部在线学习”任务。完成绩效考核条例等系列规章制度的修订，进一步夯实“法规治校”的基础，专项工作及时以文件形式进行安排部署，“校风良好，教风高尚，学风纯正”氛围初步形成。通过教学巡查、随堂听课、学生评教等手段，加大课堂教学督察和评价力度，旷课、迟到、早退等不良现象大为减少。加强学籍管理，规范学生行为，在高一年级做好学籍建档工作，组织对休学、转学、复学等各类异动情况的核查工作。根据《贵州省普通高中学籍管理办法（试行）》有关规定，对87名同学作“自动退学”处理，并报上级有关部门取消学籍。

【后勤管理和服务】　在校园总体规划下继续完善学校文化建设和校园规划、硬件建设，配套完善各附属设施建设。配合上级和有关部门启动实施一中新校区建设工程。完成教师公租房第一期项目建设并启动第二期项目建设和学生食堂项目建设。做好高考各项服务工作，为高三年级学生及时提供各种政策咨询和信息。做好“数字化校园网”各项管理和维护，及时完成各种考试的制卷、扫描工作，为每一次考试后及时评卷、成绩统计和分析提供有力保障，最大限度发挥“数字校园”设备的功能，达到扩展教学容量、提高课堂效率的效果。按“三公”经费管理规定，每月按时按要求对“三公”经费进行公示上报。人事信息统计及时、准确，完成第二轮岗位设置工作，职称评聘宣传到位，切实保障教职工切身利益。

黔西二中

【概况】　黔西二中紧紧围绕学校“修己立人”的校训和“三大”培养目标，坚持以追求学校内涵发展为重点，着力打造现代书院式中学，追求特色，勇于创新，在全体师生的共同努力下，学校各项工作在不断求实、求快、求精的进程中形成效应，创出品牌。学校不断完善各项软硬条件，真正落实“硬件不足软件补，软件不足特色补”的理念，推进学校全面建设、特色建设不断跃上新台阶。2015年，学校义务教育均衡发展工作通过国检验收。

【教育教学管理】 把常规的备、考、批、辅、改细化，强调各环节的检查与督促，将常规日常检查纳入绩效考核。通过各类教育教学常规制度、“中高考奖励条例”“高级职称教师教学质量管理办法”以及重新修订的绩效考核条例，加强细节管理，使全校各项教育教学常规工作有条不紊地开展。重视特色教育，抓好校本课程的开发使用；校体艺处工作有效开展，全校师生在各级各类竞赛活动中觉得良好成绩，为学校赢得多项荣誉。

【分校建设】 7月，经县人民政府决定，将已闲置多年的原黎明小学划作黔西二中分校，筹建一所初级中学，解决城郊接合部子女就学难、上学远的问题，让闲置的教育教学资源得以利用，使优质的教育资源辐射到教育薄弱区域。经艰苦筹建，分校按期投入使用，通过一个学期的运行，取得良好的教育教学成果，得到了上级领导和当地群众的一致好评。

【内涵发展】 大力加强“三级”管理模式，推进管理重心下移，即行政纵向管理、年级工作组横向管理和后勤服务管理的管理模式，充分调动全校教师的工作积极性，使得年级组管理工作更自主，更接地气。同时，通过“五修立人”系列教育活动，将“仁义礼智信”“忠孝廉耻勇”“温良恭俭让”三大传统核心文化校本课程化、活动化，打造现代书院式中学特有的内涵，大力营造优良的育人环境，使师生在潜移默化中感受到传统文化的熏陶。

【校园文化建设】 紧紧围绕“修己立人”的校训，通过专业机构设计VI文化识别系统，严格执行权力清单运行监督，以最优惠的价格分块承包，各项工程如期完成，达到较为满意的效果，整个校园内外设计新颖雅致，主题突出，融合丰富的优秀传统元素，营造优雅的育人环境。加强对学生进行集体主义教育、砺志教育和环境教育，培养学生的集体意识、顽强毅力、环保意识；强化学生的集体观念、纪律观念，创设师生共同接受挑战的现实生活氛围，在校园外增进师生了解与感情。12月6日，组织九年级和高三年级两个毕业年级1300余名师生开展以“坚持到底就是胜利”为主题的18千米励志远足综合实践活动，取得圆满成功。

【安全工作】 加强校级领导带头值班，行政后勤周巡查值班制度，严格校规校纪，加强门卫管理，强化进校人员的登记制度。落实学校安全管理经费，筹措近2万元资金进行消防设施更换，对学校各类安全设施及时更换或维修，安全无隐患。认真落实“安全教育模块化”，利用班会、集会、校外活动加强各类安全教育；校学生处加强“种子”学生食宿管理，全年无食品安全事故发生。加强学生管制刀具收缴，执行月全查、周抽查、行政后勤日巡查制度。加大对留守儿童、单亲学生、残疾学生、特困学生关爱，化解矛盾纠纷。制定《学校安全管理奖惩制度》，充分调动广大教师投身学校安全工作的积极性，学校全学年无安全事故发生。

黔西三中

【概况】 黔西三中以提升教育质量为核心，以抓好义务教育基本均衡发展、留守儿童帮护工作为重点，围绕县委县政府和上级教育行政部门改革、提质、发展的要求，以落实常规教学为基础，以创办面向全体、尊重个性、让人尊敬的优质初中学校为宗旨，进一步深化、完善学校教学管理体制和评价机制，扎实开展教育教学工作，切实加强依法治校工作，全面推进素质教育，不断提升学校教育质量和育人水平。

【义务教育均衡发展】 加强控辍保学工作，成立控辍保学工作领导小组，加大《义务教育法》《未成年人保护法》《贵州省义务教育条例》等法律法规的宣传力度。进一步强化班级管理工作，耐心、细致地做好易辍学生稳控和已辍学生劝返工作。建立健全留守少年、学困生、辍学生等特殊学生台账，加强学生心理健康教育，做好学生心理矫正工作，切实纠正学生不健康心理，做好义务教育均衡资料归档工作。整合现有教学师资、场地、设施，实现教学资源的有效利用。

【教学常规管理】 加强课堂教学管理，重视各项教学常规的落实，坚持课堂教学巡查制度并及时反馈，保证正常教育教学秩序。在接受县教育局教学常规检查中，赢得了局领导一致好评。开展行政领导联系教研组工作，学校行政领导分工负责，积极参与教研组活动，指导教学教研工作。校级领导及处室领导深入课堂听课、评课，帮助和指导教师改进教法、提高教学业务水平。调、代课工作规范有序，记录清楚完备，对因公事私事、病假等调课代课情况，严格按照学校相关请假制度及调课代课的有关规定执行，保证教育教学的正常秩序。

【教学质量提升】 以“精、准、狠、细、全、实”为核心目标（即精微细致、准确全面、狠抓落实），不断强化四个“立足”（立足教师成长，立足学生发展，立足课堂教学，立足教学常规），重视四个“研究”（研究教师，研究学生，研究教学，研究课堂），落实备、讲、批、辅、考、研过程管理。严格执行教育部颁布的课程标准、课程计划，开齐课程、开足课时，确保所有学科有专职教师任课。结合实际拟订《学校教学工作计划》，各教研组、科任教师结合教研组及教学实际拟订各类工作计划并严格执行。强化制度建设，相继出台《黔西县第三中学行政领导联系教研组工作方案》《黔西县第三中学课堂教学巡查制度》《2017届七年级实验班教师教学质量量化考核方案》《黔西县第三中学任课教师职责》等，不断加强教学管理，促进教学转型和质量提高。

【教科研工作】 围绕“有效教研”和“课堂改革”两个中心点，增强教育科研意识，进一步构建学习型教师团体。认真安排教师的学习研讨活动，让教师通过学习，进一步把握教育改革和发展的趋势，在思想上和行动上切实转变教育观念。做好各学科教研教学研讨活动和学科业务培训及教师业务比赛。共有5为老师参加市级以上培训，共有29人次参加县级各类学科培训，有50位老师参加国培计划“网络研修与校本研修整合”网络研修和“中小学教师工作坊”网络研修。全学年6个教研组共举行20节公开课，通过听课、评课，共同探讨深化素质教育和课堂教学模式改革、创建教学特色的途径和方法。积极组织教师参评市级骨干教师培养对象，共参评16名教师，获得上报市级骨干教师4位。

【毕业班及培优班工作】 毕业班工作早启动，召开教研组长及九年级备课组长会议，对九年级各学科教学进度进行调研，在此基础上充分讨论研究九年级复习备考工作，促使九年级班主任和各学科老师积极思考，提早计划复习备考，并处理好加快完成教学进度与有效复习的关系。加强培优班监管力度，及时了解和掌握培优班教学情况，并对培优班月考进行质量分析，提出下一步的工作思路和有效措施，达到“培优”的真正目的。

【留守儿童帮护】 成立留守儿童帮护工作领导小组，负责留守儿童帮护日常工作安排，制定帮护方案、措施，成立“温馨小屋”，确保留守儿童工作实施有保障。对新学期留守儿童情况进行摸排、核实，确保数据准确。根据摸排情况，将留守儿童帮护工作分解到具体人员，明确工作要求，强调责任意识。建立留守儿童档案，做到“一人一档、一人一策”，确保帮护工作精准有效。积极协调社区、村、居委会，形成全方位无缝帮护格局。

【德育队伍建设】 发挥德育领导小组的核心作用，形成各部门密切配合、班主任和任课教师共同承担的纵向连接的德育工作体系。每周定时召开德育工作会议，对上一周工作进行总结，商讨相关事宜，促进德育工作的具体开展。利用教师政治学习等机会让教师明确人人都是德育工作者、个个有责任参与德育工作，树立“大德育观”，增强德育力量。加强班主任队伍建设，组织班主任座谈会，通过小课题研究、案例撰写、教育心得体会、教育随笔等形式，开展德育科研活动，提高班级管理水平。

【德育工作】 在学生中认真学习贯彻《中学生守则》《中学生日常行为规范》和《黔西三中学生在校一日常规》，落实“一评三管好”制度，深入开展文明礼仪教育、法制教育、安全教育等。加强班级文化建设，完善班级制度建设、班风和学风建设，营造良好的班级氛围，树立班级形象，争创班级特色，争创“文明班级”。加强后进生的教育与转化，做到有计划、有措施、有效果。抓好“厚德乐学、树人尚美”校训教育以及体育、美育、养成教育和社会实践，使诸方面教育相互渗透、协调发展，促进学生的全面发展和健康成长。

【教师读书活动】 进一步激发全校教师读书的兴趣，营造浓厚的读书氛围，养成良好的读书习惯，提高审美修养和人文底蕴，打造学习型教师群体，提高教师综合素质，努力建造“书香校园”。制定教师读书活动方案和学年读书计划，开展“共读一本书”活动、“四个一”读书学习活动。即学校为每位教师购买一本有关教育教学的书籍，每天自学一小时、教研交流半小时，每学期共读一本教育专著，每学期写一篇学习心得或读后反思。学校期末对教师读书情况进行调研、考评和总结，进行优秀读书笔记评选活动，评选出优秀作品进行奖励并汇编成书。

【法制安全工作】 采取多种形式开展法制宣传教育，重点围绕《刑法》《道路交通安全法》《治安管理处罚条例》《教育法》《义务教育法》《国旗法》《教师法》《未成年人保护法》《预防未成年人犯罪法》以及《学生伤害事故处理办法》等法律法规，组织全体师生认真学习，反复研讨，不断提高法制意识和法律水平。始终把安全工作列为学校的头等大事，与学校德育工作紧密结合，坚持以防为主，积极开展各类安全教育活动，落实各项防卫措施，使创安工作得到全面、深入、有效地开展。制定校内突发事件工作预案、地震应急疏散预案、火灾事故应急预案、预防与控制传染病应急预案，做到人员职责明确，信息渠道畅通，程序科学，实施便捷。

黔西四中

【概况】 2015 年是黔西四中实施“2015—2019 五年规划”的开局之年，学校坚定不移地沿着“五年规划”之路，强化规范化管理、教师素质提升、教育教学创新、学生德育教育、学校特色教育、校园文化建设、校园安全等各项工作，推动黔西四中不断跃上新台阶。

【“三雅”育人】 按照“举止文雅，品德正雅，志趣高雅”的“三雅”育人理念，着重培养学生的养成习惯。利用每周国旗下讲话、班会课等形式对学生进行潜移默化的教育，借助“班主任例会、班主任论坛”等平台提升班主任的管理水平，整体推进育人理念。推行“八个‘微善’行动”，即“随手捡、及时关、勤问好、乐助人、绕道行、轻声讲、懂感恩、塑形象”，成为学校的一道亮丽风景，实实在在地培养学生的行为习惯。

【社团工作】 学校社团已发展到15个，涵盖“文学、科技、运动、书画、棋艺、阅读”等，有静态的美，也有动态的乐。在辅导老师们的精心培育下，许多同学展现出惊人的才艺，综合素养大幅提升。围棋社代表队参加2015年黔西县中小学生围棋赛摘得初中组冠军；学校运动社团参加2015年黔西县中小学生运动会摘得初中组冠军；“歌之翼”“韵之翼”“梦之翼”社团联合参加2015年全县中小学生文艺汇演获得1个优秀奖、2个组织奖；科技社开展为期半个月的第二届科技活动，涌现出一批“奇思妙想、大胆创新”的科技学子；教师史芳艺、李军代表毕节市参加“贵州省第二届全民素质知识电视大赛”荣获第一名；“梦之翼”文学社和“翰墨”写字社联合举行“灯谜竞猜·楹联巧对”活动，有效提升全校师生的传统文化素养。

【教研教改】 组织开展第二届“教研活动月”，大面积实施听课、评课、议课活动，老师们在团队活动中逐渐成长，学生们在课堂活动中提升综合素养。制定“赛课”制度，“周赛课、半期赛课、学期赛课”，随机抽取老师，按照正常的教学内容，走上讲台即走进赛场，真正地体现综合素养和业务水平。依托学校“东山书院”，由本校老师主讲，先后举办9期校本研修培训讲座，取长补短，共同成长。实施“青蓝工程”，落实25对师徒结对工作，有效促进一批年轻教师健康成长。10月14日和11月27日，深圳名师和贵阳名师“送教下乡”均在黔西四中举行，使全校老师受益匪浅。10月15—18日，语文组、数学组共13位老师到贵阳参加贵州省2015“名师讲堂”活动，近距离接触名师专家的教学风范和学识素养。11月3—13日，10名参加民建上海市委帮扶毕节试验区教师培训班。2015年，黔西四中先后与兴义八中、浙江富阳市郁达夫中学结为姊妹学校，为全校老师的学习提升提供平台。

【骨干教师和教学名师推评】 在8月的毕节市第二届“名师”推评活动中，黔西四中教师张瑾、程席琴荣获毕节市第二届“名师”称号。9月份，黔西四中10位老师参加“毕节市第十一批市级骨干教师培养对象”考评，王洪棋、雷丹、王玲3位教师获得市级骨干教师推荐资格。12月20日，副校长张瑾被县教育局作为“贵州省名师工作室学员”推荐到毕节市教育局。充分发挥骨干教师的引领、示范、辐射作用，学校制定《黔西四中校级骨干教师和学科带头人评选实施方案》，首次评选出17名校级骨干教师和5名校级骨干教师培养对象。重视教师的晋级评职工作，2015年，全校有17名老师获得中一职称资格、12名老师获得中学高级职称资格，获得中一和中高职称的共29人，晋级人数为历年之最。

【信息工作】 学校“班班通”“录播室”“校园网”“微信平台”等得到不断完善，进入录播室上课的老师越来越多，校园网站里的教学资源越来越丰富，学校的大事小情都可以通过校园网或微信平台向外界传递，增强学校的知晓率和影响力。学校加大了宣传力度，全校工作信息在县教育局简报上登载10余条，在县级刊物网站上登载8条，在市级刊物网站上登载7条，在省级刊物网站上登载4条。

黔西六中

【概况】 黔西六中以《国家中长期教育发

展规划纲要》为指导，深入贯彻十八大精神，以“义务教育均衡发展”为纲领，以提高办学质量为核心，重点加强队伍建设和提高课堂教学效率，以新课改为动力，深化教育科研，坚持“以人为本”的指导思想，进一步践行“明德厚学，慎思笃行”的校训和“勤奋、刻苦、善学、好思”的学风。强化特色教育的研究和实践，全面推进素质教育，进一步提高学校管理水平和教育质量，圆满完成各项教育教学工作任务。

【校园安全】 学校成立以校长王章华为组长的“学校安全工作领导小组”，由分管安全的副校长胡家祥任副组长，由漆国平、罗来世梅两名副校长及各处室主任为成员，形成校长直接抓、分管副校长具体抓、学校各部门分工负责抓的工作机制。加强安全常识教育、健康卫生教育、交通安全教育、防溺水教育等各项教育，营造安全文化浓厚氛围。加强楼道安全行走培训及地震、消防疏散演练活动，坚持推行一周安全提醒，学校利用周前会议和周一升旗活动时间，小结上周安全工作，强调安全事项。坚持开展好“每日一分钟，安全记心中”警示教育活动，拓展“一分钟安全警示”教育的形式和内容，做到“每天放学前一分钟、周末放学前五分钟、节假日放假前半小时”安全警示教育，大大提高学生的安全意识、安全防范能力和自我保护能力。充分发挥法制副校长的作用，开展“警校共建”活动。健全各类安全管理制度，强化日常安全管理，做好安全预警预报、学生日常行为规范、师生矛盾纠纷排查、管制刀具清缴、

【德育工作】 健全德育管理体系，成立由校长、分管副校长、政教处、班主任组成的德育工作领导小组，上下左右联系密切，指挥灵活，步调一致，信息畅通，充分发挥德育管理的效能，保证学校德育工作的实施。抓好行为规范养成训练，实施常规育人和活动育人，在行为规范养成训练中宣传教育，利用展板等载体向学生展现行为规范养成的重要性及意义，利用国旗下讲话、瞬间教育、主题班会课等机会向学生讲解训练的内容，让学生在耳闻目染中受到潜移默化的熏陶。利用集队时间，对学生进行“文明礼貌”“言行规范”“禁毒、法制”“交通安全”“社会公德”等教育，让学生明辨是非。细处着手，养成习惯，引导学生一步步养成良好的行为习惯，自觉践行社会主义核心价值观。从三月份开展“学雷锋”活动，到六月份开展“感恩父母”活动，让“感恩教育”贯穿于学期始终。以道德讲堂为平台，共开展4次大型心理健康讲座，并在主题班会中开设《“心灵有约”青春期性健康教育》《早恋的危害》等课程，促进健康心理的形成。

【留守儿童关爱】 全校共有留守儿童84人，其中无人监管8人。学校根据上级文件精神和学校实际，制定帮扶和管理制度，建立留守儿童“一人一档”，确定帮扶教师，签订帮扶协议。老师们根据自己帮扶所留守儿童的具体情况，积极帮助学生学习生活中遇到的困难和问题，如学习辅导、心理辅导、安灯修门、送米送油、拆洗被褥、整理卫生等等。积极开展好留守儿童之家的工作，根据兴趣爱好给学生分组，按组开展工作，每个月确定一天给这个月出生的留守儿童过集体生日，让学生感受到亲人般的温暖。

【教学工作】 认真落实常规工作，严格执行教学法规，开齐课程，开足课时，确保完成各科教育教学任务。完善和落实常规检查工作，对教师的教学计划、备课、上课、教案、课后反思、教学日记、听课、作业批改、辅导、考试等各个教学环节提出了明确要求和检查方法。抓实小组合作教学模式的推进，努力构造高效课堂。继续实行抽查课制度，向课堂45分钟要质量。通过教研组进行组内教师互相听课、教研组组内

公开课、校级公开课示范课、教师结对互助等形式的教育教研活动，有效提高教师教学能力。5名老师参加全县教学视导课活动，取得良好成绩。

【考试工作】 加强对考试工作的管理，除常规期中与期末考试外，成功组织九年级5次月考。加强考场巡视和管理力度及考风考纪教育，加强考后分析和落实调整措施的力度，提高组织管理水平，加大考试对教师的评价实效性。认真抓好九年级中考备考工作，通过专题复习、模拟考试、思想动员等方法，努力提升九年级学生学业水平。在2015年中考中，全校取得500分以上的有35名学生，最高分为600分（全县第一）。

【教研工作】 以抽查课、集体备课、教研活动为切入点，规范教师的教学行为。共听评课39节，检查教案2次。开展理科组和文科组的观摩课活动，在2次观摩课活动中，执教教师精心准备，展现出不同的教学手段和教学风格，供大家相互借鉴、取长补短。推出校级公开课，大兴学习研究之风。规范集体备课，提高课堂的有效性。推进实验教学的发展，认真组织实验教师学习实验室各种设备的操作流程，拟写实验目录，并按照实验目录开展各项实验教学，收集各项实验资料，做到管理有序而规范。积极推进课改，认真抓好抽查课、示范课、结对互助等教学教研活动，不断提升教师教学能力和课堂教学水平。

【教师专业化发展】 做好教师培训工作，根据上级有关部门的要求，积极选派教师参加相应的培训学习，并认真落实参培教师回校后的二级培训工作。全校教师均加入“国培计划2015”培训学习，通过不断充电学习，教师队伍的教育教学能力得到明显提高。学校被县教育局推荐为国培校本研修建设示范校。组织教师参加各级各类教育教学论文和教案评选等活动，引导教师撰写教科研论文，努力提高自身教科研水平。

【总务后勤工作】 严格落实财务、会计制度，依法依规管理好教育经费的收支。在资金使用上，严格执行审批制度，坚持按计划行事，合理使用资金，保证专款专用。在重大资金使用上，学校通过行政会议讨论，并向全体教师公示，接受群众监督。做好校园文化环境建设，修补围墙并进行围墙文化建设，美化校园，营造氛围。对校园花木积极护理，组织花工及绿化人员定期浇水、施肥、修剪。对学校运动场地、学生活动场地进行精心修整，并粉刷教学楼部分墙壁；做好校园保洁，保证校园每时每地的干净整洁，给师生提供一个舒适、愉悦的学习和生活环境。加强教学设施设备、学校基本设施的保障和维护，为教育教学工作创造良好条件。

【实验室工作】 加强演示实验教学，确保教学大纲中规定的没一个实验均演示操作到位，做到实验现象明显、分析表述准确简练。加强理论学习，提高实验教学技能，树立严谨细致、认真科学的态度，实实在在地引导学生完成实验学习任务，达到是实验目的。尊重学生主体地位，充分发挥教师的引导作用，以保证现象清晰，结果正确。注重实验结果的分析与小结。认真安排实验，按要求及时开展实验教学，开出教学大纲所要求的全部分组、学生选作实验，开出率均达100%。

毕节市第二实验高中

【概况】 毕节市第二实验高中紧紧围绕市、县教育局教育工作会议精神，始终秉承“厚德、博爱、求真、笃行”的校训，坚持“校以育人为本，师以敬业为乐，生以成才为志”的办学理念，以打造“仁爱、智慧、谦和、优秀”的教师队伍和塑造“自信、担当、阳光、幸福”的学生品质作为办学愿景，坚持“面向全体，立德树人，彰显特色，内涵发展”的办学思想，进一步规范办学行为，提升办学内涵，实施精细化管理，全面提升教育教学质量，努力办人民满意的教育。

【教学常规工作】 加强队伍建设，提升师资素质，围绕培养青年教师，充分发挥骨干教师的带头作用，组织开展校内教师赛课活动，认真实施青蓝工程计划，搞好新老教师的“传、帮、带”工作。强化过程管理，提升管理水平，坚持每月一次检查教师的备课和作业批改情况，发现问题及时与教师沟通，使教学工作落到实处。加强教学管理，提高课堂效率，教研处和教务科配合，每周对教学常规进行抽查和督导，并在每周的政治学习会上对抽查结果进行通报。通过抽查，了解掌握任课教师的上课状况和学生课堂状况，规范上课常规，激发调动教师工作积极性，加强学生课堂纪律，使得课堂教学状况得到积极改变和提高，教学常规工作在教育局的检查中得到较好的评价和较高的分数。

【毕业班工作】 深入班级、深入课堂，了解毕业班真实情况，研究解决高三教育过程中的实际问题，协调各班各学科的平衡，使各项工作开展得更细、更实、更好。认真学习和研究高考复习的指导性文件，把握高考复习方向，突出开展强化训练，提高复习的实效和质量。科学合理地安排好复习课，做好专题复习的计划，落实到每天每堂课。复习课不走过场，做到目标明确，思路清晰，层次清楚，重点突出。抓好基础知识的过关率，提倡精练细析，讲练结合，做到有考必收、有收必改、有改必讲，并及时做好情况分析、及时查漏补缺。充分发挥高三年级部的作用及各学科备课组职能，研讨、比较新的《考试说明》与往年的差异，提高复习的针对性与有效性。

【考试工作】 严格规范考试评价行为，每次考试试卷都采用网上阅卷，流水作业，以保证考试成绩的真实可靠和公正。考后认真做好试卷分析工作，找出存在问题并提出相应的改进措施，使教学更具实效性。2015 年第一学期除组织好常规性考试之外，承办 2015 年 6 月高等学校招生统一考试（高考）、2015 年 9 月高三级英语听力高考、2015 年 12 月学业水平考试（含信息技术考试），圆满完成县教育局下达的任务。

【实验室工作】 加强学校实验室建设，理、化、生及通用实验室正实施进一步完善。落实实验室各项规章制度，加强实验室财产和仪器的保管、维护、借出、收回、使用等方面的规范化管理。做到出入有据，每次演示实验和分组实验都要求教师填写好《实验预约单》《实验报告单》《实验仪器借还登记表》。做好仪器的清理、放置和造册登记，做到整洁、规范、项目清楚。在实验前后对仪器性能进行认真检查，做完实验后及时收回、上架归位。健全实验室开放制度，提高仪器使用效率，为教师、学生及学校有关方面使用实验室提供方便。熟悉仪器的基本性能和使用方法，做好仪器的保养和维护，对危险品按照要求进行安全处理。做好防尘、防火、防虫、防毒品挥发等防患措施。做好易耗品和仪器破损登记，对易耗品及时补充，对仪器破损及时登记，按赔偿规定进行处理。配合科任教师准备好各个演示实验及学生分组实验，为实验教学提供方便。协助教师进行仪器调配、改进、布置，以适合实验需要，提高课堂实验教学质量。积极参加物理教研活动，研究实验教学创新，协助各年级开展探究实验活动。

【教研教改工作】 做好各年级的培优辅弱工作，制作辅导学生的答疑辅导记录表、教师登记记录表、教科处抽查登记表。高三年级安排从本学期到下学期的培优工作，从半期考试的前120名内选出各科较薄弱的学生组成培优班，由高三级的老师担任培优教师。组织开展学校首届科技节、艺术节、读书节、音乐节等活动。语文组教研组在秋季学期开展“创建书香校园”征文活动；数学组进行全校数学竞赛活动；英语组分别进行高三级、高二级英语演讲活动，并开展每两周一次的英语角活动；政治组进行全校时事政治竞赛；历史组举办全校抗日战争70周年图片展。通过形式多样、丰富多彩的活动，探索寓教于乐新形式，助推教研教改工作。采取自我结队的方式，让教龄不满三年的年轻教师自己寻找结队教师，听、评、备、写《青蓝工程工作手册》，实施“青蓝工程”，加强青年教师队伍建设。

【教师专业成长】　教师朱天凤代表黔西县参加全市语文优质课比赛，获得了全市第一名，并代表毕节市参加全省语言优质课竞赛。在县教育局举行的全县音乐、体育、美术学科教学技能大赛中，教师赵莲慧、骆祥、潘淑均获得二等奖。在省教科所教学论文、教学设计比赛中，教师李庆、张泽勇、韦发强均获得一等奖，教师陈郁、吴华艳均获得二等奖，教师余学军、何艳、曹义斌、蒋天红、吴误均获得三等奖。在全国数学联赛中，教师陈文中、徐登雁指导的学生均获得全省三等奖。

【继续教育工作】　做好教师参加的继续教育培训（本校新教师岗前培训、毕节市新教师岗前培训、2015年国培）资料的登记和留存。完成全校教师的继续档案、业务档案的分装归档工作，完成全校250名专职教师的“十二五”《继续教育登记证》填写工作。接受2015年“十二五”继续教育评估检查，学校荣获集体三等奖，教师代宇荣获个人三等奖。做好2015年第一学期继续教育经费培训单据的复印和金额填写工作。完成外出培训教师80人次，全校任课教师全员参与校本培训，培训学时共计59学时。

【师德教育】　组织开展师德师风教育活动，组织教师学习《中华人民共和国教师法》《中华人民共和国教育法》《预防未成年人犯罪法》《未成年人保护法》《宪法》《学生伤害事故处理办法》等法律法规。以集中学习和自学相结合的方式，认真学习《中小学教师职业道德规范》《毕节教师“十个不”的承诺》《贵州教师自律歌》《中小学教师违反职业道德行为处理办法》《严禁教师违规收受家长礼品礼金等行为规定》《毕节市教育局关于印发毕节市中小学教师师德师风监测等三个制度的通知》，特别是习近平总书记《做党和人民满意的好老师——同北京师范大学师生代表座谈时的讲话》等法律法规、文件和讲话精神。组织教师查找自身存在的问题并拟写师德师风对照检查材料，各教研组通过开展集中讨论，对照检查，剖析原因，提出整改措施；各教研组组织教师签订师德师风建设责任书和师德公开承诺书。实行师德考核管理，引领广大教师依法执教。以“四有”好老师标准加强教师的理想信念教育和职业道德教育，进一步规范教师从教行为，促进教师提高职业道德水平。

【德育工作】　进一步强化德育教育网络队伍建设，发挥德育骨干作用，定期召开班主任、宿管老师、保卫人员德育工作会议，强化班主任及德育工作员的管理，修订班级和班主任工作量化考评，加强对班主任执行力的考察，实行值日制度，落实责任追究制度。实行班级精细化管理，建立“每日一公示、每周一小结、每月一总评”的班级常规管理制度。实行年级部管理制度，加大班级管理力度。形成仿社会化的学生教育管理模式：保卫人员（警察）巡察发现不文明行为，综治办（公安局）调查核实，德育处（检察院）对违纪学生进行教育谈话并根据《违纪学生处罚条例》对学生做出纪律处分的初步建议，校长办公会（法院）做出对学生进行纪律处分的决定，由德育处、班主任联合学生家长加强对违纪学生重点教育。印发实施《中学生一日常规》《学生请假制度》《学生在校生活指南》《学生行为规范评分细则》《学生奖励办法》《违纪学生处理办法》等规章制度，促进学生良好习惯形成。加强学生思想道德教育和养成教育，充分利用开每周一的升国旗仪式、校领导国旗下讲话、重大节日、重大事件纪念日等，组织开展法制安全教育、理想教育、爱国主义教育、诚信教育、感恩教育、国防教育、心理健康教育、文明礼仪教育，开展“一评三管好”活动及“和谐校园”“示范班级”等创建活动，提高学生的思想道德素养。

【安全工作】　切实加强对校园安全工作的领导，建立安全工作领导责任制和责任追究制。由校长、党委书记负责，将安全工作列入各有关科室的目标考核内容。贯彻“谁主管，谁负责”的原则，做到职责明确，责任到人。学校与科室和班主任层层签订责任书，明确各自的职责。学校与学生家长签订安全责任书，明确家长应做的工作和应负的责任。建立定期检查和日常防范相结合的安全管理制度，以及学生管理、门卫值班、巡逻值班、防火防灾、食品卫生管理、防火安全管理、体育器材检查、健康体检等规章制度。对涉及学校安全保卫的各项工作，都要做到有章可循，违章必究，不留盲点，不出漏洞。学校制定实施43个安全工作制度和22个应急预案。在全校开展丰富多彩的安全教育活动，落实“安全教育周”“安全教育主题班会”等工作，坚持每月一次的管制刀具排查清缴工作和学校及周边地区的安全隐患排查整改工作，开展了每学期一次的消防应急疏散演习工作。认真做好“贵州省安全文明校园（安全文化示范校园）”的申报，于11月26日通过县级评估，上报省教育厅等待验收。

【学陶研陶工作】　陶行知教育思想内涵丰富，是教育的一种精神，更是一种文化。2015年秋季学期，经贵州省陶研会牵线搭桥、地方教育部门许可，学校与浙江省台州市第一中学（台州市陶行知研究会成立学校）结成友好姊妹学校并签订合作协议书。邀请台州市第一中学党委书记、常务副校长林楚德到学校进行实地考察，介绍台州一中的基本情况、办学特色、学陶研陶工作的开展情况以及丰富多彩的校园活动等。学校加强领导，统筹安排学陶研陶各项工作，就《全国陶研系统“提升毕节教育软实力共建行动”项目学校基本情况与评估表》，逐一解读，领会精神，抓好相关工作落实。

县中等职业学校

【概况】　县中等职业学校通过省级示范性中等职业学校评估验收的基础上，以加快发展现代职业教育的各项政策为指针，贯彻落实省、市、县党委、政府及各级教育主管部门有关职业教育的文件和会议精神，以推进学校管理和教育教学改革为动力，坚持学校办学思想和发展战略定位，谋划并落实相应策略措施；以“百校大战”收官验收为契机，从德育教育、控流提质、改善办学条件、课程改革探索、师资培养培训、招生就业等方面扎实开展各项工作，坚持全面推进、突出重点、攻克难点、破解难题、突破创新的工作思路，有力促进学校的稳步发展、内涵发展和健康发展。

【师德教育】　在“德技树人”的育人理念指导下，进一步创新师德教育的内容、方法及措施，努力实践“求真、崇善、创美、勤勉”的学校精神，结合对党的十八届五中全会精神、党的纪律条例准则的学习贯彻以及开展关爱留守儿童行动，组织开展学校党员领导干部、一线广大教职员工的职业道德与作风建设活动，与教师签订相关责任和承诺书。通过教职工例会，宣传党的教育方针以及地方教育法规政策，开展警示教育，时时提醒教职工为人师表、以身作则。全年未发生教师违规违纪等行为现象，师德风尚得到良好保持。

【德育工作】　坚持开展每周一国旗下讲话，以爱国主义、民主法制、行为习惯、环境生态、人际交往等内容贯穿教育始终，让学生在不间断的思想观念教育过程中受到熏陶和感化，有效转变不良思想观念和行为习惯。以学科渗透、活动渗透法制安全教育为主要途径，与黔西县交警大队等单位联合开展交通安全文明展演活动，坚持对学生进行法制教育和安全教育，使学生树立学法、知法、懂法、守法意识，树立起正确的安全防范意识。以“问题”学生为主体，建立待进生帮扶长效机制。通过班主任及教师家访、个别谈话、心理咨询等形式开展德育教育。注重学校“五学三规”和大课间活动的校本德育特色课程实施，灵活机动地把它与学科教学、课外活动等形式充分有效结合，渗透学生养成教育。以文化建设为引领，充分彰显黔西中等职业学校德育教育特色，积极引导学生形成积极健康的生活情趣。充分发挥先进模范的示范带动作用，通过优秀学生、优秀班集体、优秀文明寝室等表彰活动，激发广大学生向善、向美发展。利用抗战胜利纪念日、教师节、中秋节、“12·9”等重大节日，开展了大型的学校文体文艺活动，加强学生政治思想教育，使学生在活动中受到情操陶冶。强化安全保障工作，完善切实可行的各类安全应急预案，组织签订安全目标责任书，完善学校师生安全隐患排查和调解机制，扎实开展校园及周边环境治理，及时化解可能出现的各种矛盾纠纷，实现学校安全责任事故“零”发生。

【教学常规管理】　学校教务处对全校所有专业部的理论课、专业课、实训课及文化课程课时进行统筹规划，专业部进行具体落实，使学校课程构建逐步走向科学合理，大大降低无效课堂成分比例。努力抓好课堂教学中的备、教、批、辅、考等方面的常规督查工作，形成更加完善合理的教学常规管理方案；在“数字化校园网”和“班班通”工程建设完成投入使用后，积极探索创新现代信息技术质量监控手段，节约质量管理监控成本，提高监控效益。

【教研教改】　扎实推进教研教改工作，坚持每周一次的专业部教研活动，落实“青蓝工程”，开发校本教材，“十二五”继续教育工作通过验收，即将启动“十三五”继续教育工作，正在编制相关规划。课堂教学改革工作顺利推进，在市组织的语文、数学及音乐学科录像课竞赛中，县中职校6名教师，获奖4人，其中一等奖1名、二等奖1名、三等奖2名。

【招生工作】　2015年秋季学期，由学校招就处牵头，动员学校教职员工全员参与，深入农村义务教育初中学校，通过播放学校宣传片、宣传职业教育典型案例等方式，对职业教育的理念、学生的就读就业、资助等方面的政策进行宣传，解除学生到职业学校就读的后顾之忧，积极引导社会群体转变教育观念，正确认识职业教育。通过艰苦细致的工作，学校2015级新生人数达到2185人。对在校学生通过思想教育、观念教育、素质教育及丰富多彩的文体活动，激发学生学习兴趣，实现“进得来、留得住、学得好”。在“百校大战”验收中，县中职校学生流失率为4.82%，比示范性学校验收标准降低近5个百分点。

【校企合作办学】　2015年，除继续与毕节市幼儿教育集团、毕节市卫生集团及东部发达地区的企业集团开展合作办学外，还进一步与地方海大机械、黔西县中医院等企事业单位对接实施合作办学，进一步实现中职教育与市场的充分对接融合，为在校就读学生拓展实习教育基地。2015年11月，学校共安排2000多名学生到企业进行工学交替和顶岗实习，合作办学取得良好效果。

【实训教学】 针对专业师资紧缺、实训设施设备不足等问题，学校一方面通过招考及外聘专业教师，进一步充实学校师资力量，截至12月，共招考教师19人，外聘专业教师59人，有效缓解专业师资矛盾；另一方面，学校投入资金，为汽修专业采购实训设施设备，并聘请专业的实训管理人员进行管理，使学生专业实训教学得到基本保障。

【专业机构优化】 根据学校建设发展情况以及人才市场需求，进一步优化学校专业结构，调整专业布局。组织召开2016年春季学期招生工作专题会议，对部分设施设备和师资紧缺专业进行调整，暂时停止医学专业部药剂、农村医学等专业的春季招生，对办学规模、办学条件较为成熟的学前教育、护理学专业等办学资质进行申报。

【教学保障】 借助“百校大战”工作，充分利用各级各类教育专项经费和学校自筹资金，加大学校基础设施建设力度，改善办学条件，优化育人环境。实施校园文化广场及配套绿化建设工程，亮化美化校园环境；实施7000平方米教师公租房建设，已基本完工，正在进行外墙和内部装饰工程；涉农实训基地建设进一步推进；实施2738平方米的学生食堂和2698平方米的图书楼建设，正在开展招投标工作。强化学校财务管理制度和内部会计控制制度的执行，严格对各类教育经费的使用预算，建立健全财经管理制度，对经费预算、经费收支、购物登记、资产台账等做出明确规定，严格收支凭证手续齐备，做到规范、合理使用相关资金，确保教学办公物资、资金的及时到位，保障教育教学工作的开展。

黔西一小

【概况】 黔西一小占地面积8213平方米，建筑面积6223平方米，共有普通教室46间、办公室18间、仪器保管室2间、图书室1间、阅览室1间、实验室2间、微机室2间，室内外广播系统、警务室、校园监控系统等现代安保设施完备。有1~6年级共40个教学班，学生2383人。有教职工132人，专任教师128人。其中，中级专业技术职务（小学高级）教师72人，占教师总人数的59%；大专及以上学历109人，占教师总人数的89.3%；本科学历49人，占教师总人数的40.2%。教师学历合格率达100%。2015年，学校全面贯彻党的教育方针，践行“三严三实”，努力办好人民满意的教育。坚持“以人为本”的育人理念和“以校为本”的办学理念，不断加强教学科研工作，不断深化新课程改革和学校内部管理体制改革，狠抓校园文化建设，深入开展集团化办学，教育教学质量稳步提升，顺利通过义务教育基本均衡发展国家级验收。

【师德师风建设】 在春季学期组织开展为期1周的师德师风专题教育活动，进行师德师风大讨论和对照检查，认真践行“三严三实”，组织教职员工签订《落实八项规定（作风纪律）承诺书》；9月，组织全体教职员工参加“百万公众网络学习”，全部取得合格并经县人力资源和社会保障局认证；12月，高质量完成2015年无纸化学法用法考试，参考的100名教师全部合格；同时，组织全校教职工参加《中国共产党廉洁自律准则》及《中国共产党纪律处分条例》网上答题并取得优异成绩；教师周瑜代表教育系统参加全县践行文朝荣精神演讲比赛。全年未出现违纪违规事件。

【教师继续教育工程】　大力推行“走出去”“请进来”学习的培训策略，2015年，校长谢玉英赴北京参加为期1个月的全国第70期中小学骨干校长培训，教师秦兵赴深圳市东周小学挂职任校长助理1个月，学校中层领导和部分骨干教师先后赴威宁一小、威宁二小、黔西天坪小学、山东烟台和毕节梁才学校考查学习，教师聂娅等赴思南学习义务教育均衡发展、校园文化建设及教研教改等相关工作，教师曾晓旎、周德宇赴浙江参加民建中央帮扶资助的学科教师培训，教师刘方敏、周瑜赴毕节参加PPTS讲坛学习，教师周瑜、陈艳等赴水城参加全省优质课听课学习。引进深圳市东周小学与学校开展校际交流活动；经省陶研会牵线，上海浦东新区教育局、浦东职教社到学校考察，上海市浦东新区育童小学与学校签订共建帮扶协议，与浙江省陶行知研究院结成帮扶对子。落实省、市“三区人才置换支教”计划，选派骨干教师秦树、李维分别到雨朵平坝小学、金兰小学全职支教，选派骨干教师张玉兰、陈景、张甸文等6名教师到金碧三小分校、双桥分校置换支教和轮岗交流。为置换到学校的教师朱欣、魏志凤、何梅、刘艳等搭建交流学习平台。积极组织推荐教师参加上级主管部门举办的各类教育教学竞赛评选活动，深入开展校际交流学习活动，选派教师万庭军参加县教育局组织的送教到乡镇活动，选派教师田易、杨名、樊娟参加县音乐、体育、美术优质课大赛，获得一等奖1个、二等奖2个。教师周瑜老师到县作“国培计划”——乡村教师培训示范课《清澈的湖水》，受到赞誉。教师秦树参加市教学技能大赛，获全能一等奖；代表全市教育系统参加省级比赛，获单项一等奖2个及全能二等奖。教师杨梅老师获黔西县第四批名师培养对象，教师张静获评毕节市“十二五”第四批（总第九批）市级骨干教师，教师史登艳、孔招霞获评黔西县第九届中小学县级优秀骨干教师；教师陈艳、王欢、史登艳、安艳、周瑜的录像课获县、市优秀教学资源开发奖励；教师陈娟参加2015年全县小学品德与社会优质课评选，获一等奖；教师田易、欧娜分获黔西县中小学学科教学渗透法制教育优质课体育科、英语科三等奖；高红等45名教师的论文及教学设计获省级一、二、三等奖。根据学校《课程改革“新一轮”教师培训实施方案》，收集整理“十二五”期间学校继续培训的各种计划、总结、培训证明、心得体会等档案资料，顺利通过县“十二五”教师继续教育专项验收。

【教学常规管理】　深化教学常规管理，切实巩固市级规范化建设示范校成果。严格执行课程计划，强化教学法规意识，做到课程“开齐、上足、教好”，促进学生的全面发展。认真抓好书香校园建设，实施百种好书进校园活动，落实好“五个一工程”，即每班一个图书角、每个楼层一个阅读吧、师生一个阅读室、每周坚持上好一节阅读课、扎实落实一个计划（“师生读书活动计划”）。抓好读书征文活动和“小记者”活动，鼓励学生对校刊和各类社会报刊投稿。在全县2015年“三爱三节”征文比赛中，学生张又丹获小学组一等奖，学生赵海宏获小学组三等奖，教师周瑜获优秀指导老师奖。加强集体备课管理，将老师们的“死抄教案”活化为“重课件制作”，实行学科年级组长负责制，超前一周备课、教后及时反思制度，实现教师备课率100%。加强学生作业批改管理，规范学生作业的布置，作业本批阅实行统一格式。课堂作业尽量当堂完成，课外家庭作业继续实行总量控制，认真完成“家庭作业明白纸”。认真做好学生学习质量的过程性监控与评价，重点做好单元过关检测。学生成绩评价实行日常评价与期末考试评价相结合的评价办法，成绩评定实行等级制，采用成长记录册的形式，对学生进行综合性评价。完善教学常规工作周、月查制度，如实填写检查登记表、认真写好检查小结并针对出现的问题进行整改。按照“两个百分之百”的目标要求，认真组织开展普及实验教学工作，采用“分室两教师同步执教”形式开展实验教学，取得较好的教学效果。

【教研教改工作】　大力开展“生本课堂”构建工作，积极组织参加“一师一优课”活动和青年教师“构生本课堂赛课月”活动，共打造精品课 80 余节。加强信息技术与学科教学的整合，实现“生本课堂”建设与信息技术相结合，全校教师老师基本掌握多媒体课件的运用，“班班通”使用率达到 100%。打造优质参赛课、示范课，于 3 月中旬组织 2 节语文精品课参加市级比赛，获二等奖、三等奖各 1 各；4 月中旬派出一名教师参加县品德优质课大赛，获一等奖；6 月中旬，教师万庭军执教的语文“读写结合——构生本课堂”示范课到金兰等 3 个乡镇开展视导课活动，取得成功。继续强化小杜鹃艺术团、经典诵读、电子绘画等 20 余个兴趣小组的日常训练，继续外聘武术、小提琴等专业人员作为相关指导教师，并新建足球小组。全年开展艺术教学活动累计达 265 次，参与学生 1200 余人。在“六一”儿童节之际，各特长组的同学向全校师生及家长进行汇报演出，市委常委、县委书记卢林，副县长张锦及县教育局、县直各部门有关领导亲临观看。小杜鹃艺术团获特邀赴贵阳参加“东盟十国教育交流活动周”的开幕式演出，在 11 月“全县中小学艺术展演”中获优秀奖；首次组建的足球队获全县首届中小学生足球大赛获第二名；学生饶浩然参加省九运会，获得青少年组 200 米自由泳、全能自由泳等 3 个男子第一名，学生刘映麟、何汉东分获各个项目的前三名；学生李心怡在黔西县 2015 年“美丽黔西 · 青春传承”青少年书画大赛中获奖。在 2015 年全县中小学生运动会中，学校获得团体总分第三名、羽毛球女子丙组第一名、篮球男子丙组第二名，学生江俞霖、孙佳音分获乒乓球男单和女单第一名等好成绩，向代皇等 9 名教师获评为优秀教练，学校获得体育道德风尚奖。在 2015 年黔西县青少年围棋赛中，学生郭树懿、秦兆雨等包揽一、二、三等奖，学校获得团体一等奖；学生孙语涵荣获“樽憬财富杯”毕节市青少年中华经典诵读大赛小学组优秀奖。

【校本课程开发与管理】　开发“国学”课程，大力营造读经诵典浓厚氛围，用传统文化教育熏陶学生。推评的国学家庭微电影在黔西电视台播出，上报的国学录像课获评为市级优质资源。开发“阅读”课程，在 1～6 年级各班每周设置一节阅读课，学期总课时为 16 课时。许多班级通过“共读一本书”“好书推荐会”等形式来激发学生的阅读兴趣。开发和使用校本教材，完善全套校本教材并正式命名为《牵手好习惯》共 12 册，并投入使用。开发 3～5 年级《黔西一小综合实践活动校本教材》3 册及《方案集锦》1 册，并投入使用。在 12 月中旬对综合实践活动课程研究成果进行贵州省优秀教育科研成果申报。相继编写试用独具学校特色的音乐、体育校本教材，边使用边修编，取得较好效果。积极开展综合实践活动课程，定有小课题 17 个，子课题多达 136 个，实验班主题活动次数累计达 204 次，形成特色课题资料 17 盒，推出开题课 17 节、汇报课 17 节，覆盖学生 1500 人。

【德育工作】　由校长负总责，分管领导具体抓，实行思政处—年级组—班主任三级常规管理，充分利用班队、品生、晨会等课程，结合“一评三管好”活动，加强学生文明礼貌、安全卫生等常规教育宣传，引导学生做到“三别”“四带”“五无”。“三别”即向粗鲁告别，向陋习告别，向坏事告别；“四带”即把礼仪带进校园，把微笑带给同学，把孝敬带给长辈，把谦让带向社会；“五无”即地面无痰迹，室内无纸屑，桌凳无刻画，墙壁无脚印，出言无脏话。充分利用升旗仪式、班会等活动，对学生进行爱国主义和日常行为规范教育，初步形成良好的校风。认真抓好学科渗透法制教育工作，根据《法制教育与学科渗透》《教师培训手册》《中小学法制教育指导纲要》，把学科渗透法制教育列为教师继续教育培训内容，选派教师参加市、县专题培训。建立考核机制，将学科教学渗透法制教育纳入教学常规管理和教师量化考评。深入开展“明理知耻·崇德向善”“诚信·守法·感恩”、关爱留守儿童等主题系列活动，深入排查建立留守儿童档案，完善留守儿童之家暨心理咨询室，营造全社会关心、爱护留守儿童氛围。7月选派学生30余名由张静等5名教师带队，参加由县教育局联合贵州师范学院主办的以锦星一小为活动基地的关爱留守儿童主题夏令营活动。充分利用各大节日（清明节、学雷锋日、“三八”妇女节、劳动节、抗日战争暨世界反法西斯战争胜利70周年、国庆节等），全面开展理想教育、爱国主义教育、集体主义教育、社会主义教育、网上祭英烈等活动。组织学校“春晖雏燕社”长期对五类弱势儿童进行帮扶。开展“扶贫日”募捐活动，共有113名教职工参与，募集到人民币3190元；“六一”儿童节联系县妇联向留守儿童捐赠现金2000余元。办好“红领巾广播站”“红领巾文明监督岗”，对学生日常行为进行监督。

【关心下一代工作】　全年召开家长会4次，校长谢玉英作《良好习惯·共同学习·健康成长》的专题讲座，与家长签订《学生安全管理责任书》《在外租住房学生管理责任书》《午托生管理责任书》，利用学校编印的《与孩子成长》文集及家长学校教材《家庭教育》，对家长开展培训；组织教师和各班有兴趣参与的家长参加“亲子共读一本书，我与孩子共成长”征文活动，选送优秀征文上交县教育工会，学生王玲的“亲子共读一本书”征文获市级优秀奖。利用校长接待日、手机短信、电子显示屏等多种手段，向家长传送家教知识，有效提升家长素质，提高家庭教育效果，学校、社会、家庭“三位一体”教育工作格局基本形成。学校被黔西县关心下一代工作委员会评为全县“一评三管好”活动先进集体。学生赵翎彤在全市“一评三管好”活动中荣获“美德少年”称号，学生洪涵淳在全县“一评三管好”活动中荣获“美德少年”称号。

【体卫工作】　贯彻执行《学校体育工作条例》和《学校卫生工作条例》，开齐上好《体育与健康》课程，认真落实学生每天1小时体育活动时间，全校师生体质得到增强。聘请县疾控中心20余名专职体检医师到校，对全校2383名学生进行全面的常规健康体检，体检结果除记入学生体质健康档案外，身高、体重、肺活量等相关项目及学生体质健康测试项目成绩如实上报到国家体质健康网。做好因病缺课网络直报工作，抓好学校卫生常规工作，通过出专刊、广播、宣讲等形式，加强“六病”防治及传染病预防工作，通过黑板报、红领巾广播站、橱窗大力宣传卫生保健知识。发动班主任利用晨会、班会对学生进行卫生知识的宣传以及卫生习惯的培养教育。积极配合县卫生部门对学生进行预防接种工作。根据季节变化，及时向学生宣传水痘、腮腺炎、流感、手足口病等传染病预防知识。对学生的意外伤害、患病情况认真备案，对学生及时给予必要的帮助，积极参与全县创建国家级文明卫生县城行动。

【义务教育均衡发展工作】　加强宣传《教

育法》《义务教育法》《未成年人保护法》等法律法规，严把学生入学关，为农民工子女和进城务工人员就读提供方便。狠抓控辍保学，切实抓好毕业生学籍提档。严格按照县局工作要求，如实填写所有表、卡、册、薄，加强资料特别是电子学籍的规范管理，并由专人负责，确保各种统计数据翔实可靠，印证有力，做到一看就懂、一核就准、一查就实。努力推进城区教育均衡，在秋季学期招生入学工作中，分四批次预报名，前三批共登记260名，第四批次登记学生123名大于可招入名额数（88名），在县教育局纪检监督员监督下，组织第四批次学生抽签派位入学工作，未抽到的35名学生，由县教育局分流安排到学校双桥校区入学，有效调和各种矛盾，缓解招生压力，减小班额。努力实施集团化办学，进一步提升双桥分校和金碧三小分校教学软实力，选派总校骨干教师张甸文、陈景、欧娜、王红、张玉兰、陈淑彬等6人到双桥分校和金碧三小分校全职和兼职任教，副校长秦兵到金碧三小分校挂职指导。组织双桥分校和金碧三小分校的校长及教师赴山东学习1周，组织两个分校的教师到总校培训2次、参加总校教研活动3次。给双桥校区安装“班班通”8套，添置课桌椅130套。

【总务后勤工作】　加强总务后勤工作，为学校当好家、管好钱、理好财，为创设市级规范化建设示范校做好硬件保障。全年保证教师教学办公用品按时到位，对教学楼部分墙面进行粉刷、补修、布置，对课桌椅、门窗进行维修。对2座厕所重新整改。每学期开学初和学期结束分别对各班级的财产进行核查并登记入册。加强低值易耗品管理工作，严格执行审批、发放手续。完成塑胶运动场建设的主体工程，安装单双杠和新篮球架。全校师生自行车、摩托车摆放整齐有序，管理严格。对校舍、电器进行4次安全检查，确保师生安全。严格执行零收费制度，用好上级下拨的办公经费，实行财务公开制度，及时在校内公布，并向上级纪检部门上报“三公”经费使用情况，严格执行3000元以上经费上会和10000元以上经费使用报上级备案制度。

【安全工作】　牢固树立安全意识，强化安全教育和管理，大力创建“平安校园”。采用班队教育、事例教育、专栏宣传教育等多种形式加强安全宣传教育，做到安全问题天天讲、时时讲。健全安全工作制度，学校分别与班主任、任课教师和家长签订安全目标责任书，做到安全工作有章可循，违章必究，不留盲点，不出漏洞。进一步完善学校消防安全、地震、交通、防洪等突发事件应急预案，并进行演练。对学校警务室进行升级建设，完备各类安保器具，新招聘保安5名，辞退责任心不强保安1名；坚持警务室24小时值班制度；积极安排所聘安保人员参加上级举办的业务培训，增强安保人员的责任意识和处理突发事件的应急能力。联系县公安、城管、工商等部门对校园周边环境进行次综合治理，形成各部门长期为学校周边环境负责的长效机制。由行政值周、行政值日、综治办、保安值勤人员、小小安全员，随时进行安全监督检查。由总务处、综治办联合定期进行安全大排查，发现隐患及时排除。加强对课间操和排队放学的监督检查，确保校内无任何安全事故发生。将安全教育与法制教育、禁毒教育、反邪教育有机结合起来，使教育与管理并举，通过“小手拉大手”活动，将安全教育延伸到校外。通过家长会、领导接待日等形式加强家、校联系，强化校外安全责任，确保安全事故零发生。

县中心幼儿园

【概况】　县中心幼儿园以“10大创新”

(创设早上1小时特色幼儿阳光体育活动，涵盖礼仪教育、民族教育、西方高雅尝试、爱家乡等内容；构建创设13个班65个区域活动角；创建幼儿园100米种植园地；创建9个30米长的自然探索区；园本教研课题项目成果丰硕并逐步投入时间；加强幼儿档案建设和管理；创设44个监控区，确保幼儿活动及离园的安全；编写园本“教与学”“家园共育”“活动创意”4本；创建美术艺术打造园所，让孩子抒写童真与快乐；编排每日2小时户外集体体育运动律动曲）为主线，狠抓队伍建设、安全保卫、教育保育等各项工作，发展规模不断壮大，社会声誉稳步提高，走在全县幼儿学前教育的前列。

【队伍建设】 坚持开展每月2次政治学习，以提升教师道德修养和人文素养为重点，持续开展师德师风建设主题教育活动。利用课余时间开展教师读书会活动，为教师购买书籍，组织教师开展读书体会交流活动。通过园内先进人物事迹的宣传，帮助教师不断改造自己的主观世界，做到敬业、爱业、精业、创业，教书育人，为人师表。从优化教师个体素质入手，采用多种形式鼓励教师苦练基本功，从基础教育知识的熟悉到灵活运用教育实践，不断提高教师教育教学能力，进一步提高广大教师对职业道德教育的认识，弘扬优秀教师的高尚师德风范，激发教师的工作热情，增强责任感、使命感。

【教研工作】 将教育科研工作作为重点来抓，从强化教师科研意识入手，使教师自觉养成科研的习惯。园本课题《幼儿良好生活习惯的培养研究》已按实施方案开始实施。在课题研究过程中，结合本园实际，不断探索，大胆实践，初见成效。结合地域特点，设置具有本园特色的活动课程，如爱家乡系列教育、环保教育等，由教师自行设计，并将这些活动渗透贯彻到幼儿的一日生活、学习、游戏之中，使幼儿在潜移默化中学会做人、学会学习、学会生活，促进教育教学质量的提高。将《3~6岁儿童发展指南》的精神渗透运用到日常教育工作中。开展形式多样的活动，丰富孩子的一日生活，以培养幼儿创新精神和实践动手能力为核心，进一步增强幼儿动手操作的兴趣，给每个幼儿提供充分动手动脑的机会，孩子们在参与的过程中，主动地去思考、去实践，切实提高多种能力。

【保教工作】 在膳食方面，根据幼儿的年龄合理配餐，做到营养均衡，确保幼儿的健康成长。认真做好全体教职工及幼儿的体检工作，积极把好晨检大关，做好每个幼儿园全日健康观察工作，并详细记录。通过橱窗、讲座，向教师、家长、幼儿宣传保健常识、传染病的防治方法，收到良好效果。倡导教师建立新型的家园关系，即互相信任、互相尊重、互相学习、互相支持。切实做好“家长学校”工作，充分发挥家委会的作用，通过多种形式的活动，如家长会、专题讲座、家长开放日等，帮助家长建立全新的育儿观。开展教师利用节假日走进家庭、走进孩子、指导家长行动，有效促进幼儿园与家庭在教育上的同步同向进行。

【门卫安全】 成立以园长刘婉娟为组长的幼儿园安全工作领导小组，法院党组成员、副院长颜举担任法制副园长，把责任落实到人，做到各司其职，各负其责，并制定各种规章制度及相关应急预案。专门聘请2名有资质证的保安，实行24小时值班制，负责园内师生的安全工作。在教室、睡房、楼道、大型玩具场、大门口、厨房等地安装44个电子监控摄像头。保卫人员坚决执行门卫制度，坚守岗位，按时关锁大门，做好来访者的登记与询问工作，填写好外来人员登记表和教师外出登记表。严格执行接送制度，每天有2位教师和保安在门口迎接幼儿，认真清点幼儿人数，并做好记录，防止漏失。配置“智慧树"电子打卡机，家长接送幼儿必须持有接送卡并刷卡入、离园，忘带卡的家长必须要签字以后方可带幼儿离园，不允许非幼儿家长及未成年人接送幼儿，特殊情况必须由家长事前说明并提供足信凭证。

【消防安全】 狠抓消防安全，对园内各种消防设施、消防器材实施定期检查，确保完好。在楼道内安装应急灯6盏、配置干粉灭火器16个、装配安全出口指示灯6个。进一步加强对教师幼儿的消防安全教育，对全体教师实施消防知识和安全知识培训，并开展"消防安全紧急疏散"演习活动。根据应急预案，每学期开展师幼用电、防火、防震疏散演练。

【食品安全】 投入50万元，对厨房按食品单位标准改建。重视厨房卫生工作，加强食堂管理制度，与厨房工人签订安全责任书，并实施卫生知识培训。建立有关食物中毒事件的应急处理和报告制度。严把采购质量，对采购员采购的品种质量有专管安全的副园长验收。食品采购严把进入关，坚持履行《食品原料采购索证验收登记制度》，并做到能定点采购的食品全部定点采购，不能定点采购的食品在购买时进行严格细致的检查，并问明出处。食品储存和餐具消毒工具、食品加工工具齐全，餐具做到餐餐消毒，教室和厨房地面每天定时进行清洗消毒，食品加工工具即用即洗。对幼儿使用餐具周二、周四采用含氯消毒剂溶液浸泡30分钟后再用净水冲洗干净；周一、周三、周五以消毒蒸汽柜进行100℃蒸汽消毒30分钟。坚持食品留样登记制度，每餐按规定留足200克；待食品冷却后，用专用留样保鲜盒封好，并在其外部贴上标签，标明留样日期、时间、品名、餐次、留样人放在专用留样冰箱内保存，并做好留样记录，每天由副园长检查，留样食品保存48小时。

社　会

精准扶贫 · 民政救助

扶贫开发

【概况】　县委、县政府深入贯彻落实市委一届七次、八次全会精神，成立以县委书记、县长为组长，县委副书记，人大、政府、政协分管农业领导为副组长的扶贫开发领导小组，与各乡镇、街道签订目标责任书，将任务层层落实，实行扶贫项目廉政承诺制和项目实施绩效责任制，强化专项督促检查，发现问题及时整改。县扶贫办严格按照“扶贫对象、措施到户、资金使用、项目安排、干部选派、脱贫成效”六个精准的要求，深入实施“六项行动”计划，全力解决好“扶持谁、谁来扶、怎么扶”的问题，真正做到精准扶贫，精准脱贫。全年全县共减少农村贫困人口33768人，占市分解30100人目标任务的112.19%。全面巩固太来、素朴、铁石、观音洞、红林、协和、定新等7个乡镇减贫摘帽成果，完成新仁、中建、永燊、金兰、五里、花溪等6个乡镇省级“减贫摘帽”，实现全县13个贫困乡镇省级减贫脱贫。完成中建乡营盘村、普盖村，素朴镇古胜村等50个贫困村出列，占省下达计划出列贫困村49个的102.04%。

【精准扶贫建档立卡示范点创建】　成功创建中建乡和太来乡精准扶贫建档立卡工作省级示范点。通过“强基础、壮产业、结对子、保增收”的精准扶贫路子，建立“4321+X”结对帮扶机制，明晰“1154”产业扶贫思路的新桥村“新桥扶贫模式”，被省委办公厅《工作情况交流》刊载。通过强基础设施到村到户、产业扶贫到村到户，实现精准扶贫、精准脱贫的“红板经验”，得到全市学习推广。国务院副总理汪洋在考察指导后给予充分肯定。云南、重庆、四川等省、市、县（区）组团到前来考察40余匹次、1000余人。

【产业培育】 是发展特色产业带富群众，大力发展蔬菜、精品水果、中药材、草地生态畜牧等特色产业，共投入财政扶贫资金1820.7万元，发展蔬菜种植45万亩，种植猕猴桃1000亩、刺梨9677.5亩、石榴13500亩、脱毒马铃薯7273亩、菊花300亩，发展蔬菜示范园2个，养羊300只。通过培育产业，加快农业产业结构调整步伐，培育贫困群众的增收致富产业。加强园区建设带动群众脱贫，众农生态循环农业示范园区和洪水镇新桥村食用菌产业示范园区拓宽了贫困户增收致富的门路，带动贫困户532户1653人脱贫致富。着力实施“54321”农业产业工程，新增水西红宝石软子石榴种植3万亩、中药材种植0.5万亩，脱毒马铃薯示范种植2万亩，发展蔬菜种植45万亩。脱贫农户至少有1项以上产业增收项目，实现建档立卡贫困户产业覆盖率100%。

【基础设施建设】 争取到基础设施项目扶贫资金2875.5万元（财政扶贫资金2275.5、深圳对口帮扶资金400万元、烟草扶贫新村资金200万元），用于贫困村基础设施建设，共硬化通组进寨公路25.33千米，建扶贫新村示范点3个，实施人畜饮水工程项目3个，小康水打井14口，文峰办事处驮煤河村安置点搬迁1050人，有效改善贫困村生产生活条件，加快脱贫致富奔小康的步伐。投入彩票公益金1000万元，在协和镇硬化通村、通组公路12.05千米，新修水池2个（容积分别为80立方米、160立方米）、通水管网17.14千米，已通过省级验收。把“美丽乡村”建设与产业发展、农民增收和民生改善紧密结合起来，进一步做好“四在农家·美丽乡村”创建，完成180个贫困村庄的整治，打造“四在农家·美丽乡村”普及型创建点15个、小康型创建点41个、示范性创建点50个。

【扶贫项目实施】 实施2014年度扶贫项目165个，投入资金4638.6万元。其中：财政扶贫资金4155.59万元，项目156个；深圳对口帮扶资金333万元，项目6个；市级资金150万元，项目3个。截至2015年末，项目已完工146个，其余19个正在实施中；已报账2728.17万元。实施2015年度扶贫项目104个，投入资金5454.88万元。其中：财政扶贫资金4854.88万元，项目95个；深圳对口帮扶资金400万元，项目8个；烟草扶贫新村资金200万元，项目1个。截至2015年12月，已完工12个，其余92个项目正在实施中；已报账180.59万元。

【项目管理】 对扶贫项目资金严格实行“三专”管理，严格按进度拨付项目资金，执行乡级报账制，确保项目资金封闭、安全、高效运行。实行项目公告、公示及招投标制度，提高透明度。规范项目实施，在项目实施过程中组织人员深入项目实施现场督促检查，严把项目建设质量关、进度关。严格按批复文件及实施方案验收项目，进一步规范项目后续管护，确保项目发挥持续效应。

【农民素质培训和技术服务】 充分用好“三位一体”培训项目资金，深入核心示范基地开展蔬菜种植技术培训，提高蔬菜生产的技术含量，提升蔬菜的品质，增强蔬菜的市场竞争力。开办培训班9期，培训贫困农民800余人次。县扶贫办联合相关部门，选派农技人员实行分片技术服务，不定期深入田间地头，开展辣椒单株地膜栽培，早熟菜用马铃薯，反季节白菜、萝卜、黄瓜、架豆等种植技术指导，为农户“排忧解难”，解决蔬菜种植过程中遇到的“疑难杂症”。实施院企合作，确保农业示范园建设有效。黔西县众农生态农业有限责任公司与省农科院园艺所开展院企合作，专家对众农生态循环农业示范园建设的规划布局、主栽品种、接茬、田间管理、市场销售及企业管理等进行指导，有效增强农业示范园区的扶贫效应。

【扶贫对象精准】 严格按照扶贫对象建档

立卡9个工作步骤（即规模分解、初选对象、公示公告、结对帮扶、制定计划、填写表册、数据录入、网络运行、数据更新），采取“四看”法进行打分识别（即一看房、二看粮、三看劳动力强不强、四看家中有无读书郎），综合评定是否为贫困户。截至2015年末，全县共有贫困人口98455人、贫困村147个未出列。

【扶贫思路精准】 开展县、乡各级机关和企事业单位及干部与全县所有贫困村和贫困人口实行结对帮扶，安排干部职工采取“1+N”或“N+1”的方式，结对帮扶本单位所帮扶村内的贫困户，实现“一村一扶贫工作队、一户一帮扶责任人”，确保帮扶干部到位，帮扶责任明确，帮扶措施具体。全县1373名驻村干部帮助贫困户谋思路出点子1949条，解决困难问题1832个，协调项目131个，办实事好事4571件。县四大班子、县直各部门、社会各界开展遍访贫困人口1.5万余人次。

【扶贫措施精准】 着力实施“五个一批”（发展生产脱贫一批、易地扶贫搬迁脱贫一批、生态补偿脱贫一批、发展教育脱贫一批、社会保障兜底一批），全年争取专项扶贫资金5351.7万元；预留小额到户贷款贴息资金281万元；实施县财政投入500万元作为风险补偿金、在农行贷款5000万元的“惠农贷”政策和由县财政投入2000万元作为风险补偿金、在农商行贷款2亿元“特惠贷”政策，用于发展特色经果林、蔬菜、中药材、生态养殖、传统手工业、加工业以及提升贫困群众素质等方面，有效缓解贫困户发展生产资金短缺、贷款难的问题。深入实施“雨露计划1户1人”培训，完成扶贫产业实用技术培训3142人；农村贫困家庭中职、高职扶贫500人，实现圆梦行动259人。

【扶贫项目精准】 精心选准帮扶项目，实行一户一策、一户一扶、一户一帮。从基础设施、产业发展、医疗健康、教育扶贫等方面进行扶持，大力支持发展蔬菜、马铃薯、经果林、山地生态畜牧业、中药材等经济作物，大力发展猪、牛、羊和水西乌骨鸡等规模化养殖，培育一批产业村、种养户，帮助贫困户发展短、平、快的养殖项目，切实增加收入，实现脱贫。通过扶持，综合运用贫困标准和“四看法”“比差法”等识别机制，保证脱贫户有序退出。

民政工作

【概况】 县民政局紧紧围绕县委、县政府中心工作，以全面深化改革为主线，以提高基本民生保障水平、加强和创新社会管理、增强基层民政能力为重点，以更加务实的工作作风，全面提高民政服务管理社会化、科学化水平，切实发挥民政在“决战贫困、提速赶超、同步小康”中的兜底作用，助推全县经济社会和谐发展。

【“两节”慰问】 在元旦、春节期间，充分体现县委、县政府对困难群众的关怀，积极筹备慰问物资和资金，陪同县四大家领导走访慰问困难群众、困难职工、优抚对象、遗孀遗属等1000余人，共发放慰问金30.6万元、棉被115床、棉衣115件、大米2650千克、菜油250千克，确保困难群众过上欢乐祥和的节日。

【城乡低保】 贯彻落实国务院《社会救助暂行办法》、民政部《最低生活保障审核审批办法（试行）》和省市有关规定，扎实开展低保年度核查工作，认真抓好民主评议、张榜公示、审核审批等关键环节。根据省民政厅统一要求，全县2015年城市低保标准由2014年每人每月410元提高到440元，增幅达7.3%；农村低保标准由每人每年2000元提高到2580元，增幅达29%。提标后城市低保月人均补助达250.2元，农村低保年人均补助1570.4元。全县有农村低保对象20226户34321人，累计发放补助金

6112.54万元；有城市低保对象3025户5468人，累计发放补助金2028.51万元，城乡低保对象基本生活得到有效保障。

【农村五保供养和农村敬老院管理】 做好农村五保对象供养保障工作，把农村五保供养经费全部列入财政预算，足额拨付五保供养金，保障农村五保供养对象的基本生活。截至年末，全县农村五保供养对象2280户2432人（其中集中供养对象为383户396人），累计发放供养金771.39万元。做好农村敬老院建设，完成中坪镇、金兰镇敬老院主体建设工程，正在完善附属设施。着力抓好农村敬老院规范化建设和安全管理工作，及时下拨农村敬老院管理工作经费46万元和落实农村敬老院53名管理服务人员工资105.6万元。积极开展争创星级敬老院活动，提升敬老院管理和服务水平。全县已正常运行的19所农村敬老院中，有三星敬老院2所、二星敬老院10所，共有农村敬老院床位数814张，协议入住人数734人，床位使用率达90.2%，床位利用率大幅提升。下拨农村敬老院规范化建设资金和福彩公益金21.5万元，用于农村敬老院围墙、电线路等维修和改造，切实保障了敬老院的安全，杜绝安全事故的发生。做好农村敬老院事业单位法人登记工作，全面完成19所农村敬老院法人登记。

【城乡医疗救助】 将城乡低保、农村五保等困难群体纳入医疗资助参合范围，缴纳参合金164.03万元。其中：按70元/人的标准全额为农村五保、城市“三无”人员、60年代精减人员和孤儿等4052户4052人缴纳参合参保金28.36万元；按30元/人的标准为城乡低保对象24947户45174人缴纳参合参保金135.66万元。健全和完善城乡社会救助评审制度，取消病种限制和起付线，提高住院救助比例，扩大救助范围，完善救助模式，全年发放农村医疗救助金1366.11万元、城市医疗救助金114.98万元，切实减轻重病患者家庭经济负担，有效防止患者家庭因病返贫、致贫。

【临时救助】 积极开展临时救助工作，解决因灾、因病、因求学和突发事件给群众造成的临时生活困难，全年共发放临时救助金57.55万元，救助233户低收入困难家庭；发放救助金19.68万元，解决82名60年代精简老职工的生活困难问题。建立救急难“一门受理、协同办理”工作机制，在乡镇（街道）政务大厅、办事大厅或社会救助经办机构，统一设立“社会救助服务窗口”，县乡两级明确31人专门负责救急难工作，村级明确362名信息员，负责急难对象信息报送工作，确保化解急难问题的“绿色通道”畅通，全年发放急难救助金36.36万元，解决44人次的急难问题。

【冬春荒救助】 保障冬春荒期间困难群众基本生活，共筹集822万元自然灾害生活补助资金。按照以实物救助为主的原则，用442.72万元购买82万千克大米、30万千克玉米，用38.76万元购买2000件防寒服、2000床棉被、700套卫生保暖衣、700双棉鞋。及时下拨大米82万千克、玉米31.1万千克、棉被2500床（件）、救助资金320.72万元，救助困难群众10万余人。为确保救助物资和资金及时足额发放到受灾群众手中，县成立冬春荒救助工作督查组，定期或不定期对乡镇（街道）工作开展情况进行督查，确保冬春荒救助工作落实到位，受灾困难群众得到及时救助。

【灾害应急救助】 2015年，全县各乡镇分别遭受不同程度的风雹、洪涝等自然灾害，殃及7.05万人次。因灾倒塌房屋21户41间，严重损坏14户29间，一般损坏房屋67户96间；农作物受灾面积4110.87公顷，绝收面积339.27公顷。直接经济损失1675.92万元，其中农业经济损失1316.92万元，基础设施损失273.5万元，家庭财产损失85.5万元。根据灾情，妥善安排受灾群众生活，切实抓好灾后恢复重建。下拨恢复重建资金 107.25 万元，帮助 84 户因灾倒损房屋农户重建（维修）住房，解决因灾倒房户住有所居问题。下拨观音洞镇地质灾害灾民转移安置资金 3 万元，下拨甘棠和素朴 2 个乡镇自然灾害生活救助金 4 万元，保障受灾群众的临时生活。

【防灾减灾宣传】 5 月 12 日是全国第七个“防灾减灾日”。县民政局联合各部门、各乡镇（街道）、村（社区）、中小学校开展形式多样的防灾减灾宣传教育活动。县减灾委员会成员单位组织开展以“科学减灾·依法应对”为主题的大型公众应急科普宣传教育活动，深入到学校、乡镇（街道）、社区广泛宣传防灾减灾的知识和技巧，通过设置宣传牌、发放宣传资料、悬挂标语、展出科普知识展板和接受现场咨询等形式，以及开展紧急避险逃生演练，发放防灾减灾手册 10000 余份，接待群众咨询近 2000 人次，进一步增强广大群众的防灾减灾意识。

【民政优抚】 及时下拨 2005.54 万元抚恤补助金，切实解决 4514 名优抚对象“生活难”问题。为 2863 名重点优抚对象缴纳参合金 20.04 万元，解决重点优抚对象医疗保障补助金 24.65 万元。贯彻落实省、市、县关于复员退伍军人困难帮扶实施意见的相关政策，在春节期间为享受抚恤补助的优抚对象发放慰问金共计 45.51 万元，在“八一”建军节期间为享受抚恤补助的复员退伍军人发放慰问金共计 89.6 万元。按照有关标准发放 2014 年入伍新兵家属优待金。发放部队立功受奖人员奖金 1.2 万元。深入开展“关爱功臣”活动，做好烈士证和伤残军人证换发工作；按照“分级负责、属地管理、源头稳控”原则，耐心细致做好复员退伍军人的教育疏导、政策解答，及时化解各种不稳定因素，维护社会和谐稳定。接待复员退伍军人政策咨询，及时按规定做好政策解答。

【退役士兵安置】 完成退役士兵接收登记工作。发放自主就业退役士兵一次性经济补助金 188.43 万元。认真做好退役士兵自谋职业和培训工作，投入 21.3 万元培训退役士兵。发放自谋职业退役士兵一次性经济补助金 34.73 万元。

【双拥工作】 开展春节慰问活动和清明节期间爱国主义教育活动，推进全县双拥工作持续开展，为争创省级双拥模范县奠定基础。积极做好县内驻军和优抚对象的走访慰问，在“两节”期间，发放慰问金 7.95 万元。做好县内零散烈士纪念建筑的维修和保护，充分发挥烈士陵园的爱国主义教育基地作用。7 月，黔西荣获贵州省双拥模范县。为巩固省级双拥模范县创建成果，县考核办将双拥工作纳入成员单位目标考核内容。

【城乡社区建设】 按照和谐社区建设标准，做好社区“一厅一场七室二栏一超市”服务阵地和设施建设，继续巩固和完善农村社区全覆盖工作成果，进一步提高社区服务水平。全面开展“廉政文化进社区”“明礼知耻·崇德向善在社区”主题实践活动。下发《黔西县 2015 年村（居）务公开工作方案和公开目录》，所有村（居）务公开工作都按公开目录和程序、及时在黔西廉政网和公示栏上进行公开。全县村（居）务公开工作已形成有制可依、有章可循、有规可约、按制办事新格局，民主管理更加制度化规范化。

【地名普查】 组织收看收听 9 月 16 日由国务院组织召开的视频会议，落实县第二次全国地名普查有关工作。加强宣传动员，开展地名普查集中宣传日活动，通过现场咨询解答和发放宣传资料等方式，为广大群众细致讲解地名普查的目的、意义、普查内容和方法。共悬挂宣传横幅标语 453 条，出动宣传车 30 辆（次），发放宣传资料 1 万余份。强化经费保障，根据地名普查各阶段的工作列出所需经费清单，向县人民政府请示解决招投标专用及后期成果转化使用费用 231 万元。下拨民政部下发工作经费 49 万元。填写调查目录，全县共收集 5788 条地名调查目录。按照省民政厅《关于开展市（州）接边县第三轮行政区域界线联合检查工作的通知》（黔民发〔2015〕6 号）精神，配合相邻的清镇市、修文县完成平安边界联合检查工作，完成市县自然地理实体统计上报，配合贵阳市修文县、清镇市完成第三轮行政区界线联合检查工作。

【社会组织管理】 按照《社会团体登记管理条例》，做好县内社会组织登记服务管理工作。截至年末，全县有社会组织 99 个，其中社会团体 71 个、民办非 28 个。5 月，全面完成社会组织年检工作，年检率达到 100%。强化社会组织内部制度建设，进一步提升社会组织自身能力，扩大群众参与量，及时反映群众诉求，公共服务水平大幅提高。

【婚姻和收养登记】 严格按照《婚姻法》《收养法》等法律法规，为广大群众提供热情、便捷、高效、优质服务，切实维护群众的合法权益。截至年末，共办理结婚登记 11029 对、离婚登记 1166 对，收养登记 6 人，婚姻登记、收养登记合格率达 100%。

【殡葬改革】 2015 年，全县辖区内亡故 4276 人，其中火化遗体 4276 具，县公墓安葬 378 座，殡仪馆骨灰堂存放 209 盒、骨灰深埋处理 35 盒、农村公益性公墓安葬 3591 座，县外凭相关手续领取骨灰 63 盒，实现遗体火化率、骨灰集中安葬（存放）率、城区集中治丧率“三个 100%”。加大殡葬改革工作宣传力度，结合“三下乡”“四进社区”“殡改宣传月”和“清明节”平安祭扫等活动，采取万人签名、发放公开信等方式，广泛宣传殡葬改革，发放《深化殡葬改革、规范文明丧葬致全县人民的公开信》10 万余份、《黔西县殡葬管理宣传手册》1 万余册，使广大群众进一步转变落后的丧葬观念，合力推进殡葬改革工作。加快落实惠民殡葬政策，全年实施惠民殡葬救助 4175 例，解决困难群众基本丧葬费用 388 万元。加强农村公益性公墓建设，把村级公益性公墓建设作为新农村建设的一项重要内容，拨付 200 万元建设资金，下发《农村公益性公墓管理暂行规定》，指导和督促各乡镇抓好建设。截至年末，全县已建成 339 处农村公益性公墓。

【流浪乞讨人员救助管理】 县救助管理站坚持“自愿受助、依法救助”的原则，对符合救助条件的流浪乞讨人员，及时护送救助、劝导救助、引导救助，达到有求必救、住得下、不受饿、不受寒的要求，共救助流浪乞讨人员 482（次），其中精神病人 97 人、未成年人 63 人次。共支出流浪乞讨救助金 55.11 万元。在做好全天候 24 小时值守和街头巡查工作的同时，加大对重点场所、交通要道和人群集中区域的巡查，配合公安、城管加大对胁迫、诱骗、组织操纵、教唆未成年人、老年人、残疾人进行乞讨的打击力度。严厉打击骗取救助的违法行为，切实维护社会和谐稳定，提升城市的良好形象。

【孤残、留守儿童、困境儿童救助保障】 做好孤儿核查、审批和养育工作，加大对孤儿养育和资金使用的督查和跟踪，确保孤儿健康成长。截至年末，全县有孤儿 277 人，其中散居供养 234 人、集中供养 43 人，发放孤儿生活保障补助金 214.32 万元。发放 84 名留守儿童和困境儿童医疗救助金 46.99 万元，发放 1199 名困境儿童救助金 95.92 万元。通过开展“明天计划”“微笑行动”“孤残儿童高等教育助学工程”“福音工程”“温暖贵州·福彩爱心助残健康行”等一系列惠民活动，有效保障孤残儿童健康、快乐、幸福成长。

【儿童福利工作】 做好收送养工作，全年共接收弃婴 5 人、弃儿 3 人、孤儿 1 人，临时救助 21 人；送养 8 人，其中国内送养 6 人（1 名属民间捡拾送养），涉外 2 人。县儿童福利院共有婴幼孤残儿童47名（其中弃婴4名、弃儿18名、孤儿25名），困境儿童（临时代养）16名。重视院内儿童教育和知识文化的培养，有34名儿童分别送县内部分中小学接受教育。有特教老师3名，负责院内残疾儿童特殊教育工作。组织福利院孩子参加“2015世青亚洲国际音乐舞蹈艺术大赛（贵州站）”，荣获少年组金奖。利用周末或寒暑假带领孩子开展郊游活动，增强他们独立生活的能力，丰富他们的课余生活，让每一个孩子都感受到家庭的温暖。努力提高工作人员服务技能，选派专技人员到贵阳接受特教培训，配备1名医务工作人员24小时进行医疗跟踪服务。跨越重庆、北京，辗转近5000千米进行治疗，成功挽救患有先天性食道闭锁症的弃婴凌树涛的生命。

【慈善募捐和救助】　大力加强慈善宣传、募捐、救助工作，做好“慈善超市”建设，有力促进慈善事业的发展，有效增强慈善救助实力，为慈善救助提供坚实保障。全年共接收各类捐赠资金44.59万元、物资16.57万元，发放捐赠资金和物资共65.35万元。

【社会养老服务体系建设】　在元旦、春节期间，对全县健在百岁老人及个别高龄贫困老人、贫困空巢老人等进行慰问，每人发放500元慰问金及慰问品。对符合政策的80~89岁高龄老人11177人按每人每年600元、90~99岁高龄老人920人按每人每年1200元、百岁以上老人18人按每人每年3600元，发放补助资金共计787.5万元。为老年人办理老年证5000多本，接待老年人来信来访100余次，办理有关提案3件，让更多的老年人发挥“老有所为”作用。有序推进城乡居家养老服务工作，全县有空巢老人7397人，失能半失能老人1446人。已建成农村幸福院48所（其中院院合一2所，院会合一26所，有20所正在建设中）。有农村居家养老服务中心29个、工作站362个，切实为老年人提供娱乐、健身、休闲等服务，年服务老年人达10万余人次。

【自身建设】　践行“三严三实”主题教育活动，紧密结合本部门工作实际，把贯彻落实党风廉政建设责任制与业务工作同部署、同落实，责任到股室，任务量化到人。认真贯彻执行部门一把手“五个不直接分管”，切实抓好权力清单运行备案工作，坚持民主集中制原则，强化领导监督。严格执行中央、省、市、县的有关规定，切实抓好上级各项方针政策和县委、县政府各项决议、决定，做到令行禁止、政令畅通。完善各项规章制度，加强作风建设、效能建设、政风行风建设和民政队伍素质建设，强化狠抓工作落实能力、高效率工作能力、综合协调能力、依法行政能力，不断提高民政干部政治素养、业务素质，提升民政干部为民服务的工作水平。

社会保障·民宗管理

人力资源和社会保障

【概况】 县人力资源和社会保障局紧紧围绕县委、县政府整体工作部署，严格落实人力资源和社会保障各项政策法规，优化人才服务环境，不断提升人才工作科学化水平；快速推进社会保险覆盖范围，社会保险县级统筹日臻完善；劳动用工备案制度和集体合同制度覆盖面不断扩大，劳动保障监察“两网化”建设有效推进，实现仲裁机构实体化建设全覆盖，全县劳动保障举报投诉案件和劳动人事争议仲裁案件结案率均达90%以上。积极推进就业和再就业工作，全县就业形势基本稳定，就业和再就业政策扶持体系更加完善，以市场为导向的就业机制初步形成，成功创建省级创业型城市。

【人才队伍建设】 根据各系列专业技术人员职称评审条件，经职称评审委员会评审通过、人社部门审核，转发卫生系列3人正高级、6人副高级专业技术职务任职资格；教育系列27人副高级、647人中级专业技术职务任职资格；农业系列8人副高级、27人中级专业技术职务任职资格；工程系列2人正高级、5人副高级、5人中级专业技术职务任职资格；中专系列1人副高级、1人中级、1人初级专业技术职务任职资格；文物博物系列1人初级专业技术职务任职资格；群文系列1人初级专业技术职务任职资格；建筑工程系列4人中级、2人初级专业技术职务任职资格；民营经济组织工程系列2人中级、3人初级，农业系列1人中级，工艺美术系列3人中级专业技术职务任职资格。完成210名基层副高级职称评审认定及81名基层副高职称聘任工作；组织县直各系列取得中、高级专业技术职务任职资格222人参加市中、高级计算机应用能力提高班培训；完成7名高层次急需紧缺人才“绿色通道”中、高职称评审工作；完成19名高校毕业生就业见习工作；完成1名“高校毕业生到村任职”选聘生续聘工作；完成教育、卫生、农业、工程、新闻等系列1142人晋升中高级职称社会化评审申报推荐工作；完成39名基层专业技术人员申报基层认定副高级职务推荐工作；完成628人初级专业技术职称评审工作。组织黔西煤化工、黔西一中参加“中国·贵州人才博览会”，达成就业意向6人。

【干部管理工作】 完成2014年党政机关、事业单位、公有制企业年报统计、年度考核及人才监测工作；完成县卫计局、县市场监督局、县工能局等单位1240人成建制划转工作；行文调动289人；完成县政府办、县农牧局等单位61名股级干部竞聘上岗预审工作；完成2015年省、市、县、乡四级公务员招考计划的审核报送、网上报名资格初审、资格复审及51名公务员（参公人员）行文录用工作；完成2014年卫生系统

132人考察政审及行文聘用工作；完成2015年25人的非领导职务审批工作；完成2014年118名乡镇幼儿教师行文聘用工作；完成2015年面向社会公开招聘事业单位工作人员报名、笔试、面试、体验和政审工作并行文聘用89人；完成5名订单定向免费医学生的行文聘用工作；完成29名贵州工程应用技术学院免费师范生的行文聘用工作；完成2012年乡级计生特岗工作人员405人的考核及正式聘用工作；完成263人职务与职级晋升工作；完成74名公务员（参公事业单位工作人员）登记工作；完成52名乡镇公务员培训和475名事业单位新进人员初聘培训工作。按照干部人事档案管理权限原则，收集年度考核表、工资表、调动表等各种应归档材料1640余份，提供查阅档案437卷次、借阅人事档案20卷次、转递人事档案164卷次，开出应届毕业生提档函50份；积极做好干部人事档案数字化管理达标工作，对各单位公务员（参公人员）档案达标专项审核413卷次。

【工资福利待遇和退休审批工作】 完成2015年度全县义务教育学校、公共卫生与基层医疗卫生事业单位、其他事业奖励性绩效审批兑现工作；完成机关单位2015年度年终一次性奖金审批兑现工作；完成全县事业单位12226名在职职工按年度考核正常晋升级别、档次、薪级工资工作；完成2015年度机关事业单位技术工人等级考试资格初审及汇总上报工作；完成教育部门第二轮岗位设置调资工作；完成全县机关事业单位18972人工资数据采集测算工作。对全县机关事业单位“冒充人头，专吃空饷”人员进行清理核查，涉及“占编制、不上班、吃空饷”的单位6个7人，追缴吃空饷23万元。行文审批机关事业单位工作人员退休326人；审批机关事业单位一次性抚恤及遗属生活困难补助165人；完成因职务（岗位）变动、调动、晋升调整工资4999人；完成机关事业单位15040名在职职工和4213名退休职工基础工资提高标准和规范津贴补贴（绩效工资）工作；完成2014年度县直部门3623人1296万元目标考核奖审批兑现工作；完成758名机关公务员职务职级并行工资审批兑现工作。

【企业养老保险】 发放4772名参保企业离退休人员基本养老金10182万元，发放养老遗属人员待遇131万元，未发生新的拖欠；全县累计参保人员达20010人，占市下达目标任务16000人的125.06%；累计征缴养老保险金15605万元，占市下达目标任务12000万元的130.04%。企业退休人员社会化管理服务达100%。

【城乡居民社会养老保险】 全县城乡居民社会养老保险参保人数29.07万人，占市下达目标任务28.98万人的100.31%；基金征缴2053.87万元，占市下达目标任务2152万元的95.44%；60周岁以上城乡居民养老金发放达106万人次，按时足额发放养老金8205万元。

【工伤和失业保险】 全县参加工伤保险企业490户（其中煤炭行业21户、非煤炭行业469户），参保人数29315人，占市下达目标任务26000人的112.75%；征缴工伤保险金2078万元，占市下达目标任务2400万元的86.58%。全年支付工伤保险待遇1456.81万元。全县失业保险参保人数17201人，占市下达目标任务17000人的101.18%；征缴失业保险1164.7万元，占市下达目标任务1440万元的80.88%；全年支付失业保险待遇53.5万元和失业人员医疗保险10.8万元。

【医疗和生育保险】 全县医疗保险参保人数28040人，占市下达目标任务28000人的100.14%；收缴医疗保险金6849万元，占市下达目标任务6000万元的114.15%；支付医疗保险待遇6842.69万元；补充医疗保险收入1214.97万元，支出931.41万元；公务员医疗补助收入

144.43万元，支出79.25万元。全县生育保险参保人数20923人，占市下达目标任务17500人的119.56%；收缴生育保险226万元，占市下达目标任务210万元的107.62%。支付生育保险费151.61万元。

【工伤、丧葬、退休、困难补助受理】 全年共受理工伤案件272件，结案248件，结案率91.18%；审批企业参保职工及个体工商户退休925人；审批108人参保及退休人员死亡丧葬费和一次性补助费；审批27人享受遗属定期生活困难补助和71名失业人员领取失业保险待遇工作；按黔人社厅发〔2015〕7号文件审批退休329人。对全县21家定点医院送审病历进行全面筛查，共筛查病历1700余份，处理违规信息640余条；受理参保职工外伤认定申请117人次。

【劳动保障监察】 认真开展农民工工资支付专项检查，共排查企业（工程项目）105个，存在拖欠农民工工资10个，涉及劳动者1864人、2026.9万元；对存在拖欠工资的企业（工程项目），均依法下达责令改正决定书。对全县煤矿、加工、餐饮、人力资源服务机构等进行检查，共检查职业中介机构7家，均已下达责令改正决定书，责令其限期办理劳务派遣许可证；检查用人单位30家，发放宣传资料2000余份，接待法律咨询500余次，未发现黑中介、黑劳工、坑蒙求职者财物、拐卖妇女或未成年人等违法犯罪行为。及时处理劳动者投诉案件，共受理劳动者投诉案件210件，涉及劳动者6752人；已处理191件，为农民工追讨工资11346万元，督促用人单位为劳动者缴纳社会保险费138.46万元；移送涉嫌拒不支付劳动报酬犯罪案件2件，移送人民法院强制执行7件，案件当期结案率达96%。对用人单位进行劳动用工年检280户，审批劳务派遣许可2户，鉴证劳动合同6400份；“两网化”管理覆盖率达到95%。

【劳动人事仲裁】 全年受理各类劳动争议案件248件，其中社会保险130件、确认劳动关系6件、解除或终止劳动合同63件、劳动报酬4件、其他45件，受案率100%；审结案件247件，其中调解104件、裁决138件、撤诉5件，涉案金额1579.75万元，按期结案率达99.6%；依法做出不予受理案件22件，涉及劳动者22人。

【就业和再就业工作】 全年城镇新增就业8495人，完成目标任务7700人的110.32%，城镇登记失业率控制在4.2%以内；失业人员实现再就业1745人，完成目标任务1700人的102.64%；就业困难人员实现就业1261人，完成目标任务1220人的103.36%；农村富余劳动力转移就业21468人，完成目标任务19300人的111.23%；“千企万人”工程就地就近就业3862人，完成目标任务3700人的104.38%；职业技能培训2571人，完成目标任务2500人的102.84%。开展全县农村劳动力资源调查统计，并及时录入农村劳动力数据库信息系统，共录入数据28.70万条；会同县总工会、县工商联举办“春送岗位”招聘会，为海大科技有限公司、黔希煤化工、同心商贸城等20余家企业发放宣传资料500余份，300余人与企业达成意向性就业协议；推选9户创业示范户参加市人社局评比，荣获省级“创业之星”称号1户、市级“创业示范户”称号6户，黔西县承接产业基地被评为“省级、市级农民工创业示范园”；扎实开展小额担保贷款工作，共计放贷70户407万元，贴息69.7万元；对退休人员生存验证审核4135人，遗属237人。

【党建工作】 全面落实从严治党，着力抓好人社系统党组织整顿、发展型服务型党组织建设等工作。认真践行“三严三实”，大力整治“为官不为”和损害群众利益等方面的问题，机关作风明显好转。认真贯彻落实中央八项规定，省委和市委十项规定，层层签订作风纪律责任书，坚决把纪律和规矩挺在前面，以“钉钉子”的精神纠正存在的“四风”问题，并形成长效机制。制定《党组中心组学习制度》和《机关支部民主生活会制度》《领导班子交心谈心制度》和《服务承诺制度》《岗位责任制度》《限时办结制度》等工作制度，坚持用制度管人、管事、管权，着力解决“僵、庸、懒、慢、浮”等问题。认真抓好纪检监察工作，制定《关于开展2015年民生整治铸廉行动实施方案》，重点抓好就业专项资金、社会保险基金、城乡居民社会养老保险基金等3个民生项目专项整治。加大党务政务公开力度，特别是对事业单位公开招聘、办事流程等的公开，防止“暗箱操作”，努力营造公开、公正、透明的行政环境。充分利用县人力资源和社会保障网络平台，及时发布相关事项及认真回复网站留言信息，全年回复信访局、联席办等转办信访件24件，回复本局网站留言50余条。每月按时在黔西县廉政网上公布本局“三公”经费运行情况，接受社会监督。

【服务平台建设】 全面梳理建立权力清单和责任清单，清理出36项权力清单（责任清单）对外公布，规范办事流程，简化行政审批服务事项，最终合并、保留形成23项行政审批服务事项；将行政审批服务事项的平均办理时限缩短在3.8个工作日内，梳理出14项可通过网上办事大厅申报的事项，确保网上申办事项率达60%以上。加强基层就业和社会保障服务平台规范化、标准化、信息化、专业化建设，25个乡镇（街道）基层就业和社会保障服务设施已建成并投入使用，基层公共就业管理和社会保障的服务范围得到延伸，服务能力及水平不断提高，就业和社会保障工作取得明显成效。

民族和宗教事务管理

【概况】 县民族和宗教事务管理局认真贯彻落实中央、省、市民族宗教工作会议精神，紧紧围绕县委、县政府整体工作部署，以科学发展观统揽民族和宗教工作，强化责任意识，牢牢把握“两个共同”“三个离不开”和“四个维护”的民族宗教工作主基调，坚持“民族求发展，宗教保稳定”的方针，全县呈现民族团结、宗教稳定、经济繁荣、社会进步的良好态势。

【民族团结进步建设】 利用民族节庆活动、十月民族团结进步宣传活动月和民族工作“六进”活动，深入学习宣传贯彻中央和全省民族工作会议精神，牢固树立“三个离不开思想”“多元一体思想”，巩固和发展和谐、平等、互助的新型民族关系，促进全县各民族共同团结进步、共同繁荣发展。部门协调配合，认真做好全县“民族团结和睦指数”统计监测工作；探索城市社区民族工作新方法，精细化管理、人性化服务，做好外来少数民族群众经商办企业服务工作；着力抓好民族团结进步繁荣发展示范区建设，实现“拔亮一盏灯、照亮一大片”的示范效应；县民宗局牵线搭桥，为来县经商的维吾尔族群众喀迪尔送去价值1.8万元的衣物和书包等物资；依规按程序做好民族成分更正更改工作，特别是网上申报、审批试点工作，节约行政成本、提高办事效益，变少数民族群众“路上跑”为“网上跑”，减少少数民族群众路费等支出，维护少数民族群众合法权益。全年共办理民族成分更正111人，更改153人（网上办结46人）。搭建县民族工作学会平台，指导民族学会工作。

【民族地区民生改善】 围绕改善民生，加快民族地区经济发展，申报2016年度民族文化进校园项目6个，省、市级少数民族文化教育项目（双语教学）3个，示范创建少数民族文化广场项目2个，少数民族节庆活动23个，民族博物馆（陈列室）建设扶持项目5个；积极争取中央、省、市少数民族发展资金和少数民族教育专项补助资金项目，2015年争取各类项目6个、资金109万元，加强基础设施建设，改善生产生活条件，扶持少数民族群众发展生产，增强可持续发展后劲。结合全县“美丽乡村、四在农家”工作开展，认真抓好5个特色村寨建设。切实做好民族贸易企业申报认定及优惠政策兑现落实工作，助推黔西经济发展，2015年兑现中央财政贴息近100万元；争取县统计局支持，做好民族地区经济社会发展统计监测工作，为县委政府和上级决策提供翔实依据。

【民族文化建设】　抓好双语教学，扫除语言障碍，推动民族教育事业发展，为民族地区培养人才；抓好黔西苗族花坡节、跳年节、米花节，彝族火把节、彝年节，布依族六月六，白族三月节，维吾尔族古尔邦节等少数民族节庆活动，宣传党和国家民族政策，讴歌毕节试验区伟大建设成就，颂扬民族团结进步先进典型，活跃节日气氛，增进各民族间的了解、理解，促进民族团结，服务旅游活县发展战略；指导钟山农耕文化博物馆工作，利用莲城办事处坪子社区银海生态园平台，建设水西文化陈列馆；开展民族语言文字和文化古籍保护工作，深入挖掘、收集、整理民族文化，制作课件、社交平台，鼓励少数民族干部、学生、群众使用本民族语言等形式，保护民族语言文字；抓好少数民族人才培训，为民族地区培养干部和各类专门人才。

【宗教法制建设】　抓好宗教工作普法宣传教育，及时传达学习2015年全国、全省、全市宗教工作会议精神；开展以“国法和教规”为主题的“宗教政策法律法规学习月”活动。巩固深化宗教教职人员认定备案、宗教活动场所财务监督管理专项工作成果，形成宗教教职人员认定备案和宗教活动场所筹备设立申请常态化，教职人员认定备案22人。完成县、乡、村“三级网络”工作信息联络员体系。加强教风建设，深入开展和谐寺观教堂创建活动，促进宗教活动场所法制化、规范化，进一步增强宗教界人士遵纪守法、照章办事的意识，努力建设文化型、学习型、道德型、生态型“四型场所”。

【宗教事务管理】　佛教、基督教方面：按照“三个一批”（合法一批、过渡一批、取缔一批）的原则，在全县范围内边排查、边治理，发现一起，治理一起，取缔3处封建迷信活动。倡导佛教场所“文明敬香”“合理放生”，推动建设“生态寺观”“文化寺观”。对基督教私设聚会点进行专项整治，对大关镇、协和镇非法基督教聚会点进行取缔。落实基督教堂、福音堂的维修经费报账工作。伊斯兰教方面：积极主动向上级部门反映县伊斯兰教的具体困难，得到省民宗委和市民宗委领导的认可，同意拨付资金和协调对清真寺的工程进行跟进。天主教方面：督促教堂抓紧时间落实维修寺观教堂经费的报账工作，指定人员负责把教会工作抓好。积极对全县范围内的民间信仰活动进行摸底排查和整改，将民间信仰工作纳入管理范围。协助宗教活动场所开设单位银行账户工作。建立和完善宗教依法行政各项制度，做到规范行政执法、亮证执法，并对2015年度依法处置宗教问题进行调研，形成调研报告。

【宗教界作用发挥】　发挥宗教界在法治建设中的积极作用，鼓励宗教界弘扬宗教思想教义中与社会主义道德和法治相契合的内容，支持宗教教职人员将法治精神融入讲经中，指导宗教团体和宗教活动场所建立宣传队伍，宣讲宗教政策法规，引导信教群众自觉维护宪法和法律的权威，自觉在法律允许的范围内开展宗教活动，自觉履行法定义务。组织宗教界人士到金碧镇、雨朵镇、锦星镇、红林乡、定新镇、中坪镇等乡镇开展“崇尚科学·破除迷信”宣讲活动，用身边发生的真实事例，阐述什么是宗教、什么是邪教以及邪教的危害，教育引导群众崇尚科学、反对邪教、反对封建迷信，主动抵制邪教和封建迷信活动，积极培育和践行社会主义核心价值观。将“宗教慈善周”活动常态化，年初，县民宗局携县基督教到钟山镇、素朴镇慰问贫困孤儿17名，发放慰问金3000余元；在端午节到黔西县儿童福利院、敬老院进行慰问，送去粽子、大米等慰问品。

【基层宗教事务专项行动】 按照市民宗委的统一安排，开展全县依法管理基层宗教事务专项行动。8月17日，召开全县依法管理基层宗教事务专项行动启动会暨培训会，对全县29个乡镇（街道）及各成员单位主要领导进行培训，调整黔西县宗教工作协调领导小组，成员由原来的31个增至37个，并细化各成员单位职责。9月2日，开始对全县依法管理基层宗教事务进行专项督查，并将督查情况上报县宗教工作协调领导小组办公室，形成县依法管理基层宗教事务专项行动调研报告和整改落实方案。

医疗卫生事业

医疗卫生

【概况】 2015年，黔西县卫生和计划生育局以党的十八大和十八届三中、四中、五中全会精神为指导，紧紧围绕县委、县政府中心工作，以“提高人民健康水平和人口素质”为导向，深入推进医药卫生体制改革，积极贯彻国家生育政策，完善基层卫生和公共卫生服务体系，实施医疗技术和服务水平“双提升工程”，卫生计生服务水平得到全面提升。2014年12月，黔西县卫生局和黔西县人口和计划生育局完成机构改革，顺利整合为黔西县卫生和计划生育局。在推进机构改革过程中，注重统一思想、宣传发动、科学设岗，因岗定人，高效平稳地完成了机构、职能、人员、财物等整合，实现干部队伍的有效融合和优化组合。2015年，各乡镇（街道）陆续完成卫生计生服务中心的组建。卫计机构改革基本达到机构合并、资源整合、人员合心、工作合力的预期效果。

【公立医院改革】 作为全国第二批公立医院改革试点县，全县于2015年1月全面展开县中心医院、县中医院改革试点工作，取消药品加成，实行零差率销售。由此减少的收入由政府补贴和调整医疗服务价格按照3∶7的比例解决。截至2015年末，县中心医院累计零差率销售药品3224万元，为患者减少就医费用483万元。完成公立医院基本情况调查工作，进入医疗服务价格调整、绩效考核及分配制度、人事管理制度改革阶段。

【医疗服务体系建设】 完成林泉、谷里、素朴、甘棠等标准化乡镇卫生院建设并相继投入使用，2015年面向社会招考录用卫生技术人员55名。截至2015年底，全县医疗机构有病床3600张，平均每千人4张；有执业（助理）医师1154人，平均每千人有1.29名。加强村级卫生服务体系建设，全县362个村设立村卫生室，明确735名村医承担村级防疫保健工作。按照省市要求，采取政府定额补助、考核奖励和一般诊疗费补偿等对村医进行补助，确保全县735名村医每月817元的政府政策性补贴，按月发放。按照基本药物制度的要求，政府举办的医疗机构及村卫生室100%实现网络平台采购，100%实行零差率销售，全县累计采购并零差率销售基本药物1.57亿元，进一步减轻群众就医负担。将基本药物纳入新农合报销范围，报销比例较非基药提高10%，有效推动基本药物制度的开展。

【新型农村合作医疗】 全县共有72.39万人参加新型农村合作医疗，参合率达99.83%。截至年末，门诊和住院共计补偿26342.76万元，累计受益134.04万人次，受益率为185.15%。加强合作医疗资金管理和定点医疗机构监管，共计挽回合医损失1491.42万元。

【医疗卫生服务】 深化“平安医院”创建，在各级各类医疗机构开展“医疗环境大整治”活动，开展“服务好、质量好、医德好、让群众满意”的“三好一满意”活动，制作发放医疗行风建设“九不准”承诺卡8000余张。大力推广便民惠民服务措施，加大县直医疗卫生机构支援乡镇卫生院工作力度，深入实施基层中医药服务能力提升工程，强化基层中医药人才培养和队伍建设。在县中心医院启动“银医一卡通”系统，有效缓解挂号、就诊、缴费排队时间长等问题。加强无偿献血宣传和用血监管，全县献血2254余人次共3530单位。深入推进公共卫生均等化服务，居民健康档案建立、健康教育、预防接种、0~6岁儿童健康管理、孕产妇健康管理、老年病健康管理、传染病报告、传染病防治等工作全面推进；全面实施国家免费孕前优生健康检查。

【医患纠纷处置】 随着经济社会的快速发展，群众看病就医需求增加，而同期医疗资源分布不均、供给不足，医护人员缺口较大，加之医务人员缺少与患者主动的、必要的沟通，患者及家属法制观念比较淡薄，不知道或不愿意通过正常医疗事故处理程序去解决问题，而寄希望于通过吵闹的方法来达到赔偿的目的，医患纠纷多发。县政府高度重视医患纠纷处置，建立协作联动机制，对发生的医疗纠纷，公安部门及时出警，维护医院的正常医疗秩序。当地党委政府、相关部门大力配合，及时处置医疗纠纷。2015年，全县共发生医疗纠纷82件，通过医疗事故鉴定的12件，调解处理70件。

【等级医院创建】 8月5日，县中医院通过二级甲等中医院复查评估，成功创建二级甲等中医院。按照上级业务部门要求，启动黔西县妇幼保健计划生育服务中心创建二级甲等妇幼保健院工作，已制定切实可行的工作方案，成立相应的组织机构，层层落实责任，完善科室设置，补充设备设施，等待接受上级业务部门组织的二级甲等现场评估。同时，积极创造条件，在12个乡镇卫生院按照标准开展一级甲等卫生院创建工作。

【国家级卫生应急示范县创建】 省卫生计生委将黔西列入创建国家级卫生应急综合示范县行列。县政府高度重视，成立由县长任组长，分管副县长任副组长，政府办、县应急办、卫计、财政、教育、安监等19个部门、29个乡镇（街道）主要负责人为成员的卫生应急综合示范县创建工作领导小组，制定《黔西县创建国家卫生应急综合示范县工作实施方案》，召开全县创建工作动员会议，开展创建工作督导。全县29个乡镇（街道）分别制定《突发公共卫生事件应急预案》，明确卫生应急信息联络员50名，县“120”与“110”“119”“122”实现四台联动，县直医疗机构与“120”急救中心建立信息资源共享与应急联动机制，形成政府领导、部门协作、全社会共同参与的卫生应急工作格局，创建工作全面开展。

人口和计划生育

【概况】 截至年末，全县末户籍总人口936009人，比2014年末增加9715人，增长1.1%。其中，城镇人口270320人，乡村人口665689人。年末贫困人口98455人，贫困发生率为11.6%。年末常住人口66.64万人。全年人口出生率12.52‰，死亡率6.82‰，自然增长率5.7‰。人口“双降”达到省、市目标要求。常住人口符合政策生育率为98.21%，同比下降0.06个百分点；流动人口出生700人，流动人口符合政策生育率为96.71%，同比下降0.22个百分点。

【计生服务】 强化推进计划生育工作的有效措施，完善《黔西县修订完善人口计生工作责任追究办法》，出台《关于进一步加强计划生育工作的实施意见》，建立县级领导和县直部门联系帮促督导乡镇（街道）计划生育工作办法。全县集中开展计划生育宣传服务活动，采取分片区、同协作的方式，重点解决避孕节育手术落实难等问题。全年共完成各类避孕节育手术 6576 例，同比减少 483 例。甲乙类手术 112 例，减少 30 例，应术未术率 0.003%，同比下降 0.007 个百分点。全县有已婚育龄妇女 174581 人，其中无孩妇女 9090 人，无孩妇女占比 5.21%；一孩妇女 52432 人，一孩妇女占比 30.03%；二孩妇女 72616 人，二孩妇女占比 41.59%；多孩妇女 40443 人，多孩妇女占比 23.17%。

【流动人口服务和性别比治理】 开展流动人口计生“关怀关爱”宣传服务活动 32 场次，提供政策咨询服务 3975 人次，免费发放避孕药具 7630 余份，落实动员流出返乡人员相应手术措施 911 例，提交、反馈 1.6 万条信息。与修文、大方、七星关、百管委、织金 5 个县区签订 2015 年协作查处“两非”违法行为合作协议，加大“两非”案件查处力度。全年查处“两非”案件 7 起，立案 5 起、结案 5 起。对全县 148 家医疗保健机构、75 家计生服务机构、58 家个体诊所、65 家药店进行督查。全县出生人口性别比为 106.92，同比上升 0.1 个点，人口结构更趋合理。

【计生奖励扶助】 深入开展农村计生“两户”（含“半边户”中农业户口一方）、计生节育奖励、计生少生快富等工作。经过村、乡、县三级调查、核实公示，确认农村各类奖励扶持人员共 27579 人、奖励扶持家庭 5023 户，兑现计生家庭利益导向资金 1449.15 万元。巩固“国优”成果，全面实施国家免费孕前优生健康检查，完成省市目标任务，全县落实免费生殖健康服务 32785 人，落实率 70.23%。

【“双诚信双承诺”和“三按月”工作】 全县 362 个村（社区）全部开展人口计生“双诚信双承诺”工作，推行率为 100%。截至 2015 年末，全县共签订《诚信计生双向承诺书》271787 份，签订率为 99.33%，基本实现“双诚信双承诺”工作全覆盖。切实抓好“三按月”绩效管理工作，把宣传教育、奖励扶助、优质服务、免费孕检、性别比治理、流动人口管理、依法行政纳入按月个案任务下达、随时进行督查、严格考核奖惩的内容，扎实有序地推进各专项目标任务的落实。

县中心医院

【概况】 县中心医院全面贯彻落实国家医疗体制改革政策，按照省、市、县关于卫生计生工作的指示，遵循全省卫生、计生工作会议精神，按紧紧围绕县委、县政府总体工作部署，依法治院，依法行医，以全面落实科学发展为第一要务，以医院综合改革为抓手，着力解决医院医疗服务工作改革中的重点、热点、难点问题，整体提升医疗服务能力和技术服务水平，增强医院生机与活力，开创医院工作新局面。2015 年，医院门诊 439991 人次，较 2014 年增长 28961 人次，增长 7.05%；出院 37792 人次，较 2014 年增长 4612 人次，增长 13.9%；总收入 22147.62 万元，较 2014 年增长 725.45 万元，增长 3.39%。每门诊人次收费平均 152.4 元，较 2014 年降低 4.34 元，降低 2.77%。出院患者平均医药费 3287.68 元，较 2014 年降低 312.12 元，降低 8.67%；其中药品费 551.19 元，较 2014 年降低 159.19 元，降幅为22.41%。

【医院管理】 结合医院的建设发展和管理需要，院领导班子分工合作，集体决策，运用现代管理理念，提高服务质量，营造质量环境，强化质量规范，增强服务意识，充分发挥集体智慧和领导决策的民主管理原则，实施院、科两级管理责任制，科学合理的定岗定员，认真落实医院精细化、常态化管理。调整、完善绩效分配方案，充分发挥和调动职工主观能动性和工作积极性；进一步建立健全和完善医院各项规章制度，严格考核管理。按照国家、省、市、县相关政策和医院综合改革要求，采取有力措施，妥善解决中医科、口腔科、高压氧舱治疗中心、血液透析科的历史遗留问题，确保固定资产的国有性、公益性、效率性、安全性，纳入统一管理，促进各科室整体协调发展。深入推行院务公开，坚持长期公开和临时公开相结合，不断完善和深化院务公开工作。采取宣传栏、文件、会议等多种形式公开，长期公开药品、器材、物资采购情况，及时更新公布，增加透明度，主动接受职工和社会监督。

【医院综合改革】 根据国家卫计委等五部委《关于印发推进县级公立医院综合改革意见的通知》（国卫体改发〔2014〕12号）和《贵州省县级公立医院综合改革工作实施意见》（黔卫体改发〔2014〕37号）及县委、县政府全面深化公立医院综合改革《2015年工作要点》（黔改领发〔2015〕4号）精神，医院成立综合改革领导小组，全面推进医院管理体制、补偿机制、价格机制、药品采购、人事编制、收入分配、医保制度等综合改革，建立维护公益性、调动积极性、保障可持续性发展的运行新机制，加强医院能力建设，不断提高中心医院医疗卫生技术服务水平。同时，积极寻求上级医院帮扶指导，加强专科、重点专科建设，打造龙头品牌特色，不断开展医疗服务新技术、新项目，有计划、有步骤、有安排地开展三级医院的申报工作。

【药品耗材集中配送】 贯彻落实医改精神，采取药品、医用耗材统一采供、集中配送措施，公开遴选有资质、有配送能力的供应商，作为医院药品、医用耗材的集中配送单位，及时、有序、高效地供给，保证配送特殊用药的配送最长时间不超过4小时，急救药品和耗材不超过0.5小时，一般药品和耗材不超过12小时送到医院。全年配送医用耗材价值1983万元，95%的品种规格按中标价格的5折计算，共让利1165万元，其中骨科内植物材料835万元、普通耗材330万元。所有药品实行“零差率”销售，全年让利患者551万元。

【医疗服务价格调整】 按照黔发改收费〔2014〕2244号文件关于诊疗、护理、中医、手术等调整幅度不大于40%、床位调整幅度不高于20%的指导精神，以及省、市、县相关指示，所有药品实行“零差率”销售，减少的收入按调整医疗服务收费标准补偿70%，政府补助25%，医院节支解决5%。县中心医院组织有关科室，以2012—2014年的各种数据为依据，精心测算，拟定调整医疗技术服务价格项目共计98项，调整比例10%~20%的项目共计74项，21%~30%的项目共计22项，31%以上的共计2项，大型设备检查共4项，降幅为5%。据测算，调整后的医疗服务收费可增加的70%，为年296.96万元。

【医院分配制度改革】 结合医改及医疗服务市场发展导向，重新调整制定《黔西县中心医院奖励性绩效工资分配方案》，以优化医院人力资源配置、提高医疗服务质量为核心，完善按劳分配为主体的分配制度，打破“大锅饭”分配体制，以目标管理、工作分析、工作考评为手段，鼓励职工想干事、多干事、干成事。充分利用现有资源配置和提高运营效率，不断调整、优化经营质量和结构，严抓工作质量，严格控制药品、卫生材料、低值易耗品等各类支出，向临床一线倾斜，向风险大、人均工作量大的科室倾斜，充分体现多劳多得、优绩优酬，以有效床日、有效收入、有效服务人次考核工作量，结合医务护理质量、医德医风、院感管理等综合目标管理，考核核定科室绩效。

【卫生应急处置能力建设】 黔西县委、县政府全面开展创建省级卫生应急综合示范县工作。县中心医院按照《中华人民共和国突发事件应对法》以及省、市、县各级各部门关于卫生应急工作要求，成立医院应急处置工作领导小组，设置中心医院应急办公室，针对公共卫生事件、突发性灾害事件，结合医院医疗工作的专业性，有针对性地制定总体预案及各类分类预案，组织参加县相关部门组织的演练、培训等活动，加强医院卫生应急管理体系，强化医院卫生应急常态化管理，加强卫生应急健康教育、应急演练和培训，加强卫生应急队伍管理和装备管理，全面提升卫生应急处置能力和应急医疗救治水平。全年共开展卫生应急培训6次，参加上级大型卫生应急演练2次，处置突发公共卫生事件1起、突发事件4起。

【医院宣传工作】 紧紧围绕“一切以病人为中心”的工作重心，牢牢把握医院建设发展大局，以搭建医院科室宣传网络，培养宣传人才为抓手，始终聚焦临床一线，瞄准医院建设发展的新举措、新气象，服务患者过程中出现的感人事迹题材，大力弘扬“爱岗敬业、团结奉献”精神，凝聚“正能量”，促进医院宣传工作再上新台阶。全年编辑《卫生之窗》特刊10期，制作展示有关安全、消防、应急、健康的横幅、标语、宣传栏近百条；建立院内宣传平台，组建各科室兼职通讯员队伍50余人，稳步推进医院宣传工作。积极与各类传统媒体、新兴媒体进行广泛合作，努力拓宽宣传渠道，进一步巩固和重塑“龙头”医院、品牌医院形象，为医院“两个效益”的提升起到积极的推动作用。

【服务患者】 完善服务措施，改善就医环境，使就医流程更加合理便捷。加强导医服务及门诊窗口科室管理，规范服务用语，开展“满意服务从我做起”，实施“首问负责制”，杜绝生、冷、硬、顶、推现象。深入开展“一日清单”“放心药房”及“文明示范窗口”等活动。采取各种措施调整科室布局，简化和优化服务环节，缩短各种等候和检查预约、报告时间。加强医患沟通，构建和谐医患关系，主动接受患者对医疗费用的监督，合理检查、合理用药、合理施治。

【临床路径工作】 深入贯彻落实《卫生部关于“十二五”期间推进临床路径管理工作的指导意见》，积极推进临床路径工作的开展。全院共开展临床路径专业7个，9个病种，2015年进入路径管理病例数为996例，正常完成368例，变异数为381例；退出路径数为247例；入组率81.4%，完成率75.2%，开展临床路径病例数占出院人数的2.62%。

【临床药品管理】 依据医院科室设置及临床药品使用需求，严格执行药品采购制度，严格执行药品网上采购，并密切联系临床，及时了解各科室药品需求动态及掌握药品使用后的信息反馈。全年共购进药品3487万元（中成药和西药），中标药品占购进总金额的93%；开展处方、医嘱点评工作，提高临床用药合理性。加强抗菌药物的使用监测管理，促进抗菌药物临床合理应用。在原有抗菌药物临床应用管理制度的基础上制定《特殊使用级抗菌药物审批程序》，结合2015年版《抗菌药物临床应用指导原则》重新制定《抗菌药物临床应用指导原则实施细则》等相关规章制度，使抗菌药物的合理应用水平得到进一步的提高。制定《2015年抗菌药物供应目录》，控制抗菌药物品种不超过35种，并严格按照目录进行采购。积极开展抗菌药物处方、住院医嘱专项点评，全年共计抽查住院病历360份、门急诊抗菌药物处方1200张，对抗菌药物的合理应用进行综合评价；开展药品不良反应监测，积极报告药品不良反应，全年共计收集上报药品不良反应75例，其中严重药品不良反应10例、新的药品不良反应22例，与2014年同期相比增加25例。

【设备管理】 建立和不断完善特种设备及一般设备的管理制度和行为规范。根据各点放射科的情况，建立健全放射规章制度，在放射工作场所出入口悬挂电离辐射警示标志，对放射源设有接地保护、漏电保护、空气开关保护，定期对CT、CR、DR、彩超、核磁共振等大型设备进行预防性维护，杜绝医疗安全隐患的发生。建立健全高压力特种设备的规章制度及操作规范，严格按规定对操作人员进行培训，定期对压力表、密封圈等进行保养、检查，对消毒器内的手术包等进行科学检测，各种被消毒物严格达到国标，全年度实施设备维修900余次，保障全院设备正常运转。根据科室所需及病源的增加，新购进彩色B超机2台，全年完成进购总额3079万元（其中骨科材料670万元、医用耗材1897万元、设备512万元）。完成全院设备的建档、建卡工作，建立设备台账（总账）和各科室设备分户账。

【平安医院建设】 以创建“平安医院”活动为载体，按照预防为主、安全第一的原则，狠抓医院安全环境建设，及时消除医院安全隐患，有效维护医院正常诊疗秩序。加强安全保卫、后勤社会服务化监管和综合治理工作，落实综合治理目标管理责任制，层层签订责任书。定期进行消防器械操作培训，组织开展消防安全知识培训3次，使广大职工掌握消防知识，树立安全消防意识。坚持日常巡视、检查制度，保障物资供给、用水、用电通畅安全。加强医疗安全管理，对危险物品实行专人负责、单独保管，全年收发氧气171520千克，小罐液氧39罐8190千克，高压瓶氧665瓶，二氧化碳35瓶，火灾警报器1869个点，消火栓箱、灭火器箱共132套，喷淋2780个，无一例安全事故发生。结合“创建卫生县城”工作，实行划片区包干管理责任制，实施“一岗双责”，加强检查督导，确保窗口单位的良好形象。

【人才队伍建设】 制定一系列的人才引进培训计划，按需求、有计划、有步骤实施，定期或不定期派出科室负责人及学科带头人到上级医院进修培训，持续加强人才队伍建设。2015年，共派出105人次进修培训，外出参加学术活动和讲座123人次。采取到省内各大专院校、简化程序等措施，招录应届毕业生；面向社会公开招聘高职称专业技术人才，保障人才队伍可持续发展。开展新项目、新技术创新发展，加快医院专科建设，搭建人才施展才能的平台，让人才活力竞相迸发，不断提升医疗技术水平，创建品牌医院。

【新农合政策落实】 严格执行新农合、医保政策，规范农合、医保诊疗、检查行为，严格按规定操作，加强同医保、农合管理部门的沟通，不断按要求更新和执行调整，确保农合、职工医保资金用到实处，真正使农合、医保参保人员得到实惠，保障利民工程惠及于民。2015年，县中心医院新农合补偿人数21716人，费用总额4764.49万元，保内总额4277.65万元；职工医保补偿人次1608人，费用总额530.16万元，统筹基金支付389.77万元。

【医疗质量管理】 修订《医疗质量管理奖惩措施》《住院病历、门诊病历评分标准》，每月由医务科质控员到临床各科室检查运行病历（含术中病历）、终末病历、门诊病历、危急值、辅助检查单等，检查结果以通报的形式下发给各科室，并要求科室做出整改意见，同时在院内网上公示，根据检查结果落实奖惩措施。针对以往检查发现的问题做重点专项检查，组织各临床科室主任或质控员每月参与检查终末病历。加强对围手术期手术安全核查、手术风险评估的督导检查及新技术审批、追踪、评价管理，对手术分级实施动态管理，重新审核手术医师的手术级别。制定下发《总住院医师管理制度》《高风险手术医务科介入谈话制度》。梳理第一类医疗技术目录，积极申报贵州省2015年第二类医疗技术，其中骨科髋关节置换技术、普外科腹腔镜诊疗技术、消化内镜诊疗技术获得准入。

【医学继续教育】　坚持岗前培训，新聘人员及进修实习生全部进行岗前培训，主要学习规章制度、法律法规、医德医风、病历书写规范、医疗纠纷的防范等内容。组织医务人员进行“心肺复苏”“三基培训考试”“合理使用抗生素”“院感管理”“病历书写规范”等培训。2015年，组织1027人参加“国家级继续教育项目”的医学知识培训；接收实习人员526人次，见习人员72人次；发表医学论文23篇，外出进修54人次，外出参加学术活动、讲座246人次。完成2015年高考生5052人的体检。

【护理行为规范】　对全院治疗室进行改造，规范各科治疗室药品、物品摆放，规范抢救设备仪器标识，统一标识。按照要求，统一规范“关爱医院”医生、护士基础操作培训（单人球囊心肺复苏、静脉输液操作、口腔护理、女病人留置导尿技术操作），参加人员12人。规范护理文书书写，严格按照《2013年贵州省卫生厅护理文书书写规范》要求，制定护理运行病历、护理终末病历书写质量考核标准及奖惩措施，相关职能部门按照标准抽查科室护理运行病历，组织进行终末病历交叉检查，对存在问题及时反馈，限时整改，严格执行奖惩。全年共抽查护理运行病历653份、护理终末病历1083份，组织召开护士长例会11次、护理质控会议3次。

【护理质量与安全管理】　加强护理质量与安全管理，每月不定期督导检查，将存在问题及时反馈，将管理落到实处。按照县卫生主管部门要求，承办2015年黔西县护士岗位技能比赛，选出7名护理人员参加毕节市卫计委举办的2015年护士岗位技能竞赛，获团队二等奖、个人三等奖。1—5月发放病人满意度调查表521份，病人满意度为95%；6—11月发放问卷调查表384份，收回380份，患者对护士满意度为92.1%。按照2014年爱婴医院复审标准，对儿科、产科、产科门诊督导检查10次，对全院护士长、技能老师、护士进行技能操作培训（双人心肺复苏操作、女留置导尿操作、大量保留灌肠操作、氧气吸入操作、吸痰操作、心电监护仪操作、综合情景模拟急性肺水肿抢救、综合性情景模拟心脏骤停病人抢救），培训人次达4100人（含试用期护士48人）。组织对400名护理人员抽考双人心肺复苏、女病人留置导尿、氧气吸入、大量保留灌肠等操作，合格率为100%。完成45名岗前护士操作、理论考试，合格38人。规范教学，加强对护理实习生的带教工作，完成2015年护理实习生332人的岗前培训。完成政府指令性任务工作29次。2015年，派送护理人员到上级医院进行短期培训15人、进修护理人员15人。

【预防保健培训】　共组织医务人员培训5次，培训人员共885人次，培训内容为《急性迟缓性麻痹（AFP）诊断与鉴别诊断》及监测方案、《人感染H7N9禽流感疫情防控方案》及2015年版诊疗方案、《不明原因肺炎》相关知识、《中华人民共和国传染病随变防治法》《传染病疫情报告工作规范》《疟疾防治知识》《食源性疾病监测》《布鲁氏菌病》《埃博拉出血热》

等相关知识。

【疫情管理】 加强疫情管理组织法律法规相关知识及传染病防治知识培训4次，分别为内科、儿科、感染科及口腔医师手足口病知识及疟疾防治知识培训；组织全院职工进行传染病法律法规相关知识培训；组织全院医务人员进行中东呼吸综合征的诊断与防控、梅毒病例的诊断与防控、梅毒报告中存在的问题及注意事项培训；组织全院培训传染病法律法规及传染卡报告相关知识。组织传染病防治相关知识考试2次。坚持每天网络直报和到科室核查传染病，全年共计报告乙、丙类传染病2741例，无甲类及列入甲类传染病管理的病例报告；按常规对不明原因肺炎及不明原因死亡病例监测131次，鼠疫病例监测12次，霍乱病例监测36次，均无病例报告。做好常规“AFP”病例监测工作，监测36次，有4例病例报告，已上报疾控中心。完成出生人口信息统计4229人次，儿童保健1423人次。做好新生儿出生缺陷监测，共报告68例。为在本院出生的新生儿进行乙肝疫苗接种32257人次，完成全院职工1081人的健康体检工作。加强健康教育宣传活动，全年制作健康教育宣传栏4期，内容涵盖手足口病防治知识、预防春季传染病健康小知识、预防H7N9禽流感相关知识、艾滋病防控小知识、结核病防治知识、夏季传染病防控知识、预防和处置食物中毒知识等。

【院感管理】 加强院感管理培训和检查工作，全年对医护人员、实习生、进修生、工人等进行培训8次，参加上级院感培训8次，召开医院感染管理会议7次，对各科院感管理工作不定期进行检查监督，规范院感管理工作。2015年，院内感染均控制在国家标准范围之内，完成空气采样257份，合格252份，合格率98%；完成物表采样353份，合格340份，合格率为96.3%；完成洗手采样136份，合格126份，合格率92.6%；完成给透析液采样77份，合格77份，合格率为100%。实施一类切口手术用药监测789份、多重耐药菌病例监测274例，供应室3M监测第一次均合格，横断面调查应查人数649人，实查人数649人，实查率为100%；院感14例，感染率为2.2%。对一次性医疗废物按照国家相关法律法规进行规范化管理，毁行、焚烧一次性空针884192具、输液器386337具、一次性医疗废弃物19624千克、感染性医疗废物47560千克、损伤性医疗废物3013千克，切实杜绝买卖、遗失、泄露等公共卫生事件的发生。

【医德医风建设】 1—11月，开展门诊病人满意度调查89人次，合格率为94.37%；开展住院病人满意度调查94人次，合格率为92.2%；接待病人投诉107起，均已妥善处理，收到锦旗3面、感谢信1封。

【急救（120）工作】 以提高救治能力、提升社会效益为目标，以改善服务态度、提高服务质量为抓手，全面加强120管理，树立“以病人为中心”的思想，把病人是否满意作为医疗服务准则，始终把病人的愿望作为第一信号，把病人的满意作为第一追求，把病人的利益作为第一目标，急病人之所急，使院前急救的“两个效益”不断提高。2015年，共接受呼叫15029次，其中有效呼叫4275次，骚扰电话10874次，总出车4288车次，实际接诊2296人次，实际接诊人数2867人，孕产59车次，车祸761车次，普通接诊1476车次，转科67车次，转院1012人，转送228人回家，接送47人完成辅助检查，公务执勤69次，接诊特、重大车祸89次，接诊115名危重病人入院治疗。急救有效人次2857人，途中死亡2人，车到现场死亡75人，总收入190.01万元。

【医院信息化建设】 加强医院信息工作，打造新型数字化医院。充分利用信息网络，宣传推广医院开展的新技术、新项目、新动态，发布医疗、科研等最新信息，展示技术实力。1月27日，启用就诊一卡通充值、排队叫号、自助打印，全面推行银医一卡通系统，完善预约挂号系统，预约诊疗、简化流程、优化服务，有效解决患者“挂号排队长、就诊排队长、缴费排队长、看病时间短”的“三长一短”现象。对群众进行健康教育宣传，为患者提供咨询和检查化验及其他医疗信息查询，拉近医院和患者的距离。6月5日，对医院（HIS）信息系统进行升级，与医务科、护理部协作，完善临床路径、电子病历；与药剂科协作，完善临床药学管理系统；同时完善医疗质量管理系统、护理质量管理系统。10月，影像科全面启用PACS系统。实现为病人提供远程医疗服务以及其他医疗服务，实现网络时代医院管理的新模式

【医疗卫生“三下乡”活动】 坚持组织“三下乡”巡回医疗、健康宣传活动。全年到11个乡镇实施巡回医疗、健康宣传活动26次，参加医务人员225人次，义诊5116人次，免费发放药品21120元，发放卫生健康知识、常见传染病防治知识宣传资料18170余份、价值9640元。

街道·乡镇

水西街道办事处

【概况】 水西街道办事处坚持以邓小平理论和“三个代表”重要思想为指导，全面深入贯彻落实党的十八大及十八届三中、四中、五中全会精神，市委一届七次全会精神及省、市、县的各项工作部署，全街道干部群众同心协力，攻坚克难，全力巩固和提升农村经济发展、民生工程推进、人民安居乐业、社会和谐稳定的良好局面，圆满完成各项工作目标任务。

【党建工作】 狠抓组织保障，强化队伍建设，及时根据党政班子分工适时调整社区名誉支书、第一支书，做到名誉支书和第一支书全覆盖；明确3名工作经验丰富的领导干部担任软弱涣散社区党支部主要负责人，选派9名年轻有为干部到社区任支部副书记或主任助理协助工作，配齐驻社区干部8名，给予每社区每月500元生活补助，切实解决社区“无人唱戏”和“唱独角戏”的尴尬局面。按照党员发展“控制总量、优化结构、提高质量、发挥作用”的十六字方针要求，培养入党积极分子42名，发展新党员11名，预备党员转正20名。开通包含领导班子、街区干部、辖区户籍人口等1万余人在内的党员信息服务平台，按照党员“责任区”的方式开展社区服务活动18次，服务群众320人次，办实事好事68件，有效拓宽信息收集发布渠道，切实增强党员群众干部对各种时事的知晓率。完善办公阵地建设，多方争取资金147万元，建成水西社区感恩楼；投资13.8万元，修建水西、幸福2个社区便民利民服务中心；充分利用水西、石园等远程教育设备，组织农村实用性技术技能培训8次453人次。组建社情民意收集站11个，通过建立民生实事办理台账，共收集群众在生产生活上最关心、最直接、最现实的问题建议140余件，及时化解矛盾纠纷24起，帮助协调处理120余起；组织干部走访贫困户248户963人，制定帮扶措施1018条；到社区报到的256名机关党员参与活动32次，办理实事好事500余件。切实以“千名科技人员包千村”活动为抓手，组织150名机关干部结对帮扶166户贫困户，15名干部入驻15家重点企业提供“保姆式”服务。加强人才工作尤其是加强与水西籍在外工作人才的沟通联系，完善人才信息317条，合理规划“情系水西人才回归工程”。

【党风廉政建设】 进一步完善社区议事规则，引导群众积极参与村级事务管理和决策，对涉及村级大笔财务支出、重大事务决策及危房改造、低保评审、殡葬改革、三关爱、整治滥办乱办酒席等民生工作，全年共召开村（居）民代表大会142次、“两委”会议216次进行讨论、评定和补充。进一步规范党、政、村（居）务公开工作，开展惠农政策、惠农补贴发放、“三资”管理、党务公开等检查4次，接待信访15件，接访群众21批67人次，现场解决群众疑难问题12件。对聘请的105名群众监督员进行业务培训，有效行使群众监督作用。指导督促各站所、社区在推进涉及“三重一大”工作中实行权力运行清单备案146件，实现村级工作运转公开化、阳光化，坚决杜绝“一言堂”“一手遮天”等现象，防止社区干部乱作为，助力形成风清气正、办事公道的社会氛围，使水西社区成为“全市权力运行清单备案工作示范点”，并成功召开全省现场会。投入4万多元，修建32米廉政文化长廊，打造廉政文化，在街区干部中树立廉荣腐耻的社会风尚。全年查办党风廉政案件6件，其中民生案件4件、其他案件2件；向上报送党风廉政建设信息27条。

【思想文化建设】 将党的十八届四中、五中全会及省委十一届五次六次全会、市委一届八次全会精神及现行的各种利农惠农政策（包括精准扶贫、人口计生、安全生产、法制水西、三关爱等）与农村思想政治教育活动有机结合，组建1个街道宣讲组、1个农村文艺演出队到各社区宣讲巡演；指导组建8个社区宣讲组深入所有村（居）民小组宣讲12场，受教育群众10000余人次。完善中心组理论学习制度，全年开展集中学习4次、自学12人次共24个学时，撰写读书笔记5万字、心得体会56份。进一步完善宣传报道奖励机制，制定《水西街道组建一支高素质宣传队伍实施方案》和《关于印发水西街道对外宣传工作奖励办法的通知》，全年上报舆情信息34条、网评网宣信息45条、新闻选题16条、常规信息150余条，被毕节文明网、贵州文明网采用40余条，在《毕节日报》《乌蒙新报》《黔西报》、黔西县人民政府网等市县新闻媒体发表稿件100余篇（条）。全面践行社会主义核心价值观，组织开展“明礼知耻·崇德向善”之向文朝荣学习演讲活动1场、“祖国好·家乡美”诗歌朗诵会1场，向县推荐优秀选手1名；开展道德讲堂活动36次，向县委宣传部推荐“贵州好人”9人。进一步丰富人民群众文化生活，组织开展送春联、送“福”进社区活动8场（次），举办水西街道2015年“水西春早·福至水西”新春文艺节目会演1场（次），举行迎新春登山运动比赛、迎新春拔河比赛各1场（次）。

【民主政治建设】 切实以巩固民族团结为首要责任，构建街区统战联络组织，明确1名党工委委员为专职统战委员，确保工作随时有人管、有人抓。组织8个社区结合“打击祭祀海医生坟墓”封建迷信活动，大力抵制各种封建迷信活动及非法宗教活动，受教育群众5870人次；排查非法宗教场所1处报请上级部门及时取缔。初审通过天主教平安夜活动1次。聘请8名非公经济人士担任名誉村主任；与42家非公企业签订安全责任书；建立37人的商会组织，多渠道团结和管理非公经济组织。完善2名港澳同胞、台胞台属及海外留学人员信息，建立120人的党外代表人士信息库。

【经济发展】 全年实现固定资产投资5286万元，超额完成年度目标任务（5000万元）。实现农民人均现金收入21512元，超额完成年度目标任务（8755.38），其中一季度完成2265元，二季度完成4203元，三季度完成6819元，第四季度完成8225元。完成新招商引资项目编制5

个，其中精包装项目1个，新签约1000万元以上项目1个，党政主要领导带头招商引资项目2个（贵州花都饮品有限公司新潭社区矿泉水厂建设项目和贵州路桥集团有限公司黔息高速路面2标搅拌基地建设项目）。截至年末，水西古城项目共完成投资136411万元，其中2015年完成46792万元。超额完成年度招商引资目标任务（10亿元）。

【农业工作】 根据山地特色高效生态农业板块经济样板点规划，在水平社区种植中药材200亩，在新潭社区建立蔬菜保供示范基地300余亩，成立蔬菜种植专业合作社1家。按照高地坡地种植马铃薯、水资源丰富坝地种植蔬菜的布局，切实推进优势农产品生产向优势产区集中，科学规划，合理布局，规模连片，规范化种植。在城北、幸福等社区种植冷凉蔬菜2160亩，在凉井、新潭等社区种植辣椒600亩，在石园、水平、黎明等社区种植马铃薯8400亩。完成秋冬种播面1.16万亩，其中种植油菜5000亩、马铃薯3000亩、绿肥1000亩、蔬菜2160亩、中药材100亩。全面落实禽流感、口蹄疫、蓝耳病、猪瘟等在内的动物防疫，实行强制免疫，免疫率达到100%。其中注射生猪疫苗2250头（份）、牛口蹄疫疫苗667头（份）、鸡疫苗26000只（羽）、鸭疫苗850只（羽）、鹅疫苗479只（羽）。

【基础设施建设】 结合小康路建设，建成受益农户1655户、6485人的通村水泥路10.5千米，设置坡陡弯急警示标志4处、安装波形护栏30米，聘用4名专职管护人员，做到修管养护不断档。按包干负责制，全面推进危房改造工作，全年共实施30户建设任务，兑付验收合格的2015年危改户30户资金43.4万元。

【森林管护】 强化森林资源管护，与社区签订森林管护责任书16份，明确山头林地责任人76人；在街道建立50人的应急队伍及每社区20人的应急小分队；全年张贴森林保护“六个严禁”通告20幅，组织干部队伍18人次集中查处各类违法使用林地行为。完成农村社区4696.5亩森林投保，保费10567.14元，保险金额352.24万元；兑付1510.6亩生态林补贴资金20.69万元，兑付中央和地方公益林补偿资金3.11万元。

【社会保障】 坚持早启动、广动员、优服务的工作思路，加大社保征收力度，完成收缴8410人，其中新增980人，续保7430人。综合利用劳动力输出方式，实现城镇新增就业1083人，完成农业富余劳动力转移就业366人，完成“千企万人”工程就业214人，完成困难人员就业350人，完成失业人员再就业500人。建成8个社区服务站，充分发挥监督社区基层民主自治建设的作用，健全村（居）务公开制度，进一步规范公开内容，促进村（居）民间自治组织健康有序发展。2015年亡故人员262人全部实现“三集中”，火化率100%。发放城市低保金1280户2537人675万元；发放农村低保金837户1406人226.51万元，其中五保供养金21户21人，集中供养14人。实施医疗救助69人、临时救助34人、医前救助6人。清理重点优抚对象151户151人，发放各种抚恤定补金67.44万元，发放2014年入伍的新兵家属优待金30户30人82.4万元。排查帮扶留守儿童811人（其中留守残疾儿童4人）、空巢老人99人、重度残疾人86人、重度精神病人88人；发放66名困境儿童补助金52800元。

【民生工作】 完成“百万公众网络学习工程”3037人（县分配任务3000人），完成县下达年度目标任务3000人的101.23%。全街道小学适龄儿童入学率达99.8%，适龄少年入学率达97.3%，残疾儿童、少年入学率100%，学前三年毛入园（班）率69.6%，小学辍学率0.14%；完成中职招生任务47人；免费发放健康教育宣传资料4109份，完成冷链运转10次，接种针次9190次，门诊诊疗35057人次；完成333669人的合医收缴和系统录入工作；审核合医报销人数516人，报销金额178.24万元；组建12人的食品安全监督工作小组，在全街道实施巡查10次。

【人口和计划生育】 全年辖区共出生260人（其中男孩132人、女孩128人），政策内出生257人，政策外出生3人，政策生育率98.85%，性别比为103%；完成计划生育手术293例；发放计生各种优先优惠政策资金120.11万元。

【社会综治】 以政策法规大宣传、矛盾纠纷大排查、社会治安大整治为抓手，强化依法行政、创新社会管理、化解矛盾纠纷、促进社会稳定。全年共排查矛盾纠纷180起，化解150起，对不能立即化解的，建立两个“四级个案台账”，随时了解信访人的动态，适时开展化解工作。全年发生进京赴省上访2件2人次，均为涉法涉诉案件或土地纠纷等历史遗留问题。坚持星期三党政主要领导接访制度和信息维稳工作零报告制度，群众满意度大大提升。全面推进民爆物品、枪支弹药、管制刀具大收缴工作，严厉打击违法犯罪和赌博行为，收缴管制刀具7件，查处赌博行为3起，口头教育200人次，没收赌资4700元。水西派出所作为毕节市公安机关警务机制改革扁平化指挥体系建设应用现场会参观点，得到市、县领导肯定。

【安全生产】 组织安全生产集中宣传活动3次，发放各类安全生产资料6000多份、宣传小袋子300个，受教育群众达10000余人次；与各社区、站所、学校及辖区企业签订《安全生产目标管理责任书》《消防安全工作目标责任书》和《道路交通责任书》；进驻各单位、企业进行安全生产巡查检查49次，排查整改各类安全隐患51条，查处违法违章车辆58台次，帮助引导摩托车办理入户手续325户。动员将辖区内原有的6家砂场整合为2家，整合方案已上报县政府批复，为砂石资源安全管理奠定基础。

【同步小康工作】 依据“乡镇（街道）十条”“村居五条”的标准，全面制定村级经济发展、社会事业发展、集中居住点建设、环境综合整治和生态文明建设等方面的规划。着力对接居民人均收入、基础设施建设、乡村居民住房、社会保险事业、社会事业发展、城镇人口有效聚集、社会和谐稳定、群众文化生活、村（居）事务自治管理、生产生活环境优美等方面的信息数据，为主体指标达标奠定基础。在继续巩固创建完成的1500户小康之家基础上，增加申报小康之家创建1000户，其中水西社区、文昌社区各200户，幸福社区、水平社区、凉井社区各150户，新潭社区、黎明社区、石园社区各50户。

【精准扶贫】 通过建档立卡，识别2015年精准扶贫户102户、415人，分解到96名领导干部进行帮扶。在总量控制的前提下，通过“四比对”“两公示一公告”，重新识别贫困户16户、79人，纳入2016年拟脱贫对象。对接县业务主管部门，将城市社区（水平、幸福、城北）纳入精准识别帮扶范围。

莲城街道办事处

【概况】 莲城街道办事处深入贯彻十八届三中、四中、五中全会精神，认真学习习近平总书记系列重要讲话精神，深入践行“三严三实”，全面落实省委重大战略部署和市委一届七次会议精神，紧扣毕节试验区三大主题，紧紧围绕县五大战略目标，加强党风廉政建设，严格落实“中央八项规定”和省、市、县系列规定，以社区“123 工作法”为载体，攻坚克难，锐意创新，扎实推进街道经济社会协调可持续发展，圆满完成各项目标任务。

【项目建设】 以“百名干部驻百企”活动为抓手，进一步强化工作机制，严格落实项目责任，确保项目建设顺利推进。完成招商引资 9.45 亿，完成固定资产投资 2100 万。同心商贸城、教育医疗园区、贵黔高速、成贵铁路、黔西客运中心等项目稳步推进。共计征地约 2 万亩、清点林木 30 万株、迁移坟墓 300 座、征收房屋 850 户。正在采取强有力措施，重点推进石板互通建设，确保如期完成县委、县政府交办的工作任务。

【社会综治】 全年破获刑事案件 27 起，治安案件立案 710 起，未发生重大治安案（事）件。有在册吸毒人员 219 人，社区戒毒 77 人，社区康复 33 人。认真开展“百县千乡万村无邪教创建示范工程”活动，全年共排查各类矛盾纠纷 90 余件，调处成功 73 件。落实领导班子带案下访 22 件、53 次。高度重视社会管理集成创新，着力构建社会治理“六零六好模式”，着力解决服务群众“最后一千米”问题。深入开展反邪工作，落实禁毒工作“七包”责任制，创建“无毒小区”10 个、“无毒社区”9 个、“无毒学校”7 所、“无毒家庭”1000 余户。开展法制宣传活动 3 次，发放宣传资料 1000 余份，受益人员 2000 人次。接收刑释解教人员 82 人、接收社区矫正人员 20 人，帮教率达 90%以上；培训人民调解员 100 余人。

【安全生产】 坚持“安全第一、预防为主、综合治理”的方针，坚守红线、强化责任，注重预防、狠抓治本，坚持强抓严管，深入推进事故隐患排查治理，扎实有效地做好各重点行业领域安全专项整治工作。全面落实“双线”的安全生产目标管理，与各社区、各企业、直属各单位签订综合“安全生产目标责任书”34 份，与辖区内各车主签订 2015 年度安全生产责任书 1000 余份，做到一级抓一级、层层抓落实，强化各个企业的安全主体责任。制定并下发 50 多个相关文件，及时上报各种情况汇报、总结、报表。认真贯彻学习新《安全生产法》《安全生产条例》等法律法规，组织开展以“安全责任，重在落实”为主题的“六月安全月”活动，发放 2000 份宣传资料，张贴大、小幅标语 60 幅、展板 10 块，解答群众法律咨询 800 余人。扎实抓好烟花爆竹、危险化学品、非法采矿、民爆物品的安全管理工作及学校安全、建筑施工安全，重点加强“两节”“两会”“五一”、汛期等重要期间、重大活动的安全生产工作，切实明确职责，落实责任，做到早安排，早部署，早行动。全年共查处隐患 50 余条，整改率 99%。

【人口和计划生育】 坚持优质服务与基础工作并重、奖励兑现与依法行政并举，全面落实基本国策，稳定街道低生育水平。居住人口共出生 269 人，符合政策生育率 98%，出生人口男女性别比为 117∶106；实施手术女扎、男扎，上环等措施；出生人口无一例畸形，出生缺陷一级预防覆盖率达 100%。兑现计划生育利益导向资金 4 万余元，政策落实率达 100%。完成“金人工程”，信息核对的准确率达 98%以上；签订“双诚信、双承诺”3 万余份，对 16 名贫困独生女与“二女户”家庭给予帮助；开展优质服务，强化流动人口管理，完成孕前优生健康检查 172 对；建立流动人口信息采集追踪反馈制度，流出已婚育龄妇女 1347 人，信息准确率达 90%。实行动态管理，流动人口信息协查交换率达 100%。查处违法生育立案 3 例，立案率 100%；征收社会抚养费 8 万元。全面准确完成 97 名农村新增奖、特扶对象和 6 名“一城一农”半边户新增奖扶对象的调查、初审和上报审批工作。对40对符合再生育条件的夫妇进行调查取证、公示、上报、审批，做到无错报无漏保。

【生态文明建设】　加快水利建设，增强城乡防洪抗旱排涝能力；加强防灾减灾体系建设，提高气象、地质、地震灾害防御能力；加强生态文明制度建设，建立健全管理措施和各项制度，落实责任，制定方案，加强对山水、林地、田园和古树的保护。严格林政资源管理，加强森林防火，狠抓宣传教育，扩大群防火面。大力宣传《森林法》《野生动植物保护法》《森林防火条例》等法律法规。聘用10名常年护林员对管辖区域的天然林进行巡护管理；落实86个山林的包保责任制。制定森林防火预案，成立森林防火领导小组及50人的扑火应急分队，各社区组建30人以上的森林防火扑火队。全年共实施造林绿化面积547亩13个小班，人工造林300亩。广泛宣传国土资源法律法规和方针政策，大力加强国土资源动态巡查及对国土资源违法行为的打击查处，开展巡查198次，责令停止和制止违法行为134件（宗）；拆除违法占地建筑49宗，涉及面积3700余平方米。及时受理农村村民建设用地报批。加强对地质灾害隐患排查监测和砂石场的监管。以创文创卫为依托，开展“多彩贵州文明行动”20余次，组织发动创卫清洁行动300余次，与沿街经营户签订“门前五包”责任书6000份，建立健康教育宣传栏5个，清理垃圾30余吨，清理卫生死角110余处。整治乱倒垃圾、乱排污水、乱堆杂物、车辆乱停乱放等行为300余起。

【农业工作】　完成夏秋收农作物总播种面积23201亩，粮食作物播种面积8708亩、640吨，油菜播种面积5685亩、1113吨，蔬菜播种面积3808亩、2705吨。加强春秋防工作，畜牧工作完成样品血清采集30份，完成春防猪9852头、牛895头、鸡15153只、鸭1200只、鹅850只。积极协调土地流转，着力引进和打造农产品加工示范带动企业3户，就地解决劳动就业500余人。引导和规范双桥、天坪沿线餐饮和农家乐健康发展。发放财政补贴农民资金共计50452.5元，受益群众3014户次。发放油菜良种补贴93960元，受益群众4489户；发放小麦良种补贴6100元，受益群众4489户。兑现财政奖补资金149.78万元，覆盖4个社区、7个村民小组、214户、786人。

【民生工作】　落实惠民政策，关注弱势群体，按时足额发放城市低保金、农村低保金和五保供养金。落实各项优抚安置政策，全年发放优抚金353.49万元，发放救济粮（大米）3.5万千克、棉被棉衣40件。加强对空巢老人的关心、关爱和结对帮扶，制定“空巢老人”关爱联系卡。积极推进农村危房改造工作，录入全国扩大农村危房改造系统14户；对辖区内652户旧房排查、摸底，录入村镇建设管理平台系统。扎实推进通村水泥路建设。认真开展“精准帮扶”六个到村到户工作，按照省定、国定名单划分（低保、五保按属性划入国定），划入省定共计106户475人，全部录入国家扶贫系统，并安排专人结对帮扶。划入国定帮扶名单共计1493人，全部录入国家扶贫系统，并安排专人结对帮扶。以创业富民为抓手，加大就业培训力度，城镇新增就业567人，推荐外出务工人员288人，登记返乡农民工197人。“千企万人”就地就近就业完成151人，完成目标任务的71.9%。完成“一年两审”的退休证人员审核600多人。完成养老保险缴费人数1196人。狠抓义务教育基本均衡，积极改善办学条件，协调企业捐资助学购买计算机272台，完成春季中职招生380人，组织开展控辍保学宣传月活动。

【医疗卫生事业】　高度重视公共卫生管理，

开展定点医疗机构督查18次。进行慢性病回访500余人次，建立健康档案18317份。开展健康宣传教育活动5次，进行健康体检及咨询150人次，免费发放健康教育宣传资料1000份。组织乡村卫生人员进行免疫规划知识培训4次。发放学生营养包4228盒。加强合作医疗资金管理，合理设置定点医疗机构42个。2015年度参合人数共35638人，参合率达101%。县外就医报销404人次，申报金额为234.38万元；门诊报销9693人次，申报金额为22.4万元。对全街道新型农村合作医疗工作运行情况进行督查20次。

【精神文明建设】 积极开展以“诚信·守法·感恩”为主题的书画、诗歌、小品比赛，上报书画作品5件、诗歌4首、小品剧本3个，其中小品剧本《大年30夜》在县组织的比赛中获三等奖。大力宣传“明礼知耻·崇德向善”，推荐“最美黔西人”2人，推荐“明礼知耻·崇德向善”道德模范7人。设立道德讲堂7个，开展道德讲堂活动8次；设立爱心理发室9个。完成“村村通”工程670户。

【党建工作】 大力推行“社区123”工作法，即建好以党组织为核心的一级基层组织，发挥自我管理和会商协管两个作用，突出“完善服务”“促进发展”“构建和谐”三个重点。深入践行“三严三实”，整治“为官不为”，513人次参加深化作风建设党课教育。认真开展社区、机关（事业）单位20个党组织书记抓党建工作述职。选强配齐基层党组织队伍，为9个社区配齐“第一书记”；下派9个驻村工作组，组织33名驻村干部到社区服务。培养入党积极分子20名，10名预备党员转正，发展新党员10名，新建非公党组织3个，建成经济、社团等组织11个。整顿软弱涣散组织，强化后发赶超，对2014年年度考核排名靠后的石板、八块、双桥3个社区党组织进行重点整顿，制定整顿措施，拟定发展方案，实施转化提升。制定《莲城街道2015年组织工作要点》，建立和完善“一核多元”相关工作机制以及《莲城街道干部管理考核方案》，同步落实驻村干部相关管理办法，切实从班子建设、阵地建设、制度建设、服务建设等方面提升服务质量，推广运用“文朝荣六个一工作法”“杨再炼十个一工作法”，切实提升服务水平。加强党风廉政建设，以党工委书记为第一责任人，落实“一岗双责”。组织观看反腐倡廉纪录片、举办廉政专题讲座、召开党风廉政建设大会、发送廉政短信、开展廉政文化进社区，加强党纪党规党法知识教育培训；严格监督管理，健全民生监督，严肃案件查处，以“零容忍”的态度持续推进党风廉政建设。

文峰街道办事处

【概况】 文峰街道办事处位于县城城东，东起莲城大道至花都大道，西起运煤大道、黔西火电厂，南临贯穿县城的回龙河，北至龙潭河，辖区总面积48.4平方千米，有耕地面积14976亩，其中田4733亩；辖3个城市社区、4个农村社区、89个居（村）民小组、9486户、34066人。有党组织10个，其中1个街道党工委、2个党总支、7个党支部，有党员470名，其中农民党员317名、女党员106人、非公企业党员31人、预备党员6人。黔西经济开发区中27.8平方千米的循环经济工业园区坐落在辖区，海大科技、黔希煤化工等19家企业落户园区。2015年，文峰街道办事处按照“抓改革创新、调结构转型、促后发赶超、求民生改善”的总体要求，围绕建设“幸福文峰、和谐文峰、生态文峰、文化文峰”战略，充分发挥自然资源、人文资源、独特区位三大优势，调整农业产业结构，多元发展，以转型新突破推动发展新跨越，大力提升老百姓的幸福指数，保持经济持续健康发展、社会和谐稳定。2015年，文峰街道办事处被县委、县政府表彰为“‘十二五’计划生育工作先进单位”“黔西县义务教育基本均衡发展工作先进单位”，获黔西县人口和领导小组2015年度计划生育工作目标考核一等奖；文峰街道总工会获黔西县总工会2015年度全县工会工作目标考核一等奖、黔西县2015年度“优秀组织规范化建设示范点”称号；共青团文峰街道工作委员会获共青团毕节市委全市“五四红旗团委”、共青团黔西县委“五四红旗团委”称号。街道政法委干部张世明被县委、县政府表彰为“全县政法暨综治维稳禁毒工作先进个人”。

【党建“书记示范”工程】 建立每周星期一召开例会和月研究、季推进、半年调度的工作机制，全面把握、协调推进街道各项工作。完善考核评价，推行街道党工委书记、社区党组织书记抓基层党建工作“联述联评联考”制度，建立健全定量与定性相结合、平时督查与目标考核相结合、组织认定与群众认可相结合的综合评价体系，将抓党建工作实绩列入干部年度考核的重点内容。加强党风廉政建设，强化书记“第一责任”，落实“一岗双责”，严格执行中央、省、市、县廉政有关规定，杜绝“四风”。

【干部“素质提升”工程】 强化干部教育培训，精心组织开展“三严三实”和党的十八届五中全会、习近平总书记系列重要讲话精神学习教育活动，全街道举办学习培训13期，参学党员、干部1653人次。强化领导干部驻村驻企工作，选派7名副科级领导担任驻社区工作组长、1名党政干部驻社区工作、1名机关干部驻企工作；选派3名党工委委员挂任社区第一书记、7名副科级领导干部分别担任驻社区工作组长，后发赶超，力争三年内消除集体经济“空白社区”，实现同步小康。坚持“三会一课”制度，增强党员之间、党员与干部之间的沟通与交流，推动各社区整体工作的开展。全街道新发展党员6名、培养入党积极分子16名。

【服务“平台建设”工程】 创建一个党群服务室：在7个社区建立“365”党群服务室，建立完善社区干部轮值、上门代办、网格化管理制度，共为群众办理各项事务718件次，上门服务120余次。创新一批联系帮扶服务活动载体：开展“挂包联驻”活动，实施党工委成员“联社区带组挂项目”措施建立联系点，定点联系1个社区、1个街道机关、1个组和3户群众，挂点联系1个企业、1个重点项目工作法，推动党员干部为群众解难题、办实事。建立一项经常性督导监督考评制度：街道党工委将组织工作安排精细到月，每月集中收集1次资料图片，每月发1次要点提示，每季度检查1次，每半年考核1次，定期发督办通报，确保工作推进落实到位。。

【人大工作】 街道人大工委立足实际，突出实践特色，落实“四个不放松”，努力提高人大工作整体水平。抓代表日常活动不放松，按照区域就近、方便工作学习、便于联系选民的原则，将81名代表划为7个活动小组，每个小组由社区党组织、人大代表工作室负责代表活动的组织、协调、联络工作，每月开展1次活动。抓代表培训学习工作不放松，组织代表集中学习《行政强制法》《食品安全法》，并积极组织代表参加县人大常委会组织的活动和各类培训，增强代表履职能力。抓代表视察调研活动不放松，3月13日，组织部分代表对全街道社会治安情况进行调研，就面临的形势和存在的问题提出意见和建议；9月16日，组织人大代表视察农资市场，提出要把好农资商品的货源进出环节、保证农资商品质量，要把好售后服务环节、发现问题及时依法处理、切实保护消费者和经营者合法权益等建议。抓代表议案建议办理不放松，收集、整理、编号、登记、交办街道办事处代表议案建议3件，落实责任单位、责任人，召开专题会议进行交办，落实办结时间。截至年末，全部办理完毕，其中垃圾中转站建设已完成并投入使用，日清理垃圾6吨左右。

【“法治文峰”建设】 坚持以组织保障一把手抓、工作落实一抓到底、打击整治一气呵成、治安防范一步到位、督导检查一点不松的“五个一”工作法，推动法治文峰建设。街道、社区坚持“一把手”抓，抓“一把手”，一抓到底，把平安建设列入年终对机关、学校、社区工作考核的内容，落实责任，监督到位。抓治安，严厉打击违法犯罪、治理“三无小区”，成立167人的治安巡逻队，维护辖区治安稳定；抓技防，推进电子监控、平安喇叭等技防建设，实现服务网络全覆盖和社区治安群防群治。在全市群众安全感满意度综合测评中，群众安全感达97.6%，排名全市第17位、全县第9位。实施一块标牌、一间办公室、一名公安民警、一名司法干部、一名综治干部、一名信访专干、举办一次培训、半月一次工作例会、人手一本学习手册、每月一次检查促进的“十个一”工作模式，多方联动，提升社会管理能力。其中，公安民警由辖区内派出所指派，司法干部由街道司法所指派，综治干部由街道包社区干部兼任，信访专干由社区党组织书记担任，设置公示栏、便民联系箱，将责任人姓名、职务、职责和联系方式等向群众公布，服务群众，凝聚民心。

【信访和纠纷化解】 对疑难复杂并涉及多部门的案件实行调解大会制，通过召开评理大会、让群众评判等形式，办成经典案例。对信访实行“承诺式”工作法，落实“两委”成员信访值班工作制，推动信访问题及时就地解决，把矛盾解决在基层、解决在萌芽状态。强化“一本制”台账管理，夜访百姓家，一个社区一本台账，避免流水账，做到底数清、情况明、有人管、措施硬。固化社区干部“365”轮值服务、周二社区干部集中服务日、周五书记主任接待日、周六网格化管理日等联系群众渠道，干部进寨入户面对面排查矛盾纠纷59起，化解56起，化解成功率94.92%；有效处理信访事项17起，其中信访积案5起，街道办事处信访总量与2014年相比下降19.6%，其中集访下降20.5%、个访下降18%。

【经济发展】 以“转型、跨越”为基本战略，优化经济结构，加快产业升级，提升核心竞争力，构建均衡协调可持续发展格局。发挥区位、资本和人文优势，提升区域城市化、农业现代化和经济社会管理水平。2015年，居（村）民人均可支配收入达13666元，增长9.1%；农民人均纯收入8968.5元，比2014年增加732元，增长8.9%。其中：工资性收入3841元，增长8%；家庭经营性收入3615元，增长7.8%；转移、财产性收入1512元，增长21.1%。完成社会固定资产投资0.25亿元，省、市重大工程项目投资2.04亿元；全面小康建设各项指标按计划有效推进，农业产业结构调整步伐加快，特色农业产值占到农业总产值的51.1%。有运输车339辆，年创收300万元以上；农机经营收入近210万元，同比增长8.3%。非公有制经济占生产总值的比重由2014年的8.5%提高到11.8%。

【项目服务】 施行成立一个征拆领导小组、建立一套征地拆迁新机制、建立一个征拆警务便民室、建立一个规范民情档案库、每周一次以上入户访群众、制作一张便民服务群众卡、记录好一本征拆民情日记、开通一部百姓说事电话、为民办一批惠民利民实事的“九个一”项目服务模式；落实项目服务“零距离”、一线帮扶“零干扰”、解决问题“零遗留”的“三个零”工作法；对项目实行一个项目一位班子领导、一套推进方案、一份责任书的“三个一”责任制。推进服务项目建设，促进转型发展，使服务大项目建设的征拆工作成为惠民工程。2015年，完成驮煤河小学征地21.5亩、黔息高速征地14.18亩、川煤集团花都大道和东出口两处征地230亩、海南佳尚项目征地50亩、纵三线等项目用地范围内迁坟406所、七小通道10户拆迁以及1203户棚户区改造前期摸底工作；打击违法建设5起，强制拆除违法建设25处，拆除违法建设面积4214平方米，招商引资到位10亿元。

【现代农业发展】 以建好一批基础设施、联成一个网络、搭建一个平台、打造一个品牌、栽好一片花、发展一批企业、用好一支队伍的“七个一”举措推进现代农业发展。2015年，结合“四在农家·美丽社区”建设，通过“向上级争取一点、政府补贴一点、居（村）民自筹一点”的方式，加强基础设施建设，硬化双星社区道路3.6千米、马厂社区通组公路3.5千米，人行步道硬化2.6千米，新建房屋1002幢；联成街道、社区、小组三级科学发展网络，改变粗放式的农业经营管理方式，引领现代农业大发展；搭建“农民+公司”发展平台，发展企业3家、农民专业合作社6家、家庭农场7家；通过培训会、组建技术服务队等方式，用好农业专业技术人员，以打响“黔西花篮”金名片为目标，培植花卉、苗木，重点抓好文峰社区236亩花苗圃、兴黔社区118亩林苗圃、双星社区166亩果园基地建设，打造集生态观光旅游于一体的现代农业示范区。同时，切实抓好三角社区500亩无公害蔬菜基地建设，促进无公害蔬菜产业精细化、集约化、规范化发展；切实抓好双星社区1万只林下“生态健美鸡”示范养殖场和马厂、田坎、三角3个社区100头猪256户家庭养殖场。2015年，全街道花卉、蔬菜、鸡、猪产值与2014年同比增长分别超过9、10、8、9个百分点。

【三次产业融合】 抓粮食增产、养殖业增收，全年粮食播种14976亩、总产量达2246吨。大牲畜存栏1780头，同比增长6.32%。猪存栏6680头、出栏3000头，同比增长7%。家禽存栏30000只，同比增长8.45%；出栏20000只，同比增长12%。农机经营总收入35万元，增长5.4%。做强农产品加工业，食品、粮油加工等一批本土企业发展壮大，规上农产品加工企业达11家。深化产业融合发展，坚持把产业链等现代产业组织方式引入农业，促进产业融合互动，打造社区绿色景观长廊，发展“农家乐”和农业特色旅游，新建“农家乐”16家。

【三类新社区建设】 以建设三类新社区为突破口，创新城乡发展路径，进一步推动人口向社区集中，服务向社区集聚，功能向社区延伸。强化分类引领，把新社区建设分为城市、集镇、农村社区三类，突出群众利益，让利于农民，实惠老百姓。增强社区功能，社区植入教育、医疗、就业、社会保障等服务功能，着力把新社区打造成新产业、新居民、新生活、新机制综合体。提升服务水平，全面推进居（村）民办事不出社区。

【“三项创建”活动】 以“三项创建”为抓手，提升城乡一体化发展水平。努力打造以人为核心的新型城镇化，将文峰文化与社会主义核心价值观紧密有机融合起来，在学校以“孝德”为主题、在机关以“孝廉”为主题、在企事业单位以“孝诚”为主题、在社区以“孝亲”为主题，开展核心价值观实践活动，构建富裕、和谐、文明文峰。努力建设美丽、幸福社区，建立健全“户清扫、社区收集、街道转运”的垃圾治理机制，实现净化、绿化、美化“三化”。努力创建文明社区，建立街道、社区、小组三级网格，城乡共用一个“水龙头”、城乡共用一个

"垃圾箱"、城乡共建一个"交通网"，探索出一条"全域规划、产业支撑、设施延伸、服务覆盖、文明生态、治理创新"的城乡统筹一体化新路子。

【扶贫攻坚】 全街道7个社区有贫困户399户、贫困人口1533人。2015年，文峰街道办事处采取项目精准扶贫、党员干部"1+X"结对扶贫等多种方法，实行每名干部职工至少结对帮扶3户扶贫户或扶贫低保户，以产业发展转移就业为支撑，与新型城镇化和美丽社区建设有机结合，宜工则工、宜种则种、宜养则养、宜城则城、宜农村社区则农村社区，因地制宜、一社区一策实施"开发式扶贫"。鼓励机关和企事业单位党员干部联系五保户、残疾人、农村空巢老人和留守儿童等弱势群体，把老百姓当亲人待，落实各项惠农政策，帮助解决实际困难和问题。全年实施扶贫项目2个59万元，惠及贫困户82户417人；落实各项强农惠农政策补助286.24万元，其中粮食直补资金269.19万元。全年脱贫232户、1086人。

【第三产业发展】 各类商业服务网点遍布全街道，房地产业快速发展，信息咨询、代理中介、休闲娱乐等服务业持续增长，成为文峰街道办事处经济新增长点。2015年，辖区内农商银行储蓄余额达13.2亿元。着力培育现代服务业，引导发展饮食、服装一条街，66家饮食店先后开业，形成"吃到16米街"的品牌。积极谋划四季房开、万丰商贸城等服务业项目，以发展实体经济为契机，增加群众收入。全街道现代服务业务工人员5699人，年创收1亿元以上，人平均达3011.3元，同比增长10.3%。

【教育事业】 将教育作为最大的公益事业和德政工程摆在优先发展的位置来抓，办人民满意的教育，不断提高办学水平，造福群众，服务百姓。与县教育局协同努力，完善办学条件，加强对流浪、单亲、留守、贫困、残疾等五类儿童的关爱与保护，采取与留守儿童结成一对帮扶对子、每月走访慰问一次留守儿童、开展一次亲情情感交流、送一本图书、讲一个故事、开展一次家访的"五个一"措施，实现关爱留守儿童常态化。加大控辍保学力度，推进教育均衡发展。合理调整学校布局，全街道共有7所公办小学、1所民办小学，在校小学生2785人，教职工142人，其中专任教师136名；有民办幼儿园9所，在园（班）幼儿2041人（其中学前班276人、幼儿园1765人），薄弱学校改造规划编制顺利完成。新建驮煤河小学，办学规模为24个班1080名学生；新建黔西七小教学楼一栋，解决大班额问题；完成黔西七小通道改建工作涉及的10户房屋的拆迁工作。

【医疗卫生事业】 建立居民健康档案累计20881份，建档率81%。有重性精神病49例。网报传染病9例，全部为乙类，追踪管理手足口病例80例、结核病28例。孕产妇保健活产数192人，建卡人数184人，建卡率95.2%；7岁以下儿童数3060人、5岁以下儿童数2283人、3岁以下儿童数1488人；母乳喂养调查人数183人，纯母乳喂养175人，母乳喂养率93.6%；新生儿访视数183人，新生儿访视率95.3%；7岁以下健康管理人数964人、3岁以下系统管理人数615人、5岁以下儿童营养评价调查人数685人；发放叶酸人数261人，叶酸服用依从人数134人，服用依从率79.4%，叶酸调查人数68人；艾滋病检测23人，乙肝检测23人，阳性病人1人，梅毒检测23人；发放印刷宣传资料12种、6428份；举办宣传栏展板7期、健康知识讲座8期，开展健康教育宣传活动8次。

【计生服务】 紧紧抓住宣传教育、提供优质服务两个重点，认真做好育龄妇女生殖健康普查；开展"一盘棋"清查、数据录入工作，做到人口底子清、情况明；严格落实长效避孕措施。以组织一场政策宣讲、开展一遍走访座谈、公开一次服务承诺、进行一次慰问、开展一次亲情助力的“五个一”举措，切实提升广大育龄群众对计划生育工作的满意度。成立计生国策宣讲队，以文艺演出、赶计生场等多种形式开展生殖保健、孕前优生、亲子教育等各类宣传 83 场次，参加人数 1.1 万人，发放宣传品 1.2 万份，发放药具 3126 盒，更换板报 7 块，接受咨询义诊人数 2993 人。在 7 个社区设立流动计生公开承诺宣传栏，将服务项目和服务承诺及时公布，让计生政策在阳光下运行，主动接受群众监督；街道、社区计生工作组深入群众家中，广泛听取育龄群众对计生工作的意见和建议，提高服务质量。对计生困难户、两女户家庭走访慰问，亲情式服务计生失独家庭、计生留守家庭，帮助他们解决生产生活中的困难，让计生家庭充分感受到党和政府的温暖。2015 年，全街道落实长效避孕措施 995 例，为 1 户独生子女死亡家庭办理特扶审批手续、为 2 户计生伤残家庭办理扶助审批手续、为 111 名下岗无业居民免费进行血生化检查等多项检查，享受农村计生两户节育奖励金人数共 401 人，享受参合金 588 人，兑现资金 41160 元。

【惠民政策落实】 采取一项结对解民忧、一个窗口办民事、一次评议听民声、一套制度惠民生的“四个一”举措打通服务群众“最后一千米”，察民情、解民忧、帮民富。2015 年，完成街道农村低保、城市低保数据分割工作，对各批次农村低保和城市低保死亡注销、低保数据核对工作；对遇到临时困难的群众发放救济粮，对因病致困的群众引导其申请县民政局的医疗救助，利用县民政各项救助政策帮助群众渡过难关；部署实施留守儿童、空巢老人、残疾人、流浪未成年人等特殊困难群体救助工作。严格按县委、县政府安排部署，全力抓好殡葬改革工作，确保实现殡葬改革各项目标任务。全年共发放自然灾害补助资金 9 万元、救济粮 4 万千克，发放救济物资 20 床被子、20 件棉衣；城市低保施保 247 户 477 人，全年共发放低保金 141.41 万元；农村低保施保 695 户、1221 人，共发放农村低保金 137.67 万元；农村五保对象供养 57 户、61 人，发放生活补助 12.92 万元；兑现优抚金 51.69 万元。

【社会保障】 认真贯彻执行国家就业及社会保障方针政策和有关文件精神，在就业创业、社会保障等层面创新、突破、统筹、提升，立足新起点，谋求新跨越，全力开创就业和社会保障工作新局面。树立“人人是形象、处处是窗口、事事是服务”的工作理念，以一个办事窗口、一个宣传引导岗、一套文明用语、一个服务制度的“四个一”举措架起干群“和谐桥”。强化民生文峰建设，全街道新农合参合人数达 30266 人，完成率达 103%，加上民政计生特殊人群在内，共收参合金 211.86 万元；医疗机构完成门诊 10397 人次，发生金额 23.93 万元，补偿 15.75 万元；县外就医 465 人次，发生总金额 535.3 万元，补偿金额共 276.2 万元。60 岁以上老人养老参保 2983 人，领取养老金 673.63 万元；城镇居民养老保险新增 43 人，收取社保金 12000 元。续保 1904 人，收取社保金 23.05 万元，累计人保 1947 人。新增就业人员 1030 人，企业职工死亡人员遗属生活困难补助 18 人；失地农民养老保险办理 6 户 12 人。加大扶持小微企业力度，解决就业 3666 人。

【精神文明建设】 大力开展“讲文明·树新风”活动，以《公民道德建设实施纲要》为主要读本，采用忙时地头学、闲时集中学、外出务工邮寄学等方法，组建老党员、老干部、老军人、老教师、老劳模、老寨主“六老”道德评议协会，常态化对群众进行先进文化、传统美德教育，形成“知荣辱、讲正气、守诚信、做奉献、促和谐”的良好风尚；群众文体活动活跃，社区文艺队、舞蹈队、舞狮队、腰鼓队、小学技巧队等5支群众性文艺团队坚持常年活动不断线，全年共开展12次群众性文艺演出活动；完成马厂小学等学校文化墙制作363米；街道文化服务中心积极配合中心工作，开展系列文化宣传教育活动，在元旦、春节“五一”“七一”“八一”“十一”等节日举办丰富多彩的社区广场文化活动。扫黄打非工作取得显著成效，全年查扣赌博游戏机25台、清缴盗版光碟5017张。

【安全生产】　坚持“安全第一、预防为主、综合治理”的方针，以主动接受一次安全生产知识培训、提一条加强安全生产管理的合理化建议、忆一次安全事故教训、当一天安全检查员、查一起自己身边的习惯性违章的“五个一”为抓手，突出治大隐患、防大事故，健全安全隐患排查治理机制，加强领导、落实责任，牢牢把握事故防范和安全生产工作主动权，做到三个“坚决”，即坚决问责追责、坚决公开曝光、坚决从严打击，有效遏制安全生产事故的发生。全年共查处违法违章车辆206辆，给予警告教育和罚款83人；报废1艘自用船舶，强制拆除1艘“三无”船舶，完善17艘自用船舶档案资料；开展安全生产宣传4次，接受群众咨询4036人次，发放宣传资料3006份，张贴宣传标语28条、宣传画30幅、悬挂大型标语3幅、永久性标语7条，制作展示宣传展板3块，喷绘安全法律法规专栏1块，制作专项整治工作图片剪影喷绘8幅，组织宣传培训2次、333人。

【生态环境建设】　按照“城市园林化、村庄花园化、农田林网化、果林产业化”目标要求，坚定一个理念：绿水青山就是金山银山；落实一个责任：街道办事处、社区是绿化建设的主体；坚守一道底线：生态保护红线不可逾越；实施一条措施：实现地增绿、林增效、人增收、景增美，整治与绿化相结合，开展打造一个生态示范社区、一条生态景观河、一条特色休闲街、一条生态观光线路“四个一”工程，推动区域内各类优质资源对接、整合、开发、服务，按照目标同一向、措施同一体、作用同互补、利益同相连的“四同”路子走下去，实现一加一大于二、一加二大于三的效果。制定文峰街道生态文明建设工作方案，将任务细化到人、责任落实到人、宣传动员到户，确保各项目标任务按时间节点完成。抓住重点，突出难点，积极开展“绿化荒山”行动，广大干部群众投工投劳，完成荒山绿化1896亩，种植苗木11500株，其中刺柏9500株、塔柏200株。对森林防火工作实行领导分片负责制，并在重点林区安排专人管理，充分发挥7名生态文明建设监督员的作用，群众协防，坚决打击各种破坏森林生态建设的违法犯罪行为；在春节、清明等节假日，切实加强森林防火宣传，全年印发宣传资料2100份，办宣传展板2期，悬挂横幅12条，其中永久性标语2条，实现辖区森林火灾零发生。

杜鹃街道办事处

【概况】　杜鹃街道位于县城西部，辖区面积54.6平方千米，辖8个社区（5个城市社区和3个农村社区），有耕地面积32643亩（其中水田面积6375亩）。有10554户，总人口38653人（不含外来户和流动人口），其中农业人口26007人，居住着黎族、布依族、彝族、苗族、白族等10多个少数民族，共有少数民族人口1011户4855人，占总人口的11.4%，是个多民族集居地。贯城河穿境而过，年平均气温在13.2摄氏度至14.5摄氏度之间，气候宜人，拥有良好的生态环境和自然风光；杜鹃大道横贯而过，各社区通村公路全覆盖，交通便利。2015年，实现农村人均纯收入8311元，城镇居民可支配收入23036元，形成经济快速发展、文化生活丰富多彩、人民群众安居乐业的经济社会发展新局面。

【党建工作】 抓好基层党组织建设，以壮大党员队伍为目标，认真开展党员发展工作。全年培养入党积极分子12人，发展预备党员7人，预备党员转正5人。强抓非公企业的党建工作，辖区内的65家非公企业通过挂靠建和联合建等多种方式，加强对非公企业内党员的教育发展工作。严格按照县委组织部提出的驻村工作“1+9”工作机制，抓新民和金钟社区的同步小康工作。采取“增比进位”机制，用“一季度一考核”制度对社区和干部进行考核，激发社区和干部的工作热情。坚持“三会一课”制度，推进党员干部培训教育。积极探索农村党员干部现代远程教育新途径，结合“三严三实”主题教育开展各级党课，通过党工委中心组教学课程和宣传部长上讲堂等活动，实施形式多样的党员干部培训教育。街道领导班子成员制定“一月一本书”个人学习计划，开展“一题一主讲”主题教育活动9次、“一人一讲堂”社会实践活动10次、“一季一讨论”专题活动2次，并带动街道广大干部群众不断深化学习活动，切实提高党员干部的理论修养、决策力和执行力，为加快杜鹃街道经济社会跨越式发展提供坚强保障。

【党风廉政建设】 落实“一岗双责”，推进党风廉政建设，街道主要领导与班子成员签订党风廉政建设目标责任书，班子成员与分管站以及联系的社区签订党风廉政建设目标责任书，形成层层抓落实的工作局面。抓好作风建设，发扬“钉钉子”精神，重点整治干部“四风”方面存在的突出问题，全年提醒谈话10人，其中街道干部5人、社区干部5人，有力地治理“庸、懒、散、慢、拖”行为，有效转变干部作风、提升了工作效能、提高群众满意度。抓权力清单运行监督，提出权力运行清单备案，并按规定将“三重一大”内容进行备案；积极筹备全市权力运行清单备案现场会，将权力运行清单备案推广开来。2015年，杜鹃街道备案“三重一大”及重点工作106件，其中人事任免0件，大额资金使用25件，重大事项决策19件，重大项目安排17件，其他事项45件。通过备案，将“三重一大”事项的决策、实施过程纳入监督，有效避免不规范行为的发生。

【农业工作】 促进粮食生产的持续稳定和经济作物的快速发展，围绕“高山冷凉蔬菜、中药材、畜牧、特色经果林”四大经济农产业，打造街道特色示范样板点，完成街道领导班子成员各负责100亩的示范样板点、各社区支部书记各负责50亩的示范样板点任务，发展玫瑰花示范种植230亩、牡丹花种植50亩、水西红宝石软籽石榴示范种植500亩、蔬菜示范种植100亩、油菜示范种植400亩（大兴、岔白各200亩）、草莓种植100亩。作为春耕生产的样板点，乌骡坝社区连片种植优良杂交玉米500亩。积极宣传，营造全民共同农作良好氛围，通过群众会、板凳会等形式在各社区做好宣传，并在醒目的位置张贴、印刷宣传标语100条，在开展各项工作时实行入户宣传。制定相应的考核制度，成立考核小组进行相应的考核，激励社区农业经济发展。

【精准扶贫】 根据“四看法”和“十子法”，按照“六个到村到户”的行动指南，多措并举保障精准扶贫工作落到实处。开展培训，对街道涉及社区（金钟、新民、乌骡坝社区）展开精准扶贫业务培训，全年共开展相应培训5场，以确保识别精准。统计农村实用人才，纳入统计

185人，其中生产型人才53人、经营型人才61人、技能服务型人才20人、技能带动型人才7人、社会服务型人才44人，为通过农村实用人才带动社区发展奠定基础。动员街道全体干部，按照副科级以上领导干部帮扶4户贫困户、股级干部帮扶3户贫困户、股级以下干部帮扶2户贫困户的要求，实现干部对贫困农户“一对一”帮扶，实现2015年农村贫困人口12户56人成功脱贫。实施农村危房改造5户，全部为困难户一级危房，涉及各级财政补助金额6.15万元，涉及牌庄社区、岔白社区和大兴社区。截至2015年末，危房改造工程全面竣工，完成投资27万元；危改系统改造前、中、后相片录入率100%，“一户一档”全部完成。

【林业工作】 在“三年灭荒·绿化毕节”行动中，根据市委、市政府出台的《毕节市荒山绿化三年行动方案》，稳步推进荒山绿化工作。街道共有1万余亩天然林分布在8个社区，聘用5名常年护林员以社区为单位划分管辖区域，对全街道的天然林进行保护管理。街道办事处与社区签订森林防火责任书，实行工作责任制。制作30幅森林防火宣传布标，悬挂于社区及主要交通要道；印制10000余份县人民政府“致全县人民的公开信”和10000余份森林防火“八条禁令”发放到群众手中，并在主要地段进行张贴。制定《杜鹃街道乡村造林实施方案》，对全街道共计1087.7亩荒山实施造林绿化，共完成荒山造林738.4亩，其中柏木550亩、石榴188.4亩；耕地造林767.1亩，其中核桃410亩、石榴357.1亩。

【基础设施建设】 完成大兴社区整乡推进11个项目、岔白社区整乡推进11个项目的申报工作，金额计704.08万元。完成2016—2017年整乡推进项目的初步整理工作，涉及新民、金钟、乌骡坝、牌庄等4个社区，其中新民社区10个项目，金额239.51万元；金钟社区9个项目，金额128.94万元；乌骡坝社区11个项目，金额120.79万元；牌庄社区11个项目，金额710.15万元。完成大兴社区15.2千米小康路建设以及报账资料整理、竣工材料的装订和管理。

【新型农村合作医疗】 杜鹃街道新型农村合作医疗目标任务数为30303人，截至11月23日，全街道参加新农合人数11080人，参合率为36.56%。全年外出住院总人数798人，发生总金额845.01万元，报销金额总计420.49万元。

【城乡低保】 完成街道城乡低保年度核查工作，完成城市低保待遇调整268户、502人，新增5户、7人，取消465户、971人；完成农村低保待遇调整384户、694人，新增38户、72人，取消377户、708人。全年共计发放城市低保483.54万元，农村低保268.84万元，五保供养金6.84万元，发放低保季节性缺粮户粮食8400千克。

【优抚工作】 全街道重点优抚对象共计126人，其中参战人员85人、带病回乡退伍人员25人、在乡老复员军人15人、60岁以上退役人员52人。2015年共计发放优抚金64.63万元；发放2014年秋季入伍的新兵家属优待金36.31万元；发放2014年立功受奖士兵奖励金500元；发放退役士兵自主择业补贴8人，金额9.03万元。

【医疗救助和临时救助】 解决36人的医疗救助，发放医疗救助金14.4万元；解决32户困难大学生、残疾家庭等困难群体临时救助，发放临时救助金6.4万元；解决196人的农村五保户、城市三无人员、孤儿、重点优抚对象等特殊群体参合参保资金1.76万元。

【救灾救济】 为9户农村受灾群众房屋灾后重建（修缮）解决资金10.6万元；发放受灾群众救灾粮食1.5万千克，解决64户238人受灾群众的吃饭问题；发放救灾资金10万元，解决572户1111人受灾群众的生产生活问题；发放棉衣29件、棉被32床；发放毕节市民政局2015年春节慰问特困群众慰问金4200元；发放育才、牌庄2个防灾减灾示范社区建设资金2万元。

【“三关爱”工作】 截至11月20日，杜鹃街道共排查出0~15周岁留守儿童743户、1044人，16~18周岁留守儿童41户、43人，其中女生543人、男生544人；监护较好的627人，监护一般的434人，监护较差的26人；劝返留守儿童父母84人，其中父母双方返回的50人，父亲返回13人，母亲返回2人，父母带走或离开19人；安排1人就读思源学校，1人入住儿童福利院。

【精神文明建设】 积极开展“明礼知耻·崇德向善”“讲文明·树新风”“向国旗敬礼”“我们的节日”“我的小康之家”等文化活动、主题小品比赛、演讲比赛，大力开展“道德讲堂”及“市民讲师团”宣讲活动，将平凡工作、平凡生活中发生的人与人、人与社会、人与自然的不平凡故事进行广泛宣传。2015年，杜鹃街道以培育和践行社会主义核心价值观为目标，紧紧围绕传递社会“正能量”、弘扬中华美德，共开展道德讲堂11次、市民讲师宣讲活动10次。紧紧围绕加快经济建设、解决民生问题、落实各项惠民政策等方面的新举措、新进展、新成效，积极开展对外宣传，全年在中国党风廉政网发表文章1篇，在贵州省《小康简报》发表文章1篇，在《毕节日报》发表文章12篇，在《乌蒙新报》发表文章13篇，在《黔西报》发表文章46篇，在市文明网发表文章1篇，在毕节网发表文章11篇，在黔西县电视台刊播电视新闻43条，在县政府网站发表文章67篇，共计发表文章（信息）145篇（条）。

【教育工作】 切实抓好“控辍保学”工作及关爱留守儿童工作，努力推进义务教育基本均衡发展。街道教育管理中心对控辍保学工作大力宣传，采取有力措施，坚持做好依法控学、质量控学和情感控学，确保各项几率控制在指标范围内。积极关爱留守儿童的学习生活，组织各学校积极创建“爱心之家”，采用健康讲座、心理咨询、学习辅导等形式加大对留守儿童及困难学生的帮扶。组织各学校关工委采取不同的方式开展关爱学生活动，取得明显效果。十小、海西小学关工委顺利通过县关工委的复查验收，辖区内6所公办学校成功创建县级“五好关工委”。做好学生划片入学工作，如实出具学生居住证明，为义务教育均衡发展提供信息保障。

【安全生产】 围绕省、市、县安全生产工作会议精神及文件要求，以构建和谐社区为宗旨，以保障社区居民安全为基本任务，强化安全检查，把上级关于安全生产的政策措施落到实处，辖区安全形势总体平稳。进一步明确领导干部“一岗双责”责任制和各部门的安全生产监管责任，与各社区及相关单位签订《2015年安全生产工作目标管理责任书》《2015年道路交通安全工作目标管理责任书》《2015年消防安全工作目标管理责任书》，把责任指标层层分解下达。扎实开展安全生产大检查工作，完成39家烟花爆竹零售经营网点的审核换证工作，受理新办证申请2家。对非法经营烟花爆竹等违法违规行为进行现场执法，共下达执法文书89份。排查一般安全隐患156处，现场取缔1家甲醇非法销售经营点、1家燃气非法销售经营点、1家生物油非法销售经营点，有效规范危险化学品经营秩序。

【社会综治】 强化治安防控打击，共立刑事案件177起，破案19起；立治安案件314起，查处206起，查处236人；查获赌博违法犯罪14起，处罚52人。共收缴雷管25枚、导火线150米，收缴枪支8支，收缴管制刀具40把。建立杜鹃街道专职巡逻中队，共有巡逻人员 84 人；建立义务巡逻队 8 支，共有巡逻队员 48 人。加强对 11 类重点人员（涉恐、涉暴、涉邪、涉毒、涉访、精神病人、刑释人员、流浪未成年人、留守儿童、空巢老人、残疾人）的服务管理，落实责任和“一对一”“多对一”防控措施。全街道在册吸毒人员 457 人（社区戒毒（康复）人员 131 人）、涉访人员（长期缠访）10 余人、精神病人 92 人、2015 年刑释解教 31 人、留守儿童 1146 人、空巢老人 252 人、无劳动力残疾人 87 人无安全稳定时间发生。

【矛盾纠纷排查化解】 全年共排查矛盾纠纷 101 件，成功化解 56 件，落实稳控措施 23 件，其余 22 件正在化解，涉及高速公路、城镇、项目建设土地征用、拆迁补偿、施工炮损及涉法涉诉、移民群体、参战人员以及退伍军人安置等问题。街道通过逐一开展解释、疏导、答复工作，将大纠纷“扼杀”在摇篮中。积极宣传法律知识，深入田间地头、农户家中，为他们宣传法律知识，切实解决他们的问题，全年化解民间疑难纠纷 15 起，建档 10 起，办理各类法律援助案件 18 起，解答咨询 150 余人次，超额完成县司法局安排的法律援助任务。

金碧镇

【概况】 金碧镇深入贯彻十八届三中、四中、五中全会精神，认真学习习近平总书记系列重要讲话精神，深入践行“三严三实”，全面落实省委重大战略部署和市委一届七次会议精神，紧扣毕节试验区三大主题，紧紧围绕县五大战略目标，扎实推进经济社会快速健康稳定发展，圆满完成各项目标任务。全镇实现生产总产值 2.69 亿元，农民人均纯收入 8051 元；引进投资项目 3 个，投产 3 个，目标任务为 7000 万元，实际合同利用资金 24200 万元，完成目标任务的 233.3%。全镇固定资产投资目标任务为 9000 万元，实际完成 21806 万元，完成目标任务的 242.2%。

【农业生产】 落实全年耕种计划，加强样板点建设。计划种植玉米 1.63 万亩，实际种植 1.75 万亩；计划种植水稻 0.95 万亩，实际种植 1.14 万亩；油菜种植 3 万亩，其中在红岩田坝建有万亩油菜示范种植基地 1 个；种植蔬菜 1.1 万亩，规模种植蔬菜 4400 亩；发展辣椒专业合作社 3 个，种植辣椒 1.2 万亩。完成经果林种植 1 万亩，其中石榴种植 3800 亩，核桃种植 4000 亩，桃、李、梨等种植 1500 余亩；中药材种植以杨家店 2700 亩皂角种植育苗基地为依托，带动全镇种植皂角 1 万亩，套种白花前胡 300 亩，发展白芨种植 300 余亩；烤烟种植 1250 亩。通过一系列多元化农业产业，带动全镇农业经济全面发展，为精准脱贫、建设小康社会打下基础。

【畜牧业生产】 全年完成大牲畜存栏 3120 头，出栏 586 头；生猪存栏 9940 头，出栏 6520 头；家禽存栏 10.21 万羽，出栏 58360 羽。2015 年发展养猪专业户 5 户，养牛专业户 7 户，养鸡专业户 4 户，牧草种植面积 600 余亩。强力推进全镇动物防疫检疫工作，口蹄疫和高致病性禽流感免疫抗体合格率均达 100%，高致病性猪蓝耳病、猪瘟、鸡新城免疫抗体合格率均达 95% 以上。

【农业科技培训】 抓好科技培训，提高群众科学种植、养殖意识。积极组织干部职工、农民群众开展“百万公众网络学习”活动，干部职工参与网络学习测评率达 100%；加强宣传教育，发放安全生产知识、防灾避险、农作物病虫害防治等各类科普宣传资料 6000 余份；加大示范户培养力度，培育科技示范户 160 户。全年共培训农民群众5200余人次。

【安全生产】 推行“一岗双责、党政同责、齐抓共管”制度，建立健全安全生产责任网络体系，把安全生产责任层层分解落实到各个单位，分解落实到各企业。对全镇1个加油站、7个砖厂、26家烟花爆竹经营点下达指令书，签订安全生产责任状，确保安全生产责任目标逐级得到落实。全年共开展15次大型安全生产工作检查，镇安委会组织派出所、工商、供电、国土、教管中心等部门对辖区企业、非煤矿山、道路交通、加油站点、废品回收站、建筑行业、重点学校、超市、人员密集场所等重点单位、重点部位进行定期不定期检查、突查和抽查，排查隐患，指出问题，下达安全检查责任书，限期整改。对检查过的单位，特别是存在安全隐患的单位及时登记，定期回访，使安全隐患尽快消除，使整改措施真正落到实处。利用重要节日加大对安全生产工作的宣传力度，出动宣传车2部，制作彩布条幅标语20幅，制作图片、挂图、板报20余块；举办安全知识竞赛、文艺表演等活动，全年共向群众发放宣传手册3000份，

【社会综治】 在“两节”“两会”“5·13”“6·4”等期间实行包保责任分解，重点人员落实包案领导和责任人，对重点人员采取“一对一”稳控措施，确保重点人员稳控到位。在暑假期间，加强对湖泊的管理，制定30余块警示牌，禁止学生下河游泳，防止溺水事故发生。狠抓严打整治，全年发生治安案件95起，查处办结80起，处理22人。深入开展矛盾纠纷排查调处，积极落实公共安全隐患排查，全年共接待群众来访55件、94人次，上级转办件12件，办结率为100%。强化禁毒工作，于9月招聘7名禁毒专干，对17个村、1个社区实行专人联系帮扶。建立一个阳光工程就业安置点，集中安置66人就业，自谋职业35人。结合“六五普法”规划要求，加强对全镇干部职工的法律法规知识培训和思想教育，利用“五月综治宣传月”对平安工程、社会治理集成创新工作大力宣传，印制5000余份社会治理集成创新手册发放到农户手里，增强群众“平安工程”意识，推进“平安金碧”创建工作顺利进行。

【教育事业】 推进“4+2”教育突破工程，建成金碧小学、新富小学、沙龙小学、红岩小学学生宿舍，其中金碧小学已投入使用；金碧镇中心幼儿园集中修建的116套教师周转房及新富小学、折坤小学、中心小学、瓦厂小学、沙龙小学、红岩小学教师周转房主体均已建设完工，正在进行内外装饰。金碧三小综合楼开工建设，完成基础工程，正在建设主体工程。“贵州特色”农村学生营养午餐除六勒小学外，实现全镇中小学全覆盖。“9+3”计划成效明显，小学巩固率为99.75%、初中巩固率为97.7%，小学、初中辍学率分别降低为0.25%和2.3%；适龄儿童入学率为99.04%，适龄少年入学率为90.47%；“三残”入学率为85.71%，九年义务教育巩固率达84.75%。建成13个“农村阳光少年（儿童）之家”，开通亲情电话13门。初中毕业生264人升入高中，316名进入中职学校深造，高中毛入学率达90.02%。小学寄宿生补助93人，共计补助资金9.3万元；初中寄宿生补助242人，共计补助资金30.63万元。

【民政工作】 农村低保实行“阳光操作”，采取群众评议会等形式，把好群众监督关，做到“三个不上报”把好审核上报关，实施分类管理，把好进出关。经过核查，全镇享受城镇居民最低生活保障对象53户71人，全年共发放城镇居民低保资金6.07万元；享受农村低保的683户1301人，年基本保障金130.38万元；符合特殊困难对象398人，增发保障金4.54万元，年基本保障金和年增发保障金合计148.52万元。做

好临时应急救助工作，对因病因灾受困群众和流浪乞讨人员及时给予社会救助，全年共发放救灾救济粮（大米）1.45万千克，玉米2.29万千克。加强双拥优抚工作，维护优抚对象的合法权益，认真为优抚对象解决吃饭、就医和住房“三难”问题。抓五保供养和敬老院工作，对农村五保对象进行重新申报、审批认定并及时发放五保金，切实让五保老人生活无忧；将五保对象全部免费纳入农村新型合作医疗保障范围，实行一站式服务。加强敬老院日常管理，全面提高院内工作人员的服务质量，提升老人生活标准，为五保老人打造一个舒适、干净、愉悦的生活环境。抓好残疾人工作，完成全镇残疾人基本信息调查摸底，召开残疾人代表大会，成立残联，为残疾人提供更好的服务。

【社会保障】　抓好新型农村合作医疗，全镇参合人数达41003人，参合率达100%。合作医疗共发生就诊人次49836人次，补偿金额1142.8万元，人均补偿193.15元。实施危房改造494户，竣工470户，兑现危改资金74.28万元。全年通过就业培训等转移农村富余劳动力940人，完成千企万人工程132人，新增城镇就业人员183人。完成城乡居民社会养老保险参保人数15623人，其中未领取待遇的10636人，已领待遇的4987人。

【精神文明建设】　完善全镇17个村级农家书屋的设置，定期为“农家书屋”配送报纸、杂志，增加桌椅板凳等。制定“多彩贵州文明行动”各项创建指标，调整工作领导小组成员，明确分工和职责，制定《金碧镇2015年度“多彩贵州文明行动”专项行动实施方案》和《金碧镇集镇区域和交通主干道沿线广告治理及公益广告宣传工作实施方案》；多次召开专题会议安排落实、督促开展创建活动，共发放各类宣传资料1000份。制定村规民约，签订“门前五包”责任书，实行“门前五包”责任制，在全县范围内率先将环境卫生整治工作实行市场化运作，取得较好成效。积极开展“十星级文明户”创评活动，利用“七个起来”建设契机，积极宣传正能量，把党的方针政策及时传达到家家户户，确保农村思想政治教育工作落到实处。加强对文化遗产的保护，建立和完善文化遗产保护管理制度，定期对文化遗产进行维护。抓文化广场建设，完成中同、双寨、红寨、折坤、杨家店、联合等6个村级文化广场的修建并装备相应的体育健身器材。

【精准扶贫】　加强与对口帮扶单位的联系，多方争取资金，加快脱贫步伐。2015年，全镇有贫困户1717户、5751人，其中低保户453户、929人，五保户76户、96人，2015年计划精准脱贫496户、2102人，实际脱贫496户、2102人，圆满完成计划脱贫任务，使贫困面下降到1221户、3649人。做好“精准扶贫回头看”工作，根据“四看法”识别标准，将1197名漏统人员录入贫困户档案，取消456名原贫困对象。在折坤村扶贫新村示范点完成改造民居14户、硬化道路4.2千米、修建文化广场1000平方米，并着力打造特色庭院经济。

【武装工作】　落实“党管武装”要求，大力提升全民国防意识，充分保障武装经费，积极开展全民国防教育活动。积极整组组建民兵应急分队、联合防空队，储备队伍。完成2015年征兵工作，适龄青年中，大学文化程度占入伍青年的55%；中职文化程度占入伍青年的33%。

【人口和计划生育】　加大宣传教育力度，大力宣传国家计生政策，增强广大人民群众的计生意识。认真执行计生优惠政策，奖励扶助对象，解决独生子女户、二女结扎户后顾之忧，及时兑现各项优先优惠政策。认真开展出生缺陷干预工作，完成孕前优生健康检查160对，完成年度任务数的100%。全镇共出生388人，同比减少9人，常住人口出生率为8.87‰。政策外一孩出生2人，占一孩出生比为1.11%，同比下降1.37个百分点；政策外二孩出生6人，占二孩出生比为3.48%，同比上升0.85个百分点。常住人口符合政策生育率达97.72%，同比上升1.53个百分点；流动人口出生36人，流动人口符合政策生育率为94.44%，同比上升0.56个百分点；总符合政策生育率97.93%。全年共完成各类避孕节育手术349例；出生人口性别比为106.82；在家妇检率达100%。

【基础设施建设】 抓好以交通、水利为重点的基础设施建设。完成1127户小康示范户的申报创建工作，各项指标任务完成情况良好。完成通村公路建设8条，总长28.43千米，竣工路段已全部纳入管理养护。5月，成功承办全市通村公路建设现场会，威宁县、大方县交通局专门组织人员前来参观学习。完成联合村人畜饮水安全工程，解决联合、新兰2个村1200人的安全饮水问题。完成沙窝河观音洞段治理工程，总共投资453万元，治理长度1.5千米，保护人口1.2万人，保护耕地面积1万亩。杨家店小流域治理工程正在实施中。新加坡“连氏”援助组织投入资金80.39万元，完成沙龙片区人畜安全饮水工程改造。投资28.56万元，完成新富村4~9组太阳能路灯安装280户80盏。投资48.18万元，对辉煌社区2300米污水管网进行改造；投资60万元，完成铧口寨村老婆田至老计生站路段硬化建设及路灯安装；完成沙井路硬化建设招投标工作；完成棚户区改造对象登记建档工作。

【生态建设】 加大森林防火工作力度，大力宣传森林防火知识，切实做好天然林资源保护；认真做好退耕还林、荒山造林工作；加大采伐证办理审核力度，坚决杜绝乱砍滥伐。在辖区18个村（社区）内聘用199名有责任心、懂政策的村民，担任生态文明建设保护监督员，明确管辖区域及职责；各村上报的古树进行认真核实并专门进行挂牌。将镇辖区原6家砂石场（厂）整合为2家，完成整合方案上报，加强对砂石资源和生态环境的保护。认真做好“中国高原岩溶天然淡水湖泊群之乡”宣传工作，打造“生态旅游品牌”；以贵州民居和农村危房改造建设为契机，对景区村庄实施美化、亮化工程；加强柯家海子片区的环境整治及保护工作，抓好规划区内打非治违工作，实施环湖路硬化建设，确保规划得到进一步实施。

【“四在农家·美丽乡村”建设】 根据县委、县政府统一部署，着力打造中同、荷花“四在农家·美丽乡村”建设示范点。2015年，全镇“四在农家·美丽乡村”建设总投入210.59万元，其中荷花村启动46栋民居改造，完成改造21栋；中同村启动47栋民居改造，完成改造23栋。同时，2个村的基础配套设施及特色庭院经济打造工作正序推进中。

【党建工作】 认真做好党员发展工作，坚持“成熟一个发展一个”“宁缺勿滥”的原则，注重从致富带头人、团组织推荐的优秀青年以及具有初中以上文化水平的青年中发展党员，从源头上保证党员队伍的质量。2015年共发展党员17名，预备党员转正15名；在“七一”表彰大会上对8个先进党支部和30名优秀共产党员及8名优秀党务工作者进行表彰。制定《金碧镇2015年组织工作要点》，构筑一级抓一级、层层抓落实的工作格局。全年先后召开党建工作专题会议3次、支部书记例会4次，及时把党建工作分解细化，落实到责任人、责任单位，明确责任目标，做到认识、责任、行动到位。建立督查考核机制，实行各村（社区）支部工作完成情况考核制度、党员干部工作考勤考核积分制度、年终奖惩考核制度，定期对党建工作进行督查。严明党的政治纪律和政治规矩，全年查处违纪违规人员6人，解决群众反映强烈的突出问题和重点、难点问题33个。完善党组织服务功能，全年共拨付村级办公经费21.49万元，拨付高山村、中同村、中寨村办公楼维修费用12万元，为广大人民群众提供更优质、快捷的服务；集中打造红寨村、新兰村、新团村党建示范点。规范18个村（社区）党员活动室，将村（社区）干部月报酬提高到1340元，发放村（社区）小组长月报酬100元；兑现离任村干部生活困难补贴15.13万元。积极引导荷花村采取“公司+农户+合作社”的模式发展特色庭院经济，以收益的10%作为村集体经济收入。深入开展“帮县、联乡、驻村”活动，要求驻村干部实际到村工作，积极配合村“两委”班子对村情进行全面细致的了解和分析，立足村情，理清思路，促进农民增收。

五里布依族苗族乡

【概况】　五里布依族苗族乡全面贯彻落实党的十八届三中、四中、五中全会，省委十一届五次全会，市委一届七次全会精神，围绕县委、县政府中心工作，践行党的群众路线和“三严三实”及“三实三同”要求，进一步深化依法治乡和以德治乡，以严的纪律和实的作风，抢抓机遇，增创优势，推动全乡跨越式发展。全年完成固定资产投资1亿元，完成招商引资7亿元；粮食总产量达5000余吨，财政收入596.55万元。实现农民人均纯收入6280元。

【党建工作】　把理论武装作为党建工作的重要内容，抓好党委中心组学习，带动和引导全乡党员干部树立正确的人生观、价值观和政绩观。深入开展党风党纪教育，加强领导干部廉洁自律，坚决纠正损害群众利益的不正之风，树立和发扬好的作风，既严以修身、严以用权、严以律己，又谋事要实、创业要实、做人要实；不断完善监督机制，拓宽监督渠道，把反腐败与保持社会大局稳定结合起来，坚定不移地加大反腐力度，及时查处各类违纪违法案件，维护群众利益，积极营造良好的政治环境。全面贯彻民主、公平、竞争、择优的方针，将有发展经济能力的干部调整充实到重要岗位，加强干部学习培训，不断提升促进经济社会发展的能力。

【基础设施建设】　完成五里—金鸡通村水泥路建设5.7千米、荒田—新法通村水泥路5.11千米、荒田—支坝通村水泥路3.3千米、新乐—桐山通村水泥路10.5千米。实施乡政府驻地至化石路老街1.8千米的路面翻修。实施新法、金鸡、荒田6000余亩“坡改梯工程”；完成农村危房改造78户；为荒田村修建完工人畜饮水工程项目1个；为中心村高家寨修建100平方米组级文化小广场1个。在实施荒山绿化、三年灭荒行动中，完成植树造林3200亩；完成10个村（社区）、105个村民组的通电、通水、通信建设，进一步扩大宽带网络覆盖率。

【农业经济发展】　完成玉米种植19795亩，其中优质玉米7000亩，单株玉米育苗移栽率达98%；完成杂交水稻种植1422亩；春马铃薯种植6401亩，其中脱毒马铃薯3964亩；完成蔬菜种植7854亩，其中新乐村辣椒基地种植辣椒868亩；中草药种植168亩；烤烟种植524亩。做到村村有样板、有示范，所有耕地面积满载满插。实现粮食总产量500万千克，农业总产值达5000万元。实现大牲畜存栏3794头，家禽存栏42427只，防疫率及时率达100%。实施中心村大棚蔬菜及林下养鸡基地建设。利用优势资源，结合退耕还林后期扶持项目，规划完成中心村、荒田村、北海村、桐山村2000亩红宝石石榴种植，荒田村洪家渡285亩林木苗圃基地等，特色农业产业迅速发展。

【民生工作】 抓好农村低保、社保和新型农村合作医疗惠民政策的落实，认真把中央综合直补、种粮补贴、良种补贴等资金落实到位；搞好困难救助及优抚工作，确保各项钱粮的发放兑现；切实解决好农民基本生活、移民后期发展等问题，特别关注和解决好农村五保户、空巢老人、留守儿童、辍学未成年人、独居残疾人等特殊人群的生活问题。2015年，全乡共发放低保金101.83万元，惠及低保483户877人；发放五保供养金15.63万元，惠及55人；发放春荒救助粮3万千克、自然灾害农户生活补助资金1.4万元；老龄津贴发放18.54万元，优抚金发放110人47.36万元。全乡居民养老保险参保人数达3153人，参保率62%；合医参保18181人，参保率达100%。医疗卫生机构门诊患者13872人，接诊住院病人1085人，合医报销达300余万元；全乡敬老院基础设施不断完善，入住人员26人，实现五保老人老有所养、老有所依。加大健康宣传力度，提高全民的健康保健意识，重视高血压、糖尿病、精神病等人群筛查和管理，积极为老年人、入托入学儿童开展健康体检、接种等工作；为艾滋病、梅毒、乙肝母婴传播提供咨询活动，协助相关部门积极参与社会卫生监督。

【精准扶贫】 加大精准扶贫工作人力、物力的投入，抽调乡农业服务中心人员充实到扶贫工作站工作，保证扶贫工作站的办公人员充足。为全乡9个村、1个社区配齐扶贫工作办公电脑及电脑操作员，安装网线，保证精准扶贫工作的有效开展。召开全乡教师、医师、信用社员工及全体乡村干部共300余人参加精准结对帮扶工作动员大会，组织全乡教师、医师、信用社员工及全体乡村干部积极投入到精准结对帮扶工作中，不断优化发展环境，全力改善村容村貌。加大对帮扶对象的智力支持，引导广大农民群众学文化、学科技，重点引导农民群众打破传统的种养殖模式，学会科学种田、科学养殖，千方百计提高农副产品附加值。解决好帮扶对象的各类矛盾纠纷，针对群众反映强烈、影响贫困户发展稳定的各种矛盾纠纷和问题，深入细致地做好群众工作，引导群众以理性合法方式表达诉求，为脱贫致富营造良好氛围。

【社会管理】 开展好社区、村级组织教育整顿，做好党务、政务、村务公开，接受群众监督，大力治理群众反映强烈的“优亲厚友、不作为、乱作为”问题。化解各类社会矛盾，深入排查、梳理涉及基本民生、征地拆迁、矿群矛盾等方面的具体问题，落实领导干部包案制度，一事一策，从各个环节下功夫解决问题。全面落实社会治安综合治理各项措施，有效预防和坚决打击敌对势力、邪教组织的渗透破坏活动，切实提高群众安全感指数。加大普法宣传教育，不断提高全民法律素质，提高政府工作透明度，保障人民群众的合法权益。认真落实信访工作责任制及联席会议制度，畅通群众利益诉求渠道，解决群众合理诉求，真正做到守土有责、守土有方、守土有效，确保小事不出村、大事不出乡，做到重心下移、关口前移，防患于未然。

【教育事业】 把教育摆在优先发展的战略地位，不断为教育教学提供良好的软环境。强化校园环境管理，保证中小学门前道路畅通，周边无“两吧三厅”，校园安全和谐稳定。加强“控辍保学”力度，全乡7~12周岁适龄儿童入学率达99.49%，13~15周岁适龄少年入学率达95.48%，其中“三残”适龄儿童、少年入学率100%。小学辍学率为0.04%，初中辍学率为2.78%。全乡办学条件不断改善，师资水平、教育教学质量不断提升，五里中学、五里小学等5所学校实现“班班通”全覆盖，6所学校实现教师公租房，10所学校实现食堂供餐，其中五里中学实施寄宿制、五里小学即将实施寄宿制等，为义务教育均衡发展通过验收创造条件。

【人口和计划生育】 开展“三按月”“双诚信，双承诺”工作，以优质服务为载体，切实抓好计划生育工作。把“三按月”管理作为实现“双降”目标的重要手段，作为促进乡、村两级抓任务落实的有效载体，作为解决村级不愿抓、不敢抓、不会抓的有效措施。全乡常住人口符合政策生育率为97.59%，流动人口符合政策生育率为100%；出生人口平均性别比为100：105。认真完成各类避孕节育手术，妇检率达100%，孕前优生健康检查完成率达100%，村（居）民自治率为100%。认真落实计划生育综合治理责任制，强化对流动人口的管理和服务，严格控制早婚早育，严格计划生育政策，稳定低生育水平。

【精神文明建设】 开展“多彩贵州文明行动”，建设文明、整洁、有序的社会环境。优化环境卫生督查机制细节，分片包干，明确责任，落实到人，并与村两委干部绩效考核挂钩，创新管理机制。坚持定期或不定期进行督促检查，对摊位、车辆乱摆乱放，村级卫生脏、乱、差，路边野广告等现象进行及时督促整改，有效规范道路及市场环境卫生及不文明行为，整脏治乱工作取得明显成效。完成“百万公众网络测试”2500人，组织科技宣传活动2次、科技培训2次，培训人数200余人次。加强文化市场管理，打击无证经营文化娱乐场所行为。实施“户户通”入户安装400余套，丰富群众文化生活。依托“一事一议”财政奖补资金，建设800平方米双塘村11组文体活动场所1个。依托农家书屋、村级文化广场等载体，组织群众开展读书活动、跳广场舞、播放影片等文化娱乐活动；弘扬中华民族传统美德，开展争做“最美五里人”活动。

【安全生产】 坚持“安全第一、预防为主、综合治理”的方针，深入贯彻落实有关安全生产的法律法规，持续开展安全生产打非治违，认真开展安全生产领域的隐患排查治理工作，坚持安全生产从零开始、向零奋斗，一切服从服务小康社会建设工作，确保人民群众的生命财产安全，推进社会和谐进程。对辖区宏和煤矿实施安全巡查18次，对非煤矿山开展安全检查34次，排查整治30条安全隐患；实施道路交通安全检查40次，检查车辆500余辆，拘留驾驶人员4人。开展学校安全检查6次，排查整治20条安全隐患。组织安监、国土对非法采煤窝点及废弃老井进行地毯式巡查6次。加强非煤矿山安全管理，做到发现一个非法点坚决关闭一个。强化水上交通安全，联合海事所、乡教育管理中心对全乡中小学生进行安全教育4次；联合乡各部门开展水上安全演练1次，增强安全生产应急处置能力。

观音洞镇

【概况】 2015年是“十二五”规划收官之年，观音洞镇党委、政府牢固树立科学发展观，深入学习贯彻党的十八大和十八届三中、四中、五中全会精神，团结带领全镇干部职工和广大群众，紧紧围绕毕节试验区“生态发展、扶贫开发、人口控制”三大主题，落实县委、县政府中心要求，以精准扶贫、“四在农家·美丽乡村”建设和产业结构调整为抓手，全面推进经济社会快速、健康发展。全镇完成固定资产投资2亿元，“十二五”期间累计完成投资达8.7亿元。完成招商引资7000万元。实现农民人均可支配收入7026元。完成精准脱贫594户、2580人。

【农业经济发展】 全镇规划种植经果林1563.1亩，补植补造2014年经果林2500亩；烤烟种植1100亩；扶贫脱毒马铃薯种植18000亩，其中连片种植1200亩（黄泥村450亩、青岩村450亩、金化村100亩，黄泥村脱毒马铃薯原种种植200亩），实施粮食增产工程10000亩，示范户100户，创建粮食增产样板点2个（黄泥村100亩、中大村100亩）；启动规划以脱毒马铃薯种植、经果林核桃种植和能繁母牛养殖为主的“板块经济”。新增城镇就业101人，外出农民工就业440人。发展“电商”经济，引导发展特色农产品电子商务试营点20个。

【基础设施建设】 继续协调服务好2014年省级高标准基本农田建设项目，积极申报新一轮土地整治项目，推进金山村、观音洞村各150万元的小康寨建设项目；实施2014年通村油路（水泥路）建设，2015年完成43千米，完成形象进度91%。规划实施集镇老街改造工程。“十二五”期间，全镇通过实施农网改造、人饮工程、通村水泥路（油路）、“一事一议”财政奖补项目和“两个”硬化工程，基础设施不断完善，40%农户通自来水，80%的自然村寨铺设自来水主管道；电力实现全覆盖；院坝和连户路硬化率达80%，硬化（油化）村级（含通组路）60千米；全镇移动网络实现全覆盖，50%的村通宽带。全面完善教育、医疗卫生等基础设施及阵地建设，对全镇总体规划进行修编并通过评审。实施“四在农家·美丽乡村”建设，市级创建点井泉社区罗都寨启动民居改造35户，完工16户，控制引导10户。

【民生保障】 在全镇范围内全面开展低保复核复查工作，为全镇1219户、1984人办理农村低保，全年发放低保金125.36万元。其中，将273户、351人纳入农村五保分散供养的范围，共发放五保供养金28.8万元。为56户、67人城镇居民办理城市低保，发放低保金13.83万元，基本实现动态管理下的应保尽保、应退则退。发放救济粮10800千克。发放重点优抚对象抚恤金62.83万元，发放农村籍60岁以上退役士兵生活补助金6.93万元。城镇居民社会养老保险参保数达13289人，完成上级下达的目标任务。2015年实施农村危房改造130户，发放2012年和2014年危改资金415.13万元。“十二五”期间，全镇共实施农村危房改造2807户，兑现危改资金2031.54万元。

【卫生计生】 认真开展卫生监督协管工作，举办健康讲座4次，播放音像资料2次，发放健康教育资料2722份，为65岁以上老年人体检212人，管理高血压患者165人、糖尿病患者13人，实施公共场所卫生监督2次、学校餐饮卫生监督3次。对全镇从事食品加工和零售的机构进行登记，建立15所中小学食品卫生、理发店卫生等“一户一档”资料，定期进行检查，对发现的为题督促落实整改。全镇新型农村合作医疗参合群众21000余人，自筹参合金147万余元。“十二五”期间，医疗卫生、食品药品安全事故零发生。加强计划生育工作，以“双降”为目标，不断夯实计生基础信息，严格控制政策外生育，并采取避孕节育措施，妇检工作达100%。以“双诚信、双承诺”工作为抓手，以“三按月”落实为契机，共查验诚信计生证明300余人次。“十二五”期间，全镇人口自然增长率有效控制在5.2‰左右。

【教育工作】 启动实施幼儿园建设和羊耳小学改扩建工程；定期对学校周边及学校食品安全进行检查，强化中小学食品安全监督工作；开展“祖国好·家乡美”主题系列活动；认真开展控辍保学和中职招生工作，确保各项目标任务的完成。大力开展“三关爱”工作，通过走访排查，全镇共有0~14周岁留守儿童2520人，15~18周岁少年399人，全年共关爱留守儿童5000余人次。“十二五”期间，全面实现“两基”和“普九”目标，基本实现义务教育均衡发展。

【生态建设】 成立镇生态文明建设工作领导小组，制定《观音洞镇生态文明建设保护实施方案》，对山、水、林、田、路、树实施挂牌保护，落实专人负责。完成荒山绿化建设619亩，经济林造林1070亩。“十二五”期间，全镇累计造林41211.8亩，其中天保封山育林12475亩、荒山造林3220亩、经济林造林25516.8亩，全镇森林覆盖率从2010年的32.57%提升到38.41%。

【综治工作】 大力开展社会管理集成创新工作，全年共受理矛盾纠纷45起，调解45起，成功化解43起。发生刑事案件15起，侦破4起，无命案发生；立治安案件发50起，查处50起，民事纠纷和刑事案件相比2014年“双下降”,，群众安全感达99.41%。“十二五”期间，共受理矛盾纠纷152起，调处152起，刑事案件发生率逐年下降。贯彻落实县维稳和信访会议精神，认真做好涉法上访的排查工作，排查涉法上访问题6件，责任包案到领导干部，限期处理化解。截至2015年末，完成处理1件，其余5件在稳控的基础上明确工作专班逐一化解。

【安全生产】 与群众签订安全生产责任书2000余份；对非法矿主实施思想教育，对非法采煤采矿窝点坚决炸封。实施道路巡查20余次，制止农用车载人10次、对违章驾驶员进行教育10人，全年辖区未发生道路交通事故。大力开展煤矿、非煤矿山、地灾、水上安全生产大排查大整治行动，确保全镇各行各业无安全事故。“十二五”期间，全镇无重大安全责任事故发生。

【党建工作】 学习宣传党的十八大及十八届三中、四中、五中全会精神，全年在黔西电视台、黔西报社、黔西信息及贵州文明网上刊登信息20余条。严格执行《领导干部廉洁从政若干准则》，认真规范行政行为，工作中无乱收、乱罚、以权谋私、吃拿卡要等违纪现象。进一步健全和完善反腐倡廉制度，规范镇、村干部的行为，对5起违纪案件立案调查，办结2件，另外3件正在办理。严格执行重大决策、重要人事任免、重大项目安排和大额度资金使用“三重一大”权力运行备案和“三公经费”公开。开展民生监督督查工作和民生整治铸廉工作。开展“党建扶贫”“同步小康”“美丽乡村”建设干部驻村工作，选派和管理好“同步小康”驻村工作员92名，“美丽乡村”建设驻村工作员3名。发展13名新党员，表彰9个先进基层党组织、35名优秀共产党员。镇领导班子成员分别到20个村（社区）联系工作，完成20个村“一核多元”建设，织牢基层服务网底。

雨朵镇

【概况】 2015年是“十二五”规划的收官之年，是实现“四个全面”的开局之年，雨朵镇紧紧围绕县委、县政府整体工作部署，牢牢守住发展和生态两条底线，继续深化“三大主题”，按照“稳中求进、转中求优、改中求活”的总体要求，围绕“打造雨朵经济社会发展升级版”的目标，进一步解放思想，凝聚力量，攻坚克难，持续推进城镇化、生态化和农业现代化的同步发展，圆满完成各项工作目标任务，保持经济社会各项事业稳定健康发展。

【党建工作】 强化理论武装，完善党委中心组理论学习制度，带动和引领全体干部职工全面学习贯彻党的十八大及十八届三中、四中、五中全会和习近平总书记系列重要讲话精神，中央省市经济工作会议精神，不断提高理论水平、业务素质和拒腐防变的能力。强化干部队伍建设，坚持“严管理，强作风，提本领”。针对扯泥村基层党组织涣散，村支书为官不为，经镇党委研究，予以免职处理。选派5名工作能力强、政治觉悟高、基层工作经验丰富的年轻干部到村任党支部书记；向各支部选派第一支书，聘请名誉书记，先后向10个村选派第一支书、聘用6名名誉书记。对驻村领导和驻村干部实施调整，优化配置，强化雷厉风行和马上就办的工作作风，杜绝推诿扯皮、拖泥带水的现象发生，不断提高干部队伍勤政廉政能力，严治“僵慵懒浮散”。

【农村基础设施建设】 争取上级部门的大力支持，引进投资450万元的土城村土地综合整治项目；新建投资122万元的高田提灌站，确保2100人的饮水安全和2500多亩初田成为旱涝保收的基本农田。贯彻建设养护并重的工作思路，继续推进通村水泥路建设，制定和完善雨朵镇通村水泥路管护村规民约《八要八不要》和《八不乱》。5月23日，成功承接全市通村水泥路管护现场会。启动小水井村至拉土村10千米通村水泥路建设项目。完善基础设施建设“十三五”规划。按照先试先行、示范引领、以点带面的工作思路，制定雨明村、扯泥村“四在农家·美丽乡村”建设规划，积极整合各类资金，启动建设。普遍实施村“两委”活动室、休闲娱乐运动场以及农家书屋的建设和村容村貌绿化、美化、亮化工作，有效改善群众的生产生活环境，各村面貌焕然一新。

【农业产业化发展】 按照“一园两景三产业”（“一园”即现代农业科技示范园，“二景”即扯泥村乡村旅游和李世杰陵墓重建景点，“三产业”即土城千亩优质红米、扯泥千亩特色香葱和平坝千亩辣椒种植基地建设）的思路，着力打造雨朵镇农业产业升级版。采取政策扶持和以情感人相结合的方式，召回致富能手薛朝书，成立江华辣椒专业合作社，加入合作社的农户有470多户，流转土地500亩，种植辣椒5000余亩，实现每户增收4000余元。在注入农机作业、测土配方施肥等农业新元素的情况下，大力推进传统农业春耕备耕工作。3月16日，成功在平坝村、蒿枝村召开全市春耕生产现场会，市委书记陈志刚到场指导。大力发展特色农业，全力打造扯泥千亩香葱基地和雨朵千亩优质红米基地。全镇种植香葱1000余亩，优质水稻7300多亩，玉米12000多亩，烤烟600亩，辣椒7000余亩，重点打造老君关村和拉土村100亩玉米样板点各1个，建成老君关和平坝村100亩水稻样板点各1个。加大畜牧养殖业发展力度，发展肉牛养殖1300余头，发展土鸡养殖10万余只，发展优质山羊养殖100只。

【人口和计划生育】 紧紧咬定“双降”目标，全面实施人口和计划生育工作。加强基层基础建设，建立健全人口和计划生育工作机制。稳定低生育水平，切实加强流动人口管理与服务，重点是抓好未婚先孕、未婚先育人员的管控和处理。坚决落实农村计划生育奖励扶助制度，让育龄群众实实在在得实惠。转变工作职能，积极开展妇科疾病普查和卫生计生服务下乡活动，密切与群众的联系，改变计生形象，取得育龄群众的理解和支持。2015年，全镇人口出生189人，其中政策内181人、政策外8人。实施国家免费孕前优生健康检查302对夫妇，到村开展健康检查8场，受益群众317人。

【民生工作】 认真搞好困难群众补助和农村低保的发放、农村危房改造等惠民工作，切实解决贫困人口温饱及住房问题。截至2015年末，全镇新型农村合作医疗参合人数23467人，参合率100%；农村最低生活保障户数498户、890人，参加新型农村养老保险6587人。根据省、市、县精准扶贫工作会的要求和部署，镇党委班子成员带头、镇村干部通过遍访贫困村贫困户，完成全镇1255户、4307人和6个贫困村精准识别和数据更新工作；制定贫困人口分布图，按照“一村一策”“一户一档”的产业扶持办法，通过能人引领、合作社示范，建成雨明村千亩软籽石榴基地，成立黔西县江华辣椒农民专业合作社，通过土地流转，协调贫困户到基地打工、加入合作社、推荐就业等方式，提高贫困户收入，实现精准帮扶，成功脱贫。

【安全治理】 成立镇安全生产委员会，落实专（兼）职工作人员，完善镇、村应急救援预案，制定安全生产各项工作制度、机制，做到经常排查安全隐患，定期督查，发现问题及时整改；与各村（社区）、镇属相关单位签订安全生产责任书，强化“一岗双责”。认真落实防汛抗灾工作，成立防汛抗灾工作领导小组及制定切实可行的应急预案，通过村民大会、村务公开栏等形式的宣传，提高群众的灾害防范意识及应急处理能力；严格执行领导干部24小时开机，镇政府24小时有人值班工作制度，确保防汛抗灾工作落实到位。高度重视社会稳定工作，认真落实定期排查、领导包案、责任追究等制度，大力开展矛盾纠纷排查调处工作，努力把问题解决在基层，化解在萌芽状态。2015年，全镇共排查出矛盾纠纷93起，成功化解47起，有效控制越级上访和集体上访事件的发生。

【精神文明建设】 以宣讲团形式，在全镇范围内广泛开展以社会主义核心价值观、“四个全面”重大战略思想、县委县政府惠民举措等为主要内容的学习教育，把全镇的发展积极性引导到科学发展上来，全年累计开展宣讲活动10次。以村级文化活动广场为主阵地，充分利用农家书屋、农民体育健身器材，积极开展读书月、健康行、公益电影放映等群众喜闻乐见的活动，丰富和活跃群众文化生活，使广大群众在参与中接受教育，提高文明素质。充分利用传统节日和重大纪念日时机，开展践行社会主义核心价值观主题活动，学习英模先进人物和社会新风尚，倡导文明，培树新风。开展“道德讲堂”，不断提升社会公德、职业道德、家庭美德和个人品德水平。

绿化白族彝族乡

【概况】 绿化白族彝族乡以科学发展为主题，以全面建成小康社会为目标，着力抢抓机遇、深化改革、扩大开放、守住底线、加速发展，基础设施明显改善，综合经济实力不断增强，乡村面貌焕然一新，全面完成各项目标任务。截至年底，全乡完成生产总值4.81亿元，与2010年的3.68亿元相比，年均增长5.4%；实现财政总收入1135万元，“十二五”期间年均增长7.7%；实现农民人均纯收入7048元，与2010年的3949元相比，年均增长12.2%。

【特色小城镇建设】 绿化乡特色小城镇建设经过艰苦努力，共挖掉4个山头、填平3条山沟、挖填方40多万立方米，整理出1000多个商铺地基，面积10万多平方米，使昔日的荒山荒沟变成了平坦的建设用地。1.5千米长、30米宽的金海大道已完成水稳层铺筑，道路两边即将开始大面积建房；“福”文化主题公园大型景观“福”字已雕刻完毕；石桐树老街、石桐至大海子公路沿线白族民居风格立面改造已经大面积完成；镇幼儿园已投入使用；加油站已投入使用。

【基础设施建设】 在市、县统战部门的关心支持和县新村办的指导下，通过精心规划、高标准建设，派驻乡干部蹲点，在大海子村成功实施投资710万元的“同心”工程，修建仿古“同心”亭2个、修建1200平方米“同心”广场1座、建成1条100米环湖“同心”文化观光长廊、对477户房屋进行白族民居改造、硬化连户路8000平方米、硬化院坝9000平方米、安装村庄太阳能照明路灯50盏、建设垃圾池10个。争取到100万元资金，在大海子村实施人饮水源保护一期工程，种植经果林 1000 亩，其中软仔石榴 500 亩、迎庆桃 500 亩；整治土地 800 亩，修建护坡 950 米；新建标准化蔬菜育苗大棚 10 个，共 2400 平方米。全乡“两个硬化”工程完成连户路硬化 47100 米、硬化院坝 93270 平方米。整合资金实施四方井、湾箐村人畜饮水工程，达成水利局出资 46.29 万元、湾箐石材厂出资 80 万元的三方协议，彻底解决湾箐村和四方井村饮水困难问题。

【“一事一议”财政奖补项目建设】 全力推进“一事一议”财政奖补项目建设，投入财政资金 262.46 万元，投工 27850 人次，硬化通组公路 1.03 千米、硬化连户连寨路 1.96 千米，使 5 个村 1371 户 6000 余人受益。在大海子村实施“一事一议”整村推进示范村项目，获得奖补资金 103 万元，县级财政资金 41 万元，县级财政整合资金 60 万元，硬化 3.5 米宽的道路 2864 米；修建公厕及化粪池各 2 个；安装太阳能路灯 90 盏、风光互补太阳能路灯 60 盏、两轮移动垃圾桶 60 个。在马坎村实施“一事一议”小康寨建设项目，投入资金 49.7 万元，实施生活垃圾整治、排污沟建设、太阳能路灯安装、文化活动广场修建和广场健身器材安装，受益群众达 524 人。

【交通建设】 在县交通运输局技术人员的精心指导和各村的密切配合下，实施 6 条通村水泥路建设，共计 18.5 千米。工程开挖土石方 9688 立方米，回填 1977 立方米，改路道 6300 立方米，砌堡坎 1510 立方米，群众累计投入人力 12461 人次，发放水泥 2046 吨，全乡交通设施建设水平跃上新台阶，为群众致富发展打下坚实基础。

【特色产业发展】 在保证粮食产量的基础上，积极发展特色产业。在大海子村种植经果林 1000 亩，其中软仔石榴 500 亩、迎庆桃 500 亩；引进泰林森中药材种植专业合作社，种植 500 亩白芷；成立绿海紫薯专业合作社，种植 500 亩紫薯；鼓励返乡农民工彭锦刚投资 300 余万元，成立锦龙中草药专业合作社，种植各类药材 900 多亩；在湾箐村发展种植猕猴桃 100 亩，在石桐社区利用流转土地发展种植翠红李。

【荒山绿化】 响应省、市、县号召，实施“三年灭荒行动”。2015 年，通过县林业局技术人员的精心规划设计，在县住建局、县房产局和全乡干部群众的积极努力下，实施荒山绿化 1402.1 亩，其中人工造林 359.9 亩，人工促进造林 1042.2 亩。做好跟踪和监督，及时整改造林绿化工作中存在的问题，落实所有荒山绿化地块至建设期限的抚育及管护责任，确保树木成活率。

【民生工程】 纵深推进新型农村合作医疗和农村社会养老保险政策，着力解决农民“因病致贫、因病返贫”问题和“老无所养”问题。全乡新农合参合率达 99.9%以上，新型农村养老保险全面推进，对 60 岁以上老人发放社保金；落实种粮补贴、良种补贴、油菜补贴、退耕还林补贴、小麦直补、农具补贴等国家补贴政策。在巩固九年义务教育的基础上，大力发展职业教育，为黔西职中输送生源，实现教育 9+3 目标 99%以上。在医务人员、医疗设备上不断优化投入，确保乡卫生院、各村（社区）卫生室能满足群众看病基本需要，实现群众“小病不出村、大病不出乡”。加大对合医基金的监管和查处力度，及时纠正不合理收费和套取国家资金现象。

金兰镇

【概况】 金兰镇位于黔西县城西南约 30 千米处，与织金县大坪乡隔河相望，毗邻观音洞镇、金碧镇、雨朵镇、新仁乡，辖10个行政村115个村民组，总面积55平方千米，是一个多民族聚居的乡镇。其中，苗族、彝族、白族、仡佬族、蒙古族等10多个少数民族占全镇总人口的23.6%。全镇森林覆盖率达41%以上。镇内有龙华、新益、金兰三大煤矿，年产煤量130万吨。金兰镇旅游资源丰富、民族文化底蕴深厚、旅游开发潜力巨大，辖区内苗族群众仍保持着较为完整的传统习俗，其刺绣、蜡染工艺、多声部民歌、芦笙舞蹈、跳花坡等极富民族特色。2015年，金兰镇认真贯彻落实中央、省委、市委、县委经济工作和农村工作会议精神，扎实做好促改革、调结构、惠民生各项工作，全面完成年初制定的目标任务，全镇农业和农村经济社会呈现出快速发展的良好势头。

【党建工作】 抓好党员干部的理论学习和思想政治建设，着力提高党员干部的政治意识、战略思维和驾驭全局的能力，为推进金兰镇跨越式发展提供坚强的思想保证和理论支撑。以远教站点为支撑，组织农村党员干部收看法制、道德、科技、文化、党建、经济节目，拓展视野，了解和掌握党和国家方针政策，丰富文化知识，提高综合素质。加强基层组织建设，全年共发展党员9名、培养入党积极分子48名。认真落实党风廉政责任制，扎实开展“三严三实”专题教育，从源头、风险点加强防范，建立健全惩防体系，树立干部清廉、政府清正形象；在党员干部中认真开展创先争优活动，搞好镇、村干部管理，转变工作作风，加强效能建设。紧紧围绕“抓班子、带队伍、优环境、兴产业、促发展”的目标，坚持“严格依法、全面真实、及时便民”的原则，建立完善“阳光政务”体系，自觉接受人大和人民群众的监督。规范镇、村便民服务中心，认真抓好政策咨询工作，公布行政审批服务事项办事流程，提高办事效能，制定目标绩效制度和考勤制度，切实提高为民服务水平。

【经济工作】 全镇实现粮食总产量6335吨，比2014年增长108%。其中，夏粮产量1202吨，比2014年增长104%；秋粮产量5133吨，比2014年增长112%。粮食播种面积12800亩；种植杂交玉米11800亩，玉米育苗移栽9080亩、聚垄耕作8000亩；种植杂交水稻1970亩，水稻旱育稀植1021亩。全年养殖生猪6998头，其中能繁母猪536头；养殖黑山羊350头；养殖黄牛2839头，其中能繁母牛996头。不断加大招商引资力度，优化招商引资环境，与重庆、贵阳等企业招商洽谈20余次，对接项目3个，分别为金兰客车站建设、金兰镇敬老院建设、金兰镇农贸市场建设。建立金兰镇项目库，收集各类项目50余个。加强对落户企业的指导和服务力度，鼓励扶持企业做大做强。

【基础设施建设】 完成龙山、双庆6.35千米国家财政奖补烟水配套工程机耕道建设。完成“一事一议”通组公路建设3.55千米。完成总投资1245万元的“一事一议”同村公路建设24.9千米。组织实施宝石村总投资181.1万元的5.36千米扶贫通组公路建设，已完成路面硬化4.1千米，预计于2016年2月建成通车。完成农村危房改造58户，竣工入住率100%；旧房拆除率达97%以上，资金兑现率80%，档案合格率100%。

【社会保障】 及时足额兑现农村、城镇低保、五保等资金；及时足额发放冬令资金、春荒救助等救济、救灾相关资金及物资。全年共发放五保金16.38万元、农村低保金188.13万元、城市低保金69024元、80～99岁高龄补助金15.24万元、因灾补助资金12万元。发放临时救济粮12450斤、冬春救助大米80000斤。发放60岁退役军人补助金32760元、参战人员补助金185760元、三属人员补助金21300元、老复员军人补助金44628元、参战带病回乡人员补助金30240元、残疾军人补助金19680元。支付参合金131.64万元。依托“阳光工程”培训农村富余劳动力1650人次，转移劳动力1450人，增加劳务收入1125万元。

【环境整治】 高度重视城乡环境建设，扎实开展环境卫生常态化整治，全年共悬挂、张贴宣传标语20余条，整治车辆乱停乱放98人次，清理卫生死角215处，处理垃圾42吨，清理排水沟31条2156米，铲除街巷两旁杂草5423平方米。组织全镇中小学学生856人次，开展“整脏治乱”集中行动2次。落实环境卫生专人负责制度、日常检查制度、门前五包制度，常抓不懈，基本实现全镇无暴露垃圾、无乱搭乱建、乱停乱行等现象，全镇村寨面貌、环境卫生得到明显好转。

【卫生计生】 全镇共出生195人，其中政策内191人、政策外4人，符合政策生育率97.95%。实施孕前优生健康检查78对夫妇。医疗卫生事业稳步推进。全镇新型农村合作医疗参合率逐年提升，截至年末在家参合率达100%。深入开展公共卫生服务均等化、免疫规划、妇幼保健、卫生监督等工作，全年无卫生责任事故。

【安全生产】 全年共开展10次拉网式安全生产大检查，共检查出各类安全隐患180条，督促隐患单位进行整改180条，整改率达100%。发放地质灾害明白卡218份，涉及1686人。处罚并教育违法、违章人员45人，行政拘留3人。举办安全警示教育培训3次、安全生产展板展示4次。利用赶集日进行消防安全、道路交通、水上交通、煤矿、烟花爆竹等安全生产知识宣传，散发宣传资料5000余份，悬挂横幅3幅，进一步增强经营管理人员和广大人民群众的安全生产意识，提高辖区安全生产管理水平。

【综治工作】 成功化解2014年遗留突出信访问题2件；排查矛盾纠纷74件，成功调处69件，剩余5件正在调处中；积极组织开展“反邪教”宣传教育；全年立刑事案件19起，破获4起，抓获5人；立治安案件34起，查处34起，查处40人；打击赌博违法犯罪1起，查处8人；实施社区戒毒22人、社区康复49人。利用“6·26”和“10·26”宣传日，张贴禁毒标语30余条，制作永久性禁毒标语15幅、标牌3块；在中小学校开设禁毒法制讲座和禁毒知识课11次，进一步扩大禁毒宣传教育的覆盖面。

大关镇

【概况】 大关镇认真贯彻落实党的十八届四中、五中全会及习近平总书记系列重要讲话精神，严格践行“三严三实”并按照市委一届七次全会提出的“决战贫困、提速赶超、同步小康”要求，紧紧围绕全镇脱贫攻坚目标工作，解放思想，实事求是，开拓创新，攻坚克难，各项工作取得较好成绩。全镇农村经济实现生产总值15.3亿元，同比增长14%；完成社会固定资产投资2.3亿元，同比增长2.9%；公共财政预算收入完成2300万元，同比增长4.9%；招商引资实际到位资金0.7亿元；信用社、邮政储蓄余额达到1.3亿元；社会消费品零售总额达到2.7亿元。全镇农村居民人均可支配收入达7613元。

【党建工作】 加强基层组织建设，选齐配强村级党组织班子，遴选9名年轻优秀干部充实到9个村党支部，担任支书或副支书；把3名农技人员下派到常青、前关、银河3个村当支部书记，把1名退休老干部请回梨树村当支部书记，切实提高村级党组织战斗力。加强纪律建设，切实转变作风，制定值班带班制度、干部考勤制度、财务管理制度、村级工作考核办法等，以制度管人管事；明确工作纪律，整治懒、散、慢风气，推进各项工作有效开展。强化监督执纪，2015年立案9起（其中民生领域案件7起），结案9起，结案率100%。实施党纪处分9人，其中警告1人、严重警告6人、留党察看1人、开除党籍2人，挽回直接经济损失8万余元。诫勉谈话4人，约谈镇村干部28人次，点名道姓通报10次40余人。

【基础设施建设】　完成成贵铁路大关境内20千米路段的征地拆迁工作；完成银河村、前关村、梨树村、锅仲村共26千米的通村水泥路建设；完成桂箐社区、前进村、银河村10千米通组路建设；完成前关村排污沟、基层组织办公环境改造等项目；亮化工程第一期民权村太阳能路灯安装正在有序推进；完成常青村、丘林村4个文体健身广场建设；积极申报后寨村文体健身广场修建项目。积极实施小城镇建设，完成迎宾大道东段道路基础工程800米，移民安置房全部完工；5万平方米城镇综合体（幸福小区）场地平整及道路基础工程全部完工；建成1500平方米的广场1个；完成卫生、计生公租房主体工程建设，银河心苑电梯楼已封顶，并成功承办全市城镇建设项目观摩会。

【“板块经济”发展】　在常青、桂花、民权等村种植茶叶3000多亩。建成银河综合农业示范园区，流转耕地1300亩、荒山1200亩，建成500亩茶叶种植基地、200亩经果林，完成中药材种植土地流转500亩；建成蛋鸡养殖厂房15栋18090平方米，安装设备6套，饲料厂已投产，投入养殖20万只蛋鸡；完成有机化肥厂建设并投产；维修库容为4.5万立方米的山塘1个，建2000立方米高位水池1个，建设完成从大关集镇通往园区的油路3.8千米。抓好特色养殖，在前关村依托腾馨农民专业合作社，发展林下养鸡5000多只；在梨树村建生态养羊场，养殖黑山羊300余头；建养鸡场1个，养殖广西瑶山土鸡30000多只；在丘林村巩固发展黑霸乌鸡养殖，养殖黑霸乌鸡3万多只；在桂箐、前进等村发展个体户规模化养猪场4个，养殖生猪3000余头，实现养猪年产值达700余万元。

【乡村旅游发展】　加强旅游基础设施建设，完成丘林村寨门、文化长廊、体育休闲广场、旅游观光亭、浮雕、排污沟、水利沟渠、公厕、路灯等项目建设，为丘林乡村旅游发展打下良好基础。发展农家乐10家，建乡村旅馆8个。连续成功举办六届乌江源百里画廊旅游文化节暨丘林桃李花节，年接待游客3600余人次，地方特产销售额达600多万元。丘林村乡村旅游项目成功列入省乡村旅游转型升级重点示范村寨名录。

【精准扶贫】　抓好精准识别，按照贫困户识别的程序和方法，全镇识别出贫困户1692户、4986人。抓好精准脱贫，组织全镇干部对各村（社区）贫困户进行结对帮扶，同时发动社会力量参与精准扶贫工作，完成对有发展能力的贫困农户结对帮扶96户、389人，制定帮扶措施19条，完成帮扶措施19条，落实帮扶项目3个，完成贫困人口脱贫288户、1157人。全省扶贫工作现场会在大关成功召开。

【民生事业】　全镇新农合参保人数达25447人，在家参合率达100%；城乡居民最低生活保障达到应保尽保；人口出生率控制在8.7‰以内，人口自然增长率在4.8‰以内；整脏治乱有序推进，人居环境逐步改善。有序推进殡葬改革工作，全镇火化率和集中安葬率均达100%，成功承办2015年全县殡葬改革现场会。完成11个村级广播站建设；全镇九年义务教育巩固率达95.8%，高中阶段教育入学率达90.3%，小学辍学率控制在1.44%以内，初中辍学率控制在1.8%以，在2015年全县综合考评中排名第三。

【信访维稳】　完善领导干部大走访制度，成功化解50多起矛盾纠纷；处理信访件8条，三级联动视频接访 93 人次。不断完善“防控网络”建设，狠抓“平安大关”巩固提升工作，开通“平安大关”微信公众号，大力宣传法治建设成效，倡导群众依法守法，弘扬社会主义核心价值观。结合各种综合执法行动，切实打击各种违法犯罪行为，基本形成“横向到边，纵向到底”的基层综治维稳网络格局。整合派出所协勤及各村（社区）禁毒专干，建“阳光驿站”，对吸毒人员进行就业安置，使吸毒人员能回归社会、正常生活。严厉惩处以徐国清为首的非法邪教组织，加强对盲目信教群众的教育、转化，每周安排领导干部进行巡查，形成“崇尚科学·反对邪教”的浓厚氛围。

新仁苗族乡

【概况】 2015 年是“十二五”收官之年，也是全面决战贫困、提速赶超、实现同步小康的起始之年。新仁乡坚持以党的十八大及十八届三中、四中、五中全会精神为指导，按照习近平总书记对毕节试验区的重要批示精神，深入贯彻落实中央、省、市、县各项决策部署，主动适应新常态，围绕“稳中求进、提速转型、又好又快”的总要求，动员全乡广大党员和干部群众统一思想认识，凝聚智慧力量，构筑精神高地，冲出经济洼地，扎实抓好政治、经济、文化、社会、生态和党的建设各项工作，为实现全面建成小康社会打下坚实基础。2015 年，完成固定资产投资 5000 万元，完成社会消费品零售总额 2800 万元，实现招商引资实际到位资金 7000 万元，实现农民人均可支配收入 7020 元。

【农业经济】 农业产业结构调整有效推进，全乡粮食总产量达 3.7 万吨，增长 10.3%；油菜总产量 1.4 万吨，增长 8.9%；马铃薯总产量 4.8 万吨，增长 7.6%。大力实施科技兴农，“十二五”期间，新增茶叶种植 1000 亩、中药材种植 500 亩，完成经果林种植 3000 亩、烤烟种植 7150 亩。2015 年，实现畜牧业产值 1.6 亿元，增长 7.6%。

【旅游经济】 “十二五”期间，借省第七届旅发大会在毕节召开的东风，加大化屋景区的宣传打造力度。在化屋实施经果林种植，美化化屋环境，延长化屋旅游产业链；建成化屋苗族歌舞广场 1 个、民族风情园 1 个；接待游客 100 万余人，旅游总收入完成 3800 万元，增长 16.5%，其中 2015 年完成 800 万元。借助织金洞园区申报世界地质公园之机，将东风湖化屋苗寨作为园区附属景点配合打造，顺利通过联合国教科文组织专家评审。“旅游活乡”战略稳步推进，有效促进产业转型。

【基础设施建设】 贵黔高速新仁段建设快速推进，预计 2016 年 1 月建成通车；完成仁慕社区及集镇供水管网改造 6700 米，解决 7000 余人和 1400 余名学校师生的饮水安全问题，全乡各村人饮工程覆盖率达 91.32%；新建“五小”水利工程 47 处；完成广播电视“村村通”工程 1652 套；实施电力增容改造 1100 余户，用电问题得到改善；实施通村水泥路硬化 27.1 千米，实现全乡村村通水泥路。美丽乡村建设工作稳步推进，实施连户路和院坝“两个硬化”工程，硬化院坝 3502 户 10.4 万平方米，硬化连户路 69 千米，惠及群众 21400 余人，成功并承办县“两个硬化”工程片区现场会。合理规划设计花园、庭院经济区等，修建长井村“同心公园”“同心广场”等一批亮点工程。以毗邻贵黔高速公路匝道口的长井村 59 户核心示范户为重点，辐射带动铺开全乡 600 余户群众开展“四在农家·美丽乡村”建设；依托危房改造、生态移民、生态文明家园建设等项目，帮助群众新建住房 213 户，搬迁90余户，维修改造住房430余户。

【教育事业】 以推进义务教育均衡发展为抓手，深入实施教育“9+3”计划和义务教育营养改善计划；投入35万元，为7所小学建设电教室、图书室，维修校园基础设施；投入52万元，建设化竹小学教师周转房12套420平方米。推进6所学校教师周转房、学生宿舍建设。以控、保、辍为重点，加强适龄儿童入学动员，全乡小学入学率为99.9%、初中入学率为99.8%。

【民生工作】 全乡参保群众7608人，适龄人群参保率达81%；完成敬老院建设工程，将29名符合条件的老人接纳入住，为老年人老有所养、老有所乐提供保障。纳入民政最低生活保障五保户70户74人、低保户452户849人。2015年，发放各类低保金179.2万元、五保户供养金23.9万元、各类军人补助金42.7万元，发放救济（大米）粮6.4万千克。完成卫生、计生机构整合，进一步加强医疗保障体系建设，新农合参合19063人，参合率达74.4%。建成全乡9个村级卫生室，实现村级医疗机构全覆盖。深入推进“双诚信双承诺”和“三按月”工作，常住人口出生率为9.26‰，常住人口符合政策生育率98.42%、上升0.12个百分点。

【精准扶贫】 深入推行精准扶贫“六个到村到户”，通过精准扶贫“四看法”，精准识别扶贫户，精准采取帮扶措施，精准实现脱贫出列。“十二五”期间，共实施扶贫项目24个，涉及教育培训、危房改造、石榴种植、生姜种植、马铃薯种植、中草药种植、肉牛养殖、乌鸡养殖等方面，实现脱贫出列5526人。2015年，精准识别贫困户1530户、贫困人口5780人，落实结对帮扶干部，落实帮扶措施，落实“一户一策”，成功实现脱贫摘帽1171人。

【“平安新仁”建设】 增加禁毒专职人员3名；推行联防联保制度，组建村级治安巡逻队10个；明确交通安全协管员5名、村级警务助理9人，设置劝导站1个、劝导点8个；加大对“两抢一盗”的打击力度，刑事案件率明显下降，群众安全指数进一步提高。加强煤矿、道路交通、水上交通、非煤矿山、消防安全等领域的安全生产工作。不断创新社会治理，强化“六零六好”“六强六创”。加强刑释解戒人员出监（所）无缝对接工作，依托群众工作委员会、群众工作站、村委会群众工作室，以及“十户联防”设立的119个中心户长，完善乡、村、户三级反邪防邪体系建设。开展领导干部带案下访，主动下访办理信访积案，化解矛盾纠纷。2015年，领导干部带案下访270人次，办结信访积案28件，化解矛盾纠纷57件。

【生态文明建设】 成立乡生态文明建设保护委员会，各村（社区）成立相应机构，把生态文明建设作为“一把手”工程。从各村聘任11名生态建设保护监督员，全面加强对山、水、林、田、路、树的精准保护。在民建中央、省农委及县扶贫办的资助下，规划实施群益、隆兴、小寨、东风、仁慕等5个村2700亩石榴种植；完成在隆兴、长井、东风、仁慕、文化和群益的2985亩金银花种植；在长井村、群益村实施20000羽黑霸乌鸡养殖，在隆兴、东风、群益、化屋规划10万羽乌骨鸡养殖项目；在长井、隆兴扶持养殖大户饲养杂交牛1000头，配套修建圈舍、青贮池和种草3000亩。

【党建工作】 开展党的群众路线教育实践活动，积极查找党员干部自身在“四风”方面存在的问题并加以整改落实，掀起一股党员干部学习教育、听取群众意见、自查自纠作风问题的热潮。党委班子共开展集中学习教育123次，征求到群众对班子“四风”方面存在的问题28条，全部完成整改。为民办实事98件。创新建立长井村“干群同心陈列室”“干群同心广场”等联系和服务群众的阵地，吸引兄弟乡镇纷纷前来借鉴学习。狠抓基层组织建设，在第九届村级党组织换届中，下派3名乡领导班子成员、2名优秀乡干部直接任村党支部书记，其余村支部书记均是从当地致富能手、退伍军人、返乡大学毕业生中推选，配强“领头雁”。同时聘请9位名誉书记和发展顾问，借助外力帮助强化村级班子力量；加强村级活动阵地建设，先后投入60余万元，建设村级便民服务室、村级农家书屋、村级小食堂。仁慕社区、长井村活动阵地均达1000余平方米；落实每村每年1万元的办公经费，落实同步小康驻点村每年2万元的村级公共运行服务经费，每月按人均1240元的标准发放村级干部报酬，及时兑现离任村干部生活补贴；加强村级干部教育培训，每年组织对村级干部进行一次轮训，积极组织村党支部书记参加上级组织部门组织的各类培训，有针对性地组织外出学习，大力提高村级干部素质；加强党员队伍建设，注重从返乡大学生、退伍军人、致富能手等优秀青年中发展党员，优化党员队伍结构。“十二五”期间，共发展党员42名。

【党风廉政建设】　深入推进党风廉政建设和反腐败斗争，深化反腐倡廉教育，营造廉荣贪耻氛围，积极组织全乡领导干部到岔白警示教育基地进行廉政教育警示学习2次，撰写心得体会100余篇；完善反腐败工作机制，加大监督检查力度，促进权力的规范运行。乡党委始终坚持把落实党风廉政建设责任制作为重中之重，与经济社会发展各项工作同部署、同落实、同考核。全年召开涉及党风廉政建设工作专题会议20次，查办违纪行为8起，给予开除党籍处分4起，党内警告3起。确保各项惠民政策落实到位，“三公”经费和权力清单及时公示，公布举报电话和举报邮箱，畅通群众监督和诉求渠道；从各村、教师队伍、企业及社会各界人士中聘请9名监督员，参与党务、政务工作监督；组织全乡9个村（社区）党组织负责人开展“三述一评”活动。

【统一战线工作】　巩固维护好民建中央在新仁实施的“同心”工程，积极争取统一战线帮扶项目。“十二五”期间，共争取到“同心”帮扶项目23个，涉及特色种植、特色养殖、教育培训、民生改善等领域，投入资金近1000万元。积极为民建中央到新仁挂职帮扶的年轻干部提供施展才华、锻炼成长的平台，为全乡经济社会发展增添动力。

谷里镇

【概况】　谷里镇始终坚持以邓小平理论、“三个代表”重要思想、科学发展观为指导，全面贯彻落实党的十八大及十八届三中、四中、五中全会及市委一届七次全会精神，紧紧围绕毕节试验区“三大主题”，按照县委、县政府提出的“五大战略”，着力推进“一基五化”战略部署，审时度势、扎实工作，以经济建设为中心，以深化改革为总览，根据“四在农家·美丽乡村”六项行动计划，推动全镇经济社会持续发展，城镇面貌明显改观，基础设施不断完善，产业结构不断优化，人民生活得到保障，圆满完成各项目标任务。全镇固定资产投资完成1.1亿元，招商引资完成7500万元，实现农民人均可支配收入7393元；农村剩余劳动力累计转移850人，城镇新增就业完成196人，各项经济质量和效益都明显提升。

【农业经济】　紧紧围绕万亩茶叶、万亩蔬菜、万亩经果“三万工程”建设目标，以促进农民增收为目的，因地制宜，突出特色，积极推进农业产业结构调整。按照“公司+基地+合作社+农户”的模式，共种植玉米12500亩、水稻5800

亩、茶叶 2000 亩、蔬菜 8000 亩、核桃 300 亩、石榴 500 亩、辣椒 1000 亩、烤烟 800 亩、葡萄 300 亩、金银花 300 亩；成功引进贵州生生园种植有限公司投资 3500 万元，在前华村建设大棚蔬菜示范基地，已完成 12 个 6 连体大棚建设工程，正在进行生产试运行；成功引进贵州金锄禾现代农业科技有限公司投资 3500 万元，在松林村建设无土快繁蔬菜种植基地，已完成土地平整工作，正在实施大棚建设。同时，香山村八月瓜基地初产效益良好，600 亩基地共产八月瓜 300 吨，实现产值 300 万元。大力发展养殖业，新增生猪养殖基地 3 个，新建黑山羊养殖基地 1 个、林下养鸡基地 2 个。全镇基本形成规模化、科学化、产销一体的农业生产经营格局。

【工业经济】 坚持“工业强镇”战略，依托镇内丰富的煤炭资源，积极为煤矿企业提供优质服务，让煤矿企业顺利生产。全年原煤产量突破 200 万吨，年产 90 万吨的谷里煤矿基本完成基础设施建设工程。以“同心返乡农民工创业园”为载体，加大招商引资力度，大力发展中小型民营经济产业。投资 6855 万元，完成黔谷粮油加工厂二期建设工程，并实现投产，共生产粮油 2000 吨。

【基础设施建设】 按照“四在农家·美丽乡村”六项行动计划，切实改善农村生产生活条件。完成小街、香山、中狮、前华、清明等村安全饮水点建设和龙滩口、良田等山塘水库除险加固；完成中坪、新阳、自治等村移动信号基站的维修，完成中狮、香山、天桥等村农村电网改造工程，完成新金、小街等村 123 盏路灯安装工程；完成前华至新阳等村 24.5 千米的通村水泥路建设，使群众得到真实惠。完成 36 户危房改造任务，改善群众居住条件和生活环境。完成中狮、小街、中坪、前华 4 个村级活动场所建设和自治、中坪、小街 3 个村卫生室建设及香山村、自治村文化广场建设。启动中狮村“四在农家·美丽乡村”小康寨及谷里小学学生宿舍建设工程。

【特色小城镇建设】 按照“游千年古镇、沐天然温泉、品古驿香茗”三位一体的发展模式，不断巩固完善为迎接全省第二届小城镇建设发展大会建设的 12 个项目的后续工程。以打响“奢香旅游文化”名片为重点，着力打造“千年古镇，奢香古驿”宜居宜游的旅游景观型城镇。投资 2000 万元，启动弘福新街安置点建设项目，已完成征地工作。投资 5000 万元，启动谷邑商业中心项目建设，已完成前期准备工作。投资 200 多万元，启动综合农贸市场建设项目，城镇功能和城镇品位得到全面提升，综合承载能力显著增强。

【民生工作】 坚持“教育优先”战略，扎实开展“控辍保学”“义务教育均衡发展”“9+3 计划” “4+2 教育突破工程”和“营养改善计划”。巩固教育成果，九年义务教育巩固率为 91.7%，小学六年巩固率为 96.17%，初中三年巩固率为 92.75%。完成谷里中学教师公租房建设任务。积极实施民政救济和落实各项惠民政策，完成 15 个村的低保提标核查工作，实现 704 户、944 人城乡低保应保尽保，全年发放低保金 243.5 万元、自然灾害补助资金 12 万元、优抚金 37 万元，发放救济粮 3.5 万千克；发放良种、退耕还林等各类补贴资金 287 万元。推进殡葬改革工作，加大宣传力度，完成小街村公墓基础设施示范点建设。完成镇社保服务中心建设，全镇社会养老保险收缴 9866 人。认真实施“33668”扶贫攻坚行动计划，按照“六个到村到户”工作要求，采取“1+N”的帮扶模式，扎实开展结对帮扶，启动 1330 人的结对帮扶工作。积极开展“三关爱”工作，建立健全“三类人员”服务体系，以深化“爱心守护·希望同行·健康成长”

关爱活动为总抓手，对“三类人员”进行有针对性的长期性关爱帮扶。特别是针对留守儿童，通过建立“一站四室”等载体，积极开展“6个1”“六大护花行动”等活动，促进留守儿童健康成长。完成留守儿童916人、空巢老人471人、空巢残疾老人41人、留守残疾儿童6人的结对帮扶及“一户一档”建立工作。

【卫生和计划生育】 积极推进公共卫生服务能力建设，完成新型农村合作医疗参保25001人，辖区内卫生医疗机构报销36.65万元，县外住院报销99.63万元；新增村级计生服务室4个。全年出生人口345人，其中常住人口出生317人，符合政策生育率98.42%；流动人口出生28人，符合政策生育率96.43%；死亡人口165人。完成“四术”353例。

【生态文明建设】 广泛开展绿色文明示范工程和生态镇、生态村建设。通过形式多样的宣传活动，全民生态环境意识得到加强，保护生态环境成为新仁广大干部群众的自觉行动，建设良好家园的意识深入人心，环保习惯、健康意识不断增强，良好的环境道德和行为规范初步形成。绿地面积扩展，卫生厕所、清洁能源、自来水普及，生态人居环境进一步优化。镇污水处理厂正常运行。全镇森林覆盖率达41%。

【安全生产】 严格贯彻落实领导干部安全生产“党政同责”“一岗双责”责任制，加大煤矿和非煤矿山安全隐患排查力度，强化主体责任，全面落实煤矿停产整顿和关闭的有关规定，积极开展安全质量标准化建设；严格按照国家政策法规，采取行政、经济、法律等综合手段，始终保持严管高压态势，打击非法采矿行为。加大地质灾害隐患排查力度，安排专职人员对镇域范围内地表塌陷、滑坡、地表开裂等重要地质灾害点实施监控，确保人民群众生命安全。加大消防安全检查力度，对加油站、网吧、烟花爆竹经营点等重要场所实施定期和不定期检查，完善配备消防设施，提高防御火灾能力。加大对学校、医院、车站等人员密集场所的巡查，积极开展学校“营养午餐”和校园周边环境治理工作，保障学生安全。加大水上交通巡查力度，进一步规范水上运输秩序和船只管理，确保水上交通安全。加大道路交通安全巡查，严厉查处车辆非法营运、无牌无照驾驶。全年共开展宣传活动27次，发放宣传资料18000多份；开展检查78次，排查隐患209条，当场整改206条，限期整改3条，下发通知书52次。5月13日成功承办全县农村道路交通安全现场观摩会，探索实施的道路交通“三强三建”工作模式得到上级肯定。

【综治工作】 加大“平安谷里”创建力度，不断完善社会治安防控体系及矛盾纠纷排查调处机制，以“政策法规大宣传、矛盾纠纷大调处、社会治安大整治”专项行动整治为契机，通过“文明山村夜间行”等载体，扎实开展枪支弹药、管制刀具、危爆物品大收缴工作，严厉打击各种违法犯罪活动，化解矛盾纠纷，维护社会和谐稳定。全年共开展宣传20余次，发放宣传资料30000多册；收缴雷管17枚，火药枪1支，管制刀具17把；排查矛盾纠纷35件，化解办结21件；抓获犯罪人员14名，其中吸毒人员8名、非法采煤2名、失火1名、非法营运1名、无证驾驶1名、故意伤害1名；全镇无一例进京上访事件、无一例命案发生。

【基层组织建设】 实施“固本强基”工程，多渠道筹措资金，严格按照同步小康“1+9”驻村工作要求和“一核多元”基层服务体系建设要求，组建同步小康驻村工作分队1个、同步小康驻村工作组10个、美丽乡村驻村工作组5个。建立乡镇服务中心1个、村级服务站15个，为全镇14个村1个社区配齐餐具、说事电话等，完善服务阵地功能，健全服务组织，建强服务队伍，搭建服务平台，强化服务保障；抓好推行“四议两公开”、文朝荣群众工作六法，提高群众满意度。在各村（社区）建立方便群众办事的为民代办和预约办理等有关制度，真正实现“一站式”服务，解决服务群众不到位的问题。认真践行“三严三实”、整治为官不为、深化作风建设，完成专题党课14次。进一步推进廉政建设，完成党纪、党规、党法培训及测试4次，规范政府机关工作人员的行政行为。

钟山镇

【概况】　钟山布依族彝族镇深入贯彻落实党的十八大及十八届三中、四中、五中全会和习总书记系列重要讲话精神，抢抓毕节试验区新一轮改革发展机遇，认真落实国发2号和国办函35号文件精神，按照“两加一推”主基调，深入实施“工业化、城镇化、农业产业化”战略，经济社会发展呈现良好发展态势，社会各项事业全面进步，圆满完成各项目标任务。全年完成固定资产投资7328万元，完成招商引资10.56亿元，为全镇同步小康建设奠定坚实基础。

【农村公路建设】　全力抓好2014年省交通厅批复实施的通村水泥路建设工作。刘家坝至龙洞路段（全长5千米）全部完工。乌木至牛角路段（全长4.93千米）完成路基4.93千米、路肩4.93千米、碎石基层4.93千米，完成路面4千米，完成形象进度93.57%。箐山至祝丰路段（全长3.7千米）完成路基3.7千米、路肩3.7千米、碎石基层完成3.7千米，完成路面3.65千米，完成形象进度99.53%。龙洞至新龙路段（全长4.7千米）完成路基4.7千米、路肩4.7千米，完成形象进度35%。

【农业经济发展】　以科技为支撑扎实抓好传统粮食作物的稳产增产，主要领导亲自抓，分管领导具体抓，形成政府主导、部门协调配合齐抓共管的工作格局，做到早安排、早部署、早规划、早落实，实现组织到位、人员到位、物资到位。加强业务培训和技术指导，协调县农牧局和县扶贫办对乡村两级干部和农户进行全程培训，真正达到“一张图纸、优良种子、一把尺子、一根绳子、一个样子”的“五子登科”效果。全镇完成种植烤烟6258亩、水稻3148亩、玉米53460亩、黄豆48000亩、杂粮50700亩（其中高粱700亩）、蔬菜4500亩、红苕2500亩。共向农户免费发放农膜50千克，煌单008玉米良种300千克。有油菜种植农户7348户，总面积23464.5亩；小麦种植农户2195户，总面积4350.7亩，兑现油菜、小麦补贴27.82万元。切实抓好以烤烟为重点的优质烟基地建设，全面完成新龙村烟地整治工作。切实抓好金秋梨、蜜本南瓜、核桃的后期管护工作，加大科技扶持力度，让已经投产的项目稳产增产，新实施的项目及早投产，让广大农民实现增收，得到实惠。积极发展畜牧养殖业，为5户能繁母牛养殖户争取到省农委母牛增量扩群资金补助29000元，有效提升养殖户的积极性；加强畜禽免疫防疫工作，全年共注射口蹄疫苗牛11250头、猪22000头、鸡41250只、鸭18000只、鹅13670只。共检疫上市肉尸2000头，无一例病死猪肉上市，完全符合国家卫生标准。开展产地检疫猪、牛共计3000头，市场检疫2000头。

【小城镇后续建设】　组建钟山镇小城镇建设指挥部，成立工作领导小组，制定和完善城镇后期管理措施，进一步提升城镇文明程度。启动返乡农民工创业园内2条道路建设；投入资金20余万元，对步行街进行修复。将全镇环境卫生工作打包承包，由专业公司进行管理，确保城镇建得起来、管理得好、功能完善、宜居宜业。

【教育工作】　把以教育“9+3”为重点的农村义务教育初步均衡发展作为提升人民素质的一项重要工作来抓，顺利通过省级“普九”验收。加大学校基础设施建设力度，实行行政、业务两条线；建立起“控辍保学”长效机制，落实“控辍保学”目标责任制，劝返6名辍学生返校复学，有效降低辍学率；建立完善学生学籍信息管理系统；在春、秋学期开学之初，由镇分管领导牵头，组织公安、卫生、文化、工商、安监、教育、交通协管等部门，集中开展学校周边环境治理活动，努力为学校营造教师乐业、学生乐学的良好氛围。创新探索学校营养餐管理模式，进一步规范营养改善计划8个台账，形成营养餐管理的“钟山模式”。

【医疗卫生】　以提高人民群众的医疗健康水平为切入点，以钟山医院为重点，推行公立与民营卫生事业同步发展、以公立医院为重点、民营医院为补充的农村卫生事业发展格局。强化农村公共卫生服务，把防疫、妇保、大病筛查、农村6~24个月新生儿的营养改善、健康档案建立作为农村卫生事业抓手，推进农村医疗事业健康发展。按上级要求完成计卫整合相关工作。加强对农村新农合医疗保险基金的监督与管理，切实整治通过各种途径骗取国家医疗保险基金的行为。加强农村食品药品安全监督管理，在“3·15”消费者权益保护日，组织工商、卫生等部门在学校开展食品安全讲座和食品安全抢答赛等活动，收到良好效果。

【人口和计划生育】　把降低生育率，提高人口素质，推行人口与计划生育优质服务作为一项重要工作抓紧抓好。2015年，全镇出生人口314人，其中政策内生育309人、政策外生育5人；死亡人口203人。人口出生率6.31‰，人口自然增长率2.23‰。常住人口生育286人，政策外生育4人，常住人口符合政策生育率98.6%；流动人口生育28人，政策外生育1人，流动人口符合政策生育率96.42%。全镇有农村计生两户237户、独生子女户127户、二女结扎户110户。兑现2014年节育奖励金319人12.76万元，为计生家庭（含半边户）570人缴纳参合金5.13万元，为362人缴纳社保参保金3.62万元。2015年累计上报各类奖励扶助金28.33万元。村组干部、村组育龄妇女小组长作用得到有效发挥，计生信息系统进一步完善，计划生育行政执法工作切实开展，群众新的生育观念发生转变，人口素质得到进一步提高。

【荒山绿化】　响应省、市、县号召，实施“三年灭荒行动”，扎实开展荒山绿化、森林防灾工作。全面完成519亩荒山绿化工作；在森林防火期内，加强责任落实，与各责任人签订责任书，调整充实指挥所1个、指挥组20个，组建森林防火义务队镇级1支、村级20支，共计300余人。兑现发放生态林补助4687.65亩。

【社会保障】　开展农村低保复查评审工作，充分发扬民主，坚持公正、公平、公开的原则，确保老百姓的知情权和参与权，确保应保尽保，不符合施保条件的坚决取缔，让农村贫困农户真正感受到党和政府的温暖。全镇共有农村低保877户、1307人，月发放资金21.04万元；有城市低保25户、34人，月发放资金8008元；有五保户132户、137人，每季度发放资金70437.5元。同时，进一步改善五保人员的生活质量，逢年过节及时发放各种福利。发放2014年新兵家属优待金及立功受奖人员补助金共计15人、31.77万元；发放优抚金176人、55万元；完成9人的征兵任务；完成2015年满60周岁农村籍老兵报送工作。全镇涉及60周岁应保15723人，完成收缴任务数的60.53%，符合政策领取养老保险金人数为4877人。全镇2015年参加新农合38076人，共筹参合金266.5万元，与2014年相比增加104%。完成残疾人外出误工人员113人、残疾人享受农村危房改造205人、空巢残疾老人120人、残疾留守儿童8人、残疾人机动轮椅车燃油补贴18人的统计上报和补助发放；发放2014年度“阳光家园”计划补助金8人，共计4000元。完成3名中、高职在校学生“雨露计划”补助审核工作；完成留守儿童排查统计，全镇共有留守儿童1554人，全部落实“一户一档”建档立卡，对排查出来的22个监护较差留守儿童，落实责任包保，不定期走访慰问，确保留守儿童健康成长。

【精准扶贫】 完成2212户贫困户、7202人贫困人口和10个贫困村识别的建档立卡工作。从镇属各单位、各村（社区）选派干部、村干部、党员、致富带头人等320人作为精准扶贫帮扶人员，建立以驻村工作组组长为组长、县帮扶单位干部、驻村干部、村干部、村致富能人为成员的20个扶贫工作队，结对帮扶216户、1102人贫困人口。在县扶贫办的指导下，建立各村项目库，全方位申报扶贫项目，完成精准扶贫“十三五”规划，并进入县政府门户网站公示。2015年，成功实现脱贫1300人。认真落实2015年农村危房改造工程，镇党委、镇政府制定实施方案，召开专门会议进行部署，将任务分配到各村，与各村签订目标责任书，加强督促检查、强化考核，全镇2015年176户危房改造任务全面完成。

【社会治安综合治理】 围绕“平安乡镇”“平安村（社区）”“平安单位”“平安学校”建设目标，加强社会治理集成创新。按照社会治理“一轴两驱四轮”的工作模式，强化农村基层治理体系建设，筑牢基层网底，建立镇群众工作站，由镇委书记兼任站长，集中化解农村突出矛盾，在村建立群众工作室，做到小事不出村、大事不出镇。2015年，共排查出各类矛盾纠纷及隐患49件，调处46件，正在调处3件（均为征地拆迁安置纠纷），未发生一件因处理不当引起的群体性事件和恶性事件。开展“雷霆行动”百日专项整治行动，严厉查处农村偷牛盗马、撬门拗锁行为，加大社会治安防控体系建设，努力营造和谐稳定的社会治安环境。排查和化解以征地拆迁、矿产开采、生态家园建设、危房改造、参战老兵、原参与湘黔铁路建设人员、土地产权争议、小城镇开发等社会矛盾纠纷，从源头上实现稳控。开展反邪防邪工作，营造“崇尚科学·反对邪教”的浓厚氛围。

【安全生产】 时刻绷紧安全生产这根弦，把安全生产作为最大的任务抓好抓实。加强对煤矿、非煤矿山、地质灾害、建筑施工、交通运输、建筑施工、危爆物品、消防、森林防火、食药品安全的监督管理，加大巡查力度，并对全镇所有山塘水库设立危险警示标志。组织执法检查组13个，参加执法检查人员112次，共检查企事业单位和场所109家（次），组织开展联合执法11次，采取“四不两直”方式，对重点村和单位实施暗查暗访6次。全镇累计排查出各类安全隐患128条，整改128条，整改完成率100%。全镇全年安全责任事故零发生。积极配合县消防队完成钟山镇政府专职消防队建设工作，于10月正式挂牌成立。

【精神文明建设】 开展培育和践行社会主义核心价值观活动，通过“道德讲堂”推荐身边人说身边事，在全镇广泛开展崇德向善、明礼诚信好人好事推广活动，在机关、学校广泛开展“诚信、守法、感恩、明礼·同心共筑中国梦”书画摄影展、演讲比赛等活动，开展瞻仰先烈、清明祭扫等活动，激发学生的爱国热情，培养爱祖国、爱人民、爱家乡的情怀。在乡村开展“清洁工程美丽乡村行动”“星级文明户、好儿媳”等评选活动。按照市“三创一建”工作要求，着力创建国家级卫生城市、全国文明城市、全国文明环境保护模范城市，建特色小城镇。在“创卫”工作中，按照“五整洁、五有序、五改善”即街道设施整洁、房前屋后整洁、地面墙壁整洁、办公场所整洁、居民家中整洁，城镇交通有序、市民行走有序、标志标牌有序、农民建房有序、村庄规划有序，农村道路改善、水利条件改善、居住条件改善、卫生条件改善、文化设施改善的要求，努力改善农村卫生环境面貌。在“创文明”工作中，大力推进城镇服务设施建设，进一步提高居民素质，创建民主公正的法治环境、创建廉洁高效的政务环境、创建公平诚信的市场环境、创建安全稳定的社会环境、创建舒适稳定的生活环境、创建健康可持续的生态环境、创建有利于青少年健康成长的人文环境。围绕“生态钟山”“环境钟山”“绿色钟山”的要求，注重发展生态经济、注重产业升级、注重抓好节能减排、注重抓好完善环境保护，使各项措施落到实处。

【党建工作】 开展“三严三实”专题教育活动，镇党委紧扣“三严三实”要求，由书记带头上专题党课；班子成员结合自身实际，带头深入学习习总书记系列重要讲话精神，党员干部认真撰写学习心得，做到补足精神之钙，铸牢信念之魂；立足思想认识到位、理论学习到位、问题查摆到位、整改落实到位的“四个到位”，着力营造风清气正、团结拼搏、廉洁实干的政治生态。深入开展“三解三促”、机关干部“进村入户”等活动，坚持每月一次民情座谈会制度，党员干部定期深入基层，积极倾听群众呼声和意见，查摆存在的问题，剖析问题根源，确保动真碰硬、不走过场。坚持边查边改、即知即改，对群众反映的问题和建议，能立即解决的当场予以解决，一时解决不了的在做好群众解释工作前提下限期予以解决，做到解决一个、销号一个，确保群众反映的问题件件有回应，事事有着落。加大滥办大办酒席整治力度，全镇干部职工（含聘用人员）签订严禁滥办大办酒席责任书562份，签订严禁滥办大办酒席承诺书9389份，无违规滥办酒席现象。加大优秀年轻干部培养选拔力度，抓好妇女干部、少数民族干部、党外干部选拔培养。调整7名党支部书记，选派19名机关干部到村担任第一书记，选派5名干部到村任主任助理，优化干部队伍结构，促进干部素质的提高。

素朴镇

【概况】 素朴镇以党的十八大及十八届三中、四中、五中全会及毕节试验区全面深化改革推进大会精神为指引，认真学习贯彻习近平总书记等中央领导对毕节试验区工作的重要批示精神及市委一届七次全会精神，全面贯彻落实省、市、县各项重大部署，牢牢守住发展和生态“两条底线”，不断深化试验区“三大主题”，按照“稳中求进、进中求转、转中求改、改中求活、活中求实”的要求，紧紧围绕决战贫困、提速赶超、实现同步小康的主基调，深入开展“远学焦裕禄、近学文朝荣”主题教育实践活动，以“三严三实”作风建设为保障，以提高经济发展质量和效益为中心，以精准扶贫“六个到村到户”为抓手，把转方式调结构摆在更加重要的位置，狠抓改革攻坚，推进依法行政，突出创新驱动，强化基础设施，注重生态建设，加强民生保障，着力推进示范小城镇建设和农村环境卫生综合整治，加快农业现代化步伐，全镇经济实现平稳较快发展，各项社会事业取得长足进步。

【党建工作】 开展“三严三实”专题教育活动，扎实抓好党委中心组学习，致力于理论与实践相促进、双提高；党委班子成员带头认真查摆问题，深入开展党的群众路线教育实践活动，切实解决服务群众“最后一千米”的问题；建立健全党委议事制度，坚持重大事项民主决策和集体决议，通过党政联席会、党委扩大会议等会议，统筹好全镇工作，决策好重大事项，形成一心一意搞建设、聚精会神谋发展的良好氛围。切实加强村级党员、干部教育培训工作，推进村级组织建设。全年共发展党员15名，举办党员培训班2期、现代远程教育学习2次、村组干部培训1次，对镇属机关干部职工集中培训15次，不断强化干部政策理论水平。强化干部驻村工作机制，定期开展驻村干部业务培训，增强驻村干部抓经济发展、搞基层工作和保社会稳定的能力和水平，夯实基层工作基础。

【党风廉政建设】 坚持把贯彻落实党风廉政建设责任制作为加强党风廉政建设和反腐败工作的重中之重，以构建责任体系为核心，通过制定目标、明确责任、强化落实、严格考核、责任追究，把责任落实到岗到人。深入开展党风廉政教育活动，认真抓好党政领导干部的廉政学习，不断增强领导干部廉洁自律意识。扎实抓好党员干部作风建设，通过定期与不定期对干部到岗到位、工作情况进行督查，狠抓“八项规定”“六项禁令”的贯彻落实，干部队伍“慵、懒、慢、浮、散”等不良风气不断改进。全年督查干部到岗到位情况15次，诫勉谈话6人、全镇通报批评2人，收到自动上缴的受贿物品香烟4条、酒1件，折合人民币总价2500元。强化监督执纪和案件查处，全年共接到反映党员干部违纪投诉11宗，正在立案2宗、已结案1宗，查办违纪党员3人。认真开展民生铸廉行动，对社会抚养费收缴、涉农资金及民生项目等进行专项监察和督查，着力筑牢拒腐防变的高台。

【基础设施建设】 实施通村水泥路建设12条67.6千米，路肩已全部完成，路面建设完成63千米，剩余路面和“六个同步”附属工程正在进行中。与毗邻乡镇之间的农村交通网络已基本全面贯通。争取上级主管部门投入220余万元，新建镇卫计服务中心门诊大楼，已全面完工并投入使用。按“三科一部一馆”的标准，投入45万余元对卫计服务中心进行改扩建，已全面完工并投入使用。投入财政扶贫资金150万元，新修及硬化索风、江龙等村通组公路4.32千米；投入35万余元，修建古胜村农民文化健身广场、安装健身器材及安装高坎、棉花、塘山村太阳能环保路灯60盏。争取相关单位资助，建设大屯人畜饮水工程，全面完成并投入使用。全镇累计修建小水窖2000余口，有10余处人畜安全饮水工程（含学校）正在建设中，基本实现农村人畜安全饮水全覆盖，饮水安全率达100%。基本实现50%以上的行政村通宽带，安装卫星电视“户户通”设备2955套、“村村通”设备1504套，农网改造率达100%。全年共清理配变台区线路12台、10KV线路75千米，确保群众用电的稳定性、经济性以及镇内企业对电能恒定充裕的需求，供电可靠率99.6%。

【经济发展】 全镇财政收入达5589.49万元，其中转移支付收入1031.39万元、其他收入1082.77万元、非税收入3475.33万元。财政总支出4971.55万元，完成全年预算支出6246.23万元的79.59%；其他支出（暂付款）4444.33万元，完成全年其他支出4305万元的103.23%。实现夏粮产量2318吨、经济作物3555吨，完成固定资产投资4763万元。全镇大牲畜存栏3995头，其中牛3980头、马15匹、猪3890头、羊513只、家禽26570只，全年肉产量50880千克、水产品33吨；完成免疫口蹄疫牛2260头次、猪3480头次、羊380只次；猪蓝耳3480头次；禽流感鸡20000只次、鸭460只次、鹅530只次；

猪瘟3480头次，免疫密度达100%，耳标佩戴率达80%。检疫工作正常开展，完成产地检疫296头，检疫肉尸1400具。以“打造重点、突出特色、优化环境、美丽家园”为工作思路，严守生态和发展“两条底线”，以改善人居环境为目标，实行镇、村、组、户“四级联动”机制对镇内的山、水、林、田、路实施精准保护，对重要生态区域和文化旅游区实行挂牌管理，扎实抓好生态建设工作。

【农业产业化】 按照“突出精品、打造特色，推广新技术、新品种”要求，着力打造玉米示范带，切实抓好全镇精品样板点良种种植，实现样板点5个百分之百（杂交良种普及率达100%、种植配套率达100%、测土配方施肥率达100%、病虫害综合防治率达100%、土地利用率达100%）。全镇2015年共计种植玉米24645亩，实行单株定向育苗移栽；种植水稻3500亩、杂粮8430亩、蔬菜15670亩。突出荒山绿化和退耕还林，通过人工造林和人工促进，实施荒山绿化造林2255.7亩，累计达5035亩；完成8150亩退耕还林管护及兑现工作，森林覆盖率达39.95%。在龙井、屯江、塘山、棉花等村通过实施专业合作社引领的模式，新增种植核桃300亩、石榴600亩、油桐4980亩、猕猴桃230亩、玛瑙樱桃40亩，全镇经果林种植累计达29308亩。以国家实施扶贫奖补项目为契机，投入119.98万元，种植脱毒马铃薯3333亩；投入230万元，养殖商品牛717头；投入36万元，养殖商品猪900头；投入44.8万元，养殖獭兔400组；启动索风等村8362平方米的蔬菜大棚建设项目。种植烤烟422亩，产量达5.5万千克、产值达150万元。用好用足省小微企业扶持政策，新增发展小微企业2户，累计达到57户，不断引导和带动广大农民工就业创业发展致富。立足旅游资源优势，强化旅游宣传和包装，加快旅游项目建设进度，完成象祠恢复重建主体工程建设，带动农民发展第三产业，不断提高农民经济收入。

【新农村建设】 加强村级办公阵地建设，通过社区全覆盖项目对部分村（社区）的危旧办公室进行改造建设，加快农村文化娱乐设施的建设进度，改善农村公益性基础设施。科学规划，对旅游景区、景点、旅游公路及通村水泥路沿线的建房严格执行“红线、绿线、蓝线”控制，确保符合规划。结合各村（社区）村庄建设和传统村落保护发展的要求，着力开展“四在农家·美丽乡村”创建工作并确定2个镇级创建示范村。以创建省级文明卫生乡镇（村寨）为目标，以“门前五包”责任制为抓手，加强农村精神文明建设，加大农村和集镇环境卫生宣传和综合整治力度，有效遏制“脏、乱、差”现象，改善群众生产生活环境。2015年，组织相关部门依法拆除集镇规划区内6处违法建筑，对违规在集镇核心区占道堆放泥土长达3年之久的遗留问题进行处置，有效改善居民生产生活环境。

【小城镇建设】 紧紧围绕省委、省政府关于示范小城镇改革发展“十条意见”，结合“8+X”抓好新增项目建设。启动集镇育才北路、30米大道后层开发建设，逐步化解集镇建设征地拆迁等遗留问题；投资300余万元，新建镇敬老院，项目已完成主体工程，正在完善相关配套基础设施；引资800余万元，完成古胜村六广河驿滨酒店建设并投入使用；投资340余万元，完成贵毕路古胜生活服务区建设项目，主体建设已完工，正在完善相关配套设施；投资3000万元的灵博小区二期工程正在紧张施工阶段。

【扶贫开发】 通过精准识别，建档立卡贫困户2100户7149人，其中：民政长期保障（五保）户178户223人、重点保障（低保）户384户813人、一般保障扶贫低保户151户389人、扶贫户1387户5724人。完成2014年实现脱贫摘帽513户1843人的档案管理。通过“六个到村到户”制定精准帮扶措施，组建扶贫工作队20个，按照“一村一扶贫工作队、一村一帮扶责任单位、一户一帮扶责任人、一户一帮扶本”和“1+1”“1+N”帮扶模式，结合同步小康“六项行动”，扎实开展精准帮扶工作。2015年，实现成功脱贫447户1976人。

【教育工作】 坚持把教育优先发展战略，突出校园硬件建设，全力改善办学条件；狠抓村级学校的管理与指导，推进村级学校管理和校园文化建设；以做好义务教育均衡发展验收准备为载体，全力抓好“控辍保学”宣传教育活动；通过强化教学常规管理、教研工作和教师继续教育工程，不断提升教育教学质量和师资队伍素质；通过建立“爱心之家”、开通亲情电话和视频等方式，健全全镇留守儿童关爱帮扶档案和开展留守儿童结对帮扶，切实抓好弱势学生群体关怀关爱工作。

【卫生计生】 强化医务人员的培训和管理，不断提升医疗服务质量和服务水平。建立健全卫生服务体系，不断增强处置公共卫生突发事件能力。以人口计生“双诚信双承诺”和“三按月”绩效管理为抓手，加大督查力度，强化流动人口管理服务，综合治理出生人口性别比偏高问题，千方百计稳定和实现人口计生“双降”目标。全年来共出生婴儿300人（152男、148女），综合符合政策生育率达98.6%，流动人口符合政策生育率96.8%，“四术”完成157例。

【民政工作】 落实各项社会救助政策，扎实开展弱势群体关怀关爱，保障困难群众生产生活。严格程序，着力开展农村低保提标核查工作，及时发放农村低保金99.31万元。加强敬老院建设和内部管理，充分发挥村级组织和社会各界力量，共同关心和支持五保供养工作，全年发放农村五保供养金10.04万元。建立健全重大自然灾害紧急救助、医疗救助、临时救助等各项制度，城乡居民基本生活得到有力保障。发放重点优抚对象生活补助金52.33万元、春节期间优抚对象慰问金1.59万元、60周岁以上农村籍退役士兵生活补助金4.43万元，发放冬春期间季节性缺粮3万千克（大米）、临时性救助粮5990斤（玉米）。健全社会关爱服务体系，对摸底排查出的920名空巢老人、1404名留守儿童和613名残疾人进行建档登记，大力开展关怀关爱工作。深化殡葬改革，认真开展公益性公墓规划，2015年全镇亡故人口134人，火化率100%。

【社会保障】 大力实施劳动富民战略，加强农村劳动力培训就业和转移，完成2015年农村劳动力新增就业190人、农村富余劳动力转移就业940人，千企成人就业120人。扎实做好城乡居民养老保险工作，新农合参保31705人，筹集参合金221.94万元，完成全年目标任务的102%；社会养老保险参保人数7740人，收取参保资金85万元。

【综治工作】 制定安全生产各项工作制度，层层签订目标责任书，对非煤矿山、道路交通、水上交通、消防、民爆、建筑、烟花爆竹、危险化学品等行业加强安全管理治理、严查严打。完善镇村应急预案，认真抓好防汛抗灾和汛期地质灾害防治工作，健全完善地质灾害群测群防体系，强化地质灾害隐患排查。成立防汛抗灾工作领导小组，强化落实防汛工作值班制，实行领导24小时带班和干部24小时值班制度。部门联动、齐抓共管，扎实开展“两个专项行动”，深入排查调处矛盾纠纷，切实维护社会和谐稳定，不断提升人民群众安全感。全年共清缴危爆物品炸药14.6千克、雷管11枚、导火索31米、管制刀具10把，排查各类矛盾纠纷60件，化解57件，排查整治公共安全隐患35条、整改35条，查获赌博案件1起、处罚2人。加强治安联防队伍建设，不断完善防范体系建设。全镇共建成治安联防大队1支20人、治安联防中队20支300人、治安联防小队238支365人、护校队4支90人、护厂队1支13人、“十户联防”小组3165个38923人。扎实开展禁种铲毒工作，通过大力宣传和专项巡查整治，认真排查涉毒人员并实行重点管理、跟踪帮教，戒毒防毒不断得到遏制，全民拒毒的良好社会环境不断净化。突出抓好“百县千乡万村无邪教创建示范工程”活动，全力做好全国“无邪教乡镇”申报创建工作。

铁石苗族彝族乡

【概况】　铁石苗族彝族乡位于黔西县东南面，地处索风营电站至鸭池河水系的中段，全乡以苗族、彝族为主，素有“苗乡彝寨”之称。与素朴镇、钟山布依族彝族乡、大关镇接壤，南邻三岔河，是典型的河岸乡镇，面积90.3平方千米，乡域为典型喀斯特地貌，矿产资源有煤、重晶石、铁矿等。铁石乡南部沿江沿湖地带山川秀美、气候宜人、民风淳朴，素有世外桃源之美誉，旅游开发潜力巨大。2015年，铁石乡以党的十八大及十八届三中、四中、五中全会及毕节试验区全面深化改革推进大会精神为指引，认真学习贯彻习近平总书记等中央领导对毕节试验区工作的重要批示精神及市委一届七次全会精神，全面贯彻落实省、市、县各项重大部署，紧紧围绕决战贫困、提速赶超、实现同步小康的主基调，狠抓改革攻坚，推进依法行政，突出创新驱动，强化基础设施，注重生态建设，加强民生保障，全乡经济实现平稳较快发展，各项社会事业取得长足进步，较好完成各项工作任务。

【党建工作】　全面加强党的思想建设、组织建设、作风建设、反腐倡廉建设和制度建设。全年培养入党积极分子32名，新发展党员7名，预备党员按期转正10名。认真开展“三严三实”专题教育，切实加强中心组学习，着力提升干部服务群众的能力；认真抓好人才工作，落实好离退休干部政治待遇和生活待遇；强化党风廉政建设责任制，强化监督执纪，抓好机关效能建设；建立健全各项考核机制，推进乡、村两级规范化管理，提高依法办事、科学执政能力。在职党员利用自身工作和技能优势，积极开展村（社区）集体活动，大力宣传党和国家的方针政策，利用党代表工作室积极接访来访群众，化解群众矛盾，维护社会和谐。

【经济发展】　加强农业结构调整，2015年种植玉米20974亩，其中“惠玉7号”良种600亩；经果林种植20000余亩，蔬菜5050亩，红苕2000余亩，黄豆10155亩，种植结构从传统农业逐步向现代农业发展，粮经比例不断优化，实现农户增收。全乡共有草地24000亩，羊舍19600多平方米，存栏猪8120头、牛6625头、羊6730只、家禽65800羽。加大品种改造力度，促进农业技术进步和创新，加强农业技术装备和以农田水利建设为重点的基础设施建设，实现全乡经济社会各项事业稳步发展。全力推进小城镇建设和工业、旅游项目，牢固树立抓项目就是抓经济、抓发展、抓跨越的理念，加大招商引资力度，全面推进项目建设，全年完成固定资产投资5400万元，招商引资完成7000万元。加大矿产资源整合力度，扶植和培养一批具有发展后劲、市场竞争力强的非公企业上规模、上台阶。

【基础设施建设】　围绕《毕节市全面小康乡镇创建十条》《毕节市全面小康村居创建五条》和小康之家创建标准，切实做好小康路、小康水、小康电、小康房、小康讯、小康寨“六大行动计划”，大力实施精准扶贫，不断夯实基础设施建设。通村水泥路建设总长30.8千米，总投资1300多万元，工程全面完工。2015年启动危房改造162户，已全面竣工；协同县生态办完成驮煤河安置点46户的安置工作；全力做好成贵铁路建设的相关协调服务工作，完成征地316亩，房屋拆迁9户；卫计公租房主体工程完成70%、卫生院职工周转房建设及新卫生院建设项目正在实施。

【精准扶贫】　完成7个贫困村、2602户贫困户、6678人的建档立卡工作。进一步巩固“减贫摘帽”成果，按照“六个到村到户”精准帮扶要求，结合党的群众路线教育实践活动和基层组织服务体系建设，在县审计局对口帮扶石丫口村的基础上，从乡属各单位向各村（社区）选派71名干部，结对帮扶贫困户945户、3527人。建立各村项目库，在政府门户网站公示。2015年，县扶贫办已批复19万元的小额贴息资金，石丫口村投资80.3万元、全长2.47千米的通组公路和进寨路建设项目，安乐场等6个村投资35.7万元的乌蒙乌鸡养殖项目，红旗社区投资15.7万元的排污沟改造项目。

【人口和计划生育】　全乡新型农村合作医疗参合人数达15461人，收缴参合金108.23万元，在家参合率达100%。加大对8个定点医疗卫生室的监管督查力度，了解参合农民看病情况，有效地解决群众看病难的问题。高度重视计划生育工作，常住人口政策生育符合率为98%，共落实避孕节（绝）育手术98例，完成孕前优生健康检查49对。签订“双诚信双承诺”合同书6200余份，制作计生标语200余幅，印发宣传资料8000余份，开展大型计生政策宣传活动2次。

【民生工作】　全面开展全国残疾人基础信息核查工作，培训村（社区）残疾人专职委员66人次，帮扶残疾人员5人，组织210名白内障患者到医疗机构检查治疗，协调危改补助资金35000元帮助7户残疾人新建房屋。向全乡困难群体发放救济物资棉被20床、棉衣20件、大米2万千克，向优抚对象发放抚恤金及补助金共计58.13万元。发放农村低保金共计63.56万元、城市低保金共计43676元；在春节期间，向低保对象发放临时价格补贴及保供稳价补贴金74730元，发放五保金共计98426元，向敬老院发放临时救助金10000元和临时救济粮（玉米）1万千克。加强殡葬改革，2015年全乡亡故59人，全部实行火化和集中安葬。

【生态文明建设】　按照“保护生态环境让百姓更富、爱护青山绿水让村庄更美”的工作思路，深入开展生态文明建设各项工作，稳步推进铁石乡经济、社会、环境、人口的协调发展。着力培育生态文化、保护生态环境、发展生态经济，加强辖区内山、水、林、田、路、树挂牌管理，实施乡、村、组、山头责任区精准保护。大力推广测土配方施肥、生物防治技术，鼓励使用高效低毒低残留农药，减少农药施用量；加大畜禽养殖场改造和沼气工程建设力度，加强污水和粪便无害化处理。深入开展绿色学校、绿色社区、文明卫生村寨、生态村创建，利用各村宣传栏和发放明白卡等方式，广泛开展宣传，努力营造保护生态环境良好氛围。

【综治维稳】　抓好防汛、消防、森林防火、矿山、危化品、交通、地质灾害等各行业安全监管工作。加强宣传，共悬挂横幅12幅，张贴各类安全标语90余条，发放宣传资料2000余份；加强监督检查，共查处违章车辆80余辆。全面细致地做好群众工作，走访农户3261户，化解调处矛盾纠纷41起，调处率达100%。加强群众性法律法规宣传，利用乡赶集日设点宣传，发放宣传资料5000余份。与各村（社区）、乡各单位、中铁二局、中铁大桥局、重晶石矿、火烧寨砂石场等企业签订目标责任书33份，签订清缴枪支弹药管制刀具承诺书7533份，收缴火药枪3支、导火索70米、雷管30枚、马刀1把。组建山歌化解矛盾纠纷队1支，聘用46名山歌义务调解员，化解家庭邻里、田边地角等矛盾纠纷10余起。全年接待来信来访群众120余人次，把矛盾纠纷化解在基层，消灭在萌芽状态。充分发挥治安巡防队的作用，加强对人员密集场所及重点区域的治安巡查。全年全乡无一起群体性事件和突发性事件发生。

【文化教育事业】 围绕推进义务教育初步均衡发展和突破高中阶段教育为总要求，下大力气抓好农村义务教育阶段留守儿童的帮扶和营养改善计划的落实，做好全乡控辍保学工作。全乡小学、初中辍学率分别控制在0.5%和2.7%以内，适龄儿童入学率达99.8%，初中入学率达99%，小学巩固率达96%，中学巩固率达90%。选送小品《心愿》参加乌蒙文化艺术节黔西县赛区小品选拔赛，获组织奖；完成六棱山村梨坪文娱广场主体建设，申报油沙坡村人口计生文化广场建设项目。通过完善村级文化活动室、农家书屋的标准化建设，努力构建农民安居乐业的精神家园。规范管理各村（社区）农家书屋，每天开放8小时以上，11个村（社区）借阅量达8327次，其中借阅文化知识读本3080余次占37%，借阅农村实用技术类2100余次占25.2%。大力实施“万村千乡”工程，更新各类信息70余条。督查网吧24次，清查进网吧上网未成年人24人。

协和镇

【概况】 协和镇高举中国特色社会主义旗帜，以邓小平理论、“三个代表”重要思想、科学发展观及习近平总书记系列重要讲话精神为指导，紧紧围绕“四个全面”战略，认真贯彻落实中央、省、市、县的各项会议精神，坚守发展和生态两条底线，主动适应新常态，把握新机遇，实现新发展，群策群力，上下同心，努力保持全镇经济社会持续稳健发展。全年完车给7740万元，完成年度目标任务7000万元的110.6%；完成固定资产投资5000万元，完成目标任务的100%；完成发展小微企业3个，完成目标任务的100%。

【党建工作】 全面提高农村基层组织统筹经济社会发展、服务人民群众、维护农村和谐稳定的能力，镇党委、镇政府全面实施以开好“三个会”、落实“九个一”为主要内容的“3+9”工作机制，推进基层组织“固本行动”。开好“三个会”：每月至少一次村支“两委”会（必要时扩大到村民组长）；每月至少一次党员会；每季度至少一次群众大会货村民代表大会，把党的“好声音”传递到千家万户。落实“九个一”：各包村领导及党组织书记在各村（社区）上一堂党课；每月各站所、各村（社区）开展一次卫生大扫除；各村（社区）通过党员会等方式制定好一份完备的村规民约；各村（社区）根据实际绘制一张发展蓝图；各村（社区）根据自身优势组织一支文艺宣传队；各村（社区）组建一个农业专业合作社；各村（社区）根据情况开展一次田间地头生产大比武或传统节庆活动；每个干部写好一本工作日记（民情日记）；各村（社区）为每一户群众照一张全家福。通过实施“3+9”工作机制，把基层党组织建设的各项工作系统化、程序化，有效解决层党组织建设抓什么、怎么抓的问题，为全镇决战贫困、提速赶超、同步小康提供坚强的组织保证。全镇13个村（社区）“两委”会共召开340次；党员会共召开78次；群众大会或群众代表大会共召开36次；全年累计上党课32节；13个村（社区）均已制定发展规划及村规民约；全镇建农民专业合作社15个，组建文艺宣传队15支，10个同步小康村和3个美丽乡村59名驻村干部均认真记录民情日记，为1582户群众拍摄全家福、1080户家庭获赠制作精美的“全家福”，深得广大群众的赞赏。

【财政工作】 执行县2015年度财政预算，严控支出，依法理财。在经费十分紧张的情况下，积极与上级部门加强协调对接，坚持保证政府机构正常运转，及时足额兑现各种惠农补贴资金972.67万元；实施“一事一议”美丽乡村小康寨建设项目，为化甲社区安装60盏太阳能路灯，涉及资金16.82万元；实施果坝村通寨公路硬化1.8千米，涉及资金58.44万元，惠及243户918人。

【生态建设】 开展“绿化协和·美化黔西·美化家园”工程，充分发动群众和依靠群众，牢固树立“种好一棵树，就是保住一滴水”的理念，打一场绿化造林的人民战争。对已绿化的地段进行查漏补缺，建立健全管护长效机制，确保绿化效果。截至年末，全乡绿化率达43.8%，有各类林地合计60578.1亩（其中公益林19525.95亩、商品林41325.15亩）。2015年，完成石漠化治理封山育林10170亩、防护林2220亩、经济林6060亩（其中核桃3060亩、油桐3000亩）；道路绿化里程10.48千米（栽植桂花、香樟等）。争取到上级财政专项资金，打造2000亩刺梨产业带，真正实现在修复生态环境、提升发展质量的同时造福于广大人民群众，努力实现“绿水青山就是金山银山”，持续走人口、经济和资源环境协调发展的小康之路。

【交通设施建设】 全面完成全镇55.3千米的通村公路建设，完成群众累计投工投劳24508人次，完成公路总体形象进度的100%。做好已建设路段的管护，对建好的路段及时拟定村规民约，落实管护责任人，兑现管护资金，确保建成的公路有人管、有人养，提高使用的功能和寿命。积极向上争取项目，完成中央福利彩票公益基金1000万项目中投资529.4万元的13.93千米通组路建设，涉及果坝、仡仲、长峰3个村；完成水保项目朝阳2.3千米通组路及果坝村淹坝至文丰1.8千米通组路建设。组建专门协调服务领导小组，与县高速办共同做好息黔高速公路征地拆迁协调服务工作，确保项目顺利推进。

【水利设施建设】 对全镇小水窖、储水池、水源点工程的运行情况进行排查，对使用不正常的查明原因，组织群众投工投劳或争取各方面资金实施修缮，确保水利设施正常发挥作用。解决全镇7所学校师生的饮水安全问题，有5处投入使用；正在建设饮水工程4个；完成小水窖工程2922人，涉及5个村。完善青龙村龙井抗旱饮水工程，可解决5000余人的饮水安全问题。规划排洪沟建设80千米、钻井2口。实施中央福利彩票公益基金1000万项目中投资470.6万元的水利设施建设，工程已全面完工，正等待验收。

【农村危房改造】 进一步加强对农村危房改造政策的宣传力度，引导社会各界积极参与。严格按照程序做好农村危房改造户的审核、审批工作，确保公正、公平、公开。对危房改造资金实行专户储存、专账管理、专人核算、封闭运行。把农村危房改造与新农村建设、农村环境整治相结合，科学规划，因地制宜，加强监督，强化质量，建设美丽和谐民居。2015年，全镇完成危房改造148户，其中五保户一级3户、低保户18户、困难户127户，已全部完工。项目共投资203.04万元，已到位194.07万元，兑现到户资金110.64万元。

【教育工作】 构建良好的重教、支教氛围，形成学校、社会、家庭教育合力，着力推进义务教育均衡发展。2015年，全镇小学适龄儿童入学率达99.75%、初中阶段入学率达90.28%、“三残”儿童少年入学率90%，小学无学生辍学、中学辍学率为1.96%、义务教育巩固率达95.48%，成功通过义务教育均衡发展国家级评估验收；狠抓职业教育，确保中职招生任务指标全面完成。争取到中央专项资金544万元，在协和中学新建建筑面积4401平方米的学生宿舍1栋，可容纳住校生500人；争取到民建企业上海展翅实业集团公司投入资金60万元，建设“化甲同心光彩幼儿园”；积极协调相关部门完善镇中心幼儿园建设，于11月月底正式投入使用。狠抓食品卫生源头管理，确保全镇3061名学生吃上放心营养午餐。

【卫生计生】 开展新型农村合作医疗工作，收缴参合金165.19万元，参合人数23598人，在家参合率达100%。改善基层医疗卫生条件，全年累计诊疗74060人次，合作医疗补偿费用达816.83万元，全镇无重大传染疫情发生。全面推行优质服务和村（社区）民自治，扎实推进“双诚信、双承诺”工作，坚持以“双降”为目标，以“三个按月落实”为抓手，着力抓好人口计划、出生缺陷干预、妇科病普查普治、奖励扶助、生育关怀、扶残助残、依法行政、流动人口服务与管理等工作。完成孕前优生健康检查127对；出生婴儿299人，常住人口符合政策生育率98%，性别比108，完成结扎手术119例。开展计生协文艺汇演及宣传服务活动4次，发放宣传资料500余份；利用农户的墙壁、院墙及群众娱乐广场绘制墙体宣传画12幅73.4平方米、书写宣传标语65条，营造和谐卫生计生良好氛围，促进生育文明。

【文化工作】 实施“农民健身”工程、农民文化家园和民族文化娱乐场所建设，完善已建立的13个农家书屋管理机制，提高图书借阅率；进一步完善化甲社区农民文化小广场附属工程，投入7.3万元修建连接广场的人行便道；在和谐社区新建设施齐全、占地3600平方米的文化广场1个。开展丰富多彩的文体活动，丰富群众精神文化生活。春节前夕，组织党员干部、书法爱好者为群众义写春联4000余幅；2月28日，参与承办在化甲社区举行的县文化“三下乡”活动；春节期间，开展卡拉OK、广场舞、象棋、篮球等群众喜闻乐见的文体活动；5月下旬，选送小品《派车》参加全县“诚信、守法、感恩”小品大赛，受到好评；6月12日，组织开展“践行文朝荣精神·争做试验区先锋”主题演讲比赛；7月初，以反映新农村建设巨大变化为背景的影视剧《月亮湖之恋》正式开拍。

【科技工作】 把科技工作与群众性文明创建结合起来，加强和农业、教育、工业、卫计等部门的联系，树立大科技的概念，更大地增加科技工作的覆盖面，拓宽领域，深化内涵，整合人才资源、设施资源，实现资源共享。3月下旬，邀请农业专家对爱国村群众进行辣椒种植技术培训；6月中旬，开展农业部补助性项目职业农民培训100户；11月下旬，邀请县农牧局专家到长峰村开展种草养畜培训。全年有针对性地培训科技示范户16户，并发动已培训户对其他示范户进行二级培训，推进全镇农民科技素质不断提高，为农民增收和建设社会主义新农村提供科学技术支持。

【民生事业】 积极统筹资金，坚持办好管好老年公寓，为老人们提供安享晚年的温馨港湾。全面完成低保提标核查工作，全镇享受农村低保户512户892人，共发放农村低保金213.84万元、发放城市低保金1.53万元；发放农村五保金3.7万元，发放重点优抚对象抚恤补助金48.9万元。抓好“三关爱”工作，6月中旬以“进千家门、知万民情、暖万民心”遍访群众活动，助推“三类”人群精准排查，排查出0~15岁留守儿童1463人、留守残疾儿童22户22人、空巢老人392户573人、空巢残疾老人111户119人，建立台账并采取有效措施落实好关爱救助工作。积极协调有关部门，在协和中学建成"阳光少年"之家1个。2015年，全镇有22名留守儿童享受低保、2人享受临时救助、1394人享受医疗救助、95人享受住房救助、47人享受其他救助，残疾留守儿童中3人得到情感帮扶；空巢老人中95人享受低保、56人享受五保供养，残疾空巢老人中21名享受低保、9名享受五保供养。狠抓劳务输出，转移农村劳动力793人，占目标任务数的100.05%；"千企万人"完成123人，占目标任务数的100.05%；城镇新增就业完成210人，占目标任务数的100%；做好企事业单位22名退休职工的退休证审核和5名企事业单位遗属补贴审核，完成率100%。全镇参加城乡居民养老保险6042人，收缴养老保险金66.66万元。

【多彩贵州文明行动】 借助道德讲堂、大喇叭、墙体宣传画、宣传标语等多种平台，将"多彩贵州·文明行动"写进村规民约，溶入"十星文明户"评选中去。将协和、杨柳2条街道，48个自然村寨，机关单位、学校院落20个，纳入常规重点集中整治单位，全方位治理乱停乱放、乱搭乱建、乱排乱倒等不文明行为，引导广大群众除陋习、创文明、树新风，使全镇环境卫生状况得到整体改观。继续巩固提升化甲社区"省级文明单位"创建成果。

【产业优化】 以"水西花乡·七彩协和"为发展定位，以"同心·思源"生态农业园为载体，以花卉产业园为引领，带动特色种养业发展。新增规模养殖场3家，以杨柳为核心建设精品花卉观光园。在总体布局上，和谐、杨柳、化甲、爱国、青龙等5个村（社区）主要发展以花卉产业为主体，集生态观光、休闲旅游为一体的高效生态农业；仡仲、果坝、长峰、新丰、木弄、石人、石浪厂、半坡等8个村主要发展以草地生态畜牧业为主体的特色种养业，全方位带动全镇经济发展和农民大幅度增收。实施7500亩石漠化种草养畜项目，已实施栽种3000亩。

【精准扶贫】 切实做到识别精准、措施精准、帮扶精准、资金精准，实现户有卡、村有策、镇有档，落实"一户一策"制度，完成1133户4838人的"回头看"工作。进村入户开展对扶贫项目的指导，定期进行督查，确保项目质量。与项目村签订管护责任书，保证实施项目的农户真正达到增收致富。抓好产业培育，实施1000万元中央彩票公益基金中172.6万元的杨柳花卉钢架连体大棚、60万元的化甲莲藕基地、40万元的爱国辣椒基地、28万元的葡萄长廊等扶贫项目，并以点带面，有序引导群众规模发展，形成特色产业。截至2015年末，1000万中央彩票公益金项目基本完工；化甲社区100亩莲藕喜获丰收；杨柳花卉基地进一步完善基础设施建设，建成花卉大棚31790平方米，所种植的非洲菊、白菊、百香果等花卉水果已进入市场；爱国辣椒基地实际完成287.3亩，亩产达1750千克，总产值达80余万元，农户每亩增收1600余元，取得较好的市场效益；1500米葡萄长廊，葡萄已种植好，水泥支柱已搭建完成417架。同时，结合镇域实际，顺利完成"十三五"规划项目申报。

【依法治镇】 党员干部带头学法、守法、用法，用法治思维武装头脑。8月17日，组织镇、村干部进行法律法规知识培训。认真开展法制进校园、进社区、进矿区、进工区、进农家活动，深入开展政策法规大宣传、矛盾纠纷大排查、社会治安大整治工作。制定并用好村规民约，把依法治理与村（居）民自治完美结合，确保实现全镇和谐稳定。2015年，共开展送法活动26次、各项宣传38次，刷写标语26条，发放普法、禁毒宣传资料9100余份，悬挂横幅34条，张贴海报322张，接待群众咨询362人。不断完善驻村警务工作机制，组织驻村警务人员进行业务培训，建治安交通岗亭1个，指导各村（社区）建立“邻里守望、值班巡逻”等防范机制，开展平安村社创建活动，抓好群防群治工作，密切警民关系，切实解决好警务服务“最后一千米”的问题。强化领导包案工作机制，积极开展信访包案化解，充分发挥村（社区）第一道防线的作用，切实将矛盾纠纷化解在基层，解决在萌芽状态，基本形成“小事不出组、大事不出村、重大疑难纠纷不出镇”的局面，营造良好的社会环境。加强刑释解戒人员无缝对接工作，全年无缝对接11人。大胆探索做好新形势下信访工作的新举措和新途径，化解上级集中交办信访件18件；接待群众信访54次，受理信访案件9件，办结3件，化解5件，1件正在办理中。

【安全生产】 全面落实安全生产“党政同责、一岗双责、齐抓共管”的要求，强化安全生产责任制。狠抓道路交通、地质灾害排查、非煤矿山、烟花爆竹、建设施工、消防和食品卫生安全的监管。全年共发放安全宣传资料5000余份；出动车辆60台次、人员150人次，围绕非法无证开采、安全防范，对辖区内各矿山进行安全生产检查，发现隐患123条并全部督促整改，封堵非法无证开采点32处；教育违章驾驶人员34人次。开展安全生产隐患大排查、大整治60次，排查一般隐患96条，整改落实96条。9月下旬，代表全县迎接省安全工作检查，得到检查组一致好评。全年无安全责任事故。

【干部队伍建设】 着力解决“四风”问题，落实完善厉行节约、反对浪费各项规定，严控一般性支出，确保“三公”经费只减不增。认真践行“三严三实”，做到在“严”上下功夫，在“实”上求突破，既内化于心，又自觉践行，始终做到知行合一，用实实在在的成效取信于民。抓好民生整治铸廉工作，紧紧围绕各级党委、政府关于民生工作的重大决策部署和人民群众关心的热点难点问题，强化民生领域监督执纪问责，构建保障民生廉洁“防护墙”和“安全网”。2015年，镇纪委共立案8件，其中民生领域案件5件，协助县纪委查处1件，转办1件，结案率100%，挽回直接经济损失2.52万元；给予开除党籍2人、党纪政纪处分5人，案件的警示作用得到充分发挥。

太来彝族苗族乡

【概况】 太来乡深入贯彻落实科学发展观，紧紧围绕试验区“三大主题”和县委、县政府提出的“五大战略”目标，以新一轮扶贫开发为中心，推进全乡经济社会各项事业不断进步。2015年，全乡生产总值（GDP）达13256万元，比2010年增长17.8%。财政总收入达到1284万元，与2010年相比，年均增长26.62%。农民人均纯收入达6302元，与2010年相比增长18.9%。全社会固定资产投资完成1.2亿元，比2010年增长22.3%。完成《太来乡集镇总体规划》和《详规》，计划投资1.5亿元新建太来乡集镇新街1条（第一期）1千米、农贸市场1个、广场1个，正在实施征地工作。

【交通设施建设】 全乡实施48.1千米小康路建设。倪寨至干井、榨房至友谊、箐口至硐口、太来至五锁等4条共33.1千米已完成路面浇筑；5月启动沙寨至中坪共15千米通村水泥路建设，已完成路基清理、路肩硬化工程，完成碎石基层4千米，完成硬化路面4千米。争取县移民局资金支持，完成方田村岩贤至湾子组4米宽、18厘米厚、长3千米的水泥路。协助做好息黔高速征地拆迁工作，息黔高速公路太来境内共

9.78千米。截至年末，全面完成征地1530亩；房屋拆迁46户，已搬迁28户；坟墓搬迁264座，已全部搬迁完毕。兑现各类款项3500余万元。

【生态文明建设】 把全乡山、水、田、园、路全部挂牌，把监督责任一一落实到人，全力保护生态资源。大力推进以“绿化毕节”为重点的生态建设工作，完成荒山造林490亩，人工促进荒山育林1364亩，封山育林423亩，切实提高森林覆盖率。抓好森林防火工作，全年全乡无一例较大火灾发生。积极开展饮用水源地保护，确保饮水安全；综合整治生活垃圾、白色污染、畜禽养殖污染，继续推行“门前三包”，对各村环境卫生进行督促检查，巩固和扩大整脏治乱工作成果。建立常态化管理机制，有效减少农村面源污染。对砂石场进行兼并重组，关闭泰来乡石猪槽砂石场。

【农业产业化】 围绕特色农业产业规划，认真落实国家强农惠农政策，大力推广良种良法，加快发展以蔬菜、经果林等为主的特色农业产业种植。全面抓好13个村的科技兴农工作，重点抓好公路沿线大宗作物的种植，实现村村均有样板点。科技兴农良种良法配套率达96%。全面抓好牲畜疫病防治，全乡无重大动物疫病暴发和流行传播。完成城镇新增就业105人，农村富余劳动力转移就业616人，“千企万人”工程就业107人。

【人口和计划生育】 围绕“双诚信双承诺”和“三按月”工作，落实计生各项奖扶政策，强化人口计生精细化管理，实现“双降”目标。全年全乡出生人口327人，符合政策生育率达98.77%；落实各种避孕节育措施153例；常住人口应妇检1794人次，完成妇检1794人次，妇检率达100%；认真开展“乡村信息对称试点工作”，认真组织各村（社区）进行全员人口信息清理，做到村（社区）不漏组、组不漏户、户不漏人，做到底数清、情况明。加大计生宣传力度，共开展人口计生宣传活动15次，发放宣传资料12000余份、树立计生宣传广告板5块、张贴标语40多条；利用村务公开栏、村人口文化学校和新家庭文化书屋等阵地，向村民普及生育知识和致富信息；建立流动人口亲情视频服务工作，共为85名群众提供亲情视频服务。

【社会保障】 落实民政优抚救济各项政策，加强低保金、五保补助费、救济粮发放的监督管理。对保障对象的情况、补助标准等，在村务、政务公开栏张榜公示，实现透明管理、阳光作业。2015年，通过调查摸底、群众评议、上报审批，确定低保户847户1393人，全年共计发放农村低保金245.61万元；发放城镇低保金6.76万元，实现动态管理下的“应保尽保”；发放救济粮4.9万千克，发放各种定补和抚恤金共计74.34万元。抓好留守儿童、空巢老人、残疾人等特殊群体的排查工作，共排查出留守儿童1184人、空巢老人664人、精神病人48人、残疾人1018人，进行建档立卡，实施“一对一”结对帮扶包保。有序推进殡葬改革，全年全乡共死亡121人，火化率达100%。全面启动2015年农村社会养老保险工作，办理4114人；深入全乡13个村（社区）对领取社保金的60岁以上人员基本信息进行核对，确保无冒领和套取国家资金的情况发生；完成乡镇社保中心的修建。加大新型农村合作医疗工作力度，合医筹资率达104%，比2014年提高3个百分点。

【文化教育】 切实巩固提高“两基”工作水平，认真落实教育目标管理责任制，各学校认真做好软、硬件工作，6月中旬顺利通过省人民政府督导室义务教育均衡发展评估验收；完成中职招生87人。调整乡宣传领导小组，修订宣传工作奖励实施方案，将宣传工作目标任务下达到各村（社区）、乡属各单位，全年向相关媒体、网站上报信息60条。同时通过乡文艺宣传队，将政策法规、社会主义核心价值观等内容以群众喜闻乐见的形式进学校、社区、村寨进行宣传。组织开展以“践行文朝荣精神·争做试验区先锋”为主题的演讲比赛，再次在党员干部中掀起学习文朝荣精神的热潮。

【安全生产】 始终坚持“安全第一、预防为主”的方针，强化“党政同责、一岗双责”和两个主体责任的落实。制定《太来乡安全生产实施方案》和相关制度，与企业、单位、村签订安全目标责任书，层层落实包保责任。突出抓好“五一”“汛期”“六月安全月”期间等的安全生产工作，在村（社区）两委、各煤矿企业、砂石场、学校开展安全知识宣传活动；定期或不定期对乡内煤矿企业安全生产状况、道路交通安全和水上交通安全隐患进行排查治理，加大非煤矿山巡查力度，对烟花爆竹销售经营单位和加油站等重点危化品存储单位进行专项安全大检查，深入开展农村、学校、企事业等单位消防安全隐患检查。全年共开展安全隐患排查100余次，排查出一般隐患243条，整改215条，整改率达88.4%。对营运车辆、二轮车、三轮车进行检查292次，处理53人，扣留车辆14辆。对辖区内9个地灾点进行汛前排查42次。开展地灾演练2次，有效提高干部群众的识灾、防灾、避灾能力和防灾自救意识。

【综治工作】 调整充实创建平安太来领导小组和社会治安综合治理领导小组，明确专职综治工作人员，设立办公室。继续开展“红袖套”工程，建立治安群防群治工作体系。2015年，全乡无一例治安恶性案件发生。以实现“实有吸毒成瘾人员零增长”为目标，对禁毒工作进行全面部署，开展创建无毒村、无毒校园等活动，扎实开展毒品预防教育活动，加强禁种铲毒工作，努力落实各项措施，不断提高人民群众禁毒意识。建立健全学法用法培训制度、学法用法考试制度、常态化管理制度、法治辅导员制度等，深入开展“法律六进”活动，进一步提高农村广大干部、群众及学生的法律素质，增强守法观念。深入村寨对管制刀具、枪支弹药等进行排查，全年收缴汽油10.5千克、柴油21.4千克、火药枪12支、管制刀具6把、雷管44个、导火索211.55米、火炮引线1捆、火药4050克、子弹17颗。强化应急能力建设，成立应急领导小组，实行24小时领导带班、轮流值班制。全面开展反邪教警示教育工作，巩固好“无邪教示范村”工作。

【信访工作】 按照“三级视频”接访要求，认真实行“领导接访”工作制，建立完善信访矛盾调处制度、领导包案制度、包片制度。以“三访”工作的开展为载体，充分依托网络视频接访，通过变“上访为下访”“夜访”及“领导带案下访”的方式与全乡有苗头性的上访对象进行交心谈心，及时了解群众所需所盼，共排查出矛盾纠纷64件，化解50件，正在化解14件。杜绝恶性信访案件发生，全年无一例非正常上访和到省、市集体上访事件发生。

【党建工作】 巩固党的群众路线教育实践活动成果，抓好“四风”整改任务的落实，全年为群众办实事120余件。抓好党委中心组学习，全年完成专题集中学习8次。完成五好基层党组织、优秀党务工作者和优秀共产党员的评选报送工作。选优配强村级班子，选派2名副科级领导和4名优秀党员干部到村任支部书记，并将65名干部派驻到村，强化村级堡垒作用。启动“三严三实”专题教育活动，乡党委书记带头上党课，深化干部作风建设。以开展党员创业带富和创先争优活动为切入点，发展预备党员2名。

【党风廉政建设】 严格落实党委主体责任和纪委监督责任，做好“六抓”促进党风廉政建设稳步推进。抓巡查工作，结合党风政风建设、落实中央八项规定、民生事项等，全年共开展巡查18次。抓权力运行监督备案及“三公”经费公示，完成各类事项备案15件，涉及资金218.62万元。其中大额资金使用2件、重大项目实施3件、重大决策7件。抓监督队伍建设，通过召开培训会，对调整后的民生项目监督员进行培训，引导他们积极参与到项目实施过程中。抓廉政质询，制定《太来乡廉政质询办法》，引导广大党员和人民群众参与、监督、评判，对发现和查找出来的问题开展廉政质询。抓案件查处，全年查处违纪案件3件，其中涉及民生案件2件，正在查处的1件。抓纪检监察信息工作，为反腐倡廉建设营造浓厚舆论氛围，全年共上报纪检信息27条，被县纪委采用1条；在县政府网站登载纪检信息5条。

甘棠镇

【概况】 甘棠镇始终坚持以经济建设为中心，协同推进社会民生事业发展，奋力克服经济下行压力加大、市场疲软等因素带来的不利影响，改革创新，攻坚克难，实现全镇经济平稳较快发展、社会民生显著改善，为全面建成小康社会打下坚实基础。全年完成固定资产投资7000万元；实现财政收入1648.62万元；完成招商引资实际到位资金8000万元；引进德禧门业等重点项目3个；实现农民人均纯收入7346元，同比增长9%；扶持发展微型企业6家；完成通村水泥路建设34.98千米；做大兆申建材、中通物流项目；大力发展中草药、黑山羊等特色种植、养殖业；建成联新农贸市场；按标准建立农村饮用水卫生监测实验室，对18个水源点实施监测。

【农业发展】 按照县委、县政府农业产业发展思路，调运杂交玉米等种子3400千克、化肥11.8吨，完成春播种植玉米2.78万亩、杂交水稻7000亩、大豆2.1万亩、杂粮3600亩、红苕4100亩、蔬菜1.8万亩，完成年度目标任务的105%。完成秋冬种植小麦5000亩、油菜1.6万亩、蔬菜1.8万亩、杂粮3600亩。打造玉米种植示范点2个200亩、水稻种植示范点2个200亩；建成200亩蔬菜基地1个，带动农户种植蔬菜1.89万亩，实现产值2964万元；建成1000亩中药材基地1个；加大荒山绿化工作力度，完成植被恢复项目造林7240亩、2014年巩固退耕还林荒山造林380.1亩，建成投资80万元的黔西县恒园育苗基地，培育藏柏营养袋苗260万株。

【精准扶贫】 紧扣“整村推进、劳务培训、产业扶贫”三项重点，制定发展规划，健全扶贫机制，全力实施“基础扶贫、产业扶贫、易地搬迁扶贫、科技扶贫、社会扶贫”五项工程，实现贫困人口脱贫1483人，扶贫工作取得阶段性成果。根据大营等8个扶贫村气候、土壤等条件，建成中药材基地1000余亩、养殖基地3个。组织富余劳动力前往福建、浙江、广州等地务工，转移农村富余劳动力4719人，人均年增收363.4元。加强与对口帮扶单位的沟通协调，积极争取资金支持，为大营等贫困村修建村级文化活动室，完善樱桃、芦茅等村供水设施。严格按“三最”原则，实施农村危房改造工程，优先安排空巢、留守家庭进行危改，完成危改建设104户。

【社会事业】 制定《甘棠镇义务教育基本均衡发展规划》，完成镇中心幼儿园场平、基础等前期工作；将“控辍保学”责任层层分解到人，义务教育均衡发展通过国家验收。深入实施教育“9+3”工程，输送中职学生95人。全镇新型农村合作医疗门诊就诊2.5万人次，补偿金额47万元；住院767人次，补偿费用48.4万元。完成医疗机构办证、验证16家。全年出生人口

270人，政策生育符合率为97.78%。完成避孕节育手术280例，妇检率达100%。强化人口计生“双诚信双承诺”工作，签订“双向承诺书”9425份。发放2013年、2014年“计生两户”奖励扶助资金33.66万元。全镇养老保险参保6252人，其中新参保364人；60周岁以上人员领取养老保险金3512人。全镇新增就业203人，完成农村富余劳动力转移就业851人，完成“千企万人”工程103人。全年发放临时救济粮3.01万千克、冬春荒救济粮4万千克；发放医疗救助款4.93万元，发放复退军人、孤儿救助金等82.71万元。发放农村低保金167.83万元、五保金24.22万元，发放城市低保金25.33万元，发放农村低保用煤补助金7050元。优化老年公寓管理，发放高龄生活补助34.38万元。实施殡葬改革，完成14个村（社区）公益性公墓建设，遗体火化率、骨灰安葬率（存放率）、集中治丧率均达100%。

【综治工作】 深入开展“政策法规大宣传、矛盾纠纷大排查、社会治安大整治”专项行动，充分发挥群众工作委员会、便民利民服务中心、网格服务工作室等组织作用，不断提升社会治理集成创新工作水平。成立信访维稳工作领导小组，组建14支矛盾纠纷调解员队伍，加大对信访疑难案件的调处力度。开展形式多样的治安巡逻、邻里守望、联户联防等活动，建成覆盖全镇重点区域、治安卡口的视频监控点、报警点。全面实现毒品原植物“零种植”“零产量”工作目标。建立阳光就业基地3个，创建“无邪教创建”示范村3个。加强食品安全监管，全年开展市场巡查40余次，出动执法人员320余人次；立案查处无照经营、产品不合格等案件3起，罚款1.99万元。

【安全生产】 认真落实“一岗双责”、党政同责，将道路交通安全、消防安全、煤矿安全，非煤矿山等安全工作任务层层分解，逐级签订责任书。开展各类安全检查390余次，出动120余人，查找出安全隐患659条，整改率达95%。围绕“一条禁令，三个规定”，认真开展“六打六治”专项行动，实现煤矿安全零事故目标。建立道路交通安全协会、违法劝导点，查处各类违章违法车辆350余辆；加强对码头民用自用船舶和渔船管理。组建村（社区）义务消防队，在春节、国庆等重大节日期间，加大对重点行业、加油站、超市、烟花爆竹经营网点等的排查巡视；加强木板房、茅草房消防安全隐患排查和农村用电用火安全教育，确保人民群众生命财产安全。

永燊乡

【概况】 永燊乡全面贯彻落实党的十八大及十八届三中、四中、五中全会精神，围绕小康社会创建目标，按照“比中求赶、赶中求转、转中求提”工作思路，全面推进各项工作，全乡经济社会实现平稳较快发展，乡村环境明显改观，基础设施不断改善，各项事业稳步推进，群众幸福指数逐步提升。全年完成固定资产投资7228万元，比2014年增长628万元。完成招商引资7111.8万元。金融机构存款余额5628万元，比2014年增长2130万元；贷款余额3684万元，比2014年下降649万元。实现农民人均可支配收入6625元，比2014年增长595元。

【农牧业生产】 切实做到思想早发动、工作早安排、物资早准备、措施早落实，在夏秋农作物生产中，全乡共规范种植玉米1.77万亩，种植烤烟2400亩，种植豆类3.5万亩，种植水稻1100亩，种植油菜14835亩，种植小麦9230亩，种植蔬菜7414亩，种植马铃薯6620亩，其中万亩高产示范玉米种植喜获丰收。全乡夏秋粮食总产量达到13339吨，其中小麦1195吨、豆类1227吨、洋芋1148吨、玉米6580吨、水稻385吨、高粱110吨、红薯258吨、油菜籽2299吨、烤烟60000担。在高规格搞好常规农业的基础上，积极为群众增收找路子，调整种植养殖结构。獭兔养殖业初具规模，项目辐射全乡，成为广大众致富奔小康的短平快工程；种植核桃1.5万亩、石榴1067亩、玉米制种400亩。发展畜牧基地1个，拥有养殖专业户10户、养殖规模2800头（匹、只）。全乡大牲畜存栏4457头（匹）、生猪存栏8792头、家禽存栏45629只（羽）、家禽出栏37423只（羽），防疫密度为100%。在火石坝村、新寨村实施荒山造林500亩。

【基础设施建设】 建设通村水泥路6条共58.2千米，已全部竣工；做好黔白、黔息高速公路乡境内20.06千米的建设协调服务，涉及7个村（社区），完成土地征收、坟墓迁移、房屋拆迁等工作；完成甘沟、打底2个人饮工程建设，其中甘沟人饮工程解决1000余人的生产生活用水困难问题、打底人饮工程解决1500人生产生活用水困难问题；建设计卫公租房68套2596.41平方米，即将竣工；完成农村危房改造185户，其中低保户一级危房3户、困难户一级危房93户、困难户二级危房70户、一般户二级危房19户。

【精准扶贫】 按照县精准扶贫“两项制度”有效衔接工作要求，采取包片村干部初选，驻村乡领导、村干部开会评议，张榜公示的形式，认真对各村扶贫对象进行反复审核、精准识别。结合核桃、石榴、烟叶等产业基础，鼓励发展专业农村合作社，按照种养结合的方式，引导扶贫户发展农业产业。加强教育和技术培训，引导扶贫户增加务工收入；鼓励扶贫户发展特色产业等，增加经营性收入。

【教育工作】 加大教育经费投入，不断改善办学条件，永燊中学、永燊小学、柏杨小学教师公租房已投入使用，花石小学、新寨小学教师周转房正在建设中。加强过程督导和检查力度，严格执行绩效考核制度，强化激励机制，努力提高教学质量，全乡小考均分为118.85分，成绩名列C类乡镇前茅；中考均分为416分，500分以上8人，成绩全县靠前。大力推进义务教育基本均衡发展，顺利通过省、市验收；加大中职招生工作力度，完成县职中招生任务20人。建立健全学校安全工作制度，定期不定期进行安全隐患排查，加强安全演练、强化安全学习培训。采取有效措施、抓好“控辍保学”工作，全乡学前教育毛入园（班）率达77.25%，小学辍学率为0.38%，初中辍学率为2.18%。认真开展关爱留守儿童少年工作，扎实开展好情感帮扶、经济帮扶、学习帮扶。加强对中小学营养改善计划的督查，确保广大学生吃上安全、放心的阳光午餐。

【卫生计生】 切实做好城乡医疗保险的参合工作，2015年全乡参合率达103%。对辖区内定点医疗机构和外伤证明实行定期不定期督查，认真审核报销资料，有效保障合医资金的安全，全乡未发现一例骗保和造假的现象。抓好农村食品药品两网建设，防疫、妇保工作，做到分工明确，责任到人。紧紧围绕“双降”目标，深入推行“双诚信，双承诺”的诚信计生长效机制，采取多种措施，努力在全乡形成一个良好的生育秩序。全乡共出生人口166人，其中男79人、女87人，出生人口性别比为98.04。常住人口出生122人，其中政策内121人、政策外1人，常住人口符合政策生育率99.18%。流动人口出生44人，其中政策内44人，无流动人口政策外生育，流动人口符合政策生育率100%。依据“三按月”绩效考核方案，采取切实可行的措施，全力控制政策外生育，实现出生人口统计准确率达100%的目标。完成国家免费孕前优生健康检查92对，完成目标任务数的100%。

【民生保障】 全年共发放民政救灾资金13万元，发放救济粮6000千克。抓好农村低保提标核查工作，做到应保尽保，应退则退。深入推进“三关爱”工作，完善留守儿童台账和到户档案资料，及时更新上报数据，加强动态管理，加大宣传力度，动员各界人士关心、关注留守儿童，强化对留守儿童家长的劝返工作，劝返留守儿童家长101户，对0~14周岁的重点留守儿童按照“属地管理”的原则进行“一对一”关爱帮扶，落实无监护留守儿童包保工作。抓好双拥、社区全覆盖等工作，完成城乡居民社会养老保险9373人，征收养老金70.18万元，参保率达103.8%。开展殡葬改革工作，认真做好火石坝、打底公益性公墓2个示范点的打造，全乡火化率达100%、集中安葬率达100%。

【安全工作】 紧紧围绕“安全第一、预防为主、综合治理”要求，坚持安全生产“关口前移”“重心下移”，强化安全生产监督检查，加强隐患排查治理，层层落实治理责任。开展以交通、消防、烟花爆竹、建筑工地、民爆物品为重点领域的安全生产专项整治行动，共排查各类事故隐患78条，整改隐患78条，隐患整改率为100%。严查非法采煤采矿，落实包保责任，做到横向到边纵向到底，不留死角死面，严防死灰复燃。加强地质灾害排查，对现有地质灾害点制定防灾应急预案，落实专人监测。加强对无证驾驶，客车超员，货车超载，农用车、三轮车违法载人的打击力度，切实抓好农村红白喜事打招呼工作，预防交通事故的发生。强化干旱期间高危火险期的森林防火工作，严防死守，全乡未发生重大森林火灾。积极开展防汛抗旱工作，落实包保责任，坚持24小时值班制。狠抓节假日、重大活动、重要会议期间安全生产宣传工作，通过张贴标语、拉横幅、发放宣传资料等形式，广泛宣传安全生产知识，营造全民关注安全、关爱生命、维护稳定的良好氛围。全年共开展各类宣传活动20余次，发放安全知识读本、安全知识十条、水上交通安全知识八条、消防安全知识十条等宣传资料1万余份。切实加强对吴家岩洞、龙洞湾等人饮工程的监管，确保农村饮水安全。全乡实现安全事故零发生。

【综治工作】 积极开展“平安永燊”巩固活动，狠抓外流贩毒专项整治，严厉打击盗窃、抢劫以及影响社会治安的各类违法犯罪行为，在每个村（社区）配备1名“社区警务助理”，加大对特殊人群的管理服务工作，做到底数清、情况明、帮扶到位、包保到位。狠抓矛盾纠纷排查调处工作，各村（社区）、各单位每周五上报本周矛盾纠纷调处情况。完善三级视频接访工作制度，对所有信访事项，建立“两个四级个案台账”，按照“五个清楚”和“七个一”的工作要求，落实包保稳控专班，确保责任到人，稳控到位。特别是在春节、全国“两会”等重大节点、会议、活动期间，安排专人对重点人员及邪教人员实行重点监控，密切关注其行踪和思想动态，确保不脱控；监控人员每天向包案领导汇报一次情况，发现重点人员有赴省进京上访苗头及时汇报，工作组及时采取措施化解。进一步加强干部驻村帮扶力度，积极帮助群众解决现实困难和问题，切实维护社会和谐稳定。

【党建工作】 抓好整乡推进“一核多元”基层组织服务体系建设，完善服务阵地功能，健全服务组织，建强服务队伍，搭建服务平台，强化服务保障。深入开展“第一书记”、同步小康驻村工作，加强对驻村干部、“第一书记”的管理，要求驻村干部、“第一书记”深入开展精准扶贫“六个到村到户”，参与排查统计“三类”

人员、关心关注“三类”人员等工作，每周对各村（社区）的驻村工作督查2次以上，及时掌握驻村干部到位及作用发挥情况。积极抓好发展党员工作，共培养预备党员10名，入党积极分子45人。扎实开展“三严三实”专题教育，深化“四风”整治，巩固好党的群众路线教育实践活动成果。严格落实中央八项规定，省、市十项规定，县委38条规定，对干部实行一月一测评，层层签订《落实八项规定（作风建设）责任书》；加大机关整顿力度，对机关内务、请销假、车辆使用和管理等进行规范。切实加强思想政治建设，党委中心组带头学习、引领学习；全乡各村（社区）、学校均设立道德讲堂，全年共开展系列活动40余次，其中“宣传委员上讲堂”活动得到县委宣传部的肯定。

中坪镇

【概况】　中坪镇深入贯彻落实党的十八大及十八届三中、四中、五中全会精神，习近平总书记系列重要讲话和省委十一届四次全会、市委一届七次全会、县委十一届四次全会精神，扎实开展“三严三实”专题教育活动，大力整治“为官不为”现象，进一步深化改革开放，进一步调整优化产业结构，进一步保障改善民生，进一步促进社会和谐稳定，进一步加强生态文明建设，实现全镇经济社会持续健康发展。2015年，全镇社会固定资产投资突破5000万元；新引进招商引资项目3个，到位资金9150万元；全镇人均纯收入达到6549元，增速达13%。

【基础设施建设】　2014年开始实施11条共计63.1千米的通村水泥路建设。截至年末，路基清理及路肩浇筑全部完成，路面浇筑完成45千米。全力做好白黔高速公路建设的协调服务工作，涉及中坪镇的4个合同标段（第三、四、五、六合同标段）全部进场开工建设，完成1683.96亩临时用地和红线用地的征测工作，完成率达95%；完成房屋勘丈79户（其中已拆迁13户）、炮损297户。启动实施吉丰、关寨、新厂、中坝、顺河等5个村5000余亩的土地整治项目，已通过省国土资源厅评审通过，即将进入施工阶段。成功申报吉丰村街上组、上寨组和新大田组3个“一事一议”财政奖补太阳能路灯安装项目，涉及项目资金共计21万元。

【产业结构调整】　工业方面：大力实施民营经济“三年倍增”计划和微型企业发展“3个15万元”工程。全年申报扶持新增微型企业3家，累计申报注册微型企业17家，获得国家扶持补助资金共计85万元，就地解决近90人就业，有效推动全镇经济发展。农业产业化方面：初步建成以关寨村为中心，辐射洗坪、广兴、顺河、中坝、柏杨、吉丰、新厂等村的现代农业产业园区，重点发展石榴、葡萄等特色经果林种植。结合荒山绿化植树造林活动，种植水西红宝石软籽石榴300多亩，总种植面积达7000亩。旅游发展方面：以御庄生态绿色产业示范园为基础，积极发展农业观光旅游业；以白黔高速公路全面开工建设为契机，鼓励公路沿线农户积极发展农家乐。

【教育工作】　加大教育基础设施建设力度，实施112套教师公租房建设，中坪中学和野马小学以及顺石小学教师公租房已投入使用；总投资470万元的中坪中心幼儿园建设项目已完成主体工程；争取到40余万元的义务教育基本均衡发展资金，改善中坪中学等8所中小学校基本办学条件。加大“控辍保学”工作力度，对全镇中小学辍学生71人登门入户开展工作，全部劝返回校。全镇初中入学率达95.41%，小学入学率达97.5%。完成“9+3”中职招生235人。

【卫生计生】 完成48套卫生计生公租房主体工程建设；完成2015年新型农村合作医疗款项的收缴工作，参合人员达24966人，在家参合率达97.3%。以“双诚信双承诺”工作为抓手，大力开展“三个按月”落实和乡村信息变动对称工作，进一步强化基层人口计生工作经常化、制度化、精细化管理，不断提高管理服务水平。积极开展流动人口亲情视频服务。全镇出生人口308人，人口自然增长率控制在5‰以内，常住人口符合政策生育率达98%，流动人口符合政策生育率达95%；落实手术190例；新增计生“两户”6户，推迟2孩生育8户，放弃二孩生育6户；收缴社会抚养费20.5万元。

【社会保障】 发放农村低保及五保供养金73.23万元；发放城市低保5.9万元；发放重点优抚对象抚恤金60.49万元；发放农村籍60岁以上退役人员补助金5.78万元；发放春节期间困难群体临时价格补贴3.7万元；发放救济粮5400千克。积极开展中坪镇敬老院建设，已完成地基浇筑工作，工程建设正在有序进行中；完成中坪镇人力资源和社会保障服务中心改建项目，成功通过验收并投入使用；积极开展新型农村社会养老保险款项的收缴工作、低保评审工作和“三类”重点人群排查统计工作。

【扶贫攻坚】 认真按照“六个到村到户”的要求，以决战贫困、同步小康为目标，狠抓精准扶贫工作。完成广兴村、洗坪村林下养鸡扶贫项目的报账工作；发动镇、村干部运用“四看法”，对全镇1114户未脱贫贫困户（除低保户、五保户）进行遍访，帮助贫困户分析致贫原因，理清发展思路、制订切实可行的帮扶计划。进一步完善扶贫系统的更新工作。积极开展农村危房改造和扶贫生态移民工作。

【社会管理】 通过三级视频接访、信访听证、镇村调解等多种有效形式，成功化解黄泥坡村大湾组和黄泥坡组群众吃水困难等信访矛盾纠纷25起，对群众反映的问题做到件件有着落、事事有回音。积极开展社会治安综合治理、禁毒和反邪教工作，大力开展政策法规大宣传、矛盾纠纷大调处、社会治安大整治“三项活动”以及危爆物品、枪支弹药、管制刀具收缴工作，强化公共安全监管和应急处置体系建设，辖区治安状况明显好转，社会和谐稳定，人民群众的安全感、幸福感明显上升。坚持依法行政，强化司法为民，全面推进依法治镇，打造守法诚信的法治政府；认真落实领导干部“一岗双责”“党政同责”安全生产责任制，切实加强非煤矿山（露天采石场）、道路交通、建筑施工、烟花爆竹、民爆物品、食品药品、学校等行业（领域）安全生产工作，加大地质灾害防治、森林防火、打击非法采煤采矿行为等工作力度，实现安全生产事故零发生目标。

【党建工作】 践行“三严三实”，严格执行中央八项规定，落实省委、市委十项规定，持续深入整治“四风”。巩固党的群众路线教育实践活动成果，深化向焦裕禄、文朝荣、杨善洲学习活动，扎实开展党的群众路线教育实践活动“回头看”。加大对镇、村干部特别是党员干部“为官不为”现象的督查力度，严肃干部工作纪律，依照有关规定，对不作为的飞蛾村原副主任龙正乾、顺河村原副主任杜国亮进行严肃查处。坚持标本兼治、综合治理、惩防并举、注重预防的方针，认真抓好党风廉政建设和反腐败工作，与各村（社区）、镇属各单位签订党风廉政建设目标责任书。深入开展整治大办滥办酒席活动。完善落实“三重一大”事项集体研究决策制度，加强对权力运行的监督。坚持从严从简，勤俭办一切事业，降低公务活动成本。严格执行“三公”经费公开，加强对公车的管理，严格执行公务接待标准。认真开展“民生整治铸廉三年行动”，严肃查办腐败案件以及损害群众利益的突出问题，查处1起党员违纪案件。

中建苗族彝族乡

【概况】 中建乡认真贯彻落实党的十八大及十八届四中、五中全会，习近平总书记系列重要讲话和省委十一届四次全会、市委一届七次全会、县委十一届四次全会精神，全面推进依法治乡，紧紧围绕“决战贫困、提速赶超、同步小康”的主基调，认真践行“三严三实”、大力整治“为官不为”，充分整合资源优势，不断完善基础设施建设，调整产业结构，推动经济社会较快发展，倾力打造特色农业，保护生态环境、发展生态经济，保障重大项目建设的顺利推进，走实群众路线，抓好精准扶贫，保持社会和谐稳定，确保群众安居乐业，全乡保持经济社会快速稳定健康发展的良好态势。

【基础设施建设】 完善小城镇建设后续服务及引进入驻。全乡特色小城镇建设已于2014年下半年基本完工，2015年逐月建设配套设施，并引导群众陆续入住，协调投资方尽快启动二期投资1250万元。投入资金50万元，建设中果河社区农贸市场，满足群众生活需要；完成龙凤、普盖300户人畜饮水管道入户安装；投资59万元，完成普盖村碾房组、黄泥组通组公路硬化；协调资金16万元，完成中果河大桥桥引工程建设；推进通村水泥路建设，完成2014年度已完工路段的安保、切缝浇灌等扫尾工程，基本完成2015年建设任务。投资580余万元，完成计生卫生公租房工程；投资40万元，完成镇社保中心及农业培训中心建设并入驻办公。做好黔西至白腊坎高速公路征地拆迁及协调服务、纠纷调处工作，保证工程顺利推进。

【工业经济及招商引资】 配合雷公山煤矿完成地面办公、生活基建和矿井建设，实现正式投产；做好挖拢沟煤矿缓建，红堰煤矿停产期间的安全监管、矿群纠纷协调等工作。引导总投资1000余万元的龙凤砂石厂扩大生产规模，积极拓展市场。大力招商引资，成功引进深圳大华集团在中果河社区投资1.5亿元开发漂流项目，以龙头产业带动其他产业发展，项目已签订合作协议，正进行前期准备工作。全乡完成固定资产投资7000余万元，招商引资2.2亿元。

【农业结构调整】 以特色品牌带动常规产业发展。在实施常规农业生产的同时，通过争取项目、招商引资、成立专业合作社等方式种植茶叶、皂角、天麻1000余亩，种植软籽石榴1007亩，完成烤烟种植1000余亩；新实施种草养羊项目29户，引资发展红板现代生态农业观光园。依托“9+3”教育、农业适用劳动技能培训、企业用工培训等，加大农民技术培训、劳动力转移力度。贫困户子女“9+3”中职计划招生30名以上，就地输出劳动力600人以上，新增劳务经济500万元以上。

【卫生计生】 不断完善乡卫生院医疗设备设施，提升医疗技术，提高服务水平，扩大服务效果；定时集中开展送医送检活动。狠抓常住和流动人口管理，及时更新人口信息系统，扎实开展“双诚信、双承诺”计生工作，实现“双降”目标。全年兑现各种计划生育奖励扶助70户、资金4.56万元；完成31对夫妇《独生子女证》办理。常住人口符合政策生育率97.5%，流动人口符合政策生育率89%；完成孕前优生健康检查39对，实施避孕节育手术172例，手术落实率达100%。

【社会保障】 全年累计发放农村低保金108.01元、救济粮3.3万千克；发放城市低保金7.83万元、五保金13.57万元、优抚金21.9万元，受益农户912户1892人。抓好辖区内3.5万亩天然林资源管护工作，做好全乡4000余亩退耕还林地的管护工作，全乡森林覆盖率达54.8%。发放农业综合补贴9.2万元（水稻补贴+玉米补贴）。全乡新型农村合作医疗参合人数9237人。全年兑现乡住院补助5.39万元，县外就医补助75.28万元，门诊就医补助达11.21万元。全乡社保新增987人。

【综治工作】 开展“政策法规大宣传，矛盾纠纷大调处，社会治安大整治”行动，对全乡矛盾纠纷进行拉网式排查，共排查出矛盾纠纷32起，成功调解26起。坚持源头治理、动态管理、应急处置相结合的办法，切实维护社会和谐稳定。与各村（社区）、乡属各单位、煤矿、非煤矿山等企业签订安全目标责任书，明确责任。加大道路交通安全整治力度，查处各类交通违章运营车辆和交通违法行为。加大打非工作力度，对全乡炸封小煤窑定期巡查，对偷采盗采者严厉打击，杜绝小煤窑死灰复燃。加强汛期安全及地灾点巡查，保证群众生命财产安全。

【党建工作】 按照服务型、发展型党组织建设要求，切实加强乡村两级班子学习培训。全年党委中心组开展理论学习14次；组织全乡党员干部学习《党章》、党的十八大及十八届三中、四中全会和习近平总书记系列重要讲话精神30余次，参学人数1200余人次，举办以政策法规、科技知识、实用技术等为主题的各类培训班9期，培训乡、村两级党员干部150人次。继续推行干部驻村“1+9”工作机制，扎实开展同步小康驻村工作。积极开展党建示范点创建活动，先后创建各种党建示范点6个；扎实抓好党建扶贫工作，先后投入扶贫资金79万元，实施人畜饮水和通组公路建设。全年发展党员11名。有目的、有计划地开展党员经常性教育活动。紧紧围绕创先争优活动，积极创新活动载体，搭建活动平台，健全活动机制，先后组织开展“领导干部认亲交友结对帮扶”“四个万家”等活动30多次，展现党员干部的风采和活力。

花溪彝族苗族乡

【概况】 花溪乡坚持以党的十八届三中、四中、五中全会精神为指导，贯彻习近平总书记关于毕节试验区重要批示精神，落实中央、省、市以及县委的一系列重大决策部署，按照“科学发展、后发赶超”的工作思路，整合资源，科学合理调整产业结构，抢抓机遇，奋力作为，推动全乡经济社会持续发展。全年实现农民人均纯收入6254元，增速达16.14%。夏粮粮食产量达1535吨，同比增长15.5%；肉类总产162141千克，同比增长14.2%。完成固定资产投资3343.03万元，完成招商引资6170万元。

【农业经济】 在确保传统农业种植增产增收的同时，大力支持钟山村500亩续断、五倍子及汶川青脆李350亩等农业规模化种植项目；大力推广养牛、养羊等养殖项目建设；继续管护600亩茶叶种植基地，对全乡已建成的11000亩核桃进行田间管理。争取县扶贫办养殖项目3个，即钟山村、安作村、挖陇村草地生态畜牧业产业化养羊项目，涉及农户30户，每户20只，共600只羊，利润达650元/只，新增利润39万元。积极争取民宗局养殖项目1个，即丰坪村草地生态畜牧业产业化养羊项目，涉及农户15户，每户20只，共300只，利润达650元/只，新增利润19.5万元。

【基础设施建设】 推进小集镇规划第一期建设，完成总投资620万元，完成主街道硬化，正在进行排污系统建设及路灯安装。实施通村水泥路建设52千米，完成路肩52千米，完成碎石垫层 48 千米，完成路面建设 24 千米。协调黔白高速三标料场征地补偿工作基本结束；启动实施“一事一议”项目排污系统 1000 米、路面硬化 2.2 千米，安装路灯 52 盏，建设灯光球场 1 个。

【生态文明建设】 严格按照“多彩贵州·文明行动”的相关工作指标要求，按照村镇规划相关意见，指导群众参照新农村建设进行建房，指导开展环境亮化美化净化工作；建成 2015—2018 年造林 3000 亩的育苗基地 1 个，预计总育苗 100 万株，可实施荒山造林 3500 亩。

【民生事业】 对“三类”人员等特殊人群进行拉网式排查，对 874 名留守儿童建档立卡包保；严格按照政策开展低保核查工作，确定全乡低保 312 户 700 余人；社保参保完成续保 2151 人，新增参保 851 人；按照规定实施新农合补助，启动 2016 年新型农村合作医疗费收缴工作。抓教育均衡发展，启动幼儿园建设，完善学校基础设施，按照各项指标落实控辍保学工作。验收发放农村危房改造专项资金 126.46 万元。为 65 岁以上的 912 位老年人建立档案，建档管理人数 742 人，管理服务率达 81.35%。全年排查调处矛盾纠纷 23 件，调处成功率 100%，全乡无大案要案发生。按照“六个到村到户”结对帮扶模式，对贫困户 1494 户、贫困口 4044 人开展精准帮扶，制定帮扶方案，全年实现成功脱贫 941 人。

【党建工作】 结合党的群众路线教育实践活动，开展“三严三实”系列活动；坚持领导干部带头，严格学习制度，突出学习重点，创新学习形式，强化思想政治建设。加大对民生项目资金的监督管理，运行责任监督备案 9 件，其中大额度资金 2 件、重大项目 4 件、重大人事 3 件。加强“三公”经费管理、民生督办、勤廉监督工作，收集民生监督工作问题 3 件，直接受理群众反映 3 件，正在核查 1 件，办结 2 件，立案 2 件，结案 2 件，党纪处分 2 件。加强民生项目监督管理，参与通村水泥路监督检查 45 次 135 人，发现问题 3 个，发出整改建议书 3 个，整改 3 个。通过典型案例对党员干部进行廉政教育、警示教育，有效提高全乡党员干部的廉洁自律意识，为全乡各项工作顺利推进提供强有力的纪律保证。

重新镇

【概况】 重新镇坚持以邓小平理论、“三个代表”重要思想和科学发展观为指导，深入贯彻落实党的十八大及十八届三中、四中、五中全会精神，以“六个到村到户”精准扶贫为抓手，着力解决群众脱贫致富问题；以同步小康建设为目标，坚持稳中求进，倾力抓好各项工作，全镇经济社会得到健康有序发展。全年完成固定资产投资 1.64 亿元，招商引资实际到位资金 1.95 亿元，农民人均纯收入达到 7598 元，完成税收 1380 万元。

【城镇化建设】 坚持以人为本、优化布局、生态文明、传承文化的基本原则，建立多元可持续的资金保障机制，突出城镇建设特色，强化镇村联动，提高城镇建设水平，着力将重新打造为黔西县东北部的副中心集镇。按照集镇新区路网规划设计，完成 1260 米主干道路和 4 条支线建设，完成雨水管、污水管、电力管、通信管等管道安装以及人行道铺砖、绿化和路灯工程，正在进行沥青路面建设工程。集镇开发建设带动性项目工程全面启动或完工，集贸市场、集镇广场扩建工程已开工，重新车站扩建项目正在开展相关前期工作；48 套教师公租房、60 套计生卫生公租房已全面完工；60 套教师周转房部分已入住；100 套乡镇公租房建设已进入装饰阶段。

【农业发展】 紧紧围绕“促进农业稳定发展、保持农民持续增收”目标，进一步加大对农业基础设施的投入，着力发展现代农业和特色农业，加快推进农业产业化步伐，农业经济实现新发展。强化现代烟草农业建设，着力培育烤烟产业，2015年烤烟种植面积1.38万亩，产量达4.07万担，实现产值5308万元。巩固粮食生产，种植粮食作物3.5万亩，产量达6329吨。规划发展经果林4100亩、封山育林2468.4亩、人工造林1005亩。巩固发展养殖业，全镇生猪出栏1.35万头，肉产量1608吨；肉牛出栏1420头，肉产量360吨。加强牲畜疫病防控，及时组织防疫员参加防疫业务知识培训，采取包村、包组、包户的形式，深入村组，逐户开展防疫工作，向养殖农户宣传讲解有关动物传染病的预防知识，免疫覆盖率达到100%。

【基础设施建设】 加强交通基础设施建设，全面完成木山等7条49.6千米通村水泥路建设。加强电力、通信基础设施建设，投资3448万元建设的110千伏输变电站已进入机组安装工程；实现全镇通讯网络全覆盖。杨家湾、木山等通组路（25千米）、路灯、文化广场等“一事一议”财政奖补项目已进入扫尾阶段。全面完成桥边村黎家田等3个烟田土地整治项目，启动投资近5000万元的平桥等4个村土地整治项目和投资300万元的冒沙村土地整治项目。推进美丽乡村建设，投入资金248万元（其中项目资金180万元），重点开展桥边村、杨家湾村、八角村“四在农家·美丽乡村”创建工作，同时抓好全镇小康路、小康水、小康房、小康电、小康讯、小康寨等建设，开通小坡村、峰岩村、荆州村联通无线3G网络，大力改善农村生产生活条件。

【精准扶贫】 采取“精准识别四看法”，不断完善精准识别“数据库”，推行贫困对象进退机制。进一步抓好精准帮扶，大力推动帮扶对象、帮扶项目和帮扶责任人“三落实”，实现“一村一法、一户一策”。截至年末，全镇共识别贫困人口1848户、6110人，其中民政兜底583户、10372人。全年遍访贫困户16000余次，全面完成石牛、小坡村700亩石榴种植和朱家寨村、碗厂沟村养鸡项目。严格按照相关程序和要求，全面完成农村危房改造84户。

【文化教育】 深入实施义务教育均衡发展、教育“9+3”计划和控辍保学、农村中小学生营养改善工作，大力推进重新幼儿园、重新小学学生宿舍等教育项目建设进度，改善办学条件。义务教育均衡发展工作于6月通过省级验收，12月通过国家验收。全年完成中职招生381人，完成目标任务数的105%；学前教育三年毛入学率77.2%、在校小学学生辍学率0.18%、在校初中学生辍学率1.73%、高中阶段毛入学率86.3%。在全镇扎实开展“明理知耻·崇德向善”主题实践活动；抓实“十星级文明户”创评工作，全镇评出“十星级文明户”201户；认真开展农村思想道德教育活动，制定标语150幅，开展宣传活动19次，印发各种宣传资料5000余份，到户宣讲5000余户。

【民政工作】 全面落实城乡最低生活保障制度，认真开展低保提标和对象核查工作，努力实现城乡最低生活保障动态管理下的“应保尽保，按标施保”和“应退则退”，按时足额兑现低保金。2015年，累计发放城市低保金12.5万元、农村低保金199.8万元、五保供养金31.9万元，补发2014年煤炭补助资金5.7万元、优抚资金114.1万元，发放季节性缺粮户310户、1.14万千克。全面建成三重堰社区、杨家湾村、龙塘村幸福院，农村五保集中供养率达41%，敬老院床位利用率达91%，完成敬老院法人登记工作。强力推进殡葬改革，严格执行上级有关会议及文件精神，建成农村公益性墓地21处覆盖18个村（社区），火化率达100%。抓实“三关爱”工作，共排查出留守儿童1293人、空巢老人439

户656人、残疾留守儿童7人，申报困境儿童70人、发放补助资金5.6万元，向留守儿童共发放160包大米、60桶菜油、65个书包。加强社区建设与管理，完善村（居）务公开和民主自治村示范建设，村（社区）基层民主自治建设完善率达100%。

【社会保障】　做好困难群众生产生活保障，完善流浪未成年人、空巢老人、孤残人员救助体系。农村养老保险收缴12503人，完成目标任务的97%。加大农民实用技术和技能培训力度，提高农民致富能力，鼓励农村剩余劳动力外出务工或向第三产业转移，全年共完成城镇新增就业200人、“千企万人”工程120人，劳动力转移893人。

【卫生计生】　深化人口计生基层群众自治，全面推进“双诚信双承诺”工作，实现人口计生技术服务、提高出生人口素质、促进人口长期均衡发展“三大目标”。全镇符合政策生育率达到96.5%，出生人口性别比保持在正常值范围内。加强基层医疗服务体系建设，加强疾病预防控制和妇幼卫生保健工作。截至年末，办理新农合外县就医补助410人、240.4万元，镇卫生院门诊1024人、73万元，村卫生室就诊21096人、57.3万元。加强食品药品安全监管，深入开展“创文创卫”工作，提升文明卫生程度。

【社会综治】　加强“一轴两驱四轮”体系建设，紧扣“六大重点”和“六强六创”，按照“六零六好”总要求，以实现“两升两降”为目标，建立“镇—村—组—中心户长”为主线的信息员队伍，完善群众举报奖励制度，形成统一畅通的自下而上的信息报送渠道，对影响社会治安稳定的因素做到“底数清、情况明”。成立“禁毒、禁赌、反邪教”协会，深入开展“三级联动”工作。充分发挥镇村维稳协会作用，人民调解、行政调解、司法调解相结合，对排查出来的矛盾纠纷47件，调处45件；信访积案16件，化解10件，稳控6件，有效解决群众合理诉求。深入开展“平安重新”建设工作，下拨村（社区）、单位平安建设工作经费5.5万元，制定宣传标语、展板、宣传单等，设立镇村平安建设办公室，明确专人负责，确保工作有人抓、事有人管。组建以综治、派出所、交通协管、禁毒专干、警务助理等人员为主的治安巡逻大队和以村干部、村民小组长、中心户长等人员为主的护村护寨队，开展经常性、全天候治安巡逻防范。开展“打黑除恶”、打击“两抢一盗”、缉枪治爆、禁毒等专项斗争，全年收缴枪支12支、雷管152枚、管制刀具3把；成功侦破“3·12盗牛团伙案”和“5·03聚众赌博案”。成功承办县平安建设现场会。抓好安全生产工作，强化道路交通、消防、森林防火、非煤矿山、烟花爆竹、食品、学校等各领域安全生产工作，全年开展安全隐患排查整治27次，实现全年未发生重特大安全事故。

【党建工作】　结合“五个一”要求，按时保质保量完成党委中心组学习任务，全年组织重大会议精神宣讲3次，到村宣讲54次，每月按时上报舆情信息。完成上级安排的调研课题和理论文章撰写，在省级以上主流媒体登载3条，在《毕节日报》刊载5条，在黔西政府网、《黔西报》、黔西电视台刊发信息128条。全面落实党风廉政建设责任制，坚持经济社会发展与党风廉政建设“两手抓”“两手都要硬”。突出抓好重点领域、关键环节，加大监督管理和制约力度，强化用制度管权管事管人。深化镇民生项目监督特派组工作，完善镇、村两级监督网络。推行民生项目安排分配、行政审批、重大资金使用决策等网上公开。

定新彝族苗族乡

【概况】 2015年是“十二五”规划的收官之年，定新乡紧扣毕节试验区“开发扶贫、生态建设、人口控制”三大主题，紧紧围绕县委、县政府各项工作部署，解放思想，抢抓机遇，改进作风，找准差距，鼓劲加压，开拓进取，真抓实干，统筹发展，全乡呈现出政治安定、社会稳定、经济发展、事业兴旺、人民群众安居乐业的良好局面，圆满完成“十二五”各项目标任务。2015年，全乡完成生产总值1.12亿元，比2010年增加59%。其中第一产业7137万元，比2010年增加52%；第二产业3096万元，比2010年增加77%；第三产业954万元，比2010年增加66%。财政总收入1760万元，比2010年增加31%；农民人均可支配收入达到6483元，比2010年增加105.23%；完成全社会固定资产投资5000万元、招商引资7000万元。全乡经济实力不断增强。

【农业经济发展】 以调整农业种植结构为主线，以土地整理为重点，不断优化土地经营管理，努力提高土地利用率，农业基础设施不断完善，粮食基础地位得到巩固。紧抓特色农业，2015年全乡粮食播种面积达到5.03万亩，总产量达1.03万吨。实施英雄村500亩优质玉米示范种植工程。积极发展适宜地质及气候条件的经济作物，在新海、元田等村种植烤烟1660亩，收购烟叶21.5万千克，实现烤烟税收120余万元；在新海村种植中药材800亩、脱毒马铃薯928亩。进一步加大畜牧养殖业发展力度，在三好村、庄子村实施种草养羊600只，全乡羊存栏数达3500只以上。初步建成新海村现代农业观光示范园1个，完成烟台红富士苹果种植500亩。坚持以“巩固、发展、提高、增效”为目标，鼓励发展农村专业合作组织。截至年底，发展蔬菜种植、种草养羊、中药材种植等各类专业合作社12家。大力发展微型企业，建成微型生猪养殖企业4个，在建冷水鱼养殖基地1个，农业产业结构日趋优化，农民增收途径不断扩宽。启动软籽石榴项目8200亩，提高经果林在农业中的比重。

【招商引资】 加大招商引资和项目建设力度，进一步推进以商引商、以情招商、以情安商，构建良好的招商平台，以招商引资推动项目建设，拉动经济发展。“十二五”期间，通过招商引资，初步建成返乡农民工创业园1个，建成中药材加工基地1个、加油站1个，引进资金2200万元建成规模较大的石材加工厂1个，引进资金2000万元建成新海村农民种植观光园1个，引进资金600余万元启动实施英雄桥红色文化旅游基地建设，全乡建筑材料加工、绿色食品加工、特色农产品加工、旅游文化等领域得到健康发展，为全乡经济社会发展奠定坚实基础。

【集镇建设】 乡党委、乡政府按照“生产发展、生活富裕、乡风文明、村容整洁、管理民主”的要求，带领全乡人民以农村面貌改善提升行动为切入点，以小康创建“六项”行动为抓手，狠抓小城镇建设工作，不断夯实基础设施建设，着力改善群众生产生活环境。“十二五”期间，先后实施群星村街面硬化380米、集镇老街立面改造43526.45平方米；结合尹家槽子生态文明家园建设工作，规划建设元田村550米民族新大街，完成集镇街道路灯安装130盏、自来水管网改造3000米、排水排污沟渠改造800米，新建公厕4座，城镇化工作推进有序，广大群众的生产生活条件得到极大改善。实施定新乡幸福小镇和元田村“五园新村”精品示范村建设工程并通过上级验收。

【基础设施建设】 “十二五”期间，争取资金1000余万元，完成全乡电网初级改造工程；争取资金900余万元，在马䮾、三好等9个村（社区）实施人畜饮水工程，在青杠等村实施小水窖工程，解决5000余户11000余人的安全饮水问题；完成农村危房改造1000户、“黔西北民居”生态文明家园建设1974户，有效解决群众住房难的问题；完成院坝及联户路“两个硬化”工程，累计硬化院坝125122.5平方米、联户路120.9千米；争取上级资金建设通村公路10.5千米、通组公路10千米。争取深圳扶贫资金90万元，启动实施马䮾村、堡堡寨村两条5.5千米的通组公路建设工程，已全面竣工。从2014年起启动实施全乡通村水泥路建设工程，截至2015年年底，全面完成39.4千米的通村水泥路建设任务，实现全乡村村通水泥路的目标；2015年，启动建设村级公厕5个、垃圾池28个，实现村、组垃圾集中收集、清运，进一步美化乡村环境。

【民生工程】 严格按政策及时、足额兑现、发放粮食综合补贴、小麦良种补贴、水稻良种补贴、玉米良种良法补贴、农机补贴、家电下乡补贴等资金。认真抓好精准扶贫工作，完成1103户、4258人贫困人口逐户走访及“一户一档”建档工作，落实扶贫项目林下养鸡8000羽、种草养羊900只、石榴种植4700亩，覆盖农户2395户、7941人。2015年，成功脱贫摘帽302户、1197人。扎实做好生态文明建设、荒山绿化等工作，认真抓好26598亩天然林保护工作，“十二五”期间累计完成巩固退耕还林成果经果林种植21078亩（其中石漠化治理3000亩）、退耕地补植补造1479亩、荒山植树造林400亩。争取资金建设村级卫生9个，有效解决群众“看病难”的问题；实施广播电视“村村通”806户、“户户通”1699户，进一步丰富群众文化生活。

【社会事业】 着力解决低收入家庭和困难群体生活保障问题，做到应保尽保，严格落实五保、低保、残疾人补贴发放工作。扎实做好新型农村合作医疗工作，2015年完成参保人数17725人，任务完成率100%，参保率达77.86%；社保工作正常开展，2015年完成参保人数5093人，任务完成率100%，参保率21%。把义务教育均衡发展作为教育发展的重中之重，通过积极协调，多彩贵州网捐赠价值6万余元的20台电脑、县扶贫办捐赠价值1.5万余元的30台电脑、县国土局捐资1.5万元，积极投入到全乡义务教育均衡发展工作中，定新中学等6所中小学成功通过省级义务教育均衡发展检查验收。全镇村级图书室配备齐全，共计拥有各类图书25000余册。扎实开展“双诚信双承诺”工作，计划生育政策较好落实，符合政策生育率为98.3%；切实抓好殡葬改革，规划公益性公墓13个，全乡无二次装棺、套棺现象发生。

洪水镇

【概况】 洪水镇认真贯彻落实党的十八大及十八届四中、五中全会，习近平总书记系列重要讲话和省委十一届四次全会、市委一届七次全会、县委十一届四次全会精神，牢固树立科学发展观，开拓创新、奋力拼搏，推动全镇经济社会又好又快发展。全年完成固定资产投资2.17亿元，超额完成县政府下达目标任务数；新签约落户项目8个，其中工业企业5个、农业企业2个，物流企业1个，项目总投资5000多万元，实际到位资金4000多万元。完成荒山造林1500余亩、道路绿化10千米。农民人均纯收入达7387元。

【农业经济发展】 对传统农业加大技术指导和培训力度，相继开展红米种植、经果林、畜禽养殖等农业实用技术指导培训13期，培训650余人；印发各种果树管理技术资料3500份，定期和不定期到有项目村进行果树管理的检查指导。加大测土配方施肥力度，在新桥村实施测土配方施肥示范点500亩，在全镇推广测土配方施肥1000余亩。大力发展特色水果，采取业主和龙头企业带动、专业合作社管理、集体和农户自管相结合的模式，实施高标准软籽石榴5300亩，已完成种植任务的90%。大力发展蔬菜业，在新桥、源水等村积极实施万亩蔬菜基地建设，以市场为依托，以贵州高原蓝梦菇业有限公司为龙头，运行公司+农户+合作社模式，完成种植高山冷凉蔬菜7000亩，完成香菇种植1000亩。大力发展畜禽养殖业，在箐利村发展规范化生猪养殖基地1个，已完成投资意向；在官庄村发展养羊基地1个；全镇发展生猪养殖大户12户。全镇秋冬种和农业板块经济工作得到各级领导认可，被县委、县政府推荐市级表彰。

【基础设施建设】 完成通村公路治理工作，新修通村公路边沟、安全防护设施并开展道路管护工作。全镇通组水泥路村民自行管护率达100%。新建附廓社区通组路1.9千米。加快水利设施建设步伐，完成箐利村人饮工程并通过验收；完成解放村大落灌和源水村提灌站改建工作，解决和改善灌溉面积1000多亩；完成附廓库区移民新村变压器安装工作，解决移民用电问题。完成洪水镇农村客运站及解放村农家乐、灯光球场、乡村旅游升级打造项目邀标工作，项目预计于2016年3月全面完成。提高城镇建设水平，围绕美化和提升洪水形象、增强洪水商业辐射能力做文章，做好“美丽乡村·四在农家”打造工作，完成115户危房改造工作。提高村镇规划水平，认真宣传《土地法规》及《村镇建设规划管理条例》，严格执行《村镇建设规划管理条例》。2015年共审批农村居民建房43户，积极稳妥地推进新农村建设。

【生态建设】 配合县环保局完成附廓社区水源地、官庄村、新桥村、解放村环境整治项目编制工作，项目正在进行招投标工作。加大环保执法力度，对污染企业和有污染隐患的对象进行集中处理；配合林业部门加强绿化管理，在资金还没有到位的情况下，先行行试，大力实施荒山造林和经果林种植项目，对镇村公路行道树、街道进行绿化管理和苗木补植，并按常规季节进行除草、杀虫等管理工作，实现洪水镇的绿化美化。2015年，洪水镇荣获“省级生态镇”荣誉称号。

【人口和计划生育】 加大行政执法力度，对全镇政策外生育对象进行认真清查，依法征收社会抚养费。加强基层基础工作和硬件投入，进一步完善镇计生办信息网络建设，使pis系统网络版，完成各项信息录入；投入资金1.8万余元，为每个村（社区）配齐计划生育工作专用身份信息识别器。加强宣传教育工作，按照县卫计局的要求，加强宣传《中华人民共和国人口与计划生育法》《计划生育技术服务管理条例》《社会抚养费征收管理办法》《流动人口计划生育工作管理办法》以及《贵州省人口与计划生育条例》等政策法规，依据计划生育奖励扶助政策、优生优育和行政处罚等严格落实工作责任。

【安全生产】 加强领导，落实责任，做到安全生产“四同步四到位”，即与经济建设同步研究、同步布置、同步实施、同步考核；安监机构、监管人员、工作措施、经费投入到位。强化安全主任责任，狠抓安全制度建设，对全镇各生产企业的安全生产制度、措施、预案等进行全面检查，发现问题立即整改，使企业安全生产制度更加完善、企业安全生产责任更加明确。建立安全隐患排查治理常态机制，强化监管，深入搞好专项整治活动。严厉打击非法客运车辆，集中力量整治农村道路交通安全，落实船舶、车辆、森林和非煤矿山安全责任制，确保无重特大安全责任事故发生。

【社会事业】 落实扶贫救助政策，把党和政府的温暖送到弱势群体心坎上。对各村2015年享受农村低保的对象进行逐户调查核实，做到“应保尽保，不该保的坚决不保”；加大“三关爱”工作力度，建立台账，每月更新，做到“村有册、校有簿、镇有档”。实行镇、村（社区）干部及党员结对帮扶制度，切实解决群众在生产生活中遇到的困难和问题。加强应急救灾力度，落实24小时值班制度，及时处置突发性灾害。狠抓殡葬改革，严格执行《黔西县殡葬改革条例》，有效改变农村殡葬陋习，遗体火化率和规定安葬率均达到100%。投入资金3万余元，建立12个村（社区）广播站，把党的声音和惠民政策宣传到每家每户。

【党建工作】 注重党委班子思想政治建设，健全党委中心组学习制度。进一步完善党政议事制度，提高民主科学决策水平；定期召开专题民主生活会，切实增强班子团结，形成强大的工作合力。狠抓基层党组织活动阵地建设，建立党员现代远程教育示范点7个；加强基层党组织班子的整顿，增强班子的凝聚力和战斗力。结合“三严三实”专题教育活动，完善村（社区）班子任期工作目标和各项管理制度；进一步完善村务公开、民主监督、民主决策和民主管理相关制度，健全村（居）民自治机制。加强党风廉政建设，定期组织镇村（社区）干部收看反腐倡廉教育片，采取集中学与自学相结合、学文件与专题讲座相结合、知识测试与心得交流相结合、正面典型示范与反面典型警示教育相结合，强化反腐倡廉宣传教育。进一步完善各项规章制度，调整充实镇党风廉政建设工作领导小组和办公室人员，建立完善《洪水镇机关干部管理方案》；实行党委书记负总责、纪委书记具体抓的工作机制，层层落实党风廉政责任制，并严格实行“一岗双责”。强化监督职能，推行“阳光工程”，完善工程邀标办法，对项目主管部门委托实施项目，严格按邀标办法进行邀标。加强对镇、村两级政务、财务及干部人事任免的监督。加强便民服务中心建设，完成11个村（社区）便民服务站的挂牌，规范工作制度，增强镇、村干部的服务意识，密切党群、干群关系。

【扶贫攻坚】 按年初工作计划和脱贫作战图，将任务明确到每个村、每个项目、每一个人。牢牢把握“六个精准”原则，通过“四看法”对已识别进行建档立卡贫困户进行再次核查识别，对达不到贫困条件的农户坚决清理，对徇私舞弊干部坚决进行查处。2015年共清理不符合条件贫困户近300户，党纪处理干部2人。整合非扶贫项目资金，向贫困村、贫困户倾斜，扶贫资金、扶贫项目因地因人对贫困户全覆盖，对不同项目贫困户选择不同专业技术干部结对帮扶。创新机制抓帮扶，指导新桥村结合实际走“强基础、壮产业、结对子、促增收”的精准扶贫路子，通过明晰“1154”产业扶贫思路，建立“4321+X”结对帮扶机制，采取“三个一点”资金筹措方式，把扶贫资金、帮扶力量向贫困对象聚合，使全村81户贫困户327人全部脱贫，走出一条“滴灌式”精准扶贫之路，解放村始终坚持以“看得见山，望得见水，记得住乡愁”为发展理念，依托资源禀赋和区位优势，强基础、调结构，积极争取社会各界支持，倾力实施各类开发扶贫项目，探索出一条寓生态文明建设于经济社会发展之中，人口、资源、环境相协调的可持续发展新路子。成功迎接中央政治局原常委、全国政协原主席贾庆林，云南省委书记李纪桓以及山东、内蒙、云南、湖北、重庆、河北等省、市50多个代表团到新桥和解放2村考察。新桥精准扶贫模式在全省推广，解放村的乡村旅游被《人民日报》《光明日报》《新华社每日电讯》、中央电视台、贵州电视台等主流媒体争相报道。

林泉镇

【概况】 2015年是“十二五”规划的收官之年，林泉镇坚持以邓小平理论、“三个代表”重要思想和科学发展观为指导，认真贯彻落实党的十八大及十八届四中、五中全会，习近平总书记系列重要讲话和省委十一届四次全会、市委一届七次全会、县委十一届四次全会精神，全面推进依法治镇，紧紧围绕“决战贫困、提速赶超、同步小康”的主基调，认真践行“三严三实”、大力整治“为官不为”，充分整合资源优势，不断完善基础设施建设，调整产业结构，推动经济社会较快发展，倾力打造特色农业，保护生态环境、发展生态经济，保障重大项目建设的顺利推进，走实群众路线，抓好精准扶贫，保持社会和谐稳定，确保群众安居乐业，全镇保持经济社会快速稳定健康发展的良好态势。

【招商引资和项目建设】 全年完成招商引资到位资金1.28亿元，其中贵州绿太阳农业科技有限公司菊花基地及加工厂建设项目总投资1.4亿元，完成投资9100万元，精品水果示范园项目总投资5000万元，完成投资3700万元。在新水村宏易达洗煤厂新建精洗喷吹煤矸石处理（二期）生产线1条，总投资1.5亿元，年处理煤矸石60万吨。在新水村新建燃料储存项目，总投资1000万元。报送推荐项目5个，精包装项目1个。

【特色产业发展】 始终坚持“稳定粮烟为基础，发展特色农业产业”理念，全力打造“现代农业示范镇”。围绕“以示范带动为抓手，以特色产品增效应，以土地流转搭平台”的发展思路，大力发展蔬菜、中草药、经果林。截至2015年末，共种植蔬菜2万亩，在营脚村、周寨村、增坪村、山海村、海子村建成菊花种植基地1119.7亩；在增坪村、高锦村投资2000余万元建成猕猴桃基地2处，已种植800余亩，待种植600亩；在海子村、山海村、清浦村等黔大高速公路沿线村完成退耕还林，种植石榴1367亩；在西桥村、山海村利用扶贫项目种植石榴960亩；在余姚村种植中药材厚朴5万株、金钱松2万株；在山海村发展刺梨种植1万株等。在山海村开展蛋鸡养殖，存栏7万余羽。全镇有能繁母牛存栏1200头，猪存栏6300头，鸡存栏达12万羽以上，其中水西乌骨鸡存栏150羽。

【“四在农家·美丽乡村”建设】 海子村作为毕节市委书记陈志刚联系示范点，严格按照“贵州民居”图集进行建设，美化亮化房屋、完善基础设施，采取群众自筹、政府指导、银行贴息、部门帮扶的形式，2015年实施房屋建设327栋，其中已签协议145栋。有35栋正在升层或新建，有39栋正在等待施工队进场。实际动工68栋，主体基本完工13栋，瓦面已盖完的56栋。山海村作为市级示范点，于2015年8月开始重点区域规划建设。

【基础设施建设】 以改善人居环境、夯实发展基础为目标，始终坚持基础设施先行，重规划，强功能，求实效。完成田冲、龙家槽病险水库2座除险加固任务。投入资金60万元，新建山海村（石山）人饮工程；投入资金40万元，新建海子村人饮工程；投入资金70.12万元，新建合心村人饮工程。继续督促完成西桥、卫星、新水人饮工程项目，受益人口达1.2万余人。完成全镇2个村农村电网改造工作，保障村民、厂矿企业用电安全。新建、在建通村水泥路14.7千米，其中林泉至海子通村路全长6.1千米、宽

4.5米；林泉至周寨8.6千米、宽5.5米的通村水泥路正在建设中。完成林泉社区路口至政府路口至林红公路路口820米过境道路维修工程。投资42万元，新建林泉社区办公大楼。拆除原镇农技站办公楼危房，新建镇社保中心大楼并投入使用。拆除镇政府后侧宿舍危房，投入407万元新建计卫公租公寓1栋。实施成贵铁路征地100余亩，拆迁9户，镇域范围过境800米红线用地全部按时征收。完成夹岩水库枢纽工程主渠道征地任务，工程施工队已进场施工。

【集镇建设】 大力开展“多彩贵州文明行动”，建立环卫队伍，对全镇重点道路沿线垃圾进行集中清运，统一填埋，集镇形象得到明显提升。加快小城镇建设推进工作，聘请贵阳市建筑设计有限公司完成林泉小集镇总体规划及镇域控规编制工作，完善征地拆迁方案、新镇区主干道道路设计及红线范围土地丈量、拆迁房屋实物登记丈量等相关工作，并通过竞争性谈判，最终确定投资商，土建工程部分即将启动。争取到革命老区建设资金270余万元，即将启动林泉社区山体公园、文化广场和林泉镇少年宫项目建设，以林泉社区为中心，以高锦、瑶坪等为补充的农村商业集镇体系逐渐形成。

【新农村建设】 大力整治农村红白喜事大操大办不正之风，组织各村（社区）制定完善村规民约，全镇辖区内无违规操办酒席现象。多渠道筹措资金80多万元，对全镇15个村（社区）进行规范化建设，严格按照“一厅一场七室二栏一超市”和网格工作室规范化建设要求，打造全镇15个示范社区。积极争取国家烟草扶贫新村建设项目资金400万元，分别在卫星、清塘2村实施道路修建、房屋亮化、路灯安装、人畜饮水、广场修建等扶贫工程，并通过市、县检查验收。切实抓好农村危房改造工作，2015年争取国家项目资金107.8万元，实施并完成122户农村危房改造工程，其中一级危房26户、二级危房96户。

【社会管理】 秉持“知民生、会民意、集民智、促民荣”的“知会集促”四原则，以五位一体集成创新为抓手，在充分保障村民自治权利的基础上，实现社会管理精细化，为率先在全县全面建成小康社会营造良好社会氛围。建立132个民生网格化工作室，保证社情全摸清、矛盾全掌握、服务全方位。完善组织网络，实现社会管理由“粗放”向“精细”升级，以“三委一组一中心”为主要平台，有效开展社会管理工作。规范村级“两站两会”设置，畅通群众反映问题渠道，保障群众监督权利，调动群众参与村级事务的积极性和主动性。推进“三会三评三公开”民主议事决策制度，促进农村基层民主建设，激发群众参与村级事务和自我管理的积极性，保证村级各项工作实现公开、透明，有效化解群众因不明白、不了解而引起的怨气和埋怨。

【综治工作】 认真做好政法工作、“三级联动视频接访”工作，全面落实矛盾纠纷隐患排查、交办和限期办结、复杂矛盾纠纷联动调处和问责制等4项工作制度。全年共排查化解矛盾纠纷46件，调处率达100%，成功率90%，全镇未发生群体性事件和突发性事件。认真做好信访维稳工作，在省、市、县各种重大会议或活动期间，详细拟定专题的信访维稳工作方案，进行细致的安排部署，确保全镇无到县、市非访、闹访、缠访及赴省、进京上访的现象。深入开展法制宣传教育主题活动，加强民主法制建设，认真开展社区矫正、刑释解教调解工作。

【安全生产】 排查安全隐患，共查出各类一般隐患98条，全部责成整改，完成整改94条，整改率为95.9%。认真做好防汛工作，对全镇的水库和山塘进行排查，制定防汛预案，指定包保责任人，确保安全度汛。重组森林扑火应急分队15支，与各单位、各村（社区）签订防火责任书15份，各村（社区）与村民签订《森林防火承诺书》8000余份，发放森林防火宣传年历1000张、宣传单3000余份，悬挂森林防火横幅2条、固定标语56条。开展学校、医院、加油站等重点领域的消防安全专项整治工作，对不合乎标准的下达限期整改通知书，并督办整改落实到位，全年未发生任何安全责任事故，被评为全县道路交通安全先进集体。

【文化教育】 整治校园周边环境，确保中小学校门前道路通畅，无占道经营摊点，校园周边无“两吧三厅”，为教育教学营造良好社会环境。2015年全镇适龄儿童入学率达99.22%，适龄少年入学率达91.2%，三残儿童入学率达91%；小学生辍学率0.36%，初中生辍学率1.1%；小学六年巩固率达95%、初中达92%，初中毕业班升入高中阶段达95%以上。合理撤并校点3个，启动中心幼儿园新建工程。加强以防范“六灾一渗透”为重点的学校安全稳定工作，努力实现事故（事件）发案率和学生非正常死亡率“双下降”。全面推行校方责任险，覆盖率达100%。完善群众文体健身设施，启动林泉镇镇级农民健身项目和合心、营脚、新水3个村农民体育健身项目。在春节、六一、八一等节假日期间举办形式多样的文艺表演和象棋、围棋、篮球、拔河等比赛。开展2015年林泉镇“道德讲堂”活动8期，参与干部群众达1000人次，进一步提升群众道德素质和社会公德意识。为15个村（社区）发放“农家书屋”图书4000余册，建立职工之家电子阅览室1处，有效提高干部群众的科学文化素质。

【移民工作】 做好库区移民后扶人口增减核对上报工作，积极解决和调处移民矛盾及信访事项，2015年未发生移民进京上访和到省、市、县上访案件。积极向上级移民部门申报帮扶项目，为高锦村、西桥村争取到相关资金，扶持种植石榴和猕猴桃等经济林木及改善基础设施等，已到位资金200万元。

【社会保障】 按照城乡最低生活保障新标准，2015年将原农村低保754户1325人调整为695户1151人，原城市低保60户89人调整为44户73人。共发放农村低保金127.11万元，发放五保供养金18.24万元，发放临时救济粮1.2万千克及冬春荒救济粮3万千克。发放60周岁以上农村籍士兵生活补助、各类重点优抚对象生活补助金等共90.53万元。完成县下达的城乡居民社会养老保险工作任务，2015年全镇共完成应参保缴费人数5976人，个人缴费到账人数5876人，累计征收社保金59万元，个人缴费参保率达80.41%，总参保率达82.1%。抓好就业工作，强化技能培训，2015年集中培训5次、500人次；强化政府的组织引导作用，新增就业人员190人，新增外出务工人数830人。

【医疗卫生】 全镇2015年新农合参合总人数达28033人，参合率101%。加强镇卫生院和村级卫生室的管理，加强对卫生室违规套取新农合资金的督查，做好疾病预防控制和妇幼卫生工作。配合县卫生局实施林泉镇卫生院改扩建工程，购置医疗设备，共统筹协调资金1333.5万元，新建卫生院住院大楼，完成工程进度83%。抓好人口计生工作，以“双诚信双承诺”“三个按月”为抓手，新签定承诺书100份，成立诚信计生监督履约小组16个，制作各村计生政务公开栏16块。共为3320人次进行孕前环情跟踪检查，常住人口妇检率达100%，完成孕前优生健康检查150对。办理《生育保健服务证》184人、办理《二孩生育证》114人、办理《独生子女证》5户。全镇新出生人口259人，其中一孩出生136人、二孩出生123人，政策内出生255人、政策外出生4人，全镇符合政策生育率为

98.45%。清理补录人口基础信息22人。落实计生手术187例，发放奖励金28000元。收集流动人口生育8人，符合政策生育率达98%以上，办理流动人口婚育证124本，其中在网上为流动人口办理流动人口婚育证25本，流动人口信息反馈率和接收率均达100%。开展流动人口亲情视频服务217人次。

【林业工作】　做好森林病虫害防治，完成“天保”森林管护任务，2015年森林火灾受害率控制在0.7‰以内，林业有害生物成灾率控制在2.5‰以内。完成县林业局2015年下达的13457.1亩生态公益林补偿的内、外业核对，农户到户面积统计及四至界限等基础信息的收集完善、公示等相关工作。兑现2014年度6574亩、1178户退耕还林农户政策补助金90.38万元和2015年度退耕还林农户的造册、审核工作。发展特色经果林建设，全镇共完成特色经果林3348.5亩。实施“绿色毕节行动”，2015年完成荒山造林1251.1亩，人工促进封山育林228.2亩。

【扶贫开发】　按照省、市、县2015年扶贫开发工作会议的要求，完成建档立卡贫困户“四看法”评估和贫困村、贫困户遍访工作。按照县下达的2015年脱贫1349人的目标任务，制定全镇扶贫工作帮扶计划，落实计划脱贫对象帮扶责任人，全镇共268名党员、干部参与结对帮扶442户贫困户。抓好项目申报及实施工作，规划上报涉及15个村（社区）的基础设施和产业发展项目180余个。完成石榴种植、菊花种植、猕猴桃种植、人饮工程和卫星村烟草扶贫新村后续完善项目等项目的申报，已批复实施5个项目。清塘村深圳对口帮扶项目已基本完工，等待验收。菊花种植项目计划种植菊花2000亩，完成种植1119.7亩。计划在增坪村种植猕猴桃1000亩，已种植390亩。卫星村2012年烟草扶贫新村项目结余资金后续完善项目已完工，并验收报账。周寨村、营脚村、增坪村饮水工程进入招标程序。

【科技工作】　完善16个农村科技信息服务站建设，不断提高站点服务水平和质量。有序开展科普知识讲座和宣传活动，利用“科普活动周”“全国科普日”等，将科技、科普知识进行广泛宣传，提高群众的科普科技发展意识。在各村（社区）建立科普惠农服务站、科普宣传栏、科普图书室，组织农民参加科技培训。全年共培训群众220人次，培养科普带头人36人，培养科技示范户90户。完成百万公众网络测试1000余人次。

红林彝族苗族乡

【概况】　红林彝族苗族乡紧紧围绕全面建成小康社会的奋斗目标，着眼“工业强县、城建带县、农产富县、旅游活县、科教兴县”五大战略及“四化同步”“一基五化”和“做大增量、盘活存量、减少负量”总要求，坚持稳中求进工作总基调，积极适应经济社会发展新常态，以提高经济发展质量和效益为中心，以保持经济稳定增长为根本任务，以保障和改善民生为落脚点，更加注重转方式、调结构，更加注重深化改革开放，更加注重统筹城乡发展，更加注重生态环境保护，推动全乡经济社会持续健康发展，圆满完成“十二五”和2015年各项目标任务。

【经济发展】　全乡社会总产值从2010年的1.05亿元增加到2015年的2.25亿元，年均增长18.1%；财政收入从2010年的469万元增加到2015年的1056.5万元，年均增长10.5%；“十二五”期间，累计完成固定资产投资5亿元，招商引资累计完成5亿元；农民人均纯收入从2010年的3442元增加到2015年的7403元，成功摘掉省级贫困乡帽子，贫困人口从2010年的1985户、6535人下降到2015年的1499户、4808人。生态环境明显改善，森林覆盖率达47%。经济质量和效益明显提升。

【农业产业结构调整】 不断增加农业种植科技投入，保证良种良法推广，共计发放各种补贴1500余万元；立足实际，因地制宜，积极调整产业结构，在全乡发展特色优质果蔬种植2万余亩。在安庆、新坪等村推广刺梨、石榴及辣椒种植，争取到价值219.44万元的1400亩石榴种植项目和5742亩的刺梨种植项目在全乡进行推广种植。发展天麻、冬笋等中草药种植500亩。抓好烤烟生产，每年完成烤烟种植3500亩，共计收购烟叶7.5万余担；对畜牧工作常抓不懈，加强畜牧养殖业春秋“两防”工作，在各村配备1名村级专职防疫员，每天对上市牲畜进行检疫，确保肉类食品安全。

【基础设施建设】 按照全乡“一纵两横三环四支”的交通规划，结合“一事一议”财政奖补、“两个硬化”工程和通村水泥路建设工程，2015年完成省级项目渔塘至川洞13.7千米路段建设，完善市级项目木通至安庆段5.8千米、桃井至鲜花段10.7千米、蒙树至六斗段8.9千米、渔塘至檬井段13.5千米的通村水泥路建设。“十二五”期间，全乡共完成通村水泥路建设44.2千米，危房改造2091户。仙人洞、安庆水库建设前期工作已基本完成。积极配合有关部门做好黔大高速、成贵铁路和夹岩水利工程等国家重大项目修建中的征地、拆迁和赔偿等工作，协调处理大小矛盾纠纷200余件，保证黔大高速的顺利完工，不断夯实发展基础。

【教育工作】 采取切实有效措施，认真抓好适龄儿童、少年入学和“控辍保学”工作。全乡小学适龄儿童入学率达99%，适龄少年入学率达92%，三残儿童、少年入学率为88.3%；小学辍学率为0.12%，初中辍学率为1.7%，义务教育均衡发展工作成功通过验收。加强对留守儿童关爱工作，为全乡586名留守儿童建立档案。“十二五”期间，通过乡党委、乡政府的积极协调，联系到省、市、县多家部门、爱心企业及爱心人士对留守儿童进行关爱帮扶，共计募集到善款50余万元和价值30余万元的物资。

【社会保障】 实现城镇居民医保与新型农村合作医疗整合管理。“十二五”期间，全乡参合累计达73545人次，共计收缴参合金525.93万元，群众就医48271人次，总费用1301.9万元，享受补偿费用995.5万元，确保群众“大病不愁、小病不忧”。积极向县委统战部、县卫生局、县计生局等部门协调经费用于维修乡卫生院、计生办公楼，完成对安庆、桃井、漆树、红瓦房4个村卫生室的改扩建。积极开展各类救助，为全乡低保户、五保户及优抚对象等困难群体按时发放低保金、慰问金、抚恤金和救济粮，“十二五”期间共计发放城市低保金13.2万元，发放农村低保金225.51万元，发放五保供养金39.49万元，发放重点优抚对象抚恤补助130.02万元，发放农村低保春节期间保供稳价补助金46320元，发放优抚对象慰问金54700元，发放退役士兵生活补助136540元，发放救济粮50200千克。推进殡葬改革，启动全乡11个村（社区）村级公墓建设，全年死亡人口58人，火化率100%。

【招商引资】 按照乡“一心三园”的工业产业发展布局和《红林彝族苗族乡工业园区近景和远景建设规划》，扎实抓好红林机械厂（红林143厂）遗留下的大批可利用的基础设施，强化对入驻企业“保姆式”的优质服务。成功引进贵州黔西康乐水晶灯具有限公司，在工厂内就业人员达300余人，工人月工资达4000元以上，比全乡农民人均纯收入高出6倍以上；成功引进贵州源之泉饮品有限公司及贵州兄弟伟业塑料制品有限公司，成功解决200余人的就业问题；黔西恒康源饮品开发有限公司已成功落户新坪村，正在办理相关手续和调试设备，即将正式投产。采取以商招商、以优招商、以情招商等方式，将陆续引进五金厂、水晶灯具装配厂、玻陶厂等3家企业，形成水晶灯饰加工产业链，预计投资1.2亿元，年产值达2000万元，可提供就业岗位1000个。

【城镇化建设】 截至年末，红林乡小城镇建设第一期主体工程已全部完工。新街两边各15米作为门面房开发的土地已完成场平；占地面积为4638平方米的民族广场，土石方开挖已完成98%。建成排污排水管道2400米，完成总管道建设的80%；土石方开挖9.5万立方米，完成总量的95%；路面建设22500平方米，完成总量的60%，路面硬化20%；给排水工程完成100%，强弱电完成100%，排污完成90%，消防完成80%，人饮管道完成建设1000米，路面用碎石已备好3000平方米，人行道、井盖、人饮管道工程等基础设施建设的材料已全部到位。项目总投资4300万元，完成投资3097万元。

【综治工作】 狠抓社会综合治理，保障全乡社会稳定。在乡信访接待室实行领导轮班，专人接访，及时收集梳理矛盾纠纷，做好不稳定因素排查。“十二五”期间共接待群众来信来访605人次。建立“1123”（一制度、一控制、两强化、三加强）工作机制，切实解决联系和服务群众“最后一千米”问题，严厉打击各类刑事犯罪活动。牢固树立“安全第一、预防为主”的思想，切实加强对老旧危楼、非煤矿山、烟花爆竹商店、学校及道路等安全隐患突出场所的排查治理和汛期防汛工作，排查旧楼危楼151栋。做好政策法规大宣传、矛盾纠纷大调处、社会治安大整治“三个专项行动”，共收缴（上交）雷管20枚、枪支弹药3发；开展政策法规大宣传40场，拉挂横幅35条，发放资料2万份，矛盾纠纷排查40余件，公共安全隐患排查30条、整治30条。扎实开展好禁毒工作，排查相关人员270余人次，对涉邪人员排查10次；法制进校园宣传活动48次（涉及各中小学），反邪教宣传9次，禁毒宣传7次，发放宣传资料1.8万余份；累计出动宣传车辆8车次，悬挂宣传横幅36幅，张贴宣传喷绘30余幅，发放宣传资料2万余份，基本覆盖全乡2万多名群众。

【民主政治建设】 广泛听取各界人士意见和建议，深入群众，认真倾听群众呼声。成立乡级群众工作委员会1个、民生事务委员会1个、经济发展委员会1个、民生监督特派组1个、便民利民服务中心1个。全乡各村（社区）共成立群众工作站11个、便民服务中心11个、自治组织协会11个、民生工作监督委员会11个；成立民生工作监督组108个、网格服务工作室108个，确定中心户长108人，设立民意诉求直报点108个。

【精准扶贫】 严格按照省、市、县要求，做好贫困户的摸排帮扶工作，以“六个到村到户”为抓手，切实带动群众脱贫致富，拉动全乡经济健康快速发展。按照县委、县政府下发的方案，以“321”结对帮扶为措施，进行精准帮扶。县直部门及全乡干部共结对帮扶1492户、4679人。乡党委书记率先垂范，带头到帮扶对象家中进行走访调查，切切实实做到“看真贫、扶真贫、真扶贫”。县直帮扶单位县民政局多次到乡进行实地帮扶，带来近20万元的资金和物资，达到“一村一帮扶责任单位、一村一扶贫工作队、一户一帮扶责任人”的要求，做到“单位到村、干部到户、责任到人、措施到位”。争取到50万元的“减贫摘帽”奖励扶助资金、35万元的养牛项目和5万元的林下养鸡项目，用于发展特色农产品和家禽的种植、养殖，受益群众近万人。

【生态文明建设】 深入贯彻落实全省生态文明建设大会、“6·21”毕节试验区全面深化改革推进大会和“绿化毕节·荒山造林”等相关会议精神，守住生态与发展两条底线。成立乡、村生态文明建设保护委员会，对全乡的山、水、田园、树林、珍贵树木等的建设保护做到规划到户、责任到人，实施精准保护。严格按照上级有关部门要求，对想辖区民营经济园区内的康乐水晶厂予以停业整顿，将企业生产对生态环境带来的污染降到最低。组织全体干部职工、发动全乡群众对乡域范围内的荒山进行绿化，全年共投入荒山绿化资金 70 余万元，完成荒山绿化 3558 亩，其中退耕还林 2208 亩、荒山造林 1050 亩、人工促建林 300 亩。对毁坏植被、造成森林火灾的个人或组织依法从重、从严、从速处理，发现一起，打击一起，绝不姑息，守护生态环境。

【“四在农家·美丽乡村”建设】 成立乡规划建设管理委员会，第一主任由乡党委书记担任，主任由乡人大主席及乡长担任，副主任由分管领导、各村（社区）包村领导担任，成员由乡各分局、站（所）及村（社区）主要负责人组成，下设办公室在村建站，分管领导兼任办公室主任，负责日常事务工作。紧紧围绕市委一届七次全会精神，按照市、县安排部署，采用“一二三四”（成立一个专班、做到“两个到位”、确保“三个实在”、做到“四个明白”）的工作步骤，全力推进“四在农家·美丽乡村”建设。截至年末，启动“贵州民居”改造住户 33 户，控制引导 23 户，完成建设 20 户。

【党风廉政建设】 贯彻十八届中纪委四次全会及省、市、县纪委相关会议精神，坚持党要管党、从严治党，坚持抓早抓小，不断开创党风廉政建设和反腐败斗争的新局面。全面落实“两个责任”，进一步加强惩防体系建设，突出抓好重点领域、关键环节，加大管理和制约力度，强化用制度管权管事管人。深入开展廉政警示教育，加强领导干部廉洁自律工作。深入贯彻执行《党政机关厉行节约反对浪费条例》，坚持从严从简，勤俭办一切事业，降低公务活动成本，实行“三公”经费公开。深化民生项目监督特派组工作，完善县、乡、村、组四级监督网络。推行民生项目安排分配、行政审批、重大资金使用决策等网上公开。做好权力运行备案工作，凡是“三重一大”需要进行权力运行备案的全部按规定进行备案，大额资金使用 3000 元以上 10000 元以下，在乡纪委备案，10000 元以上 100 万元以下的在县纪工委备案，100 万元以上的在县纪委备案，从源头上防微杜渐，筑牢廉政防线。

锦星镇

【概况】 锦星镇紧紧围绕县委十一届四次全会精神，全面推进依法治镇，紧紧围绕“决战贫困、提速赶超、同步小康”的主基调，充分整合资源优势，不断完善基础设施，调整产业结构，推动经济社会较快发展，圆满完成各项目标任务。全年完成固定资产投资 1.1 亿元，完成目标任务数的 120%；招商引资 1.43 亿元，完成目标任务数的 104%；农民人均纯收入达 7376 元，比 2014 年的 6251 元增加 18%。完成财政收入 986.86 万元。对照全面小康标准，巩固已达标的 16 项目标体系，强力推进未达标 18 条目标体系，全镇小康实现率达 80.5%。

【基础设施建设】 坚持以人为本、优化布局、生态文明、传承文化的基本原则，建立多元可持续的资金保障机制，突出城镇建设特色，强化镇村联动，提高城镇建设水平。完成 118 套教师周转房建设，完成 62 套计生卫生公租房建设；

严格按照相关程序和要求全面完成116户危房改造工作。加强．交通设施建设，全力推进星星至庆民条8.9千米通村水泥路建设；全面加强文阁10.1千米通村水泥路6个同步工程建设，强力推进“一事一议”项目8千米通村通组路建设。10.推进美丽乡村建设。重点打造洪湖村、红旗村、白泥村“四在农家、美丽乡村”示范点建设，抓好小康路、小康水、小康房、小康电、小康讯、小康寨等建设，全面完成危房改造116户，完成目标任务数的100%。

【农业工作】　以结构调整为主线，以粮食增产、农业增效、农民增收为目标，在稳定提高粮食综合生产能力的基础上，大力发展特色农业产业，提高土地综合效益。抓好春耕生产，实施“4个100亩”粮增工程建设，打造2个高产玉米示范点和2个高产水稻示范点，以点带面推进春耕生产。发展特色农业，推进产业结构调整，种植蔬菜20940亩，以白泥村为中心，辐射周边东庄、青沟村共种植10000亩；以新街社区为中心，辐射周边文阁村、红旗村共种植10940亩。种植高粱705亩、太子参1230亩、人工种草2000亩、烤烟2115亩。2015年完成粮增工程玉米6000亩、玉米5000亩；培训新型职业农民100人。

【精准扶贫】　稳步推进“精准识别四看法”，不断完善精准识别“数据库”，推行贫困对象进退机制。进一步抓好精准帮扶，大力推动帮扶对象、帮扶项目和帮扶责任人“三落实”，实现“一村一法、一户一策”。截至2015年末，共识别出贫困户1368户、4714人，完成遍访贫困户8000余次。2015年，实现精准脱贫304户、1325人。认真贯彻落实中央、省、市、县各项政策精神，落实好粮食直补、良种补贴、退耕还林、核桃种植补贴等惠农政策，大力推进农业扶贫开发进程，鼓励农民致富创业奔小康。

【教育工作】　贯彻“教育优先”战略，切实抓好义务教育均衡发展、教育“9+3”计划和控辍保学、农村中小学生营养改善工作，学前毛入学率达80.5%以上，小学适龄儿童入学率达99.6%，初中适龄少年入学率达89.88%，义务教育阶段巩固率均为92.47%，学年内辍学42人，其中小学辍学率为0.05%，中学辍学率为2.72%。

【民政工作】　全面落实城乡最低生活保障政策，认真开展低保提标和对象核查工作，努力实现城乡最低生活保障动态管理下的“应保尽保，按标施保”和“应退则退”，按时足额兑现低保金。按时、足额发放农村低保和差额补助、五保供养金、五保一次性生活补贴等各类资金2351.25万元，发放救济粮6万千克（玉米2万千克、大米4万千克）。强力推进殡葬改革，严格执行上级有关会议及文件精神，建成农村公益性墓地11处，覆盖9个村（社区），火化率达100%。抓实“三关爱”工作，共排查出留守儿童1375人、空巢老人558人、残疾1916人，申报困境儿童40人、发放补助资金32000元。加强社区建设与管理，完善村（社区）务公开和开展民主自治村示范建设活动，村（社区）基层民主自治建设完善率达100%。

【社会保障】　做好困难群众生产生活保障，完善留守儿童、流浪未成年人、空巢老人、孤残人员救助体系。加大农民实用技术和技能培训力度，提高农民致富能力，鼓励农村剩余劳动力外出务工或向第三产业转移，2015年共完成城镇新增就业102人，完成目标任务数的102%；完成“千企万人”工程89人，完成目标任务数的110%；完成农村劳动力转移809人，完成目标任务数的102%。

【卫生计生】　深化人口计生基层群众自治，全面推进“双诚信双承诺”工作，实现人口计生技术服务、提高出生人口素质、促进人口长期均衡发展“三大目标”，全镇符合政策生育率达到96.5%，出生人口性别比保持在正常值范围内。加强基层医疗服务体系建设，加强疾病预防控制和妇幼卫生保健工作。加强食品药品安全监管。深入开展“创文创卫”工作，提升文明卫生程度。

【综治工作】 加强“一轴两驱四轮”体系建设，紧扣“六大重点”和“六强六创”，按照“六零六好”总要求，以实现“两升两降”为目标，建立以“镇—村—组—中心户长”为主线的信息员队伍，完善群众举报奖励制度，形成畅通的自下而上的信息报送渠道。成立“禁毒、禁赌、反邪教”协会，深入开展“三级联动”工作。充分发挥镇、村维稳协会作用，人民调解、行政调解、司法调解相结合，对排查出来的矛盾纠纷47件，调处45件；信访积案16件，化解10件、稳控6件，有效满足群众合理诉求。二是深入开展“平安锦星”建设工作，下拨村（社区）、单位平安建设工作经费5.5万元，制定宣传标语、展板、宣传单等；9个村（社区）均设立平安建设办公室，明确专人负责，确保工作有人抓、事有人管。组建以综治、派出所、交通协管、禁毒专干、警务助理等人员为主的治安巡逻大队和以村干部、村民小组长、中心户长等人员为主的护村护寨队，开展经常性、全天候治安巡逻防范。开展“打黑除恶”、打击“两抢一盗”、缉枪治爆、禁毒等专项斗争，收缴枪支6支、管制刀具3把。强化道路交通、消防、森林防火、非煤矿山、烟花爆竹、食品、学校等各领域安全生产工作，开展安全隐患排查整治27次，完善各类突发事件应急处置预案，全年未发生重特大安全事故。

【党建工作】 践行“三严三实”“三实三同”，聚精会神抓党建。加强镇党委自身建设，坚持党委中心组集体学习制度，带头加强党性修养、带头坚持民主集中制、带头践行党的群众路线、带头维护宪法和法律权威、带头落实党内政治生活有关规定。加强基层组织建设，把一批党性好、有能力、肯干事的优秀党员和农村知识青年选进基层党组织班子，全年发展党员7名；培训党员干部、入党积极分子412人次。深入推进党风廉政建设和反腐败斗争，严格落实党风廉政建设主体责任和监督责任，坚持有腐必反、有贪必肃。加强民生特派组监督工作，认真开展“民生整治铸廉行动”，严肃查处损坏群众利益的问题。强化对权力运行的制约和监督，加强发腐败工作的思想道德、预警纠错、党纪国法“三道防线”建设。严格执行新修订的《党政领导干部选拔任用工作条例》，制定完善《锦星镇干部管理制度》《锦星镇考勤制度》等相关制度，突出抓好重点领域、关键环节，强化用制度管权管事管人。推行民生项目安排分配、行政审批、重大资金使用决策等网上公开。

附　录

2015年黔西县国民经济和社会发展统计公报

黔西县统计局

（2016年5月9日）

2015年是“十二五”规划收官之年，面对错综复杂的宏观经济形势和前所未有经济下行的压力，中共黔西县委、黔西县人民政府带领全县各族人民，深入贯彻落实党的十八大和十八届三中、四中、五中全会精神，坚持稳中求进工作总基调，坚守发展和生态“两条底线”，紧扣毕节试验区“三大主题”，协调推进县域经济“五大发展战略”，主动适应新常态，着力优化产业结构、夯实发展基础、改善生态环境、增进民生福祉，国民经济持续健康发展，社会和谐稳定。

一、综合

初步核算，全年生产总值167.34亿元，比上年增长14.0%。其中，第一产业增加值28.75亿元，增长7.1%；第二产业增加值69.23亿元，增长16.2%；第三产业增加值69.36亿元，增长13.3%。在第二产业中工业增加值51.16亿元，增长13.1%。全县人均生产总值25325元，增长13.0%。

全县第一、二、三产业增加值占生产总值比重由上年的16.9∶42.8∶40.3调整为17.2∶41.4∶41.4，第一产业比重提高0.3个百分点，第二产业比重下降1.4个百分点，第三产业比重提高1.1个百分点。

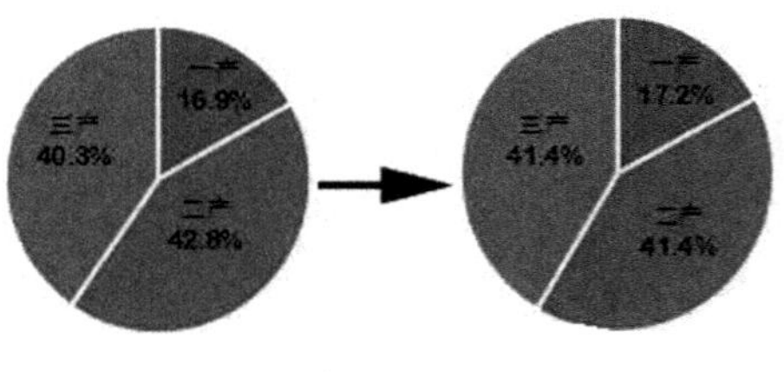

2014年三次产业增加值占比例
➡2015年三次产业增加值占比例

经初步监测，全面建成小康社会实现程度达90.3%，比上年提高4.7个百分点。其中：经济发展方面实现程度达81.1%，提高5.0个百分点；社会和谐方面实现程度达95.0%，提高7.9个百分点；生活质量方面实现程度达96.5%，提高4.4个百分点；民主法治方面实现程度达92.3%，提高5.9个百分点；文化教育方面实现程度达87.1%，提高4.8个百分点；资源环境方面实现程度达99.0%，提高0.4个百分点。

二、农林牧渔业

全年农林牧渔业增加值28.75亿元，比上年增长7.1%。

全年农作物播种面积（混合习惯面积）14.35万公顷，比上年下降2.1%。其中：粮食作物种植面积7.33万公顷，下降4.7%；经济作物播种面积7.02万公顷，下降0.7%。油菜籽种植面积3.07万公顷，增长3.4%；烤烟种植面积0.36万公顷，下降36.8%；蔬菜种植面积2.57万公顷，增长3.6%。

全年粮食总产量265600吨，比上年增加7948吨，增长3.1%。其中，夏粮产量78312吨，比上年增加1144吨，增长1.5%；秋粮产量187288吨，比上年增加6804吨，增长3.8%。油菜籽产量77306吨，增长0.5%；烤烟产量6951吨，下降1.9%；蔬菜产量171395吨，增长1.9%。茶叶产量452吨，下降7.8%；水果产量7884吨，增长6.0%。

表1：种植业主要产品产量表

单位：吨

	2015年	2014年	增长（%）
粮食产量	265600	257652	3.1
#夏粮产量	78312	77168	1.5
#小麦产量	12741	17104	-25.5
洋芋产量	43364	39272	10.4
秋粮产量	187288	180484	3.8
#稻谷产量	42756	41154	3.9
玉米产量	122345	116881	4.7
油菜籽产量	77306	76887	0.5
烤烟产量	6951	7084	-1.9
蔬菜产量	171395	168231	1.9
茶叶产量	452	490	-7.8
水果产量	7884	7436	6.0

全年肉类总产量42789吨，比上年增长0.9%。其中：猪肉产量31889吨，下降0.2%；牛肉产量2084吨，增长1.9%；羊肉产量86吨，增长3.6%。年末大牲畜存栏数102737头，增长7.2%。年末生猪存栏30.67万头，增长12.4%。全年生猪出栏35.20万头，增长0.9%。年末家禽存栏192.77万只，增长1.9%。禽蛋产量2840吨，增长7.2%。

表2：畜牧业生产情况表

	单位	2015年	2014年	增长（%）
出栏猪头数	头	385843	348779	10.6
出栏牛头数	头	16781	15465	8.5
出栏羊只数	只	12492	5576	124.0
出栏家禽只数	万只	206.87	197.55	4.7
肉类总产量	吨	42789	37250	14.9
猪肉产量	吨	36655	31954	14.7
牛肉产量	吨	2232	2045	9.1
羊肉产量	吨	175	83	110.8
禽肉产量	吨	3517	2976	18.2
其他肉类产量	吨	210	192	9.4
禽蛋产量	吨	2839	2649	7.2
期末大牲畜存栏数	头	102737	95850	7.2
#牛	头	99315	90540	9.7
期末猪存栏头数	头	295676	272860	8.4
#能繁殖的母猪	头	30750	30327	1.4
期末羊存栏只数	只	17488	19665	-2.2
#山羊	只	16838	13065	33.9
期末家禽存栏数	只	1922724	1886256	2.7

全年水产品产量1100吨，比上年增长0.5%。

年末拥有农业机械总动力52.6万千瓦，比上年末增长16.4%。

三、工业和建筑业

全年工业增加值51.16亿元，比上年增长13.1%，占全县生产总值比重为30.6%。其中规模以上工业增加值28.76亿元，增长14.1%。钢化玻璃和精制食用植物油等主要工业产品增长较快。

表3：规模以上工业主要产品产量表

	计量单位	2015年	增长（%）
钢化玻璃	万平方米	93.48	116.5
矿山设备	吨	1090	——
饲料	万吨	0.95	-34.3
精制食用植物油	万吨	4.49	275.4
硅酸盐水泥熟料	万吨	70.63	-13.3
水泥	万吨	94.77	-6.2
商品混凝土	万立方米	4.20	-92.7
发电量	万千瓦小时	668622	-14.1

全年建筑业增加值18.07亿元，比上年增长26.6%。

四、固定资产投资和招商引资

全年50万元及以上口径固定资产投资212.3亿元，比上年增长15.9%。按行业分，工业投资78亿元，增长14.5%；交通投资80.97亿元，增长1.09倍；房地产开发投资25.5亿元，下降15.8%；水利环境公共设施管理业投资2.74亿元，增长68.1%；其他行业投资25.1亿元，下降12.1%。按城乡分：城镇固定资产投资112.35亿元，增长81.6%；乡村固定资产投资99.95亿元，下降17.6%。

全年招商引资实际到位资金111.16亿元，比上年增长23.5%。

五、市场主体和贸易业

年末实有企业3128户。其中：非私营企业301户；私营企业2827户。本年新增私营企业835户，注册资金195941.07万元。年末实有个体工商户31510户，新增个体工商户3212户。年末实有农民专业合作社501户。

全年社会消费品零售总额28.49亿元，比上年增长11.9%。按城乡分，城镇消费品零售额19.33亿元，增长11.7%；乡村消费品零售额9.16亿元，增长12.5%。按行业分，批发和零售业消费品零售额24.02亿元，增长12.3%；住宿和餐饮业消费品零售额4.47亿元，增长10.1%。

六、交通运输、邮电通信和旅游业

年末机动车保有量122963辆，其中，大中型汽车5771辆，小型汽车33838辆（包括营运出租车），微型汽车159辆，普通摩托车82430辆，轻便车765辆。年末县城营运出租车295辆，公交车59辆，公交车路线11条110千米。年末公路通车里程2848.78千米，公路通车密度1.2千米/平方千米。

全年邮政业务收入2683.09万元，比上年增长10.4%。电信业务收入27623万元，增长2.0%。年末固定电话用户2.74万户，下降27.1%；年末移动电话用户51.62万户，下降3.7%；年末互联网用户6.26万户，增长29.6%。

年末拥有星级旅游饭店8家、经济型酒店14家、旅行社机构4家。全年共接待游客443万人次，实现旅游综合收入37.07亿元，比上年增长21.3%。

七、财政和金融

全年财政总收入23.79亿元，比上年下降22.1%。其中，公共财政预算收入8.10亿元，下降28.4%；全年财政总支出39.12亿元，下降19.6%。其中，公共财政预算支出32.82亿元，下降6.7%。

表4：财政收支情况表

单位：万元

	2015年	2014年	增长（%）
财政总收入	237894	305290	-22.1
其中：公共财政收入	81003	113192	-28.4
其中：税收收入	48614	47923	1.4
其中：增值税	6795	5901	15.1
营业税	9053	11924	-24.1
企业所得税	4718	4919	-4.1
个人所得税	1057	844	25.2
城市维护建设税	2797	2535	10.3
契税	3054	3835	-20.4
非税收入	32389	65269	-50.4
公共财政支出	328218	351641	-6.7
其中：一般公共服务支出	27070	33784	-19.9
教育支出	79707	72499	9.9
科学技术支出	3455	611	465.5
社会保障和就业支出	25251	27781	-9.1
医疗卫生与计划生育支出	55834	44547	25.3
节能环保支出	6859	6619	3.6
农林水支出	42647	39776	7.2
交通运输支出	7243	18123	-60.0
住房保障支出	33430	57825	-42.2

全年税收收入13.48亿元，比上年增长9.7%。按税种分：增值税3.96亿元，所得税2.42亿元，营业税2.64亿元，耕地占用税0.90亿元，其他各项税收3.56亿元。按行业分：农林牧渔业税收0.93亿元，工业税收5.53亿元（其中煤电工业税收5.23亿元），建筑业税收2.37万元，批发零售住宿餐饮业税收1.52亿元，金融业税收0.64亿元，房地产业税收1.06亿元，其他行业税收1.43亿元。

年末金融机构各项存款余额120.59亿元，比年初增长52.7%。其中：住户存款72.37亿元，增长25.7%。年末金融机构各项贷款余额97.91亿元，增长31.2%。

表5：年末金融机构人民币信贷收支情况表

单位：亿元

指标名称	年末数	比年初增（减）额
年末金融机构各项存款余额	120.59	52.7
其中：住户存款	72.37	25.7
非金融企业存款	15.86	77.8
广义政府存款	32.31	160
年末金融机构各项贷款余额	97.91	31.2
其中：短期贷款	19.44	22.4
中长期贷款	78.46	34.7

年末拥有保险机构7家，全年保费收入11274万元，比上年下降11.2%。其中，财险保费收入9919万元，增长44.6%；寿险保费收入1355万元，下降76.8%。全年保险机构赔款支出5914万元，增长32.1%。

八、教育

学年初幼儿园145所，校舍建筑面积92425平方米，生均校舍面4.14平方米。小学学校133所，校舍建筑面积358178平方米；九年一贯制学校14所，校舍建筑面积85858平方米；初级中学35所，校舍建筑面积231079平方米；完全中学6所，校舍建筑面积86409平方米；高级中学2所，校舍建筑面积71700平方米；中等职业学校1所，校舍建筑面积105227平方米。小学生生均校舍面积5.71平方米，初中生均校舍面积5.90平方米，高中（含中职）生均校舍面积11.7平方米。

学年初在园幼儿数22300人，教职工人数1641人，专任教师1133人，学前三年入园率79.2%。

小学招生11535人，在校生62704人，毕业生12072人，教职工人数3596人，专任教师

3394人，学龄儿童入学率99.5%。

普通初中招生12229人，在校生39198人，毕业生13986人，教职工人数2724人，专任教师2532人，初中适龄少年入学率92.6%。

普通高中招生6244人，在校生17367人，毕业生4813人，教职工人数1475人，专任教师1127人，高中阶段毛入学率86.6%。

民办幼儿园65所，在园（班）幼儿数10896人，占全县在园幼儿数的48.9%；民办小学3所，在校学生3103人，占全县小学在校生人数的4.8%；民办中学9所（其中九年一贯制5所，完全中学4所），在校学生10789人，占全县中学在校生人数的19.1%。

职业技术学校招生2384人，在校生5242人，毕业生226人，教职工173人。

九、卫生和广播电视事业

年末卫生机构数52个（含民办医院），其中：综合医院2个，民办医院22个，卫生院25个，社区卫生服务中心4个，妇幼保健院1个，卫生监督所1个，疾控中心1个。年末卫生机构卫生技术人员2361人，其中执业（助理）医师823人，注册护士882人。年末卫生机构实有床位数3458张，其中，医院2547张，卫生院811张，妇幼保健院100张。全年5岁以下儿童死亡率10.84‰，儿童系统管理率90.8%，孕产妇系统管理率87.1%。

年末注册登记私人开办诊所19个，卫生技术人员数23人，执业（助理）医师19人，注册护士19人。

年末注册登记农村卫生室362个，从业人员1064人。其中：执业医师和助理执业医师17人，注册护士21人，乡村医生735人。

年末有线电视用户数43600户，比年初增加2295户；卫星收转站104999户，比年初减少9380户。全县广播综合覆盖率88.9%，电视综合覆盖率94.3%。

十、人民生活和社会保障

全年城镇居民人均可支配收入23036元，比上年增加2017元，扣除物价因素，实际增长8.4%。年末城镇居民人均住房建筑面积37.26平方米，增加0.45平方米。

全年农村居民人均可支配收入7014元，比上年增加735元，实际增长10.5%。年末农村居民人均住房面积33.01平方米，减少1.08平方米。

年末参加城镇基本养老保险人数20265人，比上年末增加705人。参加城镇职工基本医疗保险人数28040人。参加失业保险人数17021人，增加284人。参加工伤保险人数29315人，增加5183人。参加生育保险人数20923人，减少69人。

年末享受城镇最低生活保障人数5468人，全年发放低保金2029万元；农村最低生活保障人数34321人，全年发放低保金6113万元；年末农村五保户供养人数2432人，城镇医疗救助人员178人，救助资金达9115万元；农村医疗救助人员1203人，救助资金达599万元。

年末参加新型农村合作医疗保险农业人口数72.40万人，参合率99.9%。全年参合人口住院补偿人数9.76万人次，补偿金额20157万元，实际住院补偿率60.1%；参合人口门诊补偿人数124.28万人次，补偿金额3584万元，补偿率75.3%。

十一、人口与劳动就业

年末户籍总人口936009人，比上年末增加9715人，增长1.1%。其中，城镇人口270320人，乡村人口665689人。年末贫困人口98455人，贫困发生率为11.6%。年末常住人口66.64万人。全年人口出生率12.52‰，死亡率6.82‰，自然增长率5.7‰。

按年末常住人口初步计算，全县城镇化率43.3%，比上年增长0.1个百分点。年末县城区域面积16.14平方千米，县城区域年末常住人口20.1万人，比上年末增加0.58万人。

年末就业人员数61.49万人，比上年末增长3.2%。按三次产业分：第一产业就业人员数26.22万人，增长2.4%；第二产业就业人员数7.76万人，下降7.4%；第三产业就业人员27.51万人，增长7.4%。按城镇乡村分：城镇就业人员数17.83万人，增长1.24倍；乡村就业人员数43.66万人，下降15.5%。年末城镇登记失业率4.1%。

全年在岗职工平均工资55860元，扣除物价因素，实际比上年增长12.9%。其中：国有单位在岗职工平均工资57212元，实际比上年增长23.5%；城镇集体单位在岗职工平均工资78757元，实际比上年增长7.5%；其他单位在岗职工平均工资51521元，实际下降5.9%。

年末常年外出务工人数14.53万人，比上年末下降1.5%。全年外出务工总收入15.98亿元，增长12.1%。

十二、资源和生产安全

全年人工造林面积7237公顷，年末实有封山育林面积3154公顷，当年新封山育林面积3154公顷，森林抚育面积1333公顷，四旁（零星）植树350000株。森林覆盖率43.5%。

年末耕地有效灌溉面积20.77千公顷，新增有效灌溉面积2.34千公顷，比上年末增长12.7%。实际耕地灌溉面积7.11千公顷，节水灌溉面积8.14千公顷。全县供水总量10992.64万立方米。其中：水库30座，水电站4座，城镇自来水厂7处，农村集中式供水工程920处，机电井71眼。城乡集中式供水工程覆盖人口71.48万人，其中，城镇自来水厂供水覆盖人口数17.5万人，农村集中式供水工程覆盖人口数53.98万人。全年城乡集中式供水工程实际供水总量1640.32万立方米。

全年年平均气温15.4℃，累计降雨量968.9毫米，累计日照时数989.6小时，无霜期317天，冰雹1天，凝冻3天，最高气温33.2℃，最低气温-2.3℃。

初步核算，全年综合能源消费量180.72万吨标准煤，比上年下降5.6%。全年亿元生产总值能耗为1.08万吨标准煤，下降15.8%。其中规模以上工业综合能耗量153.82万吨标准煤，规模以上亿元增加值能耗为5.35万吨标准煤。

全年共发生各类生产安全事故1起，死亡1人。其中：道路交通事故1起，死亡1人。全年未发生重大、特大森林火灾及人员伤亡事故。

注：

1. 本公报数据为初步统计数据，均不含托管区。

2. 生产总值及各产业增加值绝对数按现价计算，增长速度按不变价格计算。

3. 年末常住人口由毕节市统计局计算反馈。

4. 年末户籍人口为公安年报数据，人口出生率、死亡率和自然增长率为计生年报数据。

索　引

A

B

C

D

G

H

J

K

L

P

Q

R

S

T

W

X

Y

Z